GABLER
WIRTSCHAFTS
LEXIKON

D1669224

GABLER
WIRTSCHAFTS
LEXIKON

13., vollständig überarbeitete Auflage

F – H

GABLER

Die Deutsche Bibliothek – CIP-Einheitsaufnahme

Gabler-Wirtschafts-Lexikon. – Taschenbuch-Kassette
mit 8 Bd. – Wiesbaden: Gabler.
10. Aufl. u. d. T.: Gablers Wirtschafts-Lexikon
ISBN 3-409-30385-5 kart. in Kassette
Bd. 3. F - H. – 13., vollst. überarb. Aufl., ungekürzte
Wiedergabe der Orig.-Ausg. 1992. – 1993
  ISBN 3-409-30346-4

Schriftleitung: Dipl.-Kfm. Ute Arentzen, Dr. Eggert Winter
Redaktion: Dipl.-Kfm. Ute Arentzen, Ulrike Lörcher, M. A.

1. Auflage 1956	9. Auflage 1975
2. Auflage 1958	10. Auflage 1979
3. Auflage 1959	(Begründet und bis zur 10. Auflage herausgegeben
4. Auflage 1961	von Dr. Dr. h. c. Reinhold Sellien
5. Auflage 1962	und Dr. Helmut Sellien)
6. Auflage 1965	11. Auflage 1983
7. Auflage 1967	12. Auflage 1988
8. Auflage 1971	13. Auflage 1993

Ungekürzte Wiedergabe der Originalausgabe 1992

Der Gabler Verlag ist ein Unternehmen der Verlagsgruppe Bertelsmann International.

© Betriebswirtschaftlicher Verlag Dr. Th. Gabler GmbH, Wiesbaden 1993

Höchste inhaltliche und technische Qualität unserer Produkte ist unser Ziel. Bei der Produktion und Verbreitung unserer Bücher wollen wir die Umwelt schonen: Dieses Buch ist auf säurefreiem und chlorarm gebleichtem Papier gedruckt. Die Einschweißfolie besteht aus Polyäthylen und damit aus organischen Grundstoffen, die weder bei der Herstellung noch bei der Verbrennung Schadstoffe freisetzen.
Die Wiedergabe von Gebrauchsnamen, Handelsnamen, Warenbezeichnungen usw. in diesem Werk berechtigt auch ohne besondere Kennzeichnung nicht zu der Annahme, daß solche Namen im Sinne der Warenzeichen- und Markenschutz-Gesetzgebung als frei zu betrachten wären und daher von jedermann benutzt werden dürften.

Umschlaggestaltung: Schrimpf und Partner, Wiesbaden
Gesamtherstellung: Elsnerdruck, Berlin
Printed in Germany

3. Band · ISBN 3-409-30346-4
Taschenbuch-Kassette mit 8 Bänden · ISBN 3-409-30385-5

Verzeichnis der mit Namen gekennzeichneten Stichwortartikel

Marketing	Prof. Dr. Dieter J. G. Schneider, Klagenfurt
Marketing-Kommunikation	Prof. Dr. Arnold Hermanns, München-Neubiberg
	Dipl.-Kfm. Michael Püttmann, München-Neubiberg
Marktforschung	Dr. Michael Thiess, München
	Dipl.-Math. Friedrich Förster, München
Methodologie der Betriebswirtschaftslehre	Prof. Dr. Günther Schanz, Göttingen
Monetäre Theorie und Politik	Dr. Reinhard Kohler, Hannover
	Prof. Dr. Peter Stahlecker, Oldenburg
Monetarismus	Prof. Dr. Klaus-Dieter John, Chemnitz
Netzplantechnik	Prof. Dr. Gerhard Wäscher, Heidelberg
Neue keynesianische Makroökonomik	Prof. Dr. Hermann Bartmann, Mainz
Neue klassische Makroökonomik	Prof. Dr. Klaus-Dieter John, Chemnitz
Nonprofit-Management	PD Dr. Peter Schwarz, Bern
Nonprofit-Marketing	Prof. Dr. Hans Peter Wehrli, Zürich
Öffentliche Unternehmen	Prof. Dr. Dietrich Budäus, Hamburg
Ökonometrie	Prof. Dr. Bernd Schips, St. Gallen
Oligopoltheorie	Prof. Dr. Theo Scherer, Frankfurt a. M.
Operations Research	Prof. Dr. Gerhard Wäscher, Heidelberg
	Dr. Peter Chamoni, Bochum
Operative Frühaufklärung	Prof. Dr. Ulrich Krystek, Worms
Organisation	Prof. Dr. Erich Frese, Köln
Organisationsrecht	Dr. Axel v. Werder, Köln
Organisationstheorien	Prof. Dr. Knut Bleicher, St. Gallen
Personalmanagement	Dr. Manfred Antoni, Stuttgart
Plankostenrechnung	Prof. Dr. Wolfgang Kilger, Saarbrücken
Postkeynesianismus	Prof. Dr. Hermann Bartmann, Mainz
PPS-System	Prof. Dr. Karl Kurbel, Münster
Preismanagement	Prof. Dr. Hermann Simon, Mainz
Produktionstechnik	Prof. Dr. Dietger Hahn, Gießen
Produktionstypen	Prof. Dr. Dietger Hahn, Gießen
Projektmanagement	Dr. Eberhard Zur, Ulm
Protektionismus	Prof. Dr. El-Shagi El-Shagi, Trier
Prozeßkostenrechnung	Prof. Dr. Jürgen Weber, Koblenz
Public Management	Prof. Dr. Dietrich Budäus, Hamburg
Public Relations	Dipl.-Journalist Peter Engel, Starnberg
Risk-Management	Prof. Dr. Dietger Hahn, Gießen
	Prof. Dr. Ulrich Krystek, Worms
Sanierung	Prof. Dr. Ulrich Krystek, Worms
Selektion von Auslandsmärkten	Prof. Dr. Erwin G. Walldorf, Worms
Software Engineering	Prof. Dr. Karl Kurbel, Münster
Sozialpolitik	Prof. Dr. Hans-Günter Krüsselberg, Marburg
Staatliche Verkehrspolitik	Prof. Dr. Johannes Frerich, Bonn
Statistik	Prof. Dr. Eberhard Schaich, Tübingen
Steuerberatung	Prof. Dr. Gerd Rose, Köln
Strategische Führung	Prof. Dr. Dietger Hahn, Gießen
Strategisches Management	Prof. Dr. Günter Müller-Stewens, St. Gallen

Verzeichnis der Abkürzungen

GMBl	– Gemeinsames Ministerialblatt		ProdHaftG	– Produkhaftungsgesetz
GO-BT	– Geschäftsordnung des Bundestages		PublG	– Publizitätsgesetz
GrEStG	– Grunderwerbsteuergesetz		PVG	– Polizeiverwaltungsgesetz
GrStG	– Grundsteuergesetz		RGBl	– Reichsgesetzblatt
GüKG	– Güterkraftverkehrsgesetz		RpfG	– Rechtspflegegesetz
GVG	– Gerichtsverfassungsgesetz		RVO	– Reichsversicherungsordnung
GWB	– Gesetz gegen Wettbewerbsbeschrän-		ScheckG	– Scheckgesetz
	kungen (Kartellgesetz)		SchiffsG	– Schiffsgesetz
HandwO	– Handwerksordnung		SchwbG	– Schwerbehindertengesetz
HGB	– Handelsgesetzbuch		SGB	– Sozialgesetzbuch
HGrG	– Haushaltsgrundsätzegesetz		SGG	– Sozialgerichtsgesetz
h. M.	– herrschende Meinung		StabG	– Stabilitätsgesetz
i. a.	– im allgemeinen		StBerG	– Steuerberatungsgesetz
i. d. F.	– in der Fassung		StGB	– Strafgesetzbuch
i. d. R.	– in der Regel		StPO	– Strafprozeßordnung
i. e. S.	– im engeren Sinne		str.	– strittig
i. S.	– im Sinne		StVG	– Straßenverkehrsgesetz
i. V. m.	– in Verbindung mit		StVO	– Straßenverkehrsordnung
i. w. S.	– im weiteren Sinne		StVollzG	– Strafvollzugsgesetz
JGG	– Jugendgerichtsgesetz		StVZO	– Straßenverkehrs-Zulassungs-Ordnung
KAAG	– Gesetz über Kapitalanlagegesell-		TVG	– Tarifvertragsgesetz
	schaften		u. a.	– unter anderem
KartellG	– Kartellgesetz (Gesetz gegen Wett-		u. ä.	– und ähnliches
	bewerbsbeschränkungen)		UmwG	– Umwandlungsgesetz
KG	– Kommanditgesellschaft		UrhG	– Urheberrechtsgesetz
KGaA	– Kommanditgesellschaft auf Aktien		UStDB	– Durchführungsbestimmungen zum
KJHG	– Kinder- und Jugendhilfegesetz			Umsatzsteuergesetz
KO	– Konkursordnung		UStG	– Umsatzsteuergesetz
KostO	– Kostenordnung		u. U.	– unter Umständen
KSchG	– Kündigungsschutzgesetz		UVPG	– Gesetz über die Umweltverträglich-
KStDV	– Verordnung zur Durchführung des			keitsprüfung
	Körperschaftsteuergesetzes		UWG	– Gesetz gegen den unlauteren Wett-
KStG	– Körperschaftsteuergesetz			bewerb
KUG	– Kunsturhebergesetz		v. a.	– vor allem
KSVG	– Künstlersozialversicherungsgesetz		VAG	– Versicherungsaufsichtsgesetz
KVStDV	– Kapitalverkehrsteuer-Durchführungs-		VerbrkrG	– Verbraucherkreditgesetz
	verordnung		VerglO	– Vergleichsordnung
KVStG	– Kapitalverkehrsteuergesetz		VerlG	– Verlagsgesetz
KWG	– Kreditwesengesetz		vgl.	– vergleiche
LAG	– Gesetz über den Lastenausgleich		v. H.	– von Hundert
LHO	– Landeshaushaltsordnung		VO	– Verordnung
LMBGG	– Lebensmittel- und Bedarfsgegenstände-		VSF	– Vorschriftensammlung der Bundes-
	gesetz			Finanzverwaltung nach Stoffgebieten
LohnFG	– Lohnfortzahlungsgesetz			gegliedert
LStDV	– Lohnsteuer-Durchführungsverordnung		VStG	– Vermögensteuergesetz
LStR	– Lohnsteuer-Richtlinien		VStR	– Vermögensteuer-Richtlinien
LZB	– Landeszentralbank		VVG	– Versicherungsvertragsgesetz
MHG	– Gesetz zur Regelung der Miethöhe		VwGO	– Verwaltungsgerichtsordnung
m. spät. Änd.	– mit späteren Änderungen		VwVfG	– Verwaltungsverfahrensgesetz
MitbestG	– Mitbestimmungsgesetz		WBauG	– Wohnungsbaugesetz
MOG	– Marktordnungsgesetz		WeinG	– Weingesetz
MoMitbestG	– Montan-Mitbestimmungsgesetz		WG	– Wechselgesetz
MSchG	– Mutterschutzgesetz		WPO	– Wirtschaftsprüferordnung
OHG	– offene Handelsgesellschaft		WiStG	– Wirtschaftsstrafgesetz
OLG	– Oberlandesgericht		WuSt	– Wirtschaft und Statistik
OWiG	– Ordnungswidrigkeitengesetz		WZG	– Warenzeichengesetz
PatG	– Patentgesetz		z. T.	– zum Teil
PBefG	– Personenbeförderungsgesetz		z. Z.	– zur Zeit
PflVG	– Pflichtversicherungsgesetz		ZG	– Zollgesetz
PolG	– Polizeigesetz		ZPO	– Zivilprozeßordnung
PostG	– Postgesetz		ZVG	– Zwangsversteigerungsgesetz

F

f, Vorsatz für →Femto (f).

Fabrik, historischer Begriff für eine Betriebsform der Industrie (→Industrieunternehmung). Die F. ist durch eine stark mechanisierte (→Mechanisierung) Produktion gekennzeichnet, die vorwiegend für den anonymen Markt erfolgt. Durch die Produktion großer, gleichartiger Produktmengen bei weitgehender Arbeitsteilung wird der Einsatz von ungelernten oder angelernten Arbeitskräften möglich. Weitere historische Betriebsformen sind das Verlagssystem und die →Manufaktur.

Fabrikatekonto, im →Gemeinschafts-Kontenrahmen industrieller Verbände (GKR) vorgesehenes Konto zur Aufnahme der hergestellten Fertigerzeugnisse zu →Herstellkosten (Konto der →Fertigerzeugnisse, Kontenklasse 7). Das F. ist eingeschaltet zwischen Herstellungs- und Verkaufskonto.

Fabrikation, älterer Begriff für →Produktion; als Firmenzusatz oder als bloße Geschäftsbezeichnung zulässig.

Fabrikationsgeheimnis, →Betriebs- und Geschäftsgeheimnis.

Fabrikationskonto, →Herstellkonto.

Fabrikationsprogramm, →Produktionsprogramm.

Fabrikationsteuer, *Produktionsteuer,* besondere Erhebungsweise einer →Verbrauchsteuer, sog. „innere" Verbrauchsbesteuerung. Erhebung der F. erfolgt im Verlauf des Produktionsprozesses und knüpft dabei an bestimmte Merkmale an, z. B. an Rohstoffe (Zuckerrüben), Herstellungsapparatur (Maischbottich-Volumen) oder Halbfabrikat (Bierwürze). – Die *Rohstoffsteuer* reizt zur Steuereinholung durch

Verbesserung des Ausbeuteverhältnisses, z. B. wird die Steigerung der Zuckerausbeute aus Rübenschnitzeln von 1:11 auf 1:6 wesentlich der Zuckerrohstoffbesteuerung zugeschrieben. Die Steuergesetzgebung belohnt rationelle Betriebsführung. Aus diesem Grund wurde die Zuckerrübensteuer durch eine →Fabrikatsteuer ersetzt.

Fabrikatsteuer, Art der →Verbrauchsteuer; Erhebung erfolgt nach völligem Abschluß des Herstellungsprozesses, wenn das Produkt die Fabrikationsstätte verläßt, z. B. →Tabaksteuer, →Spielkartensteuer, →Mineralölsteuer. – *Vorteile* für Finanzverwaltung: a) Betrieblicher Versand ist leicht zu kontrollieren; b) Exportmengen sind ggf. unmittelbar von der Besteuerung auszunehmen, so daß Steuerrückvergütungsverfahren entfällt. – *Anders:* →Fabrikationsteuer.

Fabrik der Zukunft, →factory of the future.

Fabrikgebäude, Zweckbauten für industrielle Fertigung. – 1. *Bilanzierung* und *Kostenrechnung:* F. sind getrennt zu erfassen von Lager-, Verwaltungs- und Wohngebäuden, mit Rücksicht auf folgende Erfordernisse: a) höherer Abschreibungsbedarf (→Gebäudeabschreibungen) als bei Büro- und Wohnhäusern: (1) wegen stärkerer Beanspruchung, z. B. bei Erschütterungen durch Pressen und andere Maschinen; (2) wegen vorzeitigen Veraltens und mangelnder Anpassungsfähigkeit bei Änderung des Fabrikationsverfahrens (→AfA-Tabellen); b) höhere →Instandhaltungskosten. – 2. *Steuerbilanz:* Bewertung von F. in der Steuerbilanz: →Anschaffungskosten oder →Herstellungskosten vermindert um →Absetzungen für Abnutzung (AfA) oder niedrigerer →Teilwert. – 3. Wertermittlung nach dem *Bewertungsgesetz*: Vgl. →Sachwertverfahren, →Betriebsvorrichtungen.

Face-to-face-Kommunikation, →Kommunikation in Form eines persönlichen Gesprächs, bei dem sich die Kommunikationspartner auch physisch an einem Ort befinden.

Fachakademie, Schultyp in einigen Bundesländern, der den Realschulabschluß oder einen gleichwertigen Schulabschluß voraussetzt und i. d. R. im Anschluß an eine dem Ausbildungsziel dienende berufliche Ausbildung oder praktische Tätigkeit auf den Eintritt in eine gehobene Berufslaufbahn vorbereitet. Der Ausbildungsgang dauert bei Vollzeitunterricht mindestens zwei Jahre. Durch eine staatliche Ergänzungsprüfung zur Abschlußprüfung kann die Zugangsberechtigung zu einer entsprechenden →Fachhochschule (FH) erworben werden. – *Ähnlich*: →Berufskolleg.

Fachanwalt, →Rechtsanwalt, geregelt durch das Gesetz über Fachanwaltsbezeichnungen nach der Bundesrechtsanwaltsordnung vom 27. 2. 1992 (BGBl I 369), mit besonderer Kenntnis eines Spezialgebiets. Darin sind als Fachgebiete vorgesehen: Verwaltungsrecht, Steuerrecht, Arbeitsrecht und Sozialrecht.

Facharbeiter, aus der tariflichen Praxis übernommene Bezeichnung für: a) diejenigen Arbeitnehmer, der aufgrund eines Berufsausbildungsverhältnisses in einem anerkannten →Ausbildungsberuf die vorgeschriebene Ausbildungsabschlußprüfung abgelegt hat und auch im erlernten Beruf beschäftigt ist (auch gelernter Arbeiter genannt); b) denjenigen Arbeitnehmer, dessen Fähigkeiten und Kenntnisse denen unter a) gleichzusetzen sind. – *Anders*: →angelernter Arbeiter.

Fachaufsicht, Form der Überwachung der öffentlichen →Verwaltung, bei der die Aufsichtsbehörde sowohl die Rechtmäßigkeit als auch die Zweckmäßigkeit des Verwaltungshandelns überprüft. Die F. ist die übliche Aufsichtsform im Bereich der →Auftragsverwaltung. – *Anders*: →Rechtsaufsicht.

Fachausschuß, Gruppe von sachverständigen Personen, die zur Prüfung einer oder einer Reihe spezifischer Fragen und/oder

zur Ausarbeitung von Gutachten zusammentritt: (1) innerhalb der Regierung; (2) innerhalb des Parlaments (→Bundestagsausschüsse); (3) innerhalb von Interessenverbänden oder politischen Parteien; (4) innerhalb von Unternehmungen (→Gremium).

Fachausschuß für moderne Abrechnungssysteme (FAMA), Unterausschuß des →Instituts der Wirtschaftsprüfer in Deutschland e. V. (IDW) (vgl. im einzelnen dort). Von Bedeutung in Anbetracht der in der Buchführung und Bilanzierung angewandten neuen Technologien.

Fachausstellung, →Ausstellung.

Facheinzelhandel, →Fachgeschäft.

Fachgeschäft. 1. *Begriff*: Traditionelle Betriebsform des →Einzelhandels. Die von einem Branchen-Fachmann, i. d. R. mit einschlägiger Ausbildung, geleitete, typisch mittelständige Einzelhandelsunternehmung. F. finden sich in nahezu allen Branchen des Einzelhandels. – *Besondere Kennzeichen*: Eher schmales, häufig sehr tiefes, in sich geschlossenes Branchen-Sortiment. Beratung durch speziell geschulte Verkaufskräfte sowie weitergehende Dienstleistungen (z. B. Zustellung, Warenversand, Geschenkverpackung, Reparatur, Installation, Umtausch). Standort bevorzugt an innerstädtischen Haupt- oder Nebenlagen, möglichst in der Nachbarschaft von F. anderer Branchen (→Agglomeration). Preise wegen hoher Personal- und sonstiger Handlungskosten relativ hoch. – 2. *Bedeutung*: a) Viele Hersteller sehen den Vertrieb über den Fachhandel als geeigneten →Absatzweg für ihre hochwertigen Produkte (z. B. →Markenartikel). Insbes. wegen ihres Beratungsangebots werden F. für die Einführung neuer Produkte bevorzugt; dabei wird häufig versucht, durch →Vertriebsbindungen den Weg der Ware im →Absatzkanal möglichst weitgehend zu kontrollieren. – b) F. konnten durch vielfältige Anpassungsprozesse, zumeist des →trading down, ihre Wettbewerbsfähigkeit zu großen Teilen erhalten. Hierbei hat der Anschluß an →kooperative Gruppen zu Kostenreduzierungen in Beschaffung und Verwaltung sowie zur Verbesserung von Entscheidungen des Handelsmarketing geführt.

Fachgymnasium, *berufliches Gymnasium*, Gymnasium mit Schwerpunktsetzung auf berufsbezogene Fächer; nach Berufsfeldern gegliedert (musische, technische, sozialpädagogische, wirtschaftliche Bereiche u. a.). F. führen i. d. R. zur Allgemeinen Hochschulreife. – Vgl. auch →Wirtschaftsgymnasium.

Fachhandel, →Fachgeschäft.

Fachhochschulen (FH), in fast allen Bundesländern und Berlin (West) selbständige oder integrierte Einrichtungen des Hochschulbereichs, hervorgegangen aus den früheren höheren Fachschulen (Ingenieurschulen, höhere Wirtschaftsfachschulen usw.). I. d. R. umfassen sie Einrichtungen des ingenieurwissenschaftlichen, wirtschaftswissenschaftlichen, sozialpädagogischen und künstlerischen Studienbereichs. – *Rechtsform:* Körperschaften des öffentlichen Rechts (Regelfall). – *Formen:* Einige Bundesländer haben sich für *regionale FH* entschieden, die in Fachbereiche unterteilt sind. Wenige Bundesländer (z. B. Rheinland-Pfalz) verfügen über *Landesfachhochschulen,* die in regionale Abteilungen mit jeweils mehreren Fachrichtungen gegliedert sind. – *Aufgaben:* Die FH vermitteln eine anwendungsorientierte Lehre auf wissenschaftlicher Grundlage und befähigen zu selbständiger Anwendung wissenschaftlicher Methoden und Erkenntnisse in Beruf und Gesellschaft. Sie dienen der kritischen Reflexion technischer, wirtschaftlicher und sozialer Zusammenhänge und bieten darüber hinaus Weiterbildungsmöglichkeiten für Erwachsene und Kontaktstudien an. Sie arbeiten mit allen anderen Einrichtungen des Hochschulbereichs in kooperativer oder integrierter Weise zusammen. Fachhochschulprofessoren sind in angemessener Weise an anwendungsorientierter Forschung zu beteiligen. – *Aufnahmevoraussetzungen:* Mittlere Reife oder Fachschulreife mit anschließendem Besuch der Fachoberschule und damit verbundener Fachhochschulreife oder abgeschlossene kaufmännische Lehre, Fachschulreife und zusätzliche Fachhochschulreife nach verkürztem Besuch der Fachoberschule. – *Studiengang:* I. d. R. sechs- bzw. siebensemestrig mit der Möglichkeit, bereits nach der Vorprüfung den Studiengang fachgebunden im Hochschulsystem an anderer Stelle fortzusetzen. Stärkere Spezialisierung nach dem 3. oder 4. Studiensemester in Seminaren mit der Möglichkeit zu weiteren Kontaktstudien.

Maßvolle Spezialisierung der wirtschaftswissenschaftlichen Fachbereiche in den Fachrichtungen oder Studienschwerpunkten Management, Rechnungswesen, Wirtschaftsinformatik, Betriebliches Steuerwesen, Personal- und Ausbildungswesen, Vertriebswesen und Marktforschung, Produktions-, Außenwirtschaft, Fremdenverkehr usw. Im technischen Bereich Fortführung der wichtigsten Fachrichtungen der bisherigen Ingenieurschulen und neue Errichtung von Fachrichtungen für Sozialarbeit und Sozialpädagogik. – *Abschluß:* Diplom. Mit dem erworbenen Abschlußzeugnis ist die Hochschulreife und damit die Zugangsberechtigung für Universitäten und Technische Universitäten verbunden. – *FH in der Bundesrep. D.* (alte Bundesländer): a) *Baden-Württemberg:* FH Aalen, FH für Bauwesen Biberach, FH für Sozialwesen Esslingen, FH für Technik Esslingen, FH Furtwangen, FH Heilbronn, FH Karlsruhe, FH für öffentliche Verwaltung Kehl, FH Konstanz, FH für Sozialwesen Mannheim, FH für Technik Mannheim, FH Nürtingen, FH Offenburg, FH für Gestaltung Pforzheim, FH für Wirtschaft Pforzheim, FH Ravensburg-Weingarten, FH für Technik und Wirtschaft Reutlingen, FH für Forstwirtschaft Rottenburg, FH für Gestaltung Schwäbisch Gmünd, FH für Technik Sigmaringen, FH für Bibliothekswesen Stuttgart, FH für Druck Stuttgart, FH für Technik Stuttgart, FH für öffentliche Verwaltung Stuttgart, FH Ulm. – b) *Bayern:* FH Augsburg, FH Coburg, FH Weihenstephan, FH Kempten, FH Landshut, FH München, FH Nürnberg, FH Regensburg, FH Rosenheim, FH Würzburg/Schweinfurt. – c) *Berlin (West):* Technische FH, FH für Wirtschaft, FH für Sozialarbeit und Sozialpädagogik, Evangelische FH für Sozialarbeit und Sozialpädagogik. – d) *Bremen:* Hochschule Bremen, Hochschule Bremerhaven. – e) *Hamburg:* FH Hamburg. – f) *Hessen:* FH Darmstadt, FH Frankfurt a. M., FH Fulda, FH Gießen-Friedberg, FH Wiesbaden, Hochschule für Gestaltung Offenbach a. M. – g) *Niedersachsen:* FH Braunschweig/Wolfenbüttel, FH Hannover, FH Hildesheim/Holzminden, FH Nordostniedersachsen (Lüneburg), FH Oldenburg, FH Osnabrück, FH Ostfriesland (Emden), FH Wilhelmshaven, Niedersächsische FH für Verwaltung und Rechtspflege Hildesheim. – h) *Nordrhein-Westfalen:* FH Aachen, FH Bielefeld, FH Bochum, FH

Dortmund, FH Düsseldorf, FH Hagen, FH Köln, FH Lippe (Lemgo), FH Münster, FH Niederrhein (Krefeld). – i) *Rheinland-Pfalz*: FH des Landes Rheinland-Pfalz (Mainz). – j) *Saarland*: FH des Saarlandes (Saarbrücken), Katholische FH für Sozialwesen (Sozialarbeit/Sozialpädagogik) (Saarbrücken). – k) *Schleswig-Holstein*: FH Flensburg, FH Kiel, FH Lübeck, FH für Verwaltung, Polizei und Steuerwesen Altenholz. – *FH in den „euen Bundesländern*: Das Hochschulsystem befindet sich derzeit in einem Umstrukturierungsprozeß (Stand 1992).

Fachkenntnisse, Inbegriff eines →Anforderungsmerkmals bezüglich der Arbeitsschwierigkeit im Rahmen der →Arbeitsbewertung. – F. setzen sich zusammen aus: 1. *Berufsausbildung*: a) *Zweckausbildung*: (1) Anweisung (bis 1 Jahr): Notwendigste Stoff- und Maschinenkenntnisse, bloßes Vertrautsein mit bestimmten Bewegungsabläufen; (2) Anlernen (etwa 1/2–1 1/2 Jahre): Regelmäßige, praktische und theoretische Anlernung, die begrenzte und genau umrissene Kenntnisse bezüglich Werkstoff und Betriebsmittel vermittelt; (3) Anlernausbildung (etwa 1 1/2–2 1/2 Jahre): Systematische Anlernung einer als Anlernberuf anerkannten Tätigkeit mit festgelegter Prüfungsordnung. – b) *Fachausbildung* (drei Jahre): (1) abgeschlossene Handwerkslehre, so daß alle Arbeiten des Berufs fachgemäß ohne fremde Hilfe ausgeführt werden können; (2) höchstes fachliches Können: Besondere langjährige Berufserfahrung und Schulung durch umfassende Praxis und fundierte theoretische Kenntnisse. – 2. *Berufserfahrung*: Kenntnisse, die außerhalb der Fach- und Zweckausbildung nur durch zusätzliche praktische Tätigkeit im Berufszweig erworben werden können.

Fachkraft für Arbeitssicherheit, rechtliche Regelung in dem Gesetz über Betriebsärzte, Sicherheitsingenieure und andere Fachkräfte für Arbeitssicherheit vom 12.12.1973 (BGBl I 1885) mit späteren Änderungen. Arbeitgeber haben F.f.A. (Sicherheitsingenieure, -techniker und -meister) unter den gleichen Voraussetzungen wie →Betriebsarzt schriftlich zu bestellen und ihnen bestimmte Aufgaben zu übertragen (v.a. Unterstützung des Arbeitgebers beim Arbeitsschutz und bei der Unfallverhütung in allen Fragen der →Arbeitssicher-

heit einschl. der menschengerechten Gestaltung der Arbeit). – Vgl. auch →Sicherheitsingenieur.

Fachliteratur, im Gegensatz zu unterhaltendem oder allgemeinbildendem Lesestoff, Druckwerke, die geeignet sind, Aus- und Fortbildung in einem Fachgebiet zu vermitteln: Fachbücher, Fachzeitschriften, Fernkurse. – *Steuerliche Behandlung*: F. sind als Aufwendungen für →Betriebsausgaben oder als →Werbungskosten bei der →Einkünfteermittlung abzugsfähig.

Fachmarkt, Betriebsform des Einzelhandels. Bestimmte Teile des Sortiments von →Fachgeschäften werden zielgruppenorientiert neu zusammengestellt; Mischung von Selbstbedienung und Beratung bei Bedarf; großflächige, offene Warenpräsentation (→Display); tendenziell niedriges bis allenfalls mittleres Preisniveau. – *Beispiele*: Hobby-, Bau-, Drogerie-, Bekleidungs-, auch Sportfachmärkte.

Fachmesse, →Messe.

Fachoberschule, berufsbildende Schule, die, auf dem Realschulabschluß oder einem als gleichwertig anerkannten Abschluß aufbauend, allgemeine, fachtheoretische und fachpraktische Kenntnisse und Fähigkeiten vermittelt. Zahlenmäßig wichtigste Fachbereiche: Technik und Wirtschaft. Die F. umfaßt die Klassen 11 und 12. – *Lern- und Ausbildungsinhalte*: a) Die *fachpraktische Ausbildung* findet in der Klasse 11 häufig als Praktikantenausbildung statt; sie wird von jenen Schülern besucht, die den Realschulabschluß oder einen entsprechenden Bildungsstand, aber noch keinen beruflichen Abschluß besitzen. b) Die *allgemeine und fachtheoretische Ausbildung* erfolgt in der Klasse 12, in die Schüler direkt aufgenommen werden können, wenn sie den Realschulabschluß und einen beruflichen Abschluß oder Berufserfahrung in der entsprechenden Fachrichtung nachweisen können. – *Abschluß*: Fachhochschulreife.

Fachpromotoren, →Buying-Center.

Fachschule für Betriebswirtschaft, *Fachschule für Wirtschaft, Wirtschaftsfachschule,* öffentliche oder private →Fachschule zur Ausbildung kaufmännischer Fachkräfte, die fähig sind, gehobene Tätigkeiten in der Wirtschaft und der Verwaltung auszuüben. – 1. *Aufnahmevoraussetzungen*: a) Fachschulreife, Realschulabschluß oder gleichwertiger Bildungsstand und b) Abschlußprüfung in einem kaufmännischen Ausbildungsberuf mit anschließender mindestens zweijähriger (bei allgemeiner oder fachgebundener Hochschulreife einjähriger) Berufserfahrung oder i. d. R. sechsjähriger kaufmännischer Berufserfahrung mit Abschlußprüfung. – 2. *Ausbildungsgang*: Insgesamt vier Halbjahre, gegliedert in Grundstufe und Fachstufe von je zwei Halbjahren. a) Grundstufe als Vollzeitschule oder Teilzeitschule (Abend- und Samstagunterricht) umfaßt allgemeine Grundfächer; b) Fachstufe als Vollzeitschule mit Fachstufenkursen nach betriebswirtschaftlichen Funktionen. – 3. *Abschlußprüfung* als „*Staatlich geprüfter Betriebswirt*" für die Absolventen der F. sowie für Schulfremde bei Vorliegen bestimmter Voraussetzungen.

Fachschule für Wirtschaft, →Fachschule für Betriebswirtschaft.

Fachschulen, berufsbildende Schulform, die nach Abschluß einer Berufsausbildung und entsprechender Berufserfahrung oder nach einschlägiger praktischer Berufstätigkeit besucht wird. Ziel ist eine vertiefte berufliche Fachbildung sowie ein Ausbau der Allgemeinbildung. Die F. befähigt i. d. R. zur Übernahme von Funktionen, die i. a. vom im Beruf erfahrenen Praktikern nicht mehr erfüllt werden können und nicht den Einsatz von Fachhochschul- oder Hochschulabsolventen erfordern. *Dauer der Ausbildung*: Bei Vollzeitunterricht zwischen einem halben Jahr und drei Jahren, bei Teilzeitunterricht kann sie bis zu vier Jahren betragen. – Durch die Wahrnehmung von Zusatzunterricht kann mit dem F.-Abschluß auch der *Realschulabschluß* oder *Fachhochschulreife* erworben werden. – *F. mit wirtschaftlicher Orientierung*: Vgl. →Fachschule für Betriebswirtschaft.

Fachstatistiken, Statistiken für einzelne Zweige des →Produzierenden Gewerbes, mit deren Hilfe Vorgänge im Wirtschaftsablauf dieser Zweige statistisch durchleuchtet werden, um der Verwaltung und Wirtschaft die für internationale Verhandlungen notwendigen Einblicke zu verschaffen. F. bieten auch für die →Volkswirtschaftlichen Gesamtrechnungen (VGR) und für die Input-Output-Tabellen (→Input-Output-

Analyse) wichtige Informationen. – Im einzelnen *gehören dazu*: →Eisen- und Stahlstatistik, →Nichteisen- und Edelmetallstatistik, →Düngemittelstatistik, →Mineralölstatistik, →Textilstatistik (bis 1984). – *Veröffentlichung* in verschiedenen Reihen der Fachserie 4 „Produzierendes Gewerbe" des Statistischen Bundesamtes. – Vgl. auch →Sonderstatistiken.

Fachteil in der Vorschriftensammlung Bundesfinanzverwaltung (VSF), Dienstanweisungen des Bundesministers der Finanzen an die Zolldienststellen zu den Rechtsgrundlagen des →Zollrechts. Der F. hat administrativen Charakter, begründet daher keine Rechte und Pflichten Dritter und bindet nicht die Gerichte. Kenntnis kann trotzdem für Zollbeteiligte von Bedeutung sein, weil er mitunter Grundsätze der Verwaltung enthält.

Fachwirt, nach der Weiterbildungskonzeption des Deutschen Industrie- und Handelstages mittlere kaufmännische Führungskraft, Branchen- bzw. Wirtschaftszweigspezialist mit erweiterten beruflichen Kenntnissen in einem Wirtschaftszweig, z. B. Industriefachwirt, Handelsfachwirt, Versicherungsfachwirt, Verkehrsfachwirt, Bankfachwirt. – Fortbildungsmöglichkeiten bei Industrie- und Handelskammern und anderen Bildungsträgern sowie durch Fernkurse mit Direktunterricht. – *Fachwirteprüfungen* bei Industrie- und Handelskammern. – *Zulassungsvoraussetzungen zur Prüfung*: a) abgeschlossene Ausbildung in einem entsprechenden kaufmännischen Ausbildungsberuf; weitere Berufspraxis in dieser Fachrichtung von mindestens drei Jahren; b) ohne abgeschlossene kaufmännische Berufsausbildung mindestens 6jährige einschlägige Berufspraxis.

facility. 1. *Operations Research*: Vgl. →Abfertigungseinheit. – 2. *Bankwesen*: Vgl. →Kreditfazilität.

Façonwert, →Firmenwert.

fact, →Faktum.

factor comparison, →Merkmalsvergleich.

Factoring. I. Begriff: Finanzierungsgeschäft, bei dem ein spezialisiertes Finanzierungsinstitut (Factor) von einem Verkäufer dessen Forderungen aus Warenlieferungen und Dienstleistungen laufend oder einmalig ankauft und die Verwaltung (Fakturierung, Buchführung, Mahnwesen, Inkasso) der Forderungen übernimmt. F. ist kein Bankgeschäft im Sinn von § 1 KWG. Nach § 10a II KWG sind F.-Töchter jedoch von Banken in die Berechnung des konsolidierten haftenden Eigenkapitals der →Kreditinstitutsgruppe miteinzubeziehen, wenn das Spitzeninstitut mindestens 40% der Kapitalanteile an der F.-Gesellschaft unmittelbar oder mittelbar hält oder auf diese einen beherrschenden Einfluß ausüben kann.

II. Arten: 1. *Fälligkeits-F. (maturity f.)* liegt vor, wenn der Factor die Forderungen Valuta Fälligkeitstag oder ohne Übernahme des Delkredere ankauft und keine Bevorschussung erfolgt. – 2. *Echtes F. (old-line f.)* liegt dann vor, wenn neben der Verwaltung der Forderungen auch Finanzierungsleistungen erbracht und Kreditrisiken übernommen werden. Bleibt das Kreditrisiko beim Forderungsverkäufer, spricht man von *unechtem F.* – 3. F. wird hinsichtlich der Erkennbarkeit der Abtretung für den Schuldner des Forderungsverkäufers in *offenes F. (notification f.)*, *halboffenes F.* und *verdecktes F. (non-notification f.)* eingeteilt.

III. Hauptfunktionen: 1. Die *Finanzierungsfunktion* besteht darin, daß der Factor bei Forderungsankauf per Zahlungseingang bzw. in einem durchschnittlichen oder individuellen Fälligkeitstag einen Vorschuß auf die Bezahlung der Forderung gewährt oder bei Übernahme der Forderung dem Forderungsverkäufer den Kaufpreis sofort gutschreibt. – 2. Die *Dienstleistungsfunktion* des F. besteht in der Übernahme sämtlicher im Zusammenhang mit der Forderung stehenden Verwaltungsaufgaben durch den Factor. – 3. Die *Delkrederefunktion* besteht in der Übernahme des vollen Kredit-(Delkredere)Risikos durch den Factor. Um das Risiko für den Factor zu begrenzen, wird der Klient im F.-Vertrag verpflichtet, durch →Globalabtretung alle während des Vertragsverhältnisses entstehenden Forderungen bzw. alle Forderungen eines bestimmten Umsatzbereichs abzutreten.

IV. F. im Außenhandel: 1. *Export-F.*: Der Exporteur reicht dem inländischen Factor seine Rechnungskopie ein, die alle Bedingungen des Exportauftrags enthält. Der inländische Factor reicht diese an den ausländischen Factor weiter, der nach Prüfung der Bonität des Käufers dem inländischen Factor eine Haftungszusage erteilt (credit approval). Aufgrund dieser sagt der inländische Factor dem Kreditnehmer den Kredit zu. Der inländische Factor erhält beim Versand die üblichen Warendokumente, die dann entsprechend dem inländischen F.-Geschäft mit 80–95% „Valuta Verfalltag" kreditiert werden. – 2. *Import-F.*: Der inländische Factor übernimmt gegenüber dem ausländischen Factor die Haftung für die Zahlungsfähigkeit der Abnehmer. Im übrigen gleicht das Verfahren dem Export-F.

V. Vorteile: Für die Unternehmensführung liegen sie v. a. in der Entlastung sowie Erleichterung ihrer Planungs- und Überwachungsarbeit. Im Finanzierungsbereich sichert ein F.-Vertrag dem Forderungsverkäufer unabhängig von der Lage auf den Finanzmärkten ein mittelfristiges Finanzierungsvolumen, das sich der Umsatzentwicklung und damit dem Mittelbedarf für Außenstände und Lagerhaltung automatisch anpaßt. In der Bilanz führt die F.-Finanzierung zu einem Aktivtausch zwischen Forderungen aus Lieferung und Leistung und Bankguthaben. Für den Fall der Tilgung von Warenschulden mit F.-Mitteln tritt eine Bilanzverkürzung und damit eine Verbesserung des Liquiditätsbildes und der Eigenkapitalrelationen ein.

factory of the future, *Fabrik der Zukunft.* 1. *Begriff:* Gesamtkonzeption zur Integration von betriebswirtschaftlich und technisch orientierten Computersystemen und →Anwendungen in einem Fertigungsbetrieb. – 2. *Elemente:* Im Rahmen des Konzepts →CIM Einbeziehung von →PPS-Systemen, Konstruktion, Produkt-, Arbeitsplanung und Fertigung (vgl. auch →CAD, →CAP, →CAQ, →CAM), insbes. automatisierter Transport-, Lager- und Fertigungssysteme (→Fertigungsautomation, →fahrerloses Transportsystem (FTS)). Darüber hinaus Integration mit Bürokommunikationssystemen (→Bürokommunikation, vgl. auch →Büro der Zukunft) und →Schnittstellen zu externen Computersystemen (→zwischenbetriebliche Integration der Datenverarbeitung). – 3. *Voraussetzungen:* Gemeinsame Datenbasis (→Datenbanksystem) und Vernetzung der Einzelsysteme (→Computerverbund (-system), →Netz).

Fähigkeit, Gesamtheit der individuellen Bedingungen, die für die Erreichung einer bestimmten Leistung neben der →Motivation erforderlich sind (Leistung = Motivation + F.). F. können sowohl angelegt *(Begabungen)* als auch erworben *(Fähigkeiten)* sein und variieren nach dem Grad ihrer Ausprägung von Person zu Person. – Die Feststellung von *Fähigkeitsunterschieden* zum Zwecke der individuellen Leistungsvorhersage ist Gegenstand der →Eignungsuntersuchung.

Fahrenheit, *Grad-Fahrenheit,* Temperatureinheit in Großbritannien und USA. Zwischen Fahrenheit-(t_F) und Celsius-Temperatur (t_c) gilt:

$$t_c = \frac{5}{9}(t_F - 32).$$

Vgl. auch →Grad Celsius (°C).

Fahrerflucht, →unerlaubtes Entfernen vom Unfallort.

Fahrerlaubnis. I. Begriff: Bezeichnung der von der zuständigen Behörde durch Verwaltungsakt erteilten Ermächtigung zur Führung eines →Kraftfahrzeugs auf öffentlichen Wegen und Plätzen. – 1. *Erteilung:* F. wird für jede Betriebsart erteilt (§ 5 StVZO); sie ist nach Erfüllung der →Altersgrenzen zu erteilen, wenn die Befähigung durch eine Prüfung, die u. a. die Gefahrenlehre und die umweltbewußte Fahrweise umfaßt, dargetan und nachgewiesen ist, daß die Grundzüge der energiesparenden Fahrweise und der Versorgung Unfallverletzter im Straßenverkehr beherrscht werden (§ 2 StVG). Die F. setzt ferner die Ablegung eines Sehtestes und für Klasse 2 eine ärztliche Untersuchung voraus. – 2. Bei erstmaligem Erwerb wird die *F. auf Probe* erteilt; Probezeit 2 Jahre. Werden innerhalb dieser Zeit bestimmte →Straftaten oder →Ordnungswidrigkeiten begangen und ergeht deshalb eine rechtskräftige Entscheidung, die in das →Verkehrszentralregister einzutragen ist, so muß an einem Nachschulungskurs teilgenommen sowie u. U. auch eine weitere Prüfung abgelegt werden (§ 2 a StVG). – 3. Eine *ausländische F.* gilt unbefristet. Erst nach Begründung eines ständigen Aufenthalts im Inland ist die Berechtigung auf 12 Monate befristet und muß umgeschrieben werden (Verordnung über internationalen Kraftfahrzeugverkehr vom 12. 11. 1934 mit spä-

teren Änderungen). – 4. *Nachweis* der F. durch →Führerschein.

II. Klassen: *Klasse 1:* Krafträder über 50 ccm oder mit einer durch Bauart bestimmten Höchstgeschwindigkeit von mehr als 50 km/h; *Klasse 1 a:* Krafträder der Klasse 1, jedoch mit einer Nennleistung von nicht mehr als 20 kW und einem Leergewicht von nicht weniger als 7 kg/kW, Fahrerlaubnis der Klasse 1 darf erst nach zweijährigem Besitz der Klasse 1 a erteilt werden (Stufenführerschein); *Klasse 1 b:* →Leichtkrafträder; *Klasse 2:* Kfz über 7,5 t und Züge mit mehr als 3 Achsen; *Klasse 3:* alle Kfz außer Klassen 1, 1 a, 1 b, 2, 4 oder 5; *Klasse 4:* →Kleinkrafträder und →Fahrräder mit Hilfsmotor; *Klasse 5:* Krankenfahrstühle, Kfz mit einer durch Bauart bestimmten Höchstgeschwindigkeit von nicht mehr als 25 km/h, – F. der Klasse 1 berechtigt zum Führen von Fahrzeugen der Klassen 1 a, 1 b, 4 und 5; der Klasse 1 a zu Klasse 1 b, 4 und 5; der Klasse 1 b zu Klasse 4 und 5; der Klasse 2 zu den Klassen 3, 4 und 5; der Klasse 3 zu den Klassen 4 und 5; der Klasse 4 zur Klasse 5. – Eine *besondere F.* ist erforderlich für die Beförderung von Personen durch Taxen oder →Kraftomnibusse (KOM) (§§ 15 d. ff. StVZO).

III. Entziehung der F.: 1. Durch das *Gericht,* v. a. bei strafbaren Handlungen, wenn der Täter sich durch die Tat als ungeeignet zum Führen von Kraftfahrzeugen erwiesen hat. Das Gericht bestimmt zugleich eine Frist (sechs Monate bis fünf Jahre), vor deren Ablauf keine neue F. erteilt werden darf oder untersagt die Erteilung für immer. Das Gericht kann seine Entscheidung ändern, wenn die Maßnahme nicht mehr erforderlich ist; Einzelheiten in §§ 69, 69 a StGB. Bereits vor Verurteilung kann bei dringendem Verdacht die vorläufige Entziehung der F. durch das Gericht angeordnet werden (§ 111 a StPO). – Vgl. auch →Fahrverbot. – 2. Durch die *Verwaltungsbehörde,* falls der Inhaber der F. körperlich oder geistig ungeeignet ist, z. B. wegen Gebrechens oder häufiger Verstöße im Straßenverkehr, die sich aus dem Verkehrszentralregister ergeben (§ 4 StVG, § 15 b StVZO). Die Verwaltungsbehörde kann auch eine unbeschränkt erteilte F. einschränken oder mit Auflagen versehen. – Die *Wiedererteilung* einer entzogenen F. kann ohne besondere Fahrprüfung erfolgen (§ 15 c StVZO).

IV. Fahren ohne F. oder trotz Entzugs der F.: Wird mit Freiheitsstrafe bis zu einem Jahr oder mit Geldstrafe bestraft (§ 21 StVG).

fahrerloses Transportsystem (FTS), *computergestütztes Transportsystem,* computergesteuerte (→Computersystem) Fördereinrichtung, die automatisch Güter durch Produktionshallen bewegt. Die „Fahrstraßen" werden durch Induktionsschleifen gebildet. Der Rechner kann dabei die Transportwege optimieren und überwachen. – Vgl. auch →PPS-Systeme, →factory of the future, →Fertigungsautomation, →Hochregallager, →Prozeßsteuerung.

Fahrgemeinschaft, Zusammenschluß von Arbeitnehmern zur gemeinsamen Benutzung eines Kfz bei Fahrten zwischen Wohnung und Arbeitsstätte, Familienheimfahrten, Dienstreisen zwecks Kostenersparnis. – *Arten* (unterschiedliche steuerliche Folgen für Aktiv- und Passivfahrer): 1. Mehrere Arbeitnehmer, die jeweils einen eigenen Pkw haben, benutzten *wechselweise für einen gewissen Zeitraum einen Pkw* gemeinsam. Jedes Mitglied erhält die Fahrtkostenpauschale für die mit dem eigenen Pkw durchgeführten Fahrten; eine gegenseitige Verrechnung am Jahresende soll unschädlich sein. – 2. Mehrere Arbeitnehmer benutzen *entgeltlich oder unentgeltlich* ständig das Fahrzeug eines Arbeitskollegen. F., auch Mitnahmen gegen Entgelt, gelten nicht als gewerbsmäßige Personenbeförderung; erhaltene Mitfahrvergütungen gehören aber zu den Einkünften gem. § 22 Nr. 3 EStG. Der Arbeitnehmer selbst kann nur die Pauschbeträge für die kürzeste Fahrstrecke beanspruchen. Kosten für die Umwegstrecken sind in tatsächlicher Höhe von der Mitfahrvergütung abzuziehen. – *Versicherungsschutz:* Erstreckt sich auf Haftpflichtansprüche sämtlicher Fahrzeuginsassen gegen den (berechtigten) Fahrer. Ausgeschlossen sind jedoch Ansprüche aus Sach- und Vermögensschäden des Versicherungsnehmers, Halters oder Eigentümers gegen mitversicherte Personen.

Fahrlässigkeit. I. Zivilrecht: Außerachtlassen der im Verkehr erforderlichen Sorgfalt (§ 276 BGB). Im Gegensatz zum Strafrecht objektiver Maßstab. Weder Verkehrsunsitten noch Fähigkeiten oder Einsicht des Schuldners werden berücksichtigt, jedoch wird innerhalb gewisser Gruppen

differenziert (z. B. Sorgfalt eines ordentlichen Kaufmanns, § 347 HGB). – F. *setzt voraus,* daß der Schuldner den schädlichen Erfolg bei Anwendung der im Verkehr erforderlichen Sorgfalt hätte voraussehen müssen (aber nicht daran gedacht hat: *unbewußte F.).* – Bisweilen wird nur für *grobe F.* (besonders schwere Verletzung der erforderlichen Sorgfalt, wenn Schuldner nicht beachtet, was jedem einleuchten muß) gehaftet, z. B. Schenker, Verleiher, Schuldner bei Annahmeverzug. – Nur für *konkrete F.,* d. h. Verletzung der Sorgfalt, die der Schuldner in eigenen Angelegenheiten anzuwenden pflegt, hat z. B. der Gesellschafter einzustehen. Wer für konkrete F. haftet, ist von der Haftung für grobe F. nicht befreit (§ 277 BGB).

II. Strafrecht: Die nichtgewollte Verwirklichung eines Straftatbestandes, falls damit der Täter die ihm mögliche und zumutbare Sorgfalt außer acht gelassen hat und den nach dem Gesetz erforderlichen Erfolg hätte voraussehen können. *Unbewußte F.,* wenn der Täter den voraussehbaren Erfolg nicht bedacht hat, *bewußte F.,* wenn er den Erfolg zwar als möglich vorausgesehen, aber darauf vertraut hat, daß er nicht eintreten werde.

III. Versicherungswesen: Vgl. →Herbeiführung des Versicherungsfalles, →Obliegenheiten bei Versicherungsverträgen.

Fahrlehrer. 1. *Begriff:* Personen, die Fahrschüler ausbilden, die den Führerschein der Klasse 1 bis 5 erwerben wollen. – 2. Der F. bedarf einer besonderen Fahrlehrerlaubnis *(Fahrlehrerschein).* Voraussetzungen: Alter von 23 Jahren, Zuverlässigkeit, mindestens eine abgeschlossene Berufsausbildung in einem anerkannten Lehrberuf oder gleichwertige Vorbildung →Fahrerlaubnis für die Klassen 1 a und 2, ausreichende Fahrpraxis für Kfz der Klassen, für die die Fahrerlaubnis beantragt wird, fachliche Eignung, die in einer Prüfung nachzuweisen ist. Der Fahrlehrerschein ist bei Fahrten mit Fahrschülern mitzuführen. – 3. Für die Führung des *Übungsfahrzeuges* ist der F. verantwortlich. – 4. Wer als selbständiger Fahrlehrer Fahrschüler ausbildet oder sie durch F., die von ihm beschäftigt werden, ausbilden läßt, bedarf der *Fahrschulerlaubnis,* die insbes. voraussetzt: Alter von 25 Jahren, Besitz der Fahrlehrererlaubnis für die Klassen, für die

die Fahrerlaubnis beantragt wird, zweijährige Fahrlehrerpraxis, sachliche Unterrichtsmittel (Raum, Lehrmittel, Fahrzeug). Bei Ausbildung von F. ist die Anerkennung als Fahrlehrerausbildungsstätte erforderlich. – 5. Unter besonderen Voraussetzungen ist zur Ausbildung von Fahrschülern eine *Einzelausbildungserlaubnis* möglich, so u. a. für eine Nachschulung bei einer Fahrerlaubnis auf Probe. – 6. *Rechtsgrundlage und Einzelheiten*: Fahrlehrergesetz vom 25. 8. 1969 (BGBl I 1336) mit späteren Änderungen und DVO vom 16. 9. 1969 (BGBl I 1763) mit späteren Änderungen, Fahrschüler-Ausbildungsordnung vom 31. 5. 1976 (BGBl I 1366) mit späteren Änderungen und Fahrlehrer-Ausbildungsordnung vom 13. 5. 1977 (BGBl I 733) nebst Prüfungsordnung vom 27. 7. 1979 (BGBl I 1263).

Fahrlehrerschein, →Fahrlehrer.

Fahrnis, →bewegliche Sachen.

Fahrnisvollstreckung, →Mobiliarvollstreckung.

Fahrplan, Programm der räumlichen und zeitlichen Abwicklung von Personen- und/oder Gütertransporten im →Linienverkehr, das i. d. R. Interessenten bekanntgegeben wird (im Luftverkehr: *Flugplan*). Der F. einer Linie (→Relation) oder eines Liniennetzes enthält mindestens Angaben über die Stationen je Linie mit Transportmittelankunfts- und/oder -abfahrtszeiten je Station. – *Betriebswirtschaftlich* ist ein F. das Ergebnis der verkehrsbetrieblichen Produktionsprogrammplanung für eine bestimmte Periode (Fahrplanperiode).

Fahrplanpflicht. 1. *Öffentlicher Personennahverkehr*: Für den Verkehr mit Straßenbahnen (§ 40 PBefG) und Obussen (§ 41 PBefG) sind Fahrpläne vorgeschrieben, die die Führung der Linie mit Anfangs- und Endpunkt, Haltestellen und Fahrzeiten ausweisen. Fahrpläne und ihre Änderung bedürfen der Zustimmung der Genehmigungsbehörde; ferner sind die Fahrpläne sowie die Änderungen ortsüblich bekanntzumachen und an den Haltestellen oder in für den Aufenthalt der Fahrgäste vorgesehenen Räumen auszuhängen. – *Befreit*: (1) Linienverkehr mit Kraftfahrzeugen (§ 42 PBefG); (2) Sonderformen des Linienverkehrs gem. § 43 PBefG *können* von der Genehmigungsbehörde (wird von der Landesregierung bestimmt, § 11 PBefG) ganz oder teilweise von der F. freigestellt werden (§ 45 IV PBefG). – 2. *Eisenbahnverkehr*: F. besteht auch im nationalen (§ 17 BbG) und internationalen (Art. 9 CJV) Eisenbahnverkehr. – 3. Für den *Personenlinienluftverkehr* gibt es keine F.; die aufgestellten Fahrpläne bedürfen aber gem. § 21 LuftVG der besonderen Genehmigung durch die Aufsichtsbehörde (Bundesminister für Verkehr im internationalen Verkehr; Luftfahrtbehörde des entsprechenden Bundeslandes im nationalen Verkehr).

Fahrrad, Vorschriften über die ordnungsgemäße Ausstattung im Straßenverkehr in den §§ 63 ff. StVZO. Die Mitnahme von Personen ist verboten, ausgenommen Kinder unter sieben Jahren auf geeigneter Sitzgelegenheit (§ 21 III StVO).

Fahrrad mit Hilfsmotor, →Mofa.

Fahrradversicherung, Versicherungsschutz v. a. bei Diebstahl, Unterschlagung und zahlreichen weiteren Gefahren (z. B. Brand, Blitzschlag, Unfälle aller Art). – Die *Fahrradverkehrsversicherung* verbindet das Fahrradkaskorisiko mit einer Haftpflicht- und Unfallversicherung.

Fahrschulerlaubnis, →Fahrlehrer.

Fahrstrahl, geometrische Hilfskonstruktion zur Ableitung der zu einer bestimmten (Gesamt-)Kurve zugehörigen Durchschnittskurve. Der F. stellt die Verbindung eines beliebigen Kurvenpunktes mit dem Koordinatenursprung dar. Der Tangens des Winkels, den der F. dieses Punktes mit der positiven Richtung der Abszissenachse bildet, gibt den durchschnittlichen Wert der ursprünglichen Kurve in diesem Punkt an. Diesen Tangens kann man auf der Ordinate ablesen, und zwar im Schnittpunkt mit dem um eine Einheit auf der Abszisse nach links verschobenen (also in −1 beginnenden) F.

Fahrtenbuch, in bestimmten Fällen von einem Kraftfahrzeug-Halter zu führendes Verzeichnis über die einzelnen Fahrten jedes Fahrzeuges (§ 31a StVZO) als Nachweis über alle Fahrzeugführer des Halters. Das F. ist auf Verlangen der Polizei vorzuzeigen, braucht aber im Gegensatz zum Fahrtennachweis nicht mitgeführt zu werden und ist sechs Monate lang aufzubewahren. Die Führung eines F. kann von der Verwaltungsbehörde angeordnet werden.

Fahrtgebiet, →Relation.

Fahrtkosten, Aufwendungen für Fahrten mit öffentlichen Verkehrsmitteln oder privaten Fahrzeugen. – *Steuerliche Behandlung*: 1. Kosten für Fahrten *zwischen Wohnung und Arbeitsstätte*: a) F. des Arbeitnehmers werden im Einkommensteuerrecht als →Werbungskosten anerkannt, bei Benutzung öffentlicher Verkehrsmittel in Höhe der gültigen Beförderungstarife, wobei die Wahl des Verkehrsmittels und der Wagenklasse frei ist. Bei Fahrten mit eigenem Kraftfahrzeug werden F. durch feste Pauschbeträge abgegolten, wobei pro Arbeitstag für jeden Kilometer Entfernung zwischen Wohnung und Arbeitsstätte (kürzeste oder verkehrsgünstigste Straßenverbindung) bei Pkw 0,50 DM für 1990 (1991: 0,58 DM; ab 1992: 0,65 DM), bei Motorrädern/-rollern 0,22 DM für 1990 (1991: 0,26 DM; ab 1992: 0,30 DM) angesetzt werden. b) Bei *Übernahme der F. durch den Arbeitgeber* sind sie je nach der Verursachung den Fertigungs-, Verwaltungs- oder Vertriebsgemeinkosten zuzurechnen. Die ersetzten Beträge gehören beim Arbeitnehmer nicht zum →Arbeitslohn, soweit sie die nachgewiesenen Aufwendungen des Arbeitnehmers nicht übersteigen und nur eine Hin- und Rückfahrt arbeitstäglich betreffen. Der Ersatz von Kosten für die Benutzung eines eigenen Kraftfahrzeuges des Arbeitnehmers ist bis zu den unter 1a) aufgeführten Pauschsätzen ebenfalls steuerfrei. Dem Ersatz von Aufwendungen steht es gleich, wenn der Arbeitgeber dem Arbeitnehmer eine Fahrkarte unentgeltlich oder verbilligt überläßt. Soweit der Arbeitgeber Aufwendungen steuerfrei ersetzt, können beim Arbeitnehmer keine Werbungskosten für Fahrten zwischen Wohnung und Arbeitsstätte geltend gemacht werden. – 2. Aufwendungen, die Unternehmern für Fahrten *zwischen Wohnung und Betrieb* entstehen, sind ebenfalls nur in Höhe der unter 1a) genannten Beträge abzugsfähig; soweit diese übersteigen werden, nicht abziehbare →Betriebsausgaben. – 3. *Sonderregelung für Körperbehinderte*: Unter bestimmten Voraussetzungen auf Antrag Abzug der tatsächlichen Aufwendungen (§§ 4 V Nr. 6, 9 II EStG). – 4. *Geschäfts- und Dienstreisen*: Vgl. →Reisekosten.

Fahrtschreiber, *Tachograph*, geeichte mechanische Vorrichtung, die in Kraftfahr-zeuge eingebaut wird und zur Kontrolle der Fahrtgeschwindigkeit und der Fahrweise dient. Nach § 57 a StVZO erforderlich für Lastkraftwagen von 7,5 t, Zugmaschinen über 40 Kw PS und Kraftomnibusse mit mehr als 48 Fahrgastplätzen. – F. hält im Schaublatt den Fahrtvorgang (zurückgelegte Wege, Geschwindigkeiten und Halte) fest und muß ununterbrochen in Betrieb sein. Die Schaublätter sind vor Antritt der Fahrt mit Namen der Führer, dem Ausgangspunkt sowie dem Datum der Fahrt zu bezeichnen; ferner ist der Stand des Wegstreckenmessers bei Beginn und Ende der Fahrt vom Kfz-Halter oder dessen Beauftragten einzutragen, ein Jahr Aufbewahrungspflicht.

Fahrverbot. 1. Durch *Verurteilung eines Strafgerichts* ausgesprochenes Verbot, im Straßenverkehr Kraftfahrzeuge jeder oder einer bestimmten Art auf die Dauer von ein bis drei Monaten zu führen (§ 44 StGB). F. kann ausgesprochen werden gegen Personen, die wegen einer strafbaren Handlung im Zusammenhang mit dem Führen eines Kraftfahrzeugs zu Freiheits- oder Geldstrafe verurteilt werden. – 2. Durch den *Bußgeldbescheid* festgesetztes Verbot bei grober oder beharrlicher Verletzung der Pflichten eines Kraftfahrzeugführers (§ 25 StVG). – 3. *Wirksam* wird F. mit Rechtskraft des Urteils oder Bußgeldbescheids. Die Frist des F. rechnet ab amtlicher Verwahrung des Führerscheines. – Vgl. auch →Fahrerlaubnis II.

Fahrverkauf, Angebot von Waren mittels eines Verkaufswagens *(rollende Läden)*. Gebräuchlich im stationärem Handel unterversorgten Gebieten, z. B. manchen städtischen Vorortzonen, ländlichen bzw. Gebirgsregionen, auf Campingplätzen und Großveranstaltungen. Hersteller oder Händler bieten auf planmäßigen Touren oder sporadisch Waren des meist kurzfristigen Bedarfs an (→Haustürgeschäft). Rollende Läden haben oft feste Haltestellen und -zeiten. – Vgl. auch →Verkaufsrundfahrt.

Fahrzeugbau, →Straßenfahrzeugbau, →Schiffbau, →Luft- und Raumfahrzeugbau.

Fahrzeugbrief, Bescheinigung über die Beschaffenheit eines bestimmten Kraftfahrzeuges (Kfz) oder Anhängers, für das/den der F. ausgestellt ist, i. a. vom Hersteller des Kfz/Anhängers. Der F. dient statistischen Zwecken und der Eigentumssicherung. Von Bedeutung für den →gutgläubigen Erwerb eines Kfz/Anhängers, da i. a., obwohl der →Halter im F. eingetragen wird, nur der Eigentümer im Besitz des F. ist. Wer sich bei dem Erwerb eines Kfz/Anhängers den F. nicht vorlegen läßt, handelt grob fahrlässig. – Die Angaben im F. unterstützen das *Zulassungsverfahren* (Vorlagezwang). Der F. hat öffentlich-rechtliche Bedeutung und wird mit dem Eigentum am Kfz/Anhänger erworben. Eigentumswechsel wird eingetragen. – Bei *Verlust* wird auf besonderen Antrag von der Zulassungsstelle ein *Ersatzbrief* ausgestellt, ggf. nach Aufgebotsverfahren (§ 25 StVZO). – *Anders*: →Fahrzeugschein.

Fahrzeugdichte, →Kraftfahrzeugdichte.

Fahrzeugerfolgsrechnung, kurzfristige Erfolgsrechnung zur Ermittlung der Einsatzergebnisse einzelner Fahrzeuge (Kraftfahrzeug, Flugzeug, Schiff) mit Personal während einer Periode; meist eine →Deckungsbeitragsrechnung.

Fahrzeug-Rechtsschutzversicherung, →Rechtsschutzversicherung 2 j).

Fahrzeugschein, amtlicher Nachweis, daß →Betriebserlaubnis für ein Kraftfahrzeug oder einen Anhänger erteilt und ein →Kennzeichen zugeteilt ist. F. wird von der Zulassungsbehörde ausgestellt und ist bei Betrieb des Kraftfahrzeugs/Anhängers mitzuführen. – *Anders*: →Fahrzeugbrief.

Fahrzeugteile, Einrichtungen an Kraftfahrzeugen, die nach § 22 a StVZO in amtlich zugelassener Bauart ausgeführt werden müssen. Das Zulassungsverfahren ist geregelt in der F.-VO i. d. F. vom 30. 9. 1960 (BGBl I 782) mit späteren Änderungen.

fair average quality (faq), „mittlere" Warenqualität, die allgemein im Handelsverkehr angenommen (erwartet) wird. – *Anders*: →middling.

Faksimilegerät, Gerät zur Erfassung, Übertragung und Ausgabe von Text- und unbewegten Bildvorlagen, das v. a. als Fernkopierer (Telefax) beim →Telefax-Dienst zum Einsatz kommt.

Faksimilestempel, Stempel mit Faksimile-Unterschrift, der es ermöglicht, zahlreiche Unterschriften in verhältnismäßig kurzer Zeit zu leisten bzw. durch eine Hilfsperson ausführen zu lassen. – *Rechtliche Gültigkeit*: a) Soweit für ein Rechtsgeschäft durch Gesetz →Schriftform vorgeschrieben ist (§ 126 I BGB), genügt Unterzeichnung durch F. zur Wahrung der Form nicht (Ausnahme: bei Inhaberschuldverschreibungen, § 793 II BGB, bei Aktien, § 13 AktG). b) Anders bei vertraglich vereinbarter Schriftform, sofern kein anderer Parteiwille ersichtlich ist.

faktische Gesellschaft, genauer *fehlerhafte Gesellschaft*, →Personengesellschaft, der kein →Gesellschaftsvertrag zugrundeliegt, weil er nicht abgeschlossen oder nichtig ist.

faktische Präferenz, →Theorie der faktischen Präferenz.

faktisches Arbeitsverhältnis, liegt vor, wenn der →Arbeitsvertrag von vornherein nichtig oder durch →Anfechtung rechtsunwirksam ist, der Arbeitnehmer die Arbeit aber bereits aufgenommen hat. In Anlehnung an das Gesellschaftsrecht (→faktische Gesellschaft) entwickelte Rechtsfigur; es wurde als unbefriedigend angesehen, daß Anfechtung und Nichtigkeit von Arbeitsverträgen zu einer Rückabwicklung des →Arbeitsverhältnisses nach dem Recht der →ungerechtfertigten Bereicherung (§§ 812 ff. BGB) führen. – *Wirkung*: a) Für die *Vergangenheit*: Das f. A. wird nach den Regeln über wirksame Arbeitsverhältnisse behandelt; der Arbeitnehmer hat also Anspruch auf Arbeitsvergütung, Bezahlung von (auch verbotener) Mehrarbeit, Einhaltung der Vorschriften des →Arbeitsschutzes. b) Für die *Zukunft* besteht jedoch keine Bindung mehr, sobald sich der Arbeitsvertrag als nichtig herausstellt; es gelten also nicht die Vorschriften des →Kündigungsschutzes.

Faktor. 1. *Allgemein*: Wichtiger Umstand, Gesichtspunkt. – 2. *Wirtschaftstheorie*: An der Erzeugung wirtschaftlicher Güter mitwirkende Größen (→Produktionsfaktoren). – 3. *Mathematik*: Multiplikant und Multiplikator, deren Zusammenwirken das Produkt ergibt.

Faktoreinkommen, das den →Produktionsfaktoren aus der Beteiligung am Produktionsprozeß zufließende Entgelt, wie Löhne, Gehälter, Honorare, Zinsen, Gewinnanteile, Mieten und Pachten. Die Verteilung des Gesamteinkommens auf die Faktoren bezeichnet man als funktionelle →Einkommensverteilung. Im *Gegensatz* zu den F. stehen die →Transfereinkommen, die ohne (gleichzeitige) ökonomische Gegenleistung erlangt werden.

Faktoreinsatzfunktion, Funktion aus der Produktionstheorie. F. gibt die Verbrauchsmenge r_i einer beliebigen Faktorart i in Abhängigkeit von der während eines bestimmten Zeitraumes geleisteten Anzahl Arbeitseinheiten b an, wobei die Intensität in diesem Zeitraum konstant ist. v_i bezeichnet den auf eine Arbeitseinheit (bearbeitetes Stück, gebohrtes Loch usw.) entfallenden Faktorverbrauch, wobei v_i allgemein von der Intensität d abhängt.

$$r_i = v_i \cdot b = f_i(d) \cdot b.$$

Faktorenanalyse, *Dimensionsanalyse,* Komplex von statistischen Methoden zur Analyse verbundener Beobachtungen mehrerer statistischer Merkmale. Gegenstand einer F. ist es insbes., eine ggf. hohe Anzahl beobachteter Einfluß nehmender→Variablen auf wenige wesentliche Variablen (Faktoren) zurückzuführen (Dimensions- und Datenreduktion). – *Probleme:* (1) meist umfangreiche Annahmensysteme; (2) Parameterschätzung (→Inferenzstatistik); (3) sachliche Interpretation von rechnerisch ermittelten Faktoren. – *Anwendungsgebiete:* Psychologie, Soziologie und Marketing.

Faktorengewichtung, Gewichtung im Rahmen der →Arbeitsbewertung. Gleiche Anzahl Stufennummern (Punkte), z. B. 1– 100 für jede Anforderungsart werden mit einem Gewichtungsfaktor multipliziert. Die daraus resultierenden gewichteten Wertzahlen werden zum Arbeitswert der betreffenden Tätigkeit summiert.

Faktorgrenzkosten, Produkt aus →Faktorpreis und dem reziproken Wert der →Grenzproduktivität des entsprechenden Faktors:

$$k_i' = q_i \cdot \dfrac{1}{\dfrac{\partial x}{\partial x_i}}$$

In der →Minimalkostenkombination gleichen sich die F. aller Produktionsfaktoren

aus. Bei Mengenanpassung entsprechen die F. im Gewinnmaximum dem Produktpreis und damit auch den totalen Grenzkosten.

Faktorialökologie, *Sozialraumanalyse,* Ansatz der →Sozialökologie, der zur Analyse der innerstädtischen, räumlich-sozialen Struktur von Wohngebieten die →Faktorenanalyse verwendet, um auf der Basis einer großen Zahl von kleinräumigen Zensusdaten Dimensionen (Faktoren) der sozialen, demographischen und Wohnungsstruktur zu ermitteln. Über die räumliche Verteilung der Faktorwerte dieser Dimensionen können die räumlich-soziale Segregation beschrieben bzw. die Klassifikation der städtischen Teilgebiete durch die Sozialraumanalyse überprüft werden. Die F. wird häufig wegen der theorielosen Korrelation einer mehr oder minder großen Zahl von Variablen kritisiert.

Faktorintensität. I. Produktionstheorie: Das bei einer bestimmten Produktionsmenge realisierte Einsatzverhältnis der →Produktionsfaktoren. – 1. Bei →*limitationalen Produktionsfunktionen* ist die F. für eine gegebene Ausbringungsmenge konstant, kann aber für alternative Ausbringungsmengen variieren. – 2. Bei →*linear limitationalen Produktionsfunktionen* ist die F. unabhängig von der Höhe der Ausbringungsmenge konstant. Bei beiden Funktionstypen wird die F. ausschließlich durch technische Faktoren determiniert. – 3. Bei →*substitutionalen Produktionsfunktionen* ist die F. von der Höhe der Ausbringungsmenge unabhängig, sie wird allein durch das Faktorpreisverhältnis festgelegt (→Minimalkostenkombination) und kann daher auch bei konstanter Ausbringungsmenge variieren.

II. Außenwirtschaftstheorie: F. dient zur Klassifizierung von Gütern. Unterschieden wird z. B. zwischen arbeits- und kapitalintensiven Gütern. Ein Gut ist arbeitsintensiv (kapitalintensiv), wenn bei seiner Produktion relativ mehr Arbeit (Kapital) eingesetzt wird als bei der Produktion eines anderen Gutes. Vgl. im einzelnen →Arbeitsintensität, →Kapitalintensität.

Faktorkoeffizient →Produktionskoeffizient.

Faktorkosten, eine in Anlehnung an den Begriff des →Faktoreinkommens entwikkelte Zusammenfassung desjenigen Teils des →Sozialprodukts, der auf die Produktionsfaktoren Arbeit, Kapital, Boden und Unternehmerleistung verteilt wird. Es werden ausgewiesen das Nettoinlandsprodukt zu F. (= Summe aller im Inland entstandenen Erwerbs- und Vermögenseinkommen; vgl. →Wertschöpfung) sowie das Nettosozialprodukt zu F. (= Summe aller von Inländern bezogenen Erwerbs- und Vermögenseinkommen; vgl. →Volkseinkommen).

Faktormarkt, →Faktor, →Produktionsfaktor.

Faktormobilität, die räumliche, qualifikatorische und sektorale Beweglichkeit der Produktionsfaktoren. F. ist eine der wesentlichen Voraussetzungen zur Entwicklung einer effizienten Wirtschaftsstruktur, da die →Allokationsfunktion des Preises nur bei mobilen Faktoren wirksam werden kann. Erhaltung und Erhöhung der F. ist daher eine der Hauptaufgaben der staatlichen Strukturpolitik. – Vgl. auch →Arbeitsmobilität.

Faktornachfrage, Nachfrage einer Unternehmung nach den im →Produktionsprozeß eingesetzten →Produktionsfaktoren.

Faktorpreis, Preis der zur Erfüllung der betrieblichen Aufgaben erforderlichen Produktionsfaktoren an den Beschaffungsmärkten. Dabei wird sowohl die Problematik der Bestimmung des Einstandspreises als auch die der Mehrwertigkeit von Beschaffungspreisen außer acht gelassen. Steigt oder sinkt der Preis eines Gutes oder der Lohnsatz einer Arbeitsleistung (Faktorpreisänderung), so verändern sich die Produktionskosten; →Faktorkosten sind also das Produkt aus Faktoreinsatzmengen und F.

Faktorpreisausgleichstheorem, auf der Basis der Annahmen des →Faktorproportionentheorems behauptete Tendenz zum Ausgleich der Faktorpreise zwischen den verschiedenen Ländern durch →Freihandel. Sie wird damit erklärt, daß sich jedes Land bei Aufnahme des Handels mehr auf die Produktion der Güter spezialisiert, die den dort relativ reichlich vorhandenen Faktor relativ stark beanspruchen, was zur Steigerung der Nachfrage nach diesem und damit zur Verschiebung der Faktorpreisrelationen zu seinen Gunsten führt.

Faktorproduktivität, Quotient aus dem Gesamtertrag, der durch Einsatz aller →Produktionsfaktoren erzielt wird, und der Einsatzmenge eines Faktors (partielle F.) bzw. den totalen Faktorkosten (totale F.). – Vgl. auch →Arbeitsproduktivität.

Faktorproportionen, Verhältnis des mengenmäßigen Einsatzes der verschiedenen Einsatzgüter (Faktoreinsatzmengen) eines Produktionsprozesses.

Faktorproportionentheorem, *Heckscher-Ohlin-Theorem,* Erklärung der komparativen Kostenunterschiede und der Richtung der Handelsströme im Rahmen der realen Außenwirtschaftstheorie aus der divergierenden Ausstattung der handelstreibenden Länder mit Produktionsfaktoren (→Theorem der komparativen Kostenvorteile, →Substitutionskostentheorie). Betrachtet wird nicht die absolute Verfügbarkeit von Produktionsfaktoren, sondern die relative Faktorausstattung (Faktorproportionen). Bei abweichender Knappheit der Faktoren ergeben sich unterschiedliche Faktorpreis- und demzufolge (wegen divergierender →Faktorintensitäten bei der Produktion verschiedener Güter) auch unterschiedliche Güterpreisverhältnisse. Nach dem F. spezialisiert sich jedes Land auf die Produktion des Gutes, bei dessen Produktion der relativ reichlich vorhandene Faktor relativ intensiv eingesetzt wird. – Das F. basiert auf einer Reihe von *Annahmen,* wie Vollbeschäftigung, gleiche Güter- und Faktorqualität, für alle Länder identische linearhomogene Produktionsfunktionen und ein Nichtumschlagen der Faktorintensitäten bei Veränderung der Faktorpreise. – *Beurteilung*: Einige empirische Untersuchungen, so zuerst von Leontief für die USA (→Leontief-Paradoxon), ergaben für die untersuchten Länder von F. abweichende Außenhandelsstruktur, allerdings bei Einbeziehung von lediglich zwei Produktionsfaktoren, nämlich Arbeit und Kapital. Bei Berücksichtigung der Differenziertheit der Produktionsfaktoren in der Realität, z. B. Unterscheidung zwischen unausgebildeten und qualifizierten Arbeitskräften, fand das F. eine beachtliche empirische Bestätigung (→Neo-Faktorproportionentheorem). – Vgl. auch →Produktzyklustheorie.

Faktorqualität, →Kostenbestimmungsfaktor, beschreibbar durch die Güte und Eigenart der Leistungen, zu deren Erstellung der betreffende Produktionsfaktor beiträgt. Als Maßgröße für die F. läßt sich die Produktivität (Verhältnis zwischen Faktorertrags- und Faktoreinsatzmengen) verwenden, doch bereitet ihre Messung oft praktische Schwierigkeiten. Veränderungen der F. können Auswirkungen auf das Faktoreinsatzverhältnis und/oder die Produktionsmenge haben.

faktortheoretischer Ansatz. 1. *Begriff*: Bezeichnung für den von Gutenberg konzipierten betriebswirtschaftlichen Ansatz. Den Mittelpunkt bildet die Vorstellung von einem Prozeß der *Kombination von Produktionsfaktoren*. Unterschieden wird zwischen →Elementarfaktoren (Werkstoffe, Betriebsmittel, objektbezogene Arbeit) und dem dispositiven Faktor (Geschäftsleitung nebst Planung und Organisation). – **2.** *Bedeutung*: Der f.A. hat die Entwicklung der →Betriebswirtschaftslehre nach dem Zweiten Weltkrieg nachhaltig beeinflußt. Hervorzuheben sind insbes. die Fortschritte auf den Gebieten der Produktions-, Kosten- und Investitionstheorie sowie die Impulse zur Entwicklung quantitativer Methoden (→Operations Research (OR)). Charakteristisch ist aber auch eine Vernachlässigung von ebenfalls zentralen Aspekten der Leistungserstellung bzw. des Wirtschaftens überhaupt (Unternehmensführung, Personal, Marketing). – **3.** *Entwicklung*: Die auch von der Praxis zunehmend als wichtig empfundenen „qualitativen" Aspekte lösten ab Mitte der 60er Jahre die *Suche nach Alternativen* zum f.A. aus, so daß sich das Fach seither in einer pluralistischen Phase befindet (→Pluralismus). Als Konkurrenten bzw. Nachfolger des f.A. sind insbes. zu nennen: →entscheidungsorientierte Betriebswirtschaftslehre, →systemorientierte Betriebswirtschaftslehre, →verhaltenstheoretische Betriebswirtschaftslehre sowie →arbeitsorientierte Einzelwirtschaftslehre (AOEWL); für sie alle ist eine Öffnung gegenüber den sozialwissenschaftlichen Nachbardisziplinen charakteristisch.

Faktum, *Tatsache, fact*, eine Aussage, deren Gültigkeit feststeht bzw. vorausgesetzt wird. Bei →wissensbasierten Systemen werden F. z.B. über Objekte (z.B. Haus) mit Attributen (z.B. Farbe), die objektspezifische Werte (z.B. blau) aus festgelegten Wertemengen (z.B. blau, grün, ...) besitzen, konstatiert: „Das Haus ist blau".

Faktura, →Rechnung.

Fakultät. 1. *Hochschulwesen*: Ein bestimmtes Fachgebiet umfassender Zweig einer wissenschaftlichen Hochschule (z.B. juristische, medizinische, naturwissenschaftliche F.), neuerdings meist *Fachbereich* genannt. – **2.** *Mathematik*: Zu einer vorgegebenen →natürlichen Zahl n (das Produkt der Zahlen von 1 bis n, also $1 \cdot 2 \cdot 3 \cdot \ldots \cdot (N-1) \cdot n$. Zeichen: n! – *Beispiel*: $5! = 1 \cdot 2 \cdot 3 \cdot 4 \cdot 5 = 120$.

fakultativ, nach freiem Ermessen. – *Gegensatz*: →obligatorisch.

fakultatives Geld, Geld, dessen Annahme freiwillig ist.

Fakultativklausel, *oder ein anderes Konto des Empfängers*, vermerk im Überweisungsauftrag (→Überweisung), der besagt, daß die Überweisungsgutschrift nicht unbedingt auf das im Überweisungsvordruck angegebene Konto des Zahlungsempfängers gutgeschrieben werden muß, sondern auch auf einem anderen Konto des Begünstigten – auch bei einer anderen Bank – verbucht werden kann. Wenn F. gestrichen ist, muß das ursprünglich angegebene Konto angesprochen werden. Der BGH hat mit Urteil vom 5.5.1966 eine F. auf Überweisungsvordrucken für unwirksam erklärt.

FAL, Abk. für →Bundesforschungsanstalt für Landwirtschaft.

Falkland-Inseln, →Großbritannien.

Fallibilismus, Bezeichnung für ein erkenntnistheoretisches Programm, dessen Grundgedanke die *prinzipielle Fehlbarkeit* aller Problemlösungen ist; handelt sich um wichtiges Merkmal des →kritischen Rationalismus. – Als Konsequenz besteht die Aufgabe der Wissenschaft im Nachweis der Wahrheit wissenschaftlicher Aussagen (→Verifikation), sondern in der Elimination von Irrtümern (→Falsifikation). – Die Aufgabe der →Wissenschaftstheorie besteht darin, Regeln, Methoden oder Verfahren zu entwickeln, die eine Entdeckung und Elimination von Irrtümern ermöglichen. Wissenschaftliche →Theorien sind auf widerlegbare Weise zu formulieren

(→Popper-Kriterium); ihre Überprüfung kann dann durch Feststellung logischer Widersprüche (→Deduktion), v. a. durch Vergleich mit der Wirklichkeit und ggf. mit alternativen Theorien erfolgen (→Pluralismus).

Fälligkeit eines Anspruchs, tritt ein, sobald der Schuldner auf Verlangen des Gläubigers leisten muß. – *Zeitpunkt* der F. je nach dem Inhalt des entsprechenden →Rechtsgeschäfts verschieden; ist eine Zeit für die Leistung weder bestimmt noch aus den Umständen zu entnehmen, so kann der Gläubiger die Leistung sofort verlangen, der Schuldner sie sofort bewirken (§ 271 BGB). Oft ist die F. (bei den sog. verhaltenen Ansprüchen) von einer fristgerechten vorhergehenden →Kündigung abhängig (z. B. meist beim Darlehen). – *Bedeutung:* F. ist Voraussetzung für Eintritt des →Schuldnerverzugs.

Fälligkeits-Factoring, →Factoring II 1.

Fälligkeitsgrundschuld, zu einem bestimmten Termin ohne Kündigung fällige, bis dahin unkündbare →Grundschuld (§ 1193 II BGB). Mangels Eintragung im Grundbuch wirkt die Abrede nicht gegen gutgläubige Dritte. – *Gegensatz:* →Kündigungsgrundschuld.

Fälligkeitshypothek, zu einem bestimmten Termin fällige, bis dahin unkündbare →Hypothek. – *Gegensatz:* →Kündigungshypothek.

Fälligkeitsprinzip, mit der →Haushaltsreform von 1969 eingeführter Grundsatz der Kassenwirksamkeit. Nur solche Einnahmen und Ausgaben dürfen in den →Haushaltsplan eingestellt werden, die auch in dem betreffenden Haushaltsjahr fällig werden. Durch die Plandarstellung der reinen Geldbewegungen soll die ökonomische Transparenz des Haushaltsplans gefördert werden. Das. F. führt zu einer klaren Trennung von Ausgabe- und →Verpflichtungsermächtigungen.

Fälligkeitsteuern, Bezeichnung für Steuern, die kraft Gesetz fällig werden, z. B. →Lohnsteuer, →Kapitalertragsteuer. →Veranlagung ist i. d. R. nicht erforderlich. – *Anders:* →Veranlagungsteuern.

Fall-Methode, *case method,* betriebswirtschaftliche Ausbildungsmethode im Hoch-

schulunterricht sowie bei der Aus- und Weiterbildung von Führungskräften (→Personalentwicklung). Schwierige Fälle aus der betrieblichen Praxis werden in Arbeitsgruppen analysiert mit dem Ziel, die besten Entscheidungsmöglichkeiten zu erarbeiten. – *Hauptvarianten,* deren Anwendung meist von der Art des Falles abhängig ist: a) *incident method:* Es werden nur wenige Informationen über den Fall gegeben, weitere Einzelheiten sind durch eigene Untersuchungen und Erfragungen zu beschaffen; b) *case study method:* Alle nötigen Informationen werden von vornherein gegeben und können vom Diskussionsleiter erfragt werden; c) *case problem method:* Nicht nur alle Informationen, sondern auch die Problemstellungen werden gleich mitgeteilt. – Die *Bearbeitung* eines Falles, die eine Lehrkraft leitet, dauert je nach seinem Umfang mehrere Stunden bis mehrere Wochen; umfangreiche Fallbearbeitungen werden meist mit einem gemeinschaftlich verfaßten Gutachten abgeschlossen. – Die F.-M. wird in den USA vereinzelt als ausschließliche oder vorherrschende *Unterrichtsmethode* angewandt, im übrigen als Ergänzung des Studiums betrachtet, um durch Anwendung des theoretischen Wissens auf reale Fälle zum Handeln und zur Situationsbeherrschung zu erziehen. – Als beachtliche *Weiterentwicklung* der F.-M. kann man die →Planspiele für Unternehmensführung ansehen.

Fallstudie, didaktisches Mittel im Rahmen von Bildungs- und Ausbildungsmaßnahmen wie auch methodisches Instrument v. a. im Bereich sozialwissenschaftlicher und psychologischer Forschung. – Im Rahmen des Wirtschafts- und Arbeitslehreunterrichts sollen, ausgehend von einem konkreten Fall, für komplexe wirtschaftliche und soziale Entscheidungstatbestände von den Schülern in einer aktiven Problemauseinandersetzung alternative Lösungsmöglichkeiten gefunden und rational begründet werden. Ein derartiger handlungs- und entscheidungsorientierter Unterricht sollte nicht nur nach formalen, entscheidungslogischen Kriterien konzipiert sein, sondern ebenso auch Wertvorstellungen und Wertkonflikte thematisieren. I. a. bearbeiten jeweils vier bis sechs Personen das Fallmaterial und stellen ihren Lösungsansatz im Plenum zur Diskussion. In der Praxis haben sich verschiedene methodische Varianten herausgebildet, die sich in der Darstellung der Fallgrundlage, der Form der Informationsgewinnung, der Strategie zur Findung alternativer Lösungen sowie in der Art der Lösungskritik unterscheiden.

Falscheid, →Meineid.

Falschlieferung, →Aliud-Lieferung.

Falschmünzerei, →Geld- und Wertzeichenfälschung.

Fälschung. 1. *F. von Münzen und Noten*: Vgl. →Geld- und Wertzeichenfälschung. – **2.** *F. eines Schecks*: a) Gefälschte Unterschriften begründen gegen denjenigen, dessen Unterschrift gefälscht wurde, keine Verpflichtung. Die Bank, die den gefälschten Scheck einlöst, haftet nach den Scheckbedingungen nur, wenn sie nachweislich ein Verschulden trifft. Im übrigen hat der Kontoinhaber alle Folgen einer F. von Schecks zu tragen. b) Bei Änderung des Textes (z. B. des Betrags) haften diejenigen, die ihre Unterschrift nach der Änderung auf den Scheck gesetzt haben, entsprechend dem geänderten Text; wer früher unterschrieben hat, haftet nach dem ursprünglichen Text. Macht die F. den Scheck formal unvollständig, so ist er nichtig. – **3.** *F. eines Wechsels*: a) Gefälschte Unterschriften verpflichten den, dessen Unterschrift gefälscht wurde, nicht; sie haben auf die Gültigkeit der übrigen (echten) Unterschriften keinen Einfluß (Art. 7 WG). b) Bei Textänderungen gilt das gleiche wie beim Scheck (Art. 69 WG). Macht die F. den Wechsel formal unvollständig, ist er nichtig. – **4.** *F. von Eurocheques und Eurocheque-Karten*: Freiheitsstrafe bis zu zehn Jahren (§ 152a StGB). Die Tathandlungen sind mit denen der Geld- und Wertzeichenfälschung vergleichbar. – **5.** *F. von Wertpapieren*: Vgl. →Geld- und Wertzeichenfälschung. – **6.** *F. von Urkunden*: (allgemein): Vgl. →Urkundenfälschung. – **7.** *F. von beweiserheblichen Daten*: Vgl. →Fälschung beweiserheblicher Daten.

Fälschung beweiserheblicher Daten, spezieller Tatbestand der →Urkundenfälschung. Strafbar ist, wer zur Täuschung im Rechtsverkehr beweiserhebliche Daten so speichert oder verändert, daß bei ihrer Wahrnehmung eine unechte oder verfälschte Urkunde vorliegen würde, oder derart gespeicherte oder geänderte Daten

gebraucht, z. B. gefälschte Computerausdrucke, (§ 269 StGB). – *Strafe*: Freiheitsstrafe bis zu fünf Jahren oder Geldstrafe. *Versuch* ist strafbar.

Falsifikat, →Fälschung.

Falsifikation, Nachweis der Falschheit einer empirisch-wissenschaftlichen Aussage (→Empirismus), im einfachsten Fall durch Vorlage eines hypothesenkonträren Befundes (→Hypothese). Neuere wissenschaftstheoretische und -historische Untersuchungen ergaben, daß endgültige F. in der Realwissenschaft kaum möglich sind. Im Zuge der notwendigen Liberalisierung spricht man daher von *(vorläufigen) Eliminationen*. – *Gegensatz*: →Verifikation.

Falsifizierbarkeit, →Popper-Kriterium.

Familie, i. S. d. Statistik Ehepaare bzw. alleinstehende Väter oder Mütter, die mit ihren ledigen Kindern zusammenleben (Zweigenerationenfamilie). In der →Familienstatistik wird von einem idealtypisch abgegrenzten →Familienzyklus ausgegangen, d. h. als Familie gelten auch Ehepaare vor der Geburt eines Kindes (→*Kernfamilie*). Haben die Kinder den elterlichen Haushalt verlassen, verbleibt eine *Restfamilie*, zu dieser Kategorie gehören auch verheiratete Getrenntlebende, Verwitwete, Geschiedene, d. h. Personen, die zu einem früheren Zeitpunkt verheiratet waren, nicht jedoch alleinstehende Ledige. In einem Privathaushalt können danach mehrere F. leben. – Vgl. auch →Haushaltstyp.

Familienaktiengesellschaften, nach Definition des BetrVG und des AktG →Aktiengesellschaften, „deren Aktionär ist eine einzelne natürliche Person ist oder deren Aktionäre untereinander im Sinne von § 15 I Nr. 2–8, II AO verwandt oder verschwägert sind" (§ 76 VI BetrVG, § 157 IV AktG). Bei F. mit weniger als 500 Arbeitnehmern keine Verpflichtung zur Drittelbeteiligung von Arbeitnehmern im →Aufsichtsrat (AR). Die Gewinn- und Verlustrechnung braucht die Angaben nach § 157 I Nr. 1–5 AktG nicht zu enthalten (also v. a. kein Ausweis des Brutto-Umsatzes nötig), wenn die Aktien von F. nicht zum amtlichen Börsenverkehr (ebenfalls: kein geregelter Freiverkehr) zugelassen sind und die Bilanzsumme 10 Mill. DM nicht übersteigt. – Vgl. auch →Familiengesellschaften.

Familienarbeitskräfte, in der Landwirtschaft der Betriebsinhaber und seine mit ihm auf dem Betrieb lebenden Familienangehörigen und Verwandten. In der Statistik Untergliederung nach Geschlecht, Alter, Tätigkeit im Betrieb, Haushalt des Betriebsinhabers und anderweitiger Erwerbstätigkeit. Umrechnung in Vollarbeitskräfte mit Hilfe der →Arbeitskräfte-Einheit. – *Gegensatz:* →familienfremde Arbeitskräfte.

Familienberichte, in regelmäßigen Abständen von der Bundesregierung veröffentlichte Berichte über die wirtschaftliche, soziale und kulturelle Situation der Familien in der Bundesrep. D. Bisherige Schwerpunkte waren allgemeine Grundlegung (1. F., 1968), Familie und Sozialisation (2. F., 1975), Entwicklung des Lebensniveaus, der Plazierungsfunktion (d. h. der Bedeutung der Familie für den Bildungsweg der Kinder) und des generativen Verhaltens der Familie (3. F., 1979) sowie die Situation der älteren Menschen in der Familie (4. F., 1986). – F. gibt es z. B. auch in der Schweiz und in den USA.

Familieneinkommen, das in der Vorstellung der Indexfamilie (→Haushaltstyp) zur Ermittlung der Veränderungen der Preise für die Lebenshaltungsausgaben enthaltene Konzept einer statistischen Erfassung der innerhalb eines Haushaltes oder einer Familie kumulierten Individualeinkünfte aller Haushaltsangehörigen. Allenfalls in der Landwirtschaft realisierbar (nur dann, wenn von keinem Familienangehörigen gewerbliche Nebeneinkünfte einfließen und wenn sämtliche Familienangehörige als →Familienarbeitskräfte ganz oder überwiegend an der Produktion mitwirken). Ob die in der →Wirtschaftsrechnung ermittelten Angaben zutreffend und so repräsentativ sind, ist nicht festzustellen.

familienfremde Arbeitskräfte, Begriff der →Landwirtschaftsstatistik. – *Arten:* 1. *Ständige f. A.:* In einem unbefristeten oder auf mindestens drei Monate abgeschlossenen Arbeitsverhältnis zum Betrieb stehende familienfremde Personen; hierzu rechnen auch Verwandte des Betriebsinhabers, die nicht auf dem Betrieb leben. – 2. *Nichtständige f. A.:* Alle übrigen Arbeitskräfte, die, auch wenn nur gelegentlich, mit betrieblichen Arbeiten beschäftigt waren; nicht dazu zählen Arbeitskräfte, die im Rahmen der Nachbarschaftshilfe oder im Auftrag

von Lohnunternehmen im Betrieb tätig waren. – *Untergliederung* nach Geschlecht, Alter, Tätigkeit und Stellung im Betrieb. – *Umrechnung in Vollarbeitskräfte* mit Hilfe der →Arbeitskräfte-Einheit.

Familiengericht, eine beim →Amtsgericht gebildete Abteilung für →Familiensachen (§ 23 b GVG). Durch Rechtsverordnung der Landesregierungen können für die Bezirke mehrerer Amtsgerichte Familiensachen einem Amtsgericht als F. zugewiesen werden.

Familiengesellschaften, erwerbswirtschaftliche Unternehmungen in Gesellschaftsform, bei denen zwischen den Gesellschaftern verwandtschaftliche Beziehungen bestehen. F. entstehen meist durch Aufnahme von Kindern oder anderen Verwandten. – *Steuerliche Behandlung:* 1. *F. als Personengesellschaft:* Voraussetzung für die steuerrechtliche Anerkennung: Echte →Mitunternehmerschaft. Übereinstimmung von formeller und tatsächlicher Gestaltung, keine Beschränkung der Gesellschafter bei der Ausübung ihrer Gesellschaftsrechte. Außerbetriebliche Motive (auch steuerrechtliche), die zur Gründung einer F. geführt haben, stehen der Anerkennung durch Finanzbehörden nicht entgegen. Die Gewinnverteilung muß Kapitalanteile, Haftung und Tätigkeit der einzelnen Gesellschafter angemessen berücksichtigen; liegt Mißbrauch von Gestaltungsmöglichkeiten des bürgerlichen Rechts im Sinne von § 42 AO vor, so können die Finanzbehörden den Gewinn für die Besteuerung anders verteilen. Bei Verstoß gegen die Voraussetzungen keine Betriebsausgabe und keine Einnahmen (Zuwendungen nach § 12 Nr. 2 EStG). – 2. *F. als Kapitalgesellschaft:* Vorwiegend GmbH, wegen Haftungsbeschränkung, Entstehen bei Erwerb der Kapital- und Stimmenmehrheit durch Familienangehörige. Die F. unterliegen der →Körperschaftsteuer. – Vgl. auch →Familienaktiengesellschaften.

familienhafte Beschäftigung, →Familienmitarbeit.

Familienheim, →Eigenheime, →Kaufeigenheime und Kleinsiedlungen, die nach Größe und Grundriß ganz oder teilweise dazu bestimmt sind, dem Eigentümer und seiner Familie oder einem nahen Angehörigen und dessen Familie als Heim zu dienen.

Zu einem F. in der Form des Eigenheims oder des Kaufeigenheims soll nach Möglichkeit ein Garten oder sonstiges nutzbares Land gehören (§ 7 WobauG). Das F. verliert seine Eigenschaft, wenn es für die Dauer nicht seiner Bestimmung entsprechend genutzt wird. Es verliert seine Eigenschaft nicht, wenn weniger als die Hälfte der Wohn- und Nutzfläche des Gebäudes anderen als Wohnzwecken, insbes. gewerblichen oder beruflichen Zwecken dient. – Vgl. auch →Wohnungsbau.

Familienhilfe, Leistung der gesetzlichen Krankenversicherung, die einem Mitglied für bestimmte Familienangehörige, denen es Unterhalt leistet, im Fall der Krankheit (*Familienkrankenhilfe*) oder der Entbindung (*Familienmutterschaftshilfe*) gewährt wird. – 1. *Kreis der Angehörigen (§ 10 SGB V):* a) *Ehegatten*; b) *Kinder* (eheliche, für ehelich erklärte, an Kindes Statt angenommene und nichteheliche Kinder, Stief-, Enkel- und Pflegekinder) bis zum vollendeten 18. Lebensjahr, bei Nichterwerbstätigkeit des Kindes bis zum vollendeten 23. Lebensjahr, während Schul- oder Berufsausbildung bis zum vollendeten 25. Lebensjahr, ohne Altersgrenze für Kinder, die sich wegen ihrer Behinderung nicht selbst unterhalten können; c) auch *sonstige Angehörige des Versicherten,* die mit ihm in häuslicher Gemeinschaft leben, von ihm ganz oder überwiegend unterhalten werden und sich im Inland aufhalten. – 2. *Leistungsausschluß:* Keine Leistungen aus der F. bei einem →Gesamteinkommen des Angehörigen von mehr als ¹/₇ der monatlichen →Bezugsgröße nach § 18 SGB IV; außerdem für Kinder, wenn der mit dem Kind verwandte Ehegatte des Versicherten a) nicht Mitglied einer gesetzlichen Krankenkasse ist und b) sein Gesamteinkommen regelmäßig im Monat ein Zwölftel der Jahresarbeitsentgeltgrenze übersteigt und c) regelmäßig höher als das Gesamteinkommen des Versicherten ist. – 3. *Sachleistungen* für die Familienangehörigen im gleichen Umfang und unter den gleichen Voraussetzungen wie für den Versicherten selbst; *Geldleistungen* der Krankenhilfe (Krankengeld) dagegen nicht für die Familienangehörigen. Leistungen für sonstige Angehörige können durch die Satzung eingeschränkt werden.

Familienkrankenhilfe, →Familienhilfe.

Familienlastenausgleich. 1. *Begriff:* a) *F. i. e. S.:* Direkte staatliche Transfers an Familien mit Kindern (→Kindergeld); häufig werden alle übrigen staatlichen Maßnahmen (z. B. Preis- und Tarifvorteile bei der Benutzung öffentlicher Verkehrsmittel, Schulgeldfreiheit) zur finanziellen Entlastung von Familien und die spezielle familienfreundliche Gestaltung der Einkommensteuer (→Splitting-Verfahren, →Kinderfreibeträge) miteinbezogen. b) *F. i. w. S.:* Im Ausland vorkommende familienbezogene Lohn- und betriebliche Sozialleistungen. – 2. *Ziele:* Schutz der Institution Familie, Entgelt der gesellschaftlichen Bedeutung der Kinder, einkommensunabhängige Entwicklungschancen für Kinder, bevölkerungspolitische Ziele und im Rahmen der Steuergesetze Besteuerung nach der Leistungsfähigkeit (→Leistungsfähigkeitsprinzip).

Familienlohn, Bezeichnung für die Bemessung des →Arbeitsentgeltes unter Berücksichtigung der Kopfzahl und des Alters der Familienmitglieder eines Arbeitnehmers; Sonderform des →Sozallohns. Der F. steht damit im Widerspruch zum →Leistungslohn; heute nicht mehr gebräuchlich. – Vgl. auch →Bedürfnislohn.

Familienmitarbeit, *familienhafte Beschäftigung.* 1. Wird Arbeit aufgrund *familienrechtlicher Verpflichtung* (für Kinder gem. § 1619 BGB) geleistet, liegt kein →Arbeitsverhältnis vor (vgl. auch →Arbeitnehmer). Zwischen Eheleuten oder Eltern und Kindern kann jedoch auch ein Arbeitsverhältnis über die kraft Gesetzes geschuldeten und darüber hinausgehenden Leistungen begründet werden. Fehlt eine ausdrückliche Vereinbarung, spricht für Vorliegen eines Arbeitsverhältnisses Zahlung des ortsüblichen oder tariflichen Lohnes, Entrichtung von Lohnsteuern und Sozialversicherungsbeiträgen, Eingliederung in den Betrieb und erhebliche, familienrechtliche Verpflichtung überschreitende Arbeitsleistung. – Zum *Schutz des Gläubigers* ist ein Arbeitsverhältnis anzunehmen, wenn die Arbeitsleistung das familiär Übliche übersteigt, auch wenn keine oder eine ungewöhnlich niedrige (oder eine verschleierte) Vergütung gewährt wird (§ 850 h II ZPO; vgl. →Lohnschiebung). – 2. Vielfach erbringen sich Eheleute, Verlobte oder Verwandte *wechselseitig Arbeitsleistungen,* ohne daß ein →Ar-

beitsentgelt vereinbart wurde. Streitigkeiten entstehen, wenn eine Erwartung fehlschlägt, z. B. die Ehe geschieden, die Verlobung aufgelöst oder das Kind enterbt wird.
Streitig ist, ob ein Anspruch auf Vergütung der zweckverfehlenden Arbeitsleistung aus Arbeitsvertrag (§§ 611, 612 BGB) oder aufgrund eines Gesellschaftsverhältnisses besteht oder ein Ausgleich nach den Grundsätzen über die ungerechtfertigte Bereicherung (§§ 812 ff. BGB) zu erfolgen hat. Nach der Rechtsprechung des BAG besteht ein Vergütungs- oder Nachzahlungsanspruch entsprechend § 612 BGB, wenn ein unmittelbarer Zusammenhang zwischen der unterwertigen oder fehlenden Zahlung und der Erwartung besteht, daß durch eine in Zukunft erfolgende Übergabe eines Vermögensbestandteils die in der Vergangenheit geleisteten Dienste abgegolten werden.

Familienmutterschaftshilfe, →Familienhilfe.

Familienname. I. Bürgerliches Recht: Familienrechtliche Bestimmungen über den →Namen. – 1. *Geburtsname:* Der F. wird mit der Geburt erworben. Das →eheliche Kind erwirbt den Ehenamen seiner Eltern (§ 1616 BGB), das →nichteheliche Kind erhält den F., den die Mutter zur Zeit der Geburt führt (§ 1617 BGB). – Den *Vornamen* erteilt derjenige, dem die →Personensorge für das Kind zusteht; bei ehelichen Kindern die Eltern, bei nichtehelichen Kindern die Mutter. – 2. *Ehename:* Mit der Eheschließung haben die Ehegatten einen gemeinsamen F. (Ehenamen) zu führen. Zum Ehenamen können sie bei der Eheschließung durch Erklärung gegenüber dem Standesbeamten den Geburtsnamen des Mannes oder den der Frau bestimmen. Treffen die Ehegatten bei einer Eheschließung keine Bestimmung über den Ehenamen, gilt nach dem Beschluß des Bundesverfassungsgerichts vom 5. März 1991–1 BvL 83/86 – nicht der Vorrang des Mannesnamens (§ 1355 II Satz 1 BGB), vielmehr behält jeder Ehegatte vorläufig den von ihm zur Zeit der Eheschließung geführten Namen. Führen die Ehegatten danach keinen gemeinsamen F., so bestimmt sich der Name eines ehelichen Kindes vorläufig wie folgt: die gesetzlichen Vertreter können vor der Beurkundung der Geburt des Kindes gegenüber dem Standesbeamten bestimmen, daß das Kind den F. des Vaters, den F.

der Mutter oder einen aus diesen Namen in beliebiger Reihenfolge gebildeten Doppelnamen führen soll. Treffen sie keine Bestimmung, so erhält das Kind einen aus den Namen beider Ehegatten gebildeten Doppelnamen; über die Reihenfolge der Namen entscheidet das Los. Diese Regelung gilt bis zu der demnächst zu erwartenden Neuregelung des Namensrechts durch den Bundesgesetzgeber. Der Ehegatte, dessen Geburtsname nicht Ehename wird, ist berechtigt, durch Erklärung gegenüber dem Standesbeamten (mit öffentlicher Beglaubigung) dem Ehenamen seinen Geburtsnamen (Begleitname) voranzustellen (§ 1355 III BGB). – Nach *Scheidung* oder *Tod* behalten die Ehegatten den Ehenamen. Er kann jedoch durch Erklärung gegenüber dem Standesbeamten (öffentliche Beglaubigung) seinen Geburtsnamen oder den Namen wieder annehmen, den er zur Zeit der Eheschließung geführt hat (§ 1355 IV BGB). – 3. *Änderungen des F. kraft Gesetzes* sind möglich: a) beim *nichtehelichen Kind,* wenn der Vater die Mutter heiratet (Legitimation durch nachfolgende Ehe, § 1719 BGB), jedoch bei einem 14 Jahre alten Kind nur dann, wenn es sich der Namensänderung anschließt (§ 1720 BGB), wenn es der Vater für ehelich erklären läßt (Ehelichkeitserklärung, §§ 1736, 1737 BGB), oder wenn der Ehemann der Mutter oder der Vater des Kindes durch Erklärung gegenüber dem Standesbeamten mit Einwilligung des Kindes und der Mutter seinen Namen erteilt. Die Erklärungen bedürfen öffentlicher Beglaubigung (§ 1618 BGB). Das Kind erhält den F. des Vaters bzw. den des Ehemannes der Mutter. b) Bei der *Annahme als Kind* (Adoption) erhält das Kind den F. des Annehmenden (§ 1757 BGB). Auch kann auf Antrag des Annehmenden mit Einwilligung des Kindes das Vormundschaftsgericht Vornamen des Kindes ändern, wenn dies aus schwerwiegenden Gründen zum Wohle des Kindes erforderlich ist. – 4. *Änderung des F. durch Verwaltungsbehörde:* Vgl. →Namensänderung.

II. Handelsrecht: F. als *Firmenbezeichnung.* – 1. *Einzelkaufmann:* Hat den F. mit mindestens einem ausgeschriebenen Vornamen in der Firma zu führen (§ 18 I HGB), auch dann, wenn im gleichen Ort bereits eine Firma mit gleichem F. und Vornamen existiert, jedoch ist dann die Beifügung eines unterscheidenden →Firmenzusatzes

Pflicht (§§ 18 II 2 HGB); ein rechtmäßig geführter Doppelname ist in die Firma aufzunehmen. – 2. *Offene Handelsgesellschaft*: Der F. mindestens eines Gesellschafters mit entsprechendem Firmenzusatz oder die F. aller Gesellschafter sind zu führen (§ 19 I HGB); ein Vorname ist nicht nötig. – 3. *Änderung des F. bei ununterbrochener Fortführung des Unternehmens durch den gleichen Inhaber*: Nicht erforderlich ist die Änderung der Firma, i. d. R. vorausgesetzt, daß die Firma bereits vor Eintritt der Namensänderung im Handelsregister eingetragen war (§ 21 HGB). – 4. Gewerbetreibende, für die *keine Firma* im Handelsregister eingetragen ist, müssen sich im schriftlichen rechtsgeschäftlichen Verkehr ihres F. mit mindestens einem ausgeschriebenen Vornamen bedienen (§ 15b GewO); vgl. auch →Aufschrift.

Familienplanung. 1. *Bevölkerungspolitik*: Eine nach freiem Ermessen der Paare getroffene Entscheidung über die Anzahl der gewünschten Kinder und den zeitlichen Abstand zwischen den Geburten. F. kann durch Kontrazeptiva und/oder medizinische Eingriffe (z. B. Sterilisation) unterstützt werden; vgl. →Geburtenkontrolle. – 2. *Sozialhilferecht*: Zur F. ist Hilfe zu gewähren. Sie besteht v. a. in der Übernahme der Kosten der notwendigen ärztlichen Beratung einschl. der erforderlichen Untersuchung und Verordnung sowie der ärztlich verordneten empfängnisregelnden Mittel (§ 37b BSHG).

Familienpolitik, Bereich staatlicher →Sozialpolitik. Sie will die Familien in ihrer Struktur schützen und bei ihren für die Gesellschaft unentbehrlichen Aufgaben *fördern*. Familie als Institution scheint in entwickelten Industriegesellschaften, in denen gesellschaftlicher Status in erheblichem Ausmaß über Erwerbstätigkeit vermittelt wird, einer Wertschätzung ausgesetzt zu sein, die ihrer gesellschaftlichen Bedeutung nicht entspricht. F. hat deshalb das Handlungspotential der Familien in ihrem gesellschaftlichen Umfeld zu stärken und die Schaffung günstiger Rahmenbedingungen für Familien zu gewährleisten. Dazu gehören Maßnahmen im Bereich der eigenständigen sozialen Sicherung für Frauen, der flexibleren Ausgestaltung von Arbeitsverhältnissen (Wahlfreiheit für Frauen und Männer im Bereich von Familien- und

Erwerbstätigkeit), der familiengerechteren Planung von Wohnumwelten und des Verkehrsnetzes; auch stärkere finanzielle Anerkennung der Leistungen der Familie für die Gesellschaft. – Vgl. auch →Erziehungsgeld, →Erziehungsurlaub, →Erziehungszeiten, →Generationenvertrag, →Familienberichte.

Familienrecht, Gesamtheit der gesetzlichen Vorschriften, die von den Rechtsbeziehungen der Familie handeln, also dem Kreis der durch →Ehe, →Verwandtschaft (Schwägerschaft), →Betreuung und →Vormundschaft (→Pflegschaft) verbundenen Personen. – *Gesetzliche Regelungen*: a) *4. Buch des BGB* (§§ 1297–1921 BGB). Es enthält personen- und vermögensrechtliche Bestimmungen meist zwingender Natur, also einer vertragsmäßigen Regelung nicht zugänglich. b) Andere *familienrechtliche Bestimmungen*, insbes. das *Ehegesetz* vom 20.2.1946, ein Sondergesetz, in dem die ursprünglich im BGB stehenden und späterhin durch das Ehegesetz vom Jahr 1938 neu geregelten Bestimmungen über die Eheschließung zusammengefaßt sind. Durch das Erste Gesetz zur Reform des Ehe- und Familienrechts vom 14.6.1976 (BGBl I 1421) wurden die Bestimmungen über die Ehescheidung wieder in das BGB (§§ 1564–1587 BGB) eingefügt.

Familien-Rechtsschutzversicherung, →Rechtsschutzversicherung 2 b).

Familienrichter, der beim →Familiengericht mit Familiensachen betraute Richter. Ein Richter auf Probe darf Geschäfte des F. nicht wahrnehmen (§ 23b III GVG).

Familiensachen. 1. *Begriff*: Rechtsstreitigkeiten, die zum Gegenstand haben: a) Ehesachen (Verfahren auf Scheidung, Eheaufhebung, Ehenichtigkeit, Feststellung des Bestehens oder Nichtbestehens einer Ehe und Herstellung des ehelichen Lebens); b) Regelung der elterlichen Sorge für ein eheliches Kind, soweit nach dem BGB hierfür das Familiengericht zuständig ist; c) Regelung des Umgangs des nicht sorgeberechtigten Elternteils mit dem Kind; d) Herausgabe des Kindes an den anderen Elternteil; e) gesetzliche Unterhaltspflicht gegenüber einem ehelichen Kind; f) durch Ehe begründete Unterhaltspflicht; g) →Versorgungsausgleich; h) Regelung der Rechtsverhältnisse an der Ehewohnung und am Hausrat; i) Ansprüche aus dem ehelichen Güterrecht, auch wenn Dritte am Verfahren beteiligt sind; j) Verfahren nach den §§ 1382, 1383 BGB, Stundung der Ausgleichsforderung und Übertragung von Vermögensgegenständen (§§ 606, 621 ZPO). – 2. Die sich *aus der Ehescheidung ergebenden Folgesachen* sollen i.d.R. zusammen mit der Scheidung in einem Verhandlungs- und Entscheidungsverbund geregelt werden. – 3. *Zuständig* für F. ist das →Familiengericht beim Amtsgericht. – 4. *Rechtsmittel*: Berufung oder Beschwerde zum Oberlandesgericht. Einzelheiten in §§ 606–638 ZPO, §§ 23 b, c, 119, 170 GVG.

Familienstand. I. Familienrecht: Familienrechtlich begründetes Verhältnis zwischen Personen, die durch Geburt (→Personenstand), Verehelichung, Ehetrennung bzw. Tod ledig, verheiratet, geschieden oder verwitwet sind.

II. Amtliche Statistik: Dem F. entsprechen Merkmale der Bevölkerungsstatistik. – *Probleme*: a) *Absichtliche* Täuschung durch Fehleintragung geschiedener Frauen (verwitwet), lediger Mütter (verheiratet, verwitwet), auszuschalten durch Kontrollfragen über Tag der Eheschließung, Wohnsitz, Geburtstag und -ort des Ehemannes. b) *Schwierig die Erfassung* der mehrfach verwitweten oder geschiedenen Partner und ihrer Kinder. – *Zwischenstaatlicher Vergleich* zufolge unterschiedlicher Rechtsordnung häufig irreführend.

Familienstatistik, Teil der →Bevölkerungsstatistik, bei der – ausgehend von den als private Haushalte erfaßten Lebensgemeinschaften – jene Personengemeinschaften erfaßt und charakterisiert werden, die sich als Ein- oder Zwei-Generationen-Familien bzw. ausgreifende Groß-Familien (Mehrgenerationen-Familie) darstellen (→Familie). – In den europäischen Staaten dominiert die Ausrichtung der F. auf die →Kernfamilien. – Die in der Bundesrep. D. mittels der Volkszählungen 1950, 1961, 1970 ermittelten Informationen über Anzahl, Größe und Struktur der Familien sind durch Zusatzfragen zum →Mikrozensus ersetzt worden. Damit entfallen einige für →Bevölkerungsprognosen nützliche Informationen über das generative Verhalten (Kinderzahl nach Heiratsalter der Frau, Ehedauer; Altersunterschied zwischen den Ehepartnern, Erwerbsbeteiligung der Mütter vor und

nach der ersten, zweiten, … Niederkunft usw.). Dagegen werden sozio-ökonomische Einflußgrößen auf die Kinderzahl auch künftig mit dem Mikrozensus ermittelt (Zahl der Kinder nach der sozialen Stellung bzw. dem Bildungsstand des Familienvorstands, nach Einkommensgrößenklassen und der Erwerbsbeteiligung der Mutter zum Zeitpunkt der Befragung). – Vgl. auch →Haushaltsstatistik.

Familiensterbegeld, Leistung der gesetzlichen Krankenversicherung im Rahmen der →Familienhilfe. Der Versicherte erhält beim Tod des Ehegatten oder eines lebend geborenen Kindes oder eines mit ihm in häuslicher Gemeinschaft und von ihm überwiegend unterhaltenen weiteren Angehörigen Sterbegeld. Für totgeborene Kinder kein Sterbegeld. – *Höhe*: Das F. beträgt 1 050 DM (§ 59 SGB V).

Familienstiftung, →Stiftung.

Familienversicherung. 1. In der *Lebensversicherung* wird beim Tode des Versorgers an die Hinterbliebenen ein Teil der Versicherungssumme oder ein speziell versichertes Sterbegeld ausgezahlt, darauf folgt die Gewährung einer Zeitrente bis zum vereinbarten Vertragsablauf, bei dem noch einmal als Schlußleistung eine weitere Kapitalzahlung, oft die vereinbarte Versicherungssumme, erbracht wird. – 2. In der *privaten Krankenversicherung* können die Familienangehörigen in die Versicherung des Versicherungsnehmers (Haushaltsvorstand) einbezogen werden. – 3. In der *gesetzlichen Krankenversicherung*: Vgl. →Familienhilfe.

Familienzulage, Erhöhung des →Arbeitsentgelts aus wohlfahrts- oder bevölkerungspolitischen Motiven; im deutschen Sozialrecht berücksichtigt durch das →Kindergeld seit 1.1.1955. Zuvor seit 1952 ähnliche Einrichtung im Bergbau, die aufgrund von Versuchen am Ende des vorigen Jh. erstmalig 1918 in Frankreich eingeführt worden war und später auch in Belgien und Großbritannien analog der französischen Gesetzgebung gesetzlich geregelt wurde. – In der Bundesrep. D. sind F. sowohl *lohnsteuer-* als auch *sozialversicherungspflichtige* Lohnbestände.

Familienzyklus, *Lebenszyklus*, Bezeichnung der Bevölkerungswissenschaft für die zeitliche Begrenzung im Dasein einer primären →Kernfamilie, die vom Zeitpunkt der Eheschließung zweier Partner bis zur Auflösung der Ehe durch eine gerichtliche Scheidung oder durch den Tod eines Ehegatten gegeben ist. Die statistische Beschreibung der Stadien dieses Zyklus beruht auf einer Kombination von Angaben über charakteristische Ereignisse mit dem jeweiligen mittleren Alter der Ehefrauen. – *Charakteristika der Stadien im F.*: In vielen Staaten läßt sich der F. nur näherungsweise anhand von Zensusergebnissen schätzen. Auch für die Bundesrep. D. bietet die →Familienstatistik künftig keine ausreichenden Daten zur Bestimmung des F. – Vgl. auch →Rowntree-Zyklus.

Stadium	beendet durch das Ereignis	erforderliche Altersangabe oder -schätzung
1.	Eheschließung	Ø Heiratsalter der Frau
2.	Geburt des 1. Kindes	Ø Lebensalter der Frau (ggf. getrennt für Geburtsjahr-Kohorten)
3.	Geburt des letzten Kindes	Ø Alter des Partners gleicher Ehedauer
4.	Erste Eheschließung des letzten Kindes	
5. a)	Tod eines Ehepartners α– Im Falle des Überlebens beider Eheleute bis zum Stadium 4	Ø Ehedauer für Kohorten gleichaltriger Ehefrauen
	β– im Falle des Überlebens nur eines Ehepartners bis zum Stadium 4	Ø Lebensalter der Verwitweten
5. b)	Auflösung der ehelichen Gemeinschaft durch Scheidung	

FAO, Food and Agriculture Organization, Ernährungs- und Landwirtschaftsorganisation der UN, erste nach dem Zweiten Weltkrieg, wenige Tage vor den UN, am 16.10.1945 gegründete zwischenstaatliche Organisation (→Sonderorganisationen der UN); *Sitz* in Rom; fünf regionale Büros (für Asien und den Fernen Osten, Lateinamerika, Afrika, den Nahen Osten). – *Aufbau*: a) *Generalversammlung (Konferenz)* der Delegierten aller Mitgliedstaaten (1991: 158 ordentliche Mitglieder), die alle zwei Jahre zusammentritt, als oberstes Organ, die Politik festlegt, den Haushalt verabschiedet, das Arbeitsprogramm bestimmt und ggf. Empfehlungen an die Mitglieder ausspricht. – b) *Council (Welternährungsrat)* aus gewählten Abgeordneten von 49 Mitgliedstaaten handelt als ständiges Exeku-

tivorgan der Konferenz. – c) Welternährungsrat wird beraten von verschiedenen *Ausschüssen* auf den Gebieten der Land-, Forstwirtschaft und Fischerei sowie des Ernährungswesens. Als Sonderorgane des Rates fungieren regionale Kommissionen und Fischereikommissionen. – d) *Sekretariat* mit den Hauptabteilungen: Entwicklung, Wirtschafts- und Sozialpolitik, Landwirtschaft, Fischerei, Forstwirtschaft, Verwaltung und Finanzen und für allgemeine Fragen und Information. Verbindungsbüros in New York und Genf. – *Ziele*: Hebung des Ernährungs- und Lebensstandards in der ganzen Welt; Verbesserung der Produktion und Verteilung von Erzeugnissen der Landwirtschaft, Forstwirtschaft und Fischerei; Verbesserung der Lebensbedingungen der ländlichen Bevölkerung; Ausweitung der Weltwirtschaft. – *Aufgaben und Arbeitsgebiete*: a) Aufstellung und regelmäßige Fortschreibung des zweijährigen Arbeitsprogramms, das sämtliche Vorhaben der FAO umfaßt und die Grundlage ihrer Arbeitsplanung bildet; b) Abwicklung eines Großteils der Vorhaben (ca. 1/3) in enger Zusammenarbeit mit dem →UNDP als Entwicklungsvorhaben; c) Durchführung von gemeinsamen Programmen auf bestimmten Gebieten, insbes. mit →UNICEF, →IBRD, →WHO, →ILO; d) laufende Planung und Durchführung des 1960 initiierten weltweiten Programms zur Bekämpfung des Hungers und zur Förderung der Entwicklung (Worldwide Freedom from Hunger Campain/Action for Development), das insbes. auf die Aktivierung nichtstaatlicher Aktivitäten zur Bekämpfung des Hungers abzielt; e) Förderung des Welthungerhilfeprogramms (World Food Programme, WFP). Das WFP ist als autonome Behörde im Rahmen der FAO von den Mitgliedstaaten finanziert. Wichtiges Informationsinstrument des Ernährungssicherungssystems der FAO (Food Security Assistance Scheme) ist das globale Informations- und Frühwarnsystem (Global Information and Early Warning System) zur laufenden Beobachtung der Welternährungssituation; f) Abschluß von Treuhandfonds-Abkommen mit staatlichen Entwicklungsorganisationen; g) Durchführung des 1976 gestarteten technischen Hilfeleistungsprogramms zur Förderung der kleinlandwirtschaftlichen Entwicklung. – Die Arbeitsergebnisse der FAO werden in einem umfassenden Dokumentations- und Publikationsprogramm niedergelegt; *Wichtige Publikationen*: The Regular Programme of Work; The State of Food and Agriculture; World Food Report (jährlich); Food Outlook (monatlich); Animal Health Yearbook; Production Yearbook; Trade Yearbook; Yearbook of Fisheries Statistics; Yearbook of Forest Products Statistics; Timber Statistics for Europe; Food and Agriculture Legislation.

Farad (F), →gesetzliche Einheiten, Tabelle 1.

Farben. I. Arbeits- und Organisationspsychologie: Von Bedeutung hinsichtlich Arbeitsleistung und Arbeitsklima; vgl. →Farbgestaltung.

II. Werbung: Wichtiges Werbeelement, das durch Helligkeitswirkung und Farbkontrast die →Aufmerksamkeit des Umworbenen erwecken und sein Gefühl (→Emotion) ansprechen soll.

Farbenblindheit, →Farbenschwäche.

Farbenschwäche, fälschliche Bezeichnung: *Farbenblindheit*, fehlende Empfindung für die Farben rot, grün oder blau (meist bei Männern, etwa 8% der Bevölkerung). *Prüfung* der F. erfolgt durch kleine Wollknäuel, die aus verschiedenfarbigen Wollfäden bestehen und aus denen die Versuchsperson einige Fäden bestimmter Färbung herauszusuchen und zu benennen hat. Verwendet werden auch die Stillingschen Farbtafeln, auf denen Ziffern und Figuren in verschiedenen Farben gleicher Helligkeit dargestellt sind. – F. macht *ungeeignet* für zahlreiche Berufe (z. B. in der Textilwirtschaft, im Druck- und Verlagsgewerbe).

Farbgestaltung, Maßnahme der arbeitspsychologischen Gestaltung, dient psychologischen, organisatorischen und sicherheitstechnischen Zwecken. – 1. *Psychische Auswirkungen*: Unter Ausnutzung der farbpsychologischen Erkenntnisse werden →Arbeitsräume farblich so gestaltet, daß diese je nach zu leistender Arbeit emotional stimulierend, beruhigend, die Konzentration fördernd o. ä. wirken: *Rot* wirkt sehr beunruhigend, aufreizend und täuscht räumliche Nähe vor; *grün* wirkt sehr beruhigend und täuscht als neutrale Farbe relative Entfernung vor. – 2. *Organisatorische Zwecke*: Die unterschiedliche farbliche

Gestaltung von Abteilungsräumen kann die organisatorische Gliederung verdeutlichen. Auch farbige Bleistifte können zu organisatorischen Zwecken herangezogen werden, z. B. zur Kenntlichmachung unterschiedlicher hierarchischer Stellungen. Durch farbliche Gestaltung von Medien, Unterlagen und Handhabungselementen können diese schnell und irrtumsfrei erfaßt werden. – 3. *Sicherheitstechnische Zwecke*: Die signalisierende Wirkung von Farbe wird zu gezieltem Einsatz im sicherheitstechnischen Bereich verwendet, insbes. kontrastierende Farben (rot/weiß) schwarz/gelb). Die Lichtquellen können durch entsprechende farbliche Gestaltung des Untergrundes besser ausgenutzt werden.

fare calculation unit (FCU), Recheneinheit der →International Air Transport Association (IATA) zur Festlegung der Luftverkehrstarife (für Personen) im Rahmen der IATA-Gesellschaften.

FAS, free alongside ship, (= frei Längsseite Schiff)... (benannter Hafen), Vertragsformel im Überseeverkehr (→Incoterms). Der Verkäufer muß die Ware dem Hafenbrauch entsprechend auf seine Kosten und Gefahren längsseits des vom Käufer benannten Schiffes im angegebenen Hafen zu liefern.

Fassongründung, →Mantelgründung.

Fassonwert, →Firmenwert.

Fastbanken, →near banks.

Faustpfand, die im (i. d. R. unmittelbaren) Besitz des Gläubigers befindliche →bewegliche Sache, an der ein →Pfandrecht besteht.

Favoriten, an der Börse Bezeichnung für besonders begehrte Wertpapiere.

Fayol, Henry, 1841–1925, französischer Bergbauingenieur, Verwaltungsfachmann und einer der bekanntesten Begründer der betriebswirtschaftlichen Organisationslehre. F. betonte die Notwendigkeit des Verwaltungsunterrichts neben der technischen Ausbildung („Administration industrielle et générale" 1916). *Einteilung der Verwaltungsfunktionen* in: Vorausplanen, Organisieren, Aufträge erteilen, Zuordnen, Kontrollieren.

Fayol-Brücke, eine auf Fayol zurückgehende horizontale →Kommunikationsbeziehung zwischen Handlungsträgern der gleichen Ebene der Hierarchie, mit der zur Steigerung der →Dispositionsfähigkeit von der strengen Anwendung des →Einliniensystems abgewichen wird.

Fazilität, →Kreditfazilität.

F. C. S., free of capture and seizure, →Handelsklausel, nach der das →Beschlagnahmerisiko ausgeschlossen wird.

FCU, Abk. für →fare calculation unit (FCU).

FDIC, Abk. für →Federal Deposit Insurance Corporation (FDIC).

F & E, →Forschung und Entwicklung (F&E).

Feasibility-Studie, *Durchführbarkeitsstudie,* im →Anlagengeschäft und →Systemgeschäft übliche Vorstudie zur Prüfung, ob ein bestimmtes Großprojekt überhaupt durchführbar und ob es technisch und ökonomisch sinnvoll ist. Der Leistungsumfang des durchzuführenden Projekts soll eingegrenzt werden. F.-S. wird häufiger von →consulting engineers durchgeführt; kann auch von Anlagen- und Systemanbietern als Marketing-Instrument des →*Pre-Sales-Service* eingesetzt oder von Nachfragern zur Anfragenstrukturierung herangezogen werden.

Federal Deposit Insurance Corporation (FDIC), 1934 aufgrund der Banking Act von 1933 (Änderungen 1935) als Bundesinstitution für die →Depositenversicherung in den USA errichtete Pflichtversicherung mit Sitz in Washington; für alle Mitgliedsbanken des →Federal-Reserve-System; für Nicht-Mitgliedsbanken und Sparbanken freiwillig.

Federal Home Loan Bank Board, US-amerikanisches Zentralbankensystem der Savings and Loan Associations (→thrift institutions), das nach dem Zusammenbruch zahlreicher Institute gemäß dem Financial Institution Reform, Recovery and Enforcement Act von 1989 durch das unter Zentralbankaufsicht stehende Office of Thrift Supervision (OTS) ersetzt wurde.

federal reserve bank, →Federal-Reserve-System.

federal reserve note, →Federal-Reserve-System.

Federal-Reserve-System. I. Begriff: Geld- und Kredit-Organisation der USA, *geschaffen* durch die Federal Reserve Act 1913. In zwölf federal reserve districts sind jeweils *federal reserve banks* (Bundesreserve-Banken) errichtet worden als alleinige →Notenbanken und Zentralinstitute, bei denen die dem F.-R.-S. angehörenden Banken ihre →Liquiditätsreserven zu halten haben. *Sitz* der federal reserve banks in Boston, New York, Philadelphia, Cleveland, Richmond, Atlanta, Chicago, St. Louis, Minneapolis, Kansas City, Dallas, St. Francisco. Dem F.-R.-S. *müssen* alle national banks als *Mitglied* angehören. Banken mit einzelstaatlichem Aufgabenbereich, state banks, *können* freiwillig Mitglied sein. Die federal reserve banks sind →Aktiengesellschaften, ihr Kapital wird von den Mitgliedsbanken aufgebracht. Die Einzahlung beträgt 6% des Eigenkapitals jeder Bank, 50% müssen bar hinterlegt werden.

II. Geschäfte der federal reserve banks: Die üblichen Aufgaben von Zentralbanken. Die ausgegebenen Noten (federal reserve notes) müssen zu 40% durch Gold oder Goldzertifikate, im übrigen durch Handelswechsel und kurzfristige Staatspapiere gedeckt sein; keine Einlösungspflicht in Gold. Die federal reserve banks besorgen die Bankgeschäfte der Regierung, erledigen das zwischenstaatliche Scheckclearing und kaufen bzw. verkaufen Obligationen im Offenmarktgeschäft auf Anweisung des Open Market Committee. Sie arbeiten nur mit Kreditinstituten. Einlagen unterhalten nur Banken und Regierungsstellen.

III. Organisation: 1. *Oberste Leitung* jeder federal reserve bank durch neun auf drei Jahre gewählte Direktoren. – 2. Der *Board of Governors of the FRS* (bestehend aus sieben auf 14 Jahre vom Präsidenten der USA ernannten und vom Senat bestätigten Mitgliedern) führt die Aufsicht über die federal reserve banks. Aufgaben: Kontrolle ihrer Tätigkeit, Bestimmung der Währungs- und Geldpolitik der USA, Prüfung und Bestätigung der von der federal reserve bank festgesetzten Diskontraten, Festsetzung der von den Mitgliedsbanken zu haltenden Mindestreserven. – 3. Die sieben Mitglieder des Board of Governors haben auch in dem aus zwölf Mitgliedern bestehenden *Federal Open Market Committee*, das die Richtlinien für das Offenmarktgeschäft gibt, die ausschlaggebende Stimme.

Federal Savings and Loan Insurance Corporation, US-amerikanische Einlagenversicherung für Savings and Loan Associations (→thrift institutions), die nach dem Zusammenbruch zahlreicher Institute gemäß dem Financial Institutions Reform, Recovery and Enforcement Act von 1989 in drei Bereiche geteilt und der →Federal Deposit Insurance Corporation (FDIC) unterstellt worden ist.

Federal Trade Commission Act, amerikanisches Gesetz zur Errichtung einer Kartellbehörde mit Aufgaben in der →Antitrust-Gesetzgebung.

Federal Trade Commission (FTC), 1914 gemäß →Federal Trade Commission Act errichtete amerikanische Kartellbehörde; Sitz in Washington, D. C. Neben der Antitrust Division des Justizministers für die Einhaltung des Wettbewerbsrechts zuständig.

Fédération des Experts Comptables Européens (FEE), europäischer Zusammenschluß von 29 Organisationen wirtschaftsprüfender Berufe, Sitz in Brüssel. – *Entstehung:* 1986 aus dem Zusammenschluß der Union Européene des Experts Comptables Economics et Financiers (UEC) und der Groupe d'Etudes des Experts Comptables de la C. E. E., die aufgelöst wurden. – Mitglied ist u. a. das →Institut der Wirtschaftsprüfer in Deutschland e. V. (IDW).

FEE, Abk. für →Fédération des Experts Comptables Européens.

feet, Singular: →foot (vgl. dort).

Fehlallokation, Abweichung von der optimalen →Allokation. Eine Reallokation der Ressourcen ist in komperativ-statischer Betrachtung derart möglich, daß die bestehende Knappheit an Gütern verringert wird.

Fehlbelegungsabgabe, im Falle der Belegung von Sozialwohnungen durch Personen, die früher eine Berechtigung zum Bezug einer Wohnung innerhalb des sozialen Wohnungsbaus haben nachweisen können, heute aber infolge von Einkommenserhöhungen und/oder Verringerung der Familiengröße die Einkommensgrenze überschreiten, erhobene →Abgabe. 1982 in der Bundesrep. D. eingeführt; es ist jedoch seit 1985 jedem Bundesland freigestellt, ob die F. eingefordert wird. Die F. soll die Differenz zwischen Sozialmiete und der durchschnittlichen marktüblichen Miete ausgleichen. Die F. ist zu zahlen von Mietern öffentlich geförderter Wohnungen, deren Einkommen die Einkommensgrenzen nach § 25 Zweites Wohnungsbaugesetz um mehr als 20% überschreitet.

Fehlbestand, →Mankohaftung.

Fehlbetrag. 1. Begriff der *Revisionspraxis* für ein festgestelltes Bestandsmanko (v. a. →Kassenmanko). – 2. Ist bei *Kapitalgesellschaften* im Jahresabschluß das Eigenkapital durch Verluste aufgebraucht und ergibt sich ein Überschuß der Passiva über die Aktiva (buchmäßige Überschuldung), so ist dieser Betrag am Bilanzende auf der Aktivseite als „Nicht durch Eigenkapital gedeckter Fehlbetrag" auszuweisen (§ 268 III HGB). – Vgl. auch →Überschuldung, →Unterbilanz.

Fehler, *statistischer Fehler,* Grundbegriff der Statistik mit drei hauptsächlichen Erscheinungsformen: 1. Ein *ermittelter Wert eines →Merkmals weicht vom tatsächlichen* (wahren) *Wert* mehr oder weniger *ab.* Ist x_i der tatsächliche und $\acute{x}_i$ der beobachtete Wert, so heißen ($\acute{x}_i - x_i$) bzw. $|\acute{x}_i - x_i|$ absoluter F. ($\acute{x}_i - x_i$)/x_i F. bzw. relativer F. Grund: Z. B. falsche Antworten, falsches Vorgehen des Interviewers oder falsche Beobachtungen. Die Konzeption eines wahren Wertes ist oft problematisch. – 2. Der *berechnete Wert eines →Parameters* der →Grundgesamtheit, etwa des →arithmetischen Mittels oder der →Varianz, *ist nicht mit dem wahren Wert identisch.* Grund: Falsche Merkmalswerte (→Fehlerfortpflanzung), falsche Abgrenzung der →Grundgesamtheit (→Coverage-Fehler; →Non-Response-Problem), falsche Verarbeitung der Beobachtungswerte. Gegenseitige Neutralisierung von Fehlereinflüssen ist hier möglich. – 3. Ein *→Schätzwert aus einer →Stichprobe unterscheidet sich* mehr oder weniger stark *vom zu schätzenden Parameter in der Grundgesamtheit.* Grund: Die unter 1. und 2. genannten Ursachen,

Fehler erster Art

die als →Nichtstichprobenfehler zusammengefaßt werden; ein Schätzwert aus einer Stichprobe weicht zufallsbedingt vom wahren Wert ab (→Stichprobenzufallsfehler). In der modernen →Stichprobentheorie gilt das Augenmerk der simultanen Verminderung von Stichproben- und Nichtstichprobenfehlern. – 4. Zusätzlich ist statistischer F. zur Bezeichnung von *falschen Entscheidungen* (→Fehlerrisiko, →Alpha-Fehler, →Beta-Fehler) bei →statistischen Testverfahren gebräuchlich.

Fehler erster Art, →Alpha-Fehler.

Fehlerfolgekosten, →Qualitätskosten 3.

Fehlerfortpflanzung, die Erscheinung, daß die bei der Verarbeitung von fehlerbehafteten Daten (→Fehler) resultierenden Größen, z. B. Kennwerte, ebenfalls mehr oder minder fehlerbehaftet sind. Der Fehler einer abgeleiteten Größe kann als Funktion der Fehler der verarbeiteten Werte angegeben werden. Beispiele: Der (nicht relativierte) Fehler eines →arithmetischen Mittels ist gleich dem durchschnittlichen Fehler der Einzelwerte; der relative Fehler eines Produktes von fehlerbehafteten Werten ist ungefähr gleich der Summe der relativen Fehler der Faktoren.

fehlerhafte Gesellschaft, →faktische Gesellschaft.

fehlerhafter Besitz, durch →verbotene Eigenmacht erlangter →Besitz. Die Fehlerhaftigkeit muß der Nachfolger im Besitz gegen sich gelten lassen, wenn er Erbe des Besitzvorgängers ist oder die Fehlerhaftigkeit des Besitzes seines Vorgängers beim Erwerb kannte (§ 858 BGB). Binnen eines Jahres seit Verübung der verbotenen Eigenmacht kann der frühere Besitzer gegen denjenigen, der die Fehlerhaftigkeit des Besitzes gegen sich gelten lassen muß, im Besitzprozeß auf Wiedereinräumung des Besitzes klagen; die Eigentumsverhältnisse bleiben dabei unberücksichtigt.

Fehlerkorrekturmodell, ergibt sich durch d-malige Differenzenbildung aus einem nichtstationären Prozeß in stationärer, so heißt dieser Prozeß „integriert vom Grade d." Ist eine Linearkombination nichtstationärer stochastischer Prozesse, die alle vom gleichen Grade integriert sind, ein stationärer Prozeß, dann heißen diese Prozesse

„kointegriert". Für kointegrierte Prozesse ist eine sogenannte Fehlerkorrekturdarstellung möglich. Sind die datenerzeugenden Prozesse „integriert vom Grade Eins" und kointegriert, dann enthält das entsprechende F. neben den ersten Differenzen auch noch die Schätzresiduen des zugehörigen statischen Modells mit den Niveauwerten als erklärende Variablen. Mit einem F. können sowohl kurzfristige Entwicklungen als auch langfristig stabile Beziehungen erfaßt werden. Zur Schätzung der Koeffizienten von F. gibt es verschiedene Verfahren. Das bekannteste Schätzverfahren für diese Modelle geht auf R. F. Engle und C. W. J. Granger (1987) zurück.

Fehlerrisiko, bei →statistischen Testverfahren die →Wahrscheinlichkeit dafür, einen →Alpha-Fehler bzw. →Beta-Fehler zu begehen.

Fehlerverhütungskosten, →Qualitätskosten.

Fehler zweiter Art, →Beta-Fehler.

fehlgegangene Vergütungserwartung, →Familienmitarbeit 2.

Fehlgeld, →Fehlgeldentschädigung.

Fehlgeldentschädigung, *Fehlgeld, Mankogeld, Zählgeld,* an im Kassen- oder Zähldienst beschäftigte Arbeitnehmer gezahlte pauschale Entschädigung. – *Lohnsteuer*: 1. Ist der Arbeitnehmer *ausschließlich oder im wesentlichen* im Kassen- oder Zähldienst beschäftigt, so kann die Entschädigung steuerfrei gewährt werden, soweit sie für jeden Kalendermonat 30 DM nicht übersteigt. – 2. Ist der Arbeitnehmer in *geringerem Umfang* im Kassen- oder im Zähldienst beschäftigt, so kann die Entschädigung steuerfrei gewährt werden, wenn der Barumsatz an Zahlungsmitteln voraussichtlich 500 DM im Monatsdurchschnitt übersteigt und die Entschädigung für jeden Monat nicht höher als 10 DM ist.

Fehlhandlung, in der Psychologie gelegentlich auftretende Unzulänglichkeit bei normalerweise korrekt ausführbaren Leistungen. *Beispiele*: zeitweiliges Vergessen von Worten und Namen, Vergessen von Vorsätzen, Versprechen, Verlesen, Verschreiben, Verlieren und Verlegen von Gegenständen, anscheinend unabsichtliche, zufällige Beschädigung der eigenen oder fremden Person oder eines Gegenstandes, manche Irrtümer. – Zu den naheliegenden *Erklärungsweisen* (Ermüdung, starke Abgelenktheit, seelische Erregung und körperliches Unwohlsein) fügte Freud, der die F. zum erstenmal systematisch untersuchte, eine tiefenpsychologische hinzu: F. sei das Ergebnis des Zusammengeratens zweier Tendenzen, und zwar einer die korrekte Leistung unterdrückenden Tendenz und einer unterdrückten, die sich dennoch im letzten Augenblick mit durchsetzt, wobei die störende Tendenz entweder direkt an die Stelle der gestörten tritt oder Mischbildungen (z. B. Mischwörter beim Versprechen) entstehen.

Fehlinvestition, unwirtschaftliche und/oder unrentable →Investition (→Wirtschaftlichkeit, →Rentabilität). – *Folgen:* a) Aus *einzelwirtschaftlicher Sicht:* F. führt gemessen am Wert der Alternativinvestition zu einer Positionsverschlechterung des Investors. F. ist Ergebnis von Planungsfehlern infolge falscher Beurteilung der technischen und wirtschaftlichen Entwicklung und/oder ungenauer →Investitionsrechnung. – b) Aus *gesamtwirtschaftlicher Sicht:* F. beeinträchtigen die soziale Wohlfahrt; sie binden Ressourcen in unproduktiven Verwendungen, senken die Wachstumsrate des Bruttosozialprodukts und führen zu Verzerrungen der Produktionsstruktur (→Fehlallokation).

Fehlmengen, Bedarf, der die verfügbaren Mengen überschreitet. F. können *auftreten* z. B. a) in der *Produktion,* wenn Roh-, Hilfs-, Betriebsstoffe oder Ersatzteile nicht in genügender Menge durch die Materialwirtschaft bereitgestellt werden können oder sollen; b) im *Absatzsektor,* wenn das Lager geräumt ist [nachholbare F. (back order-Fall)/nicht nachholbare F. (lost sales-Fall)]. – *Ursache* ist meist stochastischer Lagerabgang. *Vermeiden* von F. u. a. durch →eisernen Bestand. Die *betriebliche Planung* kann aus Kostenüberlegungen F. in Kauf nehmen und sie als Entscheidungsvariable in Modelle des Operations Research einbauen. – Vgl. auch →Fehlmengenkosten.

Fehlmengenkosten, Kosten, die durch das Vorhandensein von →Fehlmengen bedingt sind; echte Kosten (z. B. Konventionalstrafen) oder →Opportunitätskosten als entgangener Gewinn. Bestimmung der F. in

der Praxis oft schwierig, da nicht alle Einflußfaktoren quantifizierbar sind. Fehlmengen in der Materialwirtschaft bewirken Stillstands- und ggf. vermeidbare Umrüstungskosten. – Vgl. auch →Logistikkosten.

Fehlzeiten, Differenz zwischen der vom Betrieb geplanten Soll-Arbeitszeit und der vom Individuum realisierten Ist-Arbeitszeit. →*Fehlzeitenquoten* verteilen sich u. a. geschlechts- und altersspezifisch, wobei der motivationsbedingte Anteil nicht exakt bestimmbar ist. Die Fehlzeitenrate ist empirisch mit der Fluktuationsrate (→Fluktuation) positiv *verbunden,* so daß in der Fehlzeitenrate ein Frühwarnsignal gesehen werden kann; sie ist empirisch mit der →Arbeitszufriedenheit negativ korreliert.

Fehlzeitenquote, *Fehlzeitenrate,* definiert als Quotient

$$\frac{\text{versäumte Arbeitstage}}{\text{Soll-Arbeitstage}} \times 100.$$

F. lassen sich häufig durch Maßnahmen der →Arbeitsgestaltung, durch Einführung neuer →Arbeitszeitmodelle usw. reduzieren.

Fehlzeitenrate, →Fehlzeitenquote.

Feierliche Deklaration zur Europäischen Union, Erklärung des 26. Europäischen Rats vom 17.–19. 6. 1983 in Stuttgart zur f. D. z. E. U. Wichtigste Zielsetzung der F. D. z. E. U. ist die Stärkung und der weitere Ausbau der EG im wirtschaftlichen und politischen Bereich mit der Perspektive der Verwirklichung der →Europäischen Union. Da die EG-Verträge noch keine gemeinsame Außenpolitik vorsehen, vollzieht sich die erforderliche Harmonisierung der nationalen Außenpolitiken bisher im Rahmen der informellen Europäischen Politischen Zusammenarbeit (→EPZ). Der Wortlaut der Deklaration enthält ferner konkrete Ausführungen zu den Institutionen einer Europäischen Union sowie zu den wirtschafts-, außen-, kultur- und rechtspolitischen Wirkungsbereichen der angestrebten Union. Die F. D. z. E. U. ist wesentliche Grundlage der →Einheitlichen Europäischen Akte, durch die die EG-Verträge im Hinblick auf die schrittweise Bildung einer Europäischen Union ergänzt werden sollen.

Feierschicht, im Gegensatz zur Schichtzeit derjenige Teil der Kalenderzeit, in dem der Betrieb ruht. – 1. *Regelmäßige F.*: Beträgt in einschichtig arbeitenden Betrieben mit achtstündiger Schichtdauer 16 Stunden. – 2. *Außerordentliche F.*: Entsteht durch Übergang des Betriebs zu →Kurzarbeit (z. B. Betrieb arbeitet nur noch mit zwei Schichten statt mit dreien) bei ungenügendem Auftragseingang. – 3. *Kürzung der F.*: Durch Überstunden, kostensteigernd, und zwar nicht allein bei Arbeitsentgelten.

Feiertage, →gesetzliche Feiertage.

Feiertagslohn, geregelt im Gesetz zur Regelung der Lohnzahlung an Feiertagen vom 2. 8. 1951 (BGBl I 479), geändert durch das Haushaltsstrukturgesetz vom 18. 12. 1975 (BGBl I 3091). Arbeitgeber im gesamten Bundesgebiet sind verpflichtet, Arbeitnehmern für die infolge eines →gesetzlichen Feiertags (welche Feiertage gesetzlich sind, bestimmt sich nach Landesrecht) ausfallende Arbeitszeit den Arbeitsverdienst zu zahlen, den sie ohne den Arbeitsausfall erhalten hätten (also unter Berücksichtigung von Überstunden und Lohnzuschlägen). Die Vorschrift gilt nicht: für Feiertage, an denen ohnehin nicht gearbeitet worden wäre (z. B. am arbeitsfreien Sonnabend bei der 5-Tage-Woche; wenn regelmäßig sonntags gearbeitet wird, so besteht die Pflicht zur Lohnzahlung, falls ein gesetzlicher Feiertag auf einen Sonntag fällt. Der Anspruch entfällt, wenn der Arbeitnehmer am letzten Arbeitstage vor oder am ersten Arbeitstage nach dem Feiertag der Arbeit unentschuldigt fernbleibt.

Feiertagszuschlag, Zuschlag zum normalen →Arbeitsentgelt, den der Arbeitnehmer dafür erhält, daß er an →gesetzlichen Feiertagen arbeitet. Gesetzlich ist diese Zahlung allein für Besatzungsmitglieder von Seeschiffen (§ 90 b Seemannsgesetz), sonst durch →Tarifvertrag oder →Betriebsvereinbarung geregelt. Die Höhe des F. kann bis zu 100% zum effektiven Lohn betragen; für Arbeit an hohen Feiertagen (Weihnachten, Ostern, Pfingsten, Neujahr und 1. Mai) bis zu 150%. – *steuerliche Behandlung:* F. ist seit 1989 steuerpflichtig.

Feinabstimmung, *Feinsteuerung, fine tuning,* in der Makroökonomik eine Wirtschaftspolitik, die versucht, auch schon auf sehr kleine Störungen zu reagieren. – Vgl. auch →aktivistische Wirtschaftspolitik.

Feingehalt, Anteil an reinen Edelmetallen in Edelmetallegierungen. Der F. wird i. d. R. in Promille angegeben (F. von Goldmünzen: 900 ‰). – Gold- und Silberwaren sind oft mit einem Stempel über die Höhe des F. gekennzeichnet (Silber 800; Gold 585 oder 333). F. von Gold wurde früher in →Karat angegeben.

Feinkeramik, Teil des →Verbrauchsgüter produzierenden Gewerbes. Produktionsgebiet: Haushalts-, Wirtschafts- und Zierwaren aus Porzellan und Porelit. Dentalporzellan, Steingut, Feinsteinzeug, Ton- und Töpferwaren, sanitäre und technische Keramik, Fliesen, Baukeramik, Kacheln, Kachelöfen.

Feinkeramik

Jahr	Beschäftigte in 1000	Lohn- und Gehaltssumme	darunter Gehälter	Umsatz gesamt	darunter Auslandsumsatz	Nettoproduktionsindex 1985 = 100
		in Mill. DM				
1970	69	872	222	2152	667	–
1975	58	1 162	321	2815	882	–
1980	58	1 527	384	3 483	1 313	–
1985	49	1 524	417	4 140	1 465	100
1990	48	1 794	542	5 037	1 646	101,7

Feinmechanik, Optik, Herstellung von Uhren, Teil des →Investitionsgüter produzierenden Gewerbes; das Produktionsprogramm umfaßt: Augengläser aller Art, Mikroskope, mikrofotografische und Mikroprojektionsgeräte, Prismenferngläser, Fotoapparate, Projektions- und Kinogeräte, Feinmeß- und Feinprüfgeräte, Orthopädiemechanik, Armbanduhren und Großuhren. Stark exportorientiert.

Feinmechanik, Optik, Herstellung von Uhren

Jahr	Beschäftigte in 1000	Lohn- und Gehaltssumme	darunter Gehälter	Umsatz gesamt	darunter Auslandsumsatz	Nettoproduktionsindex 1985 = 100
		in Mill. DM				
1976	164	3 799	1 557	12171	3 882	–
1980	167	5 175	2 235	15833	5 139	–
1985	144	5 453	2 503	18 349	6 931	100
1990	144	6 734	3 340	23 432	8 781	115,0

Feinplanung, *Detailplanung,* kurzfristige Planung mit weitgehender Differenzierung der durchzuführenden Maßnahmen, so daß eine Abstimmung zwischen den einzelnen Teilplänen möglich ist. – *Gegensatz*: →Grobplanung.

Feinsteuerung, →Feinabstimmung.

Feld, →Array.

Feldanteil, eine dem →Marktanteil verwandte →Kennzahl; beruht auf der Gegenüberstellung von Käuferzahlen (nicht Umsatzgrößen). F. des Unternehmens U_1 an der Produktkategorie

$$X = \frac{\text{Zahl der Käufer des Produkts } XU_1}{\text{Zahl der Käufer eines Produkts } X(U_1...U_n)}$$

Die Betrachtung des F. ermöglicht, insbes. im Vergleich mit dem Marktanteil, wichtige Aufschlüsse über die Marktposition.

Feldesabgabe, eine vom Inhaber einer Erlaubnis zur Aufsuchung bergfreier Bodenschätze jährlich zu zahlende →Abgabe, →Bundesberggesetz (BBergG).

Feldforschung, *field research*, Bezeichnung der →Marktforschung für primärstatistische Erhebungen (→Primärstatistik) in einer natürlichen Umgebung. – *Gegensatz*: →Laborforschung, →Schreibtischforschung.

Feldgraswirtschaft, →Koppelwirtschaft.

Feldzeit, Richtwert beim schriftlichen →Interview für die Zeit bis zur Erreichung einer ausreichenden →Rücklaufquote. F. kann durch Repräsentativitätsverzicht verkürzt oder durch zusätzliche →Nachfaßaktionen verlängert werden.

Femto (f), Vorsatz für das Billiardstel (10^{-15}fache) der Einheit. Vgl. →gesetzliche Einheiten, Tabelle 2.

Fenster, →Fenstertechnik.

Fenstertechnik, *Window-Technik*, Technik für die Gestaltung der →Benutzeroberfläche von →Dialogsystemen, bei der sich die Bildschirmfläche (→Bildschirm) in mehrere Bereiche (Fenster, Window) aufteilen läßt. Diese können zur gleichen Zeit unabhängig voneinander Informationen (z. B. Daten aus verschiedenen Dateien) darstellen. Die Fenster werden vom →Benutzer – meist mit Hilfe der sog. →Maus bei Bedarf geöffnet und können dann verschoben, verkleinert, vergrößert, manchmal auch überlagert und

wieder geschlossen werden. Bei →Mehrprogrammbetrieb können zusätzlich in den Fenstern unabhängig voneinander unterschiedliche Programme parallel ablaufen.

Feriensachen, →Gerichtsferien.

Ferienziel-Reisen. 1. *Begriff*: Sonderform des →Gelegenheitsverkehrs; Reisen zu Erholungsaufenthalten, die der Unternehmer mit Kraftomnibussen oder Personenkraftwagen nach einem von ihm aufgestellten Plan zu einem Gesamtentgelt für Beförderung und Unterkunft mit oder ohne Verpflegung anbietet und ausführt. Eine Unterwegsbedienung ist grundsätzlich unzulässig; alle Fahrgäste sind zum gleichen Reiseziel zu bringen und an den Ausgangspunkt der Reise zurückzubefördern. – **2.** Der F.-R.-Verkehr bedarf der *Genehmigung* nach dem Personenbeförderungsgesetz; Genehmigung nur für im Reiseverkehr erfahrene Unternehmer (§ 48 PBefG).

Fernbuchführung. 1. Häufig benutzte Form der →Buchführung für nicht buchführungspflichtige Kleingewerbetreibende, Handwerker, Landwirte und Angehörige freier Berufe, z. B. Ärzte, durch eine →Buchstelle, Steuerberater. Tägliche Grundaufzeichnungen des Steuerpflichtigen selbst über Betriebseinnahmen und Betriebsausgaben, Umsatzentgelte usw. sowie Führung des Wareneingangsbuches sind unerläßlich. Gewinnermittlung durch Überschußrechnung (§ 4 III EStG, Einkommensermittlung I A 2). – **2.** F. durch *EDV-Rechenzentren* außer Haus. Datenerfassung beim Steuerpflichtigen. Datenauswertung extern, z. B. Abschluß der Finanzbuchhaltung, Ergebnisermittlung, Umsatzsteuervoranmeldung.

Fernbuchstelle, →Buchstellen.

Fernerkundung. 1. *Begriff*: Verfahren zur Beobachtung der Erdoberfläche, der Meeresoberfläche und der Atmosphäre aus Flugzeugen oder Raumfahrzeugen (Satelliten), welche zur Gewinnung von Informationen die von den Objekten ausgehende elektromagnetische Strahlung benutzen (remote sensing). – **2.** *Aufgaben*: Die F. unterscheidet drei Bereiche: a) Datenaufnahme, die durch unterschiedliche Sensoren und Aufnahmetechniken erfolgt; neben der ursprünglichen (Luftbild-) Photographie werden heute vor allem multispektrale Abtastsysteme (Scanner) eingesetzt, sowohl optisch-mechanische (wie in den LAND-SAT-Satelliten seit 1972) als auch optoelektronische (Radar-) Systeme (wie beim SPOT-HRV-Satelliten seit 1986); b) Datenspeicherung umfangreicher Datenmengen, so daß daraus Luft- und Satellitenbilder errechnet werden können; c) digitale Bildauswertung, die aus der Photogrammetrie (Ausmessung der Bilder zur Umsetzung in topographische Karten, Entzerrung über ein Paßpunktesystem) und der Interpretation besteht; der Interpretation kommt zentrale Bedeutung zu, da die verschiedenen Arbeitsschritte der Transformation der gemessenen Grauwerte, der Bildkorrektur und -verbesserung (z.B. Abschwächung störender Reflexionen durch Wolken) und der Mustererkennung trotz des Einsatzes multivariater statistischer Modelle noch nicht voll automatisierbar sind, sondern visuell aufgrund profunder Sachkenntnisse erfolgen. – 3. *Anwendung*: Durch die technischen Fortschritte in der Aufnahme- und Auswertungstechnik seit der Mitte der 70er Jahre hat sich eine breite Palette von Anwendungen ergeben, die von den Gebieten der Meterologie, Klimatologie, Geologie und Lagerstättenkunde, Geomorphologie, Bodenkunde, Forst- und Landwirtschaft, Raumplanung bis hin zur Archäologie reicht. In Verbindung mit →geographischen Informationssystemen (GIS) wird der Einsatz der Fernerkundung in der Raumplanung und Fernüberwachung noch weiter an Bedeutung gewinnen.

Fernkopierer, *Telefax.* 1. *Begriff*: Technisches Gerät, das die originaltreue Übertragung von Schrift- und Graphikvorlagen (→graphische Darstellung) über größere Entfernungen ermöglicht. – 2. *Arbeitsweise*: Der sendende F. tastet die Vorlage optisch ab und überträgt die dadurch entstehenden (einzelne Punkte repräsentierenden) Abtastsignale in analoger (→analoge Darstellung) oder digitaler (→digitale Darstellung) Form über Fernmeldewege. Der empfangende F. zeichnet anhand dieser Signale die Vorlage wieder auf (evtl. auf Spezialpapier). – 3. *Verwendung*: Die Deutsche Bundespost erlaubt seit 1966 den Anschluß von F. an das öffentliche Telefonnetz (über ein →Modem), seit 1979 bietet sie den →Telefax-Dienst an. Telefax ist ein Teildienst von →ISDN, Integriertes Service und Datennetz.

Fernmeldeanlagengesetz, Gesetz über Fernmeldeanlagen i.d.F. vom 3.7.1989 (BGBl I 1455) mit späteren Änderungen. – *Inhalt*: 1. Dem Bund steht das *ausschließliche Recht* zu, Fernmeldeanlagen zu errichten und zu betreiben (→Fernmeldemonopol). Dieses Recht wird vom Bundesminister für Post und Telekommunikation ausgeübt, der die Befugnis zur Ausübung dieses Rechts auf die Deutsche Bundespost TELEKOM weiterübertragen hat. Er kann sie auch Dritten verleihen. Postalische Fernmeldeanlagen können Dritten, z.B. Fernsprechteilnehmern, zwecks Benutzung zur Verfügung gestellt werden. – 2. *Genehmigungsfrei* sind Errichtung und Betrieb der Anlagen – mit Ausnahme der Funkanlagen – für den inneren Dienst einzelner Behörden und der Eisenbahnen, Straßenbahnen, Schiffahrtsunternehmen, Autobahnen sowie der Anlagen innerhalb der Grenzen ein und desselben Grundstückes, unter bestimmten Voraussetzungen auch auf nicht zusammenhängenden Grundstükken.

Fernmeldemonopol. 1. *Begriff*: Ausschließlich dem Bund zustehendes und durch die →Deutsche Bundespost (DBP) ausgeübtes Recht, Fernmeldeanlagen (Telegrafen-, Fernsprech- und Funkeinrichtungen) zu errichten und zu betreiben (gem. Gesetz über Fernmeldeanlagen i.d.F. vom 17.3.1977, BGBl I 459, 573). – 2. *Probleme*: (1) Das Monopol der Netzträgerschaft und die Regulierung des Marktzuganges für Endgeräte beeinträchtigt die Entwicklung und Nutzung von Innovationen in der informationstechnischen Industrie; aus diesem Grund wird die →Privatisierung des gewinnträchtigen Fernmeldebereichs der Deutschen Bundespost gefordert. (2) Weitere Probleme des F. resultieren aus dem Recht der Deutschen Bundespost, die technische Infrastruktur für neue Kommunikations- bzw. Datenübertragungsmedien einschl. der Endgeräte festzulegen und damit verbunden aus der Möglichkeit, die gesamte Kommunikationsstruktur und den Betrieb von Datenübertragungseinrichtungen direkt oder indirekt zu beeinflussen.

Fernschreiben, *Telex,* Übertragen von Texten zwischen Fernschreibstationen in einem privaten Netz, Sondernetz oder öffentlichen Netz. Verbindungsaufbau, Zeichenvorräte, Code und Geschwindigkeiten sind nach CCITT-Empfehlungen international genormt.

Fernsehkonferenz, →Telekonferenzsystem 2 a).

Fernsehspot, *TV-Spot, TV Commercial,* auf Film oder Videoband (MAZ) aufgezeichnetes Werbemittel mit Verbreitung über das Fernsehen (→Fernsehwerbung); Länge 7 bis 60 Sekunden (gelegentlich auch länger); Informationsübertragung zweikanalig (Bild und Ton), die hohe Realitätsnähe, hohe Glaubwürdigkeit, starke Aktivierung und hohe Identifikationsbereitschaft beim Zuschauer bedingt. – *Gestaltungselemente:* (1) Text (geschrieben, gesprochen, gesungen), (2) Bild (statisch, bewegt), (3) Ton (Musik, Geräusche); diese Elemente können simultan oder einzeln eingesetzt werden, so daß vielfältige Variationen möglich sind. – F. ist mit großem sachlichen und finanziellen Aufwand verbunden. – Vgl. auch →Funkspot.

Fernsehwerbung, Form der →elektronischen Werbung mittels →Fernsehspots. Kommunikation mit dem Werbesubjekt über Bild und Ton, einzeln oder kombiniert. In der Bundesrep. D. führen F. insbes. die öffentlich-rechtlichen Fernsehanstalten (ARD mit acht regionalen Anstalten und ZDF) und die privaten Fernsehanbieter durch. – Für den öffentlich-rechtlichen Bereich gelten *Rahmenbedingungen für F.* (Staatsvertrag vom 6.6.1961): (1) Werbungsverbot nach 20.00 Uhr und an Sonn- und Feiertagen; (2) deutliche Trennung der Werbesendungen vom übrigen Programm, wodurch Werbeblöcke entstehen; (3) Ausschluß jeglichen Einflusses von Werbetreibenden, →Werbeagenturen oder anderen auf das übrige Programm, wodurch →Schleichwerbung verhindert werden soll (vgl. auch →product placement). – →Werbewirkung und →Reichweite aufgrund der hohen Gerätedichte rechtfertigen die relativ hohen Kosten der F. (vgl. auch →Tausenderpreis); problematisch erscheint jedoch das aktuell zu beobachtende Zuschauerverhalten bei Fernsehspots (→Zapping). – Vgl. auch →Rundfunkwerbung.

Fernsprech…, →Telefon…

Fernsprechgebühren, *Telefongebühren.* In der Buchführung sind F. als →*Kosten* auf einem besonderen Kostenarten-Konto zu erfassen und bei der →Betriebsabrechnung auf die →Kostenstelle „Allgemeine Verwaltung" zu übertragen. In kleinen Betrieben meist direkt auf das Sammelkonto „Allgemeine Verwaltungskosten" übernommen.

Fernsprechnetz, →Telefonnetz.

Fernstudium. 1. *Begriff:* Ein raum- und zeitüberbrückendes, aus der Ferne gesteuertes, überregionales Studium. Die Kommunikation der Lehrinhalte erfolgt mittels technischer (speichernder) Medien. Kontrollfunktionen (Verständniskontrolle und Leistungsbestätigung) können direkt (durch zentrale und dezentrale Tutorials oder Seminare) wie auch indirekt (über technische Medien) vorgenommen werden. – 2. *Abweichungen* gegenüber anderen Lernformen: a) *Lehrobjektivierung:* Lehrinhalte und Lehrmeinungen verschiedener Dozenten werden durch technische (speichernde Medien) „objektiviert" bereitgestellt; b) *Individualisierung:* individuelle Aus- und Weiterbildung, Selbstbestimmung des Lerntempos. – 3. *Formen (Typologie):* F. mittels Studienbrief (Grundtyp, Fernstudium der traditionellen Art), Fernsehen (Ausstrahlung von Fernsehsendungen), Kassette (EVR-Verfahren), computerunterstützte Unterweisung (programmierte Instruktion), Kombination von Direkt- und Fernstudium (sandwich-study). – Vgl. auch →Fernstudium im Medienverbund. – *Anders:* →Fernunterricht.

Fernstudium im Medienverbund, im Bereich des →Fernstudiums ein Integrationsprozeß von Medienorganisationsformen und Humanaggregaten (Fernstudiengruppen); Fernstudium mit Übernahme von Direktstudienteilen. (Medienverbund: technische, dispositive, arbeitsteilige Verbindung [Kombination] von Medien; Medien: persönliche Rede des Dozenten, Studienbrief, Fernsehen, Kassette [EVR] usw.) Medienorganisationen nach Zweckmäßigkeitsgründen: didaktische Zweckmäßigkeit, technische (mengenmäßige) Wirtschaftlichkeit (Rationalprinzip) und Erreichen der vorgegebenen bildungspolitischen Ziele. – Keine integrative Strukturierung mit dem Direktstudium zu einem einheitlichen Studiensystem.

Fernunterricht, nach dem Fernunterrichtschutzgesetz i.d.F. vom 24.8.1976 (BGBl I 2525) mit späteren Änderungen die auf vertraglicher Grundlage erfolgende, entgeltliche Vermittlung von Kenntnissen und Fähigkeiten, bei der a) der Lehrende und der Lernende ausschließlich oder überwiegend räumlich getrennt sind und b) der Lehrende oder sein Beauftragter den Lernerfolg überwachen. – Alle entgeltlich angebotenen Fernlehrgänge, soweit sie nicht auf Freizeitbeschäftigung oder Unterhaltung gerichtet sind, unterliegen einer *Zulassungspflicht*. – Die auf den *Vertragsschluß* gerichtete →Willenserklärung des Teilnehmers bedarf der →Schriftform. – *Zuwiderhandlungen* werden als →Ordnungswidrigkeit geahndet. – *Anders*: →Fernstudium.

Fertigerzeugnis, *Fertigfabrikat*, Produkt, das den Produktionsprozeß des Betriebes bis zum Ende durchlaufen hat und das zur weiteren Verwendung bereitsteht: a) am Markt (Verkauf an nachgelagerte Betriebe oder an Endverbraucher); b) zum Verbrauch im eigenen Betrieb (Selbstverbrauch). Die rechnerische Übernahme auf Fertigwarenlager erfolgt zumeist mit den bis dahin aufgelaufenen Ist-, Plan- oder Standardkosten (→Herstellungskosten) auf die Kostenträgerkonten. – *Gegensatz*: →unfertige Erzeugnisse.

Fertigfabrikat, →Fertigerzeugnis.

Fertighaus, aus vorgefertigten Bauteilen schlüsselfertig zusammengefügtes Haus. Der →Eigentumsvorbehalt des Herstellers wird i. d. R. durch Verbindung mit dem Grundstück erlöschen; das Haus wird →wesentlicher Bestandteil des Grundstücks. →Dingliche Rechte am Grundstück, z. B. Hypotheken und Grundschulden, erfassen dann auch das F., das deshalb als Beleihungsobjekt in Betracht kommt. Bei der *Festsetzung des Beleihungswertes* ist möglicherweise verkürzte Nutzungsdauer zu berücksichtigen.

Fertigpackung, Erzeugnis in einer Verpackung beliebiger Art, die in Abwesenheit des Käufers abgepackt und verschlossen wird, wobei die Menge des darin enthaltenen Erzeugnisses ohne Öffnen oder merkliche Änderung der Verpackung nicht verändert werden kann. Wer gewerbsmäßig F. in den Verkehr bringt, hat auf der F. leicht erkennbar und deutlich lesbar die Füllmenge nach Gewicht, Volumen oder Stückzahl anzugeben. F. müssen so gestaltet und befüllt sein, daß keine größere Füllmenge vorgetäuscht

wird, als in ihnen enthalten ist (§§ 6, 7 des Eichgesetzes i. d. F. vom 23. 3. 1992 (BGBl I 711) und Fertigverpackungsverordnung vom 18. 12. 1981 (BGBl I 1585) mit späteren Änderungen).

Fertigteile, Begriff der Kostenrechnung für →bezogene Teile.

Fertigung, →Produktion.

Fertigungsauftrag, *Fertigungslos*, in der Produktionsplanung und -steuerung (→PPS-System) eine Menge von →Teilen einer Teileart, die auf einer →Fertigungsstufe als eine dispositive Einheit behandelt und zusammen hergestellt werden.

Fertigungsautomation, Automatisierung der industriellen Produktion (→Automation) durch Einsatz von computergestützten Fertigungsanlagen; vgl. insbes. →flexibles Produktionssystem, →Industrieroboter, →NC-Anlagen, →CNC-Anlagen, →DNC-Anlagen, →Bearbeitungszentrum. – Vgl. auch →PPS-Systeme, →factory of the future.

Fertigungseinzelkosten, zur Erstellung eines Erzeugnisses im Fertigungsbereich anfallende →Einzelkosten (vgl. auch →Fertigungskosten). Zu den F. werden häufig Einzellohnkosten (→Fertigungslöhne) und →Sondereinzelkosten der Fertigung gezählt. – Die F. oder Teile von ihnen dienen in der *traditionellen Vollkostenrechnung* häufig als Bezugsgrößen für die Verteilung der →Fertigungsgemeinkosten auf die Kostenträger; sie werden selbst von der →Kostenartenrechnung direkt in die →Kostenträgerrechnung übernommen. – In der *Einzelkosten- und Deckungsbeitragsrechnung* gilt die direkte Erfaßbarkeit der Mengenkomponente für die Anerkennung als F. als nicht ausreichend. Zusätzlich ist die Zurechenbarkeit der Ausgaben nach dem →Identitätsprinzip erforderlich. Deshalb sind v. a. die Einzellohnkosten, in geringem Umfang auch Teile der Materialeinzelkosten und Sondereinzelkosten der Fertigung, keine F. – *Gegensatz*: →Fertigungsgemeinkosten.

Fertigungsendkostenstellen, *Fertigungsendstellen*, →Fertigungshauptkostenstellen, Kostenstellen des Fertigungsbereichs, die in der traditionellen Vollkostenrechnung im Gegensatz zu den Vorkostenstellen

(i. d. R. den Fertigungshilfsstellen) bei der Kostenstellenumlage (→innerbetriebliche Leistungsverrechnung) nur Kosten empfangen, aber nicht weitergeben. Die Summe der bei ihnen gesammelten Kosten wird im Rahmen der Kostenträgerrechnung auf die Kostenträger verrechnet (häufig mittels →Bezugsgrößenkalkulation).

Fertigungsendstellen, →Fertigungsendkostenstellen.

Fertigungsgemeinkosten, die im Fertigungsbereich entstandenen, dem einzelnen Kostenträger nur mittelbar zurechenbaren Gemeinkosten (Hilfslöhne, Hilfsmaterial, Energiekosten, kalkulatorische Abschreibungen und Zinsen usw.). Werden in der traditionellen Vollkostenrechnung für →Fertigungsendkostenstellen erfaßt bzw. auf diese im Rahmen der →innerbetrieblichen Leistungsverrechnung verrechnet und anschließend in der Kostenträgerrechnung den einzelnen Kostenträgern zugeschlüsselt. – *Gegensatz:* →Fertigungseinzelkosten.

Fertigungshauptkostenstellen, *Fertigungshauptstellen,* Bereiche (→Kostenstellen) innerhalb von Produktionsbetrieben, in denen die eigentliche Fertigung der Erzeugnisse durchgeführt wird. Für Anzahl und Abgrenzung der F. sind verschiedene Gesichtspunkte maßgebend, wie z. B. Größe des Betriebes, Ausmaß des Erzeugungsprogramms und Erfordernisse der →Arbeitsvorbereitung, der →Kontrolle und der Kostenüberwachung. F. bilden zusammen mit →Fertigungsnebenkostenstellen die →Fertigungsendkostenstellen.

Fertigungshauptstellen, →Fertigungshauptkostenstellen.

Fertigungshilfskostenstellen *Fertigungshilfsstellen,* Bezeichnung für Produktionsbereiche, die an der Fertigung nur indirekt beteiligt sind, deren Leistungen aber notwendig sind, um die Arbeitsabläufe in den →Fertigungshauptkostenstellen zu ermöglichen. Ihre Anzahl richtet sich, wie die der Fertigungshauptkostenstellen, nach der Größe und Organisation des Betriebes, den Erfordernissen der Kostenüberwachung usw. Die Summen der Gemeinkosten der einzelnen F. (→Fertigungsgemeinkosten) werden in der traditionellen Vollkostenrechnung nach bestimmten Verteilungs-

schlüsseln auf die Fertigungshauptstellen umgelegt (→innerbetriebliche Leistungsverrechnung).

Fertigungshilfsstellen, →Fertigungshilfskostenstellen.

Fertigungsinsel, →Produktionsinsel.

Fertigungskontenrahmen, jetzt: →Industrie-Kontenrahmen (IKR).

Fertigungskontrolle, →Produktionskontrolle.

Fertigungskosten, *Produktionskosten,* im Fertigungs- bzw. Produktionsbereich eines Unternehmens zur Erstellung von Produkten anfallende →Kosten. F. werden zumeist in →Fertigungseinzelkosten und →Fertigungsgemeinkosten aufgeteilt. Zuweilen zählt man zu den F. auch →Materialkosten und versteht dann F. als bis zum Vertrieb anfallende Kosten eines Produkts.

Fertigungskostenstellen, *Fertigungsstellen,* zusammenfassende Bezeichnung für →Fertigungshauptkostenstellen, innerhalb derer die Fertigung der Erzeugnisse erfolgt, Fertigungsnebenkostenstellen, auf denen Nebenerzeugungen verrichtet werden, wie z. B. die Verarbeitung von Abfallstoffen, und →Fertigungshilfskostenstellen (Fertigungshilfsstellen), wie z. B. Werkzeugmacherei, Reparaturwerkstatt o. ä. Häufig werden auch Forschungs-, Entwicklungs- und Konstruktionskostenstellen zu den F. gezählt.

Fertigungslöhne, *Einzellöhne, Einzellohnkosten,* Löhne für direkt am Werkstück verrichtete Arbeit, fälschlich „produktive Löhne" genannt, die im Gegensatz zu den →Hilfslöhnen unmittelbar erfaßt werden. Die F. werden i. d. R. dem Erzeugnis als Einzelkosten direkt zugerechnet (→Fertigungseinzelkosten). Nach Auffassung der Einzelkosten- und Deckungsbeitragsrechnung sind die F. im Rahmen der üblichen Arbeitsverhältnisse (abgesehen von stundenweisen Aushilfen, Überstunden und Zulagen für auftragsspezifische Tätigkeiten) weder als →Einzelkosten der Kostenträger noch als →variable Kosten in bezug auf die Beschäftigung anzusehen. Die Erfaßbarkeit der Tätigkeitszeit als Kriterium (→Dispositionierbarkeit, →Identitätsprinzip) gilt als nicht ausreichend.

Fertigungslohnzettel, organisatorisches Hilfsmittel zur Erfassung der unmittelbar für die Erzeugnisse verbrauchten Löhne. – Vgl. auch →Bruttolohnermittlung, →Akkordzettel.

Fertigungslos, →Fertigungsauftrag.

Fertigungsmaterial, zusammenfassender Begriff für →Einzelmaterial und →Gemeinkostenmaterial.

Fertigungsmaterialscheine, organisatorische Hilfsmittel zur rechnerischen Erfassung der unmittelbar in die Erzeugnisse eingehenden Materialien. – Vgl. auch →Materialentnahmeschein.

Fertigungsnebenkostenstellen, *Fertigungsnebenstellen,* →Fertigungsendkostenstellen, die mit der Bearbeitung von Nebenprodukten befaßt sind.

Fertigungsnebenstellen, →Fertigungsnebenkostenstellen.

Fertigungsorganisation, *Produktionsorganisation,* →Teilbereichsorganisation für den organisatorischen Teilbereich „Fertigung" (bzw. Produktion). – 1. *Gestaltung der* →*Aufbauorganisation:* Die Ebene der Hierarchie unterhalb der Fertigungsleitung kann z. B. nach unterschiedlichen Ressourcen (z. B. Werken), Fertigungsverfahren oder herzustellenden Produkten gegliedert werden (→Segmentierung). – 2. *Gestaltung der* →*Ablauforganisation:* z. B. Straßenproduktion, Werkstattproduktion.

Fertigungsplanung, →Produktionsplanung.

Fertigungsprogramm, →Produktionsprogramm.

Fertigungsprogrammplanung, →Produktionsprogrammplanung.

Fertigungsqualitätskontrolle, Verfahren der Qualitätskontrolle (→Qualitätssicherung). Ziel der F. ist die Überwachung des Produktionsprozesses. Hierzu werden Prüfvorgänge während des Fertigungsablaufes durchgeführt, die Informationen über den Prozeßzustand liefern, die eine Steuerung des Prozesses ermöglichen, so daß sich ein Qualitätsmerkmal eines herzustellenden Produktes innerhalb vorgeschriebener Grenzen bewegt. Die Qualitätsregelkarte

(→Kontrollkartentechnik) ist das statistische Instrument der F.

Fertigungssonderkosten, →Sondereinzelkosten der Fertigung.

Fertigungsstellen, →Fertigungskostenstellen.

Fertigungsstufe, *Produktionsstufe,* in der Produktionsplanung und -steuerung (→PPS-System) die Gesamtheit aller Bearbeitungsschritte eines →Teils, die an dem einen →Fertigungsauftrag zur Herstellung des Teils durchzuführen sind. Bei mehrstufiger Fertigung werden bis zur Erzeugung des Endprodukts mehrere F. durchlaufen.

Fertigungstechnik, →Produktionstechnik.

Fertigungsverfahren, →Produktionstypen, →Produktionstechnik.

Fertigungsvollzugsplanung, →Produktionsprozeßplanung.

Fertigungszuschlag, Prozentsatz, mit dem bei →Zuschlagskalkulation die anteiligen Fertigungsgemeinkosten den Fertigungseinzelkosten zugeschlagen werden, um die gesamten →Fertigungskosten zu ermitteln.

Fertilität, Zahl der Kinder, die eine Person, eine Gruppe von Personen oder eine ganze Bevölkerung im Lebenslauf oder in einer bestimmten Zeitperiode hervorbringt. – Vgl. auch →Fertilitätsmaße.

Fertilitätsmaße, Verhältniszahlen zur Charakterisierung des Ausmaßes der Erneuerung (Fortpflanzung) einer Bevölkerung durch Geburten *(Geburtenhäufigkeit).* Die Zahl der Lebendgeborenen wird nicht (wie bei der →Geburtenziffer) auf die Gesamtbevölkerung bezogen; die „unbeteiligten Massen" werden in unterschiedlichem Ausmaß ausgegrenzt. – *Arten:* 1. *Allgemeine Fruchtbarkeitsziffer:* Lebendgeborene eines Kalenderjahres, bezogen auf die durchschnittliche Zahl der Frauen (F) im Gebäralter von 15 bis 44 oder 49 Jahren. Zur Erhaltung des Bevölkerungsstandes aus Geburten und Sterbefällen ist ca. der Wert 70 erforderlich. – 2. *Altersspezifische Geburtenziffer:* Lebendgeborene eines Kalenderjahrs, bezogen auf die Anzahl der Frauen in einem bestimmten Alter in einem Kalenderjahr. Zusätzliche Unterscheidung: a) ehelich Lebendgeborene von Müttern in einem bestimmten Alter, bezogen auf die verheirateten Frauen in diesem Alter; b) nichtehelich Lebendgeborene von Müttern in einem bestimmten Alter, bezogen auf die unverheirateten (ledigen, verwitweten und geschiedenen) Frauen in diesem Alter. – 3. *Ehedauerspezifische Geburtenziffer*: Lebendgeborene eines Kalenderjahres, bezogen auf die seit n Jahren verheirateten Frauen; sie kann nach der Parität oder Ordnungsnummer der Geburten (1., 2., 3. Kind usw.) berechnet werden. – 4. *Zusammengefaßte Geburtenziffern*: Summe der altersspezifischen Geburtenziffern. Sie geben für eine fiktive Frauengeneration die Zahl der Lebendgeborenen im Lebensablauf (ohne Berücksichtigung der Sterblichkeit) an. Zur Erhaltung des Bevölkerungsstands sind bei einer →Sexualproportion der Lebendgeborenen von 1060 Jungen auf 1000 Mädchen 2060 Kinder erforderlich. Beschränkt man sich auf Mädchengeburten, erhält man die *Bruttoreproduktionsrate*, bei zusätzlicher Berücksichtigung der Sterblichkeit die *Nettoreproduktionsrate*. – 5. *Zusammengefaßte Geburtenziffern verheirateter Frauen*: Summe der ehedauerspezifischen Geburtenziffern. Sie geben für einen fiktiven Ehejahrgang die Zahl der Lebendgeborenen bis zum Abschluß des Familienbildungsprozesses an.

Festbeträge, (für Arznei- und Verbandmittel) durch § 35 SGB V mit dem Gesundheitsreformgesetz vom 20.12.1988 (BGBl I 2477) eingeführte Regelung zur Steuerung der Ausgaben der Krankenkassen im Arznei- und Verbandmittelbereich. Nach § 31 SGB V sollen die Kosten von Arznei- und Verbandmitteln nur dann ohne Zuzahlung (→Verordnungsblattgebühr) von der Krankenkasse voll übernommen werden, wenn ein F. nach § 35 SGB V festgesetzt ist. Nach § 35 SGB V setzt der Bundesausschuß der Ärzte und Krankenkassen für Gruppen von Arzneimitteln F. fest. Die F. von Verbandmitteln werden von den Spitzenverbänden der Krankenkassen festgelegt (§ 35 III SGB V). – Ein F. für Arzneimittel mit denselben Wirkstoffen kann erst drei Jahre nach der ersten Zulassung eines wirkstoffgleichen Arzneimittels festgesetzt werden. Bei der Festsetzung der F. für Arzneimittel ist grundsätzlich von den preisgünstigen Apothekenabgabepreisen in der Vergleichsgruppe auszugehen. – F. für

Hilfsmittel können von den Spitzenverbänden der Krankenkassen festgesetzt werden. Gleichartige und gleichwertige Mittel sollen in Gruppen zusammengefaßt werden. Für Brillengestelle und Brillengläser sind getrennte F. festzusetzen (§ 36 SGB V).

Festbewertung, →Festwert.

feste Kosten, →fixe Kosten.

fester Verrechnungspreis, *Standardpreis*, rechnerisches Hilfsmittel der industriellen Kostenrechnung. – *Anwendungszwecke*: a) Vereinfachung von Abrechnungsvorgängen im Rahmen der Bewertung innerbetrieblicher Lieferungen und Leistungen (→innerbetriebliche Leistungsverrechnung); b) Ausschaltung außerbetrieblicher Preisschwankungen; erbringt ebenfalls eine Rechnungsvereinfachung sowie eine verbesserte →Kostenkontrolle. – *Bildung von f. V.*: Erfolgt auf der Grundlage von Durchschnittswerten der Vergangenheit oder Planpreisen unter Berücksichtigung zukünftig zu erwartender Preisentwicklung, um Differenz zwischen dem auf längere Zeit stabil zu haltenden f. V. und tatsächlichem Preis möglichst niedrig zu halten. – Die *Differenzen* zwischen den f. V. und den exakten Wertansätzen werden häufig direkt in das →Betriebsergebnis übernommen. Bei Anwendung des Gemeinschafts-Kontenrahmens industrieller Verbände (GKR) werden die Preisdifferenzen auf einem Konto der Klasse 2 (→Preisdifferenzkonto) erfaßt, dessen Saldo über das neutrale Ergebniskonto bzw. ein Verrechnungspreiskonto gebucht wird; bei Anwendung des Industrie-Kontenrahmens (IKR) im Rechnungskreis II (Klasse 9). – Vgl. auch →Verrechnungspreis.

fester Wechselkurs, *fixierter Wechselkurs*, von Regierung oder Zentralbank festgesetzter →Wechselkurs. Das Wechselkurssystem des →Bretton-Woods-Abkommens basierte auf dem Prinzip f. W. Währungsreserven und Auslandskredite sollen die Finanzierung von Zahlungsbilanzdefiziten ermöglichen. Da jedoch kein Land bei anhaltenden Zahlungsbilanzdefiziten (-überschüssen) eine Abwertung (Aufwertung) auf Dauer umgehen kann, werden die Wechselkurse *nicht völlig fest* gehalten. So wurde bereits im Bretton-Woods-System bei →strukturellen Zahlungsbilanzungleichgewichten eine Kursanpassung durch

Festgehaltsklausel

Paritätsveränderung zugelassen *(adjustable peg)*, sog. *System f. W. mit stufenweiser Flexibilität.* – Zusätzlich zum adjustable peg wurden im Bretton-Woods-System Kursschwankungen innerhalb bestimmter Bandbreiten zugelassen. – Schließlich wurde auch eine sog. *formula flexibility* (→Formelflexibilität) diskutiert, eine Paritätsbzw. Bandbreitenverschiebung automatisch entsprechend der Veränderung bestimmter Wirtschaftsindikatoren (wie Abweichung der Preisniveauentwicklung vom Ausland). In diesem Sinn wird auch vom →*crawling peg* bzw. *movable peg* gesprochen.

Festgehaltsklausel, →Wertsicherungsklausel, bei der die Höhe einer Geldforderung (Rente) nicht in einem nominellen Betrag, sondern auf das jeweilige Gehalt einer bestimmten Gehaltsgruppe bezogen ausgedrückt ist, z. B.: „Zwei Monatsgehälter eines Beamten der Gehaltsgruppe B 6 im Zeitpunkt der Zahlung".

Festgelder. 1. Einlagen mit fester Laufzeit von mindestens einem Monat; gehören zu den →Termineinlagen. – 2. Geldkapital am Börsengeldmarkt (auch Einlagen), das auf längere Fristen mit festem Verfalltag ausgeliehen wird (z. B. Dreimonatsgehalt). – 3. Bei der Währungsreform im Bundesgebiet zunächst auf gesperrten Konten festgeschriebene Guthaben.

Festgeschäft, →Fixgeschäft.

Festgrundschuld, →Grundschuld, bei der das Kapital an festem Termin fällig wird. – *Gegensatz*: Tilgungsgrundschuld.

Festhypothek, →Hypothek, bei der das Kapital an festem Termin fällig wird. – *Gegensatz*: →Tilgungshypothek.

Festmeter (fm), früher im Holzhandel verwendete Bezeichnung für 1 Kubikmeter fester Holzmasse.

Festofferte, →Offerte 2 a).

Festplatte, Speichermedium, Magnetplatte, die fest im Laufwerk eingebaut ist. Im Gegensatz zu →Wechselplatten sind F. besser gegen äußere Einwirkungen geschützt.

Festpreis, staatlich oder vertraglich normierter Preis.

I. Staatliche Preispolitik: Im System der staatlichen Preisregelung (v. a. bei Erzeugnissen der Landwirtschaft und im Verkehrswesen, z. B. Eisenbahntarife) angewandt a) als *Ordnungstaxe*, die bei funktionierendem Preismechanismus den Preis darstellt, der sich im vollkommenen Wettbewerb bilden würde (z. B. Herabsetzung von Monopolpreisen); b) als *echte Taxe*, die höher bzw. niedriger liegt als der Konkurrenzpreis (Mindestpreis bzw. Höchstpreis). Höchstpreise haben zur Folge, daß Nachfrage größer wird als Angebot, so daß der Staat entweder die Produktionsmenge bestimmen bzw. Subventionen gewähren, oder aber die Nachfrage (durch Rationierung) reduzieren muß. Bei Mindestpreisen wird Angebot größer als Nachfrage. Regulierung durch Regierungsaufkäufe oder Produktionseinschränkung (Zwang oder Prämiensystem). – Vgl. auch →Preisstopp.

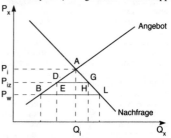

(X = nachgefragte bzw. angebotene Menge,
NN = Nachfrage-,
AA = Angebotsfunktion,
P_M = Mindest-,
P_H^M = Höchstpreis).

II. Bilanzierung und Kostenrechnung: 1. In →Konzernen oder →Kartellen vereinbarter Preis zur Vereinfachung der *Abrechnung zwischenbetrieblicher Leistungen* und der Gewinnverteilung. – 2. *Bewertung zu F.*: Vgl. →Festwert.

Festpreis-Modell, *fix price model*, in der Makroökonomik ein Modell mit starren Preisen, bei dem als Reaktion auf Ungleichgewichtssituationen die Mengen angepaßt werden. – Vgl. auch →Neue keynesianische Makroökonomik.

Festpreisverfahren, →innerbetriebliche Leistungsverrechnung II 5.

Festsatzkredit, →Kredit mit fest vereinbartem, unveränderlichem Zinssatz für die gesamte Kreditdauer.

Festsetzungsverjährung. 1. *Gegenstand*: Die F. regelt, wann eine →Steuerfestsetzung sowie ihre Aufhebung oder Änderung nicht mehr zulässig ist (§ 169 I AO). – *Gegensatz*: →Zahlungsverjährung. – 2. *Frist*: Die Festsetzungsfrist beträgt grundsätzlich für Zölle, Verbrauchsteuern, Zoll- und Verbrauchsteuervergütungen ein Jahr, für andere Steuern und Steuervergütungen vier Jahre; sie beträgt zehn Jahre soweit →Steuerhinterziehung, fünf Jahre soweit leichtfertige →Steuerverkürzung vorliegt (§ 169 II AO). Die Frist beginnt mit Ablauf des Kalenderjahres, in dem der Anspruch entstanden ist, soweit keine Anlaufhemmung vorliegt (§ 170 AO). Das Ende der F. wird vielfach durch Ablaufhemmung hinausgezögert (§ 171 AO), insbes. durch höhere Gewalt innerhalb der letzten sechs Monate des Fristlaufes, durch →offenbare Unrichtigkeit beim Erlaß eines Steuerbescheids, durch Antrag auf Steuerfestsetzung oder Anfechtung eines Steuerbescheids, durch Beginn einer →Außenprüfung oder →Steuerfahndung. Der Zeitraum der Hemmung wird bei der Berechnung des Laufs der Festsetzungsfrist nicht berücksichtigt. – 3. *Wirkung*: Durch Ablauf der Festsetzungsfrist erlischt der nicht festgesetzte Anspruch (§ 47 AO). Die Änderung oder Aufhebung einer Steuerfestsetzung ist nicht mehr möglich. Der Fristablauf ist von Amts wegen zu beachten, ein dennoch erlassener Verwaltungsakt ist rechtswidrig.

Festspeicher, →Festwertspeicher.

Feststellung, Teilprozeß des Soll-Ist-Vergleichs im Rahmen einer →Prüfung, der der vertrauenswürdigen Ermittlung gegebener Sachverhalte dient. F. durch Anlegen eines vorgegebenen Maßstabs an die realen Tatbestand (Messen, Zählen, Wiegen oder Schätzen realer Größen) oder Einblicknahme in Dokumente.

Feststellungsbescheid, gesonderter Bescheid des Finanzamts über Feststellung von →Besteuerungsgrundlagen (§§ 179ff. AO). – 1. Über die Feststellung der →*Einheitswerte*: a) für die →wirtschaftlichen Einheiten (Betriebe der Land- und Forstwirtschaft, Grundstücke und gewerbliche Betriebe); b) für die wirtschaftlichen Untereinheiten (→Betriebsgrundstücke, →Mineralgewinnungsrechte). – 2. Über die Feststellung der →*Einkünfte*: a) einkommen- und körperschaftsteuerpflichtige Einkünfte, wenn an den Einkünften mehrere Personen beteiligt sind und die Einkünfte diesen steuerlich zuzurechnen sind; b) in anderen als den unter 2 a) genannten Fällen über die Einkünfte aus Land- und Forstwirtschaft, Gewerbebetrieb oder freiberuflicher Tätigkeit, wenn das für die gesonderte Feststellung zuständige Finanzamt nicht auch für die Steuern vom Einkommen zuständig ist. – 3. Über den *Wert der vermögensteuerpflichtigen Wirtschaftsgüter* sowie über Schulden und sonstigen Abzüge, wenn sie mehreren Personen zuzurechnen sind. Der Wert wird den Beteiligten ihren Anteilen entsprechend zugerechnet. – 4. Über Besteuerungsgrundlagen, insbes. einkommen- oder körperschaftsteuerliche Einkünfte, wenn der Einkunftserzielung dienende Wirtschaftsgüter, Anlagen oder Einrichtungen von mehreren Personen betrieben, genutzt oder gehalten werden oder mehreren Personen getrennt zuzurechnen sind, die bei der Planung, Herstellung, Erhaltung oder dem Erwerb dieser Wirtschaftsgüter, Anlagen oder Einrichtungen gleichartige Rechtsbeziehungen zu Dritten hergestellt oder unterhalten haben (Gesamtobjekt); die zweite Alternative gilt auch bei Wohnungseigentum, das nicht der Einkunftserzielung dient, wenn die Feststellung für die Besteuerung von Bedeutung ist. – Der gesonderte F. muß den Anforderungen an →Steuerbescheide entsprechen. – Entscheidungen im F. können nur durch *dessen* Anfechtung, nicht auch durch Anfechtung des Steuerbescheids angegriffen werden, dessen Grundlage sie sind (§ 42 FGO, § 351 AO). Der F. ist selbständig anfechtbar mit →Einspruch (§ 348 AO).

Feststellungsklage, Form der →Klage. I. Z i v i l p r o z e ß o r d n u n g: Klage auf Feststellung des Bestehens oder Nichtbestehens eines Rechtsverhältnisses. Die F. ist nur bei rechtlichem Interesse an alsbaldiger richterlicher Feststellung zulässig, das regelmäßig fehlt, wenn auf Leistung (z. B. Zahlung) geklagt werden kann (§ 256 ZPO). – Vgl. auch →Zwischenfeststellungsklage.

II. V e r w a l t u n g s r e c h t: Klage auf Feststellung des Bestehens oder Nichtbestehens eines Rechtsverhältnisses, für das der Verwaltungsrechtsweg zulässig ist, oder der

Nichtigkeit eines →Verwaltungsaktes. Die Zulässigkeit der F. setzt ein berechtigtes Interesse der Kläger an der alsbaldigen Feststellung voraus. Sie ist nicht zulässig, wenn der Kläger sein Recht durch →Anfechtungsklage, Verpflichtungsklage oder Leistungsklage verfolgen kann oder hätte verfolgen können; Ausnahme bei Nichtigkeit eines Verwaltungsaktes (§ 43 VwGO). – Entsprechend in der *Sozialgerichtsbarkeit*.

III. Finanzgerichtsordnung: Mit der F. kann die Feststellung des Bestehens oder Nichtbestehens eines Rechtsverhältnisses oder die Nichtigkeit eines Verwaltungsaktes begehrt werden, wenn der Kläger ein berechtigtes Interesse an der alsbaldigen Feststellung hat (§ 41 FGO). Es gelten die gleichen Einschränkungen wie bei der Anfechtungsklage. Die F. ist nicht zulässig, wenn der Kläger sein Recht durch Anfechtungs- oder Verpflichtungsklage geltend machen kann oder hätte geltend machen können.

Feststellungszeitpunkt, Begriff des Steuerrechts. Zeitpunkt, auf den die Feststellung eines →Einheitswertes erfolgt; i.d.R. 1.1. eines Jahres. – *Zu unterscheiden* nach dem BewG: →Hauptfeststellungszeitpunkt, →Fortschreibungszeitpunkt und →Nachfeststellungszeitpunkt.

festverzinsliche Wertpapiere, →Anleihen.

Festwert. I. Begriff: Unveränderter Wertansatz für einen bestimmten Bestand bestimmter Vermögensgegenstände einer Unternehmung für mehrere aufeinanderfolgende Geschäftsjahre, wenn die Vermögensgegenstände unter gleichbleibenden Produktionsverhältnissen (Kapazität, Produktionsverfahren, Beschaffung) eine gleichbleibende Funktion zu erfüllen haben und ihr ständiger Verbrauch oder ihre ständige Abnutzung durch laufende Wiederbeschaffung und Wiederherstellung zur Erhaltung der Leistungsfähigkeit ungefähr ausgeglichen werden. *Änderungen* des F. sind also unter veränderten Produktionsbedingungen (und damit veränderter Leistungsabgabe oder veränderten Ersatzinvestitionen) erforderlich. – *Anders:* →Festpreis.

II. F. im Anlagevermögen: Beim *Sachanlagevermögen*, v.a. dem beweglichen, zur Erleichterung der →Inventur und der →Bewertung, nicht jedoch zum Ausgleich von Preisschwankungen, sowohl handels- als auch steuerrechtlich zugelassener Wert. *Voraussetzungen:* Bestand, Wert und Zusammensetzung dieser Vermögensgegenstände dürfen nur geringen Schwankungen unterliegen, d.h. u.a., diese Vermögensgegenstände müssen regelmäßig ersetzt werden; typische Beispiele: Werkzeuge, Geräte, Hotelgeschirr (vgl. →eiserner Bestand). Der F. der Vermögensgegenstände muß für das Unternehmen von nachrangiger Bedeutung sein (§ 240 III HGB). Handelsrechtlich ist i.d.R. alle drei Jahre eine körperliche Bestandsaufnahme durchzuführen. Steuerlich ist mindestens an jedem dem Hauptfeststellungszeitpunkt für die Feststellung des Einheitswerts des Betriebsvermögens vorangehenden Bilanzstichtag, spätestens aber an jedem fünften Bilanzstichtag eine körperliche Bestandsaufnahme vorzunehmen; übersteigt der für diesen Bilanzstichtag ermittelte Wert den bisherigen um mehr als 10%, so ist der ermittelte Wert als neuer F. maßgebend, bei weniger als 10% des bisherigen F. kann der alte F. fortgeführt werden (Abschn. 31 V EStR).

III. F. im Umlaufvermögen: Innerhalb des Vorratsvermögens ist der Ansatz von F. bei *Roh-, Hilfs- und Betriebsstoffen* handels- und steuerrechtlich zulässig. Auch hier darf der Bestand in seiner Größe, seinem Wert und seiner Zusammensetzung nur geringen Veränderungen unterliegen. Ebenso gelten die übrigen Voraussetzungen wie bei Vermögensgegenständen des Sachanlagevermögens (s. oben II).

Festwertspeicher, *Festspeicher,* →Speicher eines Computers, von dem während des normalen Betriebs nur gelesen werden kann. Gebräuchliche *Typen* sind z.B.: →EPROM und →PROM. – *Gegensatz:* →Schreib-/Lese-Speicher.

Festzinsblock, Gesamtbetrag der für die gesamte oder einen Teil der Laufzeit zu einem fest vereinbarten Zinssatz herausgelegten Kredite oder hereingenommenen Einlagen. Bei nicht zinskongruenter Refinanzierung bzw. Anlage sind F. mit einem →Zinsänderungsrisiko behaftet. Ein aktivischer F.-Überhang führt bei steigenden, ein passivischer F.-Überhang bei fallenden Zinssätzen zu einer Verengung der →Zinsspanne. Bei entgegengesetzter Zinsentwicklung ergibt sich jeweils eine Ausweitung der Zinsspanne. Zur Überwachung des Zinsänderungsrisikos aus F. bedienen sich die Kreditinstitute besonderer Verfahren (→Ablaufbilanz).

Festzinssatz. Zinssatz, der für eine bestimmte Laufzeit, i. d. R. bis maximal 10 Jahre, festgeschrieben ist. Nach Ablauf der Zinsbindungsfrist muß über die Konditionen neu verhandelt werden. – *Gegensatz*: Variabler Zins (→b. a. w.-Klausel).

Feuer-Betriebsunterbrechungsversicherung. I. Begriff/ Gegenstand/ Bedingungen: 1. Der Teilbereich der →Feuerversicherung, der – im Gegensatz zur →Feuer-Sachversicherung – auf den Ersatz von Ertragsausfällen ausgerichtet ist, die aus sachschadenbedingter Unterbrechung von Betrieben entstehen (Unterbrechungsschaden). – Die grundlegenden Bedingungen der F.-B. sind die Allgemeinen Feuer-Betriebsunterbrechungs-Versicherungs-Bedingungen (FBUB); sie werden ergänzt und abgeändert durch die Zusatzbedingungen zu den Allgemeinen Feuer-Betriebsunterbrechungs-Versicherungs-Bedingungen (ZFBUB) und durch Klauseln, die der Verband der Sachversicherer erarbeitet hat oder die frei gestaltet wurden.

II. Unterbrechungsschaden: 1. *Betrieb und Betriebsstelle:* Die F.-B. umfaßt nicht einfach den gesamten Unterbrechungsschaden des Versicherungsnehmers, sondern nur den des versicherten Betriebes i. S. d. deklarierten Betriebstätigkeit (im Gegensatz zum Unternehmen insgesamt). Die Grundstücke, auf denen sich dieser Betrieb vollzieht, werden in der Versicherungsurkunde als Betriebsstelle festgelgt. – 2. *Betriebsgewinn und fortlaufende Kosten:* In den F.-B. ist der Unterbrechungsschaden mißverständlich definiert als „der entgehende Betriebsgewinn und Aufwand an fortlaufenden Kosten". Die weiteren Regelungen präzisieren den Unterbrechungsschaden: a) Versichert sind Erträge, die dem Versicherungsnehmer durch die Betriebsunterbrechung entgangen sind. b) Diese Ertragsausfälle müssen dem Betriebsergebnis zuzuordnen sein – im Gegensatz zum neutralen Ergebnis. c) Unberücksichtigt bleiben Deckungsbeiträge für bestimmte Kosten, insbes. für variable Kosten, die aufgrund der Unterbrechung des Betriebes entfallen bzw. eingespart werden können, z. B. Kosten von Roh-, Hilfs- und Betriebsstoffen (§ 4 Nr. 2 FBUB). – 3. *Kausalkette*:

Die F.-B. setzen für den versicherte Unterbrechungsschaden die unten abgebildete Ereigniskette voraus. – 4. *Wechsel- und Rückwirkungsschäden*: Ertragsausfälle durch eine Betriebsunterbrechung in der einen Betriebsabteilung infolge eines Sachschadens in einer anderern Abteilung desselben (nach Art und Ort) versicherten Betriebes zählen zum versicherten Unterbrechungsschaden (Wechselwirkungsschaden). Wenn die Unterbrechung des versicherten Betriebes aber auf einem Sachschaden beruht, der (ausschließlich) in einem fremden Betrieb eingetreten ist, z. B. beim Zulieferer, sind die Ertragsausfälle nur bei entsprechender, einzelvertraglicher Vereinbarung versichert (Rückwirkungsschaden).

III. Haftzeit: Der Unterbrechungsschaden entwickelt sich im Zeitablauf und wird nur ersetzt, soweit er innerhalb der sog. Haftzeit entsteht. Nach dem FBUB beträgt die Haftzeit zwölf Monate und beginnt mit dem Eintritt des Sachschadens (nicht erst mit dem eventuell späteren Beginn des Leistungsrückganges). Für Gehälter, Löhne und dgl. können kürzere Haftzeiten festgelegt werden. Je nach den Umständen, z. B. bei längerer Lieferzeit für zu ersetzende Maschinen, kann die Vereinbarung überjähriger Haftzeiten zweckmäßig sein. Bei der Wahl unterschiedlicher Haftzeiten müssen die jeweiligen Deckungsbeiträge in besonderen Positionen deklariert werden.

IV. Versicherungswert: 1. Auch in der F.-B. ist der *Versicherungswert* eine Prämienbemessungsgrundlage (→Feuer-Sachversicherung). Er bemißt sich nach den Deckungsbeiträgen, die im sog. Bewertungszeitraum (BWZ) für „Betriebsgewinn und Aufwand an fortlaufenden Kosten" erwirtschaftet worden wären. Der BWZ entspricht in seiner Dauer grundsätzlich der Haftzeit; unabhängig davon beträgt er bei unterjährigen Haftzeiten zwölf Monate. Aus praktischen Gründen bestimmen die FBUB wegen der unbestimmten Dauer der konkreten Betriebsunterbrechung unmittelbar nicht den Anfang, sondern das Ende des BWZ; er endet zu dem Zeitpunkt, von dem an ein Unterbrechungsschaden nicht mehr entsteht, spätestens jedoch mit dem Ablauf der Haftzeit. – 2. Für die *Ermittlung des Versicherungswertes* sind zwei Methoden diskutiert worden, nämlich a) die additive Methode, die auf der Aufwandsseite der Soll-Erfolgsrechnung ansetzt und die einzelnen versicherten Aufwendungen und den Betriebsgewinn addiert, und b) die subtraktive Methode, die von der Ertragsseite der Soll-Erfolgsrechnung ausgeht, die Betriebserträge ermittelt und davon die nach § 2 a-e FBUB nicht versicherten Aufwendungen abzieht. In der Praxis wird die subtraktive Methode bevorzugt; auf ihrer Grundlage hat der Verband der Sachversicherer ein Schema entwickelt, das die Versicherungsnehmer zu einem angemessenen Versicherungswert zu einer ausreichenden Versicherungssumme führen soll.

V. Prämienrückgewähr: Wegen der Unbestimmtheit des in die Zukunft reichenden Versicherungswertes und wegen der Gefahr der Unterversicherung und ihrer nachteiligen Folgen (→Feuer-Sachversicherung VI 1) geben die Versicherer ihren Kunden die Möglichkeit, die Versicherungssummen zunächst aus Vorsicht reichlich zu bemessen und nach Ablauf des Versicherungsjahres an Hand der tatsächlichen Versicherungswerte herabzusetzen. Die Prämie für den Differenzbetrag wird bis zu einem Drittel der entrichteten Jahresprämie erstattet.

VI. Sonstiges: 1. In der F.-B. sind ohne weiteres mitversichert Rettungskosten (→Feuer-Sachversicherung III 1 b) und Kosten der Ermittlung und Feststellung des Unterbrechungsschadens. – 2. Zur Feststellung des Schadens vgl. Feuer-Sachversicherung VII 2; zur Ermittlung von Entschädigungen vgl. Feuer-Sachversicherung VII 3; zu Gefahrumständen vgl. Feuer-Sachversicherung VIII; zu Obliegenheiten im Versicherungsfall vgl. Feuer-Sachversicherung IX 1 a), b), d) und 2. – 3. *Sonderformen*: a) →einfache Betriebsunterbrechungsversicherung (bzw. Klein-Betriebsunterbrechungsversicherung); b) →mittlere Feuer-Betriebsunterbrechungsversicherung; c) →Mehrkostenversicherung; d) →Mietverlustversicherung.

Feuer-Haftungsversicherung, Sonderform der →Haftpflichtversicherung. Gegenstand ist die Gewährung von Versicherungsschutz für den Fall, daß durch ein während der Versicherungsdauer auf dem Versicherungsgrundstück eingetretenes Schadensereignis gem. § 1 AFB 87 und ergänzenden Klauseln Sachen eines Dritten zerstört oder beschädigt werden oder abhanden kommen und der Versicherungsnehmer deshalb aufgrund gesetzlicher Haftpflichtbestimmungen privatrechtlichen Inhalts von einem Dritten auf Schadensersatz in Anspruch genommen wird. – *Rechtsgrundlage* sind die Bedingungen für die Feuerhaftungs-Versicherung (FHB). – Die F.-H. ersetzt weder die betriebliche Haftpflichtversicherung noch den Regreßverzicht der Feuerversicherer.

Feuer-Sachversicherung. I. Begriff/Arten/Bedingungen: 1. Der Teilbereich der →Feuerversicherung, der – im Gegensatz zur →Feuer-Betriebsunterbrechungsversicherung – (in der Hauptsache) auf den

Feuer-Betriebsunterbrechungsversicherung

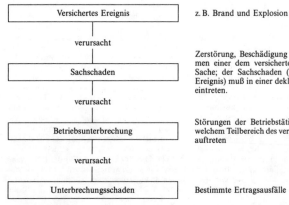

Versichertes Ereignis	z. B. Brand und Explosion
↓ verursacht	
Sachschaden	Zerstörung, Beschädigung oder Abhandenkommen einer dem versicherten Betrieb dienenden Sache; der Sachschaden (nicht auch das vers. Ereignis) muß in einer deklarierten Betriebsstelle eintreten.
↓ verursacht	
Betriebsunterbrechung	Störungen der Betriebstätigkeit, gleichgültig in welchem Teilbereich des versicherten Betriebes sie auftreten
↓ verursacht	
Unterbrechungsschaden	Bestimmte Ertragsausfälle

Ersatz von Schäden an Sachen und (daneben) von weiteren Aufwendungen (sog. Kostenschäden vgl. unter III) ausgerichtet ist. – Innerhalb der F.-S. sind Produktdifferenzierungen vorgenommen worden, um eine kundengruppenspezifische Ausrichtung der Versicherungen zu erreichen; auf diese Weise sind entstanden: a) *Industrie-Feuerversicherung* (für den Großbetrieb); b) *Geschäfts- und Betriebsversicherung* (für den mittelgroßen und kleinen Betrieb); c) *landwirtschaftliche Feuerversicherung*, die →Waldbrandversicherung und die →Gebäudeversicherung (die selbst wieder ein sehr heterogenes Produkt ist). – 3. Die grundlegenden Bedingungen der F.-S. (nicht auch der Feuer-Betriebsunterbrechungsversicherung und auch nicht der Waldbrandversicherung) sind in der aktuellen Fassung die Allgemeinen Bedingungen für die Feuerversicherung (AFB) 87. Sie werden einzelvertraglich durch Klauseln ergänzt und abgeändert, die einem Klauselheft des Verbandes der Sachversicherer entnommen oder frei gestaltet werden.

II. Versicherte Sachen: 1. Die F.-S. bezieht sich auf die Sachen, die in dem jeweiligen Vertrag festgelegt werden. Für einige Typen von F.-S. sind dazu besondere Deklarationsschemata geschaffen worden, in die auch die besonders zu versichernden Kostenschäden (vgl. dazu III 2) aufgenommen werden. – 2. Das *Deklarationsschema der Industrie-Feuerversicherung* sieht folgende Positionen bzw. Gruppen von Positionen vor: a) Gebäude, b) Betriebseinrichtung, c) Vorräte, d) sonstige Sachen, e) →Vorsorgeversicherung, f) Sonstiges, g) Kostenschäden. – 3. In der *Geschäfts- und Betriebsversicherung* bieten die Versicherer die Möglichkeit einer sog. *Pauschaldeklaration*, bei der die Versicherungsnehmer individuelle Versicherungssummen für die Betriebseinrichtung, für die Vorräte (Waren) und für eine →Vorsorgeversicherung festlegen und bei der zahlreiche zusätzliche Risiken (z. B. Aufräumungs- und Abbruchkosten, Bewegungs- und Schutzkosten) bis zu bestimmten Prozenten der Gesamt-Versicherungssumme, höchstens aber bis zu bestimmten absoluten Beträgen ohne weiteres mitversichert sind. Statt der Pauschaldeklaration kann sich der Versicherungsnehmer auch für eine *Einzeldeklaration* entscheiden, bei der er alle zu versichernden Positionen (also auch die zusätzlichen Risi-

ken) individuell beantragt. – 4. In dem deklarierten Umfang sind bewegliche Sachen zunächst nur versichert, soweit der Versicherungsnehmer der Eigentümer ist oder er die Sachen unter Eigentumsvorbehalt erworben oder sicherungshalber übereignet hat. Darüber hinaus ist fremdes Eigentum weitgehend mitversichert, soweit es seiner Art nach zu den versicherten Sachen gehört (Fremdversicherung).

III. Versicherte Schäden: 1. Generell versichert sind a) Sachschäden (Schäden, die in Zerstörung, Beschädigung oder Abhandenkommen versicherter Sachen durch die Verwirklichung einer versicherten Gefahr bestehen) und b) bestimmte Kostenschäden, nämlich Rettungskosten (Kosten aus der Erfüllung der gesetzlichen Pflicht des Versicherungsnehmers, bei Eintritt des Versicherungsfalles für die Abwendung und Minderung des Schadens zu sorgen) und Kosten der Ermittlung und Feststellung des Versicherungsschadens. – 2. Über die generell versicherten Schäden hinaus können weitere Kostenschäden versichert werden, und zwar: Aufräumungs- und Abbruchkosten; Feuerlöschkosten; Bewegungs- und Schutzkosten; Sachverständigenkosten (soweit nicht ohne weiteres versichert); Preisdifferenzkosten; Mehrkosten durch behördliche Wiederherstellungsbeschränkungen; Dekontaminationskosten;

IV. Versicherungsort: 1. Nach den AFB 87 gilt die F.-S. bewegliche Sachen nur am Versicherungsort, der *einzelvertraglich bestimmt* wird – in der Industrie-Feuerversicherung z. B. im allgemeinen durch Bezeichnung des Betriebsgrundstücks. Diese Regelung bedeutet, daß sich die versicherten Sachen bei Eintritt des Versicherungsfalles am Versicherungsort befinden müssen (nicht aber auch, daß sich die versicherte Gefahr dort verwirklichen muß; auch Fernschäden z. B. eines Brandes sind also grundsätzlich versichert). Versicherungsschutz besteht auch für Sachen, die infolge eines Versicherungsfalles aus dem Versicherungsgrundstück entfernt und in zeitlichem und örtlichem Zusammenhang mit diesem Vorgang beschädigt oder zerstört werden oder abhanden kommen. – 2. Wenn sich bewegliche Sachen, die unter einem einheitlichen Begriff deklariert sind (z. B. Vorräte) auf *verschiedenen Grundstücken* befinden, können diese Orte in unterschiedlicher Weise in die F.-S. einbezogen werden. In Frage kommen: selbständige Positionen für jeden Ort, →Freizügigkeit, →Abzweigung oder →ambulante Versicherung (je nach der Situation des Versicherungsnehmers und den versicherungstechnischen Möglichkeiten des Versicherers – mit unterschiedlichen Verfahren der Entschädigungsberechnung). – 3. In der Praxis besteht häufig das Bedürfnis, bewegliche Sachen (auch) an *wechselnden Orten* zu versichern, die sich aus praktischen Gründen nicht einzeln bestimmen lassen. Für diese Fälle stehen Möglichkeiten der →Außenversicherung zur Verfügung, d. h. der Versicherung der Sachen innerhalb größerer Regionen (Bundesrep. D., Europa oder Welt).

V. Versicherungswert: 1. Der Versicherungswert ist der für die versicherungsmäßige Behandlung der Sachen maßgebende Wert und wird in den Versicherungsverträgen festgelegt. – 2. In der F.-S. gibt es nicht einen einzigen, einheitlichen Wertbegriff (Wertmaßstab), sondern *Wertregelungen*, die nach Sachgruppen verschieden sind und auch innerhalb der Sachgruppen mehrere, konkurrierende Wertmaßstäbe vorsehen. – 3. *Für Gebäude, für Betriebseinrichtung und für Gebrauchsgegenstände von Betriebsangehörigen* kommen nach den AFB 87 drei Wertmaßstäbe in Frage, nämlich →Neuwert, →Zeitwert und →gemeiner Wert. Versicherung zum Neuwert ist allgemein üblich, die Vertragspartner können aber auch von vornherein eine Versicherung zum Zeitwert oder zum gemeinen Wert vereinbaren. Aber: Auch bei ausdrücklicher Neuwertversicherung sind Sachen, deren Zeitwert weniger als 50% ihres Neuwertes beträgt, nur zum Zeitwert versichert (davon abweichende Sonderregelung für landwirtschaftliche Gebäude); für Gebäude, die zum Abbruch bestimmt oder sonst dauernd entwertet sind, und für sonstige Sachen, die für ihren Zweck allgemein oder im Betrieb des Versicherungsnehmers nicht mehr zu verwenden sind, ist immer nur ihr gemeiner Wert maßgebend. – 4. Versicherungswert der *Vorräte* (fertige und unfertige Erzeugnisse, Handelswaren, Rohstoffe und Naturerzeugnisse) ist nach den AFB 87 der jeweils niedrigere Wert von folgenden drei Vergleichswerten: (1) der Betrag, der aufzuwenden ist, um Sachen gleicher Art und Güte wiederzubeschaffen, (2) der Betrag, der aufzuwenden ist, um Sachen gleicher Art und Güte neu herzustellen, (3) der

erzielbare Verkaufspreis. Für lieferungsfertige eigene Erzeugnisse und für Großhandelswaren kann einzelvertraglich festgelegt werden, daß grundsätzlich nur der vereinbarte bzw. erzielbare Verkaufspreis maßgebend ist. – 5. Die AFB 87 enthalten weitere, modifizierte Regelungen für *sonstige Sachen*, z. B. Wertpapiere. – 6. Die Wertregelung der AFB 87 gelten nur für das Interesse, das der *Eigentümer* (auch der wirtschaftliche Eigentümer) an den Sachen hat. Im Falle anderer Interessen, z. B. für das Sicherungsinteresse eines Gläubigers, ist der Versicherungswert auf den meist geringeren Wert des jeweiligen Interesses beschränkt. – 7. Soweit die F.-S. →*Vollwertversicherung* ist (bei Sachen meist der Fall), soll der Versicherungswert Prämienbemessungsgrundlage sein. Diesen Wert richtig festzustellen und als Versicherungssumme zu deklarieren fällt grundsätzlich in die Zuständigkeit und Verantwortung des Versicherungsnehmers.

VI. Unterversicherung und ihre Vermeidung: 1. In der Praxis zeigt sich, daß die Versicherungssummen trotz →Vollwertversicherung häufig geringer sind als die Versicherungswerte und daß diese Unterschiede zuweilen erstaunlich groß sind (Unterversicherung). In diesen Fällen haben die Versicherer grundsätzlich das Recht, die Schäden nur im Verhältnis von Versicherungssumme und Versicherungswert zu ersetzen, und zwar auch bei Teilschäden. – 2. Die Versicherungsnehmer können der Gefahr der Unterversicherung vorbeugen a) durch sorgfältige Ermittlung und (wenigstens periodische) Überprüfung der Versicherungssummen und b) durch Vereinbarung und Beachtung besonderer Versicherungstechniken wie →Vorsorgeversicherung, →Wertzuschlagsversicherung, →Stichtagsversicherung der Vorräte und →gleitende Neuwertversicherung.

VII. Schaden und Entschädigung: 1. Die Bedingungen regeln die Bewertung von Schäden unterschiedlich je nach Total- oder Teilschaden: Die Höhe eines Totalschadens ist gleich dem Versicherungswert der Sache (vgl. dazu V) unmittelbar vor Eintritt des Versicherungsfalles abzüglich etwaiger Restwerte. Die Höhe eines Teilschadens ergibt sich aus den notwendigen Reparaturkosten zur Zeit des Versicherungsfalles zuzüglich einer etwaigen Wertminderung bzw. abzüglich einer etwaigen Wertsteigerung und abzüglich etwaiger Restwerte. →Behördliche Wiederherstellungsbeschränkungen werden bei der Bewertung von Schäden grundsätzlich nicht beachtet. – 2. Die Höhe des Schadens festzustellen, ist in erster Linie Aufgabe des Versicherers, der sich dabei auf die Mitwirkung des Versicherungsnehmers (vgl. dazu IX) und auf den Rat von Sachverständigen stützen kann. Die Höhe des Schadens kann aber auch in einem Schadenfeststellungsverfahren vereinbart oder in einem sog. Sachverständigenverfahren bestimmt werden. – 3. Entschädigungen werden für jede Position (vgl. dazu II 2) gesondert ermittelt, soweit nicht →summarische Versicherung oder →Summenausgleich vereinbart sind. Bei →Vollwertversicherung ergibt sich die Entschädigung grundsätzlich aus dem Minimum von Schaden (vgl. dazu VII 1), von Versicherungssumme (vgl. dazu V 6) und dem Wert (Schaden x Versicherungssumme : Versicherungswert). Bei →Erstrisikoversicherung (bei Kostenschäden meistens der Fall) ist die Entschädigung gleich dem Minimum aus Schaden und Versicherungssumme. – 4. Entschädigungen hängen u.U. von der Wiederherstellung bzw. Wiederbeschaffung betroffener Sachen ab (→Wiederbeschaffungs- und Wiederherstellungsvorbehalte). Sie werden zwei Wochen nach (vollständiger) Feststellung der Leistungspflicht fällig (besondere Regelungen für Abschlagszahlungen und für Zinsen).

VIII. Gefahrumstände: 1. Bei Schließung des Vertrages hat der Versicherungsnehmer alle ihm bekannten, erheblichen Gefahrumstände anzuzeigen. Eine Verletzung dieser Pflicht löst Rechtsfolgen nach §§ 16 ff. VVG aus. Der Versicherungsnehmer wird von diesem Anzeigerisiko weitgehend freigestellt, wenn ihm der Versicherer vertraglich zusichert, alle maßgebenden Umstände zu kennen. – 2. Eine Erhöhung der Gefahr nach Vertragsschluß bzw. nach Antragstellung kann Leistungsfreiheit und Kündigung des Versicherers nach §§ 23 ff. VVG auslösen. – 3. Der Versicherungsnehmer hat auch alle gesetzlichen, alle behördlichen, alle in Allgemeinen Versicherungsbedingungen festgelegten und alle einzelvertraglich vereinbarten Sicherheitsvorschriften zu erfüllen. Bei Verletzung dieser Vorschriften drohen Kündigung und Leistungsfreiheit nach Maßgabe des Vertrages bzw. des § 6 Abs.1, 2 VVG).

IX. Obliegenheiten im Versicherungsfall: 1. Um die Versicherungsleistung nicht in Frage zu stellen, muß der Versicherungsnehmer im Schadenfalle eine Reihe von Obliegenheiten beachten: a) Abwendung und Minderung des Schadens (nach Möglichkeit); b) Anzeige des Schadens beim Versicherer; c) Anzeige abhanden gekommener Sachen auch bei der Polizei; d) Vorlage einer Liste abhanden gekommener Sachen bei der Polizei; e) (auf Verlangen des Versicherers) Duldung jeder zumutbaren Untersuchung über Ursache und Höhe des Schadens und über den Umfang der Entschädigungspflicht, Erteilung jeder hierzu dienlichen Auskunft und Beibringung der erforderlichen Belege, bei Gebäudeschäden eines beglaubigten Grundbuchauszugs; f) (auf Verlangen des Versicherers) Vorlage eines Verzeichnisses aller abhanden gekommenen, zerstörten oder beschädigten Sachen, u.U. auch aller unmittelbar vor dem Schaden vorhandenen Sachen mit ihren Versicherungswerten. – 2. Bei grob fahrlässiger und bei vorsätzlicher Verletzung einer dieser Obliegenheiten kann der Versicherer insbes. nach Maßgabe der §§ 6 Abs. 3, 62 VVG von der Leistungspflicht frei sein.

X. Kreditsicherung: Rechte, die sich Gläubiger an Sachen des Schuldners zur Sicherung von Forderungen aus Krediten einräumen lassen, werden durch die F.-S. auf mannigfache Weise geschützt, so auf der Grundlage besonderer Vorschriften des BGB (§§ 1120, 1129, 1128 III, 1130, 1281, 1282) und des VVG (§§ 99–107 c) durch Wiederbeschaffungs- und Wiederherstellungsvorbehalte, durch Zubehör-Hypothekensicherungsscheine, durch andere Sicherungsscheine, durch Sicherungsbestätigungen und durch Versicherungsbescheinigungen.

Feuerschutz im Betrieb, *Werkfeuerwehr,* Sicherungsvorkehrung zur Erhaltung von Werksgebäuden, ungeachtet ausreichender →Feuerversicherung. Je nach örtlichen Gegebenheiten im Einvernehmen mit der Berufsfeuerwehr zu treffen und deren ständiger Kontrolle unterstellt (Feuerlöschordnung, Feuerproben). – 1. *Vorkehrungen:* a) *Alarmanlagen:* (1) automatisch auf Hitzewirkung ansprechend; (2) Feuermelder; (3) Anschlag der Notrufnummer an jedem Fernsprechapparat mit Amtsanschluß. – b) *Löschanlagen:* (1) Einrichtung von Steigrohren, Hydranten und Kupplungen für die Benutzung durch die Berufsfeuerwehr unter Beachtung der feuerpolizeilichen Vorschriften; (2) Schläuche zum Anschluß an Wassersteigrohre; (3) Bereithaltung von Naß- oder Trocken-Handfeuerlöschern; (4) Sprinkleranlagen für besonders gefährdete Räume. – c) Feuersicherung für *wertvolles Schriftgut und Geräte*: (1) durch Unterbringung in feuersicheren Gebäuden oder Tresoren; (2) durch Anfertigung von Duplikaten und Aufbewahrung an getrennten Orten. – 2. *Kostenverrechnung*: Kosten der betrieblichen Feuerwehr (besonders für Instandhaltung und Abschreibung der Geräte sowie Arbeitsentgelt) in der →*Betriebsabrechnung* auf die Hilfskostenstelle Gebäude zu übernehmen (besser: eigene Hilfskostenstelle; vgl. →Feuerwehrkosten).

Feuerschutzsteuer, →Verbrauchsteuer (in finanzwissenschaftlicher Sicht) bzw. →Verkehrsteuer (in steuerrechtswissenschaftlicher Sicht), die zur Förderung des Feuerlöschwesens und des vorbeugenden Brandschutzes erhoben wird. *Ähnlich:* →Feuerwehrabgabe. – 1. *Rechtsgrundlage*: Feuerschutzsteuergesetz (FeuerschG) vom 21.12.1979 (BGBl I 2353) mit mehreren Änderungen, zuletzt vom 24.6.1991 (BGBl I 1322). – 2. *Steuergegenstand*: Entgegennahme des Versicherungsentgeltes aus Feuer- sowie Gebäude- und Hausratversicherungen, wenn das Versicherungsentgelt teilweise auf Gefahren entfällt, die Gegenstand einer F. sein können. – 3. *Steuerberechnung*: a) *Bemessungsgrundlagen*: Versicherungsentgelte bzw. Feueranteile von Gebäude- (25%) und Hausratversicherung (20%). b) Der *Steuersatz* beträgt bei bestimmten öffentlich-rechtlichen Versicherungen 12%, bei den übrigen 5%. – 4. *Steuerschuld/Verfahren*: Schuldner ist regelmäßig die Versicherung. Sie hat die im Monat der Entgegennahme bzw. der Anforderung der Versicherungsentgelte entstehende F. *selbst zu berechnen* und im Folgemonat an das zuständige Finanzamt *abzuführen* (Steueranmeldung). – 5. *Finanzwissenschaftliche Beurteilung*: Die F. ist zweckgebunden (Zweckbindung), entsprechend eine →*Verwendungszwecksteuer* ähnlich der Kraftfahrzeug- und Mineralölsteuer. – Sie wird von den Landesverwaltungen verwaltet (→Landessteuer); ihr Aufkommen fließt größtenteils den Gemeinden zu (→Bagatellsteuer). – *Reform* der F. wird diskutiert.

– 6. *Aufkommen*: 1990: 390 Mill. DM (1985: 355 Mill. DM, 1981: 276 Mill. DM).

Feuerungsanlage, Anlage, bei der durch Verfeuerung von Brennstoffen Wärme erzeugt wird. Nach der VO über Kleinfeuerungsanlagen (1. BImSchV) vom 15.7.1988 (BGBl I 1059) unterliegen Errichtung, Beschaffenheit und Betrieb von F. Beschränkungen im Interesse des →Immissionsschutzes. – *Verstöße* werden als Ordnungswidrigkeit geahndet. – Der Betrieb und die Errichtung von →Großfeuerungsanlagen richtet sich nach der VO über genehmigungsbedürftige Anlagen (4. BImSchV) vom 24.7.1985 mit späteren Änderungen.

Feuerversicherung. I. Versicherte Gefahren: 1. Die F. bietet Versicherungsschutz für Schäden durch →Brand, durch →Blitzschlag, durch →Explosion und durch Anprall, Absturz oder Landung eines (bemannten) Flugkörpers bzw. seiner Teile und durch Löschen, Niederreißen oder Ausräumen infolge eines dieser Ereignisse. Mit der F. ist grundsätzlich auch ein weitreichender Schutz gegen Regreßansprüche von Versicherern aus § 67 VVG ein entsprechenden landesrechtlichen Bestimmungen verbunden (→Regreßverzicht der Feuerversicherer). Die einzelnen Gefahren werden in den Versicherungsbedingungen z.T. abweichend vom allgemeinen Sprachgebrauch in versicherungsspezifischer Weise definiert. – 2. Abgesehen von Ausschlüssen, die einzelne versicherte Gefahren betreffen, sind generell nicht versichert: Schäden durch Krieg, innere Unruhen, Erdbeben und Kernenergie und Schäden, die der Versicherungsnehmer (oder sein Repräsentant) vorsätzlich oder grob fahrlässig herbeiführt.

II. Sachversicherungen oder Unterbrechungsversicherungen: Gegenstand der F. sind entweder Sachen (z.B. Gebäude, Maschinen, Vorräte, Hausrat) oder Erträge aus der Nutzung von Sachen. In diesem Sinne unterscheidet man →Feuer-Sachversicherungen und →Feuer-Betriebsunterbrechungsversicherungen, die in der Praxis in der Regel als rechtlich selbständige Verträge unabhängig voneinander abgeschlossen und abgewickelt werden.

III. Wirtschaftliche Bedeutung: 1. Für die Versicherten beseitigt die F. hinsichtlich der versicherten Gefahren das

Risiko, dem das Sachvermögen und seine Nutzung ausgesetzt sind; in gesamtwirtschaftlicher Hinsicht stärkt sie die Investitionsbereitschaft und stabilisiert die bestehenden Verhältnisse, indem sie Reparatur und Ersatz betroffener Sachen ermöglicht und Folgeschäden (z. B. für das Unternehmen, die Gläubiger, die Zulieferer und die Belegschaft) verhindert bzw. beschränkt. – 2. Die F. trägt zur Schadenverhütung bei (durch statistische Sammlung und Auswertung von Schadendaten und durch Erforschung der Schadenursachen und Schadenausbreitung; durch Mitwirkung bei der Entwicklung von Mitteln und Maßnahmen der Schadenverhütung; durch Beratung der Kunden und durch Sicherheitsvorschriften in den Verträgen; durch Abstufung der Prämien nach der Gefahr). – 3. Die F. verbessert den Finanzierungsspielraum der Wirtschaft, indem sie die Sicherheit erhöht, die Sachvermögen sowohl bei der Fremd- als auch bei der Beteiligungsfinanzierung übernimmt und indem die Versicherer auch Gelder der F. (versicherungstechnische Passiva) am Kapitalmarkt anbieten.

IV. Verwandte Versicherungen: 1. Mit der F. ist die Technik für →Einzelgefahrenversicherungen (im Gegensatz zu →Allgefahrenversicherungen) entwickelt worden, die auf den Sachwert oder die Nutzung von Sachgesamtheiten (z. B. das betriebliche Sachvermögen) ausgerichtet sind. Nach diesem Muster sind im Laufe der Zeit weitere Einzelgefahrenversicherungen hinzugekommen, so zunächst die →Einbruchdiebstahl- und Raubversicherung, die →Leitungswasserversicherung und die →Sturmversicherung. – 2. Im weiteren Verlauf sind für Hausrat und Wohngebäude Versicherungskombinationen geschaffen worden, die die unter IV 1 genannten Versicherungen zu einer rechtlichen Einheit zusammenfassen, nämlich die verbundene →Hausratversicherung und die verbundene →Wohngebäudeversicherung. – 3. Nach längerer Stagnation ist die Entwicklung weiterer Einzelgefahrenversicherungen in den 70er Jahren durch die Einführung der sog. →EC-Versicherung wieder in Gang gekommen; seit einigen Jahren arbeiten die Versicherer an einer – auf dem Markt z.T. schon praktizierten – →Elementargefahrenversicherung. – 4. Die bisherige Entwicklung und Anwendung der Einzelgefahrenversicherungen ist in unserer Zeit ins Wanken geraten; denn viele Betriebe verlangen mit Nachdruck betriebsumfassende →Allgefahrenversicherungen. Zwei Modelle sind im Gespräch: a) Der Verband der Sachversicherer plädiert für eine Viel- bzw. Allgefahrenversicherung nach dem Bausteinprinzip, d. h. die Betriebe sollen zunächst die Feuerversicherung durch die weiteren Einzelgefahrenversicherungen ergänzen und allenfalls als letzten Baustein eine Restgefahrenversicherung abschließen können (unter Ausschluß aller Gefahren, für die andere Versicherungsmöglichkeiten zur Verfügung stehen). b) Große Wirtschaftsbetriebe und Versicherungsmakler favorisieren demgegenüber eine Allgefahrenversicherung aus einem Guß, d. h. eine einzige umfassende Versicherung, die nicht auf einzelne Gefahren abstellt und die herkömmlichen Versicherungen insoweit überholt und ersetzt.

Feuerwehrabgabe, in einigen Ländern erhobene Kommunalabgabe zum Ausgleich für die Nichtleistung von Feuerwehrdienst; wird für Feuerwehrzwecke verwendet.

Feuerwehrkosten, anfallende Kosten für betrieblichen →Feuerschutz. F. werden meist auf einer gesonderten →Vorkostenstelle gesammelt. Ihre Schlüsselung auf die →Endkostenstellen im Rahmen der →innerbetrieblichen Leistungsverrechnung erfolgt häufig auf Basis der jeweiligen Anlagewerte.

FhG, Abk. für →Fraunhofer-Gesellschaft zur Förderung der angewandten Forschung e. V.

FIBOR, Frankfurt interbank offered rate, →Referenzzinssatz, zu dem international tätige Banken Geldmarktgeschäfte in Frankfurt a. M. abschließen. Durchschnitt der Angebotssätze/Verkaufskurse für Drei- und Sechs-Monatsgeld im Geldmarkt; von zwölf Banken um 11.30 Uhr gebildet; unberücksichtigt bleiben der höchste und der niedrigste gemeldete Wert.

Fidschi, Republik, 322 Inseln, im Süden des Pazifiks, davon ca. 110 bewohnt. – *Fläche*: 18 272 km^2 (nach anderen Angaben 18 333 km^2). Größte Inseln: Viti Levu (10 429 km^2), Vanua Levu (5556 km^2). – *Einwohner (E)*: (1988) 732 000 (40 E/km^2); *Bevölkerungswachstum*: 1,8%. – *Hauptstadt*: Suva (auf Viti Levu; Agglomeration

120000 E); weitere Städte: Lautoka City (24703 E), Nadi (6938 E). – F. ist in 4 Verwaltungsbezirke mit 14 Provinzen *gegliedert*. – *Amtssprachen*: Englisch und Fidschi.

Wirtschaft: *Landwirtschaft*: Durch den Südostpassat bedingte Niederschläge ermöglichen intensive Plantagenwirtschaft. Anbau von Zuckerrohr, Baumwolle, Reis, Tabak, Ananas und Bananen. 40% der Erwerbstätigen in der Landwirtschaft, Anteil am BIP 21% (1987). An wirtschaftlicher Bedeutung gewinnen die auf den Inseln wachsenden Edelhölzer (Sandelholz); – Außerdem wichtig: Goldgewinnung und Fremdenverkehr. – *BSP*: (1989) 1218 Mill. US-$ (1640 US-$ je E). – *Inflationsrate*: 5,7%. – *Export*: (1986) 264 Mill. US-$, v.a. Zucker (bis 70%), Kokosöl, Bananen, Gold, Holz. – *Import*: (1986) 442 Mill. US-$, v.a. Baustoffe, Transportmittel, Industrieerzeugnisse, Nahrungsmittel. – *Handelspartner*: Großbritannien, Australien, Neuseeland, Japan.

Verkehr: F. infrastrukturell kaum erschlossen; – Länge des *Straßennetzes* ca. 800 km. – Verbindung zwischen den Inseln wird von *Küstenschiffen* aufrechterhalten. – *Haupthafen*: Suva. – Internationaler *Flughafen* in Nandi bei Suva.

Mitgliedschaften: UNO, AKP, UNCTAD u.a.; Commonwealth; Colombo-Plan.

Währung: 1 Fidschi-Dollar ($F) = 100 Cents.

fiduziare Notenausgabe, nicht metallisch (Gold), sondern durch Staatsanleihen gedeckte →Notenausgabe.

fiduziarische Sicherheiten, *nichtakzessorische Sicherheiten*, selbständige Rechte, die unabhängig von dem Bestand einer gesicherten Forderung bestellt werden. Eine f.S. hat deshalb unabhängig von dieser Forderung Bestand. Nach Wegfall des Sicherungszwecks hat der Sicherungsgeber nur noch einen schuldrechtlichen Anspruch gegenüber dem Sicherungsnehmer. Nach Beendigung des Kreditverhältnisses ist die f.S. freizugeben; das Verwertungsrecht darf nur bei Nichterfüllen der Kreditvertragspflichten ausgeübt werden. – *Vorteile*: Wiederholte Kreditinanspruchnahme ohne neuerliche Sicherheitsbestellung; Einwendungen gegen die gesicherte Forderung

haben keinen Einfluß auf die Verwertbarkeit der f.S. – *Formen*: →Sicherungsabtretung von Forderungen und Rechten, →Sicherungsübereignung, →Grundschuld, Sicherung mittels →Wechsel, →Garantie.

field research, →Feldforschung.

Fifo, first-in-first-out. I. Allgemein: Prioritätsprinzip (→Priorität) der Warteschlangentheorie, nach dem zuerst ankommende Transaktionen zuerst bedient werden. Angewandt u.a. bei der Reihenfolgeplanung. – Vgl. auch →Hifo, →Lifo.

II. Handels-/Steuerrecht: Verfahren zur Bewertung gleichartiger Gegenstände des Vorratsvermögens (§ 256 HGB). Da die Vorräte zu unterschiedlichen Preisen eingekauft (oder hergestellt) werden, entsteht die Frage, welche Anschaffungs- bzw. Herstellungskosten für die Bewertung der Bestände am Bilanzstichtag maßgebend sind. Beim Fifo-Verfahren wird unterstellt, daß die zuerst gekauften Waren auch zuerst verbraucht oder weiterveräußert werden. Deshalb sind bei der Bewertung der Endbestände die Preise der letzten Einkäufe zugrunde zu legen. – *Steuerliche Anerkennung*: Vgl. →Steuerbilanz III.

fifth generation computer project, von der japanischen Regierung initiiertes Großprojekt zur Entwicklung einer neuen Generation von Computersystemen mit dem Ziel, die Vormachtstellung der USA in der Computertechnik zu brechen. 1981 vom Japan Information Processing Development Center vorgestellt, Laufzeit 1982–1991. *Grundlegende Merkmale* dieser Computergeneration: Neue Architektur der →Hardware, große Zahl von spezialisierten →Prozessoren; Verarbeitung von Wissen (→wissensbasiertes System, →Expertensystem), Anwendung von Methoden und Ergebnissen der →künstlichen Intelligenz; logische →Programmierung, als Programmiersprache v.a. →Prolog.

Figur-Grund-Prinzipien, Tendenz der →Wahrnehmung, sensorische Informationen selektiv zu verarbeiten und zu organisieren (→Informationsverarbeitung). – *Voraussetzung* zur Informationsaufnahme ist die Einteilung des Wahrnehmungsfeldes in Figur und (Hinter-)Grund (Abhebungsprozeß), die in vier Teilprozessen erfolgt: (1) Abgrenzung von Teilstücken, (2) Differenzierung der Teilstücke in Figur (Hervorhebung und weitere Differenzierung) und Grund (Abschwächung und weitere Homogenisierung), (3) Merkmalsausgliederung der Teilstücke, (4) Verknüpfung der Teilstücke. Der Abhebungsprozeß folgt keinen festen Regeln; i. a. ist die Figur begrenzt, gegenstandsartig und auffallend, der Grund unbegrenzt, unbestimmt und unscheinbar (wird häufig ganz übersehen). – In der *Werbung* ist darauf zu achten, daß Bilder eine klare Figur-Grund-Differenzierung aufweisen, wodurch Informationsaufnahme und -verarbeitung beschleunigt werden; die Figur-Grund-Differenzierung kann mit Hilfe des →Tachistoskops gemessen werden.

fiktive Prämie, versicherungstechnischer Begriff. Maßstab für den Wert des Pensionsrechts bei gleichmäßiger Aufwandsverteilung vom Zeitpunkt der Pensionszusage bis zum vertraglich vorgesehenen Eintritt des Versorgungsfalls, auch *Jahresbetrag* genannt. F. P. ist gleich dem Betrag Nettoprämie, wenn dem Betrag, der jährlich ohne Abschluß- und Verwaltungskosten an eine Versicherungsgesellschaft zu zahlen wäre, wenn diese die zugesagte Pensionsleistung versichern würde. Die f. P. ist Bestandteil der Berechnung der steuerlich berücksichtigungsfähigen →Pensionsrückstellungen, der jährlich anzusetzende Wert der Gegenleistung des Arbeitnehmers für das Pensionsrecht. Bei Gesellschafter-Geschäftsführern wird das Pensionsrecht zur Feststellung der Gesamtvergütung und zur Prüfung deren Angemessenheit in Höhe der f. P. angesetzt.

fiktive Rechengrößen, →abgeleitete Rechengrößen.

file access, Dienst in einem →Computerverbund(-system) bzw. einem →Netz oder bei einem →Mehrplatzrechner, mit dem ein Teilnehmer auf fremde, d. h. nicht von ihm selbst erzeugte Dateien, lesend und/oder schreibend zugreifen kann. – *Restriktiv kontrolliert* wird dieser Zugriff i. d. R. durch die Vergabe von Zugriffsrechten durch den jeweiligen Ersteller einer Datei. – Vgl. auch →file transfer.

file transfer, Dienst in einem →Computerverbund(-system) bzw. einem →Netz oder bei einem →Mehrplatzrechner, mit dem ein Teilnehmer Kopien fremder Dateien für seine persönliche Verwendung erzeugen und Kopien eigener Dateien an andere Stellen des Gesamtsystems übertragen kann. – *Restriktiv kontrolliert* wird dieser Zugriff i. d. R. durch die Vergabe von Zugriffsrechten durch den jeweiligen Ersteller einer Datei. – Vgl. auch →file access.

Filialbetrieb, →Filialunternehmung.

Filialbuchführung, buchmäßige Aufzeichnungen der →Filialunternehmung. Verschiedene *Formen* möglich: 1. Die Filiale nimmt nur Mengenrechnungen der erhaltenen und abgegebenen Waren in Nebenbüchern vor, die dann von der Zentrale als Buchungsunterlage benützt werden. – 2. Die Filiale trägt in →Grundbücher den Bargeldverkehr mit Kasse und Bank bzw. den Warenein- und -ausgang ein. Die Bücher werden periodisch der Zentrale zur Übertragung in die Hauptbuchkonten gegeben. – 3. Buchung wie 2., getrennte Debitorenbuchführung in den Filialen. Kreditorenbuchführung nur im Hauptgeschäft; häufig bewährt. – 4. Hauptgeschäft und Filialen unterhalten getrennte und in sich abgeschlossene Buchführungen mit gegenseitigen Übergangs- oder Verrechnungskonten, d. h. in der Hauptgeschäftsbuchführung ein Konto „Zweiggeschäft" und in der Filiale ein Konto „Hauptgeschäft", ähnlich den Kontokorrentkonten.

Filiale. I. Handelsbetriebslehre: Einzelne Betriebsstätte einer →Filialunternehmung (sowohl bei Handels- als auch bei Produktionsbetrieben).

II. **Handelsrecht:** F. nur bei Selbständigkeit in gewissem Umfang als →Zweigniederlassung bedeutsam.

Filialkalkulation, im Bankwesen erfolgsrechnerische Beurteilung einer Bankfiliale durch Festlegung von Erfolgsbeiträgen für gewonnene Einlagen, ausgelegte Kredite und vermittelte Dienstleistungen, wie z. B. Wertpapiergeschäfte sowie Anrechnung von Kostensätzen für Personal-, Sach- und Betriebsmittel und in Anspruch genommene EDV-Serviceleistungen der Zentrale. Die F. ist ein wichtiges Steuerungsinstrument der Bankunternehmensführung für die Wirtschaftlichkeit des Kreditinstituts.

Filialklausel, im Handelsregister der Hauptniederlassung und der Zweigniederlassung einzutragende Beschränkung der

Prokura als →Filialprokura auf den Betrieb einer oder mehrerer Niederlassungen eines Unternehmens (§ 50 III HGB).

Filialprokura, auf eine oder mehrere Niederlassungen eines Unternehmens beschränkte →Prokura. Die Beschränkung ist Dritten gegenüber nur wirksam, wenn die Niederlassungen unter verschiedenen Firmen (Zusatz, der Zweigniederlassung erkenntlich macht, genügt hier) betrieben werden und die →Filialklausel im Handelsregister eingetragen ist (§ 50 III HGB).

Filialscheck, →Kommanditscheck.

Filialunternehmung, *Filialbetrieb.* 1. *Begriff*: Betrieb mit mindestens fünf, räumlich voneinander getrennen Filialen, die unter einheitlicher Leitung stehen. Verkaufsfilialen des Einzelhandels unterhalten sowohl Hersteller bei direktem Verkauf, Großhändler als →Regiebetriebe als auch Großbetriebsformen des →Einzelhandels (z.B. →Warenhäuser). – 2. *Funktionsweise*: Wegen des lokal begrenzten →Einzugsgebiets einer Betriebsstätte stärkste Verbreitung im Einzelhandel. Von einem zentralen Management wird die Unternehmenspolitik einheitlich festgelegt und teils zentral (Beschaffung, Abrechnung, Kontrolle), von weisungsgebundenen Mitarbeitern der Zentrale, teils dezentral (Absatz, Personaleinsatz) von angestellten Filialleitern durchgeführt. *Vorteile*: Erhebliche Rationalisierungsmöglichkeiten; rasches Agieren auf sich wandelnden Märkten. Mögliche *Nachteile*: Unterordnung unter die Entscheidung des zentralen Managements, wenn ein räumlich stark differenzierendes Handelsmarketing zur erfolgreichen Marktausschöpfung angebracht wäre oder wenn Filialleiter mit Eigeninitiative gebremst, langfristig sogar demotiviert werden. – 3. *Bedeutung*: Die Filialisierung hat sich in den letzten Jahrzehnten stark durchgesetzt, sogar die Entwicklung der →kooperativen Gruppen in hohem Maß beeinflußt. Durch die Möglichkeit der zentralen Steuerung von →Warenwirtschaftssystemen mittels EDV-Anlagen, unterstützt durch neue Medien wie Btx, kann eine weitere Zunahme der Filialisierung bewirkt werden; es sei denn, Ausbildung, Kompetenz, Eigeninitiative sowie dezentrale, technische Ausstattung (z.B. mit Personalcomputern) der Einzelhändler werden entscheidend verbessert bzw. gestärkt.

Filmförderung, geregelt durch Filmförderungsgesetz i.d.F. vom 18.11.1986 (BGBl 2046) und VO vom 22.7.1976 (BGBl I 2021).

Filmförderungsanstalt, →Bundesoberbehörde im Geschäftsbereich des Bundesministers für Wirtschaft (BMWi), Sitz in Berlin. Errichtet durch Gesetz über Maßnahmen zur Förderung des deutschen Films (Filmförderungsgesetz – FFG) vom 22.12.1967 (BGBl 1352), letzte Neufassung vom 18.11.1986 (BGBl I 2046). – *Aufgaben*: V.a. Förderung der deutschen Filmwirtschaft, Gewährung von Förderungshilfen zur Herstellung neuer deutscher Spiel- und Kurzfilme sowie von Drehbüchern, zur Förderung des Filmabsatzes und des Filmabspiels, der Planung und Vorbereitung von Filmvorhaben, der Weiterbildung, Forschung, Rationalisierung und Innovation auf filmwirtschaftlichem Gebiet.

Filmwerk, Begriff des Urheberrechts für die durch →Verfilmung entstandenen urheberrechtlich geschützten →Werke.

Filterfrage, Frage mittels der Auskunftspersonen, die eine bestimmte Voraussetzung nicht erfüllen, z.B. von der Beantwortung der nachfolgenden Fragen eines →Fragebogens ausgeschlossen werden.

filtering down, niedriger sozialer Status der Wohnungsnutzer bei zunehmender Alterung des Wohnungsbestandes, d.h. es wird eine Parallelität von Gebäudealter und sozialem Status der Bewohner unterstellt. Ausgangspunkt ist der Fortzug einkommensstarker Haushalte aus innerstädtischen, älteren Wohngebieten in neue Häuser, zumeist am Stadtrand. Gründe für den Fortzug können das Veralten des Wohngebäudes hinsichtlich der internen Ausstattung oder der äußeren, architektonischen Gestaltung, die wachsenden Instandhaltungskosten oder das Eindringen unerwünschter sozialer Gruppen oder Landnutzungen in das Wohngebiet sein. Nach dem Fortzug wird das Gebiet von einkommensschwächeren Gruppen besiedelt. Dieser Invasions- und Sukzessions-Prozeß setzt sich so weit fort, bis das Wohngebiet schließlich als Slum endet. Nicht berücksichigt wird dabei, daß durch den sozialen Wohnungsbau auch für einkommensschwächere Gruppen neue Häuser gebaut werden. Außerdem wird davon ausgegangen, daß die ökonomisch stärkeren Gruppen auf die physischen und sozialen „Alterungs"prozesse nur durch Abwanderung reagieren können; das Gentrification-Phänomen zeigt aber, daß die potenteren Gruppen über finanzielle und soziale Macht verfügen, um Invasionen abzuwehren bzw. in alte, innerstädtische Wohngebiete einzudringen.

Finalprinzip. I. Kostenrechnung: Variante des →Kostenverursachungsprinzips, das alle jene Kosten einer Leistung zuordnet, die um dieser Leistung willen bewußt in Kauf genommen worden sind. Das F. verrechnet damit auf Kostenträger neben →variablen Kosten auch anteilige →fixe Kosten. Für Systeme →entscheidungsorientierter Kostenrechnung ist das F. deshalb nicht verwendbar.

II. Sozialpolitik: Prinzip zur organisatorischen Grundlegung sozialpolitischer Maßnahmen. Das F. richtet sich auf die Herstellung eines erwunschten Endzustandes aus (z. B. eigenständige soziale Sicherung auch der nichterwerbstätigen Frau). – *Gegensatz:* →Kausalprinzip. – Zwischen beiden Prinzipien bestehen *Rivalitätsbeziehungen*. – *Bedeutung:* Der Trend geht in Richtung auf eine Verstärkung des „vorwärts" gewandten F., u. a. deshalb, weil die hohe Komplexität der sozialen Wirklichkeit nicht alle möglichen Ursachen sichtbar werden läßt, an die dann Sicherungsmaßnahmen anzuknüpfen hätten. Mit der Betonung des Aspekts der Finalität will die „neue" Sozialpolitik v. a. dazu beitragen, daß keine unerwünschten Lücken im Sicherungsnetz verbleiben.

finance company. 1. Sonderform der →Finanzierungsgesellschaft, die als Kapitalgesellschaft eines Konzerns die Finanzierung nur der dem Konzern angeschlossenen Unternehmungen betreibt. – **2.** In den *USA* Spezialunternehmungen, die sich u. a. mit der Verbraucher-Finanzierung befassen.

financial auditing, Aufgabengebiet der →Internen Revision; auf das Finanz- und Rechnungswesen bezogen.

financial engineering. I. Bankwesen: Kombinierte, umfassende Finanzierungs-, Beratungs- und Betreuungsleistungen von Banken, hauptsächlich für institutionelle Großkunden.

II. Investitionsgüter-Marketing: Kombinierter Einsatz finanzierungs- und versicherungstechnischer Möglichkeiten im Anlagenmarketing. Spezielle Bedeutung im →Ausfuhrhandel.

III. Finanzwirtschaft: Aufspaltung von Finanztiteln in ihre Grundelemente Zinszahlungen, Tilgung, Fremdwährung, Fristigkeit, Sicherheiten und Zusatzrechte, um sie besser bewerten zu können und nach individuellen Zielen bausteinartig neu zusammenzufügen.

financial futures, *Finanztermingeschäfte.* **1.** *Entwicklung:* In den 60er Jahren kam es in den USA infolge einer Zunahme der Inflation und der Lockerung der staatlichen Zinsbindungen zu einem Anstieg des Zinsniveaus. Mit der Abkehr von dem Bretton-Woods-Abkommen sowie der Volatilität auf den Finanzmärkten stieg das allgemeine Zins- und Wechselkursrisiko. Das daraus erwachsende Bedürfnis der Marktteilnehmer nach Möglichkeiten zur Risikoabsicherung (→Hedging) führte zur Entstehung eines entsprechenden Marktes (→Finanzinnovation). Seit Anfang der 70er Jahre Devisentermingeschäfte; seit 1975 Wertpapiertermingeschäfte. – **2.** *Begriff:* Kauf bzw. Verkauf einer dem Geld-, Kapital- oder Devisenmarkt zugeordneten, hinsichtlich Qualität und Quantität standardisierten Basisgröße zu einem bestimmten Preis bzw. Kurs zu einem bestimmten Zeitpunkt. Durch f. f. Contract (Finanzterminkontrakt) vereinbart. – **3.** *Arten:* a) *foreign exchange futures* (Devisentermingeschäfte): Termingeschäfte mit international dominierenden Währungen (v. a. US-Dollar; daher auch als *curency futures* bezeichnet) als Basisgröße, älteste Form der f. f.; b) *interest rate futures* (Zinstermingeschäfte): Termingeschäfte mit festverzinslichen Wertpapieren (z. B. Treasury Bonds, Certificates of Deposits und Eurodollar-Guthaben) als Basisgröße; c) *stock index futures* (Aktienindextermingeschäfte): Termingeschäfte mit Aktienindizes (→Aktienindex) als Basisgröße; neueste Form der f. f.; d) *precious metals futures* (Edelmetall-Termingeschäfte). – **4.** *Geschäftsabwicklung:* F. f. werden an den wichtigsten Börsen der Welt (u. a. London International Financial Futures Exchange, Chicago Board of Trades, International Monetary Market Chicago, New York Futures Exchange) in öffentlichen Auktionen gehandelt *(Terminbörsen)*; Basis-Index der f.f. ist i.d.R. der Dow Jones Index der New Yorker Börse. Eine besondere Einrichtung der Terminbörsen ist das *Clearinghouse*, das sämtliche Transaktionen zwischen den Börsenmitgliedern abwickelt sowie die Erfüllung des Kontraktes gegenüber den Kontrahenten garantiert. Diese Sicherheit der Vertragserfüllung wird durch einen im voraus zu leistenden Betrag (maintenance margin) oder durch einen ebenfalls im voraus zu leistenden standardisierten Betrag (initial margin) bei dem Makler geführten Kunden-Konto gewährleistet. – *Basis* der f.f. ist die Preisdifferenz zwischen einem Finanzinstrument am Kassamarkt (Barpreis) und dem Futures-Markt-Preis, wobei das Preisniveau auf den Futures-Märkten wegen der Risikoprämie und der Opportunitätskosten i.d.R. höher als auf dem Kassamarkt liegt. – 5. *Motive*: a) → *Hedging*: Risikotransformation durch Abschluß eines Gegengeschäftes; entsprechend wird vom Hedger gesprochen. *Bedeutung*: 1982 betrug der Umsatz pro Tag 10000 Kontrakte; seit 1983 ist der Umsatz in Index-Futures größer als der eigentliche Aktienumsatz der New Yorker Börse. Entwickeln sich Kassa- und Futures-Preis völlig parallel, hat der perfect hedger die Möglichkeit, seine Cash-Position durch eine exakte Gegenposition am Futures-Markt auszugleichen (Risikokompensation). Verlaufen Kassa- und Futures-Preis nicht parallel, ergeben sich Absicherungsgewinne bzw. -verluste. b) *Traiding*: Profitierung von zukünftigen Zins- und Wechselkursschwankungen gemäß der Erwartungen über die Marktentwicklung; entsprechend wird vom Trader gesprochen. Zu unterscheiden: (1) Arbitrage-Geschäfte: Ausnutzung der Preisdifferenz verschiedener Börsenplätze; (2) Spreading: Ausnutzung der Preisdifferenz verschiedener Futures-Kontrakte; (3) Spekulation: Aufbau einer Chance-Risiko-Position auf der Grundlage subjektiver Erwartungen über Preisentwicklungen.

Financial-Leasing, → Leasing.

financial services, *Finanzdienstleistungen*, Gesamtheit aller von Kreditinstituten sowie von banknahen und bankfremden Substitutionskonkurrenten (Versicherungen, Bausparkassen, Kreditkartenorganisationen etc.) angebotenen Leistungen, z. T. unter Einsatz moderner Informations- und Kommunikationstechniken.

financial supermarket, *Finanzsupermarkt*, organisatorische Form einer Bankstelle bzw. Bankzweigstelle, die es den Kunden ermöglichen soll, alle Finanzdienstleistungen wie Zahlungsverkehr, Versicherungen, Immobilienvermittlung, Hypotheken- und Konsumentenkredite, Kreditkartenausgabe, Steuerberatung im → one-stop banking zur selben Zeit am selben Ort in Anspruch zu nehmen. Der Begriff gewinnt v. a. in den USA im Zug der → Deregulierung an Bedeutung.

Finanzakzept, → Bankakzept 2.

Finanzamt, die örtliche Landesfinanzbehörde (§ 2 FVG). – Vgl. auch → Finanzverwaltung.

Finanzanalyse. 1. *Begriff*: Untersuchung zur Gewinnung von Aussagen über die wirtschaftliche Lage, insbes. im Hinblick auf künftige Erfolgsermittlung und Zahlungsfähigkeit (→ Liquidität) von Unternehmen. Die F. basiert auf Daten der → Bilanz, der → Gewinn- und Verlustrechnung (GuV), dem → Geschäftsbericht, der Branche und der konjunkturellen Entwicklung. – 2. *Arten*: a) *Interne F.*: Durch das in Frage stehende Unternehmen selbst durchgeführte Analyse. Sie soll Planungs- und Kontrollinformationen für Entscheidungen der Unternehmensleitung zur Verfügung stellen. – b) *Externe F.*: Von unternehmensexternen Personen durchgeführte Analyse. Sie bildet die Grundlage für Entscheidungen wie Kauf einer → Beteiligung, Gewährung von Lieferantenkrediten oder von → Darlehen. – Vgl. auch → Finanzierungskennzahl.

Finanzanlagen, im Gegensatz zu Sachanlagen und immateriellen Vermögensgegenständen (→ immaterielle Wirtschaftsgüter) diejenigen Werte des → Anlagevermögens in der Bilanz, die auf Dauer finanziellen Anlagezwecken (Ausleihungen und Wertpapiere) bzw. Unternehmensverbindungen (→ Beteiligungen und Anteile an → verbundenen Unternehmen sowie damit zusammenhängende Ausleihungen) dienen; vgl. § 266 II HGB.

Finanzausgleich. I. Begriff, Arten, Ziel: 1. *Begriff*: Entscheidet sich ein Staat für einen gegliederten Staatsaufbau (→Föderalismus), so hat er den einzelnen Ebenen die für sie geeigneten Aufgaben zuzuordnen und ihnen die Möglichkeit entsprechender Einnahmebeschaffung zu eröffnen. Alle hierfür erforderlichen Regelungen werden unter dem Begriff F. zusammengefaßt. Die englische Bezeichnung „*intergovernmental fiscal relations*" umschreibt den Bereich exakter. – 2. *Teilbereiche*: Das Regelwerk F. läßt sich in verschiedene Teilbereiche gliedern, die zugleich eine logische Abfolge der zu lösenden Probleme darstellen. a) In einem ersten Schritt werden die →öffentlichen Aufgaben von den privaten Aufgaben abgegrenzt und auf die verschiedenen →öffentlichen Aufgabenträger (→Marktwirtschaft, →Planwirtschaft, →optimales Budget) verteilt *(passiver F.)*. b) Der sich im zweiten Schritt anschließende *aktive F.* regelt die Einnahmeverteilung. Dabei kann zwischen einem originären und einem ergänzenden aktiven F. unterschieden werden: (1) Beim *originären F.* geht es um die Verteilung originärer Einnahmequellen zwischen öffentlichen Aufgabenträgern gleicher Ebene *(horizontaler F.)* oder verschiedener Ebenen *(vertikaler F.)*. Erhalten die einzelnen Aufgabenträger jeweils eigene Einnahmequellen, so liegt ein →*Trennsystem* vor; bei einem →*Zuweisungssystem* fließen alle originären Einnahmen einer einzigen Ebene zu, die ihrerseits Überweisungen an die übrigen Ebenen vornimmt; sind an verschiedenen Gebietskörperschaften gemeinsam erhobene Einnahmen beteiligt, so ist ein →*Mischsystem* (→*Verbundsystem*) verwirklicht. (2) Da nach der Verteilung der originären Einnahmen i.d.R. ein Ausgleichsbedarf verbleibt, schließt sich der *ergänzende aktive F.* an *(F. im engsten Sinne)*. Er umfaßt die Überweisung bereits einzelnen öffentlichen Aufgabenträgern zugeflossener Einnahmen an andere Aufgabenträger und kann ebenfalls in horizontaler und vertikaler Richtung vorgenommen werden. Innerhalb dieses ergänzenden aktiven F. werden Zuweisungen verschiedener Art gezahlt: Die →*Ausgleichszuweisungen* verfolgen das Ziel, Ungleichgewichte zwischen Finanzbedarf und Deckung zu beseitigen oder zu mildern; sie sind als Zuweisungen ohne Verwendungsauflagen gestaltet. Demgegenüber sollen →*Lenkungszuweisungen (Zweckzuweisungen)* das Verhalten der Zuweisungsempfänger verändern; es handelt sich daher um

Zuweisungen mit Verwendungsauflagen. – 3. *Ziel*: Durch die Erfüllung der oben genannten Teilaufgaben bezweckt der F. insgesamt die bestmögliche Erfüllung der öffentlichen Aufgaben im föderativen Staat.

II. *Probleme des originären passiven und aktiven F.*: 1. Die *Zuteilung von Aufgaben* auf die einzelnen staatlichen Ebenen kann sich in gewissem Maße an *rationalen Kriterien* orientieren, wie sie von der ökonomischen Theorie des →Föderalismus entwickelt worden sind. Dabei geht es darum, den Bereich öffentlicher Wohlfahrtswirkung mit dem Gebiet des jeweiligen Aufgabenträgers in Übereinstimmung zu bringen. So werden z.B. gesamtstaatliche Aufgaben wie Konjunkturpolitik und Landesverteidigung auf der oberen staatlichen Ebene anzusiedeln sein; Aufgaben mit geringer räumlicher Ausdehnung sind hingegen das Tätigkeitsfeld der Gemeinden. Auch die unterschiedlichen Kosten der Informationsbeschaffung und -verarbeitung sind zu berücksichtigen. – Da derartige Überlegungen jedoch i.d.R. nur grobe Anhaltspunkte liefern, geben vielfach *rational nicht exakt begründbare Kalküle* den Ausschlag bei der Aufgabenzuweisung. Bekanntes Beispiel für dieses Dilemma sind die Bildungsausgaben, bei denen sich überzeugende Argumente für zentrale wie für dezentrale Lösungen finden lassen. – Als *Teilkompetenzen der Aufgabenhoheit* sind die Gesetzgebungshoheit (→Gesetzgebungskompetenz), →Verwaltungshoheit und →Finanzierungshoheit zu unterscheiden, die – dem →*Konnexitätsprinzip* folgend – i.d.R. dem gleichen Aufgabenträger zugeordnet sind, bei bestimmten Aufgaben aber auch unterschiedlichen Aufgabenträgern zustehen oder zwischen mehreren Aufgabenträgern aufgeteilt sein können (→*Gemeinschaftsaufgaben*). – 2. Auch die *Verteilung originärer Einnahmequellen* kann sich in gewissem Maße auf rationale Kriterien stützen. Grundsätzlich gilt dabei, daß die zugewiesenen Einnahmequellen in konjunktureller, verteilungspolitischer und allokationspolitischer Hinsicht auf die zugewiesenen Aufgaben abgestimmt sind und diese bestmöglich zu erfüllen erlauben. So sollten →Zölle dem Zentralstaat zufallen, desgleichen Steuern, deren Erhebung am Produktionsort erfolgt (Beispiel: Tabaksteuer), weil ansonsten – d.h. bei örtlicher

Steuerhoheit – eine zu große Ungleichheit des Steueraufkommens die Folge wäre. Konjunkturpolitische Überlegungen legen ebenfalls eine Konzentration derjenigen Steuern beim Zentralstaat nahe, die zur Konjunktursteuerung besonders geeignet sind (progressive → *Einkommensteuer*, →Konjunkturpolitik). Andererseits empfiehlt es sich, solche Steuern der örtlichen Ebene zuzuweisen, deren Bemessungsgrundlagen am leichtesten in der Gemeinde selbst ermittelt und von ihr beeinflußt werden können (Grundsatz der örtlichen Radizierbarkeit). Dies gilt insbes. für die →*Grundsteuer*. Daneben erklärt sich die Verteilung bei vielen Steuern aber auch aus historischen Gegebenheiten oder aus machtpolitischen Entscheidungen. Auch beim aktiven F. unterscheidet man mehrere Teilkompetenzen: Gesetzgebungs-, Verwaltungs- und →Ertragshoheit; wie im passiven F. können auch hier alle Teilkompetenzen einer Aufgabe einem einzigen Aufgabenträger zugeordnet, die (ungeteilten) Teilkompetenzen unterschiedlichen Aufgabenträgern zugewiesen oder auch die Teilkompetenzen selbst auf mehrere Aufgabenträger(ebenen) verteilt sein (→*Mischsystem*, →*Gemeinschaftsteuern*).

III. Der originäre F. in der Bundesrep. D.: Der originäre passive F. ist in Art. 70ff. GG im einzelnen geregelt (→Finanzverfassung). Die Verteilung der einzelnen Steuern auf die unterschiedlichen Aufgabenträger regelt Art. 106 GG. Danach gilt in der Bundesrep. D. ein (gebundenes) Trennsystem und ein Mischsystem, d.h. man unterscheidet zwischen Steuern, die nur einer Ebene zustehen, und solchen, die mehreren Ebenen zustehen (→Gemeinschaftsteuern im sog. →Steuerverbund). 1. Steuern, die *einer* Gebietskörperschaft zufließen: a) Bund: Steuern aus Finanzmonopolen, Verbrauchssteuern (ohne Biersteuer), Kapitalverkehrssteuern, Vermögensabgaben, evtl. Ergänzungsabgabe zur Einkommen- und Körperschaftsteuer; b) Länder: Vermögensteuer, Erbschaftsteuer, Kfz-Steuer, Verkehrsteuern, Biersteuer, Spielbankenabgabe; c) Gemeinden und Gemeindeverbände: Realsteuern (Grundsteuer), örtliche Verbrauch- und Aufwandsteuern (z.B. Hundesteuer, Jagdsteuer, Vergnügungssteuer); d) Europäische Gemeinschaften: Zölle, Abschöpfungsbeträge, Anteil der Mehrwertsteuereinnahmen.

– 2. *Gemeinschaftsteuern* (Steuerverbund): a) Lohnsteuer und veranlagte Einkommensteuer: Bund und Länder je 42,5%, Gemeinden 15% des Aufkommens; b) Körperschaftsteuer und Kapitalertragsteuer: Bund und Länder je 50%; c) Umsatzsteuer (Mehrwertsteuer): Bund 65%, Länder 35% (Stand 1992); d) Gewerbesteuer: Bund und Länder je ca. 3,5%, Gemeinden ca. 93%.

IV. Methodische Fragen des ergänzenden aktiven F.: Es ist zu unterscheiden zwischen →*Ausgleichszuweisungen*, die zur Beseitigung bzw. Verringerung von Unterschieden in den →*Deckungsrelationen* vergeben werden und →*Lenkungszuweisungen*, mit denen ein Zuweisungsgeber das Verhalten von Zuweisungsnehmern zu beeinflussen versucht. – 1. Nach der Zuordnung originärer Finanzquellen stimmen vielfach →Finanzkraft und →Finanzbedarf des einzelnen Aufgabenträgers nicht überein; *Ausgleichszuweisungen* sollen diese Differenz verringern, wobei das Ausmaß der Verringerung von der verfügbaren Finanzmasse und von politischen Zielen abhängt. Probleme ergeben sich vornehmlich bei der Messung des Finanzbedarfs und der originären Finanzkraft. a) *Finanzbedarf* ist die Summe der Finanzmittel, die öffentlicher Aufgabenträger bei wirtschaftlichem Finanzgebaren zur Erfüllung seiner Aufgaben benötigt. Zur Quantifizierung dieser Summe ist sowohl die exakte Festlegung des Aufgabenkatalogs als auch die Definition des jeweils ordnungsgemäßen Finanzgebarens erforderlich. Es ist leicht ersichtlich, daß dieses Vorhaben in der Realität scheitern muß. Daher behilft sich die finanzpolitische Praxis mit der Konstruktion von Indikatoren, die den relativen Finanzbedarf der einzelnen Aufgabenträger widerspiegeln sollen. Am häufigsten dient hierzu der Einwohner, dem ein „normierter Finanzbedarf" zugeordnet wird. b) Bei der Messung der originären *Finanzkraft* ist zunächst zu entscheiden, welche Einnahmearten einbezogen werden sollen. Dabei sind solche Einnahmen auszuscheiden, denen Leistungsabgaben in gleicher Höhe auf der Ausgabenseite gegenüberstehen (Gebühren und Beiträge) oder die keine endgültige Einnahmen darstellen (Kredite). Praktisch beschränkt man sich meist auf die Erfassung der Steuern. Gemessen wird daher prinzipiell nicht die Finanz-, sondern die →Steuerkraft. Das wird allerdings problematisch, wenn die sonstigen Einnahmen nicht mehr vernachlässigbar klein sind, so daß beispielsweise inzwischen die Förderabgabe einbezogen werden muß. – Eine Frage ist weiterhin, welcher *Ausschöpfungsgrad* der Steuer einer Finanzkraftmessung zugrunde gelegt werden soll. I. d. R. werden Durchschnittswerte gewählt, um Verfälschungen infolge unterschiedlicher Anspannung der Steuerquellen zu vermeiden (→Steueranspannung). – Schließlich ist zu entscheiden, ob als notwendig angesehene Ausgleichszahlungen zwischen Aufgabenträgern der gleichen Ebene oder verschiedener Ebenen erfolgen sollen. Da ein rein horizontaler Ausgleich i. d. R. an politischen Widerständen scheitert, werden vielfach vertikale Ausgleichsvorgänge so ausgestaltet, daß der horizontale Ausgleichszweck gleichzeitig erreicht wird. Man spricht dann vom vertikalen F. mit horizontalem Effekt. – 2. *Lenkungszuweisungen* werden gewährt, um das Verhalten der Zuweisungsempfänger zu beeinflussen. Im Gegensatz zu den Ausgleichszuweisungen sind sie daher mit Verhaltens- bzw. Verwendungsauflagen verbunden. Begründet wird dies mit der Notwendigkeit zur Internalisierung von externen Effekten, die von der Aufgabenerfüllung des Zuweisungsempfängers ausgehen, mit höherer Entscheidungskompetenz des (i. d. R. übergeordneten) Zuweisungsgebers oder mit dessen „Meritorisierungsbestreben".

V. Der ergänzende aktive F. in der Bundesrep. D.: Entsprechend dem föderalistischen Staatsaufbau sind zu unterscheiden: vertikaler F. zwischen Bund und Ländern, horizontaler F. zwischen den Ländern, vertikaler F. zwischen Land und Gemeindeebene, horizontaler F. zwischen den Gemeinden (bzw. Gemeindeverbänden). – 1. *Vertikaler F. zwischen Bund und Ländern:* Die Aufgaben von Bund und Ländern sind im Grundgesetz lediglich allgemein und unvollständig aufgeführt (→Finanzverfassung). Auch ist jede Ebene haushaltswirtschaftlich selbständig. Daher kann ein Vergleich des Finanzbedarfs beider Ebenen nicht quantitativ exakt erfolgen. Dasselbe gilt für einen Vergleich der Finanzkraft. Derartige Überlegungen finden Eingang in den originären F. beim Aushandeln der *Umsatzsteueranteile* zwischen Bund und Ländern. Ein ergänzender aktiver F. zwischen beiden Ebenen findet

nach Art. 106 IV GG dann statt, wenn der Bund den Ländern durch Bundesgesetz zusätzliche Ausgaben auferlegt. Außerdem kann der Bund nach Art. 107 II GG leistungsschwachen Ländern Zuweisungen zur ergänzenden Deckung ihres allgemeinen Finanzbedarfs (→*Ergänzungszuweisungen*) gewähren. Diese Zuweisungen gehen seit 1970 an die Länder Bayern, Niedersachsen, Rheinland-Pfalz, Saarland und Schleswig-Holstein, seit 1985 auch an Bremen, seit 1987 auch an Nordrhein-Westfalen. Ihre Höhe bemißt sich seit 1974 als fester Anteil am Umsatzsteueraufkommen (bis 1986 1,5%, seit 1988 2,0%, für 1987 wurde ausnahmsweise ein Festbetrag von 1,775 Mrd. gewährt). Die absoluten Beträge sind im Zeitablauf kontinuierlich gewachsen (1990 ca. 3 Mrd. DM). Der „ergänzende" Charakter der Ergänzungszuweisungen wird deshalb mittlerweile in Frage gestellt, überdies werden die für die Verteilung berücksichtigten Merkmale kritisiert. Aufgrund der veränderten föderativen Struktur und der erheblich gestiegenen Unterschiede der horizontalen und vertikalen Deckungsrelationen, die die *Vereinigung Deutschlands* mit sich gebracht hat, sind beim vertikalen F. zwischen Bund und Ländern generell beträchtliche materielle Änderungen eingetreten. In den kommenden Jahren werden sich dem formalgesetzliche Anpassungen anschließen müssen. – 2. *Horizontaler F. zwischen den Ländern:* a) Die Finanzkraft der einzelnen Bundesländer differiert infolge der verschiedenartigen Wirtschaftsstrukturen erheblich; das gleiche gilt für den Finanzbedarf, der z. B. in Ballungsgebieten und in ländlichen Räumen verschieden groß ist. Finanzierungsausgleichsmaßnahmen waren daher bereits zwischen den alten Bundesländern erforderlich. Mit der Vereinigung Deutschlands sind sie noch wesentlich dringlicher geworden, da die originäre Finanzkraft der neuen Bundesländer weit hinter derjenigen der alten Länder zurückbleibt, ihr Finanzbedarf hingegen in vielen Bereichen (z. B. Umweltlasten, Infrastruktur, Sozialausgaben, Wohnungsbau) überdurchschnittlich ist. b) Maßnahmen des F. erfolgen in mehreren Stufen: (1) In einer ersten Stufe wird durch den *Verteilungsmodus des Länderanteils* an der Umsatzsteuer erreicht, die zu 75% nach der Einwohnerzahl, zu 25% nach der mangelnden Steuerkraft verteilt sind. (2) In einer zweiten Stufe

erfolgt der eigentliche *(horizontale) Länder-F.* Er beginnt mit der Ermittlung der →*Ausgleichsmeßzahl*, die den Finanzbedarf eines jeden Landes ausdrückt. Sie ergibt sich aus der Zahl der Landeseinwohner, multipliziert mit den bundesdurchschnittlichen Landessteuereinnahmen je Einwohner, zuzüglich der Summe der (veredelten, d. h. nach Gemeindegrößenklassen gewichteten) Gemeindeeinwohner des Landes, multipliziert mit den bundesdurchschnittlichen Gemeindesteuereinnahmen je Einwohner. Der so ermittelten Ausgleichsmeßzahl wird die →*Steuerkraftmeßzahl* als Maßstab der eigenen Finanzkraft gegenübergestellt. Sie ergibt sich aus der Summe der Steuereinnahmen des einzelnen Landes zuzüglich der Steuereinnahmen seiner Gemeinden. Das Verhältnis zwischen Ausgleichsmeßzahl und Steuerkraftmeßzahl eines Landes ergibt seine *Deckungsrelation.*
c) Das Länderfinanzausgleichsgesetz setzt fest, in welchem Ausmaß Abweichungen von einem bestimmten Mittelwert ausgeglichen werden sollen. Dabei steht die Gruppe der traditionellen Nehmerländer der der Geberländer gegenüber. Ausgleichsberechtigte Länder (Nehmerländer) sind zur Zeit (1991) Niedersachsen, Rheinland-Pfalz, Schleswig-Holstein, Saarland und Bremen; *ausgleichspflichtige Länder* (Geberländer) sind Baden-Württemberg und Hessen. In den letzten Jahren haben sich allerdings größere Verschiebungen ergeben. So wurde z. B. das bis Mitte der siebziger Jahre größte Geberland Nordrhein-Westfalen Mitte der achtziger Jahre zum Nehmerland; umgekehrt ist Bayern, bis 1986 stets ausgleichsberechtigt, seit 1989 ausgleichspflichtig. – Gravierende Kosequenzen für den Länderfinanzierungsausgleich hätten sich nach der *Vereinigung Deutschlands* ergeben, wenn die neuen Bundesländer in den horizontalen Länderfinanzausgleich einbezogen worden wären. Zur Beibehaltung der bestehenden Nivellierungsintensität hätte die bestehende Ausgleichsmasse von 4 Mrd. DM (1991) auf über 20 Mrd. DM erhöht werden müssen, wobei nahezu alle alten Bundesländer zu Geberländern und sämtliche neuen Bundesländer zu Nehmerländern geworden wären. Da dies die Finanzkraft – und wohl auch die bundesstaatliche Solidarität – der alten Länder überstiegen hätte, werden die neuen Bundesländer bis zu einer grundsätzlichen Neuregelung (die bis spätestens 1995 getroffen sein muß) nicht am horizontalen

Länderfinanzausgleich beteiligt. Die Umverteilung wird stattdessen über einen Sonderfonds (→Fonds „Deutsche Einheit") und über den →Bundeshaushalt (als vertikaler F. mit horizontalem Effekt) vorgenommen, z. B. im Rahmen des Art. 104a 4 GG (Investitionshilfen). – 3. *Vertikaler F. zwischen Land und Gemeinde:* Auch zwischen einem Land und seinen Gemeinden ist ein exakter rechnerischer Ausgleich von Finanzbedarf und Finanzkraft nicht möglich. Der Ausgleich wird daher vom Grundgesetz lediglich pauschal geregelt. Art. 106 VII GG bestimmt: Von dem Länderanteil am Gesamtaufkommen der Gemeinschaftsteuern fließt den Gemeinden und Gemeindeverbänden insgesamt ein von der Landesgesetzgebung zu bestimmender Hundertsatz zu. Die Höhe dieser Beteiligungsquote (→Steuerverbundquote) ist von Land zu Land unterschiedlich, weil auch die Aufgabenverteilung zwischen beiden Ebenen von Land zu Land variiert. In den neuen Bundesländern ist der vertikale kommunale F. noch im Aufbau begriffen. Die Grundstruktur wird dabei von den alten Ländern weitgehend übernommen. – 4. *Horizontaler F. zwischen Gemeinden:* Auch die Finanzausstattungen der einzelnen Gemeinden weisen große Unterschiede auf. Der deswegen notwendige F. erfolgt wiederum als vertikaler Ausgleich mit horizontalem Effekt; Ausgleichsmasse ist die o. a. Beteiligungsquote an den Ländersteuereinnahmen. Das F.-verfahren beginnt wiederum mit der Ermittlung des *Finanzbedarfs,* ausgedrückt in der →Bedarfsmeßzahl oder →Ausgleichsmeßzahl. Diese basiert auf der (in vielen Bundesländern nach Größenklassen gewichteten) Einwohnerzahl der einzelnen Gemeinde (→Hauptansatz) zuzüglich evtl. →Ergänzungsansätze (z. B. Zahl der Schüler). Der so ermittelte →Gesamtansatz wird mit dem →Grundbetrag multipliziert, einer Geldgröße, die sich aus dem insgesamt zur Verfügung stehenden Zuweisungsvolumen ergibt. Bei der Berechnung der *originären Finanzkraft* der Gemeinden werden nur die wichtigsten Steuereinnahmen der Gemeinden berücksichtigt. Mit landeseinheitlichen →Hebesätzen wird daraus eine fiktive →Steuerkraftmeßzahl berechnet. Bedarfsmeßzahl und Steuerkraftmeßzahl werden gegenübergestellt. Die Differenzen werden durch →*Schlüsselzuweisungen* (teilweise) ausgeglichen. Das Ausgleichsmaß ist von Land zu Land unterschiedlich. Neben diesen Ausgleichszuweisungen bestehen diskretionär vergebene →Bedarfszuweisungen an die Ausgleichsstockgemeinden sowie vielfältige Lenkungszuweisungen, durch die die Länder das Ausgabengebaren der Gemeinden zu beeinflussen versuchen, mit denen z. T. aber auch eine weitere Verringerung der kommunalen Finanzkraftunterschiede angestrebt wird. Wie der vertikale ist auch der horizontale kommunale F. in den neuen Bundesländern noch im Aufbau begriffen. Die in den alten Ländern geltenden Regelungen wurden bisher weitgehend übernommen, die Notwendigkeit landesspezifischer Sonderregelungen (z. B. spezielle Ergänzungsansätze) wird derzeit (1992) erörtert.

Literatur:Arnold, R./ Gerske, O.-E. (Hrsg.): Öffentliche Finanzwirtschaft, München 1988, Kap. 1–2; Biehl, D., Die Entwicklung des Finanzausgleichs in ausgewählten Bundesstaaten, a) Bundesrep. D., in: Handbuch der Finanzwissenschaft, Bd. IV, 3. Aufl., Tübingen 1981, S. 69–122; Ehrlicher, W., Finanzausgleich III, Der Finanzausgleich in der Bundesrepublik Deutschland, in: HdWW, Bd. 2, Stuttgart/New York 1980, S. 662–689; Fischer-Menshausen, H., Finanzausgleich II: Grundzüge des Finanzausgleichsrechts, in: HdWW, Bd. 2, Stuttgart/New York 1980, S. 636–662; Pfeffekoven, R., Finanzausgleich I, Wirtschaftstheoretische Grundlagen, in: HdWW, Bd. 2, Stuttgart/New York 1980, S. 608–635; Zimmermann, H., Allgemeine Probleme und Methoden des Finanzausgleichs, in: Handbuch der Finanzwissenschaft, Bd. IV, 3. Aufl., Tübingen 1981, S. 3–52 R.

Prof. Dr. Karl-Heinrich Hansmeyer
Dr. Manfred Kops

Finanzausschuß, in Großunternehmungen, Konzernen, Trusts usw. aus den Mitgliedern der Aufsichts- und Geschäftsführungsorgane (→Aufsichtsrat (AR), →Verwaltungsrat, →Vorstand) gebildeter Kreis von Sachverständigen, der zum Hilfsorgan der Unternehmung wird, mit der Aufgabe, die Tätigkeit der Finanzverwaltung (Betriebsabteilung für Finanzierung) zu überwachen. F. kann der Finanzverwaltung Anweisungen erteilen, sie prüfen und hat Mitwirkungsbefugnis bei wichtigen Finanzierungsaufgaben.

Finanzbedarf. I. Finanzwissenschaft: Die von den →öffentlichen Aufgabenträgern zur Erfüllung der ihnen im →passiven Finanzausgleich übertragenen Aufgaben erforderlichen Finanzmittel. Der F. ist für den einzelnen öffentlichen Aufgabenträger und für die öffentliche Hand insgesamt zu bestimmen und mit den im Privatsektor zu belassenden Finanzmitteln ins Verhältnis zu setzen (→optimales Budget). – Messung des F. öffentlicher Aufgabenträger gestaltet sich infolge der nicht präzisen und erschöpfenden Aufgabenzuständigkeiten schwierig und in der Praxis mit Hilfe grober (Bedarfs-)Indikatoren: (1) Die Einwohnerzahl ist wichtigster Indikator (→Hauptansatz) bei der Messung des F. der Gemeinden (zum Zwecke des kommunalen Finanzausgleichs) und der Länder (zum Zwecke des Länderfinanzausgleichs); z. T. modifiziert durch die Größe der Gebietskörperschaft (Hauptansatzstaffelung). (2) Weitere Indikatoren werden z. T. ergänzend herangezogen (→Ergänzungsansätze). – Dem derart gemessenen F. wird im →ergänzenden Finanzausgleich die originäre →Finanzkraft bzw. →Steuerkraft gegenübergestellt; Differenzen zwischen beiden Größen werden z. T. durch →Schlüsselzuweisungen ausgeglichen. – Vgl. auch →Ausgleichsmeßzahl (relativer F.).

II. Finanzplanung: Vgl. →Kapitalbedarf.

Finanzbericht, vom Bundesminister der Finanzen zusammen mit dem Entwurf des →Haushaltsgesetzes und des →Haushaltsplans jährlich vorgelegte umfangreiche Schrift, in der die volkswirtschaftlichen Grundlagen und die wichtigsten finanzwirtschaftlichen Probleme des eingebrachten Bundeshaushaltsplans erläutert werden. Der F. hat sich aus den „Allgemeinen Vorbemerkungen" der Bundeshaushaltspläne seit 1949 entwickelt; die Herausgabe unter der Bezeichnung „Finanzbericht" erfolgt seit 1961. – Auf der Ebene der Bundesländer sind die Berichtspflichten bei der Haushaltseinbringung unterschiedlich; meist wird der F. mündlich im Rahmen der Haushaltsrede des Landesfinanzministers erstattet.

Finanzbuchhaltung, Geschäftsbuchhaltung, pagatorische Buchhaltung, kaufmännische Buchhaltung, erfaßt den außerbetrieblichen Werteverkehr einer Unternehmung (den äußeren Kreis) aus Geschäftsbeziehungen zur Umwelt (Kunden, Lieferanten, Schuldner, Gläubiger) und die dadurch bedingten Veränderungen der Vermögens- und Kapitalverhältnisse. F. liefert das Zahlenmaterial zur Erstellung der →Bilanz und der →Gewinn- und Verlustrechnung (GuV), aus denen sich Lage und Gesamterfolg des Betriebs erkennen lassen. – *Ergänzung* der F. bietet die →Betriebsbuchhaltung, die, auf den Werten der F. aufbauend, der innerbetrieblichen Abrechnung dient (innerer Kreis). – Vgl. auch →computergestützte Finanzbuchhaltung.

Finanzdecke, im Rahmen der Finanzierung einer Unternehmung für einen bestimmten Zeitraum zur Deckung betriebsnotwendiger Ausgaben verfügbare flüssige Mittel. Zu „kurze F." erzwingt zusätzliche →Kapitalbeschaffung.

Finanzdienstleistungen, →financial services.

Finanzdisposition, laufende Verfügungen über die Verwendung oder den Einsatz von finanziellen Mitteln sowie die kurzfristige →Finanzplanung.

Finanzentscheidungen. I. Begriff/Problemstellung: Finanzierung wird zuweilen als Beschaffung von finanziellen Mitteln für Investitionszwecke definiert. Diese Definition ist zu eng, weil sie die Mehrzahl der Fragen, die F. gerade komplizieren machen, verdeckt. Abgesehen von sehr seltenen Einzelfällen – etwa der GmbH, in der der Geschäftsführer zugleich der einzige Gesellschafter ist, der seine GmbH ausschließlich mit Eigenkapital finanziert – sind auch Personen, die nicht an der Unternehmensführung teilnehmen, Geldgeber (Financiers). Gerade aus der Trennung von Kapitalhingabe und Verfügung über die Entscheidungskompetenzen im Unternehmen resultieren die Probleme, die F. interessant und kompliziert machen. – 1. *Eigenkapitalgeber*, die nicht zugleich an der Geschäftsführung des Unternehmens beteiligt sind (z. B. stille Gesellschafter, außenstehende Gesellschafter in der GmbH, Aktionäre in der AG, Genossen in der Genossenschaft) beauftragen die Unternehmensleitung, in ihrem Interesse die Geschäfte zu führen und verlangen regelmäßige Berichte und Kontrollrechte, um ggf. ihre Rechte wahren zu können. – 2. *Fremdkapitalgeber*, die Festbetragsansprüche (Zinsen, Tilgungen) haben, fordern Unterlagen zur Überprüfung der Kreditfähigkeit (z. B. § 18 KWG) vor Kreditvergabe, bedingen sich Kontrollrechte während der Kreditlaufzeiten aus

(Periodische Jahresabschlüsse, Bilanzbesprechungen), sichern ihre Ansprüche (→Kreditsicherheiten) oder vereinbaren Negativklauseln in Form einzuhaltender Bilanzrelationen, Entnahmebegrenzungen oder Kontrahierungsverbote mit anderen Kreditgebern. Diese Vorkehrungen, die z. T. gesetzlich verankert sind (z. B. im HGB, GmbHG, AktG, GenG) bzw. Bestandteile von Kreditverträgen sind, dienen dem Ziel, die aus der Diskrepanz von Anspruch auf Gewinnanteile bzw. Zins und Tilgung und fehlender Entscheidungskompetenz resultierenden Probleme zu überbrücken. – F. umfassen deshalb die Gesamtheit der Maßnahmen, die die Gestaltung von Kapitalüberlassungsverträgen mit Eigen- bzw. Fremdkapitalgebern zum Gegenstand haben, mit dem Ziel, Kapitalbedarfe kostengünstig, unter Beachtung von Risikoaspekten und Erfordernissen der Flexibilität zu decken.

II. Systematik der Finanzierungsformen: Es ist üblich, zwischen Außen- und Innenfinanzierung (→Außenfinanzierung, →Innenfinanzierung) zu unterscheiden: 1. Zur *Außenfinanzierung* zählt die Zufuhr von Eigenmitteln durch bisherige Eigentümer (→Eigenfinanzierung), durch neue Eigentümer (→Beteiligungsfinanzierung) sowie die Zufuhr von kurz-, mittel- bzw. langfristigem Fremdkapital durch Gläubiger (→Fremdfinanzierung). Auch Eigenschaften von Eigen- und Fremdkapital vermischende Formen der Mittelbeschaffung (z. B. Gewinnobligationen, Genußscheine, Wandelschuldverschreibungen, Warrants) zählen zur Außenfinanzierung. – 2. Zur *Innenfinanzierung* zählt die Mittelbindung, die – jedenfalls bei haftungsbeschränkten Rechtsformen – generell durch die Ausschüttungssperrwirkungen des →Jahresabschlusses bewirkt wird: →Abschreibungen, Zuführungen zu sonstigen →Rückstellungen, direkte Zusagen auf betriebliche Altersversorgung, die zu Pensionsrückstellungen führen (→betriebliche Ruhegeldverpflichtungen). Zur Innenfinanzierung zählen weiterhin die Mittel, die im Bilanzsinn ausschüttungsfähig sind, aber auf Beschluß der entscheidenden Gremien (Gesellschafterversammlung, Hauptversammlung) nicht ausgeschüttet werden (→Selbstfinanzierung). Zuordnungsprobleme ergeben sich u. U. bei der Mitarbeiterkapitalbeteiligung, wenn anteilige Gewinnüberschüsse (aus steuerlichen Überlegungen) in Darlehensansprüche der Mitarbeiter umgewandelt werden.

III. Grundprobleme: 1. *Eigenkapital versus Fremdkapital*: Eine wichtige F. betrifft die Aufteilung der gesamten Finanzmittel in Eigen- und Fremdkapital bzw. die Menge der Financiers in solche, die vertraglich fixierte Festbetragsansprüche und solche, die Restbetragsansprüche halten. Ansprüche, die sich bilanziell in Rückstellungen niederschlagen, werden hier zum Fremdkapital gezählt. Von Zwischenformen der Finanzierung sei zur Vereinfachung abgesehen. – Die Frage der *Gestaltung der Kapitalstruktur* von Unternehmen hat in der Literatur und (gelegentlich) in der öffentlichen Diskussion *große Aufmerksamkeit* gefunden: Die Literatur sucht nach Bestimmungsfaktoren einer optimalen Kapitalstruktur; die öffentliche aktuelle Diskussion beschäftigt sich mit der Eigenkapitallücke deutscher Unternehmen, unterstellt also, daß die Verschuldungsgrade deutscher Unternehmen im Durchschnitt nicht optimal, sondern zu hoch sind. – Seit einem aufsehenerregenden Artikel von *Modigliani* und *Miller* 1958 (→Modigliani-Miller-Theorem) ist bekannt, daß die Kapitalstruktur von Unternehmen unter bestimmten Bedingungen auch dann *nicht von Bedeutung* für die Eigentümer ist, wenn diese den →Leverage-Effekt, d. h. erhöhte Renditen auf das Eigenkapital, für sich in Anspruch nehmen können. Der Grund für die Bedeutungslosigkeit eines höheren Verschuldungsgrades und einer höheren Eigenkapitalrendite ist simpel: Die höheren Renditen werden nicht kostenlos erzielt; sie sind nur um den Preis eines höheren Risikos zu haben. – *Bedeutung* gewinnen die die Kapitalstruktur betreffenden F. erst dann, wenn Ansprüche von Fremd- bzw. Eigenkapitalgebern steuerlich unterschiedlich behandelt werden, wenn die Beschaffungskosten für Eigen- und Fremdkapital ungleich sind, wenn der Verschuldungsgrad im Vergleich zum Geschäftsrisiko des Unternehmens so hoch ist, daß die Wahrscheinlichkeit für eine nicht vertragskonforme Bedienung der Festbetragsansprüche spürbar ist, wenn die von Gläubigern gesetzten Nebenbedingungen die Entscheidungsautonomie des Managements zum Nachteil der Eigentümer einengen. Diesen skizzierten Überlegungen zufolge sollte man erwarten, daß Unternehmen aus steuerlichen Gründen generell teilweise fremdfinanziert sind, daß aber die (aus Bilanzen erkennbaren) Verschuldungsgrade negativ mit dem Geschäftsrisiko von Unternehmen korreliert sind. – 2. *Selbstfinanzierung versus Eigen- bzw. Beteiligungsfinanzierung*: Eigenkapital kann auf verschiedenen Wegen beschafft werden: Über die Einbehaltung von Jahresüberschüssen (Selbstfinanzierung), über die Einlage von Mitteln der Alteigentümer (Eigenfinanzierung), über die Einlage von Mitteln von neuen Eigentümern (Beteiligungsfinanzierung). Welche Möglichkeit die bessere ist, hängt ab vom Selbstfinanzierungsspielraum, von steuerlichen Regelungen, von den Kapitalkosten für „neues" Eigenkapital, von Transaktionskosten und den Ausschüttungs(Entnahme)bedürfnissen der Eigentümer. – a) *Alternative Selbstfinanzierung und Eigenfinanzierung*: Ob das Unternehmen Mittel einbehält oder ausschüttet, hängt bei gegebenem Kapitalbedarf für Investitionen zunächst von steuerlichen Regelungen und sonstigen Transaktionskosten ab. Beträgt die Steuerbelastung bei Einbehaltung z. B. 50%, ist die Ausschüttung beim Ausschüttungsempfänger nur 30% und kostet die Wiedereinlage der Mittel 3%, dann lohnt volle Ausschüttung auch dann, wenn das Unternehmen die gesamten Mittel zur Reinvestition benötigt. Der Verbund Unternehmen-Eigentümer minimiert die Steuerbelastung durch Vollausschüttung und Wiedereinlage (→Schütt-aus-hol-zurück-Politik). – Bei *Aktiengesellschaften* könnte diese Politik auf Vorbehalte stoßen, weil sie (trotz erheblicher Bewertungswahlrechte) zu unregelmäßigen Ausschüttungsstrukturen führen kann, die der Markt als Signale falsch deuten könnte (→Dividendenpolitik). – b) *Alternative Selbstfinanzierung und Beteiligungsfinanzierung*: Letztere ist insbes. den Unternehmen erschwert, deren Eigenkapitalanteile nicht an funktionsfähigen Börsen handelbar sind. Die Kosten der Suche potentieller Eigenkapitalgeber, die Verhandlungs- und Bewertungskosten stellen ebenso Hindernisse dar wie der u. U. reduzierte Autonomiebereich der Alteigentümer und die Befürchtung, neue Konfliktpotentiale zu schaffen. Vor diesem Hintergrund sehen die aktuellen Vorschläge, handelbare Genußscheine und ggf. GmbH-Anteile zu schaffen und auf dem sog. zweiten Marktsegment (→geregelter Markt) zu handeln, vielversprechend aus.

Sie ermöglichten nicht nur einen wesentlich erleichterten Eintritt, sondern auch einen einfachen Austritt aus dem Unternehmen. – Erstaunlicherweise machen emissionsfähige Unternehmen von der Beteiligungsfinanzierung nicht nennenswerten Gebrauch. Nur ein geringer Prozentsatz ihres gesamten Mittelbedarfs wird auf diese Weise gedeckt. Ob dieses Verhalten der Unternehmen Ausfluß rationalen Verhaltens im Interesse der Eigentümer ist, ist ungeklärt.

IV. Ausgewählte Detailprobleme: 1. *Gesellschafterdarlehen*: Eigentümer haftungsbeschränkter Gesellschaften können zugleich Gläubigerpositionen einnehmen. Dies kann vorteilhaft sein: Es besteht erhebliche Anpassungsfähigkeit in bezug auf die Vertragsbedingungen; die Eigentümer gewinnen Leverage-Ertrag ohne Zunahme des Insolvenzrisikos, weil sie die üblichen Gläubigerreaktionen im Falle nicht erfüllter Festbetragsansprüche gerade nicht in Gang setzen werden. Die Rechtsprechung des BGH und der Gesetzgeber mit der Schaffung des § 32a GmbHG haben Vorkehrungen getroffen, damit die Eigentümer-Gläubiger keine Sondervorteile vor Drittgläubigern erlangen. – 2. *Finanzierungs-Leasing-Verträge* (vgl. auch →Leasing): Finanzierungs-Leasing-Verträge sind während einer vertraglich definierten Grundmietzeit unkündbar. Der Leasinggeber finanziert dem Leasinggegenstand i.d.R. vor; der Leasingnehmer bezahlt diesen einschl. Kapitalkosten durch Leasingraten. Diese Form der Finanzierung ist verbreitet. Ob sie vorteilhaft ist, hängt von den Vertragsbedingungen und insbes. der problemsprechenden Beachtung der Finanzierungsalternative und der Berücksichtigung aller steuerlich relevanten Regelungen ab. Die von Leasinggesellschaften vorgelegten Muster-Rechnungen, die die Vorteilhaftigkeit von Finanzierungs-Leasing-Verträgen belegen sollen, sind i.d.R. stark vereinfacht und auch deshalb nicht selten angreifbar.

Literatur: Bierich, M./Schmidt, R., Finanzierung deutscher Unternehmen heute, Stuttgart, 1984; Drukarczyk, J., Finanzierungstheorie, München 1980; ders., Finanzierung, 3. Aufl., Stuttgart 1986; Gerke, W./Philipp, F., Finanzierung, Stuttgart, Berlin 1985; Perridon, L./Steiner, M., Finanzwirtschaft der Unternehmung, 4. Aufl., München 1986; Schneider, D., Investition und Finanzierung, 5. Aufl., Wiesbaden 1986; Spremann, K., Finanzierung, München/Wien 1985; Süchting, J., Finanzmanagement, 4. Aufl., Wiesbaden 1984; Swoboda, P., Betriebliche Finanzierung, Würzburg/Wien 1981.

Prof. Dr. Jochen Drukarczyk

Finanzflußrechnung, →Kapitalflußrechnung.

Finanzgericht, erstinstanzliches Gericht der →Finanzgerichtsbarkeit in den Ländern (§ 2 FGO). Das F. ist ein oberes Landesgericht. Es besteht aus dem Präsidenten, den Vorsitzenden Richtern und weiteren Richtern. – 1. *Organisation*: Bei den F. werden Senate gebildet. Zoll-, Verbrauchsteuer- und Finanzmonopolsachen sind in besonderen Senaten zusammenzufassen (§ 5 FGO). Das F. entscheidet durch Senate in der Besetzung mit drei →Berufsrichtern und zwei ehrenamtlichen →Finanzrichtern, bei Beschlüssen außerhalb der mündlichen Verhandlung und bei Vorbescheiden (§ 90 III FGO) ohne die ehrenamtlichen Finanzrichter. Bei jedem Gericht wird eine Geschäftsstelle errichtet (§ 12 FGO). – 2. *Sachliche Zuständigkeit*: Das F. entscheidet im ersten Rechtszug über alle Streitigkeiten, für die der Finanzrechtsweg gegeben ist, soweit nicht nach § 37 FGO der →Bundesfinanzhof (BFH) im ersten und letzten Rechtszug zuständig ist (§ 35 FGO). Das F. ist daher i.d.R. die einzige Tatsacheninstanz im gerichtlichen Rechtsbehelfsverfahren über →Abgabenangelegenheiten (§ 118 (2) FGO). – 3. *Örtliche Zuständigkeit*: Örtlich zuständig ist das F., in dessen Bezirk die Behörde, gegen die die Klage gerichtet ist, ihren Sitz hat. Ist dies eine oberste Finanzbehörde, so ist das F. zuständig, in dessen Bezirk der Kläger seinen Wohnsitz, seine Geschäftsleitung oder seinen gewöhnlichen Aufenthalt hat; bei Zöllen, Verbrauchsteuern und Monopolabgaben ist das F. zuständig, in dessen Bezirk ein Tatbestand verwirklicht wird, an den das Gesetz die Abgabe knüpft (§ 38 FGO). – Hält sich das Gericht für örtlich oder sachlich *unzuständig*, so hat es sich auf Antrag des Klägers für unzuständig zu erklären und den Rechtsstreit an das zuständige Gericht zu verweisen (§ 70 FGO). – 4. *Rechtsmittel*: Gegen Urteile des F. ist die →Revision, gegen andere Entscheidungen des F. oder des Vorsitzenden des Senats die →Beschwerde an den Bundesfinanzhof statthaft (§§ 115–118 FGO). – 5. Alle Gerichte und Verwaltungsbehörden leisten dem F. *Rechts- und Amtshilfe.*

Finanzgerichtsbarkeit. I. Begriff: Zweig des staatlichen Rechtsschutzsystems, geregelt durch die →Finanzgerichtsordnung (FGO). – 1. Die F. wird ausgeübt durch unabhängige, von den Verwaltungsbehörden getrennte, besondere →Verwaltungsgerichte. In den Ländern bestehen →Finanzgerichte, beim Bund der →Bundesfinanzhof (BFH) (§ 2 FGO). – 2. Die Finanzgerichte sind *sachlich zuständig* für alle Streitigkeiten, für die der →Finanzrechtsweg gegeben ist. In erster Instanz entscheiden grundsätzlich die Finanzgerichte, ausnahmsweise der Bundesfinanzhof; in zweiter und letzter Instanz entscheidet stets der Bundesfinanzhof.

II. Klagearten: 1. →*Anfechtungsklage,* gerichtet auf die Aufhebung, in den Fällen des § 100 II FGO auf die Änderung eines Verwaltungsaktes (§ 40 I FGO). – 2. →*Verpflichtungsklage,* gerichtet auf die Verurteilung zum Erlaß eines abgelehnten oder unterlassenen Verwaltungsakts oder zu einer anderen Leistung (§ 40 I FGO). – 3. →*Feststellungsklage,* gerichtet auf die Feststellung des Bestehens oder Nichtbestehens eines Rechtsverhältnisses oder der Nichtigkeit eines Rechtsverhältnisses oder der Nichtigkeit eines Verwaltungsakts (§ 41 FGO).

III. Vorverfahren: Soweit das Gesetz einen außergerichtlichen Rechtsbehelf (→Beschwerde, →Einspruch) vorsieht, ist die Klage i.d.R. nur zulässig, wenn das Vorverfahren erfolglos geblieben ist (§ 44 I FGO). Ausnahmsweise ist die Klage unmittelbar zulässig: a) in den Fällen des § 348 AO, wenn die Behörde zustimmt *(Sprungklage,* § 45 I FGO), b) wenn die Rechtswidrigkeit der Anordnung eines Sicherungsverfahrens geltend gemacht wird (§ 45 II FGO), c) wenn über einen außergerichtlichen Rechtsbehelf ohne Mitteilung eines zureichenden Grundes in angemessener Frist sachlich nicht entschieden worden ist (*Untätigkeitsklage,* § 46 FGO).

IV. Gerichtliches Verfahren: 1. Die Klage ist grundsätzlich nur *zulässig,* wenn der Kläger geltend macht, durch den Verwaltungsakt oder durch die Ablehnung oder Unterlassung eines Verwaltungsakts

oder einer anderen Leistung in seinen Rechten verletzt zu sein (§ 40 II FGO). Eine →Popularklage ist unzulässig. – 2. Die Klage ist grundsätzlich innerhalb der Klagefrist von einem Monat (§ 47 FGO) schriftlich oder zur Niederschrift bei Gericht zu *erheben.* Sie ist gegen die Behörde zu richten, die den Verwaltungsakt erlassen, den beantragten Verwaltungsakt oder die andere Leistung unterlassen oder abgelehnt hat (§ 63 FGO) und muß den Kläger, den Beklagten und den Streitgegenstand, bei →Anfechtungsklage auch den angefochtenen Verwaltungsakt oder die angefochtene Entscheidung bezeichnen (§ 65 FGO). Sie soll einen Antrag enthalten. – 3. Mit der Klageerhebung tritt →*Rechtshängigkeit* ein; der Vollzug des angefochtenen Verwaltungsakts wird dadurch nicht gehemmt. Der Kläger kann jedoch →Aussetzung der Vollziehung beantragen (§ 69 FGO). – 4. Am Verfahren sind Kläger, Beklagte, Beigeladene und die Behörde, die am Verfahren beigetreten ist (→Beitritt), *beteiligt* (§ 57 FGO). Die Beteiligten können sich durch Bevollmächtigte vertreten lassen und sich in der mündlichen Verhandlung eines Beistandes bedienen (§ 62 FGO). Vor dem Bundesfinanzhof besteht Vertretungszwang (Art. 1 Nr. 1 Gesetz zur Entlastung des Bundesfinanzhofs, BGBl 1975 I 1861). – 5. Das Gericht erforscht den Sachverhalt *von Amts wegen.* Die Beteiligten sind zur Wahrheit verpflichtet, sie sollen zur Vorbereitung Schriftsätze einreichen. Das Gericht kann das persönliche Erscheinen eines Beteiligten anordnen; es erhebt in der mündlichen Verhandlung den →Beweis vorbehaltlich der §§ 83–89 FGO, durch die allgemeinen →Beweismittel der ZPO. Die Beteiligten haben das Recht auf →Akteneinsicht. Finanzbehörden sind zur *Vorlage* von Akten und Urkunden und zu Auskünften verpflichtet, soweit nicht das →Steuergeheimnis eingreift oder aus anderen Gründen ein Bedürfnis nach Geheimhaltung besteht (§ 86 FGO). – 6. Das Gericht entscheidet aufgrund mündlicher Verhandlung durch *Urteil,* mit Einverständnis der Beteiligten auch ohne mündliche Verhandlung. Weitere Ausnahme: →Vorbescheid. Das Gericht darf über das Klagebegehren nicht hinausgehen (Verbot der →Verböserung). Vgl. →Zwischenurteil, →Teilurteil, →Grundurteil, →Rechtskraft. – 7. Vor der Entscheidung kann →einstweilige Anordnung ergehen.

V. Rechtsmittel: Gegen Urteile der →Finanzgerichte →Revision, sonst weitgehend →Beschwerde. – Vgl. auch →Wiederaufnahme des Verfahrens.

VI. Kosten des Verfahrens: Trägt grundsätzlich der unterliegende Beteiligte (§ 135 AO). Die Regelung entspricht der für den Zivilprozeß (→Kostenentscheidung, →Kostenfestsetzung, →Kostenfestsetzungsbeschluß, →Prozeßkosten, →Prozeßkostenhilfe). Die vom Gericht des ersten Rechtszugs angesetzten Gebühren und Auslagen des Gerichts werden vom Finanzamt erhoben.

VII. Vollstreckung: Vollstreckungsbehörden sind die Finanzämter. Soll zugunsten des Bundes, eines Landes, eines Gemeindeverbandes, einer Gemeinde oder einer Körperschaft, Anstalt oder Stiftung des öffentlichen Rechts vollstreckt werden, richtet sich die Vollstreckung nach der AO (§ 150 FGO).

Finanzgerichtsordnung (FGO), Gesetz vom 6. 10. 1965 (BGBl I 1477), in Kraft seit 1. 1. 1966; regelt die →Finanzgerichtsbarkeit. Ergänzend sind die Bestimmungen des Gerichtsverfassungsgesetzes und der Zivilprozeßordnung anzuwenden (§ 155 FGO). – Für Verfahren vor dem →Bundesfinanzhof (BFH) gelten die besonderen Vorschriften des Gesetzes zur Entlastung des Bundesfinanzhofs vom 8. 7. 1975 (BGBl I 1861) mit späteren Änderungen; vor den Finanzgerichten gelten bis zum 31. 12. 1992 die besonderen Vorschriften des Gesetzes zur Entlastung der Gerichte in der Verwaltungs- und Finanzgerichtsbarkeit vom 31. 3. 1978 (BGBl I 446) mit späteren Änderungen. – Es ist beabsichtigt, die FGO in ein einheitliches Verwaltungsgerichts-Verfahrensgesetz einzubringen.

Finanzhilfe, →Ausgleichszuweisung oder →Lenkungszuweisung, die der Bund den Ländern gewähren kann: a) für besonders bedeutsame Investitionen der Länder und Gemeinden (bzw. Gemeindeverbände), b) zur Abwehr einer Störung des gesamtwirtschaftlichen Gleichgewichts, c) zum Ausgleich unterschiedlicher Wirtschaftskraft im Bundesgebiet oder d) zur Förderung des wirtschaftlichen Wachstums (Art. 104 a 4 GG). – Vgl. auch →Finanzausgleich, →Finanzverfassung.

Finanzhoheit, Befugnis zur autonomen Regelung der eigenen Finanzwirtschaft sowie zur Begrenzung der finanzwirtschaftlichen Rechte der übrigen Körperschaften. F. umfaßt Gesetzgebungshoheit (→Gesetzgebungskompetenz), →Verwaltungshoheit und →Ertragshoheit über öffentliche Einnahmen, insbes. Steuereinnahmen. – Vgl. auch →Finanzverfassung, →Finanzierungshoheit.

Finanzholding, →internationale Finanzholding.

finanzielles Gleichgewicht, *finanzwirtschaftliches Gleichgewicht.* 1. *I. w. S.:* Langfristige strukturelle Entsprechung von Kapitalbeschaffung und -verwendung, d. h. das beschaffte Kapital hat nach Art und Fristigkeit dem Kapitalbedarf zu entsprechen, der sich aus der besonderen Vermögensstruktur der Unternehmung ergibt. – 2. *I. e. S.:* Gleichgesetzt mit dem Aspekt des kurzfristigen Ausgleichs der Zahlungsströme (→Liquidität).

finanzielle Zusammenarbeit, →Kapitalhilfe.

Finanzierung. 1. *Begriff*: Maßnahmen der Mittelbeschaffung und -rückzahlung und damit der Gestaltung der Zahlungs-, Informations-, Kontroll- und Sicherungsbeziehungen zwischen Unternehmen und Kapitalgebern (vgl. die einzelnen →Finanzentscheidungen). – 2. *Formen*: a) →*Außenfinanzierung*: (1) Finanzierung durch bisherige Eigentümer (→*Eigenfinanzierung*); (2) Finanzierung durch neue Eigentümer (→*Beteiligungsfinanzierung*); (3) Finanzierung durch Gläubiger (→*Fremdfinanzierung*). – b) →*Innenfinanzierung*: (1) Finanzierung durch zwangsweise erfolgende Bindung von Mitteln am Unternehmen (z. B. Finanzierung aus →Abschreibungen, Finanzierung über die Dotierung von →Rückstellungen); (2) Finanzierung durch Einbehaltung von ausschüttungsfähigem, aber nicht ausgeschüttetem Überschuß (→*Selbstfinanzierung*). – 3. *F. im öffentlichen Bereich*: Vgl. →duale Finanzierung.

Finanzierungsbeiträge, →Abstand, →Baukostenzuschuß.

Finanzierungsbilanz, Sonderform der Bilanz. Die F. dient als Unterlage für die →Finanzplanung einer Unternehmung

(Kreditaufnahme, Kapitalerhöhung); sie stellt das Vermögen (Aktiva) nach dem Liquiditätsgrad, das Kapital (Passiva) nach Fristigkeit dar. Die Wertansätze können von denen der →Handelsbilanz abweichen. – Vgl. auch →Status V.

Finanzierungsgemeinschaft, organisatorischer Zusammenschluß rechtlich selbständig bleibender Unternehmungen zur gemeinsamen Finanzierung finanzschwacher Mitglieder der F. – *Motive*: a) Vorbereitung eines →Unternehmenszusammenschlusses in Form des Trusts oder Konzerns; b) Durchsetzung wirtschaftlicher Forderungen gegenüber anderen Wirtschaftszweigen.

Finanzierungsgesellschaft. 1. *Wesen:* Unternehmung, deren Betriebszweck die Beschaffung von Finanzierungsmitteln, insbes. →Kapitalbeschaffung, für nahestehende Unternehmungen ist. F. neigen zur Beherrschung der von ihnen finanzierten Unternehmungen. – 2. *Abgrenzung:* Grenzen zum *Kreditinstitut* fließend; F. leisten keinesfalls Dienst im Zahlungsverkehr, sondern kaufen von anderen Unternehmungen zwecks dauernder Übernahme (i.d.R.) oder zum Weiterverkauf Aktien oder Obligationen auf mit Kapital, das sie durch eigene Emission von Aktien oder Obligationen erwerben. F. vereinfachen und beschleunigen die Kapitalbeschaffung der zu finanzierenden Unternehmungen und vermindern das Risiko für Kapitalgeber. – 3. *Arten:* Investment-Trust, Effektenhandelsgesellschaft (kauft Effekten meist nur zu Spekulationszwecken auf), Voting-Trust, Holding-Gesellschaft oder Übernahmegesellschaft (kauft Effekten von am Kapitalmarkt unbekannten Unternehmungen auf, sog. nichtmarktfreie Effekten), finance company. – Die deutschen F. sind mitunter auf bestimmte Industriezweige spezialisiert. Manche F. haben internationale Bedeutung; zahlreich vertreten in der Schweiz.

Finanzierungsgrundsatz, von der Unternehmensleitung im Hinblick auf die Finanzierungssituation und die →Finanzpolitik ausgearbeitete Richtlinie für die Finanzierungsentscheidungen des Unternehmens. – Vgl. auch →Finanzierungsregel.

Finanzierungshoheit, Kompetenz bzw. Verpflichtung, die bei der Erfüllung öffentlicher Aufgaben entstehenden Kosten zu tragen; innerhalb des →passiven Finanzausgleichs zu regeln. Die F. ist gem. Art. 104a GG grundsätzlich demjenigen Aufgabenträger zugewiesen, der die Aufgaben „wahrnimmt" (→Konnexitätsprinzip); ob hierfür die Gesetzgebungs- oder Verwaltungszuständigkeit (→Gesetzgebungskompetenz, →Verwaltungshoheit) maßgeblich sein soll, ist umstritten. Bei vielen öffentlichen Aufgaben ist die F. (deshalb) zwischen Bund, Ländern und Gemeinden aufgeteilt (→Gemeinschaftsaufgaben). – Vgl. auch →Finanzhoheit, →Ertragshoheit.

Finanzierungskennzahl, Quotient bestimmter Positionen aus Bilanz, Gewinn- und Verlustrechnung und Geschäftsbericht, die als Indikatoren für die finanzielle Lage des Unternehmens dienen sollen (→Finanzanalyse). – *Zu unterscheiden*: a) Liquiditätskennzahlen (→Liquiditätsgrad); b) Kennzahlen zur Messung der Aktivität des Unternehmens (→Umschlagshäufigkeit); c) Rentabilitätskennzahlen (→Rentabilität).

Finanzierungskontrolle. 1. *I.e.S.*: Laufender Vergleich und entsprechende Abstimmung der Soll- und Istzahlen des →Finanzplans im Rahmen der betrieblichen Finanzpolitik. – 2. *I.w.S.*: Überprüfung der Finanzlage hinsichtlich →Liquidität und →Rentabilität. – *Anders*: →Finanzkontrolle.

Finanzierungsmakler, →Finanzmakler.

Finanzierungsorgane, Personen oder Personengruppen in einer Unternehmung, denen Planung, Abwicklung oder Kontrolle der →Finanzierung obliegen. In Klein- und Mittelbetrieben der oder die Unternehmer selbst, in Großbetrieben Finanzverwaltung und →Finanzausschuß.

Finanzierungsrechnung, Nebenrechnung der →Volkswirtschaftlichen Gesamtrechnungen (vgl. dort VII).

Finanzierungsregel. I. Begriff: Bilanzstrukturnorm, die auf die Liquiditätssicherung abstellt (→Liquidität). Die F. stellt eine Sollvorschrift bezüglich der Zusammensetzung des Kapitals dar.

II. Arten: 1. *Vertikale F. (Kapitalstrukturregel)*: Bezieht sich auf die Zusammensetzung des Kapitals zum Inhalt; keine Beziehung zur Verwendung der finanziellen Mittel (Sollvorschrift bezüglich des Verschuldungsgrades). – 2. *Horizontale F.:* Bezieht sich auf Kapital- und Vermögensstruktur: a) *Goldene F.:* Fristen zwischen Kapitalbeschaffung und -rückzahlung einerseits und Kapitalverwendung andererseits sollen sich entsprechen. b) *Goldene Bilanzregel:* Die Forderung nach Fristenkongruenz zwischen Kapital und Vermögen wird mit der Forderung nach der Verwendung bestimmter Finanzierungsarten verbunden.

III. Beurteilung: Der F. liegt die Vorstellung zugrunde, die Einhaltung der F. gewährleiste eine gesicherte →Finanzierung, insbes. die Liquidität des Unternehmens. Die zukünftige Liquidität wird jedoch nicht von der Vermögens- und/oder Kapitalstruktur, sondern der Qualität künftiger Einzahlungen bestimmt. F. sind daher kaum geeignet, zur Beurteilung der Finanzierung eines Unternehmens herangezogen zu werden.

Finanzierungsreserve, im Rahmen der →Finanzplanung einer Unternehmung derjenige Betrag, der sicherheitshalber im Finanzplan pauschal auf die Summe des →Kapitalbedarfs (Differenz von zu erwartenden Einnahmen und Ausgaben innerhalb eines bestimmten Zeitraums) aufgeschlagen wird.

Finanzierungsrisiko, Risiko der Eigentümer, das durch die Finanzierungsform (→Finanzierung) zusätzlich zum →Investitionsrisiko entsteht.

Finanzierungssaldo. I. Volkswirtschaftliche Gesamtrechnungen: Saldo aus Veränderungen von Forderungen und Verbindlichkeiten einzelner Wirtschaftssektoren. Ein positiver F. *(Finanzierungsüberschuß)* gibt an, daß anderen Sektoren per Saldo Mittel abgegeben wurden. Diese Situation trifft für den Sektor „private Haushalte" zu. Ein negativer F. *(Finanzierungsdefizit)* gibt an, daß aus anderen Sektoren per Saldo Kredite aufgenommen wurden. – Der Staat und die privaten Unternehmen sind i.d.R. typische Defizitsektoren.

II. Finanzwissenschaft: 1. →*Budgetkonzept* zur Beurteilung des →konjunkturellen Impulses des öffentlichen Haushalts (expansiv oder kontraktiv). Der F. setzt sich zusammen aus der Nettoneuverschuldung (Nettotilgung) am Kreditmarkt, dem Saldo

der kassenmäßigen Überschüsse bzw. Defizite, dem Saldo der Rücklagenbewegungen und den Münzeinnahmen (§ 13 BHO). – 2. Im *Haushaltsplan:* Einnahmen-/Ausgabensaldo; vgl. im einzelnen →Finanzierungsübersicht.

Finanzierungsschätze, →Schatzanweisungen.

Finanzierungstheorie, normative Theorie der →Finanzierung mit dem Ziel, Entscheidungskriterien zur optimalen Gestaltung von Investition, Finanzierung und Ausschüttung zu entwickeln. Die F. bedient sich abstrakter Modelle, um Grundzusammenhänge der Finanzierung aufdecken zu können. Sie unterstellt dabei das Ziel der Anteilswertmaximierung (→Agency-Problem). Durch die explizite Berücksichtigung der Beziehungen zwischen Kapitalanbietern und Kapitalnachfragern ergänzt die F. die →Investitionstheorie, da eine Erklärung der relevanten Kapitalkosten nur im Marktzusammenhang möglich ist. – Vgl. auch →Kapitalmarkttheorie, →capital asset pricing model (CAPM).

Finanzierungsübersicht, Teil des →Haushaltsplans, der eine Berechnung des Finanzierungssaldos enthält. Der Finanzierungssaldo ergibt sich aus einer Einnahmen-/Ausgaben-Gegenüberstellung; ausgenommen sind: Einnahmen aus Krediten vom Kreditmarkt, Entnahmen aus Rücklagen, Einnahmen aus kassenmäßigen Überschüssen sowie Münzeinnahmen, Ausgaben zur Schuldentilgung am Kreditmarkt, Zuführungen an Rücklagen und Ausgaben zur Deckung eines kassenmäßigen Fehlbetrags. Gem. der →Haushaltssystematik Bundeshaushaltsordnung (BHO) ist die F. dem Haushaltsplan beizufügen.

Finanzinformationssystem. 1. *Begriff:* In der →betrieblichen Datenverarbeitung ein →Softwaresystem zur Informationsbereitstellung, Planung und Steuerung der Finanzen eines Unternehmens (→Finanzmanagement, →Finanzplanung) und zur Ableitung von Anforderungen an die gesamte →Unternehmensplanung. – 2. *Elemente:* Ein vollständiges F. unterstützt die Ergebnis- und Liquiditätsplanung, Risikoanalyse und Simulationen zur Entscheidungsunterstützung. – 3. F. werden auf mainframes und auf Arbeitsplatzrechnern, häufig auch von →Service-Rechenzentren als Dienstleistung im →Online-Verfahren angeboten.

Finanzinnovationen. I. Charakterisierung: *I.w.S.* neue Märkte (→Euromärkte) und Geschäftsformen (z. B. →Forfaitierung, →Swap), die sich seit dem Zweiten Weltkrieg entwickelt haben, begünstigt durch neue Kommunikationstechnologien; *i.e.S.* neue Formen des Einlage- und Kreditgeschäfts, insbes. in den USA entwickelt. – *Entstehung:*: In den USA haben die →paramonetären Finanzierungsinstitute, die keine Girokonten führen durften, mit NOW-Konten (negotiable order of with-drawal = übertragbarer Abhebungsauftrag) eine verzinsliche Anlageform geschaffen, über die wie bei Sichtguthaben jederzeit verfügt werden kann. Die konkurrierenden Geschäftsbanken wiederum fanden Wege, das (bis 1986) bestehende Zinsverbot auf Sichteinlagen zu umgehen, z. B. durch Einführung von Sparguthaben, von denen automatisch Beträge auf Girokonten übertragen werden, wenn Zahlungen zu leisten sind (ATS-Konten; ATS = automatic transfer service). – Die F. in Form marktgerecht verzinslicher Sichtguthaben hat in der *Bundesrep. D.* noch keine nennenswerte Verbreitung gefunden. – Die marktbestimmte Verzinsung von Giralgeld stellt die geldpolitischen Instanzen vor die Aufgabe, die Geldmengenabgrenzungen sowie die Wirkungen monetärer Impulse zu überdenken. Das gilt ebenso für andere F., die im Zuge der Internationalisierung und Liberalisierung der →monetären Märkte geschaffen wurden.

II. Innovative Finanzierungsinstrumente: Es handelt sich im wesentlichen um Geldmarktfondsanteile, Geldmarkteinlagekonten, variabel verzinsliche Anleihen, verbriefte Bankkredite sowie standardisierte Formen der Sicherung vor Kurs- und Zinsänderungsrisiken (→Hedging). – 1. *Geldmarktfondsanteile* (money market mutual fund; MMMF) sind verzinsliche Anteile an einem Fonds, der seine Geldmittel in kurzfristige, zinsbringende Wertpapiere (z. B. →certificate of deposit (CD)) und Schatzwechsel investiert. Über diese MMMFs kann per Scheck verfügt werden. – 2. *Geldmarkteinlagekonten* (money market deposit account; MMDA) sind MMMFs, die bei Geschäftsbanken gehalten werden und der staatlichen Einlagenversicherung unterliegen. In den USA sub-

stituierten die MMMFs bzw. MMDAs wegen ihrer marktgerechten Verzinsung weitgehend die Spar- und Termineinlagen mit staatlich reglementierten Höchstzinssätzen. – 3. Die *variabel verzinslichen Kredite und Anleihen (→floating rate notes (FRN))* haben in den USA und auf den Euromärkten Bedeutung erlangt. Die Floater, die auch die Deutsche Bundesbank im Zuge der Restliberalisierung für den inländischen Emissionsmarkt genehmigt hat, bieten insbes. in Zeiten steigender Zinsen für den Anleger eine interessante Alternative wegen der weitgehenden Vermeidung von Kursrisiken. – 4. Die *verbrieften Kredite in Form von kurzfristigen, nicht börsenorientierten Schuldtiteln (→revolving underwriting facilities (RUF))* werden von den Banken am Markt plaziert. Die Bank garantiert die Unterbringung und fungiert zunächst nur als Kreditvermittler. Bei Plazierungsproblemen muß sie allerdings ihre Kreditzusage selbst einlösen. Eine bekannte Variante sind die *→notes issuance facilities (NIF)*, bei denen die Plazierung nicht von einer einzelnen Bank, sondern von einer Bankengruppe vorgenommen wird bei Vereinbarung einer Zinsobergrenze für den Schuldner. – 5. Formen der Sicherung von Kurs- und Zinsänderungsrisiken stellen eine Verbindung von Anleihen mit Swaptransaktionen dar, d. h. Finanztiteln mit Terminkontrakten *(financial futures);* vgl. auch →Hedging.

III. Die geldpolitischen Konsequenzen der F. werden v. a. in einer Minderung der Effizienz nationaler Geldpolitiken gesehen, woraus die Forderung nach einer stärkeren internationalen Abstimmung resultiert.

Finanzinvestition, Erwerb von Forderungs- und Beteiligungsrechten (→Beteiligung). – Vgl. auch →Investition, →Realinvestition, →immaterielle Investition.

Finanzkapital, durch Hilferding eingeführter Begriff. Das F. umfaßt das Geldkapital der Banken und anderer Kapitalsammelbecken. Die *Bedeutung* des konzentrierten F. liegt in dem Einfluß, den die – relativ wenigen – Besitzer des F. Verwalter des F. (die „Finanzaristokratie") auf den Wirtschaftsprozeß, insbes. die Investitionstätigkeit auszuüben vermögen. Die Erscheinung des F. ist eines der typischen Kennzeichen des →Kapitalismus, insbes. des →Spätkapitalismus, erwachsend aus der Konzentrationstendenz im Bankwesen und zunehmend im Versicherungswesen.

Finanzkonten, Sammelbegriff für die verschiedenen Aktiv- oder Passivkonten der Klasse 1 im →Gemeinschafts-Kontenrahmen industrieller Verbände (GKR), beim →Industrie-Kontenrahmen (IKR) auf die Klassen 2 und 4 verteilt. F. sind: Kasse, Banken, Postscheck, Besitzwechsel, Schuldwechsel, Wertpapiere, Forderungen und Verbindlichkeiten.

Finanzkontrolle. 1. *Begriff:* Überwachung und Prüfung der sich im jeweiligen →Haushaltsplan und im Haushaltsvollzug konkretisierenden Finanzpolitik des Staatssektors. Es handelt sich um die Kontrolle der Ordnungsmäßigkeit der Finanzgebarung, denn der Erfolg oder Mißerfolg einer Finanzpolitik insgesamt ist nur schwer zu beurteilen bzw. abhängig von Werturteilen, bestimmten Zielfunktionen und dem zugrunde gelegten Zeithorizont, z. B. die komplexen Probleme und die eingeschränkte Aussagefähigkeit von Kosten-Nutzen-Analysen. – **2.** *Arten:* a) Nach dem *Gegenstand* der Kontrolle: (1) *Rechnungskontrolle:* Rechnerische (formelle) Prüfung der Belege, Kassen- und Rechnungsbücher. (2) *Verwaltungskontrolle:* Sachliche Prüfung der „Planmäßigkeit", „Gesetzmäßigkeit", „Zweckmäßigkeit" und „Wirtschaftlichkeit". b) Nach dem *Kontrollzeitpunkt:* (1) Vorherige Kontrolle (Visakontrolle). (2) Mitschreitende Kontrolle. (3) Nachträgliche Kontrolle. – **3.** *Zuständigkeit:* Die F. obliegt v. a. dem weitgehend unabhängigen →Bundesrechnungshof, dessen Aufgaben in der →Bundeshaushaltsordnung (BHO) (§ 88 BHO) konkretisiert werden. – Diskutiert wird die Frage, wie „weit" das materielle Prüfungsrecht des Bundesrechnungshofes reicht, da es eine offene Frage ist, ob durch eine solche Prüfung der „Primat der Politik" verletzt werden kann. Kristallisationspunkt solcher Überlegungen sind u. a. die durch den Bundesrechnungshof vorgenommenen Subventionskontrollen bezüglich Effizienz und Effektivität. – **4.** *Ergebnis:* In „Bemerkungen" werden vom Bundesrechnungshof die Prüfungsergebnisse zusammengefaßt, auf deren Basis nach Beratungen im Rechnungsprüfungsausschuß des Bundestages das Entlastungsverfahren vor dem Plenum des Bundestages

stattfindet. – Vgl. auch →Haushaltskontrolle.

Finanzkonzern, →Konzern, der primär die Verfolgung finanzieller Interessen und damit Kapitalkonzentration verbunden mit Risikostreuung anstrebt. Diese Ziele bewirken oft eine anorganische Zusammensetzung, d. h. es besteht kaum ein betriebswirtschaftlich zwingender Zusammenhang zwischen den einzelnen Konzerngliedern; Unternehmen der Investitions- und Konsumgüterindustrien sind z. B. mit Kreditinstituten, Versicherungs-, Verkehrsunternehmen und Betrieben des Beherbergungsgewerbes verbunden. – Vgl. auch →Sachkonzern.

Finanzkraft. I. Finanzwissenschaft: Von öffentlichen Auftraggebern bei normaler bzw. durchschnittlicher Anspannung ihrer Einnahmequellen erzielbare Einnahmen. Im *kommunalen Finanzausgleich* und im *Länderfinanzausgleich* (→Finanzausgleich) beschränkt sich die Messung der F. auf die (quantitativ wichtigen) Steuereinnahmen (→Steuerkraft); nicht-steuerliche Einnahmen bleiben z. T. aus theoretischen Gründen, z. T. mit dem Ziel der Erhebungsvereinfachung unberücksichtigt. Im Rahmen des →ergänzenden Finanzausgleichs wird die F. dem relativen Finanzbedarf (→Ausgleichsmeßzahl) gegenübergestellt. Unterscheiden sich die damit gebildeten →Deckungsrelationen zwischen den Aufgabenträgern, so werden die Unterschiede durch →Ausgleichszuweisungen beseitigt bzw. vermindert.

II. Wettbewerbsrecht: Merkmal, das eine überragende Marktstellung i. S. des § 22 I 2 GWB begründen kann (→Marktbeherrschung).

Finanzkreditversicherung, →Kreditversicherung.

Finanzmakler, Sammelbezeichnung für berufsmäßige Vermittler v. a. von mittel- und langfristigen Krediten (Schuldscheindarlehen, Hypotheken und revolvierenden Wechselkrediten) sowie von Beteiligungen und ganzen Unternehmungen. Z. T. vermitteln F. Industriekredite aus Geldern der Kapitalsammelstellen (Lebensversicherungsunternehmen, Sozialversicherungsträger, Arbeitslosenversicherung usw.); z. T. betreiben sie neben dem Finanzmaklergeschäft auch Finanzberatung. Die F. arbeiten z. T. in privatem Auftrag, z. T. als Agenten von Teilzahlungsbanken, Hypothekenbanken und der filiallosen Universalbanken. Bei kleinen F. häufig Koppelung mit Versicherungsvertretungen.

Finanzmanagement. 1. *Begriff:* Zielgerichtete, situationsgemäße Planung, Steuerung und Kontrolle aller betrieblichen Zahlungsströme. F. umfaßt alle →Finanzentscheidungen sowie Investitionsentscheidungen (→Investition, →Investitionsplanung, →Investitionsobjektplanung und -kontrolle, →Investitionspolitik). – Der Begriff ist auf den *managerial approach* zurückzuführen, der dadurch gekennzeichnet ist, daß er die →Finanzierung aus dem internen Aspekt der Unternehmensleitung im Rahmen ihrer operativen und strategischen Dispositionen in allen Teilbereichen der Unternehmung, d. h. ganzheitlich, betrachtet. – 2. *Ziele:* a) Sicherung und Erhaltung der →Liquidität; b) Maximierung der →Rentabilität (Eigenkapital- und Gesamtkapitalrentabilität); c) Risikopräferenzkonformität (vgl. auch →Risiko, →Investitionsrisiko, →Finanzierungsrisiko); b) und c) lassen sich zu dem gemeinsamen Ziel der *Optimierung der Rendite-Risiko-Position* der Unternehmung zusammenfassen; d) in der Literatur zur Zeit auch wegen Elastizität in der Vermögensbildung und Flexibilität in der Deckung des Kapitalbedarfs. – 3. *Prozeß:* a) Bedarfsermittlung (→Kapitalbedarf); b) Bedarfsdeckung (→Finanzierung); c) Kapitalallokation (→Investition), d) Kontrolle der Kapitalverwendung und e) Freisetzung finanzieller Mittel (→Desinvestition). – 4. *Arten:* a) *Strategisches F.:* Tendenziell langfristige Planung, Steuerung und Kontrolle der Erfolgs- und Risikoposition des Unternehmens, somit insbes. die Kapitalallokation und Kapitalstrukturierung (→Kapitalstruktur). b) *Operatives F.:* V. a. Liquiditätssicherung (→Liquidität), um einen reibungslosen Ablauf der betrieblichen Transformationsprozesse zu gewährleisten (→Finanzplan). – Die Erfolgs- und Risikoposition bildet dabei die Vorsteuerungsgröße für die Liquiditätssicherung; das strategische F. ist dem operativen F. vorgelagert. – 5. *Wichtigstes Instrument des F.:* →Finanzanalyse, um die Finanz- und Investitionsentscheidungen an die relevanten Einflußfaktoren anpassen zu können. – Vgl. auch →internationales Finanzmanagement.

Finanzmarkttheorie des Wechselkurses, →Wechselkursdeterminanten 4.

Finanzmathematik, Teilgebiet der angewandten Mathematik. Innerhalb der Wirtschaftsmathematik steht die F. zwischen dem kaufmännischen Rechnen und der Versicherungsmathematik. Sie liefert das rechnerisch-technische Rüstzeug für die Behandlung langfristiger Kapitalvorgänge, d. h. der Hergabe, Verzinsung und Rückzahlung von Kapital. – *Aufgaben im Rahmen der betrieblichen Dispositionen:* Bestimmung des Barwertes laufender Leistungen oder Erträge, Bewertung von Kapitalanlagen und Unternehmungen, Abschreibungen vom Buchwert, Vergleich verschiedener zukünftiger Leistungen, Berechnung des Zeitwertes verschieden fälliger Beträge oder regelmäßiger Zahlungen (→Rentenrechnung) und ihre Ablösung zu einem mittleren Verfalltermin, Aufstellung von Plänen zur Tilgung von Hypotheken und Anleihen, Bestimmung von Tilgungsdauer (→Tilgungsrechnung), Ermittlung von Kursen bei gegebenem Marktzinsfuß, Berechnung des →Effektivzinses, Zusammenhang zwischen Begebungskurs, Rückzahlungsagio und tatsächlicher Verzinsung, Ermittlung der Rentabilität von Kapitalanlagen usw. – *Mathematische Grundlagen:* →Folgen und Reihen, →Zinseszinsrechnung, →Zinsrechnung. Ferner kann aus der Zinseszinsformel q und damit der Zinsfuß p ermittelt werden oder auch die Verzinsungsdauer n. Die Bestimmung des Endkapitals nennt man auch Aufzinsung, die des Barwertes bezeichnet man als Abzinsung (Diskontierung).

Finanzmonopol. 1. *Begriff/Charakterisierung:* Aus fiskalischen und/oder wirtschaftspolitischen Gründen staatlicherseits erfolgter Ausschluß des freien →Wettbewerbs; alleinige Befugnis des Staates, zu Einnahmezwecken bestimmte Waren als Monopolist herzustellen und/oder zu vertreiben. *Anders:* Allgemeines →Monopol. – Die ausschließliche Gesetzgebung über F. hat nach Art. 105 I GG der Bund. – F. wird verwaltet durch eine *Monopolbehörde* (Monopolamt); diese erhebt zugleich die organisatorisch mit der Monopolisierung kombinierte Steuer auf die Waren (*Monopolsteuer*). – 2. *Formen:* a) *Total-* oder *Vollmonopol:* Produktion und Verteilung der Waren bis zur Einzelhandelsstufe liegen in Händen der Monopolverwaltung. b) *Teilbranchenmonopol*: Ein oder mehrere Produktionszweige einer Warengattung sind von der Produktion bis zum Einzelhandel monopolisiert. c) *Einstufiges (Teil-Phasen-) Monopol*: Lediglich eine Stufe aus der gesamten Produktions- und Handelskette ist monopolisiert. (1) Beim *Handelsmonopol* erfolgt die Erzeugung durch autorisierte private Unternehmen; die Monopolverwaltung übernimmt den Vertrieb auf der Großhandelsstufe. (2) Beim *Erzeugermonopol* erfolgt die Erzeugung in staatlichen Monopolbetrieben; der Vertrieb wird von privaten Händlern vorgenommen. – Das Beispiel des deutschen Branntweinmonopols zeigt, daß seine fünf Teilmonopole teils Handels-, teils Erzeugermonopolcharakter haben. – 3. *Monopolwaren*: International sind die häufigsten Waren Tabak, Zündwaren, Zigaretten, alkoholische Getränke, ferner Salz, Zucker und Petroleumprodukte. – 4. *Ziele*: a) Ziele des F. sind Einflußnahme auf die Produktion, Marktversorgung, Absatzsicherung, Strukturpolitik, wie etwa die Mittelstandsförderung, die Abwehr von Auslandskonkurrenz usw. b) Dem *fiskalischen Ziel* entspricht es, daß mit der Monopolisierung die Monopolsteuer erhoben wird (→Verbrauchsbesteuerung, →Branntweinsteuer, →Zündwarensteuer). Soweit das Aufkommen aus dieser Steuer die Aufwendungen für die Monopolverwaltung einschl. der staatlichen Übernahmepreise für Ablieferungen an das Monopol nicht deckt, wird das *nichtfiskalische Zielspektrum* des Monopols offensichtlich. – 5. *Finanzwissenschaftliche Beurteilung*: In der Zeit des Absolutismus waren F. ein bevorzugtes Finanzierungsinstrument. Heute gilt die Verbrauchsbesteuerung als überlegen, das F. sowohl aus fiskalischer wie aus wirtschaftspolitischer Sicht als veraltet. – 6. *Bedeutung*: In der Bundesrep. D. noch ein F., das →*Branntweinmonopol* (Gesetz vom 8.4.1922, RGBl I 335, 405; zuletzt geändert durch Gesetz vom 22.12.1981, BGBl I 1625). Das *Zündwarenmonopol* wurde durch Gesetz vom 27.8.1982 (BGBl I 1241) abgeschafft.

finanzorientiertes Deckungsbudget, *ausgabenorientiertes Deckungsbudget*. 1. *Begriff*: →Deckungsbudget, bestehend aus der Gesamtheit der für die Budgetperiode vordisponierten geplanten und erwarteten Auszahlungen sowie vorgesehene Erhöhungen von Zahlungsmittelbeständen, die in dieser Periode durch Auftragsbeiträge der abgesetzten Leistungen erwirtschaftet werden sollen (Riebel). Dazu können auch Zahlungen für Investitionen, Fremdkapitalzinsen, Tilgung von Darlehen, Gewinnsteuern und -ausschüttungen gehören. F. D. sollte innerhalb der Periode nach Disponierbarkeit und Zahlungsterminen differenziert werden. – 2. *Zweck*: Verbindung von kurz- und langfristiger Planung; Verbindung der periodenbezogenen Finanzplanung und Sachplanung bzw. Kostenrechnung; Erleichterung der Abschätzung der Liquiditätsentwicklung, wenn die aufgrund der Absatzprognose bzw. -planung, des Auftragseingangs oder der Fakturierung zu erwartenden Deckungsbeiträge (→Liquiditätsbeiträge) fortlaufend kumuliert gegenübergestellt werden.

Finanzplan. I. Finanzwissenschaft: Von einer Gebietskörperschaft verfaßte überschlägige Einnahmen- und Ausgabenaufstellung für einen längeren, überschaubaren Zeitraum. Der F. besitzt als bloße Exekutivplanung im Gegensatz zu dem von der Legislative als Gesetz verabschiedeten →Haushaltsplan keine Rechtsverbindlichkeit. – Vgl. auch →mehrjährige Finanzplanung.

II. Betriebliche Finanzplanung: Zukunftsbezogene Rechnung, die für eine bestimmte Zeitspanne (Planungszeitraum) Ein- und Auszahlungen für jede zu definierende Periode (Tag, Woche, Monat, Quartal, Jahr) gegenüberstellt. – *Erstellung*: Sie folgt dem Bruttoprinzip: Ein- und Auszahlungen sind zu den relevanten Zeitpunkten unsaldiert auszuweisen. Weiterhin gelten der Grundsatz der Vollständigkeit, der Grundsatz der Terminsgenauigkeit und der Grundsatz der Betragsgenauigkeit. – *Bedeutung*: Der F. ist ein Instrument der operativen →Finanzplanung und dient daher vorrangig der Liquiditätsplanung (→Liquidität). – Vgl. auch →Zahlungsplan.

Finanzplanung. I. F. von Unternehmungen: 1. *Begriff*: Prozeß der zielgerichteten, d. h. an definierten Liquiditäts-, Rentabilitäts- und Risikozielen (→Liquidität, →Rentabilität) ausgerichteten Gestaltung zukünftiger →Finanzentscheidungen. – 2. *Einordnung*: Teilgebiet der Unternehmensplanung. Einerseits basiert die F. auf vorgelagerten betrieblichen Teilplänen, insbes. auf Absatz- und Produktionsplänen; andererseits beeinflußt die Finanzierung die übrigen betrieblichen Teilpläne. Aufgrund dieser Interdependenzen gilt die F. nur integriert im Gesamtplanungsprozeß als durchführbar (→integrierte Finanzplanung). – 3. *Aufgaben*: a) Ermittlung des zukünftigen →Finanzbedarfs; b) Bestimmung von Art, Höhe und Zeitpunkt vorzunehmender Finanzierungsmaßnahmen. – 4. *Arten*: a) *Strategische F.*: Festlegung der Rahmendaten für vorzunehmende Finanzentscheidungen; an Rentabilitäts- und Risikozielen orientiert. b) *Operative F.*: Detailentscheidungen innerhalb der durch die strategische F. festgelegten Rahmendaten; an Liquiditätszielen orientiert. Konkretisierung der operativen F. im →Finanzplan.

II. F. **öffentlicher Haushalte** (Bund, Länder und Kommunen): Vgl. →Haushaltsplan, →mehrjährige Finanzplanung.

Finanzplanungsrat. 1. *Begriff*: Politisches Beratungsgremium, das Empfehlungen für die Koordinierung der Finanzplanungen von Bund, Ländern und Gemeinden abgibt; gem. § 51 I HGrG zu bilden. – 2. *Mitglieder*: Bundesminister der Finanzen (Vorsitzender), Bundesminister für Wirtschaft, die für die Finanzen zuständigen Minister der Länder, vier Vertreter der Gemeinden und Gemeindeverbände und – mit dem Recht der Teilnahme an den Beratungen – die Deutsche Bundesbank. – 3. *Aufgaben*: Ermittlung einer einheitlichen Systematik (erfüllte Aufgabe des F.), einheitlicher volks- und finanzwirtschaftlicher Annahmen (nicht in jedem Jahr eine gemeinsame Position des F.) sowie der Schwerpunkte im Bereich der öffentlichen Aufgaben (bisher kaum eine gemeinsame Position des F.).

Finanzpolitik. I. Betriebliche F.: Summe aller Maßnahmen der Finanzierung einer Unternehmung zur Befriedigung des →Kapitalbedarfs, unterstützt durch →Finanzplanung (vgl. dort I). F. ist als Teil der Unternehmenspolitik in Zielen und Methoden abzustimmen mit →Investitionspolitik, →Einkaufspolitik, →Absatzpolitik, →Dividendenpolitik sowie der Gestaltung des Produktionsprogramms und dessen Ablaufes. – Vgl. auch →Finanzentscheidungen, →Finanzmanagement.

II. Öffentliche F.: 1. *Begriff*: Die F. ist neben der Geldpolitik (→monetäre Theorie und Politik) und den Ge- und Verboten vielfältiger Art ein Instrument der →Wirtschaftspolitik. Sie verfolgt das Ziel, Struktur und Höhe des Sozialprodukts einer Volkswirtschaft mit Hilfe öffentlicher Einnahmen, öffentlicher Ausgaben sowie der öffentlichen Haushalte zu beeinflussen, dient aber auch anderen Politikbereichen, sofern dort öffentliche Mittel eingesetzt werden (vgl. 2). – F. ist Ordnungs- und Prozeßpolitik. Unter ordnungspolitischem Aspekt gehört zu einer Wettbewerbswirtschaft z. B. ein Steuersystem, das den Wettbewerbsmechanismus möglichst wenig verfälscht; unter prozeßpolitischem Aspekt verändern staatliche Einnahmen und Ausgaben die volkswirtschaftlichen Gesamtgrößen, aber auch Entscheidungen auf Einzelmärkten. Finanzpolitische Maßnahmen gehören wie die Instrumente der Geldpolitik vorwiegend zu den indirekt wirkenden Instrumenten. Im Gegensatz zu direkt verhaltensändernden Kontrollen (z. B. Preisstopp) beeinflussen sie i. d. R. die Daten für privatwirtschaftliches Handeln, weniger das Handeln der privaten Wirtschaftssubjekte selbst. Ausnahmen sind prohibitiv wirkende Einnahmen, die einem Ge- oder Verbot gleichkommen (Beispiel: Prohibitivzoll). – 2. *Ziele*: Es gibt kaum einen ökonomischen oder politischen Bereich, der nicht von Maßnahmen der öffentlichen Finanzwirtschaft berührt wird; daher dient die F. einer Vielfalt von Zielen. Letztlich ist jeder politische Zielkatalog eines Staates mit den möglichen Zielen der F. identisch. a) *Fiskalisches Ziel* (Aufgabe der staatlichen Einnahmesicherung): Der Staat benötigt Einnahmen, mit deren Hilfe er sich die zur Erfüllung seiner Aufgaben nötigen Ressourcen beschafft. Das fiskalische Ziel ist immer ein Vorziel. – b) *Allokatives Ziel*: Umfaßt eine Vielzahl von Teilzielen, die alle auf eine Veränderung der Ressourcenverteilung gerichtet sind; dabei kann es sich um eine Veränderung zwischen Privaten handeln (Probleme bei der regionalen und sektoralen Strukturpolitik), um eine Veränderung der Ressourcenverteilung zwischen Staat und Privaten (Problem der →Staatsquote) sowie um eine Veränderung der Ressourcenverteilung innerhalb des Staates (Probleme des staatlichen →Haushaltsplans sowie des →Finanzausgleichs). – c) *Distributionsziel* bzw. *Ziel der* →*Einkom-*

mensverteilung: Für eine soziale Marktwirtschaft von zentraler Bedeutung. Das Ergebnis des marktwirtschaftlichen Prozesses, der selbst möglichst wenig gestört werden soll, ist unter sozialen Gesichtspunkten (gerecht) zu korrigieren, z. B. durch die Zuteilung von →Transfereinkommen für nicht mehr im Arbeitsprozeß stehende Bürger. – Allokative und distributive F. können von den Zielen her exakt getrennt werden, bei einer Analyse der Wirkungen ergeben sich viele Überschneidungen. So gibt es kaum allokative Maßnahmen, die keine distributiven Folgewirkungen haben und umgekehrt. – d) *Stabilisierungsziel:* Seit der Weltwirtschaftskrise zunehmend in den Vordergrund der F. getreten. Es ist dogmenhistorisch eng verknüpft mit dem der *keynesianischen Theorie* (→Keynessche Lehre), die im Gegensatz zur Klassik und Neoklassik davon ausgeht, daß die Volkswirtschaft auf einem nicht-optimalen Niveau verharren kann (z. B. stabiles Unterbeschäftigungsgleichgewicht). Die öffentliche Hand soll in diesem Fall durch gezielte konjunkturelle Impulse (Beeinflussung der gesamtwirtschaftlichen Nachfrage) Abhilfe schaffen. In der Bundesrep. D. hat das *Stabilitäts- und Wachstumsgesetz* von 1967 das stabilisierungspolitische Gesamtziel in die Einzelziele Preisniveaustabilität, hoher Beschäftigungsstand, außenwirtschaftliches Gleichgewicht und stetiges wie angemessenes Wachstum gegliedert und damit konkreter gefaßt. Mit dem Gesetz ist zugleich ein Instrumentarium für eine derartige stabilisierungsorientierte Politik (→Fiskalpolitik) bereitgestellt worden. – 3. *Träger:* Im Gegensatz zum Zentralstaat hat die F. in einem föderalistisch organisierten Staatswesen mehrere Entscheidungsebenen, in der Bundesrep. D. sind neben dem Bund Länder und Gemeinden Träger der F. Jeder Entscheidungsebene obliegen bestimmte Aufgaben, dem Bund z. B. die Verteidigung und die soziale Sicherung, den Ländern das Bildungspolitik, den Gemeinden der Aufbau der örtlichen Infrastruktur. Sobald eine Aufgabe mehrere Ebenen betrifft, kommt es zur Mischfinanzierung. Auf jeder staatlichen Ebene sind die Entscheidungsprozesse durch die Gewaltenteilung nach Legislative, Exekutive und Judikative sowie durch den Einfluß von Parteien und Verbänden vielfältig strukturiert. Hinzu kommt der Einfluß supranationaler Institutionen; hinzuweisen ist auf das zunehmende Gewicht

der EG und der NATO bei nationalen finanzpolitischen Entscheidungen. – a) *Legislative:* Die Parlamente als gesetzgebende Körperschaften beschließen den →Haushaltsplan, das zentrale Planungsinstrument der F. – b) *Exekutive:* Sie gewinnt gegenüber dem Parlament gerade im Bereich der F. zunehmend an Gewicht. Sachkompetenz und Verfahrensrationalität geben der Exekutive bei der Entstehung von finanzpolitischen Entscheidungen und bei ihrer Durchführung einen Vorsprung. Die Bedeutung der Exekutive ist insbes. durch das Stabilitäts- und Wachstumsgesetz weiter gesteigert worden. – c) *Judikative:* Finanzgerichte, aber auch das Bundesverfassungsgericht beeinflussen durch ihre Entscheidungen Richtung und instrumentelle Ausgestaltung der F. Beispiele sind Grundsatzurteile des Verfassungsgerichts zur Umsatzsteuer, zum Ehegattensplitting sowie zu verschiedenen Sonderabgaben. – 4. *Instrumente:* a) *Einnahmenpolitik:* (1) →*Steuerpolitik:* Steuern können fiskalische und nichtfiskalische Ziele verfolgen. Konflikte beginnen i. d. R. dort, wo nichtfiskalische Ziele den fiskalischen Einnahmenzweck gefährden. Die Politik der Gebühren und Beiträge richtet sich vornehmlich auf die Lenkung personell oder gruppenmäßig zurechenbarer staatlicher Leistungen (Äquivalenzprinzip). Hier geht es z. B. um die Frage, ob und wie mit derartigen Abgaben preispolitische Signale bei staatlichen Gütern und Diensten gesetzt werden können. (2) Einen besonderen Bereich der öffentlichen Einnahmenpolitik bildet die *Schuldenpolitik* (→debt management). Sie ist in den 70er Jahren weltweit immer bedeutsamer geworden, weil nachlassende Steuereinnahmezuwächse und v. a. sozialpolitisch motivierte Ausgabensteigerungen nur durch wachsende Kreditaufnahmen in Übereinstimmung gebracht werden konnten. Dieser Vorgang war zum Teil stabilisierungspolitisch sinnvoll; gleichzeitig liefert er aber wachsenden Konfliktstoff, weil die Staatsverschuldung kommenden Generationen Zahlungsverpflichtungen auferlegt, evtl. private Kreditnachfrage vom Kapitalmarkt verdrängt (→crowding out) und den Haushaltsplan mit wachsenden Zinskosten belastet. Die deutsch-deutsche Vereinigung hat die Schuldenpolitik in eine völlig neue Dimension gerückt. Vgl. auch →öffentliche Kreditaufnahme, →Verschuldungsgrenzen. – b) *Ausgabenpolitik:* Sie verfolgt grundsätzlich alle Ziele, die mit Hilfe öffentlicher Ausgaben verfolgt werden können. Insofern ist ihr Zielkatalog nahezu unbegrenzt. Im Rahmen einer →Stabilitätspolitik fällt ihr die zentrale Aufgabe zu, durch Konjunktur- und Ausgabenprogramme die Gesamtnachfrage antizyklisch zu variieren, um auf diese Weise eine Veränderung der Investitions- und Konsumtätigkeit zu bewirken. Für eine derartige konjunkturorientierte Ausgabenpolitik sind vornehmlich Investitionsausgaben geeignet, die sich nicht nur im Falle der Rezession erhöhen, sondern auch in Boomsituationen reduzieren lassen (Problem der Reversibilität). Allerdings kann diese konjunkturell motivierte Expansion und Kontraktion lediglich eines Teils der öffentlichen Ausgaben ein Element der Unsicherheit in Bereiche der Wirtschaft bringen, die – wie die Bauwirtschaft – von solchen Maßnahmen besonders betroffen sind. Verbreitetes Instrument der Ausgabenpolitik im Bereich der Allokations- und Distributionsaufgabe sind →Subventionen und →Transfers. – c) Auch das *Budget als ganzes* ist als Instrument der F. anzusehen. Je nach seiner Einnahme- und Ausgabestruktur und nach seinen Veränderungen gegenüber der Vorperiode kann ein Haushalt mehr oder weniger expansiv sein und damit entsprechend auf die Gesamtwirtschaft einwirken. Zur Quantifizierung dieser expansiven bzw. kontraktiven Effekte sind im Laufe der letzten beiden Jahrzehnte mehrere Meßkonzepte entwickelt worden, von denen in der Bundesrep. D. insbes. das Konzept des →konjunkturneutralen Haushalts Beachtung gefunden hat. – 5. *Probleme finanzpolitischer Steuerung*: Der Einsatz finanzpolitischer Instrumente hat eine lange Tradition. Seit dem Merkantilismus sind vornehmlich die Steuern dazu benutzt worden, privatwirtschaftliche Verhaltensweisen zu verändern. Dabei hat sich gezeigt, daß der Steuerzahler sich vornehmlich an den Vermeidungsmöglichkeiten der Steuern orientiert; für die meisten steuerpolitischen Instrumente sind daher die →Signalwirkungen von zentraler Bedeutung, die darauf gerichtet sind, die gewünschten Verhaltensänderungen durch steuerliche Entlastungen zu bewirken. – Die Probleme zielorientierter F. haben seit dem bewußten Einsatz für gesamtwirtschaftliche Stabilisierungsaufgaben zugenommen. Hierbei stellen die Schwierigkeiten der Prognose und Planung besonders hohe Anforderun-

gen. Auch ist der richtige zeitliche Einsatz der Instrumente (Timing) außerordentlich schwierig (→lag). Diese Nachteile einer →*diskretionären Finanzpolitik*, die bei der Wahl von Zeitpunkt, Art, Dosierung und Dauer des Einsatzes der Instrumente vielfältig variieren kann, haben zur Suche nach Alternativen geführt. Mögliche Lösungen bietet eine →*regelgebundene Finanzpolitik*, die durch Vorwegregelung finanzpolitischer Maßnahmen in Rahmengesetzen die vorzunehmenden Eingriffe an bestimmte Signale binden will. Dies setzt freilich eine besonders leistungsfähige Theorie voraus, die bisher nicht existiert. Erschwerend kommt hinzu, daß expansive und kontraktive Maßnahmen der F. auf unterschiedliche Interessenlagen stoßen: Positive Maßnahmen werden angenommen, Sanktionsversuche dagegen häufig unterlaufen (vgl. auch →konzertierte Aktion). Dies führt zu einer Asymmetrie der F.: Die Durchsetzung von Maßnahmen zur Überwindung einer Rezession ist normalerweise wegen der dann harmonierenden Interessen leichter als eine entsprechende Kontraktionspolitik. Hier zeigt sich, daß einer Steuerung der Wirtschaftsprozesse mittels finanzpolitischer Instrumente politische Grenzen gesetzt sind. In neuerer Zeit wird die staatliche Steuerung v. a. im Bereich der Stabilisierungspolitik, aber mit Ausstrahlungen auf die gesamte F., kritisiert. Als Reflex der Renaissance neoklassischer Denktraditionen – neben anderen theoretischen Ansätzen ist oft auch eine andere normative Konzeption auszumachen – bezweifeln die Monetaristen und Angebotstheoretiker die Funktionalität der staatlichen Steuerung, einmal abgesehen von ordnungspolitischen Rahmensetzungen. Sie setzen auf „mehr Markt" und die „Stabilität des privaten Sektors" (→Monetarismus). Auch diese Konzeption der F. ist aber empirisch nur schwer zu beurteilen, ihre Evaluation kontrovers. Damit bleibt die ständige Überprüfung der Legitimation und die Anpassung der F. an unveränderte Rahmenbedingungen auch weiterhin ihr vordringliches Problem.

Literatur: Albers, W., Ziele und Bestimmungsgründe der Finanzpolitik, in: Handbuch der Finanzwissenschaft, 3. Aufl., hrsg. v. F. Neumark u. a., Bd. 1, Tübingen 1977, S. 123–163; Atkinson, A. B./Stiglitz, J. E., Lectures on public economics, London 1980; Haller, H., Finanzpolitik, 5. Aufl., Tübingen, Zürich 1972; Mackscheidt, K./Steinhausen, J., Finanzpolitik, Bd. I, 3. Aufl., Tübingen, Düsseldorf 1978, Bd. II, Tübingen, Düsseldorf 1977; Matzner, E., Der Wohlfahrtstaat von morgen, Wien 1982; Musgrave, R. A./Musgrave, P. B./Kullmer, L., Die öffentlichen Finanzen in Theorie und Praxis, Bd. IV, Tübingen 1978; Neumark, F., Wirtschafts- und Finanzprobleme des Interventionsstaates, Tübingen 1961; Pätzold, J., Stabilisierungspolitik, Bern, Stuttgart 1985; Recktenwald, H. C. (Hrsg.), Finanzpolitik, Köln, Berlin 1969; Schmölders, G., Finanzpolitik, 3. Aufl., Berlin, Heidelberg, New York 1970; Wittmann, W., Einführung in die Finanzwissenschaft. IV. Teil: Finanzpolitik, 2. Aufl., Stuttgart, New York 1977; Zimmermann, H., Instrumente der Finanzpolitik, in: Handbuch der Finanzwissenschaft, 3. Aufl., hrsg. v. F. Neumark, Bd. I, Tübingen 1977, S. 165–192.

Prof. Dr. K.-H. Hansmeyer

finanzpolitische Allokationsfunktion. 1. *Begriff*: Beschreibung der Eingriffe des Staatssektors in den Wirtschaftsprozeß, die sich auf die Struktur der Produktion bzw. die Verteilung der Produktionsfaktoren richten; neben der →finanzpolitischen Distributionsfunktion und der →finanzpolitischen Stabilisierungsfunktion eine der Grundfunktionen der Staatstätigkeit (nach R. A. Musgrave). Vgl. auch →Finanzpolitik. – 2. *Begründung*: Ursache für die Wahrnehmung der Allokationsfunktion durch den Staatssektor ist das →Marktversagen: a) Bei den *Internalisierungskonzepten* (→Internalisierung externer Effekte) geht man davon aus, daß spezifische Eigenschaften eines Gutes eine private Produktion verhindern bzw. einschränken, v. a. →externe Effekte und/oder die typischen Kriterien kollektiver bzw. öffentlicher Güter. Durch Steuern oder Subventionen stellt der Staat die nicht vorhandene „Pareto-optimale Allokationseffizienz" gemäß den Kriterien der →Wohlfahrtstheorie wieder her. b) Bei den *Meritorisierungskonzepten* wird der Boden des methodologischen Individualismus verlassen, indem die Entscheidungssouveränität der Wirtschaftssubjekte angezweifelt oder für unvollkommen erklärt wird (theoretische Konzepte sind u. a. Unsicherheit und Risiko). Seitens des Staatssektors werden bestimmte Daten über Höhe und Struktur des Angebots bestimmter Güter festgelegt (z. B. Zuschüsse im Kulturbereich).

finanzpolitische Distributionsfunktion. 1. *Begriff*: Beschreibung der Eingriffe des

Staatssektors in den Wirtschaftsprozeß, die sich auf die Veränderung der Einkommenserzielungsmöglichkeiten oder die direkte →Einkommensumverteilung durch Steuern oder Transfers richten (Redistribution). Neben der →finanzpolitischen Allokationsfunktion und der →finanzpolitischen Stabilisierungsfunktion eine der Grundfunktionen der Staatstätigkeit (nach R. A. Musgrave). Vgl. auch →Finanzpolitik. – 2. *Begründung*: Die sich aus dem Marktprozeß ergebende primäre →Einkommensverteilung wird seitens der Gesellschaft und/oder des Staates als nicht gerecht angesehen, wobei a priori kein Maßstab gewonnen werden kann. Dieser Aspekt hängt oft eng mit dem Meritorisierungsargument der finanzpolitischen Allokationsfunktion zusammen, so daß Allokations- und Distributionsaufgabe, die sich auch in ihren Wirkungen nur schwer isolieren lassen, häufig gemeinsam als Versorgungspolitik behandelt werden.

finanzpolitische Stabilisierungsfunktion. 1. *Begriff*: Beschreibung der Eingriffe des Staatssektors in den Wirtschaftsprozeß, die sich auf eine konjunkturelle Verstetigung der wirtschaftlichen Entwicklung richten. Neben der →finanzpolitischen Allokationsfunktion und →finanzpolitischen Distributionsfunktion eine der Grundfunktionen der Staatstätigkeit (nach R. A. Musgrave). Vgl. auch →Finanzpolitik. – 2. *Begründung*: Ausgangspunkt der Stabilisierungspolitik seitens des Staatssektors ist die keynesianische Theorie; in deren Rahmen sind die auftretenden Unterbeschäftigungsgleichgewichte durch gezieltes antizyklisches Verhalten des Staatssektors, d. h. durch die Beeinflussung der gesamtwirtschaftlichen Nachfrage, zu heilen. Die Nachfrageimpulse des Staatssektors sollen i. d. R. durch eine Schuldenaufnahme finanziert werden (→deficit spending), die im Boom wieder zurückgeführt werden kann. Vgl. näher →Fiskalpolitik. – 3. *Konkretisierung*: In der Bundesrep. D. ist die Handlungsempfehlung der keynesianischen Theorie mit dem →Stabilitätsgesetz (StabG) vom 8. 7. 1967 aufgenommen worden, das die Ziele konkretisiert und die Instrumente gesetzlich fixiert hat. – 4. *Probleme*: a) Seit Mitte der 70er Jahre befindet sich die keynesianisch ausgerichtete Stabilisierungspolitik auf dem Rückzug; die Gründe liegen in einer von ihr nicht lösbaren →*Stagflation*, der wachsenden *Verschuldungsproblematik* (→öffentliche Kreditaufnahme) sowie weiteren instrumentellen Schwachpunkten (z. B. →lag). b) Eine aus ihr resultierende *Stop-and-go-Politik* führte zu weiterer Verunsicherung der Wirtschaftssubjekte und damit zu Destabilisierung des Marktsystems. c) *Struktur- und/oder angebotstheoretische Ansätze*, die die strukturellen Probleme in den Vordergrund konjunktureller Symptome stellen oder eine Steuerungskompetenz des Staates im Bereich der Stabilisierungsaufgabe generell ablehnen (im Sinne einer neoklassischen Denktradition, die von der „Stabilität des privaten Sektors" ausgeht, die durch konjunkturelle Staatseingriffe stets gestört wird), greifen die Stabilisierungspolitik an. Ein Ergebnis dieser Auseinandersetzung verschiedener ökonomischer Theoriesysteme ist auch aufgrund ihrer oft mit impliziten Werturteilen verbundenen Argumente nicht abzusehen.

Finanzpsychologie. 1. *Begriff:* Ein von G. Schmölders in der →Finanzwissenschaft entwickelter Ansatz, der versucht, gegenüber den von den traditionellen „reinen" ökonomischen Theorien aufgestellten Verhaltenskonzepten als Prämissen ihrer Aussagen ein realitätsnäheres Bild über die Wirkung finanzpolitischer Maßnahmen (→Finanzpolitik) zu gewinnen. Die F. ist ein explizit interdisziplinärer sozialwissenschaftlicher Ansatz. – 2. *Ausgangspunkt der F.* bildet die vielfach empirisch fundierte Ansicht, daß die von den „reinen" ökonomischen Theorien unterstellten Verhaltensannahmen nur ein ungenaues Bild der Realität wiedergeben. Damit ist es für den Finanztheoretiker und -politiker unmöglich, auch nur einigermaßen genaue Transmissionsprozesse finanzpolitischer Impulse zu isolieren; Deskriptions- und Prognoseaufgabe sind somit nicht adäquat lösbar. – Hauptpunkt ist das in den traditionellen ökonomischen Theorien als Verhaltensmaxime unterstellte „klassische" Rationalitätskalkül der Wirtschaftssubjekte (→Rationalprinzip) gemäß dem methodologischen Individualismus (→homo oeconomicus), das von einer autonomen Maximierung der Nutzen oder Gewinne bei jedem einzelnen Wirtschaftssubjekt – unbeeinflußt von anderen – ausgeht. – 3. *Inhalt:* Die F. versucht, das rationale, aber auch das auf den ersten Blick im traditionellen Kontext irrationale

Verhalten der Wirtschaftssubjekte genauer empirisch zu beschreiben (sozialökonomische Verhaltensforschung). Von besonderer Bedeutung sind die wechselnden Einflüsse zwischen Individuen und Gruppen, sowie Einstellungen und Motive im sozialen Umfeld sowie die Eigengesetzlichkeit sozialer Institutionen. – 4. *Anwendung:* Derzeit v. a. im Bereich der →Steuerpsychologie und in der Psychologie der finanzpolitischen Willensbildung.

Finanzrechtsweg, Möglichkeit der Anrufung des →Finanzgerichts. 1. Der F. *ist gegeben* (§ 33 I FGO): a) in allen öffentlich-rechtlichen Streitigkeiten über →Abgabenangelegenheiten, soweit die Abgaben der Gesetzgebung des Bundes unterliegen und durch Bundesfinanzbehörden oder Landesfinanzbehörden verwaltet werden; b) in öffentlich-rechtlichen Streitigkeiten über die Vollziehung von →Verwaltungsakten in anderen Angelegenheiten, soweit die Verwaltungsakte durch Bundes- oder Landesfinanzbehörden nach den Vorschriften der AO zu vollziehen sind und ein anderer →Rechtsweg nicht ausdrücklich gegeben ist; c) in öffentlich-rechtlichen und berufsrechtlichen Streitigkeiten über Angelegenheiten, die durch die §§ 1 – 31, 35 – 48, 154 – 157, 159 des →Steuerberatungsgesetzes geregelt werden; d) in anderen öffentlich-rechtlichen Streitigkeiten, soweit durch Bundesgesetz oder Landesgesetz der F. eröffnet ist. – 2. Der F. *ist nicht gegeben* im Steuerstraf- und Bußgeldverfahren (§ 33 II 2 FGO).

Finanzreform. 1. *Begriff:* Gesamtheit der Bemühungen, die im Grundgesetz geregelte →Finanzverfassung und damit das Finanzsystem dem Wandel der politischen, wirtschaftlichen und sozialen Verhältnisse anzupassen; eng zusammenhängend mit →Steuerreform und →Haushaltsreform. – 2. *Ziele:* a) Die *Zielfunktion* des Finanzsystems kann sich analog zur allgemeinen volkswirtschaftlichen Zielfunktion im Zug politischen und/oder sozialen Wandels ändern. Eine bestehende Zielfunktion kann bei sich ändernden Rahmenbedingungen dauernd optimiert werden. Eine F. versucht, diesen Aspekten durch eine einmalige oder permanente Anpassung des Finanzsystems gerecht zu werden. b) Der *Konkretisierung der Ziele* sind a priori keine Grenzen gesetzt. In der Geschichte der F.

ging es i. d. R. um eine „zweckmäßige" Aufgaben-, Ausgaben- und Einnahmenverteilung zwischen den Gebietskörperschaften eines föderalen Staates und damit um die Gestaltung des →Finanzausgleichs (so bei der letzten F. 1969); auch die Rolle der Besteuerung zwischen Staatssektor und Bürger überhaupt sowie die konkrete Gestalt des Steuersystems stehen oft mit im Mittelpunkt einer F. – 3. *Ansatzpunkte*: a) (häufig) Die konkrete Ausgestaltung des passiven und aktiven Finanzausgleichs zwischen Bund, Ländern und Gemeinden, d. h. die Verteilung der Aufgaben und der dazu gehörenden Ausgaben. b) Gesetzgebungs-, Ertrags- und Verwaltungshoheit bei den Einnahmen. c) Die konkrete Ausgestaltung des horizontalen und vertikalen Finanzausgleichs gem. GG. Weitere Ansatzpunkte sind oft identisch mit den Ansatzpunkten einer Steuerreform. – Vgl. auch →Erzbergersche Finanzreform, →Miquelsche Finanzreform.

Finanzrichter, →Richter am →Finanzgericht. Für die →Berufsrichter gilt das allgemeine Richterrecht. Die ehrenamtlichen F. (→ehrenamtliche Richter) wirken bei der mündlichen Verhandlung und Urteilsfindung mit gleichen Rechten wie die Berufsrichter mit. Sie müssen Deutsche sein und sollen das 30. Lebensjahr vollendet haben; sie werden von einem Wahlausschuß gewählt, dem unter anderem der Präsident des Finanzgerichts und sieben vom Landtag durch einen Landtagsausschuß oder nach Maßgabe landesrechtlicher Bestimmungen gewählte Vertrauensleute angehören (§ 23 FGO).

Finanzstatistik, z. T. von den statistischen Ämtern, z. T. auch von der Finanzverwaltung als Geschäftsstatistik geführte Aufzeichnungen. – *Rechtsgrundlage*: Gesetz über die Finanzstatistik i. d. F. vom 11. 6. 1980 (BGBl I 673).

I. F. i. e. S.: Enthält Ergebnisse über die Finanzwirtschaft der Gebietskörperschaften (Bund, Länder und Gemeinden) einschl. Lastenausgleichsfonds und ERP-Sondervermögen. Zur Vervollständigung des öffentlichen Sektors sind seit 1974 Sozialversicherungsträger usw. einbezogen worden. Es erscheinen regelmäßige, meist jährliche Veröffentlichungen über (1) Haushaltswirtschaft (Haushaltspläne, Jahresabschlüsse und Finanzausgleich), (2) Steuerhaushalt (kassenmäßige Einnahmen und Steuern), (3) Schuldenstatistik (Ausweis nach Höhe und Art der Schulden), (4) Personalstandstatistik (dargestellt werden Dienstverhältnis, Besoldungsgruppe, Aufgabenbereich u. ä.); (5) Sonderbeiträge über Rechnungsergebnisse der öffentlichen Hand für Bildung, Wissenschaft und Kultur, für soziale Sicherung und Gesundheit, Sport und Erholung.

II. Steuerstatistik: 1. Die mehrjährigen *Veranlagungsstatistiken* bezüglich der Steuern vom Einkommen (Lohn-, Einkommen- und Körperschaftsteuerstatistik), vom Vermögen, über die Einheitswerte gewerblicher Betriebe und die Umsätze (→Umsatzsteuerstatistik) bringen tief gegliederte Daten über die jeweiligen Steuerpflichtigen, die Steuerbemessungsgrundlagen und die Steuerschuld. Dem sekundärstatistischen Charakter der Steuerstatistiken entsprechend sind Erhebungseinheiten und Merkmale steuerrechtlich definiert und abgegrenzt. – 2. In *Verbrauchsteuerstatistiken* wird u. a. die Belastung bestimmter Nahrungs- und Genußmittel und Mineralölprodukte dargestellt. – 3. Der *Realsteuervergleich* umfaßt u. a. Angaben über das Istaufkommen, die Grundbeträge und die Streuung der Hebesätze bei einzelnen Realsteuern. – *Rechtsgrundlage*: Gesetz über Steuerstatistiken vom 6. 12. 1966 (BGBl I 665), zuletzt geändert durch das 1. Statistikbereinigungsgesetz vom 14. 3. 1980 (BGBl I 294.).

Finanzstatus, →Status V.

Finanzsupermarkt, →financial supermarket.

Finanztermingeschäfte, →financial futures.

Finanztheorie. I. Begriff: F. ist die theoretisch-analytische Grundlage der Finanzwissenschaft im Hinblick auf ihr methodisches Vorgehen bei der Analyse von Umfang, Struktur und Inzidenz des →öffentlichen Haushalts sowie im Hinblick auf die Verknüpfung der *Budgettheorie* mit den gesamtwirtschaftlichen Grundproblemen der *Stabilisierung* (von Preisen und Beschäftigung; →Beschäftigungstheorie, →Inflation), der →*Allokation* (von knappen Gütern und Produktionsfaktoren samt den Wachstumskräften; →Wohlfahrtstheorie) und der *Distribution* (von Einkommen und Vermögen; →Verteilungstheorie). – Die F. berücksichtigt namentlich in ihrer Ausprägung als Budgettheorie, daß die öffentliche Finanzwirtschaft in den volkswirtschaftlichen Kreislauf eingebettet ist und kraft ihrer Anbieter- und Nachfragerpotenz an den Güter- und Faktormärkten (Anbieter von Arbeitsstellen, entgeltlichen Leistungen, Wertpapieren; Nachfrager von Kapital, Gütern und Diensten) das marktwirtschaftliche System zu einer „gemischten" Wirtschaft macht (→Wirtschaftsordnung). Die F. berücksichtigt ferner, daß die öffentliche Finanzwirtschaft als Gewährleister von Versorgung und →öffentlichen Gütern sowie als Hoheitsträger von Besteuerungsakten und Transferzahlungen das politische System prägt. Die öffentliche Finanzwirtschaft ist somit eine „*politische Wirtschaft*".

II. Methodik: Die F. geht bei ihren Analysen der Wirkungsmöglichkeiten und Wirkungsweisen staatswirtschaftlicher Maßnahmen und Einrichtungen teils von *normativen* (z. B. wohlfahrtstheoretischen), teils von *positiven Frageansätzen* aus. Auf unterschiedliche Akzeptanz stoßen finanztheoretische Methoden, wenn sie mit Hilfe der *Differentialanalyse* solche Wirkungsanalysen durchführen. Viele kritisieren mit Blick auf die Realitätsferne solcher Ergebnisse den Ansatz als zu eng, wenn z. B. die Wirkungen einer veränderten Einnahmestruktur unter Anwendung der ceteris paribus-Klausel analysiert werden ohne simultane Feststellung und Beurteilung einer u. U. ebenfalls veränderten Ausgabenstruktur. Gleichwohl ist die *ceteris paribus-Analyse* mit Rücksicht auf die dadurch schärferen logischen Ergebnisse üblich. Im übrigen ist die F. wie auch die in den westlichen Ländern entwickelte allgemeine Wirtschaftstheorie *individualistisch orientiert*, wenngleich über das Angebot an öffentlichen Gütern wie auch über die zwangsweise Finanzierung dieses Angebots qua Steuern kollektiv entschieden wird. In ihrem grundlegenden Konzept geht die F. davon aus, daß die ökonomischen Pläne und Handlungen auf Entscheidungen Einzelner beruhen und daß alle Austauschvorgänge von Faktoren und Gütern über Märkte geschehen. Erst wenn die Koordination der individuellen Einzelpläne über den Markt sich als unvollkommen oder als

unmöglich erweist, wird auf die *Koordination der Individualpläne in Kollektiven*, insbes. im Staat, zurückgegriffen.

III. Angebot und Finanzierung der öffentlichen Güter: Entsprechend den →Kollektivbedürfnissen werden Güter durch den Staat angeboten, 1. sofern der Markt seine *Allokationsfunktion* nicht erfüllen kann oder soll, wenn a) die (Mengen-) *Versorgung* als unzureichend oder nicht zielentsprechend angesehen wird, b) der Preis keine Funktion haben soll oder es keinen *Preis* gibt (weil bei öffentlichen Gütern das →Ausschlußprinzip des Preises nicht gilt), c) →*externe Effekte* vorliegen und nach einem Mechanismus zur Internalisierung dieser Effekte gesucht wird; 2. sofern der Markt an die Grenzen der *Distributionsfunktion* stößt, weil die Vorstellungen in den politischen Kollektiven über die personelle Einkommensverteilung sich nicht mit den Verteilungsergebnissen aus dem anonymen Marktgeschehen decken; 3. sofern der Markt die *Stabilisierungsfunktion* in Krisenlagen wegen fehlender oder nur verzögert wirksam werdender Selbstheilungskräfte nicht erfüllen kann. 4. Dem kollektiven Angebot bestimmter Versorgungsgüter und deren kollektivem Verzehr entspricht auch die kollektive (Zwangs-)*Finanzierung* (über Steuern), weil jeder Einzelne, könnte er jederzeit mit einem kollektiven Angebot unteilbarer öffentlicher Güter rechnen, seine Prämissen für sie nicht zu offenbaren brauchte (Problem der „*free rider-Haltung*", der „Trittbrettfahrer"), und es somit keine Möglichkeit gäbe, freiwillig zu zahlende, preisähnliche Entgelte für Staatsleistungen zu finden.

IV. Budgettheorie: In verschiedenen Ansätzen versucht die Theorie ein in Struktur und Volumen *optimales Budget* zu bestimmen. Da individuelle Präferenzen nicht vorliegen, konstruiert man soziale *Wohlfahrtsfunktionen* (→Wohlfahrtstheorie), die (in theoretisch anfechtbarer Weise) auf Annahmen über Individualpräferenzen und -ziele beruhen und unterstellen, die Individualnutzen ließen sich in Zahlenwerten ausdrücken und zu einer Gesamtfunktion addieren. Die bekanntesten Ansätze sind das wohlfahrtstheoretische Modell von Samuelson und Musgrave, die Einstimmigkeitsregeln von Wicksell und das Modell der Mehrheitswahl von Arrow. Die tatsächlichen Nutzen- und Belastungswirkungen sind aber nur durch empirische Budgetinzidenzanalysen aufzufinden. Dabei läßt sich die →Budgetinzidenz methodisch nur durch eine Aufspaltung in die Ausgabenund die →Steuerinzidenz lösen, wobei die genauen Wirkungsverläufe und Inzidenzlagen in den Lehrstoff der allgemeineren Finanzwissenschaft gehören. Eine Abgrenzung ist hier nicht immer eindeutig zu treffen.

V. Ausgabentheorie: 1. Die Theorie der →Staatsausgaben (→öffentliche Ausgaben) wird bewußt ohne die für eine Gesamtbeurteilung der Budgetwirkungen notwendige Verbindung mit der Theorie der Staatseinnahmen entwickelt, um unter Beachtung der *ceteris paribus-Klausel* zu Aussagen über die *Wirkungsabläufe* und *Inzidenz* von Staatsausgaben zu kommen, seien es allokative Wirkungen (wie solche auf die Produktion, das Wachstum, die Sektoren und Regionen der Wirtschaft), seien es distributive Wirkungen (die je nach dem Ausgabenempfänger bzw. je nach Nutznießer von öffentlichen Gütern gruppenspezifisch unterschiedlich auftreten) oder seien es stabilisierende Wirkungen (vgl. →Staatsausgabenmultiplikator, →Transfermultiplikator). – 2. Über den Einsatz von Staatsausgaben für bestimmte wirtschaftspolitische *Ziele* unterrichtet die Theorie der →Finanzpolitik.

VI. Einnahmentheorie: Ebenso wird die Theorie der →öffentlichen Einnahmen (die Lehre von den Gebühren und Beiträgen, die Steuertheorie und die Theorie der öffentlichen Schuld) getrennt von der Staatsausgabentheorie entwickelt. Sie ist das zweite wichtige Lehrgebiet der Finanzwissenschaft. Über den zielorientierten Einsatz der steuerlichen Instrumente unterrichtet die Finanzpolitik. – 1. *Steuertheorie*: Eine eher steuertheoretische Frage von zunehmender Bedeutung ist, ob und wie angesichts vermehrter Staatsaufgaben vor dem Hintergrund steigender Belastungen durch eine die Leistungsfähigkeit des Einzelnen berührende „direkte" Besteuerung die allokativen Nachteile einer Leistungslähmung zu mildern und statt dessen eine Expansion der Gebühren- und Beitragshaushalte aus dem →Äquivalenzprinzip heraus zu betreiben sei. – 2. *Steuersystemtheorie*: Gleichzeitig wird diskutiert, wie die direkte Besteuerung mit einer Erhöhung der Mehrwert-

steuer zu ergänzen sei, ohne daß Distributionsnachteile wegen der ihr innewohnenden Regressivität in Kauf genommen werden müssen. In systemtheoretischem Zusammenhang wird auch diskutiert, inwieweit ein Einkommensteuersystem durch ein Ausgabensteuersystem abzulösen sei, um die negativen Wirkungen der Einkommensbesteuerung zu vermeiden. Auch die Theorie der →*optimalen Besteuerung* („optimal taxation") ist hier anzusiedeln, da sie danach fragt, welches System an (allgemeinen oder speziellen) Verbrauchsteuern die allgemeine Wohlfahrt am wenigsten beeinträchtigt. Von diesen eher speziellen Problemen abgesehen befaßt sich die Steuersystemtheorie ganz grundsätzlich mit der Kompatibilität des →Steuersystems mit dem →*Wirtschaftssystem*.

VII. Theorie der Staatsschulden: Von jeher gehört die Frage, ob eine höhere Staatsquote durch *Steuern oder Anleihen* zu finanzieren sei, zu den grundsätzlichen theoretischen Fragen (→öffentliche Kreditaufnahme, →Last der Staatsverschuldung). Spricht eine Vermehrung zu zukunftswirksamen öffentlichen Strukturinvestitionen zunächst für eine Anleihefinanzierung, so sind aber je nach dem Auslastungsgrad des Produktionspotentials und je nach den präferierten wirtschaftspolitischen Zielen die stabilisierenden, allokativen und distributiven Effekte, die die beiden alternativen Finanzierungsweisen haben können, unterschiedlich und nur mit Hilfe der *Differentialinzidenzmethode* festzustellen. Allgemein ist bei ausgelastetem Produktionspotential die höhere Staatsquote nur auf Kosten der privaten Investitionen und Konsumausgaben möglich *(„crowding out")*. Eine Steuerfinanzierung würde je nach der zu wählenden Steuerart entweder eine Einbuße an privaten Investitionen und damit an Wachstum (im Falle der Gewinnbesteuerung) bedeuten oder Verteilungsnachteile (im Falle der Mehrwertbesteuerung) haben. Demgegenüber läßt sich bei der Kreditfinanzierung hinsichtlich der Verteilungswirkungen kein Nachteil feststellen (Gandenberger-These), doch würden sich die im Zuge der Zinssteigerungen zu erwartenden Wachstumsverluste nach einem längeren oder kürzeren Zeitablauf wegen der Umwegsrentabilität und des längeren Reifeprozesses der öffentlichen Investitionen wettmachen lassen.

Literatur: Arrow, K. J., Social Choice and Individual Values, New York 1951; Buchanan, J. M./ Flowers, M. R., The Public Finances. An Introductory Textbook, 1975; Kirsch, G., Neue politische Ökonomie, 2. Aufl., Düsseldorf 1983; Littmann, K., Problemstellung und Methoden der heutigen Finanzwissenschaft, in: Handbuch der Finanzwissenschaft, 3. Aufl., Bd. I, Tübingen 1975; Mackscheidt, K., Zur Theorie des optimalen Budgets, 1973; Musgrave, R. A./ Musgrave, P. B./Kullmer, L., Die öffentlichen Finanzen in Theorie und Praxis, 3. Aufl., 1984 ff.; Musgrave, R. A./ Musgrave, P. B., Public Finance in Theory and Practice, 4. Aufl., Tokyo u. a. 1984; Samuelson, P. A., Diagrammatic Exposition of a Theory of Public Expenditure, Review of Economics and Statistics, Bd. 37 (1955); Wicksell, K., Finanztheoretische Untersuchungen, Jena 1896; Glastetter, W. u.a. (Hrsg.), Handwörterbuch der Volkswirtschaft, 2. Aufl., Wiesbaden 1980; Zimmermann, H./Henke, K.-D., Finanzwissenschaft. Eine Einführung in die Lehre von der öffentlichen Wirtschaft, 4. Aufl., München 1985.

Prof. Dr. Heinz D. Hessler

Finanzverfassung, Gesamtheit der finanzrechtlichen Grundregelungen zur Aufgaben- und Einnahmenverteilung zwischen öffentlichen Aufgabenträgern, insbes. zur →Gesetzgebungskompetenz, →Ertragshoheit und →Verwaltungshoheit der Steuern. – 1. *Aufgabenverteilung:* Geregelt durch einschlägige Bestimmungen im GG, v.a. Art. 20–37 und 70–91 a/91 b GG: Die ausschließliche bzw. konkurrierende Gesetzgebungshoheit steht für die meisten Aufgaben dem Bund zu, die Verwaltungshoheit dagegen obliegt – mit einigen wichtigen Ausnahmen – grundsätzlich den Ländern. – 2. *Einnahmenverteilung:* Die Steuern sind überwiegend als Verbundsteuern (→Verbundsystem) ausgestaltet, bei denen die Gesetzgebungskompetenz dem Bund zusteht, das Aufkommen aber zwischen Bund und Ländern (Umsatzsteuer, Körperschaftsteuer) bzw. Bund, Ländern und Gemeinden (Einkommensteuer, Gewerbesteuer) aufgeteilt wird. Daneben existieren Steuern nach dem →Trennsystem, deren Aufkommen dem Bund (Finanzmonopole, die meisten Verbrauchsteuern) oder den Ländern (Bier-, Vermögen-, Erbschaft-, Kraftfahrzeugsteuer) ausschließlich zufließen. Dies wird durch die Kompetenzen der EG zunehmend erweitert werden. – Vgl. auch →Finanzausgleich, →Konnexitätsprinzip.

Finanzvermögen. I. Finanzwissenschaft: 1. *Begriff:* Der Teil des Vermögens der öffentlichen Hand, der wirtschaftlich genutzt wird. Das. F. unterliegt – abgesehen von haushalts- und aufsichtsrechtlichen Bestimmungen – dem Privatrecht, ohne die für das Verwaltungsvermögen geltenden Abweichungen und Einschränkungen. – *Gegensatz:* →Verwaltungsvermögen. – 2. *Bestandteile:* a) Betriebsvermögen (Wirtschaftsbetriebe, Kapitalbeteiligungen); b) allgemeine Kapital- und Sachvermögen, soweit diese nicht Verwaltungs- oder Betriebsvermögen sind (z. B. Darlehen und Treuhandvermögen). – 3. *Zwecke:* a) Aus den typischen Aufgabenfeldern der öffentlichen Hand abgeleitete Zwecke, z. B. Tätigkeiten, die durch freie Unternehmerinitiativen nicht oder nur unvollkommen wahrgenommen werden bzw. den Unternehmern nicht überlassen bleiben sollen; b) F. als Folge von Sanierungen; c) Einnahmeerzielung; d) Einflußnahme auf Unternehmen und Märkte. – 4. In der *neueren Diskussion* wird die Legitimation dieser Form der Staatstätigkeit kritisch hinterfragt; dabei geht es v.a. um die Privatisierung des F.

II. Volkswirtschaftliche Gesamtrechnung: Synonym für →Geldvermögen.

Finanzverwaltung. 1. *Begriff:* Gesamtheit aller Behörden, die Einzug und Verwaltung der öffentlichen Gelder durchführen. – 2. *Gesetzliche Grundlagen:* Abschn. X GG; Finanzverwaltungsgesetz (FVG) vom 30.8.1971 (BGBl I 1426) mit späteren Änderungen. – 3. *Gliederung:* a) *Bundesfinanzbehörden:* (1) *Oberste Behörde:* Bundesminister der Finanzen (BdF); (2) *Oberbehörden:* Bundesschuldenverwaltung, Bundesmonopolverwaltung für Branntwein, Bundesamt für Finanzen, Bundesaufsichtsamt für das Kreditwesen sowie das Bundesaufsichtsamt für das Versicherungswesen; (3) *Mittelbehörden:* Oberfinanzdirektion; (4) *örtliche Behörden:* Hauptzollämter einschl. ihrer Dienststellen, Zollkriminalinstitut, Zollfahndungsämter, Bundesvermögensämter, Bundesforstämter. b) *Landesfinanzbehörden:* (1) *Oberste Behörde:* die für die Finanzverwaltung zuständige oberste Landesbehörde (Landesfinanzministerium, Finanzbehörde, Finanzsenator); (2) *Mittelbehörden:* Oberfinanzdirektion; (3) *örtliche Behörden:* Finanzämter. – Die Oberfinanzpräsidenten sind als Leiter einer Oberfinanzdirektion sowohl Bundes- als auch Landesbeamte. – 4. *Aufgaben:* Den Bundesfinanzbehörden obliegt die Verwaltung der →Zölle, →Finanzmonopole, bundesgesetzlich geregelten →Verbrauchsteuern einschl. der →Einfuhrumsatzsteuer und der Abgaben im Rahmen der EG. Die übrigen Steuern werden durch Landesfinanzbehörden verwaltet. In →Auftragsverwaltung können von den Landesfinanzbehörden Aufgaben der Bundesverkehrswege und des Lastenausgleichs sowie auch die Steuern verwaltet werden, die ganz oder zum Teil dem Bund zufließen; ebenso können auch staatliche Aufgaben durch die Gemeinden wahrgenommen werden. Für die den Gemeinden allein zufließenden Steuern (→Steueraufkommen) kann die den Landesfinanzbehörden zustehende Verwaltung ganz oder zum Teil den Gemeinden übertragen werden (Art. 108 GG).

Finanzwechsel, *Leerwechsel,* →Wechsel, dem kein Warengeschäft zugrunde liegt, sondern der der Geldbeschaffung dient: Debitorenziehungen, →Bankakzepte, →Privatdiskonten. F. dürfen grundsätzlich nicht diskontiert werden (Ausnahme: Privatdiskonten). – *Gegensatz:* →Warenwechsel.

Finanzwirtschaft, *öffentliche Finanzwirtschaft,* die bezogene Wesensmerkmale aufweisende Wirtschaft der →Körperschaften des öffentlichen Rechts, bzw. – ökonomisch gesehen – des öffentlichen Sektors. Forschungsobjekt der →Finanzwissenschaft. – 1. F. *beruht* darauf, daß es eine Vielzahl von Aufgaben und Bedürfnissen gibt, die durch Privatinitiative nicht ausreichend befriedigt werden können, sondern durch →öffentliche Güter (z. B. Verteidigung, Polizei- und Gesundheitswesen, Straßenbau). – 2. *Wesensmerkmale der F.:* a) Einnahmebeschaffung durch Zwangserwerb. Im Gegensatz zu den natürlichen und juristischen Personen des Privatrechts, die die von ihnen benötigten Güter im Wege des Tauschs erwerben, beschränken sich die öffentlich-rechtlichen Körperschaften nahezu vollständig auf die hoheitliche Erhebung ihrer Einnahmen, d. h. auf die kollektive Finanzierung der öffentlichen Güter. b) Nach der älteren Auffassung ist F. eine Bedarfsdeckungswirtschaft, keine Erwerbswirtschaft, die einen Überschuß ihrer Einnahmen über die Ausgaben anstrebt. Sie hat den Charakter einer Hauswirtschaft, ihr Ziel ist der Ausgleich zwischen Ausgaben und Einnahmen. Der Erfolg der Haushaltsführung läßt sich,

da eine →Gewinn- und Verlustrechnung (GuV) fehlt, formal nur an der Einhaltung des aufgestellten →Haushaltsplans prüfen und materiell daran, ob die erstrebten Ziele mit den eingesetzten Mitteln auf die rationellste Weise erreicht wurden. c) Nach moderner Auffassung ist F. eine „politische Wirtschaft", in der für Gestaltung und Ausmaß der Haushaltswirtschaft und ihres Einflusses auf den privatwirtschaftlichen Sektor die Spielregeln des politischen Meinungsbildungs- und Abstimmungsprozesses maßgeblich sind. – 3. Der *Anteil* der öffentlichen Ausgaben am Sozialprodukt ist in allen modernen Industriestaaten seit Mitte des 19. Jahrhunderts ständig gestiegen.

finanzwirtschaftliche Bewegungsbilanz, auch *„Bauersche Bewegungsbilanz"* genannt, Methode zur Kontrolle der finanziellen Vorgänge im Betrieb, eine Form des →Bilanzvergleichs.

I. **Methode:** Aufstellung als einfache Übersicht aus zwei aufeinanderfolgenden →Bilanzen, indem die Differenzen der einzelnen Positionen zwischen dem jüngeren mit dem älteren Jahresabschluß in einer bestimmten Weise zusammengestellt werden. Die Aktivseite der Bewegungsbilanz zeigt die *Mittelverwendung,* die Passivseite die *Mittelherkunft.* Die Mittelverwendung gibt an, wohin die Geldmittel geflossen sind; die Mittelherkunft zeigt, aus welchen Quellen sie gekommen sind. Die einzelnen Positionen der Aktiv- und Passivseite sind weitgehend aufzugliedern, je nach Betriebsgröße und dem verfolgten Zweck der Untersuchung. Darstellung der f. B. in knappster Form in der Tabelle „Bewegungsbilanz".

Bewegungsbilanz

Mittelverwendung	Mittelherkunft
Erhöhungen der Aktivposten Verminderungen der Passivposten	Erhöhungen der Passivposten Verminderungen der Aktivposten

Jede Erhöhung der Passivposten (des Kapitalkontos durch neuen Kapitalzufluß, der Kreditoren durch erhöhte Kreditinanspruchnahme) sowie eine Verminderung der Aktivposten (z. B. wenn der Lagerbestand veräußert wird) führen dem Unternehmen neue Mittel zu. Umgekehrt zeigt die Aktivseite jede Erhöhung der Aktivposten und Verminderung der Passivposten, die zu einem Geldabfluß führen (indem z. B. der Maschinenpark vergrößert oder bestehende Schuldverpflichtungen abgebaut werden). – Eine *Verfeinerung* der f. B. ist die →Kapitalflußrechnung.

II. Funktionen: 1. Vermögens- und Kapitalbewegungen werden sichtbar gemacht. Die f. B. zeigt bei einer Aufgliederung in lang- und kurzfristige Mittelbewegungen in übersichtlicher Weise die Finanzierungsvorgänge im Betrieb auf und ist deshalb auch für die Zwecke der →Bilanzanalyse und →Bilanzkritik geeignet, insbes. zur Beurteilung der →Liquidität. – 2. Daneben dient die f. B. auch als Mittel der Beurteilung von Unternehmen hinsichtlich ihrer wirtschaftlichen Lage *durch Außenstehende*, jedoch ist ihr Aussagewert dabei von dem Ausmaß der Gliederung der veröffentlichten und zu untersuchenden Bilanzen abhängig. Ihr Aussagewert wird insbes. dadurch beeinträchtigt, daß auch nur buchmäßige Veränderungen als Mittelbewegungen dargestellt werden (z. B. erscheinen →Zuschreibungen als Mittelverwendung, Abwertungen als Mittelzufluß, obgleich in beiden Fällen kein Geld geflossen ist). Ferner sind die ausgewiesenen Beträge z. T. von der Höhe der Bewertung und den Zufälligkeiten der Bilanzstichtage beeinflußt. Da nur die Bestandsveränderungen aufgenommen werden, wird das Gesamtvolumen der Mittelbewegungen nicht sichtbar.

finanzwirtschaftliche Ordnungsfunktion, Teilfunktion der →Haushaltsfunktionen. Durch planmäßige Gegenüberstellung von Einnahmen und Ausgaben sollen für die Planungsperiode das finanzielle Gleichgewicht und die Rationalität des Regierungshandelns gewährleistet werden.

finanzwirtschaftliches Gleichgewicht, →finanzielles Gleichgewicht.

Finanzwissenschaft. I. Einordnung: Teildisziplin in der Volkswirtschaftslehre. Fachliche Überschneidungen gibt es mit der →Betriebswirtschaftslehre, sofern sie sich mit →öffentlichen Unternehmen oder z. B. mit →Betriebswirtschaftlicher Steuerlehre befaßt. Ähnliche Fragestellungen ver-

binden die F. und die Politikwissenschaften (→Public-choice-Theorie, →außermarktliche Ökonomie). Soziologie und Psychologie dienen als Hilfswissenschaften.

II. Entwicklung: Ursprünglich war die F. eine *Lehre der ordentlichen Führung öffentlicher Haushalte.* Besonders in Deutschland war diese kameralistische Ausprägung stark vertreten. Obwohl Ricardo, Wicksell, Edgeworth und Pigou theoretische Arbeiten über die Besteuerung und die öffentlichen Ausgaben leisteten, beschränkte sich die F. bis ca. 1930 auf historische und institutionelle Fragen und praktische Probleme der Finanzgesetzgebung und -verwaltung. Die Rückwirkungen der Budgetpolitik (→Finanzpolitik II 4 c)) auf die Funktionsweise der Gesamtwirtschaft blieben weitgehend unberücksichtigt. Erst die im Anschluß an Keynes entwickelten Konzeptionen der →Fiskalpolitik und der makroökonomischen Theorie (→Makroökonomik) veranlaßten Forschungen auf diesem Gebiet.

III. Methoden: Die moderne F. bedient sich aller Methoden, über die die Wirtschaftstheorie heute verfügt, um die Wirkungen der staatlichen Einnahmen- und Ausgabenpolitik zu analysieren, insbes. der Instrumente der →Wohlfahrtstheorie, der →Preistheorie, der →Konjunkturtheorie, der →Beschäftigungstheorie und der →Wachstumstheorie.

IV. Untersuchungsbereich: Die F. analysiert das wirtschaftliche Handeln des Staates. – *Hauptbereiche* (auch andere Einteilungen sind möglich bzw. finden sich in allgemeinen Lehrbüchern der F.): 1. *Ökonomische Theorie der öffentlichen Haushalte (positive Theorie der F.):* Sie liefert systematische Aussagen über Funktionsweise des öffentlichen Sektors, Zielsetzungen der Budgetpolitik, institutionelle und funktionelle Regelungen (Finanzausgleich, Haushaltsaufstellung, Einnahmen- und Ausgabenpolitik). Der historische Untersuchungsgegenstand der F. findet hier noch am ehesten Beachtung. – 2. *Probleme der Budgetbestimmung (normative Theorie der F.):* Die F. geht von einem durch gesellschaftliche Struktur und die politischen Entscheidungsinstanzen gesetzten Zielsystem aus und untersucht, wie das optimale →Budget gestaltet sein soll. Das Zentralproblem ist, wie eine optimale Aufteilung der Produktivkräfte und eine gerechte Einkommensverteilung erreicht werden kann, d. h. welche spezifischen öffentlichen Bedürfnisse befriedigt werden sollen und wer dafür zu zahlen hat. Die Theorie der öffentlichen Verschuldung (→öffentliche Kreditaufnahme) ist damit ebenfalls in diesem Komplex enthalten. – 3. *Wirkungen der Budgetpolitik*: Die Inzidenz der budgetpolitischen Maßnahmen auf mikroökonomischer Basis (Reaktion der Unternehmer und Haushalte auf Veränderungen von Steuern und Staatsausgaben) und deren Einkommensverteilungswirkungen (mikro- und makroökonomische Steuerüberwälzung) steht hier im Mittelpunkt der Untersuchungen (→Budgetinzidenz, →Steuerinzidenz). Darunter fallen auch konjunktur- oder wachstumspolitisch motivierte Analysen der Staatstätigkeit (→Fiskalpolitik).

Finanzzoll, *Fiskalzoll,* →Zoll auf Waren, die im Importland meist aus klimatischen oder anderen Gründen nicht oder nur in geringen Mengen hergestellt werden (in europäischen Ländern z. B. Kaffee, Tee, Tabak). F. belastet die Waren nach Art einer indirekten →Verbrauchsteuer. F. ist mit der Politik der Nichteinmischung des Staates in den Außenhandel vereinbar. – Vgl. auch →Erziehungszoll, →Schutzzoll.

Finanzzuweisung, →Ausgleichszuweisung, die der Bund den Ländern zum Ausgleich kurzfristiger Mehrbelastungen gewährt, die ihnen entstehen, wenn durch Bundesgesetz zusätzliche Ausgaben auferlegt oder Einnahmen entzogen werden. Durch eine F. kann der Bund die Neufestsetzung der Anteile an Gemeinschaftsteuern (z. B. Umsatzsteuer) vermeiden (Art. 106 IV GG). – Vgl. auch →Ergänzungszuweisung, →Finanzhilfe.

Finderlohn, dem ehrlichen Finder einer verlorenen Sache auf Verlangen Zug um Zug zu zahlende Belohnung. Der F. beträgt bei einem Wert bis 1000 DM 5%, von dem Mehrwert 3%; bei Tieren 3% (§ 971 BGB). – *Kein* F. beim Fund in Behördenräumen oder öffentlichen Verkehrsmitteln (§ 978 BGB).

fine tuning, →Feinabstimmung.

fingierte Order, Scheinauftrag, den der →Handelsvertreter zur Erschleichung einer →Provision oder aus anderen Gründen

dem Geschäftsherrn vorlegt. F. O. ist wichtiger Grund i. S. einer →außerordentlichen Kündigung.

Finnland, Staat in Nordeuropa zwischen der GUS, Norwegen, Schweden und der Ostsee (Bottnischer Meerbusen und Finnischer Meerbusen). – *Fläche*: 337032 km². – *Einwohner (E)*: (1990) 4,984 Mill. (15 E/km²); 60% der Bevölkerung wohnen in Städten. – *Hauptstadt*: Helsinki (490629 E); weitere wichtige Städte: Tampere (171561 E), Turku (159469 E), Espo (169851 E). – Parlamentarisch-demokratische Republik, *untergliedert* in zwölf Provinzen. – *Amtssprachen*: Finnisch, Lappisch und Schwedisch.

Wirtschaft: Landwirtschaft: Nur 8,5% der Fläche werden landwirtschaftlich genutzt. Ackerbau v. a. mit Gerste, Roggen und Hafer im Süden und Südwesten; Rinder- und Schweinehaltung, im Norden Rentiere. F. verfügt über die zweitgrößten *Waldreserven* Europas. 61% der Fläche sind mit Wäldern (Kiefern, Fichten, Birken) bedeckt (an anderer Stelle: 75%). Der jährliche Holzeinschlag beträgt im Durchschnitt der letzten Jahre 40–50 Mill. Festmeter. *Fischfang*, im Bottnischen Meerbusen (Hering, Lachs, Hecht, Scholle). Anteil der Landwirtschaft am BIP 7% (1989), bei einer Beschäftigungsrate von 9,5%. – *Bergbau und Industrie*: Die wichtigsten Wirtschaftszweige sind (neben der Forstwirtschaft) Holzverarbeitung, metallverarbeitende und chemische Industrie, sowie Lebensmittel- und Textilindustrie. Der Norden ist unterentwickelt. Industrie im Süden und Südwesten, größere Vorkommen von NE-Metallen vorzufinden sind. Bei Outokompu größtes Kupfererzlager Europas. Weitere Kupfervorkommen bei Orijärvi, ferner Vanadium-, Zink-, Nickel-, Blei-, Uranvorkommen. Bedeutend sind Eisenerzvorkommen in Otanmäki und die Lagerstätten von 90%igem Magnesit. Das größte Kobaltlager der Welt befindet sich bei Outokompu. 43% des BIP (1989) werden von der Industrie erwirtschaftet, 30,5% der Erwerbstätigen sind in der Industrie beschäftigt. – *BSP*: (1990) 133021 Mill. US-\$ (22060 US-\$ je E). – *Inflationsrate*: durchschnittlich 6,5%. – *Export*: (1990) 26395 Mill. US-\$, v. a. Papier, Pappe, Zellstoff, Schnittholz und Holzwaren (bis zu 60% des Exportwerts, Anteil am BSP bis zu 15%), Maschinen, Metallwaren, Schiffe (bis zu 35% des Exportwerts). – *Import*: (1990) 26836 Mill. US-$, v. a. Erdöl und Erdölprodukte, Maschinen, Fahrzeuge, Nahrungs- und Genußmittel. – *Handelspartner*: ehemalige UdSSR (20%), Schweden, Bundesrep. D., Großbritannien, USA, Niederlande, Dänemark.

Verkehr: Gesamtlänge des *Eisenbahnnetzes* 6079 km. – Nur im Süden engmaschiges *Straßennetz*, Länge ca. 76000 km, davon die Hälfte mit fester Decke. – Reger inländischer *Flugverkehr*, Mittelpunkt ist Helsinki, eigene *Luftverkehrsgesellschaft* FINNAIR. – 3500 km (nach anderen Angaben 6645 km) *Binnenwasserstraßen*. – Wichtigste *Seehäfen*: Helsinki, Kotka, Turku, Hamina (81,4% des grenzüberschreitenden Verkehrs wird per Schiff abgewickelt).

Mitgliedschaften: UNO, BIZ, CCC, ECE, EFTA, OECD, EBRD, UNCTAD u. a.; Nordischer Rat.

Währung: 1 Finnmark (Fmk) = 100 Penniä (p).

Firma. I. Rechtsgrundlagen: §§ 17 bis 37 HGB; und zwar: a) für Einzelkaufmann: § 18 HGB; b) für Personengesellschaften: § 19 HGB; c) für Aktiengesellschaften: § 4 AktG; d) für Gesellschaften mit beschränkter Haftung: § 4 GmbHG; e) für Genossenschaften: § 3 GenG.

II. Begriff: 1. *Allgemein*: Name, unter dem ein →*Vollkaufmann* im Handel seine Geschäfte betreibt und die Unterschrift abgibt. Das *Recht* des Kaufmanns auf seine F. ist ein gegen jeden Dritten wirkendes absolutes Recht (→Firmenschutz). Der Kaufmann muß seine F. zwecks Eintragung im Handelsregister zur Anmeldung bringen (§ 29 HGB). – *Minderkaufleute* haben keine F. im handelsrechtlichen Sinne, ihre Firmenbezeichnung genießt nur den rechtlichen Schutz als gewöhnlicher Name. Die F. muß Aufschluß über die Person des Inhabers und die Art seines Unternehmens geben (Grundsatz der →Firmenwahrheit). – 2. Die F. *des Einzelkaufmanns* muß den Familiennamen und mindestens einen ausgeschriebenen Vornamen führen. – 3. Die F. *der OHG* muß den Familiennamen mindestens eines Gesellschafters und einen die Gesellschaft andeutenden Zusatz (z. B. Lehmann & Co.) oder die Namen aller Gesellschafter, die F. *der KG* wenigstens den

Namen eines persönlich haftenden Gesellschafters und den Zusatz wie bei OHG enthalten. Die Namen der Kommanditisten und der stillen Gesellschafter dürfen nicht in die F. aufgenommen werden. Bei der *GmbH & Co.* muß die F. gleichfalls einen entsprechenden Hinweis enthalten. – 4. Die F. *der AG und KGaA* ist i. d. R. →Sachfirma, d. h. dem Gegenstand des Unternehmens zu entnehmen. Die Gesellschaft kann aber auch die F. eines von ihr erworbenen Handelsgeschäftes fortführen. In beiden Fällen muß die F. die Bezeichnung „Aktiengesellschaft" bzw. „Kommanditgesellschaft auf Aktien" enthalten (§ 4 AktG). Eine Ausnahme gilt gem. Art. 22 EGHGB nur für Firmen aus der Zeit vor dem 1. 1. 1900. – 5. Die F. *der GmbH* kann Sachfirma sein oder die Namen eines oder mehrerer Gesellschafter enthalten; ihr muß der Zusatz „mit beschränkter Haftung" beigefügt werden (§ 4 GmbHG). – 6. Die F. *der Genossenschaft* muß dem Gegenstand des Unternehmens entlehnt sein, darf keine Personennamen enthalten und muß den Zusatz „mit unbeschränkter" bzw. „beschränkter Haftpflicht" (eGmuH, eGmbH) tragen. – 7. In die F. *der Steuerberatungsgesellschaft* muß die Bezeichnung „Steuerberatungsgesellschaft" (§ 53 StBerG), in die F. *der Wirtschaftsprüfungsgesellschaft* die Bezeichnung „Wirtschaftsprüfungsgesellschaft" aufgenommen werden (§ 31 WPO). – 8. *Alle* F. sind zu einer einheitlichen und korrekten Namensführung verpflichtet, wobei der Name buchstabengetreu dem im Handelsregister eingetragenen entsprechen muß. – 9. *Fremdsprachliche* F. ist begrenzt zulässig.

III. Rechtswirkung: Der Kaufmann kann unter seiner F. klagen und verklagt werden (§ 17 II HGB), →Partei ist aber nicht die F., sondern der Inhaber. Das Urteil wirkt i. a. nur gegen und für den, der bei Eintritt der →Rechtshängigkeit Inhaber war.

IV. Löschung: Die F. erlischt auch ohne Löschung im Handelsregister mit Aufgabe des Gewerbebetriebes, nicht aber durch vorübergehende Einstellung (z. B. infolge Kriegseinwirkung). Anmeldung des Erlöschens im Handelsregister kann nach § 14 HGB erzwungen oder das Löschungsverfahren nach § 141 FGG eingeleitet werden. Sinkt das Unternehmen zum Kleingewerbe, erlischt die Firma erst mit Löschung im

Handelsregister, die ebenfalls erzwungen werden kann. Erfolgt bei den Handelsgesellschaften eine Abwicklung, erlischt die Firma erst mit der sog. →Vollbeendigung einer Gesellschaft.

V. Veräußerung: Der →Firmenkern kann nur mit dem Unternehmen veräußert werden (§ 23 HGB). – Vgl. auch →Firmenfortführung.

Firmenausschließlichkeit, Grundsatz des Firmenrechts, der bedeutet, daß die Firmen an demselben Ort sich von bereits bestehenden deutlich unterscheiden müssen (§ 30 HGB), damit Verwechslung ausgeschlossen ist.

Firmenbeständigkeit, Grundsatz der Erhaltung des Rufes und der Geschäftsbeziehungen des Unternehmens, der die →Firmenfortführung rechtfertigt, auch wenn dies dem Grundsatz der →Firmenwahrheit widerspricht.

firmenbezogener Verbandstarifvertrag, →betriebsbezogener Verbandstarifvertrag.

Firmenfortführung. I. Erbschaft: Durch Tod des Einzelkaufmannes erlischt die →Firma nicht. Erben bedürfen zur F. keiner besonderen Bewilligung. – *Haftung:* a) Der Erbe haftet für die früheren Geschäftsverbindlichkeiten *unbeschränkt* mit seinem ganzen Vermögen, wenn er oder ein →gesetzlicher Vertreter das Unternehmen unter der bisherigen Firma mit oder ohne Nachfolgezusatz fortführt, auch wenn sich seine Haftung im übrigen nach bürgerlichem Recht auf den Nachlaß beschränkt (§ 27 I HGB). b) Die *unbeschränkte Haftung* kann *abgewendet* werden: (1) durch →Einstellung des Geschäftsbetriebs innerhalb drei Monaten nach Kenntnis von dem Anfall der Erbschaft oder bis zum Ablauf der Ausschlagungsfrist (→Überlegungsfrist; § 27 I HGB); (2) durch Bekanntgabe in einer nach § 25 HGB zugelassenen Form, daß für alle Geschäftsverbindlichkeiten nur mit dem Nachlaß gehaftet wird; (3) durch →Ausschlagung der ganzen Erbschaft. – Wird das Unternehmen unter *neuer Firma* fortgeführt, so tritt keine handelsrechtliche Haftung, dagegen aber i. d. R. die →Erbenhaftung ein.

II. Veräußerung des Unternehmens: bringt die Firma nicht notwendig zum Erlöschen, da der Erwerber die F. gestattet

werden kann. Vgl. wegen Schuldenhaftung und Forderungsübergang →Veräußerung.

III. Übernahme des Unternehmens: Die für die Veräußerung geltenden Bestimmungen finden für F. bei Übernahme des Unternehmens aufgrund eines →Nießbrauches, Pachtvertrages oder ähnlichen Verhältnissen entsprechende Anwendung (§ 22 II HGB). Hier wird die F. nur auf Zeit gestattet, so daß bei Beendigung des Verhältnisses die Berechtigung zur F. auf den vorherigen Inhaber ohne Bewilligung des Nutzungsberechtigten zurückfällt.

IV. Eintritt eines Gesellschafters in eine bestehende Einzelfirma oder in eine OHG oder KG: F. ist möglich (§ 24 HGB). – 1. Es ist Einwilligung des oder der bisherigen Inhaber zur F. erforderlich, sie liegt bereits in der erforderlichen →Anmeldung zum →Handelsregister (§§ 107, 108, 161 HGB). – 2. Tritt die GmbH als persönlich haftender Gesellschafter in eine KG oder OHG ein, so ist trotz F. ein Zusatz mit Hinweis auf die Haftungsbeschränkung erforderlich. – 3. Im Falle des *Ausscheidens eines Gesellschafters:* Einwilligung des ausscheidenden Gesellschafters zur F. ist nur erforderlich, wenn sein Name in der Firma enthalten ist.

V. F. ausgeschlossen: F. ist nicht möglich, wenn Gesellschaft sich aufgelöst hat und →Abwicklung beendet ist. Auf →Löschung im Handelsregister kommt es nicht an. Die F. ist nur für das bestehenbleibende Unternehmen gestattet; nach Beendigung der Abwicklung muß das Unternehmen neu gegründet werden.

Firmengeschichte, →Unternehmungsgeschichte.

Firmengründung, →Gründung.

Firmen-Gruppenversicherung. 1. *Vertrag* (Rahmenvertrag) zwischen dem Versicherer und einem Arbeitgeber oder einer besonderen betrieblichen Einrichtung, in dem die Bedingungen für den Geschäftsablauf und für den einzelnen Versicherungsvertrag der Gruppe festgelegt werden. – Wird eine bestimmte Mindestbeteiligung und eine bestimmte Mindestquote erreicht, darf der Versicherer die aufsichtsbehördlich festgelegten Begünstigungen einräumen *(Begünstigungsverträge):* a) *Mindestbeteiligung:* In der Lebensversicherung Versicherungen auf das Leben von zehn Arbeitnehmern oder ihnen gem. § 17 I BetrAVG gleichgestellten Personen (z. B. Handelsvertreter); In der Krankenversicherung Verträge für zwanzig Personen. b) *Mindestquote*: In der Krankenversicherung mindestens 90% eines objektiv umschriebenen Personenkreises. In der Lebensversicherung zwei Grenzwerte: (1) Eine *obligatorische Gruppe* (auch *qualifizierte Gruppe*) bei mindestens 90%. (2) Eine *fakultative Gruppe* (auch *einfache Gruppe*) bei unter 90%, aber mindestens 50% (bei 5000 Personen 40%) eines nach objektiven Kriterien fest umschriebenen Personenkreises. – 2. *Prämiennachlaß*, Wegfall von Aufnahmegebühren, evtl. niedrigere Zuschläge bei Ratenzahlungen u. a. Bei der obligatorischen Gruppe kann überdies die Gesundheitsprüfung wesentlich vereinfacht werden oder sogar entfallen; in der Lebensversicherung dürfen zudem spezielle Gruppenversicherungstarife verwendet werden. Für die Gewährung dieser Vorteile ist immer die Sammelzahlung der Prämien erforderlich, auch wenn der Arbeitnehmer an der Prämienzahlung beteiligt wird. – 3. *Verwendung*: Für Versicherungen zugunsten der versicherten Personen (z. B. →Direktversicherungen) und für Rückdeckungsversicherungen (→Lebensversicherung VIII). Darüber hinaus kann der Betrieb bestimmten Personen (Öffnung der Gruppe und mögliche Einbeziehung ist in den Richtlinien des Bundesaufsichtsamtes exakt abgegrenzt) auch die Möglichkeit einer günstigen Eigenvorsorge erschließen.

Firmen-Image, →Public Relations (PR).

Firmenjubiläum, →Jubiläumsgeschenke, →Jubiläumsverkauf.

Firmenkern, wesentlicher Teil der →Firma, den diese notwendig enthalten muß (z. B. Vor- und Zuname des Einzelkaufmanns) im Gegensatz zum →Firmenzusatz.

Firmenlöschung, →Firma IV.

Firmenmantel, Bezeichnung für sämtliche Anteilsrechte an einer Kapitalgesellschaft (AG-Mantel, GmbH-Mantel). F. werden gehandelt, wenn eine nicht mehr aktive AG oder GmbH verkauft werden soll, um einer neuen Unternehmung (→Gründungskosten zu sparen.

Firmenmarke, →Marke 3b).

Firmenrechtsschutzversicherung, →Rechtsschutzversicherung 2 e).

Firmenschutz, Rechtsvorschriften zur Sicherung des Rechtes des Kaufmannes an seiner →Firma gegen →unbefugten Firmengebrauch. – 1. Das Registergericht kann von Amts wegen oder auf Antrag durch Festsetzung von Ordnungsgeld die Unterlassung des Gebrauchs einer den Vorschriften der §§ 17 ff. HGB zuwider benutzten Firma zu erzwingen (§ 37 I HGB); unzulässige Firmeneintragungen unterliegen der Löschung (§ 142 FGG). – 2. Ist jemand außerdem in seinen Rechten verletzt, kann er selbst auf Unterlassung klagen (§ 37 II HGB); →Abwehranspruch. – 3. Weitergehenden Schutz gewährt meist das →Namensrecht (§ 12 BGB) und Wettbewerbsrecht (→geschäftliche Bezeichnung; § 16 UWG) und, wenn die Firma widerrechtlich als Warenzeichen (→Marke) benutzt wird, das Warenzeichenrecht (§ 24 WZG). – Evtl. Schadenersatzansprüche aus §§ 823, 826 BGB, §§ 1, 16 UWG usw. bei Verschulden des Verletzers.

Firmentarifvertrag, *Unternehmenstarifvertrag, Haustarifvertrag, Werkstarifvertrag*, →Tarifvertrag, bei dem als Vertragspartei auf Arbeitgeberseite ein einzelner →Arbeitgeber auftritt (§ 2 I TVG); vgl. auch →Tariffähigkeit. Der Arbeitgeber bleibt auch als Mitglied eines Arbeitgeberverbandes gem. § 2 I TVG tariffähig. Die Gewerkschaft kann deshalb, wenn ein tarifloser Zustand besteht, von ihm den Abschluß eines F. fordern und nach überwiegender Auffassung diese Forderung auch kampfweise (→Streik) durchsetzen. Die Gewerkschaft kann aber nicht verlangen und durchsetzen, daß der Arbeitgeber aus dem Arbeitgeberverband austritt. Insoweit ist der Arbeitgeber durch die →Koalitionsfreiheit (Art. 9 III GG) geschützt.

Firmenwahrheit, Grundsatz, der besagt, daß jede →Firma ihren Inhaber und die rechtliche Natur des Unternehmens erkennen lassen muß, und daß →Firmenzusätze, die unzutreffenderweise ein Gesellschaftsverhältnis andeuten oder geeignet sind, über Art und Umfang des Geschäftes oder über die Verhältnisse des Geschäftsinhabers zu täuschen, als →irreführende Firmen bzw. Zusätze firmen- und wettbewerbsrechtlich nicht zulässig sind. – *Ausnahmen*: Bei Namensänderung des Inhabers bleibt

Firma bestehen (§ 21 HGB); ebenso bei Veräußerung eines Unternehmens, wenn Veräußerer einwilligt (§ 22 HGB), und bei Aufnahme, Eintritt und Ausscheiden eines Gesellschafters (§ 24 HGB); →Firmenfortführung. Ist kein persönlich haftender Gesellschafter eine natürliche Person, so muß die Firma, auch wenn sie nach den §§ 21, 22, 24 HGB fortgeführt wird, eine Bezeichnung enthalten, welche die Haftungsbeschränkung kennzeichnet (§ 19 V HGB).

Firmenwerbung, →institutionelle Werbung.

Firmenwert, *Geschäftswert, Goodwill, Façonwert, Fassonwert.*

I. Unternehmensbewertung: 1. *Begriff:* F. ist der Betrag, den ein Käufer bei Übernahme einer Unternehmung als Ganzes und unter Berücksichtigung künftiger Ertragserwartungen (→Unternehmungswert, →Ertragswert) über den Wert der einzelnen Vermögensgegenstände nach Abzug der Schulden (= Substanzwert) hinaus zu zahlen bereit ist (Unternehmungsmehrwert). Der F. entspricht der Differenz von Ertrags- und Substanzwert. – *Firmenwertbildende Faktoren* sind z. B. gutes Management, rationale Herstellungsverfahren, Facharbeiterstamm und Betriebsorganisation, verkehrsgünstige Lage, Stammkundschaft. – 2. *Arten:* Für die Bilanzierung in Handels- und Steuerrecht zu unterscheiden: (1) *originärer (selbstgeschaffener) F.;* (2) *derivativer (abgeleiteter) F.* Letzterer wird durch Kauf erworben und entspricht der Differenz zwischen (objektiviertem) Kaufpreis und Substanzwert. – *Anders:* →Praxiswert.

II. Handelsrecht: Nur der derivative F. darf in der Handelsbilanz aktiviert werden. Er ist gesondert unter den immateriellen Vermögensgegenständen (→immaterielle Wirtschaftsgüter) auszuweisen, soweit es sich um Kapitalgesellschaften handelt (§ 266 II HGB), und dann in den folgenden vier Geschäftsjahren oder planmäßig auf die voraussichtliche Nutzungsdauer verteilt abzuschreiben (§ 255 IV HGB).

III. Steuerrecht: 1. Ansatz in der *Steuerbilanz:* a) Der *originäre* F. ist nicht ansatzfähig, der *derivative* hingegen ansatzpflichtig; er ist mit den →Anschaffungskosten zu aktivieren (§ 6 I Nr. 1 EStG) und um →Absetzungen für Abnutzung (AfA) zu

vermindern. Als →betriebsgewöhnliche Nutzungsdauer des F. gilt ein Zeitraum von 15 Jahren (§ 7 I 3 EStG). b) *Herabsetzung* des F. ist nur bei gesunkenem →Teilwert möglich, doch in der Praxis durch die von BFH vertretene Einheitstheorie – danach wird der Wegfall einzelner (derivativer) Faktoren des F. durch andere (originäre) ausgeglichen – sehr erschwert. – 2. Regelung gem. *Bewertungsgesetz:* a) Bei der Ermittlung des →Einheitswerts des →Betriebsvermögens für *Zwecke der Substanzbesteuerung* (VSt, Gew[kap]St) ist nur der *derivative* (entgeltlich erworbene) F. anzusetzen (§ 101 Nr. 4 BewG). b) Die Bewertung für das Betriebsvermögen erfolgt mit dem Wertansatz für die →*Steuerbilanz* (§ 109 IV BewG).

Firmenzeichen, →Logo.

Firmenzusatz, dem →Firmenkern beigefügter Zusatz. – 1. *Jede neue Firma* muß sich von allen an demselben Ort bereits bestehenden eingetragenen Firmen deutlich unterscheiden. (§ 30 HGB); →Firmenausschließlichkeit. Die Firma einer Gesellschaft erfordert einen F., der das Vorhandensein einer Gesellschaft oder gar die Art der Gesellschft andeutet (§ 19 HGB, §§ 4, 220 AktG, § 4 GmbHG, § 3 GenG). – 2. *Firma in Abwicklung* (Liquidation): Diese muß z. B. den F. „in Liquidation" oder „i. L." enthalten (§ 153 HGB, § 268 IV AktG, § 68 GmbHG, § 85 GenG). – 3. Im übrigen kann ein F. *beliebig* dem Firmenkern hinzugefügt werden, muß aber der →Firmenwahrheit entsprechen (§ 18 HGB).

Firmware, Gesamtheit der →Mikroprogramme eines (mikroprogrammgesteuerten) →Computers.

fiscal dividend, fiskalischer Effekt einer →built-in stability, die die Steuereinnahmen bei Steuern mit einer Aufkommenselastizität von größer Eins im Aufschwung überproportional steigen und im Abschwung überproportional schrumpfen läßt. – Vgl. auch →fiscal drag.

fiscal drag (= fiskalische Bremse), Effekt progressiver Besteuerung, das Anwachsen des Bruttosozialproduktes im Aufschwung bremst, weil die Steuerbelastung aufgrund ihrer Aufkommenselastizität von größer als Eins überproportional steigt (vgl. auch →built-in flexibility, →fiscal dividend). In einer wachsenden Wirtschaft mit ständig steigendem Bruttosozialprodukt bzw. in einer Wirtschaft mit schleichender Inflation wird so ein immer größer werdender Staatsanteil erzeugt; es entsteht die Notwendigkeit, das Progressionsmaß der Steuern von Zeit zu Zeit zu senken und so die Umverteilung von den Privaten zum Staat zu korrigieren.

fiscal policy, →Fiskalpolitik, →social fiscal policy.

Fischereisteuer, →Gemeindesteuer.

Fishbein-Modell, von Fishbein (1963) entwickeltes Modell zur Messung der →Einstellung. Zugrunde liegt die Annahme, daß zwischen der Einstellung einer Person zu einem Objekt und der kognitiven Basis dieser Person ein funktionaler Zusammenhang besteht. Es werden die affektive und die kognitive Komponente einer Eigenschaft dieses Objekts multiplikativ zum sog. Eindruckswert verknüpft.

Fisher, Irving, 1867–1947, amerikanischer Nationalökonom. – *Hauptwerke:* ,,Mathematical Investigations in the Theory of Value and Price" 1892, ,,The Purchasing Power of Money" 1911, ,,Stabilizing the Dollar" 1919, ,,The Money Illusion" 1928. – *Lehre:* F. ist Vertreter der mathematischen Nationalökonomie; Hauptarbeitsgebiet: Geldtheorie. Seine ,,Mathem. Invest." bringen eine vollständige mathematische Behandlung der Theorie des →Grenznutzens und der darauf basierenden Preistheorie. Später v.a. Untersuchung der →Quantitätstheorie des Geldes (vgl. die nach F. benannte ,,Fishersche →Verkehrsgleichung") sowie Vorschläge zur Währungsstabilisierung mittels des ,,100%-Money".

Fisher-Gleichung, Relation, die den nominalen Zinssatz als Summe von realem Zinssatz und erwarteter Inflationsrate darstellt.

fiskalische Äquivalenz, Übereinstimmung zwischen dem Nutzen aus der Inanspruchnahme öffentlicher Leistungen und dem Nutzenentgang durch die Finanzierung dieser Leistungen. – *Formen:* a) *Individuelle Äquivalenz:* Äquivalenz bezüglich einzelner Personen; kaum realisierbar, bei manchen Leistungen nicht gewollt; b) *gruppenmäßige Äquivalenz:* Äquivalenz bezüg-

lich Gruppen, insbes. regional abgegrenzter Gruppen; wichtiges Kriterium für die Bemessung →öffentlicher Einnahmen und deren Verteilung im aktiven Finanzausgleich.

fiskalische Besteuerung, Oberbegriff für alle steuerlichen Maßnahmen des Staates, die darauf abzielen, dem Staat Einnahmen zur Erfüllung seiner Aufgaben zu verschaffen. Früher vorwiegender Zweck der Besteuerung, heute mehr und mehr von nichtfiskalischen Zielsetzungen (→nichtfiskalische Besteuerung) überlagert. – Theoretische Überlegungen zur f.B. zeigen sich in den →Grenzen der Besteuerung.

fiskalische Rechtsverhältnisse, Rechtsverhältnisse, an denen der Staat oder eine Körperschaft des öffentlichen Rechts beteiligt ist, jedoch nicht als ein dem anderen Teil übergeordneter Träger von Hoheitsrechten, sondern als gleichgeordneter Inhaber von Vermögensrechten, die sich nach bürgerlichem Recht beurteilen. – Für *Rechtsstreitigkeiten* über f.R. ist der ordentliche Rechtsweg gegeben (§ 13 GVG).

Fiskalisten, *Keynesianer,* Vertreter der →Keynesschen Lehre (→Neue keynesianische Makroökonomik) zur Konjunkturanalyse, die die Effizienz der Fiskalpolitik betonen. – *Gegensatz:* Monetaristen. – Die differierenden Schlußfolgerungen beider Richtungen werden teilweise auf *unterschiedliche Vorstellungen über die Größenordnungen der Zinselastizitäten* zurückgeführt. F. glauben an relativ hohe Elastizität der Geldnachfrage und unelastische Investitionsnachfrage; Monetaristen haben umgekehrten Standpunkt.

Fiskalpolitik, *fiscal policy.* 1. *Begriff:* Alle finanzpolitischen Maßnahmen des Staatssektors im Dienst der Konjunktur- und Wachstumspolitik (→finanzpolitische Stabilisierungsfunktion). Die F. ist die finanzpolitische Umsetzung der keynesianischen Wirtschaftstheorie (→Keynessche Lehre). Es geht v.a. um eine antizyklische Finanzpolitik (→antizyklische Wirtschaftspolitik) zur Beeinflussung der gesamtwirtschaftlichen Nachfrage gemäß den makroökonomischen Ansätzen der keynesianischen Theorie, häufig verbunden mit einer Verschuldungspolitik (→deficit spending) zur Erreichung der für die Nachfragebeeinflussung notwendigen Einnahmen, wenn z.B. Ausgaben- bzw. Konjunkturprogramme zur Nachfragestimulierung eingesetzt werden. – Ihre *rechtliche Kodifizierung in der Bundesrep. D.* fand die F. im →Stabilitätsgesetz (StabG). – 2. *Kritik*: In neuerer Zeit ist die F. als vorwiegend diskretionäre (antizyklische) Finanzpolitik (d. h. am Einzelfall orientiert) zur Erreichung stabilisierungs- bzw. konjunkturpolitischer Ziele vielfacher Kritik ausgesetzt. So wird bestritten, daß die F. überhaupt in der Lage ist, die von ihr zielgerichtet zu beeinflussenden volkswirtschaftlichen Aggregate zu erreichen. Der Transmissionsprozeß zwischen fiskalpolitischem Impuls und der Wirkung auf die Zielgrößen ist abhängig von der spezifischen Konstruktion des Transmissionsmechanismus, einer ganzen Reihe von diesbezüglichen Prämissen (hier = Verhaltensannahmen über die Wirtschaftssubjekte) und ceteris-paribus-Klauseln. Besonders die Vertreter eher neoklassischer Denkrichtungen (→Monetarismus, →Angebotsökonomik) bezweifeln die theoretische Gültigkeit des keynesianischen Transmissionsprozesses; sie betonen die „Stabilität des privaten Sektors" in einer störungsfreien Marktwirtschaft, erst die Eingriffe des Staatssektors führen zu einer negativen konjunkturellen Wirkung aufgrund nicht adäquater Steuerungsimpulse oder Verunsicherung der Wirtschaftssubjekte. – Ein *empirisch eindeutiger Befund* steht aber – nicht zuletzt weil in beiden Lagern auch normative Elemente eine Rolle spielen – noch aus. – 3. Die Kritik an der F. führte innerhalb der Theorie zu *Weiterentwicklungen*. Die Probleme der zeitpunktgerechten Auslösung von konjunkturpolitischen Impulsen sind in der Debatte um die lags analysiert und in der Diskussion um die →built-in flexibility, die →Formelflexibilität bzw. in weiteren regelgebundenen Verfahren weitergeführt worden. Die Kritik an einer allzu einseitigen Ausrichtung der Finanzpolitik an der F. unter Vernachlässigung der stets mit berührten →finanzpolitischen Allokationsfunktion und →finanzpolitischen Distributionsfunktion ist z. B. in Konzepten der →social fiscal policy aufgefangen worden. – Vgl. auch →Überschußpolitik.

Fiskalzoll, →Finanzzoll.

Fiskus, ursprüngliche Bezeichnung für das Staatsvermögen, genauer: für den Staat als Träger vermögenswerter Berechtigungen. Von besonderer Bedeutung bis in das 19.

Jh., da der Staat bis dahin überwiegend als Hoheits- und Vermögensträger aufgefaßt wurde. – Obwohl heute Hoheits- und Vermögensfunktion wieder als Einheit, wenn auch nunmehr mit differenziertem Rechtsschutz, gesehen werden und auch verschiedene Verwaltungszweige mit dem Begriff F. gekennzeichnet werden (Post-, Militär-, Steuer-, Justiz-, Forst- und Domänenfiskus), hat sich der Begriff F. für die Bezeichnung des Staatsvermögens gehalten. Dazu gehört auch eine Gruppe von klassischen →Parafisci, die „Sondervermögen", wie z. B. Deutsche Bundespost und Deutsche Bundesbahn.

fixe Ausgaben, von der jeweils betrachteten Einflußgröße (z. B. Bestellmenge, räumlich-zeitliche Inanspruchnahme eines gemieteten Lagerraums, Laufzeit eines Vertrags) unabhängige Höhe von →Ausgaben (einschl. Zahlungsverpflichtungen) oder Teilen davon. Führen stets zu →fixen Kosten bzw. →Gemeinkosten bei der Verwendung oder Nutzung der mit f. A. beschafften Gütereinheiten. – Vgl. auch →Ausgabenverbundenheit, →Disponierbarkeit.

Fixed-charge-Transportproblem. I. Begriff: Variante des →klassischen Transportproblems, bei dem neben mengenproportionalen Transportkosten auf jedem Transportweg noch fixe (d. h. mengenunabhängige) Transportkosten zu berücksichtigen sind, die anfallen, wenn auf dem betreffenden Weg tatsächlich ein Transport vorzunehmen ist.

II. Mathematische Formulierung: Zielfunktion:

$$x_0 = \sum_{i \in I}\sum_{j \in J} c_{ij}x_{ij} + \sum_{i \in I}\sum_{j \in J} k_{ij}y_{ij}$$

Restriktionssystem:

(6) $\quad y_{ij} = \begin{cases} 1, \text{ wenn } x_{ij} > 0 \\ 0 \text{ sonst} \end{cases}$ für $i \in I, j \in J$.

(7) $\quad x_{ij} - My_{ij} \leqq 0 \qquad$ für $i \in I, j \in J$

(8) $\quad y_{ij} \in \{0,1\} \qquad\quad$ für $i \in I, j \in J$

Es gilt: $M = \max_{i \in I}(a_i)$.

(mit k_{ij} = fixe Transportkosten, die auf dem Transportweg vom Vorratsort i ($i \in I$) zum Bedarfsort j ($j \in J$) anfallen, wenn auf diesem Weg ein Transport vorzunehmen ist;

y_{ij} = Binärvariable).

Restriktion (7) sichert in Verbindung mit (8) und der Minimierungsvorschrift, daß (6) stets gewährleistet ist.

III. Lösungsverfahren: 1. Zur Bestimmung optimaler Lösungen für F.-c.-T. eignen sich grundsätzlich alle *Verfahren der (gemischt-) ganzzahligen bzw. der (gemischt-) binären linearen Optimierung.* Bei realen Problemen der Praxis kommen v. a. →*Branch-and-Bound-Verfahren* zum Einsatz. – 2. Ein *heuristisches Verfahren,* das häufig recht gute Lösungen liefert, besteht darin, ein klassisches Transportproblem mit

$$x_0 = \sum\sum_{i \in I \, i \in J} c_{ij} + k_{ij}/\min(a_i, b_j)x_{ij}$$

zu lösen. Auf der Grundlage von (6) ermittelt man die zugehörigen Werte der Variablen y_{ij} ($i \in I$, $j \in J$) und schließlich durch Einsetzen in die Zielfunktion den zugehörigen Zielwert x_0.

fixed-trust, Form der →Investmentgesellschaft, bei der das Kapital nach bestimmten, mit Zustimmung der Aktionäre festgelegten Geschäftsgrundsätzen angelegt wird. – *Gegensatz:* →management-trust.

fixe Einnahmen, analog zu dem Begriff →fixe Ausgaben definiert.

fixe Erlöse, von der jeweils betrachteten Einflußgröße (z. B. der effektiven Abnahmemenge im Rahmen eines Liefervertrags, der Fahrleistung bei Mietwagen) unabhängige →Erlöse oder Erlösteile, Relativierung analog zu →fixe Kosten.

fixe Kosten, *feste Kosten.* I. Begriff: 1. *Allgemein:* →Kosten, die von der jeweils betrachteten Einflußgröße unabhängig sind, d. h. Kosten, die sich nicht automatisch mit der jeweils betrachteten Einflußgröße ändern. Entscheidend ist nicht das Verhalten der Mengenkomponente, sondern der Einfluß auf die Höhe der Ausgaben bzw. Auszahlungen (vgl. auch →entscheidungsorientierter Kostenbegriff, →Einzelkosten). – 2. *Begriffsausprägungen* (je nachdem welche Kosteneinflußgröße zugrundegelegt wird): Zumeist gilt als Kosteneinflußgröße die →Beschäftigung einer Kostenstelle oder des Gesamtunternehmens, z. B. im System des direct costing oder der flexiblen Plankostenrechnung. Daneben finden sich spezielle Ausrichtun-

gen, wie es z. B. in der Bezeichnung losgrößenfixe Kosten zum Ausdruck kommt. Zuweilen wird auf das Kostenverhalten bezüglich bestimmter Entscheidungen abgestellt; in diesem Sinne sind entscheidungsfixe Kosten irrelevante Kosten (→relevante Kosten). – *Gegensatz:* →variable Kosten.

II. Bedeutung: Die Trennung der Kosten in variable und fixe Bestandteile (→Kostenauflösung) ist eine wesentliche Voraussetzung, die Kostenrechnung zur Fundierung und Kontrolle von unternehmerischen Entscheidungen heranziehen zu können. Nur auf ihrer Basis ist eine exakte Erfolgsprognose und -beurteilung möglich (→Deckungsbeitragsrechnung).

III. Kostenverhalten (bezogen auf die Kosteneinflußgröße Beschäftigung): 1. *Absolut-f. K.:* Sie entstehen allein durch die Existenz des Betriebs ohne Rücksicht darauf, ob produziert wird oder nicht, sog. Stillstandskosten (Zinsen, Mieten, Kosten der Unternehmensleitung). – 2. *Intervall-f. K., Sprung-f. K.:* Sie bleiben für bestimmte Beschäftigungsintervalle unverändert und steigen sprunghaft an, sobald ein Beschäftigungsstand erreicht ist, von dem aus eine Vergrößerung der Ausbringungsmenge den Einsatz zusätzlicher nicht beliebig teilbarer Betriebsmittel oder sonstiger Elementarfaktoren erfordert (z. B. bei Maschinenkosten, Löhnen für Vorarbeiter, leitenden Angestellten). Vgl. auch →intervallfixe Kosten. – 3. *Abbaufähige f. K.:* Teil, der bei einem Beschäftigungsrückgang (unter Beachtung der →Kostenremanenz) abgebaut werden kann. Die betreffenden Produktionsfaktoren müssen eine entsprechende Teilbarkeit besitzen und dürfen nicht stillgelegt, sondern müssen verkauft bzw. entlassen werden. Der Abbau f. K. ist eine mittel- bis langfristige Entscheidung.

fixen, Börsenausdruck für den Abschluß eines →Leerverkaufs (oder Leerkaufs) im Termingeschäft.

fixer Verbrauch, von der jeweils betrachteten Einflußgröße (z. B. Losgröße, Fahrzeugauslastung, Prozeßtemperatur, Schichtdauer) unabhängiger Verbrauch. I. w. S. auch auf die zeitliche Inanspruchnahme von Personen oder räumlich-zeitliche Inanspruchnahme von Anlagen und anderen Potentialen angewandt. Führt nicht zu →fixen Kosten, wenn das Entgelt bzw. die Ausgaben unabhängig vom Verbrauch vereinbart oder irreversibel vordisponiert (→irreversibel vordisponierte Ausgaben) sind. – Vgl. auch →Ausgabenverbundenheit, →Disponierbarkeit, →fixe Ausgaben.

Fixgeschäft. I. Handelsrecht: →Handelsgeschäft, bei dem nach der Vereinbarung der Parteien die Leistung des einen Teils zu einem fest bestimmten Zeitpunkt oder innerhalb einer fest bestimmten Frist bewirkt werden soll. Wenn nicht anderes vereinbart, ist der andere Teil bei Fristüberschreitung zum →Rücktritt bzw. zur →Ablehnung der Leistung berechtigt (§ 361 BGB). – Besondere Vorschriften beim →Handelsfixkauf.

II. Börsenwesen: Synonym für →Leerverkauf.

fixierter Wechselkurs, →fester Wechselkurs.

Fixkosten, →fixe Kosten.

Fixkostenanalyse, methodisches Vorgehen zur Strukturierung der →fixen Kosten hinsichtlich ihrer Zurechenbarkeit zu Dispositions- bzw. Bezugsobjekten, ihrer zeitlichen Abbaufähigkeit (→Bereitschaftskosten) und ihrer Veränderbarkeit bezüglich mittelfristig wirksamer Variationen des Leistungsvolumens (→intervallfixe Kosten). Angesichts steigender Fixkostenintensität der Unternehmen kommt der F. eine ständig steigende Bedeutung zu. – Vgl. auch →Gemeinkostenwertanalyse, →Leerkostenanalyse.

Fixkostencontrolling, →Kostenmanagement VII.

Fixkostendeckung, unternehmenspolitisches Postulat, nach dem die gesamten →Deckungsbeiträge zur Deckung der →fixen Kosten ausreichen müssen. Diese Forderung ist nur für die Gesamtunternehmung sinnvoll, einzelne Produkte brauchen (anteilige) Fixkosten nicht in jedem Fall zu decken, da ihre Herstellung sinnvoll ist, solange ihre Deckungsbeiträge positiv sind und sie günstigere Produkte nicht verdrängen. – Vgl. auch →Fixkostendeckungsrechnung.

Fixkostendeckungsrechnung, System einer →Teilkostenrechnung, das den Grundaufbau des →direct costing erweitert um eine Schichtung der →fixen Kosten nach ihrer „Nähe" zu den einzelnen Erzeugnissen. Gebildet werden so z. B. Erzeugnisfixkosten (z. B. Kosten einer Spezialmaschine), Erzeugnisgruppenfixkosten (z. B. Kosten einer erzeugnisgruppenbezogenen Werbekampagne) und Erzeugnissspartenfixkosten (z. B. Kosten des Spartenleiters). Durch den damit möglichen Ausweis unterschiedlicher Stufen von Deckungsbeiträgen läßt die F. im Vergleich zum direct costing einen besseren Einblick in die Erfolgsstruktur des Unternehmens zu. – Vgl. auch →stufenweise Fixkostendeckungsrechnung.

Fixkostendegression, Abnahme der →fixen Kosten pro Stück bei steigender Ausbringungsmenge. – Vgl. auch →Kostenverlauf.

Fixkostenkoeffizient, prozentualer Anteil der →fixen Kosten an den Gesamtkosten (→Kosten) eines Betriebs.

Fixkostenproblem. 1. *Charakterisierung*: Mathematisches Optimierungsproblem der Form

$$(1) \quad x_0 = \sum_{j=1}^{n} c_j x_j + \sum_{j=1}^{n} k_j y_j$$

$$(2) \quad \sum_{j=1}^{n} a_{ij} x_j \ \Box_i b_i, \qquad i = 1, 2, \dots, m,$$

$$(3) \quad x_j - M y_j \leq 0, \qquad j = 1, 2, \dots, n,$$

$$(4) \quad x_j \geq 0, \qquad j = 1, 2, \dots, n,$$

$$(5) \quad y_j \in \{0,1\}, \qquad j = 1, 2, \dots, n,$$

$$(6) \quad x_0 \rightarrow \text{Max!}$$

mit $k_j > 0$, $j = 1, 2, \dots, n$ und wobei M eine geeignete große Zahl ist. – 2. *Lösungsverfahren*: Bei dem System ((1)–(6)) handelt es sich um ein gemischt-binäres lineares Optimierungssystem, für das grundsätzlich verschiedene exakte Lösungsverfahren (u. a. Modifikation von Verfahren der →linearen Optimierung) zur Verfügung stehen. Bei derartigen Optimierungsproblemen ist man in der ökonomischen Praxis jedoch häufig auf den Einsatz heuristischer Verfahren angewiesen, da exakte Lösungsverfahren in vielen Fällen zu unbefriedigenden Rechenzeiten führen. – 3. *Ökonomische Bedeutung*: F. treten bei der Modellierung ökonomischer Entscheidungsprobleme dann auf, wenn entscheidungsrelevante Fixkosten zu berücksichtigen sind. So lassen sich die

Größen k_j etwa im Zusammenhang mit einem Problem der Produktionsprogrammplanung als Rüstkosten interpretieren, die anfallen, wenn die Produktion des Gutes j aufgenommen wird.

Fixkostenschichten, Gruppen von →fixen Kosten mit unterschiedlicher Erzeugnisnähe, z. B.: Erzeugungsfixkosten, Erzeugnisgruppenfixkosten, Kostenstellenfixkosten, Bereichsfixkosten, Unternehmensfixkosten. – Vgl. auch →Fixkostendeckungsrechnung, →stufenweise Fixkostendeckungsrechnung.

fix price model, →Festpreis-Modell.

Fixpunktverfahren, →Schätzverfahren mit voller Information 3.

Fixum, fester Teil des Entgelts, das ein →Handelsvertreter neben →Provision bezieht, unabhängig davon, ob seine Tätigkeit zu einem sofort greifbaren Erfolg führt oder nicht.

Flächenerhebung, →Bodennutzungserhebung 1.

Flächengraphik, →Rastergraphik.

Flächennutzungsplan. 1. *Begriff:* Gem. →Baugesetzbuch (BauGB) im Rahmen der →Bauleitplanung vorgesehener Bauleitplan einer Gemeinde, in dem für das ganze Gemeindegebiet die beabsichtigte Art der Bodennutzung nach den voraussehbaren Bedürfnissen der Gemeinde in den Grundzügen darzustellen ist (Bauflächen, öffentliche Gebäude, Parkanlagen, Land- und Forstwirtschaft). – 2. Bei der *Art der baulichen Nutzung* sind die Wohnbauflächen, gemischte Bauflächen, Sonderbauflächen und erforderlichenfalls die einzelnen Siedlungsgebiete anzugeben. – 3. *Einzelheiten* in der Baunutzungsverordnung i. d. F. vom 23. 1. 1990 (BGBl I 132) mit späteren Änderungen. – Vgl. auch →Bebauungsplan.

Flächenrecycling, *Gewerbeflächenrecycling,* gewerbliche Wiedernutzung brachgefallener gewerblicher Liegenschaften. Bei vorsichtigerem zusätzlichem Landschaftsverbrauch und bei insgesamt enger werdenden kommunalen Flächenreserven sowie bei konjunkturell und strukturell noch wachsendem Fächenbedarf der Wirtschaft

gewinnt F. im Rahmen der kommunalen →Wirtschaftsförderung an Bedeutung. *Industrie- und Gewerbebranchen* entstehen durch produktionseinschränkungen, Konkurse, durch Verlagerung aus privatwirtschaftlichen Gründen (Erweiterung, Änderungen der Produktionstechnik, Standortwahl) oder aus stadtplanerischen Gründen (Vermeidung von Emissionen, Auflösung von Gemengelagen, Flächennutzungs- oder Bebauungsplanänderung, Bauleitplanung). Insbesondere stadtnahe, i. d. R. bebaute Industrie- und Gewerbebranchen können durch geeignete, mit der Stadtplanung in Einklang zu stellende Umbaumaßnahmen einem gewerblichen F. zugeführt werden, insbes. in der speziellen Form des in kommunaler Regie geführten Gewerbehofes oder Gewerbeparks. Hier können mehrere emissionsarme Klein- und Mittelbetriebe (z. B. Dienstleistungshandwerker) und Existenzgründer nach einem bestimmten Belegungskonzept stadt- und kundennah untergebracht werden (→Gewerbebestandspflege), wobei die Kommune bestimmte Gemeinkosten übernehmen kann. So können durch F. auch bestimmte Formen von unschädlichen Gemengelagen (Mischgebieten) geschaffen und erhalten werden. Wesentliches Hemmnis des F. ist in der Praxis das Vorhandensein alter Bausubstanz mit Altablagerungen aus industrieller Produktion (Bodenkontaminierungen, Altlasten), deren Beseitigung kostenintensiv und technologisch anspruchsvoll ist. In zentralen Lagen ist F. meist problemlos, wenn industrielle Produktion durch Dienstleistungsunternehmen (Banken, Versicherungen, großflächiger Einzelhandel) abgelöst wird. – Vgl. auch →Wirtschaftsförderung II 4a).

Flächenstichprobenverfahren, *area sampling,* Spezialfall eines →höheren Zufallsstichprobenverfahrens. Besteht eine Untersuchungsgesamtheit aus der Wohnbevölkerung eines Gebietes oder aus Einheiten, die regional eindeutig zugeordnet werden können (z. B. landwirtschaftliche Betriebe), so wird diese häufig durch Abgrenzung von Regionen (Wohnbezirken; Straßenzügen; Landkreisen; Regierungsbezirken) in Primäreinheiten im Sinne der höheren Zufallsstichprobenverfahren zerlegt. Je nachdem, ob die Elemente der erststufig ausgewählten Regionen (Primäreinheiten) voll erhoben werden oder nicht, ist das F. eine →Klumpenstichprobe oder eine allgemeine zwei- oder mehrstufige Zufallsstichprobe.

Flächenverkehr, Verkehr zur Verbindung vieler relativ nahe beieinander liegender Orte. – *Gegensatz*: →Streckenverkehr.

Flaschenpfand, beim Verkauf von Getränken usw. in Flaschen vom Erwerber an den Lieferer für die Flaschen gezahlter Geldbetrag. F. unterliegt beim Lieferer der →Umsatzsteuer, da es zum →Entgelt, (Getränkepreis plus F.) gehört. Wird das F. von dem Lieferer bei Rücknahme der Flasche zurückgewährt, so ist dieser Betrag vom Entgelt abzugsfähig.

flat rate tax, Steuertarifform (→Tarifklassen) mit einem konstanten Steuersatz, in den letzten Jahren bei der amerikanischen Einkommensteuerreform diskutiert. Bei einer weitgehenden Erfassung aller Einkommenstatbestände, einem allgemeinen Steuerfreibetrag (Existenzminimum) und ohne weitere Steuervergünstigungen soll dieser Tarif die Steuergerechtigkeitsanforderungen (→Steuergerechtigkeit) und die →Steuerzwecke besser erfüllen als die bisherigen progressiven Tarifformen.

flexible Altersgrenze. I. Personalwesen: Vgl. →Arbeitszeitflexibilisierung, →Arbeitszeitmodelle.

II. Beschäftigungspolitik: Vgl. →Arbeitszeitpolitik.

III. Gesetzliche Rentenversicherung: Möglichkeit, bereits mit 60 oder 63 Jahren →Altersruhegeld zu beziehen, wenn die hierfür geltenden Voraussetzungen im einzelnen erfüllt sind (§ 1248 RVO, § 25 AVG, § 48 RKG). Kernstück der Rentenreform von 1972. – Vgl. auch →Altersruhegeld.

IV. Betriebliche Altersversorgung: Vgl. →Betriebsrentengesetz (BetrAVG) II 6.

flexible Arbeitszeit, →Arbeitszeitflexibilisierung, →Arbeitszeitmodelle.

flexible Magnetplatte, →Diskette.

flexible Plankostenrechnung, Form der →Plankostenrechnung (vgl. im einzelnen dort), bei der die Planungsdaten nicht starr beibehalten, sondern den jeweiligen Verhältnissen, insbes. den Änderungen des →Beschäftigungsgrades, angepaßt werden. – Vgl. auch →Prognosekostenrechnung.

flexible Planung. 1. *Begriff*: Entscheidungsverfahren zur Lösung →mehrstufiger Entscheidungen unter Ungewißheit; diese Entscheidungssituation läßt sich prinzipiell in Form eines →Entscheidungsbaumes abbilden. Im Falle quantifizierbarer Alternativen auch →lineare Optimierung und →dynamische Optimierung. – **2.** *Vorgehensweise*: Da mit zunehmender Informationsverbesserung im Zeitablauf zu rechnen ist, werden zukünftige →Aktionen im Planungszeitpunkt noch nicht endgültig fixiert, andererseits können sie wegen zeitlicher Interdependenzen bei der gegenwärtigen Entscheidung nicht unbeachtet bleiben, da diese auch die Ergebnisse zukünftiger Aktionen beeinflußt. Bei f. P. wird daher nur die gegenwärtig zu ergreifende Maßnahme endgültig festgelegt, während zukünftige Aktionen nur bedingt geplant werden, indem für jeden künftigen Umweltzustand eine optimale Aktion ermittelt wird. – **3.** *Ergebnis*: →Eventualpläne. – **4.** *Ähnlich*: →Eventualplanung.

flexible Produktionszelle, Erscheinungsform der →Zentrenproduktion. Die f. P. besteht aus mehreren numerisch gesteuerten Werkzeugmaschinen, Steuerungs-, Meß-, und Überwachungssystemen sowie Spannmittel-, Werkzeug und Handhabungssystemen. Über die numerische Produktionszellensteuerung versorgt das automatisierte Handhabungssystem die Werkzeugmaschinen und die Meßeinrichtungen mit den erforderlichen Werkstücken, Spannzeugen, Werkzeugen und Meßzeugen aus den entsprechenden Magazinen bzw. Speichern. Das Überwachungssystem umfaßt die Qualitätskontrolle der Werkstücke und die Zustandsüberwachung der Produktionszelle. Zusätzlich kann auch die Werkstückver- und -entsorgung automatisiert sein. In f. P. können ähnliche aber im Detail unterschiedliche Werkstücke über einen längeren Zeitraum automatisch bearbeitet werden. – Vgl. auch →Produktionsinsel, →Bearbeitungszentrum, →flexibles Produktionssystem.

flexibler Diskontsatz, beweglicher →Diskontsatz, 1956–1962 in Kanada. Der f. D. wurde jeweils für eine Woche 1/4 v. H. über den Satz festgesetzt, der für den Drei-Monats-Schatzwechsel ermittelt war. Der f. D. soll verhindern, daß Kreditnehmer bei der Zentralbank zu einem Zins borgen können, der niedriger liegt als der Ertrag der liquideren Form von Treasury Bonds (Schatzanweisungen).

flexibler Wechselkurs, Bildung des →Wechselkurses am Devisenmarkt im freien Spiel der Kräfte von Angebot und Nachfrage (Floating). Da der Politikträger in einem System f.W. keine Verpflichtungen hat, zur Erhaltung eines bestimmten Wechselkurses durch Devisenangebot oder -nachfrage zu intervenieren (→fester Wechselkurs), ist die →Devisenbilanz stets ausgeglichen. – F.W. sind nach der zweiten Änderung des Status des *IMF* von 1976, die nach dem Zusammenbruch des auf dem →Bretton-Woods-Abkommen basierenden Wechselkurssystems notwendig wurde, zulässig.

flexibles Budget, Kostenbudgetierung (→Kostenbudget) in der Plankostenrechnung, die darin besteht, daß die in der ursprünglichen →Kostenplanung für den Grad der →Basisbeschäftigung festgelegten →Plankosten umgerechnet werden in →Sollkosten für den wirklich erreichten →Beschäftigungsgrad. Dabei sind fixe und variable Kosten gesondert zu behandeln.

flexibles Produktionssystem, Erscheinungsform der →Zentrenproduktion. Das f.P. ist eine Weiterentwicklung der →flexiblen Produktionszelle, denn es besteht aus material- und informationsflußmäßig vernetzten flexiblen Produktionszellen. Ein automatisches Werkstücktransportsystem verknüpft die automatischen Arbeitsstationen in der Weise, daß unterschiedliche Werkstücke gleichzeitig im gesamten System bearbeitet werden können. Die anfallenden Umrüstvorgänge sind dabei in den gesamten →Produktionsprozeß des f.P. integriert, denn die Umrüstzeiten (→Rüstzeiten) an den Systemelementen werden so gestaltet, daß die übrigen Elemente während des Umrüstvorganges ungestört arbeiten können. Das gesamte System wird von einem Computer gesteuert, der auch die einzelnen Produktionsanlagen mit Steuerungsprogrammen (NC-Programmen) versorgt (→DNC-Anlagen). Das f.P. besteht somit aus einem Bearbeitungssystem, einem Materialflußsystem und einem Informationsflußsystem, die jeweils miteinander verbunden sind. – Vgl. auch →Produktionsinsel, →Bearbeitungszentrum, →flexible Produktionszelle.

flexible Transferstraße, moderne Erscheinungsform der →Fließproduktion. Die flexible Transferstraße ist zum einen gekennzeichnet durch eine Potentialanordnung nach dem Entstehungsprozeß der Produkte und taktgebundene Produktion, zum anderen zeichnet sie sich durch kurze Umrüstzeiten der einzelnen Bearbeitungsstationen und somit durch eine hohe Flexibilität aus. Be- und Verarbeitungsvorgänge sind voll automatisiert.

Flickering, →Zapping.

fliegender Händler, Warenverkauf ohne stationäres Verkaufslokal an wechselnden Orten mit temporärer Nachfrageballung (ambulanter Handel), z.B. bei Sportveranstaltungen, Stadtteilfesten, an touristischen Attraktionspunkten.

Fließbandproduktion, Ausprägungsform der →Fließproduktion, bei der die Potentiale sowohl räumlich als auch zeitlich gekoppelt sind.

Fließbandverarbeitung, →Pipelining.

Fließinselproduktion, →Produktionsinsel, →Zentrenproduktion.

Fließprinzip, organisatorisches Prinzip der industriellen Produktion, bei dem ein weitgehend zerlegter Arbeitsprozeß durch Arbeitsvorbereitung, u.U. auch durch Verwendung von Fließbändern oder anderen Fördermitteln, kontinuierlich abläuft. – Vgl. auch →Fließproduktion.

Fließproduktion, Elementartyp der Produktion (→Produktionstypen), der sich aus dem Merkmal der Anordnung der Arbeitssysteme (→Fließprinzip) ergibt. – 1. *Charakterisierung:* Bei F. werden die Produktionseinrichtungen bzw. Arbeitssysteme in der Abfolge der für die Produkterstellung erforderlichen Verrichtungsarten aufgestellt. Jeder Teilbetrieb nimmt in diesem Fall verschiedenartige Produktionseinrichtungen auf. Die Bildung der Teilbetriebe erfolgt nach dem →Objektprinzip. Jedes Produkt bzw. jeder Auftrag durchläuft bei F. eine fest vorgegebene Maschinenfolge. Dabei ist es möglich, daß einzelne Stationen von bestimmten Produkten bzw. Aufträgen übersprungen werden. Nur bei Massen-, Großserien- und Sortenproduktion ist eine Anordnung nach der Folge der Verrichtungsarten zweckmäßig und wirtschaftlich vorteilhaft. Ein einzelner Betrieb kann aus einer Fließstrecke oder aber aus parallel arbeitenden Teilbetrieben mit mehreren Fließstrecken zur Herstellung gleicher oder verschiedener Produkte bestehen. – 2. Vier *Ausprägungsformen* in Abhängigkeit von der räumlichen und zeitlichen Kopplung der Potentiale: a) *Straßenproduktion (Reihenproduktion, Linienproduktion)*; ohne zeitliche und räumliche Kopplung der Potentiale; b) *Fließreihenproduktion*: Ohne zeitliche, aber mit räumlicher Kopplung der Potentiale; c) *Taktproduktion*: Mit zeitlicher, aber ohne räumliche Kopplung der Potentiale; d) *Fließbandproduktion*: Mit zeitlicher und räumlicher Kopplung der Potentiale.

Fließreihenproduktion, Ausprägungsform der →Fließproduktion, bei der die Potentiale räumlich, aber nicht zeitlich gekoppelt sind.

Fließtext, *body copy,* verbindende Bestandteile eines Werbetextes (insbes. einer →Anzeige) zwischen der →Headline und der →Baseline zwecks einer das Gesamtkonzept unterstützenden argumentativen Beweisführung der zentralen Aussage. – *Anforderungen:* Der F. muß sprachlich korrekt, gedanklich in sich logisch, anschaulich und lebendig sowie zielgruppenorientiert sein; er sollte eine angemessene Textlänge haben.

Float, im Bankwesen die schwebenden Überweisungen und Schecks. Der F. entsteht durch die Zeitdifferenz zwischen der wertstellungsmäßigen Gutschrift auf dem Konto des Zahlungsempfängers und der wertstellungsmäßigen Belastung auf dem Konto des Zahlungsauftraggebers und ist bedingt durch die Bearbeitungs- und Postlaufzeiten sowie durch die Wertstellungsusancen bei Gutschriften und Lastschriften. Aus der zwischenzeitlichen Verzinsung des F. zum Tagesgeldsatz erzielen die Kreditinstitute einen Wertstellungsgewinn, der die Kosten des Zahlungsverkehrs z. T. kompensiert. – *Anders:* →Floating (→flexibler Wechselkurs).

Floating, →flexibler Wechselkurs.

floating rate note (FRN), →Anleihe mit variabler Verzinsung und einer Laufzeit zwischen 5 und 10 Jahren. Die Verzinsung

wird regelmäßig (i. d. R. halbjährlich) festgelegt; abhängig i. d. R. von einem ausgewählten Geldmarktzins (→Referenzzinssatz) und einem von der Bonität des Anleiheschuldners abhängigen Aufschlagzins (spread), meist 1/8 bis 3/4%. Vereinbarung eines Mindestzinses. Seit 1.5.1985 sind FRN auch auf DM-Basis zugelassen. – *Abwandlungsformen:* Vielfältig, u. a. FRN mit Zinsobergrenze (Zinscap) mit Optionsscheinen für Aktienbezug. – *Vorteile* der FRN: (1) höhere Verzinsung, (2) vermindertes Zinsänderungsrisiko für den Anleger und (3) ständiger Liquiditätsanschluß entfällt für den Schuldner. – Zur Begrenzung des Kreditrisikos werden die FRN mit einer *Put-Option* ausgestattet, die die Kündigung des Nennbetrages zur Endfälligkeit durch den Anleger garantiert; das sich für den Schuldner ergebende höhere Liquiditätsrisiko wird oft durch eine →Eurofazilität ausgeschaltet. – *Anteilsschuldner* sind überwiegend Großbanken, sonstige Finanzintermediäre und Staaten; *Anleihegläubiger* sind Großbanken, Kapitalsammelstellen sowie Industrieunternehmen. – Vgl. auch →Finanzinnovationen.

floor, *Minimalzinssatz,* ein Hedge-Instrument zur Absicherung gegen fallende Zinsen (→Hedging, →financial futures). Der f.-Verkäufer garantiert dem f.-Käufer (Kreditgeber) die Zahlung der Differenz zwischen dem vereinbarten Zinssatz und dem darunterliegenden realen Marktzinssatz. *Beispiel:* Ein f.-Käufer vereinbart mit einem f.-Verkäufer einen f. von 6%; der f.-Verkäufer muß bei einem angenommen realen Marktzinssatz von 4,5% dem f.-Käufer 1,5% ersetzen. Der Kreditgeber begrenzt bei variabel verzinstem Kredit sein Zinsänderungsrisiko auf den f. Der Verkäufer erhält bei Vertragsabschluß eine einmalige Prämie, die sich analog der Prämie für einen →cap ergibt. Vgl. →collar.

Flop, ein neueingeführtes Produkt, das seine Marketing- und Marktziele nicht erreicht hat und deshalb vom Markt genommen wird. U. U. erfolgt zu einem späteren Zeitpunkt ein →Relaunch.

floppy disk, →Diskette.

Flotte, Gesamtheit aller Fahrzeuge (insbes. Schiffe oder Flugzeuge) einer organisatorischen Einheit (z. B. Unternehmung, Land) und/oder bestimmter Bauart und/oder für eine bestimmte Einsatzart (z. B. Handels-, Fischerei-, Kriegs-, Tanker-, Luftfracht-F.). – Vgl. auch →Fuhrpark.

flow chart, →Programmablaufplan (PA).

Flucht in Sachwerte, →Inflation III 1 b) und 3 b).

Flüchtlinge, →Bundesvertriebenengesetz. Bei Ausländern, die politische F. sind, Asylrecht (→Asyl).

Fluchtlinie, Begrenzung der Bebauungsfreiheit von Grundstücken, die von den Baubehörden z. B. für die Anlegung von Straßen, Plätzen usw. im →Bebauungsplan festgesetzt wird.

Flughafen, Station des →Luftverkehrs mit Einrichtungen für das Ein-, Aus- und Umsteigen von Reisenden (Flugkartenverkauf, Warteräume, Gepäckein- und -auslieferung), Umschlag von Gütern und Service für Reisende, Flugpersonal und Flugzeuge. – Vgl. auch →Hafen.

Flughafengesellschaft, öffentliches Unternehmen zur Betreibung der internationalen Flugverkehrshäfen in der Bundesrep. D. (Berlin, Bremen, Düsseldorf, Frankfurt, Hamburg, Hannover, Köln/Bonn, München, Münster/Osnabrück, Nürnberg, Stuttgart und Saarbrücken), i. d. R. in der Rechtsform der GmbH. Beteiligt sind der Bund, die Länder sowie die jeweiligen Gemeinden (→öffentliche Unternehmen). Die Finanzierung erfolgt u. a. über die Zuschüsse, Start-, Lande- und Flughafengebühren, Mieteinnahmen. – *Aufgaben:* Die F. übernehmen in zunehmendem Maße Aufgaben der Fluggesellschaften (Versorgungs-, Zubringerleistungen, Frachtabrechnungen, Bearbeitung von Bordpapieren usw).

Fluglärm, →Lärm, →Lärmschutzbereich.

Flugplan, →Fahrplan.

fluid drachm, →drachm.

Fluktuation, ein aus der Medizin und Vererbungslehre in den wirtschaftlichen Sprachgebrauch übernommener Begriff, insbes. für den zwischen den Unternehmen eines Ortes oder zwischen verschiedenen Gemeinden sich vollziehenden Personalwechsel (Zu- und Abgang) innerhalb eines Zeit-

raums (Monat, Quartal oder Jahr). – 1. *Entstehung:* a) im Zusammenhang mit der natürlichen Bevölkerungsveränderung (Verheiratung, Tod), b) in Abhängigkeit von Marktschwankungen durch Kündigung, Neueinstellung oder Entlassung, c) in Abhängigkeit von Lebens-, Wohn- und Arbeitsbedingungen (Entlohnung). – 2. *Schwankung* nach Wirtschaftszweigen und Jahreszeiten; als *Ergebnis* der F. entstehen →Binnenwanderung oder →Pendelverkehr. – 3. *Folgen:* Hohe F. verursacht verhältnismäßig hohe Arbeitsnebenkosten durch Insertions-, Einstell-, Anlernkosten u. a. m.; außerdem meist auch vermehrtes Aufsichts- und Kontrollpersonal. Deshalb sollte übermäßig hohe F. für einzelne Betriebe Anlaß zur Ursachenforschung sein; die Fragen der Arbeitsbedingungen, der Lohngerechtigkeit, des günstigen →Betriebsklimas u. a. m. sind zu prüfen. – 4. Die F. ist auch für die *Berechnung* der →Pensionsrückstellungen zu berücksichtigen, wenn sie wesentlichen Umfang hat und auf den besonderen Verhältnissen des Betriebes beruht (z. B. schwere Arbeitsbedingungen, weibliche Arbeitnehmerschaft). – 5. *Die Fluktuationsquote:*

$$\frac{\text{Austritte} \times 100}{\text{durchschnittl. Personalbestand}}$$

dient v. a. zur Analyse und Beeinflussung der F. – Vgl. auch →Arbeitsplatzwechsel, Arbeitsgestaltung.

fluktuierende Gelder, Geldbeträge, die aus Angst vor Geldentwertungen von Land zu Land geschoben werden. – Vgl. auch →internationale Devisenspekulation.

Flurbereinigung. Zur Verbesserung der Produktions- und Arbeitsbedingungen in der Land- und Forstwirtschaft sowie zur Förderung der allgemeinen Landeskultur und Landentwicklung kann ländlichen Grundbesitz durch Maßnahmen nach dem *Flurbereinigungsgesetz* i. d. F. vom 16. 3. 1976 (BGBl I 546) mit späteren Änderungen neugeordnet werden. Das Flurbereinigungsgebiet ist unter Beachtung der jeweiligen Landschaftskultur neu zu gestalten. Die Feldmark ist neu einzuteilen und zersplitterter oder unwirtschaftlich geformter Grundbesitz nach betriebswirtschaftlichen Gesichtspunkten zusammenzulegen. Dabei sind die rechtlichen Verhältnisse zu ordnen (§ 37). Jeder Grundstückseigentümer ist für seine Grundstücke mit Land von gleichem Wert abzufinden (§ 44). – 2. *Bau-gesetzbuch*: Zur Erschließung oder Neuge-staltung bestimmter Gebiete können be-baute und unbebaute Grundstücke durch Umlegung so neugeordnet werden, daß für die bauliche oder sonstige Nutzung zweck-mäßig gestaltete Grundstücke entstehen (§§ 45 ff. BauGB).

Flurbuch, amtliches Verzeichnis über sämt-liche in einem Gemeindebezirk befindlichen Grundstücke, geordnet nach Gemarkung und Flurnummer unter Bezeichnung von Lage, Nutzungsart, Fläche usw. Die Be-zeichnung im F. ist auch für die im →Grundbuch aufzunehmenden Angaben maßgebend. Das F. ist Teil des →Katasters. Soweit es noch nicht angelegt ist, werden Grund- bzw. Gebäudesteuerbücher und ähnliche Register benutzt.

Fluß, →Flußgraph.

Flußdiagramm, →Programmablaufplan (PA).

Flußfrachtgeschäft. 1. *Begriff*: Gewerbs-mäßige Güterbeförderung durch →Fracht-führer (oder sonstigen Kaufmann) auf Flüssen oder anderen Binnengewässern. – 2. *Rechtsgrundlagen*: §§ 26–76 BSchVG und Vorschriften der §§ 425–451 HGB (vgl. § 26 BSchVG). – 3. *Charakterisierung*: F. ist ein Gemisch von Land- und Seefracht-geschäft mit einigen selbständigen Regeln. Der Begriff bestimmt sich nach dem Land-frachtgeschäft. Es sind zu unterscheiden: Frachtführer, Absender, Empfänger. Ent-sprechend dem See-(fracht-)geschäft gibt es den →Charterverkehr und den →Stückgut-vertrag. Der Abschluß des Vertrages ist formlos. Der Frachtführer kann die Aus-stellung eines →Frachtbriefes, der Absen-der die Ausstellung eines →Ladescheins fordern. – 4. Meist liegen dem F. allgemeine *Verfrachtungsbedingungen* der einzelnen Flußschiffahrtsunternehmungen (z. B. El-bebedingungen) zugrunde.

Flußgraph, →bewerteter Digraph mit ge-nau einer →Quelle q und genau einer →Senke s. Eine reellwertige Abbildung $f(f_{i,j} = f(i,j))$ auf der Menge der Pfeile heißt *Fluß* (der Stärke v), wenn gilt:

a) $\sum_{i \in N_q} f_{q,i} = v$,

N_q Menge der Nachfolger der Quelle q

b) $\sum_{i \in V_s} f_{i,s} = v$,

V_s Menge der Vorgänger der Senke s

c) $\sum_{j \in V_i} f_{j,i} = \sum_{k \in N_i} f_{i,k}$,

für alle $i \in E/\{q, s\}$ mit V_i Menge der Vorgänger von i, N_i Menge der Nachfol-ger von i;

d. h. der gesamte aus der Quelle fließende Fluß (der Stärke v) mündet in die Senke, wobei in allen anderen Knoten der einmün-dende mit dem ausfließenden Fluß iden-tisch ist. – *Untersuchungsgegenstand bei F.* sind maximale oder kostenminimale Flüsse (→Netzplantechnik, →Transportproblem, →Travelling-salesman-Problem, →Chinese-postman-Problem).

flüssige Mittel, Bestand eines Betriebes an Geld- und Vermögenswerten, die bei Bedarf in Geld verwandelt werden können (→Li-quidität). Zu den f.M. gehören: Kassenbe-stände, Bank- und Postgiroguthaben, Wechsel (soweit sie diskontfähig sind), Schecks und (börsengängige) Wertpapiere. – Bei Mangel an f.M. kann die Unterneh-mensleitung auf die einzugsbedingte Li-quidität der kurzfristigen Forderungen zu-rückgreifen; meist muß mit Hilfe eines Zwischenkredits (Bankkredit) das nötige Bargeld beschafft werden.

Flußproblem, →Flußgraph.

FOB, free on board, *frei an Bord* ... (benannter Verschiffungshafen), besonders häufig verwandte, neben →CIF, cost insurance and freight die bedeutendste Klausel im Welthandelsverkehr entspre-chend den →Incoterms.

I. Pflichten des Verkäufers: 1. Die Ware in Übereinstimmung mit dem Kaufvertrag zu liefern und zugleich alle vertragsgemäßen Belege hierfür zu erbrin-gen. – 2. Die Ware an Bord des vom Käufer angegebenen Seeschiffes im vereinbarten Verschiffungshafen zu dem vereinbarten Zeitpunkt oder innerhalb der vereinbarten Frist, dem Hafenbrauch entsprechend, zu liefern und dem Käufer unverzüglich mit-zuteilen, daß die Ware an Bord des See-schiffes geliefert worden ist. – 3. Auf eigene Kosten und Gefahr die Ausfuhrbewilligung oder jede andere amtliche Bescheinigung zu beschaffen, die für die Ausfuhr der Ware erforderlich ist. – 4. Alle Kosten und

Gefahren der Ware bis zu dem Zeitpunkt zu tragen, in dem die Ware im vereinbarten Verschiffungshafen die Reling des Schiffes tatsächlich überschritten hat, einschl. aller mit der Ausfuhr zusammenhängenden Gebühren, Abgaben und Kosten sowie auch die Kosten aller Formalitäten, die für die Verbringung der Ware an Bord erforderlich sind, vorbehaltlich jedoch der Bestimmungen der nachfolgenden Artikel B. 3 und B. 4. – 5. Auf eigene Kosten für die übliche Verpackung der Ware zu sorgen, sofern es nicht Handelsbrauch ist, die Ware unverpackt zu verschiffen. – 6. Die durch die Lieferung der Ware bedingten Kosten des Prüfens (wie der Qualitätsprüfung, des Messens, Wiegens und Zählens) zu tragen. – 7. Auf eigene Kosten das zum Nachweis der Lieferung der Ware an Bord des benannten Schiffes übliche reine Dokument zu beschaffen. – 8. Dem Käufer auf dessen Verlangen und Kosten das Ursprungszeugnis zu beschaffen (s. II. 6). 9. Dem Käufer auf dessen Verlangen, Gefahr und Kosten neben dem im vorhergehenden Artikel genannten Dokument bei der Beschaffung des Konnossements und aller im Verschiffungs- und/oder Ursprungslande auszustellenden Dokumente, die der Käufer zur Einfuhr der Ware in das Bestimmungsland (und ggf. zur Durchfuhr durch ein drittes Land) benötigt, jede Hilfe zu gewähren.

II. Pflichten des Käufers: 1. Auf eigene Kosten ein Seeschiff zu chartern oder den notwendigen Schiffsraum zu beschaffen und dem Verkäufer rechtzeitig den Namen und den Ladeplatz des Schiffes sowie den Zeitpunkt der Lieferung zum Schiff bekanntzugeben. – 2. Alle Kosten und Gefahren für die Ware von dem Zeitpunkt an zu tragen, in dem die Ware im vereinbarten Verschiffungshafen die Reling des Schiffes tatsächlich überschritten hat, sowie den Preis vertragsgemäß zu zahlen. – 3. Alle zusätzlich entstehenden Kosten zu tragen, wenn das von ihm benannte Schiff zu dem festgesetzten Zeitpunkt oder bis zum Ende der vereinbarten Frist nicht eintrifft oder die Ware nicht übernehmen kann oder bereits vor dem vereinbarten Zeitpunkt keine Ladung mehr annimmt, sowie alle die Ware betreffenden Gefahren von dem Ablauf der vereinbarten Frist an zu tragen, vorausgesetzt, daß die Ware in geeigneter Weise konkretisiert, d. h. als der für den

Käufer bestimmte Gegenstand abgesondert oder auf irgendeine andere Art kenntlich gemacht worden ist. – 4. Wenn er das Schiff nicht rechtzeitig bezeichnet oder wenn er sich eine Frist für die Abnahme der Ware und/oder die Wahl des Verschiffungshafens vorbehalten hat und nicht rechtzeitig genaue Anweisungen erteilt, alle sich hieraus ergebenden Mehrkosten sowie alle die Ware betreffenden Gefahren von dem Zeitpunkt an zu tragen, in dem die für die Lieferung festgesetzte Frist abläuft, vorausgesetzt, daß die Ware in geeigneter Weise konkretisiert, d. h. als der für den Käufer bestimmte Gegenstand abgesondert oder auf irgendeine andere Art kenntlich gemacht worden ist. – 5. Die Kosten und Gebühren für die Beschaffung eines Konnossements zu tragen, falls dies gemäß vorstehendem Artikel A.9 verlangt worden ist. – 6. Alle Kosten und Gebühren für die Beschaffung der oben in den Artikeln A.8 und A.9 erwähnten Dokumente zu tragen, einschl. der Kosten der Ursprungszeugnisse und der Konsulatspapiere.

FOB airport, →Incoterms.

FOB Flughafen, →Incoterms.

FOB gestaut, →FOB stowed.

FOB-Kalkulation, die Berechnung des Ausfuhrpreises auf FOB-Basis (→FOB). Die sich aufgrund der FOB-K. ergebenden Preise sind neben den grundsätzlich verwendeten Warenpreisen „frei Grenze" Grundlage der Ausfuhrwerte in der amtlichen →Außenhandelsstatistik.

FOB stowed, *FOB gestaut,* Handelsklausel (→Incoterms), zu der Staatsstellen der GUS abschließen. Der Verkäufer hat zusätzlich zu den Kosten entsprechend →FOB die Staukosten zu tragen.

FOC, free of charge, Handelsklausel, bei der alle etwaigen Kosten zu Lasten des Partners gehen.

FOD, free of damage, Handelsklausel, bei der alle etwaigen Schäden zu Lasten des Partners gehen.

Föderalismus. 1. *Begriff:* Politisches Strukturprinzip, nach dem sich ein Gemeinwesen aus mehreren, ihre Entscheidungen abstimmenden, aber ihre Eigenständigkeit bewahrenden Gemeinschaften zusammensetzen soll („Einheit in der Vielfalt"). – Bei einer nach regionaler Ausdehnung und/oder funktionaler Zuständigkeit abgestuften Abgrenzung der Gemeinschaften wird dann eine Aufgabenverteilung gemäß dem Subsidiaritätsprinzip möglich, bei der die Vorteile kleinerer Gemeinschaften mit denen größerer kombiniert werden können (→ökonomische Theorie des Föderalismus; vgl. auch →ökonomische Theorie des Clubs.) – 2. Die *Bundesrep. D.* ist eine Föderation (Bundesstaat, Art. 20 I GG) mit Bund, Ländern und Gemeinden als föderalen Ebenen (die Gemeinden werden verfassungsrechtlich als Bestandteile der Länderebene betrachtet) und funktional abgegrenzten →Parafisci (insbes. Sozialversicherungsträger); →öffentliche Aufgabenträger. Zuständigkeiten der einzelnen Ebenen sowie Art der Zusammenarbeit (→kooperativer Föderalismus) sind prinzipiell in der →Finanzverfassung festgelegt, wobei zwischen Gesetzgebungs-, Verwaltungs- und Finanzierungs- bzw. Ertragshoheit unterschieden wird.

Föhl-Kontroverse, →Steuerparadoxon.

Folder-Test, *Anzeigen-Wirkungs-Test.* 1. Verfahren zur Messung der Wiedererkennung (→Recognitiontest) von Werbebotschaften. Den Versuchspersonen werden Zeitschriftenhefte mit publizierten und nachträglich eingefügten Anzeigen (Testanzeigen) vorgelegt, wobei die Wiedererkennung abgefragt wird. Insbes. ein Instrument zur Überprüfung der Werbewirksamkeit von Anzeigen vor der Schaltung. Eine Werbekonzeption wird im Vergleich zu den Werbekonzeptionen der Mitwettbewerber überprüft. – Vgl. auch →Ad-rem-Verfahren. – 2. Verfahren zur Überprüfung der Argumentationslinie in Besprechungsunterlagen z. B. für den Außendienst. Meist in Form von Einzelinterviews und Gruppendiskussionen.

Folge. 1. *Begriff:* gesetzmäßige Aufeinanderfolge von Zahlen (Glieder). – 2. *Arten:* a) *Arithmetische F.:* die Differenz aus einem beliebigen Glied und dem vorhergehenden ergibt stets den gleichen Betrag. Beispiel: Die Zahl 4 fortlaufend um 3 vermehrt, ergibt die arithmetische F. 4, 7, 10, 13, 16, 19, 22, 25... usw. Die Differenz ist bei steigenden Folgen positiv, bei fallenden negativ. – b) *Geometrische F.:* der Quotient

aus einem beliebigen Glied und dem vorhergehenden ergibt stets den gleichen Betrag. Multipliziert man z. B. die Zahl 4 fortlaufend mit 2, so entsteht die F. 4, 8, 16, 32... usw. Dabei ist der Quotient kleiner als 1. – c) *Unendliche F.:* Anzahl der Glieder einer F. ist unendlich groß.

Folgebeitrag, →Folgeprämie.

Folgeinvestition, alle →Investitionen während der Lebensdauer eines Betriebes, die nach der →Gründungsinvestition vorgenommen werden, zum Ersatz vorhandener Produktionsmittel, zur Erweiterung usw. Die Summe der Folgeinvestition sowie die Gründungsinvestition bilden zusammen die Gesamtinvestition während der Lebensdauer eines Betriebs.

Folgeprämie, *Folgebeitrag,* jede Prämie oder Prämienrate für eine Versicherung, die zeitlich nach der ersten Prämie oder Prämienrate fällig wird. – *Gegensatz:* →Erstprämie. – Wird eine F. *nicht rechtzeitig gezahlt,* so kann der →Versicherer dem Versicherungsnehmer auf dessen Kosten eine Zahlungsfrist unter Angabe der Rechtsfolgen bestimmen. Die Frist muß mindestens zwei Wochen (bei Gebäude-Feuerversicherung mindestens einen Monat) betragen (vgl. § 39 Abs. 1 VVG). Ist diese Frist erfolglos abgelaufen, so ist der Versicherer a) bei Gebäude-Feuerversicherung verpflichtet, dem Hypothekengläubiger unverzüglich Mitteilung zu machen (§ 101 VVG); b) bei Eintritt des Versicherungsfalles von der Leistungspflicht frei, wenn der Versicherungsnehmer mit der Prämienzahlung in Verzug ist (§ 39 Abs. 2 VVG; Verzugsvoraussetzung ist Vertretenmüssen der Nichtzahlung, §§ 284, 285 BGB); c) zur fristlosen Kündigung berechtigt (§ 39 Abs. 3 VVG). Die Wirkungen der Kündigung werden aufgehoben, wenn der Versicherungsnehmer innerhalb eines Monats nach Kündigung oder, falls die Kündigung mit der Fristbestimmung verbunden war, innerhalb eines Monats nach Ablauf der Frist die Zahlung nachholt, sofern nicht der Versicherungsfall dann schon eingetreten ist (§ 39 Abs. 3 Satz 3 VVG). Trotz Kündigung kann der Versicherer die Prämie für die laufende →Versicherungsperiode verlangen (§ 40 Abs. 2 VVG).

Folgeprodukt-Marketing, Marketingstrategie, bei der versucht wird, den Abnehmer der eigenen Produkte bei der Vermarktung seiner Produkte (Folgeprodukte) zu unterstützen, mit dem Ziel, über eine Absatzmengensteigerung des Kunden eine Absatzsteigerung für die eigenen Produkte zu erreichen; auch als Form des →vertikalen Marketing (mehrstufiges Marketing) anzusehen.

Folgeprüfverfahren, →Sequentialtestverfahren.

Folgerecht, Recht eines Urhebers auf Beteiligung an dem aus einer Weiterveräußerung seines →Werks der bildenden Kunst, nicht jedoch Werks der Baukunst und der angewandten Kunst erzielten Erlös (§ 26 UrhRG). Das F. besteht bei jeder Veräußerung des Originals eines Werks der bildenden Künste, an der ein Kunsthändler oder Versteigerer beteiligt ist, nicht jedoch bei rein privaten Verkäufen. Es hat zum Inhalt, daß der Veräußerer dem →Urheber einen Anteil in Höhe von 5% des Veräußerungserlöses (nicht des Mehrerlöses) zu entrichten hat. Das F. besteht auch dann, wenn kein Mehrerlös erzielt wird oder das Werk in seinem Wert gesunken ist. Das F. besteht nicht, wenn der Veräußerungserlös weniger als 100 DM beträgt. – Der Urheber kann auf den Anteil im voraus nicht verzichten; die Anwartschaft unterliegt nicht der Zwangsvollstreckung, eine Verfügung über die Anwartschaft ist unwirksam.

Folgesteuern, Steuern, durch die Steuervermeidungswirkungen erfaßt und verhindert werden sollen, z.B. Schenkungsteuer (Folge der Erbschaftsteuer). – Vgl. auch →Surrogatsteuer.

Fonds. 1. *Allgemein:* Geldmittelbestand für bestimmte Zwecke. – 2. →*Investmentfonds.* – 3. →*Immobilienfonds.*

Fonds ,,Deutsche Einheit", →Fonds, der mit dem Ziel eingerichtet wurde, den neuen Bundesländern bis zu deren Einbeziehung in einen gesamtdeutschen →Finanzausgleich (ab Januar 1995) Zuweisungen zur Deckung ihres allgemeinen Finanzbedarfs zu gewähren. Rechtsgrundlagen sind das Fondsgesetz (Gesetz zum Vertrag vom 18.5.1990 über die Schaffung einer Währungs-, Wirtschafts- und Sozialunion zwischen der Bundesrep. D. und der Deutschen Demokratischen Republik vom 25.6.1990, Art. 31) mit späteren Änderun-

gen (Vertrag über die Herstellung der Einheit Deutschlands, Kapitel IV, Sachgebiet B, Abschn. 2 sowie das Haushaltsbegleitgesetz 1991, Art. 5) sowie das Gesetz zur Aufhebung des Strukturhilfegesetzes und zur Aufstockung des Fonds ,,Deutsche Einheit" vom 16.3.1992 (BGBl I 674). Das Gesamtvolumen des Fonds wurde zunächst auf 115 Mrd. DM begrenzt. Geplant war, die jährlichen Leistungen von 22 Mrd. DM im Jahr 1990 auf 10 Mrd. DM im Jahr 1994 zurückzuführen. Hiervon sollten jeweils 85% direkt in die neuen Bundesländer transferiert werden und 15% dem Bund zur Erfüllung zentraler Aufgaben in Ostdeutschland verbleiben. Mit dem Haushaltsbegleitgesetz 1991 verzichtete der Bund auf seinen Anteil an den Fondsmitteln. Entgegen der ursprünglichen Planung wird der Fonds von 1992 bis 1994 um insgesamt 31,5 Mrd. DM aufgestockt. Zur Finanzierung ist eine Nettokreditaufnahme in Höhe von 95 Mrd. DM vorgesehen. Der Schuldendienst soll in jährlichen Raten von 10% des jeweiligen Schuldenstandes erfolgen, die Bund und Länder zu gleichen Teilen aufzubringen haben. Die Länder sind allerdings berechtigt, 40% ihrer Zahlungsverpflichtungen von den Gemeinden einzufordern. Weitere 20 Mrd. DM leistet der Bund aus Haushaltsmitteln. Es wird erwartet, daß diesen zusätzlichen Ausgaben Einsparungen teilungsbedingter Kosten gegenüberstehen. Von den zur Aufstockung des Fonds erforderlichen Mitteln sollen 7,9 Mrd. DM vom Bund allein und 23,4 Mrd. DM aus der Umsatzsteuer (Mehrwertsteuer) aufgebracht werden.

fondsgebundene Lebensversicherung, →Lebensversicherung II 7 a).

Fondspolice, →Lebensversicherung II 7 a).

Fondswirtschaft, Form der öffentlichen →Finanzwirtschaft, bei der bestimmte Einnahmen nur zur Finanzierung bestimmter Ausgaben verwendet werden dürfen. Die F. ist heute i.a. durch den einheitlichen →Haushaltsplan (vgl. auch →Nonaffektationsprinzip) abgelöst worden; ausnahmsweise angewandt im Falle der →Sondervermögen (Bundespost, Bundesbahn, ERP) usw.

Fontänentheorie. 1. *Begriff:* Eine Argumentationskette in der Theorie der öffentlichen Verschuldung (→Finanztheorie VII), die ein zinssteigerungsbedingtes →crowding out verneint (W. Stützel). – 2. *Aussagen*: Die F. behauptet, daß die vom Staat aufgenommenen Mittel über die Verausgabung wieder auf die Kreditmärkte zurückfließen, das Geldkapitalangebot sich insofern ständig revolviert und somit flexibel ist. Durch die Schuldaufnahme wird das Geldkapitalangebot demnach nicht verknappt; Zinssteigerungen, die private Konsum- und/oder Investitionsentscheidungen berühren, bleiben aus. – 3. *Kritikansatz*: Die F. vernachlässigt Sickerverluste und Friktionen, die einem vollständigen Rückfluß der vom Staat aufgenommenen Mittel entgegenstehen, v. a. das Anlageverhalten der Wirtschaftssubjekte, denen die verausgabten Mittel zufließen. – Vgl. auch →Quellentheorie II.

Food-Sortiment, Sortimentsteile des Lebensmittelhandels: alle Nahrungs- und Genußmittel. – *Non-food-Waren*: Alle übrigen Sortimentsteile (z. B. Wasch- und Putzmittel, Zeitungen, Blumen, Haushaltswaren).

foot, englisches Längenmaß. 1 ft. = 30,48 cm.

FOQ, free on quay ... (Hafen), Handelsklausel, v. a. im Überseehandel. Der Verkäufer hat auf seine Kosten und Gefahren die Waren am Kai des Verschiffungshafens zu übergeben. Heute wird meist →FAS abgeschlossen.

FOR, free on rail ... (Abgangsort), Handelsklausel (→Incoterms). Der Verkäufer hat die Waren bei voller Waggonladung auf einen von ihm zu beschaffenden Waggon am Versandort zu verladen, bei Stückgut die Waren am Versandort der Güterabfertigung zu übergeben; er trägt alle Kosten und Gefahren bis zur Übergabe des beladenen Waggons oder der Stückgüter an die Eisenbahn.

Förderabgabe, →bergrechtliche Förderabgabe.

Förderung der Allgemeinheit, →gemeinnützige Zwecke.

Förderung der Arbeitsaufnahme, Leistungen der Bundesanstalt für Arbeit an Arbeitslose, um Arbeitsaufnahme zu erleichtern. F. d. A. *umfaßt*: Bewerbungskosten, Reisekosten, Fahrtkostenbei-

hilfe, Umzugskosten, Arbeitsausrüstung, Trennungsbeihilfe, Überbrückungsbeihilfe, Übergangshilfe, Verdienstausfall, andere Hilfs- und Beförderungsmittel, soweit der Arbeitsuchende die erforderlichen Mittel nicht selbst aufbringen kann. Die Leistungen können als Zuschuß, teilweise auch als Darlehen gewährt werden (§ 53 AFG).

Förderung der beruflichen Bildung, Leistung der Bundesanstalt für Arbeit nach dem →Arbeitsförderungsgesetz (AFG) zur *individuellen Förderung* der Eignung und Neigung entsprechenden beruflichen Ausbildung durch die Gewährung von Berufsausbildungsbeihilfen, wenn die Aufbringung der Mittel nicht in anderer Weise möglich ist. Teilnehmern an Maßnahmen zur beruflichen Fortbildung oder Umschulung mit ganztägigem Unterricht wird ein →Unterhaltsgeld gewährt, soweit nicht andere öffentlich-rechtliche Stellen zur Gewährung solcher Leistungen gesetzlich verpflichtet sind (Nachrang der →Sozialhilfe wird nicht berührt). Neben dem Unterhaltsgeld werden auch notwendige Kosten für Lernmittel, Lehrgangsgebühren, Fahrtkosten, Kosten für Arbeitskleidung, bei auswärtiger Unterbringung Kosten der Unterkunft und Verpflegung ganz oder teilweise übernommen. – Förderung von *Ausbildungsstätten* vgl. →institutionelle Förderung der beruflichen Bildung.

Förderung der Landwirtschaft in benachteiligten Gebieten, Aufgabe der →Agrarpolitik in der Bundesrep. D. – 1. *Voraussetzungen*: In höheren Lagen mit ungünstigem Klima und erschwerten topographischen Verhältnissen (Mittelgebirge, alpiner Raum) ist die Landwirtschaft aufgrund eingeschränkter Produktionsmöglichkeiten, wesentlich geringerer Produktionsmengen je Flächeneinheit und erheblich höherer Produktionskosten benachteiligt und in ihrer Existenz bedroht. – 2. *Maßnahmen*: Besonders seit 1974 Förderung der Landschaftspflege v. a. durch günstigere Konditionen bei den Investitionsförderung und Ausgleichszahlungen je →Großvieh-Einheit (entspricht etwa einer Kuh) für Rindvieh, Schafe, Ziegen und Pferde. Seit Oktober 1985 Ausweitung der benachteiligten Gebiete auf rund 6,0 Mio. Hektar (rund die Hälfte der Landwirtschaftsfläche). Höchstbeiträge 1985 bei 240 DM je Großvieh-Einheit.

Förderung der Wirtschaft, →Wirtschaftsförderung.

Förderung der Wirtschaft von Berlin (West), steuerliche Vergünstigungen (sog. *Berlinpräferenz*) mit dem Ziel, die Berliner Wirtschaftsstruktur politisch zu stabilisieren und ihre Fortentwicklung zu gewährleisten. – *Gesetzliche Grundlage:* Gesetz zur Förderung der Berliner Wirtschaft (Berlinförderungsgesetz, BerlinFG) i.d.F. vom 2.2.1990 (BGBl I 173), geändert durch Steueränderungsgesetz 1991 vom 24.6.1991 (BGBl I 1322).

I. Umsatzsteuervergünstigungen: Die umsatzsteuerliche Förderung besteht im Kern darin, daß für bestimmte Umsätze Berliner Unternehmer an westdeutsche Unternehmer sowohl für den Leistenden (sog. Herstellerpräferenz) als auch für den Leistungsempfänger (sog. Abnehmerpräfernz) sowie für Unternehmer mit geringen Umsätzen (sog. Kleinunternehmerpräferenz) Umsatzsteuerkürzungsbeträge gewährt werden. Durch das Steueränderungsgesetz 1991 werden die Umsatzsteuervergünstigungen des BerlinFG bis zum 31.12.1993 vollständig abgebaut. – 1. *Herstellerpräferenz:* a) *Begünstigt* sind: (1) Lieferungen von Gegenständen, auch als Teile einer Werklieferung, (2) Werkleistungen, (3) Vermietung und Verpachtung von Gegenständen, (4) Überlassung von Filmen zur Auswertung, (5) bestimmte sonstige Leistungen an bzw. für westdeutsche Unternehmer. b) *Umfang der Begünstigung:* 6 v.H. des Entgelts im Falle (4), 10 v.H. im Falle (5), im übrigen abhängig von der Wertschöpfungsquote zwischen 3 v.H. und 10 v.H. des Entgelts, bei Werklieferungen und -leistungen von nicht in Berlin hergestellten Gegenständen max. 3 v.H. c) *Wertschöpfungsquote:* Verhältnis der Berliner Wertschöpfung zum wirtschaftlichen Umsatz. Berliner Wertschöpfung ist die Summe aus Berliner Gewinnen, Arbeitslöhnen, Zukunftssicherungsleistungen, Zinsen, Abschreibungen, Erhaltungsaufwendungen und Vorleistungen (vgl. §§ 6a, 6b, 6c BerlinFG). d) *Herstellung in Berlin:* Jede Beoder Verarbeitung des Gegenstandes in Berlin (West), durch die ein Gegenstand anderer Marktgängigkeit entsteht, ggf. muß die Berliner Wertschöpfungsquote mindestens 10 v.H. betragen. Die Kürzungssätze werden in dem Zeitraum 1.1.1992 bis 1.1.1994 stufenweise abgebaut. – 2. *Abnehmerpräferenz:* Für Erwerbe nach dem 30.6.1991 ersatzlos weggefallen. – 3. *Kleinunternehmerpräferenz:* Zum 1.1.1992 ersatzlos aufgehoben. – 4. *Belegnachweis,* der durch eine Ursprungsbescheinigung zu führen war, ist ersatzlos aufgehoben worden. – 5. *Kürzungsverfahren:* Die Kürzungsbeträge sind mit der für eine Voranmeldungs- oder Besteuerungszeitraum geschuldeten Umsatzsteuer zu verrechnen. Rückzahlung der Kürzungsbeträge bei Entgeltminderung.

II. Einkommen- und Ertragsteuervergünstigungen: 1. Für natürliche Personen mit Wohnsitz oder →gewöhnlichem Aufenthalt in Berlin (West) ermäßigen sich *Einkommensteuer* und *Lohnsteuer* für →Einkünfte aus Berlin (West) für 1990 um 30 v.H. (1991 27 v.H.; 1992 18 v.H.; 1993 12 v.H.; 1994 6 v.H.). Die Ermäßigung wird u.U. durch die Arbeitnehmerzulage (vgl. IV) abgegolten. – 2. Für Körperschaften, Personenvereinigungen und Vermögensmassen mit →Geschäftsleitung und →Sitz ausschließlich in Berlin (West) ermäßigt sich die tarifliche *Körperschaftsteuer* für Einkünfte aus Berlin (West) für 1990 um 22,5 v.H., in bestimmten Fällen um 10 v.H. (1991 20 v.H. bzw. 9 v.H.; 1992 13,5 v.H. bzw. 6 v.H.; 1993 9 v.H. bzw. 4 v.H.; 1994 4,5 v.H. bzw. 2 v.H.). – 3. *Besondere Vergünstigungen:* Unter besonderen Voraussetzungen a) →erhöhte Absetzungen für abnutzbare Wirtschaftsgüter des Anlagevermögens sowie Wohngebäude und Eigentumswohnungen, b) bis einschließlich 1991 Steuerermäßigung bei Darlehensgewährungen (→Berlin-Darlehen).

III. Investitionszulage: 1. *Begünstigte Personen:* Einkommen- und körperschaftsteuerpflichtige Personen, die begünstigte Investitionen vornehmen. – 2. *Begünstigter Vorgang:* a) Anschaffung oder Herstellung von neuen abnutzbaren beweglichen Wirtschaftsgütern, die zum Anlagevermögen eines Betriebs in Berlin (West) gehören und mindestens drei Jahre in einem solchen verbleiben. b) Herstellung von abnutzbaren unbeweglichen Wirtschaftsgütern sowie Ausbauten, Erweiterungen und andere nachträgliche Herstellungsarbeiten daran, wenn die Wirtschaftsgüter mindestens drei Jahre nach der Anschaffung oder Herstellung zum Anlagevermögen des Betriebs in Berlin (West) gehören. – 3. *Höhe:* 7,5 bis 15 v.H. der Anschaffungs- oder Herstellungskosten. – 4. *Verfahren:* Gewährung durch das zuständige Finanzamt auf Antrag, der innerhalb von neun Monaten nach Ablauf des Kalenderjahres zu stellen ist. – 5. *Ertragsteuerliche Behandlung:* Die Investitionszulage gehört nicht zum →Einkommen i. S. des EStG und mindert auch nicht die steuerlichen →Anschaffungskosten oder →Herstellungskosten.

IV. Arbeitnehmerzulage. 1. *Begünstigter Personenkreis:* Arbeitnehmer, die Arbeitslohn für eine Beschäftigung in Berlin (West) aus einem gegenwärtigen Dienstverhältnis beziehen oder Lohnersatzleistungen erhalten. – 2. *Bemessungsgrundlage:* I. d. R. der in einem Lohnabrechnungszeitraum bezogene →Arbeitslohn. – 3. *Höhe der Zulage:* für Lohnabrechnungszeiträume, die vor dem 1. 10. 1991 enden, 8 v. H. des Bruttoarbeitslohns zuzüglich 49,50 DM monatlich für jedes Kind, das steuerlich beim Arbeitnehmer berücksichtigt wird. Die entsprechenden Werte betragen für Lohnabrechnungszeiträume: die vor dem 1. 1. 1992 enden, 5 v. H. und 39,60 DM; in 1992 5 v. H. und 29,70 DM; in 1993 4 v. H. und 19,80 DM; in 1994 3 v. H. und 9,90 DM. – 4. *Auszahlung und Finanzierung:* Die Zulage ist bei monatlichen oder längeren Lohnabrechnungszeiträumen mit dem Arbeitslohn auszuzahlen, vom Arbeitgeber der einbehaltenen Lohnsteuer zu entnehmen und in der folgenden →Lohnsteueranmeldung von dem an das Finanzamt abzuführenden Lohnsteuerbetrag abzusetzen. – 5. *Kontenführung:* Die Zulage ist bei jeder Lohnabrechnung im →Lohnkonto oder in entsprechenden Aufzeichnungen einzutragen sowie in steuerlichen Bescheinigungen und Lohnabrechnungen zu vermerken. Die Zulage gilt nicht als steuerpflichtige Einnahme i. S. des EStG.

Forderungen, Anspruch auf Entgelt für eine erbrachte →Leistung. In der Bilanz sind F. in der Regel im Umlaufvermögen auszuweisen und zu untergliedern (→Bilanzgliederung). – Vgl. auch →Besitzwechsel.

Forderungen Gebietsansässiger an Gebietsfremde, analog *Verbindlichkeiten Gebietsansässiger an Gebietsfremden.* 1. Forderungen (Verbindlichkeiten) durch alle Gebietsansässige (ausgenommen Geldinstitute) gegenüber Gebietsfremden sind bei der Deutschen Bundesbank zu melden,

wenn diese innerhalb eines Monats insgesamt 500 000 DM übersteigen (§ 62 I AWV). – 2. Meldefrist für Forderungen und Verbindlichkeiten aus dem *Dienstleistungs- und Warenverkehr (Ausfuhrforderungen bzw. -verbindlichkeiten)* einschl. der geleisteten und entgegengenommenen Anzahlungen gem. § 62 III AWV: Monatliche Meldung bis zum 20. Tag des Folgemonats nach dem Stand des letzten Werktages des Vormonats. – 3. Meldefrist für Forderungen und Verbindlichkeiten aus *Finanzbeziehungen mit Gebietsfremden* gem. § 62 II AWV: Monatliche Meldung bis zum 10. des Folgemonats nach dem Stand des letzten Werktages des Vormonats.

Forderungsabtretung, *Zession,* Übertragung einer Forderung von dem bisherigen Gläubiger (Zedenten) auf einen neuen Gläubiger (Zessionar). – *Rechtsgrundlage:* §§ 398 ff. BGB.

I. Zulässigkeit: 1. Grundsätzlich sind alle Forderungen *abtretbar,* auch bedingte, betagte und zukünftige, sofern sie genügend bestimmbar sind. – 2. *Nicht abtretbar* sind Forderungen: a) wenn die F. durch Vereinbarung mit dem Schuldner ausgeschlossen ist (häufig z. B. bei Ansprüchen aus Versicherungsverträgen), b) wenn die F. nicht ohne Veränderung des Inhalts der Forderung erfolgen kann (z. B. bei Ansprüchen auf Dienstleistungen), c) wenn die F. unpfändbar ist (→Unpfändbarkeit), d) wenn die F. gesetzlich verboten ist (z. B. bei Postscheckguthaben).

II. Form: 1. Die F. erfordert einen →*Vertrag* zwischen dem Zedenten und dem Zessionar. Mitwirkung des Schuldners nicht erforderlich, auch nicht Anzeige der F. an ihn. Der F.-Vertrag bedarf keiner Form, auch dann nicht, wenn zur Begründung der abgetretenen Forderung Wahrung einer bestimmten Form erforderlich gewesen wäre. – *Sondervorschriften* für die Abtretung hypothekarisch gesicherter Forderungen (§§ 1154–1159 BGB, →Hypothek III 2). – 2. Die Abtretung von Forderungen, die in →*Wertpapieren* verbrieft sind, z. B. Wechsel- oder Scheckforderungen, ist zwar zulässig und auch bei →Rektapapieren die einzig mögliche Übertragungsform, aber sonst nicht üblich. Weil der Erwerber die Forderung nur geltend machen kann, wenn er im Besitz der Urkunde ist, verlangt die herrschende Meinung zur Wirksamkeit der

F. auch →Übergabe des Wertpapiers an den Erwerber.

III. Wirkung: Die abgetretene Forderung geht mit allen Sicherungs- und Vorzugsrechten, z. B. Pfandrechten, Bürgschaften, Hypotheken und Schiffshypotheken, auf den neuen Gläubiger über (§ 401 BGB). Dem Schuldner stehen auch gegenüber dem Zessionar ohne Rücksicht auf dessen Kenntnis alle Einwendungen zu, die er dem Zedenten gegenüber hatte (§ 404 BGB); er kann sich aber nicht darauf berufen, daß er die Forderung nur zum Schein eingegangen sei, wenn er eine Urkunde über die Schuld ausgestellt und der Zedent diese Urkunde bei der Abtretung vorgelegt hat (§ 405 BGB). Einen →gutgläubigen Erwerb von Forderungsrechten gibt es nicht, abgesehen von den Sonderfällen des Wertpapierrechts. – Bei zulässiger *Abtretung der Lebensversicherung* tritt der Zessionar in alle Rechte des →Versicherungsnehmers ein; letzterer bleibt Prämienzahler und muß wegen der →Inhaberklausel den Versicherungsschein dem Zessionar aushändigen.

IV. Mehrfache F.: Tritt ein Gläubiger eine Forderung mehrfach ab, so ist nur die erste Abtretung wirksam. Ist dem Schuldner jedoch nur die zweite Abtretung angezeigt, so wird der Schuldner auch dann von seiner Leistungspflicht befreit, wenn er an denjenigen leistet, dem die Forderung zum zweiten Mal abgetreten ist (§ 408 BGB); der übergangene Zessionar muß sich an den Zedenten halten.

V. Schutzbestimmungen für den Schuldner: 1. Der Schuldner kann mit einer Forderung, die ihm gegen den Zedenten zustand, auch gegenüber dem Zessionar aufrechnen (§ 406 BGB), es sei denn, der Schuldner hat die Gegenforderung erworben, nachdem er von der F. Kenntnis hatte, oder die Gegenforderung ist später als die abgetretene Forderung und erst nach Kenntnis des Schuldners von der F. fällig geworden. – 2. Leistet der Schuldner in Unkenntnis der F. an den alten Gläubiger, so ist dies auch gegenüber dem neuen Gläubiger wirksam (§ 407 BGB). – 3. Zeigt der Gläubiger dem Schuldner die Abtretung der Forderung an, muß er dem Schuldner gegenüber die F. auch dann gegen sich gelten lassen, wenn sie nicht oder nicht wirksam erfolgt ist (§ 409 BGB). – 4. Der Schuldner kann von dem neuen Gläubiger Nachweis über die erfolgte F. durch Aushändigung einer vom bisherigen Gläubiger ausgestellten Urkunde verlangen. Solange dies nicht geschieht, ist a) der Schuldner zur Verweigerung der Leistung berechtigt, b) eine Kündigung oder Mahnung des neuen Gläubigers unwirksam, wenn der Schuldner sie aus diesem Grund unverzüglich zurückweist (§ 410 BGB). Vorlegung einer Urkunde ist jedoch nicht notwendig, wenn der alte Gläubiger dem Schuldner die Abtretung angezeigt hat.

VI. Pflichten des Zedenten gegenüber dem Zessionar: 1. Der Zedent hat dem Zessionar auf Verlangen eine *öffentlich beglaubigte Urkunde* (→öffentliche Beglaubigung) über die F. auszustellen. Die Kosten hat der Zessionar zu tragen und vorzulegen (§ 403 BGB). – 2. Der Zedent muß dem Zessionar die zur Geltendmachung der Forderung nötige *Auskunft* erteilen und die zum →Beweis der Forderung dienenden, in seinem Besitz befindlichen Urkunden aushändigen (§ 402 BGB).

VII. Lohnabtretung: Die Abtretung von Lohnansprüchen ist nur insoweit möglich, als der Anspruch des Arbeitnehmers gegen den Arbeitgeber einer →Lohnpfändung unterliegt (§ 400 BGB). In demselben Umfang kann der Lohnanspruch auch nur verpfändet werden (§ 1274 II BGB). – *Steuerliche Behandlung*: Auch bei unentgeltlicher und entgeltlicher F. besteht Steuerpflicht des Arbeitnehmers mit vollem Arbeitslohn.

VIII. Abtretung von Ansprüchen aus einem Versicherungsvertrag: In bestimmten Versicherungszweigen vor ihrer endgültigen Feststellung ohne ausdrückliche Genehmigung des Versicherers nicht gestattet. Die Versicherungsbedingungen sind jeweils zu prüfen. – *Sonderregelung für die F. bei Lebensversicherung*: Der Zessionar tritt in alle Rechte des →Versicherungsnehmers ein. Liegt eine unwiderrufliche →Bezugsberechtigung (Begünstigung) vor, dann ist eine F. nur mit Zustimmung des unwiderruflich Bezugsberechtigten möglich. Der Versicherungsnehmer bleibt Prämienzahler. Wegen der →Inhaberklausel im Versicherungsschein muß er diesen an den Zessionar geben. Mit der F. erwirbt der Zessionar nach herrschender Meinung auch Gestaltungsrechte, z. B. das Recht zur Umwandlung der Versicherung.

Förderungsauftrag

Förderungsauftrag, *genossenschaftlicher
F.*, Verpflichtung der (eingetragenen) →Ge-
nossenschaft, den Erwerb oder die Wirtschaft ihrer Mitglieder mittels gemeinschaftlichen Geschäftsbetriebes zu fördern
(§ 1 GenG). F. markiert zweckgebundene
Gesellschaftsform der eG und ist wesensbe-
stimmendes Merkmal der Genossenschaft.
Er gilt als Handlungsmaxime der Genos-
senschaftsleitung. Teilweise Schwierigkeiten in der Operationalisierung, da F. nicht
objektivierbar und vom Ermessen der Mitglieder abhängig ist.

Forderungseffekt, Begriff der Finanzwissenschaft; Umstrukturierung und Volu-
menänderung der privaten Forderungen,
die durch Defizitfinanzierung und die damit verbundene Schuldenaufnahme bzw.
Überschußbildung und die damit verbundene Schuldentilgung entstehen. Der F. gibt
den Einfluß der Fiskalpolitik (→Fiscal
policy) auf die private Investitionstätigkeit
an und wirkt über rein liquiditätsmäßige
Vorgänge; daher ist er von güterwirt-
schaftlichen Einflüssen der Fiskalpolitik
(→pump priming, →Lerner-Effekt) zu
unterscheiden.

Forderungsgarantie, →Garantievertrag,
durch den der Gewährleistende die Gewähr
für den Bestand oder die Einbringlichkeit
einer Forderung übernimmt; mit der
→Bürgschaft verwandt, bedarf aber im
Gegensatz zu dieser keiner Form.

Forderungskauf, Kauf einer Forderung.
Der →Kaufvertrag ist vom Verkäufer
durch Abtretung der Forderung (→Forde-
rungsabtretung) zu erfüllen. Der Verkäufer
haftet für rechtlichen Bestand der Forderung, nicht für Beitreibbarkeit (§ 437 BGB).
Abweichende Vereinbarungen zulässig.
Übernimmt der Verkäufer die Haftung für
Zahlungsfähigkeit des Schuldners, so ist
i. d. R. nur Zahlungsfähigkeit im Zeitpunkt
der Abtretung gemeint (§ 438 BGB).

Förderungsmaßnahmen, zusammenfassende Bezeichnung für die inner- und außerbetriebliche →berufliche Fortbildung
von Mitarbeitern. – 1. *Innerbetriebliche F.*:
a) Veranstaltung von Schulungs- oder Aus-
bildungslehrgängen inner- oder außerhalb
der Arbeitszeit (Unterricht in Stenographie
oder Schreibmaschineschreiben, Sprachen,
technischen Fächern, Werkstoffkunde;
Ausbildungskurse in der Bedienung von

Spezialbüromaschinen, Filmvorführgerä-
ten, Schweißen, in der Meßtechnik u. a.); b)
Anlernen und Umschulungsmaßnahmen;
c) Konferenz-Schulung für betriebliche
Führungskräfte (z. B. bezüglich Menschenführung oder Wirtschaftskontrolle); d) regelmäßige Filmvorführungen; e) Bezug von
Fachbüchern, Fachzeitschriften (evtl.
Freiabonnements); f) Bereitstellung sog.
Abteilungs-Handbücher: Geschäftsgänge
mit Formularsätzen, Organisationsskizzen,
Probefällen u. ä. – 2. Unterstützung *außerbetrieblicher* Schulungs- oder Ausbildungsmaßnahmen durch ganze oder teilweise
Kostenübernahme, Gewährung von Son-
derurlaub oder Freizeiten sowie von Er-
folgsprämien: a) Sonderkurse, Kurse für
Stenographie u. Maschineschreiben, Lehr-
gänge der Industrie- und Handelskam-
mern, der Arbeitgeber- und Innungsver-
bände, der Gewerkschaften und dgl.; b)
Lehrgänge der Fernschulen; c) Besuch von
Kursen und →Berufsakademien im dritten
Ort. – Vgl. auch →Leistungsförderung,
→Personalentwicklung.

Forderungspapiere, →Wertpapiere, die in
erster Linie Forderungsrechte, insbes.
Geldforderungen verbriefen (→Inhaber-
schuldverschreibung, →Wechsel, →Scheck),
im Gegensatz zu den Mitgliedschaftspapie-
ren (z. B. →Aktie) und sachenrechtlichen
Papieren (z. B. →Hypothekenbrief).

Forderungspfändung, →Pfändungs- und
Überweisungsbeschluß.

Forderungsübergang, →Rechtsnachfol-
ge.

Forderungsvermächtnis, →Vermächtnis,
durch das der Erblasser dem Vermächtnis-
nehmer eine ihm zustehende Forderung
vermacht (§ 2173 BGB). – *Besteuerung*: F.
unterliegt im Erbfall der →Erbschaftsteuer.

Förderzins, →bergrechtliche Förderabgabe.

foreign direct investment (FDI), →Direkt-
investitionen.

foreign exchange club (FOREX), →Asso-
ciation Cambiste Internationale (ACI).

foreign exchange futures, →financial
futures.

FOREX, foreign exchange club, →Asso-
ciation Cambiste Internationale (ACI).

Forfaitierung, sprachlich abgeleitet von →à forfait. 1. *Charakterisierung*: Form der Außenhandelsfinanzierung (vgl. auch →Ausfuhrfinanzierung), indem Wechsel oder Forderungen bei Vorliegen guter Sicherheiten ohne Rückgriff auf den Exporteur aufgekauft werden. Der Verkäufer befreit sich von jedem Risiko und haftet lediglich für den rechtlichen Bestand der Forderung. – 2. *Vorteile* für den Exporteur: a) Verbesserung der Liquidität durch Umwandlung der Forderung in bares Geld, b) Befreiung vom Kreditrisiko, c) Entlastung seiner Bilanzen von langfristigen Forderungen.

Forfeit, im kaufmännischen Sprachgebrauch Synonym für →Reugeld.

formale Inzidenz, Form der →Inzidenz. Die f.I. gibt die Einkommensverteilungsänderungen an, die vorliegen würden, wenn keine Überwälzungsvorgänge (→Überwälzung) stattfänden und der primäre Zahler bzw. Nutzer auch endgültiger Zahler und Nutzer wäre. – *Gegensatz*: →effektive Inzidenz.

formaler Parameter, →Formalparameter.

formale Spezifikation. 1. *Begriff*: Im →Software Engineering eine Methode der →Spezifikation, bei der die Aufgaben eines →Moduls (schwieriger: eines →Softwaresystems) formal definiert werden, z. B. axiomatisch. – 2. *Vorteil*: Exakte Vorgabe für die →Implementierung; ausgehend von einer f. S. kann u. U. ein formaler Beweis geführt werden, daß die Implementierung mit der Spezifikation übereinstimmt. (→Programmverifikation). – 3. *Nachteil*: Nur für kleinere Aufgaben und von formal geschulten Informatikern einsetzbar, sehr aufwendig. – 4. *Bedeutung*: In der →Informatik intensive Forschungsaktivitäten; in der Praxis noch geringe Bedeutung.

Formalisierung, →Theorie.

Formalparameter, *formaler Parameter*, →Parameter, der bei der Definition eines →Unterprogramms für einen Wert in dem Unterprogramm steht, der vom Unterprogramm an das aufrufende Programm oder in umgekehrter Richtung übergeben wird. – *Gegensatz*: →Aktualparameter.

Formalwissenschaft, Bezeichnung für wissenschaftliche Disziplinen, deren Ge-

genstand in der Realität nicht existierende Objekte sind. Handelt sich um Logik und Mathematik, teilweise auch →Systemtheorie einschließlich →Kybernetik. Die Wahrheit formalwissenschaftlicher Aussagen ist nur in logischer Hinsicht feststellbar. Anwendung formalwissenschaftlicher Tatbestände innerhalb der →Realwissenschaften, indem mathematische Ausdrucksformen zur Darstellung benutzt oder die Aussagen auf ihre Widerspruchsfreiheit geprüft werden (→Konsistenzpostulat).

Formatieren. 1. Bei der →*Textverarbeitung*: Einen vorhandenen Text in eine bestimmte Gestalt (bezüglich Zeilenlänge, Seitenumbruch, benutzte Zeichensätze usw.) bringen; sein Layout (Format) festlegen. – 2. Bei →*Disketten*, →*Magnetbändern* und *Magnetplatten* (Magnetplattenspeicher): Initialisierung vor dem ersten Gebrauch. Es werden Aufzeichnungsspuren und die Sektoren, in die diese eingeteilt sind, sowie eine Indexspur (für Angaben zur Kennzeichnung der Diskette und der auf ihre gespeicherten Dateien) angelegt. Dabei werden verschiedene (Aufzeichnungs-)Formate (vgl. auch →Diskette) benutzt; das bei einem →Computer verwendete Format hängt von seinem →Betriebssystem (BS) ab.

Formblätter. 1. *Kreditinstitute*: Verbindliche Muster für die Gliederung der Jahresbilanz und die Gewinn- und Verlustrechnung; Formblattvorschriften bestehen bei Kreditinstituten nach § 25 a II KWG i. V. m. der Formblatt VO des Bundesministers der Justiz vom 20. 12. 1967 sowie § 330 HGB; insbes. vorgeschrieben für die →Bankbilanz. – 2. *Aktiengesellschaft*: F. können für die Erteilung von Weisungen des Aktionärs beim →Depotstimmrecht vorgeschrieben werden (§ 128 VI AktG).

Formelflexibilität, *formula flexibility*, Begriff der →Finanzwissenschaft im Bereich der →Fiskalpolitik; ein Automatismus zur Bremsung von konjunkturellen Schwankungen, ähnlich der →built-in flexibility. Durch Gesetz werden Steuersatzvariationen und Staatsausgabenveränderungen festgelegt, die in Kraft treten, sobald die Wachstumsrate des Volkseinkommens oder andere strategische Variablen um einen bestimmten Prozentsatz von einem vorher festgelegten Wert abweichen. – Das Konzept der F. ist als Reaktion auf die time lags

entwickelt worden: Sie soll die →diskretio-
näre Finanzpolitik ablösen, um eine höhere
Durchschlagskraft der Konjunkturpolitik
zu erreichen. – Die politische Durchsetzbarkeit der F. erscheint gering, da es schwierig ist, geeignete theoretische Konjunktur-
indikatoren (→Konjunkturbarometer) zu
finden und das Haushaltsrecht von Regierung und Parlament beeinträchtigt wird.

formelle Gruppe, →Gruppe I 3 b).

formeller Führungsstil, →Führungsstil 5.

formelles Konsensprinzip, Grundsatz
des Grundbuchrechts, der besagt, daß zur
Eintragung in das →Grundbuch i. d. R.
(Ausnahme z. B. bei Auflassung) einseitige
Bewilligung des Betroffenen genügt (§ 19
GBO). – Vgl. auch →Konsensprinzip,
→materielles Konsensprinzip.

Formeltarif, →Kurventarif 3.

Formkaufmann, →Kaufmann kraft Rechtsform i. S. des HGB, der diese Eigenschaft
mit der Entstehung des Unternehmens erlangt, auch wenn kein Handelsgewerbe
betrieben wird. Der F. ist notwendig →Voll-
kaufmann. – Zum F. *gehören*: a) Handelsgesellschaften mit eigener Rechtspersönlichkeit AG, KG, aA und GmbH; b)
sonstige Gesellschaften mit eigener Rechtspersönlichkeit, die zwar keine Handelsgesellschaften, diesen aber im wesentlichen
gleichgestellt sind (eingetragene Genossenschaften) und VVaG (§§ 16, 53 VAG; § 17
GenG). – *Nicht F. sind*: OHG und KG, da
sie Handelsgewerbe voraussetzen (als
Kleingewerbetreibender wird die OHG zur
→Gesellschaft des bürgerlichen Rechts);
stille Gesellschaft, die keine Handelsgesellschaft ist; Kartelle, Interessengemeinschaf-
ten, Konzerne usw., wenn nicht in der Form
einer der zulässigen Handelsgesellschaft
aufgezogen; Vereine oder Gesellschaften
des bürgerlichen Rechts.

förmliches Verwaltungsverfahren, ein
durch Rechtsvorschrift angeordnetes besonderes →Verwaltungsverfahren mit der
Mitwirkung von Zeugen und Sachverständigen, der Verpflichtung zur Anhörung von
Beteiligten und dem Erfordernis der mündlichen Verhandlung, geregelt in den §§ 63 ff.
der Verwaltungsverfahrensgesetze.

Formosa, →Taiwan.

formula flexibility, →Formelflexibilität,
→flexibler Wechselkurs.

Formulierung, technischer Begriff für End-
fertigungsvorgänge in der chemischen Industrie, insbes. Abmischen und Abpacken
auf die Abgabemengen (Packungsgrößen,
Gebinde), die marktgängig sind.

Formvorschriften, Rechtsvorschriften, die
die Gültigkeit eines →Rechtsgeschäfts von
der Wahrung einer bestimmten Form abhängig machen. V. a. Grundstücksgeschäfte
(→Grundstücksverkehr) sind formbedürftig, während Rechtsgeschäfte i. d. R., insbes. →Verträge, auch ohne bestimmte
Form gültig sind. – *Vereinbarung* von
Formzwang durch die Parteien möglich. –
Vgl. auch →Schriftform, →öffentliche Beglaubigung, →öffentliche Beurkundung.

Formzwang, durch bestimmte →Formvor-
schriften zwingend angeordnete Form.
Nichtbeachtung des vorgeschriebenen F.
führt zur →Nichtigkeit des Rechtsgeschäfts
(§ 125 BGB).

Forschung, →Forschung und Entwicklung
(F&E).

Forschungskosten, Kosten, die mit der
Forschungstätigkeit im Unternehmen und
mit nach außen vergebenen Forschungs-
aufträgen verbunden sind. – *Erfassung in
der Kostenrechnung*: Bei freier Forschung
ist die Zurechnung auf Produkte oder
Produktgruppen exakt kaum möglich; bei
gebundener Forschung werden die F. häufig als →Sondereinzelkosten der Fertigung
erfaßt. – Vgl. auch →Entwicklungskosten.

Forschungsorganisation, →Teilbereichs-
organisation des organisatorischen Teilbe-
reichs „Forschung". Die Ebene der Hierar-
chie unterhalb der Leitung der Forschungs-
abteilung kann z. B. nach unterschiedlichen
Ressourcen (etwa Laboratorien), nach
Grundlagenforschung und angewandter
Forschung oder nach unterschiedlichen
Forschungsgegenständen gegliedert werden
(→Segmentierung).

Forschung und Entwicklung (F&E). I.
Charakterisierung: 1. *Ausgangslage*:
Der zunehmende Wettbewerb auf nationaler und internationaler Ebene hat, und zwar
in Wechselwirkung mit einem sich immer
rascher vollziehenden →technischen Fort-

schritt, nicht nur zu Wirtschaftswachstum geführt, sondern übt auf die Wirtschaftsteilnehmer auch einen nicht unerheblichen *Innovationsdruck* aus. →Innovation ist das außer- und innerbetriebliche Durchsetzen von neuen Produkten und – technischen sowie organisatorischen – Verfahren (→Innovationsmanagement; →Innovations- und Technologiemanagement). Mittel zum Gewinnen solcher Neuerungen sind außer unerlaubtem oder vertraglich vereinbartem Nachvollziehen (Kopieren/Lizenznahme) das *bewußte Erarbeiten neuer Erkenntnisse i.w.S.* (F&E). – 2. *Begriff:* Um F&E handelt es sich, wenn die Suche nach neuen Erkenntnissen unter Anwendung wissenschaftlicher Methoden und in geplanter Form erfolgt. Als *Forschung* wird der generelle Erwerb neuer Kenntnisse, als *Entwicklung* deren erstmalige konkretisierende Anwendung und praktische Umsetzung bezeichnet; „neu" ist dabei individuell zu verstehen. Die neuen Kenntnisse, die Erfindungen, können sich sowohl auf Produkte als auch auf (Herstellungs-)Verfahren und Produkt- sowie Verfahrensanwendungen erstrecken. – Entbehrt Forschung noch eines realen Verwertungsaspekts, so handelt es sich um *Grundlagenforschung*; diese ist in maßgeblichem Umfang öffentliche Forschung, so an Universitäten und in besonderen Forschungsinstitutionen (z.B. Max Planck-Gesellschaft). Die *angewandte Forschung* ist dagegen bereits auf konkrete Anwendungsmöglichkeiten hin ausgerichtet; ihr widmen sich v.a. firmeneigene und überbetriebliche Forschungsinstitutionen der Wirtschaft. – Eine besondere Form des Konzipierens (von Produkten) vollzieht sich beim *Konstruieren* bzw. bei der *Konstruktion.* Im Gegensatz zur Entwicklung entbehrt dies meist des Merkmals der Neuigkeit, weil es sich vorwiegend auf ein kombinatives Anwenden bekannter Konstruktionsprinzipien beschränkt; die Grenzen können jedoch fließend sein. Das Konstruieren zielt zudem stets nur auf ein Gestalten geometrisch exakt zu definierender Produkte hin. – 3. *Probleme:* Beim Übergang der in F&E erarbeiteten Erkenntnisse von einer Phase zur nächsten, insbes. aber aus dem F&E-Bereich bzw. Konstruktionsbereich heraus in die erkenntnisverwertenden Bereiche (eigene Produktion, fremde Produktion bei – evtl. sogar ausländischen – Lizenznehmern) stellen sich Probleme des →*Technologietransfers.*

Dies ist die – oft mit zahlreichen Interpretationsschwierigkeiten behaftete – Übermittlung konzeptuell gewonnener Informationen an die meist anderen Denkschemata verhafteten Informationsverwerter.

II. Bedeutung: Zur Kennzeichnung der Bedeutung von F&E allgemein und speziell für die Wirtschaft dienen verschiedene *Kennzahlen.* Mit ihnen soll die *Intensität von F&E-Aktivitäten* gewisser Bereiche absolut oder relativiert zum Ausdruck gebracht werden; es können einsatz- oder ergebnisorientierte Angaben sein. Ihre Geltungsbereiche sind nach Regionen (Ländern), Branchen, Betriebsgrößen und Forschungsträgern differenziert. Aufschlüsse vermitteln zwischenbetriebliche, wirtschaftszweigtypisierende und internationale Vergleiche sowie Zeitvergleiche. – *Veröffentlichungen* finden sich in unterschiedlichen Statistiken, u.a. im Statistischen Jahrbuch für die Bundesrep. D., in den jährlichen Forschungsberichten der Bundesregierung, in der Wissenschaftsstatistik des Stifterverbandes für die Deutsche Wissenschaft, in Branchenveröffentlichungen und Firmenmitteilungen. – 1. *Einsatzorientierte Kennzahlen von F&E-Aktivitäten:* Die F&E-Gesamtaufwendungen betrugen 1989 in der Bundesrep. D. 63,9 Mrd. DM. Bezogen auf das Bruttoinlandsprodukt ergibt sich eine Quote von 2,87%, die ungefähr denjenigen Quoten anderer führender Industrienationen entspricht. Die in den nationalen Bruttoinlandsausgaben enthaltenen F&E-Gesamtaufwendungen der Wirtschaft beliefen sich 1992 auf ca. 56,2 Mrd. DM (alte Bundesländer; 1965: 4,4 Mrd. DM), einem Betrag von 868 DM (75 DM) pro Kopf der westdeutschen Bevölkerung. Die höchsten Forschungsaufwendungen wurden in der Elektrotechnischen Industrie (13,6 Mrd. DM), in der Chemischen Industrie (11,3 Mrd. DM) und in der Kraftfahrzeugindustrie (10,5 Mrd. DM) – Angaben für 1992 – getätigt (Stifterverband für die Deutsche Wirtschaft, 1993). Forschungsquoten einzelner forschungsintensiver Firmen zwischen 8% und 12% ihrer Umsätze oder 15% und 20% ihrer Gesamtaufwendungen sind keine Seltenheit. Andere Bezugsbasen können auch die Beschäftigtenzahlen einer Unternehmung und deren Wertschöpfung sein. – 2. *Ergebnisorientierte Kennzahlen von F&E-Aktivitäten:* Diese sind wegen der Inhomogenität von F&E-Leistungen angleich schwieriger zu benennen. Maßstäbe hierfür wären z. B. die Anzahl von getätigten Erfindungen oder hilfsweise Patentanmeldungen. Auch Verkürzungen der durchschnittlichen Entwicklungsdauer könnten F&E-Erfolge zum Ausdruck bringen sowie auch die Anzahl junger Produkte im Leistungsprogramm und deren Umsatzanteile. Schließlich sei auf das Lizenzvolumen und die Menge von Erfolgsberichten in wissenschaftlichen Publikationsorganen verwiesen.

III. F&E als eine besondere Produktion: Die Schwierigkeiten einer Beurteilung der Effizienz von F&E resultieren großenteils aus den Besonderheiten der sich hier vollziehenden Leistungserstellungen. Es sind Produktionsprozesse sui generis, die sich auch als *Informationsgewinnungsvorgänge* deuten lassen: Spezifika sind: 1. Die *Einmaligkeit*, mit der jeweils ein Produkt „Erfindung", und zwar auf anfangs noch unbekannte Weise, erstellt werden soll und wird. – 2. *Mehrfache Unsicherheiten*, die auf dem Weg dorthin wirksam werden, somit ist dieser stochastisch. Sie betreffen a) den Erfolg der F&E-Bemühungen, b) den Umfang der nötigen Aufwendungen an Zeit, Kapital und Güterverzehr (Kosten), c) die Input-Output-Relation und d) den wirtschaftlichen Aspekt einer – erfolgreichen – Eigen- und/oder Fremdverwertung der Erfindung in naher und/oder fernerer Zukunft. Jede Art von Unsicherheit kann so groß werden, daß ein F&E-Projekt früher oder später aufgegeben (abgebrochen) oder vertagt wird. Technische Erfolgsquoten von nur 50 bis 60% und wirtschaftliche Erfolgsquoten von oft nur um 10% sind üblich. – 3. *Kenntnisse, Intellekt und Kreativität des F&E-Personals* prägen die F&E-Prozesse mehr als die sonst markanten repetitiven Tätigkeiten. Daß die Mitarbeiter bei ihren Tätigkeiten durch supportive Ressourcen (Personal und Betriebsmittel einschl. EDV) unterstützt werden und gelegentlich auch selbst repetitive Arbeiten ausführen, wird durch diese Feststellung nicht ausgeschlossen.

IV. Gestalten von F&E-Prozessen: Trotz der angeführten Besonderheiten ist es möglich und nötig, F&E nicht seiner Eigendynamik und dem Zufall zu überlassen, sondern es – wegen erwiesener dispositiver Unterstützungserfolge – rational zu gestalten. Dies bedeutet, daß F&E-Prozesse, wenn auch objektspezifisch, geplant, organisiert und kontrolliert werden können und

sollen. F&E zu betreiben, bedeutet daher das Konzipieren und Durchsetzen einer klaren *F&E-Politik* in Verbindung mit einem fachlich qualifizierten → *Technologiemanagement*, dem ein vielseitiges Instrumentarium für strategische und operative Maßnahmen zur Verfügung steht. – 1. *Planung*: Diese Phase umfaßt: a) Eindeutige *Zielplanung*: Die Ergebnisse müssen sich jeweils unter Berücksichtigung der zeitlichen Dimension in projektbezogenen Pflichtenheften und generell in den F&E-Programmen niederschlagen. b) *Mittelplanung*: Planung der Verfügbarkeit benötigter Ressourcen i.S. von zu investierenden Geräten etc. und freizustellendem oder einzustellendem Personal, aber auch von einzusetzenden Budgets, stets bezüglich Volumina, Zweckbindung und Zeit; sie werden mit zunehmendem Projektfortschritt i.a. verläßlicher. c) *Projektplanung*: Planung der einzelnen Projekte, und zwar hinsichtlich ihres Entstehens, ihrer Beurteilung in jeweils unterschiedlichen Reifestadien und ihrer Abläufe (Arbeits-, Reihenfolge- und Terminplanungen). – Daß bei allen Planungen *Planrevisionen* häufiger erforderlich und in ihren Ausmaßen evtl. auch gewichtiger werden und akzeptiert werden müssen, liegt in der Eigenart von F&E-Aktivitäten begründet. – Neben den bekannten *Planungstechniken* gibt es weitere, mit denen den Spezifika von F&E bewußt entsprochen werden soll. Verwiesen sei nur auf besondere *Prognosemethoden* (→Prognose III) und unterschiedliche →*Kreativitätstechniken* (z. B. Brainstorming) zum Generieren von Ideen, auf Methoden zur technologischen Vorhersage (erwarteter Entwicklungsrichtungen) und Konzepte zur Technikfolgenabschätzung, auch Technologiewirkungsanalysen genannt. Während diese Instrumente auch besondere Methoden zur Projektbeurteilung bzw. Hilfen zur Projektauswahl sein sollen, kommen stochastische Netzplantechniken (→Netzplantechnik) bevorzugt für die operative Ablaufplanungen in Betracht. – 2. *Organisation*: In dieser Phase bieten sich ebenfalls Ansatzpunkte aufgabenspezifischer Problemlösungen. Erwähnt seien insbes. die unterschiedlichen Formen der Institutionalisierung von F&E-Aktivitäten, und zwar als unternehmungsautonome, als (unternehmungsübergreifende) Gemeinschafts- und als (kommerzielle) Auftragsforschung sowie innerbetriebliche Fragen wie die nach der Organisationsstruktur in einem F&E-Bereich und dessen Einbindung in die Unternehmenshierarchie. Bezüglich der Motivation der Mitarbeiter ist an die Einrichtung von Parallelhierarchien, individueller Arbeitszeitregelungen und spezieller – auch außerbetrieblich gültiger – freier Kommunikationsformen zu denken. Beantragungs- und Berichtsroutinen verlangen ebenso wie die frühestmögliche Versorgung mit wissenschaftlichen Informationen spezielle organisatorische Lösungen. – Vgl. auch →Forschungsorganisationen, →Entwicklungsorganisationen. – 3. *Kontrolle*: In diesem Zusammenhang ist insbes. an die besonderen Belange eines Berichtens über Ereignisse, Zwischenergebnisse, Fehlschläge, Verzögerungen usw. in einerseits unbürokratischer und andererseits doch wirkungsvoller Weise sowie an eine nach Projekten differenzierende und von Abrechnungszeiträumen ggf. absehende Kosten-(Aufwand-) und Budgetüberwachung zu denken, um nötigenfalls die Planansätze rechtzeitig revidieren oder andernfalls in die Abwicklung der F&E-Projekte regulierend eingreifen zu können. Zu erwägen ist, ob einem Controller wenigstens Mitspracherechte im personalpolitisch sensiblen F&E-Bereich zuzustehen sind (vgl. auch →Controlling). – 4. Die vielfältigen Hinweise auf rational orientierte Gestaltungsmöglichkeiten bezüglich F&E stützen die These: *„The greatest invention of the nineteenth century was the invention of the method of invention"* (A.N. Whitehead, 1946).

V. F&E internationaler Unternehmen: Vgl. →internationale Forschung und Entwicklung.

VI. EG-Wettbewerbsrecht: Vgl. →Know-how-Vereinbarungen.

Literatur: Brockhoff, K., Forschungsprojekte und Forschungsprogramme: ihre Bewertung und Auswahl, Wiesbaden 1973; Kern, W./Schröder, H.-H., Forschung und Entwicklung in der Unternehmung, Reinbek bei Hamburg 1977; Moll, H. H./Warnecke, H. J. (Hrsg.), RKW-Handbuch Forschung, Entwicklung, Konstruktion (F + E), Loseblattsammlung, 2. Bde., Berlin 1976 (Stand 1986).

Prof. Dr. Werner Kern

Forstwirtschaft, planmäßige, auf den Anbau und Abschlag von Holz gerichtete Wirtschaftstätigkeit. Vgl. →Land- und Forstwirtschaft. – *Förderung* der F. nach dem →Bundeswaldgesetz vom 2. 5. 1975 (BGBl I 1037) wegen der Nutz-, Schutz- und Erholungsfunktionen des Waldes, gerichtet v. a. auf die Sicherung der allgemeinen Bedingungen für die Wirtschaftlichkeit von Investitionen zur Erhaltung und nachhaltigen Bewirtschaftung des Waldes. Dem gleichen Zweck dient das Gesetz über forstliches Saat- und Pflanzgut i. d. F. vom 26. 7. 1979 (BGBl I 1242). Durch die Bereitstellung ausgewählten und geprüften Vermehrungsgutes soll der Wald in seiner Ertragsfähigkeit und in seinen Wirkungen auf die Umwelt erhalten und verbessert werden. – Vgl. auch →Absatzförderungsfonds.

forstwirtschaftliches Vermögen, alle Teile einer wirtschaftlichen Vermögensmasse, die dem planmäßigen An- und Abbau von Holz als Hauptzweck dient. Vgl. im einzelnen →land- und forstwirtschaftliches Vermögen.

Fortbildung, →berufliche Fortbildung.

Fortbildungskosten, Ausgaben für den Besuch von Fortbildungslehrgängen, Vorträgen, für Fachliteratur u. ä.; von →Studienreisen. – F. der Steuerpflichtigen sind bei Einkommensteuer als →Betriebsausgaben bzw. →Werbungskosten abzugsfähig. – F. sind *zu unterscheiden* von →Berufsbildungskosten und →Weiterbildungskosten.

Fortbildungsschulen, Vorläufer der 1920 geschaffenen →Berufsschulen, als Ausbildungsstätten für die Fortbildung nicht mehr volksschulpflichtiger Jugendlicher, aus den sog. Sonntagsschulen hervorgegangen. Der Name F. ist in Österreich und der Schweiz noch gebräuchlich. – Vgl. auch →Berufsbildung, →Berufsbildungssystem.

fortgesetzte Gütergemeinschaft. 1. *Begriff*: Besondere Vermögensgemeinschaft zur Fortsetzung eines Güterstandes bei Tod eines Ehegatten (→eheliches Güterrecht). Bei f. G. wird zwischen den überlebenden Ehegatten und den gemeinschaftlichen →Abkömmlingen, die im Fall der gesetzlichen →Erbfolge als Erben berufen wären, die Gütergemeinschaft fortgesetzt (§ 1483 BGB). – **2.** *Steuerrechtliche Behandlung*: a) *Erbschaftsteuer*: Bei f. G. wird der Anteil des verstorbenen Ehegatten am Gesamtgut so behandelt, wie wenn er ausschließlich den anteilsberechtigten Abkömmlingen zugefallen wäre (§ 4 ErbStG). b) *Einkommensteuer*: Einkünfte, die in das →Gesamtgut der Ehegatten fallen, gelten als Einkünfte des überlebenden Ehegatten (§ 28 EStG), wenn dieser unbeschränkt steuerpflichtig ist. Eine Aufteilung der Gesamtguteinkünfte im Verhältnis der Anteilsberechtigungen auf die am Gesamtgut Beteiligten erfolgt.

fortgesetzte Handlung, strafrechtlicher Begriff. Mehrere äußerlich trennbare Tätigkeitsakte, die sich gegen dasselbe oder ein gleichartiges Rechtsgut richten, jedoch durch einen einheitlichen Gesamtvorsatz zu einem Ganzen verbunden sind. Es handelt sich strafrechtlich um eine einzige Tat, die in verschiedenen Akten begangen ist. Die →Verjährung beginnt mit der Begehung des letzten Aktes. *Ausgeschlossen* ist eine f.H. bei Verletzung höchstpersönlicher Rechtsgüter wie beispielsweise Leben, Körper und Gesundheit.

fortlaufende Notierung, →variabler Markt.

fortlaufender Kurs, →Kurs 2 a) (2).

Fortran, *formula translating system.* 1. *Begriff*: Prozedurale →Programmiersprache; 1956 von Mitarbeitern der Firma IBM unter Leitung von J. W. Backus entwickelt mit dem Ziel, mathematische Berechnungen mit dem Computer zu vereinfachen. – 2. *Einsatzgebiete/Verbreitung*: Im mathematischen, technischen und naturwissenschaftlichen Bereich die am weitesten verbreitete Programmiersprache. – 3. *Vorteil*: Weltweit umfangreiche mathematische Programmbibliotheken verfügbar. – 4. *Nachteil*: Veraltete Sprachstruktur. – 5. *Standardisierung*: Mehrere Versionen von IBM entwickelt (Fortran II, Fortran IV); Ansi-Standards (→ANSI) von 1966 (Fortran 66) und 1977 (Fortran 77); breite Akzeptanz des letzteren.

Fortschreibung. I. Statistik: Fortlaufende Dokumentation von Veränderungen von →Bestandsgesamtheiten durch Zugänge und Abgänge auf der Grundlage einer früher erfolgten →Erhebung. Beispiel: Ermittlung einer Einwohnerzahl einer Gemeinde durch F. unter Verwertung der Resultate einer früheren Volkszählung.

II. Lager- und Anlagenbuchführung: Vgl. →Skontration, →laufende Inventur.

III. Steuerrecht: F. von →*Einheitswerten*: 1. Im Falle einer nach dem letzten →Feststellungszeitpunkt eingetretenen und für die Besteuerung bedeutsamen Änderung der tatsächlichen Verhältnisse: a) bei Änderung im Wert eines Gegenstands als →*Wertfortschreibung*; b) bei Änderung in der nach bewertungsrechtlichen Grundsätzen bestimmten Art eines Gegenstands als →*Artfortschreibung*; c) bei Änderung in der Zurechnung (Eigentumsverhältnisse) eines Gegenstands als →*Zurechnungsfortschreibung*. – 2. Zur Beseitigung eines Fehlers der letzten Feststellung als →*Berichtigungsfortschreibung*. – Die F.-Arten bestehen selbständig nebeneinander, können aber miteinander verbunden werden. – Vgl. auch →Fortschreibungszeitpunkt.

IV. Wirtschaftsinformatik Vgl. →Dateifortschreibung.

Fortschreibungsmethode, →Skontration.

Fortschreibungszeitpunkt. 1. *Begriff* des Steuerrechts: Zeitpunkt, zu dem in bestimmten Fällen →Fortschreibung erfolgen muß: a) Beginn des Kalenderjahres, das auf die Änderung folgt, in den Fällen einer Änderung der tatsächlichen Verhältnisse (→Fortschreibung III 1); b) Beginn des Kalenderjahres, in dem der Fehler dem Finanzamt bekannt wird, bei →Berichtigungsfortschreibung (→Fortschreibung III 2); bei einer Erhöhung des Einheitswerts jedoch frühestens der Beginn des Kalenderjahres, in dem der →Feststellungsbescheid erteilt wird (§ 22 IV BewG). Maßgebend sind die Verhältnisse im F. – 2. *Besonderheiten*: Abweichende Stichtage für die Zugrundelegung der Bestands- und/oder Wertverhältnisse nach §§ 27, 35 II, 54, 59, 106, 112 BewG bleiben unberührt.

Fortsetzungskrankheit, →Lohnfortzahlung I 2.

Fortwälzung von Steuern, →Steuerüberwälzung I 2 a).

FOT, free on truck, fast mit →ab Werk identische Handelsklausel (→Incoterms). Ähnlich: →FOR.

Fotographie, →Lichtbildwerk.

Fotokopie. Die F. urheberrechtlich geschützter Werke ist nur zum persönlichen und sonstigen eigenen Gebrauch zulässig;

dient die F. gewerblichen Zwecken, ist dem Urheber eine angemessene Vergütung zu zahlen (§§ 53, 54 UrhRG).

FOW, free on waggon, fast mit →FOR identische Handelsklausel (→Incoterms). Der Käufer ist verpflichtet, die zu liefernde Ware dem Handelsbrauch entsprechend (örtliche Bestimmungen der Eisenbahnverwaltung) in Waggons zu verladen.

F. P. A., *free from particular average*, vom Institute of London Underwriters herausgegebene Mindestdeckung der →Institute Cargo Clauses, die es seit 1.1.1982 nicht mehr gibt. Sie versicherte nur Elementarschadenereignisse (z. B. Schiffsuntergang, Brand, Explosion).

Fracht. 1. *Entgelt* für den Transport von Gütern. – 2. Zu transportierende Güter (*Frachtgut*).

Frachtbasis, *Frachtparität*, geographischer Ausgangspunkt der Frachtberechnung für alle Lieferungen eines Gutes, berücksichtigt von allen Unternehmen, die an einem entsprechenden Übereinkommen über die Frachtberechnung beteiligt sind. Dem Käufer werden die Frachtkosten für die Entfernung zwischen F. und Empfangsort berechnet, ohne Rücksicht darauf, von welchem Ort geliefert wird, wie hoch demnach die wirkliche Fracht ist. Die Bevorzugung eines bestimmten Lieferanten wegen der →Transportkosten ist damit ausgeschlossen. – F. *in der Bundesrep. D.*: Siegen in der Stahlindustrie für Handelsfeinbleche, Essen für die übrigen Bleche sowie für Kohle, Oberhausen für andere Walzwerkerzeugnisse.

Frachtbörse, →Börse III 2.

Frachtbrief, Begleitpapier im Frachtgeschäft (Güterverkehr), das als Beurkundung des →Frachtvertrages anzusehen ist. – 1. *Allgemeine Bestimmungen* bezüglich der Handhabung von F. in § 426 HGB: (1) Der →Frachtführer (derjenige, der die Beförderung von Gütern zu Lande, auf Flüssen oder sonstigen Binnengewässern gewerbsmäßig durchführt) kann die Ausstellung eines F. vom Absender verlangen. (2) Der Absender haftet dem Frachtführer für die Richtigkeit und die Vollständigkeit der in den F. aufgenommenen Angaben. (3) Der F. soll bestimmte Angaben enthalten, wie

Ort und Tag der Ausstellung, Name und Wohnort des Frachtführers, Name des Empfängers, Ort der Ablieferung. – 2. *Spezielle Bestimmungen* bezüglich der F. in verkehrsträgerspezifischen Gesetzen: a) Für die *Eisenbahn* finden sich nationale Regelungen (nationaler Frachtbrief, Inlandsfrachtbrief) in der →Eisenbahn-Bau- und -Betriebsordnung (EBO). § 55 EBO schreibt zwingend vor, daß der Absender jeder Sendung einen F. nach dem im Tarif festgesetzten Muster beifügt. Internationale Regelungen (internationaler F.) im CIM, →Übereinkommen über den internationalen Eisenbahnverkehr. – b) Für den *gewerblichen Güterfernverkehr* mit Kraftwagen in der Bundesrep. D. Regelung in der Kraftverkehrsordnung (KVO): Der F. muß bei allen Fahrten mitgeführt werden (§ 10 KVO) und ist der Überwachungsinstitution (BAG) auf Verlangen zur Prüfung vorzulegen. – 3. Der internationalen Straßengüterverkehr *internationaler F.* gemäß dem Übereinkommen über den Beförderungsvertrag im internationalen Straßengüterverkehr (CMR). Das von der IRU entwickelte CMR-Frachtbriefmuster ist den EG-Vorschriften angepaßt und wird i. a. angewandt.

Frachtenausschüsse, vom Bundesminister für Verkehr durch Rechtsverordnung zu errichtende Ausschüsse, die in der Binnenschiffahrt die Tarife für zu befördernde Güter fixieren (§ 21 BSch VG). – *Organisation*: F. bestehen aus dem eigentlichen F. und einem erweiterten F. Zusammensetzung der F. aus zwei gleich starken Gruppen von ehrenamtlichen, nicht an Aufträge und Weisungen gebundenen Vertretern der Schiffahrt und der Verlader. Die Vertreter werden auf Vorschlag der Verbände der Binnenschiffahrt bzw. der Verbände der Industrie, des Handels, des Handwerks, der Schiffsspedition und der Agrarwirtschaft für drei Jahre von der Aufsichtsbehörde in die F. berufen und wählen aus ihrem Kreis einen Vorsitzenden. Die F. bilden auf Anordnung oder mit Genehmigung der Aufsichtsbehörde: (1) Frachtenkommissionen für Tagesgeschäfte, (2) Bezirksausschüsse, (3) gemeinsame Ausschüsse und (4) Fachausschüsse (§ 27 BSchVG). – *Genehmigungspflicht*: Der Bundesminister für Verkehr muß die Beschlüsse der F. über Entgelte für Verkehrsleistungen genehmigen. – *Gebietliche Zuständigkeit* geregelt durch

VO über die gebietliche Zuständigkeit der F. in der Binnenschiffahrt vom 8.8.1963 (BGBl II, 1151).

frachtfrei ... (benannter Bestimmungsort), Handelsklausel (→Incoterms). Der Verkäufer trägt zwar die Kosten der Beförderung (Fracht) bis zum Bestimmungsort, die Gefahr jedoch nur bis zu dem Zeitpunkt der Übergabe der Ware an den ersten Frachtführer. Das schließt nicht aus, daß der Verkäufer unter Umständen für eine ordnungsgemäße Versicherung der Ware zu sorgen hat, wie z. B. bei der sehr bedeutenden Klausel →cif. Anders bei der Freiklausel (→free). Es gibt demzufolge zwei frachtfrei-Klauseln: (1) *frachtfrei* (freight or carriage paid to…DCP); (2) *frachtfrei versichert* (freight carriage rand insurance paid to…CIP).

Frachtführer. I. Begriff: Kaufmann, der es „gewerbsmäßig übernimmt, die Beförderung von Gütern zu Lande oder auf Flüssen oder sonstigen Binnengewässern auszuführen" (§ 425 HGB). F. ist daher jeder Betrieb des Schienen-, Straßen-, Leitungs- und Binnenschiffsverkehrs, der Güter im →Fremdverkehr transportiert. – Nach den Regelungen der →International Air Transport Association (IATA) gilt diese Begriffsbestimmung grundsätzlich auch für den →Luftverkehr *(Luftfrachtführer)*. – Bei der Güterbeförderung zur See entspricht dem F. der *Verfrachter* (§§ 407, 559 HGB).

II. Pflichten: 1. *Sorgfältige Ausführung* der Beförderung, insbes. rechtzeitig Beginn und Vollendung (§ 428 HGB). – 2. *Aufbewahrung des Gutes* von der Übernahme bis zur Ablieferung an den Empfänger (§ 429 I HGB); bei Kostbarkeiten, Kunstschätzen, Geld und Wertpapieren haftet F. nur bei Beschaffenheits- oder Wertangabe bei der Übergabe zur Beförderung (Deklaration; § 429 II HGB). – 3. *Befolgen der Anweisungen des* Absenders bzw. des Empfängers (§ 433 HGB). – 4. *Haftung:* Der F. haftet auf *Schadenersatz* bei Verletzung dieser Pflichten, wenn er nicht beweist, daß der Schaden durch die Sorgfalt eines ordentlichen F. nicht abgewendet werden konnte (§ 429 I HGB). – a) F. haftet für das →*Verschulden* seiner Angestellten oder anderer Personen, die er zur Beförderung zuzieht (z. B. Unter- und Zwischenfrachtführer), wie für eigenes Verschulden (§ 431 HGB), z. B. auch für Büroangestellte, die mit der Beförderung

unmittelbar nichts zu tun hatten. – b) Der *Umfang* der Ersatzpflicht ist bei Verlust des Gutes beschränkt auf den Ersatz des gemeinen →Handelswertes oder sonstiger gemeiner Werte bzw. bei Beschädigung auf Ersatz der Wertdifferenz (§ 430 HGB). – c) Bei →*Vorsatz* oder →*grober Fahrlässigkeit* muß der F. vollen →Schadenersatz leisten. Bei Versäumung der Lieferfrist keine Haftungsbeschränkung. – d) *Andere Haftungsregelung* wird meist vereinbart, indem →Allgemeine Geschäftsbedingungen (AGB) Vertragsinhalt werden, z. B. →Allgemeine Deutsche Spediteurbedingungen (ADSp), die für den Spediteur gelten, auch wenn er selbst als F. tätig wird, oder die →Beförderungsbedingungen für den Umzugsverkehr (GüKUMT). – 5. *Erlöschen* der Pflichten: a) Der F. wird aus dem Frachtvertrag frei mit der Annahme des Gutes und der Bezahlung der Fracht samt Nebenkosten durch den Empfänger (§ 438 I HGB). Damit e:löschen alle Ansprüche gegen den F., soweit nicht (§ 438 II-V HGB): (1) Beschädigung oder Minderung des Gutes vor Annahme durch amtlich bestellte Sachverständige festgestellt sind; (2) äußerlich nicht erkennbare Mängel sich erst später zeigen und Empfänger unverzüglich nach Entdeckung, spätestens binnen einer Woche nach Annahme, amtliche Feststellung beantragt; (3) der F. einen Schaden durch Vorsatz oder grobe Fahrlässigkeit herbeigeführt hat. – b) Ansprüche gegen den F. aus Verletzung seiner Pflichten *verjähren*, ausgenommen bei Vorsatz, in einem Jahr (§ 439 HGB). Nach § 64 ADSp allerdings schon nach sechs Monaten, auch bei Vorsatz (so Bundesgerichtshof).

III. Rechte: 1. Der Absender muß dem F. das Gut nebst Begleitpapieren in ordentlichem Zustand *übergeben* (§ 427 HGB); der F. kann die Ausstellung eines Frachtbriefes verlangen (§ 426 HGB). – 2. Anspruch auf *Zahlung* der Fracht nach Ausführung der Beförderung (§ 641 BGB), meist nach Tarifen, und auf Ersatz der notwendigen Auslagen und Vorschüsse (§§ 669, 670 BGB). – 3. Der F. hat ein gesetzliches *Pfandrecht* am Gut wegen aller durch Frachtvertrag begründeten Forderungen, solange er das Gut in Besitz hat oder durch →Traditionspapiere darüber verfügen kann (Entstehung auch durch →gutgläubigen Erwerb möglich, § 366 III HGB). Das Pfandrecht dauert über die Ablieferung des Gutes hinaus fort, wenn der F. es binnen drei Tagen nach Ablieferung gerichtlich geltend macht und das Gut noch im Besitz des Empfängers ist (§ 440 I–III HGB). Ein weitergehendes Pfandrecht folgt aus § 50 ADSp. Bei mehreren gesetzlichen Pfandrechten (z. B. aus Fracht, Spedition und Lagervertrag) schreibt § 443 HGB bestimmte Rangordnung vor.

IV. Rechtsstellung mehrerer F.: 1. *Selbständige Teilfrachtführer*: Der Absender schließt mit mehreren F. Frachtverträge für je eine bestimmte Teilstrecke ab, wobei jeder Teilfrachtführer für seine Strecke die Verantwortung allein trägt. – 2. *Unterfrachtführer*: Der Absender schließt nur mit einem F. ab, der einen anderen F. als Gehilfen zur Beförderung nimmt. Der F. (Hauptfrachtführer) haftet für den Unterfrachtführer (§§ 432 I, 431 HGB). – 3. *Samtfrachtführer*: Mehrere F. führen aufgrund eines vom Absender mit dem ersten F. für die ganze Strecke abgeschlossenen Frachtvertrags die Beförderung für nur je eine Teilstrecke durch, indem das Gut mit dem ausgestellten durchgehenden Frachtbrief jeweils an einen anderen F. übergeben wird. Alle F. haften als →Gesamtschuldner (§ 432 HGB). Der letzte F. muß im Interesse seiner Vormänner einschließlich des Absenders deren Forderungen mit einziehen und auch deren Pfandrecht ausüben, sonst wird er selbst ersatzpflichtig.

Frachtgeschäft, Beförderung von Gütern gegen Entgelt durch →Frachtführer aufgrund eines Frachtvertrags. Das F. gehört zu den →Beförderungsgeschäften. Auch wenn ein →Kaufmann, der nicht Frachtführer ist, im Betrieb seines Handelsgewerbes ein F. abschließt, gelten die Vorschriften des HGB über das F. (II 425, 451 HGB).

Frachtkosten, Teil der →Logistikkosten eines Unternehmens, die für die Inanspruchnahme extern erbrachter Transportleistungen (Speditionsverkehr, öffentliche Verkehrsmittel) anfallen. – 1. *Kostenrechnung*: F. sind für Schiffs-, Luft-, Bahn- und Lastwagenfrachten nach Eingangs- und Ausgangsfrachten getrennt zu erfassen. Eingangsfrachten sind als Teil des Einstandswerts möglichst als →Einzelkosten auszuweisen. Verauslagte Frachten, die zurückerstattet werden, berühren die Kostenrechnung nicht. – 2. *Bilanzierung*: F. sind als Anschaffungsnebenkosten Teil der →Anschaffungskosten. – 3. *Umsatzsteuer*: F. sind Teil des →Entgelts. Als Nebenleistung sind sie dem Grundsatz der einheitlichen Leistung folgend mit der Hauptleistung zu versteuern (→Lieferungen und (sonstige) Leistungen III).

Frachtladefaktor, →Ladefaktor.

Frachtparität, →Frachtbasis.

Frachtrate, →Frachtsatz.

Frachtsatz. 1. *Güterverkehr*: Der auf eine Gewichtseinheit (i. d. R. 100 kg, bei Stückgut bis 1000 kg) bezogene Beförderungspreis. – 2. *Seeverkehr*: Es wird von Frachtraten gesprochen. – 3. *Personenverkehr*: Der auf eine Entfernungseinheit (1 km) bezogene Beförderungspreis wird als *Tarifsatz* bezeichnet.

Frachtsatzzeiger, Heft A des →Deutschen Eisenbahn-Gütertarifs, Teil II. – *Inhalt*: Ausgerechnete Frachten in DM für Stückgut bis 1000 kg; Frachtsätze in Pf für Stückgutsendungen über 1000 kg; Frachtsätze für Güter der Klassen A–C von Wagenladungen; Frachtsätze für Güter der Wagenladungsklassen Gk und I, II, III bis V; Tafel der Privatwagenabschläge für Verkehr der DB und in den Tarif einbezogenen →nichtbundeseigenen Eisenbahnen.

Frachtstundung, Stundung von Forderungen aus Verkehrsdienstleistungen, insbes. der →Fracht. Regelmäßige Kunden von Betrieben des Schienen- und Straßengüterverkehrs können ihre Verbindlichkeiten in Frachtstundungsverfahren mit festen Konditionen, Fristen und bargeldloser Abwicklung regulieren (vgl. →Deutsche Verkehrs-Kredit-Bank AG (DVKB), →Deutsche Transportbank GmbH).

Frachtvertrag, Vertrag des →Frachtführers mit dem Absender über die Beförderung von Gütern. Der F. ist →Werkvertrag (§§ 631 ff. BGB) mit Sonderregeln in §§ 425 bis 452 HGB. – 1. *Inhalt*: Wesentlicher Inhalt muß die Beförderung des Gutes sein, sie muß Hauptleistung sein, es genügt die Beförderung innerhalb der Ortschaft. Transportmittel sind gleichgültig: auch Gepäckträger und Dienstleute schließen einen F. Die Güter müssen dem Frachtführer zur Beförderung anvertraut sein: der Schleppvertrag bei der Binnenschiffahrt ist daher kein F., sondern nur Werkvertrag. – 2. *Abschluß* zwischen Absender (Besteller des Werkvertrags) und dem Frachtführer (Werkunternehmer); nicht beteiligt ist der Empfänger des Gutes, der mit dem Absender identisch sein kann. Für den Empfänger entstehen aber durch den F. Anwartschaften und Rechte, ggf. auch Pflichten. – *Einzelheiten:* Vgl. →Frachtführer. – 3. *Sonderregeln* gelten im →Seefrachtgeschäft, z.T. auch im →Flußfrachtgeschäft und →Bahnfrachtgeschäft. – 4. *Beschränkungen gem. AWV:* a) Gemäß § 44 II AWV bedarf es ab einem Beförderungsentgelt von über 1000 DM einer Genehmigung für Gebietsansässige, die als Stellvertreter, Vermittler oder in ähnlicher Weise beim Abschluß von Frachtverträgen zur Beförderung einzelner Güter (Stückgüter) durch Seeschiffe fremder Flagge zwischen einem Gebietsfremden, der nicht in einem Land der →Länderliste F1 oder F2 ansässig ist, und einem weiteren Gebietsfremden mitwirken. b) Schließt ein Gebietsansässiger mit einem Gebietsfremden, der in einem Land ansässig ist, das nicht der →Länderliste F1 oder F2 angehört, einen F. zur Beförderung einzelner Stücke (Stückgüter) durch ein Seeschiff fremder Flagge ab, dann bedarf dies gemäß § 46, I AWG der Genehmigung, wenn das Beförderungsentgelt 1000 DM übersteigt.

Frachtvorlage, Auslagen eines Verkehrsbetriebes, insbes. eine →Spedition, beim Ein- oder Ausgang von Gütern für Forderungen Dritter an seinen Kunden (z. B. Frachten, Lagergelder, Nachnahmen, Zölle, Steuern, Versicherungsprämien).

Fracht-Zonen, →Zonentarif.

Frachtzuschlag, →Nebengebühren.

fractional programming, →Quotientenoptimierung.

Frage, →Befragung, →Eisbrecher, →Filterfrage, →Kontrollfrage.

Fragebogen, Grundlage für →Erhebungen; Arbeitsmittel bei →Befragung. Im F. sind schematisch die eindeutig bestimmten →Erhebungseinheiten und Erhebungsmerkmale (→Merkmal) verankert. Fehlerfreie Ausfüllung ist durch Erläuterungen oder Mustereintragung anzustreben und zu

überprüfen (→Kontrollfrage). – *Arten:* 1. *Individual-F.:* Auszufüllen von jeder in die Untersuchung einbezogenen Person. 2. *Kollektiv-F.:* zu beantworten von den für eine Sach- oder Personengruppe Verantwortlichen (z. B. Unternehmer bei Maschinenzählung; Haushaltsvorstand für Familie bei der Volkszählung). – *Brauchbarkeit* des Fragenschemas ist durch vorherige Probeerhebung (→Pretest) und →Aufbereitung zu prüfen. – Vgl. auch →computergestützte Datenerhebung.

Fragerecht des Arbeitgebers, →Personalfragebogen, →Offenbarungspflicht.

Fragestunde des Bundestages, →Anfragen.

Fraktion, § 10 der Geschäftsordnung des Bundestags bestimmt F. als Vereinigung von mindestens 5 v. H. der Mitglieder des Bundestags, die derselben →Partei oder solchen Parteien angehören, die aufgrund gleichgerichteter politischer Ziele in keinem Land miteinander in Wettbewerb stehen. Sonst bedarf die Anerkennung als F. der Zustimmung des Bundestags. Die F. sind in →Organstreitigkeiten vor dem →Bundesverfassungsgericht antragsberechtigt (§ 63 b VerfGG). – Nach der Fraktionsstärke richten sich die Stellenanteile bei der Zusammensetzung der →Ausschüsse des Ältestenrats. Danach wird der Ausschußvorsitz festgelegt.

Frame. 1. *Begriff:* Form der →Wissensrepräsentation; Wissen über ein Objekt wird durch Zusammenfassung seiner Eigenschaften in einem „Rahmen" dargestellt. Von M. Minsky entwickelt. Es enthält Aspekte der →deklarativen Wissensrepräsentation und der →prozeduralen Wissensrepräsentation. Es kann als eine Übertragung der Ideen der objektorientierten Programmierung und in die →künstliche Intelligenz (KI) aufgefaßt werden. – 2. *Bestandteile:* a) *Name des F.,* b) *Fächer (Slots),* die die mit dem zu beschreibenden Objekt assoziierten Informationen aufnehmen. Ein Slot hat einen Namen, der ihn identifiziert, und „Slot-Values", d. h. die möglichen Werte, die er annehmen kann. Zu diesen Werten können auch ein Standardwert, Zeiger zu anderen F., Mengen von →Regeln oder →Prozeduren, die den Aufruf Werte liefern (vgl. auch →Dämon), gehören. – 3. *Erzeugung:* Aus einem „Ur-F.", d. h. einer allgemeinen Definition des F., wird durch die Belegung der Slots mit jeweils zulässigen Werten ein konkreter F. (Instanz des Ur-F.) erzeugt.

Franchise, *Franchising*. I. Handelsbetriebslehre: 1. *Begriff:* System der →Vertriebsbindung, ähnlich den Vertragshändlern oder den kooperierenden Gruppen: Ein F.-Geber (Hersteller) sucht F.-Nehmer (Händler), die als selbständige Unternehmer mit eigenem Kapitaleinsatz Waren/Dienste unter einem einheitlichen Marketingkonzept anbieten. Rechte und Pflichten sind vertraglich geregelt. – 2. *F.-Geber:* a) *Vorteile:* Rasche Marktausdehnung mit selbständig initiativ werdenden Unternehmern, die jedoch im Rahmen des F.-Vertrages gebunden sind. Kein Kapitalrisiko für Ladenerwerb und Ladenausbau. b) *Aufgaben:* Entwurf und Ausbau des Marketingkonzepts, Warenauswahl, Kalkulationsvorschläge, überregionale Werbung unter einheitlichem Zeichen, Beteiligung an der regionalen Werbung, Bereitstellung von Dekorationsmaterial und Messediensten, Personalschulung, Verkaufsberatung, meist mit →Gebietsschutz für den F.-Nehmer. – 3. *F.-Nehmer:* a) *Vorteile:* Teilhabe am Know-how und am Marktimage des F.-Gebers, Aufgabenentlastung bei vielen Entscheidungen der Sortiments-, Preis- und Kommunikationspolitik. b) *Aufgaben:* Abnahme von Mindestmengen, Sortimentsbeschränkung hinsichtlich Konkurrenzprodukten, Einhaltung des vorgegebenen Preisniveaus, Unterstützung der überregionalen Werbung durch eigene Aktionen. – 4. *Verbreitung:* F.-Systeme gibt es im Automobilhandel, in der Getränkebranche, in der Distribution von Mineralölprodukten, bei Baumärkten und Schnellgaststätten.

II. Versicherungswesen: Hauptsächlich in der Transportversicherung übliche, durch →Bagatellklausel abgesicherte Vereinbarung über Haftungseintritt der Versicherung erst beim Überschreiten einer bestimmten Schadenshöhe (→Selbstbeteiligung des Versicherten). Dadurch wird z. B. im Frachtgeschäft der Versicherte angehalten, Verpackung und Transport so sorgfältig vorzunehmen, daß keine kleineren Schäden auftreten. Berechnung der F. unterschiedlich, in der Warentransportversicherung z. B. vom Einzelstück oder von einer größeren Einheit (Serie). – *Formen:* a) *Abzugsfranchise:* Der Versicherungsnehmer trägt an jedem von der Versicherung gedeckten Schaden einen Teil (prozentual oder bis zum im Vertrag vereinbarten Betrag) selbst. b) *Integralfranchise:* Schäden bis zu einer bestimmten Höhe trägt der Versicherungsnehmer selbst, darüber hinausgehende Schäden ersetzt der Versicherer voll; selten vorkommend.

III. EG-Wettbewerbsrecht: Vgl. →Know-how-Vereinbarungen.

Franchiseklausel, →Bagatellklausel.

Franchising, →internationales Franchising.

Franc-Zone, *zone franc*. I. Begriff: Die F.-Z. faßt unabhängige Länder zu einer Währungszone zusammen, die einzigartig ist. Die Einrichtungen haben sich seit ihrer Gründung 1939 weiterentwickelt, die währungspolitischen Grundzüge blieben jedoch unverändert. *Angehörige der F.-Z.* sind außer Frankreich (Mutterland) mit den Departements in Übersee (Guadeloupe, Guyana, Martinique, Réunion, Saint-Pierre-et-Miquelon) Neu-Kaledonien, Franz.-Polynesien, Wallis und Futuna, Mayotte (Insel mit Sonderstatus), die afrikanischen Staaten Volksrepublik Benin, Burkina-Faso, Elfenbeinküste, Nigeria, Senegal, Togo, Mali, Volksrepublik Kongo, Kamerun, Republik Zentralafrika, Gabun, Äquatorial-Guinea und Tschad sowie die Bundes- und islamische Republik der Komoren und das Fürstentum Monaco. – *Ziel* dieser währungspolitischen und wirtschaftlichen Einrichtung ist Währungssicherheit und Wirtschaftswachstum. Die Länder der F.-Z. sind die einzigen afrikanischen Länder, die über eine frei konvertierbare Währung verfügen: ein bedeutsamer Entwicklungsfaktor.

II. Einrichtungen der F.-Z.: 1. *Institutioneller Rahmen:* Die afrikanischen Staaten sind in zwei Währungsgemeinschaften unterteilt: a) *Westafrikanische Währungsunion (UMOA):* Mitgliedsländer sind Benin, Burkina-Faso, Elfenbeinküste, Mali, Nigeria, Senegal und Togo. Sie wird von einer „Konferenz der Regierungschefs" (die mindestens einmal im Jahr stattfindet) und einem Ministerrat, der die Währungs- und Kreditpolitik sowie die mögliche Änderung der Parität beschließt, geleitet. – Die *Zentralbank der westafrikanischen Staaten (BCEAO)* mit Sitz in Dakar ist eine internationale und öffentliche Einrichtung, deren Statuten in den Vertrag von 1973 eingegliedert wurden. Die BCEAO ist die einzige →Notenbank der Union; sie nimmt folgende Aufgaben wahr: Vorrecht der Notenausgabe, Neudiskontierung, Wettbewerb in den Staaten, Verwalten der nationalen Gelder. Sie ist am Kapital der westafrikanischen Bank für Entwicklung (BIAD) beteiligt. b) *Bank der zentralafrikanischen Staaten (BEAC)*: Mitgliedsländer sind Kamerun, Republik Zentralafrika, Kongo, Gabun, Äquatorial-Guinea und Tschad. Geleitet durch ein „Währungskomitee", (abstimmendes Organ, das sich aus den sechs Finanzministern zusammensetzt) und ein „Comité Monétaire Mixte" (ein gemischtes Währungskomitee, an welchem der französische Finanzminister teilnimmt). Beide Organe üben Autorität aus auf die überregionale öffentliche Zentralbank, die ihren Sitz in Yuanda hat. – Im Verwaltungsrat beider Zentralbanken sitzen neben den afrikanischen zwei bis drei französische Vertreter. – 2. *Funktionsweise*: a) Die wichtigsten *Regeln für den Funktionsablauf* sind folgende: (1) Die Währungen sind untereinander *unbegrenzt konvertierbar*. Im Rahmen einer bestimmten Überwachung wird durch den automatischen Umtausch in französische Francs für die afrikanischen Francs die ausländische Konvertierbarkeit garantiert; dies bedeutet für die afrikanischen Länder eine weltweite Tauschfreiheit, die im Vergleich zu anderen Ländern der Dritten Welt wesentlich größer ist. (2) Die Währungen sind untereinander zu *festgesetzten Paritäten* konvertierbar und nicht zu Wechselkursen auf dem Tauschmarkt. (3) Die Staaten halten sich an die *gleichen Bestimmungen* bezüglich der finanziellen Verbindungen mit dem Ausland. (4) Die Zentralbanken behalten ihre *Auslandsguthaben in französischen Francs* (nicht ausschließlich); sie legen dadurch gemeinsam ihre Devisenquelle an. b) Das *Zusammenlegen der Reserven* ist einer der Grundsätze einer Währungszone. Dies wird durch das Buchungskonto, auf dem die Zentralbanken einen Teil ihrer Reserven gegen Vergütung hinterlegen, gesichert. Sie können heutzutage maximal 35% davon

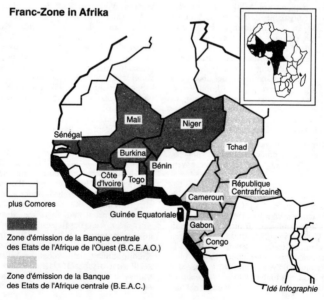

Franc-Zone in Afrika

plus Comores

Zone d'émission de la Banque centrale
des Etats de l'Afrique de l'Ouest (B.C.E.A.O.)

Zone d'émission de la Banque
des Etats de l'Afrique centrale (B.E.A.C.)

Idé Infographie

zurückhalten (außer Sonderziehungsrechte (SZR) und Teile des Rückhalts des Internationalen Währungsfonds), z. B. als Einlage auf einem Konto bei der Bank für internationalen Zahlungsausgleich. Die gemeinsamen Guthaben, die in französischen Francs festliegen, haben den Vorteil einer Wechselgarantie in bezug auf die SZR; dies kommt zur Möglichkeit, einen Teil der Reserven in anderen Devisen festzulegen, hinzu, begünstigt durch wechselseitige Kurse und die Zinssätze der Bank Frankreichs.

III. Bedeutung: 1. Die F.-Z. ist ein *Währungsgebiet und erweiterter Bankraum*, d. h. a) es gilt die gleiche Tauschvorschrift; damit sind Geldtransfers innerhalb der Zone im Prinzip frei; b) (interne) französische Bankkredite sind verfügbar; c) das Bankennetz Frankreichs findet sich verlängert in den Mitgliedsländern der Zone; d) für Industrielle und Kaufleute besteht die Möglichkeit, die Süd-Süd-Verbindungen sowie die Nord-Süd-Verbindungen zu nutzen, um ihre Aktivitäten auszuweisen. Diese Vorteile können durch folgende Mißstände beeinträchtigt werden: a) Die vorhandenen französischen Banken, die noch durch eine eher traditionelle Einrichtung geleitet werden, haben den Ruf, sich auf ihren erworbenen Rechten auszuruhen und so von relativ schwacher Wirksamkeit (relative Geschwindigkeit der Geldtransfers) im Vergleich zu den angelsächsischen Banken in anderen afrikanischen Ländern zu sein. b) Es besteht eine starke Aktivität auf dem Schwarzmarkt in den Grenzbezirken zu den anderen afrikanischen Ländern; entsprechend problematisch sind Marktstudien und die Führung des Verteilungsnetzes. – 2. Die Mitgliedsländer der F.-Z. weisen *klarere Investitionsbedingungen* auf als andere Entwicklungsländer: a) Die Rechtsordnung in den Unternehmen ist im wesentlichen jene des französischen Wirtschaftsrechts. b) Das satzungsmäßige Kapital (erforderliches Minimum) der Handelsgesellschaften ist meistens sehr gering. c) Aufgrund der F.-Z. gibt es keine Gewinnrückfuhrprobleme (Gewinne sind frei). d) Kein Risiko des Nichttransfers von fälligen Summen (Währungen sind konvertierbar). e) Bezüglich des Imports von Anlagegütern gibt es keine Beschränkung für Waren, die aus Frankreich kommen (es werden sogar Einfuhrgenehmigungen für andere Länder benötigt). – 3. Die F.-Z. genießt Vorteile

von *Sonderkrediten*: Es existieren Sonderkredite der Zentralbank für wirtschaftliche Zusammenarbeit (Paris), in Form von Darlehen, Unternehmensbeteiligungen (durch die PROPARCO, Zweigstelle der Zentralbank für wirtschaftliche Zusammenarbeit) und vorteilhaften „gemischten" Ratenkrediten, Hilfen in Form von Krediten der technischen und kulturellen Zusammenarbeit (Regierungsdarlehen) sowie sichere Gewährleistung durch die Compagnie Française d'Assurance pour le Commerce Extérieur oder den Fiskus. – 4. Die Handelsbeziehungen werden durch die Zugehörigkeit der Mitgliedsländer der F.-Z. zu *verschiedenen Zollgemeinschaften* begünstigt: a) *Wirtschaftliche Gemeinschaft Westafrikas (CEAO)*, abgefaßt durch die EWG: Eine gewinnbringende Vereinigung, bestehend aus Senegal, Elfenbeinküste, Mali, Burkina-Faso, Niger, Mauretanien, Benin, Togo; keine internen Zollrechte; vielfältige internationale Finanzierungen. b) *Wirtschaftsgemeinschaft der zentralafrikanischen Staaten (CDEAC)*, bestehend aus Kamerun, Tschad, Kongo, Gabun, der Republik Zentralafrika und Äquatorial-Guinea. Die Währungseinheit stellt einen wesentlichen Trumpf zum Gelingen der regionalen wirtschaftlichen Integration dar. Zur Aufteilung der beiden Zonen vgl. Abbildung. – 5. Die *militärische Sicherheit* wird durch Frankreich gewährleistet.

IV. Beurteilung: Die *Zugehörigkeit Frankreichs zur Europäischen Gemeinschaft* erhöht das Interesse der Franc-Länder, da hiermit der Handel der afrikanischen Länder mit dem gemeinsamen Markt ermöglicht wird. – Die Rentabilität zahlreicher Investitionen hängt von den Exportchancen, dem Preis der importierten Produkte und in großem Umfang auch von den Tauschkonditionen ab; eine *stabile Währungszone* ist folglich ein Vertrauensfaktor, da diese es ermöglicht, sich gegen finanzielle Risiken zu schützen und die mittelfristige Planung stark zu vereinfachen. Es ist klar erkennbar, daß der Tätigkeitsbereich für die am internationalen Handel Beteiligten sich in den Ländern mit frei konvertierbarer Währung sehr klar und deutlich von jenem in Ländern mit nicht konvertierbarer Währung unterscheidet. Die Gewißheit der Konvertierbarkeit stärkt. – Die währungspolitische Sicherheit wird durch eine Einrichtung der *bilateralen Entwicklungshilfe*

(Frankreich widmet den Gegenwert von 0,5% seines Bruttosozialprodukts, nicht hinzugerechnet die Gebiete und Departements in Übersee) und *multilateralen Hilfe* (Abkommen von Lomé, ein spezieller Afrika-Fonds) vervollkommnet. – Aus oben genannten Gründen ist die F.-Z. ein dynamisches, im Wachstum befindliches Gebiet; dies wird anhand des Wiedereintritts Malis (1984), des Eintritts von Äquatorial-Guinea (1985) sowie des voraussichtlichen Eintritts von Guinea/Canakry und Guinea Bissau, deutlich.

Prof. Dr. Sabine M.-L. Urban

Frankfurter Börse. 1. *Entwicklung*: Im 16. Jh. aus der Frankfurter Messe entstanden, seit der Zeit Rothschilds führende deutsche Wertpapierbörse, bis nach dem Krieg 1870/71 Berlin das Übergewicht bekam. Nach dem Zweiten Weltkrieg löste die F. B. die Berliner Börse ab. Seit ihrer Gründung im Jahre 1808 war die F. B. eng mit der Industrie- und Handelskammer (IHK) verbunden. Nach dem Zweiten Weltkrieg war die IHK „Träger" der F. B. Zum 1.1.1991 wurde die Frankfurter Wertpapierbörse AG neuer Träger der F. B. (79% des Grundkapitals in Höhe von 21 Mill. DM übernahmen Inlandsbanken, 10% Auslandsbanken, 5% Kursmakler und 6% freie Makler. Die F. B. dient dem Abschluß von Handelsgeschäften in Wertpapieren, Wechseln, Zahlungsmitteln jeder Art, Münzen und Edelmetallen. – 2. *Organisation*: a) Der *Börsenvorstand* besteht aus mindestens 19, höchstens 22 Mitgliedern, davon mindestens zwei Kursmakler, zwei freie Makler und zwei Angestelltenvertreter. Zu den Obliegenheiten des Börsenvorstandes gehört insbes. die Beschlußfassung über die Zulassung von Personen oder Firmen zum Börsenbesuch, soweit die Entscheidung nicht einem besonderen Ausschuß übertragen ist, das Festlegen der Geschäftsbedingungen und deren Einhaltung, Handhabung der Ordnung in den Börsenräumen, Erlaß von Bestimmungen über die Abwicklung des Börsenverkehrs, Mitwirkung bei der der Maklerkammer übertragenen Kursfeststellung, Regelung von Streitigkeiten aus Börsengeschäften, soweit sie nicht unter die Zuständigkeit des Schiedsgerichts fallen. b) *Börsenbesucher*: Es werden drei Gruppen unterschieden: (1) Personen, die dauernd und mit der Befugnis zur selbständigen Teilnahme am Börsenhandel zugelassen sind (selbständige Börsenbesucher); (2) Personen, die mit der Befugnis im Namen und für Rechnung des Geschäftsherrn am Börsenhandel teilzunehmen befristet zugelassen sind (Angestellte); (3) Personen, die ohne Berechtigung zur Teilnahme am Börsenhandel zugelassen sind (z. B. Berichterstatter der Presse und des Rundfunks, Hilfskräfte der Banken und Makler). – An der F. B. besteht ein aus den Börsenbesuchern ernanntes *Ehrengericht*, das *Schiedsgericht* und ein *Gutachterausschuß* zur Entscheidung von Streitigkeiten über die Lieferbarkeit von Wertpapieren. – 3. *Börsenhandel*: Die *Zulassung von Wertpapieren* zum Börsenhandel wird von einer besonderen Zulassungsstelle entschieden, die aus mindestens 20 Mitgliedern besteht, von denen die Hälfte nicht berufsmäßig am Börsenhandel beteiligt sein darf. – Es werden *Einheitskurse* und für eine Reihe von Papieren *fortlaufende Kurse* durch die Makler festgestellt und im Kursblatt veröffentlicht. – Der Start des neuen →geregelten *Marktes*, dem im Niveau unter der amtlichen Notiz angesiedelt ist, erfolgte 1987. – *Kursbekanntgabe*: Die an der *Devisenbörse* festgestellten Devisenkurse werden ebenfalls im Amtlichen Kursblatt der Frankfurter Wertpapierbörse veröffentlicht. – Am 18. Juni 1968 nahm die F. B. den amtlichen *Handel in Edelmetallen* auf: damit wurde Frankfurt neben London, Paris und Zürich eines der Goldhandelszentren Europas.

Frankfurter Schule, Kurzbezeichnung für die von Max Horkheimer und Theodor W. Adorno in Frankfurt begründete Tradition einer „kritischen Theorie"; Fortentwicklung insbes. durch Jürgen Habermas. Als methodisches Instrument zur Analyse gesellschaftlicher Entwicklungen und Zusammenhänge gilt den Vertretern der F. Sch. die →Dialektik. – *Bedeutung*: Größere Aufmerksamkeit erregte die Diskussion zwischen Vertretern der F. Sch. und des →Kritischen Rationalismus als sog. „Positivismusstreit in der deutschen Soziologie" (1969). Im Mittelpunkt standen Probleme der sozialwissenschaftlichen Theoriebildung und die Werturteilsfrage (→Wertfreiheitspostulat).

franko, *franco*, bedeutet, daß die Transportkosten vom Absender bezahlt worden sind. V. a. bei Postsendungen gebräuchlich, wobei das Porto vom Absender bezahlt ist.

– F. im Zusammenhang mit einer Ortsangabe gleichbedeutend mit „frei" (→free).

franko Courtage, Klausel bei Börsengeschäften; bedeutet, daß der Makler auf →Courtage verzichtet.

Frankreich, Republik, grenzt im W an den Atlantischen Ozean, im NO an Belgien und Luxemburg, im O an die Bundesrep. D., die Schweiz und Italien, im S an das Mittelmeer, Spanien und Andorra. – *Fläche:* 547026 km² (mit Korsika, ohne Überseedépartements). – *Einwohner (E):* (1990) 56,6 Mill. (102 E/km²); 74% der Bevölkerung leben in den Städten. – *Hauptstadt:* Paris (Agglomeration 9,1Mill. E.; Stadt 2,2 Mill. E; 1990), weitere wichtige Städte: Lyon (Agglomeration 1,2 Mill. E; Stadt 442000 E), Marseille (Agglomeration 1,1 Mill. E, Stadt 808000 E) sowie weitere 32 Großstädte. – F. setzt sich zusammen aus 22 Regionen, 95 Départements, 322 Arrondissements, 3208 Kantonen und knapp 38000 Gemeinden. Fünf Überseedépartements: Französisch-Guayana, Guadeloupe, Martinique, Réunion, Saint-Pierre und Miquelon. Vier Überseeterritorien: Mahoré, Französisch-Polynesien, Neukaledonien, Wallis und Futuna. – *Amtssprache:* Französisch.

Wirtschaft: *Landwirtschaft:* 31,3 Mill. ha landwirtschaftliche Nutzfläche, davon 18,7 Mill. ha Ackerland, 12,6 Mill. ha Dauergrünland. 14,6 Mill. ha Waldfläche. Anzahl der landwirtschaftlichen Betriebe und der landwirtschaftlichen Arbeitskräfte (1985: 6% aller Beschäftigten) rückläufig; Anteil am BIP (1988) 4%. Vielseitige Landwirtschaft; bedeutende Agrarexporte; Haupterzeugnisse: Weizen, Zuckerrüben, Gerste, Mais, Weintrauben. Bedeutende Viehzucht und Milchwirtschaft. – *Fischfang:* Schellfische, Heringe, Sardinen, Makrelen. – *Bodenschätze:* bedeutende Eisenerzvorkommen (Lothringen), Steinkohle (Douai, Valenciennes, Le Creusot, St. Etienne), Bauxit (Les Baux). Steinkohleförderung und Eisenerzproduktion jedoch stark rückläufig. Dagegen nimmt die Erdölförderung (Parentis, Lacq, Pechelbronn) eine wachsende Stellung ein. Braunkohle und Kalivorkommen (Mühlhausen), Superphosphate, Erdgas. Verstärkt gesucht wird nach Uranerz, das zur Versorgung der zahlreichen französischen Atomkraftwerke benötigt wird. – *Industrie:* Bedeutende Eisen-, Stahl- (Loth-

ringen traditionelles Zentrum), Aluminiumerzeugung (Toulon). Die Stahlindustrie und der Schiffbau stecken in einer tiefen Strukturkrise. Die Metallverarbeitung, der Maschinenbau und die Elektroindustrie sind hochentwickelt (größtes Zentrum dieser Industrien ist der Pariser Raum). Obgleich F. in der Telekommunikation und im Transportwesen, der Automobilindustrie, der Luft- und Raumfahrttechnik Spitzenpositionen einnimmt, ist es insgesamt in einen technologischen Rückstand gegenüber den USA, Japan und z. T. auch der Bundesrep. D. geraten. Zu den dynamischen Zweigen gehört die chemische Industrie (Marseille, Rhône-Tal, Elsaß, Seine-Tal). Zentren der Textilindustrie in Lille, Roubaix, Lyon. – *Fremdenverkehr:* Zentren an der Riviera, am Atlantik, in den Alpen. – *BSP:* (1989) 1000866 Mill. US-$ (17830 US-$ je E). – *Inflationsrate:* (1990) 3,4%. – *Export:* (1990) 1176 Mrd. FF., v.a Maschinen und Fahrzeuge, Eisen, Stahl, chemische Produkte, Textilien, Getreide, Wein, Obst. – *Import:* (1990) 1247 Mrd. FF., v.a. Energierohstoffe, Maschinen, chemische Produkte, Konsumgüter. – *Handelspartner:* Bundesrep. D., BENELUX-Länder, Italien, USA, Großbritannien, Schweiz, Spanien, Japan, UdSSR, Algerien.

Verkehr: Paris ist Mittelpunkt des strahlenförmigen Land- und Luftverkehrs. Das *Eisenbahnnetz* wird nicht mehr weiter ausgebaut (1983: 34600 km), sehr leistungsfähig. Hochgeschwindigkeitsstrecke Paris – Lyon (270 km/h) ist die schnellste Bahnverbindung der Erde (Train à Grande Vitesse, TGV). – *Gesamtstraßennetz:* (1982) 801400 km, davon 5300 km Autobahnen, 28100 km Haupt- und Regionalstraßen. F. verfügt mit (1983) 6476 km über das längste *Binnenwasserstraßennetz* in W-Europa. – Wichtigste *Seehäfen:* Marseille, Le Havre, Bordeaux, Nantes. – Bedeutender kontinentaler und interkontinentaler *Luftverkehr*, über 30 *Flughäfen*, wichtigste: Paris – Orly und Roissy – Charles de Gaulle (Paris); staatliche *Fluggesellschaft* Air France. Ausgedehntes Netz von Erdöl- und Erdgaspipelines.

Mitgliedschaften: UNO, BIZ, CCC, ECE, EG, ESA, EWS, NATO (1966 aus dem integrierten Militärsystem ausgetreten), OECD, EBRD, UNCTAD, WEU, Europarat u.a.

französische Buchführung

Währung: 1 Französischer Franc (FF) = 100 Centimes (c).

französische Buchführung, Form der →doppelten Buchführung. Kennzeichnend: starke Gliederung des →Grundbuches, die jeder Betrieb nach seinem Bedarf erweitern kann, z. B. Kasseneingangsbuch, Kassenausgangsbuch, Wechselbuch, Postscheckbuch, Wareneinkaufs- und Warenverkaufsbuch. Zwischen Grundbücher und Hauptbuch wird, wie bei der →deutschen Buchführung, ein Sammelbuch (Sammeljournal) eingeschaltet. Für den Übertrag in das Sammelbuch kommen oft nur die Endsummen der Spezialgrundbücher in Betracht (z. B. Wareneinkaufsbuch: Warenkonto an Kontokorrentkonto). Durch die Zerlegung des Grundbuches ist starke Arbeitsteilung und gute Kontrolle möglich.

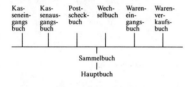

Kasseneingangsbuch	Kassenausgangsbuch	Postscheckbuch	Wechselbuch	Wareneingangsbuch	Warenverkaufsbuch

Sammelbuch
|
Hauptbuch

Französisch-Guayana, →Frankreich.

Französisch-Polynesien, →Frankreich.

Fratar-Methode, im Rahmen der →Verkehrsplanung als →Wachstumsfaktorenmodell angewendete Methode, die analog zur →Detroit-Methode die Analyseverkehrsverteilung mittels multiplikativer Verknüpfung der Zuwachsfaktoren des Quell- und Zielverkehrs, aber zellenspezifischer Gewichtung, in eine Prognoseverkehrsverteilung transformiert.

Frauenschutz. I. Frauenarbeitsschutz: Neben →Mutterschutz besondere Art des →Arbeitsschutzes; Rechtsquelle im wesentlichen Arbeitszeitordnung (AZO). – 1. *Absolutes Verbot der Frauenarbeit* für Bergbau, Kokereien sowie bei der Beförderung von Roh- und Werkstoffen bei Bauten aller Art. Erweiterung des Verbots auf andere besonders gesundheitsgefährdende Arbeiten möglich (§ 16 AZO). – Die Beschäftigung von Frauen im Personen- und Güterverkehr ist *eingeschränkt* durch VO vom 2.12.1971 (BGBl I 1957). – 2. Die *Vorschriften der AZO* über den Achtstun-

dentag und seine Ausnahmen (→Arbeitszeit) gelten grundsätzlich auch für Frauen. *Einschränkungen:* a) Mit Vor- und Abschlußarbeiten dürfen Frauen höchstens eine Stunde über die für den Betrieb oder die Betriebsabteilung zulässige Dauer der Arbeitszeit hinaus beschäftigt werden. b) Bei Anwendung aller Ausnahmevorschriften darf die tägliche Arbeitszeit nicht mehr als zehn Stunden betragen. c) An den Tagen vor Sonn- und Feiertagen darf die Arbeitszeit acht Stunden nicht überschreiten. Gilt jedoch nicht für bestimmte Gewerbezweige, bei denen an den fraglichen Tagen Frauenarbeit besonders üblich ist und daher nicht entbehrt werden kann (z. B. im Friseurhandwerk und Gaststättengewerbe). – 3. Bei einer Arbeitszeit von mehr als 4 1/2 Stunden müssen angemessene *Ruhepausen* innerhalb der Arbeitszeit gewährt werden; bei mehr als sechs bis zu acht Stunden mindestens eine halbe Stunde. – 4. Das Nachtarbeitsverbot für Arbeiterinnen nach § 19 AZO benachteiligt Arbeiterinnen im Vergleich zu Arbeitern und weiblichen Angestellten. Wegen dieses Verstoßes gegen den Gleichheitsgrundsatz ist es unwirksam (BVerfG-Urteil vom 28.1.1992). – 5. *Ausnahmeregelungen:* Von den Vorschriften über Höchstarbeitszeit, Nachtruhe, Frühschluß vor Sonn- und Feiertagen und Ruhepausen können die Gewerbeaufsichtsämter beim Nachweis eines dringenden Bedürfnisses im Einzelfall zeitlich begrenzte Ausnahmen zulassen.

II. F. im Einzelarbeitsvertragsrecht: Vgl. →Gleichbehandlung.

III. Hausarbeitstag: Die Gewährung von Hausarbeitstagen ausschließlich an Frauen, wie sie aufgrund der Hausarbeitstagsgesetze einiger Bundesländer (Bremen, Hamburg, Niedersachsen, Nordrhein-Westfalen) vorgesehen sind (Fortgeltung nach Art. 125 Nr. 2 GG als partielles Bundesrecht), ist wegen Verstoßes gegen Art. 3 GG vom Bundesverfassungsgericht für verfassungswidrig erklärt worden. Bevor der Gesetzgeber keine Neuregelung geschaffen hat, steht Männern kein Hausarbeitstag zu, es sei denn, daß der Arbeitgeber freiwillige Hausarbeitstage gewährt.

Fraunhofer-Gesellschaft zur Förderung der angewandten Forschung e.V. (FhG), Sitz in München. – *Aufgaben:* Angewandte Forschung und Entwicklung; Beratung und

Information Interessierter. – *Forschungsinstitute*: Fraunhofer-Institut für Angewandte Festkörperphysik (Freiburg), Fraunhofer-Institut für Festkörpertechnologie (München), Fraunhofer-Institut für Mikrostrukturtechnik (Berlin), Fraunhofer-Institut für Mikroelektronische Schaltungen und Systeme (Duisburg), Fraunhofer-Arbeitsgruppe für Integrierte Schaltungen (Erlangen); Fraunhofer-Institut für Informations- und Datenverarbeitung (Karlsruhe), Fraunhofer-Institut für Produktionstechnik und Automatisierung (Stuttgart), Fraunhofer-Institut für Produktionsanlagen und Konstruktionstechnik (Berlin), Fraunhofer-Institut für Arbeitswissenschaft und Organisation (Stuttgart), Fraunhofer-Institut für Transporttechnik und Warendistribution (Dortmund), Fraunhofer-Institut für Physikalische Meßtechnik (Freiburg), Technologie-Entwicklungsgruppe Stuttgart – Institutszentrum Stuttgart; Fraunhofer-Institut für Produktionstechnologie (Aachen), Fraunhofer-Institut für Lasertechnik (Aachen), Fraunhofer-Institut für Betriebsfestigkeit (Darmstadt), Fraunhofer-Institut für zerstörungsfreie Prüfverfahren (Saarbrücken), Fraunhofer-Institut für Werkstoffmechanik (Freiburg), Fraunhofer-Institut für Kurzzeitdynamik (Freiburg), Fraunhofer-Institut für Angewandte Materialforschung (Bremen), Fraunhofer-Institut für Silicatforschung (Würzburg), Fraunhofer-Institut für Hydroakustik (Ottobrunn); Fraunhofer-Institut für Treib- und Explosivstoffe (Pfinztal/Berghausen), Fraunhofer-Institut für Grenzflächen- und Bioverfahrenstechnik (Stuttgart), Fraunhofer-Institut für Lebensmitteltechnologie und Verpackung (München), Fraunhofer-Institut für Solare Energiesysteme (Freiburg), Fraunhofer-Institut für Bautechnik (Stuttgart), Fraunhofer-Institut für Holzforschung (Braunschweig); Fraunhofer-Institut für Toxikologie und Aerosolforschung (Hannover), Fraunhofer-Institut für Umweltchemie und Ökotoxikologie (Schmallenberg/Grafschaft), Fraunhofer-Institut für Atmosphärische Umweltforschung (Garmisch-Partenkirchen); Fraunhofer-Institut für Systemtechnik und Innovationsforschung (Karlsruhe), Fraunhofer-Institut für Naturwissenschaftlich-Technische Trendanalysen (Euskirchen), Patentstelle für Deutsche Forschung (München), Erfinderzentrum Norddeutschland (Hannover), Informationszentrum Raum und Bau (Stuttgart), Historische Fraunhofer-Glashütte (Benediktbeuern).

Fraunhofer-Institute, →Fraunhofer-Gesellschaft für angewandte Forschung e. V. (FhG).

free (Ort), als Handelsklausel (→Incoterms) meist in Verbindung mit einem Verschiffungshafen. Der Verkäufer ist verpflichtet, die Ware am vereinbarten Ort und zur vereinbarten Zeit zur Verfügung zu stellen und alle Kosten und Gefahren bis zur Übergabe zu tragen. Die Übergabe erfolgt meist am Ort, d. h. am Güterbahnhof (→FOR), Schiffsbahnhof, an Bord des Schiffes (→FOB), längsseits des Schiffes (→FAS), auf dem Lastkraftwagen (→FOT) usw. – *Ähnlich* den mit „ab" beginnenden Handelsklauseln (→ab Werk, →ab Kai, →ab Schiff). – *Anders*: Frachtfrei-Klauseln (→frachtfrei).

free alongside ship, →FAS.

free delivered (= frei geliefert in...), gleichbedeutend mit Frei-Klauseln (→free).

free from particular average, →F.P.A.

free of capture and seizure, →F. C. S.

free of charge, →FOC.

free of damage, →FOD.

free on board, →FOB.

free on quay, →FOQ.

free on rail, →FOR.

free on truck, →FOT.

free on waggon, →FOW.

Free-rider-Verhalten, *Trittbrettfahrerverhalten,* Begriff der Finanzwissenschaft für die aus dem →Rationalprinzip abgeleitete Annahme über das Verhalten des einzelnen Wirtschaftssubjekts bei der Entscheidung über Bereitstellung und Finanzierung öffentlicher bzw. kollektiver Güter (→öffentliche Güter) sowie deren Nutzung. Bei öffentlichen Gütern kann i. a. das einzelne Wirtschaftssubjekt nicht oder nicht vollständig von der Nutzung einmal bereitgestellter Güter ausgeschlossen werden

(→Ausschlußprinzip); es wird bei der Entscheidung über Bereitstellung und Finanzierung dieser Güter seine wahren Präferenzen verschleiern, um nicht zur Finanzierung herangezogen zu werden, wenn es davon ausgehen kann, daß die Güter auch ohne seinen Beitrag bereitgestellt werden. – Vgl. auch →externe Effekte.

Freiaktie, *Zusatzaktie.* 1. Aktie *ohne eigentliche Gegenleistung* nach Art der früheren Freikuxe. Die Ausgabe solcher F. ist nach deutschem Aktienrecht unzulässig. – 2. Von →Aktiengesellschaften an →Aktionäre *gegen Aufrechnung von Forderungen* auf Zahlung des ihnen zustehenden Anteils am Bilanzgewinn oder an Rücklagen hingegebene →Gratisaktien.– 3. *Kapitalerhöhung aus Gesellschaftsmitteln* durch Ausgabe von F. nach §§ 207 ff. AktG zulässig, soweit durch Gesellschaftsbeschluß →Rücklagen in Nennkapital umgewandelt werden. – 4. *Steuerliche Behandlung:* Die Zuteilung der F. löst bei den Bezugsberechtigten keine *Steuern* von Einkommen und Ertrag aus. Bei späterer Kapitalherabsetzung innerhalb von fünf Jahren gelten aber die rückgezahlten Beträge bis zum Betrag der früheren Kapitalerhöhungen als steuerpflichtige Gewinnbezüge der Anteilsinhaber. – Vgl. auch →Kapitalerhöhung aus Gesellschaftsmitteln.

Freibenutzung, →freie Benutzung.

Freibeträge, Begriff des Steuerrechts für einen von der Besteuerung freibleibenden Betrag (*anders:* →Freigrenze).

I. **Einkommensteuerrecht** (Lohnsteuerrecht): 1. →*Grundfreibetrag:* In den →Tarif eingebauter F. von 5616 DM (→Einkommensteuertarif). – 2. F. bei →*Einkünfteermittlung:* a) F. für →*Veräußerungsgewinne;* b) Einkünfte aus nichtselbständiger Arbeit: →*Arbeitnehmer-Freibetrag* von 480 DM (entfällt ab 1990) und *Weihnachts-Freibetrag* (entfällt ab 1990); (stattdessen →Arbeitnehmer-Pauschbetrag von 2000 DM); →*Versorgungsfreibetrag* von 40%, höchstens 4800 DM; c) Einkünfte aus Kapitalvermögen: →*Sparer-Freibetrag* von 600 DM (1200 DM bei Zusammenveranlagung von Ehegatten). – 3. F. bei →*Einkommensermittlung:* a) →Altersentlastungsbetrag (§ 24 a EStG); b) Einkünfte aus *Land- und Forstwirtschaft* werden nur berücksichtigt, soweit sie 2000 DM, bei Zusammenver-

anlagung von Ehegatten 4000 DM, übersteigen (§ 13 III EStG; c) F. bei →*freien Berufen* (§ 18 IV EStG; ab 1990 aufgehoben); d) →*Ausbildungsfreibetrag* (§ 33a II EStG); e) →*Altenheim-Freibetrag* von 1200 DM (§ 33a III EStG); f) →*Tariffreibetrag* von 600 DM (bei Ehegatten 1200 DM gem. § 60 EStG i. V. mit § 32 Abs. 8 EStG); g) →*Haushaltsfreibetrag* von 5616 DM (§ 32 VII EStG); h) →*Kinderfreibetrag* von 1512 DM (§ 32 VI EStG) (Erhöhung auf 4104 DM durch StÄndG 1992). – 4. F. beim *Lohnsteuerabzug:* Eintragung auf der Lohnsteuerkarte von Amts wegen oder auf Antrag (Einzelheiten vgl. →Lohnsteuerkarte); vgl. auch →Lohnsteuer-Ermäßigungsverfahren.

II. **Körperschaftsteuerrecht:** 1. F. für →bestimmte Körperschaften von 7500 DM, höchstens in Höhe des →Einkommens (§ 24 KStG). – 2. F. für →landwirtschaftliche Betriebsgenossenschaften von 30000 DM, höchstens in Höhe des Einkommens (§ 25 KStG).

III. **Vermögensteuerrecht:** 1. *Sachliche F.:* a) Das →*Betriebsvermögen,* für das ein positiver Einheitswert festgestellt wurde, bleibt bis zu einem Betrag von 125000 DM (ab dem 1. 1. 1993: 500000 DM) außer Ansatz (§ 117 a BewG). b) Bei der Ermittlung des Werts des →sonstigen Vermögens werden F. gewährt, die mit der Zahl der zusammenveranlagten Steuerpflichtigen (→Zusammenveranlagung) vervielfacht werden (§ 110 BewG): (1) Zahlungsmittel und laufende Guthaben: 1000 DM; (2) Kapitalforderungen, Zahlungsmittel und laufende Guthaben, Kapitalgesellschafts- und Genossenschaftsanteile: 10000 DM; (3) Lebens-, Kapital- und Rentenversicherungen: 10000 DM. – 2. *Persönliche F.* (§ 6 VStG): a) Für den unbeschränkt *Steuerpflichtigen* in Höhe von 70000 DM. b) Weitere 70000 DM für den mit ihm zusammen veranlagten *Ehegatten.* c) 70000 DM für jedes eheliche sowie ehelich erklärte *Kind,* nichteheliche Kind, Stief-, Adoptiv- und Pflegekind, das das 18. Lebensjahr noch nicht vollendet oder zwar das 18., nicht jedoch das 27. Lebensjahr vollendet hat und mit dem Steuerpflichtigen oder dessen Ehegatten zusammen veranlagt wird (→Zusammenveranlagung). d) *Außerdem* kann F. von 10000 DM gewährt werden jedem Steuerpflichtigen, der das 60. Lebensjahr vollendet hat oder voraussichtlich

für mindestens drei Jahre behindert i. S. d.
Steuerbehindertengesetzes mit einem Grad
der Behinderung von mehr als 90 ist *und*
dessen Gesamtvermögen nicht höher ist als
150 000 DM. Der F. erhöht sich bei über 65
Jahre alten Steuerpflichtigen auf 50 000
DM, wenn außerdem die ihm zustehenden
steuerfreien Versorgungsbezüge i. S. d.
§ 111 Nr. 1 bis 4 und 9 BewG den Jahres-
wert von 4800 DM nicht übersteigen. Ab
dem 1. 1. 1993 sieht das →Zinsabschlagsge-
setz j. generell einen Altersfreibetrag von
50 000 DM vor. e) Bei der Veranlagung der
inländischen Erwerbs- und Wirtschaftsgenossenschaften sowie der inländischen Vereine, deren Tätigkeit sich auf den Betrieb
der Land- und Forstwirtschaft beschränkt,
bleiben unter bestimmten Voraussetzungen
100 000 DM in den der Gründung folgenden zehn Kalenderjahren vermögensteuerfrei (§ 7 VStG).

IV. Gewerbesteuerrecht: Bei der Berechnung des Gewerbesteuermeßbetrages
nach dem Gewerbeertrag bleiben bei Ein-
zelgewerbetreibenden und Personengesellschaften 36 000 DM (ab 1993: 48 000 DM)
des →Gewerbeertrags (§ 11 GewStG), bei
der Ermittlung des Gewerbekapitals bei
allen Unternehmensformen 120 000 DM
(§ 13 I GewStG) steuerfrei. Besonderer F.
für →Dauerschulden.

V. Erbschaftsteuerrecht: 1. Die *persönlichen F.* (§ 16 ErbStG) betragen bei unbeschränkter Steuerpflicht bei Erwerb a) des
Ehegatten 250 000 DM, b) der übrigen
Personen der Steuerklasse I 90 000 DM, c)
der Personen der Steuerklasse II 50 000
DM, d) der Personen der Steuerklasse III
10 000 DM, e) der Personen der Steuerklasse IV 3000 DM und bei beschränkter
Steuerpflicht f) 2000 DM. – 2. *Neben* den F.
aus 1. erhalten der überlebende Ehegatte
für jeden Erwerb und Kinder i. S. d. Steuerklasse I für Erwerbe vom Todes wegen die
folgenden *besonderen Versorgungsfreibeträ-
ge,* die um den Kapitalwert der aus Anlaß
des Todes des Erblassers zustehenden, nicht
der Erbschaftsteuer unterliegenden Versorgungsbezüge zu kürzen sind (§ 17 ErbStG):
a) 250 000 DM für den Ehegatten, b) 50 000
DM für Kinder bis zu 5 Jahren, c) 40 000
DM für Kinder zwischen 5 und 10 Jahren,
d) 30 000 DM für Kinder zwischen 10 und
15 Jahren, e) 20 000 DM für Kinder zwischen 15 und 20 Jahren, f) 10 000 DM für
Kinder zwischen 20 und 27 Jahren. Über-

steigt der steuerpflichtige Erwerb bei Kindern unter Berücksichtigung früherer Erwerbe 150 000 DM, so vermindert sich der
F. gem. b) bis f) um den 150 000 DM
übersteigenden Betrag.

Freibezirk, →Freihafen.

freibleibend, →Freizeichnungsklausel.

freibleibende Offerte, →Offerte 2 b).

Freiburger Schule, →Ordoliberalismus.

freie Benutzung, Begriff des Urheber-
rechts für ein →Werk, das sich von der
Vorlage so weit gelöst hat, daß es als eine
völlig selbständige Neuschöpfung anzuse-
hen ist. Unterliegt dem Urheberrecht seines
→Urhebers. Es darf ohne Zustimmung des
Urhebers des benutzten (ursprünglichen)
Werkes verwertet werden; dies gilt nicht für
die Benutzung eines Werkes der Musik,
durch welche eine Melodie erkennbar dem
Werk entnommen wird (§ 24 UrhRG). –
Gegensatz: →Bearbeitung.

freie Berufe, selbständige Berufstätigkeit, die i. d. R. wissenschaftliche oder
künstlerische Vorbildung voraussetzt. –
Steuerrechtliche Behandlung: 1. *Einkommensteuer:* Nach § 18 I Nr. 1 EStG gehören
zur freiberuflichen Tätigkeit: a) die selbständig ausgeübte wissenschaftliche, künstlerische, schriftstellerische, unterrichtende
oder erzieherische Tätigkeit; b) die selbständige Berufstätigkeit der Ärzte, Zahnärzte, Tierärzte, Rechtsanwälte, Notare,
Patentanwälte, Vermessungsingenieure, In-
genieure, Architekten, Handelschemiker,
Wirtschaftsprüfer, Steuerberater, beraten-
den Volks- und Betriebswirte, vereidigten
Buchprüfer (vereidigten Bücherrevisoren),
Steuerbevollmächtigten, Heilpraktiker, Den-
tisten, Krankengymnasten, Journalisten,
Bildberichterstatter, Dolmetscher, Überset-
zer, Lotsen und ähnliche Berufe. Abgrenzung der einen „ähnlichen Beruf" Aus-
übenden gegen Gewerbetreibende meist
schwierig. Maßgebend ist die Ähnlichkeit
mit einem der in der Gesetzesvorschrift
genannten Berufe. – Ein Angehöriger eines
f. B. ist auch dann freiberuflich tätig, wenn
er sich der Mithilfe fachlich vorgebildeter
Arbeitskräfte bedient, aber aufgrund eigener Fachkenntnisse leitend und eigenver-
antwortlich tätig wird; Vertretung durch
andere bei vorübergehender Verhinderung

freie Güter

steht nicht entgegen. – Vgl. auch →Freibeträge I. – 2. *Bewertungsgesetz*: F. B. sind für Zwecke der Einheitsbewertung (→Einheitswert) den gewerblichen Betrieben gleichgestellt (§ 96 BewG, vgl. →Betriebsvermögen). Das gilt nicht für selbständige, künstlerische und wissenschaftliche Tätigkeit, die sich auf forschende und schriftstellerische Arbeiten, Lehr-, Vortrags- und Prüfungstätigkeit beschränkt. – 3. *Gewerbesteuer*: Angehörige der f. B. betreiben kein Gewerbe, sind daher nicht Kaufleute und unterliegen nicht der Gewerbesteuerpflicht, die dagegen für selbständige Handelsvertreter, Industriepropagandisten, Werbeberater und sonstige Werbefachleute besteht, die nicht Angehörige der f. B., sondern Gewerbetreibende sind. – 4. *Umsatzsteuer*: Freiberufler unterliegen i.d.R. als →Unternehmer der Umsatzsteuer; ihre Leistungen sind z.T. steuerbefreit (z.B. Umsätze aus der Tätigkeit als Arzt oder Zahnarzt, § 4 Nr. 14 UStG).

freie Güter, Güter, die in hinreichendem Umfang vorhanden sind, um die →Bedürfnisse aller Individuen einer Volkswirtschaft zu einem gegebenen Zeitpunkt zu befriedigen. In einer →Marktwirtschaft hat ein f. G. einen Preis von Null; Beispiel: Luft.

freie Liquiditätsreserven, nach überwiegender Auffassung, insbes. der kredittheoretischen Geldlehre, die Grundlage der Geld- und Kreditschöpfung. F. L. sind jener Teil des →Liquiditätssaldos, über den die Banken frei verfügen können. Sie werden von den Banken in Form von aktuellem Zentralbankgeld (Noten, Münzen; Zentralbankguthaben ohne Mindestreservesoll) gehalten sowie in potentiellem Zentralbankgeld, also jenen Aktiva, die jederzeit in aktuelles Zentralbankgeld umwandelbar sind (→Geldmarktpapiere; Handelswechsel und Lombardpapiere im Rahmen der offenen Refinanzierungskontingente).

freie Marktwirtschaft, →privatwirtschaftliche Marktwirtschaft.

freie Mitarbeiter, Personen, die nicht im Rahmen eines festen Beschäftigungsverhältnisses, sondern aufgrund einzelner aufeinanderfolgender Aufträge tätig werden. Je nach dem Grade ihrer Abhängigkeit gelten sie als →Arbeitnehmer oder (zumeist) →arbeitnehmerähnliche Personen.

Nach § 12 a TVG können für f. M. →Tarifverträge geschlossen werden.

freie Pufferzeit, →Ereignispuffer 2b), →Vorgangspuffer 2b.

freier Makler, *Privatmakler,* Vermittler von Börsengeschäften (Vermittlungsmakler, Kassamakler); Ausführung von Aufträgen i.a. nur, wenn ein Gegenkontrahent vorhanden ist. F. M. sind frei von den Verpflichtungen, die den Kursmaklern auferlegt sind. →Selbsteintritt unter Vorbehalt der späteren Aufgabe des Gegenkontrahenten (→Aufgabemakler) ist statthaft. – *Gegensatz*: Amtlicher →Kursmakler.

freier Marktzutritt, Begriff der →Preistheorie; besteht, wenn ein Anbieter ohne institutionelle (Lizenzen, Konzessionen oder Berufsqualifikationen) oder ökonomische (Kosten der Produktionsaufnahme) Schranken auf einem Markt sein Produkt anbieten kann.

freier Puffer, →Ereignispuffer 2b), →Vorgangspuffer 2b).

freier Rückwärtspuffer, →Ereignispuffer 2d), →Vorgangspuffer 2d).

freie Rückwärtspufferzeit, →Ereignispuffer 2d), →Vorgangspuffer 2d).

freier Verkehr, →Freiverkehr.

freier Warenname, →Freizeichen.

freie Stücke, Wertpapierstücke, die bezüglich ihrer Weiterveräußerung keiner Sperrverpflichtung unterliegen. – *Gegensatz*: →Sperrstücke.

freie Variable, →kanonisches lineares Gleichungssystem, →kanonisches lineares Optimierungssystem.

freie Wahl des Arbeitsplatzes, →Arbeitsplatzwechsel.

freie Währung, →Währungssystem I 2.

freie Wirtschaftslehre, von S. Gesell gegründete Lehre, die die Störungen der Konjunktur durch die Einführung von Freigeld (→Schwundgeld) und Freiland (Abschaffung des Eigentums an Grund und Boden bei Abführung der Grundrente an den Staat) beseitigen will.

Freigabe. I. Konkursrecht: Erklärung des Konkursverwalters gegenüber dem →Gemeinschuldner über die Aufhebung der Zugehörigkeit eines Gegenstandes zur →Konkursmasse. Der Gegenstand wird freies Vermögen des Gemeinschuldners. Die F. steht im pflichtmäßigen Ermessen des Konkursverwalters (z. B. bei Gegenständen, die sich als unverwertbar erwiesen haben oder infolge ihrer Belastung für die Masse einen Gewinn nicht erwarten lassen; →Absonderung). Schmälert der Konkursverwalter schuldhaft die Konkursmasse, ist er schadenersatzpflichtig (§ 82 KO).

II. Zollrecht: Überlassung der Ware durch die Zollstelle an den Zollbeteiligten zur freien Verfügung. Mit der F. geht die eingeführte Ware aus dem zollrechtlich gebundenen in den →Freiverkehr über. Die Zollstelle gibt das Zollgut frei, wenn sie festgestellt hat, daß ein Zoll oder andere Eingangsabgaben nicht zu erheben sind (→Zollfreistellung) oder, wenn Abgaben zu erheben sind (→Verzollung), der geschuldete Abgabenbetrag gezahlt, aufgeschoben oder gestundet ist. F. von Zollgut auch vor Abgabenzahlung usw. möglich, wenn der Zollbeteiligte sicher erscheint und die →Zollbeschau beendet oder davon abgesehen worden ist. Bei vorzeitiger F. entsteht die Zollschuld mit der F. (§ 38 ZG).

freight, carriage and insurance paid to ..., →frachtfrei.

freight or carriage paid to..., →frachtfrei.

Freigrenze, Bezeichnung des Steuerrechts für Beträge, die dann steuerfrei bleiben, wenn der Grenzbetrag nicht überschritten wird. Im Gegensatz zu →Freibeträgen ist bei Überschreiten des Grenzbetrags der gesamte Betrag steuerpflichtig. – 1. *Einkommensteuer:* a) F. bei →Spekulationsgeschäften: Spekulationsgewinne unterliegen der →Einkommensteuer nur, wenn der Gesamtgewinn im Kalenderjahr 1000 DM erreicht (§ 23 IV EStG). b) →Einkünfte aus Leistungen (→sonstige Einkünfte): Einkommensteuerfrei, wenn sie 500 DM nicht erreichen. – 2. a) *Vermögensteuer:* (1) F. für unbeschränkt steuerpflichtige Körperschaften, Personenvereinigungen und Vermögensmassen, soweit das →Gesamtvermögen; (2) F. für →beschränkt Steuerpflichtige, soweit das →Inlandsvermögen

nur bis zu 20 000 DM beträgt. b) F. nach dem *Bewertungsgesetz* für einzelne Vermögensgegenstände des →sonstigen Vermögens (z. B. Schmuck) 10 000 DM je zusammenveranlagter Person; im einzelnen: § 110 BewG.

Freigut, im Zollrecht Bezeichnung für alle Waren, die sich im →freien Verkehr des Inlands befinden, also nicht als →Zollgut im →Zollverkehr. – *Zollgut wird F.:* a) durch zollamtliche →Freigabe, b) bei Befreiung von der →Gestellung durch die vom Hauptzollamt genehmigte Anschreibung der Ware im Betrieb des →Zollbeteiligten, c) durch den nach den Zollbestimmungen vorgesehenen Übergang aus einem besonderen Zollverkehr in den freien Verkehr (§ 5 AZO). Unter bestimmten Voraussetzungen werden gewisse Waren bereits bei der Einfuhr F., ohne erst Zollgut zu werden. Die in Frage kommenden Waren und Voraussetzungen sind in § 6 AZO aufgeführt.

Freigutumwandlung, →Freigut.

Freigutveredelung, zollbegünstigte Veredelung von eingeführten Waren oder diesen nach Menge und Beschaffenheit entsprechende Waren des freien Verkehrs im Zollgebiet, die in das Zollausland ausgeführt werden sollen. Die unveredelt eingeführten Waren (→Zollgut) werden auf Antrag durch Zollabfertigung zur F. vom Zoll freigestellt und dem Veredeler zum →freien Verkehr überlassen. Der Veredeler hat innerhalb einer zollamtlich festgesetzten Frist als Ersatz für die zur F. abgefertigte eingeführte Ware entsprechende veredelte Ware (→Ersatzgut) zu gestellen. Es steht ihm frei, das gestellende Ersatzgut aus den ursprünglich abgefertigten eingeführten Waren des freien Verkehrs herzustellen. Wird das Ersatzgut nicht fristgerecht gestellt, so entsteht eine Zollschuld, die sich nach der Menge, Beschaffenheit und dem →Zollwert der ursprünglich zur F. abgefertigten Ware bemißt (§§ 48 und 50 ZG, 104–109 AZO). – Vgl. auch →Veredelungsverkehr.

Freigutverkehr, zusammenfassende Bezeichnung für →Freigutveredelung, aktive →Veredelung und Freigutumwandlung (→Freigut). Es handelt sich bei F. um zollamtlich überwachte Verfahren (→Zollgut, →Freigut).

Freihafen, vom →Zollgebiet ausgeschlossene Teile von Seehäfen, die dem Umschlag und der Lagerung von Waren für Zwecke des Außenhandels sowie dem Schiffsbau dienen. F. unterliegt der →Zollhoheit des Bundes. Grundsätzlich dürfen im F. ohne zollrechtliche Beschränkungen Waren gehandelt, ein-, aus-, umgeladen, befördert, gelagert und auch der üblichen Lagerbehandlung unterzogen sowie Schiffe gebaut, umgebaut, ausgebessert und abgewrackt werden. – Einschränkungen und Überwachungsmaßnahmen wegen der fiskalischen Zollinteressen und der Schutzinteressen der inländischen Wirtschaft nicht nur an der Außengrenze des F., sondern auch im Innern, insbes. betreffend eine Reihe gewerblicher Tätigkeiten, den Warenverbrauch und -gebrauch, das Betreten des F. und die Errichtung oder Änderung von Bauten (Zollbestimmungen über F. §§ 59–66 ZG, 135–143 AZO). – *Umsatzsteuerrecht*: Umsätze in dem F. gelten grundsätzlich als im →Ausland erbracht und unterliegen nicht der deutschen Umsatzsteuer, es sei denn, es handelt sich um Leistungen an Endverbraucher (§ 1 II, III UStG).

Freihafengrenze, die einen →Freihafen begrenzende Zollgrenze (→Zollgebiet) sowie die Grenze gegenüber anderen →Zollfreigebieten. Die F. darf nur an den Übergängen und zu den Zeiten überschritten werden, die zollamtlich für den jeweiligen Verkehr oder Personenkreis zugelassen sind (§ 142 I AZO).

Freihafen-Veredelungsverkehr, zollrechtlicher Begriff für Veredelung von Waren, die aus dem →freien Verkehr des →Zollgebiets zu einem →Freihafen ausgeführt und veredelt wieder eingeführt werden. – Vgl. auch →Veredelungsverkehr.

Freihandel. I. Außenwirtschaftstheorie/-politik: Organisationsform internationaler Handelsbeziehungen ohne künstliche Handelsrestriktionen (wie →Zölle, →Kontingente) bzw. außenhandelspolitische Interventionen (vgl. →Freihandelszone). Die reale →Außenwirtschaftstheorie zeigt, daß F. durch Realisierung von →Handelsgewinnen *zur Wohlfahrtssteigerung* in den handeltreibenden Ländern führt (vgl. auch →internationale Arbeitsteilung). Deshalb ist Verwirklichung des F. Ziel internationaler Abkommen (GATT, EG, EFTA). Auch wenn unter bestimmten Bedingungen F. negative Wohlfahrts- bzw. Entwicklungswirkungen ergeben kann,

sind die in vielen Ländern praktizierten Beschränkungen des F. nicht zu rechtfertigen (→Protektionismus).

II. Börsenwesen: Effektengeschäft auf dem freien Markt; vgl. im einzelnen →Freiverkehr I.

Freihandelsgebiet, →Freihandelszone.

Freihandelszone, *Freihandelsgebiet*, Form der wirtschaftlichen →Integration zwischen Volkswirtschaften. Bei der Bildung einer F. werden →Zölle und sonstige Handelsrestriktionen zwischen den beteiligten Ländern abgeschafft. d. h., daß sie untereinander →Freihandel betreiben. Im Gegensatz zu →Zollunionen werden nach außen die nationalen Außenzölle weiter aufrecht erhalten, was Handelsverzerrungen bzw. Handelsablenkungseffekte und Produktionsverlagerungen induzieren kann. – Zur Unterscheidung zwischen zollfreien Importen der F. und zollbelasteten Importen aus Drittländern, die über ein anderes Land der F. mit abweichendem Außenzoll eingeführt werden (→Transithandel), bestehen *Ursprungskontrollen*, die den Güteraustausch innerhalb der F. behindern. – Die Bestimmungen des →GATT lassen F. ausdrücklich als Ausnahmen von der →Meistbegünstigung zu (Art. XXIV). Eine der gegenwärtig bestehenden F. ist die →EFTA.

freihändiger Rückkauf, Tilgung von Schuldverschreibungen durch Käufe des Emittenten an der Börse, wenn die →Tageskurse niedriger als die →Rückzahlungskurse sind und die Anleihebedingungen den f. R. vorsehen.

freihändiger Verkauf, →Selbsthilfeverkauf, →Pfandverwertung.

freihändige Vergabe, →öffentliche Auftragsvergabe 3.

frei Haus, Handelsklausel (→Incoterms), durch die der Verkäufer verpflichtet wird, alle Kosten bis zur Ablieferung der Ware am letzten Bestimmungsort zu tragen. Die Pflicht zur Verzollung der Ware ist damit für den Verkäufer nur mit dem Zusatz „duty paid" gegeben.

Freiheitsstrafe, Strafe, die mit Freiheitsentziehung verbunden ist. F. ist zeitig, wenn das Gesetz nicht lebenslange F. androht. Das Mindestmaß der zeitigen F. beträgt einen Monat, höchstens fünfzehn Jahre (§ 38 StGB). – Der Begriff der F. ist 1970 an die Stelle von Haft, Gefängnis und Zuchthaus getreten. – Vgl. auch →Strafvollzug.

Freilager, →Freihafen.

Freischreibungserklärung, eine öffentlich beurkundete Erklärung, in der bei Verpfändung eines →Rektapapiers der Eigentümer (Verpfänder) dem Pfandgläubiger den gemäß § 1277 BGB erforderlichen vollstreckbaren Titel auf Duldung der Zwangsvollstreckung in die Hand gibt, damit dieser, falls der Verpfänder seinen Verpflichtungen nicht nachkommt, ohne Klage und ohne daß ihm durch →Forderungsabtretung das verbriefte Recht übertragen ist, Befriedigung aus dem Pfand suchen kann. – Vgl. auch →vollstreckbare Urkunde.

Freistellungsanspruch des Arbeitnehmers, →Haftung III 2 c.

Freistellungsbescheid, →Steuerbescheid, durch den ein →Steuerpflichtiger voll oder teilweise von einer Steuer freigestellt wird (§ 155 I AO). Interne Aktenvermerke der Finanzverwaltung (NV-Verfügungen), die feststellen, daß eine Veranlagung nicht durchzuführen ist, sind keine F.

Freistellungsmethode, →Methoden zur Vermeidung der Doppelbesteuerung II 1.

Freistellungsprinzip, →internationales Steuerrecht III 6.

Freiverkehr, *freier Verkehr*. I. Börsenwesen: 1. *Begriff*: Handel mit Wertpapieren, die nicht zum →amtlichen Handel zugelassen sind; Teilmarkt der Effektenbörse. – 2. *Arten*: a) *geregelter F.* (gem. Börsenzulassungsgesetz vom 16.12.1986 wurde dieser durch den zum 1.5.1987 errichteten →*geregelten Markt* bis Mitte 1988 abgelöst; b) *ungeregelter F.* (auch als *Telefonverkehr* bezeichnet). – Vgl. im einzelnen →Börse II 4 c) (2) und (3).

II. Zollrecht: Verkehr von Waren, die sich im Gegensatz zu den im →Zollverkehr gebundenen Waren (→Zollgut) im zollrechtlich ungebundenen, also im freien Inlandsverkehr befinden (→Freigut). Zollgut kann nur unter den in den Zollbestimmungen festgelegten Voraussetzungen in den f. V. übergehen. Freigut kann in den zollrechtlich gebundenen Verkehr gelangen

und damit Zollgut werden durch Abfertigung zu einem besonderen Zollverkehr oder durch Gestellung zur →Freigutveredelung.

freiwillige Erziehungshilfe, Maßnahme im Rahmen der →Jugendhilfe. 1. *Aufgabe*: F. E. ist einem Jugendlichen zu gewähren, der das 17. Lebensjahr noch nicht vollendet hat und dessen leibliche, geistige oder seelische Entwicklung gefährdet oder geschädigt ist, wenn diese Maßnahme zur Abwendung der Gefahr oder zur Beseitigung des Schadens geboten ist und die Personensorgeberechtigten bereit sind, die Durchführung der Maßnahmen zu unterstützen (§ 62 JWG). Gegenüber der →Erziehungsbeistandschaft weitergehende Maßnahme. – 2. *Gewährung auf Antrag; Anordnung* der f. E. ist auch im Jugendstrafverfahren möglich (§ 12 JGG). *Durchführung* i. d. R. in einer geeigneten Familie oder in einem Heim unter Überwachung des Landesjugendamtes. – 3. Die f. E. *endet* mit der Volljährigkeit des Jugendlichen oder durch Aufhebung der f. E., wenn der Zweck erreicht ist, oder auf Antrag der Personensorgeberechtigten (§ 75 JWG).

freiwillige Gerichtsbarkeit. 1. *Begriff*: Vorsorgende Rechtspflege; Zweig der ordentlichen Gerichtsbarkeit. Die f. G. umfaßt u. a. Vormundschafts-, Betreuungs-, Personenstands-, Nachlaß- und Teilungssachen, Unterbringungs-, Registersachen (Handels-, Vereins-, Schiffs- und Güterrechtsregister, Grundbuch) und das Urkundenwesen. – 2. *Zivilprozesse* nach der ZPO sind in den der f. G. zugewiesenen Angelegenheiten nicht möglich. – 3. *Rechtsgrundlagen*: Bundesrechtlich das Gesetz über die Angelegenheiten der f. G. vom 17.5.1898 (FGG) mit späteren Änderungen. Ergänzende Vorschriften sind u. a. in BGB, HGB, GBO und Landesgesetzen über die f. G. enthalten. *Allgemeine Verfahrensvorschriften* (§§ 1–34 FGG): Das Verfahren unterscheidet sich wesentlich von dem des Zivilprozesses, ist insbes. formloser und beweglicher. a) Es verlangt →Parteifähigkeit der „Beteiligten", erweitert aber die →Prozeßfähigkeit in verschiedener Hinsicht. b) Einleitung des f. G.-Verfahrens vielfach von Amts wegen; das Gericht hat auch von Amts wegen zur Wahrheitsfindung Ermittlungen anzustellen und ggf. →Beweise zu erheben, ohne dabei an die →Beweismittel der ZPO gebunden zu sein. c) Das Verfahren ist nicht öffentlich und führt zur Entscheidung durch →Beschluß (Verfügung, Anordnung), der i. a. bei veränderter Sachlage eine neue abweichende Entscheidung zuläßt. – 4. *Zuständiges Gericht*: →Amtsgericht. – 5. *Rechtsmittel*: Gegen die *Entscheidung des Amtsgerichts* →Beschwerde schriftlich oder zu Protokoll der Geschäftsstelle des Amts- oder übergeordneten Landgerichts durch denjenigen, dessen Recht durch den anzufechtenden Beschluß beeinträchtigt oder dessen Antrag abgelehnt ist. Gegen die Entscheidung des Landgerichts ist die sog. weitere Beschwerde, die nur auf unrichtige Gesetzesanwendung gestützt werden kann, gegeben. Die Beschwerdeschrift muß, sofern die weitere Beschwerde nicht zu Protokoll erklärt wird, von einem Rechtsanwalt oder Notar unterzeichnet sein und führt zur Entscheidung durch das Oberlandesgericht. – In *Familien- und Kindschaftssachen* Beschwerde beim Oberlandesgericht. – Soweit in Ausnahmefällen nur eine →*sofortige Beschwerde* zugelassen ist, muß sie binnen zwei Wochen seit Bekanntmachung der anzufechtenden Entscheidung eingelegt werden.

freiwillige Höherversicherung, →Höherversicherung.

freiwillige Kette. 1. *Begriff*: In ihrem Ursprung die vertikale →Kooperation einer Großhandlung mit ausgewählten Einzelhändlern (Anschlußkunden) und gleichzeitig die horizontale Kooperation solcher Großhändler, um das Absatzgebiet der f. K. über den regionalen Bereich einer Großhandlung ausdehnen zu können. Ein Ergebnis der horizontalen Kooperation des Großhandels ist i. d. R. die Errichtung einer nationalen Zentrale, so daß die f. K. ebenso wie die →Einkaufsgenossenschaften dreistufig organisiert sind. – 2. *Hauptziele*: Erreichung höherer →Mengenrabatte und günstigerer Konditionen durch Auftragsbündelung sowie Sicherung und Rationalisierung der Marktbeziehungen zwischen Großhandlung und ihren Anschlußkunden. Ausdehnung der Tätigkeit der zentralen Organisationen durch Übernahme von Funktionen aus den Bereichen Buchführung, Kostenrechnung, Datenverarbeitung sowie v. a. des einheitlichen Absatzmarketing. Ferner: Modernisierung des Vertriebsstellennetzes durch →Mitgliederselektion,

Versuch der Kompensation eventueller Wettbewerbsnachteile gegenüber →Filialunternehmungen durch Gründung von →Regiebetrieben und Einführung von neuen Partnerschaftsmodellen (→Kooperationskaufmann). Dadurch andererseits Verlust an Selbständigkeit und damit bisheriger Stärken der f. K., wie Ideenreichtum, Originalität, Initiative sowie intrinsische Motivation. – Vgl. auch →Full-Service-Kooperation.

freiwilliges soziales Jahr, →soziales Jahr.

freiwillige Versicherung. I. Gesetzliche Sozialversicherung: Zwei Formen: a) freiwilliger Beitritt zur Versicherung; b) freiwillige Fortsetzung einer Pflichtversicherung.

1. *Krankenversicherung*: a) *F. V. ohne vorherige Pflichtversicherung* möglich: (1) für krankenversicherungsfreie Beschäftigte (z. B. geringfügig Beschäftigte, Beamte, Werkstudenten); (2) für Familienangehörige des Arbeitgebers, die ohne eigentliche Arbeitsverhältnis und ohne Entgelt bei ihm beschäftigt werden; (3) für Gewerbetreibende und andere Betriebsunternehmer; (4) für Personen, die berufsbildende Schulen oder sonstige Bildungseinrichtungen, Abendgymnasien oder Kollegs besuchen; (5) für Personen, die sich bei der Zentralstelle für die Vergabe von Studienplätzen um einen Studienplatz beworben haben; (6) unter bestimmten Voraussetzungen für Personen, die eine Rente aus der Rentenversicherung der Arbeiter oder Angestellten beziehen; (7) unter bestimmten Voraussetzungen für Schwerbehinderte i. S. des § 1 des Schwerbehindertengesetzes innerhalb drei Monaten nach Feststellung der Schwerbehinderung; (8) für überlebende oder geschiedene Ehegatten eines Versicherten innerhalb eines Monats nach dem Tod des Versicherten oder der Rechtskraft des Scheidungsurteils; (9) für Peronen, für die der Anspruch auf →Familienhilfe erlischt, Antragsfrist ein Monat; (10) für Angestellte, die erstmals eine Beschäftigung aufnehmen und wegen Überschreitens der Jahresarbeitsverdienstgrenze nicht versicherungspflichtig sind, ohne Rücksicht auf die Höhe des Einkommens innerhalb drei Monaten nach Aufnahme der Beschäftigung (§§ 176, 176a, 176b, 176c RVO). – b) *F. V. im Anschluß an*

eine *Pflichtversicherung* wenn der Berechtigte vor dem Ausscheiden aus der Versicherungspflicht in den vorangegangenen 12 Monaten mindestens 26 Wochen oder unmittelbar vorher mindestens 6 Wochen versichert war. Der Antrag zur f. V. muß innerhalb von einem Monat nach dem Ausscheiden gestellt werden. – c) *F. V. für Heimkehrer, Heimatvertriebene, Flüchtlinge und Aussiedler* innerhalb einer bestimmten Frist möglich. Für diese Personenkreise gelten Sondervorschriften.

2. *Angestelltenversicherung oder Arbeiterrentenversicherung*: Berechtigter *Personenkreis* (§ 1227 I Nr. 9, § 1233 RVO, § 21 Nr. 11, § 10 AVG): a) *Selbständige Erwerbstätige* können als Pflichtversicherte auf Antrag beitreten. Der Antrag auf Beitritt muß innerhalb von zwei Jahren nach Aufnahme der selbständigen Tätigkeit gestellt werden. Beiträge sind entsprechend dem Einkommen zu entrichten. Die Beiträge gelten als Pflichtbeiträge, nicht als freiwillige Beiträge. – b) *Alle Bürger nach Vollendung des 16. Lebensjahres*, wenn sie nicht in der Rentenversicherung versicherungspflichtig sind. Das gilt v. a. für Hausfrauen und auch für Selbständige, die nicht eine Pflichtversicherung auf Antrag aufnehmen wollen. F. V. auch möglich für Deutsche im Sinn des Grundgesetzes, die im Ausland leben. Aufnahme der f. V. auch ohne vorherige Pflichtversicherung möglich. Für Beamte und vergleichbare (versicherungsfreie) Personen ist die f. V. nur möglich, wenn diese schon für 60 Kalendermonate Beiträge entrichtet haben. Umfang und Höhe der Beitragsentrichtung kann vom Versicherten selbst entschieden werden. Bei erstmaliger Versicherung steht dem Versicherten die Wahl zwischen der Rentenversicherung der Arbeiter oder der der Angestellten frei. Rentenleistungen aus freiwilligen Beiträgen werden nur dann jährlich angepaßt, wenn (1) die freiwilligen Beiträge jeweils in einem zusammenhängenden Zeitraum von drei Kalenderjahren entrichtet werden und (2) jedes Kalenderjahr mit Beiträgen in Höhe von zwölf Mindestbeiträgen belegt ist (auf die Anzahl der Beiträge kommt es dabei nicht an). Liegt →Berufsunfähigkeit oder →Erwerbsunfähigkeit vor, kann die f. V. nur zur Anrechnung der Beiträge für das →Altersruhegeld und die →Hinterbliebenenrente erfolgen (§ 1227 I Nr. 9, § 1233 RVO und § 2 I Nr. 11, § 10 AVG). – c)

Vertriebene und *Flüchtlinge*, die vor der Vertreibung, der Flucht oder der Evakuierung als Selbständige erwerbstätig waren und binnen drei Jahren nach diesen Ereignissen eine versicherungspflichtige Beschäftigung oder Tätigkeit aufgenommen haben, können sich freiwillig versichern und sogar Beiträge für die Zeit vor Vollendung des 65. Lebensjahres bis zum 1. 1. 1924 zurück nachentrichten (Art. 2 § 52 ArVNG, Art. 2 § 50 AnVNG).

3. *Knappschaftliche Rentenversicherung*: Wer weder nach dem Reichsknappschaftsgesetz noch nach der Reichsversicherungsordnung, dem Angestelltenversicherungsgesetz oder dem Handwerkerversicherungsgesetz rentenversicherungspflichtig ist und während mindestens 60 Kalendermonaten Beiträge für eine knappschaftlich versicherungspflichtige Beschäftigung entrichtet hat, kann die Versicherung entsprechend seiner zuletzt ausgeübten Beschäftigung in der →Arbeiterrentenversicherung oder in der →Angestelltenrentenversicherung freiwillig fortsetzen (§ 33 RKG).

4. *Unfallversicherung*: F. V. für Unternehmer und ihre im Unternehmen tätigen Ehegatten bei der zuständigen Berufsgenossenschaft möglich, soweit diese nicht bereits kraft Gesetzes oder Satzung versichert sind (§ 545 RVO).

5. *Arbeitslosenversicherung*: F. V. nicht möglich.

II. Versorgungsanstalt des Bundes und der Länder (VBL): 1. F. V. *möglich*, wenn: a) die Pflichtversicherung endet und der Versicherte keinen Anspruch auf Versorgungsrente hat oder der Anspruch auf Versorgungs- oder Versichertenrente erlischt; b) die Wartezeit von 60 Kalendermonaten Pflichtbeiträge zur VBL erfüllt ist; c) der Antrag innerhalb von drei Monaten nach dem letzten Pflichtbeitrag bei der Versorgungsanstalt gestellt wird; d) eine erneute Pflichtversicherung bei der Versorgungsanstalt oder einer Zusatzversorgungseinrichtung nicht besteht; e) der Versicherungsfall noch nicht eingetreten ist; f) noch kein Antrag auf Versorgungsrente gestellt ist. – 2. *Beendigung*: Die f. V. kann von dem Versicherten jederzeit schriftlich gekündigt werden; sie endet ferner bei einer erneuten Pflichtversicherung bei der Versorgungsanstalt oder einer sonstigen Zusatzversorgungseinrichtung.

Freizeichen, *freier Warenname,* unterscheidungskräftiges Zeichen, das für bestimmte Waren, für die es die beteiligten Verkehrskreise kennen, von einer größeren Anzahl voneinander abhängiger Unternehmen benutzt wird. – *Gegensatz:* →Marke.

Freizeichnungsklausel. 1. *Bürgerliches Recht:* Begriff mit verschiedenen Bedeutungen: a) Klauseln, durch die Bindung an ein →Vertragsangebot ausgeschlossen wird (ohne Obligo, freibleibend). b) Klauseln, durch die auch in →Allgemeinen Geschäftsbedingungen die einem Teil obliegende Haftung, insbes. die →Sachmängelhaftung und die Haftung für →Erfüllungsgehilfen, ausgeschlossen wird. – 2. *Wechselrecht:* Vgl. →Angstklausel.

Freizeit, Zeit außerhalb der →Arbeitszeit, über die der einzelne selbst (frei) entscheiden kann, um es für Nichtstun sowie für kulturelle, wirtschaftliche, kommunikative, soziale, religiöse und politische Tätigkeiten allein oder mit anderen zu verwenden. Zu unterscheiden: Tagesfreizeit (Feierabend, Rest des Tages), Wochenfreizeit (Wochenende, arbeitsfreie Wochentage), Jahresfreizeit (Urlaub, Ferien), F. der Lebensphase (Freisemester, Sabbatjahr, Mutterschaftsurlaub), Altersfreizeit (Rentenzeit, Ruhezeit), Zwangsfreizeit (Invalidität, Kurzarbeit, Arbeitslosigkeit). – Beschäftigung in der F. ist Ausdruck des →Freizeitverhaltens des einzelnen. – F. ist als soziologisches Phänomen Gegenstand der →Freizeitpolitik.

Freizeitgeographie. 1. *Begriff:* Zweig der Wirtschafts- und Sozialgeographie (→Wirtschaftsgeographie), dessen Gegenstand die räumliche Organisationsformen des Freizeitverhaltens sozialer Gruppen (*Geographie des Freizeitverhaltens*) sowie die räumliche Ordnung der Fremdenverkehrswirtschaft (*Geographie der Freizeitstandorte*) sind. Weiterentwicklung der „klassischen" *Fremdenverkehrsgeographie,* in deren Mittelpunkt der Erholungsreiseverkehr (Tourismus) stand. – 2. *Ziele:* a) Die *Geographie des räumlichen Freizeitverhaltens* beschreibt die aktionsräumlichen Strukturen der Freizeitaktivitäten der verschiedenen sozialen Gruppen, von der Nutzung des Wohnumfeldes während der Tagesfreizeit (die Stadt als Freizeitraum) über die Naherholung bis hin zum Verhalten im längerfristigen Urlaubsreiseverkehr und den Freizeitaktivitäten im Urlaubsgebiet; dabei steht die quantitative Erfassung der distanzabhängigen Freizeit- bzw. Reiseströme zwischen Quell- und Zielgebiet im Vordergrund (→regionale Interaktionsmodelle). In der Analyse des Nachfragepotentials werden die Motive des Freizeitverhaltens, die Freizeitpräferenzen und Urlaubsgewohnheiten sowie die Entscheidungsprozesse zur Wahl des Urlaubs-/Freizeitgebietes im Zusammenhang mit dem Zeitbudget, der Mobilität und den Wohnverhältnissen untersucht. Ein weiteres Ziel besteht in der Entwicklung von Methoden zur Abgrenzung und Typisierung von Freizeit- und Fremdenverkehrsräumen sowie von Partialmodellen zur Bewertung des Freizeitpotentials eines Gebietes, wozu besonders die landschaftliche Vielfalt, das Bioklima und die Freizeitinfrastruktur herangezogen und nutzwertanalytische Verfahren eingesetzt werden. b) Die stärker ökonomisch orientierte *Geographie der Freizeitstandorte* befaßt sich mit der Lokalisation von Freizeiteinrichtungen, gastronomischen und Beherbergungsbetrieben, mit der Bedeutung des Tourismus für regionale Entwicklungstrategien, den Multiplikatoreffekten bei Beschäftigung und Einkommen durch den Export touristischer Leistungen, der Ermittlung der regionalökonomischen Effekte von Fremdenverkehr durch die Anwendung von Input-Output-Modellen und Kosten-Nutzen-Analyse und mit den ökologischen und sozialen Auswirkungen der steigenden Nutzung in den Freizeiträumen. Diese Geographie analysiert und formuliert raumplanerische Leitbilder für Freizeit und Erholung.

Freizeitgestaltung, Entscheidung des einzelnen über die Verbringung seiner →Freizeit. Die F. unterliegt zahlreichen Einflüssen, etwa die Medien, Werbung, Mode, Ideologien, Politik, Pädagogik, aber auch persönlichen Veranlagungen und Neigungen. Sie ist abhängig von materiellen und immateriellen Mitteln (Infrastruktur, Informationen, Kommunikationsmöglichkeiten). Wesentlicher Faktor der F. sind die Vereine, denen etwa 40% der Bevölkerung angehören, sowie andere Gruppen und Institutionen (Kirchen, Bildungsstätten,

Bürgerhäuser usw). – Vgl. auch →Freizeitverhalten.

Freizeitpolitik, neuer Fachpolitikbereich, der als Querschnittsaufgabe Anteile von Wirtschaftspolitik, Sozialpolitik, Raumordnungs-, Boden-, Bau- und Verkehrspolitik, Kultur-, Familien-, Jugend- und Sozialpolitik umfaßt. Gegenstand von F. sind u. a.: Räumliche Erfordernisse und Auswirkungen von Freizeit und Erholung; Freizeit- und Erholungsprobleme im Wohnumfeld und in der Stadt; Fremdenverkehr, Erhöhung des Wohn- und Freizeitwertes in umweltbeeinträchtigenden Wohnquartieren; Probleme des Freizeit- und Erholungsverkehrs, Probleme des Freizeitwohnens; Förderung des Breiten- und Freizeitsports; Kulturarbeit; Jugendpflege, Altenarbeit, Förderung des Freizeitvereinswesens, Anlage von Spielplätzen, F. stellt damit einen Investitionsförderungsantrieb von beachtlicher Größenordnung dar.

Freizeittätigkeit, ohne berufliche und/oder arbeitsähnliche Absicht freiwillig ausgeführte Aktivität; Teilaspekt des →Freizeitverhaltens. F. umfaßt insbes. Freizeitsport (63% der Bevölkerung) mit Spaziergang (27%), Baden (20%), Wandern (11%), Radfahren (15%), Jogging (6%); Gartenarbeit (13%); Leistungs- und Breitensport (12%); Hobbies (80%) mit Lesen (27%), Handarbeiten (23%), Musik hören (11%), Werken (10%), künstlerischen Tätigkeiten (6%). Die Nutzung von elektronischen Medien wie Rundfunk, Fernsehen, Tonträgern findet sowohl als F., als arbeitsbegleitende Tätigkeit, aber auch als selbständige (Informations-)Tätigkeit statt und hat einen erheblichen Anteil am täglichen Zeitbudget. – Die F. Urlaubsreise (mehr als die Hälfte der Deutschen über 14 Jahren einoder mehrmals im Jahr) ist abhängig von der Einkommenssituation und entsprechend schwankend. Einem Aufwärtstrend unterliegen seit Jahren arbeitsähnliche wertschöpferische F. wie Selbstwerk (Do-it-yourself), Selbstversorgung, Nachbarschaftshilfen, aber auch die Selbsthilfe in gesundheitlichen, sozialen, ökologischen, politischen und kulturellen Bereichen.

Freizeitverhalten, Sammelbegriff für →Freizeitgestaltung und →Freizeittätigkeit, u. a. abhängig von Alter, Familienstand/Stellung im Lebenszyklus, Geschlecht, Bildungsstand, sozialer Herkunft,

Einkommen, Beruf, berufliche Stellung und Belastung, Wohnung, Wohnort, Lage des Wohnortes, Klima, Wetter-, gesamtwirtschaftlicher und politischer Lage. F. gewinnt zunehmend an Bedeutung für die gesamte Lebensführung, die Einstellung zur Arbeit („Wertwandel") sowie das Konsumverhalten.

Freizeitwohnsitz, Zweitwohnsitz, der vorübergehend (über das Wochenende und/ oder im Urlaub) überwiegend für Erholungszwecke genutzt wird. Es kann sich dabei sowohl um ortsgebundene (Wochenendhaus, Ferienhaus, -appartment) als auch bedingt mobile Wohnformen (Dauercamping, Wohnboot) handeln. Die starke Zunahme von F. und ihre regionale Konzentration auf Naherholungsgebiete (besonders Seeufer) und Urlaubsgebiete haben zu raumplanerischen Problemen aufgrund der Zersiedlung der Landschaft, der Bodenpreissteigerungen und der Überlastung kommunaler Versorgungsinfrastrukturen geführt, so daß ihr Einfluß auf die örtlichen Wirtschafts- und Lebensverhältnisse nur teilweise positiv zu bewerten ist.

Freizügigkeit. I. Grundgesetz: Recht (→Grundrecht), Aufenthalt und Wohnsitz frei zu bestimmen und jederzeit zu ändern. Nach Art. 11 GG genießen alle Deutschen im Bundesgebiet F., die nur durch Gesetz und nur für besondere Fälle beschränkt werden darf. – Besondere Regelung für Staatsangehörige eines Mitgliedstaates der EG: Aufenthaltsgesetz/EWG i. d. F. vom 31. 1. 1980 (BGBl I 116) mit späteren Änderungen.

II. Versicherungswesen: Mögliche Vereinbarung zum Versicherungsort der →Feuer-Sachversicherung und verwandter Sachversicherungen. Bei Deklaration mehrerer Versicherungsorte mit je besonderer Versicherungssumme bedeutet F. zwischen diesen Orten, daß die Frage nach Voll- oder Unterversicherung nach dem Verhältnis der Gesamt-Versicherungssumme für diese Orte zum Gesamt-Versicherungswert der Sachen an diesen Orten zu entscheiden ist. Die F. kann mit besonderen Entschädigungsgrenzen für jeden Ort ausgestattet werden, z. B. mit 120% der ortsindividuellen Versicherungssummen.

Fremdbedarfsdeckung, Beschreibungsmerkmal von Unternehmungen bzw. Betrieben, insbes. zur Abgrenzung von Haushalten, wo zum Zweck der →Eigenbedarfsdeckung gewirtschaftet wird. – Vgl. auch →Betriebswirtschaftslehre.

Fremdbedienung, klassische →Bedienungsform des Warenangebots im Facheinzelhandel: Der Verkäufer präsentiert die Ware, berät den Kunden und tätigt den Verkaufsabschluß (Rechnungserstellung, ggf. Inkasso, Warenausgabe und -verpackung).

Fremdbesitzer, Besitzer einer Sache (→Besitz), der für einen anderen besitzt, also nicht Eigentümer ist, z.B. der Mieter, Pächter, Entleiher, Pfandgläubiger, Nießbraucher. – *Gegensatz:* →Eigenbesitzer.

Fremdbezug. 1. *I.w.S.:* Beschaffung von Gütern und Dienstleistungen, die nicht im eigenen Unternehmen hergestellt werden (→Eigenproduktion). – 2. *I.e.S.:* Bezug von Einzelteilen oder Produktion von anderen Unternehmen. – 3. *Entscheidungsproblem:* Eigenproduktion oder F. (→make or buy).

Fremdbezugskosten, Kosten des Bezugs von Sach- und/oder Dienstleistungen von Unternehmensexternen. F. werden in der Kostenartenrechnung nach →Kostenarten getrennt (z.B. Materialkosten, Versicherungskosten, Beratungskosten) erfaßt und sind – anders als die Kosten eigener betrieblicher Kapazitäten – i.d.R. kurzfristig abbaubar (→Abbaufähigkeit von Kosten).

Fremddepot, →Anderdepot.

fremde Gelder, die einer Bank anvertrauten Gelder, d.h. alle →Einlagen durch Banken und Nichtbanken auf Kontokorrent-, Termin- und Sparkonten.

fremde Mittel, →Fremdkapital.

Fremdenpaß, Ausweisersatz. Bescheinigung für einen Ausländer für die Aufenthaltsgenehmigung oder Duldung, der sich nicht durch einen →Paß oder Paßersatz ausweisen kann (§ 39 AusländerG).

Fremdentscheidung, →Entscheidung mit im Vergleich zur →Selbstentscheidung geringem Entscheidungsspielraum für das entscheidende Individuum, da Entscheidungsaufgabe und zugehörige Ausfüh-

rungsaufgabe aufgrund fremder →Entscheidungsprämissen personell getrennt sind. Eine Person oder Gruppe kann Macht in bezug auf die Entscheidungsprämissen ausüben. – *Ausprägungen:* a) Bei *dezentraler Führungsorganisation* gilt die →Entscheidungsdezentralisation, b) bei *zentraler Führungsorganisation* werden mit den Aufgaben nur die Weisungsrechte an die nachgeordneten Stellen übertragen, während die Entscheidungsrechte der zentralen Führungsspitze vorbehalten bleiben und somit die nachgeordneten Stellen F. treffen (→Entscheidungszentralisation). Vgl. auch →Zentralisation, →Dezentralisation, →Delegation.

Fremdenverkehr. 1. Häufig synonyme Bezeichnung für →Tourismus. – 2. Bestandteil des Tourismus: Nutzung angebotener Einrichtungen und Eigenschaften eines Ortes oder einer Region durch Personen (Fremde), die aus privaten oder beruflichen Gründen zu vorübergehendem Aufenthalt angereist sind.

Fremdenverkehrsgeographie, →Freizeitgeographie.

Fremdenverkehrsintensität, →Fremdenverkehrsort.

Fremdenverkehrsort. 1. *Fremdenverkehrsstatistik:* Gemeinde mit mehr als 3000 Übernachtungen im Jahr. – 2. *Freizeitgeographie:* Gemeinde mit Freizeiteinrichtungen speziell für den längerfristigen Erholungsverkehr, deren Wirtschafts- und Sozialstruktur sowie Ortsbild von den Verhaltensweisen der Freizeit-Nachfrager entscheidend geprägt ist. Als Indikator wird die Fremdenverkehrsintensität, d.h. die Zahl der Übernachtungen je 100 Einwohner, herangezogen, wobei der häufig gewählte Grenzwert von 1000 nicht als statische und für alle Urlaubsgebiete geltende Größe angesehen werden darf. – *Charakteristische Merkmale* von F. sind Saisonalität, Überangebot an zentralen Handels- und Dienstleistungseinrichtungen und Strukturwandel in den Bodeneigentumsverhältnissen. – Zur *Typisierung von F.* werden neben der Fremdenverkehrsintensität das relative Fassungsvermögen (Zahl der Fremdenbetten pro Einwohner), die Fremdenverkehrsart (z.B. Kur-, Sommerfrischen-, Winter-, Städte-, Ausflugstourismus), die durchschnittliche Aufenthaltsdauer der Gäste und die Ausstattung mit Freizeitinfrastruktur verwandt.

Fremdenverkehrsstatistik, →Reiseverkehrsstatistik.

fremde Wirtschaftsgebiete, alle Gebiete außerhalb des →Wirtschaftsgebietes; für das Verbringen von Sachen und Elektrizität gelten die Zollausschlüsse an der deutschschweizerischen Grenze als Teil f. W. (§ 4 I und III AWG). – Im *nicht-rechtlichen Sprachgebrauch* auch als *Auslandsmarkt* bezeichnet.

fremde Wirtschaftsgüter, Begriff des Steuerrechts für nicht in Grundbesitz bestehende Wirtschaftsgüter, die dem Betrieb dienen, aber im Eigentum eines Mitunternehmers oder eines Dritten stehen. F. W. werden bei Berechnung des →Gewerbekapitals zur Ermittlung der Gewerbesteuer dem →Einheitswert des gewerblichen Betriebs hinzugerechnet, soweit sie nicht im Einheitswert enthalten sind (§ 12 II Nr.2 GewStG). Gehören die Wirtschaftsgüter zum Gewerbekapital des Überlassenden, so erfolgt eine Hinzurechnung nur dann, wenn ein Betrieb oder ein Teilbetrieb überlassen wird und die →Teilwerte der überlassenen Wirtschaftsgüter 2,5 Mill. DM übersteigen. – Vgl. auch →Miet- und Pachtzinsen.

Fremdfinanzierung. 1. *Begriff:* Maßnahmen zur Beschaffung finanzieller Mittel, die im Kapitalüberlassungsvertrag erfolgsunabhängige Zins- und Tilgungszahlungen zu bestimmten Zeitpunkten zusichern und daher dem Unternehmen nur begrenzte Zeit zur Verfügung stellen (→Finanzierung, →Finanzentscheidungen). Die Kapitalgeber sind →Gläubiger. – 2. *Arten:* F. kann nach verschiedenen Gesichtspunkten untergliedert werden, so nach dem Kreditgeber, der →Fristigkeit, der Form der →Besicherung oder der Ausgestaltung des Anspruchs der Gläubiger. Üblich ist die Unterscheidung nach der Fristigkeit: a) *kurzfristige F.* liegt vor bei einer Überlassungsdauer bis zu 90 Tagen; b) *mittelfristige F.* bei einer Überlassungsdauer zwischen 90 Tagen und vier Jahren; c) *langfristige F.* bei einer Überlassungsdauer von vier Jahren und mehr. – Vgl. auch →Kreditfinanzierung, →Marktfinanzierung.

Fremdgeschäft, Geschäftsform im Handel. Geschäfte im fremden Namen und für fremde Rechnung; getätigt von →Einkaufskontoren des Großhandels und von Zentralen →kooperativen Gruppen, die bei der Geschäftsabwicklung mitwirken und bei der Geschäftsabwicklung nur teilweise eingeschaltet sind. *Geschäftsanbahnung* mittels hausinterner Ausstellungen und Musterungen sowie Rundschreiben, Ordersätzen oder sonstigen Lieferantenempfehlungen. *Geschäftsabwicklung* mittels Empfehlungs-, Zentralregulierungs-, Delkredere- oder Abschlußgeschäft. Der Warenstrom wird als →Streckengeschäft, in Ausnahmefällen als →Lagergeschäft abgewickelt. – *Gegensatz:* →Eigengeschäft.

Fremdgrundschuld, eine zugunsten eines Dritten eingetragene →Grundschuld. – *Gegensatz:* →Eigentümergrundschuld.

Fremdhypothek, →Hypothek.

Fremdinstandhaltungskosten, Teil der →Fremdleistungskosten. Kosten für von Unternehmensexternen bezogene Wartungs-, Inspektions- und Instandsetzungstätigkeiten. F. fallen überwiegend für Spezialreparaturen, Maschinenreinigung und vorbeugende Instandhaltung an.

Fremdinvestition, →Investition in fremden Unternehmen. – *Gegensatz:* →Eigeninvestition.

Fremdkapital, *Kreditkapital, Schulden.* 1. *Begriff:* Bezeichnung für die in der →Bilanz ausgewiesenen Schulden der Unternehmung (Verbindlichkeiten und →Rückstellungen mit Verbindlichkeitencharakter) gegenüber Dritten, die rechtlich entstanden oder wirtschaftlich verursacht sind. – *Gegensatz:* →Eigenkapital. – 2. *Ausweis:* a) *Einzelunternehmen und Personengesellschaften* haben ihr F. gesondert auszuweisen und hinreichend (Mindestgliederung „Verbindlichkeiten" und „Rückstellungen") aufzugliedern (§ 247 I HGB). b) Für *Kapitalgesellschaften* besteht eine detaillierte Aufgliederungspflicht (§ 266 III HGB). – Vgl. im einzelnen →Verbindlichkeiten, →Verbindlichkeitenspiegel. – 3. *Wirtschaftliche Bedeutung:* F. dient der →Finanzierung des Unternehmensvermögens. Der F.-Geber ist an der Unternehmung nicht beteiligt, er ist Gläubiger (vgl. jedoch Wandelschuldverschreibungen), der einen Anspruch auf Rück- bzw. Auszahlung (Tilgung) und ggf. Zinszahlung hat. Das F.

wird der Unternehmung durch den F.-Geber langfristig (→Anleihen, →Hypotheken etc.) bzw. mittel- oder kurzfristig zur Verfügung gestellt oder entsteht aus dem Umsatzprozeß (z. B. Verpflichtungen aus →Ertragsteuern, Pensionsverpflichtungen u. ä.). – Zur *Substitution* von F. durch Leihe oder Miete von Sachwerten vgl. →Leasing. – 4. *Beurteilung*: Vgl. →Fremdfinanzierung, →Finanzierungsgrundsätze, →Finanzierungsregeln – 5. *Steuerliche Behandlung*: Vgl. →Schulden.

Fremdkapitalquote, Anteil des Fremdkapitals am Gesamtkapital, stark branchen- und bewertungsabhängige Kennzahl zur Beurteilung der finanziellen Stabilität und Abhängigkeit eines Unternehmens.

Fremdkapitalzinsen, Kosten für einem Unternehmen kurzfristig oder langfristig zur Verfügung gestelltes →Fremdkapital. F. lassen sich ohne Probleme als Kostenart in der Kostenartrechnung erfassen, erhebliche Probleme bestehen jedoch bei der Zurechnung auf Kostenstellen und Kostenträger. – Vgl. auch →kalkulatorische Zinsen.

Fremdkompensation, Einschaltung z. B. eines Handelshauses in ein →Kompensationsgeschäft, um die Kompensationsware zu vermarkten. – Vgl. auch →Dreiecksgeschäft.

Fremdleistungskosten. 1. *I. e. S.*: Kosten des Bezugs von Dienstleistungen von Unternehmensexternen, z. B. Kosten für Miete und Pacht, für bezogene Energie, Patente, Versicherungen usw. – 2. *I. w. S.*: →Fremdbezugskosten.

Fremdrenten, Renten der gesetzlichen Unfall- und Rentenversicherung, die ganz oder teilweise aufgrund von Versicherungszeiten gezahlt werden, die nach dem Fremdrentengesetz (FRG) i. d. F. vom 25.2.1960 (BGBl I 95) mit späteren Änderungen anrechenbar sind.

Fremdrentengesetz (FRG), Gesetz vom 25.2.1960 (BGBl I 93). Regelung der Anrechenbarkeit von Versicherungszeiten in der gesetzlichen →Rentenversicherung und Entschädigung von →Arbeitsunfall oder →Berufskrankheit in der gesetzlichen →Unfallversicherung außerhalb des Bundesgebietes für die Vertriebenen und Flüchtlinge. – 1. *Personenkreis*: Das FRG

findet Anwendung auf anerkannte Vertriebene i. S. des Bundesvertriebenengesetzes (BVG), im Bundesgebiet lebende Deutsche i. S. des Art. 116 I GG und frühere Deutsche i. S. des Art. 116 II GG, wenn sie infolge des Krieges den zuständigen Versicherungsträger nicht mehr in Anspruch nehmen können; auch auf heimatlose Ausländer und Hinterbliebene des berechtigten Personenkreises bezüglich der Gewährung von Hinterbliebenenleistungen. – 2. *Inhalt*: In der gesetzlichen Rentenversicherung werden zurückgelegte Beitragszeiten bei einem nichtdeutschen oder nach dem 3.6.1945 bei einem außerhalb des Bundesgebietes befindlichen deutschen Träger der gesetzlichen Rentenversicherung berücksichtigt. Beschäftigungszeiten stehen i. d. R. Beitragszeiten gleich (§ 16 FRG); nicht aber Beschäftigungszeiten in der DDR. Für die Anrechnung genügt die Glaubhaftmachung der Tatsachen. Bei Glaubhaftmachung werden nur ⅚ der Versicherungszeit angerechnet, bei vollem Nachweis ⁶⁄₆. Die Anrechnung der Höhe erfolgt nach Tabellenwerten (Anlagen zu § 22 FRG) entsprechend den durchschnittlichen Arbeitsentgelten vergleichbarer (bundes-)deutscher Versicherter. Ersatz- und Ausfallzeiten werden ebenfalls angerechnet.

fremdsprachige Firma, in der Bundesrep. D. nicht verbotene, jedoch nur begrenzt zulässige Bezeichnung der →Firma. Unzulässig, wenn Öffentlichkeit durch die Firmenbezeichnung nicht über den Namen des Unternehmers unterrichtet wird. Es müssen eine allgemein bekannte Sprache und allgemein verständliche Worte verwandt werden. Doppelsprachige Firmen und fremde Schriftzeichen sind nicht erlaubt. – Die gesetzlich *vorgeschriebenen* →*Firmenzusätze* müssen deutsch sein.

Fremdverkehr, Verkehr durch selbständige Verkehrsbetriebe für ihre Kunden. – *Gegensatz*: →Eigenverkehr.

Fremdvermutung, →Wertpapierverwahrung III 2.

Fremdversicherung, →Versicherung für fremde Rechnung.

Fremdwährungsforderungen, *Valutaforderungen*, in fremder Währung ausgedrückte Geldforderung. *Bilanzierung*: Zur Bestimmung der Anschaffungskosten werden

F. in der Regel mit dem →Geldkurs im Zeitpunkt der Lieferung bzw. Leistung umgerechnet. F. sind grundsätzlich unter Berücksichtigung des →Stichtagsprinzips und des →Niederstwertprinzips zu bewerten. Zur Erfassung und Bewertung kurzfristiger F. vgl. →Valutaschuld. Zur Möglichkeit der Kompensation →nichtrealisierter Gewinne und→nichtrealisierter Verluste aufgrund von Wechselkursänderungen bei F. und Fremdwährungsverbindlichkeiten im Rahmen sog. geschlossener Positionen vgl. ebenfalls →Valutaschuld. – Die in § 340 h HGB für Kreditinstitute vorgesehenen Spezialregelungen haben wohl nicht den Charakter von →Grundsätzen ordnungsmäßiger Buchführung (GOB).

Fremdwährungskonto, →Währungskonto.

Fremdwährungsschuld, →Valutaschuld.

Fremdwährungsversicherung, *Valutaversicherung,* →Versicherungsvertrag, bei dem →Prämien und Leistungen zur Sicherung des Versicherungsnehmers gegen inländische Währungsschwankungen an eine ausländische Währung geknüpft sind. – 1. *Arten*: a) *Echte F.*: Die →Versicherungssumme lautet auf ausländische Währung und nimmt an deren Schicksal teil. – b) *Unechte F.*: Prämie und →Versicherungssumme werden in Beziehung gesetzt zu einer anderen Währung (Devisenkurs), dem Wert einer bestimmten Menge Goldes oder anderer Waren (Fremdwährungsklausel, Kursklausel). – 2. *Vorkommen*: a) *Lebensversicherung*: (1) Versicherungsvertrag in ausländischer Währung zwischen inländischen Versicherungsnehmern und ausländischen Versicherungsunternehmen. In der Bundesrep. D. grundsätzlich nur als →Korrespondenzversicherung zulässig (§ 105 VAG). Nach Vollendung des EG-Binnenmarktes wird diese Einschränkung jedoch entfallen. (2) Versicherungsvertrag zwischen inländischen Versicherungsnehmern und inländischen Versicherungsunternehmen, deren beiderseitigen Leistungen in der vereinbarten ausländischen Währung zu erbringen sind. Die Deckungsrückstellung wird in der betreffenden Fremdwährung angelegt. Der →Deckungsstock enthält selbständige Fremdwährungsabteilungen. – b) *Transportversicherung*: Im internationalen Handel möglich, gelegentlich staatlich

erzwungen. Zulässigkeit von F. hängt von der Devisengesetzgebung ab.

Frequenz, Anzahl von abgeschlossenen →Konjunkturzyklen während eines vorgegebenen Zeitraumes. Eine hohe F. ist gleichbedeutend mit kurzwelligen Konjunkturschwankungen von wenigen Monaten oder Jahren, während eine niedrige F. langwellige Konjunkturschwankungen (z. B. Kondratieff-Zyklus) anzeigt.

Friedenspflicht, Pflicht zur Unterlassung von →Arbeitskämpfen. – 1. *Absolute F.*: Sie verbietet jeden Arbeitskampf; sie gilt für →Arbeitgeber und →Betriebsrat (→Betriebsfrieden), zwischen den Tarifvertragsparteien nur, wenn es (ungewöhnlich) in einem →Tarifvertrag besonders vereinbart ist. – 2. *Relative F.*: Jeder Tarifvertrag beinhaltet während seiner Laufzeit eine F., d. h. das Verbot von Arbeitskämpfen über die im Tarifvertrag geregelten Angelegenheiten.

Friedman, Milton, 1912, bedeutender amerikanischer Nationalökonom. F. ist Vertreter der Chicago-School und begründete die moderne Geldtheorie (→Monetarismus), in der die Quantitätstheorie weiterentwickelt wurde (→Neoquantitätstheorie). Seine angebotsorientierten wirtschaftspolitischen Vorstellungen schlugen sich in den 'Reagonomics' und dem 'Thatcherism' nieder. Für verschiedene Politiker (u. a. Nixon) übte er Beratertätigkeiten aus. 1976 bekam F. den Nobelpreis für seine Beiträge zur Konsumanalyse, Geldgeschichte und Geldtheorie sowie für seine Darstellungen zur Stabilisierungspolitik verliehen. – *Hauptwerke*: U. a. „A theory of consumption function" (1957); „A program for monetary stability" (1959); „Capitalism and freedom" (1962); „Inflation. Causes and consequences" (1963); „The optimum quantitiy of money and other essays" (1969); „Monetary versus fiscal policy" (1969); „Social security" (1972); „Free to choose" (1980); „Tyranny of the status quo" (1984).

Friedrich-Ebert-Stiftung, gegründet 1925; neugegründet 1947; Sitz in Bonn. – *Aufgaben*: Politische Bildung, internationale Zusammenarbeit, finanzielle Förderung deutscher und ausländischer Studenten sowie Förderung wissenschaftlicher Forschung. – *Angegliederte Institute*: Julius-Leber-Akademie (Ahrensburg), Alfred-Nau-Heimvolkshochschule (Bergneustadt), Heimvolkshochschule Saarbrücken, Kurt-Schumacher-Bildungszentrum (Bad Münstereifel), Fritz-Erler-Akademie (Freudenstadt), Gustav-Heinemann-Akademie (Freudenberg). Karl-Marx-Haus (Studienzentrum) (Trier), Jugendbildungsstätte Wasgauhaus (Vorderweidenthal), Georg-von-Wollmar-Akademie e.V. (Schloß Appenstein, Kochel am See), Gesellschaft für politische Bildung e.V. Heimvolkshochschule Haus Frankenwarte (Würzburg).

Friedrich-Naumann-Stiftung, gegründet 1958; Sitz in Königswinter. – *Aufgaben*: Politische Bildung, wissenschaftliche Forschungsarbeiten. – *Angegliedertes Institut*: Theodor-Heuss-Akademie (Gummersbach).

friktionelle Arbeitslosigkeit, →Arbeitslosigkeit II 4.

Frisieren der Bilanz, umgangssprachliche Bezeichnung für beschönigende Bewertung und falsche Gliederung verschiedener Positionen in einer →Bilanz, die über die Lage des Unternehmens täuschen sollen. F.d.B. gilt als →Bilanzdelikt.

Frist, Zeitraum, innerhalb dessen eine Handlung vorgenommen werden muß. Soweit nichts anderes bestimmt oder vereinbart ist, gelten §§ 187–193 BGB: 1. Ist für den Anfang einer F. ein Ereignis oder ein in den Lauf eines Tages fallender Zeitpunkt maßgebend, so wird der Tag des Ereignisses oder des Zeitpunktes nicht mitgerechnet. – 2. Eine nach Wochen, Monaten, Jahren oder Bruchteilen von Jahren (Halbjahr, Vierteljahr) bestimmte F. endet mit dem gleichbenannten Wochen- oder Monatstag (vier Wochen also nicht gleich ein Monat). – 3. Fehlt bei einer nach Monaten bestimmten F. in dem letzten Monat der dem Anfangstag entsprechende Tag, so endigt die F. mit den Letzten dieses Monats, z.B. endet die einmonatige Frist zur Einlegung der →Berufung gegen ein vom 28. bis 31.1. zugestelltes Urteil am 28.2. (bzw. 29.2.). – 4. Fällt der letzte Tag der F. auf einen Samstag, Sonntag oder gesetzlichen Feiertag, so läuft die F. für die Abgabe der Willenserklärung, der Prozeßhandlung, die Zahlungsfrist usw. erst am nächstfolgenden Werktag ab, der kein Sonnabend ist (§ 193 BGB). – 5. Ein halber Monat ist gleich 15 Tage, die bei längeren F. immer zuletzt

zuzuzählen sind. – 6. F.-Verlängerung wird vom Ablauf der vorigen F. berechnet. – 7. Braucht ein Zeitraum nicht zusammenhängend zu verlaufen, wird der Monat zu 30, das Jahr zu 365 Tagen gerechnet. – 8. Unter Anfang des Monats wird der erste, unter Mitte der fünfzehnte, unter Ende der letzte Tag des Monats verstanden. – 9. Bei Handelsgeschäften entscheidet über Begriffe wie „Frühjahr" oder „Herbst" der →Handelsbrauch des Erfüllungsorts; unter „acht Tagen" versteht die →Verkehrssitte, entgegen § 359 HGB, meist eine Woche.

Fristenkongruenz, *Fristenparallelität,* Zustand, wenn sich die Überlassungsdauer des Kapitals und der Kapitaldienst der →Nutzungsdauer des finanzierten Investitionsobjekts und dessen Einzahlungsrhythmus entsprechen. – Vgl. auch →Fristentransformation.

Fristenparallelität, →Fristenkongruenz.

Fristentransformation, Zustand, wenn bei der Kapitalbindung (→Investition) gezielt von der Überlassungsdauer des Kapitals abgewichen wird. – *Instrumente der F.*: a) Finanzierungsmarkt; b) Wertpapiere und Teilschuldverschreibungen, die Kreditverträge zwischen Partnern ermöglichen, deren Bindungspräferenzen nicht übereinstimmen. – Vgl. auch →Revolving-System, →Fristenkongruenz.

Fristigkeit. I. Unternehmensplanung: 1. *Begriff: Planzeit,* d.h. der Zeitraum, für den der →Plan aufgestellt wurde. – 2. Zu *unterscheiden*: a) *Kurzfristige Planung*: Primär eine quantitative Planung. Sie soll einen möglichst optimalen Einsatz von Menschen, Sachmitteln und Informationen zur Erreichung konkreter Ziele sicherstellen. F. eines kurzfristigen Plans beträgt i.a. bis zu einem Jahr. b) *Mittelfristige Planung*: Bindeglied zwischen der Langfristplanung und der kurzfristigen Disposition. Sie umfaßt drei Aufgabenbereiche: Zieldefinitionen für das Gesamtunternehmen und seine Bereiche, Ableitung von Maßnahmen und robusten Schritten zur Zielverwirklichung sowie die Budgetierung für die Teilperioden des kurzfristigen Plans. F. eines mittelfristigen Plans beträgt i.a. ein bis fünf Jahre. c) *Langfristige Planung*: Anpassung der bestehenden Determinanten vor dem Hintergrund der zu erwartenden internen und externen Veränderungen: neue Ziele, neue Abläufe, neue Potentiale usw. F. eines langfristigen Plans beträgt i. a. mehr als fünf Jahre. – Vgl. auch →Planungsperiode, →Planungshorizont, →Unternehmensplanung II 2 b).

II. Finanzplanung: Zeitdauer der Überlassung finanzieller Mittel bzw. der Bindung finanzieller Mittel (→Investition). – Vgl. auch →Finanzierung, →Fristenkongruenz, →Fristentransformation.

Fristigkeitsproblem, →Bindungsdauer, →Disponierbarkeit, →Dynamisierung des Rechnungswesens.

fristlose Kündigung, Regelfall der →außerordentlichen Kündigung, durch die das Arbeitsverhältnis *sofort* beendet werden soll.

Fritz Thyssen Stiftung, gegründet 1959; Sitz in Köln. – *Aufgaben:* Förderung der Wissenschaft, v. a. auf den Gebieten der Geisteswissenschaften, internationale Beziehungen, Staat, Wirtschaft und Gesellschaft sowie Medizin und Naturwissenschaften.

FRN, Abk. für →floating rate note.

Front-end-Prozessor, →Vorrechner.

Front-end-Rechner, →Vorrechner.

Fruchtbarkeitstafel, *Geburtentafel,* Methode zur Messung der auf eine tatsächliche oder fiktive Frauengeneration bzw. einen tatsächlichen oder fiktiven Ehejahrgang bezogenen Geburtenhäufigkeit (→Fertilitätsmaße). Die F. enthält absolute Werte bzw. Ergebnisse und zeigt den zeitlichen Ablauf der Geburten auf. – Es kann zwischen ehelichen und nichtehelichen Kindern sowie nach der Ordnungsnummer der Kinder (1., 2., 3. Kind usw.) unterschieden werden. – Sterbefälle, Ehescheidungen, →Wanderungen der Elterngenerationen oder Ehejahrgänge werden nicht immer berücksichtigt.

Fruchtbarkeitsziffer, →Fertilitätsmaße.

Früchte, Begriff des bürgerlichen Rechts (§ 99 BGB). – 1. Erzeugnisse einer Sache (z. B. Ei des Huhns) und die sonstige Ausbeute, welche aus der Sache ihrer Bestimmung gemäß gewonnen wird. – 2. Erträge, welche ein Recht seiner Bestimmung gemäß gewährt (z. B. Dividenden, Zinsen). – 3. Erträge, welche eine Sache oder ein Recht vermöge eines Rechtsverhältnisses gewährt (z. B. Mietzinsen).

Fruchtwechselwirtschaft, landwirtschaftliches →Bodennutzungssystem, bei dem der Anbau von Blattfrüchten (wie Kartoffeln, Rüben, usw.) mit dem von Halmfrüchten (Getreide) jährlich wechselt. Vgl. auch →Thünen-Modell.

Frühaufklärung, →strategische Frühaufklärung, →operative Frühaufklärung.

früher erster Termin, im Zivilprozeß neben dem →schriftlichen Vorverfahren zur umfassenden Vorbereitung des →Haupttermins, damit in diesem der Prozeß möglichst beendet werden kann. Wird das Verfahren beispielsweise nicht durch →Urteil (auch Versäumnis- oder Anerkenntnisurteil), →Vergleich oder →Klagerücknahme sowie Klageverzicht abgeschlossen, so hat das Gericht alle Anordnungen (z. B. Zeugen laden) zur Vorbereitung des Haupttermins zu treffen (§ 275 ZPO).

Früherkennung, →operative Frühaufklärung, →strategische Frühaufklärung.

Früherkennungssystem, →operative Früherkennung.

Frühindikatoren, →Konjunkturindikatoren, →operative Frühaufklärung, →strategische Frühaufklärung.

Frühkapitalismus, →Kapitalismus.

frühsozialistische Konzepte, →Sozialismus II 1, →utopischer Sozialismus.

Frühstückskartell, kartellrechtliche Vereinbarung in Form mündlicher Absprachen (→Kartell). Nach § 1 GWB unzulässig (→Kartellrecht VII 1).

Frühwarnsysteme. 1. *Begriff/Charakterisierung:* Spezielle Art von Informationssystemen, die ihren Benutzern latente, d. h. verdeckt bereits vorhandene Gefährdungen in Form von Reizen, Impulsen oder Informationen mit zeitlichem Vorlauf vor deren Eintritt signalisieren. – *Besonderheiten gegenüber anderen Informationssystemen:* a) Bestimmte (neuartige) Erscheinungen sowie Veränderungen/Entwicklungen bekannter Variablen in den beobachteten

Bereichen werden als Anzeigen i.S. von Indikatoren oder Signalen für latente Bedrohungen frühzeitig wahrgenommen und analysiert. b) Im Falle (neuartiger) Erscheinungen oder gravierender Veränderungen bekannter Variablen (z. B. bei signifikanten Abweichungen von vorgegebenen Grenzen oder für zulässig gehaltenen Entwicklungen) werden für den/die Benutzer verständliche Frühwarninformationen ausgestoßen. c) Benutzern wird wegen des zeitlichen Vorlaufs solcher Informationen die Chance zur Ergreifung präventiver Maßnahmen mit dem Ziel der Abwehr oder Minderung signalisierter Bedrohungen eingeräumt. – 2. *Entwicklung:* F. sind aus unterschiedlichsten Bereichen (z. B. militärischem Bereich) bekannt. Die Übertragung der Idee der Frühwarnung auf spezifisch ökonomische Problemstellungen erfolgte Ende der 60er Jahre und zunächst im *gesamtwirtschaftlichen Bereich*; z. B. sind in der Bundesrep. D., Frankreich, Japan, Schweiz und USA Indikatorsysteme mit Frühwarneigenschaften entwickelt worden, die insbes. die konjunkturelle Entwicklung rechtzeitig signalisieren sollten. – Im *einzelwirtschaftlichen Bereich* läßt sich die Beschäftigung mit F. bis in den Anfang der 70er Jahre zurückverfolgen. Seither sind vielfältige Ausgestaltungsformen von F. im einzelwirtschaftlichen Bereich entwickelt worden (vgl. 3.). – 3. *Ausgestaltungsformen und Anwendbarkeit von einzelwirtschaftlich orientierten F.:* a) *Ausgestaltungsformen:* Generell hat sich eine Differenzierung in eigen- und fremdorientierte F. ergeben. – (1) *Eigenorientierte* F. richten sich auf die Früherkennung von Chancen und Bedrohungen bei ihren Benutzern/Trägern selbst aus. Es lassen sich bisher drei Generationen erkennen: *hochrechnungsorientierte F.,* indikatororientierte F. und *strategische* F. (→operative Frühaufklärung; strategische Frühaufklärung). – (2) *Fremdorientierte F.* konzentrieren sich speziell auf die Früherkennung von Bedrohungen bei Marktpartnern (Kunden, Lieferanten, Konkurrenten). Praxisrelevanz (wenn auch umstritten) haben fremdorientierte F. in denjenigen Ansätzen erlangt, die speziell aus der Sicht von Gläubigern (insbes. Banken) Eigenkapitalgebern oder potentiellen Anlegern mittels der über die (fremde) Unternehmung verfügbaren und zumeist vergangenheitsorientierten Daten Erkenntnisse über deren zukünftige Entwicklung ableiten wollen.

Dies geschieht hauptsächlich mit Hilfe sog. Insolvenzprognosen aus Jahresabschlußzahlen. – Im einzelnen vgl. Übersicht „Frühwarnsysteme – Ausgestaltungsformen im einzelwirtschaftlichen Bereich". – Neben betrieblichen F., die nur von einer Unternehmung getragen und genutzt werden, haben *überbetriebliche* F. Bedeutung erlangt, die als Träger mehrere Unternehmungen gleicher oder unterschiedlicher Branchen haben, ergänzt durch eine neutrale Institution (z. B. privates oder staatliches Forschungsinstitut), die als Zentrale des Systems fungiert. – b) *Anwendbarkeit:* Die Anwendbarkeit speziell von einzelwirtschaftlich orientierten F. wird durch die Praxis bestätigt. Dennoch ist ihre Erforschung keinesfalls abgeschlossen. Vielmehr ergeben sich deutliche Entwicklungstendenzen in Aufbau und Anwendung solcher Systeme, insbes. im Hinblick auf eine Fortsetzung der Erforschung und Erprobung zuverlässiger Frühwarnindikatoren, eine stärkere Integration von Elementen strategischer und operativer F. sowie eine stärkere Nutzung überbetrieblicher F.

Frühwarnung, →strategische Frühaufklärung.

Frustration, psychologischer Begriff, der in allgemeinster Verwendung das Erlebnis einer tatsächlichen oder vermeintlichen Benachteiligung, eines Zukurzkommens oder einer Zurücksetzung ausdrückt. Der Begriff wird neuerdings mehr und mehr eingegrenzt auf jenen Erlebniszustand, der bei Behinderung einer Bedürfnisbefriedigung auftritt. – Verschiedenartige *Reaktionen auf F.*; sie reichen vom konstruktiven Lösungsversuch zur Überwindung des Hindernisses über die Resignation bis zur Aggression. – Vgl. auch →Motivation.

FTC, Abk. für →Federal Trade Commission.

FTS, Abk. für →fahrerloses Transportsystem.

FTZ-Zulassung, durch das Fernmeldetechnische Zentralamt (FTZ) in Darmstadt erteilte Genehmigung zum Betrieb einer Anlage (insbes. für Telekommunikationsgeräte; →Telekommunikation), die dazu geeignet ist, elektromagnetische Wellen im Hochfrequenzbereich abzustrahlen.

Fügen, →Produktionstechnik II 3 (4).

Frühwarnsysteme – Ausgestaltungsformen im einzelwirtschaftlichen Bereich

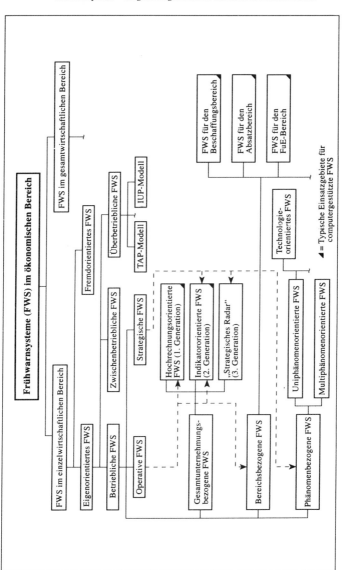

Quelle: Krystek, U., Unternehmungskrisen: Beschreibung, Vermeidung und Bewältigung überlebenskritischer Prozesse in Unternehmungen, Wiesbaden 1987

Führer. 1. *Formeller F.*: Leiter einer →Gruppe, der seine Aufgaben und Kompetenzen aus der Hierarchie zugewiesen erhält (ernannte Führung). Seine Autorität leitet sich zwangsläufig aus der vorgegebenen Rangordnung ab. – 2. *Informeller F.*: Leiter einer informellen Gruppe. Er nimmt die Führerrolle ein, weil eine gruppenspezifische Rollenverteilung ihm diese Rolle zuteilt. Seine Autorität resultiert aus Persönlichkeitsmerkmalen. – Vgl. auch →Führung, →Führungsstil, →Führungsverhalten.

Führerschein, amtlicher Nachweis; Bescheinigung dafür, daß dem Führer eines Kraftfahrzeuges aufgrund seiner in amtlicher Prüfung nachgewiesenen Eignung die →Fahrerlaubnis erteilt worden ist (Ausweispapier). Der F. ist mitzuführen, zuständigen Beamten auf Verlangen vorzuzeigen. – Für den *zwischenstaatlichen Verkehr* zum Teil →internationaler Führerschein erforderlich.

Führerscheinentzug, →Fahrerlaubnis II, →Fahrverbot.

Führerscheinklausel, Klausel in der →Kraftverkehrsversicherung und →Rechtsschutzversicherung, nach der der Versicherer von der Leistungspflicht frei ist, wenn der Führer des Fahrzeugs bei Eintritt des Versicherungsfalls nicht die vorgeschriebene Fahrerlaubnis besitzt.

Fuhrmannshandel, Handelstätigkeit (Güterein- und -verkauf) eines Transportbetriebes zum vorherrschenden Zweck der Gewinnerzielung durch die Transporte der Güter im →Eigenverkehr. Bei Vortäuschung des Eigentumserwerbs an den Gütern ist der F. in der Bundesrep. D. *unechter Werkverkehr.*

Fuhrpark. 1. *Begriff*: Gesamtheit der Fahrzeuge und der zur Transportausführung und Fahrzeugunterhaltung erforderlichen Einrichtungen eines Betriebes oder einer anderen Organisation mit zugehörigem Personal. – 2. *Buchhaltung*: Konto für diejenigen abnutzbaren beweglichen Anlagewerte, die dem Transport dienen, wie Eisenbahnwagen und Lokomotiven, Personenkraftwagen, Lastkraftwagen, Schlepper, Zugmaschinen usw. →Abschreibung: In der Handelsbilanz wird der Gesamtwert, wenn die tatsächliche Nutzungsdauer länger ist als die der Abschreibung zugrunde gelegte, häufig auf 1 DM abgeschrieben; die steuerlichen Absetzungen müssen sich nach § 7 EStG richten. Für geringwertige Wirtschaftsgüter im Fuhrpark (Einzelwert bis 800 DM) besteht Bewertungsfreiheit, ist also Sofortabsetzung im Anschaffungsjahr statthaft (§ 6 II EStG). – 3. *Kostenrechnung*: Vgl. →Fuhrparkkosten.

Fuhrparkkosten, für die Bereitstellung und Bereithaltung sowie den Einsatz des →Fuhrparks anfallende Kosten, die einen bedeutsamen Teil der →Logistikkosten ausmachen. F. werden entweder auf speziellen →Kostenstellen erfaßt und von diesen gemäß den erbrachten Transportleistungen auf →Kostenträger und/oder andere Kostenstellen weiterverrechnet oder gehen zumeist undifferenziert in die Kosten einzelner Fertigungs- oder Verwaltungsstellen ein.

Führung, Ausrichtung des Handelns von Individuen und Gruppen auf die Realisation vorgegebener Ziele. F. beinhaltet soziale Beziehungen der Über- und Unterordnung. Neben der Handlungsorientierung auf die Erreichung von Zielen durch Individuen und Gruppen in Organisationen, Unternehmen, Betrieben usw. bestehen weiter Führungsfunktionen in der Motivation der Mitarbeiter (Untergebenen) und in der Sicherung des Gruppenzusammenhaltes. – F. wird allgemein als *psychologische und soziale Fähigkeit einer Person im Umgang mit Menschen* betrachtet. Neben Persönlichkeitseigenschaften der Vorgesetzten haben jedoch weitere Faktoren wie die fachliche Autorität, die situativen Bedingungen, der Einsatz von →Führungstechniken und die sozialen Beziehungen eine entscheidende Bedeutung für eine erfolgreiche F., die dadurch zu einem sehr komplexen sozialen Prozeß wird. – Führungskompetenz ist durch die formelle Organisation definiert und abgegrenzt (*formelle F.*). In Arbeitsgruppen kann sich eine *informelle F.* herausbilden; diese erfolgt durch Mitarbeiter ohne formelle Führungsposition, die jedoch aufgrund ihrer Persönlichkeit und Erfahrung besonders geachtet werden und daher Einfluß ausüben können. Für die Durchsetzungsmöglichkeiten der formellen Führer können sie daher unter Umständen zu einem besonderen Problem werden. – Vgl. auch →Autorität, →Führungsstil,

→Führungstechniken, →Führungstheorien, →Führungssituation, →Motivation.

Führung durch Delegation, →management by delegation.

Führung durch Systemsteuerung, →management by system.

Führung durch Zielvereinbarung, →management by objectives.

Führung im Ausnahmefall, →management by exceptions.

Führungsaufsicht, Anordnung durch Gericht im Strafverfahren neben der Verurteilung zu →Freiheitsstrafe wegen einer Straftat, bei der das Gesetz die F. vorsieht, oder kraft Gesetzes bei Aussetzung des Vollzuges. – *Wirkung*: Der Verurteilte untersteht einer →Aufsichtsstelle und zugleich i. d. R. einem Bewährungshelfer. Beide haben dem Verurteilten helfend und betreuend zur Seite zu stehen. Das Gericht kann dem Verurteilten hinsichtlich seiner Lebensführung Anweisungen erteilen (§§ 68 ff. StGB). – Vgl. auch →Strafaussetzung zur Bewährung.

Führungsdual, in der Sozialpsychologie eine Führungskonstellation, bei der die Führungsfunktion im wesentlichen auf zwei →Gruppenmitglieder verteilt ist, deren Führungsverhalten nach Leistungsbzw. Gruppenorientiertheit unterschieden werden kann; die aus dem Alltag bekannte Unterscheidung in tüchtige und beliebte Führer.

Führungsebenen, →Führungshierarchie.

Führungseigenschaften, Merkmale erfolgreicher Führungskräfte. Zu den F. gehören tendenziell: Höhere Intelligenz, mehr Selbstvertrauen, Dominanz, Befähigung zur Situationsdiagnostik und Verhaltensflexibilität. Die Korrelation zwischen diesen Merkmalen und dem Führungserfolg ist jedoch nur schwach positiv und streut von Untersuchung zu Untersuchung. – Vgl. auch →psychologische Testverfahren.

Führungsentscheidung, Entscheidung, die nach Gutenberg durch folgende *Merkmale* gekennzeichnet ist: a) F. haben Bedeutung für die Vermögens- und Ertragslage der Unternehmung; b) F. sind auf das Unternehmen als Ganzes gerichtet; c) F. sind nicht delegierbar (→Delegation). – *Beispiele*: Entscheidungen im Rahmen der

→Unternehmenspolitik, Koordinierung der →organisatorischen Teilbereiche, geschäftliche Maßnahmen von außergewöhnlicher betrieblicher Bedeutsamkeit, Besetzung von Führungspositionen.

Führungsgrundsätze, Verhaltensrichtlinien für mit Führungsaufgaben betraute →Führungskräfte. F. können generell (organisationsweite Gültigkeit) oder schichtenspezifisch (abteilungs- oder gruppenweite Gültigkeit) gelten. Meist werden in F. generell Rechte und Pflichten von Vorgesetzten, Kompetenzabgrenzungen, Kommunikationswege usw. geregelt. Abgeleitet sind die F. aus der Unternehmensphilosophie und dem →Unternehmensleitbild (vgl. auch →strategisches Management, →Unternehmenspolitik).

Führungshierarchie. 1. *Begriff*: Die →Hierarchie der Handlungsträger mit →Weisungsbefugnis (→Entscheidungshierarchie). – 2. *Stufen (Managementebenen, Führungsebenen)*: →Top Management, →Middle Management, →Lower Management; verbreitete, infolge uneinheitlicher Grenzziehungen und situativer Abhängigkeiten aber nur bedingt aussagekräftige Einteilung. Während bei einer zumindest dreistufigen F. das Top- und das Lower Management mit der obersten und der untersten Führungsebene gleichgesetzt werden können, umfaßt der Bereich des Middle Management je nach der Leitungstiefe der F. eine oder mehrere Führungsebenen. – 3. *Bezeichnung von Handlungsträgern* in Abhängigkeit von ihrer Einordnung in der F. z. B. als →Abteilungsleiter, Hauptabteilungsleiter, →Direktor und →Generaldirektor.

Führungsinformationssystem (FIS), *Management-Informationssystem (MIS)*, in der →betrieblichen Datenverarbeitung ein →Softwaresystem, das der Unternehmensführung Informationen zur Vorbereitung strategischer oder taktischer Entscheidungen liefert. Diese werden aus Daten des computergestützten →Administrationssystems und computergestützten →Dispositionssystems verdichtet. – F. bilden die Grundlage für die →*computergestützte Unternehmensplanung*. – Vgl. auch →decision support system (DSS).

Führungsklausel, Begriff der →Mitversicherung. Sind z. B. bei der Versicherung eines großen Betriebs mehrere Versicherer an einem Vertrag beteiligt, wird meist vertraglich vereinbart, daß einer der beteiligten Versicherer aktiv und passiv bevollmächtigt sein soll. Der führende Versicherer fertigt den Versicherungsschein sowie etwaige Nachträge rechtsverbindlich für alle beteiligten Gesellschaften aus; er erhält eine Führungs- bzw. Arbeitsprovision. – 1. *Sachversicherung*: Der Führende ist grundsätzlich nur zur Entgegennahme von Anzeigen und Willenserklärungen des Versicherungsnehmers für die Beteiligten bevollmächtigt; vor Änderung des Versicherungsumfanges, der Regulierung großer Schäden und der Führung eines Prozesses (→Prozeßführungsklausel) im Namen der Beteiligten ist er zu einer Direktionsverständigung verpflichtet. – 2. *Transportversicherung*: Der führende Versicherer besitzt wegen der kurzzeitigen Risiken meist weiterreichende Vollmachten und ist nur zur Änderung wesentlicher Vertragsbestandteile, z. B. zur Erhöhung der Höchst-Versicherungssumme, zum Einschluß des Kriegsrisikos und zur Änderung der Kündigungsbestimmungen nicht berechtigt.

Führungskonzepte, →Führungstechniken.

Führungskräfte, Personen oder Personengruppen, die Willensbildung und Willensdurchsetzung gegenüber anderen Personen wahrnehmen unter Übernahme der hiermit verbundenen Verantwortung (*mit Entscheidungs- und Anforderungsbefugnissen ausgestattete F.*). Aufgrund rechtlicher oder organisatorischer Regelungen besitzen F. die Befugnis, anderen Personen Weisungen zu erteilen, denen diese Personen zu folgen verpflichtet sind. Bei der internen Führung, die laufend in der Unternehmung tätig ist, werden entsprechend der organisatorischen Gliederung mehrere Führungsebenen unterschieden. I. w. S. gehören auch *Führungsgehilfen* (z. B. Mitarbeiter in Stabstellen) zur Institution der Führung. – Der Geschäftsführung oder dem Vorstand als Kern der oberen internen Führung sind weitere, externe Willensbildungs- und Willensdurchsetzungszentren vorgeschaltet, in denen die an der Unternehmung *interessierten Gruppen* vertreten sein können. Hierbei handelt es sich um die Gesellschafterversammlung (Hauptversammlung) und den Beirat (Aufsichtsrat).

Führungskräfteentwicklung, →Personalentwicklung 1.

Führungskräfteschulung, →Personalentwicklung.

Führungslehre. 1. *Begriff*: Lehre, die auf die zusammengefaßte, pädagogisch auswertbare Darstellung aller zum Verständnis des Führungsprozesses erforderlichen Tatsachen zielt. Als theoretisch-wissenschaftliche Basis braucht die F. die →Führungstheorie. – 2. Die *konkrete Ausbildung der* F. hängt aufs engste zusammen mit der Entwicklung von Vorstellungen über Reaktionsweisen und Reaktionsmöglichkeiten des Menschen; die F. stellt menschliches Handeln in den Zusammenhang von Aufgabe, Gruppenumwelt und →Organisation. Dabei ist stets ein spezifisches Bild vom Menschen die Grundlage der Verhaltenserklärung und damit der Führung. – 3. Die *konkrete Entwicklung der* F. reicht von rationalen Ansätzen in der Scientific-Management-Lehre über gruppenpsychologische Erklärungen bis zum →Menschenbild der modernen Management-Philosophie. Seit kurzem: vierdimensionaler Führungsstil (Dreyer). Vgl. das nebenstehende Schaubild „Entwicklungsstufen der Führungslehre"; – Vgl. auch →Führungsstil, →Führungstechniken, →Weg-Ziel-Ansatz der Führung.

Führungsmodelle. I. Allgemeines: 1. *Begriff*: Modelle zur Unterstützung der Führung als Managementfunktion. Normative Denkmodelle, die Aussagen dazu treffen, wie die Funktion „Führung" unter bestimmten Bedingungen im Unternehmen ausgeübt werden sollte. – 2. *Bedeutung*: F. werden teilweise sehr kritisch betrachtet; einige haben aktuell im Zusammenhang mit der Führungsphilosophie eines →strategischen Managements Beachtung gefunden, in der Annahme, sich über F. dem Phänomen der →Unternehmenskultur konzeptionell nähern zu können.

II. Wichtige Einzelmodelle: 1. *Theorie Z*: Sie basiert auf einem durch Ouchi (1981) durchgeführten Vergleich der Führung in amerikanischen und japanischen Unternehmen mit dem Ergebnis, daß die erfolgreichen amerikanischen Unternehmen in ihrem Führungsstil den japanischen sehr nahe kommen. Unternehmen vom Typ Z zeichnen sich durch eine etablierte und homogene Unternehmenskultur aus. Ouchi schlägt darauf aufbauend ein 13-Stufen-(Organisations-)Entwicklungsmodell zu einer Organisation vom Typ Z für die weniger erfolgreichen amerikanischen Unternehmen vor. Dabei zielt er ab auf Umorientierung der Aufmerksamkeit auf die menschlichen Beziehungen in der gesamten Organisationsgemeinschaft. – 2. *7F-Modell*: Das von McKinsey (Pascale und Athos, 1981) entwickelte F. weist auf die Notwendigkeit hin, daß es zur Erreichung der Unternehmensziele folgende 7F optimal zu nutzen und aufeinander abzustimmen gilt: Führungsstrategie, Führungsfähigkeiten, Führungssystem, Führungsstil, Führungsstruktur, Führungsziele/Leitmotive sowie das Ziel- und Wertesystem der Führungskräfte. Dabei gibt es keine allgemeinverbindliche Lösung; vielmehr muß jedes Unternehmen ein eigenes und nur für sich selbst „optimales" 7F-Profil entwickeln. – 3. *Strategische Erfolgsposition*: Das von Pümpin (1982) entwickelte F. betont die Notwendigkeit der Abstimmung von Strategie, Kultur und Führungssystemen (vgl. auch →Misfit-Analyse). Unter Erfolgsposition ist eine in einer Unternehmung durch den Erwerb von Fähigkeiten bewußt geschaffene Voraussetzung zu verstehen, die es diesem ermöglichen soll, im Vergleich zur Konkurrenz überdurchschnittliche Ergebnisse zu erzielen. Sie darf von der Konkurrenz nicht ohne weiteres kopierbar sein und muß auf Voraussetzungen basieren, die von hoher Zukunftsträchtigkeit sind (→strategische Grundhaltung). Um ihren langfristigen Erfolg zu sichern, müssen alle führungsrelevanten Systeme auf den Ausbau der strategischen Erfolgsposition ausgerichtet werden: Machtzentren, Mitarbeiterentwicklung, Berichtswesen, Strategien, Planung, Disposition, Organisation, Führungsstil, Managementeinsatz und Arbeitsmethodik.

Führungsprozeß, Prozeß der zweckgerichteten Verhaltensbeeinflussung (direkt oder indirekt) des Geführten bzw. der Geführten durch den Führenden. Es handelt sich um eine wechselseitige, asymmetrische Beziehung zwischen Führenden und Geführten; asymmetrisch, da das Ausmaß des Einflusses des Geführten gering ist. F. ist i.e.S. der Prozeß der Willensdurchsetzung, i.w.S. der Willensbildung (einschl. Zielsetzung), Willensdurchsetzung und Willenssicherung.

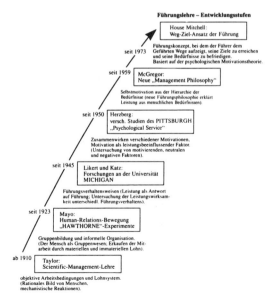

Führungslehre – Entwicklungsstufen

Führungsrichtlinien, Richtlinien, nach denen Führungskräfte bei der Kontrolle der Arbeit nachgeordneter Mitarbeiter zu verfahren haben. F. unterliegen nicht dem Mitbestimmungsrecht des →Betriebsrats, da es insoweit nur um die Feststellung des Arbeitsergebnisses geht, nicht um die Beurteilung der Leistung, die zu diesem Arbeitsergebnis geführt hat. – *Anders:* →Beurteilungsgrundsätze.

Führungssituation, Zustand, in dem sich Führung abspielt. F. umfaßt alle sachlichen und sozialen Bedingungen, die für das Führungsverhalten zu einem gegebenen Zeitpunkt von Bedeutung sind, wie etwa das Gruppenziel, die Gruppenstruktur, die Aufgabenstellung, die Bedürfnisse und Einstellungen der →Gruppenmitglieder, die Erwartungen fremder →Gruppen, der institutionelle Rahmen usw.

Führungsspanne, →Leitungsspanne.

Führungsstil. I. Begriff: Idealtypische Art und Weise des Umgangs von Vorgesetzten mit einzelnen Untergebenen und Gruppen. Global lassen sich F. danach unterscheiden, ob sie primär durch eine Orientierung auf die Aufgabe bzw. Leistung oder auf die Mitarbeiter gekennzeichnet sind.

II. Arten (nach dem Grad der Einflußverteilung zwischen dem Führenden und den Geführten): 1. *Autokratischer F.:* Führung in unumschränkter Selbstherrschaft, ohne Mitberücksichtigung oder Mitbeteiligung der Untergebenen. – 2. *Autoritärer F., obrigkeitlicher F.:* Beruht auf einem Befehls- und Gehorsamkeitsverhältnis zwischen dem Führenden und den Untergebenen. – 3. *Bürokratischer F.:* Gekennzeichnet durch Versachlichung, zugleich Aufsplitterung der Führung auf viele spezialisierte Kompetenzträger, die im Instanzenweg in mehrere Führungsebenen hierarchisch gegliedert sind. Führungsanweisungen und Erledigung von Aufgaben laufen nach unpersönlichen, streng vorgeschriebenen Regeln; eine direkte Kooperation und Information der Untergebenen untereinander oder Umgehung der Instanzenwege ist formell nicht vorgesehen, wodurch dieser F. sehr an Flexibilität einbüßt. – 4. *Demokratischer F.:* Beteiligt die Untergebenen aktiv an Entscheidungen. Gemeinsam werden die allgemeinen Schritte zur Erreichung des Gruppenziels geplant, wobei der Vorgesetzte ggf. alternative Vorgehensweisen vorschlägt und mit seinen Untergebenen bespricht. Der Führer beteiligt sich an den Handlungen der →Gruppe und fügt sich ihr ein. – 5. *Formeller F.:* In der formellen →Organisation des Betriebes vorausgeplanter F. Der tatsächlich angewandte kann davon abweichen; auch kann es neben den formell vorgesehenen Führern informelle Führer geben, die von erheblichem Einfluß für die Betriebsrealität sein können. Am stärksten formell festgelegt ist der F. in Bürokratien. – 6. *Kooperativer F.:* Die Untergebenen werden als echte Mitarbeiter behandelt. Eng verwandt dem demokratischen F. Wesentliches Merkmal ist, daß die Führenden einen Teil ihrer Kompetenzen an die Untergebenen abtreten, wobei die Delegationsbereiche nach sachlichen, nicht nach persönlichen Gesichtspunkten festzulegen sind. – 7. *Laissez-faire F.:* Läßt den Untergebenen weitgehend Verhaltensfreiheit. Der Vorgesetzte vermittelt ein bestimmtes Wissen auf Anfragen der Untergebenen hin, nimmt sonst aber nicht an deren Tätigkeiten teil. Entscheidungen bleiben einzelnen oder der Gruppe überlassen, mit sehr geringer Beteiligung des Führers. Da der Führende nicht mit seinen Untergebenen zusammenarbeitet und wenig Interesse zeigt, ist deren Arbeitsleistung meist sehr gering. – 8. *Liberalistischer F.:* Die Untergebenen haben weitgehende Handlungs- und Entscheidungsfreiheit. Überzeugt vom Eigenwert des Individuums soll der einzelne frei sein vom Zwang autoritärer F. – 9. *Patriarchalischer F.:* Eine zum Ende des 19. und zu Beginn des 20. Jh. vielfach vorzufindende Führungsform. Leitbild des patriarchalischen F. ist die Autorität des Vaters in der Familie, das nach Herauslösung der Unternehmung aus dem Unternehmerhaushalt im Zuge der industriellen Revolution als Idealvorstellung der gesellschaftlichen und betrieblichen Ordnung erhalten blieb. Der Patriarch führt in dem Bewußtsein, Unmündige unter sich zu wissen, die in keiner Weise an der Führung beteiligt werden können, für die er aber auch soziale Verantwortung mitträgt. Der patriarchalische F. greift deshalb vielfach in die Privatsphäre der Geführten ein; er ist autoritär, erkennt aber eine umfassende soziale Verantwortung an. In seiner stärksten Ausprägung kennt der patriarchalische F. nur eine Instanz mit ungeteilter Gesamtkompetenz, den Patriarchen selbst.

Weder Zwischeninstanzen noch Stäbe werden aufgebaut. Die Geführten haben unmittelbaren Zugang zur Spitze. Ihre Verpflichtung beschränkt sich auf Gehorsam gegenüber allen Detailanordnungen. – 10. *Charismatischer F.*: Durch eine als außergewöhnlich empfundene Qualität einer Persönlichkeit zustandekommende Führung. Diese außergewöhnliche Qualität wird als übernatürlich (übermenschlich, nicht jedem zugänglich), gottgesandt oder vorbildlich gewertet.

III. Beurteilung: Die genannten F. sind Idealtypen, d. h. in der Realität in reiner Form nicht vorfindbar. Modifikationen und Mischungen von F. entstehen durch die Persönlichkeit des Vorgesetzten und die Stärke seiner Positionsmacht, die Situation bzw. die Situationen, in denen geführt wird, sowie die Ansprüche, Qualifikationen, Erfahrungen und Kompetenzen der Mitarbeiter und die Art der sozialen Beziehungen in der Gruppe. Situation und Mitarbeiter verlangen von Vorgesetzten daher eine ständige Ermittlung der Situation und entsprechende Anpassung seines F. – Vgl. auch →Autorität, →Führung, →Führungstechnik, →Führungstheorie, →Führungssituation.

Führungstechniken, *Führungskonzepte*, Vorgehensweisen und Maßnahmen der Führung zur Realisierung der vorgegebenen Ziele, der Gestaltung der →Führungssituation und der Behandlung der Untergebenen. *Konkrete F.* beziehen sich auf (1) die Formen von Anweisungen, (2) die Durchführung von Kontrolle, (3) den Einsatz positiver und negativer Kritik, (4) die Vorbereitung von Entscheidungen, (5) die Behandlung von Beschwerden, (6) die Information der Untergebenen und (7) die Delegation von Aufgaben und Verantwortung. Diese F. werden im Rahmen unterschiedlicher →Führungsstile und allgemeiner →Managementtechniken als Führungsmittel in unterschiedlicher Ausformung angewendet. – Vgl. auch →Führungsstil.

Führungstheorien, einheitliche Systeme von Begriffen und Aussagen, in denen die Ergebnisse der Forschung zum Problembereich der →Führung zusammengefaßt werden. F. beanspruchen für sich, daß sich aus ihnen Prognosen für die Wirkungen eines bestimmten →Führungsverhaltens ableiten lassen; sie sind damit Grundlagen von

Führungslehren und stehen in enger Beziehung zum Wandel der Anforderungen an Führung. – *Bekannte F.*: →Eigenschaftstheorie der Führung, →Situationstheorie der Führung, →Interaktionstheorie der Führung, Kollektivtheorie, Persönlichkeitstheorie, →Theorie des Reifegrades, →Leader-match-Konzept.

Führungsverhalten. 1. Bekannteste Beschreibungsdimensionen: *Mitarbeiterorientierung (consideration)*: Praktische Besorgtheit, Wertschätzung gegenüber den Geführten, Zugänglichkeit der Führenden; *Leistungsorientierung (initiating structure)*: Zielpräzisierung, Kontrolle, Antreiben. Beide sind tendenziell unabhängig voneinander und insofern auf der Verhaltensebene kombinierbar. – Hohe consideration kann den über hohe initiating structure vermittelten Leistungsdruck tendenziell abpuffern. – 2. *Beurteilung:* Generalisierende Aussagen zur Wirksamkeit von consideration und initiating structure auf →Arbeitszufriedenheit und Leistung sind kaum möglich. – Vgl. auch →Situationstheorie der Führung, →Führungsstil.

Führungszeugnis. 1. Von dem *Unternehmer* auf Wunsch des Arbeitnehmers auch über Führung und Leistung auszustellendes →Zeugnis. – 2. Zeugnis über den den Antragsteller betreffenden Inhalt des *Bundeszentralregisters*; bei der Meldebehörde zu beantragen. Übersendung an andere Personen als den Antragsteller unzulässig, mit Ausnahme für die Vorlage bei Behörden (§ 30 BZRG). Was Inhalt des F. sein darf, regeln §§ 32 ff. BZRG.

Führungsziele, intendierte Verhaltensbeeinflussung der Mitarbeiter zur Erreichung der →Unternehmungsziele.

Fuhrunternehmer, Begriff des Straßenverkehrsrechts für den →Halter eines Fahrzeugs, mit dem er gewerbsmäßig gegen Entgelt die Beförderung von Personen oder Gütern für eigene Rechnung betreibt. Der F. braucht nicht Eigentümer des Fahrzeugs zu sein.

Fuhrwerke, Landfahrzeuge, die mit tierischer Zugkraft bewegt werden und nicht an Schienen gebunden sind. Einzelheiten in §§ 63 ff. StVZO.

Fullarton, John, 1780–1849, englischer Bankier und später Nationalökonom, der zusammen mit Torrens der Hauptgegner der →Currency-Theorie und Hauptverfechter der →Banking-Theorie war. – *Hauptwerk:* „The Regulation of Currencies" (1844).

Full-Service-Kooperation. 1. *Begriff*: Aus der →Einkaufsgenossenschaft entstandene Betriebsform des Einzelhandels. Die Zentralorganisationen übernehmen nicht nur das →Zentralregulierungsgeschäft und →Delkrederegeschäft, sondern tätigen neben →Empfehlungsgeschäften und →Abschlußgeschäften vermehrt auch →Eigengeschäfte. Damit übernehmen sie ein eigenständiges Risiko der Absetzbarkeit der Waren. Z.T. erhöhen die Zentralen das Absatzrisiko durch Errichtung eigener Produktionsstätten, deren Produkte prinzipiell nur über die Mitglieder verkauft werden sollen. Sie entwickeln auch →Handelsmarken bzw. verpacken lose gekaufte Ware in eigenen Verpackungsbetrieben. – 2. *Weitere*, teils von organisatorisch ausgegliederten Betrieben wahrgenommene *Aufgaben* der Zentrale: Anmietung von Grundstücken bzw. Gebäuden; Durchführung von Standortanalysen; Finanzierung von Warengeschäften, Bauvorhaben, Existenzgründungen; Schulung der Mitglieder; Übernahme von statistischen Erfassungen, Kostenrechnung und Kalkulation, Betriebs- und Finanzbuchhaltung sowie Bilanzerstellung und Steuerberatung. Wachsende Kompetenzen im Handelsmarketing: Einsatz von Marketinginstrumenten, um die Einzelhändler zur Abnahme der eingekauften Produkte und zu deren bevorzugter Förderung beim Verkauf zu bewegen, einschl. Beratung bei Ladengestaltung und Warenplazierung, strenge Vorauswahl beschaffbarer Produkte (Listung in →Ordersätzen), Kalkulationshinweisen und Kontrollen des Verkaufs – zumindest global – über den Service der →kurzfristigen Erfolgsrechnungen. Entwurf zentraler Sonderangebots-, Werbe- und Verkaufsförderungsaktionen. – Neuerdings: Mitwirkung bei der Abfallbeseitigung. – 3. *Entwicklung*: Ob durch Installation von →Scannern und die Stufen Groß- und Einzelhandel umfassenden, geschlossenen →Warenwirtschaftssystemen die Kooperation noch enger, die Selbständigkeit noch begrenzter wird, ist eine zur Zeit noch offene Frage. Die Entwicklung der F.-S.-K. zu →Filialunternehmungen ist durch Gründung von →Regiebetrieben

schon realisiert. Kooperationskaufleute sind durch vertragliche Bindungen in ihrer Freiheit der Sortimentsbildung noch weiter eingeschränkt als die traditionellen Mitglieder von F.-S.-K. Die zukünftige Entwicklung ist davon abhängig, inwieweit es gelingt, dezentrale Fachkompetenzen so zur Ausschöpfung der lokalen Marktpotentiale einzusetzen und gleichzeitig so zu koordinieren, daß die Wettbewerbsfähigkeit der F.-S.-K. gestärkt wird. Hierbei wird es nicht unwichtig sein, durch →Mitgliederselektion einen rationell zu beliefernden Kreis von Einzelhändlern zu gewinnen, die durch ihre Erfolge auf dem Markt gleichzeitig den übergeordneten Gruppeninteressen dienen.

full set, *voller Satz*, vollständiger, im Original vorliegender (nicht als Copy bezeichneter) Formularsatz, z.B. beim →Konnossement. Im Konnossement ist eigens angegeben, wieviel (Original-)Stücke ausgestellt wurden und daher zu einem f. s. gehören.

functional finance, Auffassung, nach der die →Finanzpolitik ausschließlich konjunkturpolitische Ziele gemäß der →finanzpolitischen Stabilisierungsfunktion verfolgt; von A.P. Lerner pointiert vertreten.

Fund, Auffinden und Inbesitznahme einer verlorenen Sache (§§ 965–984 BGB). Der Finder ist zur Anzeige und Ablieferung an den Verlierer bzw. die örtlich zuständige Behörde (Fundbüro) verpflichtet; er hat Anspruch auf →Finderlohn. – Ist der *Verlierer nicht zu ermitteln*, erwirbt der Finder nach Ablauf von sechs Monaten seit der Anzeige das Eigentum an der gefundenen Sache. – Beim F. in Räumen öffentlicher Behörden oder in öffentlichen Verkehrsmitteln muß der Finder die Sache bei der Behörde usw. abliefern, hat jedoch keine Rechte.

fundamentale Aktienanalyse, Methode der Aktienanalyse, auf ausschließlich unternehmensbezogene Kurs-Einflußgrößen bezogen. Ausgangspunkt bildet die These, daß der Börsenkurs in Schwingungen um den inneren bzw. objektiven Wert einer Unternehmung oszilliert; die Diskrepanz ergibt sich aus der relativ langsamen Anpassungsgeschwindigkeit der Kurse an neue Informationen infolge divergierender Meinungen und Wertbestimmungen der Börsianer. In der f. A. werden unterschieden: (1) Quantitative Faktoren: statistisch erfaßbare und auswertbare Informationen über eine Unternehmung (z. B. Geschäftsstruktur, Ertragslage, Kostenstruktur); (2) qualitative Faktoren: Know-how, Innovationsfähigkeit, Zukunftschancen der Produkte und Qualität des Managements. Daraus wird der innere bzw. objektive Wert einer Unternehmung ermittelt. Im Vergleich zum aktuellen Börsenkurs impliziert er ein Kauf- (Börsenkurs kleiner als innerer Wert) oder Verkaufssignal (Börsenkurs größer als innerer Wert). – Vgl. auch →technische Aktienanalyse.

fundieren. 1. *I. w. S.*: Sicherstellung von Zins- und Tilgungsdienst durch bestimmte Einnahmequellen. – 2. *I. e. S.*: Überführung (kurzfristiger) →schwebender Schulden in (langfristige) →fundierte Schulden; auch die Ablösung von Bankkrediten durch Emission von Obligationen oder Aktien, letztgenanntes wird auch als *refundieren* bezeichnet.

fundierte Schulden, langfristig am Kapitalmarkt plazierte Schulden der öffentlichen Hand (→öffentliche Kreditaufnahme). – *Gegensatz:* →schwebende Schulden.

fundiertes Einkommen, Begriff der →Steuertheorie. Das auf Vermögen beruhende →Einkommen. F.E. eignet sich nach der Fundustheorie für besondere Besteuerung aus folgenden Gründen: (1) F.E. fließt frei von Risiken wie Krankheit, Arbeitslosigkeit und Kräfteverschleiß dem Steuerpflichtigen regelmäßig zu; der Bezieher braucht deshalb – anders als der Erwerbstätige – keine Rücklagen zu bilden. (2) F.E. läßt die Arbeitskraft seines Beziehers oftmals ganz frei, und stellt damit neben dem Arbeitseinkommen ein zusätzliches Einkommen des Steuerpflichtigen dar. *Gegensatz:* →unfundiertes Einkommen.

Fundierungsschuldverschreibung, →Young-Anleihe b).

fund raising, →Nonprofit-Management VI.

Fundustheorie, Theorie zur Begründung von →fundiertem Einkommen. Durch inflationäre Geld- und Vermögensentwertung sowie Ausgestaltung der sozialen Sicherheit weitgehend überholt.

fünfjährige Finanzplanung, →mehrjährige Finanzplanung.

Fünf Weise, →Sachverständigenrat zur Begutachtung der gesamtwirtschaftlichen Entwicklung (SVR).

Fungibilien, →vertretbare Sachen i. S. des BGB.

Fungibilität, Marktgängigkeit von Sachen und Rechten. F. liegt vor, wenn die Sachen oder Rechte bei gleichbleibender Beschaffenheit nach Zahl, Maß oder Gewicht im Handelsverkehr bestimmt werden und durch jede andere Sache bzw. jedes andere Recht der gleichen Gattung und Menge ersetzt werden können. Die F. einer Ware ist Voraussetzung für ihren börsenmäßigen Handel (→Börsengeschäfte). Fungible Rechte, die Ansprüche aus verbrieften Kapitalformen verkörpern, heißen →Effekten.

Funk, drahtlose Übermittlung von Nachrichten von und zu beweglichen Objekten, an mehrere Empfänger gleichzeitig (Ton- und Fernsehrundfunk), zu weit entfernt liegenden Punkten der Erde (z. B. Kurzwellen- und Satellitenfunk), zwischen festen Punkten im näheren Bereich (z. B. Richtfunk). F. umfaßt beweglichen Funk (Mobilfunk), festen Funk, Rundfunk (Ton- und Fernsehrundfunk), Ortungsfunk. – Zu unterscheiden: a) *öffentlicher F.:* Der Funkverkehr wird über Funkeinrichtungen der Deutschen Bundespost abgewickelt; b) *nichtöffentlicher F.:* Der Funkverkehr wird nur über private Funkanlagen abgewickelt.

Funkspot, *Radiospot, radio commercial,* über das Medium Hörfunk verbreitete Mitteilung mit erkennbar werblicher Aussage (→Funkwerbung). – *Gestaltungselemente* sind Sprache (Rhetorik), Musik, Gesang, Geräusche und Effekte; die Informationsübertragung ist einkanalig, d. h. nur akustisch und damit u. U. von geringerer Aufmerksamkeitsbindung des Hörers als bei →Fernsehspots. Geeignet für klare, unkomplizierte, akustisch gut darstellbare Werbebotschaften und Imagewerbung. – *Gestaltungsalternativen:* (1) verbale Durchsage, (2) verbal-tonale Durchsage, (3) tonale Durchsage, (4) Hörszene, (5) Live-Durchsage. – *Übertragung* einzeln, in Werbeblöcken oder als Live-Ansage.

Funktion. I. Organisationstheorie: Eine Teilaufgabe zur Erreichung des Unternehmungsziels. – *Beispiele:* Beschaffung, Produktion, Absatz, Verwaltung. – *F. als*

Grundlage der Organisationsstruktur: Vgl. →Funktionalorganisation.

II. Mathematik: Vorschrift, nach der jedem Element einer Menge (Urbildmenge) genau ein Element einer zweiten Menge (Bildmenge) zugeordnet wird. Sie wird mathematisch meist durch eine Gleichung beschrieben. Beispiel: $y = x^2$, d. h., jeder →reellen Zahl x wird ihr Quadrat zugeordnet, also: $2 \rightarrow 4$; $3 \rightarrow 9$; $0,5 \rightarrow 0,25$; ... Allgemeine symbolische Darstellung der Funktionsgleichung: $y = f(x)$.

III. Informatik: Bei der →Codierung ein →Unterprogramm, das als Ergebnis genau einen Wert zur Verfügung stellt (z. B. das Resultat einer Berechnung). Die benötigten Eingangsgrößen werden i. a. als →Parameter an die F. übergeben. Ausgangsgröße ist der Funktionswert selbst.

funktionale Abstraktion, *prozedurale Abstraktion,* →Modularisierungsprinzip, bei dem ein Modul dadurch entsteht, daß von der Realisierung eines →Algorithmus abstrahiert wird (→Abstraktion, →Datenabstraktion).

funktionale Qualität, →Qualität, Gesamtheit aller Eigenschaften eines Gutes, die die technische und wirtschaftliche Eignung zur Erfüllung der beim Abnehmer gestellten Aufgaben bestimmen. Die *Gesamt-Qualität* eines Investitionsgutes wird in Abhängigkeit von dem Grad der gesamten Aufgabenerfüllung beurteilt; sie ergibt sich aus der f. Q., der →Integralqualität und der →Dauerqualität (Pfeiffer).

funktionale Region, →Region II.

Funktionalform der Gleichungen in ökonometrischen Modellen, i. d. R. werden zumindest für die zu schätzenden Verhaltensgleichungen lineare Beziehungen angenommen. Nichtlineare Definitionsgleichungen und insbes. nichtlineare Verhaltensgleichungen erfordern spezielle Schätzmethoden. Vollständig lineare Modelle sind

einfacher zu schätzen, und die geschätzten Strukturen solcher Modelle sind leichter zu verarbeiten. In der Praxis ist aber eine Nichtlinearität in den Variablen meist nicht zu umgehen. →Spezifikationsfehlertests können unter Umständen Aufschluß geben, ob die Funktionalform eines →Einzelgleichungsmodells korrekt spezifiziert ist.

Funktionalismus, spezielle Ausprägung des →methodologischen Kollektivismus. F. wird v. a. in der Soziologie, aber auch in Teilen der Betriebswirtschaftslehre vertreten. Systemen bzw. Institutionen wird ein allgemeines *Überlebensziel* zugeschrieben; analysiert werden die verschiedenen Teilsysteme (z. B. der Forschungs- und Entwicklungsbereich eines Unternehmens) im Hinblick auf ihre speziellen Funktionen im Zusammenhang mit dem Überleben des Gesamtsystems (z. B. Sicherung von Anpassungsnotwendigkeiten an geänderte Umweltbedingungen).

Funktionalorganisation, *funktionale Organisationsstruktur, Funktionsorganisation, Funktionsgliederung, Verrichtungsorganisation.* 1. *Begriff:* Organisationsmodell (→Organisationsstruktur), bei dem die →Kompetenz aufgrund handlungsorientierter →Segmentierung nach →Funktionen (wie Beschaffung, Produktion, Absatz und Verwaltung) gegliedert wird. Bei reiner F. entstehen somit auf der zweiten Hierarchieebene →organisatorische Teilbereiche, in denen jeweils die Kompetenz für eine Funktion umfassend, d. h. bezüglich sämtlicher Produkte der Unternehmung, zusammengefaßt ist (vgl. untenstehende Abbildung). – 2. *Beurteilung der organisatorischen Effizienz:* a) *Ressourcennutzung:* In der Tendenz bessere Ressourcennutzung im Vergleich zur →Spartenorganisation und insbes. zur →Regionalorganisation durch höhere Auslastung und Vorteile der →Spezialisierung und →Größendegression. b) *Interdependenzprofil* (Profil der für die Ausrichtung der Teilhandlungen auf die übergeordneten Unternehmungsziele relevanten

Funktionalorganisation-Grundmodell

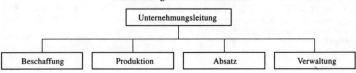

1226

Interdependenzen): Durch die zwangsläufige Existenz von gegenseitigen Abhängigkeiten der organisatorischen Teilbereiche aufgrund ihrer innerbetrieblichen Leistungsverflechtungen charakterisiert. Marktinterdependenzen können demgegenüber nur (ausnahmsweise) zwischen Beschaffungs- und Absatzbereich (Lieferant = Kunde) auftreten, während die allein die Beschaffungs- bzw. Absatzseite betreffenden Marktverbundenheiten in einem (Beschaffungs- bzw. Absatz-)Bereich berücksichtigt werden. In der F. resultieren somit die Koordinationsanforderungen zur Hauptsache aus den internen Interdependenzen. c) *Fähigkeit zur rechtzeitigen Reaktion auf Umweltveränderungen* (→Dispositionsfähigkeit): Während die Koordinationsanforderungen bei geringem Diversifikationsgrad und stabiler Umwelt der Unternehmung die Dispositionsfähigkeit nicht notwendigerweise beeinträchtigen, stellen sie mit steigender Heterogenität des Produktprogramms und wachsender Umweltdynamik eine rechtzeitige, die spezifischen Belange der einzelnen Produkte und Märkte ausreichend berücksichtigende Reaktion auf Änderung und Umwelt zunehmend in Frage. Eine Modifizierung der F. in Richtung einer →mehrdimensionalen Organisationsstruktur oder der Übergang zu einer reinen Sparten- oder Regionalorganisation kann somit geboten sein.

Funktionalreform, die im Zusammenhang mit der →kommunalen Gebietsreform durchgeführte Neuabgrenzung der kommunalen Aufgaben zwischen Gemeinden und Gemeindeverbänden.

Funktionalstrategie, der Teil eines →strategischen Programms, der Aussagen zu den hinsichtlich der betriebswirtschaftlichen Funktionen Beschaffung, Absatz, Produktion, Distribution usw. zu verfolgenden Strategien trifft. – Fünfte Stufe eines →Strategienfächers.

Funktionenbudget, nach Sachgebieten gegliederter →Haushaltsplan. In der Bundesrep. D. unüblich (Gliederung nach dem →Ressortprinzip). Das F. erscheint in Form der →Funktionenübersicht als ein Anhang im Haushaltsplan. Es besitzt keine Verbindlichkeit, soll vielmehr der in der Theorie entwickelten →politischen Programmfunktion des Haushalts Ausdruck geben.

Funktionendiagramm. 1. *Begriff:* Spezielles aufbauorientiertes →Organigramm in Matrixform. – 2. *Elemente:* a) Aufgaben (aus Aufgabengliederungsplan), b) Aufgabenträger (aus Aufgabenverteilungsplan). – 3. *Funktionen:* Die einzelnen Beziehungen des Aufgabenträgers zu einer Aufgabe. F. gibt in der Vertikalen die Gesamtfunktion eines Aufgabenträgers und in der Horizontalen die einzelnen Funktionen an, die zur Erledigung einer Einzelaufgabe notwendig sind.

Funktionenplan. 1. *Begriff:* Teil der 1969 eingeführten neuen Systematik der öffentlichen Haushaltspläne (→Haushaltssystematik) neben dem →Gruppierungsplan. Der F. gliedert die Einnahmen und Ausgaben einzelner Titel nach funktionalen Gesichtspunkten. Eine funktionale Kennziffer ermöglicht es, jeden Ansatz im →Haushaltsplan dem F. zuzuweisen. – 2. *Gliederungskennziffern:* 0 allgemeiner Dienst; 1 Bildungswesen, Wissenschaft, Forschung, kulturelle Angelegenheiten; 2 soziale Sicherung, soziale Kriegsfolgeaufgaben, Wiedergutmachung; 3 Gesundheit, Sport, Erholung; 4 Wohnungswesen, Raumordnung, kommunale Gemeinschaftsdienste; 5 Ernährung, Landwirtschaft, Forsten; 6 Energie- und Wasserwirtschaft, Gewerbe, Dienstleistungen; 7 Verkehrs- und Nachrichtenwesen; 8 Wirtschaftsunternehmen, allgemeine Grund-, Kapital- und Sondervermögen; 9 allgemeine Finanzwirtschaft. – 3. *Bedeutung* für die →politische Programmfunktion eines Haushalts, da sie eine Art Staatsaufgabenkatalog darstellt. – Vgl. auch →Funktionenbudget, →Funktionenübersicht.

Funktionenübersicht, eine nach dem →Funktionenplan aufgebaute Übersicht über die Einnahmen, Ausgaben und →Verpflichtungsermächtigungen eines Haushaltsjahres, die dem →Haushaltsplan als Anlage beizufügen ist. F. und →Gruppierungsübersicht bilden den →Haushaltsquerschnitt.

Funktionsform ökonometrischer Modellgleichungen. Die Festlegung der F.ö.M. ist eine Aufgabe der →Spezifikation eines ökonometrischen Modells. Nach der F.ö.M. *unterscheidet* man *lineare* und *nichtlineare* Modelle. – Idealerweise sollte die F.ö.M. durch die ökonomische Theorie vorgegeben sein. Tatsächlich werden wegen

Funktionsgliederung

ihrer rechen- und schätztechnischen Vorzüge häufig *lineare Gleichungen* benutzt; die Bevorzugung linearer Gleichungen ist oft nicht so einschneidend, da nur Linearität in den Parametern zu fordern ist. *Nichtlineare Gleichungen* können u. U. durch *Transformation* (z. B. Logarithmierung) linearisiert oder durch lineare Gleichungen *angenähert* werden. Die Fortschritte in der Computertechnologie und die Entwicklung iterativer numerischer Methoden zur Lösung nichtlinearer Gleichungssysteme führen zu vermehrter Anwendung nichtlinearer Gleichungen.

Funktionsgliederung, →Funktionalorganisation.

Funktionsholding, eine →Holding-Gesellschaft, die eine eigene unter § 8 I 1–6 AStG fallende Tätigkeit (sog. →aktive Tätigkeit) ausübt und in wirtschaftlichem Zusammenhang mit dieser Tätigkeit auf Dauer eine wesentliche Beteiligung an einer ausländischen Gesellschaft hält, „die ihre Bruttoerträge ausschließlich oder fast ausschließlich aus solchen Tätigkeiten bezieht" (§ 8 II AStG).

Funktionsintegration. 1. *Begriff:* a) *I. w. S.:* Integration mehrerer Funktionen an einem betrieblichen Arbeitsplatz. b) *I. e. S.:* (1) Integration (aus Sicht der Elektronischen Datenverarbeitung) der früher getrennten Funktionen →Datenerfassung, Sachbearbeitung und Datenverarbeitung; (2) Integration mehrerer betriebswirtschaftlicher Teilfunktionen an einem Arbeitsplatz (z. B. Teile von →Vorgangsketten). – 2. *Voraussetzung:* →Datenintegration, →Dialogbetrieb.

Funktionsmanagementorganisation. 1. *Begriff:* Konzept einer →mehrdimensionalen Organisationsstruktur, bei der eine gegebene Grundstruktur durch die organisatorische Verankerung einer bestimmten (wichtigen) →Funktion ergänzt wird. – 2. *Formen:* a) Die Institutionalisierung dieser Funktion kann auf einen →organisatorischen Teilbereich beschränkt oder teilbereichsübergreifend angelegt sein; b) die Institutionalisierung kann in Form von →Stäben *(Stabs-Funktionsmanagement)* oder →organisatorischen Einheiten *(Matrix-Funktionsmanagement)* erfolgen. – 3. Bei der *Auswahl* der sich hieraus ergebenden Gestaltungsalternativen sind die ange-

strebte Reichweite für die Berücksichtigung der Funktion im arbeitsteiligen Entscheidungsprozeß der Unternehmung und die spezifischen Vor- und Nachteile der →Stab-Linienorganisation und der →Matrixorganisation abzuwägen. – 4. *Beispiele* für die Verankerung konkreter Funktionen: (1) Controllingmanagementorganisation (organisatorische Verankerung des Controllings), (2) Logistikmanagementorganisation (organisatorische Verankerung der Logistik), (3) Personalmanagementorganisation (organisatorische Verankerung der personalwirtschaftlichen Funktion), (4) Riskmanagementorganisation (organisatorische Verankerung des Riskmanagements).

Funktionsmeistersystem, von Taylor entwickeltes →Leitungssystem, bei dem eine →Stelle mehreren →Instanzen unterstellt wird. Taylor sieht vier für die Planung zuständige *Funktionsmeister des Büros (clerks)* vor: Arbeitsverteiler, Unterweisungsbeamter, Zeitmeister, Kostenmeister sowie vier für die Arbeitsdurchführung zuständige *Funktionsmeister der Werkstatt (bosses)*: Verrichtungsmeister, Geschwindigkeitsmeister, Prüfmeister, Instandhaltungsmeister. – Für die *Beurteilung* der →organisatorischen Effizienz des F. gelten die generellen Vor- und Nachteile eines →Mehrliniensystems analog.

Funktionsorganisation, →Funktionalorganisation.

funktionsorientierte Programmiersprache, →Programmiersprache II 2b).

funktionsorientiertes Modul. 1. *Begriff:* Ein →Modul, das nach dem Prinzip der →funktionalen Abstraktion gebildet wird. Das Modul implementiert einen *Algorithmus* (→Implementierung 4.); das erwartete Ergebnis der Implementierung wird in der →Schnittstelle spezifiziert. – 2. →*Abstraktion:* Besteht darin, daß die Benutzung des Moduls (→Benutzer 1.), d. h. die Inanspruchnahme der in der Schnittstelle spezifizierten Leistungen, möglich ist, ohne daß die Art und Weise, wie der Algorithmus realisiert wird, bekannt sein muß. – 3. *Beispiel:* Modul namens *k-wurzel* zur Berechnung der Kubikwurzel aus einer Zahl *x*; Schnittstelle spezifiziert das Argument *x* und das gewünschte Ergebnis *k-wurzel*; die *Realisierung* der Wurzelberechnung ist für den Benutzer ohne Interesse. – 4. *Umsetzung*: F. M. können in den gängigen prozeduralen →Programmiersprachen durch →Unterprogramme gut dargestellt werden.

Funktionsprinzip, →Verrichtungsprinzip.

Funktionsrabatt, *Stufenrabatt,* pauschalierter Leistungsrabatt für sämtliche von einer Handelsstufe wahrzunehmenden Funktionen bei der →Distribution von Waren. *Strittig* ist stets die Höhe des F., wenn sich die übernommenen →Handelsfunktionen nicht quantitativ messen und in beiderseitigem Einvernehmen bewerten lassen. – *Beispiel*: F. an Großhändler für die Lagerhaltung in bestimmtem Umfang.

Funktionstaste, Taste einer →Tastatur, die nicht zum Eintippen eines Zeichens (in ein →Bildschirmgerät) dient, sondern direkt eine Verarbeitungsfunktion auslöst.

Funktionsträger, →Handlungsträger.

Funktionsunterprogramm, →Funktion III.

Funktionswertanalyse, →Wertanalyse.

Funkwerbung, *Hörfunkwerbung, Rundfunkwerbung,* →elektronische Werbung mittels →Funkspots; Wirtschaftswerbung zu festgelegten Werbezeiten in öffentlichrechtlichen Programmen und kommerziellen Programmen. Bei den öffentlich-rechtlichen Programmen gehört die F. zu den fakultativen Aufgabenbereichen, d. h. ihnen ist freigestellt, ob, in welchem Umfange und wann sie Werbezeiten plazieren. – *Normalform der F.* sind Funkspots von 30–60 Sek. Länge. →Reichweite, Umfang und zeitliche Plazierung (→Plazierungsvorschrift) dieses Werbeangebots variieren zum Teil sehr stark, so daß nur aufgrund fundierter →Mediaanalysen Werbeentscheidungen gefällt werden dürfen. – *Bedeutung*: F. ist, entgegen früherer Vorstellungen, ein einflußstarkes Werbemedium, dessen Botschaften gut in Erinnerung bleiben und bei dem →Intermediaselektion vergleichsweise nur geringe Kosten verursacht. Heute dient die F. deshalb häufig als Basismedium einer →Werbekampagne und wird komplementär mit →Fernsehwerbung und →Printwerbung eingesetzt; es kann zu →Reichweitenüberschneidung kommen. – Vgl. auch →Fernsehwerbung.

furlong, angelsächsische Längeneinheit. 1 furlong = 201,168 m.

Fürsorge, jetzt →Sozialhilfe.

Fürsorgeerziehung, Maßnahme im Rahmen der →*Jugendhilfe.* 1. *Zweck*: F. wird angeordnet für einen Minderjährigen, der das 17. Lebensjahr noch nicht vollendet hat, wenn sie erforderlich ist, weil der Minderjährige zu verwahrlosen droht oder verwahrlost ist (§ 64 JWG). – 2. *Anordnung* durch Vormundschaftsgericht auf Antrag des Jugendamts oder des Personensorgeberechtigten (§ 65 JWG) oder auch durch Jugendgericht im Jugendstrafverfahren (§§ 9, 12 JGG). Bei Gefahr im Verzug auch *vorläufige F.* durch das Vormundschaftsgericht. F. darf nur angeordnet werden, wenn keine andere ausreichende Erziehungsmaßnahme (→Erziehungsbeistandschaft, →freiwillige Erziehungshilfe) gewährt werden kann. – 3. *Durchführung* i. d. R. in einer geeigneten Familie oder in einem Heim; Landesjugendamt bestimmt den Aufenthaltsort (§ 71 JWG). Die Personensorge der Sorgeberechtigten wird durch die F. weitgehend eingeschränkt, aber nicht gänzlich aufgehoben. – 4. Die F. *endet* mit der Volljährigkeit des Jugendlichen oder mit der Erreichung des Zwecks durch Aufhebung, wenn andere →Erziehungshilfen ausreichen.

Fürsorgepflicht, Pflicht zur Wahrung schutzwürdiger Interessen des →Arbeitnehmers; rechtliche Verpflichtung des Arbeitgebers neben Lohnzahlungspflicht (→Arbeitsvertrag, →Arbeitsverhältnis). Die F. umfaßt eine Anzahl von vertraglichen Nebenpflichten, die sich z. T. bereits aus der Anwendung des Grundsatzes von →Treu und Glauben (§ 242 BGB) auf das Arbeitsverhältnis ergeben. – 1. *Schutzpflichten*: a) Der Arbeitgeber hat Betrieb, Betriebsmittel und Arbeitsablauf so zu gestalten, daß der Arbeitnehmer vor *Gefahren für Leben und Gesundheit*, soweit dies nach den Umständen und nach der Art der Leistung möglich ist, geschützt ist (§ 618 I BGB, § 62 I HGB), vgl. auch →Arbeitsschutz, →Gesundheitsschutz. b) Der Arbeitgeber muß den Arbeitnehmer auch vor *Beeinträchtigungen seiner Persönlichkeit* schützen. Nach dem Bundesdatenschutzgesetz besteht z. B. eine Verpflichtung zur Sicherung personenbezogener Daten des Arbeitnehmers gegen Datenmißbrauch (→Datenschutz). c) Die F. bezieht sich auf die *eingebrachten Sachen des Arbeitnehmers*

1229

(Fahrzeug, Kleidung usw.). Soweit Arbeitnehmer Kleidung wechseln müssen, sind ihnen verschließbare Schränke zur Verfügung zu stellen. Ob eine Pflicht des Arbeitgebers besteht, Parkplätze für Kraftfahrzeuge des Arbeitnehmers zu schaffen, richtet sich nach den Umständen des Einzelfalles. Solche Einrichtungen sind in jedem Fall verkehrssicher zu halten. d) Die Berechnung und *Abführung der Lohnsteuer und der Sozialversicherungsbeiträge* ist nicht nur eine öffentlich-rechtliche Pflicht des Arbeitgebers, sondern muß im Rahmen des Arbeitsvertrages gegenüber dem Arbeitnehmer ordnungsgemäß vorgenommen werden. – 2. *Förderungspflichten*: a) Der Arbeitgeber ist i. d. R. verpflichtet, den Arbeitnehmer tatsächlich im Rahmen der vereinbarten Tätigkeit zu beschäftigen (→*Beschäftigungspflicht*). b) Der Arbeitnehmer kann bei Beendigung des Arbeitsverhältnisses ein *schriftliches* →*Zeugnis* verlangen. c) Nur unter außergewöhnlichen Umständen kommt eine *Pflicht zur Wiedereinstellung* nach Beendigung des Arbeitsverhältnisses in Betracht (→Verdachtskündigung). – 3. Der früher aus der F. hergeleitete Anspruch des Arbeitnehmers auf *Erholungsurlaub* ist heute gesetzlich geregelt (→Urlaub). – 4. Bei *Nichterfüllung der F.* kommen u. U. Schadenersatzansprüche des Arbeitnehmers in Betracht. Auch kann ein Leistungsverweigerungsrecht des Arbeitnehmers bestehen, solange nicht eine pflichtgemäße Organisation der Arbeit gegeben ist.

Fürsorgeprinzip, sozialpolitisches Konzept, orientiert am Grundsatz der Individualisierung der staatlichen Hilfeleistung und der Subsidiarität, an den Bedürfnissen des individuell Notleidenden und dessen unzureichendem Schutz durch andere Sicherungssysteme. Die →Sozialhilfe basiert auf dem F. Damit soll gewährleistet sein, daß für jede Art von Notlage Hilfe geleistet werden kann. Das F. begründet einen Rechtsanspruch auf individuelle Hilfe (zum Lebensunterhalt und in besonderen Lebenslagen). Die Mittel stammen aus dem Steueraufkommen. – *Anders*: →Versorgungsprinzip, →Versicherungsprinzip.

Fusion. 1. *Allgemein*: Vgl. →Unternehmungszusammenschluß. – 2. *Handels- und Steuerrecht*: Vgl. →Verschmelzung. – 3. *Kartellrecht*: Vgl. →Fusionskontrolle. – Vgl. auch →unechte Fusion.

Fusionsbilanz, *Verschmelzungsbilanz.* Sonderbilanz (→Bilanz) bei der →Verschmelzung von Unternehmen durch Neubildung, die die Aktiva und Passiva aller verschmolzenen Unternehmen, ggf. unter Berücksichtigung eines Verschmelzungsverlusts oder -gewinns (→Verschmelzung IX 3) übernimmt. Die F. ist von der neu gegründeten Gesellschaft aufzustellen, sie ist deren →Eröffnungsbilanz. Da bei der Verschmelzung →Liquidation und Einzelvermögensübertragung ausgeschlossen sind, besteht Buchwertverknüpfung; d. h. für die F. gelten die Wertansätze in den Schlußbilanzen der übertragenden Gesellschaften (→Übertragungsbilanz) als →Anschaffungskosten (§§ 253 I AktG, 32 I KapErhG, 93 s III GenG). – Bei der Verschmelzung durch Aufnahme braucht die übernehmende Gesellschaft keine gesonderte F. zu erstellen. Die Vermögensübertragung vollzieht sich auf Basis der Übertragungsbilanzen als laufender Geschäftsvorfall. Es gilt also ebenfalls Buchwertverknüpfung (§ 348 AktG). Die Verschmelzungsvorgänge zeigen sich daher in der Regel erst in der ersten Jahresbilanz nach Durchführung der Verschmelzung.

Fusionsgewinn, →Verschmelzung IX 3.

Fusionskontrolle, *Zusammenschlußkontrolle*, Kontrolle von Unternehmenszusammenschlüssen. Das Entstehen oder die Verstärkung einer marktbeherrschenden Stellung wird als zu erwarten vorausgesetzt. Vgl. näher →Kartellrecht III. – Im *EG-Kartellrecht* ist seit 1990 eine Fusionskontrolle in Kraft. (→Kartellrecht XI).

Fusionskontrollverordnung der EG, →Kartellrecht XI.

Fusionsrichtlinie. 1. *Begriff*: eine der ersten EG-Richtlinien zur Harmonisierung der Körperschaftsteuer (→Harmonisierung der Besteuerung V). Etabliert eine europaweit identische Behandlung bestimmter Umstrukturierungsvorgänge bei der Körperschaftsteuer (EG-ABL. Nr. L 225 vom 20. 8. 1990). In Kraft seit 1. 1. 1991. – 2. *Anwendungsbereich*: Die F. begünstigt →Fusionen und →Spaltungen von Kapitalgesellschaften sowie Einbringung eines →Teilbetriebs durch eine Kapitalgesellschaft in eine andere und Einbringung von Anteilen in eine Kapitalgesellschaft, wenn diese dadurch eine Mehrheitsbeteiligung erhält (→Anteilstausch). Von der F. erfaßt ist sowohl die Besteuerung der beteiligten Gesellschaften als auch die ihrer Gesellschafter. Voraussetzung ist jedoch, daß die von der Umstrukturierung betroffenen Unternehmen Kapitalgesellschaften aus mehreren EG-Mitgliedstaaten sind, die ohne Wahlmöglichkeit der Körperschaftsteuer unterliegen. – 3. *Rechtsfolgen*: Alle beschriebenen Vorgänge sind grundsätzlich Gewinnrealisierungstatbestände. Die F. ermöglicht aber, die Realisierung der stillen Reserven zu vermeiden, sofern die Besteuerung bei einem späteren Verkauf der Wirtschaftsgüter sichergestellt bleibt (Steueraufschub). Bei Fusion oder Spaltung geschieht dies durch →Buchwertfortführung durch die Nachfolgegesellschaft; weitere Voraussetzung ist Erhalt der Steuerhoheit des Belegenheitsstaates (Betriebsstättenbedingung). Bei Spaltung muß Nachfolgegesellschaft außerdem Teilbetriebsqualität haben. Bei Einbringung von Teilbetrieben werden die dafür erhaltenen Anteile von der Gesellschaft zum Buchwert der eingebrachten Wirtschaftsgüter angesetzt (umstritten), gleichzeitig führt die aufnehmende Gesellschaft die Buchwerte des Teilbetriebs ebenfalls fort; dadurch kommt es zu einer Verdoppelung stiller Reserven. – Bei den Gesellschaftern löst die Hergabe der Anteile an der alten Gesellschaft gegen Anteile an der neuen Gesellschaft, Spaltung oder Anteilstausch ebenfalls keine Besteuerung aus (Buchwertfortführung). – 4. *Umsetzung in der Bundesrep. D.*: Regelungen teilweise ins Umwandlungssteuergesetz übertragen; bei Abweichung von den Vorgaben der F. geht diese dem Umwandlungssteuergesetz vor.

Fuß, veraltete Längeneinheit. In den verschiedenen deutschen Ländern von unterschiedlicher Länge. Heute gleichbedeutend mit der angelsächsischen Einheit →foot.

Fußgänger, Person, die eine öffentliche Straße ohne körperliche Beziehung zu einem sonstigen Verkehrsmittel benutzt. F. gelten als →Verkehrsteilnehmer und haben die allgemeinen Verkehrsvorschriften zu beachten.

Fußgängerbereich, Einrichtung zur Verbesserung des Wohnumfeldes. Im F. herrscht als Regel Fußgängerverkehr, Fahrzeugverkehr ist Ausnahme. – Vgl. auch →verkehrsberuhigte Bereiche.

Fusti, Vergütung für Verunreinigung einer Ware. – Vgl. auch →Refaktie.

futures, →financial futures.

fuzzy logic, *vage Logik, unscharfe Logik.* Bereich der Logik, der im Zusammenhang mit der →künstlichen Intelligenz von Lofti Zadek entwickelt wurde. Die f.l. ermöglicht die semantische Interpretation von Aussagen, die nicht als eindeutig wahr oder falsch eingestuft werden können (z. B. „Peter ist groß"). Diskrete Wahrheitswerte (wahr und falsch bzw. 1 und 0) werden durch einen stetigen Bereich (i. d. R. Intervall von 0 bis 1) ersetzt. Für Werte aus diesem Bereich werden aussagenlogische Operationen definiert. – Die f. l. wird insbes. von japanischen Unternehmen in elektronischen Gebrauchsgegenständen verwendet, z. B. in Kameras. *Klassen*: Vgl. →fuzzy set.

fuzzy set, *unscharfe Menge.* 1. *Begriff*: Menge, deren Elemente bestimmten Mengen zu verschiedenem Grad angehören bzw. die Aussage „ein Element x gehört zur Menge X" zu verschiedenem Grad wahr sein kann. – 2. *Entscheidung bei unscharfer Problembeschreibung*: Ziele sowie der Lösungsraum werden durch eine oder mehrere f. s. beschrieben. Nur diejenigen Handlungsalternativen gehören zur optimalen Lösung, die den Zielmengen und der Lösungsmenge angehören, d. h. die Schnittmenge aller Ziel- und Lösungsmengen stellt die „Entscheidung" eines solchen Problems dar. – Vgl. auch →fuzzy logic.

F-Verteilung, *Snedecor-Verteilung*, stetige theoretische →Verteilung, eingeführt durch R. A. Fisher (1924) und Snedecor (1937). Sind die →Zufallsvariablen X_1 bzw. X_2 χ^2-verteilt (→Chi-Quadrat-Verteilung) mit k_1 bzw. k_2 Freiheitsgraden und stochastisch unabhängig, so ist die aus ihnen abgeleitete Zufallsvariable

$$(X_1/k_1):(X_2/k_2)$$

F-verteilt mit k_1 und k_2 Freiheitsgraden. Die F-V. ist i. d. R. eingipflig und linkssteil (→Schiefe). Für →Quantile der F-V. existieren Tabellenwerke. – Wichtige *Anwendungsgebiete* sind →statistische Testverfahren, etwa die Prüfung der →Varianz einer normalverteilten Variablen oder der Vergleich von Varianzen bei normalverteilten Variablen (→Varianzanalyse).

G

G. 1. *Börsenwesen*: Ausdruck für kaufkräftige Nachfrage (Geld). Werden die Kaufaufträge nur z. T. ausgeführt, so wird verzeichnet: „bez. G." = „bezahlt Geld". – Vgl. →Notierungen an der Börse. – Im Börsenhandel bedeutet der *Ruf „Geld"* zugleich mit einem Kurs, daß der Rufer das genannte Papier zu diesem Kurs kaufen will. – 2. *Meßwesen*: Abk. für →Giga (G).

GAA, Abk. für, →Geldausgabeautomat.

Gabelungsmethode, →split ballot.

Gabun, Volksrepublik an der Niederguineaküste. Grenzt im N an Kamerun, im O und S an die Volksrepublik Kongo. – *Fläche*: 267667 km². – *Einwohner (E)*: (1990) 1,2 Mill. (4 E/km²); jährliches Bevölkerungswachstum: 3,9%. – *Hauptstadt*: Libreville (350000 E); weitere wichtige Städte: Port Gentil (123000 E), Franceville (38000 E). – G. ist in neun Regionen *unterteilt*, die in 37 Präfekturen und 9 Subpräfekturen gegliedert sind (Städte haben Selbstverwaltung). – *Amtssprache*: Französisch.

Wirtschaft: *Landwirtschaft*: Geographische und klimatische Faktoren erschweren die Entwicklung der Landwirtschaft, in der fast 71% der Bevölkerung beschäftigt sind (Beitrag zum BIP: 10%). Die *Forstwirtschaft* gehört zu den wichtigsten Wirtschaftssektoren. G. verfügt über 21,5 Mill. ha Regenwald mit wertvollen Edelhölzern (Okumé); Waldraubbauwirtschaft; plantagenmäßiger Anbau von Kakao in Küstennähe. – *Bodenschätze und Industrie*: Vorkommen von Erdöl (Port Gentil), Eisenerzen (Mekambo) und NE-Metallen (Mangan, Uran, Gold); Erdölverarbeitung. – *BSP*: (1988) 3200 Mill. US-$ (2970 US-$ je E); Export von Erdöl und Uranerz stellen 55% des BSP. – *Inflationsrate*: (1990) 14%.

– *Export*: (1989) 1570 Mill. US-$, v. a. Erdöl (über 72%), Holz, Mangan- und Uranerze. – *Import*: (1990) 941 Mill. US-$. – *Handelspartner*: Frankreich (fast 50%), Bundesrep. D. u. a. EG-Länder.

Verkehr: Verkehrsmäßig noch wenig erschlossen; *Erzbahn*; ca. 506 km asphaltierter *Straßen*. Die für den Holztransport geeigneten *Flußläufe* sind 1700 km lang. Der Ogooue ist im Unterlauf ganzjährig schiffbar und stellt eine wichtige Verbindung zum Überseehafen Port Gentil dar. – Weitere *Häfen*: Libreville und Owendo.

Mitgliedschaften: UNO, AKP, CCC, OAU, OIC, OPEC, UDEAC, UNCTAD u. a.; Französische Gemeinschaft.

Währung: 1 CFA-Franc = 100 Centimes (c).

Gage, Bezeichnung des →Entgelts für Schauspieler, Opernsänger und Artisten.

Gain-and-loss-Analyse, Methode der Marktforschung, bei der Mitglieder eines →Panels auf →Käuferwanderung in bezug auf Marken und Einkaufsmengen untersucht werden. Ist die Stichprobe repräsentativ, können wertvolle Informationen über mengenmäßige Marktanteilsgewinne und -verluste einzelner Marken sowie über Marktanteilsschwankungen durch neue Käufer bzw. Abstinenz alter Käufer gewonnen werden.

gal, Abk. für →Gallon.

Gallon (gal), angelsächsische Volumeneinheit. – 1. In *Großbritannien*: 1 gal (brit.) = 4,54609 l. – 2. In den *USA*: 1 gal (US) = 3,78541 l.

Galtonsches Brett, ein nach dem Naturforscher F. Galton (1822–1911) benanntes

Gambia

Experimentiergerät, mit dem veranschaulicht werden kann, daß sich mit zunehmendem Wert des →Parameters n eine →Binomialverteilung an eine →Normalverteilung annähert.

Gambia, Republik in Westafrika, von Senegal begrenzt. – *Fläche*: 11 295 km². – *Einwohner (E)*: (1988) 812 000 (72 E/km²). – *Hauptstadt*: Banjul (44 536 E); weitere Städte: Colombo St. Mary (102 858 E), Sere Kunda (16 000 E). – G. war bis 1966 britische Kronkolonie und Protektorat, seit 1966 unabhängiges Mitglied im →Commonwealth. – G. ist in die Hauptstadt und 6 Divisionen *unterteilt*. – *Amtssprache*: Englisch.

Wirtschaft: *Landwirtschaft*: G. gehört zu den am wenigsten entwickelten Ländern. Erdnußanbau und Viehzucht schwach entwickelt. An Bodenschätzen wird Ilmenit gewonnen. Für die wirtschaftliche Entwicklung könnte der Fremdenverkehr eine Rolle spielen. – *BSP*: (1989) 196 Mill. US-$ (230 US-$ je E). – *Inflationsrate*: (1980–88) 13,9%. – *Export*: (1986) 35 Mill. US-$, v. a. Erdnüsse und Palmkerne (90%). – *Import*: (1986) 100 Mill. US-$, v. a. Textilien, Reis, Zucker, Gebrauchsgegenstände und Maschinen. – *Handelspartner*: Großbritannien u. a. EG-Länder, Schweiz, Japan, VR China.

Verkehr: Der Gambia-Fluß ist fast ausschließlicher Verkehrsträger. – 1556 km *Straße*, nur ein geringer Teil davon asphaltiert. – Internationaler *Flughafen* in Yundum.

Mitgliedschaften: UNO, AKP, CEDEAO, OAU, OIC, UNCTAD u. a.; Commonwealth, Konföderation mit Senegal.

Währung: 1 Dalasi (D) = 100 Bututs (b).

Gamma-Index, in der →Netzwerkanalyse Index zur Bestimmung der →Konnektivität. Der Index gibt das Verhältnis zwischen der tatsächlich vorhandenen Anzahl von Kanten und der maximalen Anzahl von Kanten an. Er wird berechnet, indem man die Anzahl der Kanten dividiert durch die Anzahl der Knoten minus 2 multipliziert mit 3. Ist der Index 1, so sind alle der möglichen Kanten vorhanden.

ganze Zahlen, sind 0, 1, – 1, 2, – 2, 3, – 3, ... Die →Menge aller g. Z. wird als **Z**

bezeichnet. – Vgl. auch →natürliche Zahlen.

ganzheitliches Innovations- und Technologiemanagement, →Innovations- und Technologiemanagement.

Ganzheitspsychologie, →Gestaltpsychologie.

ganz-rationale Funktion, eine →Funktion, deren Gleichung von der Form $y = a_0 + a_1 x + a_2 x^2 + ... + a_n x^n$ ist, wobei n eine →natürliche Zahl ist. Die (festen) Zahlen $a_0, a_1, ..., a_n$ heißen Koeffizienten. Der in der Funktionsgleichung rechts stehende →Term wird als Polynom bezeichnet (hier vom „n-ten Grad").

Ganzstellen, auf öffentlichem Grund befindliche Säulen und Tafeln für den Plakatanschlag, die zeitlich begrenzt nur von einem Werbetreibenden benutzt werden können. G. werden von (örtlichen) privaten Institutionen auf gepachtetem Grund errichtet und verwaltet. – *Gegensatz*: →Allgemeinstellen. – Vgl. auch →Großflächen, →Außenwerbung.

ganzzahlige Optimierung, Teilgebiet der →mathematischen Optimierung, das sich mit Optimierungsaufgaben befaßt, bei denen mindestens eine der Variablen nur ganzzahlige Werte annehmen darf (→ganzzahliges Optimierungsproblem).

ganzzahliges Optimierungsproblem, *ganzzahliges Programmierungsproblem.* I. Charakterisierung: →Mathematisches Optimierungsproblem, bei dem mindestens eine der →Strukturvariablen nur ganzzahlige Werte annehmen darf. – *Arten*: a) *Vollständig-g. O.*: Sämtliche Strukturvariablen müssen ganzzahlige Werte annehmen; *gemischt-g. O.*: Nur einige Strukturvariablen müssen ganzzahlige Werte annehmen. b) *Ganzzahlig-lineares Optimierungsproblem*: G. O., in dem ausschließlich →lineare Restriktionen (mit Ausnahme der →Ganzzahligkeitsrestriktionen) und eine →lineare Zielfunktion vorkommen; *ganzzahlig-nichtlineares Optimierungsproblem*: mindestens eine →nichtlineare Restriktion und/oder eine →nichtlineare Zielfunktion tritt auf. c) →*Binäres Optimierungsproblem*: Variablen dürfen nur den Wert 0 oder 1 annehmen.

II. Lösung: 1. *Vorgehensweise*: Es kann zunächst ein entsprechendes →kontinuierliches Optimierungsproblem gelöst werden, um dann (sofern erforderlich) durch nachträgliches Runden eine Lösung des ursprünglichen Problems zu ermitteln. Der so gefundene Vektor der Variablenwerte kann aber von der gesuchten →optimalen Lösung verschieden oder sogar überhaupt keine →zulässige Lösung des betreffenden Restriktionssystems sein. – 2. *Methoden*: a) Für ganzzahlige →klassische Transportprobleme mit ganzzahligen Vorrats- und Bedarfsmengen, →lineare Zuordnungsprobleme und gewisse Flußprobleme in Netzwerken läßt sich zeigen, daß die Basislösungen der jeweiligen Optimierungssysteme stets ganzzahlig sind und sie deshalb (zumindest theoretisch mit den *Methoden der (kontinuierlichen)* →*linearen Optimierung* angegangen werden können. b) Sofern keine dieser speziellen Problemstrukturen vorliegt, werden in der Literatur →*Schnittebenenverfahren* zur Bestimmung optimaler, die Ganzzahligkeitsrestriktionen erfüllen den Lösungen vorgestellt. Numerische Stabilität und Rechenzeitverhalten dieser Verfahren befriedigen aber häufig selbst bei kleineren ganzzahlig-linearen Problemen nicht. c) Tendenziell günstiger sind →*Branch-and-Bound-Verfahren*, die aber nicht in jedem Fall in akzeptabler Rechenzeit die gesuchte Lösung liefern. d) Bei größeren Problemen ist man deshalb auf den Einsatz von *Heuristiken* angewiesen (z. B. →quadratisches Zuordnungsproblem). – 3. *Einsatz kommerzieller Software*: Branch-and-Bound-Verfahren bilden die Grundlage zur Lösung ganzzahlig-linearer Optimierungsprobleme. Mit derartiger Software läßt sich eine Vielzahl von Problemen realer Größenordnungen innerhalb eines akzeptablen Zeitrahmens optimal lösen. Bei sehr großen Problemen ohne eine besonders ausgeprägte spezielle Struktur muß man sich auch hier häufig mit der besten ganzzahligen Lösung zufrieden geben, die bis zum Erreichen einer Zeitschranke gefunden wurde.

III. Ö k o n o m i s c h e B e d e u t u n g: Streng genommen ist eine Vielzahl ökonomischer Probleme ganzzahlig, v. a. läßt sich der Einsatz von Arbeitskräften und Maschinen nicht immer sinnvoll in reellwertigen Variablen ausdrücken. Ähnliches gilt häufig für den Einsatz von Vorprodukten bzw. den Ausstoß von Zwischen- und Endproduktion, v. a. wenn die betreffende Bezugsgröße ein Fertigungslos ist. Entsprechend entstehen g. O. schwerpunktmäßig bei der Investitionsprogrammplanung, der Personaleinsatzplanung, der Produktprogrammplanung sowie der Ablaufplanung. Außerdem können „Ja-Nein"-Entscheidungsprobleme als →binäre Optimierungsprobleme modelliert werden.

ganzzahliges Programmierungsproblem, →ganzzahliges Optimierungsproblem.

Ganzzahligkeitsrestriktion, Anforderung an eine Variable in mathematischen Restriktions- bzw. Optimierungssystemen, die besagt, daß die betreffende Variable nur ganzzahlige Werte annehmen darf.

gap, Lücke. 1. *Inflatorische/deflatorische Lücke:* Differenz zwischen beabsichtigter →Investition und beabsichtigtem Sparen (→Ersparnis) bzw. dem Unterschied zwischen Gesamtausgaben für Verbrauch und Investition (= monetäre Nachfrage) und Gesamteinkommen (= Geldwert des Angebots). Ist die geplante Investition größer als das geplante Sparen, d. h. die monetäre Nachfrage größer als das monetäre Angebot, so ergibt sich eine *inflatorische Lücke* (inflationary gap). Die Expansionstendenz des Einkommens bedeutet in diesem Fall eine Gefahr für die Geldwertstabilität (Inflationsgefahr), wenn die Entwicklung vom Zustand der →Vollbeschäftigung ausgeht. Die Gefahr entfällt weitgehend bei unterbeschäftigten Ressourcen. Ist das geplante Sparen größer als die geplante Investition, die monetäre Nachfrage also kleiner als das monetäre Angebot, so ergibt sich eine *deflatorische Lücke* (deflationary gap), d. h. die Tendenz zur Einkommenskontraktion. – Vgl. auch →Keynessche Lehre. – 2. *Technologische Lücke* (technological gap): Seit Servan-Schreiber (J. J. Servan-Schreiber: Le défi américain. Paris 1967; deutsche Übersetzung: Die amerikanische Herausforderung. Hamburg 1968) viel diskutierter Begriff für die Lücke im technologischen und organisatorischen Wissen und Können innerhalb der hochentwickelten Industrieländer (Beispiel: Elektronik). Dabei handelt es sich nicht so sehr um eine technologische Kluft als um eine Lücke im Management.

GAP, →EWG I 2.

Gap-Analyse, *Lückenanalyse,* Instrument des →strategischen Managements. – 1.

Garagen

Ziel: Darstellung von Abweichungen zwischen auf unterschiedlichen Annahmen basierenden, zukünftigen Entwicklungsverläufen des Geschäfts (Gap, Lücke). Interpretation dieser Lücke; Vorschläge zu ihrer Schließung. – 2. *Darstellung der G.-A. in einem Koordinatensystem*: Auf der Ordinate steht der Lückenindikator (z. B. der Umsatz), auf der Abszisse die Zeit. Die unterste Kurve ist i. d. R. die Extrapolation des Basisgeschäfts. Die oberste Kurve stellt die Entwicklung des Geschäfts unter der Annahme dar, daß alle Potentiale des Unternehmens genutzt werden, um zukünftige Gelegenheiten wahrzunehmen und Gefahren zu umgehen; es können zukünftig zu erwartende Veränderungen im Bestand der Potentiale des Unternehmens mit einbezogen werden (→Potentialanalyse). – 3. *Folgerungen*: Die Lücke zwischen den auf unterschiedlichen Annahmen zur Nutzung der Potentiale des Unternehmens basierenden Entwicklungslinien ist Anlaß zu Überlegungen hinsichtlich Veränderungen in den →Wertschöpfungsstrategien (z. B. Marktdurchdringung über neue Produkte), die die Lücke schließen könnten. – 4. *Differenzierung*: Die Gesamtlücke kann auch differenzierter betrachtet werden, z. B. über Unterteilung in operative und strategische Lücke. Ihre Trennungskurve ist die Entwicklungslinie des Geschäfts unter der Annahme der bestmöglichen Nutzung aller bestehenden Potentiale, während die Obergrenze der strategischen Lücke auch zukünftig zu erwartende Potentialveränderungen mit einschließt. – 5. *Beurteilung*: Die G.-A. ist ein eher grobes, wenig differenziertes und exploratives Instrument. Vertiefende Methoden der strategischen Analyse, z. B. →Produkt/Markt-Matrix oder →Portfolio-Analyse, sollten sich deshalb der G.-A. anschließen.

Garagen, ganz oder teilweise umschlossene Räume, die zum Einstellen von Kraftfahrzeugen bestimmt sind. Verpflichtung zur Beachtung besonderer Bauvorschriften für Heizung, Lüftung, Entwässerung u. a. m. – Verpflichtung zur Miterrichtung von G. bei bestimmten Bauvorhaben oder ggf. Zahlung eines Ablösungsbetrages an die Gemeinde richtet sich nach den bauordnungsrechtlichen Vorschriften der Länder (z. B. § 67 der Hessischen Bauordnung i. d. F. von 16. 12. 1977 (GVBl 1978 I 2). *Handelsrechtlich* sind G. je nach den baulichen Gegeben-

heiten Gebäudebestandteile, die wegen des Nutzungs- und Funktionszusammenhangs mit anderen Gebäudeteilen nicht selbständig zu bewerten sind, oder →Gebäude, die auch selbständig zu bewerten sind; vgl. allgemein →Bewertungseinheit. Ablösezahlungen gehören zu den →Herstellungskosten der jeweiligen Bewertungseinheit. Zum Ausweis →Bilanzgliederung.

Garagenmiete, Behandlung bei der Umsatzsteuer: 1. *Umsatzsteuerfrei* ist die Vermietung von Einzelboxen und Hallenplätzen in Garagen, wenn der Vertrag als ein →Mietvertrag über einen bestimmten Teil des Grundstücks anzusehen und der Mietvertrag nicht nur für kurze Zeit (mindestens ein halbes Jahr) abgeschlossen ist (§ 4 Nr. 12a UStG) (→Vermietung und Verpachtung). – 2. Liegt aber ein →Verwahrungsvertrag vor, wonach der Verwahrer die selbständige Obhut über den Gegenstand übernimmt, so ist das gesamte →Entgelt *umsatzsteuerpflichtig*, z. B. für die Benutzung eines Parkplatzes oder für das Recht, den Wagen in einer Großgarage oder im Parkhaus unterzustellen. Umsatzsteuerpflicht besteht auch bei reinen Mietverträgen, wenn sie für nur kurze Zeit abgeschlossen werden.

Garantenstellung, im Strafrecht bei unechten →Unterlassungsdelikten Voraussetzung für ein strafbares Handeln. Besteht nach Gesetz, Vertrag oder aus einem anderen Grund eine Rechtspflicht zum Handeln, die der Verpflichtete unterläßt und dadurch einen anderen schädigt, so ist strafrechtliche Verantwortlichkeit gegeben. – *Beispiel*: Eltern helfen dem ertrinkenden Kind nicht; Bestrafung wegen Todschlags.

Garantie. I. Allgemeines: Gesetzesfremder Begriff mit verschiedener Bedeutung. – 1. I. S. von →*Gewährleistung*, auch von →*Bürgschaft*. – 2. Abstraktes Zahlungsversprechen einer Bank (Garantiebank) für einen Garantieauftraggeber gegenüber dem Garantienehmer (Begünstigter). Im Falle der Nichterfüllung bzw. Teilerfüllung von vertraglichen Verpflichtungen (Nicht-, Teil- oder mangelhafte Erfüllung oder Verzug) seitens des Garantieauftraggebers leistet die Garantiebank einen Zahlungsausgleich für den entstandenen Schaden. Die vereinbarte Garantiesumme wird bei der ersten Anforderung ohne Prüfung auf Berechtigung des Anspruches an den Garantienehmer gezahlt. Zur Absicherung gegen ungerechtfertigte Forderungen des Garantienehmers werden i.d.R. konkrete Auszahlungsvoraussetzungen (Vorlage eines Schiedsurteils, Vorlage von Dokumenten, Frühesttermin der Auszahlung, Nachleistungsfristen u.a.m.) bestimmt. – 3. Die Vertragsinhalte werden im →Garantiebrief schriftlich fixiert. – 4. *Grundformen*: a) *Direkte G.*: G., bei der von der durch den Garantienehmer beauftragten Bank keine zweite Bank eingeschaltet wird; die Originalgarantie wird direkt herausgelegt. b) *Indirekte G.*: G., bei der eine zweite Bank eingeschaltet wird, die die Herauslegung der Originalgarantie übernimmt. Beide Banken sind durch ein Auftragsverhältnis verbunden, gekoppelt mit einer abstrakten Schadloserklärung der Bank des Garantieauftraggebers für den Garantiefall. Die indirekte G. wird i.d.R. im Auslandsgeschäft angewandt; als zweite Bank wird i.d.R. eine Bank im Wirtschaftsgebiet des Garantienehmers gewählt, häufig durch staatliche oder halbstaatliche Stellen gesetzlich vorgeschrieben oder aus Risikogründen vom Garantienehmer gewünscht. – 5. *Formen*: →Anzahlungsgarantie, →Bietungsgarantie, →Gewährleistungsgarantie, →Konnossementsgarantie, →Liefer- und Leistungsgarantie, →Transfergarantie, →Vertragserfüllungsgarantie, →Zahlungsgarantie.

II. Auslandsgeschäft: Es gibt *keine einheitlichen Regelungen* bezüglich G., sondern nur bestimmte internationale bzw. länder- und/oder branchenspezifische Usancen, die sich an der Art des Auslandsgeschäfts ausrichten. Bestrebungen der Internationalen Handelskammer Paris sind aufgrund der unterschiedlichen Interessenlagen und -schwerpunkte der Beteiligten (Liefer- und Käuferländer) bisher gescheitert. – *Angewandte Formen der G.*: 1. Bei *Exportgeschäften (Export-G.)* werden Anzahlungs-, Bietungs-, Gewährleistungs-, Konnossements-, Liefer- und Leistungs- sowie Vertragserfüllungsgarantien bevorzugt. – 2. Im *Importgeschäft (Import-G.)* herrschen Transfer- und Zahlungsgarantie vor.

Garantiebrief. 1. Mitteilung der Garantiebank an den Garantienehmer über den Gegenstand der Garantie, Garantiefall, Garantiesumme, Auszahlungsvoraussetzungen und -modalitäten. Der G. begründet den Forderungsanspruch des Garantienehmers (Begünstigter) im Garantiefall. –

2. Verkaufsfördernde, werbewirksame, schriftlich zugesicherte Gewährleistung (Garantie) des Herstellers, für das mit dieser Bürgschaft ausgezeichnete Erzeugnis (Präzisionsuhr, Elektrogerät u.ä.) innerhalb einer festgelegten Frist bei vorkommendem Versagen des Mechanismus kostenlos Abhilfe zu leisten, sofern der Schaden nicht durch mutwilligen oder fahrlässigen Verstoß gegen die Gebrauchsanweisung entstand. – 3. *Rechtswirkungen*: Vgl. →Garantie.

Garantiegeschäft, Übernahme von →Bürgschaften, →Garantien und sonstigen Gewährleistungen für andere; →Bankgeschäft i.S. des KWG.

Garantiekapital. 1. *Eigenkapital der privaten Realkreditinstitute*, das in gesetzlich festgelegtem Verhältnis zu dem Betrag der ausstehenden →Pfandbriefe stehen muß; Garantie gegen eine übermäßige Pfandbriefemission. – 2. Eine der *wirtschaftlichen Zweckbestimmungen von* →*Eigenkapital* in einer Unternehmung: G. hat Haftungsfunktion für Verbindlichkeiten gegenüber Dritten.

Garantiekosten. 1. Kosten aus werkseigenen Garantieverpflichtungen (→Gewährleistungswagnis) werden auch als →Sondereinzelkosten des Vertriebs behandelt. – 2. Kosten für Inanspruchnahme staatlicher oder bankmäßiger Garantieleistung, die wie andere Finanzierungskosten zu verbuchen bzw. zu verrechnen sind.

Garantielohn, →garantierter Jahreslohn, →garantierter Mindestlohn.

Garantien für Kapitalanlagen im Ausland, Absicherung von →Direktinvestitionen gegen *politische Risiken* im Anlageland. Auch die Erträge können einbezogen werden. Annäherung durch nationale und internationale Institutionen; zu letzteren gehört die geplante →Multilaterale Investitions-Garantie-Agentur (MIGA) für Direktinvestitionen in Entwicklungsländern.

garantierter Jahreslohn, hauptsächlich von den amerikanischen Gewerkschaften erhobene Forderung, den Stammbelegschaften derjenigen Werke, die besonders stark von Saison- und Konjunkturschwankungen abhängig sind, ein Recht auf Erhaltung ihres Lebensstandards zu sichern (Bestandssicherung). Diese Regelung ist bei verschiedenen amerikanischen Unternehmen der chemischen Industrie und anderer Massenfertigung eingeführt und hat sich sozialpolitisch bewährt. – *Gegensatz:* →Indexlohn.

garantierter Mindestlohn, Ergänzung des reinen Akkordsystems (→Akkordlohn) durch einen festen Mindestlohn, damit ein im Akkord stehender Arbeitnehmer nicht schlechter gestellt ist als ein Zeitlöhner. Ein Stundenmindestlohn wird garantiert, der auch dann gezahlt wird, wenn aufgrund der Akkordberechnung kein Anspruch darauf besteht. G. M. wird z. B. beim →Halsey-Lohn berücksichtigt.

Garantierückstellung, →Garantieverpflichtung.

Garantieverpflichtung, *Gewährleistungsverpflichtung.* I. Inhalt: Verpflichtung des Verkäufers einer Sache, innerhalb der gesetzlich bestimmten oder durch Vertrag vereinbarten Garantiefrist wegen mangelhafter Leistung entstandene Arbeits- oder Materialfehler auf eigene Kosten zu beheben. G. ergibt sich besonders bei Fertigungsbetrieben für bereits gelieferte Erzeugnisse a) durch kostenlose Ersatzlieferungen, b) durch Nacharbeiten aufgrund des →Garantiebriefs, häufig bei Bauausführungen, im Fahrzeugbau, bei feinmechanischen und optischen Geräten. – *Rechtswirkungen:* Vgl. →Garantie.

II. Buchung und Bilanzierung: Erfüllte Ersatzleistungen sind auf den entsprechenden Konten der Finanzbuchhaltung zu buchen. Rückstellungen in der Handelsbilanz notwendig, wenn Verbindlichkeiten aus G. am Bilanzstichtag dem Grund nach entstanden sind. Gem. § 249 I Nr. 2 HGB besteht auch für Garantieleistungen ohne rechtliche Verpflichtung eine *Bilanzierungspflicht.* Ausweis unter „sonstige Rückstellungen".

III. Kostenrechnung: Die erwartenden Aufwendungen werden als kalkulatorische →Wagnisse für das Jahr geschätzt und mit Monatsbeiträgen in die Kostenrechnung übernommen. G. werden häufig unabhängig von den tatsächlichen Aufwendungen kalkulatorisch mit einem Durchschnittssatz angesetzt, der aufgrund der Inanspruchnahme der G. im Verhältnis zum Umsatz der letzten Jahre ermittelt wird. Besondere

Verhältnisse der jeweiligen Produktion sind dabei zu berücksichtigen (→Wagnisse 2 c) (5)).

IV. Steuerrecht: Die Bewertung von *Rückstellungen für G.* ist in der Steuerbilanz und bei der Bewertung des Betriebsvermögens (nach den geltenden Grundsätzen des Bewertungsgesetzes) unterschiedlich. – 1. *Steuerbilanz:* a) Zur *Bildung einer Rückstellung* für G. dem Grund nach genügt die am Bilanzstichtag bestehende Gefahr (Wahrscheinlichkeit) einer Inanspruchnahme. Diese kann sich ergeben aus den besonderen Umständen des Falles, aus bereits erkannten, aber noch nicht geltend gemachten Mängeln, aus dem Erkennen und Geltendmachen eines Mangels an einzelnen Produkten einer Serie (bei serienmäßig hergestellten Gegenständen) oder aus der regelmäßigen Wiederkehr eines bestimmten Mangels. b) Der *Höhe nach* sind Rückstellungen für G. in sinngemäßer Anwendung des § 6 I Nr. 2 EStG mit den →Anschaffungskosten bzw. dem höheren →Teilwert anzusetzen (§ 6 I Nr. 3 EStG). Dazu ist i. d. R. eine Schätzung nötig. Die Ermittlung kann vorgenommen werden im Einzelverfahren und im Pauschalverfahren. – 2. *Einheitsbewertung* (→Einheitswert II 2): G. als →Betriebsschulden bei der Bestimmung des →Betriebsvermögens nur insoweit abzugsfähig, als die Ansprüche bis zum Abschlußzeitpunkt geltend gemacht sind. – *Ausnahmen:* Bestimmter Mangel an allen Stücken einer Serie, der bis zum Stichtag nur von einzelnen Abnehmern geltend gemacht wurde, mit dessen Beanstandung durch die anderen Abnehmer aber gerechnet werden muß.

Garantieversicherung, →Maschinengarantieversicherung, →Kautionsversicherung, →Vertrauensschadenversicherung, Montagegarantieversicherung (→Montageversicherung).

Garantievertrag, *Gewährvertrag,* gesetzlich nicht geregelter →Vertrag, durch den jemand einem anderen verspricht, für einen Erfolg einzustehen, insbes. die Gefahr (das Risiko), die dem anderen aus irgendeiner Unternehmung erwächst, zu übernehmen. Haftung des Garanten auch dann, wenn der garantierte Erfolg ohne sein Verschulden ausbleibt. – Der G. bedarf keiner besonderen *Form.* – *Besondere Art* des G. ist die →Forderungsgarantie. – Eine Garantie kann auch *Teil* eines →Kaufvertrages oder →Werkvertrages sein (→Garantie).

Garderobenversicherung, von Theatern, Kinos, Hotels, Gaststätten, Badeanstalten, Museen usw. abzuschließende Versicherung für die von den Gästen zur Aufbewahrung abgegebenen Kleidungsstücke, Schirme, Stöcke, Taschen u. dgl. Die G. umfaßt Schäden durch Verlust, Verwechslung und Beschädigung. – *Nicht versichert* sind Gegenstände, die sich in den Garderobestükken befinden, sowie Geld und Wertsachen.

Garn St. Germain Act, 1982 verabschiedetes, US-amerikanisches Bankengesetz, durch das →commercial banks und →thrift institutions weitgehende Freiräume in ihrer Zinsgestaltung gewährt wurden.

Gasanlagen, begründen eine besondere Haftpflicht im Sinn der →Gefährdungshaftung für ihren Inhaber. – 1. *Umfang:* Schadenersatzpflicht umfaßt gem. § 2 Haftpflichtgesetz Unfall, Tod und Körperverletzung eines Menschen sowie Sachbeschädigung als Folge der Wirkungen von Elektrizität oder Gas. – 2. *Keine* Ersatzpflicht u. a. bei Schäden innerhalb eines Gebäudes, bei Schäden, die durch oder an Energieverbrauchsgeräten entstehen und i. d. R. solche, die durch →höhere Gewalt herbeigeführt sind. – 3. *Einzelheiten* über die Schadenberechnung, die Anrechnung von Versicherungsleistungen und die Höchstgrenze des Schadenersatzes in §§ 5 ff. – 4. *Ausschluß* der Haftung nicht möglich (§ 7). – 5. *Verjährungsfrist:* drei Jahre.

Gastarbeiter, umgangssprachliche Bezeichnung für →ausländische Arbeitnehmer.

Gastgewerbe, zusammenfassende Bezeichnung für Beherbergungsgewerbe, Gaststättengewerbe und Kantinen. Teil des

Dienstleistungsgewerbes. – *Bedeutung:* Vgl. obenstehende Tabelle. – Vgl. auch →Gastgewerbestatistik, →Gaststättengesetz, →Beherbergungsvertrag, →Tourismus.

Gastgewerbestatistik, *Gaststättenstatistik,* Repräsentativstatistik im Rahmen jeder →Handelsstatistik bei bis zu 8000 Unternehmen aus 20 Wirtschaftsklassen auf der Grundlage des →Handelszensus unter Berücksichtigung der Neugründungen. *Monatlich* Meßzahlen über die Entwicklung von Umsatz und Beschäftigtenzahl; *zweijährlich* tätige Personen, Waren- und Materialeingang und -bestand, Investitionen, Aufwendungen für gemietete und gepachtete Anlagegüter, Verkaufserlöse aus dem Abgang von Anlagegütern, Bruttolohn- und -gehaltssumme, Umsatz nach Arten der wirtschaftlichen Tätigkeiten, nach Beherbergung, Verpflegung einschl. Getränke und der sonstige Umsatz; *mehrjährlich* Zusammensetzung des Warensortiments.

Gaststättengesetz, Gesetz vom 5. 5. 1970 (BGBl I 465) mit späteren Änderungen. – 1. Der *Betrieb* eines Gaststättengewerbes (Schankwirtschaft, Speisewirtschaft und Beherbergungsbetrieb) bedarf der behördlichen →Erlaubnis, die persönlich ist und nur für bestimmte Räume und bestimmte Arten von Getränken gilt. Die Erlaubnis kann auch auf Zeit erteilt werden. – 2. *Einzelheiten* der Erlaubniserteilung, -versagung, -zurücknahme und Umfang der Gewerbebefugnis (z. B. Polizeistunde, Verbot der Abgabe von Branntwein an Jugendliche). – 3. Bestimmungen bezüglich →*Ordnungswidrigkeiten* (§ 28), die sich nicht nur gegen den Gewerbetreibenden, sondern teilweise auch gegen den Gast richten (z. B. Nichteinhalten der Polizeistunde), sehen →Geldbußen bis zu 10 000 DM vor. – 4. *Ausgenommen* vom G. sind weitgehend Bahnhofswirtschaften, Speisewagen, Kan-

Gastgewerbe (1990)

Wirtschaftsgliederung	Beschäftigte 1986 = 100		Umsatz 1986 = 100
	insgesamt	vollzeitbeschäftigt	
Gastgewerbe insges. davon:	104,0	100,4	116,7
Beherbergungsgewerbe	107,5	105,0	126,5
Gaststättengewerbe	101,2	95,5	110,1
Kantinen	124,7	126,7	134,7

tinen u. ä. Einrichtungen der Eisenbahn (VO vom 7. 5. 1963, BGBl I 315).

Gaststättenstatistik, →Gastgewerbestatistik.

Gastwirt. 1. *Berufsstand* des Dienstleistungsgewerbes, von dem i. d. R. Verpflegung und Getränke an Fremde verabreicht, z. T. auch die Beherbergung von Gästen in sachgerecht ausgestatteten Fremdenzimmern gewerbsmäßig betrieben werden. Erlaubnis zum Betrieb einer Gaststätte: →Gaststättengesetz. – 2. *Kaufmannseigenschaft*: Schank- und Speisewirte sind →Mußkaufmann (§ 1 II Nr. 1 HGB), nicht aber Herbergswirte (Hoteliers), es sei denn, daß mit dem Herbergsbetrieb eine Schank- und Speisewirtschaft verbunden wäre, die nicht nur Hilfsmittel für die Beherbergung (z. B. Frühstückstisch), sondern auch für andere Gäste bestimmt ist. Ein G., der nur Erzeugnisse aus seiner Landwirtschaft verkauft und Gastwirtschaft als →Nebengewerbe betreibt, ist u. U. →Kannkaufmann. – 3. *Haftung des G.*: Vgl. →Gastwirtshaftung.

Gastwirtshaftung, Haftung des →Gastwirts, der gewerbsmäßig Fremde zur Beherbergung (nicht nur Bewirtung) aufnimmt, für die Beschädigung oder den Verlust der eingebrachten Sachen der Gäste auch dann, wenn ihn selbst kein Verschulden trifft. Gesetzlich geregelt in §§ 701–703 BGB. – 1. *Umfang*: Keine Haftung besteht für Fahrzeuge, für Sachen, die in einem Fahrzeug belassen worden sind, und für lebende Tiere. – *Keine* Ersatzpflicht, wenn der Schaden von dem Gast, einem Begleiter des Gastes oder einer Person, die er bei sich aufgenommen hat, verursacht oder durch Beschaffenheit der Sache oder →höhere Gewalt entstanden ist. – 2. *Haftungshöhe*: a) Begrenzung auf den hundertfachen Betrag des Tagesbeherbergungspreises, mindestens aber 1000 und höchstens 6000 DM; für Geld usw. (vgl. 4) i. a. höchstens bis 1500 DM. b) Unbeschränkte Haftung, wenn Verlust, Zerstörung oder Beschädigung vom Gastwirt oder seinen Leuten verschuldet ist. – 3. *Haftungsausschluß*: G. kann nur ausnahmsweise im voraus erlassen werden: a) In Fällen der unbeschränkten Haftung (vgl. 2 b) für eine Schadenshöhe, die die allgemeine Höchstgrenze übersteigt, jedoch nicht für den Fall, daß der Verlust usw. vom Gastwirt oder seinen

Leuten durch →Vorsatz oder →grobe Fahrlässigkeit verursacht wird; b) die Erklärung des Gastwirts bedarf der →Schriftform und darf keine anderen Bestimmungen enthalten; ein Anschlag, durch den die Haftung abgelehnt wird, ist wirkungslos. – 4. *Sonderregelung* für Geld, Wertpapiere, Kostbarkeiten u. a. *Wertsachen*: a) Der Gastwirt ist verpflichtet, sie zur Aufbewahrung zu übernehmen, es sei denn, daß sie im Hinblick auf die Größe oder den Rang der Gastwirtschaft von übermäßigem Wert oder Umfang oder daß sie gefährlich sind; der Gastwirt kann verlangen, daß sie in einem verschlossenen oder versiegelten Behältnis übergeben werden. b) Allgemeiner Haftungshöchstbetrag 1500 DM. c) Unbeschränkte Haftung für Geld usw., das zur Aufbewahrung übernommen oder dessen Aufbewahrung entgegen a) abgelehnt wurde; für letzteren Fall kein Haftungserlaß.

gatekeeper, Person, die über Informationsfilterungsaktivitäten den Informationsfluß in das und im →Buying-Center steuert. – In der *wettbewerbspolitischen Diskussion* häufig gebrauchter Begriff, um die Machtposition von Handelsbetrieben bei der →Distribution von Waren zu beschreiben: Handelsbetrieben wird eine Schlüsselstellung im →Absatzkanal zuerkannt, die es ihnen ermöglicht, den Weg von Waren und Informationen entweder zu öffnen oder auch völlig zu verschließen. Diese Schlüsselstellung ist auch ein Ansatzpunkt, um die Handelsbetriebe zur Rücknahme von Verpackungen zu verpflichten (VerpackungsVO). Nutzen Handelsbetriebe eine derartige g-Position in wettbewerbswidriger Weise, so kann dies ein Ausdruck unzulässiger →Nachfragemacht sein. Nicht selten wird diese Argumentation genutzt, um neue Formen des →Handelsmarketing als unzulässigen Nebenleistungswettbewerb einzustufen (→Sündenregister).

gateway, Anpassungsschaltung, die die Kopplung zweier verschiedenartiger →lokaler Netze und damit die Kommunikation eines Teilnehmers des einen Netzes mit Teilnehmern des anderen ermöglicht.

GATT, General Agreement on Tarifs and Trade, *Allgemeines Zoll- und Handelsabkommen.*

I. Entstehung: Das GATT geht zurück auf die Bemühungen um eine Liberalisierung des Welthandels, zunächst allgemein formuliert in der *Atlantic-Charta* (1941), dann in der *Charta der UN* (1945). Ende 1945 stellten die USA „Proposals for Expansion of World Trade and Employment" zur Diskussion, die die Gründung einer internationalen Handelsorganisation (→*ITO*) und die Kodifizierung einer Welthandels-Charta (→*Havanna-Charta*) vorsahen. Die handelspolitischen Abschnitte der Havanna-Charta wurden am 30.10.1947 als *GATT* von 23 Staaten angenommen, zugleich mit einem Vertragswerk über gegenseitige Zollherabsetzungen und Zollbindungen. Am 1.1.1948 trat das GATT in Kraft. Formal ist das GATT lediglich ein *multilaterales Handelsabkommen*, es hat jedoch den Rang einer *autonomen internationalen Organisation* gewonnen und gehört zu den →Sonderorganisationen der UN. – *Mitglieder* (offiziell: „*Vertragsparteien*") 100 Vollmitglieder; weitere 30 Länder wenden das GATT de facto an (1991).

II. Ziele: Erhöhung des Lebensstandards sowie Förderung der Beschäftigung und des wirtschaftlichen Wachstums in den Mitgliedstaaten durch Intensivierung des internationalen Güteraustauschs. Die Vertragspartner tragen zur Verwirklichung dieser Zielsetzungen bei durch kollektiven Zollabbau, gesichert durch Zollbindungen auf der Grundlage der →Meistbegünstigung bzw. Vermeidung von →Diskriminierungen.

III. Organisation und Verfahren: 1. Die GATT-Regelungen basieren auf Entscheidungen der gleichberechtigten Mitgliedstaaten. Entscheidungsgremium ist die *Versammlung der Vertragsparteien*, die i.d.R. jährlich stattfindet. Beschlüsse werden i.d.R. mit einfacher Mehrheit gefaßt, nur in Ausnahmefällen mit qualifizierter Mehrheit. – 2. *Rat der Vertragsparteien*, dient der Unterstützung und Entlastung der Vollversammlung, hat aber keine Beschlußbefugnisse. – 3. Als autonome Organisation verfügt das GATT über einen eigenen Haushalt und eine eigene Verwaltung mit einem *Sekretariat* in Genf (Leitung: *Generaldirektor*).

IV. Bestimmungen: 1. *Zollpolitik*: Grundsatz ist das Prinzip der Meistbegünstigung (Ausnahme: bereits bestehende Präferenzsysteme, →Zollunion, →Freihandelszone). In der Erkenntnis, daß →Zölle

den Handel behindern, fordert das GATT seine Mitglieder von Zeit zu Zeit auf, Verhandlungen über allgemeine Zollsenkungen zu führen. Bisher gab es acht abgeschlossene *Zollrunden*: 1947 in Genf; 1949 In Annecy (Frankreich); 1951 in Torbay (Großbritannien); 1956 in Genf; 1960/61 in Genf (Dillon-Runde); 1964–67 in Genf (→Kennedy-Runde); 1973–79 in Genf (→Tokio-Runde); seit 1986 →Uruguay-Runde. Ziel ist neben einer weiteren Senkung der Zölle auch der Abbau der →nicht-tarifären Handelshemmnisse. – 2. *Abschaffung quantitativer Handelsbeschränkungen*: Nach dem GATT sind quantitative Handelsbeschränkungen im Prinzip unzulässig (Art. XI). Da zahlreiche Länder aber an →Kontingenten festhalten, werden im Artikel XIII nichtdiskriminierende Kontingente (Globalkontingente) zugelassen. Kontingentierungen sind danach v.a. auf dem Agrarsektor erlaubt und zum Schutz heimischer Industrien. Durch diese Ausnahmeregelungen wird Artikel XI praktisch paralysiert. – 3. *Devisenpolitik*: Abbau der →Devisenbewirtschaftung, den Partnern wird die Beachtung der Statuten des →IMF zur Pflicht gemacht. – 4. *Entwicklungspolitik*: Das GATT berücksichtigt in vielfältiger Weise die Belange von →Entwicklungsländern, was in den Übereinkommen der Tokio-Runde verstärkt zum Ausdruck kommt. Durch Hinzunahme von Teil IV zum GATT-Text (8.2.1965) wurden diesbezüglich besondere Regelungen getroffen. Abweichend von der Meistbegünstigungsklausel wird u.a. den Industrieländern aufgegeben, ihre Märkte durch einen weitgehenden Zollabbau den Einfuhren aus Entwicklungsländern zu öffnen. Diese *allgemeinen Zollpräferenzen* sind inzwischen von den wichtigsten Welthandelspartnern – allerdings zumeist auf Industrieerzeugnisse begrenzt – eingeräumt worden. Den beteiligten Industrieländern wurde 1971 eine entsprechende Ausnahmegenehmigung zur Abweichung vom Meistbegünstigungsgrundsatz erteilt. – *Besondere Einrichtung* für die Entwicklungsländer (seit 1968): *International Trade Center*, gemeinsam mit der UNCTAD tätig. *Aufgabe*: Die Entwicklungsländer beim Aufbau der institutionellen Infrastruktur des Handels und des Transportwesens zu unterstützen, Exportmärkte für Produkte aus Entwicklungsländern zu erschließen und Experten auf dem Gebiet des Handels für die Entwicklungsländer auszubilden. Zusammenarbeit mit FAO, UNIDO, ILO und den regionalen Wirtschaftskommissionen.

V. Wirksamkeit des GATT: 1. Das GATT *erreichte* eine gewisse Einschränkung der mengenmäßigen Beschränkungen, sieht sich aber ständig mit neuen quantitativen Restriktionen durch Mitgliedsländer konfrontiert. Auf dem Gebiet der Zollreduktion sind die größten Erfolge zu verzeichnen (Kennedy-Runde, Tokio-Runde). Wie die Maßnahmen der USA, Japans und der EG (z. B. Straf-Importzölle) zeigen, sind diese Erfolge in jüngster Zeit stark gefährdet. Die Liberalisierung des Außenhandels ist daher erneut das zentrale Thema der seit September 1986 laufenden Uruguay-Runde. – **2.** *Besonders schwierig* gestalten sich der Abbau der nicht-tarifären Handelshemmnisse sowie die Liberalisierung des Agrarhandels. Eine gewisse Gefahr für die allgemeine Meistbegünstigung, die das GATT sichern will, liegt in der wachsenden Bedeutung regionaler Freihandelsabkommen, die nach den GATT-Bestimmungen gestattet sind. Während es Ländergruppen, die eine politische Gemeinschaft anstreben (z. B. EG), sicher nicht verwehrt sein kann, einen →gemeinsamen Markt zu bilden, sind die umfangreichen Freihandelsverträge (z. B. der EG mit den Rest-EFTA-Staaten), die alle anderen Länder diskriminieren (Meistbegünstigung gilt nicht), vom GATT her gesehen bedenklich.

VI. Wichtige Veröffentlichungen: International Trade (jährlich); GATT-Activities (jährlich); Basic Instruments und Selected Documents Series; GATT Studies in International Trade.

Gatter, *Schaltglied,* eine im gegebenen Zusammenhang nicht weiter teilbare Funktionseinheit zur Speicherung (→Speicher) und/oder Verknüpfung von →Bits.

Gattungsbezeichnung, nach der Verkehrsanschauung als reine Beschaffenheitsangabe einer Ware zulässig. – Vgl. auch →irreführende Angaben.

Gattungskauf, Kauf einer nicht individuell, sondern nur der Gattung nach bestimmten Sache oder Warenmenge (z. B. Kauf einer bestimmten Menge Getreide, eines fabrikneuen Kraftwagens). – Der Verkäufer hat beim G., wenn nichts anderes vereinbart, eine Sache mittlerer Art und Güte zu liefern (§ 243 BGB); der →Kaufmann muß ein →Handelsgut mittlerer Art und Güte liefern (§ 360 HGB). Ist die gelieferte Sache *mangelhaft* (→Sachmängelhaftung), kann Käufer statt →Wandlung oder →Minderung Lieferung einer fehlerfreien neuen Sache verlangen (§ 480 BGB). – Vgl. auch →Gattungsschuld. – *Gegensatz:* →Stückkauf.

Gattungsmarke, →Marke, →No Names.

Gattungsprodukt, →No Names.

Gattungsschuld, Schuld, die auf Leistung einer nur der Gattung nach (nach allgemeinen Merkmalen) bestimmten Sache gerichtet ist. I. d. R. hat der Schuldner eine Sache mittlerer Art und Güte zu liefern (§ 243 BGB). – Das Schuldverhältnis beschränkt sich bei der G. auf eine *bestimmte Sache* von dem Zeitpunkt an, in dem der Schuldner diese aus der Gattung ausgeschieden und dem Gläubiger ordnungsgemäß angeboten hat (*Konzentration* oder *Konkretisierung,* vgl. § 243 II BGB). – Vgl. auch →Gattungskauf. – *Gegensatz:* →Stückschuld. – Vgl. auch →Gattungsbezeichnung.

Gauß-Algorithmus, *Gaußscher Algorithmus, Eliminieren von Variablen.* **1.** *Begriff*: Verfahren zur Bestimmung der Lösung eines eindeutig lösbaren →linearen Gleichungssystems; z. T. auch Synonym für →modifizierter Gauß-Algorithmus. – **2.** *Vorgehensweise*: Das betrachtete lineare Gleichungssystem wird in ein äquivalentes Gleichungssystem der Form

$$\left\{\begin{array}{l} x_1 + a_{12}x_2 + \ldots + a_{1n}x_n = b_1 \\ \quad x_2 + \ldots + a_{2n}x_n = b_2 \\ \qquad \cdot \\ \qquad \cdot \\ \qquad x_n = b_n \end{array}\right.$$

überführt bzw. ein System, das sich durch Vertauschen der Reihenfolge von Gleichungen und/oder durch Umnumerieren von Variablen auf diese Form bringen läßt. Durch sukzessives Einsetzen und Ausrechnen (beginnend mit x_n) lassen sich daraus die gesuchten Werte der Variablen bestimmen. – **3.** *Ökonomische Bedeutung*: In der ökonomischen Praxis kommt dem G.-A. eine vergleichsweise geringe Bedeutung zu. Er bildet aber die Grundlage für den in der Praxis weitaus verbreiteteren modifizierten G.-A. für dessen Varianten.

Gaußsche Normalverteilung, →Normalverteilung.

Gaußscher Algorithmus, →Gauß-Algorithmus.

Gb, Abk. für →Gigabit.

GB, Abk. für →Gigabyte.

GdB, Abk. für →Grad der Behinderung.

GDV, Abk. für →Gesamtverband der Deutschen Versicherungswirtschaft e. V..

GE, Abk. für →Getreideeinheit.

Gebäudeabschreibungen. I. Bilanzierung: →Abschreibungen zur Aufwandsverteilung auf die Jahre der Nutzung zur Ermittlung des Periodengewinns. G. werden auch dann vorgenommen, wenn der Wert (z. B. in Zeiten steigender Preise) steigt; →stille Rücklagen. In der *Steuerbilanz* neben den →Absetzungen für Abnutzung allenfalls Herabgehen auf den niedrigeren →Teilwert möglich. – Vgl. auch →Afa-Tabellen, →Sonderabschreibungen.

II. Kostenrechnung: G. sind Teil der →Gebäudekosten, unabhängig von den Bilanzabschreibungen nach kalkulatorischen Gesichtspunkten festgelegt, und zwar ausschließlich für betrieblich genutzte Gebäude bzw. Gebäudeteile (Fabrikgebäude). Neben anderen Gebäudekosten werden G. häufig zunächst in der →Hilfskostenstelle Gebäude erfaßt, deren Kostensumme nach Maßgabe des beanspruchten Raumes auf die nutznießenden →Kostenstellen in der →innerbetrieblichen Leistungsverrechnung umgelegt werden. Bauweise und Art der Nutzung sind bei der Bemessung der Abschreibung zu berücksichtigen.

Gebäudebesteuerung, sämtliche Besteuerungsvorgänge, die sich auf ein Bauwerk auf eigenem oder fremdem Boden beziehen, sowohl nach dem Wert (→Gebäudewert) als auch nach dem Ertrag aus dem Gebäude (→Einheitswert, →Gebäudeabschreibungen). Zum Gesamtumfang der G. gehören Vorgänge, die unter die →Grundsteuer, die →Vermögensteuer, die →Einkommensteuer sowie bei Veräußerung unter die Grunderwerbsteuer fallen. – Vgl. auch →Grundbesitz.

Gebäudekosten, Summe aus kalkulatorischen →Gebäudeabschreibungen, Zinsen (→Miet- und Pachtzinsen), Aufwendungen für Reparaturen (→Gebäudereparaturen), Steuern und sonstigen auf dem Gebäude liegenden Lasten (Kanalreinigung, Müllabfuhr usw.) sowie Aufwendungen für Reinigung, Heizung und Beleuchtung der Räume. G. werden für Fabrikgebäude, Lager-, Verwaltungs- und Wohngebäude zumeist auf einer besonderen →Hilfskostenstelle „Gebäude" gesammelt und auf die übrigen →Kostenstellen nach Maßgabe des benutzten Raumes verteilt (→innerbetriebliche Leistungsverrechnung).

Gebäudelayoutplanung, Teilplanungskomplex der →Layoutplanung. G. beinhaltet die Entscheidungsvorbereitung und -fällung über die räumliche Anordnung der einzelnen Betriebsbereiche und ggf. die Festlegung von Um- und/oder Neubauten.

Gebäudenormalherstellungswert, →Gebäudewert II 2.

Gebäudereparaturen, Wiederherstellungs- und Ausbesserungsarbeiten an Gebäuden. G. verursachen zumeist stoßweise anfallende →Gebäudekosten. Großreparaturen, die das Gebäude verändern oder im Wert wesentlich erhöhen (→Herstellungsaufwand), sind zu aktivieren; sie gehen auf dem Weg über die höheren →Gebäudeabschreibungen in die Kostenrechnung ein.

Gebäudesachwert, →Gebäudewert II 2.

Gebäudeversicherungen, →Sachversicherungen der Gebäude; sehr unterschiedliche Handhabung in Deutschland: a) In zahlreichen Regionen Deutschlands besteht ein rechtlich verankertes *Gebäudeversicherungsmonopol* zugunsten öffentlich-rechtlicher Versicherer, überwiegend mit Versicherungspflicht ausgestattet. Dieses Monopol betrifft regelmäßig die →Feuerversicherung, erstreckt sich in einigen Fällen aber auch auf andere Versicherungszweige. b) Im Bereich der *Wettbewerbsversicherung* bieten sich für die G. grundsätzlich die →Feuerversicherung, die →Sturmversicherung und die →Leitungswasserversicherung an; in Frage kommen zudem die Schwamm- und Hausbockversicherung, die →EC-Versicherung, die →Elementargefahrenversicherung, die →Glasversicherung. – Vgl. auch →Wohngebäudeversicherung, →Gleitende Neuwertversicherung.

Gebäudewert. I. Unternehmensbewertung: Wert von Baulichkeiten, der sich aus den Herstellungskosten (Bauwert) einerseits und den Erträgen (→Ertragswert) andererseits unabhängig vom Wert des Grund und Bodens ergibt.

II. Steuerrecht: 1. *Begriff:* Bei der Bewertung nach dem Sachwertverfahren (→Sachwert II) ausdrücklich zu ermittelnder Wert für ein Gebäude. G. ist ein Element (neben →Bodenwert und Wert der →Außenanlagen) der →wirtschaftlichen Einheit, →Grundstück im →Grundvermögen, bzw. Untereinheit →Betriebsgrundstück im →Betriebsvermögen. (Vgl. auch →Ausgangswert, →Einheitswert.) – 2. *Ermittlung:* Es ist ein Wert für das Gebäude auf der Grundlage von durchschnittlichen Herstellungskosten nach den Baupreisen des Jahres 1958 zu errechnen, der nach den Baupreisverhältnissen im Hauptfeststellungszeitpunkt (z. Z. 1.1. 1964) umzurechnen ist *(Gebäudenormalherstellungswert).* Dieser mindert sich ggf. wegen des Alters des Gebäudes (im Hauptfeststellungszeitpunkt) und etwa vorhandener baulicher Schäden und Mängel; das Ergebnis ist der *Gebäudesachwert.* In besonderen Fällen kann dieser ermäßigt (z. B. wegen der Lage des Grundstücks, wirtschaftlicher Überalterung) oder erhöht (z. B. bei Nutzung des Grundstücks für Reklamezwecke) werden. – 3. Bei der Anwendung des Ertragswertverfahrens (Regelfall) zur *Bewertung bebauter Grundstücke* wird der G. nicht getrennt ermittelt (→Ertragswert II). Bedeutung erhält die Isolierung des G. von anderen Grundstücksbestandteilen insbes. bei den Sondervorschriften zur Einheitsbewertung der →Erbbaurechte und von Gebäuden auf fremdem Grund und Boden (→Einheitswert II 2 c)). – 4. Für Gebäude in den neuen Bundesländern gelten Besonderheiten (vgl. im einzelnen →Einheitswert II 4).

Gebietsansässige, Begriff des Außenwirtschaftsrechts (§ 4 AWG). G. sind natürliche Personen (ohne Rücksicht auf Staatsangehörigkeit) mit →Wohnsitz oder gewöhnlichem Aufenthalt im →Wirtschaftsgebiet sowie juristische Personen und Personenhandelsgesellschaften mit Sitz oder Ort der Leitung im Wirtschaftsgebiet. Zweigniederlassungen →Gebietsfremder im Wirtschaftsgebiet gelten als G., wenn sie hier ihre Leitung und Buchführung haben. Betriebsstätten Gebietsfremder im Wirtschaftsgebiet gelten als G., wenn sie hier ihre Verwaltung, namentlich eine etwa vorhandene Buchführung haben (§ 41 und III AWG). – *Gegensatz:* →Gebietsfremde.

Gebietsauswahl, →Flächenstichprobenverfahren.

Gebietsfremde, Begriff des Außenwirtschaftsrechts. G. sind natürliche Personen mit →Wohnsitz oder gewöhnlichem Aufenthalt in →fremden Wirtschaftsgebieten sowie juristische Personen und Personenhandelsgesellschaften mit Sitz oder Ort der Leitung in fremden Wirtschaftsgebieten. Zweigniederlassungen bzw. Betriebstätten Gebietsansässiger in fremden Wirtschaftsgebieten gelten als G., wenn sie dort ihre Verwaltung, und für sie eine gesonderte Buchführung, haben (§ 41 Nr. 4 AWG). – *Gegensatz:* →Gebietsansässige.

Gebietskartell, →Kartell, meist in Form einer befristeten Vereinbarung selbständiger Unternehmen über die Aufteilung ihrer Absatzgebiete im Interesse der Ersparung von Transport- und Werbungskosten.

Gebietskörperschaft, Körperschaft des öffentlichen Rechts, die auf einem abgegrenzten Teil des Staatsgebiets die Gebietshoheit hat und von den in ihrem Gebiet lebenden Einwohnern gebildet wird (z. B. →Gemeinden, →Gemeindeverbände).

Gebietsreform, →kommunale Gebietsreform.

Gebietsschutz, in einem System von →Vertriebsbindungen Zuweisung eines regional abgegrenzten Gebietes an einen Abnehmer zur (exklusiven) Marktbearbeitung unter gleichzeitiger Garantie des Herstellers, daß die vertriebene Ware nicht über andere Glieder der Absatzkette in das geschützte Gebiet gelangt *(Gebietsschutzklausel).* G. häufig neben →Absatzbindung sowie für →Vertragshändler.

Gebietsschutzklausel, →Gebietsschutz.

Gebietsverkaufstest, Methode zur Messung des Marketingerfolgs, (z. B. des ökonomischen Werbeerfolgs) oder des Erfolgs von Verkaufsförderungsaktionen (→Werbeerfolgskontrolle). G. beruht auf Absatzkontrollen bei repräsentativ ausgewählten Einzelhandelsunternehmen in regional begrenzten und gleichartig strukturierten Absatzmärkten (Experimental- und Kontrollgebiet), auf denen unterschiedliche Marketingmaßnahmen durchgeführt wurden. – Vgl. auch →Testmarkt.

gebietswirtschaftliches Potential. Indikator zu Bestimmung des →Naturraumpotentials eines Raumes. Er mißt die Summe der Energie verschiedener Faktoren, die in einem bestimmten Naturraumausschnitt latent vonhanden ist. Diese soll mittels gebietswirtschaflicher Maßnahmen freigesetzt werden können.

Gebot. 1. Gesetzliche Pflicht in einer bestimmten Weise zu handeln oder auch: verbindliche Aufforderung einer *Behörde* an eine für einen bestimmten· Zustand verantwortliche Person. Die Erfüllung eines G. kann erzwungen werden. Besonders häufig sind polizeiliche Gebote. – 2. Im *Zwangsversteigerungsverfahren* der Betrag, den ein Bieter nennt, nachdem das zur Versteigerung gelangende Grundstück oder Schiff vom Gericht ausgeboten ist. – *Ausbieten* erfolgt durch Aufforderung des Gerichts zur Abgabe von G. im →Versteigerungstermin (§ 66 II ZVG). – Vgl. auch →Mindestgebot, →geringstes Gebot, →Bargebot, →Meistgebot, →Einzelausgebot.

Gebrauchsgüter. 1. Bei *produktionsorientierter Betrachtung*: Technische Potentiale, die in technologisch und arbeitswissenschaftlich bestimmten Kombinationen mit anderen G. und/oder Arbeitskräften Produktionsvorgänge bewirken können (z. B. Maschinen). – 2. Bei *konsumorientierter Betrachtung*: Dauerhafte Konsumgüter (z. B. Kraftfahrzeuge), die nach dem Kauf nicht konsumiert (einmalig gebraucht) werden, sondern dem mehrmaligen Gebrauch dienen. – *Gegensatz*: →Verbrauchsgüter, teils identisch mit den →shopping goods.

Gebrauchsmuster, Arbeitsgerätschaften, Gebrauchsgegenstände oder Teile davon, die eine neue Gestaltung, Anordnung, Vorrichtung oder Schaltung aufweisen und auf einer →Erfindung beruhen. G. können nach dem →Gebrauchsmusterrecht geschützt werden. – *Nicht* zu den G. gehören v. a. Programme für Datenverarbeitungsanlagen. – Neben dem →Patent von zunehmender Bedeutung.

Gebrauchsmusteranmeldung, →Gebrauchsmusterrecht 2 b).

Gebrauchsmusterberühmung, →Patentberühmung.

Gebrauchsmustereintragung, →Gebrauchsmusterrecht 2 b).

Gebrauchsmusterrecht, rechtliche Regelung des ausschließlichen Benutzungsrechts an bestimmten technischen Erfindungen (→Gebrauchsmuster). – 1. *Rechtsgrundlage*: Gebrauchsmustergesetz (GebrMG) i. d. F. vom 28. 8. 1986 (BGBl I 1455). Das G. wurde 1986 an das →Patentrecht angepaßt. – 2. *Inhalt*: a) *Voraussetzung*: Ein Gebrauchsmuster ist schutzfähig, wenn es gewerblich anwendbar und neu ist sowie auf einem erfinderischen Schritt beruht. An die Erfindungshöhe werden im wesentlichen die gleichen, oftmals auch geringere Anforderungen wie beim →Patent gestellt. b) *Gebrauchsmusteranmeldung* und *-eintragung*: Das Recht auf ein Gebrauchsmuster wird beim →Patentamt durch Anmeldung der Erfindung zur Eintragung in die →Gebrauchsmusterrolle geltend gemacht (§ 4). Der Anmelder kann für diese die Priorität des Anmeldetages einer früheren Patentanmeldung für dieselbe Erfindung in Anspruch nehmen (§ 5). Das Patentamt prüft den Gegenstand der Anmeldung nicht auf Neuheit, erfinderischen Schritt und gewerbliche Anwendbarkeit (§ 8). c) *Wirkung*: Mit der Eintragung in die Gebrauchsmusterrolle entsteht das ausschließliche, übertragbare Recht des Inhabers, den Gegenstand des Gebrauchsmusters zu nutzen (§ 11; *Gebrauchsmusterschutz*). Er entsteht *nicht*, soweit für jedermann ein Anspruch auf Löschung besteht, z. B. wenn die Voraussetzungen des § 4 nicht erfüllt sind. Die maximale *Schutzfrist* beträgt acht Jahre (§ 23). Die Wirkung des Gebrauchsmusters erstreckt sich namentlich *nicht* auf Handlungen, die im privaten Bereich zu nicht gewerblichen Zwecken oder zu Versuchszwecken vorgenommen werden. – 3. *Rechtsfolgen*: Vorsätzliche Verstöße sind strafbar (§ 25); zivilrechtlich bestehen Ansprüche auf Unterlassung und bei Verschulden auf Schadenersatz (§ 24) sowie Vernichtung (§ 24 a). – Vgl. auch →Geschmacksmusterrecht.

Gebrauchsmusterrolle, ein beim →Patentamt geführtes, öffentliches Register der

→Gebrauchsmuster. – Vgl. auch →Gebrauchsmusterrecht 2 b).

Gebrauchsmusterschutz, →Gebrauchsmusterrecht 2 c).

Gebrauchstarif, *Konventionaltarif,* →Zolltarif, der im Gegensatz zum →Generaltarif ausschließlich gegenüber einzelnen Vertragspartnern angewandt wird. – Vgl. auch →Doppeltarif.

Gebrauchsvermögen, diejenigen Teile des →Volksvermögens, die nach den Konzepten der →Volkswirtschaftlichen Gesamtrechnungen nicht für Produktionszwecke eingesetzt werden und deren Anschaffung daher als Verbrauch und nicht als Anlageinvestition verbucht wird. G. läßt sich in privates und öffentliches G. gliedern. Private G. umfaßt die dauerhaften Gebrauchsgüter privater Haushalte (z. B. Möbel, Kraftfahrzeuge, Hausgeräte oder Schmuck). Öffentliches G. umfaßt hauptsächlich militärische Ausrüstungen und Banken, die in der amtlichen Statistik als Vorleistungen erfaßt werden.

Gebrauchsverschleiß, Teil des Gesamtverschleißes der Gebrauchsgüter, der sich durch ihre Inanspruchnahme bei der Leistungserstellung ergibt (→Verschleiß). G. läßt sich meist nur schwer vom →Zeitverschleiß isolieren, da seine Höhe oft vom Ausmaß des Zeitverschleißes abhängt und umgekehrt. Außerdem wird er – wie auch der Zeitverschleiß – von den Reparatur- und Instandhaltungsmaßnahmen beeinflußt. Die Unterscheidung der Verschleißarten ist für die planmäßige →Kostenauflösung in fixe und variable Bestandteile von Bedeutung. Wegen seiner Leistungsabhängigkeit führt der G. zu variablen Kosten. – Vgl. auch →gebrochene Abschreibung.

Gebrauchswert, Begriff der Wirtschaftstheorie vom subjektiven Nutzen eines Gutes. Zu unterscheiden: subjektiver und objektiver (technischer) G. – *Gegensatz:* →Tauschwert. – Das *klassische Wertparadoxon von A. Smith* – der Unterschied zwischen a) hohem (objektivem) Gebrauchswert und niedrigem Tauschwert (Preis), z. B. bei Wasser, b) niedrigem (objektivem) Gebrauchswert und hohem Tauschwert, z. B. bei Diamanten – wird gelöst bei Berücksichtigung des subjektiven Gebrauchswertes sowie der relativen Seltenheit eines Gutes.

Gebrauchs-Zolltarif, →Deutscher Gebrauchs-Zolltarif (DGebrZT).

Gebrauchtwaren, *Altwaren,* Waren der zweiten Hand: Konsum- bzw. Produktionsgüter, die vom Ersterwerber nach mehr oder weniger langer Nutzung erneut zum Verkauf angeboten werden. – Vgl. auch →Altwarenhandel, →Secondhandshop.

Gebrauchtwarenhandel, →Altwarenhandel.

Gebrechlichkeitspflegschaft, seit dem 1. 1. 1992 ersetzt durch das Rechtsinstitut der →Betreuung.

gebrochene Abschreibung, Abschreibungsverfahren (→Abschreibung), das nach den Verschleißarten →Gebrauchsverschleiß und →Zeitverschleiß differenziert. Anwendung v. a. in der Grenzplankostenrechnung. Die g. A. nimmt eine Aufteilung der Gesamtabschreibungen vor in fixe Abschreibungen (→fixe Kosten), die dem Zeitverschleiß, und in proportionale Abschreibungen, die dem Gebrauchsverschleiß entsprechen. Die proportionalen Abschreibungen werden jeweils entsprechend der Istbeschäftigung abgewandelt. – *Beispiel*: Aufteilung der Abschreibung eines Lkw in einen km-abhängigen und einen einsatzzeitabhängigen Bestandteil. – *Bedeutung*: Wegen der engen Interdependenzen zwischen Zeit- und Gebrauchsverschleiß erweist sich das Konzept der g. A. jedoch als sehr problematisch.

gebrochener Verkehr, Beförderung von Personen und/oder Gütern mit Wechsel der Transportmittel durch Umsteigen und/oder Umladen zwischen Abgangs- und Ankunftsort. – Vgl. auch →kombinierter Verkehr, →Transportkette.

Gebühren. I. F i n a n z w i s s e n s c h a f t: 1. *Begriff*: →Abgaben, die als Entgelt für eine spezielle Gegenleistung einer Behörde oder öffentlichen Anstalt erhoben werden (§ 1 AO). Im Gegensatz zu →Beiträgen belasten G. den einzelnen, der die öffentliche Leistung in Anspruch nimmt; das Einzelmitglied, nicht eine Gruppe als Ganzes gilt als Leistungsempfänger. Beabsichtigte *Nebenwirkung* kann sein, durch Erhebung von G. die unnötige oder unmäßige Benutzung öffentlicher Einrichtungen zu hemmen. – 2. *Höhe*: Möglichst nach den der betreffenden öffentlichen Einrichtung erwachsenden Kosten bemessen (Kostendeckungsprinzip). – 3. *Einteilung*: a) Nach *Verwirklichung des Kostendeckungsprinzips*: (1) G. mit Kostenbeitragscharakter, z. B. Studiengebühren und (2) G. mit Gewinnergebnis, u. a. Einkünfte des Paßamtes, etwa nach Erleichterung des Auslandsreiseverkehrs. b) Nach der *Leistungsart*: (1) →Benutzungsgebühr und (2) →Verwaltungsgebühr; nicht genügend trennscharf und ökonomisch nicht begründbar, da die Inanspruchnahme einer öffentlichen Einrichtung (Benutzungsgebühr) stets mit einer Amtshandlung (Verwaltungsgebühr) verknüpft ist. c) Nach den *Verwaltungssektoren*, die die Leistungen erbringen: G. im bzw. für Gerichts- und Justizwesen, Fahrzeugkontrolle und Verkehrsübewachung, Versorgungs- und Entsorgungsdienste, Verkehrs- und Transportleistungen, Erholung, Sport, Kultur und Informationen, Gesundheitswesen, Schulen, Bildung und Erziehung, öffentliche Verwaltung i. e. S. (z. B. Standesämter, Friedhöfe, Gewerbeaufsicht, Marktkontrolle, Bauämter, Feuerschutz, Paßämter) usw.

II. Kostenrechnung: Verrechnung der G. erfolgt je nach Entstehung: a) G. für Baupolizei, Müllabfuhr als →Gebäudekosten; b) G. für den Rechtsschutz eines Unternehmens als →Verwaltungskosten; c) Prüfungsgebühren für Steuererklärung (u. a. für Abschlußprüfung, technische Überprüfung) i. a. als Verwaltungskosten, evtl. auch als Beratungskosten; d) G. der Dampfkesselüberwachung z. B. als Kostenarten der →Hauptkostenstellen.

Gebührenhaushalt, organisatorisch abgegrenzter Leistungsbereich der öffentlichen Verwaltung (→Regiebetrieb), bei dem die Kosten der Leistungserstellung vollständig oder teilweise durch →Gebühren abgedeckt werden. – Vgl. auch →kostenrechnende Einrichtung.

Gebührenordnung, im Bereich der Rechtsberatung, der Gesundheitspflege und bei sonstigen Dienstleistungen im öffentlichen Interesse die durch staatliche Rechtssetzung bzw. durch die Selbstverwaltungskörperschaften der freiberuflich Tätigen (Ärzte, Rechtsanwälte, Wirtschaftsprüfer usw.) tabellarisch festgelegten Gebühren bzw. Gebührensätze. – *Beispiele*: →Gebührenordnung für Ärzte, →Gebührenordnung

für Zahnärzte, G. für Rechtsanwälte (→Rechtsanwaltsgebührenordnung), G. für Steuerberater (→Steuerberatergebührenordnung).

Gebührenordnung für Ärzte (GOÄ), VO i. d. F. vom 10. 6. 1988 (BGBl I 818, 1590), mit späteren Änderungen regelt die Gebühren, Entschädigung und Auslagen der Ärzte. Innerhalb des vorgeschriebenen Rahmens Festsetzung unter Berücksichtigung des Einzelfalles, des Zeitaufwands, der Vermögens- und Einkommensverhältnisse des Zahlungspflichtigen und der örtlichen Verhältnisse nach billigem Ermessen.

Gebührenordnung für Rechtsanwälte, →Rechtsanwaltsgebührenordnung.

Gebührenordnung für Steuerberater, →Steuerberatergebührenordnung.

Gebührenordnung für Zahnärzte (GOZ), VO vom 22. 10. 1987 (BGBl I 2316), regelt die Entschädigung usw. der Zahnärzte, ähnlich wie die →Gebührenordnung für Ärzte.

gebührenpflichtige Verwarnung, →Verwarnung.

Gebühren-Tableau, *Preisaushang*, ein zwischen dem Bundeswirtschaftsministerium und der Kreditwirtschaft vereinbarter Gebührenaushang der Kreditinstitute. Das G.-T. enthält die wichtigsten Gebühren und Konditionen für bankübliche Leistungen, insbes. Zinsen für Kredite und Einlagen, Buchungsgebühren, Wertpapieran- und -verkaufskonditionen. Das G.-T. muß von den Instituten deutlich sichtbar in den Schalterräumen oder – soweit vorhanden – in Schaukästen vor dem Gebäude ausgehängt werden. Damit erfüllen die Kreditinstitute die Verpflichtung, die wesentlichen Leistungen gemäß der Preisangabenverordnung vom 14. 3. 1985 (PrAngV) in →Preisverzeichnisse aufzunehmen. Die Bezeichnung „Gebühr" wird von den Kreditinstituten zunehmend durch „Preis" ersetzt. (Vgl. auch →Preisauszeichnung).

Gebührenüberhebung, Erhebung von Gebühren oder anderen Vergütungen für amtliche Verrichtungen durch einen Beamten, Rechtsanwalt oder Rechtsbeistand zu seinem Vorteil, wenn er weiß, daß der Zahlende sie überhaupt nicht oder nur in geringerem Betrag schuldet (§ 352 StGB). – *Strafe*: Geldstrafe oder Freiheitsstrafe bis zu einem Jahr.

gebündelte Versicherung, aufgrund eines einheitlichen Antrags Abschluß mehrerer rechtlich getrennter Versicherungsverträge, wobei zuweilen nur ein einziger Versicherungsschein ausgestellt wird. Die Versicherungsverträge können ein gesondertes rechtliches Schicksal haben (z. B. unterschiedliche Laufzeit, Kündigungsrechte). – *Anders*: →verbundene Versicherung.

gebundener Verwaltungsakt, →Verwaltungsakt, den eine Behörde vornehmen muß, wenn die Voraussetzungen dafür erfüllt sind, z. B. Erteilung der Bauerlaubnis. – *Anders*: Verwaltungsakt, der im →Ermessen der Behörde steht.

gebundener Zahlungsverkehr, Zahlungsverkehr, dessen Abwicklung aufgrund des →Zahlungsabkommens zwischen zwei Ländern an die im Abkommen vereinbarte/n Währung/en gebunden ist.

gebundene Variable, →kanonisches lineares Gleichungssystem, →kanonisches lineares Optimierungssystem.

gebundene Währung, →Währungssystem I 1.

Geburtenabstand, Zeitraum zwischen dem Datum der Eheschließung und dem Geburtsdatum des ehelich geborenen ersten Kindes bzw. Zeitabstand zur Geburt des vorangegangenen Kindes bei weiteren Kindern. Allzu geringe oder lange G. werden unter gesundheitlichen und pädagogischen Gesichtspunkten als unerwünscht angesehen. – (Durchschnittlicher) G. in der *Bundesrep. D.*: Erstes Kind zwei Jahre und sechs Monate nach der Eheschließung, zweites Kind drei Jahre und acht Monate nach dem ersten, drittes Kind vier Jahre und sechs Monate nach dem zweiten.

Geburtenhäufigkeit, →Geburtenziffer, →Fertilitätsmaße.

Geburtenkontrolle, Maßnahmen zur Beschränkung der Zahl der Geburten auf das individuell oder gesellschaftlich für richtig angesehene Maß, u. a. Schwangerschaftsverhütung und -abbruch. Der Staat kann G. durch Beratung und Bereitstellung von Mitteln und Einrichtungen fördern. – Vgl. auch →Familienplanung.

Geburtenrate, →Geburtenziffer.

Geburtenrückgang, →Bevölkerungsentwicklung.

Geburtentafel, →Fruchtbarkeitstafel.

Geburtenüberschuß(rate), Meßzahl der →Bevölkerungsstatistik für die →natürliche Bevölkerungsbewegung, gewonnen aus der Differenz zwischen der Zahl von Lebendgeborenen und der Zahl der Gestorbenen eines Jahres (bzw. im Monatsdurchschnitt eines Jahres), bezogen auf je 1000 Einwohner. Die Entwicklung verläuft uneinheitlich je nach →Altersaufbau der Bevölkerung und Wanderungssaldo. Ein Geburtenüberschuß kommt auch bei niedriger →Geburtenziffer zustande, sofern die Sterbeziffer (→Mortalitätsmaße 1 und 2) noch niedriger liegt.

Geburtenziffer, *Geburtenrate, allgemeine Geburtenziffer, rohe Geburtenziffer*, das Verhältnis der Lebendgeborenen in einem Zeitraum (i. d. R. ein Jahr) zur Bevölkerung (i. d. R. 1000 Personen) des Beobachtungsgebiets. Die G. gibt korrekt den Beitrag der Geburten zur Bevölkerungsentwicklung wieder. Da die G. auch Personen enthält, die keine Kinder bekommen können (z. B. ältere Leute und Kinder) ist sie kein zuverlässiges Maß für örtliche und zeitliche Vergleiche der Geburtenhäufigkeit. Die G. betrug 1989 für die alten Bundesländer 1,1%, für die neuen Bundesländer 1,2%. – *Anders*: →Fertilitätsmaße.

Geburtsbeihilfe, Zuwendungen des Arbeitgebers an Arbeitnehmer beiderlei Geschlechts anläßlich der Geburt eines Kindes in Geld oder Sachwerten. – *Lohnsteuer*: G. sind nur steuerfrei, soweit sie als einmalige oder laufende Zuwendungen innerhalb von drei Monaten vor oder nach der Geburt eines Kindes bis zum Gesamtbetrag von 700 DM gegeben werden (§ 3 Nr. 15 EStG). Bei höheren G. unterliegt nur der 700 DM übersteigende Betrag der →Lohnsteuer. – Bezieht ein Arbeitnehmer aus →*mehreren Dienstverhältnissen* je eine G., so kann er den Freibetrag für jede Beihilfe in Anspruch nehmen. – Erhalten *Ehegatten*, die beide Arbeitslohn beziehen, beide eine G., so steht der Freibetrag jedem Ehegatten zu, auch wenn sie bei demselben Arbeitgeber beschäftigt sind.

Geburtsjahrgangskohorte, →Generation.

Geburtstagsverfahren, Ersatzverfahren zur Gewinnung einer →Zufallsstichprobe (→Auswahlverfahren) aus einer Personengesamtheit. Stichprobe aus allen Personen, die an einem oder an mehreren bestimmten Tagen des Jahres Geburtstag haben. Für einen Tag also →Auswahlsatz von etwa 1/ 365. Gefahr einer unkorrekten Zufallsauswahl, wenn die Untersuchungsmerkmale mit den Geburtstagen der Personen zusammenhängen (praktisch sehr selten).

Gedächtnistest, →Recalltest.

Gedächtnistypen, →Vorstellungstypen.

Gedag, Abk. für →Gesamtverband Deutscher Angestellten-Gewerkschaften.

gedeckter Kredit, →Kredit, der besonders gesichert ist, und zwar durch Verpfändung von Effekten oder Waren, durch Bürgschaft, Sicherungsübereignung, Grundschuld, Hypothek oder dgl. – *Gegensatz:* →Blanko-Kredit.

Gefahr, Versicherungsrechtlicher Begriff: Möglichkeit der Entstehung eines Bedarfs an Versicherungsleistungen. Im Versicherungsvertrag soll klargestellt werden, bei welchen (versicherten) Gefahren der Versicherer leistungspflichtig ist. Die Bestimmung versicherter Gefahren kann über das Prinzip der Universalität, bei dem – vorbehaltlich einzelner Gefahrenausschlüsse – sämtliche Gefahren eingeschlossen sind, oder über die explizite Benennung der Gefahren erfolgen. Im ersten Fall spricht man von *Allgefahrenversicherungen* (All Risks-Versicherungen), im zweiten Fall von *Einzelgefahrenversicherungen* (Named-perils-Versicherungen).

Gefährdung. 1. *Allgemein:* Herbeiführung eines Zustandes, bei dem die Wahrscheinlichkeit und begründete Besorgnis des Eintritts einer Verletzung gegeben ist. – 2. *Straßenverkehr:* G. im Sinne des § 1 StVO liegt vor, wenn das Verhalten eines Verkehrsteilnehmers die an sich immer vorhandene Verkehrsgefahr über das nach der Verkehrsart normale Maß hinaus erhöht, so daß sein regelwidriges Verhalten den Eintritt einer besonderen Verkehrsgefahr nahelegt oder wahrscheinlich macht. – 3. *Abgabenordnung:* Vgl. →Gefährdung der Abzugsteuern, →Gefährdung der Eingangsabgaben.

Gefährdung der Abzugsteuern, →Steuerordnungswidrigkeit nach § 380 AO. Wer vorsätzlich oder leichtfertig seiner Verpflichtung, Steuerabzugsbeträge einzubehalten und abzuführen, nicht vollständig oder nicht rechtzeitig nachkommt, kann wegen Ordnungswidrigkeit mit einer Geldbuße bis zu 10000 DM belegt werden (§ 380 II AO).

Gefährdung der Eingangsabgaben, →Steuerordnungswidrigkeit nach § 382 AO. Wer als Pflichtiger oder bei der Wahrnehmung der Angelegenheiten eines Pflichtigen vorsätzlich oder fahrlässig Vorschriften der Zollgesetze, der dazu erlassenen Rechtsverordnungen oder der einschlägigen Verordnungen des Rates oder der Kommission der Europäischen Gemeinschaften zuwiderhandelt, wird wegen Ordnungswidrigkeit mit Geldbuße bis zu 10000 DM belegt, wenn die Zollgesetze oder Rechtsverordnungen für einen bestimmten Tatbestand auf § 382 AO verweisen. – Die *Verkürzung* von Eingangsabgaben ist als →Steuerstraftat (§§ 369, 370 AO) strafbar.

Gefährdungshaftung. 1. *Begriff:* Schadenersatzpflicht, die kein Verschulden voraussetzt, sondern darauf beruht, daß der Ersatzpflichtige bei einer erlaubten Tätigkeit unvermeidlich eine gewisse Gefährdung seiner Umgebung herbeiführt (z. B. durch Halten eines Tieres, eines Kraftwagens, Betrieb eines Eisenbahnunternehmens). – 2. Nach Gesetz die folgenden wichtigsten *Fälle:* a) G. des Halters eines Kraftfahrzeuges (§ 7 StVG; →Kraftfahrzeughaftung), wenn beim Betrieb eines Fahrzeugs ein Mensch getötet, verletzt oder eine Sache beschädigt wird. Anspruchsberechtigt sind die Verletzten, ggf. bestimmte Hinterbliebene; erstattet wird Vermögensschaden, nicht aber →Schmerzensgeld. Der Umfang der Ersatzpflicht ist gesetzlich begrenzt; vgl. auch →Ausschluß der Haftung. b) G. des Tierhalters (§ 833 BGB). c) G. von Eisenbahnunternehmen sowie eines Inhabers von Elektrizitäts- und Gasanlagen (→Haftpflichtgesetz; vgl. auch →Gasanlagen, →gefährliche Betriebe). d) G. eines Flugzeughalters (gem. Luftverkehrsgesetz). e) G. des Inhabers einer Anlage zur Erzeugung oder Spaltung von Kernbrennstoffen und des sonstigen Bearbeiters oder Verwenders von Kernbrennstoffen (§§ 25 ff. Atomgesetz). f) G. des pharmazeutischen Unternehmers bei →Arzneimittelschäden (§ 84 ff. Arzneimittelgesetz). g) G. des Herstellers eines fehlerhaften Produkts nach dem Produkthaftungsgesetz (§ 1 ProdHaftG). h) G. nach dem Wasserhaushaltsgesetz (§ 22 WHG). i) G. nach dem →Umwelthaftungsgesetz (§§ 1, 2 UmweltHG). – 3. *Entlastung* nur in manchen Fällen durch den Nachweis, daß den Ersatzpflichtigen kein Verschulden trifft (so unter gewissen Voraussetzungen der Tierhalter), in manchen nur durch den Nachweis eines →unabwendbaren Ereignisses oder →höherer Gewalt.

Gefahrengemeinschaft, historischer Ursprung der deutschen Auffassung von der Versicherung, zugleich auch einer der Grundsätze für die Anwendung des Versicherungsrechts. – Für die moderne Versicherungstechnik besitzt der Begriff G. nur geringe Erklärungskraft, da insbes. der Risikoausgleich im Kollektiv und in der Zeit kein soziologisches Phänomen darstellt, sondern auf der Basis mathematischer Kalküle organisiert wird.

Gefahrenschutz, →Arbeitsschutz II 2.

Gefahrerhöhung, nach Vertragsschluß (oder nach Antragstellung, § 29 a VVG) eintretender Umstand, der zu einer ungünstigen Veränderung der Gefahrenlage für den Versicherer führt. a) *Willkürliche G.*: Die Erhöhung des Risikos ist vom Versicherungsnehmer vorgenommen oder der Versicherungsnehmer gestattet die Vornahme durch einen Dritten (§ 23 Abs. 1 VVG). Ist die willkürliche G. verschuldet, ist der Versicherer leistungsfrei (§ 25 Abs. 1 VVG). Der Versicherer kann fristlos kündigen (§ 24 Abs. 1 VVG). Unverschuldete willkürliche G. müssen unverzüglich angezeigt werden, sonst ist der Versicherer nach § 25 Abs. 2 leistungsfrei. b) *Objektive G.*:vom Willen des Versicherungsnehmers unabhängige G. Beispiel: Der Gesetzgeber verschärft ein Haftpflichtgesetz. Hier kann der Versicherer innerhalb eines Monats kündigen (§ 27 Abs.1 VVG). Leistungsfreiheit des Versicherers wegen versäumter Anzeige ist nach § 28 VVG möglich. – Beispiele: a) Feuerversicherung: Errichtung einer

Schreinerei, Einführung der Verwendung von feuergefährlichen Stoffen, Errichtung eines feuergefährlichen Betriebes oder Lagers in der Nachbarschaft. b) Einbruch-Diebstahl-Versicherung: Ersatz vorhandener Alarmanlagen, Schlösser, Gitter oder sonstiger Sicherheitsvorkehrungen durch solche von geringerer Einbruchsicherheit, Wegfall oder Minderung der Bewachung. – Vgl. auch →Obliegenheit.

gefahrgeneigte Arbeit, *schadensgeneigte Arbeit.* 1. *Begriff*: G.A. liegt vor, wenn sich der Arbeitnehmer z.Z. des Schadensereignisses in einer Situation befindet, in der erfahrungsgemäß auch einem sorgfältig arbeitenden Arbeitnehmer Fehler unterlaufen können, die zwar vermeidbar sind, mit denen aber allgemein gerechnet werden muß. Entscheidend ist die Gefahrträchtigkeit der konkreten Situation. – 2. *Beispiele*: Die Tätigkeit eines Kraftfahrers gilt i.d. R. als gefahrgeneigt. Auch eine i.a. ungefährliche Tätigkeit kann im Einzelfall gefahrgeneigt sein, z.B. wegen Übermüdung des Arbeitnehmers. – 3. *Bedeutung*: Die Pflicht des Arbeitnehmers (und des Auszubildenden), dem Arbeitgeber den Schaden zu ersetzen (→Schadenersatz), den er in Ausführung seiner Dienste verschuldet hat, ist bei g.A. beschränkt (→Haftung III 2).

Gefahrgut, giftige, ätzende, entzündliche, explosive, radioaktive u.a. Stoffe oder Gegenstände, von denen bei Transport, Lagerung oder Umschlag Gefahren für Menschen, Tiere, andere Sachen oder Gemeingüter ausgehen können (Gesetz über die Beförderung gefährlicher Güter vom 6.8.1975, BGBl I 2121 mit späteren Änderungen). – Behandlung der G. *im Verkehr* unterliegt eingehenden nationalen und internationalen Regelungen und behördlicher Überwachung, Verstöße sind Straftat oder Ordnungswidrigkeit. – Vgl. auch →Gefahrstoffverordnung, →Gefahrgüter im Bahnverkehr, →Gefahrgüter im Binnenschiffsverkehr, →Gefahrgüter im Seeschiffsverkehr, →Gefahrgüter im Straßenverkehr.

Gefahrgüter im Bahnverkehr, die unter die Begriffe der Anlage zur GefahrgutVO Eisenbahn vom 10.6.1991 (BGBl I 1224) mit späteren Änderungen fallenden Stoffe und Gegenstände. G. i. B. sind nur bedingt zur Bahnbeförderung zugelassen und müssen die Anforderungen der Anlage erfüllen. Besondere Kennzeichnungspflichten. G. i. B. unterliegen der Überwachung. – *Ausnahmen* von der GefahrgutVO Eisenbahn enthält die Eisenbahn-GefahrgutausnahmeVO vom 16.8.1985 (BGBl I 1651). – *Verstöße* werden als Ordnungswidrigkeit mit Geldbuße geahndet.

Gefahrgüter im Binnenschiffsverkehr, unter die Begriffe der Anlage Gefahrgutverordnung-Binnenschiffahrt i. d. F. vom 30.6.1977 (BGBl I 1119) mit späteren Änderungen fallenden Stoffe und Gegenstände. G. i. B. sind nur bedingt zur Beförderung mit Binnenschiffen zugelassen und müssen die Anforderungen der Anlage erfüllen. – *Verstöße* werden als Ordnungswidrigkeit mit Geldbuße geahndet.

Gefahrgüter im Seeschiffsverkehr, unter die Begriffe der Anlage zur GefahrgutVOSee vom 24.7.1991 (BGBl I 1714) fallenden Stoffe und Gegenstände. G. i. S. sind nur bedingt zur Beförderung mit Seeschiffen zugelassen und müssen die Anforderungen der Anlage erfüllen. – *Verstöße* werden als Ordnungswidrigkeit mit Geldbuße geahndet.

Gefahrgüter im Straßenverkehr, die unter die Klassen I d bis IV a, V und VII der Anlage A zum Europäischen Übereinkommen über die internationale Beförderung gefährlicher Güter (→Gefahrgut) auf der Straße (BGBl 1969 II 1489) fallenden Stoffe und Gegenstände sowie verflüssigte Metalle. – *Besondere Vorschriften*: Nach der Gefahrgutverordnung-Straße i. d. F. vom 13.11.1990 (BGBl I 2453) mit späteren Änderungen müssen die Transportfahrzeuge durch Warntafeln gekennzeichnet sein. Der Fahrzeugführer muß für den Fall von Unfällen oder Zwischenfällen schriftliche Weisungen mitführen. Bei Freiwerden der Güter besteht Meldepflicht gegenüber der Polizei. Die Beförderung bestimmter gefährlicher Güter (Liste I und II der Anlage) bedarf der Erlaubnis der Straßenverkehrsbehörde. – *Verstöße* werden als Ordnungswidrigkeit mit Geldbuße geahndet. – *Ausnahmen* von GefahrgutVOStr enthalten die Straßen-Gefahrgutausnahme-VO vom 25.9.1985 (BGBl I 1925) mit späteren Änderungen.

Gefahrgutlogistik, logistische Prozesse (→Logistik) im Falle von →Gefahrgütern. G. ist dem Bereich der →Entsorgungslogistik zuzurechnen. Aus der Sicht der Logi-

stik sind die Aufgaben der Lagerung und der Verpackung, insbes. aber des Transports gefährlicher Güter hervorzuheben. Im Rahmen der Lagerung müssen spezielle Sicherheitsläger für Gefahrgüter eingerichtet werden, die z. B. mit feuerbeständigen Trennwänden, automatischer Brandmeldung und Löschvorrichtungen ausgestattet sind und in denen ein striktes Zusammenlagerungsverbot berücksichtigt wird. Auch im Zuge der Verpackung von Gefahrgütern gilt ein generelles Zusammenpackverbot mit anderen Gütern. Die besonderen Risiken des Gefahrguttransportes liegen darin begründet, daß zusätzlich zu den dem Verkehrswegen üblichen Unfallrisiken das Risiko der Freisetzung gefährlicher Stoffe besteht. Als Ansatzpunkte zur Minderung der potentiellen Risiken von Gefahrguttransporten kommen die Verkehrswege, die Verkehrsmittel und deren technischer Standard sowie das Verhalten der am Gefahrguttransport Beteiligten in Frage. Zu letzteren zählen Hersteller, Verpacker, Absender, Verlader, Beförderer, Fahrzeugführer und Beifahrer, Fahrzeughalter und Gefahrgutbeauftragte, die für eine lückenlose Information der in den Transport gefährlicher Güter eingeschalteten Personen und Institutionen zu sorgen haben. Zudem obliegt den Gefahrgutbeauftragten die Aufgabe, die Einhaltung der Vorschriften über die Beförderung gefährlicher Güter zu überwachen, die mit dem Transport beauftragten Personen zu schulen sowie Mängel, die die Sicherheit beim Transport gefährlicher Güter beeinträchtigen, dem Unternehmer oder Inhaber anzuzeigen.

gefährliche Arbeitsstoffe, Arbeitsstoffe, die explosionsgefährlich, brandfördernd, leicht entzündlich, brennbar, giftig, gesundheitsschädlich, ätzend oder reizend sind, geregelt in der Gefahrstoffverordnung i. d. F. vom 25.9.1991 (BGBl I 1931).

gefährliche Betriebe, unterliegen gem. § 3 Haftpflichtgesetz einer besonderen Haftung. – 1. *Umfang:* Der Betriebsunternehmer haftet, wenn ein Bevollmächtigter oder ein Repräsentant oder eine zur Leitung oder Beaufsichtigung des Betriebes oder der Arbeiter angenommene Person durch ein →Verschulden in Ausführung der Dienstverrichtungen den Tod oder die Körperverletzung eines Menschen herbeigeführt hat, für den dadurch entstandenen Schaden. – 2.

Einzelheiten über die *Schadenberechnung*, die Anrechnung von Versicherungsleistungen und die *Höchstgrenze* des Schadenersatzes in §§ 5 ff. Haftpflichtgesetz. – 3. Die Haftung kann nicht *ausgeschlossen* werden (§ 7 Haftpflichtgesetz); *Verjährungsfrist* drei Jahre.

gefährliche Stoffe, →Gefahrstoffverordnung.

Gefahrminderung, Vorkehrungen, um eine versicherte Gefahr zu mindern, z. B. bei der Feuerversicherung Anbringung eines Blitzableiters oder von Feuerlöschanlagen, bei der Einbruch-Diebstahl-Versicherung Einbau von Alarmanlagen oder anderen Schutzvorrichtungen. – *Maßnahmen* zur G. können dem Versicherungsnehmer durch den Versicherungsvertrag auferlegt werden. Bei schuldhafter Verletzung derartiger →Obliegenheiten ist, wenn der Schaden mit der Verletzung zusammenhängt, der Versicherer von der Leistungspflicht frei. – Vgl. auch →Schadenverhütung.

Gefahrstoff, →Chemikaliengesetz.

Gefahrstoffverordnung, VO über gefährliche Stoffe vom 26.8.1986 (BGBl I 1470), in Kraft getreten am 1.10.1986, geändert durch Verordnung vom 23.4.1990 (BGBl I 790). Abgelöst wurden insgesamt 36 Rechtsvorschriften einschl. der bisherigen VO über gefährliche Arbeitsstoffe vom 11.2.1982 und der giftrechtlichen Vorschriften der Länder; 14 EG-Richtlinien sind durch die Verordnung in nationales Recht umgesetzt worden. – *Inhalt:* 1. *Inverkehrbringen von Stoffen und Zubereitungen:* Hersteller und Einführer sind verpflichtet, gefährliche Stoffe und Zubereitungen ordnungsgemäß zu verpacken und zu kennzeichnen. Zur Kennzeichnung gehören neben dem Aufdruck eines Gefahrensymbols Hinweise und Ratschläge über das eventuell entstehende Risiko sowie dem Verbraucher empfohlene Schutzmaßnahmen. – 2. *Umgang mit Stoffen und Zubereitungen:* Jeder Unternehmer ist verpflichtet, Maßnahmen zum Schutz der mit Gefahrstoffen umgehenden Beschäftigten zu treffen. Dazu gehören insbes. die Verpflichtungen, a) an gefährdeten Arbeitsplätzen die Konzentration gefährlicher Stoffe in der Luft und im Körper zu messen, b) bestimmte gefährliche Stoffe oder Zubereitungen nicht zu verwenden und grundsätzlich die am wenigsten gefährlichen Stoffe einzusetzen, c) die Betriebsanlagen technisch so zu gestalten, daß gefährliche Stoffe oder Zubereitungen möglichst wenig freigesetzt werden und erforderlichenfalls persönliche Schutzausrüstungen, z. B. Atemschutzmaske, zur Verfügung zu stellen, d) die Beschäftigten gesundheitlich zu überwachen, insbes. durch arbeitsmedizinische Vorsorgeuntersuchungen. – 3. Verstärkung der *Informationspflichten des Unternehmers:* Er hat den →Betriebsrat und die Beschäftigten über Risiken und Schutzmaßnahmen beim Umgang mit gefährlichen Stoffen und Zubereitungen zu unterrichten. – 4. Einsetzung eines *Ausschusses für Gefahrstoffe:* Dieser hat die Aufgabe, die zuständigen Bundesminister zu unterstützen und Vorschläge zur Weiterentwicklung der Vorschriften zu unterbreiten. – 5. *Ziel:* Verbesserung des Arbeitnehmerschutzes (→Arbeitsschutz) und des allgemeinen Gesundheits- und Verbraucherschutzes (→Verbraucherpolitik).

Gefahrübergang. 1. Beim →*Kaufvertrag* geht die Gefahr des zufälligen Untergangs und der zufälligen Verschlechterung der verkauften Sache auf den Käufer mit der Übergabe der Sache (auch bei →Eigentumsvorbehalt) über (§ 446 BGB). Geht die Sache vor G. durch einen von keiner Partei zu vertretenden Umstand unter, braucht beim →Stückkauf der Verkäufer nicht zu liefern, der Käufer nicht zu zahlen. Ebenso beim →Gattungskauf, wenn der Käufer in →Annahmeverzug kommt, nachdem ihm eine bestimmte Sache angeboten ist. – Besonderheiten beim →*Versendungskauf.* – 2. Beim →*Werkvertrag* trägt i. d. R. der Unternehmer die Gefahr bis zur →Abnahme (§ 644 BGB). G. auch, wenn Besteller in →Annahmeverzug kommt. Für zufälligen Untergang oder zufällige Verschlechterung des vom Besteller gelieferten Stoffes ist der Unternehmer nicht verantwortlich. Bei Versendung gelten für G. die Regeln des →Versendungskaufs.

Gefälligkeitsfahrt, Begriff des Straßenverkehrsrechts für die unentgeltliche Beförderung eines Dritten im Kraftfahrzeug aus Gefälligkeit. Vorführungs- und Probefahrten sind keine G., da hier ein besonderes wirtschaftliches Interesse gegeben ist. – *Haftung* für Verschulden ist bei G. nicht ausgeschlossen; regelt sich nach den Vorschriften über →unerlaubte Handlungen. →Haftungsausschluß, →Handeln auf eigene Gefahr.

Gefangenen-Dilemma, Beispiel für ein allgemeines Zweipersonenspiel (→Spieltheorie). Unter unvollkommener Information müssen zwei Personen ihre Entscheidungen treffen, wobei das Verhalten jedes Partners das des anderen bedingt und seinerseits von dem des anderen bedingt ist. – *Besonderheit*: Nicht das jeweilige individuelle Teilmaximum, sondern ein Gesamtoptimum stellt für beide Spieler die optimale Lösung dar.

Gefängnis, jetzt: →Freiheitsstrafe.

Gefolgschaft, arbeitsrechtliche Bezeichnung aus den Jahren 1933 bis 1945: Eine aus ideologischen Gründen eingeführte Verbrämung des Begriffs →Belegschaft durch Appell an ein in der Industriegesellschaft weder wirtschaftlich noch soziologisch mögliches germanisches Treueverhältnis zwischen →Angestellten, →Arbeitern und Betriebsführung. – Heute ist der Gedanke einer Partnerschaft (→Sozialpartner), wie er im →Arbeitsrecht der Bundesrep. D. verankert ist, ein für die Marktwirtschaft zentraler Grundsatz.

gegabelte Befragung, →split ballot.

Gegenakkreditiv, *secondary credit, back-to-back credit, countervailing credit,* Sonderform des →Akkreditivs, mittels der der Ausschluß der Übertragbarkeit eines Akkreditivs umgangen wird. Das ursprüngliche Akkreditiv dient zur Sicherstellung des G.

Gegenbuchung, die andere Buchung eines Buchungssatzes in der →doppelten Buchführung; vgl. im einzelnen →Buchungssatz. – *Anders*: →Stornobuchung.

Gegendarstellung, Begriff des Presserechts. Auf Verlangen der von einer Tatsachenbehauptung in einer periodischen Druckschrift betroffenen Privatperson oder Behörde von dem verantwortlichen Redakteur und Verleger – nach manchen Landespressegesetzen auch vom Drucker – abzudruckende Gegenäußerung.

Gegenforderung, eine zur →Aufrechnung gegen eine Forderung eines anderen geeignete →Forderung. – Vgl. auch →Zurückbehaltungsrecht.

Gegengeschäft, *Kompensationsgeschäft, Gegenseitigkeitsgeschäft.* 1. *Begriff:* G. sind dadurch gekennzeichnet, daß Wirtschaftssubjekte bewußt wechselseitig Leistungen aneinander abgeben bzw. voneinander abnehmen, unabhängig davon, ob zusätzliche Zahlungsströme erfolgen oder nicht. Internationale G. bezeichnet man auch als Kompensationsgeschäfte. Bei der *Vollkompensation* gleichen sich die Warenströme wertmäßig vollständig aus (Kompensationsquote 100%), während bei der *Teilkompensation* ein Teil des wertmäßigen Warenstroms durch einen Zahlungsstrom ausgeglichen wird. Eine *Überkompensation* liegt dann vor, wenn die Gegenkäufe wertmäßig höher als die Verkäufe sind. Es haben sich verschiedene Formen von Kompensationsgeschäfte herausgebildet (vgl. Abbildung 1). 2. *Wichtige Formen*: a) *einfache Kompensation*: Austausch der Leistungen durch zwei Parteien. b) *Dreiecksgeschäft*: Einschaltung von drei Parteien, wobei jede Partei Abnehmer und Lieferant der anderen Partei ist (Abbildung 2).

Abbildung 2

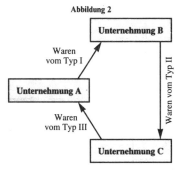

c) *Parallelgeschäft*: Sachlich zusammenhängende, wechselseitige Belieferung wird mit Hilfe von zwei einseitigen Geschäften abgewickelt und die jeweiligen Leistungen durch einen entsprechenden Zahlungsstrom abgegolten (Abbildung 3). d) *Auflagengeschäft*: G., die vertraglich nicht so kweit festgelegt sind und eher den Charakter eines „Gentleman's Agreement" haben. e) *Junktimgeschäft*: G., das durch eine umgekehrte Reihenfolge des Parallelgeschäfts gekennzeichnet ist. Ein Importeur, der an einer

Gegengeschäft

Abbildung 1

Nr.	Ansatzpunkte für die Gestaltung von Kompensationsgeschäften Bezeichnung	Bausteine des Kompensationsgeschäfts Bezeichnung
1	die Ziele, die mit Kompensationsgeschäften verfolgt werden	beschaffungsorientiertes Kompensationsgeschäft absatzorientiertes Kompensationsgeschäft beschaffungs- und absatzorientiertes Kom.geschäft
2	die Zahl der beteiligten Geschäftsparteien	einfache Kompensation Dreieckskompensation
3	Die Form des Vertragsabschlusses	ein Kompensationsvertrag Parallelgeschäft Mischformen
4	die zeitliche Abfolge von Lieferung und Gegenlieferung	simultaner Warentausch vorgezogener Gegenkauf nachgelagerter Gegenkauf
5	die Technik des Leistungsausgleichs	klassischer Barter moderner Barter
6	das wertmäßige Verhältnis von Lieferung und Gegenlieferung	Vollkompensation Teilkompensation Überkompensation
7	das Ausmaß, inwieweit sich Lieferung und Gegenlieferung bedingen	beziehungslose Kompensation Rückkaufgeschäft
8	der Grad, der Geschlossenheit des Leistungskreislaufes	Eigenkompensation Fremdkompensation

Quelle: Schuster, F., Spielregeln für Kompensationsgeschäfte, in: Beschaffung aktuell, o. Jg. 1984, Heft 12, S. 29

Abbildung 3

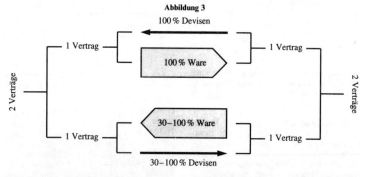

auständischen Ware interessiert ist, sucht sich einen Exporteur, der bereit ist unter Bezahlung einer entsprechenden Prämie seine Gegengeschäftsverpflichtung an den Importeur abzutreten. Er führt, indem er seinen Import mit der zukünftigen Gegengeschäftsverpflichtung des Exporteurs junktimiert, das beabsichtigte Importgeschäft durch. f) *Barter*: G., bei dem nur Warenaustausch ohne zusätzlichen Zahlungsstrom stattfindet. g) →*Rückkaufge-schäft* (bzw. Buy-back-Geschäft).

gegengewichtige Marktmacht, *counter-vailing power*, von J. K. Galbraith aufgestellte Hypothese, nach der die auf einer Marktseite etablierte wirtschaftliche Macht neutralisiert wird, wenn auf der anderen Marktseite eine entsprechende Gegenmacht entsteht, wobei sich die Gegenmachtbildung von selbst vollziehen oder etwa durch den Gesetzgeber geschaffen werden kann.

gegenseitige Verträge, *Austauschverträge*, jeden Vertragspartner zu einer Leistung (bzw. Gegenleistung) verpflichtende →Verträge, z. B. Kauf-, Miet-, Werkvertrag. – *Gesetzliche Sonderregelungen* in §§ 320–327 BGB.

I. Zurückbehaltungsrecht: 1. Die beiderseitigen Leistungen haben →*Zug um Zug* zu erfolgen. Jeder Verpflichtete kann, soweit er nicht nach Vertrag oder Gesetz (z. B. bei Miet- und Werkvertrag) vorleistungspflichtig ist, seine Leistung bis zur Bewirkung der Gegenleistung verweigern; →Sicherheitsleistung zur Abwendung dieses →Zurückbehaltungsrechts ist nicht zugelassen (§ 320 I BGB; ,,Einrede des nicht erfüllten Vertrages''). Das Zurückbehaltungsrecht darf nicht ausgeübt werden, wenn eine Seite teilweise geleistet hat und die Verweigerung der Gegenleistung nach den Umständen (z. B. Geringfügigkeit des rückständigen Teils) gegen →Treu und Glauben verstoßen würde (§ 320 II BGB). – 2. Ist ein Teil *vorleistungspflichtig*, steht ihm ein außerordentliches Zurückbehaltungsrecht zu, wenn nach Vertragsschluß durch Verschlechterung der Vermögenslage des anderen Teils der Anspruch auf die Gegenleistung gefährdet wird; Abwendung dieses Zurückbehaltungsrechts durch Erbringung der Gegenleistung oder Sicherheitsleistung (§ 321 BGB). – 3. *Geltendmachung* der Zurückbehaltungsrechte *im Prozeß* führt zur Verurteilung Zug um Zug; klagt der Vorleistungspflichtige bei →Annahmeverzug des Gegners zur Verurteilung zur Leistung nach Empfang der Gegenleistung (§ 322 BGB).

II. Unmöglichkeit, Unvermögen, Annahme- und Schuldnerverzug: Leistungsstörungen, die Bestand einer Forderung beeinflussen. §§ 323 ff. BGB regeln

den Einfluß derartiger Leistungsstörungen insbes. auf die *Gegenleistung*, in teilweiser Ergänzung und Abänderung der allgemeinen dafür gegebenen Vorschriften. – 1. Ist die →*Unmöglichkeit von keinem Teil zu vertreten*, entfällt der Anspruch auf die Gegenleistung; bei teilweiser Unmöglichkeit findet →Minderung in entsprechender Anwendung der für den Kaufvertrag gegebenen Vorschriften statt, ebenso bei evtl. Minderwert der Herausgabe eines Ersatzes oder Abtretung eines Ersatzanspruchs gemäß § 281 BGB. Eine weitergehende, schon bewirkte Gegenleistung ist als →ungerechtfertigte Bereicherung herauszugeben (§ 323 BGB). – 2. Ist die *Unmöglichkeit von dem anderen Teil zu vertreten*, oder befindet er sich, während die Leistung aus einem vom Schuldner nicht zu vertretenden Grund unmöglich wird, *in Annahmeverzug*, behält der Schuldner den Anspruch auf die Gegenleistung, muß sich aber anrechnen lassen, was er infolge Wegfalls der von ihm zu erbringenden Leistung erspart, durch seine Arbeitskraft anderweitig erwirbt oder zu erwerben böswillig unterläßt (§ 324 BGB). – 3. Ist die *Unmöglichkeit vom Schuldner zu vertreten*, kann der andere Teil →Schadenersatz wegen Nichterfüllung des ganzen Vertrages verlangen oder den →Rücktritt (schließt Schadenersatzanspruch aus) erklären; ebenso bei teilweiser Unmöglichkeit hinsichtlich des ganzen Vertrages, wenn die teilweise Erfüllung für den anderen Teil kein Interesse hat, statt diese Rechte geltend zu machen, kann er auch wie zu II 1 verfahren (§ 325 BGB). – 4. Ist ein Vertragspartner mit seiner Leistung im →*Schuldnerverzug*, kann ihm der andere Teil zum Bewirken der Leistung eine angemessene Frist mit der Erklärung bestimmen, daß er die Annahme der Leistung nach Fristablauf ablehne. Wird dann nicht rechtzeitig geleistet, kann nicht mehr →Erfüllung, sondern nur Schadenersatz wegen Nichterfüllung verlangt oder der Rücktritt vom Vertrag erklärt werden; bei teilweiser Erfüllung, wenn der andere Teil kein Interesse daran hat, gilt Entsprechendes wie zu II 1. Unwirksam ist in →Allgemeinen Geschäftsbedingungen eine Bestimmung, durch die der →Verwender von der gesetzlichen Obliegenheit freigestellt wird, dem anderen Vertragsteil eine Nachfrist zu setzen, sowie eine Bestimmung, durch die sich der Verwender für die von ihm zu bewirkende Leistung eine unangemessen lange oder nicht hinreichend bestimmte Nachfrist vorbehält. Keine Fristbestimmung nötig, wenn die Erfüllung des Vertrages infolge des Verzuges für den anderen Teil kein Interesse hat (§ 326 BGB).

III. Behandlung im Konkurs- und Vergleichsverfahren: 1. *Konkursverfahren*: Ist ein g. V. zur Zeit der →Konkurseröffnung weder von dem →Gemeinschuldner noch von dem Vertragspartner vollständig erfüllt (stets bei Eigentumsvorbehaltsgeschäften), so hat der →Konkursverwalter ein *Wahlrecht*: a) Er kann Erfüllung des Vertrages verlangen und muß dann auch den Partner voll als →Massegläubiger befriedigen. b) Er lehnt die Erfüllung ab, dann hat der Vertragspartner nur einen Schadenersatzanspruch als →Konkursgläubiger (eine schon erbrachte und in das Eigentum des Gemeinschuldners übergegangene Teilleistung kann er aus der Masse zurückverlangen; §§ 17, 26 KO). – Wählt der Konkursverwalter bei →Sukzessivlieferungsverträgen Erfüllung, so muß er den ganzen Vertrag voll aus der Masse erfüllen, also auch die Leistungen, die schon vor Konkurseröffnung fällig geworden sind. Anders bei *Wiederkehrschuldverhältnissen*, die nicht zur Abnahme bestimmter Mengen verpflichten, z. B. Verträge über die Lieferung von Elektrizität, Gas und Wasser; hier sind Masseansprüche nur die nach Konkurseröffnung fällig werdenden Ansprüche. – 2. *Vergleichsverfahren*: Der Gläubiger aus einem noch von keiner Seite voll erfüllten g. V. nimmt nicht teil (§ 36 VerglO), kann also volle Befriedigung verlangen. – Der Schuldner kann jedoch die Erfüllung oder weitere Erfüllung mit *Ermächtigung* des *Vergleichsgerichts* ablehnen. Diese wird erteilt (Regelfall), wenn die Erfüllung den Vergleich gefährdet und die Ablehnung dem Vertragspartner keinen unverhältnismäßigen Schaden bringt (§ 50 VerglO). Das *Gesuch* für diese Ermächtigung muß binnen zwei Wochen nach der öffentlichen Bekanntmachung des Eröffnungsbeschlusses, kann aber schon mit dem Vergleichsantrag gestellt werden. – Der Vertragspartner kann seinen Schaden als *Vergleichsforderung* geltend machen (§ 52 VerglO). – *Sonderregelungen*: a) für Miet- und Pachtverträge (§§ 19–21 KO, § 51 VerglO) sowie b) für Dienstverträge (§§ 22 KO, § 51 VerglO).

Gegenseitigkeitsgeschäft, →Gegengeschäft.

Gegenseitigkeitsgesellschaft, →Gesellschaft des bürgerlichen Rechts ohne Kaufmannseigenschaft; am häufigsten im Versicherungswesen (→Versicherungsverein auf Gegenseitigkeit (VVaG)).

Gegenstand der Lieferung. Die Existenz eines Liefergegenstandes grenzt die Lieferung von der sonstigen Lieferung ab. Gegenstand einer Lieferung können körperliche Gegenstände aller Art (§ 90 BGB) sowie sonstige Wirtschaftgüter, die im Verkehr wie Sachen umgesetzt werden (z. B. Elektrizität und Firmenwert) sein. – Vgl. auch →Lieferungen und (sonstige) Leistungen.

Gegenstromverfahren, Kombination des Top-down- und -Bottom-up-Ansatzes der →Unternehmensplanung (vgl. dort VII 3). Die Manager, die für die Umsetzung der Pläne einer Ebene verantwortlich sind, sollen diese Pläne auch erstellen. Im Rahmen eines Top-down-Vorlaufs erfolgt dann die Plankonkretisierung bis auf die untersten Ebenen der Hierarchie. Vor dem Hintergrund von Machbarkeitskriterien und eigener Gestaltungsvorschläge läuft dann der Bottom-up-Rücklauf ab, der zu einer Korrektur der übergeordneten Pläne sowie zu einer schrittweisen Konsensfindung der am Planungsprozeß Beteiligten führt. Das Problem ist, daß man über untergeordnete Ziele nicht entscheiden kann, ohne die übergeordneten zu kennen und umgekehrt, entfällt.

Gegenvormund, →Vormundschaft IV 2.

Gegenwahrscheinlichkeit, Differenz zwischen 1 und der Wahrscheinlichkeit $W(A)$ eines zufälligen →Ereignisses A. Die G. 1-$W(A)$ ist die Wahrscheinlichkeit des zu A komplementären Ereignisses $\bar{A}$ (Axiome der →Wahrscheinlichkeitsrechnung).

Gegenwartspräferenz, →Zeitpräferenz.

Gegenwartspreise, Preiskonzept der intertemporalen Gleichgewichtstheorie (→intertemporales Gleichgewicht). Es ermöglicht, Güter, die auf verschiedene Zeitpunkte datiert sind, wertmäßig intertemporal miteinander zu vergleichen. Der G. eines Gutes ist die Geldsumme (ausgedrückt in

Einheiten des →Standardguts), die heute gezahlt werden muß, damit dieses in Zukunft geliefert wird. Er entspricht damit dem Preis eines Gutes auf dessen →Zukunftsmarkt.

Gegenwartswert, *Zeitwert.* I. Kalkulation: Auf den →Kalkulationszeitpunkt abgezinstes Endkapital (→Abzinsung).

II. Bilanzierung: Der G. von Forderungen und Rentenverpflichtungen ist gleich dem →Barwert.

III. Wirtschaftstheorie: Wert von Gütern, die auf verschiedene Zeitpunkte datiert und zu →Gegenwartspreisen bewertet sind.

Gegenzeichnung. I. Organisation: Kontrollmaßnahme, die überall da vorzuschreiben ist, wo Willensäußerungen untergeordneter Organe durch verantwortliche leitende Personen zu decken sind.

II. Handelsrecht: Vgl. →Gesamthandlungsvollmacht, →Gesamtprokura.

Gegnerfreiheit, →Koalition II 4 d).

Gehalt, →Arbeitsentgelt (vgl. im einzelnen dort) für →Angestellte.

Gehaltsfortzahlung, →Lohnfortzahlung.

Gehaltsklassen, Abgrenzungen des →Arbeitsentgelts von Angestellten (Gehalt) für Zwecke der Tarif- und Versicherungspraxis nach Verdienstspannen.

Gehaltskonto, →Lohnkonto.

Gehaltslieferung, Tatbestand des Umsatzsteuerrechts, wenn eine Lieferung (→Lieferungen und (sonstige) Leistungen) sich nur auf den Gehalt des Gegenstandes bezieht und der Abnehmer dem Lieferer die Nebenerzeugnisse oder Abfälle, die bei der Bearbeitung oder Verarbeitung entstehen, zurückgibt, z. B. auf den Fettgehalt der Milch bei Rückgabe der Magermilch, auf den Zuckergehalt der Rübe bei Rückgabe der Rübenschnitzel. Umsatzsteuerpflichtig sind nur die G., nicht die zurückgelieferten Bestandteile (§ 3 V UStG).

Gehaltspfändung, →Lohnpfändung.

Gehaltstarifvertrag, →Lohntarifvertrag.

Gehaltsumwandlung, →Direktversicherung V.

Gehalts- und Lohnstrukturerhebungen, Teil der amtlichen →Lohnstatistik, in mehrjährigen Abständen, zuletzt 1978, repräsentativ bei ca. 27 000 Betrieben bzw. Unternehmen mit zusammen ca. 1,3 Mill. Arbeitnehmern aufgrund besonderer Rechtsgrundlage der EG durchgeführte Individualerhebung in der gewerblichen Wirtschaft und im Dienstleistungsgewerbe. Nachgewiesen werden für voll- und teilzeitbeschäftigte Arbeiter und Angestellte die Bruttostunden-, -wochen-, -monats- und -jahresverdienste, Sonderzuwendungen, Wochenarbeitszeit, Mehrarbeitszeit in verschiedenen Kombinationen nach Wirtschaftszweigen, Geschlecht, Altersgruppen, Leistungsgruppen, Lohnformen (Arbeiter) und Beschäftigungsarten (Angestellte).

Geheimbuchführung. I. Begriff: Teile der →Buchführung, die vor bestimmten geheimgehalten werden sollen, z. B. über Eigenkapital, Darlehen, Entnahmen, Ertragslage und Kostenziffern Aufschluß gebendes Zahlenmaterial. Bei →Außenprüfung des Finanzamtes ist die G. vorzulegen.

II. Formen: 1. Der Unternehmer führt das *Hauptbuch selbst* und überläßt Angestellten die Eintragungen in die Grund- und Hilfsbücher. – 2. Der Unternehmer macht *selbst Inventur* und übernimmt Anfangs- und Endbestände in ein Abschlußbuch. Der Buchhalter hat die Umsätze aus den Betriebsbuchungen zu liefern. – 3. Der Unternehmer übernimmt in ein *Geheimbuch* die Konten, die Angestellten nicht zugänglich sein sollen, und bucht die die Hauptbuchhaltung betreffenden Geschäftsvorfälle auf ein Konto „Hauptbuchhaltung"; die Hauptbuchhaltung bucht die die G. betreffenden Geschäftsvorfälle auf ein „Geheimbuchkonto". Am Ende der Rechnungsperiode wird für Haupt- und Geheimbuchhaltung je eine Schlußbilanz erstellt, durch deren Vereinigung – unter Wegfall der sich aufhebenden Gegenkonten „Geheimbuchkonto" und „Hauptbuchhaltung" – die Bilanz der Unternehmung gebildet wird. – G. ist in der Handhabung ähnlich wie →Filialbuchführung und verstößt nicht gegen die →Grundsätze ordnungsmäßiger Buchführung (GoB).

geheime Wettbewerbsklausel, Vereinbarung zwischen zwei Unternehmern über die Art der Beschäftigung oder über Nichtbeschäftigung eines früher oder derzeit bei dem einen beschäftigten →Handlungsgehilfen (anders: →Wettbewerbsverbot). Jederzeit einseitig durch Rücktritt aufhebbar (§ 75 f. HGB). – Bei *Verstoß* gegen die g. W. entstehen keine Ersatzansprüche. – Der Handlungsgehilfe hat *keinen Unterlassungsanspruch* gegen g. W., jedoch kann er ggf. Schadenersatzansprüche geltend machen, wenn z. B. die Erfüllung der Klausel über die berechtigte Wahrung schutzwürdiger Belange der beteiligten Unternehmer hinausgeht und ihn sittenwidrig in der Suche nach einer neuen Stellung einengt.

Geheimnisprinzip, →information hiding.

Geheimnisverrat, →Betriebs- und Geschäftsgeheimnis III.

Gehilfe, →Erfüllungsgehilfe, →Handlungsgehilfe, →Gewerbegehilfe, →Verrichtungsgehilfe.

Gehör, →rechtliches Gehör.

Gehorsamspflicht, Pflicht des →Arbeitnehmers, den Weisungen des →Arbeitgebers Folge zu leisten. Für Gesellen und Gehilfen gesetzlich geregelt in § 121 I GewO. – Die G. ist nach überwiegender Auffassung das Gegenstück zum Weisungsrecht des Arbeitgebers (→Direktionsrecht). Dem wird entgegengehalten, daß das Weisungsrecht ein Gestaltungsrecht ist, das die Arbeitspflicht konkretisiert; mißachtet der Arbeitnehmer eine wirksame Weisung, verletzt er keine G., sondern erfüllt seine Arbeitspflicht schlecht (→Vertragsbruch II, →Arbeitsverweigerung).

Geiselnahme, Entführung oder Ergreifen und Festhalten eines anderen mit dem Ziel, einen Dritten durch Drohung mit dem Tod oder einer schweren Körperverletzung des Opfers zu einer Handlung, Duldung oder Unterlassung zu nötigen; oder Ausnutzung einer von einem anderen zuvor geschaffenen derartigen Lage des Opfers mit dem gleichen Ziel. →Verbrechen nach § 239 b StGB. – *Strafe*: Freiheitsstrafe nicht unter fünf Jahren; bei leichtfertiger Tötung des Opfers lebenslange oder mindestens zehnjährige Freiheitsstrafe.

Geisteswissenschaft, →Kulturwissenschaft.

gekorene Orderpapiere, →Orderpapiere.

gekreuzter Scheck, in Art. 37 f. ScheckG vorgesehen, um das deutsche Scheckrecht dem internationalen anzupassen, doch sind die Bestimmungen noch nicht in Kraft gesetzt. Die Kreuzung soll (ähnlich wie der →Verrechnungsscheck) verhindern, daß der Scheckbetrag an Unbefugte ausgezahlt wird. – *Ausländische g. Sch.* gelten im deutschen Zahlungsverkehr als →Verrechnungsschecks (Art. 3 EGScheckG).

Geld, →Geldkurs, →monetäre Theorie und Politik II.

Geldakkord, →Stückgeldakkord.

Geldangebotsmultiplikator, →Geldmengenmultiplikator.

Geldangebotstheorie, →monetäre Theorie und Politik III.

Geldausgabeautomat (GAA), Einrichtungen von Kreditinstituten zur Bargeldbeschaffung auch außerhalb der Schalteröffnungszeiten. Als Zugangsberechtigung dient überwiegend eine kodierte →Magnetstreifenkarte (z. B. →Eurocheque-Karte, Bankkundenkarte oder internationale →Zahlungskarte), die in das Gerät eingeführt wird und die korrekte Eingabe der persönlichen Identifikationskarte (PIN) über die Tastatur. Täglich können mit der Eurocheque-Karte 400 DM abgehoben werden, an institutseigenen GAA sogar bis zu 1000 DM.

Geldbasis, →monetäre Basis.

Geldbewegungsrechnung, Verfahren, durch Gegenüberstellung von Mittelherkunft und Mittelverwendung der Vermögens- und Finanzentwicklung eines Unternehmens in einer bestimmten Periode darzustellen. – *Verfahren der G.*: →Kapitalflußrechnung, →finanzwirtschaftliche Bewegungsbilanz.

Geldbörse, frühere Bezeichnung: a) für die der Effektenbörse angegliederten Märkte für ausländische →Geldsorten; b) für den →Geldmarkt.

Geldbuße. I. Ordnungswidrigkeitengesetz: Sanktion zur Ahndung von →Ordnungswidrigkeiten. – *Gesetzliche Regelung*: §§ 1, 17, 18 OWiG. – *Höhe*: Mindesthöhe 5 DM; Höchstbetrag, soweit nicht durch

Gesetz anderes bestimmt, 1000 DM. Grundlage der Zumessung sind die Bedeutung der Ordnungswidrigkeit und der Vorwurf gegenüber dem Täter. Die G. soll den wirtschaftlichen Vorteil, den der Täter aus der Ordnungswidrigkeit gezogen hat, übersteigen. Dazu kann das gesetzliche Höchstmaß überschritten werden. Bei Verstößen von Organen juristischer Personen ist G. bis zu 1 000 000 DM zulässig (§ 30 OWiG). – Vgl. auch →Bußgeldverfahren. – *Steuerliche Behandlung*: Vgl. →Geldstrafe.

II. Schwerbehindertengesetz: Ahndung von Ordnungswidrigkeiten durch das Landesarbeitsamt. Auferlegung von G. gegen Arbeitgeber, die ihrer Verpflichtung zur Einstellung einer bestimmten Anzahl →Schwerbehinderter, zur Erstattung von Anzeigen, Erteilung von Auskünften, Führen eines Verzeichnisses der beschäftigten Schwerbehinderten usw. nicht nachkommen. – *Höhe*: Für jeden nicht von einem Schwerbehinderten besetzten Platz muß der Arbeitgeber eine →Ausgleichsabgabe von 200 DM pro Monat an die zuständige Hauptfürsorgestelle bezahlen (§ 11 II SchwbG). Mit Bußgeld bis zu 5000 DM können private Arbeitgeber belegt werden, wenn sie die Vorschriften des SchwbG nicht beachten. – *Verwendung*: Die G. ist nur für Zwecke der Arbeits- und Berufsförderung sowie zur Wiederherstellung und Erhaltung der Arbeitskraft von Schwerbehinderten und der diesen Gleichgestellten zu verwenden.

Geldeingang, Summe der →flüssigen Mittel, die einer Unternehmung innerhalb eines bestimmten Zeitraums als Erlös aus dem Verkauf ihrer Waren oder Dienstleistungen oder aus sonstigen Forderungen zufließen. Im Rahmen der →Finanzplanung bei der Ermittlung des Kapitalbedarfs nach Erfahrungswerten zu schätzende Größe.

Geldeinzug, →Inkasso.

Geldentwertung, →Inflation.

Geldersatzmittel, →Geldsurrogate.

Geldfaktor, Begriff der →Arbeitsbewertung. Mit dem G. ist die →Vorgabezeit zu multiplizieren, um den →Akkordlohn zu erhalten:

$$G. = \frac{\text{Akkordrichtsatz}}{60}$$

Dieser auf die Zeiteinheit Minute bezogene Akkordrichtsatz ist der spezifische Preis der Arbeitsmengeneinheit bei Zeitakkord. – *Anders:* →Steigerungsfaktor.

Geldformen. 1. *Allgemeines*: Unterscheidung zwischen Warengeld und Kreditgeld hinsichtlich des Verhältnisses zwischen Warenwert und →Nennwert eines Tauschguts. Bei *Warengeld* entspricht grundsätzlich der Wert des Tauschguts als „Ware" dem von der Obrigkeit zugeordneten Nennwert, d. h. es ist gleich, ob das Tauschgut als Ware oder als Geld eingesetzt wird. *Kreditgeld* ist dadurch charakterisiert, daß sein Nennwert erheblich über dem Warenwert liegt. →*Münzen* (*Münzgeld*) zählen zum Warengeld, wenn ihr Metallwert grundsätzlich dem Nennwert entspricht (Kurantmünzen), oder zum Kreditgeld, wenn ihr Metallwert geringer als ihr Nennwert ist (Scheidemünzen). →*Papiergeld* und *Buchgeld* (Giralgeld) sind als (nahezu) stoffwertloses Geld typische Erscheinungsformen von Kreditgeld. – 2. *Münzgeld*: Da Geld aus einem besonders geeigneten Tauschgut entstanden ist, wurde sein Wert als Zahlungsmittel bis Anfang des 20. Jahrhunderts allgemein aus seinem Warenwert abgeleitet. Als (Waren-) Geld hatte sich die Münze aus Edelmetall durchgesetzt. Der von der Obrigkeit zugeordnete Wert einer Münze als gesetzliches Zahlungsmittel, der →Nennwert, durfte ihren Warenwert nur geringfügig überschreiten (metallistisches Geldverständnis). Dieser Aufschlag wurde dafür bezahlt, daß der Einsatz eines nach Quantität und Qualität garantierten Tauschguts den Tauschvorgang für alle Beteiligten erheblich vereinfacht. Er entspricht von der Kostenseite her den Prägekosten und dem Münzgewinn. – 3. *Papiergeld*: Nach den Emittenten läßt sich P. in Staatspapiergeld, Banknoten und Privatpapiergeld unterteilen. Alle Emittenten bedürfen grundsätzlich der Erlaubnis durch die Obrigkeit, die in füheren Zeiten entweder mit der Festlegung eines bestimmten betragsmäßigen Emissionsvolumens und/oder mit Deckungsvorschriften verbunden war. Im Zeitablauf wurde die Papiergeldausgabe immer mehr monopolisiert und vom Staat einer dazu berechtigten Notenbank übertragen. Solange das metallistische Geldverständnis Gültigkeit hatte, konnte P. nur als Substitut für „richtiges Geld" in Form von Kurantmünzen fungieren; folgerichtig war P. kein gesetzliches

Zahlungsmittel, sondern eine Forderung auf Münzgeld. Seine Existenzberechtigung basierte auf der einfacheren Handhabung der Papierscheine gegenüber schweren Münzen. Entsprechend wurde es in relativ großer Stückelung emittiert.

Geldfunktionen, →Rechenmittelfunktion des Geldes, →Tauschmittelfunktion des Geldes, →Wertaufbewahrungsfunktion des Geldes.

Geldgeschichte, Teil der →Wirtschaftsgeschichte. Befaßt sich mit den im Zeitablauf und regional unterschiedlichen Erscheinungsformen (→Geldformen) und →Emissionsregelungen von Geld sowie seiner volkswirtschaftlichen Bedeutung. Da die Funktionsfähigkeit eines Geldsystems maßgeblich von der Entwicklung des →Geldwertes bestimmt wird, stehen die damit zusammenhängenden Problemstrukturen im Mittelpunkt einer wirtschaftshistorisch orientierten G. Als Geld fungieren allgemein akzeptierte Zahlungsmittel i. d. R. mit gesetzlichem Annahmezwang, d. h., daß ein Gläubiger von seinem Schuldner Geld zur Begleichung von Forderungen annehmen muß.

Geldillusion. I. Geldtheorie: Psychologisch begründete *Einstellung zum →Geldwert* mit besonderem Vertrauen in seine (scheinbar) objektive Gegebenheit und Stabilität, d. h. Vertrauen der Wirtschaftssubjekte zum umlaufenden Geld. G. ist Voraussetzung für eine funktionierende Geldwirtschaft heutiger Prägung mit den multiplen Geldschöpfungsmechanismus (→Geldschöpfung, →multiple Geldschöpfung). Dahinter steht das Vertrauen der Bevölkerung in die durch den Staat geschaffene und durch seine Autorität (scheinbar) abgesicherte Geldordnung. – II. Haushaltstheorie: Konsumentenverhalten, das ausschließlich an absoluten Preisen und am Nominaleinkommen, nicht aber an den →Relativpreisen und Realeinkommen orientiert ist. Das bedeutet: Ein Haushalt mit G. wird bei Änderungen seines Nominaleinkommens, das keine Veränderung seines Realeinkommens einschließt, seine Ausgaben verändern. Fehlen von G. ist eine wesentliche Voraussetzung der Haushaltstheorie und allgemeinen Gleichgewichtstheorie bei der Ableitung

von →Nachfragefunktionen und Gleichgewichten.

Geldkurs, →Kurs an der Börse, zu dem Nachfrage bestand, die nicht oder nicht voll befriedigt werden konnte. – *Notierung:* G. (→Notierungen an der Börse).

Geldleihe. 1. *Begriff:* Kreditgeschäft, bei dem die Bank dem Kunden Geld zur Verfügung stellt. – 2. *Arten:* a) *Tagesgelder:* Gelder mit befristeter Laufzeit von einem Tag; b) *tägliche Gelder:* Gelder mit Kündigungsfrist von einem Tag; c) *Termingelder:* Gelder mit festgelegtem Rückzahlungstermin (Laufzeiten von einem Tag bis zu einem Jahr). – *Gegensatz:* →Kreditleihe.

Geldlohn, *Barlohn,* in Geld bezahltes →Arbeitsentgelt; in der Industrie vorgeschriebene, heute überwiegende Entlohnungsform. Auch bargeldlose Lohn- und Gehaltszahlung ist G. In der Frühzeit des Kapitalismus mußte der Geldlohnanspruch des Arbeitnehmers in harten Kämpfen durchgesetzt werden, da die Betriebe besonders bei ungünstiger Marktlage versuchten, das Absatzproblem teilweise durch Entlohnung der Arbeiter mit Betriebsprodukten zu lösen (→Trucksystem). – Viele Unternehmen bieten ihren Mitarbeitern ihre Produkte oder Werkswohnungen zu besonders günstigen Konditionen an; dies darf nicht Teil des vereinbarten Entgelts sein (§§ 115ff. GewO). – *Gegensatz:* →Naturallohn.

Geldmarkt. 1. G. im *makroökonomischen* Sinn: Das Zusammentreffen von Angebot und Nachfrage für oder nach Geld bzw. Zahlungsmittel. Dabei wird das Geldangebot als exogene (von der Zentralbank kontrollierte) Größe betrachtet. Die Geldnachfrage setzt sich zusammen aus der Nachfrage nach →Transaktionskasse und →Spekulationskasse. Durch das Geldmarktgleichgewicht wird der Zins bestimmt (→Liquiditätspräferenztheorie). – 2. G. im *institutionellen Sinn:* Der Markt für den Austausch von Zentralbankgeld zwischen Geschäftsbanken durch Kreditvergabe (→Geldmarktkredite) oder durch An- und Verkauf von →Geldmarktpapieren. Geldmarktgeschäfte führen zur Veränderung der Liquiditätsreserven der einzelnen Geschäftsbanken: Der partielle Liquiditätsausgleich zwischen den Banken geschieht durch Mittelbereitstellung (Kredit) eines Kreditinstitutes an ein anderes oder durch

Kauf eines Geldmarktpapiers bei einem anderen Kreditinstitut. Die Geldmarktpapiere ihrerseits sind sehr liquide und relativ kurssicher, sie können jederzeit bei der Zentralbank eingelöst werden. Die Deutsche Bundesbank nimmt Einfluß auf den Geldmarkt durch ihre →Offenmarktgeschäfte.

Geldmarkteinlagekonten, →Finanzinnovationen II 2.

Geldmarktfonds, überwiegend von international tätigen Banken gegründete Fonds. Das Fondsvermögen wird durch die Ausgabe von Fondsanteilen an institutionelle Anleger, auch Kleinanleger gebildet; es wird in →Geldmarktobjekte investiert. Die erwirtschafteten Erträge werden nach Abzug der Kosten für die Fondsverwaltung und der Provision anteilmäßig an die Fonds-Teilhaber ausgeschüttet. – *G. in Europa*: In Großbritannien, Luxemburg und der Schweiz. Gründung von G. in der *Bundesrep. D.* gem. § 8 KAGG (noch) nicht zulässig.

Geldmarktfondsanteile, →Finanzinnovationen II 1.

Geldmarktkredite, Kredite, die ausschließlich auf dem →Geldmarkt, im Verkehr zwischen den Geschäftsbanken (Interbankengeschäft), gewährt werden. – Zu *unterscheiden*: (1) *Tagesgeld*: Ist innerhalb von 24 Stunden ohne Kündigung fällig. (2) *Tägliches Geld*: Wird ohne Angabe einer Fristigkeit ausgeliehen, es wird am Tag der Kündigung, die bis 11 Uhr erfolgen muß, fällig. (3) *Termingelder*: Werden zum vereinbarten Termin fällig, höherer Zinssatz als bei Tagesgeld und täglichem Geld: (4) *Ultimogelder*: Werden zur Überbrückung der am Monats- bzw. Jahresende auftretenden Liquiditätsengpässe aufgenommen, sind einige Tage nach Ultimo fällig. – I. d. R. werden G. ohne dingliche Sicherheiten vergeben.

Geldmarktobjekte, →Geldmarktkredite, →Geldmarktpapiere.

Geldmarktpapiere, *Geldmarkttitel*. 1. *Begriff*: Verbriefte Vermögensrechte, die mit dem primären Ziel der Liquiditätsversorgung am →Geldmarkt zwischen Institutionen (überwiegend Banken, Versicherungsgesellschaften, Industrieunternehmen) ge-

handelt werden. – 2. *Nationale G.*: a) →*Schatzwechsel* des Bundes, der Länder, der Bundesbahn und Bundespost; b) →*Schatzanweisungen* des Bundes, der Bundesbahn und Bundespost bis zu zwei Jahren Laufzeit; c) →*Vorratsstellenwechsel*; *bankgirierte Warenwechsel*; e) →*Bankakzepte*. G. der Formen a) – c) werden auch als *Offenmarktpapiere* (→Offenmarktpolitik) bezeichnet. – 3. *Internationale G.*: a) →commercial papers; b) →banker's acceptances; c) →certificate of deposit (CD); d) →Euronotes.

Geldmarktsätze, Zinssätze am →Geldmarkt. – 1. G. im *Direktverkehr zwischen den Kreditinstituten*: Der G. wird für jedes einzelne Geschäft je nach Angebot und Nachfrage ausgehandelt. Am *Tagesgeldmarkt* liegen die G. meist unter dem Diskontsatz, sie sie gelegentlich bei Versteifung des Geldmarktes (kurz vor Ultimo, bei großen Steuerterminen) überschreiten. Die G. am *Termingeldmarkt* (Medio-, Ultimo-, Monats- und Dreimonatsgelder) liegen i. d. R. über dem G. des Tagesgeldmarktes. Die Bundesbank *veröffentlicht* in der Zinsstatistik ihrer Monatsberichte die G. für Tages-, Monats- und Dreimonatsgeld, die durch Rückfrage am Frankfurter Bankplatz ermittelt werden und als repräsentativ angesehen werden können. – 2. *G. der Deutschen Bundesbank für den Verkauf von Offenmarktpapieren* (Schatzwechsel, unverzinsliche Schatzanweisungen und Vorratsstellenwechsel): Abgabesätze, die von der Deutschen Bundesbank entsprechend ihrer →Offenmarktpolitik festgesetzt werden und meist für mehrere Tage, Wochen oder Monate konstant bleiben. Bei restriktiver →Kreditpolitik erhöht die Bundesbank die Abgabesätze, um die Banken zum Kauf der Papiere anzureizen und dadurch liquide Mittel an sich zu ziehen. – 3. *Privatdiskontsätze*: Der Handel mit →Privatdiskonten erfolgt an der Frankfurter Börse, die börsentäglich einen Geld-, Mittel- und Briefsatz jeweils für „kurze Sicht" (30–59 Tage) und für „lange Sicht" (60–90 Tage) notiert. Der Geldsatz liegt 1/8% höher als der Briefsatz.

Geldmarkttitel, →Geldmarktpapiere.

Geldmenge, Bestand an Zahlungsmitteln einer Volkswirtschaft. Der Begriff wird mit Blick auf seine Eignung als geldpolitische Steuer- und Zielgröße verschieden abgegrenzt. – *Abgrenzung der Deutschen Bundesbank*: (1) *Zentralbankgeldmenge*: Umfaßt Mindestreservesoll für Sicht-, Termin- und Spareinlagen von Inländern zu konstanten Reservesätzen sowie den Bargeldumlauf bei privaten Haushalten, Unternehmen und der öffentlichen Hand (also ohne Kassenbestände der Banken, die auf die Mindestreserven anrechenbar sind). (2) *Geldmenge(naggregat)* M_1 (→Geldvolumen i. e. S.): Umfaßt das laufende Bargeld (ohne Kassenbestände der Banken) und die Sichteinlagen inländischer Nichtbanken bei den Kreditinstituten. (3) *Geldmenge(naggregat)* M_2: Beinhaltet M_1 und zusätzlich alle Termineinlagen inländischer Nichtbanken bei den Kreditinstituten mit Befristung bis zu vier Jahren. (4) *Geldmenge(naggregat)* M_3: Beinhaltet M_2 und zusätzlich die Spareinlagen mit gesetzlicher Kündigungsfrist.

Geldmengenaggregat, →Geldmenge.

Geldmengen-Einkommensmechanismus, einer der Mechanismen der Selbstregulierung der Zahlungsbilanz (→Zahlungsbilanzausgleichsmechanismen). – *Ablauf*: In einem System →fester Wechselkurse sowie in einem System der →Goldwährung führt ein Überschuß (Defizit) der Zahlungsbilanz zu einem Zufluß (Abfluß) an Devisen bzw. Gold bei der Notenbank und zu einer entsprechenden Ausdehnung (Verringerung) des Geldvolumens im Inland mit der Folge tendenziell sinkender (steigender) Zinssätze. Bei zinsreagiblem Spar- und/oder Investitionsverhalten der Wirtschaftssubjekte resultiert daraus eine Nachfrageausdehnung (-einschränkung) an den Gütermärkten und entsprechende Produktions-, Beschäftigungs- und Einkommenssteigerungs(-senkungs)tendenzen. Einkommenserhöhungen (-verminderungen) führen dann i. d. R. zu einer Zunahme (Abnahme) der Importnachfrage und damit im Ergebnis zu einem tendenziellen Abbau des ursprünglichen Zahlungsbilanzungleichgewichts. – *Beurteilung*: Fraglich ist, ob die Politikträger eines Überschuß-(Defizit-)landes die Auswirkungen des G.-E. hinnehmen. Befindet sich z. B. die betreffende Volkswirtschaft in einem Boom (einer Rezession), kann der G.-E. die konjunkturelle Lage verschärfen. – Vgl. auch →Zins-Kredit-Mechanismus, →Geldmengen-Preismechanismus.

Geldmengenmultiplikator, *Geldangebotsmultiplikator*. 1. *Charakterisierung*: Der G. m1 bedeutet, daß die →Geldmenge (z. B. M_1) infolge der →multiplen Geldschöpfung das m1-fache der →monetären Basis B beträgt:

$$M_1 = \frac{1+c}{c+r(1+t)+r_f} B = m_1 B$$

mit c = Kassenhaltungskoeffizient; r = durchschnittlicher Mindestreservesatz auf Sicht- und Termineinlagen; t = Termindepositenkoeffizient; r_f = Koeffizient freier Liquiditätsreserven). Je größer der Wert von c, r, t und/oder r_f ist, um so kleiner ist m1. Die Koeffizienten sind der Quotient aus den jeweiligen Größen (Kassenhaltung, Termineinlagen, freie Liquiditätsreserven) bezogen auf die Sichteinlagen. Der Wert eines Koeffizienten gibt die vom Publikum (c, t) oder den Geschäftsbanken (r_f) gewünschte Portfolio-Aufteilung an. – 2. *Erklärung*: Der G. wird in der Makroökonomik bzw. Geld- und Kredittheorie als Ausdruck jeweils einer Wahlhandlung in Abhängigkeit u. a. von Zinssätzen erklärt.

Geldmengen-Preismechanismus, einer der →Zahlungsbilanzausgleichsmechanismen, nach dem bei →festen Wechselkursen eine autonome Änderung der →Leistungsbilanz Variationen von Geldmenge und Preisniveau verursacht, die der ursprünglichen Bewegung entgegenwirken, d. h. auf Zahlungsbilanzausgleich hinwirken. Die Theorie des G.-P. wurde ursprünglich für das System des →internationalen Goldstandards entwickelt. Sie wird aber in gleicher Weise allgemein auf Systeme fester Wechselkurse bezogen (→Bretton-Woods-Abkommen). – *Ablauf*: Ergibt sich in einem Land ein Überschuß in der Leistungsbilanz, kommt es zum Goldimport bzw. zum Zufluß von Devisen, was (durch Umtausch in einheimische Währung) zur Ausdehnung der inländischen Geldmenge führt. Ausgehend von der zwischen Geldmenge und Preisniveau bestehenden Beziehung im Sinn der Quantitätstheorie, verursacht dies einen Anstieg des Preisniveaus im Inland. Im Ausland ergibt sich analog ein Rückgang des Preisniveaus, d. h., es entsteht ein Preisniveaugefälle zwischen In- und Ausland, das bei normaler Leistungsbilanzreaktion ein Sinken der Exporte und eine Zunahme der Importe des Inlands auslöst; der Leistungsbilanzüberschuß wird zumindest reduziert. – Vgl. auch →Geldmengen-Einkommensmechanismus, →Zins-Kredit-Mechanismus.

Geldmengenregel, *monetaristische Geldmengenregel,* ein auf M. Friedman zurückgehender Vorschlag zur Verstetigung der Geldpolitik. Danach sollte die Zuwachsrate der →Geldmenge an der langfristigen Wachstumsrate des realen Sozialprodukts ausgerichtet werden. Eine *Variante* dieser Regel orientiert das Geldmengenwachstum am →Produktionspotential. – Mit der G. soll verhindert werden, daß die Geldpolitik durch diskretionäre Maßnahmen Konjunkturschwankungen verstärkt oder diese gar erst verursacht. Kritisch anzumerken ist die Annahme der Stabilität des privaten Sektors und der Steuerbarkeit der Geldmenge über die →monetäre Basis durch den →Monetarismus. – Vgl. auch potentialorientierte →Kreditpolitik.

Geldmengensteuerung, →Geldmengenziel.

Geldmengenziel, kreditpolitisches Konzept; seit 1974 von der Deutschen Bundesbank angewandt. – 1. *Charakterisierung:* Anlaß war das über längere Zeit von der Deutschen Bundesbank beobachtete Verhalten der Kreditinstitute, →freie Liquiditätsreserven nicht mehr als notwendige Reserve, sondern als ungenutztes Potential für zusätzliche Kredite anzusehen. Mit Übergang zu freien Wechselkursen gab sie die Steuerung der Bankenliquidität zugunsten einer Orientierung an der Zentralbankgeldmenge (Geldmengensteuerung) auf. Dem Konzept liegt die Vorstellung zugrunde, daß im Zuge der Kreditgewährung ein Bedarf an Zentralbankgeld (Bargeld und Mindestreserve) entsteht, das die Banken selbst nicht schaffen können. Wird verstärkt unter dem Einfluß des →Monetarismus in westlichen Industriestaaten angewandt. – 2. *Bestimmung:* a) G. als *Punktziel:* Vorgabe einer Zuwachsrate der Zentralbankgeldmenge; diese wurde jährlich zum Jahresende von der Bundesbank für das darauffolgende Jahr formuliert. Damit sollte die Effizienz der Geldpolitik kontrolliert und die Öffentlichkeit über die Absichten der Bundesbank informiert werden (Kontroll- und Signalfunktion). Die Vorgaben des Geldmengen-Punktziel erwies sich bald als „ambitiöses Vabanque-Spiel" (O. Emminger). – b) G. als *Zielkorridor*

(seit 1978 angewandte Formulierung). Zur Ableitung des G. geht die Bundesbank von vier Eckwerten aus: (1) Erwartetes Wachstum $(\hat{Y}^\cdot_{pot})$, (2) erwarteter Auslastungsgrad des Produktionspotentials $(\hat{A}^\cdot)$, (3) unvermeidlicher Preisniveauanstieg $(\hat{P}^\cdot_u)$ und (4) erwartete Änderungsrate der Umlaufgeschwindigkeit des Geldes $\hat{U}^\cdot$. Mit diesen Eckdaten wird die *im Jahresdurchschnitt anzustrebende Wachstumsrate* der Zentralbankgeldmenge Z bestimmt:

$$\hat{Z} = \hat{Y}_{pot} + \hat{A} + \hat{P}_u - \hat{U}$$

Das so ermittelte Durchschnittsziel wird in ein Verlaufsziel transformiert (Anstieg der Zentralbankgeldmenge vom IV. Quartal des laufenden Jahres zum IV. Quartal des kommenden Jahres), und unter Berücksichtigung eines Zu- und Abschlags ergibt sich dann der Zielkorridor, innerhalb dessen das Zentralbankgeldmengenwachstum verlaufen soll. – 3. *Begründung/Beurteilung:* Die Steuerung der Zentralbankgeldmenge wird damit begründet, daß sie gut kontrollierbar sei und die Basis für eine Geld- und Kreditausweitung darstellt. Das G. wurde bisher jedoch meist erheblich verfehlt. Seit Einführung der Zielkorridors sind die Zielverfehlungen nicht mehr so gravierend, was natürlich an dem Grundproblem kaum etwas ändert: Die Geldmenge ist wegen des Banken- und Nichtbankenverhaltens nicht direkt steuerbar.

Geldmittelbewegung, Aufstellung (i. d. R. für drei Monate) über die zu erwartende Bewegung der flüssigen Mittel in Form der Fortschreibung: Anfangsbestand + Eingänge (geschätzt) – Zahlungen (lt. Finanzplan) = Endbestand, je Monat. G. ist ein Kontrollinstrument bezüglich der →Finanzierung einer Unternehmung; dient zur Beobachtung der kurzfristigen →Liquidität, enthält außerdem Vergleichsangaben über freie Kreditlimite, diskontfähige Kundenwechsel sowie Debitoren- und Warenumsätze der Vormonate.

Geldnachfrage, →monetäre Theorie und Politik IV.

Geldnachfragetheorie, →monetäre Theorie und Politik IV.

Geldnutzen, nicht-pekuniäre Erträge der Geldhaltung in Form von Sicherheit und Bequemlichkeit beim Tausch. Aufgrund des G. ist die reale →Geldmenge ein Argument der →Nutzenfunktion und führt deshalb zum →Realkassenhaltungseffekt.

Geldpolitik, →monetäre Theorie und Politik VI–VIII.

Geldrente, Form des →Schadenersatzes für Verlust oder Beeinträchtigung der Erwerbsfähigkeit oder für Tötung des Unterhaltspflichtigen gem. §§ 843, 844 BGB. Bei →wichtigem Grund kann der Verletzte auch →Kapitalabfindung verlangen.

Geldschöpfung. 1. *Begriff*: Kauf eines Aktivums (Wechsel, Wertpapier, Aktie, Grundstück usw.), das kein Geld darstellt, durch eine Bank von einer Nicht-Bank. Die Bank zahlt mit einer Forderung auf sich selbst, d. h. sie räumt der Nicht-Bank ein entsprechendes Sichtguthaben ein. – *Gegensatz*: →Geldvernichtung. – 2. *Arten*: Die Monetisierung eines Aktivums führt zu einer Bilanzverlängerung bei der Bank *(aktive G.)* und einer Erhöhung der →Geldmenge in Händen des Publikums. Eine *passive G.* liegt vor bei einem Passivtausch, d. h. einer Umwandlung von langfristigen →Termineinlagen in →Sichteinlagen. – 3. Kauft die Zentralbank selbst solche Aktiva und bezahlt etwa mit Banknoten, wird dies als *Zentralbankgeldschöpfung*, der sie sich z. B. durch Ankaufspflicht von Devisen nicht entziehen kann, bezeichnet. Vgl. näher →monetäre Theorie und Politik II 2b). In einer geschlossenen Volkswirtschaft ist die G. einer Geschäftsbank sowie des Geschäftsbankensystems durch die freie Bankenliquidität begrenzt. – 4. G. im Rahmen des *Geschäftsbankensystems*: Vgl. →multiple Geldschöpfung.

Geldschöpfungsmultiplikator. 1. Im *Konzept der* →*multiplen Geldschöpfung*: Vielfaches, um das die Geldmenge aufgrund eines exogen gegebenen Liquiditätszuflusses steigt. – 2. Im *Konzept der* →*monetären Basis*: Vielfaches, das die →Geldmenge insgesamt bei einer gegebenen monetären Basis betragen kann (→Geldmengenmultiplikator); kann aufgrund von zunächst tautologischen Beziehungen/Koeffizienten angegeben werden.

Geldschuld, →*Erfüllung* durch Übermittlung des Betrages durch den Schuldner auf seine Gefahr und Kosten an den Gläubiger (§ 270 BGB). →Erfüllungsort bleibt aber mangels abweichender Vereinbarung

Wohnsitz oder Geschäftslokal des Schuldners, deshalb genügt zur Wahrung einer Frist rechtzeitige *Absendung* des Geldes (auch des Schecks). Bei *Überweisung* (Bank, Postscheck) Rechtsprechung uneinheitlich, daher zweckmäßig, für rechtzeitige Buchung auf dem Konto des Empfängers zu sorgen. – Vgl. auch →Geldsortenschuld, →Valutaschuld.

Geldsorten, *Sorten*, ausländische Banknoten. G. werden meist an der Börse gehandelt und sind Gegenstand des Geldwechselgeschäftes der Banken. Zu den G. gehören auch die *Münzen*, von denen die Goldmünzen international gehandelt werden.

Geldsortenschuld, nach Vereinbarung der Parteien nur durch Zahlung in einer bestimmten Geldsorte erfüllbare Schuld. Ist die Geldsorte zur Zeit der Zahlung *nicht mehr im Umlauf*, so ist Zahlung so zu leisten, wie wenn Geldsorte nicht bestimmt wäre (§ 245 BGB), d. h. mit Zeitpunkt der Zahlung gültigen gesetzlichen Zahlungsmitteln.

Geldstrafe, strafrechtliche Rechtsfolge, Hauptstrafe neben der →Freiheitsstrafe. G. wird in →Tagessätzen verhängt. – *Mindesthöhe* fünf Tagessätze; *Höchstsatz* 360 Tagessätze, möglich aber bis zu 720 Tagessätze (§ 54 II StGB). Der Tagessatz wird auf mindestens 2 DM und höchstens 10000 DM festgesetzt (§§ 40–43 StGB). Die Höhe des Tagessatzes wird durch das Nettoeinkommen bestimmt, das der Täter durchschnittlich an einem Tag hat oder haben könnte. – *Einkommen- und Lohnsteuer*: G. sind nicht als →Betriebsausgaben oder →Werbungskosten abzugsfähig. In Berufsausübung entstandene und unzulässigerweise vom Arbeitgeber übernommene G. sind bei Arbeitnehmern steuerpflichtiger →Arbeitslohn. Entsprechendes gilt für →Geldbußen.

Geldstromanalyse, statistische Erfassung und ökonomische Auswertung aller Zahlungs- und Kreditvorgänge in einer Volkswirtschaft. G. ist ein wichtiges Hilfsmittel der →Konjunkturtheorie. – Versteht man unter dem Geldvermögen eines Wirtschaftssubjekts die Summe seiner Zahlungsmittelbestände und den Saldo aus geldwerten Forderungen und Verpflichtigen, sind zu *unterscheiden*: a) *Reine Finanztransaktionen*, die lediglich den Liquiditätsstatus des Wirtschaftssubjekts verändern, die Höhe seines Geldvermögens aber unberührt lassen (z. B. Monetisierung von Forderungen, Aufnahme von Krediten); b) *Leistungstransaktionen*, die aus den Umsätzen von Gütern und Diensten resultieren und das Geldvermögen verändern. Erzielt ein Wirtschaftssubjekt einen Einnahmeüberschuß (Ausgabenüberschuß), so vergrößert (verringert) sich sein Geldvermögen. Da Einnahmen des einen gleich Ausgaben eines anderen Wirtschaftssubjekts sind, saldieren sich in einer geschlossenen Volkswirtschaft die Einnahme- und Ausgabenüberschüsse; volkswirtschaftliche Einnahme- bzw. Ausgabenüberschüsse können daher nur aus dem Verkehr mit dem Ausland resultieren (→Zahlungsbilanz).

Geldsubstitute, →Quasigeld.

Geldsurrogate, *Geldersatzmittel,* Geldformen, die an Stelle →gesetzlicher Zahlungsmittel treten, aber keinen Annahmezwang aufweisen. G. können Zahlungsverpflichtungen (→Wechsel) und Zahlungsanweisungen (→Scheck) sein.

Geldtheorie, →monetäre Theorie und Politik.

Geldüberhang, *Kaufkraftüberhang,* Überschuß der Geldmenge (bzw. des nominellen Volkseinkommens) über das Güterangebot (das reale Volkseinkommen). Wird in einer vollbeschäftigten Wirtschaft die Geldmenge vermehrt (z. B. zur Kriegsfinanzierung), so muß es zu einem solchen G. kommen, weil das Güterangebot in der vollbeschäftigten Wirtschaft nicht mehr vermehrt werden kann. Dabei wird angenommen, daß die vermehrte Geldmenge auch nachfragewirksam eingesetzt wird. Ein Preisniveauanstieg wäre die Folge, das würde einen ursprünglichen G. sukzessive abbauen. – Klassisches Beispiel für einen G. bietet die Wirtschaftsgeschichte Deutschlands während des Zweiten Weltkriegs und der Zeit von 1945 bis 1948.

Geldumlauf, →Geldvolumen, →Zahlungsmittel, →Zahlungsmittelumlauf.

Geldumlaufgeschwindigkeit, Häufigkeit, mit der eine Geldeinheit in einer Periode für Umsätze verwendet wird. Steigerung der G. wirkt wie eine Vermehrung. Verminderung der G. wirkt wie eine Verminderung der

Geldmenge. Dadurch große Bedeutung für den →Geldwert; wichtiger Faktor der →Preisbildung.

Geldumsätze, →Bankumsätze.

Geld- und Wertzeichenfälschung. I. Rechtsgut: Strafrechtlicher Schutz der Sicherheit der Funktionsfähigkeit des Geldverkehrs und des Verkehrs mit Wertpapieren und Wertzeichen vor Fälschung und dem Inverkehrbringen, umfaßt das staatliche Münz- und Papiergeld, Banknoten, amtliche Wertzeichen, Inhaberschuldverschreibungen, Aktien, Interimsscheine, Zins-, Dividenden- und Erneuerungsscheine sowie Reiseschecks. – 2. *Rechtsgrundlage:* §§ 146 ff. StGB.

II. Arten: 1. *Fälschung:* a) das Nachmachen in- und ausländischen Geldes, Schuldverschreibungen, Aktien usw. in der Absicht, die nachgemachten Stücke als echte in den Verkehr zu bringen; b) Veränderung echten Geldes oder echter Wertpapiere in der Absicht, den Stücken einen höheren Wert oder außer Kurs gesetzten Stücken den Schein noch geltender Stücke zu geben; c) die Beschaffung von nachgemachten oder verfälschten Geld- oder Wertpapierstücken, um sie in den Verkehr zu bringen. – Strafe: Freiheitsstrafe nicht unter zwei Jahren, in minder schweren Fällen Freiheitsstrafe bis fünf Jahre oder Geldstrafe. – 2. *Inverkehrbringen von Falschgeld:* Wer außer in den Fällen unter 1. falsches Geld, Schuldverschreibungen usw. als echt in Verkehr bringt, wird mit Freiheitsstrafe bis zu fünf Jahren oder Geldstrafe bestraft. Der Versuch ist strafbar. – 3. *Vorbereitung der Fälschung von Geld:* Das Herstellen, Verschaffen, Feilhalten, Verwahren und Überlassen von Gegenständen (Platten, Formen u. a.) zur Anfertigung von Geld wird mit Freiheitsstrafe bis fünf Jahre oder Geldstrafe bestraft.

III. Behandlung von Falschgeld und Falschwerten: Banken, Sparkassen und öffentliche Kassen führen die bei ihnen einlaufenden Falschgeld- und Falschwertpapierstücke an die Behörden ab; Eingang wird nicht als Zahlung anerkannt.

Geld- und Wertzeichenverkehrsgefährdung, →Ordnungswidrigkeit, mit Geldbuße bis zu 10 000 DM bedroht, mit der der Gefahr einer mißbräuchlichen Herstellung von Geld usw. vorgebeugt werden soll. Tritt eine Fälschungsabsicht hinzu, wird die Ordnungswidrigkeit durch die Straftatbestände der →Geld- und Wertzeichenfälschung verdrängt. Umfaßt im einzelnen (§§ 127 ff. OWiG): (1) Herstellen, Verschaffen, Feilhalten, Verwahren und Überlassen von Platten, Formen usw. zur Herstellung von Geld, Wertpapieren, öffentlichen Urkunden u. dgl., von Vordrucken für öffentliche Urkunden oder Beglaubigungszeichen oder von besonderen Papierarten ohne schriftliche Erlaubnis der zuständigen Stelle. (2) Herstellen oder Verbreiten von Drucksachen oder Abbildungen, die ihrer Art nach geeignet sind, mit Papiergeld oder gleichstehenden Wertpapieren verwechselt zu werden. (3) Feilhalten, Verwahren und Verschaffen von Platten, Formen, Drucksätzen usw., die ihrer Art nach zur Herstellung der unter (2) erwähnten Papiere geeignet sind.

Geldvermögen, *Finanzvermögen,* Begriff der volkswirtschaftlichen Gesamtrechnungen für die Differenz zwischen →Forderungen und →Verbindlichkeiten einer Wirtschaftseinheit. Das G. einer *geschlossenen Volkswirtschaft* ist stets gleich null, da sich gesamtwirtschaftliche Forderungen und Verbindlichkeiten aufheben; das G. einer *offenen Volkswirtschaft* entspricht der Nettoauslandsposition. – Vgl. auch →Vermögen.

Geldvernichtung, Verkauf eines Aktivums, das kein Geld darstellt, durch eine Bank an eine Nicht-Bank; einschl. der Wechseleinlösung oder Kredittilgung (Rückkauf des Kredittitels) dort Haushalte, Unternehmen. – *Gegensatz:* →Geldschöpfung.

Geldvolumen, Summe aller Forderungen der Nichtbanken gegenüber dem Bankensystem, die zu Zahlungen benutzt werden. Die Deutsche Bundesbank ermittelt das G. in den drei Abgrenzungen M_1, M_2, M_3 (→Geldmenge). – Vgl. auch →Zahlungsmittelumlauf.

Geldwäsche, Einschleusen von illegal erworbenen Vermögenswerten in den legalen Wirtschaftskreislauf, insbes. im Bereich der Drogenkriminalität und des Organisierten Verbrechens. Der Wert soll erhalten, zugleich aber dem Zugriff der Strafverfolgungsbehörden entzogen werden. Gewaschenes Geld wird z. B. für den Kauf von Wertpapieren, Grundstücken und Edelmetallen, aber auch für den Erwerb von Unternehmensbeteiligungen verwendet. – Straftatbestand nach § 261 StGB mit einer Strafdrohung bis zu 10 Jahren Freiheitsstrafe.

Geldwechselgeschäft, Umtausch von inländischem Geld in ausländisches und umgekehrt. G. erstreckt sich auf Münzen und Noten. Vgl. →Sortenhandel.

Geldwert, *Kaufkraft des Geldes,* die für eine Geldeinheit käufliche Gütermenge („Güterpreis des Geldes", Preiser). – 1. *Binnenwert:* Entspricht dem inversen Wert des Preisniveaus; bei einem Steigen des Preisniveaus sinkt die mit einer Geldeinheit zu erwerbende Gütermenge und umgekehrt. – 2. *Außenwert:* Kaufkraft einer über den →Wechselkurs umgerechneten inländischen Währungseinheit im Ausland. Lange Zeit wurde die These vertreten, daß insbes. bei flexiblen Wechselkursen langfristig die Tendenz zur Angleichung von Binnen- und Außenwert einer Währung bestünde (→Kaufkraftparitätentheorie), da Preisniveauabweichungen durch Wechselkursänderungen ausgeglichen würden. Diese Vorstellung ist schon deshalb nicht haltbar, weil außer Kaufkraft noch andere Faktoren, wie z. B. Zahlungsbilanz und Konjunkturentwicklung im In- und Ausland, Zinsdifferenzen, spekulative Kapitalbewegungen sowie politische Ereignisse (Streiks, politische Skandale, Wahlergebnisse usw.) wesentliche Einflüsse auf den Außenwert einer Währung haben. – 3. *Stabilisierung des G. (Geldwertstabilität)* ist eine Maxime für die Wirtschaftspolitik eines Landes; sie soll insbes. mit Hilfe der Geldpolitik (→monetäre Theorie und Politik) erreicht werden. – Vgl. auch →Abwertung, →Aufwertung.

geldwerter Vorteil, alle Güter, die in Geld- oder Geldeswert bestehen, z. B. die verbilligte oder unentgeltliche Überlassung von Waren durch den Arbeitgeber an den Arbeitnehmer (vorausgesetzt, die Vorteilsgewährung beruht auf einem Dienstverhältnis). Nach § 2 I LStDV grundsätzlich →Arbeitslohn. – *Kein Arbeitslohn:* a) der verbilligte Bezug, wenn er nicht über Preisvorteile hinausgeht, die der Arbeitgeber auch außerhalb des Betriebes stehenden Personen und Unternehmen, insbes. Groß- und Dauerkunden, einräumt und sie allen Arbeitnehmern gewährt; b) der verbilligte

Bezug von Waren, die Gegenstände des täglichen Bedarfs sind, wenn die Verbilligung allen Arbeitnehmern gewährt wird, die Selbstkosten des Arbeitgebers nicht überschreitet und die abgegebene Menge nach den betrieblichen und örtlichen Verhältnisse üblich ist.

Geldwertsicherungsklausel, →Wertsicherungsklausel.

Geldwertstabilität, →Geldwert 3.

Geldwirtschaft, Form der modernen Volkswirtschaft, in der jeder Tauschakt (Ware gegen Ware) in zwei unabhängige Kaufakte (Ware gegen Geld, Geld gegen Ware) zerlegt ist. Da fast ausschließlich →Kreditgeld in Umlauf ist, wird häufig auch von *Kreditwirtschaft* gesprochen. – *Gegensatz:* →Naturalwirtschaft.

geldwirtschaftliches Denken, ursprüngliches Erfolgsdenken der Betriebswirtschaftslehre, bei dem ein Gewinn bei Feststellung eines erhöhten Endkapitals gegenüber dem Anfangskapital angenommen wird (Nominalismus). Das g. D. wurde durch die wiederholten Inflationen erschüttert. – *Gegensatz:* →güterwirtschaftliches Denken.

Geldzins, *Nominalzins,* Erscheinungsform des →Zinses in der Geldwirtschaft. G. wird in den monetären →Zinstheorien als Erklärung für die Existenz des Zinses angeführt, z. B. in der →Liquiditätspräferenztheorie. – *Definition nach Wicksell:* →Marktzins („natürlicher Zins"); G. und Marktzins stimmen überein, wenn die Banken von ihrer Geldschöpfungsmacht (→Geldschöpfung) keinen Gebrauch machen, also nur als „Geldvermittler" tätig sind; Abweichungen, die zum →Wicksellschen Prozeß führen, sind demnach auf die Eigenschaft der Banken als „Geldschöpfer" zurückzuführen. – *Gegensatz:* →Naturalzins.

Gelegenheitsgeschäft, *Partizipationsgeschäft,* Geschäft, an dessen Durchführung mehrere Personen bzw. Unternehmen teilnehmen (→Gelegenheitsgesellschaft). – G. *zwischen zwei Partnern:* Vgl. →Metageschäft.

Gelegenheitsgesellschaft, zeitlich begrenzter Zusammenschluß einzelner Personen oder Unternehmen zu einer →Gesellschaft des bürgerlichen Rechts, mit dem Zweck der Durchführung einzelner Geschäfte, wie Konsortialbildung, gemeinsame Bewirtschaftung, Verwaltung und Verwertung gleichartigen Besitzes. – Im *Gesellschaftsvertrag* (formlos) verpflichten sich die Gesellschafter, die Erreichung des gemeinsamen Zweckes in der vereinbarten Weise zu fördern. Bei Konsortialverträgen ist Aufnahme der Bestimmung erforderlich, daß kein Gemeinschaftsgut entsteht, sondern jedem Gesellschafter das Eingebrachte als Eigentum verbleibt und nur dessen Verwaltung nach vertraglichen Bestimmungen erfolgt (§§ 705–740 BGB). – G. sind *nicht gewerbesteuerpflichtig.*

Gelegenheitskauf, →Sonderveranstaltung.

Gelegenheitsverkehr. 1. *Allgemein:* a) *I. w. S.:* Verkehr mit fallweisem auftragsindividuellem Einsatz von Transportmitteln; b) *i. e. S.:* Begriff des Verkehrsrechts für eine nicht linienmäßige Beförderung von Personen und Gütern mit unterschiedlichen rechtlichen Regelungen in einzelnen Verkehrsbereichen. – *Gegensatz:* →Linienverkehr. – 2. *Personenbeförderungsgesetz:* Beförderung von Personen mit Kraftfahrzeugen, die nicht Linienverkehr nach den §§ 42, 43 ist (§ 46 I PBefG). Als Formen zulässig sind gem. § 46 II PBefG: a) Verkehr mit Kraftdroschken (Taxen, § 47 PBefG). b) Ausflugsfahrten und Fernziel-Reisen (§ 48 PBefG); darunter versteht man (1) alle Fahrten, die ein Verkehrsunternehmer nach einem bestimmten, von ihm aufgestellten Plan und zu einem für alle Teilnehmer gleichen und gemeinsam verfolgten Ausflugszweck anbietet oder ausführt sowie (2) Reisen zu Erholungsaufenthalten, die nach einem bestimmten, vom Unternehmen aufgestellten Plan zu einem Gesamtentgelt für Hin- und Rückfahrt sowie Unterkunft (mit oder ohne Verpflegung) durchgeführt werden. Charakteristisch für diese Verkehrsform ist die „Streckenfreiheit-Fahrgastbindung". c) Verkehr mit Mietomnibussen und Mietwagen (§ 49 PBefG); Mietomnibusverkehr ist die Beförderung von Personen mit Kraftomnibussen, die im ganzen zur Beförderung angemietet werden und mit denen der Unternehmer Fahrten durchführt, deren Zweck, Ziel und Ablauf der Mieter bestimmt. – Der G. mit Kraftfahrzeugen ist gem. § 2 I Nr. 4

PBefG *genehmigungspflichtig* (Erteilung der Genehmigung für höchstens vier Jahre). – Nach § 51 PBefG sind die Landesregierungen ermächtigt, Einzelheiten der Durchführung des G. mittels Rechtsverordnung zu regeln (z. B. Beförderungsbedigungen und -entgelte). – 3. *Luftverkehrsgesetz*: Gewerblicher Luftverkehr, der nicht Fluglinienverkehr ist (§ 22 LuftVG). Die Genehmigungsbehörde kann für den G. Bedingungen und Auflagen festsetzen und bei nachhaltiger Beeinträchtigung öffentlicher Verkehrsinteressen ganz untersagen. Formen des G.-Luftverkehrs sind der Ausflugs-, Tramp- und Anforderungsverkehr, Rundflüge, Luftbildflüge, Schädlingsbekämpfungsflüge und Reklameflüge. Zum G.-Luftverkehr zählt auch der Charter-Flugverkehr, wenngleich neuere Erscheinungsformen (z. B. öffentliche Bekanntgabe der Flugtage zu bestimmten Ferienzielen in Form von Flugprogrammen) eine gewisse Annäherung an den Fluglinienverkehr darstellen. Unternehmen des G.-Luftverkehrs unterliegen nicht der öffentlichrechtlichen →Betriebspflicht (d. h. nicht, daß sie sich privatrechlich durch Charterverträge z. B. mit Reiseveranstaltern zur Durchführung bestimmter Flüge verpflichten). – 4. *Seeschiffahrt*: Häufigste Form des G. ist die Trampschiffahrt (unregelmäßiger Bedarfsverkehr für stapelfähige Massengüter).

gelernter Arbeiter, meist Bezeichnung für →Facharbeiter, der eine abgeschlossene →Berufsausbildung nachweisen kann. Vgl. im einzelnen →Berufsausbildungsverhältnis.

Gelöbnis, eine dem →Eid gleichstehende Beteuerung, die Pflichten eines Beamten oder eines Richters getreulich zu erfüllen.

GEMA, Abk. für →Gesellschaft für musikalische Aufführungsrechte und mechanische Vervielfältigungsrechte.

Gemeinausgaben (genauer: *echte Gemeinausgaben*), von Riebel geprägter Begriff für →Ausgaben, die unter den gegebenen Bedingungen nur für das betrachtete Bezugsobjekt und andere gemeinsam disponiert werden können. Sie lassen sich erst einem allgemeineren übergeordneten Bezugsobjekt logisch zwingend zuordnen (→Identitätsprinzip). Zu den (echten) G. gehören auch Schein-Einzelausgaben.

Schein-Einzelkosten (→Schein-Einzelkosten (-ausgaben, -einnahmen, -erlöse, -verbräuche)), wenn Erlösteile getrennt in Rechnung gestellt werden, aber das betreffende Gut nicht gesondert beschafft werden kann oder der betrachtete Ausgabenteil von der Höhe anderer Ausgaben abhängt. – *Anders*: Unechte Gemeinausgaben (→unechte Gemeinkosten (-ausgaben, -einnahmen, -erlöse, -verbräuche)). – *Gegensatz*: →Einzelausgaben.

Gemeinbedürfnisse, →Kollektivbedürfnisse.

Gemeinde, *Kommune*: Als Gebietskörperschaften juristische Personen öffentlichen Rechts mit eigener Verfassung, eigenem Haushalt und Dienstherrnfähigkeit. Die G. einschließlich der kreisfreien und kreisangehörigen Städte sind die wichtigsten Aufgabenträger auf der unteren Stufe der öffentlichen Verwaltung. Die G. sind Träger der kommunalen Selbstverwaltung, die ihnen durch Art. 28 II GG garantiert ist. Das Recht der Selbstverwaltung umfaßt die eigenverantwortliche Regelung aller Angelegenheiten der örtlichen Gemeinschaft im Rahmen der Gesetze. Die Wahrnehmung von Selbstverwaltungsangelegenheiten kann den G. durch Gesetz zur Pflicht gemacht werden (pflichtige Selbstverwaltungsangelegenheiten, z. B. Bauleitplanung). Daneben nehmen die G. Weisungsaufgaben wahr, die ihnen durch Gesetz zur Erledigung nach Weisung zu übertragen sind. – Die rechtliche Struktur der G. (Kommunalverfassung) ist in den Gemeindeordnungen der Länder in unterschiedlicher Weise geregelt. Die von den Bürgern unmittelbar gewählte Gemeindevertretung (Rat) ist das oberste Gemeindeorgan. Als sog. Beschlußorgan entscheidet sie über alle wichtigen Angelegenheiten der G., erläßt die Satzungen der G. und den Haushalt. Ausführendes Verwaltungsorgan ist der teils direkt gewählte Bürgermeister bzw. als Kollegialorgan der Magistrat oder der Stadtdirektor. Das Verwaltungsorgan bereitet die Beschlüsse der Gemeindevertretung vor, führt sie aus und ist für alle Geschäfte der laufenden Verwaltung zuständig. *Gemeindeaufsicht*: Vgl. →Kommunalaufsicht. – *Gewerbliche G.-Unternehmungen*: Vgl. →Kommunalbetrieb. – *G.-Kredit*: Vgl. →Kommunalkredit.

Gemeindeanteil, Anteil der Gemeinden an der Einkommensteuer (→Gemeinschaftsteuern) vgl. im einzelnen dort III, auf der Grundlage der Einkommensteuerleistungen ihrer Einwohner nach Maßgabe eines Bundesgesetzes (Art. 106 VGG). Die Gemeinden erhalten 15% des Aufkommens an Lohnsteuer und an veranlagter Einkommensteuer (§ 1 Gemeindefinanzreformgesetz).

Gemeindeertragsteuern, →Gemeindesteuern.

Gemeindefinanzen, Gesamtheit aller die Einnahmen der →Gemeinden ausmachenden Positionen des kommunalen Haushalts und wichtigster Teil der Kommunalwirtschaft. G. dienen der Finanzierung der kommunalen Aufgaben im Rahmen der →Selbstverwaltung. Die *Bedeutung* der G. ist daran zu erkennen, daß ca. zwei Drittel aller öffentlichen Investitionen von den Gemeinden getätigt werden. – *Steuerstruktur* (1990): Gemeindeanteil an der Einkommensteuer 42,6%, Gewerbesteuer nach Ertrag und Kapital 44,3%, Grundsteuer 11,6%, sonstige 1,5%. Die Steuern machen neben Zuweisungen und Gebühren und Beiträgen ca. 1/3 der G. aus. Damit ist kennzeichnend für die Struktur der G. der geringe Anteil steuerlicher, d. h. eigenbestimmter Einnahmen und die relativ große Abhängigkeit von den übergeordneten Haushalten der →Gebietskörperschaften. Die Entwicklung der G. gerät mehr und mehr in den Sog einer nachlassenden Selbstfinanzierungsquote für Investitionen. Vgl. auch →Finanzausgleich, →Gewerbesteuerumlage.

Gemeindefinanzmasse, die den Gemeinden allein oder anteilsmäßig zustehende Ertragshoheit an bestimmten Steuern (→Steuerertragshoheit). – Vgl. auch →Gemeindesteuern, →Gemeindesteuersystem, →Steuerverbund.

Gemeindesatzung, autonome (selbst gegebene) →Satzung einer →Gemeinde zur Regelung ihrer Selbstverwaltungsaufgaben, soweit keine gesetzlichen Vorschriften entgegen stehen. Die Satzungshoheit erstreckt sich nicht auf die →Auftragsverwaltung. Die G. ist Rechtsnorm und im Gemeinde-

gebiet für alle Normadressaten verbindlich (z. B. Bebauungsplan, Gebührensatzung).

Gemeindesteuern, *Kommunalsteuern.* 1. *G. i. e. S. (Gemeindeertragsteuern):* →Steuern, deren Aufkommen allein den Gemeinden zufließt (→Steuerertragshoheit). Wichtigste Arten: →Gewerbesteuer (Gemeinden haben Ertragshoheit, müssen aber einen Teil als →Gewerbesteuerumlage an Bund und Länder abführen), →Grundsteuer, Hundesteuer, Grunderwerbsteuerzuschlag, Vergnügungsteuer, Getränkesteuer, Schankerlaubnissteuer (in einigen Bundesländern nicht mehr erhoben). Diese stehen den Gemeinden gem. Art. 106 VI GG zu. – 2. *G. i. w. S.:* Gesamtheit der den Gemeinden zur Verfügung stehenden Steuereinnahmen, die aus den G. i. e. S. und dem →Gemeindeanteil an den →Gemeinschaftsteuern (vgl. auch →Steuerverbund) besteht. – 3. *Beschränkungen* und *Ordnungsprinzipien* der Erhebung von G., Kriterien einer *optimalen Ausgestaltung* der G.: Vgl. →Gemeindesteuersystem. – Vgl. auch →Bundessteuern, →Landessteuern, →Gemeinschaftsteuern.

Gemeindesteuersystem, *Kommunalsteuersystem.* 1. *Begriff:* Die Gesamtheit der →Gemeindesteuern, die zu einem Zeitpunkt gelten und deren Ertragshoheit (→Steuerertragshoheit) den Gemeinden insgesamt zusteht; ein Teil des Gesamtsteuersystems (→Steuersystem), ein Teil der →Gemeindefinanzen (vgl. auch →Kommunalabgaben). – 2. Das G. hat eine besondere Bedeutung in der Steuerpolitik und -theorie wegen der kommunalen →*Selbstverwaltung* (Art. 28 GG) und der kommunalen *Finanzautonomie:* Die Gemeinden sind wie Bund und Länder →Gebietskörperschaften, Körperschaften des öffentlichen Rechts, mit grundsätzlich ähnlichen Aufgaben für Wirtschaft und Bevölkerung ausgestattet. Das G. ist in seinen Hauptsteuerarten, den →*Real-*steuern, mit der „Hebesatzautonomie" (ein Teil der Finanzautonomie) verbunden. – 3. *Beschränkungen und Ordnungsprinzipien* für die Befugnis der Gemeinden, Steuern zu erheben, v. a. im Gemeindeabgabenrecht (basierend auf den Kommunalabgabengesetzen der Bundesländer) und in den (nachrangigen) kommunalen Steuerordnungen (Satzungen i. S. des Gemeinderechts, von den Aufsichtsbehörden zu genehmigen): Zur Deckung des notwendigen Bedarfs dürfen von den Gemeinden Steuern nur dann erhoben werden (→Subsidiaritäts-prinzip), wenn andere Einnahmen, wie Vermögenserträge, Gebühren, Beiträge, Zuweisungen und Zuschüsse sowie Konzessionsabgaben (wobei die Erhebung teilweise auch obligatorisch ist) nicht ausreichen. – 4. *Kriterien eines „optimalen" G.*: a) *Autonomie.* b) *Geringe Konjunkturempfindlichkeit* und *hohe Wachstumsreagibilität* der Gemeindesteuern, die damit begründet wird, daß aus Gründen einer über die Zeit gleichmäßigen Versorgung der Bevölkerung und der Wirtschaft (Strukturpolitik) v. a. die Investitionsausgaben (zwei Drittel aller öffentlichen Investitionen werden von den Gemeinden getätigt) gleichmäßig anfallen und konjunkturunabhängig finanziert werden müssen. c) *Örtliche Radizierbarkeit* der Steuern (örtliche Verbrauch- und Aufwandsteuern gem. Art. 106 VI GG); von diesen Steuern sollen nur die in einer Gemeinde lebenden Bürger betroffen werden. d) *Merklichkeit* der Steuer, um eine enge Bindung zwischen Bürger und Gemeinde deutlich zu machen. e) *Finanzielle Ergiebigkeit* ist selbstverständlich angesichts der Versorgungsleistungen und Investitionsausgaben. f) Um die einseitige Abhängigkeit bestimmter Gemeinden von großen Steuerzahlern zu mildern (z. B. ist die heutige Gewerbesteuer, aus der die meisten Gemeinden sich überwiegend finanzieren, eine „Großbetriebsteuer" geworden), sollen nach dem *Prinzip des „Interessenausgleichs"* zwischen den Bürgergruppen in einer Gemeinde alle Bürger an einer optimalen Gemeindesteuer beteiligt werden; von der zur Diskussion stehenden →Wertschöpfungsteuer verspricht man sich gerade diese Wirkung. – 5. In der *Reformdiskussion* wurden insbes. hervorgehoben: die Notwendigkeit einer Gewerbesteuerreform (→Gewerbesteuer); die Notwendigkeit einer Grundsteuerreform (→Grundsteuer); die Abschaffung der →Bagatellsteuern; die Einführung einer Wertschöpfungsteuer, die Gewerbe- und Grundsteuer ersetzen soll und deren Reformen überflüssig machen würde. – *Verwirklicht mit der →Finanzreform von 1969* wurde die Forderung nach einer Lösung aus der Abhängigkeit der Gemeinden von der Gewerbesteuer (sie ist stark konjunkturreagibel) und nach einer Beteiligung an der gleichmäßiger fließenden Lohn- und Einkommensteuer (Wachstumsreagibilität und fiskalische Ergiebigkeit) durch die Einrichtung einer Gewerbesteuer-

umlage und die Einrichtung des →Steuerverbunds.

Gemeindeunfallversicherungsverband, bezirklich zuständiger →Versicherungsträger der gesetzlichen →Unfallversicherung für Beschäftigte im Dienst oder in Betrieben mehrerer →Gemeinden von zusammen wenigstens 500 000 Einwohnern, falls dies durch RechtsVO der Landesregierung angeordnet wird (§ 656 RVO). Der G. ist zuständig für Personen, die bei bestimmten, im Interesse der Allgemeinheit liegenden Tätigkeiten Schaden erleiden, und für die in den Haushaltungen Beschäftigten. – *Ausgenommen* sind die gemeindlichen Bediensteten der Verkehrsbetriebe, Elektrizitäts-, Gas- und Wasserwerke und der landwirtschaftlichen Unternehmen (§ 657 RVO). (Für diese sind →Berufsgenossenschaften zuständig.) – Für Gemeinden von wenigstens 500 000 Einwohnern werden diese Aufgaben nach Anordnung der Landesregierung durch Einrichtungen der →*Eigenunfallversicherung* (§ 656 RVO) wahrgenommen.

Gemeindeverband, Zusammenschluß mehrerer →Gemeinden zu einer ihrerseits mit →Selbstverwaltung ausgestatteten →Gebietskörperschaft, aber auch eigenständige Gebietskörperschaft mit unmittelbar gewählter Volksvertretung. G. dienen der Erfüllung überregionaler Aufgaben, z. B. Wasserversorgung, Energieversorgung, Straßenbau. G. sind auch →Landkreise und in Ländern mit dreistufigem Verwaltungsaufbau Bezirksverbände. – *Anders*: →Zweckverband.

Gemeindeverzeichnis, von der →amtlichen Statistik jeweils anläßlich einer →Volkszählung aufgestellte tabellarische Darstellung der Bevölkerung in ihrer Verteilung auf die →Siedlungseinheiten (Amtliches Gemeindeverzeichnis für die Bundesrepublik Deutschland); systematisches und alphabetisches Verzeichnis der Gemeinden mit statistischer Kennziffer, Postleitzahl, Fläche, Wohnbevölkerung am Zählungsstichtag, Bevölkerungsdichte, Zahl der Haushalte und Koordinatenschlüssel im Gauß-Krüger-Netz. Jedem Kreis sind Angaben über die administrative Zugehörigkeit der Gemeinden vorangestellt: Sitz der Kreisverwaltung, amtliches Kraftfahrzeugkennzeichen, Amts-, Land- und Oberlandesgericht, Arbeits-, Sozial- und Verwaltungsgericht, Arbeitsamt, Finanzamt, Oberfinanzdirektion, Zoll- und Hauptzollamt, Handwerkskammer, Industrie- und Handelskammer, Oberpostdirektion, Standesamt, Ortsklassenstufe, Kreiswehrersatzamt.

Gemeindewirtschaft, →Kommunalwirtschaft.

gemeine Gefahr, Begriff in einigen strafrechtlichen Tatbeständen. G.G. setzt voraus, daß bedeutende Rechtsgüter (Leib, Leben und Eigentum) einer unbestimmten Vielzahl von Menschen konkret gefährdet sind, z.B. Herbeiführung einer Überschwemmung (§ 312 StGB).

Gemeineinnahmen, (genauer: *echte Gemeineinnahmen*), von Riebel in Analogie zu →Gemeinerlösen geprägter Begriff, der auch auf nichtleistungsbedingte erfolgswirksame und nicht erfolgswirksame →Einnahmen angewandt werden kann.

gemeiner Handelswert, →Handelswert.

Gemeinerlöse (genauer: *echte Gemeinerlöse*), →Erlöse, die einem sachlich und zeitlich eindeutig abgegrenzten Bezugsobjekt (→Bezugsgröße) nach dem →Identitätsprinzip nicht eindeutig zugerechnet werden können. – Nach Krömmelbein zu *unterscheiden*: (1) *alternativ bedingter G.* (→alternativ bedingte Gemeinkosten (-ausgaben, -erlöse, -einnahmen, -verbräuche)); (2) *kumulativ bedingter G.* (→kumulativ bedingte Gemeinkosten (-ausgaben, -erlöse, -einnahmen, -verbräuche)). – *Zurechnung*: Analog zu den →Gemeinkosten. – Vgl. auch unechte G. (→unechte Gemeinkosten (-ausgaben, -einnahmen, -erlöse, -verbräuche)).

gemeiner Wert, I. Steuerrecht: 1. *Legaldefinition* (§ 9 BewG): Der g.W. wird durch den Preis bestimmt, der im gewöhnlichen Geschäftsverkehr nach der Beschaffenheit des Wirtschaftsguts bei einer Veräußerung zu erzielen wäre. Dabei sind – außer ungewöhnlichen und persönlichen Verhältnissen – alle Umstände zu berücksichtigen, die den Preis beeinflussen. – 2. *Einzelne Merkmale*: a) *Preis*: Der im gewöhnlichen Geschäftsverkehr erzielbare Preis ist i.d.R. nicht mit einem einmal tatsächlich erzielten Preis gleichzusetzen. Tatsächlich erzielte Preise im maßgebenden Zeitpunkt oder kurze Zeit vorher oder nachher lassen als Anhaltspunkte nur gewisse Rückschlüsse auf den

erzielbaren Preis zu. b) *Gewöhnlicher Geschäftsverkehr* ist der Handel am freien Markt – auch wenn auf kleineren Kreis beschränkt – bei dem Angebot und Nachfrage die Preise bestimmen. c) Zur *Beschaffenheit des Wirtschaftsguts* zählen die dem Wirtschaftsgut selbst eigenen Merkmale (z.B. Lage und Größe eines Grundstücks) und von außen kommende Momente verschiedener Art (z.B. Wegegerechtigkeiten, Bauauflagen, Abbruchverpflichtungen). – 3. *Bedeutung*: Bei der steuerlichen Bewertung ist der g.W. immer dann anzusetzen, wenn nichts anderes bzw. spezielles (u.a. →Teilwert, →Ertragswert, →Nennwert, →Kurswert) vorgeschrieben ist; →Einheitswert II 2. Ausnahmeregelungen finden sich im BewG (z.B. § 12 IV BewG) und in anderen Steuergesetzen (z.B. § 6 EStG). Der g.W. wird als →Bewertungsmaßstab auch bei einzelnen normierten Bewertungsverfahren (z.B. Sachwertverfahren) zur Wertbemessung von Bestandteilen (z.B. Bodenwert) herangezogen. – 4. *Ermittlung*: a) Aufgrund von tatsächlich erzielten, zuverlässigen *Verkaufspreisen* am sichersten. b) Andernfalls zu *schätzen*: Für bestimmte Gruppen von Wirtschaftsgütern gelten verschiedene, besondere Schätzungsverfahren, die von der Rechtsprechung anerkannt sind und von der Finanzverwaltung zugrunde gelegt werden (z.B. für →Mineralgewinnungsrechte, →Wassernutzungsrechte, →Stuttgarter Verfahren zur Schätzung des g.W. nicht notierter Aktien und Anteile). – Vgl. auch (gemeiner) →Handelswert.

II. Versicherungswirtschaft: Versicherungswert der →Feuer-Sachversicherung (vgl. dort V) und verwandter Sachversicherungen. G.W. ist der für den Versicherungsnehmer erzielbare Verkaufspreis für die Sache oder das Altmaterial, also der Verkehrswert.

Gemeingebrauch, die jedem freistehende Benutzung von →öffentlichen Sachen, z.B. Straßen, Wasserläufen, die sich jedoch im Rahmen der Zweckbestimmung der öffentlichen Sache halten muß. Eine darüber hinausgehende Benutzung (gesteigerter Gemeingebrauch, Sondernutzungsrecht) ist nur mit besonderer →Erlaubnis gestattet.

Gemeingefahr, jetzt: →gemeine Gefahr.

gemeingefährliche Krankheiten, jetzt: →übertragbare Krankheiten.

Gemeinkosten

Gemeinkosten (genauer: *echte Gemeinkosten*), *indirekte Kosten, Verbundkosten, verbundene Kosten, nicht abtrennbare Kosten*, Gegenbegriff zu →Einzelkosten. – 1. *Allgemein* bezeichnen G. Kosten, die sich keiner bestimmten →Bezugsgröße exakt zurechnen lassen. (Echte) G. werden durch Entscheidungen ausgelöst, die das betrachtete Bezugsobjekt und weitere Bezugsobjekte gemeinsam betreffen, soweit sie auch bei Anwendung bester Erfassungsmethoden für das betrachtete Bezugsobjekt nicht getrennt erfaßt und ihm auch nicht nach dem →Identitätsprinzip eindeutig zugerechnet werden können. Das ist erst bei einem übergeordneten Bezugsobjekt möglich. Zu den (echten) G. gehören auch die →Schein-Einzelkosten, bei denen zwar die Mengenkomponente direkt erfaßbar und zurechenbar ist, ohne daß jedoch diesem Einzelverbrauch entsprechende Ausgaben nach dem Identitätsprinzip zugerechnet werden können (anders: →unechte Gemeinkosten). – 2. Wie analog für den Begriff der Einzelkosten zutreffend, bezieht man G. *traditionell* auf das Bezugsobjekt Produkt (Kostenträger); entsprechend auch als *Kostenträgergemeinkosten* bezeichnet. G. sind dann die Kostenarten, die nicht direkt in die →Kostenträgerrechnung übernommen werden können, sondern im ersten Schritt in die →Kostenstellenrechnung fließen, dort weiterverrechnet und schließlich im Rahmen der →Kalkulation auf die Produkte verteilt werden. Diese Verrechnung der G. ist stets mit massiven →Gemeinkostenschlüsselungen verbunden, die den Aussagewert der →Vollkostenrechnung stark herabsetzen. – 3. Wichtige Arten von G. sind neben Kostenträgergemeinkosten →*Kostenstellengemeinkosten* und →*Periodengemeinkosten*. – 4. Zu *unterscheiden* sind: →alternativ bedingte Gemeinkosten; →kumulativ bedingte Gemeinkosten. – Vgl. auch →relative Gemeinkosten.

Gemeinkostenleistungen, veralteter Begriff für →innerbetriebliche Leistungen.

Gemeinkostenlöhne, →Hilfslöhne.

Gemeinkostenlohnzettel, die für →Hilfslöhne ausgefertigten →Lohnzettel, zur Erfassung der den Kostenträgern nur mittelbar zurechenbaren Löhnen dienen.

Gemeinkostenmaterial, *Gemeinkostenstoffe*, häufig verwendeter Begriff für die

→Betriebsstoffe (Schmieröle, Treib- und Brennstoffe, Putzmaterial usw.) und i. d. R. die →Hilfsstoffe (Farbe, Leim, Beizen, Schweißmaterial usw.), die den Kostenträgern nicht direkt zugerechnet werden können. Sie werden in der →Kostenstellenrechnung erfaßt. – *Gegensatz:* →Einzelmaterial.

Gemeinkostenplanung, →Kostenplanung 3.

Gemeinkostenschlüsselung, *Kostenverteilungsschlüsselung*. 1. *Begriff:* Eine G. liegt dann vor, wenn nur mehreren Bezugsobjekten (→Bezugsgrößen) gemeinsam zurechenbare Kosten (→Gemeinkosten) auf die einzelnen Bezugsobjekte aufgeteilt werden. – 2. *Phasen der G.:* a) *Schlüsselung von* →*Periodengemeinkosten:* Um eine derartige G. handelt es sich bei der Bildung von →Abschreibungen, der Schlüsselung nur mehreren Jahren gemeinsam zurechenbarer Kosten auf einzelne Teilperioden. b) *Schlüsselung von* →*Kostenstellengemeinkosten:* Eine solche erfolgt dann, wenn die →Bereitschaftskosten einer →Hilfskostenstelle (z. B. eigene Stromerzeugung) im Rahmen der →innerbetrieblichen Leistungsverrechnung auf die Strom empfangenden Kostenstellen umgelegt werden. c) *Schlüsselung von Kostenträgergemeinkosten:* Diese liegt dann vor, wenn im Rahmen der →Kostenträgerrechnung z. B. die Kosten der Leitung einer Kostenstelle auf die unterschiedlichen in dieser Kostenstelle erzeugten Produkte aufgeteilt werden. d) *Schlüsselung von Kostenträgerstückgemeinkosten:* Diese ebenfalls in der Kostenträgerrechnung anzutreffende Art der Schlüsselung nimmt eine Verteilung von Kosten vor, die sich zwar für einen Kostenträger insgesamt exakt erfassen lassen (z. B. Kosten einer Spezialmaschine), nicht jedoch einer einzelnen davon hergestellten Mengeneinheit zurechenbar sind. – 3. *Arten verwendeter Schlüsselgrößen:* Die Praxis verwendet eine Vielzahl unterschiedlicher Schlüsselgrößen; vgl. Übersicht. – 4. *Problematik:* Jede Form der G. bedeutet eine Verzerrung der in der Kostenrechnung abzubildenden Realität. Dies wird schon daran deutlich, daß man nie die Richtigkeit eines verwandten Schlüssels beweisen kann (Verrechnung von Raumkosten anhand von Quadratmetern oder von Kubikmetern?). Je mehr G. in einer Kostenrechnung vorgenommen werden, desto weniger ist sie in der Lage, an sie

Gemeinkostenschlüsselung

Art des (Um-lage- bzw. Verteilungs-) schlüssels	verwendete Bezugs-größenart	Bezugsgröße (mit Hilfe der Bezugsgröße geschlüsselte Kosten)
Mengenschlüssel i. w. S.	Mengengrößen i. e. S.	Zahl der installierten Anlagen (Raumkosten, Instandhaltungskosten u. dgl.)
		Anzahl der in einer empfangenden Stelle Beschäftigten (Kosten des Personalbüros)
		Zahl der Konten (Buchhaltungskosten)
		Leistungsmengen (Fertigungsgemeinkosten)
	Zeitgrößen	Bearbeitungs- und Maschinenbelegungszeiten (Fertigungsgemeinkosten, Kosten der Lohn- bzw. Anlagenbuchhaltung)
		Rüstzeiten (Maschinenrüstkosten)
		zeitliche Inanspruchnahme von Meisterstunden durch einzelne Kostenstellen (Meistergehälter)
		zeitliche Inanspruchnahme bestimmter Räume (Raumkosten verschiedener Art)
		Lagerzeiten (Lagerkosten)
	physikalisch-technische Größen	Raumfläche (Gebäudekosten, Instandhaltungskosten, Heizungskosten)
		Rauminhalt (Gebäudekosten, Instandhaltungskosten, Heizungskosten)
		installierte KW oder PS (Energie-, insbesondere Stromkosten)
		Tonnenkilometer (inner- und außerbetriebliche Transportkosten)
		Transportgewichte (Transportkosten)
		Gewicht des eingesetzten Materials (Materialkosten)
		Gewicht der produzierten Leistungsmengen (Fertigungsgemeinkosten)
Wertschlüssel	Bestandswerte	Wert des Anlagenparks (Raumkosten, Kosten der Betriebsbewachung u. dgl.)
		Lagerbestandswerte (Lagerkosten)
	Einstands-(Einsatz-)werte	Wareneingangswerte, Lagerzugangskosten (Kosten der Einkaufs- und der Materialwirtschaft)
	Kostenwerte	Lohn- bzw. Gehaltskosten (Kosten der Personalabteilung)
	Absatzwerte	Warenumsatz u. dgl. (Vertriebs- oder Verwaltungskosten)

herangetragene Informationswünsche (z. B.
Preisuntergrenzenbestimmung, Verfahrenswahl, Festlegung des Produktions- und
Absatzprogramms) zu befriedigen. Diese
Mängel waren Ausgangspunkt zur Entwicklung von Systemen →entscheidungsorientierter Kostenrechnung.

Gemeinkostenstoffe, →Gemeinkostenmaterial.

Gemeinkosten-System-Engineering,
→Gemeinkostenwertanalyse.

Gemeinkostenumlage, →innerbetriebliche Leistungsverrechnung.

Gemeinkosten-Verteilungsprinzipien,
→Kostenverteilungsprinzipien.

Gemeinkostenwertanalyse, *administrative Wertanalyse, Gemeinkosten-System-Engineering, overhead value analysis, value
administration.* 1. *Begriff:* Verfahren zur
Reduzierung von (Kostenträger-) →Gemeinkosten, insbes. im Bereich der mit
Verwaltungsaufgaben befaßten Kostenstellen. Eine von dem Beratungsunternehmen
McKinsey entwickelte und 1975 in der
Bundesrep. D. eingeführte, spezielle Form
der →Wertanalyse. – 2. *Vorgehensweise:*
Auf der Basis von Analysen des Verhältnisses von Kosten und Nutzen jeder Leistung
der Gemeinkostenbereiche („Infrastruktur") wird mit →Kreativitätstechniken ermittelt, wo sich Kosten einsparen lassen,
ohne daß Nutzen verloren geht. Es wird
von einem überdurchschnittlich hohen
Kreativitätspotential in den Reihen des
mittleren Managements ausgegangen. – 3.
Phasen: a) *Vorbereitungsphase:* Umfaßt u. a.
die Vorbereitung und Schulung der Beteiligten, die Projektorganisation und die Projektplanung. b) *Analysephase:* Kostenstelle
für Kostenstelle werden von den dort Verantwortlichen die jeweils erstellten Leistungen erfaßt, deren Kosten abgeschätzt, die
Kosten dem vermuteten Nutzen der jeweiligen Leistungen gegenübergestellt, für die
Leistungen mit schlechtem Kosten-Nutzen-
Verhältnis Einsparungsvorschläge unterbreitet, für diese konkrete Realisationspläne entwickelt und diese Pläne einem zentralen Lenkungsausschuß zugeleitet. Dieser
überprüft in Zusammenarbeit mit dem
Betriebsrat die Durchsetzbarkeit der Maßnahmen. c) *Durchführungsphase:* Die in der
Analysephase entwickelten Pläne bzw.

Maßnahmen werden realisiert. – 4. *Bedeutung:* Innerhalb eines →strategischen Managements bietet die G. ein methodisches
Gerüst für die Formulierung von Rationalisierungsstrategien zur Verbesserung der
Wettbewerbsposition des Anwenders.

Gemeinkostenzuschlag, prozentualer Zuschlag auf die →Einzelkosten, der eine dem
→Verursachungsprinzip entsprechende Zurechnung der Gemeinkosten auf die Kostenträger ermöglichen soll. Die G. lassen
sich aus dem →Betriebsabrechnungsbogen
(BAB) für jede Endkostenstelle ermitteln. –
Vgl. auch →Kostenträgerrechnung.

Gemeinlastprinzip. 1. *Begriff:* Grundsatz
der →Umweltpolitik, nach dem die Kosten
der Umweltbelastung, Umweltqualitätsverbesserung und Beseitigung von Umweltbelastungen nicht den Personen, Gütern oder
Verfahren zugerechnet werden, von denen
Umweltbelastungen ausgehen, sondern gesellschaftlichen Gruppen (Fondslösungen)
oder den Gebietskörperschaften (öffentliche Haushalte) und damit der Allgemeinheit. Üblicherweise inzidieren die genannten Kosten bei gemeinlastorientierter Zurechnung, unabhängig von der individuellen, einzelwirtschaftlichen Inanspruchnahme der Umwelt, bei einer Steuerfinanzierung z. B. nach der individuellen Einkommens- oder Vermögenslage, nach Gewinn-
und Umsatzsituation oder nach anderen
Größen, die der Besteuerung zugrunde
gelegt werden. – 2. *Beurteilung:* Aus ökonomischer Sicht hat eine Kostenzurechnung
nach dem G. den Nachteil, daß bei seiner
ausschließlichen oder vornehmlichen Anwendung keine effiziente (Re-)Allokation
der knappen Umweltressourcen erfolgt, da
ein Anreiz zur Belastungsvermeidung und
-verringerung wie bei der verursachergerechten Zurechnung nicht besteht, vielmehr
sogar eine Ausdehnung der vermeintlich
kostenlosen Umweltbelastung rational sein
könnte. – 3. *Bedeutung:* Der →Sachverständigenrat für Umweltfragen (SRU) weist
dem G. daher nur eine *Ergänzungsfunktion*
zu: Das G. soll nur dann greifen, wenn die
Umsetzung des Verursacherprinzips aus
„technischen" Gründen nicht möglich ist
(Informationsprobleme usw.) oder zu politisch unerwünschten Zielverzichten in anderen Politikbereichen (z. B. Stabilisierungspolitik) führen könnte. – 4. *Instrumente:* a) *Ausgabenseitig:* Ausgaben für

Planungs-, Vollzug- und Kontrollmaßnahmen der Umweltverwaltung, Ausgaben für die Errichtung und den Betrieb öffentlicher Umweltschutzeinrichtungen (Klärwerke usw.), direkte Transfers an Private (Zuschüsse an private Haushalte und Unternehmen zur Finanzierung und Verbilligung von Umweltschutzmaßnahmen), z. B. Zinszuschüsse und Bürgschaften (Eventualausgaben). b) *Einnahmeseitig*: Sonderkonditionen für öffentliche Kredite (Zinsverzichte), Steuervergünstigungen (z. B. § 7 d EStG).

gemeinnützige Unternehmen, Bezeichnung des Steuerrechts für Unternehmen in der Rechtsform von →Kapitalgesellschaften, →Genossenschaften und →eingetragenen Vereinen, mit deren Tätigwerden unmittelbar und ausschließlich →gemeinnützige Zwecke verfolgt werden, d. h. ein privatwirtschaftliches Gewinnstreben als Zielsetzung nicht im Vordergrund steht. Die g. U. genießen steuerliche Vergünstigungen nach §§ 51–68 AO und § 5 I Nr. 9 KStG 1977, insbes. Befreiung von der →Körperschaftsteuer. – Besondere Bestimmungen galten für *gemeinnützige Wohnungsbauunternehmen* auf der Grundlage des Wohnungsgemeinnützigkeitsgesetzes (WGG) vom 29. 2. 1940 (RGBl I 438) mit späteren Änderungen und in DVO vom 25. 4. 1957 (BGBl I 406), soweit sie die Voraussetzungen der Dividendenbegrenzung, die Vermögensbildung, das Kostendeckungsprinzip und den Kleinwohnungsbau erfüllen. Die Gemeinnützigkeit von größeren Wohnungsbauunternehmen entfiel zum 1. 1. 1990, von kleineren zum 1. 1. 1991 – *Anders*: Gemeinwirtschaftliche Unternehmen (→Gemeinwirtschaft).

gemeinnützige Wohnungsbauunternehmen, →Wohnungsbaugenossenschaft, →gemeinnützige Unternehmen.

gemeinnützige Zwecke, Aufgaben, durch deren Erfüllung ausschl. und unmittelbar die Allgemeinheit gefördert wird. Eine Förderung der Allgemeinheit ist dann anzunehmen, wenn die Tätigkeit darauf gerichtet ist, die Allgemeinheit auf materiellem, geistigem oder sittlichem Gebiet selbst zu fördern, insbes. zählt hierzu die Förderung von Wissenschaft und Forschung, Bildung und Erziehung, Kunst und Kultur, Religion, Völkerverständigung, Entwicklungshilfe, Umwelt-, Landschafts- und Denkmalschutz, des Heimatgedankens, der Ju-

gend- und Altenhilfe, des öffentlichen Gesundheitswesens, des Wohlfahrtswesens und des Sports (§ 52 II AO). Die Förderung g. Z. unterliegt steuerlichen Vergünstigungen (→Spenden, →gemeinnützige Unternehmen).

Gemeinnützigkeit, Zweckbestimmung von Körperschaften, Anstalten, Stiftungen oder Vereinen nach dem „allgemeinen Nutzen", d. h. ausschließlich nach den der Allgemeinheit gewidmeten Zwecken (→gemeinnützige Zwecke). Die Anerkennung der G. ist für geleistete Beiträge oder sonstige Aufwendungen (→Spenden) bei der Körperschaft- und Einkommensteuer wesentlich. – Vgl. auch →gemeinnützige Unternehmen, →Gemeinwirtschaft.

gemeinsame Einrichtungen der Tarifvertragsparteien, durch →Tarifvertrag vorgesehene und geregelte Einrichtungen, meistens „Kassen", die für eine ganze Branche bestimmte Fürsorgeleistungen erbringen (z. B. Lohnausgleichskassen, Zusatzversorgungskassen, Urlaubskassen, überbetriebliche Ausbildungsstätten). Nach § 4 II TVG gelten tarifvertragliche Regelungen über g. E. unmittelbar und zwingend für die Satzung dieser Einrichtung und das Verhältnis der Einrichtung zu den tarifgebundenen Arbeitgebern und Arbeitnehmern (→Tarifgebundenheit). Danach können in Tarifverträgen auch Beitragspflichten zu g. E. d. T. begründet werden.

Gemeinsame Erklärung. 1. *Begriff:* Erklärung von Organisationen der gewerblichen Wirtschaft zur Sicherung des Leistungswettbewerbs; 1975 in enger Anlehnung an das →Sündenregister erstmals formuliert, 1984 fortgeschrieben. Unterzeichnet von 17 Organisationen der gewerblichen Spitzenverbände von Handel und Industrie. – *Ergänzt* werden diese eher als Wettbewerbsregeln (§ 28 GWB) zu verstehenden Vereinbarungen durch Selbstbeschränkungsabkommen (→Berliner Erklärung). – 2. *Den Leistungswettbewerb gefährdende Praktiken*: Eintrittsgelder, Listungsgebühren, Investitions- oder Einrichtungszuschüsse, Regal-, Schaufenster- oder sonstige Platzmieten, Werbekostenzuschüsse; unentgeltliche Preisauszeichnung einzelner Artikel mit dem Verkaufspreis des jeweiligen Abnehmers durch den Lieferanten oder für ihn tätige Dritte; Anfordern oder Bereitstellen von Arbeitskräften des Lieferanten oder der für ihn tätigen Handelsvertreter ohne Entgelt für die Mitwirkung im Geschäftsbetrieb des Abnehmers, insbes. im Verkauf oder bei der Inventur; einseitige nachträgliche Festsetzung oder Durchsetzung von Deckungsbeiträgen für die Nichterreichung bestimmter Umsatzgrößen oder für günstigere Vertragsbedingungen, z. B. eine Erhöhung der vereinbarten Umsatzrückvergütungssätze, nicht vereinbarter „Treuerabatte" oder Inanspruchnahme längerer Zahlungsziele unter Beibehaltung derselben Skontosätze; Forderung des Abnehmers nach Qualitätskontrollen im Produktionsbetrieb des Herstellers; Beeinträchtigung der Dispositionsfreiheit des Abnehmers durch vom Hersteller verteilte Gut- oder Wertscheine ohne vorherige Absprache mit den Abnehmern, die Abgabe von Display-Artikeln mit überwiegendem Zweitnutzen; Veranstaltung von Preisausschreiben, Reisen oder Gewinnauslosungen unter den Angestellten des Handels, um diese zur besonderen Förderung bestimmter Artikel zu bewegen; Spreizung der Rabatte in einer Weise, die in keinem Zusammenhang mit den Abnahmeleistungen steht; Beschränkung bestimmter Rabattarten ausschließlich auf marktstarke Abnehmer, obwohl die vergüteten Leistungen oder Risiken auch von kleineren Abnehmern übernommen werden; systematische und ohne sachlich gerechtfertigte Gründe durchgeführte Verkäufe unter Einstandspreisen an Letztverbraucher. – 3. *Wettbewerbsrechtliche Beurteilung*: Die Wirksamkeit derartiger Vereinbarungen ist wettbewerbsrechtlich sehr umstritten. Die Befürworter betonen die Eindämmung den Leistungswettbewerb beeinträchtigender Praktiken, v.a. zum Schutz mittelständischer Industrie- und Handelsunternehmen; die Gegner sehen darin eine unzulässige Beschränkung der wettbewerblichen Verhaltensspielräume durch Aufruf zu abgestimmtem Verhalten im Sinne des § 25 GWB bzw. zur Bildung von unerwünschten Kartellen, § 1 GBW. Weiterhin befürchten sie eine Verlangsamung der erforderlichen Anpassungsprozesse und besondere Wettbewerbsvorteile für Außenseiter, sofern die g. E. nicht als Wettbewerbsregeln allgemeinverbindlich erklärt wird. – 4. *Bedeutung in der Praxis*: Die Regelungen der g. E. werden vielfach unterlaufen, v.a. von preisaggressiven Großbetriebsformen des Handels als Au-

ßenseiter sowie durch geheime Rabattspreizung. Bedeutsam in der Rechtsprechung im Verfahren gemäß §§ 26 III, 37 a III GWB sowie zur Auslegung der Generalklausel des § 1 UWG.

gemeinsame Gewinnmaximierung, →Kollusion-Lösung.

gemeinsame Inanspruchnahme, →Gemeinverbrauch.

gemeinsame Marktorganisation, →Marktorganisationen.

Gemeinsamer Agrarmarkt, →EWG I.

gemeinsamer Markt. 1. *Allgemein*: Form der wirtschaftlichen →Integration zwischen Volkswirtschaften. Der g. M. ist gekennzeichnet durch freien Güter- und Faktorverkehr im *Innern* und einheitliche Regelungen der Integrationspartner im Außenwirtschaftsverkehr (z. B. identische Zölle). G. M. geht über →Freihandelszone und →Zollunion hinaus. – 2. Die →EWG wird häufig als *Gemeinsamer Markt* bezeichnet.

Gemeinsamer Markt, →EWG.

Gemeinsamer Senat, aufgrund des Gesetzes zur Wahrung der Einheitlichkeit der Rechtsprechung der obersten Gerichtshöfe des Bundes vom 19.6.1968 (BGBl I 661) gem. Art. 95 III GG gebildeter Spruchkörper. – 1. *Zuständigkeit*: Der G. S. ist zuständig, wenn ein oberster Gerichtshof (→Bundesgericht) in einer Rechtsfrage von der Entscheidung eines anderen obersten Gerichtshofs oder des g. S. abweichen will. – 2. *Sitz* in Karlsruhe. – 3. *Mitglieder*: Die Präsidenten der obersten Gerichtshöfe, die Vorsitzenden Richter und je ein weiterer Richter der beteiligten Senate. – 4. Entscheidung erfolgt auf *Vorlegungsbeschluß* mit Stimmenmehrheit. Sie ist für das erkennende Gericht bindend.

Gemeinsamer Zolltarif der EG (GZT), von den Mitgliedstaaten der →EG gemeinsam aufgestellter einheitlicher Außenzolltarif, in Kraft seit 1.7.1968. Der GZT gilt in allen Mitgliedstaaten unmittelbar. Dem GZT liegt das Brüsseler Zolltarifschema zugrunde; Änderungen erfordern einstimmig gefaßte Ratsentscheidungen. – Der GZT *enthält* in der Zollsatzspalte den jeweiligen autonomen und ggf. den vertragsmäßigen Satz; die vertragsmäßigen Zollsätze werden gegenüber allen Ländern angewendet. – Neben dem GZT besteht in der Bundesrep. D. noch der *Deutsche Teil-Zolltarif*, der im wesentlichen die von der EG nicht erfaßten Lücken schließt, die noch im Rahmen von nationalen Kompetenzen ausgefüllt werden können. Er enthält u. a. die Zollsätze für EGKS-Waren. – Der als Handausgabe für die Zollstellen dienende →*Deutsche Gebrauchs-Zolltarif* umfaßt sämtliche Tarifregelungen, gleichviel, ob sie auf Gemeinschaftsrecht oder auf nationalem Recht beruhen. – Vgl. auch →Zolltarif.

Gemeinsames Verzeichnis der industriellen Erzeugnisse, *Nomenclature commune des produits industriels (NIPRO)*, seit 1975 Grundlage für den Aufbau einer Produktionsstatistik der EG. Die NIPRO basiert auf der Allgemeinen Systematik der Wirtschaftszweige in den Europäischen Gemeinschaften (NACE) und dient der inhaltlichen Definition der NACE. Als Erhebungsnomenklatur wird die NIPRO nicht verwendet. – *Aufbau:* Die NIPRO ist nach dem Dezimalsystem in acht Ebenen (Achtsteller) gegliedert: sie umfaßt auf der untersten Ebene ca. 7000 Güterpositionen. Sie ist weitgehend mit dem deutschen Systematischen Warenverzeichnis für die Industriestatistik (WI) von 1982 abgestimmt. NIPRO gehört zu den internationalen Waren- und Güterverzeichnissen, die die Grundlage international vergleichbarer Statistiken sind. Im Rahmen der in Revision befindlichen internationalen Wirtschaftszweigsystematiken (NACE, ISIC) und der angestrebten Verknüpfung der internationalen Wirtschaftszweig- und Gütersystematiken wird zur Beschreibung der neuen NACE eine alle Wirtschaftsbereiche umfassende Zentrale Gütersystematik der EG (CPC/COM; →CPC) vorbereitet, die die NIPRO ersetzen wird.

Gemeinschaft. I. Soziologie: Formen des Zusammenlebens, die als besonders eng, vertraut, als ursprünglich und dem Menschen wesensgemäß angesehen werden, z. B. Familie, Nachbarschaft, kleine Gemeinde und Freundesgruppe. Nach F. Tönnies („Gemeinschaft und Gesellschaft", 1887) werden im Prozeß der Industrialisierung und Verstädterung die gemeinschaftlichen Sozialverhältnisse mehr

und mehr in gesellschaftliche (anonyme und abstrakte) transformiert. Die Rückgewinnung gemeinschaftlicher Lebensverhältnisse und Arbeitsformen ist seither Ziel sozialer und politischer Bewegungen.

II. Bürgerliches Recht: Im Sinne des BGB *Bruchteilgemeinschaft* (§§ 741 ff. BGB). Anwendbar, wenn ein Recht mehreren gemeinsam zusteht, d. h. jeder einen bestimmten Anteil an den gemeinschaftlichen Gegenständen hat (z. B. →Miteigentum). Die *Verwaltung* des gemeinschaftlichen Gegenstandes steht den Teilhabern gemeinschaftlich zu (§ 744 BGB). Sie können ihre Anteile – anders als bei der →Gesellschaft – *veräußern* und *belasten* (§ 747 BGB). Jeder Teilhaber kann i. d. R. jederzeit *Aufhebung* der Gemeinschaft verlangen (§ 749 BGB), und zwar entweder durch Teilung in Natur oder, wenn dies nicht möglich ist, durch Verkauf des gemeinschaftlichen Gegenstandes, bei Forderungen durch gemeinschaftliche Einziehung und Teilung des Erlöses (§§ 752–754 BGB). *Abweichende Vorschriften* bei der →Gemeinschaft zur gesamten Hand.

III. Internationale Wirtschaftsbeziehungen: Verkürzende Bezeichnung für Europäische Wirtschaftsgemeinschaft (→EWG) bzw. Europäische Gemeinschaften (→EG).

Gemeinschaftsaufgaben. 1. *Begriff:* Staatliche Aufgaben, an deren Erfüllung der Bund durch Beteiligung an der Rahmenplanung und an der Finanzierung (Mischfinanzierung) mitwirkt, wenn diese Aufgaben für die Gesamtheit bedeutsam sind und wenn dies zur Verbesserung der Lebensverhältnisse erforderlich ist (Art. 91 a GG). – 2. *Sachbereiche:* a) Aus- und Neubau von wissenschaftlichen Hochschulen einschl. Hochschulkliniken; b) Verbesserung der regionalen Wirtschaftsstruktur (→Strukturpolitik); c) Verbesserung der Agrarstruktur (→Agrarpolitik); d) bei der Bildungsplanung sowie der Förderung von Einrichtungen und Vorhaben der wissenschaftlichen Forschung von überregionaler Bedeutung können Bund und Länder zusammenwirken (Art. 91 b GG). – 3. Trotz Mitwirkung des Bundes bleiben die zu G. erklärten Sachbereiche *Aufgaben der Länder.* Diesem Element des →kooperativen Föderalismus wird häufig der Vorwurf der zur Selbstblockade tendierenden Politikverflechtung gemacht, v.a. die Länder bemängeln *eingeengte Gestaltungsspielräume.*

Gemeinschaftsausschuß der Deutschen Gewerblichen Wirtschaft, Gesellschaft des bürgerlichen Rechts; Sitz in Köln. 1951 von den Spitzenverbänden der Wirtschaft als freiwilliger Zusammenschluß gegründet. – *Aufgabe:* Aussprache über wirtschaftspolitische Angelegenheiten von grundsätzlicher Bedeutung mit dem Ziel, gemeinsame Auffassungen aller Mitgliedsorganisationen und damit der unternehmerischen Wirtschaft einheitlich nach außen zu vertreten. – *Mitglieder:* Bundesverband Deutscher Banken e.V., Bundesverband der Deutschen Binnenschiffahrt e.V., Bundesverband des Deutschen Groß- und Außenhandels e.V., Bundesverband der Deutschen Industrie e.V., Bundesvereinigung der Deutschen Arbeitgeberverbände e.V., Centralvereinigung Deutscher Handelsvertreter- und Handelsmaklerverbände. Deutscher Hotel- und Gaststättenverband e.V., Deutscher Industrie- und Handelstag, Deutscher Sparkassen- und Giroverband e.V., Gesamtverband der Versicherungswirtschaft e.V., Hauptgemeinschaft des Deutschen Einzelhandels e.V., Verband Deutscher Reeder e.V., Zentralarbeitsgemeinschaft des Straßenverkehrsgewerbes e.V., Zentralverband des Deutschen Handwerks.

Gemeinschaftsbedürfnis, →Gruppenbedürfnis.

Gemeinschaftsdepot, ein Effektendepot (→Depotgeschäft), das für gemeinsame Rechnung mehrerer Einleger errichtet wird, meist um für eine bestimmte Zeit die gemeinsamen Anrechte an den Effekten zu sichern. I.d.R. wird von den Banken gefordert, daß jeder einzelne der Hinterleger über die Papiere verfügen und quittieren kann.

Gemeinschaftsdiagnose, von den führenden →Wirtschaftsforschungsinstituten in der Bundesrep. D. durchgeführte jährliche →Konjunkturdiagnose.

Gemeinschaftskonten, →Oderkonten, →Undkonten.

Gemeinschafts-Kontenrahmen industrieller Verbände (GKR), 1948/49 als Gemeinschafts-Kontenrahmen der Industrie vom „Arbeitsausschuß Betriebswirtschaft industrieller Verbände" im →Bundesverband der Deutschen Industrie e.V. (BDI) erarbeiteter und allen Industrieunternehmen empfohlener →Kontenrahmen. „Das Nummernschema des GKR soll bei der Aufstellung des individuellen →Kontenplanes zugrunde gelegt werden, soweit dem nicht Gründe der Vervollkommnung oder andere zwingende Gründe entgegenstehen" (Grundsätze für das Rechnungswesen vom 12.12.1952). Der GKR war Bestandteil der →Gemeinschaftsrichtlinien für das Rechnungswesen. – *Besonderheiten:* Durchgangs- und Übergangskonten in der Gruppe 19, die der Beschleunigung des Rechnungsablaufs dienen sollen. Die →Betriebsabrechnung soll durchweg statistisch außerhalb der Buchführung vorgenommen werden; dadurch erübrigt sich die Führung vieler einzelner Stoffkonten. Die Bestände erscheinen im GKR auf einem Stoffsammelkonto der Kontenklasse 3, Abschluß i.d.R. nach dem →Gesamtkostenverfahren. – Der GKR wurde von der großen Mehrheit der deutschen Unternehmungen übernommen. Im April 1971 veröffentlichte der Bundesverband der Deutschen Industrie einen neuen Kontenrahmen, der nach dem →Abschlußgliederungsprinzip aufgebaut ist. Die dem HGB entsprechende Neufassung wird mindestens für Kapitalgesellschaften zweckmäßigerweise zu übernehmen sein (→Industrie-Kontenrahmen (IKR)). – Vgl. Übersicht „Gemeinschafts-Kontenrahmen der Industrie (GKR)".

Gemeinschafts-Lehrwerkstatt, →Lehrwerkstatt.

Gemeinschaftsmarke, →Warenzeichenrecht II.

Gemeinschaftspatent, →Patentrecht IV 1.

Gemeinschaftspraxis, gemeinschaftliche Praxisführung durch mehrere Ärzte gleicher oder verschiedener Fachrichtungen (Arzt, Facharzt) bei gemeinschaftlicher Nutzung von Praxisräumen und -einrichtungen sowie gemeinsamer Beschäftigung von Hilfspersonal. Gesellschaftsverhältnis (§ 705ff. BGB) oder gesellschaftsähnliches Verhältnis der Ärzte unter einem Namen. Bei gemeinsamer Ausübung kassenärztlicher Tätigkeit nur durch →Kassenärzte vorherige Zustimmung des Zulassungsausschusses erforderlich.

Gemeinschafts-Kontenrahmen der Industrie (GKR)

Klasse 0	Klasse 1
Anlagevermögen und langfristiges Kapital	Finanz-Umlaufvermögen und kurzfristige Verbindlichkeiten

Anlagevermögen

00 Grundstücke und Gebäude
- 000 Unbebaute Grundstücke
- 001/02 Bebaute Grundstücke
- 003/07 Gebäude
- 008 Im Bau befindliche Gebäude
- 009 Abschreibungen (aktiv abgesetzte Wertberichtigungen) auf Grundstücke und Gebäude [1])

01 Maschinen und Anlagen der Hauptbetriebe
- 010/019 Maschinen und Anlagen der Hauptbetriebe

02 Maschinen und Anlagen der Neben- und Hilfsbetriebe
- 020/21 Maschinen und Anlagen der Nebenbetriebe
- 022 Maschinen und Anlagen der Hilfswerkstätten
- 023/25 Maschinen und Anlagen zur Umwandlung und Weiterleitung von Energie und dergleichen
- 026/27 Maschinen und Anlagen des Transports
- 028 Im Bau befindliche Maschinen und Anlagen
- 029 Abschreibungen (aktiv abgesetzte Wertberichtigungen) auf Maschinen und Anlagen [1])

03 Fahrzeuge, Werkzeuge, Betriebs- und Geschäftsausstattung
- 030/33 Fahrzeuge und Transportgeräte
- 034/36 Werkzeuge, Werksgeräte u. dgl.
- 037/38 Betriebs- und Geschäftsausstattung
- 039 Abschreibungen (aktiv abgesetzte Wertberichtigungen) auf Fahrzeuge, Werkzeuge, Betriebs-u. Geschäftsausstattung [1])

04 Sachanlagen-Sammelkonten
- 041/44 Sammelkonten für Anlagen-Zugang, fremd
- 045 Sammelkonten für Anlagen-Zugang, eigen
- 049 Sammelkonten für Anlagen-Abgang

05 Sonstiges Anlagevermögen
Bewertbare Rechte
- 050/52 Urheber- und andere bewertbare Rechte
- 053 Abschreibungen (aktiv abgesetzte Wertberichtigungen) auf bewertbare Rechte [1])

Finanzanlagevermögen u. dgl.
- 054 Beteiligungen
- 055 Wertpapiere des Anlagevermögens
- 056 Grundpfandforderungen
- 057 Andere langfristige Forderungen
- 058 Aktiv-Gegenposten zu Eigen- und langfristigem Fremdkapital
- 059 Abschreibungen (aktiv abgesetzte Wertberichtigungen) auf das Finanzanlagevermögen u. dgl. [1])

Langfristiges Kapital

06 Langfristiges Fremdkapital
- 060/61 Anleihen
- 063/65 Grundpfandschulden
- 066/69 Andere langfristige Verbindlichkeiten

07 Eigenkapital
Bei Kapital-Gesellschaften
- 070/71 Grundkapital
- 072 Gesetzliche Rücklage
- 073/76 Freie Rücklagen
- 077/78 Kapitalentwertungs- und verlustkonten
- 079 Gewinn- und Verlust-Vortrag
Bei Personen-Gesellschaften
- 070/73 Kapitalkonten

Berichtigungen zur Bilanz und Ergebnisrechnung

08 Wertberichtigungen, Rückstellungen u. dgl.
- 080/84 Passive Wertberichtigungen [2])
- 085/87 Rückstellungen
- 088/89 Bürgschaftsverpflichtungen, Rückgriffsrechte (Avale) u. dgl.

09 Rechnungsabgrenzung
- 090 Rechnungsabgrenzung in der Zwischenbilanz (Sammelkonto, Zeitlicher Aufwandsausgleich) [3])
- 098 Aktive Rechnungsabgrenzungsposten der Jahresbilanz
- 099 Passive Rechnungsabgrenzungsposten der Jahresbilanz

Finanz-Umlaufvermögen

10 Kasse
- 100 Hauptkasse
- 105/09 Nebenkassen

11 Geldanstalten
- 110/11 Postscheck
- 112 Landeszentralbank
- 113/19 Banken

12 Schecks, Besitzwechsel
- 120/24 Schecks
- 125/29 Besitzwechsel

13 Wertpapiere des Umlaufvermögens
- 130/36 Allgemeine Wertpapiere des Umlaufvermögens
- 137/38 Eigene Aktien und Aktien einer herrschenden Gesellschaft
- 139 Wertberichtigungen (aktiv abgesetzte) auf Wertpapiere des Umlaufvermögens

14/15 Forderungen
- 140 Forderungen aufgrund von Warenlieferungen und Leistungen
- 141/49 Aufgliederungen nach Kundengruppen [4])
- 150 andere Forderungen
- 151 Selbst geleistete Anzahlungen [4])
- 152 Forderungen an Unternehmen, mit denen ein wirtschaftlicher oder finanzieller Zusammenhang besteht [4])
- 153 Forderungen an Vorstandsmitglieder, leitende Angestellte und Aufsichtsratsmitglieder [4])
- 154/58 Sonstige Forderungen [4])
- 159 Wertberichtigungen (aktiv abgesetzte) auf Forderungen (Delkredere)

Kurzfristige Verbindlichkeiten

16/17 Verbindlichkeiten
- 160 Verbindlichkeiten aufgrund von Warenlieferungen und Leistungen
- 161/69 Aufgliederung nach Lieferantengruppen [4])
- 170 Andere Verbindlichkeiten
- 171 Anzahlungen von Kunden [4])
- 172 Verbindlichkeiten gegenüber Unternehmen, mit denen ein wirtschaftlicher oder finanzieller Zusammenhang besteht [4])
- 173 Von Belegschaftsmitgliedern gegebene Pfandgelder [4])
- 174 Verbindlichkeiten aus Werksspareinlagen [4])
- 175/78 Sonstige Verbindlichkeiten [4])
- 179 Berichtigungen zu den Verbindlichkeiten

18 Schuldwechsel, Bankschulden
- 180/81 Schuldwechsel
- 182/89 Bankschulden

Durchgangs-, Übergangs- und Privatkonten

19 Durchgangs-, Übergangs- und Privatkonten
- 190/91 Durchgangskonten für Rechnungen
- 192/93 Durchgangskosten für Zahlungsverkehr (Kasse und Geldanstalten)
- 194 Durchgangskonten für Zwischenkontierungen
- 195/96 Übergangskonten
- 197/99 Privatkonten

---

[1]) Anwendung bei aktiven Wertberichtigungen
[2]) Anwendung bei passiven Wertberichtigungen
[3]) Als Sammelgegenkonto zu 498 oder 090/97 Untergliederung gemäß Kostenartengruppen
[4]) Vorzugsweise nur Personenkonten-Unterteilung

Klasse 2	Klasse 3	Klasse 4
Neutrale Aufwendungen und Erträge	Stoffe – Bestände	Kostenarten

Klasse 2	Klasse 3	Klasse 4
20 Betriebsfremde Aufwendungen und Erträge 200/05 Betriebsfremde außerordentliche Aufwendungen u. Erträge 206/09 Betriebsfremde ordentliche Aufwendungen und Erträge **21 Aufwendungen und Erträge für Grundstücke und Gebäude** 210/19 Aufwendungen und Erträge für Grundstücke und Gebäude **23 Bilanzmäßige Abschreibungen** 230/39 Bilanzmäßige Abschreibungen **24 Zins-Aufwendungen und -Erträge** 240/41 Zins-Aufwendungen 242 Diskont-Aufwendungen 243 Kreditprovisionen 244 Skonto-Aufwendungen 245/46 Zins-Erträge 247 Diskont-Erträge 248 Skonto-Erträge **25/26 Betriebliche außerordentliche Aufwendungen und Erträge** **25 Betriebliche außergewöhnliche Aufwendungen und Erträge** 250/51 Eingetretene Wagnisse (gegebenenfalls aufgegliedert nach Wagnisarten) 252/59 Andere betriebliche außergewöhnliche Aufwendungen und Erträge **26 Betriebliche periodenfremde Aufwendungen und Erträge** Betriebliche periodenfremde Aufwendungen Mehrere oder andere Zeitabschnitte betreffende Aufwendungen für 260 Sachanlagen 261/65 Instandhaltung usw. 266 Entwicklungs- und Versuchsarbeiten 267 Steuern 268 Sonstige betriebliche periodenfremde Aufwendungen 269 Betriebliche periodenfremde Erträge **27/28 Gegenposten der Kosten- und Leistungsrechnung** **27 Verrechnete Anteile betrieblicher periodenfremder Aufwendungen** (Aufgliederung entsprechend Kontengruppe 26) **28 Verrechnete kalkulatorische Kosten** 280 Verrechnete verbrauchsbedingte Abschreibungen 281 Verrechnete betriebsbedingte Zinsen 282 Verrechnete betriebsbedingte Wagnisse 283 Verrechneter Unternehmerlohn 284 Verrechnete sonstige kalkulatorische Kosten **29 Das Gesamtergebnis betreffende Aufwendungen und Erträge** 290/99 Das Gesamtergebnis betreffende Aufwendungen und Erträge z. B. Körperschaftsteuer	**30/37 Roh-, Hilfs- u. Betriebsstoffe u. dgl.** 300/02 Stoffe-Sammelkonten 303/79 Roh-, Hilfs- und Betriebsstoffe u. dgl. **38 Bestandteile, Fertigteile, Auswärtige Bearbeitung [5])** 380/89 Bestandteile, Fertigteile, Auswärtige Bearbeitung **39 Handelswaren und auswärts bezogene Fertigerzeugnisse (Fertigwaren) [6])** 390/94 Handelswaren 395 Auswärts bezogene Fertigerzeugnisse (Fertigwaren) 397 Wertberichtigungen (aktiv abgesetzte) auf Stoffe-Bestände	**40/42 Stoffkosten u. dgl.** **40/41 Stoffverbrauch u. dgl.** 400 Stoffverbrauch-Sammelkonto [7]) Gegebenenfalls Aufgliederung [8]): 401/19 Einsatz-, Fertigungsstoffe u. dgl. Auswärtige Bearbeitung Hilfs- und Betriebsstoffe Werkzeuge u. dgl. [9]) [10]) **42 Brennstoffe, Energie u. dgl.** 420 Brenn- und Treibstoffe 429 Energie und dgl. [10]) Gegebenenf. Aufgliederung [8]): 420/29 Brenn- und Treibstoffe: fest, flüssig, gasförmig Energie: Dampf, Strom, Wasser usw. **43/44 Personalkosten u. dgl.** **43 Löhne und Gehälter** 430 Löhne-Sammelkonto Gegebenenf. Aufgliederung [8]): 431/38 Fertigungslöhne u. dgl. Hilfslöhne Andere Löhne 439 Gehälter **44 Sozialkosten und andere Personalkosten** 440/47 Sozialkosten 440 Gesetzliche Sozialkosten 447 Freiwillige Sozialkosten 440/47 Gegebenenfalls Aufgliederung der gesetzlichen u. freiw. Sozialkosten 448 Andere Personalkosten **45 Instandhaltung, verschiedene Leistungen u. dgl. [10])** 450 Instandhaltung [10]) Gegebenenf. Aufgliederung [8]): 450/54 Instandhaltung an Grundstücken und Gebäuden [10]) Instandhaltung an Maschinen und Anlagen [10]) Instandhaltung an Fahrzeugen, Werkzeugen, Betriebs- und Geschäftsausstattung [10]) Instandhaltungs-Ratenverrechnung Ratenausgleich 455 Allgemeine Dienstleistungen [10]) 456 Entwicklungs-, Versuchskosten u. dgl. [10]) 457 Mehr- bzw. Minderkosten [10]) Gegebenenf. Aufgliederung [8]): 457/59 Über-, Unterschreitungen, Ausschuß, Gewährleistungen usw. [10]) **46 Steuern, Gebühren, Beiträge, Versicherungsprämien u. dgl.** 460 Steuern Gegebenenfalls Aufgliederung: 460 Vermögen-, Grundst. u. dgl. 461 Gewerbesteuer 462 Umsatzsteuer 463 Andere Steuern – Fortsetzung unter Klassen 5/6 –

[7]) Die Geschäftsbuchführung kann sich auf die Führung dieses Sammelkontos für den gesamten Stoffverbrauch u. dgl. beschränken
[8]) Vorzugsweise nur in der Kosten- und Leistungsrechnung
[9]) Diese Kostenarten bzw. Kostenartengruppen können auch zwischen „Personalkosten u. dgl." und „Instandhaltung, verschiedene Leistungen u. dgl." eingeordnet werden
[10]) In der Buchführung: Vorzugsweise nur direkter Fremdanfall

Klasse 5/6	Klasse 7	Klasse 9
Kostenstellen	**Kostenträger** **Bestände an halbfertigen und fertigen Erzeugnissen**	**Abschluß**

Klasse 5/6	Klasse 7	Klasse 9
Frei für Kostenstellen-Kontierungen der Betriebsabrechnung	70/77 Frei für Kostenträger-Bestands-Kontierungen der Betriebsabrechnung	90/96 Frei für Sonderlösungen [19])
		97 Frei für Abschluß-Kontierung der Betriebsabrechnung
– Fortsetzung von Klasse 4 –	78 **Bestände an halbfertigen Erzeugnissen** [15])	
464 Abgaben, Gebühren u. dgl..	79 **Bestände an fertigen Erzeugnissen** [16])	98 **Gewinn- und Verlust-Konten** **(Ergebnis-Konten)**
Gegebenenfalls Aufgliederung:	790/98 Bestände an fertigen Erzeugnissen	980 Betriebsergebnis
464 Allgemeine Abgaben und Gebühren	799 Wertberichtigungen (aktiv abgesetzte) auf Bestände an halbfertigen und fertigen Erzeugnissen	985/86 (Verrechnungsergebnis. Stoffe- und Erzeugnis-Umwertung)
465 Gebühren u. dgl. für den gewerbl. Rechtsschutz		987 Neutrales Ergebnis
466 Gebühren u. dgl. für den allgemeinen Rechtsschutz		988 Das Gesamtergebnis betreffende Aufwendungen und Erträge
467 Prüfungsgebühren u. dgl.		989 Gewinn- u. Verlust-Konto
468 Beiträge und Spenden		
469 Versicherungsprämien		99 **Bilanzkonten**
47 Mieten, Verkehrs-, Büro-, Werbekosten u. dgl.		998 Eröffnungsbilanz-Konto
470/71 Raum-, Maschinen-Mieten (-Kosten) u. dgl. [16])		999 Schlußbilanz-Konto
472/75 Verkehrskosten		
Gegebenenfalls Aufgliederung:		
472 Allgemeine Transportkosten	**Klasse 8**	
473 Versandkosten	**Kostenträger**	
474 Reisekosten	**Erträge** [17])	
475 Postkosten		
476 Bürokosten	80/82 Frei für Kostenträger-Leistungs-Kontierungen (Umsatzkosten, Erlöse, Bestandsveränderungen) der Betriebsabrechnung [18])	
477/78 Werbe- und Vertreterkosten [16])		
479 Finanzspesen und sonstige Kosten		
48 Kalkulatorische Kosten	83/84 **Erlöse für Erzeugnisse und andere Leistungen**	
480 Verbrauchsbedingte Abschreibungen	830/49 Erlöse für Erzeugnisse und andere Leistungen	
481 Betriebsbedingte Zinsen	85 **Erlöse für Handelswaren**	
482 Betriebsbedingte Wagnisse	850/59 Erlöse für Handelswaren	
483 Unternehmerlohn	86 **Erlöse aus Nebengeschäften**	
484 Sonstige kalkulatorische Kosten	860/69 Erlöse aus Nebengeschäften	
49 Innerbetriebliche Kostenverrechnung, Sondereinzelkosten und Sammelverrechnungen	87 **Eigenleistungen**	
490/97 Innerbetriebliche Kostenverrechnung Sondereinzelkosten [12])	870/79 Eigenleistungen	
	88 **Erlösberichtigungen**	
498 Sammelkonto Zeitliche Abgrenzung [13])	880/82 Zusatzerlöse	
	883/89 Erlösschmälerungen	
499 Sammelkonto Kostenarten [14])	89 **Bestandsveränderungen an halbfertigen und fertigen Erzeugnissen u. dgl.**	
	890/99 Bestandsveränderungen (Mehr- u. Minderbestände) an halbfertigen und fertigen Erzeugnissen u. dgl.	

[15]) Kann auch mit Kontengruppe 38 zu: „Bestände an halbfertigen Erzeugnissen" in der Geschäftsbuchführung vereinigt werden

[16]) Kann auch mit Kontengruppe 39 zu: „Bestände an fertigen Erzeugnissen" in der Geschäftsbuchführung vereinigt werden

[17]) Erträge = Erlöse (Umsatz) + Bestandsveränderungen

[18]) Die Kontengruppen 83/89 (Erträge) können auch in Klasse 9 mit der Nummernbezeichnung 90/96 geführt werden, wobei die Klasse 9 die Bezeichnung „Erträge und Abschluß" erhält und die Klasse 8 frei für Zwecke der Betriebsabrechnung Umsatzkosten entsprechend der Gliederung der Erlöskonten wird

[12]) Nur wenn die Ausgliederung der Sondereinzelkosten nicht durch Eintragung in eine Spalte im Betriebsabrechnungsbogen (BAB) erfolgt

[13]) Gegenkonto zu 090 für summarische Behandlung des zeitlichen Aufwandsausgleiches

[14]) Sammeldurchgangskonto für laufende Buchungen bei monatlicher Einzelaufstellung o. dgl.

[19]) Vgl. Fußnote 18

Gemeinschaftsrichtlinien für das Rechnungswesen, 1950 ausgearbeitete Empfehlungen des →Bundesverbandes der Deutschen Industrie e. V., die 1950 von den angeschlossenen Verbänden im Betriebswirtschaftlichen Ausschuß einstimmig verabschiedet wurden. – *Zweck*: Vereinheitlichung des Rechnungswesens in der Industrie, vornehmlich mit Hilfe des →Gemeinschafts-Kontenrahmens industrieller Verbände (GKR). – *Zwei Teile*: 1. Teil I: Gemeinschaftsrichtlinien für die Buchführung (GRB) mit Gemeinschaftskontenrahmen der Industrie (GKR). – 2. Teil II: Gemeinschaftsrichtlinien für die Kostenund Leistungsrechnung (GRK) mit Gemeinschaftskalkulationsschema der Industrie und Grundschema der geschlossenen Betriebsabrechnung. In Teil II (Band 3 und 4) werden an Hand eines immer wiederkehrenden Zahlenbeispiels verschiedene Formen und Verfahrenstechniken der →Betriebsabrechnung und →Kalkulation entwickelt und erläutert.

Gemeinschaftssparen, *Kollektivsparen*, Zusammenschluß einer Mehrzahl von Sparern, um nach einem Plan und für einen bestimmten Zweck gemeinsam zu sparen, z. B. in Sparvereinen und Sparklubs. – *Wichtigste Form des G.:* →Bausparen.

Gemeinschaftsteuern. I. Begriff: →Steuern, deren Aufkommen gem. GG Bund und Ländern gemeinsam zustehen. →Einkommensteuer, →Körperschaftsteuer, →Umsatzsteuer. G. können nach dem →Verbundsystem oder →Zuschlagssystem verteilt werden. Vgl. auch →Bundessteuern, →Landessteuern, →Gemeindesteuern, →Steuerverbund, →Steuerertragshoheit.

II. Steuerarten: 1. Vom Aufkommen der *Lohnsteuer und der veranlagten Einkommensteuer* erhalten Bund und Länder je 42,5 v. H., von der *Kapitalertrag-* und *Körperschaftsteuer* je 50 v. H. Der Länderanteil steht dem einzelnen Land insoweit zu, als die Steuern von den Finanzbehörden (→Finanzverwaltung) in ihrem Gebiet vereinnahmt werden (örtliches Aufkommen, Art. 107 I GG). Gemeindeanteil: Vgl. III. – 2. Die Anteile von Bund und Ländern an der *Umsatzsteuer* (einschl. Einfuhrumsatzsteuer) werden durch Bundesgesetz festgesetzt (Art. 106 III GG). Sie sind neu festzusetzen, wenn sich das Verhältnis zwischen den Einnahmen und Ausgaben wesentlich anders entwickelt (Art. 106 IV GG); (→Finanzzuweisung). Der Länderanteil steht den einzelnen Ländern nach Maßgabe ihrer Einwohnerzahl zu; ein Teil, höchstens jedoch ein Viertel dieses Länderanteils, kann als Ergänzungsanteil für die Länder vorgesehen werden, deren Einnahmen aus den →Landessteuern und aus der Einkommen- und Körperschaftsteuer je Einwohner unter dem Durchschnitt der Länder liegen (Art. 107 I GG); bis 1992 stehen dem Bund 65% und den Ländern 35%, für die Jahre 1993 und 1994 dem Bund 63% und den Ländern 37% zu;

III. Gemeindeanteil: Von dem Länderanteil am Gesamtaufkommen der G. fließt den Gemeinden und Gemeindeverbänden insgesamt ein von der Landesgesetzgebung zu bestimmender Hundertsatz zu. Im übrigen bestimmen die Landesgesetze, ob und inwieweit das Aufkommen der →Landessteuern den Gemeinden (Gemeindeverbänden) zufließt (Art. 106 VII GG). – Außerdem erhalten die Gemeinden einen eigenen →Gemeindeanteil am Aufkommen der Einkommensteuer. Die Gemeinden erhalten 15% des Aufkommens an Lohnsteuer und an veranlagter Einkommensteuer (§ 1 Gemeindefinanzreformgesetz). Der Gemeindeanteil wird nach einem Schlüssel auf die Gemeinden aufgeteilt, der von den Ländern aufgrund der Steuerstatistik (→Finanzstatistik) ermittelt wird.

IV. Sonderbelastung: Veranlaßt der Bund in einzelnen Ländern oder Gemeinden (Gemeindeverbänden) besondere Einrichtungen, die diesen Ländern oder Gemeinden unmittelbar Mehrausgaben oder Mindereinnahmen verursachen, gewährt der Bund den erforderlichen Ausgleich, wenn und soweit den Ländern oder Gemeinden nicht zugemutet werden kann, die Sonderbelastung zu tragen (Art. 106 VIII GG).

Gemeinschaftsunterkunft, bauliche Anlage oder Teil einer baulichen Anlage, deren Unterkunfts- oder Nebenräume von mehreren Arbeitnehmern gemeinschaftlich benutzt werden oder dazu bestimmt sind, von mehreren Arbeitnehmern gemeinschaftlich benutzt zu werden (§ 120 c GewO). – Vgl. auch →Unterkünfte.

Gemeinschaftsunternehmen, →Joint Venture I 2, →Quotenkonsolidierung.

Gemeinschaftsvertrieb, absatzwirtschaftlicher Zusammenschluß mehrerer Unternehmen aus Gründen der Effizienzsteigerung, Rationalisierung, Senkung der Vertriebskosten und bedarfsgerechten Deckung der Nachfrage. Besonders geeignet für Industriebetriebe, die eine Vielzahl von Produkten mit zahlreichen Verwendungsmöglichkeiten herstellen (z. B. chemische Industrie) und demgemäß eine Vielzahl von Märkten zu beliefern haben. *Möglich* ist sowohl die Zusammenarbeit zwischen Herstellern konkurrierender als auch die zwischen Herstellern bedarfsverwandter und sortimentsergänzender Erzeugnisse. – *Formen*: a) Gemeinschaftliche Absatzorgane (→Verkaufskontor, →Auslieferungslager, Reisende, Messestände usw.); b) Mitbenutzung der Absatzorganisation eines der zusammenarbeitenden Unternehmen (Anschlußabsatz).

Gemeinschaftswarenhaus, Betriebsform des →Einzelhandels: Zusammenfassung von zumeist selbständigen →Fachgeschäften und Dienstleistungsbetrieben verschiedener Größe und aus unterschiedlichen Branchen zu einem räumlichen und organisatorischen Verbund. *Grundidee* ist, auf der Fachkompetenz und Initiative selbständiger Einzelhändler aufbauend, ein räumlich konzentriertes, warenhausähnliches Warenangebot zusammenzustellen, das in seiner Gesamtheit dem (Bequemlichkeits-)Bedürfnis nach „Einkauf unter einem Dach" entspricht (→Agglomeration). – *Organisation*: Gemeinsame Aufgaben (Werbung, Reinigung u. a.) sowie die erforderliche Koordination werden in Versammlungen oder Ausschüssen der Beteiligten oder von einem zentralen Management (oft stark von der Trägergesellschaft des Gebäudes bestimmt) entschieden. Das Konzept des einheitlichen Auftretens nach außen in Warenauswahl und -präsentation, Ladenausstattung und Preisniveau wird in G. wesentlich konsequenter realisiert als im →Einkaufszentrum.

Gemeinschaftswerbung, →kooperative Werbung.

Gemeinschaft zur gesamten Hand, *Gesamthandsgemeinschaft*, Rechtsinstitut deutschrechtlichen Ursprungs. Die einzelnen Gesamthänder sind nicht zu einem bestimmten Bruchteil an den einzelnen Gegenständen (Bruchteilgemeinschaft, →Gemeinschaft II), sondern zu einem Bruchteil an dem gesamten Sondervermögen der G. z. g. H. beteiligt. Sie haben daher keine Verfügungsberechtigung über einen Anteil an einzelnen Gegenständen. Das Sondervermögen betreffende *Rechtsgeschäfte* müssen vielfach gemeinschaftlich von oder gegenüber den Gesamthändern vorgenommen werden. – Die *Ausgestaltung* im einzelnen ist für die verschiedenen G. z. g. H. unterschiedlich geregelt. – *Beispiele für G. z. g. H.*: →Gesellschaft des bürgerlichen Rechts, →offene Handelsgesellschaft (OHG), →Kommanditgesellschaft (KG), →Erbengemeinschaft am ungeteilten Nachlaß. – Bei der *steuerlichen* Bewertung wird Gesamthandseigentum den Beteiligten nach Bruchteilen zugerechnet (§ 39 II 2 AO). Die den einzelnen Beteiligten zuzurechnenden Bruchteile richten sich entweder nach den Beteiligungsquoten am gesamten gemeinschaftlichen Vermögen oder nach den Beteiligungsquoten an der Teilungsmasse.

Gemeinschuldner. 1. *Begriff*: →Schuldner, über dessen Vermögen →Konkurs (oder →Anschlußkonkurs) eröffnet ist. Der G. braucht nicht Kaufmann zu sein. Bei →Konkurseröffnung über das Vermögen a) einer OHG sind G. alle Gesellschafter, b) einer KG nur die persönlich haftenden Gesellschafter (Komplementäre), c) einer juristischen Person ist diese selbst G. – 2. *Rechte und Pflichten des G.*: a) Mit der Konkurseröffnung *verliert* der G. *das Recht*, sein zur →Konkursmasse gehörendes (d. h. der Zwangsvollstreckung unterliegendes) inländisches Vermögen zu *verwalten* und darüber zu *verfügen* (§ 6 KO) an den Konkursverwalter. Rechtsbehandlungen, die der G. nach Konkurseröffnung über zur Masse gehörende Gegenstände vornimmt, sind den Konkursgläubigern gegenüber unwirksam (§ 7 KO). Leistung an G. befreit den Leistenden nur von seiner Verbindlichkeit nur, wenn ihm die Konkurseröffnung unbekannt war. Andernfalls muß der Konkursverwalter nochmals Zahlungen verlangen (§ 8 KO). b) Der G. ist dem Konkursverwalter, dem →Gläubigerausschuß und auf Anordnung des Gerichts der →Gläubigerversammlung zur *Auskunft* *verpflichtet*. Er darf sich von seinem Wohnort nur mit Zustimmung des Gerichts entfernen (§ 101 KO). Auf Antrag des Konkursverwalters oder eines Konkursgläubigers muß er →*eidesstattliche Versicherung* ablegen (§ 125 KO). c) Die Handlungs-, insbes. →*Geschäftsfähigkeit* des G. wird nicht gemindert. Er bleibt fähig, neue Prozesse zu führen, Rechte zu erwerben und Pflichten einzugehen. – Während des Konkursverfahrens gemachter Vorerwerb ist bis zur →Aufhebung des Konkursverfahrens für Konkursgläubiger nicht pfändbar (§ 14 I KO).

Gemeinverbrauch (genauer: *echter Gemeinverbrauch*), *verbundener Verbrauch, gemeinsame Inanspruchnahme*, durch das betrachtete →Bezugsobjekt und weitere gemeinsam betreffende Entscheidungen ausgelöster →Verbrauch, soweit dieser nicht nach dem →Identitätsprinzip eindeutig zugerechnet werden kann. Zum G. gehört der Schein-Einzelverbrauch (→Schein-Einzelkosten (-ausgaben, -einnahmen, -erlöse, -verbräuche)), nicht der unechte Gemeinverbrauch. – *Gegensatz*: →Einzelverbrauch.

Gemeinwirtschaft. 1. *Begriff*: Unmittelbar auf das Wohl einer übergeordneten Gesamtheit (Gemeinwohl) ausgerichtete wirtschaftliche Aktivitäten (→Gemeinwirtschaftlichkeit). An die Stelle des Privatwirtschaft zugrunde liegenden Axioms einer kollektiven Nutzenmaximierung (theoretischer, nicht befriedigend gelöster Ansatz). – 2. *Inhaltliche Abgrenzung*: Im Zeitablauf grundsätzlich gewandelt. a) *Monistischer Ansatz*: G. wird gleichgesetzt mit →Planwirtschaft oder einem System kooperierender Genossenschaften. b) *Dualistischer Ansatz*: Neben dem privatwirtschaftlichen Sektor wird in G. ein staatswirtschaftlicher oder genossenschaftlicher Sektor, den privatwirtschaftlichen Sektor zu ergänzen und mögliche negative Folgen zu vermeiden bzw. zu kompensieren hat, als zweiter Teil der gesamten Wirtschaftsordnung gesehen. c) *Pluralistischer Ansatz* (wird i. a. heute vertreten): Gemeinwirtschaftliche Unternehmen in der herrschenden Wirtschaftsordnung nehmen teilweise am Wettbewerb teil; sie haben gegenüber den privatwirtschaftlichen Unternehmen und Haushalten regulierende, stimulierende und komplementäre Funktionen wahrzunehmen. Träger gemeinwirtschaftlicher Unternehmen sind im wesentlichen Gebietskörperschaften (→öffentliche Unternehmen), Gewerkschaften, Kirchen, Parteien, Stif-

tungen und Verbände; neben einer Vielzahl staatlicher und kommunaler Unternehmen u. a. gehören Gewerkschaftsunternehmen, Genossenschaften, Unternehmen der freien Wohlfahrtspflege sowie die Gemeinnützigen Wohnungsunternehmen zum Bereich der G. – Das *Problem* der pluralistischen Gemeinwirtschaftskonzeption besteht in der Operationalisierung der kollektiven Nutzenorientierung und damit in der Abgrenzung von gemeinwirtschaftlicher und privatwirtschaftlicher Verhaltensweise.

gemeinwirtschaftliche Unternehmen, →Gemeinwirtschaft.

Gemeinwirtschaftlichkeit. I. Allgemein: 1. *Charakterisierung*: Vielschichtig interpretierte Leitvorstellung für die Steuerung von dem Nutzen der Allgemeinheit verpflichteten Betrieben (gemeinwirtschaftliche Unternehmen, →Gemeinwirtschaft). Zur Operationalisierung gemeinwirtschaftlichen Verhaltens wurden zahlreiche einzelwirtschaftliche Handlungsmaximen aufgestellt: u. a. Gewinnverzichtsregel, kostenorientierte Preispolitik (Kosten-/Preisregel), Gewinnverwendung im Allgemeininteresse/Gemeinwohl (Gewinnverwendungsregel), Maximierung der zu erstellenden und abzugebenden Leistung bei Kostendeckung (Leistungsmaximierungsregel). Gemeinwirtschaftliches Verhalten wird zudem u. a. in der Unterwerfung unter gesetzlich formulierte Pflichtenkataloge, z. B. Betriebs-, Beförderungs-, Tarif-, Fahrplan-, Anschlußpflicht, gesehen. – *Anders*: →Gemeinnützigkeit. – 2. *Bedeutung*: In jüngster Zeit zunehmend Beachtung in der Betriebswirtschaftslehre; teilweise unter anderen Begriffen, z. B. Unternehmensethik, diskutiert.

II. G. im Verkehr: 1. *Begriff*: Mittels spezifischer Auflagen (insbesondere Betriebs-, Beförderungs- und Tarifpflicht) bewirkte Umgestaltung der Zielfunktionen der im Verkehrssektor tätigen Unternehmen zwecks Berücksichtigung struktur-, regional- und sozialpolitischer Ziele sowie der staatlichen Daseinsvorsorgefunktion. – 2. *Folgen*: Die Prinzipien der G. schränken die Möglichkeiten der Gewinnerzielung ein; die Ausnutzung von Marktmacht und Marktchancen wird durch Berücksichtigung gesamtwirtschaftlicher Interessen eingeengt. G. bedeutet Drosselung der Rentabilität, aber auch Einschränkung des Verlustabbaus bei unrentabel arbeitenden Unternehmen. Ohne staatliche Ausgleichsleistungen ist G. v. a. dort realisierbar, wo innerhalb eines (Monopol-)Unternehmens interne Subventionierung möglich ist. – 3. *Beurteilung:* a) Ein der gegenwärtigen Situation der Verkehrswirtschaft angepaßtes Verständnis von G. darf sich nicht an überwundenen Strukturen orientieren, sondern muß zukunftsbezogen sein und verstärkt die Gesichtspunkte einer volkswirtschaftlich effizienten Arbeitsteilung der Verkehrsträger berücksichtigen. Die *Eisenbahn* hat seit langer Zeit ihre Monopolstellung verloren; die Verkehrswirtschaft ist durch eine veränderte Aufgabenstellung der verschiedenen Verkehrsträger gekennzeichnet. Dort wo ein anderer Verkehrsträger die erforderlichen Transporte zu niedrigeren Kosten und/oder höherer Qualität erbringen kann, sollten die gemeinwirtschaftlichen Auflagen für die Eisenbahn gelockert werden. b) Der bei insgesamt volkswirtschaftlich effizienter Arbeitsteilung gesellschaftlich wünschenswerten G. muß durch *Ausgleichszahlungen* nach dem Prinzip der speziellen Entgeltlichkeit entsprochen werden.

Gemeinwohlbindung der Tarifpartner, →Tarifautonomie.

Gemengelage, *Mischgebiet,* sowohl zu gewerblichen als auch zu Wohnzwecken genutzte Flächen. Wegen der Emissionsproblematik meist als faktisches und planerisches Problem betrachtet. Neuerdings werden Entschärfungen des Gemengelagenproblems ohne Verlagerungen durch aktiven und passiven Schallschutz und Emissionsschutz angestrebt. – Vgl. auch →Bauleitplanung, →Gewerbebestandspflege, →Flächenrecycling.

gemischte Gründung, Kombination aus →Bargründung und →Sachgründung.

gemischte Konten, Konten, die Bestände, Aufwendungen und Erträge enthalten, daher auch: *Bestands-Erfolgs-Konten.* – 1. Typisches *g. K.* ist das *ungeteilte Warenkonto.* Es enthält im Soll den Warenanfangsbestand (Bewertung zum Einstandswert) und Wareneinkäufe (zum Einstandspreis) und den Warenrohgewinn; im Haben die Warenverkäufe (zum Verkaufspreis) und den Warenschlußbestand (zum Einstandspreis). *Abschluß:* a) durch körperliche Aufnahme

des Warenschlußbestandes (Buchungssatz: Schlußbilanzkonto an ungeteiltes Warenkonto); b) durch Ermittlung des Warenrohgewinns (Buchungssatz: ungeteiltes Warenkonto an Gewinn- und Verlustkonto). – 2. Nach den Buchführungsrichtlinien ist die Führung von g. K. möglichst zu vermeiden, daher Auflösung ungeteilter Warenkonten in *Warenbestands- und Warenerfolgskonten* (z. B. Wareneinkaufskonto und Warenverkaufskonto). – 3. Wegen des *Verrechnungsverbots* gemäß § 246 II HGB dürfen Aufwendungen grundsätzlich nicht mit Erträgen verrechnet werden. – *Ausnahmen:* Ausweis von Umsatzerträgen abzüglich →Erlösschmälerungen, Anschaffungskosten abzüglich Liefererskonti, Saldierung von Bestandserhöhungen und Bestandsminderungen an unfertigen und fertigen Erzeugnissen, Ausweis des →Rohertrags bei kleinen und mittelgroßen Kapitalgesellschaften.

gemischte Kostenarten, →sekundäre Kostenarten.

gemischte Lebensversicherung, →gemischte Versicherung 2.

gemischtes Restriktionssystem, →Restriktionssystem, das nicht nur aus einem Typ von Restriktionen (z. B. strenge Ungleichungsrestriktionen, schwache Ungleichungsrestriktionen, Gleichungsrestriktionen) besteht.

gemischte Tätigkeit, gewerbesteuerlich das Betreiben eines Gewerbes neben und unabhängig von der sonstigen freiberuflichen Tätigkeit. Der g. T. Ausübende wird nur mit seinem Gewerbe zur →Gewerbesteuer herangezogen. – Übt jemand mehrere Tätigkeiten nebeneinander aus, die wirtschaftlich eng verflochten sind und auf einem einheitlichen Vertragswerk beruhen, so liegt ein einziger in vollem Umfang steuerpflichtiger Gewerbebetrieb vor, vorausgesetzt, daß eine der Tätigkeiten gewerblicher Natur ist. Der gewerbliche Teil gibt in diesem Fall der gesamten Tätigkeit sein Gepräge.

gemischte Wirtschaftsordnung, *mixed economy.* 1. *Charakterisierung:* Die Idee der g. W. basiert im Anschluß an R. A. Dahl und C. E. Lindblom darauf, daß die Wirtschaftsordnung einer →Marktwirtschaft ein Mischsystem folgender unterschiedlicher Koordinationsverfahren ist: a) Markt-

Preis-Mechanismus, b) demokratische Willensbildung (Polyarchie), c) administrative Lenkungsverfahren (Bürokratie) und d) Verhandlungen zwischen Interessengruppen bzw. Verbänden (bargaining); vgl. auch →gesamtwirtschaftliche Planung. Wird diese Grundidee auf →staatssozialistische Zentralplanwirtschaften übertragen, so bestehen dort neben der zentralen Planung und Lenkung mittels der →Bilanzierungsmethode ebenfalls bürokratische Steuerungsmechanismen, Aushandlungsprozesse zwischen Staatsorganen bzw. Machtgruppen und (meist illegale) Aktivitäten innerhalb der →Schattenwirtschaft. – 2. *Implikation*: Die einzelnen Koordinationsverfahren sind diesem Ansatz zufolge jeweils beliebig miteinander mischbar. Dabei bleibt jedoch unberücksichtigt, daß, wie die ordnungstheoretische Analyse zeigt (→Wirtschaftsordnung III und IV), Markt und Bilanzierung die beiden (sich gegenseitig ausschließenden) primären wirtschaftlichen Koordinationsmechanismen sind und den anderen genannten Verfahren nur eine ergänzende, sekundäre Funktion zukommt. Auch wenn in keiner Wirtschaftsordnung ausschließlich nur die jeweils primäre Koordinationsmethode angewandt wird, ist daher eine beliebige Kombination der einzelnen Verfahren nicht möglich; vielmehr ist zu gewährleisten, daß der primäre Mechanismus nicht beeinträchtigt wird.

gemischtgenutztes Grundstück, →Grundstücksart i.S. des BewG. – 1. *Begriff*: Bebautes Grundstück, das teils Wohnzwecken, teils unmittelbar eigenen oder fremden gewerblichen oder öffentlichen Zwecken dient; ferner weder als →Mietwohngrundstück oder →Geschäftsgrundstück, noch als →Einfamilienhaus oder →Zweifamilienhaus anzusehen ist (§ 75 IV BewG). – 2. *Bewertung*: I.d.R. nach dem Ertragswertverfahren (§§ 76 I, 78 ff. BewG), (→Ertragswert II), ausnahmsweise nach dem Sachwertverfahren (§§ 76 III, 83 ff. BewG) (→Sachwert II).

gemischtöffentliches Unternehmen. 1. *Begriff*: →öffentliches Unternehmen, das von verschiedenen Gebietskörperschaften getragen wird. – *Anders*: →gemischtwirtschaftliches Unternehmen. – 2. *Arten*: a) *horizontale g.U.*: Eigentümer sind Gebietskörperschaften von einer Ebene (z.B. Kommune oder Länder); b) *vertikale g.U.*:

Eigentümer sind Gebietskörperschaften verschiedener Ebenen (z.B. Bund, Länder und Gemeinden). – 3. *Bedeutung*: G.U. besitzen v.a. dort Bedeutung, wo durch öffentliche Unternehmen überregionale Aufgaben wahrgenommen werden sollen (z.B. Flughäfen).

Gemischtwarengeschäft, früher: *Kolonialwarenladen, Krämerladen*, Betriebsform des Einzelhandels: Kleine bis mittelgroße Einzelhandelsbetriebe, die breite, relativ flache Sortimente mit mittelhohem Preisniveau meist mit Bedienung anbieten. Heute noch zur Versorgung der ländlichen Bevölkerung in manchen Regionen existent. Im übrigen weitgehend verdrängt vom →Nachbarschaftsgeschäft, den →Supermärkten und →Discountgeschäften.

gemischtwirtschaftliches Unternehmen, liegt dann vor, wenn private und öffentliche Anteilseigner an einer Kapitalgesellschaft derart beteiligt sind, daß entweder dem öffentlichen oder dem privaten Anteilseigner eine Sperrminorität bei den Entscheidungen in den zuständigen Unternehmensorganen eingeräumt ist. – *Anders*: →gemischtöffentliche Unternehmen. – Vgl. auch →öffentliche Unternehmen.

Genauigkeitstafel, Arbeitshilfe für methodische Marktanalyse durch →Umfragen: Zahl der auszugebenden Fragebogen und gewünschter Grad repräsentativer Genauigkeit für das angestrebte Ergebnis werden zueinander in Beziehung gesetzt. Die Genauigkeit wächst nur mit der Quadratwurzel der Fragebogenzahl; sie nimmt ab mit dem Prozentsatz von den Gesamtantworten, die auf das untersuchte Merkmal Bezug nehmen. Sind Häufigkeit des Merkmals und Zahl der Fragebogen bekannt, so gibt die G. in v.H. an, innerhalb welcher Grenzen bzw. mit welcher Wahrscheinlichkeit das Ergebnis gilt.

genehmigte Bilanz, der vom Vorstand aufgestellte, von dem bestellten Abschlußprüfer bestätigte →Jahresabschluß einer AG, der mit Genehmigung des →Aufsichtsrats festgestellt und damit bindend ist (§ 172 AktG). Feststellung durch die Hauptversammlung erfolgt dann, wenn sich Vorstand und Aufsichtsrat dafür entscheiden oder der Aufsichtsrat den Jahresabschluß nicht billigt (§ 173 AktG). Die g.B. wird der

Hauptversammlung vorgelegt, die über Gewinnverwendung beschließt.

genehmigtes Kapital. 1. *Begriff:* Betrag, bis zu dem der Vorstand einer AG das →Grundkapital durch Ausgabe neuer Aktien gegen →Einlagen erhöhen kann, höchstens jedoch die Hälfte des zur Zeit der Ermächtigung vorhandenen Grundkapitals. – Bei ausländischen Gesellschaften oft als *autorisiertes Kapital* bezeichnet. – 2. Die *Ermächtigung* zur Kapitalerhöhung erhält der Vorstand a) durch die Satzung (für höchstens fünf Jahre nach Eintragung der Gesellschaft); b) durch Satzungsänderung (für höchstens fünf Jahre nach Eintragung der Satzungsänderung im Handelsregister). Die Satzung kann auch vorsehen, daß die neuen Aktien an Arbeitnehmer der AG ausgegeben werden (→Belegschaftsaktien). – 3. Zur →Kapitalbeschaffung durch g. K. ist ein *Beschluß der Hauptversammlung* mit mindestens ¾-Mehrheit des bei der Beschlußfassung vertretenen Grundkapitals erforderlich. – Vgl. auch →Kapitalerhöhung II.

Genehmigung. I. Bürgerliches Recht: Die →Zustimmung zu einem von anderen Personen vorgenommenen →Rechtsgeschäft, wenn diese nach Abschluß des Geschäfts erteilt wird (§ 184 BGB) (andernfalls: →Einwilligung). Hängt die Gültigkeit eines Geschäfts von der G. eines anderen ab, so ist das Rechtsgeschäft „schwebend unwirksam". – Vgl. auch →behördliche Genehmigung, →Erlaubnis.

II. Außenwirtschaftsrecht: Vgl. →Ausfuhrverfahren, →Einfuhrverfahren.

III. Güterkraftverkehrsgesetz: 1. Einer G., auch *Konzession* genannt, *bedarf es* zur Durchführung von gewerblichem Güterfernverkehr und Güterliniennahverkehr (mit Kraftfahrzeugen). – 2. Die G. *gilt* für die Person des Unternehmers (nicht für das Fahrzeug) unter Beachtung der zahlenmäßigen Begrenzung der Fahrzeuge; sie ist nicht übertragbar. I. d. R. wird die G. für acht Jahre erteilt (im Güterliniennahverkehr oder zeitliche Begrenzung). – 3. *Formen*: Das GüKG kennt: a) G. für den allgemeinen Güterfernverkehr (unbeschränkte oder rote G.); b) G. für den Bezirksgüterfernverkehr in der 150 km-Zone um den Standort (Bezirks- oder blaue G.); c) G. für den grenzüberschreitenden Güterfernverkehr in Verbindung mit einer Inlandsbeförderung (rosa G.); d) G. nur für den grenzüberschreitenden Güterfernverkehr, so daß Inlandsbeförderungen verboten sind (blaß-rosa G.); e) G. für den Güterliniennahverkehr. Daneben gibt es die zum freizügigen Verkehr in EG- und Drittländern berechtigenden *Europa-G.* der EG sowie die *CEMT-G.* zum freizügigen Verkehr innerhalb der der CEMT angeschlossenen Ländern. – 4. *Kontingentierung*: Die Anzahl der G. ist in allen Fällen begrenzt *(Kontingent)*, außer für den Güterliniennahverkehr.

IV. Sonstige Verkehrsgesetze: Die Personenbeförderung mit Straßenbahnen, Bussen, Kraftfahrzeugen im Linienverkehr und im Gelegenheitsverkehr bedarf gemäß § 2 PBefG ebenso einer G., wie die gewerbsmäßige Beförderung von Personen und Sachen in Luftfahrzeugen (§§ 20, 21 LuftVG) und die Güterbeförderung mit Binnenschiffen (§ 1 BSchVG).

genehmigungsbedürftige Einfuhr, →Einfuhrverfahren II.

genehmigungsfreie Einfuhr, →Einfuhrverfahren I.

general accepted accounting principles, amerikanische Bezeichnung für die von der Vereinigung der Certified Public Accountants (entsprechend dem Institut der Wirtschaftsprüfer in Deutschland e. V.) ausgearbeiteten →Grundsätze ordnungsmäßiger Buchführung (GoB) und Grundsätze ordnungsmäßiger Bilanzierung, die als „Empfehlungen" weitgehend anerkannt sind, deren Durchführung aber nicht erzwungen werden kann.

Generalagent, →Versicherungsvertreter.

General Agreement on Tariffs and Trade, →GATT.

Generalbevollmächtigter, →Generalvollmacht.

Generalbundesanwalt, Leiter der →Staatsanwaltschaft beim →Bundesgerichtshof (BGH). G. wird auf Vorschlag des Bundesjustizministers, der der Zustimmung des Bundesrates bedarf, vom Bundespräsidenten ernannt (§ 149 GVG). – *Zuständigkeit*: Wahrnehmung der Aufgaben der Staatsanwaltschaft bei den zur Zuständigkeit des Bundesgerichtshofs gehörenden Strafprozessen und den zur Zuständigkeit von Oberlandesgerichten in erster Instanz gehörenden Strafsachen (Staatsschutz), Führung des →Bundeszentralregisters.

Generaldirektor, in der Praxis teilweise verwendeter Titel für den Leiter der Unternehmung. →Kompetenzen des G. nicht einheitlich umrissen. Position meist als →Singularinstanz an der Spitze der →Führungshierarchie; Leitung der untergeordneten Handlungsträger nach dem →Direktorialprinzip. – *Abgrenzung*: Im Unterschied z. B. zum Vorsitzenden einer GmbH-Geschäftsführung darf der Vorsitzende des →Vorstands einer AG *nicht* G. in diesem Sinne sein, da das AktG 1965 für den multipersonalen Vorstand das →Kollegialprinzip vorschreibt (→Organisationsrecht III 3 a)).

general enterprise, →Arbeitsgemeinschaft, →Generalunternehmer.

Generalhandel, seit 1928 nach der „internationalen Konvention über Wirtschaftsstatistik" die Erfassung aller die Grenzen des Zollgebiets überschreitenden Güter ohne Durchfuhr, also im Gegensatz zum →Spezialhandel die Erfassung des Warenverkehrs derart, wie sich die Verkehrsvorgänge vom Ausland her darstellen: 1. Direkte *Ausfuhr* inländischer Erzeugnisse plus Ausfuhr „nationalisierter" ausländischer Erzeugnisse (→Nationalisierung). – 2. Direkte *Einfuhr* aus dem Ausland plus Einfuhr aus den Zollgutlagern (→Lagerung im Sinne des Zollrechts). Der Unterschied zwischen beiden Darstellungsformen beruht auf der verschiedenen Nachweisung der auf Lager (→Lagerverkehr) eingeführten ausländischen Waren.

Generalisierung, I. Marketing: Aus der Psychologie in die Theorie des Konsumentenverhaltens übernommener Begriff. Ein gelerntes Verhalten wird von einem Konsumenten nicht nur auf eine spezifische, sondern auch auf ähnliche Situationen angewendet. – *Beispiel*: Die Erkenntnis, daß ein bestimmter Artikel in einem Einzelhandelsbetrieb preisgünstig angeboten wird, kann auf andere Artikel der betreffenden Abteilung oder auf das gesamte Sortiment übertragen werden.

II. Wirtschaftsgeographie: formale Regel für die Auswahl von realen Elementen

bei der Abbildung in einer →Karte. Vereinfachungen, Weglassungen, Hervorhebungen von Einzelheiten und Zusammenfassungen durch Verwendung von Klassifikationen haben den Zweck, die Lesbarkeit des Kartenbildes und Identifizierbarkeit der dort dargestellten Sachverhalte zu verbessern. In der computergestützten Kartographie (→geographisches Informationssystem) stellt die Auswahl „überflüssiger" Informationen bei der Verkleinerung des Maßstabs (z. B. von 1 : 50000 auf 1 : 200000) ein Problem dar, für das bisher unterschiedliche, aber nur in Teilen befriedigende Algorithmen entwickelt worden sind.

Generalklausel, Bezeichnung für § 626 I BGB. Vgl. im einzelnen →außerordentliche Kündigung 2.

Generalpolice, *laufende Versicherung,* →Versicherungsschein, mit dessen Verwendung Anmeldung und Abrechnung bei der →Transportversicherung vereinfacht werden. In der G. werden die zu versichernden Objekte der Gattung nach bezeichnet, die üblichen Transportwege und die geltenden Prämien und Bedingungen aufgeführt. Alle darunter fallenden Transporte sind versichert. Der Versicherungsnehmer ist verpflichtet, sie einzeln oder zu bestimmten Terminen gesammelt für einen in der G. vereinbarten Zeitraum an den Versicherer zu melden; damit genießt er auch dann Versicherungsschutz, wenn ein Schaden schon vor Eintragung und Anmeldung eingetreten ist.

general problem solver (GPS), von A. Newell und H. A. Simon Ende der 50er Jahre entwickeltes intelligentes →Programm, das als ein Spielmodell v. a. zum Erkunden von Möglichkeiten der →künstlichen Intelligenz gedacht war und auch eingesetzt wurde; außerdem im Bereich der →cognitive science verwendet. GPS kann z. B. einfache Probleme der elementaren symbolischen Logik lösen.

Generalstreik, Form des →Arbeitskampfs, bei der alle oder die meisten Arbeitnehmer in →Streik treten, also die gesamte Wirtschaft zum Stillstand bringen, meist in der Absicht, politischen Forderungen Nachdruck zu verschaffen (→politischer Streik).

Generaltarif, allgemein geltender →Zolltarif mit den höchsten Zollsätzen eines Landes. Der G. bildet den Ausgangspunkt für Zollverhandlungen im Rahmen von Handelsvertragsverhandlungen. Die Höhe seiner einzelnen Positionen kann gebunden oder ermäßigt werden. Da in den meisten Handelsverträgen und v. a. durch das →GATT die →Meistbegünstigung vereinbart ist, gelten i. d. R. die einem Land gegenüber gemachten Zollkonzessionen auch all den anderen Ländern gegenüber, mit denen handelsvertragliche Bindungen bestehen. Neben dem G. gibt es daher meist einen →Gebrauchstarif. – Vgl. auch →Doppeltarif.

Generalunternehmer, *Gesamtunternehmer,* der von einem Auftraggeber mit der Ausführung eines Auftrages (meist eines Bauauftrages) betraute Unternehmer, der sich zur Erfüllung des von ihm übernommenen Auftrages anderer Unternehmer *(Sub- oder Unterunternehmer)* bedient. Rechtsbeziehungen entstehen nur zwischen dem Auftraggeber und dem G. einerseits und dem G. und den Subunternehmern andererseits. Diese Form der Arbeitsgemeinschaft wird als *Generalenterprise* bezeichnet. – *Anders:* →Hauptunternehmer. – *Umsatzsteuerpflicht:* Vgl. →Arbeitsgemeinschaft II 3.

Generalverkehrsplan (GVP), Plan, der die gesamte Verkehrssituation in einem Planungsraum (Gemeinde, Land) berücksichtigt. – *Zweck:* Der G. soll aufgrund der Analyse und Diagnose der gegebenen Situation unter bestimmten Zielsetzungen die künftige Situation prognostizieren und Maßnahmen zur Erreichung der künftig angestrebten Situation vorschlagen.

Generalversammlung, auf Gesetz beruhende Versammlung der Gesellschafter a) einer AG: →Hauptversammlung, b) einer GmbH: Gesellschafterversammlung (→Gesellschaft mit beschränkter Haftung (GmbH) V), c) einer Genossenschaft: Generalversammlung (→Genossenschaftsorgane 3). – Die G. *beschließt* insbes. über den Jahresabschluß, die Gewinn- und Verlustverteilung sowie über die Entlastung von Vorstand und Aufsichtsrat.

Generalvertreter, →Handelsvertreter (meist →Bezirksvertreter), der die Vermitt-

lungstätigkeit nicht selbst, sondern durch Untervertreter (Subagenten) durchführen läßt. Anstellung und Bezahlung der Untervertreter erfolgt durch den G. Die Hauptarbeit des G. liegt in der Organisation und Verwaltung der Tätigkeit seiner Subagenten, insbes. deren Auswahl und Schulung.

Generalvollmacht, zur Vertretung des Vollmachtgebers in allen Geschäften oder in allen Geschäften eines bestimmten größeren Geschäftskreises ermächtigende →Vollmacht. – *Gegensatz:* →Spezialvollmacht. – In der Wirtschaft werden von Großunternehmern bisweilen auch Prokuristen, denen unumschränkte Prokura erteilt ist, die besonders hervorgehobenen werden sollen, als *Generalbevollmächtigte* bezeichnet. Die rechtlichen und tatsächlichen Befugnisse des Generalbevollmächtigten eines Firmeninhabers gehen wesentlich weiter als die eines Generalbevollmächtigten einer Kapitalgesellschaft. Der Generalbevollmächtigte einer Einzelperson repräsentiert rechtlich den Inhaber der Einzelfirma; er kann diesen nach innen und außen bei der Leitung des Unternehmens in jeder Hinsicht vertreten, soweit das Gesetz eine Stellvertretung zuläßt. Der Generalvollmächtige besitzt neben der bürgerlichrechtlichen G. von seiten des Inhabers keine handelsrechtliche Spezialvollmacht und ist demgemäß auch nicht im Handelsregister etwa als Prokurist der Firma eingetragen; er zeichnet nicht die Firma, sondern handelt stets im Namen des Inhabers.

Generation, *Geburtsjahrgangskohorte,* Begriff der →Demographie für Personen, die im gleichen Kalenderjahr geboren sind. – Vgl. auch →Generationenabstand, →Kohortenanalyse.

Generationenabstand. 1. *Begriff:* Durchschnittsalter der Mütter bei der Geburt von Kindern *(biologischer G.).* G. war in der Vergangenheit relativ stabil, weil die Abnahme der Zahl der Kinder höherer Ordnungsnummer mit älteren Müttern durch die Zunahme des Alters der Mütter beim ersten Kind kompensiert wurde. – 2. Von großer *Bedeutung* für das Tempo der Bevölkerungsentwicklung: Eine Bevölkerung mit positiver Geburtenbilanz nimmt um so schneller zu, je niedriger der G. ist, weil die →Generationen rascher aufeinander folgen. – Vgl. auch →Familienstatistik.

Generationenvertrag. I. Begriff: Hypothetischer „Solidar-Vertrag zwischen den Generationen" (W. Schreiber) als Basiskonzept für die wissenschaftliche Grundlegung des Systems der →dynamischen Rente. Intendiert gesamtgesellschaftliche Regelung potentieller Konflikte bei der Verteilung des Lebenseinkommens auf die drei Lebensphasen: Kindheit und Jugend, Arbeitsalter sowie Lebensabend in einer Gesellschaft, in der sich der Drei-Generationen-Verbund innerhalb der Familien auflöst. Erforderlich sind wegen des hiermit verbundenen Risikos für den sozialen Frieden *Sicherungsmaßnahmen* im Stil der „alten" Sozialpolitik. Die dem G. zugrunde gelegte Perspektive läßt sich in der nachstehenden Abbildung veranschaulichen. Betrachtet man die Lebenslinie der 2. Generation, so zeigt sich, daß sie Leistungen während der Kindheitsphase von seiten der dann im Erwerbsalter stehenden Elterngeneration (1. Generation) empfängt (Pfeil a). Dafür unterhält sie diese Elterngeneration in deren letzter Lebensphase (Pfeil b). Zudem gewährt sie während ihres Erwerbsalters den Kindern der 3. Generation Unterhalt (Pfeil c) und empfängt von dieser Generation ihren Alters-Unterhalt, sobald diese ins Erwerbsalter und sie selbst in die Phase des Lebensabends hineingewachsen sind (Pfeil d).

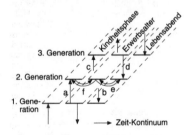

II. Systemidee: Das *Bild der realen Leistungsströme* („aller Sozialaufwand muß immer aus dem Volkseinkomen der laufenden Periode gedeckt werden", Mackenroth; *Einheit des Sozialbudgets*) wird von dem *Bild der Rechte und Ansprüche* überlagert. So soll gemäß obiger Darstellung ein Recht auf Versorgung im Alter infolge der Vorleistungen während der Zeit der Erwerbstätigkeit begründet werden (siehe Schleife) sowie eine Verpflichtung, während der Zeit der Erwerbstätigkeit die Unterhaltsleistungen der Kindheitsphase abzugelten. Dieser Systemidee folgend, leistet Sozialpolitik einen *intertemporalen Ausgleich der Lebenseinkommen* in engeren sozialen Gruppen zum Zweck der Sicherung bestimmter Lebensstandards oder Versorgungsniveaus. Um diese jedoch gewährleisten zu können, muß eine bestimmte (stabile) demographische Struktur gegeben sein.

III. Problematik: Von diesen Reformideen her ist das Gesetzgebungswerk der Rentenreform in der Bundesrep. D. angegangen worden, ohne daß jedoch dem Vorschlag, eine „Kinderrente" einzuführen, gefolgt wurde. Von Anbeginn ist nämlich auf eine zentrale Voraussetzung des Systems dynamischer Renten aufmerksam gemacht worden, daß das Geschäftsvolumen einer Volksrentenanstalt nicht abnimmt, sondern eher zunimmt. Lediglich bei einem stetig wachsenden Volk kann daher das System funktionieren. Die demographische Entwicklung erweist sich unter diesem Aspekt als sozialpolitisch höchst relevant. Ein Altersaufbau, der einer zahlenmäßig schrumpfenden Erwerbsbevölkerung anteilig steigende Lasten für die Versorgung von Nichterwerbstätigen aufbürdet, könnte Anlaß zu Umverteilungskämpfen zwischen den Generationen bieten, zu einer Aufkündigung des Solidar-Vertrags durch die Erwerbsbevölkerung in Richtung auf die „Kinder" und „Alten". So kann nicht ausgeschlossen werden, daß jene Mitglieder einer Generation, die sich von den Ansprüchen überfordert fühlen, die mit der Erziehung und dem Unterhalt von Kindern verbunden sind, mit dem Verzicht auf Kinder reagieren.

IV. Beurteilung: Die Erkenntnis von der ausschließlichen und alleinigen Abhängigkeit der Versorgung der Nicht-mehr-Erwerbstätigen von der nachgewachsenen Generation rührt unmittelbar an die Grundlagen der Rentenreform. Das entscheidende Versäumnis der Sozialreform in der Bundesrep. D. resultiert aus einer Fehleinschätzung bezüglich der Bedeutung des →Humanvermögens der Kinder-Generation als „tragende Grundlage der Sicherung im Alter". In einer umfassenden Konzeption müßte den Anfang der Sozialreform der Familienlastenausgleich bilden, denn Familienlastenausgleich und Altersversorgung können nur als Einheit gesehen werden.

Generator, in der Informatik Grundprogramm (→Programm), das mit Hilfe von speziellen Anweisungen und →Parametern ein Programm (→Programmgenerator), eine →Maske (Maskengenerator), ein Menü (→Menütechnik), das Format einer zu druckenden (→Drucker) Liste (→Reportgenerator) o. ä. erzeugt.

generelle Standortfaktoren nach A. Weber („Über den Standort der Industrien", 1909) drei g. St., die für den Industriebetrieb von Bedeutung sind: (1) relative Preishöhe der Materiallager, (2) Arbeitskostenhöhe, (3) Transportkostenhöhe. – Vgl. auch →Standortdreieck.

generic concept of marketing, →generisches Marketing.

generic placement, →product placement.

Generics, →No Names, →Marke.

generische Aktivitäten, →Wettbewerbsstrategie IV.

generisches Marketing, *generic concept of marketing,* weitestes Marketingkonzept. Es umfaßt alle sozialen Austauschbeziehungen von Gütern im weitesten Sinne (Transaktionen von Werten), d. h. Austauschbeziehungen von Organisationen mit ihrer Umwelt sowie innerorganisatorische Austauschvorgänge. Marketing mündet so gesehen in eine allgemeine Theorie sozialer Austauschprozesse.

generische Strategien, →Wettbewerbsstrategie III 2.

Genfer Schema, 1950 bei einer internationalen Konferenz für Arbeitsbewertung in Genf von Prof. Dr. Bramesfeld und Dr. Lorenz vorgeschlagenes Schema. International vereinheitlichte Gliederung der Komponenten sind Anforderungsmerkmale zur Arbeitsbewertung. Komponenten sind *Können* und *Belastung:* Die geistigen und körperlichen Anforderungen sowie die Verantwortung und die Arbeitsbedingun-

gen werden eingeordnet, so daß insgesamt sechs Anforderungsarten entstehen.

	Können	Belastung
1. Geistige Anforderung	× (Kenntnisse)	× (geistige Bel.)
2. Körperliche Anforderung	× (Geschicklichkeit)	× (Muskelarbeit)
3. Verantwortung	×	–
4. Arbeitsbedingungen	–	×

Genosse, Mitglied einer →Genossenschaft.

Genossenliste, →Genossenschaftsregister 3 b.

Genossenschaft. I. R e c h t s g r u n d l a g e n : →Genossenschaftsgesetz (GenG) und HGB.

II. B e g r i f f / C h a r a k t e r i s i e r u n g : Die G. ist eine Gesellschaft von nicht geschlossener Mitgliederzahl mit dem Zweck, den Erwerb oder die Wirtschaft ihrer Mitglieder mittels gemeinschaftlichen Geschäftsbetriebs zu fördern. Der Charakter der G. als *Personenvereinigung* mit *wirtschaftlicher Förderungsaufgabe* kommt zum Ausdruck: a) in der Gleichberechtigung der Mitglieder untereinander ohne Rücksicht auf die Höhe ihrer Kapitalbeteiligung an der G. sowie in der Selbstverwaltung durch die →Genossenschaftsorgane; b) im gemeinschaftlich begründeten Geschäftsbetrieb, der im Sinne der Förderungsaufgabe nicht gewinnorientiert sein soll (→Preispolitik II). Die G. als Form solidarischer Eigenhilfe ist eine Privatwirtschaft; sie ist eingebunden in den marktwirtschaftlichen Prozeß. Im Gegensatz dazu v. a. im Ausland gemeinwirtschaftliche oder halbstaatliche Formen mit ordnungspolitischem Anspruch.

III. A r t e n : 1. *Wirtschaftliche Arten:* a) *Förderungs-G. (Hilfs-G.),* die als Hilfswirtschaft der auch weiterhin selbständig bestehenden Mitgliederwirtschaften anzusehen sind. – *Arten:* (1) *Beschaffungs-G.:* (a) Bezugs-G. der Handwerker (Handwerkergenossenschaften), (b) Einkaufs-G. des Handels (→EDEKA-Genossenschaften, →Rewe-Genossenschaften), (c) Bezugs-G. der Landwirte (→landwirtschaftliche Waren-

und Verwertungsgenossenschaften), (d) →Verkehrsgenossenschaften, (e) →Konsumgenossenschaften (Verbraucher-G.); (2) *Absatz-G.*: (a) Absatz-G. der Handwerker (Handwerkergenossenschaften), (b) Landwirtschaftliche Absatz-G. (→landwirtschaftliche Waren- und Verwertungsgenossenschaften) und →Produktionsgenossenschaften (Molkereigenossenschaften); (3) *Kredit-G.*: gewerbliche (→Volksbanken), ländliche (→Raiffeisenbanken); (4) *Wohnungsbau-G.*; (5) *Nutzungs-G.* (→landwirtschaftliche Dienstleistungsgenossenschaften). – 2. *Rechtliche Arten:* a) Es bestehen drei *Haftpflichtformen,* wobei alle nur mit dem Zusatz *eingetragene G. (eG)* firmieren dürfen: (1) *G. mit unbeschränkter Haftpflicht:* Die Genossen haften für die Schulden der Genossenschaft mit ihrem ganzen Vermögen; (2) *G. mit beschränkter Haftpflicht:* Die Genossen haften mit der im Statut festgelegten Haftpflichtsumme (nicht unter dem →Geschäftsanteil); (3) *G. ohne Haftpflicht:* Die Genossen haften nicht, sondern nur die G. als Körperschaft. – b) *Verboten* ist es, in Form der G. ein Versicherungsunternehmen, eine Hypothekenbank oder eine Bausparkasse (ausgenommen die vor dem 1.10.1931 gegründeten) zu betreiben.

IV. Rechtliche Regelungen: 1. *Gründung* durch mindestens sieben Personen, die ein →Statut für die G. aufzustellen und Vorstand und Aufsichtsrat (→Genossenschaftsorgane) zu wählen haben. *Eintragung* der G. in das →Genossenschaftsregister durch Vorstand anzumelden unter Einreichung des von den Gründern unterzeichneten Statuts (nebst einer Abschrift desselben), einer Liste der Mitglieder, von Urkunden über die Bestellung des Vorstands und des Aufsichtsrats sowie des Zulassungsbescheids zu einem →Prüfungsverband. Mit Eintragung wird die G. →*juristische Person* und gilt (ohne Rücksicht auf ihre Größe) als *Kaufmann* im Sinn des HGB; damit ist sie neben den Vorschriften des G.sgesetzes auch denen des HGB unterworfen. – 2. Kennzeichnend für die G. ist das *Prinzip der Selbstorganschaft.* Vorstands- und Aufsichtsratsmitglieder müssen Genossen sein. Das „Basiswissen" der Mitglieder, insbes. ihre Förderungsvorstellungen, soll stets unmittelbar in der Verwaltung der G. präsent sein. Die G. ist eine wirtschaftliche *Selbsthilfeorganisation* von Mitgliedern für Mitglieder. Das Ehrenamt im Vorstand ist typusbestimmend für die G.; wenngleich die praktische Bedeutung des Ehrenamtes im Vorstand in den vergangenen Jahren deutlich nachließ, sind heute selbst in →Kreditgenossenschaften noch häufig Vorstandsmitglieder ehrenamtlich tätig. – 3. *Rechtsstellung der Genossen:* a) *Aufnahme* durch Teilnahme an Gründung oder Eintritt, der durch schriftliche Beitrittserklärung mit Zustimmung des Vorstands und Eintragung in die Genossenliste wirksam wird. b) *Rechte:* (1) Recht zur Benutzung der satzungsgemäßen Einrichtungen der G.; (2) Stimmrecht, bei Großgenossenschaften das aktive und passive Wahlrecht zur Vertreterversammlung; (3) Anspruch auf →Gewinnanteil, soweit nicht durch Statut ausgeschlossen. c) *Pflichten:* (1) Zahlung der Pflichteinlagen; (2) Nachschußpflicht (→Genossenschaftskonkurs); (3) andere durch Statut begründete Pflichten (z. B. Abnahmepflichten). d) *Ausscheiden:* (1) Austritt durch schriftliche Kündigung mit Dreimonatsfrist zum Schluß des Geschäftsjahres. Das Statut kann eine andere (höchstens fünfjährige) Kündigungsfrist vorsehen; (2) Aufkündigung durch Gläubiger des Genossen; (3) Ausschließung; (4) Übertragung des Geschäftsguthabens auf einen Genossen; (5) Tod des Genossen. – Eintragung des Ausscheidens in die Genossenliste erforderlich. Der Ausscheidende hat Anspruch auf Auszahlung des sich nach der Bilanz ergebenden →Geschäftsguthabens binnen sechs Monaten, ggf. muß er einen anteiligen Fehlbetrag einzahlen. Hatte der Genosse seinen Geschäftsanteil voll eingezahlt, kann das Statut ihm einen Anspruch einräumen auf Auszahlung eines Anteils an einer zu diesem Zweck aus dem Jahresüberschuß zu bildenden Ergebnisrücklage. – 4. *Auflösung der G.:* a) *Gründe:* (1) Beschluß der Generalversammlung, zu fassen mit Dreiviertelmehrheit der Stimmen der erschienenen Mitglieder; (2) Ablauf der Zeit, wenn das Bestehen der G. im →Statut von vornherein auf eine bestimmte Zeitdauer beschränkt worden ist; (3) Sinken der Mitgliederzahl unter sieben; (4) gesetzwidrige Handlungen oder Unterlassungen der G.; (5) Verfolgung anderer als der im Gesetz zugelassene Zwecke; (6) →Genossenschaftskonkurs. b) *Verfahren*: Die Auflösung der G. muß in das G.sregister eingetragen und bekanntgemacht werden. Außer bei Konkurs schließt sich an die Auflösung die Liquidation (Abwicklung) der G. an. Liquidatoren sind der Vorstand oder wenigstens zwei andere dazu bestellte (auch juristische) Personen. Verteilung des Liquidationserlöses an die Mitglieder frühestens nach Ablauf eines Jahres nach Bekanntmachung der Auflösung, wobei zunächst das Verhältnis der Geschäftsguthaben zueinander zugrunde zu legen ist. Übersteigt der Liquidationserlös den Betrag der Geschäftsguthaben, so ist er nach Köpfen zu verteilen, wenn das Statut keinen anderen Verteilungsmodus bestimmt.

V. Steuerpflicht: 1. *Körperschaftsteuer*: Nach § 1 I Nr. 2 KStG sind alle Erwerbs- und Wirtschaftsgenossenschaften steuerpflichtig. Von der Körperschaftsteuer befreit sind Hauberg-, Wald-, Forst- und Lauf-G., wenn sie keinen →Gewerbebetrieb unterhalten oder verpachten (§ 3 II KStG, →Realgemeinden) sowie unter bestimmten Voraussetzungen landwirtschaftliche Betriebs-G. Bei Erwerbs- und Wirtschafts-G. sind Rückvergütungen an Nichtmitglieder →Betriebsausgaben. Rückvergütungen an Mitglieder sind nur insoweit Betriebsausgaben, als die dafür verwendeten Beträge im Mitgliedergeschäft erwirtschaftet worden sind (§ 22 I KStG). Erzielen unbeschränkt steuerpflichtige G. ausschließlich →Einkünfte aus Land- und Forstwirtschaft, wird gem. § 25 KStG vom →Einkommen ein zeitlich befristeter Freibetrag von 30000 DM abgezogen. – 2. *Gewerbesteuer*: Erwerbs- und Wirtschafts-G. sind wegen ihrer Rechtsform steuerpflichtig (§ 2 II Nr. 2 GewStG). Die Vorschriften des Körperschaftsteuergesetzes, die den Gewinn der G. ganz oder teilweise von der Besteuerung freistellen, gelten auch für die Gewerbesteuer (§ 3 Nr. 8 GewStG). – 3. *Vermögensteuer*: Nach § 7 VStG bleiben bei der Veranlagung bestimmter G. in den der Gründung folgenden zehn Kalenderjahren 100 000 DM vermögensteuerfrei. Befreiung von der Vermögensteuer unter den gleichen Voraussetzungen wie bei der Körperschaftsteuer.

VI. Geschichtliche Entwicklung in Deutschland: 1. Die G. sind *Mitte des 19. Jahrhunderts* entstanden zur Bekämpfung der wirtschaftlichen Not der ländlichen Bevölkerung, der Gewerbetreibenden und der Arbeiter, eingeleitet durch V. A. Huber (1800–69) als erstem theoretischen Wegbereiter, wenn auch ohne praktischen Gründungserfolg; er propagierte die Gründung von Verbraucher-, Siedlungs- und Bau-G. – 2. Auf anderen Gebieten waren bahnbrechend →Schulze-Delitzsch (Prinzip der Selbsthilfe anstelle von Staatshilfe) und →Raiffeisen. *Schulze-Delitzsch* gründete 1849 in Delitzsch die ersten Rohstoffassoziationen der Tischler und Schuhmacher; weiterhin in den Folgejahren Vorschußvereine, die den Handwerkern Kredite zur Verfügung stellten. – *Raiffeisen* ist der Begründer von landwirtschaftlichen G., erste Gründung von Vorformen in den Jahren 1847–54 in Weyerbusch, Flammersfeld und Heddesdorf im Westerwald. – Um die Wirksamkeit des genossenschaftlichen Zusammenschlusses zu erhöhen, wurden von Schulze-Delitzsch und Raiffeisen Genossenschaftsverbände und zentrale Kreditinstitute gegründet: 1859 „Zentralkorrespondenzbüro der Deutschen Vorschuß- und Kreditvereine" als Vorläufer von „Allgemeiner Verband der auf Selbsthilfe beruhenden deutschen Erwerbs- und Wirtschafts-G.", 1864 „Deutsche G.bank von Soergel, Parrisius u. Co.", 1876 „Landwirtschaftliche Central-Darlehnskasse", 1877 „Generalverband ländlicher G. für Deutschland". – *Anerkennung* der G. als Unternehmungsform durch →Genossenschaftsgesetz (GenG) 1867. – 3. In den folgenden Jahrzehnten *starke Zersplitterung* in den Genossenschaftsverbänden: 1883 wurde von Wilhelm Haas die „Vereinigung (später umbenannt in Reichsverband) Deutscher Landwirtschaftlicher Genossenschaften" gegründet; 1895 zur Unterstützung der Landwirtschaft die „Preußische Central-Genossenschafts-Kasse" als staatliche Bank errichtet, mit der den Schulze-Delitzsch-Verband nicht zusammenarbeitete, weil er Staatshilfe ablehnte. – 4. Daher 1901 *Zusammenschluß* von handwerklichen G. unter W. Korthaus im „Hauptverband deutscher gewerblicher G.", die dem „Preußenkasse" in Verbindung traten. Aus dem „Allgemeinen Verband" wurden nach inneren Auseinandersetzungen 1902: 98 Konsum-G. ausgeschlossen, von denen sich ein Teil 1903 zum „Zentralverband deutscher Konsumvereine", ein anderer Teil 1908 zum „Verband westdeutscher Konsumvereine" (seit 1913 „Reichsverband deutscher Konsumvereine") zusammenschloß. – 5. 1920–35 Vereinigung der verschiedenen Verbände und Zentral-G. einzelner Genossenschaftszweige zu *vier großen Sparten*, von denen jede in einem Spitzenverband organisiert war: Gewerbliche G., ländliche G., Wohnungsbau-G., Konsum-G. – 6. 1972 Zusammenschluß der gewerblichen und ländlichen Genossenschaftsverbände zum →*Deutschen Genossenschafts- und Raiffeisenverband e.V. (DGRV)*, Sitz Bonn, mit drei fachlich gegliederten Bundesverbänden. Zusammenarbeit des DGRV mit dem *Revisionsverband deutscher Konsum-G. e.V.* (RdK), Hamburg, und dem *Gesamtverband gemeinnütziger Wohnungsunternehmen e.V.* (GGW), Köln, im Freien Ausschuß der deutschen Genossenschaftsverbände. – Vgl. auch →Genossenschaftswesen I.

Literatur: Aschhoff, G./Henningsen, E., Das deutsche G.swesen – Entwicklung, Struktur, wirtschaftliches Potential, Frankfurt a.M. 1985; Boettcher, E., Die G. in der Marktwirtschaft, Tübingen 1980; ders. (Hrsg.), Die G. im Wettbewerb der Ideen, Tübingen 1985; Draheim, G., Die G. als Unternehmungstyp, 2. Aufl. Göttingen 1955; ders., und G.sforschung, hersg. von G. Weisser, Göttingen 1968; Handwörterbuch des G.swesens, hrsg. von Mändle, E/Winter, H. W., Wiesbaden 1980; Henzler, R., Die G., eine fördernde Betriebswirtschaft, Essen 1957; ders., Betriebswirtschaftliche Probleme des G.swesens, Wiesbaden 1962; Lang/Weidmüller, G.sgesetz, Kommentar, 31. Aufl., Berlin (West) 1984; Meyer/Meulenbergh/Beuthien, G.sgesetz, Kommentar, 12. Aufl., München 1983; Müller, K., G.sgesetz, Kommentar, 3. Bde., Bielefeld 1976–80; Ohm, H., Die G. und ihre Preispolitik, Karlsruhe 1955; Paulick, H., Das Recht der eingetragenen G., Karlsruhe 1956; Schmidt, F., Die Prüfung von G., 2. Aufl., Herne/Berlin (West) 1968; Schultz, R./Zerche, J., G.slehre, Berlin (West) 1983; Zülow/Henze u.a., Die Besteuerung der G., 6. Aufl., München 1978.

Dr. Wilhelm Jäger

genossenschaftliche Pflichtprüfung. 1. *Begriff und rechtliche Grundlage*: Die g.P. ist die gesetzlich vorgeschriebene →Jahresabschlußprüfung für Genossenschaften, geregelt in dem die Erwerbs- und Wirtschaftsgenossenschaften betreffenden Gesetz (Genossenschaftsgesetz). Jährliche →Prüfung bei einer Bilanzsumme über 2 Mill. DM; andernfalls Prüfung mindestens in jedem zweiten Geschäftsjahr (§ 53 I GenG). – 2. *Gegenstand*: Zu Prüfen sind

Einrichtungen, Vermögenslage und Geschäftsführung der Genossenschaft, um die wirtschaftlichen Verhältnisse und die Ordnungsmäßigkeit der Geschäftsführung feststellen zu können. Im Rahmen der g.P. ist der Jahresabschluß unter Einbeziehung der Buchführung und des Lageberichts zu prüfen (§ 53 GenG). – 3. *Besonderheiten*: Die g.P. erfaßt die Genossenschaft als Ganzes; nicht auf die im Rahmen einer Jahresabschlußprüfung prüfungsrelevanten Bereiche beschränkt. Bei Prüfung der genossenschaftlichen Einrichtungen auch Analyse und Beurteilung der betrieblichen Organisation und Leistungsfaktoren; die Prüfung der Vermögenslage entwickelte sich zu einer umfassenden Prüfung des Jahresabschlusses bei Einbeziehung der Buchführung und des Lageberichts unter eingehender Analyse der wirtschaftlichen Verhältnisse (einschl. derer Entwicklung). Der Prüfung unterliegen in diesem Zusammenhang auch Umfang, Entwicklung und Intensität der leistungswirtschaftlichen und mitgliedschaftlichen Beziehungen zwischen der Genossenschaft und ihren Mitgliedern. Eine Überprüfung der Geschäftsführung nicht nur auf ihre formale Ordnungsmäßigkeit, sondern auch auf die Zweckmäßigkeit der getroffenen Entscheidungen ist umstritten. – 4. *Probleme*: a) Die g.P. soll dem Ziel dienen, ein Urteil darüber zu erlangen, ob der Vorstand seinen Grundauftrag zur bestmöglichen Förderung der Mitglieder erfüllt hat. Die Interessenwahrung der einzelnen Mitglieder stößt aber auf erhebliche Probleme. Die Zielerreichung läßt sich aufgrund unüberwindlicher Schwierigkeiten bei der Nutzenmessung und der gesetzlichen Eingrenzung des Prüfungsobjektes kaum exakt feststellen; es müssen Ersatzkriterien herangezogen werden, z.B. die Entwicklung von Mitgliederzahlen, der Gesamtumsatz, der Umsatz je Mitglied. b) Die Zielsetzung der g.P. ist in prüfungstheoretischer Hinsicht problematisch, weil sich aus den Interessen der Mitglieder konkrete Zielnormen nicht ableiten lassen. Anhaltspunkte, auf die der →Prüfer sein Urteil stützen muß, offenbaren sich für die g.P. die Problematik einer zwangsweise indirekten Messung (→Prüfung) des Vergleichsobjekts (Soll-Objekts), das Maßstab für das zu prüfende Objekt (Ist-Objekt) sein muß. c) Der Prüfer ist bei der Durchführung seiner Aufgaben u.a. auf →Begutachtungen (z.B. der Zweckmäßigkeit der Geschäftsführung) angewiesen;

nach der Intention des Gesetzgebers hat er auch beratende Funktionen (→Beratung) und kann Handlungsempfehlungen abgeben. Daher wird er als Organ der Prüfung in der Beurteilung vieler Ist-Objekt-Komplexe nicht mehr (prozeß-)unabhängig (→Prozeßabhängigkeit) bzw. frei von Vorurteilen sein. – 5. *Prüfungsträger*: Die g. P. wird durch einen →Prüfungsverband durchgeführt. Die Genossenschaft ist Pflichtmitglied des regionalen Genossenschaftsverbandes, dem auch die Prüfung obliegt.

genossenschaftlicher Prüfungsverband, →Prüfungsverband.

genossenschaftlicher Verbund, nach außen hin als geschlossen erscheinender Unternehmenskomplex, der aus einer Vielzahl heterogener Betriebseinheiten besteht. – 1. *Wirtschaftliche Verbund-Organisation*: a) *Horizontaler Verbund* besteht aus den auf örtlicher Ebene tätigen rechtlich und wirtschaftlich selbständigen Genossenschaften gleicher Sparte. Träger des vertikalen Verbunds. b) *Vertikaler Verbund* umfaßt neben der Primärstufe die nachgelagerten wirtschaftlichen Einheiten (z. B. regionale →Zentralgenossenschaften), die der Erfüllung von Aufgaben dienen, die von den Primärstufe nicht oder nur in unzureichendem Maße erbracht werden können und so deren Funktionsfähigkeit und Wettbewerbsposition stärken (→Subsidiaritätsprinzip). Vielfach wegen des Bestehens von Bundeszentralen und bundesweit tätigen Spezialinstituten dreistufig aufgebaut. – 2. *Herrschendes Organisationsprinzip* für die Abläufe im Verbund ist die Dezentralisation; geschäftliche Aktivitäten werden nicht an der Verbundspitze ausgelöst, sondern von den jeweils autonomen, weisungsungebundenen genossenschaftlichen Einheiten. – 3. *Stabilisierungs- und Klammerfunktion im Verbund* haben die →Genossenschaftsverbände; sie beraten und betreuen alle Glieder des Verbunds.

Genossenschaftsbank, →Kreditgenossenschaft.

Genossenschaftsgesetz (GenG). 1. Erste gesetzliche Regelung für die Genossenschaften im preußischen Gesetz über die privatrechtliche Stellung der Genossenschaften von 1867, das von 1868 an im Bereich des Norddeutschen Bundes und von 1871 an im Reichsgebiet galt. – 2. Darauf aufbauend „*Gesetz, betreffend die Erwerbs- und Wirtschaftsgenossenschaften*" von 1889, das als wesentliche Neuerung brachte: a) Zulassung der beschränkten Haftpflicht; b) Zulassung der Bildung von →Zentralgenossenschaften; c) Einführung der gesetzlichen Prüfungspflicht (→Verbandsprüfung). – 3. *Spätere Novellen*: 1922 Einführung der Vertreterversammlung, 1934 Einführung des Verbandszwangs. – 4. Das *Gesetz vom 9. 10. 1973* (BGBl I 1449) zur Änderung des GenG brachte folgende wesentlichen Veränderungen: a) Aufgabe der persönlichen Haftung der Mitglieder, insbes. Zulassung des Ausschlusses jeder →Nachschußpflicht und Wegfall der Angabe der Haftungsart in der Bezeichnung der Genossenschaft; b) Aufhebung des Verbotes einer Verzinsung der →Geschäftsguthaben; c) Zulassung eines →Mehrstimmrechts und einer Ausübung des Stimmrechts durch Bevollmächtigte; d) Verselbständigung der Stellung des →Vorstands, so Wegfall des Verbots der Bestellung von Prokuristen und Handlungsbevollmächtigten; e) Verbesserung der Kapitalgrundlage, so Einführung einer mittelbaren Beteiligung der Mitglieder am Wertzuwachs, Zulässigkeit einer Beteiligungs-Teilkündigung und Einführung einer bis zu fünf Jahren verlängerten Kündigungsfrist. – 5. Ausführliche *Straf- und Bußgeldvorschriften* für die Mitglieder des Vorstands und des Aufsichtsrats, die Liquidatoren sowie die Prüfer und ihre Gehilfen (§§ 147–152 GenG).

Genossenschaftskonkurs. 1. *G. tritt ein*: a) bei →Zahlungsunfähigkeit, b) bei Genossenschaften mit →Nachschußpflicht im Fall der →Überschuldung, wenn diese ein Viertel des Gesamtbetrags der Haftsumme aller Genossen übersteigt, c) bei Genossenschaften ohne Nachschußpflicht und bei aufgelösten Genossenschaften im Fall der Überschuldung. – 2. *Verfahren*: Ablehnung des Konkurses mangels Masse ist bei der Genossenschaft nicht möglich. Eröffnung des →Konkursverfahrens (mit Bestellung des Gläubigerausschusses) bewirkt Auflösung der Genossenschaft. Die Genossenschaftsorgane bleiben bestehen, Verwaltung und Vertretung der Genossenschaft gehen aber auf den →Konkursverwalter über. – 3. *Nachschußpflicht*: Im G. sind die Mitglieder aufgrund ihrer →Haftpflicht zur Leistung von →Nachschüssen verpflichtet, soweit die Konkursgläubiger aus der Masse nicht befriedigt werden (§ 105 GenG), es sei denn, das Statut schließt dies aus. Der Fehlbetrag wird bei der Genossenschaft mit unbeschränkter Haftpflicht nach Köpfen, bei der Genossenschaft mit beschränkter Haftpflicht nach dem Verhältnis der Haftsummen von den Mitgliedern eingezogen. Die Berechnung über die auf den einzelnen Genossen entfallenden Nachschüsse kann der Konkursverwalter vom →Konkursgericht für vollstreckbar erklären lassen. Wird der Fehlbetrag durch die Nachschüsse der Mitglieder nicht gedeckt, so werden auch diejenigen Mitglieder, die innerhalb der letzten 18 Monate vor Eröffnung des G. ausgeschieden sind, zu Nachschußzahlungen herangezogen. – 4. Besonderheiten für den →Zwangsvergleich (§ 115e GenG): Vorherige Anhörung des →Prüfungsverbands. Getrennte Abstimmung zwischen Gläubigern, die Genossen sind, und anderen. Aufhebung des Konkursverfahrens erst nach Erfüllung des vom Konkursverwalter durchzuführenden Zwangsvergleiches. – 5. Entsprechende Bestimmungen für den →Genossenschaftsvergleich (§ 111 VerglO): Getrennte Abstimmung zwischen Gläubigern, die auch Genossen sind, und anderen. Anhörung des Prüfungsverbandes vor Entscheidung über die Eröffnung des →Vergleichsverfahrens.

Genossenschaftslehre, wissenschaftliche Disziplin und Prüfungsfach an deutschsprachigen Universitäten. Oft traditionell auch als *Genossenschaftswesen* bezeichnet. Als wirtschaftswissenschaftliches Sondergebiet konzentriert sich die G. auf die Organisation der Genossenschaftsunternehmung unter Anwendung von Methoden der Betriebs- und Volkswirtschaftslehre; auch interdisziplinäre Betrachtung unter Einschluß der Rechtswissenschaft. Heute überwiegen entscheidungsorientierte und kooperationstheoretische vor historischen Forschungsansätzen. – *Forschung und Lehre* an den Genossenschaftsinstituten verschiedener Wirtschafts- und Sozialwissenschaftlicher Fakultäten/Fachbereiche. Erstes Genossenschaftsseminar 1911 an der Universität Halle/Wittenberg; 1926 Seminar für Genossenschaftswesen an der Universität zu Köln, 1947 Institut an der Universität Marburg und interdisziplinäres Universitätsinstitut Münster. Weitere Lehr- und Forschungsstätten: Erlangen-Nürnberg, Gießen, Hamburg, Hohenheim, Wien, Freiburg (Schweiz).

Genossenschaftsorgane, gesetzlich vorgeschriebene Organe der →Genossenschaft. – 1. *Vorstand* (V): Mindestens zwei Personen, die Mitglieder der Genossenschaft sein müssen und von der Generalversammlung (GV) gewählt werden, wenn nicht die Satzung eine andere Art der Bestellung vorschreibt (regelmäßig Wahl durch den AR). Vorstandsmitglieder können haupt- und ehrenamtlich tätig sein. – *Aufgaben*: Eigenverantwortliche Leitung der Genossenschaft durch Vertretung nach außen und Geschäftsführung nach innen, wobei der V die Sorgfalt eines ordentlichen und gewissenhaften Geschäftsleiters einer Genossenschaft anzuwenden hat. Der V *haftet* solidarisch für Schäden, die durch Pflichtverletzung entstehen; dabei haften ehrenamtliche Vorstandsmitglieder nur für die Sorgfalt „wie in eigenen Angelegenheiten". – 2. *Aufsichtsrat* (AR): Mindestens drei Personen, die Mitglieder der Genossenschaft sein müssen und nicht gleichzeitig dem V angehören dürfen. AR wird von der GV gewählt. – *Aufgaben*: Überwachung der Geschäftsführung des V; Durchführung von Kontrollen und Revisionen; Berichterstattung in der GV; Übernahme weiterer Obliegenheiten, wenn dies statutarisch bestimmt wird. Sorgfaltspflicht und *Haftung* analog zum V. – 3. *Generalversammlung*: Oberstes Willensbildungsorgan der Genossenschaft. Stimmrecht nach Köpfen. – *Entscheidungsbefugnis*: Änderungen der Satzung; Genehmigung des Jahresabschlusses und der Verteilung von Gewinn und Verlust; Amtsenthebungen von Mitgliedern des V und des AR; Entlastung von V und AR in der GV; Festsetzung von Kreditbeschränkungen; Bestimmung über Auflösung oder Verschmelzung der Genossenschaft. – 4. *Vertreterversammlung*: Kann bei mehr als 1500 Mitgliedern und muß bei mehr als 3000 Mitgliedern eingerichtet werden. Gleiche Rechte wie die GV.

Genossenschaftsprüfung, →Verbandsprüfung, →Prüfungsverbände.

Genossenschaftsregister. 1. *Begriff*: Zum Nachweis der Rechtsverhältnisse der Genossenschaften gegenüber der Öffentlichkeit bei dem für den →Sitz der →Genossenschaft zuständigen →Amtsgericht geführtes Register. – 2. *Eintragungen* auf

Antrag des Vorstands, nur in Ausnahmefällen von Amts wegen. – 3. *Teile:* a) Eigentliches *Register*, einzutragen: wichtigste Teile des →Statuts (Firma, Gegenstand und Haftungsart der Genossenschaft, Nachschußpflicht der Genossen); Namen der Vorstandsmitglieder; Änderungen des Statuts; Auflösung der Genossenschaft usw. b) *Liste* der Genossen (Genossenliste), einzutragen: Eintritt und Austritt der Mitglieder.

Genossenschaftsverbände, in der Rechtsform des eingetragenen Vereins tätige Vereinigungen, die ihre Mitgliedsorganisationen auf regionaler oder nationaler Ebene beraten und betreuen, deren Interessen vertreten und ggf. auch als gesetzliche Prüfungsinstanzen fungieren. – Vgl. auch →Prüfungsverbände, →genossenschaftlicher Verbund, →Deutscher Genossenschafts- und Raiffeisenverband.

Genossenschaftsvergleich. 1. *Vergleichsgrund* ist →Zahlungsunfähigkeit, nach Auflösung der Genossenschaften und bei Genossenschaften ohne →Nachschußpflicht auch →Überschuldung (§ 98 GenG, §§ 2, 111 VerglO); bei der Genossenschaft mit Nachschußpflicht neben der Zahlungsunfähigkeit auch die Überschuldung, sofern diese die Haftsummen der Genossen um ¼ übersteigt. – 2. *Antragsberechtigt* ist jedes Vorstandsmitglied. – 3. *Antragsverpflichtet* (ohne schuldhaftes Zögern) sind Vorstand oder Liquidatoren, und zwar spätestens binnen drei Wochen nach →Zahlungseinstellung. – 4. →*Vergleichsantrag* nebst Anlagen ist in drei Exemplaren einzureichen. Neben der Berufsvertretung ist vom →Vergleichsgericht ein →Prüfungsverband darüber zu hören, ob das Verfahren eröffnet werden kann. – 5. *Abstimmung* im →Vergleichstermin getrennt nach Mitgliedsgläubigern und Nichtmitgliedsgläubigern. →Liquidationsvergleich zulässig.

Genossenschaftswesen, System der →Genossenschaften.

I. Organisatorischer Aufbau in der Bundesrep. D. (Zahlenangaben Stand 1.1.1986; G = Genossenschaft): Das G. ist in der Bundesrep. D. in *drei Sparten* gegliedert: 1. Gewerbliche und ländliche G, 2. Wohnungsbau-G, 3. Konsum-G. Die einzelnen Sparten sind i. d. R. dreistufig aufgebaut: a) lokale Ebene, von den Primär-G gebildet; b) regionale Ebene, gebildet von (1) Zentralinstituten des Geld- und Warenverkehrs und (2) den regionalen Prüfungsverbänden; c) nationale Ebene, gebildet von (1) Spitzeninstituten des Geld- und Warenverkehrs und (2) Spitzenverbänden. Die Dreistufigkeit besteht bei den Konsum-G inzwischen nicht mehr und bei den Wohnungsbau-G nur noch im verbandsmäßigen Aufbau. – *Verbände:* 1972 fusionierten die Spitzenverbände des gewerblichen (Deutscher Genossenschaftsverband Schulze-Delitzsch e. V.) und des ländlichen G. (Deutscher Raiffeisenverband e. V.) zum →Deutschen Genossenschafts- und Raiffeisenverband e. V. (DGRV). Der DGRV umfaßt drei fachlich gegliederte Bundesverbände (→Bundesverband der Deutschen Volksbanken und Raiffeisenbanken e. V. (BVR), →Deutscher Raiffeisenverband e. V. (DRV) und Zentralverband der genossenschaftlichen Großhandels- und Dienstleistungsunternehmen e. V., ZENTGENO) und betreut (1987) 8832 Genossenschaften mit 11,98 Mill. Mitgliedern (einschl. Mehrfachmitgliedschaften). Der DGRV arbeitet zusammen mit dem Gesamtverband gemeinnütziger Wohnungsunternehmen e. V. (GGW), Köln, und dem Revisionsverband deutscher Konsumgenossenschaften e. V. (RdK), Hamburg, im Freien Ausschuß der deutschen Genossenschaftsverbände. – 1. *Gewerbliche und ländliche G.:* Stetiger zahlenmäßiger Rückgang als Folge anhaltender Konzentration. – a) *Kredit-G:* (1) *Lokale Ebene:* 3619 Kredit-G, davon 2083 mit Warenverkehr; mit über 19 700 Bankstellen dichtestes Bankstellennetz Europas, insges. 412 Mrd. DM Bilanzsumme; 21 Post-Spar- und Darlehnsvereine, 4 Beamtenbanken, 13 genossenschaftliche Teilzahlungsbanken und 16 Sparda-Banken. (2) *Regionale Ebene:* 7 →Zentralbanken mit zusammen rd. 77 Mrd. DM Bilanzsumme, 14 regionale →Prüfungsverbände. (3) *Nationale Ebene:* Genossenschaftliche Zentral- und Spitzeninstitute (vgl. 1 b) (3) und 1 c) (3), die im →genossenschaftlichen Verbund zusammenarbeiten: u. a. →Deutsche Genossenschaftsbank (DG-Bank) als nationales Spitzeninstitut im genossenschaftlichen Geldverkehr (67 Mrd. DM Bilanzsumme), Deutsche Genossenschafts-Hypothekenbank AG (DG HYP), Hamburg, Münchener Hypothekenbank eG (MHB), München, Bausparkasse Schwäbisch Hall AG, Schwäbisch Hall, R + V Versicherung, Wiesbaden, Union Investment GmbH, Frankfurt a. M., Deutsche Immobilien

Fonds AG, Hamburg, Deutscher Genossenschafts-Verlag eG, Wiesbaden, Raiffeisendruckerei GmbH, Neuwied. Spitzenverband: →Bundesverband der Deutschen Volksbanken und Raiffeisenbanken e. V. (BVR). – b) *Ländliche Waren-, Verwertungs- und Dienstleistungs-G*: (1) *Lokale Ebene*: 6333 G, davon 2083 →ländliche Kreditgenossenschaften mit Warenverkehr, 839 Bezugs- und Absatz-G, 1083 Molkerei- und Milchverwertungs-G, 240 Viehverwertungs-G, 113 Obst- und Gemüse-G, 324 Winzer-G, 309 sonstige Waren- und 1342 Dienstleistungs-G. (2) *Regionale Ebene*: 12 regionale Prüfungsverbände, davon 4 ausschl. für ländliche Raiffeisen-G, die übrigen für ländliche und gewerbliche G; 53 Zentral-G für die unterschiedlichen Bereiche der lokalen Ebene, mit einem Umatz von rd. 34 Mrd. DM. (3) *Nationale Ebene*: Zusammenarbeit mit den unter 1 a (3) aufgeführten Verbundunternehmen: 4 Bundeszentralen mit rd. 3,7 Mrd. DM Umsatz. Deutsche Raiffeisen-Warenzentrale GmbH, Frankfurt a. M.; Deutsches Milch-Kontor GmbH, Hamburg; Weinabsatzzentrale deutscher Winzergenossenschaften eG, Bonn; Bundesvereinigung der Erzeugerorganisationen Obst und Gemüse e. V., Bonn, Spitzenverband: →Deutscher Raiffeisenverband e. V. (DRV). – c) *Gewerbliche Waren- und Dienstleistungs-G*: (1) *Primär-G*: 840 Waren- und Dienstleistungs-G, überwiegend Einkaufs-G des Handels (EDEKA) und Handwerks sowie Verkehrs-G, mit einem Umsatz von 54,8 Mrd. DM. (2) *Zentral-G*: 5 Einkaufszentralen des Handels, 10 des Handwerks und 2 des Verkehrs. (3) *Zentrale Institutionen*: Zentral- und Spitzeninstitute (vgl. 1 a (3). Fachprüfungsverbände für unterschiedliche Branchen der Primär-G: BÄKO Prüfungsverband Deutscher Bäcker- und Konditorengenossenschaften e. V., Bad Honnef, EDEKA Verband kaufmännischer Genossenschaften e. V., Hamburg, REWE Prüfungsverband e. V., Köln, Prüfungsverband der Deutschen Verkehrsgenossenschaften e. V., Hamburg Spitzenverband: Zentralverband der genossenschaftlichen Großhandels- und Dienstleistungsunternehmen e. V. (ZENTGENO), Bonn. – 2. *Wohnungsbau-G*: a) *Unterbau*: 1183 Wohnungsbau-G mit 1,7 Mill. Mitgliedern und einem Bestand von rd. 1 Mill. Wohnungen. b) *Mittelbau*: 10 regionale Prüfungsverbände. c) *Oberbau*: Spitzenverband: Gesamtverband gemeinnütziger Wohnungsunternehmen e. V. (GGW), Köln. – Wohnungsbau-G sind überwiegend *gemeinnützige Wohnungsunternehmen*. Der spezielle Charakter der gemeinnützigen Wohnungswirtschaft, zu dem neben den Wohnungsbau-G auch Wohnungsunternehmen anderer Rechtsformen gehören, zeigt sich in dem besonderen wohnungswirtschaftlichen Auftrag, der die Versorgung breiter Bevölkerungskreise, insbes. der sozial schwächeren Einkommensschichten, mit preiswertem und menschenwürdigem Wohnraum sicherstellen soll. – 3. *Konsum-G*.: a) In den letzten zwei Jahrzehnten organisatorischer *Umbau* mit der Tendenz zur Änderung der Rechtsform. Unter Beteiligung der Gewerkschaften wurde 1974 die co op AG, Frankfurt a. M., errichtet, die nicht mehr wettbewerbsfähige Konsum-G zu einem bundesweiten Einzelhandelsunternehmen verschmolz. Die gesamte co-op-Gruppe umfaßt (1985) 3066 Verkaufseinrichtungen mit einem Gesamtumsatz von über 14 Mrd. DM. b) *Oberbau*: Bund deutscher Konsumgenossenschaften GmbH (BdK), Hamburg; Revisionsverband deutscher Konsumgenossenschaften e. V. (RdK), Hamburg (→Konsumgenossenschaften).

II. Entwicklung und Aufbau im G. im Ausland: 1. *Entwicklung und gegenwärtiger Stand*: Das G. hat sich seit den ersten Gründungen Mitte des letzten Jahrhunderts über fast alle Länder der Erde ausgebreitet. Die deutschen G haben dabei z. T. als Vorbild gedient; heute unterschiedliche G-Formen in Entwicklungsländern und in zentralverwalteten Staaten. Gegenüber der privatwirtschaftlichen Konzeption der deutschen G (solidarische Eigenhilfe auf dem Boden der Marktwirtschaft) im Ausland vielfach gemeinwirtschaftliche oder halbstaatliche Formen mit sozialpolitischer Orientierung (G als „Dritter Weg"). Heute gibt es weltweit über 1 Mill. G unterschiedlichster Prägung mit rd. 600 Mill. Mitgliedern, davon die meisten in Europa und Asien. – 2. *Internationale Organisationen*: Die deutschen G-Organisationen unterhalten vielfältige Beziehungen zu ausländischen G und internationalen G-Organisationen. Verschiedene supranationale Genossenschaftsverbände auf EG-Ebene; weltweit: Internationaler Genossenschafts-Bund und Internationale Raiffeisen-Union.

III. G. als wissenschaftliche Disziplin: Diese befaßt sich mit der →Genossenschaftslehre. – Vgl. auch →Genossenschaft.

Gentechnikgesetz, Gesetz vom 20.6.1990 (BGBl I 1080), erste umfassende Kodifikation zur Regelung von Fragen der Gentechnik. Die Gentechnik, ein Teilgebiet der Biotechnik, beinhaltet die Methoden und Verfahren zur Isolierung und Charakterisierung des Erbguts, seiner gezielten Manipulation und Wiedereinführung in eine neue, evtl. fremde Umgebung. – *Zweck:* Schutz von Mensch und Umwelt vor möglichen Gefahren gentechnischer Verfahren und Produkte und Schaffung eines rechtlichen Rahmens für die Erforschung, Entwicklung, Nutzung und Förderung der wissenschaftlichen und technischen Möglichkeiten der Gentechnik. Der Anwendungsbereich des Gesetzes gilt für gentechnische Anlagen, gentechnische Arbeiten, Freisetzungen von gentechnisch veränderten Organismen und das in Verkehrbringen von Produkten, die gentechnisch veränderte Organismen enthalten oder aus solchen bestehen. Das Gesetz regelt nicht die Anwendung gentechnischer Methoden am Menschen. Gentechnische Arbeiten dürfen nur in gentechnischen Anlagen durchgeführt werden. Die Errichtung und der Betrieb gentechnischer Anlagen bedürfen grundsätzlich der Genehmigung. Die Genehmigung berechtigt zur Durchführung der im Genehmigungsbescheid genannten gentechnischen Arbeiten zu gewerblichen oder zu Forschungszwecken. Wer gentechnisch veränderte Organismen gezielt in die Umwelt ausbringen will (Freisetzung), bedarf einer Genehmigung des Bundesgesundheitsamtes. Die Entscheidung ergeht im Einvernehmen mit der biologischen Bundesanstalt für Land- und Forstwirtschaft und dem Umweltbundesamt, bei Freisetzung gentechnisch veränderter Tiere auch im Einvernehmen mit der Bundesforschungsanstalt für Viruserkrankungen der Tiere. Die Genehmigung ist u.a. zu erteilen, wenn gewährleistet ist, daß alle nach dem Stand von Wissenschaft und Technik erforderlichen Sicherheitsvorkehrungen getroffen werden und nach dem Stand der Wissenschaft im Verhältnis zum Zweck der Freisetzung unvertretbare schädliche Einwirkungen auf Mensch und Umwelt nicht zu erwarten sind. – Die Abgabe von Produkten, die gentechnisch veränderte Organismen enthalten oder aus solchen bestehen, an Dritte (in Verkehr bringen), muß ebenfalls in jedem einzelnen Fall durch das Bundesgesundheitsamt unter Beteiligung weiterer Bundesbehörden genehmigt werden. – *Haftung:* Das Gesetz sieht eine Gefährdungshaftung des Betreibers einer gentechnischen Anlage vor, wenn infolge von Eigenschaften eines Organismus, die auf gentechnischen Arbeiten beruhen, jemand getötet oder verletzt oder eine Sache beschädigt wird. Der Haftungshöchstbetrag beträgt 160 Mill. DM. Bei einem durch gentechnisch veränderte Organismen verursachten Schaden wird widerleglich vermutet, daß er durch Eigenschaften dieser Organismen verursacht wurde, die auf gentechnischen Arbeiten beruhen. Geschädigte haben einen Auskunftsanspruch gegen den Betreiber über die Art und den Ablauf der in der gentechnischen Anlage durchgeführten oder einer Freisetzung zugrundeliegenden gentechnischen Arbeiten.

Gentechnik-Gesetz (GenTG), Gesetz zur Regelung von Fragen der Gentechnik vom 20.7.1990 (BGBl I 1080). Das GenTG bildet einen rechtlichen Rahmen für die weitere Erforschung, Entwicklung und Nutzung der Gentechnik und soll v. a. Mensch und Umwelt vor möglichen Gefahren schützen und Risiken vorbeugen. Die Regelungen des GenTG betreffen gentechnische Arbeiten in Forschungslabors und in der Produktion sowie die Freisetzung von gentechnisch veränderten Organismen und deren Inverkehrbringen und dienen neben dem allgemeinen Gesundheits- und Umweltschutz dem einheitlichen Schutz aller mit gentechnischen Arbeiten Beschäftigten. Gentechnische Arbeiten werden nach dem Gesetz in vier Sicherheitsstufen eingeteilt. Sie dürfen grundsätzlich nur in gentechnischen Anlagen durchgeführt werden, wobei die Einrichtung und der Betrieb einer solchen Anlage sowie die Durchführung weiterer gentechnischer Arbeiten in ihr der Genehmigung bzw. der Anmeldung bedürfen. Das GenTG schreibt des weiteren die Bestellung von verantwortlichen Projektleitern und Beauftragten für die biologische Sicherheit vor.

gentlemen's agreement, *Vereinbarung auf Treu und Glauben.* 1. *Allgemein:* Eine auf die guten Sitten vertrauende, deshalb schriftlich nicht näher fixierte Abmachung zwischen zwei oder mehreren Partnern. Die Erklärungen werden ohne Rechtsfolgewillen abgegeben, weil der erstrebte Erfolg im Vertrauen auf das Wort des Partners oder mit Hilfe einer Bindung an den Anstand erreicht werden soll. – 2. *Kartellrecht:* Kartellrechtliche Vereinbarung in Form von Absprachen, deren Beachtung außerrechtlichen Normen überlassen wird (→Kartell). Nach § 1 GWB unzulässig (→Kartellrecht VII 1).

Genußaktie, mit Stimmrecht ausgestatteter →Genußschein, rechtlich wegen des Stimmrechts als →Vorzugsaktie anzusehen. Als Hilfsmittel der Finanzierung nur bedingt tauglich, da (etwa im Vergleich zur Aktie ohne Nennwert) spekulationsbegünstigend.

Genußrechte. 1. *Formen:* Bei der AG z. B. können G. zu einem gewissen Anteil am Reingewinn oder am Liquidationserlös berechtigen. Gewährung von G. als →Gründerlohn, bei →Sanierung und anderen Gelegenheiten ist häufig. – 2. *Charakterisierung:* G. sind an Aktienbesitz nicht gebunden; die Inhaber der G. haben weder →Stimmrecht noch sonstige Mitgliedschaftsrechte. Dadurch unterscheiden sich die G. von den →Sonderrechten der →Vorzugsaktien. Die Gewährung von G. bedarf eines Beschlusses der Hauptversammlung mit Dreiviertelmehrheit des bei der Beschlußfassung vertretenen →Grundkapitals (§ 221 AktG). – 3. Über die G. wird i. a. der →Genußschein *ausgestellt.* – Vgl. auch →Genußaktie.

Genußschein. 1. *Begriff:* Urkunde, die Rechte verschiedener Art (vornehmlich →Genußrecht am Reingewinn oder am Liquidationserlös) an einer Unternehmung unabhängig von der Rechtsform verbrieft, im Gegensatz zur Aktie, die Gesellschaftsrechte beurkundet. – 2. *Arten:* a) G. können als →Inhaberpapiere, →Namenspapiere oder →Orderpapiere ausgegeben werden. – Weitere Unterscheidungen: b) Nach der *Form:* (1) Nominalpapier, auf bestimmte Summe lautend; (2) Quotenpapier, auf prozentualen Anteil am Gewinn oder Liquidationserlös lautend. c) Nach dem *In-*

halt: (1) G. mit Anspruch auf Gewinnbeteiligung; (2) G. mit Anspruch auf Anteil am Liquidationserlös; (3) G. mit Anspruch auf Zahlung einer bestimmten Summe. – 3. *Ausgabe:* a) G. können ausgegeben werden (1) als Entschädigung für Forderungserlaß bei Sanierung, (2) als Dividendenausgleich, (3) als Aktienersatz für ausscheidende Gesellschafter. b) Die Ausgabe darf nur auf Beschluß der Hauptversammlung mit Zustimmung von mindestens 75% des anwesenden Kapitals erfolgen (§ 221 AktG). c) Die Aktionäre haben grundsätzlich ein →Bezugsrecht. – 4. G. sind Eigenkapital, wenn kein Kündigungsrecht seitens des G.-Inhabers besteht; Fremdkapital, wenn Kündigungsrecht besteht.

Geodeterminismus, älterer Forschungsansatz, der die Wirtschaftsraumanalyse lange Zeit deutlich geprägt hat. Er wurde Ende des 19. Jahrhunderts von dem Geographen Ratzel in die Anthropogeographie eingeführt. Der Ansatz besagt, daß die unterschiedliche Wirtschaftsentwicklung in verschiedenen Teilen der Welt in erster Linie durch die natürliche Ausstattung bestimmt ist. Der Ansatz beruht auf einer Tautologie, da er die Bestimmung der natürlichen Grundlagen als förderlich oder hinderlich für die Wirtschaftsentwicklung nur über die Kenntnis der Ausprägung der Wirtschaftsentwicklung ermitteln kann. Nachdem während der sozialwissenschaftlichen Neu-Orientierung der Wirtschaftsgeographie in den 60er und 70er Jahren geodeterministische Erklärungsmuster als unhistorisch und unökonomisch kritisiert wurden, sind sie in jüngster Zeit wieder häufiger zu finden. Vor allem die Ausführungen von Weischet zur ökologischen Benachteiligung der Tropen (1977) haben allgemeine Anerkennung gefunden. Andere geodeterministische Erklärungsmuster versuchen, die Industrialisierung mittels der naturräumlichen Bedingungen zu erklären. Diese neuen Erklärungsmuster beheben den alten Fehler des Geodeterminismus nicht, der in dem tautologischen Grundgedanken besteht: eine mangelhafte Wirtschaftsentwicklung mit einer bestimmten natürlichen Ausstattung zu begründen, um dann über einen konstruierten räumlichen Zusammenhang von Naturraum und Wirtschaftsentwicklung die Naturdeterminiertheit der ökonomischen Entwicklung zu „beweisen".

geographisches Informationssystem (GIS). 1. *Begriff:* Ein rechnergestütztes, raumbezogenes →Informationssystem, das die Speicherung, Verwaltung, Analyse, Modellierung und kartographische Repräsentation digitaler räumlicher Informationen integriert. Der Zweck eines GIS ist es, verschiedenste räumliche Bezugsflächen – von topographischen Elementen über administrative Bezirke bis hin zu speziell definierten Gebietseinheiten der Marktforschung, der postalischen Zustellbereiche, des Arbeitsmarktes, usw. – automatisch zu erfassen, zu speichern und zu integrieren und diese mit räumlich verorteten Daten der unterschiedlichsten Bereiche zu verknüpfen, um räumliche Struktur- und Verflechtungsanalysen sowie Modellberechnungen durchzuführen und in Form von Listen, Tabellen, Diagrammen und besonders Karten auszugeben. – *Prinzipien:* (1) *Overlay-Konzept* in der (digitalen) Kartenbibliothek. Das für ein GIS grundlegende Layer- oder Schichtenkonzept besagt, daß die verschiedenen räumlichen Informationen die einzelnen Schichten bilden, die mittels GIS beliebig überlagert, verknüpft und verschnitten werden. Dafür ist die Speicherung, schnelle Abfrage und Kombination umfangreicher Datenbestände erforderlich. (2) Von zentraler Bedeutung ist daher die Verbindung von geometrischen Informationen und von Sachdaten durch ein (relationales) *Datenbankverwaltungssystem,* das über Schnittstellen unterschiedliche Datenformate transformieren kann und vor allem redundante Datenspeicherung weitgehend reduziert. Dieses dient nicht nur der effektiven Nutzung der Speicherkapazität, sondern auch der Verringerung von Transformationsanomalien, Informationsverlusten und Verfälschungen. (3) *Hybride Datenspeicherung* (Vektor- und Rasterdaten). – 2. *Probleme:* Im Unterschied zur herkömmlichen Kartographie und räumlichen Analysetechnik ergeben sich einige, noch nicht zufriedenstellend gelöste Probleme. Dazu gehört insbes. das der →Generalisierung. Die automatische Erfassung (→Digitalisierung) von Linien und Polygonen aus konventionellen Karten bringt ebenso wie die Verknüpfung mehrerer Kartenblätter und verschiedener Maßstäbe Ungenauigkeiten und Anpassungsprobleme mit sich, die eine Generalisierung über einen mathematischen Algorithmus zur Datenreduktion und Kurvenglättung

erfordern; hier sind erste Lösungsansätze für eine automatische Generalisierung durch die thematische Kartographie entwickelt worden. Ein weiteres Problem besteht in der Verknüpfung von Vektordaten (Linien) der konventionellen Kartenquellen mit Rasterdaten (Pixel-Bildern), welche die →Fernerkundung liefert und die für alle Planungsbereiche (Landnutzung, Umweltbelastung, Verkehrsnetze, Bodenschätze, Siedlungsstrukturen, usw.) als aktuelle und flächendeckende Information zunehmend an Bedeutung gewinnen. Ebenso beinhaltet die Mustererkennung digitaler Daten (Satellitenbilder, Luftbilder, Karten) eine Schwierigkeit, da die automatische Klassifikation der Daten anhand von Testgebieten „trainiert" werden muß. Die Probleme der Flächenverschneidung (z. B. von agraren Anbauzonen und Bodentypen oder von Marktgebieten mit administrativen Einheiten) hingegen werden mit der wachsenden Leistungsfähigkeit von Microcomputern behoben werden können. Schwieriger ist die Schaffung einer Benutzeroberfläche, die auch einem kartographisch nicht ausgebildeten Anwender Unterstützung bei der Ein- und Ausgabe durch eine Kommunikation in natürlicher Sprache bietet. Neben den technischen Fragen ergeben sich beim Einsatz in der räumlichen Planung noch offene Probleme hinsichtlich der Transparenz und Kontrolle von Daten und Ergebnissen der GIS für die Planungsbetroffenen. – 3. *Entwicklung:* Begann in den 70er Jahren mit Programmen der computergestützten Kartographie (z. B. SYMAP – SYnapgraphic MAPping program). Ende der 70er Jahre gab es die ersten leistungsfähigen Systeme mit beschränkter interaktiver Bearbeitungsmöglichkeit und der Verarbeitung von Polygonstrukturen. Ausgereifte Mehrzwecksysteme mit modularem Aufbau, interaktiver Bearbeitungsmöglichkeit und anwenderorientierter Benutzer-Schnittstelle gibt es seit Mitte der 80er Jahre (z. B. ARC/INFO) mit dem Aufkommen von 32-bit Mikrocomputern, Multiprozessing und hochauflösenden farbgraphischen Terminals. Inzwischen sind die GIS-Programme auch vielfach hardwareunabhängig. In der zukünftigen Anwendung von GIS werden künstliche Intelligenz (insbes. Expertensysteme) weitere Fortschritte mit sich bringen, in dem die Programme aus den Anwendungen des Nutzers „lernen" und dessen Änderungen speichern und fortführen.

geometrisch degressive Abschreibung, →Abschreibung III 1 b) (1) (b) 2), →degressive Abschreibung.

geometrische Folge, →Folge 2.

geometrisches Mittel, in der Statistik spezieller →Mittelwert. Das g. M. von n Werten x_1, ..., x_n eines verhältnisskalierten Merkmals (→Verhältnisskala) ist

$$g = \sqrt[n]{x_1 \cdot \ldots \cdot x_n}$$

Der Logarithmus des g. M. ist gleich dem →arithmetischen Mittel der Logarithmen der Beobachtungswerte. – *Anwendung* des g. M. nur gelegentlich, etwa bei der Errechnung einer mittleren →Wachstumsrate.

Geoökologie, eine der neueren Forschungsrichtungen der Geographie. Sie geht von der Vorstellung aus, daß alle an einem Ort auftretenden naturräumlichen Größen in einem funktionalen Zusammenhang zueinander stehen und über das Vorkommen am selben Ort hinaus Gemeinsamkeiten haben. Diesen Zusammenhang versucht die G. mittels der Vorstellung von Systemen darzustellen. Zur Erstellung solcher Systeme zieht sie bereits vorhandenes Wissen der physischen Geographie, der Bodenkunde, der Biologie und einiger anderer Naturwissenschaften heran, und stellt dieses in einen systemischen Zusammenhang. Die so ermittelten komplexen Beziehungen der Lebewesen untereinander und zu ihrer Umwelt sollen eine funktionelle Einheit beschreiben, die sich durch ein dynamisches Gleichgewicht, Regulationsfähigkeit und Stabilität auszeichnet. Als Erklärung dafür, daß die natürliche funktionelle Einheit sich durch diese sie erhaltenden Merkmale auszeichnet, werden der Energiefluß und der Stoffkreislauf als Erklärungsgrößen herangezogen. Diese werden i. a. R. nicht durch ihre naturgesetzliche Funktionsweise dargestellt, sondern durch die Medien, durch die sie vermittelt werden: Der Energiefluß ist von Pflanzen umgebildete Sonnenenergie, die zunächst durch die Pflanzen, dann durch die Pflanzenfresser und zum Schluß durch die Fleischfresser fließt, wobei sie dabei tendenziell weniger wird. Der Stoffkreislauf bewegt sich durch (ungefähr) dieselben Medien, die hier Produzenten und Konsumenten heißen und durch die Destruenten ergänzt werden. – Obwohl sich die Geoökosysteme der Theorie zufolge auf der einen Seite von Natur aus selbst erhalten – Stabilität – und sich auf der anderen Seite auch von Natur aus ändern können – Regulationsfähigkeit – (z. B. durch das natürliche Aussterben von Pflanzen oder Tieren), sind sie dennoch ständig gefährdet. Die Gefährdung geht vom Menschen aus, der von diesem Ansatz meistens in einer doppelten Rolle gedacht wird: Zum einen als Teil der Natur, der sich an seinem Platz seiner Funktion gemäß verhalten soll, zum anderen gerade als ein Wesen außerhalb der Natur, das die sich selbst erhaltenden Systeme beständig in ihrer Existenz bedroht.

geozentrisch, Ausdruck, der auf Howard Perlmutter (1969) zurückgeht und eine mögliche Grundhaltung →internationaler Unternehmungen gegenüber dem Ausland bzw. ihrer Auslandstochtergesellschaften beschreibt. Eine geozentrische Unternehmung zeichnet sich durch das Bestreben aus, wirklich international zu agieren und dabei internationale Unterschiede zu erkennen und zu integrieren. Die Mitarbeiterauswahl erfolgt weitgehend unabhängig von der nationalen Herkunft. Die →internationalen Mutter-Tochter-Beziehungen sind interdependent, wobei universelle Beurteilungssysteme für Leistung und Erfolg, integrierte Kommunikationssysteme und weltweit einheitliche →internationale Zielsysteme angestrebt werden. – Vgl. auch →ethnozentrisch, →polyzentrisch.

Gepäckverzeichnis, Einrichtung im vereinfachten →Zollgutversand. Für das auf G. abgefertigte Reisegepäck (§ 12 Eisenbahn-Zollordnung), das nicht oder nicht ordnungsgemäß wieder zugestellt wird, haftet die Eisenbahnverwaltung nach der höchsten in Frage kommenden Zollbelastung.

Gerätesicherheitsgesetz, →technische Arbeitsmittel.

Geräusch, →Immissionsschutz, →Immissionen.

gerechte Einkommensverteilung. In der →Verteilungstheorie wird die Frage nach einer gerechten Aufteilung des →Volkseinkommens gestellt. Die Vorstellungen über das g. E. lassen sich in zwei Kategorien einteilen: 1. *Leistungsprinzip:* Nach Clark sollen die →Produktionsfaktoren ein Einkommen in Höhe ihres Beitrages zum

→Sozialprodukt erhalten. – 2. *Bedarfsprinzip*: Unter Gerechtigkeit wird „gleiche Wohlfahrt für alle Individuen" verstanden (→Wohlfahrtstheorie); ein solches Konzept ist wegen der Probleme bei der Messung und dem Vergleich von →Nutzen nur schwer zu operationalisieren. – In der *Finanzwissenschaft* findet man diese Problematik bei der →finanzpolitischen Distributionsfunktion wieder: Es geht um die Beeinflussung der Einkommenserzielungsmöglichkeiten sowie um eine aktive Umverteilung (Redistribution) der Einkommen gemäß einer als „gerecht" angesehen/politisch vorgegebenen Einkommensverteilung. Ähnliche Aspekte finden sich auch bei der Frage nach der gerechten Steuerhöhe und der gerechten Steuerverteilung (→Steuergerechtigkeit). Versuche einer wissenschaftlichen Ableitung (z. B. Versuche von E. Sax und E. Lindahl) führten zu Lösungen, die aber nur innerhalb ihres Bezugssystems als wertfrei zu betrachten sind.

gerechter Preis, →justum pretium.

geregelter Markt, Teilmarkt der Effektenbörse, der gem. Börsenzulassungsgesetz vom 1. 5. 1987 nach einer Übergangsfrist von einem Jahr ab Mitte 1988 den geregelten Freiverkehr ablöste. Vgl. im einzelnen →Börse II 4 c) (4).

Gerichte, mit unabhängigen, nur dem Gesetz unterworfenen Richtern besetzte Rechtssprechungsorgane und Rechtspflegebehörden, die auch Aufgaben der Justizverwaltung wahrnehmen. In der Rechtsprechung wird stets nur die Spruchabteilung, d. h. der oder die nach der internen Geschäftsverteilung zuständigen Richter, tätig. Aufbau nach den verschiedenen Zweigen staatlicher Gerichtsbarkeit. Vgl. Übersicht Gerichte des Bundes und der Länder. – *Höchste Gerichte in der Bundesrep. D.*: 1. für Verfassungsstreitigkeiten das →Bundesverfassungsgericht (BVerfG) bzw. entsprechende Gerichte auf Landesebene, z. B. Staatsgerichtshof; 2. für Zivil- und Strafsachen der →Bundesgerichtshof (BGH); 3. in der Verwaltungsgerichtsbarkeit das →Bundesverwaltungsgericht (BVerwG); 4. in der Arbeitsgerichtsbarkeit das →Bundesarbeitsgericht (BAG); 5. in der Finanzgerichtsbarkeit der →Bundesfinanzhof (BFH); 6. in der Sozialgerichtsbarkeit das →Bundessozialgericht (BSG).

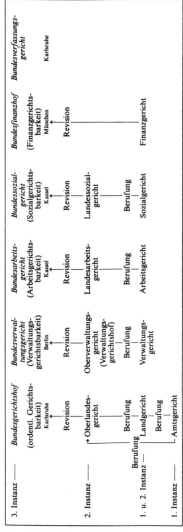

Gerichte des Bundes und der Länder

Gerichtsbescheid. Im verwaltungsgerichtlichen Verfahren kann das Gericht im ersten Rechtszug anstelle des Urteils ohne mündliche Verhandlung durch G. entscheiden, wenn die Sache keine besonderen Schwierigkeiten tatsächlicher oder rechtlicher Art aufweist und der Sachverhalt geklärt ist. Die Beteiligten sind vorher zu hören. Der Gerichtsbescheid wirkt als Urteil. Wird rechtzeitig mündliche Verhandlung beantragt, gilt er als nicht ergangen. Die Beteiligten können innerhalb eines Monats nach Zustellung des G., falls zulässig, Berufung oder Revision einlegen, bzw. Nichtzulassungsbeschwerde einlegen oder die mündliche Verhandlung beantragen (§ 84 VwGO).

Gerichtsferien, vom 15.7. bis 15.9. jeden Jahres. Gesetzlich geregelt in §§ 199 ff. GVG. – Während der G. werden von den ordentlichen Gerichten nur *„Feriensachen"* bearbeitet. Dazu gehören u. a. Strafsachen, Arreste, einstweilige Verfügungen, Wechsel- und Mietsachen, Mahn- und Zwangsvollstreckungssachen, Konkurs- und Vergleichsverfahren. Andere Sachen, die besonderer Beschleunigung bedürfen, kann das Gericht auf Antrag *zur Feriensache erklären.* – Während der G. wird der Lauf von →*Fristen* gehemmt, der noch nicht verstrichene Teil der Frist beginnt am 16.9. weiterzulaufen (§ 223 ZPO); dies gilt nicht für die als →Notfristen bezeichneten Fristen, z. B. für Einlegung von Berufung, Revision, sofortiger Beschwerde oder Einspruch.

Gerichtskosten, die durch die Prozeßführung einer oder beider Parteien dem Gericht gegenüber entstehenden Kosten, Gebühren und Auslagen. – 1. *Kosten:* Vgl. →Prozeßkosten. – 2. *Gebühren:* Für die Gebühren gilt nach dem Gerichtskostengesetz (GKG) i. d. F. vom 15.12.1975 (BGBl I 3047) mit späteren Änderungen ein *Pauschalsystem:* Für jede Art der Gerichtstätigkeit wird, ohne Rücksicht auf ihren Umfang (z. B. Zahl der Verhandlungstermine), eine Gebühr erhoben, deren Höhe nach dem →Streitwert berechnet wird. Das GKG kennt eine *Prozeßgebühr* (für das Verfahren im allgemeinen), und eine doppelte *Urteilsgebühr* (für den Erlaß eines →Urteils, ermäßigt sich auf eine Gebühr bei einem Urteil ohne schriftliche Begründung). Für bestimmte Arten der gerichtlichen Tätigkeiten werden *Teilgebühren* (z. B. für das Mahnverfahren 1/2 Gebühr, sonst häufig eine 1/4 Gebühr) erhoben. – *Höhe:* a) In *erster Instanz:* →Kostentabelle für Zivilprozesse. b) In der *Berufungsinstanz* erhöhen sich die Gebühren um die Hälfte. – In der *Revisionsinstanz* erhöhen sich die Gebühren auf das Doppelte. – 3. *Auslagen:* An Auslagen werden namentlich Schreib- und gewisse Postgebühren sowie die an Zeugen und Sachverständige gezahlten Auslagen erhoben. – 4. *Schuldner* der G. ist der zur Tragung der Kosten Verurteilte (→Kostenentscheidung), ferner u. U. als →Gesamtschuldner auch der Antragsteller, Kläger usw. (§ 49 GKG). I. d. R. muß für gerichtliche Handlungen ein →*Vorschuß* gezahlt werden.

Gerichtsstand, örtliche →Zuständigkeit des Gerichts. Im →Zivilprozeß (§§ 12–37 ZPO): 1. *Allgemeiner* G.: G., in dem alle Klagen gegen eine Person erhoben werden können, sofern nicht ausnahmsweise die ausschließliche Zuständigkeit eines bestimmten Gerichts gegeben ist. Er wird durch den →Wohnsitz des Beklagten bestimmt; in Ermangelung eines solchen (in- oder ausländischen) durch den gegenwärtigen inländischen Aufenthaltsort; fehlt auch dieser, durch den letzten Wohnsitz im Inland; bei →juristischen Personen nach deren →Sitz (i. d. R. Ort, wo die Verwaltung geführt wird); für Klagen gegen den →Fiskus nach dem Sitz der Behörde, die den Fiskus in dem Rechtsstreit zu vertreten berufen ist. – 2. Für einzelne Klagen häufig zusätzlicher *besonderer* G., z. B.: a) *Persönlicher* G.: G., des Beschäftigungsorts, wenn die Verhältnisse auf einen Aufenthalt von längerer Dauer schließen lassen; G. der Niederlassung für alle sich auf den Betrieb der Niederlassung beziehenden Klagen am Ort der Niederlassung; G. des Ortes, an dem sich Vermögensstücke des Beklagten befinden, sofern er keinen inländischen Wohnsitz hat. b) *Sachlicher* G.: G. des →Erfüllungsorts; G. der →unerlaubten Handlung dort, wo diese begangen ist, und zwar für alle Ansprüche, die daraus entstehen; bei →Grundstücken ist für Klagen, mit denen →Eigentum, dingliche Belastung, die Freiheit von einer solchen oder →Besitz geltend gemacht werden, das Gericht ausschließlich zuständig, in dessen Bezirk die Sache gelegen ist; ausschließlich zuständig für Klagen aus →unlauterem

Wettbewerb ist das Gericht der gewerblichen Niederlassung, u. U. des Wohnsitzes des Beklagten (§ 24 UWG). – 3. *Vertragliche Vereinbarung* eines G. ist eingeschränkt zulässig; sie muß a) sich auf ein bestimmtes Rechtsverhältnis (z. B. nicht ausreichend: „alle Klagen aus Geschäftsverkehr") beziehen, b) einen vermögensrechtlichen Anspruch betreffen, c) keinen ausschließlichen G. (vgl. oben) ausschließen und d) ausdrücklich und schriftlich nach dem Entstehen der Streitigkeit (entfällt zwischen Vollkaufleuten, juristischen Personen des öffentlichen Rechts und öffentlich-rechtlichen Sondervermögen) geschlossen werden. Verhandelt der Beklagte im Zivilprozeß, ohne die Unzuständigkeit zu rügen, gilt dies nur dann als stillschweigende Zuständigkeitsvereinbarung (§ 39 ZPO), wenn er über die Unzuständigkeit durch das Gericht ausdrücklich belehrt worden ist. Vor Entstehen der Streitigkeit ist eine abweichende Vereinbarung (ebenfalls ausdrücklich und schriftlich) nur zulässig für den Fall, daß der Beklagte nach Vertragsschluß seinen Wohnsitz oder gewöhnlichen Aufenthaltsort aus der Bundesrep. D. verlegt oder sein Wohnsitz oder gewöhnlicher Aufenthalt im Zeitpunkt der →Klageerhebung unbekannt ist. Für das →Mahnverfahren ist ausschließlich das Amtsgericht zuständig, bei dem der Antragsteller seinen allgemeinen Gerichtsstand hat (§ 689 ZPO). Bei Widerspruch – und auch bei Einspruch gegen den Vollstreckungsbescheid (§ 700 ZPO) – wird der Rechtsstreit ohne mündliche Verhandlung an das Gericht abgegeben, an dem der Schuldner seinen allgemeinen G. (s. o.) hat (§ 696 ZPO). – 4. Maßgebend ist für →*Klageerhebung* (fast ausnahmslos) der G. des Beklagten; unter mehreren G. hat der Kläger die Wahl. – 5. G. der OHG und KG richtet sich nach dem →Sitz. Klagen gegen die Gesellschafter, z. B. wegen ihrer persönlichen Haftung, müssen aber an deren G., der meist der des →Wohnsitzes sein wird, eingereicht werden. – 6. Die örtliche *Zuständigkeit* ist von Amts wegen zu prüfen; bei Unzuständigkeit ist die Klage als unzulässig abzuweisen, doch kann der Kläger (ggf. hilfsweise) den →Antrag stellen, den Rechtsstreit an das zuständige Gericht zu verweisen. – 7. Bei *Versicherungsverträgen*: a) Bei Prämienklagen der Versicherungsgesellschaft i. a. der Wohnsitz des Versicherungsnehmers. Bei Klagen des Versicherungsnehmers sind fol-

gende Gerichtsstände möglich: (1) allgemeiner G. am Sitz der Gesellschaft (§ 17 ZPO), (2) am G. der Niederlassung, wenn sich die Klage hierauf bezieht (§ 21 ZPO), (3) Gerichtsstand der Agentur (§ 48 VVG), (4) der besondere G. des Erfüllungsortes (§ 29 ZPO); vgl. §§ 8 II AKB; 10 II AHB; 19 AUB. Gegen ausländische Versicherer kann am Sitz des inländischen Hauptbevollmächtigten geklagt werden.

Gerichtsverfassungsgesetz (GVG), vom 27. 1. 1877 in der Fassung vom 9. 5. 1975 (BGBl I 1077) mit späteren Änderungen. – *Inhalt*: Organisation und Zusammensetzung der →ordentlichen Gerichtsbarkeit, wie →Amtsgericht, →Schöffengericht, →Familiengericht, →Landgericht, →Kammer für Handelssachen, →Oberlandesgericht (OLG), →Bundesgerichtshof (BGH); ferner die Bestimmungen über →Staatsanwaltschaft, den →Gerichtsvollzieher, →Rechtshilfe, Öffentlichkeit der Verhandlung, Beratung und Abstimmung bei den Gerichten und die Einrichtung der →Gerichtsferien.

Gerichtsvollzieher, ein für →Zustellungen und →Zwangsvollstreckungen zuständiger Beamter. Er wird nur auf Antrag einer Partei tätig. Er untersteht der *Dienstaufsicht* des →Amtsgerichts; für →Amtspflichtverletzung *haftet* i. d. R. das Land (§ 839 BGB, Art. 34 GG) (→Amtshaftung). – *Rechte* und *Pflichten* sind in § 753 ff. ZPO sowie in den Dienstanweisungen der Justizverwaltung sowie in der Gerichtsvollzieherordnung (GVO) und Geschäftsanweisung für Gerichtsvollzieher (GVGA) geregelt. – G. wird stets nur auf Antrag einer →Partei tätig. – *Aufgabenbereich*: Als Organ der Zwangsvollstreckung ist der G. für alle nicht den Gerichten übertragenen Vollstreckungshandlungen zuständig, insbes. für →Pfändung und →Versteigerung sowie Wegnahme →beweglicher Sachen. Er ist befugt, die Räume des Schuldners mit Gewalt zu öffnen und zu durchsuchen, notfalls mittels polizeilicher Hilfe; zur Nachtzeit und an Sonn- und Feiertagen darf er Vollstreckungshandlungen nur mit gerichtlicher Erlaubnis vornehmen. Über jede Vollstreckungshandlung ist ein Protokoll aufzunehmen. – *Kosten*: G. hat Anspruch auf Gebühren und Ersatz seiner Barauslagen nach dem Gesetz über Kosten der G. vom 26. 7. 1957 (BGBl I 887) mit

geringfügige Beschäftigung

späteren Änderungen; sie werden stets vom Auftraggeber geschuldet, der auf Verlangen einen Vorschuß leisten muß. In der Zwangsvollstreckung werden sie, soweit möglich, zugleich mit dem zur Vollstreckung stehenden Anspruch von dem Schuldner beigetrieben.

geringfügige Beschäftigung. I. Sozialversicherung: 1. *Kranken- und Rentenversicherung*: a) G. B. *liegt vor,* wenn die Beschäftigung regelmäßig weniger als 15 Stunden in der Woche ausgeübt wird und das Arbeitsentgelt regelmäßig im Monat (seit 1.1.1985) 1/7 der monatlichen Entgeltgrenze (1992: 500 DM) bzw. bei höherem Arbeitsentgelt 1/6 des Gesamteinkommens nicht übersteigt oder die Beschäftigung innerhalb eines Jahres seit ihrem Beginn auf längstens zwei Monate oder fünfzig Arbeitstage nach ihrer Eigenart begrenzt zu sein pflegt oder im voraus vertraglich begrenzt ist, es sei denn, daß die Beschäftigung berufsmäßig ausgeübt wird und die Entgeltgrenzen überschritten werden. Mehrere g. B. sind zusammenzurechnen. Für eine selbständige Tätigkeit gilt die genannte Regelung entsprechend (§ 8 SGB 4). b) Bei Vorliegen einer g. B. besteht *Versicherungsfreiheit* in der gesetzlichen Kranken- (§ 7 SGB V) und Rentenversicherung (§ 5 II SGB VI). – 2. *Arbeitslosenversicherung*: a) Arbeitnehmer in kurzzeitigen Beschäftigungen sind *beitragsfrei.* b) *Kurzzeitig* i. S. des Arbeitsförderungsgesetzes ist eine Beschäftigung, die auf weniger als 18 Stunden wöchentlich der Natur der Sache nach beschränkt zu sein pflegt und im voraus durch einen Arbeitsvertrag beschränkt ist (§ 169 Nr. 6 AFG, § 102 I AFG i.d.F. des Gesetzes vom 20.12.1991 – BGBl I 2325). Gelegentliche Abweichungen von geringer Dauer bleiben unberücksichtigt. – Eine Beschäftigung gilt *nicht* als kurzzeitig, wenn sie zwar auf weniger als 18 Stunden wöchentlich beschränkt ist, aber entweder zusammen mit der für die Ausübung erforderlichen Vor- und Nacharbeit die Arbeitskraft des Beschäftigten i.d.R. mindestens 18 Stunden wöchentlich in Anspruch nimmt oder die Beschränkung darauf zurückzuführen ist, daß der Arbeitnehmer infolge Arbeitsmangels oder infolge von Naturereignissen die an seiner Arbeitsstelle übliche Zahl von Arbeitsstunden nicht erreicht (§ 102 II AFG). Die Arbeitszeiten mehrerer nebeneinander ausgeübter kurzzeitiger Beschäftigungen werden *nicht* zusammengerechnet. – 3. *Einzelheiten* vgl. in den Richtlinien für die versicherungsrechtliche Beurteilung von g. B. und geringfügig selbständigen Tätigkeiten (Geringfügigkeitsrichtlinien 1991) der Spitzenverbände der Krankenkassen, des Verbandes Deutscher Rentenversicherungsträger und der Bundesanstalt für Arbeit (abgedruckt in: Aichberger, Reichsversicherungsordnung Nr. 115).

II. Lohnsteuerrecht: Vgl. →Teilzeitbeschäftigte I.

geringstes Gebot, Begriff im →Zwangsversteigerungsverfahren. Um bei der Zwangsversteigerung von Grundstücken die Verschleuderung zu vermeiden und die dem Recht des betreibenden Gläubigers vorgehenden Rechte zu sichern (→Deckungsgrundsatz und →Übernahmegrundsatz), wird nur ein →Gebot zugelassen, durch das diese Rechte sowie die Kosten des Verfahrens gedeckt werden (§ 44 ZVG). Das g. G. des Erstehers *besteht* demnach a) aus den →bestehenbleibenden Rechten (erscheinen nicht ausdrücklich im Gebot) und b) aus dem →Bargebot (Betrag, den Bieter mindestens bieten und ggf. im Verteilungstermin bar zahlen muß).

Geringstland, Begriff des BewG: Land- und forstwirtschaftliche Betriebsflächen geringster Ertragsfähigkeit. G. wird bei der *Einheitsbewertung* des land- und forstwirtschaftlichen Betriebes (→Einheitswert II 2 a)) für Zwecke der Substanzsteuern dem →Wirtschaftswert gesondert hinzugerechnet (§ 46 BewG).

Geringverdiener, sozialversicherungsrechtliche Bezeichnung für Personen, deren monatliches Arbeitsentgelt monatlich 610 DM in den alten Bundesländern nicht übersteigt. diese Entgeltgrenze gilt, bis sie ein Siebtel der →Bezugsgröße (1992 ein Betrag von 500 DM) übersteigt. Ab diesem Zeitpunkt gilt dann als Entgeltgrenze der G. ein Siebtel der Bezugsgröße. Die Beiträge zur Sozialversicherung der G. trägt allein der Arbeitgeber (§ 259 II SGB V; § 168 I Nr. 1 SGB VI, § 171 I Nr. 1 AFG). – *Anders*: →geringfügige Beschäftigung.

geringwertige Wirtschaftsgüter (des Anlagevermögens), abnutzbare bewegliche →Wirtschaftsgüter, die selbständiger Nutzung fähig sind, der Abnutzung unterliegen und deren Anschaffungs- oder Herstellungskosten (Warenpreis ohne Vorsteuer, Nettowert) oder der Einlagewert (→Sacheinlage) für das einzelne Wirtschaftsgut 800 DM nicht übersteigen, vgl. auch →Bewertungseinheit. Anschaffungs-, Herstellungskosten bzw. Einlagewert g.W. können im Jahr der Anschaffung oder Herstellung in voller Höhe als Aufwendungen (§ 254 HGB) oder als →Betriebsausgaben abgesetzt werden (§ 6 II EStG); vgl. dazu auch →Bewertungsfreiheit. – Für g.W. besteht *Aufzeichnungspflicht*; sie entfällt, wenn Anschaffungs- oder Herstellungskosten des einzelnen g.W. nicht höher als 100 DM (Abschn. 31 EStR) sind. – *Zulässige Formen*: Besonderes, laufendes Verzeichnis; Buchung auf besonderem Konto; besonderes Bestandsverzeichnis bei der Inventur.

Gerloff, Wilhelm, 1880–1954, deutscher Soziologe, Finanzwissenschaftler und Geldtheoretiker. G. wollte aufgrund umfassender historischer und ethnographischer Studien den Ursprung finanzwissenschaftlicher Phänomene aufdecken. Er schuf den Begriff der „Ordnungssteuer" zur Bezeichnung der Steuer als Mittel moderner Wirtschaftspolitik. – *Hauptwerke*: „Die Finanz- und Zollpolitik des Deutschen Reiches" (1913); „Die Entstehung des Geldes und die Anfänge des Geldwesens" (1940); „Die öffentliche Finanzwirtschaft" (1942); Herausgeber des „Handbuchs der Finanzwissenschaften" (1926–1929).

Gesamtabschreibung, vgl. →Pauschalabschreibungen.

Gesamtaktie, →Globalaktie.

Gesamtangebotskurve, →aggregierte Angebotskurve.

Gesamtansatz, bei der Berechnung der →Schlüsselzuweisungen im →kommunalen Finanzausgleich verwendete Größe zur Messung des relativen Finanzbedarfs der Gemeinden (→Ausgleichsmeßzahl, vgl. auch →Finanzbedarf). Summe aus →Hauptansatz und →Ergänzungsansätzen.

Gesamtaufrollung, →Verböserung.

Gesamtausgebot, *Gruppenausgebot*. gemeinsames Ausgebot mehrerer Grundstücke im →Zwangsversteigerungsverfahren. – *Gegensatz*: →Einzelausgebot.

Gesamtbedarfsmatrix, →Gozinto-Graph.

Gesamtbeitrag, Summe der Pflichtleistungen zur Arbeitslosen-, Kranken- und Rentenversicherung, die vom Arbeitgeber zusammen an die Einzugsstelle abzuführen ist. – Vgl. auch →Gesamtsozialversicherungsbeitrag.

Gesamtbetrag der Einkünfte, Begriff des Einkommensteuerrechts: Zwischengröße bei der Ermittlung des →zu versteuernden Einkommens. Der G.d.E. ermittelt sich aus der Summe der →Einkünfte aus den einzelnen Einkunftsarten des Steuerpflichtigen, vermindert um den →Altersentlastungsbetrag, den Ausbildungsplatz-Abzugsbetrag und die abzugsfähige ausländische Steuer (§ 2 III EStG). – *Anders*: →Gesamteinkommen.

Gesamtbetriebsrat, Organ der Betriebsverfassung. Um eine sinnvolle Wahrnehmung der Mitwirkungs- und Mitbestimmungsrechte auch in Unternehmen mit mehreren Betrieben zu sichern, sieht das Gesetz dort die Bildung von G. vor (§§ 47 ff. BetrVG). Dieser besteht aus entsandten Mitgliedern der →Betriebsräte (§ 47 II – VIII BetrVG) und ist den Betriebsräten nicht übergeordnet (§ 50 I 2 BetrVG). Der G. ist nur zuständig für die Behandlung solcher Angelegenheiten, die das Gesamtunternehmen oder mehrere Betriebe betreffen und nicht durch die einzelnen Betriebsräte innerhalb ihrer Betriebe geregelt werden können sowie dann, wenn er von einem Betriebsrat mit der Behandlung einer – in die Zuständigkeit des Betriebsrats fallenden – Angelegenheit beauftragt worden ist (§ 50 BetrVG). Mindestens einmal in jedem Kalenderjahr hat der G. eine Betriebsräteversammlung einzuberufen (§ 53 BetrVG).

Gesamtbewertung, →Pauschalbewertung; →Unternehmungsbewertung.

Gesamteigenhandel, Bezeichnung der amtlichen Statistik für die die Grenzen des Zollgebietes überschreitenden Gütermengen, anders als beim →Generalhandel einschl. der unmittelbaren Durchfuhr.

Gesamteinkommen, zur Berechnung von Beiträgen und zur Ermittlung von Leistungsansprüchen in der Sozialversicherung maßgebender Betrag. G. ist die Summe der →Einkünfte i.S. des Einkommensteuerrechts; es umfaßt insbes. →Arbeitsentgelt und →Arbeitseinkommen (§ 16 SGB IV). – *Anders:* →Gesamtbetrag der Einkünfte.

gesamte Pufferzeit, →Ereignispuffer 2a), →Vorgangspuffer 2a).

gesamter Puffer, →Ereignispuffer 2a), →Vorgangspuffer 2a).

Gesamtertragsfunktion, →Produktionsfunktion.

Gesamtforderung, Forderung mehrerer →Gesamtgläubiger, von denen jeder von dem Schuldner die ganze Leistung verlangen kann. – *Gegensatz:* Teilforderung.

Gesamtgeschäftsführung, Geschäftsführung durch mehrere Gesellschafter. Bei G. dürfen die Gesellschafter, denen die →Geschäftsführung zusteht, nur zusammen (d.h. mit Zustimmung aller geschäftsführenden Gesellschafter) handeln. Der Zustimmung bedarf es nicht, wenn Gefahr im Verzug ist (§ 115 II HGB). – Bei der OHG (ebenso bei der KG für die Komplementäre) gilt grundsätzlich das Prinzip der →Einzelgeschäftsführung. G. kann aber im Gesellschaftsvertrag vorgesehen sein (§ 115 HGB), bedeutet jedoch noch keine →Gesamtvertretung.

Gesamtgläubiger, mehrere Gläubiger, von denen jeder von dem Schuldner die Leistung fordern kann, der Schuldner aber die Leistung nur einmal zu erbringen braucht. Der Schuldner darf nach seinem Belieben an einen der Gläubiger leisten (§ 428 BGB).

Gesamtgut der Ehegatten, Begriff des Familienrechts, Behandlung bei der Gütergemeinschaft: Vgl. →eheliches Güterrecht III 2a) (1).

Gesamthandlungsvollmacht, beschränkte →Handlungsvollmacht, bei der der →Handlungsbevollmächtigte nur gleichzeitig mit einem anderen Bevollmächtigten oder einem Prokuristen handeln darf. Im Gegensatz zur →Prokura sind solche Bestimmungen auch einem Dritten gegenüber uneingeschränkt zulässig (→Gesamtprokura), ihre *Wirkung* tritt aber nur ein, wenn sie diesem bekanntgemacht worden sind (z.B. auf den Geschäftspapieren) oder der Dritte die Beschränkung aus Fahrlässigkeit nicht kannte (§ 54 III HGB).

Gesamthandsgemeinschaft, →Gemeinschaft zur gesamten Hand.

Gesamtheit, zusammenfassende Bezeichnung für eine →Grundgesamtheit oder im weiteren Sinne eine →Stichprobe (→Teilgesamtheit).

Gesamthochschule (GH), integrierte →Hochschule, entstanden entweder durch Neugründung oder durch Zusammenlegung mehrerer vorhandener Ausbildungseinrichtungen (Universitäts-Fachbereiche oder -Abteilungen, Pädagogische Hochschulen, Fachhochschulen u.a.). – *Ziel* der Neuordnung von Studium und Lehre ist die enge Verflechtung der bisher getrennten wissenschaftlichen und praxisnahen Studien zu einem integrierten Studiensystem. Praxisbezogene Studien sollen stärker wissenschaftlich durchdrungen werden, wissenschaftliche Studien einen stärkeren Praxisbezug gewinnen. An die Stelle der verschiedenen Ausbildungsziele der getrennten Hochschuleinrichtungen treten verschiedene Ausbildungseinrichtungen oder Studienschwerpunkte des integrierten Systems mit Übergangsmöglichkeiten auf kurzen Wegen. Die breite Binnendifferenzierung des Systems ermöglicht dem Studierenden einen seinen Fähigkeiten und Neigungen entsprechenden individuellen Studienverlauf. Fachwissenschaftliche Studien werden durch curriculare Elemente ergänzt, die eine wissenschaftliche und praxisorientierte Ausbildung im Hinblick auf Tätigkeitsfelder eröffnen, in denen verschiedene Disziplinen zusammenwirken. Neben einer gründlichen fachwissenschaftlichen Ausbildung soll die Kommunikationsfähigkeit mit anderen Disziplinen gesichert und die Fähigkeit zu interdisziplinärer Zusammenarbeit bei der Behandlung komplexer Probleme gefördert werden.

Gesamthypothek, →Hypothek, bei der mehrere Grundstücke für die gleiche Forderung haften. Jedes Grundstück haftet für die ganze Forderung. Der Gläubiger kann nach Belieben Befriedigung aus jedem Grundstück suchen (§ 1132 BGB).

Gesamtindikator. 1. *Begriff*: Zusammenfassung einzelner →Konjunkturindikatoren, mit deren Hilfe die Gesamtlage der →Konjunktur auf einen Blick erfaßt und gemessen werden kann (vgl. auch →Konjunkturbarometer, →Barometersystem). – 2. *Konstruktionsweise*: a) Aggregation durch einen →Diffusionsindex; b) Aggregation mit Hilfe einer Signalwertmethode; c) Aggregation durch Standardisierung der Zeitreihen. – 3. *Vorteile und Grenzen*: Der G. bündelt und strafft die Vielfalt konjunktureller Informationen und ist für die Öffentlichkeit eine einfache und wenig zeitraubende Informationsmöglichkeit. Er beschreibt nur den Konjunkturverlauf, läßt keine Schlüsse auf die Ursache von →Konjunkturschwankungen zu. – 4. *Beispiele*: →Harvard-Barometer; Gesamtindikator des Sachverständigenrats zur Begutachtung der gesamtwirtschaftlichen Entwicklung (SVR).

Gesamt-Jugend- und Auszubildendenvertretung, zwingend für solche Unternehmen vorgeschrieben, in denen mehrere →Jugend- und Auszubildendenvertretungen bestehen (§ 72 BetrVG). In G. entsendet grundsätzlich jede Jugend- und Auszubildendenvertretung ein Mitglied; durch →Tarifvertrag oder →Betriebsvereinbarung kann die Mitgliederzahl abweichend geregelt werden. – *Zuständigkeit*: Die G. ist zuständig für Angelegenheiten, die das Gesamtunternehmen oder mehrere Betriebe betreffen und nicht durch einzelne Jugend- und Auszubildendenvertretung geregelt werden können, sowie in den ihr durch die Jugend- und Auszubildendenvertretung übertragenen Aufgaben (entspricht der Regelung beim →Gesamtbetriebsrat).

Gesamtkapitalrentabilität, →Rentabilität 1.

Gesamtkonstruktionszeichnung, →Konstruktionszeichnung.

Gesamtkosten, Summe der in einem bestimmten Zeitraum in einem →Betrieb angefallenen Kosten. G. setzen sich zusammen aus: a) →fixen Kosten und →variablen Kosten bzw. b) →Einzelkosten und →Gemeinkosten. Gliederung nach →Kostenarten oder →Kostenstellen. – *Gegensatz*: →Stückkosten.

Gesamtkostendegression, →Degression I 1.

Gesamtkostenverfahren. 1. *Begriff*: Gestaltungsform der →Erfolgsrechnung, bei der die gesamten Kosten bzw. Aufwendungen einer Periode den gesamten Leistungen bzw. Erträgen der gleichen Periode (also einschl. der Erträge aus Bestandserhöhungen an Halb- und Fertigfabrikaten und den selbsterstellten Anlagen) gegenübergestellt werden. Dadurch ergibt sich eine (unsaldierte) Bruttodarstellung der Ergebnisquellen gegliedert nach Aufwands- und Ertragsarten. – *Gegensatz*: →Umsatzkostenverfahren, (Nettodarstellung). – 2. *Kostenrechnung*: Der Rechnungsgang wird in der Tabelle dargestellt.

Bruttoumsatzerlös
− Erlösschmälerung

Nettoumsatzerlös

+ Wert der Bestandserhöhung
− Wert der Bestandsverminderung
− Herstellkosten der gefertigten Erzeugnisse
− Vertriebskosten der verkauften Erzeugnisse

= Betriebsergebnis

Formelmäßige Darstellung:

$$G_B = \sum_{i=1}^{n} x_{ai} p_i$$

$$+ \sum_{i=1}^{n} (x_{pi} - x_{ai}) k_{hi} - \sum_{j=1}^{m} k_j - S$$

G_B = Betriebsergebnis (-gewinn), x_{ai} = abgesetzte Menge/Periode, x_{pi} = produzierte Menge/Periode, p_i = Marktpreis/Stück, k_{hi} = Herstellkosten/Stück, i = 1, 2, ..., n = Anzahl der Produktarten, k_j = Kostenart der Art j = 1, 2, ..., m, S = Summe der Erlösschmälerungen/Periode. – 3. *Jahresabschluß von Kapitalgesellschaften*: Das G. ist im Rahmen der nach der Staffelform aufzustellenden →Gewinn- und Verlustrechnung (GuV) (§ 275 I HGB) ebenso zulässig wie das Umsatzkostenverfahren. Bei Anwendung des G. lassen sich dabei die betrieblichen Erträge mit den betrieblichen Aufwendungen zu einem „betrieblichen Ergebnis" (anders: →Betriebsergebnis in der →Kostenrechnung)

1309

saldieren, die Finanzerträge ergeben saldiert mit den Finanzaufwendungen das Finanzergebnis. Betriebliches Ergebnis und Finanzergebnis bilden das „Ergebnis der gewöhnlichen Geschäftstätigkeit". Unter Berücksichtigung des außerordentlichen Ergebnisses (Saldo der →außerordentlichen Aufwendungen mit den →außerordentlichen Erträgen) und nach Abzug der den einzelnen Ergebnisteilen nicht zurechenbaren Ertragsteuern und der nicht zugerechneten sonstigen Steuern (anders aber →Anschaffungsnebenkosten) ergibt sich der Jahresüberschuß/Jahresfehlbetrag als Unternehmungsergebnis. – 4. *Beurteilung*: Eine klare Erfolgsspaltung im betriebswirtschaftlichen Sinne bietet das G. nicht, da weder eine Trennung nach betrieblichen und betriebsfremden, einmaligen und regelmäßigen, periodeneigenen und periodenfremden Aufwendungen und Erträgen noch nach Produktarten möglich ist. Zur Aussagefähigkeit vgl. auch →Bilanzanalyse.

Gesamtleistungsbewertung, seit dem 1.1.1992 mit dem Rentenreformgesetz 1992 (= SGB VI) eingeführter Begriff zur Berechnung der Rente in der gesetzlichen Rentenversicherung. Dient v. a. der Ermittlung der →Entgeltpunkte für beitragsfreie und beitragsgeminderte Zeiten. Danach erhalten beitragsfreie Zeiten den Durchschnittswert an Entgeltpunkten, der sich aus der Gesamtleistung an Beiträgen im belegungsfähigen Zeitraum ergibt. Dabei erhalten sie den höheren Durchschnittswert aus der Grundbewertung aus allen Beiträgen oder der Vergleichsbewertung aus ausschließlich vollwertigen Beiträgen (§ 71 SGB VI). Für beitragsgeminderte Zeiten ist die Summe der Entgeltpunkte um einen Zuschlag so zu erhöhen, daß mindestens der Wert erreicht wird, den diese Zeiten als beitragsfreie Zeiten nach der Vergleichsbewertung (§ 73 SGB VI) hätten. Die zusätzlichen Entgeltpunkte werden den Kalendermonaten mit beitragsgeminderten Zeiten zu gleichen Teilen zugeordnet (§ 71 II SGB VI). Für die G. werden jedem Kalendermonat an Berücksichtigungszeiten 0,0625 Entgeltpunkte zugeordnet, wenn er nicht als Beitragszeit bereits einen höheren Wert hat (§ 71 III SGB VI).

Gesamtmerkmalsbetrag, Summe der Ausprägungen eines →Merkmals bei den Elementen einer Gesamtheit. Informationsgehalt nur bei metrisch skalierten Merkmalen (→Skala).

Gesamtnachfolge, →Gesamtrechtsnachfolge.

Gesamtnachfrageexternalität, die makroökonomische Auswirkung der Preisanpassung eines Unternehmens auf die Nachfrage nach den Produkten aller anderen Unternehmen. Verringert ein Unternehmen den Preis für sein Produkt, dann vermindert es dadurch in geringem Maße auch das gesamtwirtschaftliche Preisniveau. Dies führt zu einem entsprechenden Anstieg der Realkasse, der seinerseits das Gesamteinkommen erhöht. Die Zunahme des Gesamteinkommens bewirkt einen Anstieg der Nachfrage nach den Produkten aller anderen Unternehmen. Aus Sicht des preissenkenden Unternehmens stellt dies eine Externalität dar.

Gesamtnachfragekurve, →aggregierte Nachfragekurve.

Gesamtplanung, systematische Zusammenfassung und gegenseitige Abstimmung aller betrieblichen Teilpläne (→Planbilanz). Integration der partiellen Maßnahmen zu einem geschlossenen System. Durchführung i. d. R. in Form der →Simultanplanung. – *Gegensatz*: →Teilplanung. – Vgl. auch →Unternehmensplanung VI, →Plankoordination.

Gesamtprokura, zulässige Beschränkung der →Prokura in der Weise, daß mehrere Prokuristen nur gemeinschaftlich zu handeln befugt sind (§ 48 II HGB). Die Gesamtprokuristen müssen jedoch nicht gleichzeitig durch einen Gesamtakt handeln. Anmeldung der G. zum →Handelsregister erforderlich. – Eine G. derart, daß der Prokurist *an die Zustimmung eines* →Handlungsbevollmächtigten gebunden wird, ist im Innenverhältnis möglich, aber nicht im Handelsregister eintragbar und gegenüber Dritten unwirksam (§ 50 HGB). – Dagegen kann der Prokurist *an die Mitzeichnung des Geschäftsinhabers*, eines OHG-Gesellschafters usw., gebunden werden; eine derartige G. beinhaltet aber gleichzeitig die sog. →Immobiliarklausel, weil die Vertretungsbefugnis des Inhabers, OHG-Gesellschafters usw., nicht eingeschränkt werden kann. – *Gegensatz*: →Einzelprokura. – Vgl. auch →Gesamtvertretung.

Gesamtpuffer, →Ereignispuffer 2a),
→Vorgangspuffer 2a).

Gesamtpufferzeit, →Ereignispuffer 2a),
→Vorgangspuffer 2a).

Gesamtrechtsnachfolge, in bestimmten
Fällen gesetzlich zugelassene →Rechtsnachfolge in ein Vermögensganzes, z. B. im
Erbrecht (§ 1922 BGB). G. führt im *Steuerrecht* zum Übergang der Steuerschuld des
Rechtsvorgängers auf den Rechtsnachfolger, z. B. bei Erbfolge, Verschmelzung von
Gesellschaften (§ 45 AO).

Gesamtschuldner. I. B ü r g e r l i c h e s
R e c h t / H a n d e l s r e c h t: Schuldner, die für
eine Schuld in der Weise haften, daß jeder
von ihnen die ganze Leistung zu bewirken
verpflichtet, der Gläubiger aber die Leistung nur einmal zu fordern berechtigt ist.
Der Gläubiger kann die Leistung nach
Belieben von jedem Schuldner ganz oder
zum Teil fordern. Bis zur Bewirkung der
ganzen Leistung bleiben alle Schuldner
verpflichtet (§ 421 BGB). Im Verhältnis
untereinander sind die G. zu gleichen
Anteilen verpflichtet (§ 426 BGB). Verpflichten sich mehrere durch Vertrag gemeinschaftlich zu einer teilbaren Leistung,
so haften sie im Zweifel als G. (§ 427 BGB).
Auch die persönlich haftenden Gesellschafter einer Personengesellschaft haften für die
Verbindlichkeiten der Gesellschaft den
Gläubigern als G. (§ 128 HGB). – Vgl. auch
→Schuldnermehrheit.

II. S t e u e r r e c h t: Die Konstruktion der
Gesamtschuld wurde im wesentlichen aus
dem bürgerlichen Recht übernommen und
damit die Pflicht zur Leistung derselben
Steuerschuld auf zwei oder mehrere Personen ausgedehnt. – 1. *Gesetzliche Grundlage*:
§ 44 AO sowie Bestimmungen in den Einzelsteuergesetzen. – 2. *Wirkung*: Jeder G.
schuldet die gesamte Leistung; bis zur
Entrichtung des ganzen Betrags bleiben alle
G. verpflichtet. Dem Finanzamt steht es in
Ausübung seines pflichtgemäßen Ermessens frei, die geschuldete Leistung ganz
oder teilweise von jedem G. zu fordern. Die
Entrichtung des geschuldeten Betrags (Zahlung, Aufrechnung, Hingabe an Zahlungs
Statt, Befriedigung im Beitreibungsverfahren) durch einen G. kommt den anderen G.
zustatten. Diese werden endgültig von der
Steuerschuld befreit. Dagegen wirken →Erlaß und →Verjährung nur zugunsten des

G., für dessen Person ein Erlaß ausgesprochen wird bzw. die Verjährung eintritt. – 3.
Fälle: Gesamtschuldnerschaft entsteht: a)
Durch Tatbestandsverwirklichung, wenn
mehrere Personen denselben Tatbestand
erfüllen, an den das Gesetz die Entstehung
der Steuerschuld knüpft (z. B. mehrere Personen, für deren Rechnung ein Gewerbe
betrieben wird, sind G. hinsichtlich der
Gewerbesteuer (§ 5 I 3 GewStG); Miteigentümer eines Grundstücks sind G. der
Grundsteuer (§ 10 III GrStG); Veräußerer
und Erwerber schulden die Grunderwerbsteuer (§ 13 GrEStG). b) Infolge Zusammenveranlagung. Das gilt für Ehegatten bei
der Einkommensteuer und der Vermögensteuer (§§ 26, 26b EStG, § 14 VStG). c)
Infolge Nebenhaftung. Das sind die Fälle,
in denen neben dem Erstschuldner die
Haftung einer weiteren Person oder mehrerer Personen hinzukommt. Vgl. im einzelnen →Haftung. – 4. *Geltendmachung*: G.
werden durch →Steuerbescheid, Haftende
durch →Haftungsbescheid in Anspruch genommen. – 5. *Aufteilung*: Die →Zusammenveranlagung benachteiligte in den Fällen 3b wegen der Wirkungen und Folgen
der Gesamtschuldnerschaft in den meisten
Fällen die betroffenen Ehegatten gegenüber
anderen Steuerpflichtigen. Deshalb wurden
die Wirkungen der Gesamtschuld durch
§§ 268–280 AO für diese Fälle gemildert:
Jeder G. kann bei Einleitung der Zwangsvollstreckung beantragen, die rückständigen Steuerschulden im Verhältnis der Beträge aufzuteilen, die sich bei getrennter
Veranlagung unter Berücksichtigung der
besonderen Aufteilungsmaßstäbe nach
§§ 269–278 AO ergeben würden. Entsprechendes gilt für die Vorauszahlungen und
die nachgeforderten Steuern. Ist die Tilgung der Steuerschuld gesichert, so kann
auch einem Aufteilungsvorschlag der Gesamtschuldner gefolgt werden. Auf den
Antrag eines der Gesamtschuldner ergeht
Aufteilungsbescheid (§ 279 AO), gegen den
→Einspruch (§ 348 I 8 AO) gegeben ist.

Gesamtsozialversicherungsbeitrag, seit
1942 wegen der uneinheitlichen Voraussetzungen für das Bestehen von Pflichtversicherungsverhältnissen eingeführte, einheitliche Abführung der Beiträge zur gesetzlichen Kranken-, Renten- und Arbeitslosenversicherung für in abhängiger Stellung
beschäftigte Versicherungspflichtige. Zuständig für die Abführung ist für kranken-

versicherungspflichtige Beschäftigte deren Pflicht- oder Ersatzkrankenkasse, für nicht krankenversicherungspflichtige die Pflichtkrankenkasse, die beim Vorliegen von Krankenversicherungspflicht normalerweise zuständig wäre, und zwar auch dann, wenn der Betreffende freiwilliges Mitglied einer Ersatzkrankenkasse ist (§ 28 i SGB IV). – Vgl. auch →Beitragsgruppen, →Einzugsstelle.

Gesamtstrafe, Erhöhung der verwirkten höchsten Strafe bei Verurteilung wegen mehrerer Taten, die gleichzeitig abgeurteilt werden (§ 53 StGB). Die G. darf die Summe der Einzelstrafen nicht erreichen; sie darf bei zeitiger →Freiheitsstrafe 15 Jahre und bei →Geldstrafe 720 Tagessätze nicht überschreiten (§ 54 II StGB). Wird eine vor der früheren Verurteilung begangene Tat später abgeurteilt, so ist nachträglich eine G. zu bilden (§ 55 StGB).

Gesamtumsatz, i. S. des Umsatzsteuerrechts (§ 19 III UStG) grundsätzlich alle steuerbaren Umsätze mit Ausnahme der →Einfuhr. – *Nicht* zum G. rechnen die meisten →Bankumsätze und die der →Grunderwerbsteuer oder →Versicherungsteuer unterliegenden Vorgänge, falls es sich um →Hilfsgeschäfte handelt, sowie eine Reihe weiterer nach § 4 Nr. 8 i, 9 b, 11 – 28 UStG steuerbefreiter Umsätze. – Von der *Höhe* des G. hängt die Besteuerung als →Kleinunternehmer und die Besteuerung nach →vereinnahmten Entgelten ab. Für die verschiedenen Anwendungsfälle wird der G. jeweils leicht modifiziert berechnet.

Gesamt-Umsatzrabatt, →Mengenrabatt.

Gesamtunternehmer, →Generalunternehmer.

Gesamtverband der Deutschen Versicherungswirtschaft e. V. (GDV), Sitz in Bonn. Interessenvertretung der deutschen Individualversicherung, der fünf Fachverbände (Verband der Lebensversicherungs-Unternehmen, Verband der Haftpflicht-, Unfall-, Auto- und Rechtsschutzversicherer – HUK-Verband –, Verband der Sachversicherer, Verband der privaten Krankenversicherung, Deutscher Transport-Versicherungs-Verband) sowie ca. 400 Mitgliedsunternehmen angehören, die rd. 94% des Brutto-Beitragsaufkommens erwirtschaften.

Gesamtverband Deutscher Angestellten-Gewerkschaften (Gedag), Sitz in Hamburg. – *Aufgaben*: Interessenvertretung und -wahrnehmung der angeschlossenen Mitgliedsverbände (Deutscher Handels- und Industrieangestellten-Verband, Deutscher Land- und Forstwirtschaftlicher Angestelltenbund, Arbeitnehmerverband Deutscher Milchkontroll- und Tierzuchtangestellten, Verband Deutscher Techniker, Verband der weiblichen Angestellten); Führung von Tarifverhandlungen.

Gesamtvereinbarung, →Tarifvertrag, →Betriebsvereinbarung.

Gesamtvermögen. 1. *Begriff* des Steuerrechts: Das gesamte Vermögen des →unbeschränkt Steuerpflichtigen, soweit es nicht ausdrücklich von der Vermögensteuer befreit ist, d. h. inländisches und im Ausland befindliches Vermögen (§ 114 BewG). →Bemessungsgrundlage der Vermögensteuer bei unbeschränkt Steuerpflichtigen (§ 4 VStG). – 2. *Ermittlung des G.*: a) Der Einheitswert bzw. die Einheitswerte für das →land- und forstwirtschaftliche Vermögen, das →Grundvermögen und das →Betriebsvermögen werden zum sonstigen Vermögen addiert (*Rohvermögen*). Nach Minderung um die Schulden (ausgenommen die Betriebsschulden, die bereits als negative Komponente bei der Ermittlung des Einheitswerts des gewerblichen Betriebs berücksichtigt wurden) und Lasten (§ 118 BewG) verbleibt das *Reinvermögen*, das der Vermögensteuerveranlagung zugrunde gelegt wird. – Bei *Zusammenveranlagung* vgl. →Haushaltsbesteuerung 4. – 3. *Regelungen für die neuen Bundesländer*: Vgl. →Bewertungsgesetz III 4, →Vermögensteuer III.

Gesamtvertretung, *Gesamtvollmacht, Kollektivvertretung*, Form der Vertretung, die das Zusammenwirken aller Bevollmächtigten verlangt. G. dient der Sicherheit im Geschäftsverkehr, schützt vor Unvorsichtigkeiten und Unredlichkeiten. Gleichzeitiges *Handeln* ist nicht erforderlich, es genügt, daß ein zur Vertretung Berufener mit →Zustimmung der anderen im Namen der übrigen Gesamtvertreter das Geschäft abschließt. *Verboten* ist die Erteilung einer →Generalvollmacht an einen zur G. Berufenen durch die anderen, da hiermit der Zweck der G. umgangen würde; →Spezialvollmacht ist zulässig. *Anordnung* der G. bei einer *OHG* ist ebenso wie jede Änderung in der Vertretung zum →Handelsregister anzumelden (§ 125 II HGB). Entsprechendes gilt für die *AG* (§§ 78, 39 AktG) und die *GmbH* (§ 10 GmbHG). – Der Kommanditist kann nicht an der G. teilnehmen (§ 170 HGB); ihm kann aber →Prokura erteilt werden. – Sind bei →Abwicklung mehrere *Abwickler* vorhanden, liegt immer G. vor, es sei denn, daß Einzelvertretung bestimmt und im Handelsregister eingetragen ist (§ 150 HGB). – Von *unechter* G. spricht man, wenn die Vertretungsbefugnis eines Gesellschafters an die Mitwirkung eines Prokuristen gebunden wird (§ 125 III HGB). – *Gegensatz*: →Alleinvertretung. – Vgl. auch →Gesamthandlungsvollmacht, →Gesamtprokura.

Gesamtvollmacht, →Gesamtvertretung.

Gesamtvollstreckungsordnung. Nach dem →Einigungsvertrag gilt in den neuen Bundesländern das Insolvenzrecht der DDR mit einigen Veränderungen. Die Verordnung über die Gesamtvollstreckung vom 6.6.1990 wurde im Einigungsvertrag in den Rang eines Gesetzes erhoben und erhielt den Titel „Gesamtvollstreckungsordnung". Die geltende Fassung dieses Gesetzes kann im wesentlichen als verkürzte, vereinfachte und daher leichter handhabbare Fassung der Konkursordnung bezeichnet werden. Die G. wird ergänzt durch das „Gesetz über die Unterbrechung von Gesamtvollstreckungsverfahren", das es ermöglicht, die Eröffnung eines Gesamtvollstreckungsverfahrens zeitweise hinauszuschieben, wenn dies zur Prüfung von Sanierungschancen geboten erscheint und ein Garantiegeber gewährleistet, daß die während der Unterbrechung neu entstehenden Verbindlichkeiten des insolventen Unternehmens voll erfüllt werden. Hervorzuheben sind folgende Regelungen: 1. Die Zweispurigkeit von Konkurs- und Vergleichsverfahren ist in den Geltungsbereich des Gesamtvollstreckungsrechts nicht übernommen worden. Die G. enthält ein einheitliches Verfahren, das regelmäßig zur konkursmäßigen Liquidation führt, in dessen Rahmen auch ein Sanierungsvergleich geschlossen werden kann. – 2. Das Zustandekommen eines Vergleichs wird gegenüber dem Recht der alten Bundesländer begünstigt, insbes. durch den Wegfall des Erfordernisses der „Vergleichswürdigkeit" des Schuldners und durch geringere Mehrheits-

erfordernisse bei der Abstimmung der Gläubiger. Eine Mindestquote ist nicht vorgesehen. – 3. Die Durchführung massearmer Verfahren wird dadurch erleichtert, daß die Lohnforderungen freigestellter Arbeitnehmer als nachrangige Masseschulden eingeordnet werden. – 4. Die unbegrenzte Nachhaftung natürlicher Personen nach der Durchführung eines Konkursverfahrens ist nur in abgeschwächter Form ins Gesamtvollstreckungsrecht übernommen worden. Dem redlichen Schuldner, der ein Gesamtvollstreckungsverfahren durchlaufen hat, wird ein weitreichender Vollstreckungsschutz gewährt, der dem wirtschaftlichen Ergebnis einer Restschuldbefreiung nahe kommt.

Gesamtwert einer Unternehmung, →Unternehmungswert.

gesamtwirtschaftliche Eckdaten, →Orientierungsdaten.

gesamtwirtschaftliche Finanzierungsrechnung, Teilgebiet der →Volkswirtschaftlichen Gesamtrechnungen, in dem vornehmlich die Veränderungen der nach Arten spezifizierten Forderungen und Verbindlichkeiten der Sektoren für eine abgelaufene Periode dargestellt werden.

gesamtwirtschaftliche Planung. I. Begriff: Kennzeichnung für unterschiedliche Verfahren zur Ausrichtung der einzelwirtschaftlichen Aktivitäten innerhalb einer →Wirtschaftsordnung auf ein nach unterschiedlichen Methoden ermitteltes *gesamtgesellschaftliches Zielbündel* bzw. *staatliche* bzw. *gesellschaftliche Instanzen.* Die g.P. soll je nach zugrunde liegender Konzeption gänzlich an die Stelle der Koordination der individuellen Wirtschaftspläne mittels des Markt-Preis-Mechanismus *(→Marktwirtschaft)* treten, diesen partiell ersetzen oder lediglich korrigierend beeinflussen. Theoretisch wird die g.P. durch die Annahme gerechtfertigt, daß die marktwirtschaftliche Koordination nicht oder nur unzureichend eine gesamtgesellschaftlich rationale Güterallokation vermitteln könne *(Marktversagen)*: a) Einzelwirtschaftliche Planung führe u.U. auch bei Verfolgung *individueller rationaler Ziele* zu *gesamtwirtschaftlich negativ zu wertenden Ergebnissen* (z.B. unzureichende individuelle Zukunftsvorsorge bei unterstellt vorherrschenden Gegenwartspräferenzen, ausschließliche Gewinnorientierung bei Vernachlässigung sozialer und ökologischer Folgeprobleme der Güterproduktion). b) Der Marktmechanismus sei nur ungenügend zu *ex-ante-Koordination* der einzelnen Wirtschaftspläne geeignet, so daß insbes. Investitionsentscheidungen, getroffen auf der Basis gegenwärtig bekannter Daten, sich in der Zukunft leicht als falsch erweisen könnten. Dies führe zu *Kapitalfehlallokationen.* Dieses Problem würde mit zunehmender Kapitalintensivierung der Produktion immer gravierender, da hierdurch die Anpassungsflexibilität des Kapitalstocks sinke. c) Der *private Sektor* sei prinzipiell *instabil* (Annahme des Keynesianismus, →Keynessche Lehre). d) Nur mittels nationalstaatlicher g. P. ließe sich der *wachsende Einfluß internationaler Großkonzerne* auf die inländische Volkswirtschaft begrenzen. – Die g. P. umfaßt ihren Vertretern zufolge mehr als die traditionelle → *Wirtschaftspolitik:* Sei letztere lediglich eine *reaktive Anpassung* an bereits erfolgte Fehlentwicklungen, handle es sich bei der g. P. um eine *antizipierende Koordinierung* des Wirtschaftsprozesses, durch die derartige Fehlentwicklungen *a priori* verhindert werden könnten.

II. Theoretische Konzeptionen und Methoden: 1. *Gemeinsam* ist den unterschiedlichen Konzepten der g. P. die Vorstellung, daß die Volkswirtschaft eine *Organisation* ist, für die: a) eine gesamtwirtschaftliche Ziel- bzw. Wohlfahrtsfunktion ermittelt werden kann, b) die ökonomischen Prozesse von einer Zentralinstanz umfassend überschaut und zutreffend prognostiziert werden können, c) diese Prozesse sich zentral so steuern lassen, daß die Wohlfahrtsfunktion maximiert wird und somit d) der Wirtschaftsprozeß in Struktur und Ergebnis beliebig gestaltbar ist. – 2. *Unterscheidung* der Konzeptionen: a) Danach, wie die *gesamtwirtschaftlichen Ziele und Wege* zu deren Erreichung ermittelt und festgelegt werden: (1) Eine Zentralinstanz legt autoritär Ziele und Mittel fest und stützt sich dabei i. d. R. auf ihre eigenen Präferenzen. (2) Der Inhalt der g. P. wird in einem partizipatorisch-demokratischen Wahlprozeß von allen Wahlbürgern gemeinsam festgelegt. (3) Zielbündel und zieloptimaler Plan werden durch einen Wirtschafts- und Sozialrat ermittelt; in ihm sind alle Sozialverbände und Interessen-

gruppen zusammen mit Vertretern sonstiger, als schutzwürdig angesehener Interessen vertreten und koordinieren dort ihre gruppenspezifischen Einzelinteressen. – b) Der *ermittelte Plan* kann (1) zwingend verbindlich sein (→zentralgeleitete Wirtschaft), (2) durch indirekt wirkende prozeßpolitische Instrumente realisiert werden (→staatssozialistische Marktwirtschaft) oder (3) ausschließlich orientierenden Charakter haben und u. a. durch Methoden der →moral suasion gegenüber den Planadressaten implementiert werden *(→ Planification).* Indirekte sowie orientierende g. P. bei partizipatorisch-demokratischer Entscheidungsfindung sind Konzeptionen unter den Rahmenbedingungen einer →privatwirtschaftlichen Marktwirtschaft, autoritätzwingende g. P. dagegen unter den Bedingungen einer →staatssozialistischen Zentralplanwirtschaft. – c) Nach dem *Umfang:* (1) Struktur- und/oder Niveausteuerung der makroökonomischen Aggregate und Prozesse sowie (2) umfassende Detailsteuerung mikroökonomischer Größen. Dabei kann sich die g. P. auf ein umfassendes gesamtgesellschaftliches Zielbündel oder einige ausgewählte, als besonders wichtig angesehene, Einzelziele (z. B. Wachstum, Vollbeschäftigung, Preisniveaustabilität, Zahlungsbilanzgleichgewicht) beziehen. – 3. *Methoden der Entscheidungsvorbereitung* (Ermittlung von Planungsalternativen und Entwicklungsprognosen): a) →Bilanzierungsmethode, b) gesamtwirtschaftliche oder sektorale Input-Output-Berechnungen (→Input-Output-Analyse) und c) ökonometrische Simulationsmodelle (→Ökonometrie II).

III. Konzeptionelle Probleme: 1. Erforderlich ist für die g. P. ein *eigenständiges gesamtwirtschaftliches Informationssystem,* da die Marktpreise die Informationsfunktion annahmegemäß nur unzureichend erfüllen. Da a priori nicht erkennbar ist, welche Informationen für die Entscheidungsfindung relevant sind, müssen tendenziell mehr Informationen zentralisiert werden als tatsächlich notwendig sind. Dadurch steigen die Kosten der Informationsgewinnung, ohne daß dem zwingend ein zusätzlicher Nutzen gegenübersteht. Darüber hinaus lassen sich die überaus wichtigen spezifischen Kenntnisse der einzelnen Wirtschaftssubjekte über die besonderen Umstände von Ort und Zeit nicht zentralisieren (v. Hayek). – 2. *Partizipatorisch-demokratische* g.P. kann leicht zu *inkonsistenten Wahlentscheidungen* führen (→Arrow-Paradoxon), woraus eine *große Strategieanfälligkeit* dieses Verfahrens folgt. Auch ist zu befürchten, daß die Wahlbürger aufgrund der Komplexität der von ihnen zu beurteilenden ökonomischen Sachverhalte überfordert werden, so daß sich dann leicht die *Selbstinteressen der Planungsbürokratie* durchsetzen können. – 3. Es erscheint fraglich, ob koordinierende Planungsräte aufgrund der dort repräsentierten konfligierenden gruppenspezifischen Interessen *konsensfähig* sind. – 4. Eine zutreffende *Prognose der wirtschaftlichen Entwicklung und Ergebnisse* ist schwerlich möglich: Die Entwicklung der der Planung zugrunde liegenden Rahmenbedingungen muß selbst unter Hinzuziehung weiterer Annahmen prognostiziert werden, die ebenfalls veränderlich sein können *(Problem des infiniten Regresses)*. Daneben wird verkannt, daß sich aufgrund der Komplexität und der gegenseitigen Interdependenzen der ökonomischen Abläufe, unvorhersehbarer Datenänderungen und einem begrenzten Informationsstand keine detaillierten Ergebnisprognosen, sondern allenfalls Vorhersagen über Verhaltens- und Ablaufmuster (,,*Mustervorhersagen*", v. Hayek) treffen lassen. – 5. Durch *fehlerhafte Planung* oder *Änderung der zugrunde gelegten Ausgangsdaten* kann ein aufgestellter und implementierter Plan hinfällig werden, dies um so wahrscheinlicher, je länger der zu planende Zeitraum ist. Durch die relativ langwierigen Koordinationsverfahren der g.P. kann dieser Plan jedoch nur sehr zeitverzögert und damit unflexibel abgeändert werden. Da die g.P. zudem den Entscheidungsfreiraum der Individuen einschränkt, werden auch diese gehindert, sich geänderten Umweltbedingungen flexibel anzupassen. – 6. In *keinem* realisierten System der g.P. wurden bisher *eindeutig ausformulierte Zielfunktionen* aufgestellt, allenfalls wurden Einzelziele genannt, ohne daß deren Gewichtung und Optimalwerte überprüfbar fixiert wurden. Dies führt jedoch zu einer gewissen Beliebigkeit der g.P. – 7. Zur Vermeidung extern verursachter und nicht beeinflußbarer Datenänderungen muß die Volkswirtschaft bei g.P. *möglichst geschlossen* sein, was jedoch einen Verzicht auf die gesamtwirtschaftlich wohlfahrtssteigernde Wirkung der internationalen →Arbeitsteilung bedeutet. – Aufgrund dieser und weiterer Schwächen wird der unterstellte Effizienzvorteil der g.P. gegenüber der marktwirtschaftlichen Koordination vielfach *skeptisch beurteilt*. Eher sei es sinnvoll, den Marktmechanismus durch problemorientierte →Ordnungspolitik funktionsfähig und flexibel zu gestalten, als ein fehlerhaft verstandenes ,,Marktversagen" gegen g.P. mit hoher Neigung zum ,,Staatsversagen" einzutauschen (→Wohlfahrtsstaat).

gesamtwirtschaftliches Arbeitskräftepotential, →Arbeitskräftepotential.

gesamtwirtschaftliches Arbeitspotential, →Arbeitspotential.

gesamtwirtschaftliches Produktionspotential, →Produktionspotential.

gesamtwirtschaftliche Vermögensrechnung, Teilgebiet der →Volkswirtschaftlichen Gesamtrechnung, in dem die Bestände der Sektoren zu verschiedenen Vermögensarten zum Anfang und zum Ende einer abgelaufenen Periode dargestellt werden.

Gesamtzusage, →Pensionsordnung, →vertragliche Einheitsregelung.

Geschäft. 1. *Kaufmännischer Sprachbrauch*: Bezeichnung für eine Unternehmung und für das Verkaufslokal (→Laden) einer Unternehmung (meist Handelsbetrieb), aber auch für eine von mehreren Verkaufsstellen (→Filialunternehmung). Unter G. wird i.d.R. ein Einzelhandelsgeschäft verstanden. – 2. *Rechtlich*: Vgl. →Handelsgeschäfte, →Rechtsgeschäfte.

geschäftliche Bezeichnungen Name, Firma, sonstige Unternehmensbezeichnungen und Titel von Druckschriften (§ 16 UWG). G.B. sind gegen die Verwendung verwechslungsfähiger Kennzeichen anderer im geschäftlichen Verkehr geschützt, auch besondere Geschäftszeichen, Zeichen ohne Namensfunktion, die Verkehrsgeltung besitzen. Voraussetzung des Schutzes sind Unterscheidungskraft und zeitlicher Vorrang der Benutzung der g.B. – Daneben weitgehend Schutz nach § 12 BGB (→Namensrecht) möglich.

Geschäftsanteil. I. GmbH: Das entsprechend der Aktie durch den Betrag der übernommenen →Stammeinlage bezeichnete, im Ggs. zu dieser aber nicht verbriefte *Mitgliedschaftsrecht* des Gesellschafters (§ 14 GmbHG). Der G. ist *vererblich* und – mangels abweichender Bestimmung im →Gesellschaftsvertrag – frei *veräußerlich*. Die *Abtretung* und die Verpflichtung zur Abtretung bedarf →öffentlicher Beurkundung (§ 15 GmbHG).

II. Genossenschaft: Betrag, mit dem sich Mitglieder im Höchstfall beteiligen können (→Geschäftsguthaben) (§ 7 GenG). – *Höhe* des G. ist im →Statut festzusetzen, ebenso der Mindestbetrag, der darauf eingezahlt werden muß. Die Übernahme mehrerer G. ist generell zulässig; die Satzung bestimmt, ob eine Pflicht- oder Staffelbeteiligung gefordert wird. – Der G. ist grundsätzlich an die *Person des Mitglieds* gebunden, d. h. bei Beendigung der Mitgliedschaft wird der Genossenschaft der G. entzogen, so daß kein festes Grundkapital wie etwa bei der AG entstehen kann. Eine Fortsetzung der Mitgliedschaft mit den Erben ist möglich.

Geschäftsausstattung, →Betriebsausstattung.

Geschäftsbanken, Institute, mit denen die Deutsche Bundesbank die in § 19 BBankG bezeichneten Geschäfte betreiben darf. G. sind alle Kreditinstitute im Sinn des KWG (→Banken). – *G. i. e. S.* nur solche Institute, die sich mit allen wesentlichen Sparten des Bankgeschäfts befassen. – *Gegensatz*: →Spezialbanken.

Geschäftsbedingungen, →Allgemeine Geschäftsbedingungen (AGB), →Lieferungsbedingungen, →Zahlungsbedingungen.

Geschäftsbeginn, die tatsächliche Aufnahme der Geschäfte (z. B. Warenbestellung, Ausstellung von Wechseln usw. G. ist für die *Entstehung einer OHG oder KG* a) maßgebend, wenn dieser vor der Eintragung ins →Handelsregister liegt, und wenn die Gesellschaft ein →Grundhandelsgeschäft (§ 1 HGB) betreibt; b) betreibt sie ein – Handelsgewerbe gem. §§ 2, 3 HGB (→Sollkaufmann, →Kannkaufmann), so ist die Eintragung maßgebend; bei einem früheren G. gilt die Gesellschaft als bürgerlich-rechtliche, kann aber u. U. als →Scheinkaufmann wie eine OHG behan-

delt werden. Die →Kommanditisten *haften* für die bis zur Eintragung begründeten Verbindlichkeiten im allgemeinen unbeschränkt, wenn sie dem früheren G. zugestimmt haben. – Vgl. auch →Betriebseröffnung.

Geschäftsbereich. 1. *G. i. w. S.*: Organisatorischer Teilbereich, der nach dem →Objektprinzip gegliedert ist. – 2. *G. i. e. S.*: Synonym für →Sparte (vgl. dort 2). – Vgl. auch →Geschäftsbereichsorganisation.

Geschäftsbereichsorganisation. 1. *G. i. w. S.*: →Organisationsmodell, das nach dem →Objektprinzip gebildet ist. – 2. *G. i. e. S.*: Synonym für →Spartenorganisation.

Geschäftsbericht. In der Praxis üblicher Sammelbbegriff für →Anhang und →Lagebericht; der G. kann außerhalb von Anhang und Lagebericht freiwillige Angaben enthalten, die selbst keinen gesetzlichen Vorschriften unterliegen.

Geschäftsbesorgungsvertrag entgeltlicher →Dienstvertrag oder →Werkvertrag, durch den sich jemand zur Besorgung eines Geschäfts für einen anderen gegen Vergütung verpflichtet (z. B. Tätigkeit des Rechtsanwalts, Geschäfte der Banken). Unterschied zum Auftrag durch Entgeltlichkeit. Auf den G. finden die meisten *Vorschriften* über den →Auftrag entsprechende Anwendung (§ 675 BGB), ausgenommen § 671 BGB (jederzeitiger Widerruf und Kündigung). *Kündigung zur Unzeit* i. d. R. nicht zulässig, auch wenn der Betreffende nach Dienstvertragsrecht ohne Frist kündigen kann.

Geschäftsbetrieb, →kaufmännischer Geschäftsbetrieb.

Geschäftsbezeichnung. 1. Die besondere Bezeichnung eines Unternehmens oder einer Druckschrift (z. B. Titel einer Zeitschrift). Der lautere *Wettbewerb* verbietet, im Geschäftsverkehr einen Namen, eine Firma oder eine G., deren sich ein anderer befugterweise bedient, in verwechslungsfähiger und dadurch unlauterer Art zu verwenden (§ 16 UWG). – 2. *Vollkaufleute* betreiben das Geschäft unter ihrer →Firma (§§ 17 ff. HGB), andere *Gewerbetreibende* unter ihrem Vor- und →Familiennamen (§ 15 b GewO).

Geschäftsbriefe, *Handelsbriefe.* 1. *Begriff:* Alle den Gewerbebetrieb eines →Kaufmanns betreffenden ein- und ausgehenden Schriftstücke (auch Telegramme). – 2. *G. der AG und GmbH* müssen die Rechtsform, den Sitz der Gesellschaft, das Registergericht des Sitzes der Gesellschaft und die Nummer, unter der die Gesellschaft in das Handelsregister eingetragen ist, sowie alle Mitglieder des Vorstandes und den Vorsitzenden des Aufsichtsrats bzw. die Geschäftsführer mit dem Familiennamen und mindestens einem ausgeschriebenen Vornamen angeben. Der Vorsitzende des Vorstands ist als solcher zu bezeichnen. Werden Angaben über das Kapital der Gesellschaft gemacht, so müssen in jedem Falle das Grundkapital sowie, wenn auf die Aktien der Nennbetrag oder der höhere Ausgabebetrag nicht vollständig eingezahlt ist, der Gesamtbetrag der ausstehenden Einlagen angegeben werden (§ 80 AktG, § 35 a GmbHG). Bei →Liquidation ist zusätzlich diese Tatsache sowie Bezeichnung der Abwickler (§ 268 IV AktG, § 71 V GmbHG) anzugeben. Bei Mitteilungen oder Berichten im Rahmen einer Geschäftsverbindung auf Vordrucken bedarf es der Angaben nicht. Bestellscheine gelten als Geschäftsbriefe. – 3. Dem →Vollkaufmann obliegt hinsichtlich der G. eine sechsjährige →Aufbewahrungspflicht. – Vgl. auch →Briefgeheimnis.

Geschäftsbücher. 1. *Begriff:* Nach dem HGB *Handelsbücher,* im kaufmännischen Sprachgebrauch *Bücher.* Die der →Buchführung dienenden Unterlagen in Form von gebundenen Büchern, geordnet abgelegten losen Blättern, sonstigen Datenträgern, sofern sie den Grundsätzen ordnungsmäßiger Buchführung (GoB) entsprechen (§ 239 IV HGB). Ursprünglich bestand die doppelte Buchführung aus einem Grundbuch (Journal), in das alle Geschäftsvorfälle chronologisch eingetragen werden, und dem Hauptbuch, das eine systematische Kontoaufteilung enthält. In den meisten Fällen reicht diese einfache Form heute nicht mehr aus. So treten neben das Grund- und Hauptbuch Nebenbücher wie das Kassenbuch, das Wareneinkaufs- und das Warenverkaufsbuch. Alle Eintragungen werden im Journal zusammengefaßt. Bei der EDV-Buchführung in der Form der Speicherbuchführung erfüllen magnetische Datenträger die Bücherfunktion. Vgl. auch

→Buchführung, →Buchführungspflicht, →Aufbewahrungspflicht. – 2. *Einsichtsrecht* in die G. haben bei der BGB-Gesellschaft, der OHG und der KG auch die von der Geschäftsführung ausgeschlossenen Gesellschafter. Das Recht kann durch →Gesellschaftsvertrag eingeschränkt oder ausgeschlossen werden; aber auch dann kann der Gesellschafter Einsicht verlangen, wenn Grund zur Annahme unredlicher Geschäftsführung besteht (§ 716 BGB, §§ 118, 166 HGB). – 3. *Vorlegung* der G. kann das Gericht im Laufe eines Rechtsstreits anordnen (§ 258 HGB). Ordnungsgemäß geführte Bücher haben Beweiskraft für die in ihnen dargestellten Tatbestände. – 4. G. sind nicht der →Pfändung unterworfen (§ 811 Nr. 11 ZPO); sie gehören aber zur *Konkursmasse* (§ 1 III KO).

Geschäftsbuchhaltung, →Finanzbuchhaltung.

Geschäftseröffnung, →Betriebseröffnung.

Geschäftsfähigkeit, Fähigkeit, →Willenserklärungen rechtsgültig abzugeben und entgegenzunehmen. – 1. *Unbeschränkte G.* wird i.d.R. mit der →Volljährigkeit erreicht. – 2. *Geschäftsunfähig* sind (§ 104 BGB): a) Kinder unter sieben Jahren, b) Personen, die sich in einem die freie Willensentscheidung ausschließenden dauernden Zustand krankhafter Störung der Geistestätigkeit befinden; Rechtsgeschäfte mit ihnen sind nichtig (§ 105 BGB), für sie handelt der →gesetzliche Vertreter. – 3. *Beschränkt geschäftsfähig* sind (§ 106–113 BGB) Personen zwischen sieben und achtzehn Jahren. Ein beschränkt Geschäftsfähiger kann ohne →Zustimmung des gesetzlichen Vertreters nur Rechtsgeschäfte vornehmen (§§ 110–113 BGB): (1) die ihm lediglich rechtlichen Vorteil bringen, (2) die er mit seinem Taschengeld abwickelt, (3) bei Ermächtigung zum selbständigen Betrieb eines Erwerbsgeschäfts, die er im Rahmen des Erwerbsgeschäfts eingeht oder die (4) die Eingehung oder Aufhebung vom gesetzlichen Vertreter generell erlaubter Arbeitsverhältnisse betreffen. Die Genehmigung kann nachträglich erteilt werden, wozu der gesetzliche Vertreter aufgefordert werden kann. Bis zur Genehmigung kann der andere Teil das Geschäft widerrufen, wenn er die Minderjährigkeit nicht kannte (§§ 108 f. BGB). – 4. →*Kaufmann* können auch geschäftsunfähige und in der G. beschränkte Personen sein. Das →Gewerbe können sie aber nur durch ihren gesetzlichen Vertreter betreiben. Vor dem Beginn eines neuen Erwerbsgeschäftes soll die Genehmigung des Vormundschaftsgerichts eingeholt werden (§§ 1645, 1823 BGB). Unwirksam ist ohne vormundschaftsgerichtliche Genehmigung z. B. der entgeltliche Erwerb oder die Veräußerung des Erwerbsgeschäftes, Abschluß eines →Gesellschaftsvertrages zum Betrieb eines Erwerbsgeschäftes (§ 1822 Nr. 3 BGB). – 5. Die Vorschriften des bürgerlichen Rechts sind auch für die G. in *Steuersachen* maßgebend (§ 79 AO).

Geschäftsfläche, betrieblich genutzte Fläche eines Handelsbetriebs, also die →Verkaufsfläche zuzüglich der Ausstellungs-, Lager-, Versand-, Büro- und Sozialräume. Parkplätze gehören nicht zur G.

Geschäftsfreundebewirtung, Bewirtung von Personen, die nicht →Arbeitnehmer des Steuerpflichtigen sind, aus betrieblicher Veranlassung. – *Steuerliche Behandlung*: Aufwendungen für G. und die Bewirtung teilnehmender Arbeitnehmer sind →Betriebsausgaben, ab 1990 auf 80% begrenzt. Der nichtabzugsfähige Teil von 20% der Bewirtungskosten unterliegt nicht der Umsatzsteuer (kein Eigenverbrauch). Vorraussetzungen sind: a) die Aufwendungen müssen nach der allgemeinen Verkehrsauffassung angemessen sein; b) Höhe und betriebliche Veranlassung müssen nicht auf einem amtlich vorgeschriebenen Vordruck nachgewiesen werden; Rechnung genügt; c) die Aufwendungen für G. müssen einzeln und getrennt von den sonstigen Betriebsausgaben aufgezeichnet werden; ab 1990 Formerleichterungen (§ 4 V Nr. 2 EStG).

Geschäftsführer, gesetzlicher Vertreter (Organ) und verantwortlicher Leiter der GmbH (§ 35 I GmbHG). Der G. braucht nicht Gesellschafter zu sein. – 1. *Umfang der gesetzlichen Vertretungsmacht* nach außen unbeschränkbar. Mehrere G. können einzel- oder gesamtvertretungsberechtigt sein. Stellvertretende G. unterliegen den gleichen Bestimmungen wie G. (§ 44 GmbHG). Meist wird G. vom Verbot des Selbstkontrahierens gem. § 181 BGB befreit. – 2. Die *Bestellung* des G. erfolgt im →Gesellschaftsvertrag oder durch die Gesellschafterversammlung, die auch den An-

stellungsvertrag schließt. Prokuristen und Handlungsbevollmächtigte zum gesamten Geschäftsbetrieb kann i. d. R. nur die Gesellschafterversammlung bestellen. – 3. *Haftung* der G. gegenüber der Gesellschaft bei Obliegenheitsverletzung für den entstandenen Schaden (§ 43 GmbHG). Sie haben jährlich eine Liste der Gesellschafter zum →Handelsregister einzureichen und haben für die ordnungsgemäße Durchführung zu sorgen (§§ 40, 41 GmbHG). – 4. *Beendigung* der Tätigkeit des G. durch Vertragsablauf, Kündigung oder Widerruf (§ 38 GmbHG). Widerruf bei Vorliegen eines →wichtigen Grundes (Delikt, Pflichtverletzung, Unfähigkeit) jederzeit möglich und nicht ausschließbar. Bestellung und Widerruf sind unter Überreichung der Urkunden (Gesellschafterbeschlüsse) zum Handelsregister anzumelden (§ 39 GmbHG). – Vgl. auch →Arbeitsdirektor, →Arbeitsgerichtsbarkeit, →Kündigungsschutz.

Geschäftsführergehalt, →Arbeitsentgelt der mit der Geschäftsführung betrauten Personen. – *Kostenrechnung*: a) Bei *Kapitalgesellschaften*: G. ist in der Kostenarten-Gruppe →Gehälter zu erfassen und der Kostenstelle „Allgemeine Verwaltung" zuzurechnen; b) bei *Personengesellschaften* wird an Stelle des G. in der Vollkostenrechnung ein →kalkulatorischer Unternehmerlohn verrechnet.

Geschäftsführung. I. Gesellschaft des bürgerlichen Rechts: Die G. steht den Gesellschaftern gemeinschaftlich zu; für jedes Geschäft ist Zustimmung aller Gesellschafter erforderlich (§ 709 BGB). – 1. Durch abweichende Vereinbarung kann die G. einem oder mehreren Gesellschaftern unter Ausschluß der übrigen *übertragen* werden oder kann Mehrheitsbeschluß für verbindlich erklärt werden; Stimmenmehrheit ist im Zweifel nach Kopfzahl zu berechnen. Die geschäftsführenden Gesellschafter sind, soweit im →Gesellschaftsvertrag nichts anderes bestimmt, auch zur →Vertretung der Gesellschaft berechtigt (§ 714 BGB). – 2. *Entziehung* der im Gesellschaftsvertrag einem oder bestimmten Gesellschaftern übertragenen Geschäftsführung bei →wichtigem Grund, z. B. grober Pflichtverletzung oder Unfähigkeit zur ordnungsgemäßen Geschäftsführung, durch einstimmigen Beschluß der übrigen Gesellschafter; falls nach Gesellschaftsvertrag Stimmenmehrheit entscheidet, genügt Mehrheitsbeschluß der übrigen (§ 712 BGB). Wird die Geschäftsführungsbefugnis entzogen, steht sie künftig allen Gesellschaftern gemeinsam zu; ebenso mangels anderer Abrede bei Auflösung der Gesellschaft (§ 730 II BGB).

II. Offene Handelsgesellschaft: Die G. umfaßt alle laufenden Maßnahmen, die erforderlich sind, um den Gesellschaftszweck zu fördern und zu verwirklichen. Von der G. ist die →Vertretungsmacht streng zu scheiden. – 1. *Umfang:* a) Berechtigung und Verpflichtung einzelner Gesellschafter zur Vornahme bestimmter Handlungen; b) Vertretungsmacht; c) Vertretung mit Wirkung für und gegen die OHG gegenüber Dritten im Rechtsverkehr. Der geschäftsführende Gesellschafter ist für seine G. verantwortlich im Rahmen der →Sorgfalt in eigenen Angelegenheiten. – 2. Die *Regelung* der G. steht im Belieben der Gesellschafter. Ist im Gesellschaftsvertrag nichts bestimmt worden, ist für die Handlungen, die der gewöhnliche Betrieb des Handelsgewerbes der OHG mit sich bringt (§ 116 I HGB), jeder Gesellschafter der OHG zur G. berechtigt und verpflichtet, und zwar einzeln (§§ 114, 115 HGB, →Einzelgeschäftsführung); für ungewöhnliche Geschäfte ist →Zustimmung aller Gesellschafter, auch der von der G. ausgeschlossenen, zur Erteilung einer →Prokura die der geschäftsführenden Gesellschafter erforderlich (§ 116 II, III HGB). – 3. *Beendigung der G.:* a) mit Beendigung des Gesellschaftsverhältnisses; b) durch Entziehung, wenn ein →wichtiger Grund, insbes. grobe Pflichtverletzung oder Unfähigkeit zur ordnungsmäßigen Geschäftsführung vorliegt (§ 117 HGB), auf Antrag (Klage) aller übrigen Gesellschafter durch gerichtliche Entscheidung: →Abberufung I; c) die Ausübung der G. kann auch durch →einstweilige Verfügung untersagt werden. – 4. *Aufwendungen* oder Verluste, die dem Gesellschafter in Angelegenheiten der Gesellschaft entstanden sind, sind zu ersetzen. – Bei →Abwicklung steht die G. ausschließlich den →Abwicklern zu.

III. Kommanditgesellschaft: Die G. steht nur den persönlich haftenden Gesellschaftern (→Komplementären) zu. Für sie gilt Entsprechendes wie für die OHG-Gesellschafter (§§ 161, 164 HGB). Bei Ge-

schäften, die über den gewöhnlichen Betrieb des Handelsgewerbes der KG hinausgehen, müssen die →Kommanditisten zustimmen (strittig).

IV. Juristische Personen: 1. G. der *AG* erfolgt durch den →Vorstand. – 2. G. der *KGaA* durch die persönlich haftenden Gesellschafter. – 3. G. der *GmbH* durch einen oder mehrere →Geschäftsführer. – 4. G. der *Genossenschaft* obliegt deren Vorstand (→Genossenschaftsorgane).

Geschäftsführung ohne Auftrag, Besorgung eines Geschäfts durch jemand (den Geschäftsführer) für einen anderen (den Geschäftsherrn), ohne von diesem beauftragt oder ihm gegenüber sonst dazu berechtigt zu sein; es entstehen *gegenseitige Rechte und Verbindlichkeiten:* a) Steht die Übernahme der Geschäftsführung mit dem wirklichen oder mutmaßlichen Willen des Geschäftsherrn in Widerspruch und mußte der Geschäftsführer dies erkennen, so ist die G. o. A. unerlaubt und der Geschäftsführer zum →Schadenersatz verpflichtet (§ 678 BGB). b) Der Geschäftsführer ist ebenfalls zum Schadenersatz verpflichtet, wenn er die G. o. A. nicht so führt, wie es dem Interesse der Geschäftsherrn entspricht. c) Hat der Geschäftsführer jedoch die G. o. A. zur Abwendung einer dem Geschäftsherrn drohenden dringenden Gefahr übernommen, so haftet er nur für →Vorsatz und →grobe Fahrlässigkeit (§ 680 BGB). d) Soweit die G. o. A. dem Interesse oder dem mutmaßlichen Willen des Geschäftsherrn entspricht oder er die Geschäftsführung genehmigt, kann der Geschäftsführer →Aufwendungsersatz verlangen.

Geschäftsgang, →Dienstgang.

Geschäftsgebühr, in den Versicherungsbedingungen vorgesehene besondere Gebühr bei Versicherungsverträgen (pauschalierter Aufwendungsersatz). G. kann die Versicherungsgesellschaft verlangen, wenn sie einen Antrag angenommen hat, der Antragsteller aber den Versicherungsschein nicht einlöst; tritt der Versicherer vom Vertrag zurück (§ 38 I VVG), kann er nur eine angemessene Geschäftsgebühr verlangen (§ 40 Abs. 2 Satz 2 VVG). – *Anders:* Aufnahme- und Hebegebühr (→Nebengebühren).

Geschäftsgeheimnis

Geschäftsgeheimnis, →Betriebs- und Geschäftsgeheimnis.

Geschäftsgrundlage, bilden die Vorstellungen über Vorhandensein und -bleiben (oder künftiges Eintreten) gewisser grundlegender Umstände, die zwar nicht Vertragsinhalt (als Rechtsgrund oder als Bedingung) geworden, andererseits auch nicht bloß Beweggrund geblieben, sondern entweder von beiden Vertragspartnern oder doch von dem einen unter Erkennen und Nichtbeanstandung durch den anderen zur Grundlage des Geschäfts gemacht worden sind. – Ein *Irrtum* über die G. kann zur →Anfechtung wie ein →Irrtum über den Erklärungsinhalt berechtigen. →Wegfall der Geschäftsgrundlage.

Geschäftsgrundstück, →Grundstücksart i.S. des BewG. – 1. *Begriff:* Bebautes Grundstück, das zu mehr als 80%, berechnet nach der →Jahresrohmiete, eigenen oder fremden gewerblichen oder öffentlichen Zwecken dient (§ 75 III BewG). (Nicht zu verwechseln mit →Betriebsgrundstück.). – 2. *Bewertung:* I.d.R. nach dem Ertragswertverfahren (§§ 76 I, 78 ff. BewG) (→Ertragswert), ausnahmsweise nach dem Sachwertverfahren (§§ 76 III, 83 ff. BewG) (→Sachwert II).

Geschäftsgründung, →Gründung.

Geschäftsguthaben, Höhe der Einlagen, die Mitglieder von Genossenschaften durch Barzahlung oder Zuschreibung von Gewinnanteilen auf ihren →Geschäftsanteil geleistet haben. Da G. bei Beendigung der Mitgliedschaft der Genossenschaft entzogen werden, verändert sich die Größe des Eigenkapitals bei Genossenschaften mit der Zahl der Geschäftsanteile und der Höhe der darauf erfolgten Leistungen. – *Gewerbesteuer:* G. sind nicht →Dauerschulden; Zinsen aus G. sind deshalb bei Ermittlung des →Gewerbeertrags der Genossenschaft nicht dem →Gewinn und die G. selbst bei Ermittlung des →Gewerbekapitals der Genossenschaft nicht dem →Einheitswert des gewerblichen Betriebs hinzuzurechnen.

Geschäftsguthabendividende, →Kapitaldividende der Genossenschaft.

Geschäftsjahr, →Wirtschaftsjahr.

Geschäftsjubiläum, →Jubiläumsverkauf, →Jubiläumsgeschenke.

Geschäftsklima, Einschätzung der gegenwärtigen und zukünftigen Konjunkturentwicklung durch die Unternehmen. G. ist Ergebnis des im Rahmen des vom →IFO-Institut für Wirtschaftsforschung in München durchgeführten Konjunkturtests.

Geschäftskonto, Verbindungskonto (Gegenkonto) bei getrennter →Finanzbuchhaltung und →Betriebsbuchhaltung. Buchungsinhalt Spiegelbild des →Betriebskontos. – Vgl. auch →Zweisystem, →Übergangskonten.

Geschäftsleitung, maßgebender Ort für die →unbeschränkte Steuerpflicht und →beschränkte Steuerpflicht juristischer Personen bei der Körperschaftsteuer und Vermögensteuer. Nach § 10 AO der Mittelpunkt der geschäftlichen Oberleitung.

Geschäftsordnung, Richtlinien, nach denen die Arbeit von →Gremien abgewickelt wird, soweit sie gesetzlich oder satzungsmäßig nicht geregelt ist. – *Wichtige in der G. zu regelnde Punkte:* Einberufung zur Sitzung, Tagesordnung, Vorsitz, Abstimmungsmodus, Minderheitsvotum, Protokollführung, Redezeitbegrenzung, Berichterstattung, Geschäftsführung zwischen den Sitzungen.

Geschäftspapiere, alle Papiere, die über Geschäftsvorgänge des Unternehmens Auskunft geben. Gesetzliche →Aufbewahrungspflicht besteht für Handelsbücher, Inventare, Eröffnungsbilanzen, Jahresabschlüsse, Lageberichte, Handelsbriefe usw. (§ 257 HGB). Gesellschafter der OHG und KG (auch die Kommanditisten) haben das Recht auf Einsicht in die G. (§§ 118, 166 HGB); bei Ausschluß dieses Rechts durch Gesellschaftsvertrag jedoch nur dann, wenn Grund zur Annahme unredlicher Geschäftsführung besteht.

geschäftsplanmäßige Erklärung, Erklärung des Versicherers gegenüber der Aufsichtsbehörde zur Ergänzung des vor Aufnahme des Geschäftsbetriebs eingereichten Geschäftsplans; erfolgt zur Anpassung von Tarifbestimmungen und Kalkulationsmethoden an die wirtschaftliche Entwicklung, zur die Versicherer bindenden Auslegung von Allgemeinen Versicherungsbedingungen und Klauseln oder zur Festlegung bestimmter, gesetzlich nicht geregelter Verhaltensweisen der Versicherer. G. E. werden von der Rechtsprechung als Verträge zugunsten Dritter behandelt, so daß der Versicherungsnehmer hieraus eigene Rechte geltend machen kann.

Geschäftsräume, alle Räume, in denen der Betrieb des Unternehmens abgewickelt wird, also neben den Räumen, die der Kundschaft zugänglich sind, z. B. auch Keller, Böden, Lager, Waschräume des Personals sowie auch die Zugänge und Privatwege, die zu den G. führen. – *Arbeitsrecht:* Einrichtung und Unterhaltung der G. müssen gewährleisten, daß der Arbeitnehmer gegen eine Gefährdung seiner Gesundheit geschützt ist (z. B. genügende Beheizung, Beleuchtung und Belüftung, Instandhaltung usw.) und die Aufrechterhaltung der guten Sitten gesichert ist (§§ 618 f. BGB, § 62 HGB, §§ 120 a ff. GewO). – Vgl. auch →Arbeitsschutz, →Arbeitsstättenverordnung, →Gewerbeaufsicht.

Geschäftsreise, beruflich bedingte Reise einer selbständig oder in einem Betrieb, einer Behörde oder einer anderen Institution tätigen Person. – *Steuerrecht:* G. ist nur die an einen mindestens 15 km entfernten Ort führende beruflich bedingte Reise eines Selbständigen. G. eines Arbeitnehmers ist dagegen →*Dienstreise* und eine kürzere Reise *Geschäfts*- bzw. →*Dienstgang*, falls nicht eine Fahrt zwischen Wohn- und Arbeitsstätte (→Berufsverkehr). – *Steuerrechtliche Behandlung:* Vgl. →Reisekosten.

Geschäftsspionage, →Wirtschaftsspionage.

Geschäftsstatistik, Statistiken, deren Unterlagen ausschließlich im Geschäftsgang der Bundesbehörden anfallen oder deren Bearbeitung sich vom Geschäftsgang nicht trennen läßt. Gilt i. ü. S. auch für →Verbandsstatistiken.

Geschäftssystem, →Wettbewerbsstrategie IV.

Geschäftstagebuch, Hauptbuch der →Mindestbuchführung des Einzelhandels. Sofern nicht bereits weiterreichende Bücher im Sinne des § 238 HGB bzw. des § 146 AO geführt werden, ist u. a. ein G. zu führen, in dem täglich laufend und lückenlos die Ein- und Auszahlungen aus der Kasse nach dem Kassenberichtsblock und die Zu- und Abgänge von bargeldlosen Zahlungskonten (Post und Bank) nach Betriebskosten, Privatentnahmen, Warenein- und -verkäufen und sonstigen Geschäftsvorfällen einzutragen sind.

Geschäftsteilhaberversicherung, →Teilhaberversicherung.

Geschäftsunfähigkeit, mangelnde Fähigkeit, rechtlich wirksame Erklärungen abzugeben. – *Gegensatz:* →Geschäftsfähigkeit.

Geschäftsveräußerung im ganzen, Übertragung eines Unternehmens oder des Betriebes eines Unternehmens im ganzen.

I. Allgemeine rechtliche Behandlung: Vgl. →Veräußerung II.

II. Steuerliche Behandlung: 1. *Umsatzsteuer:* G. i. g. unterliegt der Umsatzsteuer (§ 1 Nrn. 1 und 2 UStG). Besteuerungsgrundlage (§ 10 III UStG): das →Entgelt für die dem Erwerber gelieferten Gegenstände und übertragenen Forderungen (Besitzposten); die allgemeinen Befreiungsvorschriften des UStG gelten; übernommene Schulden dürfen nicht abgezogen werden, sondern zählen zur Gegenleistung. Probleme ergeben sich bei der Aufteilung des Gesamtentgelts auf die einzelnen übertragenen Besitzposten. Die Steuer bemißt sich nach dem Regelsteuersatz. Ermäßigter Steuersatz ist dann, wenn in der Anlage zum UStG genannte Gegenstände veräußert werden. – Eine *unentgeltliche* G. ist →Eigenverbrauch. – 2. *Einkommensteuer:* Vgl. →Veräußerungsgewinn.

Geschäftsverteilungsplan, Plan zur übersichtlichen Erfassung und Darstellung geschäftlicher Arbeitsaufgaben zum Unterschied von →Arbeitsplan und →Organigramm. Zweck ist persönliche wie sachliche Tätigkeits- und Kompetenzabgrenzung, die klare Verantwortungsbereiche schafft und die betriebliche Zusammenarbeit fördert.

Geschäftsvolumen, Bilanzsumme eines Kreditinstituts zuzüglich der „unter dem Bilanzstrich" angegebenen Eventualverbindlichkeiten und Ausgliederungspositionen.

Geschäftsvorfälle, Vorgänge aufgrund unternehmerischen Handelns, die Anlaß zu Buchungen sind. Die finanziellen Konsequenzen der G. schlagen sich in →Bilanz und →Gewinn- und Verlustrechnung (GuV) nieder.

Geschäftswert

Geschäftswert, →Firmenwert.

Geschäftswucher,   →Leistungswucher, →Wucher.

Geschenk, →Schenkung, →Jubiläumsgeschenke.

Geschenksendungen, zollrechtlicher Begriff für Warensendungen von Privatpersonen an Privatpersonen. *Zollfrei* bis zu einem für EG- und Drittländer unterschiedlichen Warenwert. (Auskunft über aktuelle Höhe durch Zollamt.) Übersteigt der Warenwert die Höchstgrenze, kann der →Zollbeteiligte bestimmen, welche Waren zollfrei sein sollen. Bei mehreren gleichzeitigen Sendungen desselben Absenders an denselben Empfänger ist der Gesamtwert der Sendungen maßgebend. Zollfreiheit ist *ausgeschlossen* für Kaffee, Tee und Auszüge daraus, Alkohol, Tabakwaren und Zigarettenpapier. – Bei G. für *Bedürftige* und bei *Familiengeschenken* spezielle Regelungen nach Art des jeweiligen Sachverhalts (§ 24 ZG).

Geschichte der Betriebswirtschaftslehre (BWL). I. Überblick: Wer die Geschichte betriebswirtschaftlichen Denkens (→Betriebswirtschaftslehre (BWL)) untersucht, muß zwei Quellen der Erkenntnis auseinanderhalten: a) Einsichten beim Verfolgen nicht-wirtschaftswissenschaftlicher Problemstellungen: außerhalb einer Vorläuferwissenschaft der BWL, und b) einzelwirtschaftliche Einsichten, die bei der Untersuchung wirtschaftswissenschaftlicher Problemstellungen gefunden wurden: innerhalb einer wirtschaftswissenschaftlichen Denkstil- oder Hochschulgemeinschaft. – Die betriebswirtschaftlichen Erkenntnisse, die bis ins beginnende 18. Jahrhundert gesammelt wurden, sind im wesentlichen beim Verfolgen von nicht-wirtschaftswissenschaftlichen Problemstellungen entstanden. So gehen z. B. Teile heutiger Vorstellungen zur Wettbewerbsordnung und Preisbildung auf Einsichten später Scholastiker (wie des Beichtvaters Karls V. Domenico Soto, des Kardinals de Lugo, Luis Molina, Leonard Lessius) vor und um 1600 zurück: Nebenprodukte aus der Arbeit einer wissenschaftlichen Gemeinschaft von Moraltheologen. Leibniz hat 1682 die Kapitalwertberechnung begründet und damit den ersten Ansatz zur Investitionstheorie geschaffen. Leibniz 1669, Jacob Bernoulli 1692 und Daniel Bernoulli 1732 legten den Grundstein zur heutigen Theorie der Entscheidungen unter Ungewißheit: Nebenprodukt aus einer wissenschaftlichen Gemeinschaft von Mathematikern. – Die berufsmäßigen Nicht-Wirtschaftswissenschaftler wollten gesellschaftlich-verpflichtete Handlungsempfehlungen geben bzw. begründen, z. B. die spätscholastischen Jesuiten zur „gerechten" Preispolitik, Leibniz zur „Rechtmäßigkeit" der Kapitalwertrechnung, die ersten Überlegungen zur Wahrscheinlichkeitsrechnung suchten nach einer „gerechten" Verteilung des angesammelten Spielkapitals eines wiederholten Glücksspiels, das zuvor abgebrochen werden mußte. Insoweit gaben gesellschaftlich-verpflichtete Fragestellungen Anlaß für Forschungen, deren Ergebnisse heute zur BWL zählen. Betriebswirtschaftliche Erkenntnisse, die innerhalb einer wissenschaftlichen Gemeinschaft an wirtschaftlichen Fragen Arbeitender entstanden sind, werden hier zu den *Vorläuferwissenschaften der BWL* gezählt, wenn ihre Schwerpunkte vor dem ersten Jahrzehnt des 20. Jahrhunderts liegen: der Zeit der akademischen Verselbständigung der BWL im deutschen Sprachraum. Dazu gehören von der Antike bis ins 18. Jahrhundert die *Ökonomik,* im 18. und beginnenden 19. Jahrhundert die *Kameralwissenschaft* mit ihren Ausläufern der *landwirtschaftlichen Betriebslehre* und der *Staatsrechnungswissenschaft,* daneben die *Lehre von Unternehmer und Unternehmung in der spätklassischen Nationalökonomie,* sowie die als „psychologische Gesellschaftslehre" entworfene *Lehre von der Unternehmung in der historisch-ethischen Schule der Nationalökonomie.*

II. Ökonomik: 1. Die antike Ökonomik entsteht als *ganzheitliche Managementwissenschaft,* als Wissenschaft von der ethisch verantwortlichen Menschenführung in einem Haus, das sowohl Betrieb als auch Haushalt im heutigen Sinne darstellt. Das Wort „Wirtschaften" („oikonomia") scheint erst in der Umgebung des Perikles (griechischer Staatsmann, nach 500–429 v. Chr.) aufgekommen zu sein, als Bezeichnung für das vernünftige Gestalten aller mit dem Haus (oikos) eines freien Bürgers zusammenhängenden Angelegenheiten. Dabei kann für „Haus" auch Vermögen oder Betrieb gesagt werden kann, denn die Bediensteten sind Sklaven, und der freie

Bürger als Hausherr besitzt auch gegenüber Ehefrau und Kindern eine kaum beschränkte Befehlsgewalt. So schreibt Xenophon (um 430–354 v. Chr.), ein Schüler des Sokrates, seinen „Oeconomicus" als Lehre von der sittlich und technisch-wirtschaftlich vernünftigen „Unternehmensführung" für den Haus- und Gutsherren. Der ältere Cato (234–149 v. Chr., bekannt als Feind Carthagos) fordert eine strenge Diktatur bei der Führung seiner Sklaven. Ganz anders Varro (116–27 v. Chr., politischer Gegner Julius Caesars), der den Leistungswillen der Sklaven durch Belohnungen anstacheln und sie als Vermögensgegenstände schonend einsetzen will. Deshalb sei es einträglicher, auf fiebrigen Sümpfen angeheuerte, freie Arbeiter einzusetzen als die eigenen Sklaven: Zweifelsohne eine sehr bemerkenswerte Äußerung zur „Unternehmensethik", wie eine zum Sozialverband Unternehmung gehörende Arbeitskraft gegenüber Arbeitern zu behandeln sei, die über den Markt vom Sozialverband Unternehmung getrennt sind. – Varro ist wohl der erste, der das Problem der von der Ausbringungsmenge unabhängigen, „fixen" Kosten erörtert: Nur die Arbeiter und Fuhrknechte seien proportional zur Fläche eines Olivenhains zu vermehren und das auch nur, wenn das Land von gleicher Qualität sei. Wenn man eine kleinere Fläche bearbeite, brauche man gleichwohl einen Aufseher, und bei doppelter Fläche keineswegs zwei Aufseher. Varro beschreibt auch einen Arbeitskalender für den Ackerbau, in dem man einen Vorläufer betrieblicher Produktionsplanung erblicken kann. – Columella (0–70, Stabsoffizier in Syrien und Pazifist) beschreibt das Problem der optimalen Lenkungsspanne (Kontrollspanne): Wieviel Personen kann ein Vorgesetzter überwachen? Bei ihm findet sich auch ein erster Ansatz zu einer Investitionsrechnung im Hinblick auf die Produktwahl zwischen Weinbau, Heu und Gemüse, sowie erstes Marketingdenken, z. B. seien Fische vor dem Verkauf auf dem Markt zu füttern, weil dann Gewicht und Erlös höher seien. – Die Ökonomik wird ab dem 12. Jahrhundert sogar an Universitäten gelehrt: als Teil der Hochschulgemeinschaft Philosophie, die neben den Fakultäten der Theologie, Jurisprudenz und Medizin besteht. – 2. Im ausgehenden Mittelalter entwickelt sich eine Ökonomik speziell für Kaufleute: die sogenannte *Handlungswissenschaft*. Die

einzelnen Schriften erstrecken sich von einer arabischen Handelskunde, geschrieben um das 9.-12. Jahrhundert, und kaufmännischen Erziehungslehren über den „vollkommenen Handelsmann" (1. Aufl. 1675) von Jacques Savary (1622–1690, Textilkaufmann, später Mitarbeiter Colberts am Hofe Ludwigs XIV.), dessen Lehr- und Nachschlagewerk über das kaufmännische Wissen über ein Jahrhundert nachgedruckt wurde, bis zu den Schriften des Hamburger Handelsakademieleiters Büsch (1728–1800) und des Nürnberger Handelsschulgründers und Verlegers Johann Michael Leuchs (1763–1836), von unbedeutenden Nachfahren abgesehen. Die heutige BWL findet in der Ökonomik erste Ansätze zur Planungs- und Organisationslehre, sowie bei Savary eine erste Formulierung von Bilanzzwecken und des Grundsatzes der Verlustvorwegnahme bei der Gewinnermittlung. Davon abgesehen, trägt die sogenannte „Handlungswissenschaft" zum heutigen einzelwirtschaftlichen Denken nichts bei.

III. Kameralwissenschaft und ihre Nachfolger: Die Kameralwissenschaft ist Folge einer erkenntnistheoretischen Revolution: der Aufklärungsphilosophie. Erfahrungswissenschaften werden von Metaphysik und damit zugleich von der Ethik getrennt. Dies bewirkt, daß die ethische Verankerung der „Ökonomik" einer praktisch-gestaltenden Sicht Platz macht. – 1. Die Kameralwissenschaft verselbständigt sich als Hochschulwissenschaft als die ersten, dem Inhalt nach betriebswirtschaftlichen Lehrstühle ab 1727 vom Preußischen König Friedrich Wilhelm I. in Halle und Frankfurt/Oder errichtet werden. Dem Vater Friedrichs des Großen, sonst eher geizig und kein Förderer der Wissenschaft, mißfiel, daß junge Leute „schlechte Oeconomie" betrieben und durch juristische Studien Advokaten erzeugt würden, die das Land nur „aussaugen, und so zu sagen aushungern". Man müsse auch auf „Politica, oeconomica und cameralia, so man im Lande würcklich gebrauchen könte" Gewicht legen. Mit cameralia ist die fürstliche Schatzkammer, also das Finanzwesen gemeint. – 2. Der erste Inhaber eines kameralwissenschaftlichen Lehrstuhls an der Universität Halle, Simon Peter Gasser (1676–1745), behandelt in seinem Lehrbuch ausführlich Vorkalkulation für Gebäudeunterhaltung und Planung im Sinne einer Vorschaurechnung. Im weiteren Verlauf werden durch Georg Heinrich Zincke (1692–1769) schon Unternehmensplanspiele ausgearbeitet oder erstmals kalkulatorische Abschreibungen in Form unterschiedlicher Verzinsungssätze für verschiedene Anlagegegenstände beschrieben (Joachim Georg Darjes, 1714–1791). Das Wissen der Kameralwissenschaft, zur Zeit als sie von der klassischen Nationalökonomie aus der Hochschullehre verdrängt wurde, faßt Edward Baumstark (1807–1889) in einer Enzyklopädie der Kameralwissenschaften 1835 zusammen. Kameralwissenschaftler beschäftigen sich teils mit betriebswirtschaftlichen Fragen, teils mit der Steuerlehre, der Policeywissenschaft (Verwaltungslehre), aber auch mit technischer Gewerbelehre und Vieharzneikunde. Wegen der Breite der Aufgaben, der sich dieser *Vorläufer interdisziplinärer Managementwissenschaft* widmet, aber auch wegen der Niveauarmut ihrer Vertreter, entsteht in der Kameralwissenschaft kein Leitbild des Forschens, das eine Theorienbildung auslöst. Deshalb nimmt die Bedeutung der Kameralwissenschaft ab und wird zu Beginn des 19. Jahrhunderts von der klassischen Nationalökonomie überrollt. An den Hochschulen des deutschen Sprachraumes bleiben nur zwei Zweige des einzelwirtschaftlichen Astes der Kameralwissenschaft erhalten: die landwirtschaftliche Betriebslehre und im Österreichischen Kaiserreich die Staatsrechnungswissenschaft. – 3. Vorbild einer praktisch gestaltenden BWL wird im 19. Jahrhundert die *landwirtschaftliche Betriebslehre*. Zwei Namen sind hervorzuheben: Albrecht Daniel Thaer (1752–1828, Gutsherr und Kameralwissenschaftler in Berlin) beschreibt mit als erster den Denkstil anwendungsbezogener Wissenschaft. Thaers bedeutendster Schüler (und Widerpart in der Beurteilung der landwirtschaftlichen Fruchtwechselwirtschaft) ist Johann Heinrich von Thünen (1783–1850, in Mekklenburg ansässiger Gutsbesitzer). Er spricht als erster heute allgemein bekannte Optimumregeln aus, wie: Die Produktion ist auszudehnen, bis das Erzeugnis des letzten Arbeiters durch den Lohn, den er erhält, absorbiert wird (Kern der Grenzproduktivitätstheorie der Entlohnung). Sinngemäß bestimmt Thünen den Investitionsumfang nach der Regel „Grenzrendite gleich Kalkulationszinsfuß" und erörtert,

wann bei sich ändernden Umweltbedingungen eine Handlungsweise von einer anderen, dann vorteilhafteren, verdrängt wird (heute wird dies Sensitivitätsanalyse genannt). Am bekanntesten ist aber seine Standortlehre: die sog. Thünenschen Kreise. Sie sind das Ergebnis von Modellüberlegungen, welches landwirtschaftliche Produktionsprogramm gewählt werden soll in Entfernung von dem Marktort, der im Mittelpunkt eines isolierten Staates liegend gedacht wird. Zukunftsweisend verwendet Thünen für das landwirtschaftliche Produktionsprogramm die Methode einer isolierenden Abstraktion: die ceteris-paribus-Argumentation unter Anwendung mathematischer Optimumbestimmung, also die Marginalanalyse unter Verwendung der Differentialrechnung. Thünen erkennt die Notwendigkeit und Gefahren des Modelldenkens, denen er durch Vergleiche mit seiner jahrelang mühsam aufgebauten landwirtschaftlichen Buchhaltung (also durch Tests von Hypothesen) zu begegnen sucht. – 4. Neben der landwirtschaftlichen Betriebslehre entstehen im 19. Jahrhundert eine Reihe von Untersuchungen zu anderen Gewerben, die der BWL in der ersten Hälfte des 20. Jahrhunderts hätten den Weg weisen können, wären sie zur Kenntnis genommen oder sorgfältiger ausgewertet worden. Nur drei seien erwähnt: a) Eisenbahngesellschaften waren die ersten Unternehmungen, für die das Anlagevermögen überragende Bedeutung gewann. Der erste Autor, der das Eisenbahnwesen umfassend behandelt, schreibt zugleich eine erste *Industrie- bzw. Verkehrsbetriebslehre*. Dionysius Lardner (1793–1859, aus Irland stammender Mathematiker) ist einer der Begründer betriebswirtschaftlicher Kostentheorie. Seine Ausführungen über *variable und fixe Kosten* und darüber, wie in der Preispolitik das Gewinnmaximum gefunden werden kann, sind nicht nur unabhängig von Cournot (1801–1877, Schulverwaltungsbeamter in Grenoble und Dijon) entstanden, sondern vor allem stärker an der Wirklichkeit ausgerichtet, weil sie auf die Kostenerfassung eingehen. Lardner erörtert auch die *Innenfinanzierungspolitik* und die Bilanzierung, insbes. bei technischem Fortschritt. Er kann als Entdecker einer leistungsmäßigen Substanzerhaltung angesehen werden. b) Eine allgemeine, Landwirtschaft, Handel und Industrie umfassende, modernisierte kameralwissenschaftliche Erwerbslehre verfaßt Courcelle-Seneuil (1813–1892, Nationalökonom, später französischer Staatsrat). c) Karl Bernhard Arwed Emminghaus (1831–1916, Professor in Karlsruhe, später Generaldirektor einer Versicherungsbank) erkennt die Notwendigkeit, zwischen der Volkswirtschaftslehre und der Privatwirtschaftslehre zu trennen und eine Lehre vom rationellen Einzelwirtschaftsbetrieb aufzubauen. Mit „Gewerkslehre" ist das gemeint, was heute Industriebetriebslehre heißt, allerdings ohne den Bergbau. Obwohl Emminghaus sich in bestechender Klarheit für eine rein praktisch-gestaltende Lehre ausspricht, fordert er die *Koalitionsfreiheit der Arbeiter* zu Gewerkschaften, den Unternehmern und Regierungen seiner Zeit um Jahrzehnte vorauseilend. – 5. Die *Staatsrechnungswissenschaft*, nicht die kaufmännische Buchhaltung, ist als Vorläuferwissenschaft vom Rechnungswesen anzusehen. Die Finanzen der Herrscher (Könige, Fürsten, aber auch des Papstes, der Klöster), beruhten bis ins 19. Jahrhundert weit stärker auf Erwerbseinkünften (Domänen, Verpachtung der Rechte zur Steuereintreibung, Erzgewinnungsrechten in Bergwerken, aber auch Manufakturen wie der Porzellanmanufaktur in Meißen) als auf der Steuererhebung selbst, für die vor dem Absolutismus mitunter die Zustimmung der betroffenen Stände eingeholt werden mußte. – *Rechnungswesen* beginnt in wissenschaftlicher Form, sobald Hypothesen über die wirtschaftlichen Zwecke des Rechnungswesens und den daraus folgenden zweckabhängigen Rechnungsinhalt ausgesprochen werden. Das setzt voraus, daß theoretische Begriffe für wirtschaftliche Zusammenhänge gebildet und hierfür Meßtechniken entwickelt werden. Im Anschluß an die aus der Antike überkommene Tradition der Rechnungslegung durch Dokumentation (Inventar und Einzelaufzeichnung der Geschäftsvorfälle) bedarf es dazu dreierlei: (1) Gegenüber der ganzheitlichen Ökonomik-Sicht von Planung, Organisation und Kontrolle als Einheit erfolgt eine ausdrückliche Trennung in verschiedene Kontrollaufgaben, der Hinweis auf unterschiedliche Rechnungszwecke. (2) Für die unterschiedlichen Rechnungszwecke bedarf es eines daraus logisch abgeleiteten Rechnungsinhalts und eines Musterbeispiels für die Problemlösung, z. B. die (heute selbstverständliche) organisatorische Trennung von Kassierer und Hauptbuchhalter und das Abstellen des Inhalts der Buchhaltung auf den Zweck der *Wirtschaftlichkeitskontrolle*. (3) Damit diese „Theorie" des Rechnungswesens sich in einer wissenschaftlichen Gemeinschaft weiterentwickeln kann, bedarf es einer Lehrtradition an Hochschulen. – Diese drei Merkmale sind erstmals mit den Überlegungen zu einem „verbesserten Cameral-Rechnungs = Fuße" der österreichischen Hofrechenkammer um 1760 verwirklicht (vor allem durch die Schriften ihres Hauptbuchhalters Johann Matthias Puechberg 1764, 1774). Die österreichische Hofrechenkammer bemüht sich im Geiste der Aufklärung, den Unterricht im Rechnungswesen zu fördern. In Wien und später an anderen Hochschulen des österreichischen Kaiserreichs werden Lehrstühle für Staatsrechnungswissenschaft errichtet. So wurden z. B. die Schwierigkeiten innerbetrieblicher Leistungsverrechnung 1818 an dem etwas anrüchigen Beispiel der „Bilanzirung der Mistställe" erläutert durch von Puteani (1782–1847). Warum soll man das Problem der Ertragszurechnung (Abteilungserfolgsrechnung) bei der Kuppelproduktion nicht am Beispiel der Viehwirtschaft verdeutlichen? Die Lehre vom Rechnungswesen, wie sie in der ersten Hälfte des 20. Jahrhunderts entwickelt wurde, griff auf die Quellen aus der Staatsrechnungswissenschaft nicht zurück.

IV. Klassische und historisch-ethische Nationalökonomie: In der klassischen Nationalökonomie werden betriebswirtschaftliche Probleme hintangestellt. Erst spätklassische Nationalökonomen formen Bausteine für die Einzelwirtschaftstheorie der Institutionen heute: Optimierungsregeln mit Hilfe des Marginalprinzips (zugleich Grundlagen „neoklassischer Mikroökonomie") wie Klaus Kröncke (1771–1843) in einer Schrift über das Steuerwesen (1803) oder Georg Franz August Graf de Buquoy – de Longueval (1781–1851) zur Tiefe des Pflügens (1815) als Vorläufer von Thünens oder zur Lehre von den Unternehmerfunktionen (insbesondere A. F. Riedel, 1809–1872) in einem Lehrbuch über Nationalökonomie 1838 und Hans von Mangoldt (1824–1869) über den Unternehmergewinn 1855, sowie zu den Verfügungsrechten durch Riedel, F. B. W. von Hermann (1795–1868) und Lorenz von Stein (1815–1890). – In Kritik zur marktwirtschaftsbetonten klassischen Nationalökonomie entwickelte sich in der zweiten Hälfte des 19. Jahrhunderts eine historisch-ethische Schule der Nationalökonomie mit einem Schwerpunkt im Deutschen Kaiserreich. Der Wortführer ihrer jüngeren Richtung, Gustav Schmoller (1838–1919, Preußischer Staatsrat), will durch seine Lehre von der Unternehmung „die Elemente zu einer deskriptiven psychologischen Gesellschaftslehre" (1889) erkennen und weiterentwickeln. Für Schmoller ist die geschichtliche Entwicklung der Unternehmung ein „psychologischer Erziehungsprozeß und ein Entwicklungsprozeß von Institutionen". Die historisch-ethische Schule beeinflußt maßgeblich den Denkstil amerikanischer Business-Schools. Jene Nationalökonomen und Wirtschaftsgeschichtler, die zwischen 1890 und 1920 die amerikanischen Business-Schools ausbauten, hatten überwiegend bei Vertretern der historischen Schule im deutschen Sprachraum studiert. Richard T. Ely förderte z. B. die landwirtschaftliche Vermarktungslehre und seine Schüler legten einen Grundstock für die später zum Marketing erweiterte Güterdistributionslehre. Ähnliches gilt für den Dekan der Harvard Business School, den Schmoller-Schüler Edwin Francis Gay, der u. a. den Fallstudienunterricht in der Güterdistributions- und Handelsfunktionenlehre förderte.

V. Akademische Verselbständigung der BWL: Aus praktischen Ausbildungsbedürfnissen, die Vorbildern in Frankreich, Belgien und den USA folgen, und wegen des als unternehmerfeindlich empfundenen Selbstverständnisses der historisch-ethischen Volkswirtschaftslehre an den reichsdeutschen Universitäten werden ab 1898 Handelshochschulen errichtet. Entgegen manchen Lehrbuchdarstellungen darf die Gründung der Handelshochschulen nicht als Wiege der BWL angesehen werden. Die Handelshochschulen entstehen, um die Allgemeinbildung der Kaufleute (Fremdsprachen, Volkswirtschaftslehre, Recht) zu verbessern. In den Handelshochschulen erlebt das kameralistische Wissenschaftsverständnis eine nur wenig veränderte Wiederauferstehung; allerdings werden die Fremdsprachen wegen der inzwischen größeren Bedeutung des Außenhandels stärker betont. Erst nach 1908 beginnt sich jene wissenschaftliche Gemeinschaft zu entwickeln, die heute „Betriebswirtschaftslehre" heißt. Sie führt zunächst noch den Namen *Privatwirt-*

schaftslehre oder *Handelswissenschaft* (zu verstehen in dem weiten Sinne, in dem das Handelsgesetzbuch kaufmännische Tätigkeiten regelt). Sie verselbständigt sich als akademische Disziplin ab 1912 durch Abgrenzung, ja Einigelung gegenüber der Nationalökonomie. Merkmale für die Verselbständigung der heute BWL genannten wissenschaftlichen Gemeinschaft sind ein reichliches Jahrzehnt nach Errichtung der ersten Handelshochschulen: a) Zum Erfahrungsaustausch über kaufmännische Techniken (z. B. zur Kostenrechnung), dem sich die beiden ersten Fachzeitschriften (Zeitschrift für handelswissenschaftliche Forschung, heute ZfbF; Zeitschrift für Handelswissenschaft und Handelspraxis, heute DBW) vorwiegend widmen, treten erste theoretische Erörterungen. Eugen Schmalenbach (1873–1955, lehrte in Köln) versucht mit seiner gekürzt veröffentlichten Habilitationsschrift (1908/09), die Kostentheorie aus der Grenznutzenschule als Lehre von den Verrechnungspreisen anzuwenden: Sind knappe Faktoren zusätzlich zu beschaffen, entscheiden die Grenzkosten, sind sie nicht zu beschaffen, entscheidet der Grenznutzen. b) Mit dem Lehrbuch von Heinrich Nicklisch (1876–1946, lehrte hauptsächlich in Berlin) wird eine erste Allgemeine BWL (1912) vorgestellt, die über Wiederbelebungsversuche früherer handlungswissenschaftlicher Lehrtexte hinausgeht. c) Wissenschaftliche Selbständigkeit erlangt diese Gemeinschaft von Hochschullehrern der Handelswissenschaft bzw. Privatwirtschaftslehre durch die Auseinandersetzung um die Privatwirtschaftslehre als „Profitlehre" 1912. Der Streit um die Privatwirtschaftslehre als Wissenschaft entsteht als Nachwehe zum *Werturteilsstreit* drei Jahre zuvor in der Volkswirtschaftslehre. Als Folge des Werturteilsstreits spalten sich die Soziologie und die BWL von der Nationalökonomie (Politischen Ökonomie, Staatswissenschaft) ab. Der Anlaß des Werturteilsstreits ist aus dem Selbstverständnis der Mehrheit damaliger deutscher Volkswirtschaftler zu verstehen. Um in der Politik gehört zu werden, hatten deutsche Nationalökonomen den „Verein für Socialpolitik" (1872) gegründet, wobei das Schimpfwort „Katheder-Sozialist" heute einen gänzlich falschen Eindruck ihrer politischen Absichten erweckt: Marxist war keiner, die Mehrzahl würde heute als Befürworter des „Sozialen" in einer Marktwirtschaft gelten (z. B. Schmoller). Die Nationalökonomie des 19. und beginnenden 20. Jahrhunderts ist keine geachtete Wissenschaft: „Wer glaubt denn heutzutage außerhalb unserer Kreise noch an nationalökonomische Wissenschaft? Die Praxis doch ganz gewiß nicht, und ich kann es wahrhaftig der Praxis nicht verdenken, daß sie diese Art Wissenschaft gering achtet" (Werner Sombart, 1863–1941, auf der Tagung des „Vereins für Socialpolitik" 1909). Die Gründerpersönlichkeiten des „Vereins für Socialpolitik" haben 1909 das siebente Lebensjahrzehnt überschritten oder eilen ihm zu, als es auf der Wiener Tagung des „Vereins für Socialpolitik" zum Generationenkonflikt kommt: Eine Gruppe Mittvierziger, mit Max Weber (1864–1920, lehrte in Freiburg, Heidelberg und München) und Werner Sombart an der Spitze, will weg von den politischen Reden und hin zu erklärenden Theorien. Das ist der Anlaß des Werturteilsstreits. – Lujo Brentano (1844–1931, Volkswirt in München) steht in der „historisch-ethischen" Tradition der Gründer des „Vereins für Socialpolitik", als er die Privatwirtschaftslehre scharf kritisiert. Mehrfach betont er, daß die Professoren der Volkswirtschaftslehre „den ihnen anvertrauten Stoff vom Standpunkt des Gesamtinteresses zu behandeln" haben. Aus dieser Haltung heraus verdächtigt er jüngere Nationalökonomen, die eine „wertfreie" (= erklärende) Privatwirtschaftslehre wünschen, sie förderten die Sonderinteressen der Unternehmer. Die Mehrzahl der Vertreter der Privatwirtschaftslehre betont damals, ihr Fach solle nur zu privatwirtschaftlicher Erkenntnis führen, nicht zu wirtschaftspolitischer. Ein gesellschaftlich-verpflichtetes Wissenschaftsziel fordert neben Johann Friedrich Schär (1846–1924, lehrte in Zürich und Berlin) und entgegen früherer Kritik an Schär nach 1915 Nicklisch, offenbar unter dem Eindruck von Brentanos Angriff: „So sehen auch die Vertreter der Privatwirtschaftslehre bei ihrer Arbeit in erster Linie den Menschen und dann das Verhältnis des Einzelnen ... Er ist Glied des Ganzen. Und sein Tun und Lassen muß beherrscht sein durch dieses Verhältnis des Einzelnen zur Gesamtheit". Schmalenbach wendet sich erst ab 1918 dem Ziel der *Gemeinwirtschaftlichkeit* zu, dem er nur wenige Jahre ernsthaft nachstrebt. Seine Überlegungen zur Verbesserung der innerbetrieblichen Wirtschaftlichkeit an wohl-

fahrtsökonomischen Theoremen des Konkurrenzgleichgewichts auszurichten, kann als Nachhall der Angriffe von volkswirtschaftlicher Seite gegen die Privatwirtschaftslehre erklärt werden, aber auch dadurch, daß die Reichsregierung bei ihren Sozialisierungsbestrebungen nach 1918 keine Vertreter der Privatwirtschaftslehre beratend hinzuzieht, weil die Privatwirtschaftslehre als Unternehmerwissenschaft gilt. Der gesellschaftspolitisch neutrale Klang des Namens *Betriebswirtschaftslehre* gegenüber der als Profitlehre verdächtig gewordenen „Privatwirtschaftslehre" gibt für die Umbenennung der wissenschaftlichen Gemeinschaft von „Privatwirtschaftslehre" in „Betriebswirtschaftslehre" (zunächst in Köln) den Ausschlag. Als „Betriebswirtschaftler" wird dann auch Schmalenbach 1919 in den vorläufigen Reichswirtschaftsrat berufen. Die Namensänderung der Privatwirtschaftslehre in „Betriebswirtschaftslehre" und die wirtschaftspolitische Zielsetzung der Gemeinwirtschaftlichkeit bei einzelwirtschaftlichen Untersuchungen sind Reaktionen auf die gleiche Ursache: Ausweichen vor dem Vorwurf einer Profitlehre. – Bis 1919 führt die Privat- bzw. Betriebswirtschaftslehre ein wenig beachtetes Dasein. Eine erste in den Augen der Öffentlichkeit respekterheischende Leistung gelingt mit Lösungsvorschlägen zum Problem Geldentwertung und Bilanzierung. Praktiker, wie Walter Rathenau (Leiter der AEG und der Rohstoffabteilung im Preußischen Kriegsministerium, 1922 als Reichsaußenminister ermordet) und Hochschullehrer erkannten ab Oktober 1920 das Problem und entwickelten Lösungsvorschläge. – *Zwei Meßtechniken* haben die bilanztheoretische Diskussion hierüber in den folgenden Jahrzehnten geprägt: (1) Fritz Schmidt (1882–1950, lehrte in Frankfurt) erläutert den quellenmäßigen Reinertrag für Zeitabläufe mit steigenden Preisen: Er fordert für alle Bilanzbestände und für Aufwand und Ertrag die Bewertung zu Wiederbeschaffungspreisen am Umsatztag (dem bilanzrechtlichen Realisationszeitpunkt für Gewinn, d. h. Ertrag und Aufwand). Die Höherbewertung der Bestände in der Bilanz neutralisiert er durch eine offene Zwangsrücklage „Wertänderungen am ruhenden Vermögen". Das Problem einer inflatorischen Finanzierungslücke (weil Gewinn bereits im Zeitpunkt der Forderungsentstehung verwirklicht wird und gewinnabhängige Ausgaben vor dem Einnahmenzufluß auslöst, und ihres Abbaus durch Kreditaufnahmen oder Kundenanzahlungen) definiert er weg über die Voraussetzungen der Wertgleichheit von Geldforderungen und Geldschulden. (2) Walter Mahlberg (1884–1935, lehrte zuletzt in Freiburg) und Schmalenbach konstruieren im einzelnen die Rechentechnik für eine bilanzielle Gewinnermittlung, die über Kaufkraftindices Geldwertänderungen bereinigt (reale Kapitalerhaltung). Beide Meßtechniken zählen zu den im Weltmaßstab wichtigsten Beiträgen der deutschsprachigen BWL in der ersten Hälfte dieses Jahrhunderts. Vor und in der Zeit der Weltwirtschaftskrise treten Arbeiten zu den vielfältigen Preisuntergrenzen in Abhängigkeit von einzelnen Umweltbedingungen (Verkauf vom Lager, Mehrproduktbetrieb, Liquiditätsengpässe, Liquidationsüberlegungen) hinzu. – Gegen den Strom gemeinwirtschaftlichen Denkens äußert Wilhelm Rieger (1878–1971, lehrte in Nürnberg und Tübingen) ein Bekenntnis zu einer marktwirtschaftlichen Ordnung, und nennt sich als einziger noch „Privatwirtschaftler". Er sieht Gewinnstreben als das Unternehmensziel an, auf das hin die BWL erklärende Theorien zu entwickeln habe. Demgegenüber befürchtet Schmalenbach aus der Zunahme der fixen Kosten das Ende einer marktwirtschaftlichen Ordnung: Kartelle und eine durch staatliche Planung „gebundene Wirtschaft" seien zwangsläufig zu erwarten. Während sich einzelne Volkswirtschaftler mit dieser waghalsigen Prognose künftiger Wirtschaftssysteme auseinandersetzen, schweigen die Vertreter der BWL dazu. Sie versagen (sich) vor der Einbringung ihres Forschungsgebiets in Probleme der Wirtschaftsordnung. Bald darauf, in der Zeit des Nationalsozialismus, wird es lebensgefährlich, sich gegen die völkisch-wirtschaftliche Doktrin zu äußern. Einzelne Betriebswirtschaftler halten mit beachtlichem Mut dagegen (Max Rudolf Lehmann, Alexander Hoffmann), andere fallen auf das nationalsozialistische Gemeinschaftsgefasel herein (wie Nicklisch) oder biedern sich an.

VI. Entwicklung nach dem zweiten Weltkrieg: Der Wiederbelebung betriebswirtschaftlicher Forschung nach dem Zweiten Weltkrieg war das Eingebundensein ihres Untersuchungsobjektes in eine Wirtschaftsordnung selbstverständlich: „Die deutsche Betriebswirtschaftslehre verdankt ihre Fortschritte in erster Linie dem dynamisch-organischen Denken, daß den *Betrieb als eine Durchgangsstelle des wirtschaftlichen Kreislaufs* im Strome der Wirtschaftsumsätze sieht" formuliert Fritz Schmidt in seinem letzten Aufsatz, der zugleich das Wiedererscheinen der ZfB eröffnet. Schmalenbach hat zuvor schon den „Betrieb als einen mit eigener Lenkung ausgestatteten Organismus" bezeichnet, „der in dem Gesamtkörper der Wirtschaft eines Landes nur ein Organ ist". Konrad Mellerowicz (1891–1984, lehrte in Berlin) übernimmt dieses Bild in seine Überlegungen zum Verhältnis von Wirtschaftsordnung und Betriebsordnung. – Gegen eine Betriebswirtschaftslehre als „Wirtschaftlichkeitslehre der Unternehmung", wie sie zum 50-jährigen Jubiläum der ersten Handelshochschule und zum 75. Geburtstag Schmalenbachs als Programm formuliert wird, fordert als erster Martin Lohmann (geb. 1901, lehrte in Freiburg) „eine die Sach- und Sozialwelt des Unternehmens in gleicher Weise umschließende Lehre". Karl Hax (1901–1978, lehrte vor allem in Frankfurt) kontert: „Man kann natürlich die Betriebswirtschaftslehre auch in Richtung auf eine Betriebssoziologie entwickeln; dann ist sie aber keine Wirtschaftswissenschaft mehr. Es fördert auch die Lösung der Probleme nicht, wenn man das Wesen des Wirtschaftlichkeitsprinzips ... im Zwielicht einer materialistischen Weltanschauung erscheinen läßt, der gegenüber sich dann die eigene 'soziale' Haltung um so wirkungsvoller abhebt. Das ist die glatte und bequeme Formel, mit der man den Problemen ausweicht, die aber nichts zu ihrer Lösung beiträgt". Ähnlich klar bezieht Erich Schäfer (1900–1984, lehrte hauptsächlich in Nürnberg) Stellung. In dieser zweiten Generation betriebswirtschaftlicher Hochschullehrer wird der methodologische Gegensatz zwischen einem sozialwissenschaftlichen Basiskonzept und einem grundsätzlich wirtschaftstheoretischen Denken nach und nach offenkundig – ein Gegensatz, der in der jetzigen dritten Generation betriebswirtschaftlicher Hochschullehrer (d. h. nach 1970) zur nur noch hochschulorganisatorisch verdeckten Spaltung in konkurrierende Denkstilgemeinschaften geführt hat. Dieser Zwiespalt zwischen einer BWL, die von marktwirtschaftlichem Willen getragen, auf der Wirtschaftstheorie aufbaut, und einer Managementlehre, die an eine ethisch-soziale Verantwortung der Unternehmensführung appelliert und unter die Fittiche einer allumfassenden Verhaltens- bzw. Sozialwissenschaft schlüpfen will, bricht deutlich auf, nachdem Erich Gutenberg (1897–1984, lehrte hauptsächlich in Köln) sein Verständnis von den Auswirkungen der Grundlagen der BWL auf die mikroökonomische Produktionstheorie und die Theorie der monopolistischen Konkurrenz veröffentlichte. Nicht ohne Widerstand wird der Einbau der im wesentlichen auf erklärende Theorien gerichteten Mikroökonomie in die bisher im wesentlichen praktisch gestaltende BWL hingenommen. „Ursprung und Zweck der Betriebswirtschaftslehre ist die einzelbetriebliche Praxis ... Die Betriebswirtschaftslehre ... soll ... dem praktischen Betriebe dienen": Diese Forderung setzt Mellerowicz 1952 dem Theoriebemühen Gutenbergs entgegen. Nur an der Oberfläche geht es in diesem Methodenstreit um den Verlauf von Kostenkurven (Mellerowicz, der kritiklos den ertragsgesetzlichen Kostenverlauf übernommen hat, sieht seine Lehre durch Gutenbergs Kritik am Ertragsgesetz bedroht) und um das Für und Wider einer „mathematisch-deduktiven Methode". Wie die sich anschließenden Wortmeldungen zeigen, fühlen sich die Anhänger einer Betriebswirtschaftslehre als ganzheitlicher Organisationswissenschaft (im heutigen Sprachgebrauch: einer interdisziplinären Managementwissenschaft) bedroht durch die wirtschaftstheoretische Sicht Gutenbergs. Von der bis etwa 1970 in eine fast dominierende Rolle hineinwachsenden, mikroökonomisch fundierten und durch die Unternehmensforschung mathematisch verfeinerten BWL wenden sich als erste viele an Absatzfragen Arbeitende ab. Sie importieren das amerikanische „Marketing". Zu den Treppenwitzen der Fachgeschichte zählt, daß die von ihnen zurückgewiesene Preistheorie der unvollkommenen Konkurrenz gerade als Lehre von der Beeinflussung des Käuferverhaltens und realitätsbezogenen Annäherung an Marktprozesse gegen die neoklassische Lehre vom Konkurrenzgleichgewicht von Edward Hastings Chamberlin (1899–1967, lehrte in Cambridge, Mass.) konzipiert worden war. – Mit der nach 1970 immer offenkundiger werdenden Spaltung der Hochschulgemein-

schaft „Betriebswirtschaftslehre" in gegensätzliche Denkstilgemeinschaften geht ein Auflösungsprozeß der Allgemeinen BWL im Hochschulunterricht, vor allem im Hauptstudium, einher. Während ab 1970 innerhalb der deutschsprachigen BWL die über Absatz- und Organisations- (bzw. Personal- und Unternehmensführungs-) Fragen Forschenden mehrheitlich einem „sozialwissenschaftlichen Basiskonzept" bzw. einer interdisziplinären Managementwissenschaft folgen, wählt die bis dahin kaum über begriffliche Systematisierungen und Faustformeln hinausgelangte Lehre von Investition und Finanzierung seit diesem Zeitpunkt die wirtschaftstheoretische Sichtweise, baut ab etwa 1980 auf Kapitalmarktgleichgewichtsmodelle. Da jedoch Modelle des Konkurrenzgleichgewichts Wettbewerb als Handeln im Ungleichgewicht wegdefinieren (auf einen Nullpunkt reduzieren), gilt auch für diesen Bereich betriebswirtschaftlicher Forschung – wie für die vor der Wirtschaftstheorie in die Arme der Verhaltens- und Sozialwissenschaften fliehenden Vertreter des Marketing, der Organisation und des Personalwesens –, daß sich marktwirtschaftlicher Wille mit überwiegend planwirtschaftlichem Können und dessen Überschätzung paart. – Erst nach 1980 wendet sich die Finanzierungstheorie – wie die Lehre vom Rechnungswesen – verstärkt einer Theorie der Institutionen innerhalb einer Wettbewerbsordnung zu. Dabei wurde die Institution Unternehmung zunächst aus einem „Marktversagen" heraus zu erklären versucht, in teilweiser Fehldeutung des Transaktionskostenansatzes, mit dem zunächst Ronald H. Coase (geb. 1910, lehrte in London, Buffalo und Chicago) 1937 die Institution Unternehmung in eine Konkurrenzgleichgewichts-Modellwelt einzubauen sucht. Nach 1970 beginnt sich in den angelsächsischen Ländern die jüngere Lehre von den Verfügungsrechten und dem Transaktionskostenansatz zu verbreiten. Mit der bislang üblichen Verzögerung von reichlich einem Jahrzehnt werden diese Forschungsansätze, die inzwischen um eine evolutorische, an Marktprozessen und dem Ausüben von Unternehmerfunktionen ausgerichtete Sichtweise erweitert wurden, ab etwa 1984 verstärkt im deutschen Sprachraum erörtert.

Prof. Dr. Dr. h.c. mult. Dieter Schneider

geschichtetes Zufallsstichprobenverfahren, Spezialfall eines →höheren Zufallsstichprobenverfahrens. G. Z. liegt vor, wenn eine →Grundgesamtheit in →Teilgesamtheiten (Primäreinheiten, „Schichten") zerlegt wird und Elemente aus *jeder* Schicht in die →Stichprobe gelangen. G. Z. sind um so vorteilhafter, je homogener die Schichten bezüglich der Untersuchungsvariablen sind (Schichtungseffekt). Durch eine geeignete →Schichtenbildung *(Stratifikation)* und eine geeignete Aufteilung des Stichprobenumfangs auf die Schichten *(Allokation)* kann die Wirksamkeit von g. z. gesteigert werden.

Geschicklichkeit, →Anforderungsmerkmal im Rahmen der Arbeitsbewertung. G. ist nur dann zu bewerten, wenn sich die einzelnen Bewegungen und Griffe des Arbeitenden in besonderer Weise ständig wechselnden oder plötzlich auftretenden Anforderungen anpassen müssen. – Vgl. auch →Genfer Schema.

Geschiedenen-(Witwen-)Rente. I. Gesetzliche Rentenversicherung: 1. Rente an die *frühere Ehefrau* eines Versicherten, deren Ehe mit dem Versicherten *vor dem 1.7.1977* geschieden, für nichtig erklärt oder aufgehoben ist. Die Rente wird nach dem Tod des Versicherten gewährt, wenn der Versicherte zur Zeit seines Todes Unterhalt nach den Vorschriften des Ehegesetzes oder aus sonstigen Gründen zu leisten hatte oder im letzten Jahr vor seinem Tod Unterhalt geleistet hat (§ 1265 I 1 RVO, § 42 I 1 AVG, § 65 I 1 RKG). Frühere Ehefrau ist auch diejenige, die sich zu Lebzeiten des Versicherten wiederverheiratet hatte. Eine bestimmte Unterhaltshöhe wird nicht gefordert, doch reichen nur geringfügige Unterhaltsansprüche oder -leistungen nicht aus. Nach der Rechtsprechung des Bundessozialgerichts muß der Unterhaltsanspruch oder die Unterhaltszahlung mindestens etwa ein Viertel des notwendigen Mindestbedarfs gedeckt haben, wobei der Mindestbedarf unter Berücksichtigung der örtlich und zeitlich geltenden Regelsätze nach dem BSHG festzustellen ist. Ein früher ausgesprochener Unterhaltsverzicht führt i. d. R. zu dem Verlust des Unterhaltsanspruchs und damit der Rente. Die G.-(W.-)R. wird zwischen der Witwe und der früheren Ehefrau nach Maßgabe der Dauer der jeweiligen Ehe aufgeteilt (§ 1268 IV RVO, § 45 IV AVG,

§ 69 IV RKG). – 2. Ist eine →Witwenrente *nicht zu gewähren,* besteht Anspruch auf G.-(W.-)R., wenn a) eine Unterhaltsverpflichtung wegen der Vermögens- oder Erwerbsverhältnisse des Versicherten oder wegen der Erträgnisse der früheren Ehefrau aus einer Erwerbstätigkeit nicht bestanden hat und b) die frühere Ehefrau im Zeitpunkt der Scheidung, Nichtigerklärung oder Aufhebung der Ehe mindestens ein waisenrentenberechtigtes Kind zu erziehen oder für ein Kind, das wegen körperlicher oder geistiger Gebrechen Waisenrente erhielt, zu sorgen hat oder das 45. Lebensjahr vollendet hatte und c) solange sie berufsunfähig (→Berufsunfähigkeit) oder erwerbsunfähig (→Erwerbsunfähigkeit) ist oder mindestens ein waisenrentenberechtigtes Kind erzieht oder für ein Kind, das wegen körperlicher oder geistiger Gebrechen Waisenrente erhält, sorgt oder wenn sie das 60. Lebensjahr vollendet hat. Die Voraussetzungen a) bis c) müssen kumulativ vorliegen. Wenn eine Witwenrente in vollem Umfang wegen Erwerbseinkommen oder Erwerbsersatzeinkommen ruht, ist eine G.-(W.-)R. nach den Voraussetzungen a) bis c) nicht zu gewähren (§ 1265 I 3 RVO, § 42 I 3 AVG in Verbindung mit § 1281 RVO, § 58 AVG i. d. F. des Gesetzes vom 11.7.1985, BGBl I 1450). – Nach dem Hinterbliebenen- und Erziehungszeiten-Gesetz vom 11.7.1985 gelten diese Bestimmungen nunmehr auch für den *früheren Ehemann* der Versicherten. – 3. *Frühere Ehegatten, die vor dem 1.1.1936 geboren sind,* können bis zum 31.12.1988 erklären, daß für sie das bis 31.12.1985 gültige Hinterbliebenenrecht maßgebend sein soll. Ansonsten gilt das neue Hinterbliebenen-Rentenrecht aufgrund des Gesetzes vom 11.7.1985 mit Wirkung vom 1.1.1986, wonach bei Überschreiten eines Freibetrags Erwerbs- und Erwerbsersatzeinkommen anzurechnen ist (Näheres vgl. →Witwenrente). – 4. Ist die Ehe *nach dem 30.6.1977* geschieden, für nichtig erklärt oder aufgehoben worden, scheidet eine G.-(W.-)R. aus, da nach dem 1.7.1977 die Ehescheidung unter Durchführung des →Versorgungsausgleichs erfolgt. Als Ausgleich wird u. U. eine →Erziehungsrente gewährt. – 5. In dem am 1.1.1992 in Kraft getretenen Sozialgesetzbuch VI (SGB VI) sind in § 243 SGB VI die Voraussetzungen dieser Rente (im wesentlichen unverändert) für alle drei Rentenversicherungszweige geregelt.

II. Gesetzliche Unfallversicherung: 1. Einer *früheren Ehefrau* des durch Arbeitsunfall Verstorbenen, deren Ehe mit ihm geschieden, für nichtig erklärt oder aufgehoben ist, wird nach seinem Tod auf Antrag Rente entsprechend § 590 RVO gewährt, wenn er ihr zur Zeit seines Todes Unterhalt zu leisten hatte oder wenigstens während des letzten Jahres vor seinem Tod geleistet hat (§ 592 RVO). Der Unterhalt bzw. Unterhaltsanspruch muß mindestens 25% des örtlich und zeitlich geltenden Regelbedarfs nach dem BSHG betragen. Sind mehrere Berechtigte vorhanden, so erhält jede von ihnen nur den Teil der für sie zu berechnenden Rente, der im Verhältnis zu den anderen Berechtigten der Dauer der Ehe mit dem Verletzten entspricht (§ 592 II RVO). – 2. Diese Regelungen gelten seit 1.1.1986 für einen *früheren Ehemann* der durch Arbeitsunfall Verstorbenen entsprechend (§ 592 IV RVO i.d.F. des Hinterbliebenen- und Erziehungszeiten-Gesetzes vom 11.7.1985).

III. Bundesversorgungsgesetz: Die frühere Ehefrau (seit 1.1.1986: der *frühere Ehegatte*) eines Beschädigten erhält nach im wesentlichen gleichen Grundsätzen wie in der Renten- und Unfallversicherung in der G.-(W.-)R. Eine Versorgung ist nur solange zu leisten, als der frühere Ehegatte nach den ehe- oder familienrechtlichen Vorschriften unterhaltsberechtigt gewesen wäre oder sonst Unterhaltsleistungen erhalten hätte. Hat eine Unterhaltspflicht aus kriegs- oder wehrdienstbedingten Gründen nicht bestanden, so bleibt dies unberücksichtigt. Der frühere Ehegatte erhält jedoch dieselbe Versorgung wie eine Witwe, die Versorgung wird also nicht nach Maßgabe der Dauer der jeweiligen Ehe zwischen Witwe und früherem Ehegatten geteilt.

Geschlechterproportion, Verhältnis von weiblichen zu männlichen Personen in der →Bevölkerung eines Gebiets nach →Altersgruppen oder Jahrgängen. Zufolge ungleicher Säuglingssterblichkeit zumeist ein Knabenüberschuß im ersten Lebensjahr, dann weitgehend Ausgleich und zufolge der größeren →Lebenserwartung der Frauen auch bei ungestörtem Bevölkerungswachstum zunehmender Frauenüberschuß in höheren Altersstufen, im deutschen Volk wegen der Verluste an Männern durch zwei Weltkriege noch verschärft.

geschlossene Hauswirtschaft, →Hauswirtschaft.

geschlossene Kostenträgererfolgsrechnung, Form der →kurzfristigen Erfolgsrechnung nach dem →Umsatzkostenverfahren, bei der gleichzeitig rechnerische Bestände der Halb- und Fertigfabrikate geführt werden, die mit der Kostenarten- und Kostenstellenrechnung abgestimmt sind.

geschlossener Markt, Markt, auf dem keine neuen Anbieter auftreten können. Gründe für Zutrittsbeschränkungen sind juristischer Art, wie ein Verbot der Marktausweitung. – *Gegensatz:* →offener Markt.

geschlossenes Entscheidungsmodell, Modell eines →Entscheidungsprozesses, das von vollständig vorgegebenen →Entscheidungsprämissen ausgeht. G.E. stellt eine Entscheidungssituation dar, die sich durch vollständig formulierte →Entscheidungsmatrix mit bekannter →Entscheidungsregel auszeichnet. G.E. bilden unbeschränktes Rationalverhalten (z.B. →Homo oeconomicus) ab (→Rationalprinzip). →Modell. – Entscheidungsmodelle des →Operations Research (OR) zählen zu den g.E. – *Gegensatz:* →offenes Entscheidungsmodell.

geschlossenes Netz, →Netz, das aufgrund seiner herstellerspezifischen Architektur nur die Einbindung von →Datenstationen (v.a. von Computern) eines oder weniger bestimmter Hersteller erlaubt. – *Gegensatz:* →offenes Netz.

Geschmacksmuster, v.a. als Vorlage für Massenwaren (gewerbliche Erzeugnisse) verwendbares Muster (Vorlagen für Flächen mit zweidimensionalen Gestaltungen) oder Modell (Vorlagen für dreidimensionale Gestaltungen), das der Gestaltung der äußeren Form dient. Schutz nach →Geschmacksmusterrecht.

Geschmacksmusterrecht, rechtliche Regelung des ausschließlichen Rechts des Urhebers eines →Geschmacksmusters, dieses nachzubilden und zu verbreiten. – 1. *Rechtsgrundlage:* Geschmacksmustergesetz (GeschmMG) vom 11.1.1876 (RGBl 11) mit späteren Änderungen. – 2. *Inhalt:* a) *Voraussetzungen:* Ein Geschmacksmuster ist schutzfähig, wenn es gewerblich verwertbar, neu (Prinzip der Priorität) und eigentümlich ist. Eigentümlich ist ein Geschmacksmuster, wenn es in den für die ästhetische Wirkung maßgebenden Merkmalen als das Ergebnis einer eigenpersönlichen, form- und farbenschöpferischen Tätigkeit erscheint, die über das Durchschnittskönnen eines Mustergestalters hinausgeht. b) *Geschmacksmusteranmeldung und -eintragung*: Mit Anmeldung und Niederlegung des Geschmacksmusters beim Amtsgericht entsteht das volle G. c) *Rechtsfolgen*: Straf- (§ 14) und Schadensersatzvorschriften (§ 14a) mit Verweisungen auf das Urheberrechtsgesetz (→Urheberrecht), verbessert durch das Produktpiateriegesetz von 1990.

Geschmackstest, →Produkttest, bei dem die Untersuchung des Geschmacks im Vordergrund steht.

Geschwindigkeit, Verhältnis des zurückgelegten Weges zu der für diesen Weg benötigten Zeit. Im Straßenverkehr ist die G. des Fahrzeugs den jeweils gegebenen Verhältnissen (Straßenzustand, Sicht usw.) so anzupassen, daß es vom Fahrer nötigenfalls rechtzeitig angehalten werden kann (§ 3 StVO). – Vgl. auch →Richtgeschwindigkeit.

Gesell, Silvio, 1862–1930, deutscher Nationalökonom, Finanzminister der kommunistischen Räteregierung in Bayern (ab 1919) und Begründer der Freiwirtschaftslehre mit ihren Elementen Freiland- und Freigeldlehre. Ziel war die Schaffung einer 'freisozialen Ordnung', d.h. einer Marktwirtschaft mit vollständigem Wettbewerb und Startgerechtigkeit sowie Freiland (Abschaffung des Bodenmonopols) und Freigeld (zur Vermeidung kontraktiv wirkenden Hortens). G. war Begründer verschiedener Freiland-Freigeld-Bünde; in seinen Ideen über Bodenpolitik wurde er von Henry George beeinflußt. Wegen seiner Beiträge zur Verhinderung von Zahlungsbilanzungleichgewichten und Wechselkursschwankungen gilt G. als Vorkämpfer der monetären Konjunkturtheorie. G. fand Anhänger für manche Ideen in Irving Fisher und v.a. in J. M. Keynes. – *Hauptwerk*: „Die natürliche Wirtschaftsordnung durch Freiland und Freigeld" (1916).

Geselle, *Handwerksgeselle*, Person, die nach Ablauf der im Berufsausbildungsver-

trag vereinbarten Ausbildungszeit eine →Gesellenprüfung (→Ausbildungsabschlußprüfung) vor einem →Gesellenprüfungsausschuß erfolgreich abgelegt hat. Erhält im Regelfall einen →Gesellenbrief.

Gesellenbrief, eine von der →Handwerksinnung dem bisherigen →Auszubildenden ausgehändigte Bestätigung über die erfolgreich abgelegte →Ausbildungsabschlußprüfung i.d.R. anläßlich einer besonderen Los- oder Freisprechungsfeier.

Gesellenprüfung, Prüfung zum Abschluß der Ausbildungszeit im Handwerk (→Ausbildungsabschlußprüfung).

Gesellenprüfungsausschuß, ein von der →Handwerkskammer oder mit ihrer Ermächtigung von der →Handwerksinnung errichtetes öffentlich-rechtliches Organ für alle Auszubildenden des Innungsbezirks (§ 33 HandwO). – *Zusammensetzung*: Mindestens drei sachkundige geeignete Mitglieder. Es müssen selbständige Handwerker, die die Meisterprüfung abgelegt oder zum Ausbilden berechtigt sind, und Arbeitnehmer, Gesellen, die die Gesellenprüfung abgelegt haben und bei einem selbständigen Handwerker beschäftigt sind, in gleicher Zahl und mindestens ein Lehrer einer berufsbildenden Schule vertreten sein. Die Mitglieder werden längstens für drei Jahre ehrenamtlich berufen. Der Prüfungsausschuß wählt aus seiner Mitte den Vorsitzenden und dessen Stellvertreter (§ 34 HandwO).

Gesellenstück, eine in den fachlichen Vorschriften festgelegte praktische Leistungserstellung (Arbeitsprobe) im Rahmen der →Ausbildungsabschlußprüfung im Handwerk.

Gesellschaft, soziales Gebilde. Als Gegenstand der Soziologie v.a. die territorial abgegrenzte Organisationsform zur Befriedigung und Sicherstellung der Lebensvollzüge einer größeren Menschengruppe. – Zur *Struktur der G.* auf allen Entwicklungsstufen (z.B. Stammes-G., Stände-G., bürgerliche G.) gehören gesellschaftliche Universalien zum Austausch von Ressourcen und Informationen und die Zentralisierung von Herrschaft. Vorherrschende Strukturmerkmale gegenwärtiger spätbürgerlicher, industriell-bürokratischer G. in Europa und Nordamerika sind u. a.: zunehmende Anonymisierung und Bürokratisierung, Verrechtlichung und Verwissenschaftlichung der Daseinsbereiche; Verstädterung; Rollen-Differenzierung des individuellen Verhaltens entsprechend der zunehmenden →sozialen Differenzierung. Ob die in der bürgerlichen G. herausgebildete Differenz von Staat und G. durch gegenwärtige Prozesse der „Vergesellschaftung des Staates" (z. B. über Verbände und Parteien) oder der „Verstaatlichung der G." (z. B. über Recht, Bürokratie, staatlich gesteuerte Medien) mehr und mehr eingeebnet wird, gilt als fraglich. – *Anders:* →Gemeinschaft.

Gesellschaft des bürgerlichen Rechts, *BGB-Gesellschaft.* 1. *Begriff:* Gesellschaft, deren Zweck nicht auf den Betrieb des →Handelsgewerbes eines →Vollkaufmanns gerichtet ist. Rechtsgrundlagen: §§ 705–740 BGB; die Vorschriften des HGB sind unanwendbar. Die G. d. b. R. hat keine →Firma, ist keine →juristische Person und kann als G. d. b. R. weder klagen noch verklagt werden. – 2. *Gründung* durch →Gesellschaftsvertrag, mit dem sich die Gesellschafter gegenseitig verpflichten, die Erreichung eines bestimmten Zwecks in der im Vertrag bestimmten Weise zu fördern (§ 705 BGB). – 3. *Rechte und Pflichten der Gesellschafter:* a) Leistung der →Gesellschaftsbeiträge und Haftung untereinander für Sorgfalt in eigenen Angelegenheiten. b) Das →Gesellschaftsvermögen steht allen Gesellschaftern in →Gemeinschaft zur gesamten Hand zu; kein Gesellschafter kann über seinen Anteil am Gesellschaftsvermögen (andere Abrede zulässig) verfügen oder Teilung verlangen, solange G. d. b. R. besteht. c) Wahrnehmung der Geschäfte durch einen oder mehrere geschäftsführende Gesellschafter. d) Gewinn- oder Verlustverteilung mangels anderer Abrede nach Köpfen (→Gewinnanteil des Gesellschafters). e) Wegen der →Gesellschaftsschulden können Gläubiger Gesellschaftsvermögen oder sonstiges Vermögen der Gesellschafter in Anspruch nehmen. f) Ansprüche der Gesellschafter aus dem Gesellschaftsverhältnis sind i. d. R. nicht übertragbar, ausgenommen solche aus der Geschäftsführung, auf den Gewinnanteil oder aus der Auseinandersetzung. – 4. *Beendigung* i. d. R. durch Zweckerreichung, Auflösungsbeschluß und Kündigung, Tod oder

Konkurs eines Gesellschafters. Bei G. d. b. R. auf unbestimmte Dauer kann jederzeit gekündigt werden; bei G. d. b. R. auf bestimmte Dauer oder mit Kündigungsfrist, ebenso, wenn →wichtiger Grund vorliegt. Falls Gesellschaftsvertrag Fortdauer der G. d. b. R. bei Kündigung, Tod und Konkurs des Gesellschafters vorsieht, haben diese Umstände nur das Ausscheiden des betreffenden Gesellschafters zur Folge. Bei Auflösung findet →Auseinandersetzung der Gesellschafter hinsichtlich des Gesellschaftsvermögens statt; die Gesellschaft gilt als fortbestehend, soweit der Zweck der Auseinandersetzung (z. B. Abwicklung schwebender Geschäfte) das erfordert.

Gesellschafteraufnahme. 1. Bei *Personengesellschaften* (OHG, KG und stiller Gesellschaft) durch Vertrag gegen Leistung einer Einlage, Übertragung eines Gesellschaftergeschäftsanteils oder Einbringung der Arbeitskraft. Bei OHG und KG Eintragung im Handelsregister. – 2. Bei *Kapitalgesellschaften:* a) Bei AG durch Erwerb von →Aktien (bei →Namensaktien →Indossament erforderlich). b) Bei GmbH durch Übernahme eines →Geschäftsanteils (notarielle Beurkundung), meist gebunden an die Zustimmung der übrigen Gesellschafter. – 3. Bei *Genossenschaften* durch Beitrittserklärung, die der Vorstand dem →Genossenschaftsregister zur Eintragung in die Liste der Genossen einzureichen hat; erst durch die Eintragung entsteht die Mitgliedschaft (→Genossenschaft IV 2).

Gesellschafterbeschluß, Entscheidung der Gesamtheit der Gesellschafter. Die zu fassenden G. ergeben sich aus Gesetz (vgl. z. B. §§ 113, 116, 131, 139 HGB) und aus →Gesellschaftsvertrag. – *Mitwirkende Personen* je nach Einzelfall, z. B. alle Gesellschafter (z. B. § 131 Ziff. 2 HGB) oder nur die geschäftsführenden Gesellschafter (z. B. § 116 II HGB). Ein Gesellschafter kann im Einzelfall von der Beschlußfassung *ausgeschlossen* sein, z. B. wenn sich der G. gegen ihn oder seine Interessen richtet. – *Verfahren:* Ob die G. einstimmig oder mit Stimmenmehrheit zu fassen ist, ist entweder dem Gesetz (vgl. § 119 I HGB) oder den Bestimmungen des Gesellschaftsvertrages zu entnehmen. Die →*Abstimmung* erfolgt grundsätzlich nach der Kopfzahl, doch sind abweichende Vereinbarungen erlaubt; es genügt i. d. R. Einzelabgabe der Stimmen, auch schriftlich.

Gesellschafterdarlehen. I. Zivilrecht: →Darlehen eines Gesellschafters an seine Gesellschaft. Im Falle von Personengesellschaften entstehen i. d. R. zwischen vollhaftenden Gesellschaftern und Gesellschaft keine Forderungen und Schulden; G. gelten daher als →Einlagen, Rückzahlungen als →Entnahmen. G. von Kommanditisten sind echte Darlehen, wenn das Haftungskapital voll eingezahlt ist. Im Falle von Kapitalgesellschaften sind G. grundsätzlich echte Darlehen.

II. Einkommensteuer: 1. *G. an Kapitalgesellschaften*: a) Bei der *Gesellschaft* stellen G. grundsätzlich Fremdkapital dar, das als solches in der Steuerbilanz auszuweisen ist (ausgenommen verdecktes Nennkapital). Die Fremdkapitalzinsen sind grundsätzlich Betriebsausgaben; werden allerdings unüblich hohe Zinsen vereinbart, liegt insoweit eine →verdeckte Gewinnausschüttung vor, die den Gewinn der Gesellschaft nicht mindern darf und für die die →Ausschüttungsbelastung herzustellen ist. Ein unüblich niedriger Zins führt nicht zu einer →Einlage, löst allerdings (bis zum 31. 12. 1991) Gesellschaftersteuer aus. b) Die dem *Gesellschafter* zugeflossenen Zinsen bzw. verdeckten Gewinnausschüttungen (letztere einschl. Körperschaftsteueranrechnungsanspruch) stellen bei diesem Einnahmen aus Kapitalvermögen dar (§ 20 EStG). Wird das G. im Betriebsvermögen gehalten, handelt es sich um Betriebseinnahmen, die nach den allgemeinen Bilanzierungsprinzipien zu erfassen sind. – 2. *G. an Personengesellschaften* werden grundsätzlich steuerlich nicht berücksichtigt (§ 15 I Nr. 2 EStG). a) Sie sind in der Sonderbilanz des Gesellschafters als →Sonderbetriebsvermögen eines eigenen (z. B. gewerblichen) Betriebs gehört (Subsidiaritätsthese); in der (Gesamthands-) Steuerbilanz der Gesellschaft steht ihnen eine Schuld gegenüber. b) In der Gesamtbilanz sind sie Eigenkapital. Die erhaltenen Zinsen sind beim Gesellschafter als →Sonderbetriebseinnahmen zu erfassen. Die Grundsätze gelten nicht für Forderungen des Gesellschafters mit eigenem (gewerblichem, land- und forstwirtschaftlichem oder freiberuflichem) Betrieb aus laufenden Lieferungen oder Leistungen, die nicht wirtschaftlich mit dem Gesellschaftsverhältnis zusammenhängen und

wie zwischen Fremden üblich abgewickelt werden; diese stellen eigenes Betriebsvermögen des Gesellschafters dar.

III. Vermögensteuer: 1. *G. an Kapitalgesellschaften*: a) In der Vermögensaufstellung der *Gesellschaft* ist das G. grundsätzlich als →Betriebsschuld abzugsfähig. b) Beim Gesellschafter stellt das G. →sonstiges Vermögen dar. Gehört es zu dessen Betriebsvermögen, so ist es im Einheitswert des gewerblichen Betriebs des Gesellschafters zu erfassen. – 2. *G. an Personengesellschaften*: Entsprechend der bilanzsteuerlichen Behandlung (vgl. II 2) stellen G. grundsätzlich (zu Ausnahmen vgl. ebenda) Betriebsvermögen der Gesellschaft dar (§ 97 I Satz 2 BewG) und werden dem Gesellschafter bei der Aufteilung des Einheitswerts vorweg zugerechnet. Dies gilt auch für Darlehen des Ehegatten eines Mitunternehmers an die Gesellschaft, wenn die Ehegatten zusammen veranlagt werden (→Zusammenveranlagung).

IV. Gewerbesteuer: 1. I. d. R. sind *G. an Kapitalgesellschaften* bei der Gesellschaft →Dauerschulden i. S. d. § 12 II Nr. 1 GewStG, die gezahlten Zinsen sind bei der Gesellschaft nicht abzugsfähig, der Zinsaufwand mindert nicht deren Gewerbeertrag.

Gesellschafterliste. 1. *Aktiengesellschaft*: Verzeichnis der Anteilseigner einer →Aktiengesellschaft (AG) bzw. ihrer Vertreter bei jeder →Hauptversammlung. G. hat vor Beginn von Abstimmungen auszuliegen und muß vor Eintritt in die Tagesordnung vom Vorsitzenden des Aufsichtsrats unterschrieben sein. G. *enthält* Namen und Wohnort der erschienenen oder vertretenen →Aktionäre sowie der Vertreter von Aktionären und Angabe des Betrags der von jedem vertretenen Aktien unter Bezeichnung ihrer Gattung. Gesonderte Angabe fremder Aktien (§ 129 AktG). – 2. *Gesellschaft mit beschränkter Haftung*: Die nach § 40 GmbHG von den Geschäftsführern einer GmbH jährlich beim →Handelsregister einzureichende Liste der Gesellschafter mit Angabe von Name, Stand und Wohnort sowie ihrer →Stammeinlagen. Hat sich im laufenden Jahr nichts geändert, genügt Erklärung darüber.

Gesellschafterverbrauch, Begriff des Umsatzsteuerrechts. G. sind nach § 1 I Nr. 3 UStG die →Lieferungen und (sonstigen)

Leistungen, die eine Personenvereinigung, Körperschaft oder Gemeinschaft (Gesellschaft i. w. S.) an ihre Anteilseigner, Mitglieder usw. (Gesellschafter i. w. S.) im →Inland unentgeltlich erbringt (z. B. verdeckte Gewinnausschüttungen, als Aufwand verbuchte Entnahmen). Die Bemessungsgrundlagen des G. entsprechen denen des →Eigenverbrauchs. Werden die Leistungen entgeltlich erbracht, liegt kein G. vor, es ist aber die Anwendung der →Mindestbemessungsgrundlage zu prüfen. – Vgl. auch →Gesellschaftsleistungen.

Gesellschafterversammlung, Organ der →Gesellschaft mit beschränkter Haftung (GmbH) (vgl. dort im einzelnen V 2).

Gesellschafterwechsel, →Ausscheiden eines Gesellschafters, →Gesellschafteraufnahme.

Gesellschaft für Informatik e. V. (GI), gegründet 1969; Sitz in Bonn. – *Aufgaben*: Die Informatik in Forschung und Lehre, ihre Anwendung und die Weiterbildung auf diesem Gebiet zu fördern. Veranstaltung von Tagungen, Förderung von wissenschaftlichen Veröffentlichungen, Einrichtung von Fachbereichen, Fachausschüssen und Fachgruppen sowie Unterrichtung einer breiten Öffentlichkeit über Fragen der Informationsverarbeitung.

Gesellschaft für Mathematik und Datenverarbeitung mbH (GMD), eine der 13 Großforschungseinrichtungen der Bundesrep. D.; gegründet 1968; Sitz in Sankt Augustin. – *Aufgaben*: Forschung und Entwicklung auf dem Gebiet der Informations- und Kommunikationstechnologie und der für ihren Fortschritt bedeutsamen Mathematik sowie die damit verbundene fachliche und wissenschaftliche Aus- und Fortbildung; Beratung und Unterstützung der öffentlichen Verwaltung, besonders der Bundesregierung, von Hochschulen sowie von Herstellern und Anwendern bei der Einführung und Fortentwicklung der Informationstechnik. Forschungs- und Entwicklungsaufgaben reichen von der Grundlagenforschung bis zur Entwicklung konkreter Produkte.

Gesellschaft für musikalische Aufführungs- und mechanische Vervielfältigungsrechte (GEMA), Sitz in Berlin, Bonn und München. →Verwertungsgesellschaft zur Wahrnehmung deutscher und ausländischer Urheberrechte auf dem Gebiet der Musik in der Bundesrep. D.

Gesellschaft für Ökologie (GfÖ), gegründet 1970; Sitz in Gießen. – *Aufgaben*: Förderung der Zusammenarbeit aller auf ökologischen Gebieten arbeitenden Disziplinen; Förderung einer ökologisch orientierten Ausbildung; Vertretung ökologischer Belange in der Öffentlichkeit sowie bei gesellschaftlichen und wirtschaftspolitischen Entscheidungen.

Gesellschaft für Organisation e. V. (GfürO), gegründet 1922; Sitz in Gießen. – *Ziel*: Förderung der im Bereich der Wissenschaft, Wirtschaft und Verwaltung mit Organisation betrauten Personen. – *Aufgaben*: Aus-, Fort- und Weiterbildung für Organisatoren und andere Führungskräfte (geschlossene mehrwöchige Lehrgänge, Fachseminare); Erfassung und Entwicklung anderweitiger Forschungen und Erfahrungen auf den einschlägigen Gebieten; dezentrale Öffentlichkeitsarbeit durch Fachtagungen, Kongresse und Fachgruppenarbeit. – *Publikation*: Zeitschrift Führung + Organisation (zfo). – *Ausbildungsinstitution*: Akademie für Organisation (A für O).

Gesellschaft für Wirtschafts- und Sozialwissenschaften – Verein für Socialpolitik, Sitz in Köln. 1. *Entwicklung*: Der im Jahre 1873 von sozialpolitisch orientierten Nationalökonomen, von Journalisten und Praktikern als Verein für Socialpolitik gegründete Verein löste sich nach mehr als 60jährigem einflußreichem Wirken auf, als unter der nationalsozialistischen Herrschaft seine Unabhängigkeit bedroht war. 1948 als G. f. W.- u. S. wieder ins Leben gerufen. – 2. Die *Mitglieder* stammen überwiegend aus dem gesamten deutschsprachigen Raum: Hochschullehrer aus dem Bereich der Wirtschafts- und Sozialwissenschaften sowie sonstige in der Lehre und Forschung tätige, kooperative Mitglieder, d. h. Institutionen und Praktiker aus Wirtschaft und Verwaltung, die an den Aufgaben des Vereins interessiert sind. – 3. *Ziele*: Die wissenschaftliche Erörterung wirtschafts- und sozialwissenschaftlicher Probleme in Wort und Schrift; die Klärung von Fach- und Studienfragen der Volks- und Betriebswirtschaftslehre; die Pflege der Beziehungen zur Fachwissenschaft des Auslands. Veranstaltet Vereins- und Arbeitstagungen. – 4. *Veröffentlichungen*: Vorbereitende Materialbände und ausführliche Berichte über die Tagungen, Veröffentlichungen der Ausschüsse sowie Spezialuntersuchungen setzen die berühmte „Schriftenreihe des Vereins für Socialpolitik" fort. Außerdem ist die G. f. W.- u. S. Herausgeber der „Zeitschrift für Wirtschafts- und Sozialwissenschaften".

Gesellschaft für Zahlungssysteme (GZS), durch die deutsche Kreditwirtschaft mit Sitz in Frankfurt 1982 gegründete Gesellschaft zur Ausübung der Dienstleistungsfunktion für die Emittenten der →Eurocard (Kartenabrechnung, Umsatzclearing, Pflege des Akzeptanzstellennetzes und Sicherheitsmanagement), zur Ausübung der Verrechnungsfunktion für das Eurocheque-System (→Eurocheque) in der Bundesrep. D. und zur Unterstützung der Kreditwirtschaft bei der Entwicklung, Pflege, Durchführung sowie Sicherung zukünftiger Zahlungssysteme wie →POS und andere, hervorgegangen aus der Fusion der eurocard GmbH und der deutschen eurocheque-Zentrale. In der Vergangenheit war die GZS alleiniger Emittent der Eurocard in der Bundesrep. D., lediglich der Kreditkartenvertrieb erfolgte über die Kreditinstitute. Seit Januar 1991 wird die Eurocard von den Kreditinstituten unter eigener Firma und auf eigene Rechnung emittiert. Die GZS steht den Kreditinstituten aber weiterhin als Service-Unternehmung für die technische Abwicklung und zentrale Abrechnungsstelle mit den Vertragsunternehmen sowie mit der internationalen Master-Card-Organisation zur Verfügung. Daneben behält sie die Betreuungs- und Akquisitionsfunktion für die Vertragsunternehmungen in der Bundesrep. D.

gesellschaftliche Bedürfnisse, →Bedürfnisse, die von der Gesellschaft und der Tatsache, daß der Mensch Glied einer Gesellschaft ist, geprägt werden. – *Beispiel*: Modische Kleidung. – *Gegensatz*: →natürliche Bedürfnisse.

gesellschaftliche Strategien. 1. *Begriff*: Strategien innerhalb eines →strategischen Managements mit dem Ziel, Unternehmen innerhalb der öffentlichen Meinung zu positionieren. G. St. erscheinen zunehmend erforderlich: Unternehmen und Produkte zeigen eine immer größer werdende Anfälligkeit gegenüber sozialen Konflikten. Gesellschaftspolitische Diskussionen und Auseinandersetzungen treten derzeit v. a. in den Bereichen Umwelt-, Gesundheits-, Konsumentenschutz, Sozialpolitik und Beziehungen zur Dritten Welt auf (aktuelle Problemfälle: Weinskandal, Rheinverschmutzung durch Chemieindustrie u. a.). Gesellschaftspolitischer Handlungsbedarf ist erforderlich; derartige Auseinandersetzungen, die größtenteils öffentlich ausgetragen werden, verlangen neuartige Fähigkeiten vom Management, eigenständige g. St. und oft auch andere Organisationsstrukturen. – 2. *Ansätze*: a) *Strategischer Ansatz*: Die externen Probleme der Interaktion zwischen Unternehmung und sozioökonomischem Umfeld werden untersucht; Fragen der Kommunikation mit dem Umfeld, frühzeitige Identifikation von neuen Ereignissen und Entwicklungen im Umfeld (→strategische Frühaufklärung) und Handlungs- und Kommunikationsstrategien gegenüber dem Umfeld. – Vgl. auch →Wirtschaftspublizistik. b) *Organisatorischer Ansatz*: Die internen Gestaltungsprobleme der Organisationsstrukturen und der Führungssysteme werden untersucht: Diskussion, wie eine gesellschaftsbezogene Unternehmenspolitik intern durchgeführt werden kann und wie andererseits die Aufnahme und Verarbeitung von Umfeldereignissen organisatorisch verwirklicht werden sollte. c) *Führungsbezogener Ansatz*: Aufgabe und Rolle der Führungsspitze im Interaktionsprozeß zwischen Unternehmung und Gesellschaft werden untersucht. – Organisatorischer und führungsbezogener Ansatz befassen sich mit der Transformation der bereits erfaßten Umfeldereignisse in strategische Reaktionen. Dabei ist es wichtig, daß g. St. nicht nur reaktiv entwickelt werden, sondern daß über einen proaktiven Ansatz bereits laufend eine vertrauensbildende Politik gegenüber der Öffentlichkeit betrieben wird. – Vgl. auch →Public Relations (PR).

gesellschaftliche Verantwortung der Unternehmensführung, Forderung an Manager von Großunternehmen (→Unternehmensverfassung). – 1. *Idee*: Freiwillige Einbeziehung der Interessen verschiedener Bezugsgruppen der Unternehmung (Konsumenten, Arbeitnehmer, Geldgeber, Gesellschaft) in unternehmerische Entscheidungen. Bei Konflikten ist der *Ausgleich* Aufgabe der Unternehmensführung (Manager). Innerhalb der →kapitalistischen Unternehmensverfassung wird so anstelle des →erwerbswirtschaftlichen Prinzips das an moralischen Maximen ausgerichtete Prinzip der g.V. postuliert. Gewinn ist Mittel zum Zweck und nicht letztes Ziel unternehmerischer Handlungen und Entscheidungen. – Die Idee kann als Reaktion auf die Kritik an der kapitalistischen Unternehmensverfassung, der Machtstellung von Großunternehmen und den Legitimationsdefiziten der →Managerherrschaft in Publikumsgesellschaften verstanden werden. – 2. *Operationalisierung und Implementierung* durch →Verhaltenskodizes und Instrumente wie die →Sozialbilanz. – 3. *Kritik:* a) Von *wirtschaftsliberaler* Seite (Milton Friedman): Kollektivistisch und unvereinbar mit den Prinzipien einer freiheitlichen Marktwirtschaft. b) Aus *demokratietheoretischer* Sicht: Elitär-personalistischer Lösungsansatz. c) *Weitere Kritikpunkte:* Mangelhafte Operationalität der zu berücksichtigenden Interesseninhalte; pseudo-normative Leerformel. – 4. *Bedeutung:* Keine Alternative zur Reform der Unternehmensverfassung (→Mitbestimmung, →Verbraucherpolitik, →Publizität, →Umweltschutz), aber im Rahmen der →Unternehmensethik von Bedeutung.

Gesellschaft mit beschränkter Haftung (GmbH).
I. Rechtsgrundlagen: Gesetz, betreffend die GmbH (GmbH-Gesetz) i.d.F. vom 20.5.1898 mit späteren Änderungen.

II. Begriff/Haftung: →Kapitalgesellschaft mit eigener Rechtspersönlichkeit, *selbst* unbeschränkt mit ihrem Vermögen *haftend.* Eine *Haftung der Gesellschafter* besteht nur gegenüber der Gesellschaft; sie ist begrenzt auf die Erbringung der Einlagen und etwaiger Nachschüsse. →Gesellschaftsvertrag (vgl. dort IV) mit weitem Spielraum, mitunter Annäherung an →offene Handelsgesellschaft (OHG).

III. Stammkapital: Mindestens 50 000 DM, je Stammeinlage mindestens 500 DM. Beteiligung kann für die einzelnen Gesellschafter verschieden hoch sein (§ 5 GmbHG). – *Beschluß auf Kapitalerhöhung oder -herabsetzung* bedarf einer Drei-Viertel-Mehrheit der abgegebenen Stimmen. Bei Kapitalherabsetzung dreimalige Bekanntmachung in Gesellschaftsblättern mit Gläubigeraufruf, Befriedigung oder Sicher-

stellung der Gläubiger, Anmeldung des Herabsetzungsbeschlusses nach Ablauf des Sperrjahres seit der dritten Bekanntmachung.

IV. Errichtung: Die Errichtung einer GmbH erfolgt durch eine oder mehrere Personen mit Abschluß eines Gesellschaftsvertrages in notarieller Form. – 25% Einzahlung aufs Kapital erforderlich, jedoch müssen Bareinlagen zuzüglich Sacheinlagen 25 000 DM erreichen. Bei Sacheinlagen müssen Gegenstand und Betrag der betr. Stammeinlage im Gesellschaftsvertrag festgesetzt werden. Auch ist in einem *Sachgründungsbericht* die Angemessenheit der Sacheinlagen darzulegen und beim Übergang eines Unternehmens auf die Gesellschaft das Jahresergebnis der beiden letzten Geschäftsjahre anzugeben. – Die GmbH *entsteht* mit der Eintragung im Handelsregister. Vor der Eintragung →nichtrechtsfähiger Verein (→Vorgesellschaft). Errichtung zu jedem gesetzlich zulässigen Zweck möglich; Erwerbszweck nicht notwendig. – *Gesellschaftsvertrag* muß enthalten: Firma, Sitz der Gesellschaft, Gegenstand des Unternehmens, Höhe des Stammkapitals, Stammeinlagen der Gesellschafter. Abänderungen nur mit einer Mehrheit von ¾ der abgegebenen Stimmen. – *Gründerhaftung* ähnlich wie bei der AG. Gesellschaft und Geschäftsführer haften als →Gesamtschuldner der Gesellschaft gegenüber, wenn zum Zweck der Errichtung der Gesellschaft falsche Angaben gemacht worden.

V. Organe: 1. *Geschäftsführer* (vgl. auch dort), im Innenverhältnis verpflichtet durch Anstellungsvertrag. Vornahme bestimmter Geschäfte nur mit Genehmigung der Gesellschafterversammlung oder des Aufsichtsrats möglich. Nach außen mit unbeschränkbarer Vertretungsmacht. Bei mehreren Geschäftsführern →Gesamtvertretung; nach Satzung usw. auch Einzelvertretung statthaft. Geschäftsführer können gleichzeitig Gesellschafter sein (→Einmanngesellschaft). Häufig Befreiung der Geschäftsführer vom Verbot des Selbstkontrahierens nach § 181 BGB. – 2. *Gesellschafterversammlung:* a) Sie hat zu *bestimmen* über Feststellung des Jahresabschlusses und Verwendung des Ergebnisses, Einforderung von Einzahlungen auf die Stammeinlagen, Rückzahlung von Nachschüssen, Einziehung und Teilung von Geschäftsanteilen, Bestellung, Abberufung, Prüfung und Entlastung von Geschäftsführern, Bestellung von Prokuristen, Vertretung der Gesellschaft gegen die Geschäftsführer. Zuständigkeit der Gesellschafterversammlung (zwingend vorgeschrieben bei Beschlüssen über Satzungsänderung, Einforderung von Nachschüssen, Auflösung der Gesellschaft, Bestellung und Abberufung von Liquidatoren) durch Satzung auf den Geschäftsführer, einen Gesellschafter oder den Aufsichtsrat übertragbar. b) *Beschlüsse* werden mit einfacher Stimmenmehrheit (100 DM = 1 Stimme, falls Satzung nichts anderes bestimmt) gefaßt bis auf Satzungsänderung (§ 53 GmbHG) und Auflösung (§ 60 GmbHG); Satzung kann auch, soweit einfache Mehrheit genügt, schriftliche, telegrafische, telefonische Abstimmung zulassen. c) *Protokoll* nicht vorgeschrieben, aber empfehlenswert. →Öffentliche Beurkundung bei satzungsändernden Beschlüssen (Kapitalerhöhung, -herabsetzung, Firmenänderung, Sitzverlegung, Liquidation) erforderlich. d) *Einberufung* der Gesellschafterversammlung mittels eingeschriebenen Briefs durch Geschäftsführer unter Ankündigung der Tagesordnung; Frist, falls Satzung nichts anderes bestimmt, eine Woche. Einberufung zwingend, wenn sie von einer Minderheit von mindestens 10% gefordert wird oder die Hälfte des Stammkapitals verloren ist. – 3. *Aufsichtsrat, Beirat und Verwaltungsrat* sind i. a. fakultative Organe, d. h. bestehen nur, wenn in der Satzung vorgesehen. Hat die GmbH mehr als 500 Arbeitnehmer, muß sie jedoch einen Aufsichtsrat bilden, für den die aktienrechtlichen Vorschriften Anwendung finden (§ 77 BetrVG 1952, vgl. auch § 6 MitbestG 1976). – 4. Keine *Publikationspflicht.*

VI. Strafbestimmungen: 1. *Falsche Angaben* der Gesellschafter oder Geschäftsführer zum Zweck der Eintragung der Gesellschaft über die Übernahme der Stammeinlagen, die Leistung der Einlagen, die Verwendung eingezahlter Beträge, Sondervorteile, Gründungsaufwand, Sacheinlagen und Sicherungen für nicht voll eingezahlte Geldeinlagen der Gesellschafter im Sachgründungsbericht; falsche Angaben als Geschäftsführer zum Zwecke der Eintragung einer Erhöhung des Stammkapitals über die Zeichnung oder Einbringung des neuen Kapitals oder über Sacheinlagen oder falsche Angaben als Geschäftsführer sowie als Liquidator bei bestimmten gesetzlich vorgeschriebenen Versicherungen werden mit Freiheitsstrafe bis zu drei Jahren oder mit Geldstrafe bestraft. Ebenso wird bestraft, wer als Geschäftsführer zum Zwecke der Herabsetzung des Stammkapitals über die Befriedigung oder Sicherstellung der Gläubiger eine unwahre Versicherung abgibt oder als Geschäftsführer, Liquidator, Mitglied des Aufsichtsrats o. ä. in einer öffentlichen Mitteilung die Vermögenslage der Gesellschaft unwahr darstellt oder verschleiert (§ 82 GmbHG). – 2. *Schuldhafte nicht rechtzeitige Antragstellung* auf Konkurseröffnung oder Eröffnung des Vergleichsverfahrens durch Geschäftsführer oder Liquidatoren wird mit Freiheitsstrafe bis zu drei Jahren oder mit Geldstrafe bestraft; ebenso eine bei einem Verlust der Hälfte des Stammkapitals unterlassene Anzeige gegenüber den Gesellschaftern (§ 84 GmbHG). – 3. *Verletzung der Geheimhaltungspflicht,* unbefugte Offenbarung eines Betriebs- oder Geschäftsgeheimnisses, wird auf Antrag der Gesellschaft mit Freiheitsstrafe bis zu einem Jahr oder mit Geldstrafe und bei Bereicherungs- oder Schädigungsabsicht mit Freiheitsstrafe bis zu zwei Jahren geahndet (§ 85 GmbHG).

VII. Besteuerung: Es unterliegen a) Gewerbeertrag und Gewerbekapital der →Gewerbesteuer; b) Einkommen der →Körperschaftsteuer; c) →Gesamtvermögen (mindestens 20 000 DM, keine Freibeträge) der →Vermögensteuer.

VIII. Auflösung: a) durch Ablauf der vereinbarten Vertragsdauer; b) durch Gesellschafterbeschluß mit ¾ der abgegebenen Stimmen; c) durch gerichtliches Urteil oder durch Entscheidung der Verwaltungsbehörde; d) durch Eröffnung des →Konkurses (Antragspflicht der Geschäftsführer oder Liquidatoren bei →Überschuldung oder →Zahlungsunfähigkeit); e) durch Löschung von Amts wegen bei Vermögenslosigkeit (§ 2 Löschungsgesetz). Bei Liquidation dreimalige Bekanntmachung in den Gesellschaftsblättern mit Gläubigeraufruf, Verteilung des Vermögens unter die Gesellschafter nach Ablauf des Sperrjahres seit der dritten Bekanntmachung.

IX. Gewinnverteilung: a) nach einem im Gesellschaftsvertrag festgelegten Schlüssel; b) nach Gesellschafterbeschluß; c) nach dem Verhältnis der Geschäftsanteile; d) häufig wird der Gewinn ganz oder teilweise zur Stärkung des Eigenkapitals verwendet: Gewinn- und Verlustkonto an Rücklagenkonto oder an Gewinnverteilungskonto oder an Konto Gesellschafter.

X. Mitbestimmungsrecht: Die große GmbH unterliegt der →Mitbestimmung der Arbeitnehmer auf Unternehmensebene nach dem Montan-Mitbestimmungsgesetz 1976, Mitbestimmungs-Ergänzungsgesetz, Mitbestimmungsgesetz oder Betriebsverfassungsgesetz 1952.

Gesellschaft mit beschränkter Haftung und Co., →GmbH & Co.

Gesellschaftsbeiträge, Leistungen, die Gesellschafter nach dem →Gesellschaftsvertrag zur Erreichung des Gesellschaftszwecks zu bewirken haben (→Gesellschaft); soweit nichts anderes bestimmt ist, alle in gleicher Höhe (§ 706 BGB). Arten: Geldzahlungen, Sachleistungen, Leistung von Diensten, Überlassung von Sachen zur Benutzung usw. Die G. werden →Gesellschaftsvermögen (§ 718 BGB). Nachschußpflicht nur, wenn bei der Auseinandersetzung das Gesellschaftsvermögen zur Berichtigung der →Gesellschaftsschulden nicht ausreicht (§§ 707, 735 BGB). – Vgl. auch →Einlagen.

gesellschaftsbezogene Rechnungslegung, →Sozialbilanz.

Gesellschaftsblätter, für Veröffentlichungen der Aktiengesellschaft vorgesehene Publikationsorgane. G. sind i. a. in der →Satzung bestimmt. Durch Gesetz oder Satzung vorgeschriebene Bekanntmachungen (→Veröffentlichungspflicht) sind immer in die G. und den →Bundesanzeiger, in Ermangelung einer derartigen Bestimmung nur in den Bundesanzeiger einzurücken (§ 25 AktG).

Gesellschaftsformen, Rechtsformen für →Handelsgesellschaften, d. h. den Zusammenschluß von Personen zum gemeinsamen Betrieb von Handelsgeschäften. – 1. Nach *Handelsgesetzbuch* (HGB): →offene Handelsgesellschaft (OHG) und →Kommanditgesellschaft (KG) sowie →stille Gesellschaft (= atypische stille Gesellschaft). – 2. Nach *Aktiengesetz* (AktG): →Aktiengesellschaft (AG) und →Kommanditgesellschaft auf Aktien (KGaA). – 3. Nach *Gesetz betreffend die Gesellschaften mit beschränkter Haftung* (GmbHG): →Gesell-

schaft mit beschränkter Haftung (GmbH). – 4. Nach *Gesetz betreffend die Erwerbs- und Wirtschaftsgenossenschaften* (GenG): eingetragene →Genossenschaften. – 5. Nach *Versicherungsaufsichtsgesetz:* →Versicherungsvereine auf Gegenseitigkeit. – 6. →Gelegenheitsgesellschaften (Vereinigungen zu vorübergehenden handelsrechtlichen Zwecken) werden rechtlich nicht als Handelsgesellschaften im eigentlichen Sinne behandelt.

Gesellschaftskonkurs, →Konkurs über das Vermögen von juristischen Personen und Personengesellschaften (§§ 207–213 KO).

I. Juristische Personen: 1. *Konkursgrund*: →Zahlungsunfähigkeit oder →Überschuldung. – 2. *Antragspflicht* besteht für den Vorstand, Geschäftsführer, Abwickler ohne schuldhaftes Zögern, spätestens aber binnen drei Wochen. →Vergleichsantrag ersetzt den →Konkursantrag.

II. Personengesellschaften: Über das Vermögen findet ein selbständiges, zur →Auflösung der Gesellschaft führendes →Konkursverfahren (§ 131 Nr. 3 HGB) statt. Jeder persönlich haftende Gesellschafter kann den Konkurs *beantragen.* Bei einer OHG und KG mit keiner natürlichen Person als persönlich haftender Gesellschafter besteht bei Zahlungsunfähigkeit oder Überschuldung eine *Antragspflicht* (§ 130a HGB). – Ein →*Zwangsvergleich* kann nur auf Vorschlag aller persönlich haftenden Gesellschafter geschlossen werden; er ermöglicht Fortsetzung der Gesellschaft (§ 144 HGB) und begrenzt, soweit nichts anderes festgesetzt ist, zugleich den Umfang der persönlichen Haftung der Gesellschafter (§ 211 KO). – →*Konkursgläubiger* sind nur die Gesellschaftsgläubiger. Wird, wie meist wegen der Haftung für die →Gesellschaftsschulden, auch über das *Vermögen der persönlich haftenden Gesellschafter Konkurs eröffnet,* können die Gläubiger ihre Gesellschaftsforderungen dort voll anmelden; sie erhalten die Quote nur auf den Teil der Forderung, mit dem sie im Gesellschaftskonkurs ausgefallen sind.

Gesellschaftsleistungen. 1. *Begriff*: →Lieferungen und (sonstige) Leistungen zwischen einer Gesellschaft und ihren Gesellschaftern. – 2. *Umsatzsteuerliche Behandlung*: a) Leistungen *innerhalb des Gesellschaftsverhältnisses* (z. B. die Geschäftsführung eines Gesellschafters einer Personengesellschaft ohne besonderes Entgelt; *echte Gesellschafterbeiträge*) sind wegen fehlenden →Leistungsaustausches nicht umsatzsteuerbar. b) Leistungen *außerhalb des Gesellschaftsverhältnisses*, die für ein besonders berechnetes Entgelt erbracht werden (z. B. Gesellschafter verkauft Gegenstand an Gesellschaft oder umgekehrt; *unechter Gesellschafterverbrauch*), sind steuerbar und, soweit keine Steuerbefreiung greift, steuerpflichtig, vorausgesetzt, der Gesellschafter handelt als Unternehmer im Rahmen seines Unternehmens. Allein durch eine Mitunternehmerstellung wird die Unternehmereigenschaft i. S. des § 2 UStG nicht begründet. c) *Einlagen* des Gesellschafters in Form von Lieferungen oder sonstigen Leistungen sind unter diesen Voraussetzungen ebenfalls steuerpflichtig; die Gegenleistung der Gesellschaft besteht in der Gewährung von Gesellschaftsrechten, die nach § 4 Nr. 8 f. UStG steuerfrei ist. d) *Ausscheiden eines Gesellschafters* aus einer Gesellschaft: Er erbringt regelmäßig keine steuerpflichtige Leistung (ggf. Steuerbefreiung). Besteht die Gegenleistung der Gesellschaft in einer Lieferung oder sonstigen Leistung (z. B. Sachabfindung), liegt – bei fehlender Steuerbefreiung – ein steuerpflichtiger Umsatz vor. e) Gleiches gilt für die *Auflösung* einer Gesellschaft.

Gesellschaftsmantel, →Mantel 2.

Gesellschaftsrechnung, Errechnung des Gewinn- und Verlustanteils in Gesellschaftsunternehmungen sowie bei der Aufteilung von Konkursmassen, Erbschaften usw.

Gesellschaftsrecht, Rechtsnormen mit Bezug auf Personenvereinigungen des →Privatrechts, v. a. die Regelungen über die →Gesellschaft des bürgerlichen Rechts, →offene Handelsgesellschaft (OHG), →Kommanditgesellschaft (KG), →stille Gesellschaft, →Aktiengesellschaft (AG), →Kommanditgesellschaft auf Aktien (KGaA), →Gesellschaft mit beschränkter Haftung (GmbH), eingetragene →Genossenschaft, →Reederei, des →Versicherungsvereins auf Gegenseitigkeit; in begrenztem Umfang die Regelungen über den →Verein.

Gesellschaftsschulden. I. P e r s o n e n g e - s e l l s c h a f t : Alle Verbindlichkeiten, die für

die Gesellschafter gemeinschaftlich begründet werden, z. B. rechtsgeschäftliche Verpflichtungen, Schadenersatzansprüche aus unerlaubter Handlung, öffentlich-rechtliche Verpflichtungen wie z. B. Steuern, Lastenausgleich. – *Haftung:* Den Gläubigern haftet das →Gesellschaftsvermögen, zugleich aber haften auch alle Gesellschafter mit ihrem eigenen Vermögen als →Gesamtschuldner (der →Kommanditist der KG jedoch nur bis zur Höhe der →Haftsumme, § 171 HGB); der Gläubiger kann wählen. Die Gesellschafter können jedoch von der Gesellschaft Berichtigung der G. aus dem Gesellschaftsvermögen verlangen (→Schuldenhaftung). – Bei der →*Auseinandersetzung* sind vor der Verteilung des Gesellschaftsvermögens die G. zu bezahlen; reicht das Gesellschaftsvermögen nicht aus, sind die persönlich haftenden Gesellschafter zu →Nachschüssen verpflichtet.

II. K a p i t a l g e s e l l s c h a f t : Verbindlichkeiten begründen regelmäßig keine Haftung der Gesellschafter bzw. Aktionäre.

III. G e n o s s e n s c h a f t : Sonderregelung je nach Typ (vgl. →Haftpflicht).

Gesellschaftsstatistik, →Sozialstatistik.

Gesellschaftsteuer, eine →Kapitalverkehrsteuer, die die Zuführung von Eigenkapital in inländische Kapitalgesellschaften besteuerte. Zur Verbesserung der Eigenfinanzierungsmöglichkeiten mit Wirkung vom 1. 1. 1992 abgeschafft. – *Aufkommen* (1990): 752 Mill. DM.

Gesellschaftsvergleich, Begriff der Vergleichsordnung für das →Vergleichsverfahren von nicht natürlichen Personen.

I. J u r i s t i s c h e P e r s o n e n : 1. *Vergleichsfähig* sind AG, KGaA, Genossenschaft, GmbH, rechtsfähige Vereine, Körperschaften, Stiftungen, Anstalten des öffentl. Rechts – auch nicht rechtsfähige Vereine, die verklagt werden können – (§ 54 BGB, § 50 II ZPO, §§ 108, 111, 112 VerglO). – 2. *Vergleichsgrund:* →Zahlungsunfähigkeit und →Überschuldung. – 3. *Vergleichsantrag* muß spätestens innerhalb von drei Wochen nach Feststellung des Vergleichsgrundes von den gesetzlichen Vertretern gestellt werden; der Prokurist ist nicht antragsberechtigt.

II. P e r s o n e n g e s e l l s c h a f t e n : Vergleichsfähig sind OHG und KG; *nicht vergleichsfähig* sind die →Gesellschaft des bürgerlichen Rechts und die →stille Gesellschaft. – 1. Der *Vergleichsvorschlag* muß von allen persönlich haftenden Gesellschaftern gemacht werden. – 2. Der Vergleich begrenzt, soweit er nichts anderes festsetzt, zugleich den Umfang der *persönlichen Haftung* der Gesellschafter. – 3. *Vergleichsgrund* bei OHG und KG nur Zahlungsunfähigkeit; Überschuldung genügt nicht. – 4. Gesetzliche *Antragspflicht* besteht nicht (§ 109 VerglO). Kommanditist hat kein Antragsrecht.

III. Genossenschaften: Vgl. →Genossenschaftsvergleich.

Gesellschaftsvermögen. I. Personengesellschaften (OHG, KG und Gesellschaft des bürgerlichen Rechts): G. ist das gemeinschaftliche Vermögen der Gesellschafter. Es *besteht* aus den →Gesellschaftsbeiträgen (sowie ggf. der Einlage der →Kommanditisten) und den für die Gesellschaft erworbenen Gegenständen. G. *steht* allen Gesellschaftern in →Gemeinschaft zur gesamten Hand *zu*. Ein Gesellschafter kann weder über seinen Anteil an einzelnen Gegenständen noch (mangels anderer Abrede) über seinen Gesellschaftsanteil verfügen oder Teilung verlangen (§ 719 BGB). – Dagegen kann ein Gläubiger eines Gesellschafters den *Anteil* am G. *pfänden* (§ 859 ZPO) und der Gesellschaft mit einer Frist von sechs Monaten zum Schluß des Geschäftsjahres (die BGB-Gesellschaft ohne Einhaltung einer Kündigungsfrist, § 725 BGB) *kündigen* (§ 135 HGB). – Zur *Zwangsvollstreckung* in Gegenstände des G. ist erforderlich a) ein Titel gegen die OHG oder KG (§ 124 II HGB); bzw. b) ein Urteil gegen alle Gesellschafter einer BGB-Gesellschaft (§ 736 ZPO).

II. Aktiengesellschaft: G. wird ausgewiesen in ihrer Bilanz (Privatvermögen außerhalb der Bilanz besitzt die AG nicht), *setzt sich zusammen aus* sämtlichen Aktiven abzüglich der Verbindlichkeiten, Rückstellungen für ungewisse Schulden und Wertberichtigungen.

Gesellschaftsvertrag. I. Grundsätzliches: 1. *Begriff:* Die die Gesellschaft schaffende vertragliche Rechtsgrundlage. – 2. Die *allgemeinen Vorschriften* über Rechtsgeschäfte und Verträge finden Anwendung. Auch die →Anfechtung eines G. ist zulässig, hat aber keine rückwirkende

Kraft mehr, sobald die Gesellschaft ins Leben getreten ist, und wirkt nie gegen gutgläubige Dritte; sie wirkt nur wie eine →Kündigung, die i. d. R. zur →Auseinandersetzung unter den Gesellschaftern führt.

II. Offene Handelsgesellschaft/Kommanditgesellschaft: G. ist Voraussetzung für die Entstehung der Gesellschaft. – 1. Keine *Formvorschriften* für den G., so daß selbst stillschweigende Vereinbarung genügt. Formzwang allerdings z. B. bei Einbringen eines →Grundstückes. – 2. Im wesentlichen kann der G., insbesondere im Innenverhältnis, frei *gestaltet* werden. Notwendig muß der G. enthalten die besonderen Voraussetzungen der OHG und den Hinweis, daß die Gesellschafter als Vollkaufleute ein →Handelsgewerbe unter gemeinschaftlicher →Firma betreiben wollen. – 3. Ein →*Vorvertrag* zur Errichtung der Gesellschaft ist nur gültig, wenn sich aus ihm der Inhalt der in Aussicht genommenen Gesellschaft hinreichend bestimmen läßt. – 4. *Vertragsmängel*, die zur →Nichtigkeit oder →Anfechtung des G. führen, können bei der bereits im Vollzug gesetzten, d. h. tätig gewordenen Gesellschaft nur beschränkt geltend gemacht werden; vgl. oben I.

III. Stille Gesellschaft: Regelung wie unter II. Da die stille Gesellschaft nach außen als solche nicht hervortritt, können bei Vertragsmängeln die allgemeinen Vorschriften für die Anfechtung und die Nichtigkeit ohne Einschränkung Anwendung finden.

IV. Gesellschaft mit beschränkter Haftung: 1. Der G. bedarf notarieller *Form*, ist von allen Gesellschaftern zu unterzeichnen und der Anmeldung der GmbH zum →Handelsregister beizufügen. – 2. *Inhalt:* a) Er *muß* enthalten: Firma, Sitz und Gegenstand der GmbH, Betrag des Stammkapitals und der einzelnen Stammeinlagen. b) Er *kann* enthalten: Bestimmungen über die Abtretung der Geschäftsanteile (die er von der Genehmigung der GmbH abhängig machen kann), über die Einziehung (Amortisation) von Geschäftsanteilen (die nur erfolgen darf, wenn sie im G. zugelassen ist), ferner über die Rechte der Gesellschafter. – 3. *Abänderung* des G. nur durch Beschluß der Gesellschafter (Dreiviertel-Mehrheit); sie ist von den Geschäftsführern durch Vorlage des geänderten gesamten Vertragstextes zur Eintragung ins Handelsregister anzumelden; der vorgelegte Gesellschaftsvertrag muß mit der Bescheinigung eines →Notars versehen sein, daß die geänderten Bestimmungen mit dem Gesellschafterbeschluß und die unveränderten mit dem zuletzt eingereichten Wortlaut des Gesellschaftsvertrags übereinstimmen.

V. Aktiengesellschaft/Kommanditgesellschaft auf Aktien: Vgl. →Satzung.

Gesellschaft zur Finanzierung von Industrieanlagen mbH (GEFI), Sitz in Frankfurt a.M., 1967 gegr. von den 54 Konsortialbanken der →Ausfuhrkredit-Gesellschaft mbH (AKA) zur mittel- und langfristigen Finanzierung von Lieferungen und Leistungen in das Währungsgebiet der Mark der DDR. – Kapital 1 Mill. DM. Seit der deutschen Wiedervereinigung beschränkt sich die Tätigkeit der GEFI auf die Abwicklung bereits zugesagter Kredite. Die Klärung weiterer Aufgaben steht noch aus.

Gesellschaft zur Verwertung von Leistungsschutzrechten mbH (GVL), Sitz in Hamburg. →Verwertungsgesellschaft zur Wahrnehmung deutscher und ausländischer Urheberrechte, die sich für ausübende Künstler, Bild- und Tonträgerhersteller und Veranstalter ergeben oder auf Hersteller oder Veranstalter übertragen sind.

Gesellungsstreben, →Gruppenbedürfnis.

Gesetz der abnehmenden Grenzrate der Substitution, Hypothese der Theorie des Haushalts, mit dem der konvexe Verlauf der →Indifferenzkurve begründet wird. Bei fortgesetzter Substitution von Gut 1 durch Gut 2 sinkt die →Grenzrate der Substitution. Das G.d.a.G.d.S. erfordert nicht, daß für alle Güter die Gültigkeit des 1. Gossenschen Gesetzes (→Gossensche Gesetze) erfüllt ist. Es ist insofern eine schwächere Grenzrate der Substitution Voraussetzung.

Gesetz der Bedürfnisbefriedigung, →Gossensche Gesetze 1.

Gesetz der Massenproduktion, 1910 von K. Bücher aufgestellt.

$$\text{Stückkosten} = \frac{\text{fixe Kosten}}{\text{Ausbringungsmenge}} + \text{variable Stückkosten}$$

Daraus leitete Bücher folgende Erkenntnisse ab: 1. Bei Erhöhung der Ausbringungsmenge sinken die Stückkosten. – 2. Die industrielle Produktionserweiterung erhöht das Angebot und paßt die Preise den sinkenden Stückkosten an. – 3. Wenn die Produktionssteigerung eine bestimmte Höhe erreicht hat bzw. die Nutzschwelle (heute Break-even-Punkt) erreicht ist, können die Stückkosten durch die Einführung eines neuen, vollkommeneren Verfahrens wegen der höheren Fixkosten gesenkt werden. – Vgl. auch →Break-even-Analyse.

Gesetze. 1. Im *formellen Sinn*: Alle in einem förmlichen Gesetzgebungsverfahren von den gesetzgebenden Körperschaften beschlossene Rechtsvorschriften. – 2. Im *materiellen Sinn*: Neben den G. im formellen Sinn auch →Rechtsverordnungen, →Satzungen und das →Gewohnheitsrecht. – Vgl. auch →Bundesrecht, →Landesrecht.

Gesetze der großen Zahlen, zusammenfassende Bezeichnung für mehrere →Grenzwertsätze der Wahrscheinlichkeitstheorie mit großer Anwendungsbedeutung. – 1. *Bernoullische G.d.g.Z.*: Bei einem →Zufallsvorgang sei einem →Ereignis A die →Wahrscheinlichkeit θ zugeordnet. Die →Zufallsvariable X gebe an, wie oft A bei n unabhängigen Wiederholungen auftritt. Es gilt ($\varepsilon > 0$)

$$\lim_{n \to \infty} W(|X/n - \theta| < \varepsilon) = 1.$$

Die Wahrscheinlichkeit dafür, daß der Anteil des Auftretens von A dem Betrage nach um weniger als ein vorgegebenes $\varepsilon > 0$ von θ abweicht, geht mit steigender Länge der Versuchsfolge gegen 1, d.h., der Anteilswert X/n konvergiert stochastisch gegen θ. Dieses G.d.g.Z. besagt also die Eigenschaft der →Konsistenz des Stichprobenanteilswertes. – 2. *Chintchinsche G.d.g.Z.*: Es sei $X_1, ..., X_n, ...$ eine Folge von stochastisch unabhängigen Zufallsvariablen (→stochastische Unabhängigkeit) mit identischer Verteilung und jeweiligem →Erwartungswert μ. Für die zugehörige Folge der Durchschnitte $Y_1 = X_1$; $Y_2 = (X_1 + X_2)/2$; $Y_3 = (X_1 + X_2 + X_3)/3$; ... gilt ($\varepsilon > 0$)

$$\lim_{n \to \infty} (|Y_n - \mu| < \varepsilon) = 1.$$

Dieses G. d. g. Z. besagt also die Eigenschaft der Konsistenz des Stichprobendurchschnitts.

Gesetzesauslegung, Verfahren zur Erschließung des Sinnes und der Tragweite einer Rechtsvorschrift. Ausgangspunkt der G. ist der Wortlaut der Bestimmung (sog. grammatische G.); weiter kann Berücksichtigung finden der Zusammenhang mit anderen Vorschriften *(logisch-systematische G.),* die Entstehungsgeschichte *(historische G.)* und der Zweck des Gesetzes *(teleologische G.).* Die G. kann zu einer gegenüber dem Wortlaut erweiterten oder eingeschränkten Anwendbarkeit einer Vorschrift führen.

Gesetzesaussage, *nomologische Hypothese* allgemeine erfahrungswissenschaftliche Aussage (→Realwissenschaft), die im Extremfall ohne Beschränkung auf einen bestimmten Raum/Ort oder auf eine bestimmte Zeit formuliert wird. Wegen dieser Eigenschaft werden G. auch als *Invarianzbehauptungen* bzw. als *Immer- und Überall-Wenn-Dann-Aussagen* bezeichnet. – Während *Gesetzmäßigkeiten* als Bestandteil der Realität zu betrachten sind, handelt es sich bei G. um Erkenntnistatbestände, die sich ggf. als falsche Vorstellungen über die Eigenschaften der Erfahrungswelt erweisen können (→Fallibilismus). – Darüber hinaus muß zwischen G. und *Gesetzen* (etwa im Sinn der Rechtswissenschaft) unterschieden werden. Letztere sind von Menschen zu dem Zweck geschaffen, eine Ordnung in den sozialen und institutionellen Beziehungen zu bewirken. Es handelt sich um Normen bzw. Gebote, die bestimmte Verhaltensweisen fordern oder verbieten. – Innerhalb der →Wissenschaftstheorie wird kontrovers diskutiert, ob die in naturwissenschaftlichen Bereichen bewährte Suche nach Gesetzmäßigkeiten auch in den Sozial- bzw. Kulturwissenschaften zweckmäßig ist.

Gesetzesvorlage, Gesetzantrag, der von der →Bundesregierung, aus der Mitte des →Bundestags oder durch den →Bundesrat beim Bundestag eingebracht wird. (Art. 76 GG).

Gesetzgebung, staatliche Tätigkeit, die den Erlaß von →Gesetzen zum Gegenstand hat. – Vgl. auch →Gewaltenteilung, →Gesetzesvorlage, →Gesetzgebungskompetenz.

– *Anders*: →Rechtsprechung, →Verwaltung.

Gesetzgebungshoheit, →Gesetzgebungskompetenz.

Gesetzgebungskompetenz, *Gesetzgebungszuständigkeit.* 1. Nach Art. 70 I GG haben die Länder das Recht zur Gesetzgebung, soweit nicht das GG dem Bund Gesetzgebungsbefugnisse verleiht. De facto ist den Ländern die Möglichkeit eigener Gesetzgebung durch Art. 71 GG *(→ausschließliche Gesetzgebungskompetenz des Bundes)* und Art. 72 GG *(→konkurrierende Gesetzgebungskompetenz)* sowie Art. 75 (Rahmengesetzgebung des Bundes) weitgehend entzogen. G. steht bei Zöllen und Finanzmonopolen dem Bund ausschließlich zu; für die übrigen Steuern besitzt er die („konkurrierende") – und in der Praxis weitestgehend in Anspruch genommene – G., falls (1) deren Aufkommen dem Bund ganz oder teilweise zusteht (→Steuergesetzgebungshoheit, →Finanzverfassung, →Steuerverbund, →Bundessteuern, →Gemeinschaftsteuern) oder (2) ein Bedürfnis nach bundeseinheitlicher Regelung besteht. Den Ländern verbleibt die G., falls a) die Voraussetzungen für die konkurrierende G. des Bundes nicht gegeben sind, b) der Bund bei der konkurrierenden G. von seinem Recht keinen Gebrauch macht oder c) über die örtlichen Verbrauch- und Aufwandsteuern, solange und soweit sie nicht bundesgesetzlich geregelten Steuern gleichartig sind (Art. 105 GG). – Vgl. auch →Finanzausgleich, →Finanzverfassung.

Gesetzgebungsnotstand, kann für eine Gesetzesvorlage unter der Voraussetzung des Art. 81 GG erklärt werden, wodurch ein Bundesgesetz ausnahmsweise ohne Mitwirkung des →Bundestages, jedoch mit Zustimmung des →Bundesrates zustande kommen kann. G. nur für einfache Bundesgesetze, nicht für Verfassungsänderungen möglich.

Gesetz gegen den unlauteren Wettbewerb (UWG), →unlauterer Wettbewerb.

Gesetz gegen Wettbewerbsbeschränkungen (GWB), →Kartellrecht.

gesetzliche Einheiten, die im Einheitengesetz vom 22.02.1985 (BGBl I 409) und in der Einheitenverordnung vom 13.12.1985

(BGBl I 2272) festgelegten Einheiten für Größenangaben im amtlichen und geschäftlichen Verkehr. (Vgl. Übersicht): 1. G. E. *mit eigenem Namen*: Vgl. Tabelle 1. – 2. Die aus ihnen mit dem Zahlenfaktor 1 *abgeleiteten Einheiten*, z. B. m/s oder kg/ha. – 3. Die mit Vorsätzen (vgl. Tabelle 2) bezeichneten *dezimalen Teile und Vielfachen* der vorgenannten Einheiten z. B. Millimeter (mm).

Gesetzliche Feiertage	Baden-Württ.	Bayern	Bremen	Hamburg	Hessen	Niedersachsen	Nordrh.-Westf.	Rheinl.-Pfalz	Saarland	Schlesw.-Holstein	Berlin (West)
Neujahr	x	x	x	x	x	x	x	x	x	x	x
Heilige 3 Könige (6.1.)	x	x									
Karfreitag	x	x	x	x	x	x	x	x	x	x	x
Ostermontag	x	x	x	x	x	x	x	x	x	x	x
1. Mai	x	x	x	x	x	x	x	x	x	x	x
Christi Himmelfahrt	x	x	x	x	x	x	x	x	x	x	x
Pfingstmontag	x	x	x	x	x	x	x	x	x	x	x
Fronleichnam	x				x		x	x	x		
Tag der deutschen Einheit (3.10.)	x	x	x	x	x	x	x	x	x	x	x
Allerheiligen (1.11.)	x						x	x	x		
Bußtag	x	x	x	x	x	x	x	x	x	x	x
1. Weihnachtstag	x	x	x	x	x	x	x	x	x	x	x
2. Weihnachtstag	x	x	x	x	x	x	x	x	x	x	x
	13	10	10	10	11	10	12	12	12	10	10

gesetzliche Feiertage, festgelegt durch Landesrecht, Tag der deutschen Einheit durch →Einigungsvertrag. Die g. F. in der Bundesrep. D.: In einzelnen Ländern, v. a. in Bayern, kommen noch anerkannte kirchliche Feiertage hinzu (Mariä Himmelfahrt, Reformationsfest, Totensonntag), die zwar nicht g. F. sind, aber nach Landesgesetz besonderen Schutz genießen. – An g. F. bestehen Beschäftigungsverbote (→Sonntagsarbeit) und Verkehrsbeschränkungen für Lastkraftwagen.

gesetzliche Krankenversicherung, →Krankenversicherung.

gesetzliche Orderpapiere, →Orderpapiere 2 b.

gesetzliche Rücklage, gem. § 150 AktG bei der AG und der KGaA zu bildende →Gewinnrücklage. – 1. *Zuzuführen* sind der g. R. 5 v. H. des um einen Verlustvortrag aus dem Vorjahr geminderten Jahresüberschusses, bis die g. R. und die →Kapitalrücklagen nach § 272 II Nr. 1–3 HGB zusammen den zehnten oder den in der Satzung bestimmten höheren Teil des Grundkapitals erreichen. – 2. *Verwendet*

werden kann die g. R. unter bestimmten Voraussetzungen zum Ausgleich eines →Jahresfehlbetrages, eines →Verlustvortrags sowie zur →Kapitalerhöhung aus Gesellschaftsmitteln.

gesetzlicher Vertreter. 1. Personen, deren Vertretungsmacht nicht auf →Vollmacht, sondern *auf Gesetz* beruht (→Stellvertretung), u. a. die *Eltern* für ihre minderjährigen Kinder (→elterliche Sorge), der *Vormund* für sein Mündel (→Vormundschaft), der Betreuer für den Betreuten, der *Geschäftsführer* für die GmbH, der *Vorstand (auch als Organ bezeichnet*; →Organhaftung) für die AG, die eingetragene Genossenschaft und den eingetragenen Verein, alle *Gesellschafter der OHG* (evtl. Ausschluß einzelner Gesellschafter ist im →Handelsregister einzutragen, § 125 HGB; vgl. →offene Handelsgesellschaft (OHG) V). – 2. *Für Geschäftsunfähige oder beschränkt Geschäftsfähige,* die ohne Einschränkung →Kaufmann sein können, muß der g. V. handeln, z. B. das Unternehmen führen, erwerben oder veräußern, Prokura erteilen usw. – Auch zum Abschluß oder zur Lösung des →Berufsausbildungsvertrags muß der g. V. Zustimmung erteilen. – Vgl. auch →Geschäftsfähigkeit.

gesetzliches Pfandrecht. 1. *Begriff/Regelung:* →Pfandrecht, das nicht durch Vertrag, sondern unmittelbar kraft Gesetzes entsteht. Regelung i. a. wie →Vertragspfandrecht (§ 1257 BGB). – 2. *Fälle* des g. P.: a) des Vermieters (→Vermieterpfandrecht, §§ 559 ff. BGB); b) des Verpächters bzw. Pächters (→Pacht, § 583 BGB); c) des Unternehmers beim Werkvertrag an Sachen des Bestellers (§ 647 BGB); des Gastwirts an den eingebrachten Sachen der Gäste (Beherbergungsvertrag, § 704 BGB); e) des Kommissionärs (§ 397 HGB); f) des Spediteurs (§ 410 HGB); g) des Lagerhalters (§ 421 HGB); h) des Frachtführers (§§ 440 ff. HGB); i) des Vollstreckungsgläubigers an den vom →Gerichtsvollzieher gepfändeten Sachen, sog. Pfändungspfandrecht (§ 804 ZPO); →Pfändung.

gesetzliche Treuhandschaft, →Treuhandschaft II 2 b).

gesetzliche Zahlungsmittel, →Zahlungsmittel, mit denen ein Zahlungspflichtiger dem Zahlungsempfänger gegenüber seine Verpflichtung rechtsgültig zu leisten ver-

Gesetzliche Einheiten

Tabelle 1: Gesetzliche Einheiten mit besonderem Namen

Einheit		Größe	Beziehung
Name	Zeichen		
1	2	3	4
Ampere	A	elektrische Stromstärke	SI-Basiseinheit
Ar	a	Fläche von Grundstücken und Flurstücken	1 a = 100 m2
atomare Masseneinheit	u	Masse in der Atomphysik	1 u = 1,6605655 · 10 − 27 kg
Bar	bar	Druck	1 bar = 105 Pa
Barn	b	Wirkungsquerschnitt	1 b = 10 − 28 m2
Becquerel	Bq	Aktivität einer radioaktiven Substanz	1 Bq = 1 s − 1
Candela	cd	Lichtstärke	SI-Basiseinheit*
Coulomb	C	elektrische Ladung, Elektrizitätsmenge	1 C = 1 A · s
Dioptrie	dpt	Brechwert von optischen Systemen	1 dpt = 1 m − 1
Elektronvolt	eV	Energie in der Atomphysik	1 eV = 1,6021892 · 10 − 19 J
Farad	F	elektrische Kapazität	1 F = 1 C/V
Gon	gon	ebener Winkel	1 gon = $(\pi/200)$ rad
Grad	°	ebener Winkel	1° = $(\pi/180)$ rad
Grad Celsius	°C	Celsius-Temperatur	1 °C = 1 K
Gramm	g	Masse	1 g = 10 − 3 kg
Gray	Gy	Energiedosis, spezifische Energie, Kerma, Energiedosisindex	1 Gy = 1 J/kg
Hektar	ha	Fläche von Grundstücken und Flurstücken	1 ha = 104 m2
Henry	H	Induktivität	1 H = 1 Wb/A
Hertz	Hz	Frequenz	1 Hz = 1 s − 1
Joule	J	Energie, Arbeit, Wärmemenge	1 J = 1 Nm = 1 Ws
Kelvin	K	thermodynamische Temperatur	SI-Basiseinheit*
Kilogramm	kg	Masse	SI-Basiseinheit*
Liter	l, L	Volumen	1 l = 10 − 3 m3
Lumen	lm	Lichtstrom	1 lm = 1 cd · sr
Lux	lx	Beleuchtungsstärke	1 lx = 1 lm/m2
Meter	m	Länge	SI-Basiseinheit*
metrisches Karat		Masse von Edelsteinen	1 metr. Karat = 0,2 g
Millimeter-Quecksilbersäule	mmHg	Blutdruck und Druck anderer Körperflüssigkeiten	1 mm HG = 133,322 Pa
Minute	′	ebener Winkel	1′ = $(1/60)$°
Minute	min	Zeit	1 min = 60 s
Mol	mol	Stoffmenge	SI-Basiseinheit*
Newton	N	Kraft	1 N = 1 m kg/s2
Ohm	Ω	elektrischer Widerstand	1 Ω = 1 V/A
Pascal	Pa	Druck	1 Pa = 1 N/m2
Radiant	rad	ebener Winkel	1 rad = 1 m/m
Sekunde	″	ebener Winkel	1″ = $(1/60)$′
Sekunde	s	Zeit	SI-Basiseinheit*
Siemens	S	elektrischer Leitwert	1 S = 1 Ω − 1
Sievert	Sv	Äquivalentdosis	1 Sv = 1 J/kg
Steradiant	sr	Raumwinkel	1 sr = 1 m2/m2
Stunde	h	Zeit	1 h = 60 min
Tag	d	Zeit	1 d = 24 h
Tesla	T	magnetische Flußdichte	1 T = 1 Wb/m2
Tex	tex	längenbezogene Masse von textilen Fasern und Garnen	1 tex = 1 g/km
Tonne	t	Masse	1 t = 1000 kg
Var	var	Blindleistung in der elektrischen Energietechnik	1 var = 1 W
Vollwinkel		ebener Winkel	1 Vollwinkel = 2 π rad
Volt	V	elektrisches Potential, elektrische Spannung	1 V = 1 J/C
Watt	W	Leistung, Energiestrom	1 W = 1 J/s
Weber	Wb	magnetischer Fluß	1 Wb = 1 V s

* Basiseinheiten des Internationalen Einheitensystems (SI).

Tabelle 2: Vorsätze und Vorsatzzeichen zur Bezeichnung von dezimalen Vielfachen und Teilen von Einheiten

Faktor, mit dem die Einheit multipliziert wird	Vorsatz	Vorsatz-zeichen	Faktor, mit dem die Einheit multipliziert wird	Vorsatz	Vorsatz-zeichen
1	2	3	1	2	3
10^{18}	Exa	E	10^{-1}	Dezi	d
10^{15}	Peta	P	10^{-2}	Zenti	c
10^{12}	Tera	T	10^{-3}	Milli	m
10^{9}	Giga	G	10^{-6}	Mikro	μ
10^{6}	Mega	M	10^{-9}	Nano	n
10^{3}	Kilo	k	10^{-12}	Piko	p
10^{2}	Hekto	h	10^{-15}	Femto	f
10^{1}	Deka	da	10^{-18}	Atto	a

mag und für die kraft Gesetz ein Annahmezwang besteht.

gesetzliche Zeit, →Zeit III.

gesetzlich geschützt (ges. gesch.), zulässige Bezeichnung auf Gegenständen, für die →Patent erteilt ist. Als irreführende Angabe gem. § 3 UWG →unlauterer Wettbewerb, wenn nur Warenzeichenschutz besteht.

gesetzlich gestaltete Treuhandschaft, →Treuhandschaft II 1b).

Gesetzmäßigkeit der Verwaltung, rechtsstaatlicher Grundsatz, nach dem die vollziehende Gewalt (d. h. die Verwaltungsbehörden) für ihr Handeln der gesetzlichen Grundlage bedarf (sog. Vorbehalt des Gesetzes). Zur G. d. V. gehört auch der sog. Vorrang des Gesetzes. Dieser Grundsatz besagt, daß die Verwaltung keine Maßnahmen treffen darf, die einem Gesetz widersprechen.

Gesetz über den gewerblichen Binnenschiffsverkehr (BSchVG), →Binnenschiffsrecht.

Gesetz vom abnehmenden Grenzertrag, →Ertragsgesetz.

Gesetz vom Ausgleich der Grenznutzen, →Gossensche Gesetze 2.

ges. gesch., Abk. für →gesetzlich geschützt (ges. gesch.).

gesonderte Gewinnfeststellung, →Gewinnfeststellung.

gespaltener Streitwert, →Streitwert, →Streitwertherabsetzung.

gespaltener Wechselkurs, *multipler Wechselkurs.* 1. *Begriff*: Festsetzung verschiedener →Wechselkurse für verschiedene außenwirtschaftliche Transaktionen, Instrument interventionistischer Außenwirtschaftspolitik mit dem Ziel, entsprechend den von der Regierung gesetzten Prioritäten bestimmte Transaktionen zu erleichtern, andere zu belasten. Die Einführung g. W. ist nach dem IMF *genehmigungsbedürftig.* – 2. *Formen*: Differenzierung i. d. R. nach Handels- und Finanztransaktionen, aber auch nach Gütergruppen sowie Trägern und Richtungen der außenwirtschaft-

lichen Aktivitäten. Anwendung v. a. in Entwicklungsländern, zeitweise auch in Industrieländern. – 3. *Beurteilung:* G. W. erfordern aufwendige Kontrollen; sie verfehlen vielfach die erstrebten Ziele, indem sie z. B. zur Bildung von Devisenschwarzmärkten führen. Da die verschiedenen Kurse die Devisenknappheit nicht widerspiegeln, sind sie Ursache von Fehlallokationen.

gestaffelte Preissetzung, Bezeichnung für die Beobachtung, daß nicht alle Unternehmen einer Volkswirtschaft ihre Preise gleichzeitig an veränderte Rahmenbedingungen anpassen, sondern die Preisanpassungen zeitlich versetzt erfolgen. G. P. ist überwiegend das Ergebnis von vertraglichen Bindungen, wie z. B. Lieferverträgen oder Tarifabkommen. Die Existenz von g. P. führt auf makroökonomischer Ebene zur Inflexibilität des gesamtwirtschaftlichen Preisniveaus. Für ein einzelnes Unternehmen ist der relative Preis seines Produktes die entscheidende Größe. Würden bei einem Anstieg des Geldangebots alle Unternehmen ihre Preise proportional erhöhen, blieben die relativen Preise unverändert. Ein einzelnes Unternehmen muß bei seiner Preissetzungsentscheidung jedoch davon ausgehen, daß die anderen Unternehmen aufgrund vertraglicher Bindungen ihre Preise nicht sofort anpassen können. Eine Preiserhöhung bedeutet für das Unternehmen in diesem Fall eine Erhöhung seines relativen Preises. Um nicht zu viele Kunden an andere Unternehmen zu verlieren, wird das betreffende Unternehmen seinen Preis daher nur langsam und unvollkommen anpassen. Da die anderen Unternehmen zu den Zeitpunkten, zu denen sie ihre Preise anpassen können, analoge Überlegungen anstellen, führt die g. P. makroökonomisch gesehen zu Trägheiten bei der Anpassung des gesamtwirtschaftlichen Preisniveaus.

Gestaltpsychologie, wahrnehmungspsychologische Theorie, ähnlich der Ganzheitspsychologie. Im Gegensatz zur früher gängigen Elementenpsychologie werden nicht nur einzelne Reize, sondern ganze Reizkonstellationen in ihrer Wirkung untersucht („Das Ganze ist mehr als die Summe seiner Teile"). – *Gestalten* sind Wahrnehmungsgegenstände, die sich in ihrer Ausprägung (Prägnanz) unterscheiden. Je prägnanter die Gestalt (regelmäßig, einfach, symmetrisch), desto schneller die

→Wahrnehmung und desto sicherer die Erinnerung. – Vgl. auch →Figur-Grund-Prinzipien, →Werbeziele.

Gestaltungsinteresse, →Erkenntnisinteresse.

Gestaltungsinvestition, →Investition, mit der der Unternehmer neue Produkte auf den Markt bringen oder neuartige Produktionsverfahren anwenden will. – Vgl. auch →Erhaltungsinvestition.

Gestaltungsklage, Form der →Klage. Der Kläger begehrt eine Änderung des bestehenden Rechtszustandes durch richterliches Urteil. Die G. ist nur in gesetzlich bestimmten Fällen, z.B. auf Scheidung einer Ehe, auf Auflösung einer OHG oder GmbH, Herabsetzung einer Vertragstrafe oder Unzulässigerklärung der Zwangsvollstreckung aus einem Vollstreckungstitel oder in einen bestimmten Gegenstand, Nichtigkeit einer AG, Klage gegen Beschlüsse einer AG, zulässig.

Gestaltungsmißbrauch, →Steuerumgehung.

Gestaltungsrecht, Rechtsmacht, durch einseitige Handlungen eine Rechtsänderung zu bewirken, z.B. durch →Anfechtung, →Kündigung oder →Rücktritt.

Gestattung, →Erlaubnis.

Gestellung, nach dem Zollrecht Verpflichtung, eingeführtes →Zollgut unverzüglich und unverändert der zuständigen →Zollstelle oder den von ihr beauftragten Zollbediensteten vorzuführen, um die →Zollbehandlung zu ermöglichen und sicherzustellen. Die G. ist bewirkt, sobald das Zollgut an den Amtsplatz der Zollstelle oder an den von ihr bestimmten Ort gebracht und ihr dort zur Verfügung gestellt worden ist. Auf Verlangen der Zollstelle sind die Beförderungsurkunden vorzulegen und ggf. ein →Gestellungsverzeichnis abzugeben. – *Gestellungspflicht* ist, wer das Zollgut selbst befördert oder in seiner Anwesenheit durch andere befördern läßt, sonst der Empfänger oder mangels eines Empfängers jeder andere, der bewirkt hat, daß das Zollgut in das →Zollgebiet gelangt ist oder darin bleibt. – *Befreiung* von der G. ist für eingeführte Waren vorgesehen, die zu ihrer Tarifierung nicht beschaut zu werden brauchen und

aufgrund schriftlicher Unterlagen bewertet werden können. Das Verfahren dient der Erleichterung der →Zollabfertigung. Ausnahmen von der G. für die Bundesbahn und -post. – *Versäumte* G. oder *unzulässige Veränderung* des Zollguts vor der G. führt dazu, daß – soweit das Zollgut nicht zollfrei ist – eine Zollschuld entsteht und sofort fällig wird. Wer die G. unterlassen oder eine Veränderung des Zollguts vorgenommen hat, wird Zollschuldner. – Schuldhafte *Verletzung der Gestellungspflicht* ist Ordnungswidrigkeit (§ 382 I Nr. 1 AO i. V. mit § 79 a I Nr. 3 ZG oder nach § 378 AO), sofern nicht der Tatbestand eines Steuervergehens (etwa der Steuerhinterziehung) erfüllt ist. – Bei der *Ausfuhr* besteht keine grundsätzliche Gestellungspflicht. Ausfuhrwaren sind nur zu gestellen, wenn die Zoll-, Verbrauchsteuer-, Marktordnungsvorschriften oder die Vorschriften über Verbote und Beschränkungen des Warenverkehrs vorsehen.

Gestellungsverzeichnis, vollständiges und unterschriebenes Verzeichnis der gestellungspflichtigen Waren, das bei der Zollstelle nach vorgeschriebenem Muster abzugeben ist, wenn sich die →Zollbehandlung nicht unmittelbar an die Gestellung anschließt, um der Zollstelle eine Prüfung der Vollständigkeit der Ladung zu ermöglichen. – Im Post-, Eisenbahn- und Luftverkehr ist stets ein *vereinfachtes G.* abzugeben (§ 6 ZG, § 13 AZO).

gesteuerter Preis, der durch →Preiskartelle, sonstige Kartellabreden oder durch den Staat regulierte Preis. – *Gegensatz*: →Marktpreis.

gestrichen, Ausdruck im Börsenbericht. Ein Kurs oder ein Papier wird gestrichen, wenn kein Kurs zustande gekommen ist. Im Kurszettel steht statt des Kurses ein Strich (–); →Notierungen an der Börse.

Gesundheitsattest. I. Sozialrecht: Vgl. →Attest.

II. Außenhandel: Amtliche Bescheinigung für Importgüter, die besagt, daß die Güter frei von Krankheiten sind bzw. daß sie aus unverseuchten Gebieten kommen. G. wird von vielen Staaten verlangt bei der Einfuhr a) von Pflanzen und Tieren, b) von bestimmten pflanzlichen und tierischen Nahrungsmitteln und anderen Erzeugnis-

Gesundheitsökonomik

sen, besonders häufig für Fett, Fleisch und Fleischerzeugnisse, um die Einschleppung von Krankheiten und Schädlingen zu verhindern.

Gesundheitsökonomik, *health economics,* Teilgebiet der →Volkswirtschaftstheorie. Befaßt sich u. a. mit den Faktoren, die die individuelle Nachfrage nach und das Volumen sowie die Zusammensetzung des Angebots an Gesundheitsleistungen bestimmen, mit der Finanzierung des Gesundheitswesens sowie mit den Beziehungen zwischen dem Gesundheitsbereich und seiner ökonomischen und sozialen Umwelt. Zu den Instrumenten der G. zählt neben der Theorie →öffentlicher Güter und der Theorie →externer Effekte u. a. die →Kosten-Nutzen-Analyse. – Vgl. auch →Krankenhausökonomik.

Gesundheitsschutz, Schutz- und Vorsorgemaßnahmen zur Abwendung von Gefahren für die Gesundheit der Arbeitnehmer, die dem Arbeitgeber obliegen, soweit die Gefahren durch die Art der betrieblichen Einrichtungen oder durch deren Betrieb hervorgerufen werden. – *Gesetzliche Regelungen:* 1. *Strafgesetzbuch:* Verpflichtung zum G. ergibt sich ganz allgemein aus dem Strafgesetz. – 2. *Bürgerliches Gesetzbuch:* Im BGB Regelung innerhalb der Vorschriften über den Dienstvertrag (§ 618 I). Der Dienstberechtigte hat Räume, Vorrichtungen oder Gerätschaften, die er zur Verrichtung der Dienste zu beschaffen hat, so einzurichten und zu unterhalten, und Dienstleistungen, die unter seiner Anordnung oder seiner Leitung vorzunehmen sind, so zu regeln, daß der Verpflichtete gegen Gefahr für Leben und Gesundheit soweit geschützt ist, als die Natur der Dienstleistung es gestattet, d. h. unter Beachtung von wirtschaftlichen und technischen Gesichtspunkten. – 3. *Gewerbeordnung:* Enthält speziellere Rechtsbestimmungen für Gewerbeunternehmen. Erforderlich ist z. B.: genügendes Licht, ausreichender Luftraum und Luftwechsel, Beseitigung von Staub, Dünsten, Gasen und Abfällen; Schutzvorrichtungen an Maschinen und anderen Gefahrenstellen; vorsorgliche Maßnahmen für den Fall eines Brandes im Betrieb; Aufstellung und Überwachung einer Betriebsordnung. Die hygienischen Einrichtungen müssen für die Zahl der Arbeitnehmer ausreichen und den An-

forderungen der Gesundheitspflege entsprechen (§§ 120 a ff. GewO). – 4. *Gesetz über Betriebsärzte, Sicherheitsingenieure und andere Fachkräfte für Arbeitssicherheit (ASiG):* Danach ist dem Arbeitgeber aufgegeben, bei Vorliegen bestimmter Voraussetzungen Betriebsärzte und Fachkräfte für Arbeitssicherheit zu verpflichten, organisatorische Maßnahmen dafür zu treffen, daß sie ihre Aufgaben ordnungsgemäß erfüllen. Insbes. die →Betriebsärzte haben den G. als vordringliche Aufgabe. – Vgl. auch →Fürsorgepflicht, →Mutterschutz.

Gesundheitsüberwachung, →übertragbare Krankheiten.

Getränkesteuer, aufgrund der Kommunalabgabengesetze in einigen Ländern erhobene →Gemeindesteuer auf die entgeltliche Abgabe bestimmter alkoholischer und nichtalkoholischer Getränke. Die G. wird mit einem von der Gemeinde festzusetzenden Prozentsatz (häufig 10%) vom Einzelhandelspreis berechnet; vom Getränkeabgebenden geschuldet.

Getreideeinheit (GE), Rechengröße, als gemeinsamer Nenner bei der Berechnung der →Brutto-Bodenproduktion und der →Nahrungsmittelproduktion benutzt. Die GE basiert auf dem Nettoenergiewert der Erzeugnisse, ausgedrückt in Stärkeeinheiten sowie dem Verhältnis zum Nettoenergiewert von Getreide. Tierische Erzeugnisse werden nicht nach ihrem eigenen Nettoenergiegehalt, sondern dem des Futters bewertet, das durchschnittlich zu ihrer Erzeugung erforderlich ist.

getrennte Übersetzbarkeit. 1. *Begriff* des →Softwareentwurfs: G. Ü. besagt, daß →Module eines →Softwaresystems so gebildet werden sollen, daß sie jeweils für sich allein übersetzt werden können (→Übersetzer). – 2. *Ziel:* G. Ü. fördert die unabhängige und arbeitsteilige Entwicklung von Modulen, v. a. bei großen Softwaresystemen unabdingbar. – 3. *Voraussetzung:* Die →Programmiersprache muß getrennte Übersetzung von Modulen zulassen.

getrennte Veranlagung, →Ehegatten IV 2 a), →Veranlagung I 4.

Gewährfrist, Haftungsfrist beim Viehkauf (§ 482 BGB). Verkäufer haftet nur für Hauptmängel, die sich innerhalb der G. zeigen.

Gewährleistung, Einstehen für →Mängel der Sache beim Kauf- und Werkvertrag. – Vgl. auch →Rechtsmängelhaftung, →Sachmängelhaftung, →Garantie.

Gewährleistungsaval, besondere Form des →Lieferungs- und Leistungsavals, bei dem sich ein Kreditinstitut zur Zahlung von Geld für die Erfüllung von Gewährleistungsansprüchen bis zum Betrag der vertraglich festgelegten Summe (i. d. R. bis zu 20% des Lieferwerts) verpflichtet. Der Lieferant muß dadurch für die Dauer der Gewährleistungsfrist keine geldmäßige Sicherheit stellen. – Vgl. auch →Aval.

Gewährleistungsgarantie, Form der →Garantie. Die G. sichert den Garantienehmer (Begünstigter) für den Fall ab, daß der Garantieauftraggeber (Lieferer, Verkäufer) seinen vertraglichen Gewährleistungspflichten nicht nachkommt. Durch die G. wird i. d. R. eine ›Liefer und Leistungsgarantie abgelöst.

Gewährleistungskosten, →Garantiekosten.

Gewährleistungsphase, zweiter Teil der Abwicklungsphase beim →Anlagengeschäft (erste Phase: Lieferphase). G. *umfaßt* die Beseitigung auftretender Probleme beim Einsatz der Anlage sowie insbes. die Abwicklung vereinbarter Garantieverpflichtungen.

Gewährleistungsverpflichtung, →Garantieverpflichtung.

Gewährleistungswagnis, kalkulatorisches →Wagnis, durch dessen Verrechnung der Betrieb eine Selbstversicherung gegen nicht fremdversicherbare Risiken aus der Erfüllung von →Garantieverpflichtungen gegenüber den Abnehmern erreicht.

Gewahrsam. I. Bürgerliches Recht: Die tatsächliche Sachherrschaft. Der →Gerichtsvollzieher darf i. allg. nur Sachen pfänden, an denen der Schuldner G. hat (§ 808 ZPO).

II. Erbschaftsteuerrecht: Darüber hinausgehend nach seiner wirtschaftlichen Bedeutung ausgelegter Begriff; umfaßt auch die geschäftsmäßige Verwahrung oder Verwaltung fremden Vermögens. Personen, die Vermögen des →Erblassers in G. haben, sind verpflichtet, dieses binnen einem Monat dem Finanzamt anzumelden (§ 187a AO, § 5 ErbStDV).

Gewährverband, *Sparkassen-Gewährverband,* öffentlich-rechtliche Körperschaft (Gemeinde, Kreis usw.), die eine →Sparkasse errichtet und deren Gewährträger ist (z. B. Gemeinde für Gemeindesparkasse). Der G. haftet für sämtliche Verbindlichkeiten der Sparkasse und schafft dadurch die Voraussetzung dafür, daß eine Sparkasse für mündelsicher (→Mündelsicherheit) erklärt wird. G. erläßt Satzung; meist Personalunion zwischen dem Vorsitzer seines Verwaltungsorgans und dem Vorsitzenden des Sparkassenvorstandes.

Gewährvertrag, →Garantievertrag.

Gewalt. 1. *Allgemein:* Anwendung physischer Kraft gegen Personen oder Sachen; oft Unrechtstatbestand; eindeutige Definition umstritten. – 2. I. S. von *Staatsgewalt:* Ausdruck a) des allgemeinen Staat-Untertanen-Verhältnisses, b) von besonderen Gewaltverhältnissen, in denen sich z. B. die vorläufig festgenommene oder nach den Freiheitsentziehungsvorschriften untergebrachte Person befindet. – 3. Im Zusammenhang mit der *Gewaltenteilung:* Trennung der in sich einheitlichen Staatsgewalt in verschiedene sich in den Machtausübung hemmende und kontrollierende Träger der Staatsgewalt: Legislative, Exekutive, Judikative. – 4. I. S. von →*höherer Gewalt* als unabwendbarer Zufall: Ereignisse, deren Eintritt oder Folgen selbst durch die zweckmäßigsten Vorkehrungsmaßnahmen nicht abgewandt werden können. Im Falle des Eintritts höherer G. entfällt Leistungspflicht des Schuldners (z. B. § 701 BGB, § 454 HGB) und tritt keine Fristversäumnis ein (z. B. § 203 und 1996 BGB). – 5. →*Schlüsselgewalt* der Ehegatten (§ 1357 BGB).

Gewaltenteilung, rechtsstaatlicher Grundsatz, demzufolge die Staatsgewalt von drei voneinander getrennten Trägern der Staatsgewalt (→Gesetzgebung, →Verwaltung und →Rechtsprechung) ausgeübt wird. „Alle Staatsgewalt geht vom Volke aus. Sie wird vom Volke in Wahlen und Abstimmungen und durch besondere Organe der Gesetzgebung, der vollziehenden Gewalt und der Rechtsprechung ausgeübt. Die Gesetzgebung ist an die verfassungsmäßige Ordnung, die vollziehende Gewalt und die

Gewalttaten

Rechtsprechung sind an Gesetz und Recht gebunden." (Art. 20 II und III GG.)

Gewalttaten, →Opferentschädigungsgesetz (OEG).

Gewässergüte, Ausdruck der →Umweltqualität beim Umweltmedium Oberflächengewässer. – *Kriterien*: (1) Im Gewässer befindliche Organismen, (2) Sauerstoffgehalt, (3) hygienisch-bakteriologische Merkmale. – *Güteklassen*: (1) Nicht oder wenig verschmutzt, (2) mäßig verschmutzt, (3) stark verschmutzt, (4) übermäßig verschmutzt.

Gewässerschadenhaftpflichtversicherung, →Umwelthaftpflichtversicherung.

Gewässerschutz, →Umweltschutz, →Wasserrecht.

Gewerbe. I. Recht: Jede planmäßige, in Absicht auf Gewinnerzielung vorgenommene, auf Dauer angelegte selbständige Tätigkeit, ausgenommen in der Land- und Forstwirtschaft und in freien Berufen. – 1. Als *Gewinnabsicht* (maßgebend die Absicht, nicht der Erfolg) gilt das Streben auf Gewinnerzielung beim Unternehmen, nicht etwa bei einzelnen Gesellschaftern (Streben auf Deckung der Kosten: →Gemeinwirtschaft). – 2. Als *gewerbliche Tätigkeit* gilt nicht gelegentliche Betätigung; Zusammenschluß für einzelne Geschäfte ist gemäß § 105 I HGB nicht eine (den Betrieb eines G. erfordernde) OHG, sondern →Gesellschaft des bürgerlichen Rechts (Konsortium). – 3. Rechtlich erforderlich für *selbständige Tätigkeit* ist Handeln im eigenen Namen und unter eigener Verantwortung. Der →Handlungsgehilfe betreibt kein G. und ist deshalb nicht Kaufmann. – 4. Ein G.-Betrieb muß nach außen *erkennbar* sein, zumindest den Beteiligten. – 5. Im allgemeinen bleibt auch ein *verbotenes*, sittenwidriges oder unbefugt betriebenes G. als solches anerkannt, vor allem im Steuerrecht. – Das Betreiben eines Handelsgewerbes macht zum →Kaufmann.

II. Betriebs-/Volkswirtschaftslehre: Nach Wessels kann man wirtschaftlich unter G. jede nicht naturgebundene Güterproduktion verstehen, wobei das gesamte →Handwerk (auch Handwerksbetriebe mit Dienstleistungscharakter) in die Definition eingeschlossen wird. (Gegensatz: →Handel.) Durch →Gewerbefreiheit sind Wahl

von Beruf, Arbeitsplatz und Ausbildungsstätte frei. *Berufsausübung* kann gesetzlich geregelt sein, so für bestimmte Berufe im öffentlichen Interesse abhängig gemacht werden vom Nachweis persönlicher und fachlicher Voraussetzungen (Befähigungsnachweis im Handwerk, Nachweis der Sachkunde im Einzelhandel). Bei Nachweis der Voraussetzungen besteht ein Recht auf Erteilung der →Gewerbeerlaubnis.

Gewerbeanmeldung, Anzeige bei Beginn eines →stehenden Gewerbes, einer Zweigniederlassung oder unselbständigen Zweigstelle und Geschäftsaufgabe, Betriebsverlegung, Änderung des Geschäftsgegenstandes, Hinzunahme nicht geschäftsüblicher Waren oder Leistungen (§ 14 GewO) auf bestimmten Vordrucken (GewerbeanzeigenVO vom 19.10.1979, BGBl I 1761). Die Anzeige ist an die zuständige Behörde zu richten, die eine Empfangsbescheinigung ausstellt (§ 15 GewO). – Entsprechende Anzeigepflicht bei Aufnahme gewisser Tätigkeiten, für die eine *Reisegewerbekarte* nicht erforderlich ist (§ 55c GewO), und beim *Automatenverkauf*. – G. ist ausreichend, soweit keine besondere →Gewerbeerlaubnis oder sonstige Erlaubnis (z.B. für Spielgeräte) erforderlich ist. – *Steuerlich*: Vgl. →Betriebseröffnung.

Gewerbeaufsicht, staatliche Überwachung der Einhaltung von arbeitsrechtlichen und Arbeitsschutzbestimmungen (§ 139 g GewO). Die G. wird ausgeübt durch G.-Ämter, die i.d.R. bei den Regierungspräsidenten oder auf Kreisebene eingerichtet sind. Der →Betriebsrat hat Personen der G. durch Anregung und Beratung zu unterstützen (§ 89 BetrVG). – Vgl. im einzelnen →Arbeitsschutz III 5.

Gewerbebestandspflege, *Gewerbeentwicklung.* 1. *Begriff:* Wichtige Aufgabe im Zielsystem der kommunalen →Wirtschaftsförderung neben der Ansiedlungsförderung (→Standortmarketing). G. dient der Entwicklung und Förderung des endogenen wirtschaftlichen Potentials in einer Kommune. Angesichts eines gering gewordenen gewerblichen Ansiedlungspotentials gewinnt die G. eine größere Bedeutung gegenüber der Ansiedlungswerbung. – 2. *Inhalt:* G. konzentriert sich insbes. auf kleine und mittlere Unternehmen am Ort (→Mittelstandspolitik). Maßnahmen: Einsatz finanzpolitischer Mittel der Gemeinden (z. B. Festlegung der Gewerbesteuer-Hebesätze, Auftragsvergaben usw.). Beratung und Betreuung durch kommunale Wirtschaftsförderungsinstitutionen (Akquisition i. w. S., Hilfen bei Bau- und Genehmigungsangelegenheiten, Verkehrerschließung usw.), stadtplanerische und liegenschaftspolitische Maßnahmen. Voraussetzung für eine vorausschauende G. ist Gewerbebestandsermittlung und Ermittlung aktueller und potentieller Entwicklungsengpässe (Betriebsdatei, Standortdatei, Flächenkataster usw.) durch die Wirtschaftsförderungsinstitutionen in Verbindung mit den Kammern und der Gewerbeaufsicht. In *stadtplanerischer und liegenschaftspolitischer Hinsicht* entstehen Entwicklungsengpässe wegen betrieblicher Erweiterung, emissionsrechtlicher Erfordernisse, v. a. in Gemengelagen sowie bei stadtplanerischer Flächennutzungsänderung (→Bauleitplanung). G. hat dabei grundsätzlich die Möglichkeiten der *Bestandssicherung* und des *Bestandsschutzes* am alten Standort oder der *Verlagerung* (Umsiedlung). Art und Intensität der Bestandsgefährdung bzw. Umsiedlungsnotwendigkeit eines Gewerbebetriebes aus stadtplanerischen oder immissionsrechtlichen Gründen richten sich nach den Standortkriterien des Bundesbaugesetzes (§§ 30–35) und der Baunutzungsverordnung (§ 1 Abs. 4–9) sowie nach dem Bundesimmissionsschutzgesetz. Im Falle einer Verlagerung kommt u. U. ein *Gewerbeflächenrecycling* in Betracht (→Flächenrecycling). Im Sinn einer Gewerbebestandsförderung bieten sich dabei *Gewerbehöfe* bzw. *Gewerbeparks* oder zur kommunalen Unterstützung von technologieintensiven Unternehmen ggf. auch *Technologiezentren* an; dabei sind aber möglichst Wettbewerbsverzerrungen zu vermeiden. In jedem Fall sollte vorausschauende G. eine *Standortvorsorge* in Form einer ausreichenden *Liegenschaftsreserve* treffen. – Vgl. auch →Wirtschaftsförderung II.

Gewerbebesteuerung. I. Grundsätzliches: 1. *Entwicklung:* Ursprünglich reine →Realsteuer oder →Ertragsteuer, die geschichtlich auf Zunftabgaben zurückgeht und mit Einführung der →Gewerbefreiheit voll ausgebildet wurde. Mit dem Aufkommen des Grundsatzes der persönlichen Leistungsfähigkeit im Steuersystem (→Steuergerechtigkeit) verlor die G. an Bedeutung. –

2. *Charakterisierung:* Eine vollständige, alle Produktionsfaktoren umfassende →Gewerbesteuer versucht, den Ertrag des Kapitals in einer →Gewerbekapitalsteuer, den Ertrag der Arbeit in einer →Lohnsummensteuer (mit Wirkung für das Veranlagungsjahr 1980 außer Kraft) zu erfassen; vorausgesetzt wird, daß sich die Erträge der Faktoren isolieren lassen, ein unlösbares Analyseproblem. Daneben wird versucht, den Gesamtertrag eines Gewerbebetriebes in einer →Gewerbeertragsteuer zu erfassen; dann aber ist jede Einzelfaktorsteuer aus systematischen Gründen überflüssig. – Wird nur eine der Einzelfaktorsteuern, etwa die Lohnsummensteuer, abgeschafft, liegt eine (allokativ nachteilige) einseitige Kapitalbesteuerung vor bzw. eine Begünstigung des Faktors Arbeit, z. B. aus beschäftigungspolitischen Gründen. – 3. *Probleme:* a) Abgrenzung des Steuerobjekts „Gewerbebetrieb" sowie des „Gewerbes" und der „gewerblichen Tätigkeit" von jeder anderen Art der selbständigen wirtschaftlichen und beruflichen Tätigkeit. b) Die Gewerbesteuer stellt nach dem Anteil an der Lohn- und Einkommensteuer die wesentlichste Einnahmequelle der Gemeinden dar. Wegen der hohen Konjunkturreagibilität der Gewerbeertragsteuer erscheint sie jedoch als →Gemeindesteuer unbrauchbar. c) Sehr unterschiedliche Entwicklung des Aufkommens der Gewerbesteuer von Gemeinde zu Gemeinde. d) Als Gemeindesteuer zu rechtfertigen versucht mit der Feststellung, daß Gewerbebetriebe erhöhte Verkehrs- und Sozialkosten von Gemeinden erfordern (Äquivalenzgedanke); heute nicht mehr vorbehaltlos akzeptiert, da auch andere Gemeindeleistungen erforderlich (Schulen, Krankenhäuser, Aufschluß von Wohngebieten). e) Ein steuersystematischer Fremdkörper, wie die gesamte Ertragsbesteuerung, da die Einkommensbesteuerung ausgebaut ist. – 4. Gegenwärtig steht eine *grundlegende Reform* der G. zur Diskussion (→Gewerbesteuer), die über eine Abschaffung der Mängel der geltenden Gewerbesteuer weit hinausreicht. Die vom Wissenschaftlichen Beirat beim Bundesfinanzministerium 1982 vorgeschlagene →Wertschöpfungsteuer z. B. soll nicht allein die Gewerbebetriebe belasten, sondern alle in einer Gemeinde lebenden und arbeitenden Bürger. Damit erweitert sich das Problem der G. zu dem optimalen →Gemeindesteuersystems.

II. G. in der Bundesrep. D.: Vgl. →Gewerbesteuer.

Gewerbebetrieb. I. Bürgerliches Recht: Ein eingerichteter und in Tätigkeit befindlicher Betrieb, der die Voraussetzungen eines →Gewerbes erfüllt, ist gem. § 823 I BGB als „sonstiges Recht" gegen rechtswidrige Eingriffe geschützt.

II. Einkommensteuerrecht: Eine selbständige nachhaltige Betätigung, die mit Gewinnabsicht unternommen wird und sich als Beteiligung am allgemeinen wirtschaftlichen Verkehr darstellt, wenn die Betätigung weder als Ausübung von →Land- und Forstwirtschaft noch als Ausübung eines →freien Berufes, noch als andere →selbständige Arbeit im Sinne des Einkommensteuerrechts anzusehen ist und den Rahmen einer privaten →Vermögensverwaltung überschreitet. Als G. gilt stets die mit →Einkünfteerzielungsabsicht unternommene gewerbliche Tätigkeit einer OHG, KG, anderen Personengesellschaft sowie einer →gewerblich geprägten Personengesellschaft. Kein G. (weil nicht mit Gewinnabsicht unternommen) ist eine Betätigung, die eine Minderung der Steuern vom Einkommen verursacht (→Verlustzuweisungsgesellschaft).

III. Gewerbesteuerrecht: G. im Sinne des EStG ist Gegenstand der Gewerbesteuer, wenn er im Inland als →stehendes Gewerbe oder →Reisegewerbe ausgeübt wird (§§ 2 I, 35a GewStG). – Nach verschiedenen Merkmalen sind *vier Arten von G.* zu unterscheiden: (1) G. kraft gewerblicher Tätigkeit (§ 2 I GewStG; Einzelgewerbetreibende). (2) bei Personengesellschaften: G. kraft Rechtsform, sofern die Tätigkeit gewerblicher Natur ist oder gem. § 15 III Nr. 2 EStG als gewerblich geprägt gilt. (3) bei Kapitalgesellschaften und diesen gleichgestellten juristischen Personen: G. kraft Rechtsform (§ 2 II GewStG). (4) bei sonstigen juristischen Personen des Privatrechts und bei Vereinen: G. kraft wirtschaftlichen Geschäftsbetriebs (§ 2 III GewStG); (→wirtschaftlicher Geschäftsbetrieb). – Vgl. auch →mehrere Betriebe.

IV. Bewertungsgesetz: Vgl. →wirtschaftliche Einheit.

Gewerbebrache, →Flächenrecycling.

Gewerbeentwicklung, →Gewerbebestandspflege.

Gewerbeerlaubnis, verschiedentlich für die Errichtung eines Gewerbebetriebes vorgeschriebene →Erlaubnis. Einzelheiten vgl. §§ 30ff. GewO. – Im *Reisegewerbe*: Vgl. →Reisegewerbekarte. →Konzession.

Gewerbeertrag, Besteuerungsgrundlage für die →Gewerbesteuer neben →Gewerbekapital und (bis 1979) Lohnsumme (→Lohnsummensteuer). Die auf den G. erhobene Steuer wird als →Gewerbeertragsteuer bezeichnet. Ermittlung des G. durch Hinzurechnungen (§ 8 GewStG) zum und Kürzungen (§ 9 GewStG) vom gewerblichen →Gewinn, der sich bei der →Einkommensermittlung für den dem Erhebungszeitraum entsprechenden Veranlagungszeitraum (Kalenderjahr) ergibt. Bei einem vom Kalenderjahr abweichenden Wirtschaftsjahr ist der Gewinn des Wirtschaftsjahres maßgebend, das in dem Erhebungszeitraum endet.

I. Hinzurechnungen zum gewerblichen Gewinn, soweit diese Posten bei dessen Ermittlung abgesetzt sind: (1) die Hälfte der Zinsen für →Dauerschulden; (2) Renten und dauernde Lasten, die wirtschaftlich mit Gründung oder Erwerb des Betriebes zusammenhängen; (3) Gewinnanteile des stillen Gesellschafters; (4) a) Gewinnanteile persönlich haftender Gesellschafter einer KGaA auf ihre nicht auf das Grundkapital geleisteten Einlagen oder b) Vergütungen (Tantieme) für die Geschäftsführung; (5) die Hälfte der Miet- und Pachtzinsen für die Benutzung nicht in Grundbesitz bestehender Wirtschaftsgüter des Anlagevermögens (→Miet- und Pachtzinsen); (6) Verlustanteile an einer Personengesellschaft; (7) bei körperschaftsteuerpflichtigen Gewerbebetrieben die nach § 9 Nr. 3b) und c) KStG nicht abzugsfähigen Spenden; (8) Gewinnminderungen a) durch bestimmte Teilwertabschreibungen oder b) sonstige Minderungen des Anteils an einer Körperschaft; (9) bei körperschaftsteuerpflichtigen Gewerbebetrieben die Zinsen i. S. des § 10 Nr. 2 KStG. (2), (3) und (5) sind grundsätzlich nur hinzurechnungspflichtig, wenn der Empfänger mit diesen Beträgen nicht der Gewerbesteuer unterliegt.

II. Kürzungen der Summe aus gewerblichem Gewinn und Hinzurechnungen: (1) a) 1,2 v. H. des Einheitswerts des zum Betriebsvermögen gehörenden Grundbesitzes (→Einheitswert), b) an die Stelle der vorgenannten Kürzung tritt bei Grundstücksunternehmen i. S. d § 9 Nr. 1 GewStG auf Antrag eine Kürzung um den Teil des G., der auf die Grundstücksverwaltung und -verwertung entfällt; (2) die bei der Gewinnermittlung angesetzten Anteile am Gewinn einer Personengesellschaft; (3) die bei der Gewinnermittlung angesetzten Anteile am Gewinn einer inländischen Kapitalgesellschaft, einer Kreditanstalt des öffentlichen Rechts oder einer Erwerbs- und Wirtschaftsgenossenschaft, an der das Unternehmen zu Beginn des Erhebungszeitraums mindestens mit 10 v. H. beteiligt ist (gewerbeertragsteuerliches →Schachtelprivileg); (4) die nach § 8 Nr. 4 GewStG dem G. einer KGaA hinzugerechneten Gewinnanteile; (5) der Teil des G., der auf eine nicht im Inland gelegene Betriebsstätte entfällt; (6) die dem Gewinn eines anderen Gewerbebetriebes hinzugerechneten Miet- und Pachtzinsen, wenn sie bei Ermittlung des Gewinns berücksichtigt worden sind; (7) Spenden i. S. des § 10 d EStG oder § 9 Nr. 3 KStG, wobei die dort geltenden betragsmäßigen Beschränkungen auch hier anzuwenden sind; (8) die Zinsen aus den in § 43 I 5 EStG bezeichneten festverzinslichen Wertpapieren, bei denen die Einkommen- oder Körperschaftsteuer durch Abzug von Kapitalertrag (→Kapitalertragsteuer) erhoben worden ist; (9) a) die bei der Gewinnermittlung angesetzten Anteile am Gewinn einer ausländischen Tochtergesellschaft, an deren Nennkapital das Unternehmen seit Beginn des Erhebungszeitraums ununterbrochen zu einem Zehntel beteiligt ist und die ihre Bruttoerträge ausschließlich oder fast ausschließlich aus →aktiven Tätigkeiten bezieht (→Schachtelprivileg III); b) das gleiche gilt auf Antrag für Gewinnanteile, die der Muttergesellschaft aus einer über eine Tochtergesellschaft gehaltenen mittelbaren Beteiligung an einer ausländischen Enkelgesellschaft zufließen (§ 9 Nr. 7 S. 2 u. 3 GewStG); (10) in bestimmten Fällen die Gewinne aus Anteilen an einer ausländischen Gesellschaft; (11) der Ausbildungsplatzabzugsbetrag nach § 24b EStG in Höhe der für den Gewerbebetrieb geleisteten finanziellen Hilfen.

Gewerbeertragsteuer, →Gewerbebesteuerung, →Gewerbeertrag, →Gewerbesteuer.

gewerbeertragsteuerlicher Staffeltarif, →Staffeltarif.

Gewerbeflächenrecycling, →Flächenrecycling.

Gewerbeförderung, Maßnahmen von Handwerkskammern, Verbänden und anderen Stellen (häufig mit öffentlicher Förderung) zur Rationalisierung und Leistungssteigerung in Klein- und Mittelbetrieben. Die G. umfaßt Maßnahmen zur Verbesserung der betrieblichen Voraussetzungen für eine rationale Leistungserstellung, insbes. durch betriebswirtschaftliche Beratung (Finanzierung, Organisation, Rechnungswesen, Marketing), technische Beratung (Bau- und Raumplanung, Betriebsausstattung, Produktionsverfahren), Formgebungs- und Exportberatung, durch Beiträge zur Nachwuchsausbildung und Unternehmerfortbildung, zur Verbesserung der Standortvoraussetzungen (Handwerker- bzw. Gewerbehöfe) sowie spezielle Maßnahmen und Einrichtungen zur Förderung der Markttransparenz und der Marktbeziehungen der Gewerbebetriebe durch Ausstellungen und Messen, durch Gemeinschaftswerbung u. ä. – Vgl. auch →Gewerbebestandspflege, →Wirtschaftsförderung.

Gewerbeförderungsstellen, bei den meisten →Handwerkskammern besonders eingerichtete und mit entsprechenden Fachkräften (Betriebswirten und Ingenieuren) besetzte Abteilungen mit der Aufgabe, auf technischem und betriebswirtschaftlichem Gebiet praxisnahe →Gewerbeförderung für das Handwerk zu betreiben.

Gewerbeforschung, →Handwerksforschung.

Gewerbefreiheit, Freiheit für jedermann, einer wirtschaftlichen Betätigung an jedem Ort zu jeder Zeit im Rahmen der gesetzlichen Bestimmungen nachgehen zu können. In der Bundesrep. D. ist der Grundsatz der G. in Art. 2 und 12 GG verankert. Auch die →Gewerbeordnung (GewO) geht vom Grundsatz der G. aus (§ 1 GewO), der durch Ausnahmen (z. B. Erlaubnispflicht, Gewerbeerlaubnis) Einschränkungen erleidet.

Gewerbegebiet, →Liegenschaft II, →Industriegelände.

Gewerbegehilfe. 1. *Begriff*: →Gewerblicher Arbeitnehmer. Hilfsperson des Unternehmers, beschäftigt mit der Bearbeitung, Verarbeitung und Herstellung von Waren durch technische, mechanische Dienstleistungen; auch die mit der Leitung und Beaufsichtigung des Betriebes oder einer Abteilung desselben beauftragten Person, wenn nicht die kaufmännische Tätigkeit überwiegt, sowie die mit höheren technischen Dienstleistungen betrauten Angestellten (gewerbliche Arbeiter und Angestellte). – 2. *Abgrenzung zum Handlungsgehilfen*: Im Gegensatz zum G. leistet der →Handlungsgehilfe gedankliche, geistige Arbeit. Wird der Gehilfe mit beiderlei Diensten beschäftigt, so ist für die rechtliche Beurteilung seiner Tätigkeit die überwiegende entscheidend. – 3. *Gesetzliche Regelung* des Dienstverhältnisses in §§ 105 ff. GewO (→Gewerbeordnung (GewO)); →Wettbewerbsverbot § 133 f. GewO; Lohnzahlung (Truckverbot) §§ 115–119 b GewO.

Gewerbegenehmigung, →Gewerbeerlaubnis, →Konzession.

Gewerbehof, →Gewerbeförderung, →Gewerbebestandspflege, →Flächenrecycling, →Wirtschaftsförderung II 4 b).

Gewerbehygiene, →Betriebshygiene.

Gewerbeinspektion, →Gewerbeaufsicht.

Gewerbekammern, von Gewerbetreibenden regional gebildete Interessenvertretungen, in denen hauptsächlich Handwerker und Kleingewerbetreibende zusammengeschlossen waren; meist den Handelskammern angegliedert. Um die Jahrhundertwende wurden in den meisten deutschen Ländern die →Handwerkskammern sowie →Industrie- und Handelskammern verselbständigt; in den Hansestädten blieben die Gewerbekammern als gemeinsame Vertretung bestehen.

Gewerbekapital, dem Gewerbebetrieb im Inland dienendes Vermögen. Besteuerungsgrundlage für die →Gewerbesteuer neben →Gewerbeertrag. Die auf das G. erhobene Steuer wird als *Gewerbekapitalsteuer* bezeichnet. Ermittlung des G. erfolgt aus dem →Einheitswert des gewerblichen Betriebs, modifiziert um Hinzurechnungen (§ 12 II GewStG) und Kürzungen (§ 12 III GewStG). Gemäß § 37 Nr. 1 GewStG ist das G. nicht Besteuerungsgrundlage für die

Gewerbesteuer in den Jahren 1991 bis 1994, falls die Geschäftsleitung des Gewerbebetriebes zu Beginn des Erhebungszeitraums und auch schon am 1. 1. 1991 im Beitrittsgebiet liegt.

I. Hinzurechnungen zum Einheitswert, soweit diese Posten bei dessen Feststellung abgezogen sind: (1) 50 v. H. der →Dauerschulden insoweit, als sie 50 000 DM übersteigen; (2) kapitalisierter Barwert von Renten und dauernden Lasten, die wirtschaftlich mit Gründung oder Erwerb des Betriebes zusammenhängen; (3) Einlagen eines stillen Gesellschafters; (4) Werte der nicht in Grundbesitz bestehenden Wirtschaftsgüter, die dem Betrieb dienen, aber im Eigentum eines Mitunternehmers oder eines Dritten stehen, soweit sie nicht im Einheitswert des gewerblichen Betriebs enthalten sind (Ausnahmen sind möglich; →fremde Wirtschaftsgüter).

II. Kürzungen der Summe aus Einheitswert und Hinzurechnungen: (1) Summe der Einheitswerte, mit denen die Betriebsgrundstücke in dem Einheitswert des gewerblichen Betriebes enthalten sind; (2) Wert einer zum G. gehörenden Beteiligung an einer Personengesellschaft; (3) der Wert einer zum G. gehörenden Beteiligung an einer inländischen Kapitalgesellschaft, einer Kreditanstalt des öffentlichen Rechts oder einer Erwerbs- und Wirtschaftsgenossenschaft, wenn die Beteiligung mindestens ein Zehntel des Grund- oder Stammkapitals beträgt; (4) den Wert einer zum G. einer anderen gehörenden Beteiligung des persönlich haftenden Gesellschafters einer KGaA, soweit sie nicht eine Beteiligung am Grundkapital ist. (5) dem G. eines anderen Unternehmens hinzugerechnete Werte, soweit sie im Einheitswert des gewerblichen Betriebes enthalten sind; (6) a) der Wert einer zum G. gehörenden Beteiligung an einer ausländischen Tochtergesellschaft, wenn die Beteiligung mindestens ein Zehntel des Nennkapitals beträgt und die Tochtergesellschaft im letzten maßgebenden Wirtschaftsjahr ihre Bruttoerträge ausschließlich oder fast ausschließlich aus →aktiven Tätigkeiten bezogen hat; b) das gleiche gilt auf Antrag für den im Beteiligungswert an der Tochtergesellschaft enthaltenen anteiligen Wert der mittelbaren Beteiligung an einer ausländischen Enkelgesellschaft (§ 12 III Nr. 4 S. 2–4 GewStG); (7) der Wert einer zum Gewerbekapital gehörenden, mindestens 10%igen Beteiligung an einer ausländischen Gesellschaft, die nach einem →Doppelbesteuerungsabkommen (DBA) unter der Voraussetzung einer Mindestbeteiligung von der Gewerbesteuer befreit ist. Nicht zu berücksichtigen ist das G. von Betriebsstätten, die im Ausland betrieben werden (§ 12 IV GewStG). Maßgebend ist das G. nach dem Stand zu Beginn des Erhebungszeitraumes (§ 12 V GewStG).

Gewerbekapitalsteuer, →Gewerbebesteuerung, →Gewerbekapital, →Gewerbesteuer.

Gewerbekrankheiten, durch Tätigkeit in gewerblichen Betrieben erworbene →Berufskrankheiten.

Gewerbelegitimationskarte, nach dem in den zwischenstaatlichen Verträgen vorgesehenen Muster auszustellende Bescheinigung für gewerbliche Tätigkeit im Ausland. Erteilung, Versagung und Entziehung i.a. entsprechend →Reisegewerbekarte (§ 55b II GewO).

Gewerbelehrer. 1. *Begriff:* Lehrkräfte an gewerblichen und hauswirtschaftlichen →Berufsschulen und →Berufsfachschulen. Die Ausbildung erfolgte bis in die 60er Jahre an Berufspädagogischen Instituten oder ähnlichen nichtuniversitären Bildungsstätten; danach wurde die G.-Ausbildung an die Universitäten und Technischen Hochschulen verlagert (→Berufs- und Wirtschaftspädagogik). – 2. *Aufnahmevoraussetzung:* Hochschulreife oder Fachhochschulabschluß (ermöglicht ein um bis zu drei Semester verkürztes Studium) und Berufspraxis/Berufspraktikum. – 3. *Erste Ausbildungsphase:* Achtsemestriges Hochschulstudium einer beruflichen Fachrichtung (z. B. Metalltechnik, Elektrotechnik), eines allgemeinbildenden, schulrelevanten Zweitfaches und der Berufspädagogik, das mit dem Ersten Staatsexamen abgeschlossen wird. Z. T. wird auch noch ein reines Fachdiplom als erstes Staatsexamen anerkannt (Dipl.-Ökotrophologen, Dipl.-Agraringenieur u. ä.). – 4. *Zweite Ausbildungsphase:* 18–24monatiger praktisch-pädagogischer Vorbereitungsdienst (Referendariat) an einer gewerblichen bzw. hauswirtschaftlichen Berufs- oder Berufsfachschule sowie einem Staatlichen Studienseminar, der mit dem Zweiten Staatsexamen

abschließt. Dieses verleiht die Anstellungsbefähigung zum Studienrat an →berufsbildenden Schulen.

Gewerbeordnung (GewO), Gesetz i. d. F. vom 1.1.1987 (BGBl I 425) mit späteren Änderungen. Die G. regelt das gesamte Gewerberecht. – *Inhalt:* 1. *Bestimmungen* besonders *über* Zulassung, Umfang und Ausübung eines Gewerbes, Art der Gewerbebetriebe, Marktverkehr, Taxen, Arbeitsschutz für gewerbliche Arbeiter gegen mißbräuchliche Ausnutzung der Arbeitskraft, Sonntagsruhe, Lohnschutz und Betriebssicherheit, Zeugnisse. – 2. Zahlreiche *Straf- und Bußgeldvorschriften,* insbesondere Bestimmungen zum Schutz der Arbeiter, Verbot der Unterhaltung eines genehmigungspflichtigen Gewerbes ohne Genehmigung u. a. m. (§§ 143 bis 148 b GewO).

Gewerbepark, →Gewerbebestandspflege, →Flächenrecycling, →Wirtschaftsförderung II 4 b).

Gewerbepolitik. I. B e g r i f f : 1. Vom wirtschaftlichen Begriff des →Gewerbes abgeleiteter *Oberbegriff* für Maßnahmen des Staates und der Verbände, Kammern u. a. Selbstverwaltungskörperschaften zur *planmäßigen Förderung* des Wirtschaftslebens im *gewerblichen* Sektor. – 2. G. *schließt ein:* Industriepolitik, Handwerkspolitik und eine G. für solche Gewerbezweige, die weder Industrie noch Handwerk sind und für die eine spezielle Bezeichnung fehlt.

II. B e r e i c h e d e r G.: Seitens des Staates häufig in der Verfassung festgelegt, so z. B. Weimarer Verfassung 5. Abschn. Auch ohne solche Begründung sind gewerbepolitische Maßnahmen stets im Rahmen der allgemeinen Wirtschaftspolitik vorzunehmen, da sie sich auch auf andere Gebiete wie Agrarpolitik, Handelspolitik, Verkehrspolitik usw. auswirken.

III. F o r m e n : 1. *Allgemeine* wirtschaftspolitische Maßnahmen durch Gesetze und Verordnungen: Vgl. →Gewerbefreiheit, →Befähigungsnachweis, →Gewerbeaufsicht. – 2. *Organisatorische,* produktionstechnische und absatzfördernde Maßnahmen: Vgl. →Gewerbeförderung, Ausstellungen und Messen. →Rationalisierungskuratorium der deutschen Wirtschaft e. V. (RKW). – 3. *Finanzwirtschaftliche* Maßnahmen: Förderung des →Kapitalmarkts, Subventions-, →Steuerpolitik, so z. B. steuerliche Begünstigung des gewerblichen Mittelstandes, Festsetzung von Höchstpreisen, Kreditgewährung zu verbilligtem Zinssatz, Existenzaufbauhilfe usw.

IV. Mittel: Gesetze, Verordnungen, Interventionen seitens des Staates, Vereinbarungen, Verbandsbildung, Beratungsdienst usw. durch Selbstverwaltungskörperschaften.

V. G. als Wissenschaft: Teilgebiet der →Wirtschaftspolitik. - *Aufgaben*: 1. Analyse der Grundstruktur der gewerblichen Wirtschaft, systematisch dargestellt; 2. Behandlung der für erfolgreiche gewerbliche Tätigkeit erforderlichen juristischen, soziologischen, historischen und technologischen Fragen.

Gewerbepolizei, besondere Polizeifunktion, die durch die Ortspolizei, die Ämter für öffentliche Ordnung oder besondere Behörden *ausgeübt* wird. Die G. überwacht die Einhaltung der Bestimmungen der →Gewerbeordnung (GewO), →Gewerbeaufsicht.

Gewerbesteuer. I. Grundsätzliches: Vgl. →Gewerbebesteuerung.

II. Bundesrep. D.: 1. *Rechtsgrundlagen*: Gewerbesteuergesetz (GewStG 1991) i. d. F. vom 21.3.1991 (BGBl I 814), geändert durch das Gesetz zur Entlastung der Familien und zur Verbesserung der Rahmenbedingungen für Investitionen und Arbeitsplätze vom 25.2.1992 (Steueränderungsgesetz 1992; BGBl I 297); →Gewerbesteuer-Richtlinien (GewStR). - 2. *Charakterisierung*: a) *Begriff*: G. ist eine →Realsteuer (Objektsteuer), die den Objekt Gewerbebetrieb besteuert, ohne persönliche Verhältnisse zu berücksichtigen. b) *Hebeberechtigt* für die G. sind die Gemeinden, in denen sich →Betriebsstätten des Gewerbebetriebes befinden. Die Gemeinden bestimmen den →*Hebesatz*, mit dem die G. aufgrund des →*einheitlichen Gewerbesteuermeßbetrages* erhoben wird. c) *Steuergegenstand und Besteuerungsgrundlagen*: Der G. unterliegen Gewerbebetriebe i. S. des EStG (vgl. im einzelnen →Gewerbebetrieb IV). Besteuert werden: (1) →Gewerbeertrag; (2) →Gewerbekapital. Wobei in den Jahren 1991 bis 1994 im Beitrittsgebiet lediglich der Gewerbebeitrag besteuert wird (→Gewerbekapital). Die Steuer auf den Gewerbeertrag wird

als *Gewerbeertragsteuer*, die auf das Gewerbekapital als *Gewerbekapitalsteuer* bezeichnet. Vgl. auch →Schachtelprivileg III 2. d) *Ermittlung und Erhebung*: Durch Anwendung der Steuermeßzahlen auf Gewerbeertrag und Gewerbekapital sind die Steuermeßbeträge für den Erhebungszeitraum (Kalenderjahr) zu errechnen. (1) Der *Gewerbeertrag* ist auf volle 100 DM abzurunden und bei natürlichen Personen und Personengesellschaften um einen Freibetrag in Höhe von 36000 DM (ab 1993: 48000 DM) zu kürzen. Die Steuermeßzahl beträgt grundsätzlich für alle Unternehmen 5 v. H., wobei für Personenunternehmer im Beitrittsgebiet Besonderheiten gelten. Ab 1993 gilt für alle Personenunternehmer ein gewerbeertragsteuerlicher Staffeltarif. Die Steuermeßzahl beträgt dann für die ersten 24000 DM 1%, für die zweiten 24000 DM 2%, usw. und ab 96000 DM Meßbetrag dann 5% (§ 11 GewStG). Bei Ermittlung des Steuermeßbetrages nach dem Gewerbeertrag sind →Gewerbeverluste der vorhergehenden Erhebungszeiträume zu berücksichtigen. (2) Das *Gewerbekapital* ist auf volle 1000 DM abzurunden und um einen Freibetrag in Höhe von 120000 DM bei allen Unternehmungen zu kürzen; die Steuermeßzahl beträgt 2 v. T. (3) Die Summe der Steuermeßbeträge nach dem Gewerbeertrag und dem Gewerbekapital bildet den einheitlichen *Steuermeßbetrag*, der vom →Betriebsfinanzamt durch →Steuermeßbescheid (sog. Gewerbesteuermeßbescheid) festgestellt wird. Bei mehreren Betriebsstätten eines Gewerbebetriebes in verschiedenen Gemeinden zerlegt das Betriebsfinanzamt den einheitlichen Steuermeßbetrag und verteilt ihn durch Zerlegungsbescheid auf die hebeberechtigten Gemeinden (→Zerlegung). (4) Die Gemeinden errechnen die G. durch Anwendung des *Hebesatzes*, dessen Höhe durch die Gemeinden für jedes Rechnungsjahr selbst festgesetzt wird, auf den ihnen zustehenden einheitlichen Steuermeßbetrag und erteilen den Gewerbesteuerbescheid. - Der Hebesatz muß für alle in einer Gemeinde gelegenen Unternehmen gleich sein. e) *Vorauszahlungen*: Am 15.2., 15.5., 15.8. und 15.11. in Höhe eines Viertels der G., die sich bei der letzten Veranlagung ergeben hat, vom Steuerschuldner zu entrichten. Änderung der vom Finanzamt festgesetzten Vorauszahlungen für Körperschaft- bzw. Einkommensteuer aufgrund zu erwartender Gewinne bewirken Neufestsetzung des einheitlichen Steuermeßbetrages, an den die Gemeinden bezüglich der Höhe der Vorauszahlungen gebunden sind. f) *Steuerschuldner*: Der →Unternehmer, bei einer Personengesellschaft die Gesellschaft. Bis zum Übergang eines Gewerbebetriebes auf einen anderen Unternehmer ist der alte Unternehmer Steuerschuldner. Die Übertragung wirkt – wenn keine Vereinigung vorliegt – wie Neugründung. – 3. *Rechtsmittel*: Anfechtung des Steuermeßbescheids und Zerlegungsbescheids durch Einspruchsverfahren beim Finanzamt. Anfechtung des Gewerbesteuerbescheids, der von der Gemeinde erteilt wird, nach landesrechtlichen Bestimmungen; Widerspruch bei der Gemeinde; bei dessen Abweisung ist die Klage vor dem Verwaltungsgericht möglich. Rechtsmittel gegen den Gewerbesteuerbescheid können nicht mit Unrichtigkeit des Steuermeßbetrages begründet werden. Erfolgreich durchgeführtes Rechtsmittelverfahren gegen Steuermeßbescheid oder Zerlegungsbescheid bewirkt auch Änderung des Gewerbesteuerbescheids. – 4. *Ertragsteuerliche Behandlung*: G. ist eine →Kostensteuer, d. h. sie kann als →Betriebsausgabe im Sinne des EStG vom steuerpflichtigen Gewinn abgesetzt werden und ist wie diese zu verrechnen. Daraus folgt, daß die G. sowohl die Bemessungsgrundlage der Gewerbeertragsteuer als auch die Bemessungsgrundlage der Einkommen- oder Körperschaftsteuer mindert (→Gewerbesteuer-Rückstellung). – 5. *Finanzwissenschaftliche Beurteilung*: a) *Einordnung*: Die G. ist eine →Gemeindesteuer. Trotz →Gewerbesteuerumlage ist die G. die tragende Säule des kommunalen Finanzsystems geblieben mit über 40% Anteil an den Gemeindesteuereinnahmen. b) *Kritik*: Die G. ist die meistkritisierte Steuer des Steuersystems. Argumente: (1) Wertschöpfende Sektoren werden *nur selektiv* erfaßt, z. B. bleiben die Land- und Forstwirtschaft und die freien Berufe steuerfrei. (2) Mit dem Äquivalenzprinzip kann die G. *nicht mehr gerechtfertigt werden*, da die Gemeinden nicht allein für die gewerbliche Wirtschaft, sondern auch für andere Berufe, für Familien (Schulen, Krankenhäuser, Wohngebiete) und für das allgemeine Verkehrsnetz Aufwendungen haben. (3) Das analytische Konzept der Aufspaltung der G. in die Teilsteuern Gewerbeertrag-, Gewerbekapital- und Lohnsummensteuer ist *weder logisch noch reali-*

sierbar. (4) Die Zweifachbelastung der Eigen- und Fremdkapitalverzinsung durch die beiden erstgenannten Teilsteuern ist *unsystematisch und allokativ nachteilig.* (5) Freibeträge für Ertrag und Kapital sind mit dem Charakter einer „Objektsteuer" *nicht vereinbar*; die Folge ist die Denaturierung der G. zu einer „Großbetriebsteuer". (6) Das Aufkommen an G. ist *regional äußerst unterschiedlich*; es führt zu hohem Aufkommen in industriellen Ballungsgebieten. (7) Die G. führt zu *Wettbewerbsnachteilen* im Außenhandel gegenüber jenen Ländern, die keine G. kennen; ein Grenzausgleich wie in der Mehrwertsteuer findet nicht statt. (8) Die große *Konjunkturempfindlichkeit* der Gewerbeertragsteuer, für die Gemeinden ein fiskalischer Nachteil, wird ergänzt durch einen Nachteil für die Gewerbebetriebe, wenn bei nachlassender Konjunktur die Gewerbekapitalsteuer Fixkostencharakter erhält (→Sollertragsbesteuerung). Vgl. auch →Gewerbebesteuerung. c) *Reform*: Für die Akzeptanz der unterschiedlichen Reformmodelle gilt die Hebesatzautonomie als conditio sine qua non. Weitere wesentliche Punkte bilden die Kriterien für ein „optimales" →Gemeindesteuersystem (vgl. näher dort). *Reformmodelle*: (1) *Wertschöpfungsteuer*: Der →Wertschöpfungsteuer gelingt die breiteste Lastverteilung; sie ist relativ konjunkturunempfindlich; wegen des niedrigen Steuersatzes (2% bis 3%) ist sie nicht sonderlich merklich. (2) *Gemeindeaufschlag auf Lohn- und Einkommensteuer*: Hohe Merklichkeit, zugleich ist der Kreis der Belasteten gegenüber der heutigen G. erweitert. (3) *Beteiligung der Gemeinden am Umsatzsteueraufkommen*: Erweitert den Kreis der Steuerzahler und -träger, ist aber wenig merklich. (4) Eine *Kombination der Modelle* kann die jeweiligen Vorteile miteinander verbinden und zusammen mit dem Hebesatzrecht der Gemeinden die Finanzierung der Gemeindeleistungen und die Beteiligung der Bürger daran transparenter machen. Eine „*Revitalisierung*" der G. oder ihre „*Anrechnung*" auf andere, von den Betrieben zu zahlende Steuerarten kann die Nachteile der G. nicht beheben. Derzeit ist nicht zu erkennen, welches Reformmodell politisch durchzusetzen sein wird. – 6. *Aufkommen*: 1990: 38 796 Mill. DM (1985: 30 759 Mill. DM, 1981: 26 069 Mill. DM, 1979: 28 385 Mill. DM, 1975: 20 896 Mill. DM, 1970: 12 117 Mill. DM, 1965: 10 283 Mill. DM, 1959:

6468 Mill. DM, 1955: 3727 Mill. DM); bis 1979 einschl. Lohnsummensteuer.

Gewerbesteuerbescheid, →Gewerbesteuer 2 d) – 3.

Gewerbesteuer-Durchführungsverordnung (GewStDV), Rechtsverordnung, die eine Reihe von Ergänzungen zum Gewerbesteuergesetz mit formellem und materiellem Gehalt umfaßt. Geltende Fassung vom 21. 3. 1991 (BGBl I 831).

Gewerbesteuererklärung, Voraussetzung für die Durchführung der Veranlagung zur →Gewerbesteuer. – *Zur Abgabe einer G. sind verpflichtet* gem. § 25 GewStDV: (1) gewerbesteuerpflichtige Unternehmen, deren →Gewerbeertrag im Erhebungszeitraum 36 000 DM (ab 1993 48 000 DM) oder deren →Gewerbekapital am maßgebenden Feststellungszeitpunkt 120 000 DM überstiegen hat; (2) Kapitalgesellschaften, soweit sie nicht von der Gewerbesteuer befreit sind; (3) Erwerbs- und Wirtschaftsgenossenschaften sowie Versicherungsvereine auf Gegenseitigkeit. Sonstige juristische Personen des Privatrechts und nichtrechtsfähige Vereine insoweit, als sie einen →wirtschaftlichen Geschäftsbetrieb (außer Land- und Forstwirtschaft) unterhalten, der bestimmte Grenzen überschreitet; (4) Unternehmen juristischer Personen des öffentlichen Rechts, wenn sie als stehende Gewerbebetriebe anzusehen sind und eine gewisse Größe aufweisen; (5) Unternehmen, für die zum Schluß des vorausgegangenen Erhebungszeitraums vortragsfähige Fehlbeträge gesondert festgestellt worden sind; (6) Unternehmen, für die vom Finanzamt die Abgabe einer Steuererklärung besonders verlangt wird. Die Aufforderung liegt gewöhnlich in der Zusendung eines Erklärungsvordrucks. – Vgl. auch →Steuererklärung.

gewerbesteuerliches Schachtelprivileg, →Schachtelprivileg II 3.

Gewerbesteuermeßbetrag, →einheitlicher Gewerbesteuermeßbetrag, →Steuermeßbetrag.

Gewerbesteuer-Richtlinien (GewStR), im wesentlichen Verwaltungsanordnungen sowie Entscheidungen der Finanzgerichte und Erörterungen von Zweifelsfragen bei der Gesetzesauslegung. Die GewStR sind für die →Finanzverwaltung (nicht für Gerichte) bindend. Dem →Steuerpflichtigen steht es frei, gegen die Ausführungen in den GewStR im Rechtsmittelverfahren vorzugehen.

Gewerbesteuer-Rückstellung. 1. *Begriff*: Bei ordnungsmäßiger Buchführung zulässige →Rückstellung für noch nicht fällige, das abgelaufene Wirtschaftsjahr belastende →Gewerbesteuer. – **2.** *Höhe*: Da die Gewerbesteuer auf den Gewerbeertrag und das Gewerbekapital als →Betriebsausgabe abzugsfähig ist, mindern beide Erscheinungsformen der Gewerbesteuer die Bemessungsgrundlage der Gewerbeertragsteuer und damit die Gewerbeertragsteuer selbst. Diese Tatsache ist bei der Ermittlung der G. zu berücksichtigen. Die G. ist in Höhe der Differenz zwischen der Nettobelastung der voraussichtlich geschuldeten Gewerbesteuer und den geleisteten Vorauszahlungen anzusetzen. – **3.** *Ermittlungsmethoden*: a) Nach der Neun-Zehntel-Methode (Abschn. 22 II EStR) wird die Nettobelastung näherungsweise dadurch bestimmt, daß die Gewerbesteuer mit neun Zehnteln des Betrages der Gewerbesteuer angesetzt wird, der sich ohne Berücksichtigung der Gewerbesteuer als Betriebsausgabe ergibt. b) Nach der Divisor-Methode ergibt sich die Gewerbesteuer durch Anwendung eines Divisors auf den Gewerbesteuerbetrag, der sich ohne Berücksichtigung der Abzugsfähigkeit der Gewerbesteuer ergibt. Der Divisor errechnet sich nach folgender Formel: Divisor = 1 + ((Meßzahl × Hebesatz) ÷ 10 000). Bei Anwendung des →Staffeltarifs sind verschiedene Divisoren auf entsprechende Teilbeträge anzuwenden. c) Die verschiedenen mathematisch-exakten Methoden (i. d. R. Iterationsverfahren) weisen die Nettobelastung zutreffend aus. – **4.** *Beurteilung*: Die Neun-Zehntel-Methode führt i. d. R. bei Hebesätzen über 222 v. H. zu einer höheren G. als die exakten Methoden, woraus eine höhere Gewinnminderung und letztlich ein Steuerstundungseffekt resultiert. Bei Hebesätzen unter 222 v. H. ergeben sich diese Vorteile der Steuerpolitik für die mathematisch exakten Methoden.

Gewerbesteuerumlage, Umlage zur Beteiligung von Bund und Ländern am Aufkommen der →Gewerbesteuer (Art. 106 VI

GG); näher bestimmt durch § 6 Gemeindefinanzreformgesetz. Es sind ca. 40% des
hebesatzbereinigten gemeindlichen Aufkommens an Gewerbeertrag- und -Kapital-
steuer je zur Hälfte an Bund und Länder zu
überweisen. Als Gegenleistung erhalten die
Gemeinden 15% des im Gebiet ihres Landes anfallenden Aufkommens an Lohn-
und veranlagter Einkommensteuer (Art.
106 V GG). – *Bedeutung*: Die G. ist eine
Maßnahme der Steuerstrukturverbesse-
rung für die Gemeinden, um hebesatz- und
aufkommensbedingte Gewerbesteuerunter-
schiede auszugleichen und die Gemeinden
insgesamt von der einseitigen Orientierung
auf die Ertragsteuern (gelten als sehr konjunkturreagibel) teilweise zu befreien zugunsten einer Beteiligung an der stetiger
fließenden Einkommensteuer. – Vgl. auch
→Finanzausgleich.

Gewerbetreibender, derjenige, der im eigenen Namen für eigene Rechnung und
unter eigener Verantwortung ein →Gewer-
be betreibt. – *Besondere Gruppe* unter den
G. bilden die →Hausgewerbetreibenden.
Anders: →Heimarbeiter.

Gewerbeuntersagung, Verbot der Ausübung eines Gewerbes (auch Handwerk
und Einzelhandel) oder der Tätigkeit als
Vertretungsberechtigter eines Gewerbetreibenden oder der Leitung eines Gewerbebetriebes aufgrund Auftrages durch die Höhere Verwaltungsbehörde (§ 35 GewO). – 1.
Zulässig: Bei *Unzuverlässigkeit* des Gewerbetreibenden oder Vertreters, wenn die
weitere Ausübung des Gewerbes für die
Allgemeinheit oder die im Betrieb Beschäftigten eine *Gefährdung* des Lebens, der
Gesundheit, der Freiheit oder der Sitt-
lichkeit oder eine Gefährdung des Eigentums oder des Vermögens anderer mit sich
bringt, die nur durch die G. abgewendet
werden kann. – 2. Ist der Sachverhalt
bereits Gegenstand eines *Strafverfahrens*
gewesen, darf die G. im allgemeinen nicht
ausgesprochen werden, wenn das Gericht
die G. bereits abgelehnt hat.

Gewerbeverlust, Begriff des Gewerbe-
steuerrechts: Mögliches Fehlergebnis bei
Ermittlung des →Gewerbeertrags für einen
Erhebungszeitraum (Kalenderjahr); nicht
identisch mit Verlust aus Gewerbebetrieb.
Die Berechnung zeigt das nachstehende
Beispiel:

Gewinn aus Gewerbebetrieb	2000, –
Hinzurechnungen (§ 8 GewStG)	1000, –
	3000, –
Kürzungen (§ 9 GewStG	4000, –
Gewerbeverlust	1000, –

Gewerbetreibende können einen G. aus den
vorangehenden Erhebungszeiträumen bei
Ermittlung des maßgebenden Gewerbeertrags berücksichtigen, soweit die Fehlbeträge nicht in den vorhergehenden Jahren
berücksichtigt wurden; die Höhe der vor-
tragsfähigen Fehlbeträge ist gesondert festzustellen (§ 10 a GewStG).

Gewerbezentralregister, amtliches Register aufgrund des § 149 GewO beim →Bun-
deszentralregister geführt. – 1. *Eintragungen*: a) Entscheidungen einer Verwaltungsbehörde, durch die wegen Unzuverlässigkeit oder Ungeeignetheit u. a. ein Antrag
auf Zulassung zu einem →Gewerbe oder
einer sonstigen wirtschaftlichen Unternehmung abgelehnt oder eine erteilte Zulassung zurückgenommen oder widerrufen,
die Ausübung eines Gewerbes untersagt
oder im Rahmen eines Gewerbebetriebes
die Befugnis zur Einstellung oder Ausbildung von Auszubildenden entzogen oder
die Beschäftigung von Kindern und Jugendlichen verboten wird; b) Verzichte auf
eine Zulassung zu einem Gewerbe während
eines Rücknahme- oder Widerrufsverfah-
rens; c) Bußgeldentscheidungen im Zusammenhang mit der Ausübung eines Gewerbes oder dem Betrieb einer sonstigen wirtschaftlichen Unternehmung, sofern die
→Geldbuße mindestens 200 DM beträgt. –
2. *Auskunft* erhalten die Betroffenen und
Behörden (v. a. Gerichte und Polizeibehör-
den). – 3. Wird eine eingetragene Entscheidung später aufgehoben, so wird sie aus
dem G. *entfernt*. Eintragungen über Bußgeldentscheidungen werden nach Ablauf
von drei (bei Geldbußen bis 300 DM) oder
von fünf Jahren *getilgt*.

gewerbliche Arbeitnehmer. 1. *Gewerbeordnung*: →Arbeitnehmer, die in einem
der →Gewerbeordnung (GewO) unterfal-
lenden Gewerbebetrieb als Gesellen
(→Handwerksgeselle), Gehilfen, (→Ge-
werbegehilfe), →Auszubildende, Betriebs-
beamte, Werkmeister, Techniker, Fabrikar-
beiter oder in ähnlicher Stellung beschäftigt
sind. Für die Arbeitsverhältnisse der g. A.
gelten die §§ 105 ff. GewO. – 2. In *Tarifver-*

trägen sind mit g. A. zumeist nur die →Arbeiter gemeint. – *Anders*: →kaufmännische Angestellte.

gewerbliche Niederlassung, →Niederlassung.

gewerblicher Arbeiter, →Arbeiter, →Gewerbegehilfe, →gewerbliche Arbeitnehmer.

gewerblicher Betrieb, →Gewerbebetrieb, →wirtschaftliche Einheit.

gewerblicher Rechtsschutz, Schutz der technisch verwertbaren geistigen Arbeit. Das Rechtsgebiet *umfaßt*: →Patentrecht, →Gebrauchsmusterrecht, →Geschmacksmusterrecht, →Warenzeichenrecht. Im weiteren Sinne wird zum g. R. auch das →Urheberrecht und →Wettbewerbsrecht gezählt.

gewerblich geprägte Personengesellschaft, Begriff des Einkommensteuerrechts. Nicht gewerbliche →Personengesellschaft, bei der ausschließlich eine oder mehrere →Kapitalgesellschaften persönlich haftende Gesellschafter sind, zur Geschäftsführung befugt sind. G. g. P. gilt als →Gewerbebetrieb (§ 15 III EStG).

Gewerbsmäßigkeit, ein in verschiedenen strafrechtlichen Tatbeständen (u. a. bei Hehlerei, Wucher und im Steuerstrafrecht) strafbegründendes oder strafschärfendes Merkmal. G. bedeutet Handeln in der Absicht, sich durch wiederholte Begehung von Straftaten gleicher Art (wenn auch nicht notwendig für die Dauer, so doch für längere Zeit und nicht nur vorübergehend) eine Einkommensquelle zu erschließen.

Gewerkschaften, nach Industrie-Gruppen, nach Berufen oder nach politischen oder religiösen Richtungen gegliederte Vereinigungen von Arbeitnehmern bzw. von Arbeitnehmervereinigungen zur Verbesserung der sozialen und wirtschaftlichen Lebensbedingungen und als sonstige Interessenvertretungen gegenüber dem Staat und den Arbeitgebern (Arbeitgebervereinigungen) – Vgl. auch →Sozialpartner.

I. Geschichte der G.: 1. *Bis 1933*: a) Erste im Verlauf der Industrialisierung aufgrund der schlechten sozialen Lage der Arbeitnehmerschaft entstandene gewerkschaftsähnliche Vereinigungen wurden in Deutschland 1848 wieder aufgelöst. Neu

hervorgegangen aus den 1865 und 1866 gegründeten Reichsorganisationen der Tabakarbeiter und Buchdrucker. Voraussetzung für weiterreichende G.-Gründung: die 1869 aufgrund der Agitation von Lassalle in Preußen gewährte →Koalitionsfreiheit. – *Drei Richtungen*: (1) die „Arbeiterschaften", hervorgegangen aus Lassalles „Allgemeinem Deutschen Arbeiterverein" und den 1868 durch Bebel begründeten „Internationalen Gewerksgenossenschaften"; (2) die durch Dr. Max Hirsch und Franz Duncker gegründeten freiheitlich-nationalen Gewerkvereine. 1878: →Sozialistengesetz (Lahmlegung der unter (1) erwähnten G. bis zur Aufhebung des Gesetzes 1890), Spitzenorganisation dieser „freien" G. seit 1891: Generalkommision; (3) seit Mitte der neunziger Jahre aufgebaute christliche G., hervorgegangen aus der christlich-sozialen Bewegung (Bischof Ketteler). Diese drei Richtungen der deutschen G. als Richtungsgewerkschaften waren politisch ausgerichtet: freie G. verbunden mit der Sozialdemokratie, christliche G. der Zentrumspartei nahestehend, Hirsch-Dunckersche G. den liberalen Parteien nahestehend. – b) *Nach dem ersten Weltkrieg* neuer Auftrieb der G.-Bewegung durch sog. Novemberabkommen vom 15. 11. 1918 zwischen Arbeitnehmern und Arbeitgebern: Anerkennung der G. als Vertretung der Arbeitnehmer und deren unbedingter Koalitionsfreiheit; Verzicht der Arbeitgeber auf Werksvereine; Regelung der Arbeitsbedingungen für sämtliche Arbeitnehmer durch Kollektivvereinbarungen mit den G. (→Tarifvertrag); Einrichtung von Arbeitsausschüssen (Vorläufer der →Betriebsräte) in sämtlichen Betrieben mit mehr als 50 Beschäftigten; Einführung des 8-Stunden-Tages. Aus den Grundsätzen dieses Abkommens ist entwickelt worden (1) das kollektive Arbeitsvertragsrecht, (2) Betriebsräterecht, (3) Urlaubsrecht, (4) Verbesserung des Sozialversicherungsrechts und dessen Ergänzung durch Vorsorge für den Fall der →Arbeitslosigkeit und →Kurzarbeit. – 2. *1933 bis 1945*: Auflösung der G. sämtlicher Richtungen. Überführung ihrer Mitglieder in die „Deutsche Arbeitsfront". – 3. *Nach 1945*: Neugründung der G.. An die Stelle von Richtungs-g. traten Einheits-G., statt des Berufsprinzips dominierte das Prinzip des Industrieverbandes (Ausnahme z. B. Deutsche Angestellten-Gewerkschaft). 1949 Trennung der westdeutschen G. vom gesamtdeutschen „Freien Deutschen Gewerkschaftsbund" (FDGB seitdem Bezeichnung für die alleinige Gewerkschaftsorganisation in der ehemaligen DDR) und Gründung des DGB (Deutscher Gewerkschaftsbund). Dieser lehnte auf seinem Gründungskongreß den Neuaufbau einer kapitalistischen Gesellschafts- und Wirtschaftsordnung ab und forderte statt dessen energische Schritte in Richtung einer Wirtschaftsdemokratie. Er geriet damit in einen Gegensatz zu den vorherrschenden politischen Kräften, der sich auf gewerkschaftlicher Seite 1955 in der Gründung der CGD (Christliche Gewerkschaftsbewegung Deutschlands) äußerte.

II. Heutige Bedeutung in der Bundesrep. D.: 17 nach dem Industrieprinzip organisierte Einzelgewerkschaften zusammengefaßt im →Deutschen Gewerkschaftsbund (DGB), Sitz Düsseldorf. Daneben →Deutsche Angestellten-Gewerkschaft (DAG), Sitz Hamburg; →Deutscher Beamtenbund, Sitz Köln; →Christlicher Gewerkschaftsbund Deutschlands (CGB).

III. Internationale Organisationen: Um die Jahrhundertwende von Deutschland aus entstanden. 1949 konstituierte sich nach Ablösung vom kommunistisch orientierten Weltgewerkschaftsbund der Internationale Bund Freier Gewerkschaften (IBFG).

IV. G. in anderen Ländern: 1. Entwicklung der G. in *Frankreich*: Confédération Générale du Travail. – 2. G. in den *USA*: American Federation of Labor-Congress of Industrial Organizations (Zusammenschluß AFL-CIO im Dezember 1955), Independents.

gewerkschaftliche Vertrauensleute, →Vertrauensleute der Gewerkschaft.

Gewerkschaftsbeitrag, Mitgliedsbeitrag des Arbeitnehmers zu einer →Gewerkschaft. – *Einzug durch Arbeitgeber* umstritten: Teilweise wird angenommen, der Einzug durch das Lohnbüro des Arbeitgebers bringe die Gewerkschaft in eine Abhängigkeit von der Gegenseite, so daß die Gegnerfreiheit (→Koalition) berührt sei. Umstritten ist auch, ob der Einzug in →Tarifverträgen vereinbart werden kann (Grenzen der →Tarifautonomie).

Gewichtsstaffel, Bemessung der Beförderungsentgelte nach dem Gewicht der Güter,

so daß eine Differenzierung entsprechend der Abnahme der Kosten je Gewichtseinheit mit wachsender Transportmenge erfolgt *(Mengenstaffel).* – *Anders:* →Wertstaffel, →Entfernungsstaffel.

Gewichtsverlustmaterialien, →Materialindex, →Reingewichtsmaterialien.

Gewichtszoll, der nach dem Gewicht des Zollguts zu bemessende →Zoll. Im Gemeinsamen Zolltarif der EG nur noch im Ausnahmefall vorgesehen. – Vgl. auch →Wertzoll.

Gewichtung, bei der Berechnung von →Mittelwerten Einbringung von Faktoren („Gewichten") g_i, die den Einfluß der eingehenden Einzelwerte auf den resultierenden Mittelwert bestimmen. Z. B. ist

$$\bar{x}_g = \sum g_i x_i$$

ein gewichtetes (gewogenes) →arithmetisches Mittel der Werte x_i. I. d. R. wird von G. nur gesprochen, wenn $g_i > 0$ für alle i ist und $\sum g_i = 1$ gilt. Allgemeiner wird der Begriff G. auch verwendet, wenn eine dieser beiden Voraussetzungen oder beide fehlen. G. hat Bedeutung z. B. bei der Ermittlung des arithmetischen Mittels aus einer →Häufigkeitsverteilung oder bei der Berechnung von →Indexzahlen.

Gewichtungsziffer, →Äquivalenzziffer.

gewillkürte Orderpapiere, →Orderpapiere.

gewillkürtes Betriebsvermögen, Begriff des Bilanzsteuerrechts: →Wirtschaftsgüter, die weder →notwendiges Betriebsvermögen noch →notwendiges Privatvermögen sind, vorausgesetzt, sie stehen in einem gewissen objektiven Zusammenhang mit dem Betrieb und sind ihn zu fördern geeignet oder bestimmt. Die Aufnahme in das →Betriebsvermögen erfolgt durch →Einlage. – G. B. ist *nicht* möglich bei Kapitalgesellschaften, Gesellschaftsvermögen bei Personengesellschaften und Gewinnermittlung nach § 4 III EStG (→Betriebsvermögen I).

Gewinn. I. Handelsrecht: 1. *Unternehmungsgewinn* = →Jahresüberschuß: Differenz zwischen Erträgen und Aufwand eines Geschäftsjahres (→Unternehmungsergebnis). – 2. *Ermittlung des G.:* Vgl. →Erfolgsrechnung, →Gewinnermittlung. – 3. *Behandlung des G.* (der Gewinnanteile): a) Bei

Personengesellschaften: Vgl. →Gewinn- und Verlustbeteiligung. b) Bei Kapitalgesellschaften: Vgl. →Gewinnausschüttung, →Gewinnverwendung.

II. Kostenrechnung: 1. Betriebsgewinn: Differenz zwischen Betriebserträgen und Kosten einer Periode (→Betriebsergebnis; vgl. auch Deckungsbeitrag). – 2. Neutraler Gewinn: Unternehmungsgewinn – Betriebsgewinn (→neutrales Ergebnis). III. Steuerrecht: Die Ermittlung des G. kann auf unterschiedliche Weise erfolgen (vgl. hierzu →Einkünfteermittlung). Der steuerpflichtige G. unterliegt der Einkommen- oder Körperschaftsteuer und bildet den Ausganswert für Errechnung des Gewerbeertrags (§ 7 GewStG).

Gewinnabführungsvertrag, *Ergebnisabführungsvertrag, Ergebnisübernahmevertrag* 1. *Begriff:* →Unternehmensvertrag, durch den eine AG oder KGaA sich verpflichtet, ihren ganzen Gewinn an ein anderes Unternehmen abzuführen (§ 291 I AktG). Der andere Vertragsteil hat jeden während der Vertragsdauer entstehenden Jahresfehlbetrag auszugleichen (Verlustübernahme gem. § 302 I AktG). Als G. gilt auch ein Vertrag, durch den eine AG oder KGaA es übernimmt, ihr Unternehmen für Rechnung eines anderen Unternehmens zu führen. – Der G. ist schriftlich abzuschließen und bedarf – wie seine Änderungen – der Zustimmung der Hauptversammlung (grundsätzlich ¾-Mehrheit des vertretenen Kapitals), wenn der andere Vertragsteil eine AG oder KGaA ist, auch deren Hauptversammlung. Mit der Eintragung in das Handelsregister wird der G. wirksam. Er kann nur zum Ende des Geschäftsjahres oder des vertraglich vereinbarten Abrechnungszeitraumes aufgehoben werden; fristlose Kündigung ist zulässig. Die Beendigung des G., deren Grund und deren Zeitpunkt sind zur Eintragung im Handelsregister anzumelden. – Sicherung der außenstehenden Aktionäre bei Bestehen eines G. durch Ausgleichszahlung, Abfindung und Sondervorschriften (§§ 304–307 AktG). Vgl. auch →Teilgewinnabführungsvertrag. – 2. *Steuerliche Behandlung*: Vgl. →Organschaft.

Gewinnanteil des Gesellschafters. I. Handelsrecht: Der anteilige, quotenmäßige Anspruch des Gesellschafters auf Beteiligung am →Gewinn einer Gesellschaft.

– 1. Bei der *Gesellschaft bürgerlichen Rechts* bestimmt sich der G. nach dem Gesellschaftsvertrag; mangels Vereinbarung hat jeder Gesellschafter den gleichen G. ohne Rücksicht auf seine Beteiligungshöhe. Vereinbarung über G. oder Anteil am Verlust gilt im Zweifel für Gewinn und Verlust (§ 722 BGB). Rechnungsabschluß und Gewinnverteilung können nach Auflösung der Gesellschaft, bei Gesellschaften von längerer Dauer am Schluß jedes Geschäftsjahres verlangt werden (§ 721 BGB). – 2. Bei *OHG und KG*: Vgl. →Gewinn- und Verlustbeteiligung. – 3. Bei der *GmbH* wird der Gewinn nach dem Verhältnis der Geschäftsanteile verteilt, wenn nicht der Gesellschaftsvertrag eine andere Regelung vorsieht (§ 29 GmbHG). – 4. Bei *Genossenschaften*: →Kapitaldividende und/oder →Rückvergütung. – 5. In der *AG* wird der G. a) des →*Aktionärs* als →Dividende, b) der Mitglieder des →*Vorstands* und →*Aufsichtsrats* (→Gewinnbeteiligung) als →*Tantieme* bezeichnet.

II. Steuerrecht: Der G. unterliegt beim Empfänger der Einkommensteuer oder Körperschaftsteuer, ggf. dem Steuerabzug für Kapitalertragstcuer. – Vgl. auch →Gewinnausschüttung.

Gewinnanteilschein, →Dividendenschein.

Gewinnausschüttung, Auszahlung von Gewinnanteilen (→Gewinnverwendung).

I. Kapitalgesellschaften: 1. *Formen*: a) unmittelbar an GmbH-Gesellschafter, b) gegen →Kupons an Aktionäre (→Dividende), c) im Wege der →Kapitaldividende und/oder →Rückvergütung. Rückvergütung an Genossen (→Genossenschaft). – 2. G. *erfolgt* nach Beschluß über Gewinnverwendung durch die zuständigen Organe und nach Erfüllung der gesetzlich oder statutarisch erforderlichen Leistungen (Zahlung von Körperschaftsteuer und Aufsichtsratsvergütung, Zuführung zur gesetzlichen Rücklage u. a. m.). – 3. *Besteuerung*: Für G. unbeschränkt steuerpflichtiger Körperschaften ist auf der Gesellschaftsebene eine →Ausschüttungsbelastung von 36% des ausgeschütteten Gewinns vor Abzug der Körperschaftsteuer herzustellen, was zu einer Körperschaftsteuerminderung oder -erhöhung führen kann. – Die Einkommensteuer der Empfänger von G.-Beträgen wird als →Kapitalertragsteuer durch Abzug von der Bardividende erhoben (→Quellenbesteuerung) und ist von der Körperschaft einzubehalten und an das Finanzamt abzuführen. Die einbehaltene Kapitalertragsteuer wird bei →unbeschränkter Steuerpflicht der Anteilseigner wie eine →Vorauszahlung auf die Einkommensteuer angerechnet; ist der Anteilseigner beschränkt steuerpflichtig, so gilt die Einkommensteuer als abgegolten. – *Besonderheit*: Vgl. →verdeckte Gewinnausschüttung.

II. Personengesellschaften: Vgl. →Gewinn- und Verlustbeteiligung.

Gewinnbeteiligung. I. Erfolgsbeteiligung: 1. Die *Mitarbeiter eines Unternehmens* nehmen aufgrund ihrer Kapitalgebereigenschaft, gleichgültig wie diese zustande kommt (→Kapitalbeteiligung), gleichermaßen am Gewinn teil wie die kapitalgebenden Unternehmer. Ausschlaggebend für die Höhe des Gewinnanteils ist lediglich die Höhe der Kapitaleinlage. Bezugsgröße der G. ist zumeist der Bilanzgewinn. – Zur *gesamtwirtschaftlichen Problematik* vgl. →Investivlohn. – *Gewinnbeteiligungsregelungen auf freiwilliger Grundlage* durch Unternehmen sowie aufgrund tarifvertraglicher Vereinbarungen. Unterschiedliche Formen werden in der betrieblichen Praxis angewandt. Die dabei auftretenden Unterschiede sind hinsichtlich Funktion der G. und Auszahlungs- und Verfügungsmodus begründet. – G. von Arbeitnehmern (Prokuristen, Geschäftsleitern usw.) berührt grundsätzlich nicht deren *Arbeitnehmereigenschaft*. Mitinhaberschaft erst durch Beteiligung an stillen Rücklagen oder Anlagevermögen. – 2. *G. der Vorstands- und Aufsichtsratsmitglieder* (→Tantieme): Soll in einem angemessenen Verhältnis stehen zu den Aufgaben des Vorstands- oder Aufsichtsratsmitglieds und der Lage der Gesellschaft (§§ 87 I, 113 I AktG).

II. Sonderausstattung von Schuldpapieren: 1. Lediglich G. besteht i. d. R. bei →Genußscheinen. – 2. Schuldverschreibungen, die neben oder ohne festen Zinssatz eine G. währen *(→Gewinnschuldverschreibungen)*.

III. Individualversicherung: Vgl. →Beitragsrückerstattung.

IV. Sachversicherung: Eine Erfolgsbeteiligung, die der Versicherer dem Versicherungsnehmer nach einem bzw. drei Jahren

bei gutem Schadenverlauf auszahlt. Die Einzelheiten der Berechnung und Abwicklung bestimmen die Versicherungsverträge. Maßgeblich ist allein der Vertragsverlauf einer Police, nicht das gesamte Geschäftsergebnis des Versicherers. Die G. soll den Versicherungsnehmer anregen, besonders viel zu Schadenverhütung, -abwendung und -minderung beizutragen.

Gewinndruckinflation, →Inflation IV 2b) (1).

Gewinnentnahmesperre, →negatives Kapitalkonto II 2b).

Gewinnermittlung. 1. *Handelsrechtliche Ermittlung* des Periodengewinns einer Unternehmung; vgl. im einzelnen →Gewinn- und Verlustrechnung (GuV) (vgl. auch →kurzfristige Erfolgsrechnung, →Deckungsbeitragsrechnung). – 2. G. zur *Besteuerung* nach dem Einkommen (Einkommen-, Körperschaftsteuer) und nach dem Gewerbeertrag (Gewerbesteuer): vgl. →Einkünfteermittlung. – 3. Sonderfall: *Gewinnermittlung bei Liquidation* einer Körperschaft. Der Besteuerung wird der im Zeitraum der →Abwicklung erzielte Gewinn zugrunde gelegt. Der Besteuerungszeitraum soll drei Jahre nicht übersteigen. Als im Abwicklungszeitraum erzielter Gewinn gilt gem. § 11 II KStG der Unterschied zwischen dem zur Verteilung gelangenden Vermögen (Abwicklungsendvermögen) und dem Betriebsvermögen, das am Schluß der Liquidation vorangegangenen Wirtschaftsjahres der Veranlagung zugrunde lag (Abwicklungsanfangsvermögen). Dem so ermittelten Gewinn sind die nach Körperschaftsteuerrecht nicht abzugsfähigen Aufwendungen, insbes. die während der Abwicklung gezahlten Personensteuern, hinzuzurechnen.

Gewinnermittlungsbilanz, →Erfolgsbilanz.

Gewinnfeststellung. 1. *Steuerrechtlicher Begriff*: Feststellung der Höhe und Verteilung von Einkünften durch das →Betriebsfinanzamt, das →Tätigkeitsfinanzamt oder das →Verwaltungsfinanzamt (§ 18 AO) in einem gesonderten →Feststellungsbescheid (§ 180 I Nr. 2 AO) a) bei einkommen- und körperschaftsteuerpflichtigen Einkünften, wenn mehrere Personen daran beteiligt sind; b) bei Einkünften aus Land- und Forstwirtschaft, Gewerbebetrieb oder freiberuflicher Tätigkeit, wenn das zuständige Finanzamt nicht auch für die Einkommensteuern zuständig ist. G. bildet eine Ausnahme von dem Grundsatz, daß die →Besteuerungsgrundlagen nur ein unselbständiger Teil des →Steuerbescheids sind. G. geschieht einheitlich und gesondert; sie verhindert, daß der gleiche Sachverhalt gegenüber den verschiedenen Beteiligten steuerlich unterschiedlich gewertet wird. G. geht i. d. R. aus von den Angaben über die Beteiligten (Gesellschafter), das Beteiligungsverhältnis und die Gewinnverteilung, die der vertretungsberechtigte Beteiligte in der Erklärung zur einheitlichen und gesonderten Gewinnfeststellung (→Steuererklärung) abzugeben hat. – 2. Die in dem G.-Bescheid getroffenen *Feststellungen* richten sich gegen alle Personen, die an dem Betrieb beteiligt sind, und werden den Steuerbescheiden der Beteiligten zugrunde gelegt (§ 182 I AO). – 3. Die *G.-Bescheide* werden dem Empfangsbevollmächtigten mit Wirkung für und gegen alle Feststellungsbeteiligten bekanntgegeben (§ 183 AO). – 4. *Rechtsbehelf*: Gegen den G.-Bescheid ist der →Einspruch gegeben (§ 348 I Nr. 2 AO) Die Befugnis zur Einlegung ergibt sich aus § 352 AO, § 48 FGO.

Gewinnfunktion, funktionale Beziehung zwischen maximalem →Gewinn einer Unternehmung und allen von der Unternehmung als gegeben betrachteten Güter- und Faktorpreisen. Gewinn = Erlös – Kosten (G = E – K). – 1. Für *Einproduktunternehmungen* ist hierbei der Erlös das Produkt der Absatzmenge x und dem zugehörigen Preis p, wobei x idealtypisch zugleich durch die Nachfragefunktion funktional von p abhängt und umgekehrt. Da auch die Kosten funktional von der Absatzmenge x abhängen (sofern Absatz = Produktion), ergibt sich: G (x) = E (x) – K (x); G (x) = p (x) · x – K (x). In gleicher Weise läßt sich der Gewinn als Funktion des Preises p darstellen. – 2. Für *Mehrproduktunternehmungen* ist die Gewinnfunktion entsprechend komplizierter bzw. komplexer. – Ebenfalls steigt die Komplexität erheblich, wenn man die in der Realität vorhandene Breite von Gewinneinflußfaktoren berücksichtigen will. – Die G. ist die Grundlage von Gewinnanalysen.

Gewinngemeinschaft, →Unternehmungszusammenschluß, begründet durch

einen Vertrag, durch den eine Aktiengesellschaft sich verpflichtet, ihren Gewinn oder den Gewinn einzelner Betriebe ganz oder zum Teil dem Gewinn anderer Unternehmen oder einzelner Betriebe anderer Unternehmen zur Aufteilung eines gemeinschaftlichen Gewinns zusammenzulegen (§ 292 I Nr. 1 AktG).

Gewinnlinse, Beschäftigungsbereich, innerhalb dessen Grenzen eine Unternehmung einen Gewinn erzielt. – 1. Bei *kubisch-parabolischem Gesamtkostenverlauf* (K) liegen i. d. R. diese Kosten bei Beschäftigung x_0 bis x_1 wegen der anteilig hohen fixen Kosten über der Erlösfunktion (E). In dem Beschäftigungsbereich x_1 bis x_2 entsteht dagegen ein Gewinn. Wegen seiner linsenförmigen Gestalt bei graphischer Darstellung eine Gewinn erzielt. Darstellung des Kurvenverlaufs wird dieser Erlösbereich (zwischen N_1 und N_2) als Gewinnlinse bezeichnet (vgl. Abb.). – 2. Desgleichen entstehen eine G. bei *linearem Kostenverlauf und monopolistischer Absatzfunktion*.

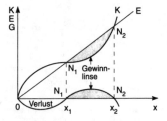

Gewinnmaximierung, Verhaltensannahme, nach der eine Unternehmung ihren →Gewinn maximiert. Bezeichnet man den Erlös E als Funktion von n Aktivitätsniveaus $a_1, ..., a_n$ also $E = E(a_1, ... a_n)$, und die Kosten K als Funktion derselben Aktivitätsniveaus, also $K = K(a_1, ..., a_n)$, dann wählt die Unternehmung ihre Aktivität so, daß $R(a_1, ..., a_n) - K(a_1, ..., a_n)$ maximiert wird. Dabei hat die Unternehmung Restriktionen zu berücksichtigen, die durch technologische Erfordernisse und durch die Handlungen anderer Marktteilnehmer vorgegeben sein können. – Vgl. auch →Gewinnprinzip, →erwerbswirtschaftliches Prinzip.

Gewinnobligation, →Gewinnschuldverschreibungen.

Gewinnplanung. I. Allgemeines: Die G. resultiert aus einer geschlossenen Planungsrechnung, die – ausgehend vom Absatzplan (wenn dieser – wie i. d. r. der Fall – der →Engpaßbereich ist) – alle betrieblichen Teilpläne zusammenfaßt. Der *Planungszeitraum* für die G. ist in der Regel ein Jahr, untergliedert in Monatspläne. Das Ergebnis der G. ist der nach Erzeugnissen differenzierte *Gewinnplan* als Unterlage für die Geschäftsleitung zur Lösung aller gewinnbestimmenden Entscheidungsprobleme. *Voraussetzungen* für eine wirkungsvolle G. sind u. a. sorgfältige Absatzplanung, gute Arbeitsvorbereitung, gut ausgebaute →Deckungsbeitragsrechnung, →Zeitablaufrechnung, Rechnung mit →Deckungsbudgets oder →Plankostenrechnung. – Vgl. auch →Planbilanz.

II. Finanzbuchhaltung: Die Ermittlung des Jahresgewinns mit Hilfe Gewinn- und Verlustrechnung der Finanzbuchhaltung ist für die G. ungeeignet, da (1) Aufwand und Ertrag der Finanzbuchhaltung abgegrenzt werden müssen hinsichtlich perioden- und betriebsfremder sowie außergewöhnlicher Beträge, (2) für die monatliche Erfolgsermittlung in der Finanzbuchhaltung i. d. R. Inventuren der Halb- und Fertigerzeugnisbestände erforderlich sind und (3) die Aufwandsseite in der Gewinn- und Verlustrechnung der Finanzbuchhaltung nach Produktionsfaktoren und nicht, wie für eine wirkungsvolle G. erforderlich, nach Produktarten gegliedert ist.

III. Kostenrechnung: Für eine wirksame G. ist ein gut ausgebautes Kostenrechnungsverfahren in der Form der →Einzelkostenrechnung oder →Grenzplankostenrechnung erforderlich, da diese Kostenschlüsselungen (weitgehend) vermeiden und damit ein unverzerrtes Bild der Realität liefern.

IV. Durchführung: 1. *Planung des Gewinns:* Wegen der →Interdependenz der betrieblichen Teilpläne mit ihren Einzeldaten und Sonderentscheidungen ist die praktische G. zunächst nur näherungsweise zu erreichen. Die G. wird daher meistens stufenweise, beginnend mit dem Absatzplan, aus den jeweils vorgeschalteten Teilplänen aufgebaut. Aus den so ermittelten Absatzmengen, Marktpreisen und geplanten proportionalen Selbstkosten je Erzeugniseinheit lassen sich die →Deckungsbeiträge ableiten, die stufenweise vermindert um

den Block der Fixkosten (→Deckungsbeitragsrechnung, →Fixkostendeckungsrechnung) den Plan-Nettogewinn ergeben. Die Einzelpläne müssen mehrmals berechnet werden, wenn Interdependenzen berücksichtigt werden (revolvierende Planung). Die Berechnungen ergeben eine annähernd optimale Abstimmung der Teilbereiche. Die so ermittelten Pläne werden den verantwortlichen Stellen vorgegeben und durch monatliche Abweichungsanalysen kontrolliert. – 2. *Soll-Ist-Vergleich des Gewinns*: Dient der monatlichen Abweichungsanalyse in der G. Er wird zweckmäßigerweise differenziert, z. B. nach Artikeln oder Artikelgruppen und Absatzgebieten durchgeführt. Die Analyse erstreckt sich insbesondere auf die Einflußgrößen mengenmäßiger Gesamtabsatz, Veränderungen der Sortimentszusammensetzung, Abweichungen im Preisniveau und in der Kostenstruktur.

Gewinnprinzip, unternehmerisches Formalziel v. a. in →privatwirtschaftlichen Marktwirtschaften und in der →staatssozialistischen Marktwirtschaft Ungarns. – *Schematischer Aufbau der Ergebnisrechnung*:

Verkaufserlöse

./. Abschreibungen	
./. Materialkosten	
./. Lohnkosten	Kosten
./. Kreditzinsen	
./. Kostensteuern	
./. sonstige Steuern	

= Gewinn

Der realisierte Gewinn wird *verwandt* zu a) Gewinnsteuerzahlungen, b) Reinvestitionen und c) Ausschüttungen an die Kapitaleigner und ggf. an andere Gewinnempfänger wie z. B. am Gewinn vertraglich beteiligte Belegschaftsmitglieder. – Vgl. auch →Planerfüllungsprinzip, →Einkommensprinzip.

Gewinnpunkt, →Break-even-Punkt 2.

Gewinnpunktrechnung, →Break-even-Analyse.

Gewinnrealisation, im Börsenhandel Verkauf von Wertpapieren, deren Kurs höher liegt als im Zeitpunkt des Ankaufs.

Gewinn-Richtsätze, →Richtsätze 1.

Gewinnrücklagen, von →Kapitalgesellschaften zu bildende →Rücklagen. Als G. dürfen gem. § 272 III HGB nur Beträge ausgewiesen werden, die im Geschäftsjahr oder in einem früheren Geschäftsjahr aus dem Jahresüberschuß gebildet worden sind. Dazu gehören →gesetzliche Rücklagen, auf Gesellschaftsvertrag oder Satzung beruhende Rücklagen, Rücklagen für eigene Anteile (§ 272 IV) und die sog. anderen Gewinnrücklagen. – *Nicht* zu den G. gehören die →Sonderposten mit Rücklagenanteil. Gem. § 31 →DM-Bilanzgesetz müssen Unternehmen (ausgenommen Kreditinstitute und Außenhandelsbetriebe) vorläufige G. bilden, wenn sie von dem Wahlrecht Gebrauch gemacht haben, nicht entgeltlich erworbene immaterielle Vermögensgegenstände (ggf. einschließlich eines Geschäfts- oder Firmenwertes), Aufwendungen für die Ingangsetzung und Erweiterung des Geschäftsbetriebes und Investitionshilfen zu aktivieren. Die Kennzeichnung als vorläufig entfällt mit der Tilgung der aktivierten Beträge.

Gewinnschuldverschreibung, *Gewinnobligation,* mit Anspruch auf →Gewinnbeteiligung ausgestattete →Anleihe, die aber im Gegensatz zu →Wandelschuldverschreibungen kein Umtausch- oder →Bezugsrecht auf Aktien gewähren. – *Ausgabe* nur auf Beschluß der Hauptversammlung mit ³⁄₄-Mehrheit des bei Beschlußfassung vertretenen Grundkapitals und nach staatlicher Genehmigung; die Aktionäre haben auf die G. ein Bezugsrecht (§ 221 AktG).

Gewinnschwelle, →Break-even-Punkt 2.

Gewinnschwellenrechnung, →Break-even-Analyse.

Gewinnspanne, Differenz zwischen →Erlösen und →Kosten einer Periode bzw. eines Stücks, vielfach in Prozenten des Erlöses ausgedrückt. – *Ausprägungen:* a) *Nettogewinn:* Differenz von →Erlösen und →Vollkosten; b) *Bruttogewinn* bzw. *Deckungsbeitrag:* Differenz von →Erlösen und →Einzelkosten.

Gewinnsparen, *Lossparen, Prämiensparen,* Sparform, bei der mit der Leistung der →Spareinlage gleichzeitig ein Lotterielos erworben wird, das an der Verlosung von Geld- und/oder Sachwerten teilnimmt. – *Beispiel:* Sparer kauft ein Los für 10 DM pro Monat, davon werden 8 DM am Ende des Jahres dem Sparkonto gutgeschrieben, mit einem Los in Höhe von 2 DM nimmt er an einer Lotterie teil.

Gewinnsteuern, →Ertragsbesteuerung I 2.

Gewinnthesaurierung, →Selbstfinanzierung.

Gewinnthese, These, die besagt, daß der Marktwert eines Unternehmens nur von den künftigen →Gewinnen und der herrschenden Marktrendite (→Rendite) abhängt (→Unternehmungsbewertung). Es könne nicht darauf ankommen, ob diese Zahlungen ausgeschüttet bzw. vom Eigentümer entnommen wurden oder nicht (Gordon). – *Gegenthese:* →Dividendenthese.

Gewinn- und Verlustbeteiligung, bei Personengesellschaften meist im →Gesellschaftsvertrag eingehend geregelt. Es gilt volle Vertragsfreiheit, jedoch darf ein Gesellschafter vom Geschäftsgewinn nicht völlig ausgeschlossen werden. Fehlt eine Vereinbarung über G. u. V., so gelten die folgenden Ausführungen.

I. Personengesellschaft/stille Gesellschaft: 1. *Gewinn- und Verlustverteilung:* a) *Offene Handelsgesellschaft:* Jedem Gesellschafter steht zunächst ein Vorzugsgewinnanteil in Höhe von 4% seines →Kapitalanteils zu (§ 121 I HGB). Der dann noch verbleibende Restgewinn wird gleichmäßig nach Köpfen unter die Gesellschafter verteilt. Die Kopfverteilung gilt auch bei Verlusten (§ 121 III HGB). Vgl. auch →Verlustberechnung. b) *Kommanditgesellschaft:* Für den Vorzugsgewinnanteil gilt gleiches (§ 168 I HGB). Der überschießende Restgewinn wird jedoch im angemessenen Verhältnis der Anteile verteilt. Im Streitfall muß die Angemessenheit durch das Gericht festgestellt werden. Dieselbe Verteilung gilt auch für die Verluste, jedoch kann der →Kommanditist nur bis zur Höhe seiner →Haftsumme in Anspruch genommen werden. c) *Stille Gesellschaft:* Es gibt keinen Vorzugsgewinnanteil. Im übrigen gilt die angemessene Beteiligung wie bei der KG (§ 231 HGB). – 2. *Gutschrift:* a) Der Gewinnanteil des *OHG-Gesellschafters* ist seinem Kapitalanteil gutzuschreiben (§ 120 II HGB). b) Gutschrift zugunsten des *Kommanditisten* nur bis zur Höhe der bedungenen Einlage möglich (§ 167 II HGB). c) Dem *stillen Gesellschafter* ist der Betrag auszuzahlen oder auf dem Privatkonto gutzuschreiben. Nicht erhobener Gewinn erhöht hier nicht die Einlage, wenn keine besondere Vereinbarung besteht (§ 232 III HGB). – 3. *Steuerrechtliche Behandlung*: Die gewählte Gewinnverteilung wird steuerlich grundsätzlich anerkannt; *ausgenommen*: (1) *Familiengesellschaften*: Die Gewinnverteilung wird nicht anerkannt, wenn sie wirtschaftlich den Leistungen der Familienmitglieder (Kapitaleinlage und Tätigkeit) nicht gerecht wird. (2) *GmbH & Co. KG*: Ist die GmbH alleinige Komplementärin einer KG und sind ihre Gesellschafter zugleich Kommanditisten, so ist ein unangemessen niedriger Gewinnanteil der GmbH eine →verdeckte Gewinnausschüttung. Eine angemessene Gewinnbeteiligung der GmbH muß mindestens eine Vergütung für den Kapitaleinsatz umfassen, bei fehlender Vermögenseinlage der GmbH eine Vergütung für das Haftungsrisiko.

II. Kapitalgesellschaft/Genossenschaft: Vgl. →Gewinnausschüttung, →Gewinnverwendung.

Gewinn- und Verlustkonto, →Verlust- und Gewinnkonto.

Gewinn- und Verlustrechnung (GuV), *Erfolgsrechnung, Erfolgsbilanz, Ertragsbilanz, Ergebnisrechnung, Umsatzrechnung, Aufwands- und Ertragsrechnung.* 1. *Begriff*: Die GuV ist eine Gegenüberstellung von →Aufwendungen und →Erträgen zur Ermittlung des Unternehmungsergebnisses und der Darstellung seiner Quellen. Sie ist Pflichtbestandteil des →Jahresabschlusses von Kaufleuten (§ 242 III HGB). – 2. *Aufbau*: Die GuV ist klar und übersichtlich zu gliedern, um einen Einblick in die Ertragslage der Unternehmung zu gewährleisten. Eine Saldierung von Aufwendungen und Erträgen ist deshalb grundsätzlich unzulässig (→Verrechnungsverbot). – 3. *Darstellungsform*: Die GuV kann in *Konto-* oder *Staffelform* aufgestellt werden. Wegen der größeren Übersichtlichkeit ist für Kapitalgesellschaften die Staffelform zwingend vorgeschrieben (§ 275 I HGB). Dabei kann von ihnen entweder das →Gesamtkosten-

verfahren oder das →Umsatzkostenverfahren angewendet werden (vgl. Übersicht „Gewinn- und Verlustrechnung nach dem Gesamtkosten- und Umsatzkostenverfahren"). Die einmal gewählte Darstellungsform ist grundsätzlich ebenso beizubehalten wie die Postenbezeichnung und Postenfolge, soweit sie bei Einzelunternehmen und Personengesellschaften frei wählbar sind (Grundsatz der formellen →Bilanzkontinuität bzw. Stetigkeit), damit die Vergleichbarkeit der GuV gewährleistet ist. – 4. *Wichtigste Vorschriften* des HGB über GuV (vgl. Tabelle):

275 Gliederung

(1) [1]Die Gewinn- und Verlustrechnung ist in Staffelform nach dem Gesamtkostenverfahren oder dem Umsatzkostenverfahren aufzustellen. [2]Dabei sind die in Absatz 2 oder 3 bezeichneten Posten in der angegebenen Reihenfolge gesondert auszuweisen.

(2) Bei Anwendung des Gesamtkostenverfahrens sind auszuweisen:

1. Umsatzerlöse
2. Erhöhung oder Verminderung des Bestands an fertigen und unfertigen Erzeugnissen
3. andere aktivierte Eigenleistungen
4. sonstige betriebliche Erträge
5. Materialaufwand:
   a) Aufwendungen für Roh-, Hilfs- und Betriebsstoffe und für bezogene Waren
   b) Aufwendungen für bezogene Leistungen
6. Personalaufwand:
   a) Löhne und Gehälter
   b) soziale Abgaben und Aufwendungen für Altersversorgung und für Unterstützung,
      davon für Altersversorgung
7. Abschreibungen:
   a) auf immaterielle Vermögensgegenstände des Anlagevermögens und Sachanlagen sowie auf aktivierte Aufwendungen für die Ingangsetzung und Erweiterung des Geschäftsbetriebs
   b) auf Vermögensgegenstände des Umlaufvermögens, soweit diese die in der Kapitalgesellschaft üblichen Abschreibungen überschreiten
8. sonstige betriebliche Aufwendungen
9. Erträge aus Beteiligungen,
   davon aus verbundenen Unternehmen
10. Erträge aus anderen Wertpapieren und Ausleihungen des Finanzanlagevermögens,
    davon aus verbundenen Unternehmen
11. sonstige Zinsen und ähnliche Erträge,
    davon aus verbundenen Unternehmen
12. Abschreibungen auf Finanzanlagen und auf Wertpapiere des Umlaufvermögens
13. Zinsen und ähnliche Aufwendungen,
    davon an verbundene Unternehmen
14. Ergebnis der gewöhnlichen Geschäftstätigkeit
15. außerordentliche Erträge

Gewinn- und Verlustrechnung nach dem Gesamtkosten- und Umsatzkostenverfahren

Gesamtkostenverfahren § 275 Abs. 2 HGB	Umsatzkostenverfahren § 275 Abs. 3 HGB
1. Umsatzerlöse	1. Umsatzerlöse
2. Erhöhung oder Verminderung des Bestands an fertigen und unfertigen Erzeugnissen	
3. andere aktivierte Eigenleistungen	
4. sonstige betriebliche Erträge	
5. Materialaufwand a) Aufwendungen für Roh-, Hilfs- und Betriebsstoffe und für bezogene Waren b) Aufwendungen für bezogene Leistungen	2. Herstellungskosten der zur Erzielung der Umsatzerlöse erbrachten Leistungen
6. Personalaufwand a) Löhne und Gehälter b) soziale Abgaben und Aufwendungen für Altersversorgung und für Unterstützung	3. Bruttoergebnis vom Umsatz
7. Abschreibungen a) auf immaterielle Vermögensgegenstände des Anlagevermögens und Sachanlagen sowie auf aktivierte Aufwendungen für die Ingangsetzung und Erweiterung des Geschäftsbetriebs	4. Vertriebskosten
b) auf Vermögensgegenstände des Umlaufvermögens, soweit diese die in der Kapitalgesellschaft üblichen Abschreibungen überschreiten	5. allgemeine Verwaltungskosten
8. sonstige betriebliche Aufwendungen	6. sonstige betriebliche Erträge
	7. sonstige betriebliche Aufwendungen

9. (8.) Erträge aus Beteiligungen
10. (9.) Erträge aus anderen Wertpapieren und Ausleihungen des Finanzanlagevermögens
11. (10.) sonstige Zinsen und ähnliche Erträge
12. (11.) Abschreibungen auf Finanzanlagen und auf Wertpapiere des Umlaufvermögens
13. (12.) Zinsen und ähnliche Aufwendungen
14. (13.) Ergebnis der gewöhnlichen Geschäftstätigkeit
15. (14.) außerordentliche Erträge
16. (15.) außerordentliche Aufwendungen
17. (16.) außerordentliches Ergebnis
18. (17.) Steuern vom Einkommen und vom Ertrag
19. (18.) sonstige Steuern
20. (19.) Jahresüberschuß/Jahresfehlbetrag

Quelle: Baetge, J./Fischer, Th. R., Zur Aussagefähigkeit der Gewinn- und Verlustrechnung nach neuem Recht, in: Albach, H./Forster, K. H., (Hrsg.), Beiträge zum Bilanzrichtlinien-Gesetz: Das neue Recht in Theorie und Praxis, Wiesbaden 1987.

16. außerordentliche Aufwendungen
17. außerordentliches Ergebnis
18. Steuern vom Einkommen und vom Ertrag
19. sonstige Steuern
20. Jahresüberschuß/Jahresfehlbetrag.

(3) Bei Anwendung des Umsatzkostenverfahrens sind auszuweisen:
1. Umsatzerlöse
2. Herstellungskosten der zur Erzielung der Umsatzerlöse erbrachten Leistungen
3. Bruttoergebnis vom Umsatz
4. Vertriebskosten
5. allgemeine Verwaltungskosten
6. sonstige betriebliche Erträge
7. sonstige betriebliche Aufwendungen
8. Erträge aus Beteiligungen, davon aus verbundenen Unternehmen
9. Erträge aus anderen Wertpapieren und Ausleihungen des Finanzlagevermögens, davon aus verbundenen Unternehmen
10. sonstige Zinsen und ähnliche Erträge, davon aus verbundenen Unternehmen
11. Abschreibungen auf Finanzanlagen und auf Wertpapiere des Umlaufvermögens
12. Zinsen und ähnliche Aufwendungen davon an verbundene Unternehmen
13. Ergebnis der gewöhnlichen Geschäftstätigkeit
14. außerordentliche Erträge
15. außerordentliche Aufwendungen
16. außerordentliches Ergebnis
17. Steuern vom Einkommen und vom Ertrag
18. sonstige Steuern
19. Jahresüberschuß/Jahresfehlbetrag.

(4) Veränderungen der Kapital- und Gewinnrücklagen dürfen in der Gewinn- und Verlustrechnung erst nach dem Posten „Jahresüberschuß/Jahresfehlbetrag" ausgewiesen werden.

§ 276 Größenabhängige Erleichterungen

Kleine und mittelgroße Kapitalgesellschaften (§ 267 Abs. 1, 2) dürfen die Posten § 275 Abs. 2 Nr. 1 bis 5 oder Abs. 3 Nr. 1 bis 3 und 6 zu einem Posten unter der Bezeichnung „Rohergebnis" zusammenfassen.

§ 277 Vorschriften zu einzelnen Posten der Gewinn- und Verlustrechnung

(1) Als Umsatzerlöse sind die Erlöse aus dem Verkauf und der Vermietung oder Verpachtung von für die gewöhnliche Geschäftstätigkeit der Kapitalgesellschaft typischen Erzeugnissen und Waren sowie aus von für die gewöhnliche Geschäftstätigkeit der Kapitalgesellschaft typischen Dienstleistungen nach Abzug von Erlösschmälerungen und der Umsatzsteuer auszuweisen.

(2) Als Bestandsveränderungen sind sowohl Änderungen der Menge als auch solche des Wertes zu berücksichtigen; Abschreibungen jedoch nur, soweit diese die in der Kapitalgesellschaft sonst üblichen Abschreibungen nicht überschreiten.

(3) [1] Außerplanmäßige Abschreibungen nach § 253 Abs. 2 Satz 3 sowie Abschreibungen nach § 253 Abs. 3 Satz 3 sind jeweils gesondert auszu-

weisen oder im Anhang anzugeben. [2] Erträge und Aufwendungen aus Verlustübernahme und aufgrund einer Gewinngemeinschaft, eines Gewinnabführungs- oder eines Teilgewinnabführungsvertrags erhaltene oder abgeführte Gewinne sind jeweils gesondert unter entsprechender Bezeichnung auszuweisen.

(4) [1] Unter den Posten „außerordentliche Erträge" und „außerordentliche Aufwendungen" sind Erträge und Aufwendungen auszuweisen, die außerhalb der gewöhnlichen Geschäftstätigkeit der Kapitalgesellschaft anfallen. [2] Die Posten sind hinsichtlich ihres Betrags und ihrer Art im Anhang zu erläutern, soweit die ausgewiesenen Beträge für die Beurteilung der Ertragslage nicht von untergeordneter Bedeutung sind. [3] Satz 2 gilt auch für Erträge und Aufwendungen, die einem anderen Geschäftsjahr zuzurechnen sind. Auch wenn Einzelkaufleute und Personengesellschaften nicht an diese Gliederungsvorschriften gebunden sind (vgl. aber →Rechnungslegung nach Publizitätsgesetz), so dienen diese Regelungen doch als Orientierungsmaßstab. Vielfach wird in Gesellschaftsverträgen auf diese Vorschriften Bezug genommen. – 5. *Aussagefähigkeit:* Durch die Trennbarkeit des Postens Jahresüberschuß/Jahresfehlbetrag in die Bestandteile „Ergebnis der gewöhnlichen Geschäftstätigkeit" (bestehend aus dem betrieblichen und dem Finanzergebnis), außerordentliches Ergebnis sowie (den einzelnen Ergebnisteilen nicht zurechenbare) Ertrags- und sonstige Steuern ist zwar eine Quellenanalyse möglich, doch bietet die G. keine klare Erfolgsspaltung im betriebswirtschaftlichen Sinn, da eine konsequente Trennung der Aufwendungen und Erträge in betriebliche und betriebsfremde, einmalige und regelmäßige periodeneigene und periodenfremde nicht verlangt wird. – Vgl. auch →Bilanzanalyse.

Gewinnungsbetriebe, von E. Gutenberg verwendeter Begriff für Urproduktionsbetriebe (→Urproduktion).

Gewinnung und Verarbeitung von Steinen und Erden, Teilbereich des Grundstoff- und Produktionsgütergewerbes, umfaßt die Zweige: Naturstein-, Sand- und Kies-, Schiefer- und sonstige Mineralien-, Zement-, Kalk-, Gips- und Kreide-, Ziegel-,

Gewinnung und Verarbeitung von Steinen und Erden

Jahr	Beschäftigte in 1000	Lohn- und Gehaltssumme	darunter Gehälter	Umsatz gesamt	darunter Auslandsumsatz	Nettoproduktionsindex 1985 = 100
				in Mill. DM		
1970	256	3 948	927	17 447	777	-
1975	215	5 136	1 525	21 559	1 501	-
1980	193	6 633	1 984	29 878	2 476	-
1985	157	6 387	2 247	28 765	3 253	100
1990	151	7 530	2 640	36 564	3 754	120,3

Grobsteinzeug-, Feuerfeste, Betonstein-, Kalksandstein-, Bims- und Bimsstein-Isolier- und Leichtbauplatten-, Asbestzementwaren-Industrie und sonstige Industrien der Steine und Erden.

Gewinnverband, →Abrechnungsverband.

Gewinnvergleichsrechnung, statisches Verfahren der →Investitionsrechnung, das durch Gegenüberstellung der jährlich zu erwartenden →Erlöse und der aus denDaten der Kostenrechnung ermittelten →Kosten (einschl. →Abschreibungen und →kalkulatorischen Zinsen) durchschnittliche Periodengewinne ermittelt und zwischen den Investitionsalternativen vergleicht. – *Vorteil*: Leichte Durchführbarkeit; *Nachteil*: Unzureichende Berücksichtigung des zeitlichen Anfalls der Ein- und Auszahlungen und des daraus resultierenden Zinswirkungen.

Gewinnversicherung, →entgangener Gewinn 2.

Gewinnverteilung, →Gewinnausschüttung.

Gewinnverwendung. I. Grundsätzliches: Verwendung des Gewinns insbes. bei Kapitalgesellschaften und Genossenschaften. *Vorschlagsrecht* für G. liegt beim Vorstand; *Beschlußfassung* über G. durch Hauptversammlung (AG, vgl. II), Gesellschafterversammlung (GmbH) oder Generalversammlung (Genossenschaft). – *Möglichkeiten der G.*: →Gewinnausschüttung, Zuführung zu Rücklagen und →Reservefonds, Verrechnung mit Verlustvortrag, Gewährung von →Tantiemen an Vorstand oder Aufsichtsrat, Weiterführung von Gewinnteilen als →Gewinnvortrag (vgl. auch →Dividendenpolitik). Für Personengesellschaften vgl. →Entnahmen.

II. G. Bei Aktiengesellschaften: 1. Wenn *Vorstand und Aufsichtsrat* den Jahresabschluß feststellen, können sie einen Teil des Jahresüberschusses, höchstens jedoch die Hälfte, in andere →Gewinnrücklagen einstellen; darüber hinaus nur bei entspr. Bestimmung der Satzung, jedoch nur so lange wie die anderen Gewinnrücklagen die Hälfte des Grundkapitals nicht übersteigen. (§ 58 II AktG). – 2. Die *Hauptversammlung* kann im Falle 1 weitere Beträge in Gewinnrücklagen einstellen oder als

Gewinn vortragen. Bei entsprechender Satzungsbestimmung kann sie auch eine andere Verwendung beschließen (§ 58 III AktG). – 3. Stellt die *Hauptversammlung* den Jahresabschluß fest, kann die Satzung bestimmen, daß höchstens die Hälfte des Jahresüberschusses in andere Gewinnrücklagen eingestellt wird. Beträge, die in die →gesetzliche Rücklage einzustellen sind, und ein Verlustvortrag, sind in allen Fällen vorab vom Jahresüberschuß abzuziehen (§ 58 I AktG).

Gewinnvortrag, durch Gewinnverwendungsbeschluß verbleibender Gewinnrest zur Regulierung der →Gewinnverwendung in späteren Jahren; wird auf das jeweils folgende Geschäftsjahr vorgetragene und der Ausschüttungsbasis (→Bilanzgewinn) hinzugerechnet. – Anzuweisen als Bilanzposition „Gewinnvortrag/Verlustvortrag". – Vgl. auch →Verlustvortrag.

Gewinnzone, Beschäftigungsbereich, in dem die →Erlöse über den →Gesamtkosten liegen. Bei linearen Kosten- und Erlösverläufen beginnt die G. im Gewinnpunkt (→Break-even-Analyse), bei nichtlinearen Kurvenverläufen können mehrere G. auftreten (→Gewinnlinse).

Gewinnzuschlag, Begriff der Kalkulation: Zuschlag, der beim Verkauf von Gütern und Leistungen meist in Prozenten der →Selbstkosten bzw. im Einzelhandel in Prozenten des Einstands- oder Verkaufspreises berücksichtigt wird.

Gewohnheitsmäßigkeit, strafbegründendes oder strafschärfendes Merkmal einer Straftat: Ein durch ständige Wiederholung entwickelter Hang zur Begehung von Straftaten bestimmter Art.

Gewohnheitsrecht. 1. *Allgemein*: Ungeschriebene Rechtsnormen, die sich durch ständige Übung gebildet haben und auf dem allgemeinen Rechtsbewußtsein beruhen. – *Ähnlich*: →Verkehrssitte, →Handelsbrauch. – 2. *Steuerrecht*: G. ist umstritten. Aufgrund des strengen Gesetzvorbehalts im Rahmen des Eingriffsrechts besteht nach herrschender Meinung kein steuerbegründendes G.; Steuervergünstigungen können – in Ausnahmefällen – kraft G. anerkannt werden, z. B. Bildung steuerfreier Rücklagen für Ersatzbeschaffung sowie das sog. Tauschgutachten.

gewöhnliche Methode der kleinsten Quadrate, Schätzmethode für ein →Einzelgleichungsmodell. Die unbekannten Koeffizienten werden dabei so bestimmt, daß die Summe der quadrierten Abweichungen zwischen den Beobachtungswerten und den vom geschätzten Modell beschriebenen Werten minimal wird. Im Falle eines linearen Modells, bei dem alle erklärenden Variablen exogen sind, das korrekt spezifiziert ist, keine Beobachtungs- und Meßfehler bei den Variablen auftreten und die Störvariablen alle dem Erwartungswert Null und die gleiche Varianz haben, ergibt die g. M. d. k. Q. beste lineare unverzerrte Schätzfunktionen. Treffen diese Annahmen nicht vollständig zu, dann verlieren die so bestimmten Schätzfunktionen teilweise diese wünschenswerten Eigenschaften. Die Annahmen sind daher mit geeigneten →Spezifikationsfehlertests zu überprüfen. Abweichungen von den Annahmen für die stochastische Spezifikation können unter Umständen mit verallgemeinerten Kleinst-Quadrate-Schätzfunktionen berücksichtigt werden. Die Residuen einer gewöhnlichen Kleinst-Quadrate-Schätzung sind die Basis für viele ökonometrische Testfunktionen (→Schätzverfahren mit beschränkter Information). Da die Kleinst-Quadrate-Schätzfunktionen bei einem linearen Einzelgleichungsmodell mit nur exogenen Variablen als erklärende Variablen lineare Funktionen der stochastischen Störvariablen sind, läßt sich in diesem Fall aus der Verteilung der Störvariablen einfach die Verteilung dieser Schätzfunktionen bestimmen. Sind die erklärenden Variablen teilweise stochastischer Natur, kann meist nur noch eine asymptotische bzw. approximative Verteilung angegeben werden.

gewöhnlicher Aufenthalt. I. S t e u e r - r e c h t: Ort, wo sich jemand unter solchen Umständen aufhält, die erkennen lassen, daß er dort nicht nur vorübergehend verweilt. G. A. ist gleichbedeutend mit dauerndem, im Gegensatz zu dem nur vorübergehenden Aufenthalt. →Unbeschränkte Steuerpflicht natürlicher Personen tritt i. d. R. dann ein, wenn der Aufenthalt im Inland länger als 6 Monate ohne längere Unterbrechung dauert (§§ 9 AO, 1 I EStG, 1 I VStG).

II. S o z i a l r e c h t: Ort, an dem sich der Berechtigte oder Verpflichtete unter Umständen aufhält, die erkennen lassen, daß er an diesem Ort oder in diesem Gebiet nicht nur vorübergehend verweilt (§ 30 III SGB 1), wobei über- oder zwischenstaatliche Regelungen unberührt bleiben (§ 30 II SGB 1). – Nach der Rechtsprechung des Bundessozialgerichts haben *Asylbewerber* während der Dauer des Asylverfahrens keinen g. A. im Bundesgebiet, sondern nur einen vorübergehenden Aufenthalt. Auch *Kinder ausländischer Staatsangehöriger* haben keinen g. A. im Bundesgebiet, solange sie sich noch im Ausland in Ausbildung befinden.

gewöhnlicher Bruch, Begriff der Transportversicherung; vgl. im einzelnen →Bruchschaden.

gezeichnetes Kapital, →Nominalkapital von Kapitalgesellschaften, als erste Position auf der Passivseite der →Bilanz ausgewiesen. G. K. ist das Kapital, auf das die Haftung der Gesellschafter für die Verbindlichkeiten der Kapitalgesellschaft gegenüber den Gläubigern beschränkt ist (§ 272 I HGB). Bei AGs ist als g. K. das →Grundkapital (§ 152 I AktG) und bei GmbHs das Stammkapital (§ 42 I GmbHG) auszuweisen. – Die *nicht eingeforderten* →*ausstehenden Einlagen* dürfen auch von dem Posten g. K. offen abgesetzt werden, so daß der verbleibende Betrag als ,,eingefordertes Kapital" auszuweisen ist. Vgl. auch →Kapitalherabsetzung.

gezogener Wechsel, *Tratte,* →Wechsel, durch den der →Bezogene angewiesen wird, an den Nehmer (Remittenten) eine bestimmte Geldsumme zu zahlen; gebräuchlichste Form des Wechsels. – *Sonderform*: →Sichttratte. – *Gegensatz*: →Solawechsel.

GfK-Erim-Panel, Form eines →Haushaltspanels unter Heranziehung von sechs Testgeschäften (→Store-Test), zwei Super- und vier Verbrauchermärkte, die ihren Standort in verschiedenen Regionen der Bundesrep. D. haben und unterschiedlichen Handelsfirmen angehören. Durchgeführt von der Gesellschaft für Konsum-, Markt- und Absatzforschung (Nürnberg).

GfÖ, Abk. für →Gesellschaft für Ökologie.

GFS, Abk. für Gemeinsame Kernforschungsstelle (→EURATOM).

GfürO, Abk. für →Gesellschaft für Organisation e. V..

Ghana, *Republik Ghana,* westafrikanischer Küstenstaat am Golf von Guinea. – *Fläche:* 238537 km². – *Einwohner (E):* (1989) 15,5 Mill. (65 E/km²); Akan-Völker, Mossi, Ewe, Ga-Adangme u.a.; jährliches Bevölkerungswachstum: 3,4%. – *Hauptstadt:* Accra; weitere wichtige Städte: Kumasi, Sekondi-Takoradi, Tamale, Bolgatanga, Cape Coast, Koforidua. – Unabhängig seit 1957, entstanden aus der britischen Kolonie Goldküste mit Ashanti, den nördlichen Territorien und dem westlichen, britisch verwalteten Teil von Togo. Seit 1960 Republik, Revolutionsrat seit Militärputsch von 1981 (Verfassung von 1979 außer Kraft). 1982 Ernennung eines 16köpfigen zivilen Kabinetts das dem PNDC (siebenköpfiger Revolutionsrat) untersteht. Staatschef ist Jerry Rawlings. Mehrere gescheiterte Putschversuche. Im Mai 1991 unterzeichnet Staatschef Rawlings ein Gesetz über die Bildung einer Konsultativversammlung, die bis zum Jahresende 1991 eine neue Verfassung ausarbeiten soll. – *Verwaltungsgliederung:* 10 Regionen und 110 Verwaltungsbezirke. – *Amtssprache:* Englisch.

Wirtschaft: Nach dem 1981 erfolgten Militärputsch hat sich die wirtschaftliche Lage noch nicht stabilisiert. Die Exporteinnahmen verminderten sich stark aufgrund gesunkener Weltmarktpreise für Kakao und Kakaoerzeugnisse, die Hauptausfuhrgüter. – *Landwirtschaft:* Wichtigster Wirtschaftsbereich; Tendenz zum Anbau von Industriepflanzen; Selbstversorgungsgrad mit Nahrungsmitteln (1982) bei 60%. In Küstennähe ausgedehnter Kakaoanbau (drittgrößter Kakaoproduzent der Erde), Kokospalmen, Kaffee, im Innern Ölpalmen, Kolanüsse, Baumwolle. In der Sahel-Region Erdnüsse, Viehzucht (wegen ungünstiger klimatischer Bedingungen geringe Bedeutung). – Geregelte *Forstwirtschaft* – *Fischereiwirtschaft:* Einer der wichtigsten Eiweißlieferanten für die Bevölkerung. – *Bergbau und Industrie:* Insbes. im südwestlichen Bergland bedeutende Vorkommen von Gold, Diamanten, Bauxit und Mangan, ferner Kupfer-, Zink-, Bleierz, Tantalit-Columbit und Quecksilber. Erste Ansätze einer eigenen Industrie, meist unter Verwendung heimischer Rohstoffe: Zucker- und Konservenindustrie, Aluminiumhütte, Ölraffinerie u.a. – Wirtschaftliche und verkehrsmäßige Erschließung mit Hilfe von mehrjährigen Entwicklungsplänen. – *BSP* (1989) 5503 Mill. US-\$ (380 US-\$ je E). – *Öffentliche Auslandsverschuldung:* (1988) 44,6% des BSP. – *Inflationsrate:* (1990) 37%. – *Export:* (1989) 771 Mill. US-\$, (v.a. Kakao und Kakaoprodukte). – *Import:* (1989) 825 Mill. US-\$, v.a. Maschinen und Fahrzeuge, Erdöl, Nahrungsmittel. – *Handelspartner:* Großbritannien, USA. EG-Länder, Japan, Kanada, Nigeria, UdSSR.

Verkehr: Etwa 27155 km feste *Straßen.* – 953 km *Eisenbahnlinie.* – *Haupthäfen:* Takoradi, Toma. – Accra ist wichtiger *Luftverkehrsknoten* an der Oberguineaküste. Eigene staatliche *Fluggesellschaft* ,,Ghana Airways".

Mitgliedschaften: UNO, AKP, CCC, CEDEAO, OAU, UNCTAD u.a.; Commonwealth; Kooperations-Abkommen mit Zaïre, Zollunion mit Burkina Faso.

Währung: 1 Cedi (XX) = 100 Pesewas (p).

GI, Abk. für →Gesellschaft für Informatik e. V..

Gibraltar, →Großbritannien.

Gibrat-Verteilungsfunktion, Versuch einer funktionalen Darstellung der Einkommensverteilung (→Verteilungstheorie IV). – Betrachtet man die Häufigkeitsverteilung der Einkommensempfänger auf Einkommensklassen (→Verteilungstheorie IV), so ergibt sich das Bild einer verzerrten Normalverteilung, nach Gibrat einer lognormalen Verteilung:

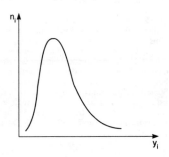

Eine Normalverteilung ist durch folgende Dichtefunktion gekennzeichnet:

$$n_i = \frac{1}{\sigma \sqrt{2\pi}} \cdot e^{-\frac{1}{2}\frac{(y_i - \bar{y} -)^2}{\sigma^2}}$$

mit y_i = Einkommensklasse, bestimmt durch deren mittleres Einkommen, n_i = Anzahl der Individuen in einer Einkommensklasse, $\bar{y}$ = Erwartungswert des Gesamteinkommens und σ = Standardabweichung (σ^2 = Varianz). Bei gleichbleibenden Achsenbezeichnungen erhält man das gewünschte links-schiefe Verteilungsbild, wenn die Anzahl der Einkommensempfänger nicht in Beziehung zu den einzelnen y-Werten, sondern zu $z = f(\log y) = \log (y - y_0) + b$ (y_0, b = Konstante) gesetzt wird und $n = f(z)$ normalverteilt ist.

Gießereien, Teilbereich des →Grundstoff- und Produktionsgütergewerbes; Gewinnung und Erstverarbeitung von Eisen-, Stahl- und NE-Metallen, wie z. B. Blei, Zink, Kupfer, Aluminium. Von sämtlichen Produktionsanlagen des Bundesgebietes liegen mehr als die Hälfte im Land Nordrhein-Westfalen.

Gießereien

Jahr	Beschäftigte in 1000	Lohn- und Gehaltssumme	darunter Gehälter	Umsatz gesamt	darunter Auslandsumsatz	Nettoproduktionsindex 1985 = 100
		in Mill. DM				
1970	158	2 450	509	7 511	705	
1975	126	3 008	763	8 944	1 335	
1980	116	3 912	960	11 101	1 737	
1985	96	3 896	982	12 213	2 245	100
1990	102	5 039	1 321	15 887	2 798	112,7

Giffen-Effekt, anomale Reaktion der →Nachfragefunktion: Im Gegensatz zur „normalen Nachfragereaktion" steigt die Nachfrage bei steigendem Preis und umgekehrt; praktisch irrelevant.

Gigabit (Gb), Bezeichnung für 2^{30} (ca. eine Milliarde) →Bits.

Gigabyte (GB), Bezeichnung für 2^{30} (ca. eine Milliarde) →Bytes.

Giga (G), Vorsatz für das Milliardenfache (10^9fache) der Einheit. Vgl. →gesetzliche Einheiten, Tabelle 2.

Gilbreth, Frank Bunker, 1868–1924, amerikanischer Bauingenieur, Rationalisie-rungsfachmann und Organisator. G. formulierte systematische Prinzipien zur Durchführung von *Zeit- und Bewegungsstudien*, die ihrerseits Eingang in die wissenschaftliche Betriebsführung von Frederick W. Taylor (→Taylorismus) gefunden haben. *Hauptwerke:* „Motion study" (1911); „Primer of scientific management" (1912); „Fatigue study" (1916); „Applied motion study" (1917).

gill, engl. Hohlmaß für Flüssigkeiten. 1 gill = 0,142 Liter.

Gini-Koeffizient, in der Statistik Maßgröße zur Kennzeichnung der relativen →Konzentration. Ist $\bar{x}$ das →arithmetische Mittel der Werte $x_1, \ldots, x_n$, so ist der G.-K. durch

$$K_G = \frac{1}{2\bar{x}} \cdot \frac{1}{n^2} \sum_i \sum_j |x_i - x_j|$$

definiert. Der G.-K. kann auch mit Hilfe der →Lorenzkurve bestimmt werden. – Vgl. auch →Verteilungstheorie IV 1 b) (Gini-Verteilungsfunktion).

Gini-Verteilungsfunktion, →Verteilungstheorie IV 1 b).

Giralgeld, Buch- und Bankengeld, das im Gegensatz zum →Bargeld nicht gesetzliches (→Zentralbankgeld), sondern allgemein akzeptiertes →Zahlungsmittel darstellt. – 1. *I. e. S.* sind dies die Sichteinlagen der Nichtbanken beim Bankensystem, also die jederzeit fälligen Guthaben, über die mittels →Scheck oder →Überweisung verfügt werden kann. – 2. *I. w. S.* werden auch Termin- und Spareinlagen zum G. gerechnet, da sie häufig vor ihrer Fälligkeit zu Zahlungen herangezogen werden können. G. und Bargeld ergeben zusammen das →Geldvolumen (je nach Abgrenzung M_1, M_2 oder M_3).

Giralgeldschöpfung, →monetäre Theorie und Politik II 2 b) (2).

Giro. 1. Überweisung im →Überweisungsverkehr. – 2. Indossament auf der Rückseite eines →Orderpapieres (z. B. Wechsel), durch das das →Eigentum an dem Papier übertragen wird (doch ist zur Übertragung noch Übergabe des Papiers notwendig).

Giroeinlagen, Guthaben auf Girokonten (auch Scheck- oder Kontokorrentkonten) über die der Kunde jederzeit verfügen kann. G. gehören zu den →Sichteinlagen. Sie dienen v. a. der Abwicklung des Zahlungsverkehrs.

Girogeschäft, Durchführung des →bargeldlosen Zahlungsverkehrs und des *Abrechnungsverkehrs*; →Bankgeschäft i. S. des KWG.

Girokonto, →Bankkonto, →Kontokorrent.

Gironetz. 1. *Begriff*: Filial- oder Institutssystem einer Gruppe von Banken (mit ein oder mehreren Zentralgirostellen) zur Abwicklung des →bargeldlosen Zahlungsverkehrs. In der BRD hat sich ein vielfältiges System von G. herausgebildet, deren wesentliches Bindeglied das G. der Bundesbank ist. Die G. sind unabhängig, arbeiten aber im gegenseitigen Interesse zusammen. – 2. *Arten*: (1) *Zentralbanksystem*: →Deutsche Bundesbank mit den →Landeszentralbanken als Spitzeninstitut; (2) →*Sparkassen*, die den regionalen Girozentralen (→Landesbanken) angeschlossen sind, die wiederum in der Deutschen Girozentrale – Deutschen Kommunalbank e. V. ihr Spitzeninstitut haben; (3) →*Kreditgenossenschaften* mit den regionalen Zentralbanken und der →Deutschen Genossenschaftsbank als Spitzeninstitut; (4) *private Kreditbanken*, die keine so straffe Organisation haben; jedoch bildet jede Großbankzentrale mit ihren zahlreichen Filialen schon ein eigenes Gironetz; (5) *Postgiroämter*.

Giroverkehr, häufig vorkommende Bezeichnung für unbare Zahlungen. →Giro, →Überweisungsverkehr, →bargeldloser Zahlungsverkehr.

Girozentralen, →Landesbanken.

GKR, Abk. für →Gemeinschaftskontenrahmen industrieller Verbände.

GKS, Abk. für →Graphisches Kernsystem.

Glas, Herstellung und Verarbeitung von G., Teil des →Verbrauchsgüter produzierenden Gewerbes mit im wesentlichen folgendem Produktionsgebiet: Herstellung von Flach-, Hohl- und technischem Glas, Verarbeitung und Veredelung von Glas,

Herstellung und Verarbeitung von Glasfaser.

Glas-Herstellung und -Verarbeitung

Jahr	Be-schäf-tigte in 1000	Lohn- und Gehalts-summe	darun-ter Ge-hälter	Um-satz ge-samt	darun-ter Aus-lands-umsatz	Netto-produk-tions-index 1985 = 100
		in Mill. DM				
1970	96	1 364	296	4 617	726	–
1975	83	1 879	512	6 068	1 041	–
1980	77	2 422	692	8 897	1 809	–
1985	65	2 574	788	10 162	3 127	100
1990	70	3 292	1 037	13 374	3 966	124,1

Glasfaserkabel, *Lichtwellenleiter, Lichtleiter*, Medium für die Datenübertragung, die über dünne Glasfasern mittels sehr kurzer Laserlichtimpluse (im Nanosekundenbereich) erfolgt. – *Vorteile* des G. gegenüber anderen Datenübertragungskabeln (z. B. →Koaxialkabel): gute Verlegbarkeit (fast beliebig krümmbar, geringer Durchmesser, geringes Gewicht), sehr hohe Frequenzbandbreite für Übertragungen, relativ großer Abstand zwischen Verstärkern möglich, hohe Abhörsicherheit; *Nachteil*: relativ hoher Anschaffungspreis.

Glass-Steagall Act, US-amerikanisches Bankengesetz, das 1933 infolge der Weltwirtschaftskrise verabschiedet wurde und die Trennung des commercial und investment banking festschrieb.

Glasversicherung. 1. *Zweck/Umfang*: Ersatz von durch Zerbrechen der versicherten Scheiben oder sonstigen Gegenständen entstandenen Schäden. Schäden durch Brand, Blitz und Explosion auf Antrag mitversichert. Ausgeschlossen: Beschädigungen der Oberfläche, der Rahmen und Einfassungen; Schäden durch Krieg, Aufruhr, Erdbeben; Schäden an evtl. noch nicht fertig eingesetzten Scheiben; Schäden durch Veränderung oder handwerksmäßige Verrichtungen an den Scheiben, ihren Umrahmungen oder Schutzvorrichtungen. – 2. *Schadenersatz*: Bei Schäden an Schaufensterscheiben und dergl. Naturalersatz möglich, sonst Barentschädigung. – 3. *Versicherungsformen*: a) *Glas-Einzel-Versicherung* unter Angabe der Glasart und Größe jeder versicherten Sache; b) *Glas-Pauschal-Versicherung*, z. B. für alle Scheiben u. ä. in einer Wohnung oder einem Einfamilienhaus. 4. *Versicherbare Objekte*: v. a. Fensterscheiben, Türscheiben, Schrank- und Vitrinenverglasungen, Wandverkleidungen, Firmenschilder, Treib- und Gewächshausscheiben, Transparente usw. – 5. *Sonderformen*: Versicherung für Raster (z. B. in Klischeeanstalten); Pauschalversicherung für Industriebauten; →Hagelversicherung für Glasdächer, Fabriken usw.; Leuchtröhrenversicherung, auf Antrag mit Einschluß von Schäden an den nichtgläsernen Teilen; Versicherung für Marmorplatten in Gebäuden.

Glattstellen, Fachausdruck im Börsenhandel: Ein bestehendes →Engagement durch ein →Deckungsgeschäft ausgleichen.

Glättungskoeffizient, →exponentielles Glätten.

Glättungskonstante, →exponentielles Glätten.

Glaubens- und Gewissensfreiheit, →Grundrecht, gewährleistet vorbehaltlos die Freiheit des Glaubens, des Gewissens und die Freiheit des religiösen und weltanschaulichen Bekenntnisses, die ungestörte Religionsausübung. Dazu gehört auch das Recht, nicht gegen sein Gewissen zum Kriegsdienst mit der Waffe gezwungen zu werden (Art. 4 GG).

Glaubhaftmachung, geringerer Grad der Beweisführung. Es genügt Nachweis der überwiegenden Wahrscheinlichkeit. – Im *Zivilprozeß* nur ausnahmsweise zugelassen, z. B. bei →Arrest und →einstweiliger Verfügung. Zur G. dienen alle →Beweismittel sowie – im Gegensatz zum →Beweisverfahren – auch die →eidesstattliche Versicherung einer Partei oder eines Dritten (§ 294 ZPO). Die Beweismittel müssen gegenwärtig sein, eine Vertagung zwecks späterer Beibringung ist unzulässig.

Gläubiger, *Kreditor*, derjenige, der aufgrund eines →Schuldverhältnisses vom →Schuldner (Debitor), eine →Leistung zu fordern berechtigt ist (§ 241 BGB). Bei allen →Kaufverträgen ist der Lieferant G. des Käufers hinsichtlich des Kaufpreises, Schuldner in bezug auf die Lieferung der Ware. – G. im →*Mahnverfahren*: Antragsteller.

Gläubigeranfechtung, zur Rückgewähr verschobener Vermögensgegenstände führende Befugnis des Gläubigers. Hat die →Zwangsvollstreckung in das bewegliche Vermögen des Schuldners nicht zur Befriedigung des Gläubigers geführt oder ist sie aussichtslos, so kann der Gläubiger im Wege der G. Rückgewähr solcher Gegenstände verlangen, die der Schuldner verschoben oder verschenkt hat (Gesetz betreffend die Anfechtung von Rechtshandlungen des Schuldners außerhalb des Konkursverfahrens vom 21. 7. 1879 i. d. F. vom 20. 5. 1898 mit späteren Änderungen).

Gläubigeraufgebot, →Erbenhaftung.

Gläubigerausschuß, im →Konkursverfahren grundsätzlich fakultatives Gläubigerorgan mit der Aufgabe, den →Konkursverwalter zu unterstützen und zu überwachen (zwingend nur im →Genossenschaftskonkurs). – 1. *Bestellung*: Vorläufiger G. kann vom Konkursgericht vor der ersten →Gläubigerversammlung aus den Reihen der Gläubiger bestellt werden (§ 87 I KO). Im übrigen entscheidet über Bestellung und Wahl der Mitglieder die Gläubigerversammlung (§ 87 II KO). Sie wählt Gläubiger oder andere Personen (mit einfacher Mehrheit). Die Mitglieder des G. sind für die Erfüllung ihrer Pflichten allen Beteiligten verantwortlic! (§ 89 KO). – 2. *Aufgaben des G.*: Ein Mitglied muß mindestens einmal monatlich die Kasse des →Konkursverwalters prüfen (§ 88 KO). Quittungen oder Anweisungen des Verwalters an die Hinterlegungsstellen für Geld, Wertpapiere oder Kostbarkeiten bedürfen mangels anderweitigen Beschlusses der Gläubigerversammlung der Mitzeichnung eines Mitgliedes (§ 137 KO). Genehmigung bei zahlreichen Geschäften des Konkursverwalters (§§ 133, 134 KO). Der Konkursverwalter ist dem G. auskunftspflichtig. Keine Anweisung oder Überwachung durch das →Konkursgericht. – 3. *Beschlußfassung*: Zur Beschlußfähigkeit ist Teilnahme der Mehrzahl der Mitglieder erforderlich. Es entscheidet die Mehrheit der abgegebenen Stimmen (§ 90 KO). – 4. *Vergütung* sowie angemessene Auslagen, die aus der Masse zu bezahlen sind, werden vom Konkursgericht nach Anhörung der Gläubigerversammlung festgesetzt; VO vom 25. 5. 1960 (BGBl I 329) mit späteren Änderungen.

Gläubigerbegünstigung, strafbare Handlung des Schuldners im Fall der →Zahlungseinstellung oder →Konkurseröffnung, wenn er in Kenntnis seiner →Zahlungsunfähigkeit einem Gläubiger in Begünstigungsabsicht inkongruente Befriedigung oder Sicherung gewährt und wenn die G. absichtlich oder wissentlich tatsächlich herbeigeführt worden ist (§ 283 c StGB). – *Strafe*: Freiheitsstrafe bis zu zwei Jahren oder Geldstrafe. – *Nicht strafbar* ist die Befriedigung des Gläubigers in der Form und zu der Zeit, in und zu der er sie beanspruchen kann.

Gläubigerbeirat, im →Vergleichsverfahren bei besonderem Umfang des Unternehmens des Schuldners vorgesehenes, fakultatives Gläubigerorgan. – 1. *Bestellung*: Die Mitglieder sind zumeist →Vergleichsgläubiger, müssen es aber nicht sein. Sie werden vom →Vergleichsgericht bestellt. – Das *Vorverfahren* kennt nur den →*vorläufigen Verwalter*, keinen G. – 2. *Aufgaben*: Unterstützung und Überwachung des →Vergleichsverwalters (§§ 44, 45 VerglO). Zur Erfüllung ihrer Aufgaben können die Mitglieder des G. die Bücher und Geschäftspapiere des Schuldners und die Unterlagen des Vergleichsverwalters einsehen und Aufklärung verlangen. Sie müssen ggf. dem Gericht Tatsachen anzeigen, die dessen Einschreiten erfordern. – 3. *Beschluß* des G. ist gültig, wenn er bei Anwesenheit der Mehrheit der Mitglieder mit der Mehrheit der abgegebenen Stimmen gefaßt ist. – 4. Mitglieder, die auch juristische Personen sein können, haben Anspruch auf *Ersatz* ihrer baren Auslagen und auf eine angemessene *Vergütung* für Zeitversäumnis; VO über die Vergütung des Konkursverwalters usw. vom 25. 5. 1960 (BGBl I 329) mit späteren Änderungen.

Gläubigerbenachteiligung, →Konkursdelikte.

Gläubigerland, Land mit positivem Saldo aus Forderungen und Verbindlichkeiten gegenüber dem Ausland. – *Gegensatz*: →Schuldnerland.

Gläubigerrisiko, →Ausfallrisiko.

Gläubigerschutz. 1. *Begriff*: Alle Rechtsvorschriften und Maßnahmen zum Schutz der tatsächlichen und potentiellen →Gläubiger einer Unternehmung. Gläubiger können sein: (1) Eigenkapitalgeber (mit unterschiedlicher Risiko- und Mitsprachebeteiligung), (2) Fremdkapitalgeber (Banken, öffentlich-rechtliche Kreditgeber, private Anleger), (3) externe Leistungsaustauschträger (Lieferanten, Subunternehmer, Dienstleistende, Vermieter usw.), (4) Arbeitnehmer, (5) öffentlich-rechtliche Gläubiger (Finanz- und Zollverwaltung, Krankenkassen, Gemeinden usw.). – 2. Je nach Art des Gläubigers und Schuldners bestehen *unterschiedliche Vorschriften und Möglichkeiten des G.*, die in den handels- und wirtschaftsrechtlichen Bereich (Gesetz, Rechtsprechung) und in praktische Handlungen unterteilt werden: a) *Rechtlicher Teil des G.*: Die *wichtigsten Vorschriften zum G.* finden sich in der Generalnorm des § 242 BGB („Treu und Glauben"), im HGB (§§ 238–263), im gesamten Gesellschaftsrecht sowie im Insolvenz- und Wirtschaftsstrafrecht; weiterhin Regelungen bezüglich beschränkter und unbeschränkter persönlicher Haftung sowie evtl. Haftungsdurchgriffe, Haftungssummen, Sacheinlagen, Gründerhaftung und Gesellschafterdarlehen sowie bezüglich der Vorgesellschaft bei Kapitalgesellschaften (→Haftung). Die Transparenz dieser Verhältnisse wird durch →Handelsregister, Prüfungs- und Publizitätspflichten (→Prüfung, →Jahresabschlußprüfung, →Publizität) erreicht. Von besonderer Bedeutung war hierbei das →Bilanzrichtlinien-Gesetz (BiRiLiG) vom 19. 12. 1985 u. a. mit Neufassung der Bilanzierungsvorschriften. – *Wichtigste persönliche Institutionen des rechtlich verankerten G.* sind neben den geschäftsführenden und kontrollierenden →Organen der Unternehmen die →Wirtschaftsprüfer (und neuerdings, in eingeschränktem Umfang, die →Steuerberater) sowie die Gerichte. – b) *Praktische Maßnahmen*: Da diese Regelungen, trotz ständiger Fortentwicklung, oft zu spät oder gar nicht greifen, empfehlen sich für die (potentiellen) Gläubiger die Möglichkeiten der vorherigen Einholung von Auskünften, die Prüfungen und Kontrollen sowie die Vertragsgestaltungen. Hier sind zu nennen: Wirtschaftsauskunfteien, Selbstauskünfte, Bankauskünfte, Vorlage geprüfter und ungeprüfter Jahresabschlüsse, Referenzen, Beurteilung bisheriger Geschäftsbeziehungen, →Sonderprüfungen, Vereinbarung bestimmter Zahlungsmodalitäten, Vereinbarung gesonderter Prüfungsrechte, Stellung von →Sicherheiten, Sicherheitseinbehalte usw.

Gläubigerversammlung, oberstes Selbstverwaltungsorgan im →Konkursverfahren. Die Rechte der G. sind in der Konkursordnung (KO) genau bezeichnet. – 1. *Berufung* durch das →Konkursgericht zum Wahl-, Prüfungs-, Schluß- und Zwangsvergleichstermin sowie auf besonderen Antrag (§ 93 KO). Die Berufung ist unter Angabe der Tagesordnung öffentlich bekanntzumachen. Die Leitung in der G. hat der Konkursrichter, die Verhandlung ist nicht öffentlich. – 2. *Stimmrecht*: →Abstimmung grundsätzlich mit absoluter Mehrheit der Erschienenen oder Vertretenen, wobei die Höhe der angemeldeten Forderungen maßgeblich ist. Die *Beschlüsse* der G. haben nur für am Konkursverfahren Beteiligte Rechtswirkung. Die nicht erschienenen Gläubiger sind an die Beschlüsse gebunden. Auf Antrag des →Konkursverwalters oder eines überstimmten Gläubigers kann das Gericht die Ausführung eines Beschlusses untersagen, wenn er dem gemeinsamen Interesse der Konkursgläubiger widerspricht (§ 99 KO). – 3. *Aufgaben*: Auf Vorschlag Wahl eines Konkursverwalters anstelle des vom Gericht ernannten, Wahl eines →Gläubigerausschusses, Widerruf der Bestellung eines Mitgliedes (§ 92 KO), Beschlußfassung über Fortführung oder Schließung des Geschäfts (§ 130 KO), über Unterstützungszahlung an den →Gemeinschuldner, über den →Zwangsvergleich.

Gläubigerverzeichnis, vom Schuldner bei der Antragstellung auf Eröffnung eines gerichtlichen →Vergleichsverfahrens einzureichendes Verzeichnis der Gläubiger unter Angabe der einzelnen Forderungen. Bei der Abstimmung über den Vergleich wird vermerkt, ob der →Vergleichsverwalter und Schuldner die Forderung anerkennen. Hat sie keiner von beiden bestritten, so hat dies bei →*Bestätigung des Vergleichs* die Wirkung eines *rechtskräftigen Urteils* (§ 85 VerglO). Der Gläubiger kann aus dem bestätigten Vergleich in Verbindung mit einem Auszug aus dem G. die →*Zwangsvollstreckung* betreiben. Den Auszug erteilt der Urkundsbeamte des →Vergleichsgerichts. – Die Vollstreckung ist auch gegen *Bürgen* und *Mitschuldner* zulässig, wenn diese die Verpflichtung gegenüber dem Vergleichsgericht schriftlich übernommen oder im →Vergleichstermin zu Protokoll erklärt haben.

Gläubigerverzug, →Annahmeverzug.

Gleichaltrigen-Gruppe, →Gruppe I 3c).

Gleichbehandlung. I. Allgemein: Arbeitsrechtlicher Grundsatz für die Behandlung der Arbeitnehmer durch den Arbeitgeber. Eine *Ausprägung des* →*Gleichheitsgrundsatzes* (Art. 3 GG) und ein Gebot der Verwirklichung austeilender Gerechtigkeit. Der Arbeitgeber muß bei Maßnahmen und Entscheidungen, die betriebsbezogen sind, d. h. über einzelne Arbeitsverhältnisse hinausreichen, den Grundsatz beachten, daß das, was sachlich gleich ist, gleichbehandelt werden muß; eine willkürliche Differenzierung ist verboten. Von Bedeutung v. a. bei der Gewährung zusätzlicher freiwilliger Leistungen (Gratifikationen, Ruhegelder u. a. Sozialleistungen). Benachteiligte Arbeitnehmer können die ihnen unzulässig vorenthaltene Leistung verlangen. Darüber, daß unsachliche Differenzierungen im Betrieb unterbleiben, haben nach § 75 BetrVG Arbeitgeber und Betriebsrat gemeinsam *zu wachen.* – *Anders:* →Gleichberechtigung.

II. G. der Geschlechter: Der Gesetzgeber hat 1980 mit dem Gleichbehandlungsgesetz (BGBl I 1308) ein an den Arbeitgeber gerichtetes umfassendes Verbot der Ungleichbehandlung der Geschlechter im Arbeitsverhältnis bei allen Vereinbarungen und Maßnahmen, insbes. bei der Einstellung, aufgestellt (§ 611 a BGB). Dem Arbeitgeber ist die Beweislast dafür auferlegt, daß eine Differenzierung durch nicht geschlechtsbezogene sachliche Gründe gerechtfertigt ist. Als Sanktion wird i. d. R. nur der Ersatz des →Vertrauensschadens in Betracht kommen (§ 611 a II BGB). – § 612 III BGB enthält ein *Verbot ungleicher Entlohnung.* Bei der Entlohnung steht dem zu Unrecht wegen seines Geschlechts benachteiligten Arbeitnehmer ein Anspruch auf Erhöhung nach Maßgabe des besseren Lohnes zu. – *Stellenausschreibung:* § 611 b legt dem Arbeitgeber das Gebot auf, weder öffentlich noch innerbetrieblich nur für Männer oder nur für Frauen auszuschreiben, es sei denn, daß das Geschlecht unabdingbare Voraussetzung für die auszuübende Tätigkeit ist.

Gleichberechtigung, soziales Postulat zur Gleichstellung und Gleichbehandlung von Angehörigen einer Sozialgruppe bzw. Gesellschaft, das seit der Heraufkunft der bürgerlich-demokratischen Gesellschaften und im Zusammenhang ihrer Aufklärungs-

und Emanzipationsbewegungen v.a. auf die →Gleichberechtigung von Mann und Frau bezogen wird. Zunächst historische und soziologische Untersuchungen der verschiedenen Ausprägungen der Ungleichheit; im folgenden politische und soziale Forderungen nach ihrer Beseitigung und damit nach Abbau von Privilegien und a-symetrischen Macht- und Herrschaftsverhältnissen in *allen* Sozialbereichen (Familie sowie Öffentlichkeit; Arbeitsverhältnis, Sicherheit sowie gleicher Zugang zu allen Ämtern und sozialen Aufstiegsmöglichkeiten). – Die *formale (rechtliche) Absicherung der G. im Grundgesetz* (Art. 3 und Art. 33) ist eine notwendige, aber keine hinreichende Voraussetzung ihrer Verwirklichung; *Arbeits- und sozialrechtliche Maßnahmen* und die Durchsetzung eines entsprechenden *Ehe-, Familien- und Scheidungsrechts* (in der Bundesrep. D. 1976/77) sind weitere Voraussetzungen. – Die Forderung nach G. wird in Anbetracht von Erziehung und neuer Bildung von Vorurteilen auch die künftige politische und soziale Entwicklung national und international mitbestimmen.

Gleichberechtigung der Geschlechter. →Gleichberechtigung von Mann und Frau.

Gleichberechtigung von Mann und Frau, *Gleichberechtigung der Geschlechter,* in Art. 3 II („Männer und Frauen sind gleichberechtigt.") kodifiziert. Art. 3 II GG verbietet, daß der Geschlechtsunterschied als beachtlicher Grund für eine Ungleichbehandlung im Recht herangezogen wird. Das schließt zwar Regelungen nicht aus, die im Hinblick auf objektive biologische oder funktionale (arbeitsteilige) Unterschiede nach der Natur des jeweiligen Lebensverhältnisses zwischen Männern und Frauen differenzieren. Allein die traditionelle Prägung eines Lebensverhältnisses reicht für eine Ungleichbehandlung jedoch nicht aus. Das verfassungsrechtliche Gebot verlöre seine Funktion, für die Zukunft die Gleichberechtigung der Geschlechter durchzusetzen, wenn die vorgefundene gesellschaftliche Wirklichkeit hingenommen werden müßte. Der Gleichberechtigungsgrundsatz ist strikt anzuwenden. Dies gilt namentlich dort, wo Frauen benachteiligt werden; denn Art. 3 II GG soll vor allem dem Abbau solcher Benachteiligungen dienen (BVerfGE 74, 163). – *G. im Arbeitsleben*: Vgl. →Gleichbehandlung.

Gleichgewicht. 1. *Begriff* der allgemeinen Gleichgewichtstheorie: Entspricht historisch einem aus der klassischen Mechanik (Physik) übernommenen Konzept, das die vollständige Koordinierung aller Wirtschaftspläne bedeutet. Beispiel: Koordinierung über den Markt in einer →Marktwirtschaft. – Formal gibt es *eine Reihe von Definitionen,* z.B. →Marktgleichgewicht, →Tauschgleichgewicht, →Nash-Gleichgewicht. – 2. *Arten:* →angebotsbeschränktes Gleichgewicht, →nachfragebeschränktes Gleichgewicht.

gleichgewichtiges Wachstum, Begriff der Wachstumstheorie. G. W. liegt vor, wenn sich alle wichtigen makroökonomischen Größen, wie Volkseinkommen, Investition, Sparen, Konsum, Kapitalstock mit der gleichen Wachstumsrate entwickeln.

Gleichgewichtsmenge. 1. *Allgemein*: Gütermenge im →Gleichgewicht. – 2. In einer *marktwirtschaftlich organisierten Wirtschaft*: Bei positiven →Gleichgewichtspreisen die Menge, bei der die angebotenen und nachgefragten Gütermengen übereinstimmen; bei Gleichgewichtspreisen gleich Null (d.h. es handelt sich um →freie Güter) die nachgefragte Menge.

Gleichgewichtspreis (eines Gutes), Preis, zu dem keine →Überschußnachfrage nach dem angebotenen Gut besteht. D.h., ist der G. positiv, dann stimmen die zu diesem Preis nachgefragten und angebotenen Gütermengen überein. Ist der G. gleich Null, übertrifft die angebotene Menge die nachgefragte. Man spricht in diesem Fall auch von →freien Gütern.

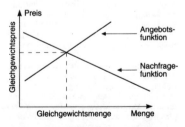

Gleichgewichtstheorie, →allgemeine Gleichgewichtstheorie.

Gleichheitsgrundsatz, →Grundrecht des Art. 3 I GG, nach dem alle Menschen vor dem Gesetz gleich sind. Nähere Ausgestaltung in Art. 3 II und III GG: Männer und Frauen sind gleichberechtigt (→Gleichberechtigung von Mann und Frau); niemand darf wegen seines Geschlechts, seiner Abstammung, seiner Rasse, seiner Sprache, seiner Heimat und Herkunft, seines Glaubens, seiner religiösen oder politischen Anschauungen benachteiligt oder bevorzugt werden (→Gleichberechtigung).

Gleichmöglichkeit, *Gleichwahrscheinlichkeit,* Grundbegriff der Laplaceschen („klassischen") Wahrscheinlichkeitskonzeption. Gibt es bei einem →Zufallsvorgang k mögliche elementare →Ereignisse, die „symmetrisch" sind (z. B. die Augenzahlen 1 bis 6 bei der Ausspielung eines Würfels), so wird jedem Ereignis die gleiche Wahrscheinlichkeit 1/k zugeordnet. – Vgl. auch →Wahrscheinlichkeitsauffassungen.

Gleichstellung, Begriff des Schwerbehindertengesetzes: Behinderte, deren →Grad der Behinderung (GdB) (früher: Grad der Minderung der Erwerbsfähigkeit – MdE) nach dem SchwbG weniger als 50%, aber wenigstens 30% beträgt. Diese sollen auf Antrag einem →Schwerbehinderten gleichgestellt werden, wenn sie infolge ihrer Behinderung ohne die Gleichstellung einen geeigneten Arbeitsplatz nicht erlangen oder nicht behalten können (§ 2 I SchwbG i. d. F. der Neubekanntmachung vom 26. 8. 1986, BGBl I 1421). Auf Gleichgestellte ist das SchwbG mit Ausnahme der Vorschriften über den Zusatzurlaub (§ 47 SchwbG) und über die unentgeltliche Beförderung Schwerbehinderter im öffentlichen Nahverkehr (§§ 59–67 SchwbG) anzuwenden. – *Zuständig* für die G. ist das Arbeitsamt (§ 33 I Nr. 5 SchwbG).

Gleichung, →Gleichungsrestriktion.

Gleichungsrestriktion, *Gleichung.* 1. *Begriff:* Als Gleichung formulierte →Restriktion: $f(x_1, x_2, ..., x_n) = 0$, d. h. für die Variablen $x_1, x_2, ..., x_n$ sind nur solche Vektoren $(x_1*, x_2*, ..., x_n*)$ von Zahlen $x_1*, x_2*, ..., x_n*$ zugelassen, bei denen $f(x_1*, x_2*, ..., x_n*)$ genau den Wert 0 annimmt. – *Gegensatz:* →Ungleichungsrestriktion. – 2. *Äquivalente Formulierung:* In einem Restriktionssystem läßt sich eine G. durch das System von Ungleichungsrestriktionen ersetzen:

$$\begin{cases} f(x_1, x_2, ..., x_n) \leqq 0 \\ f(x_1, x_2, ..., x_n) \geqq 0 \, . \end{cases}$$

Dadurch ändert sich die →Lösungsmenge des Restriktionssystems nicht. – 3. *Sonderformen:* →lineare Gleichungsrestriktion, →Nullgleichung, →Widerspruchsgleichung. – Vgl. auch →Gleichungsrestriktionssystem.

Gleichungsrestriktionssystem, →Restriktionssystem, das ausschließlich aus →Gleichungsrestriktionen besteht, d. h. keine →Ungleichungsrestriktionen aufweist. – *Gegensatz:* →Ungleichungsrestriktionssystem.

Gleichungssystem, in den Wirtschaftswissenschaften häufig synonym für →Gleichungsrestriktionssystem.

Gleichungsverfahren, →innerbetriebliche Leistungsverrechnung II 1.

Gleichwahrscheinlichkeit, →Gleichmöglichkeit.

Gleitarbeitszeit, →gleitende Arbeitszeit.

gleitende Arbeitswoche, Form der →gleitenden Arbeitszeit, bei der die Arbeitnehmer täglich neu innerhalb vorgesehener Gleitzeitspannen ihr Arbeitsende bestimmen. Es besteht jedoch die Verpflichtung, die Ist-Arbeitszeit innerhalb einer Woche der Soll-Arbeitszeit anzugleichen. – *Anwendung:* Bei durchlaufender Arbeitsweise zur Vermeidung technisch nicht vertretbarer Produktionsunterbrechungen, z. B. für Hochöfen und Kokereien oder in der Stahlindustrie.

gleitende Arbeitszeit, *Gleitarbeitszeit.* 1. *Begriff:* Nicht auf bestimmte Anfangs- und Endtermine festgelegte →Arbeitszeit. Arbeitsorganisatorische Regelung, bei der die Arbeitnehmer innerhalb festgelegter Zeitspannen persönlichen Arbeitsbeginn und persönliches Arbeitsende selbst bestimmen können. – *Ziel:* Erhöhung der individuellen Gestaltungsspielräume und Entlastung des Berufsverkehrs (rush hour; 6.00–8.00 Uhr und 16.00–18.00 Uhr) in Ballungsgebieten. – Die *Modelle* der g. A. reichen von der Gestaltung der täglichen über die wöchentliche (→gleitende Arbeitswoche) bis zur jährlichen Arbeitszeit (→Sabbatical, →Jahresarbeitszeitvertrag). – 2. Die g. A. setzt sich zusammen aus

gleitende Mittelwerte

Gleitzeit (z. B. von 7.00–9.00 Uhr und von 15.00–19.00 Uhr) und *Kernzeit* (Zeit zwischen den Gleitzeiten; in dieser muß der Arbeitnehmer im Betrieb anwesend sein). – 3. *Einführung* der g. A. ist – falls ein →Betriebsrat vorhanden – mitbestimmungspflichtig (§§ 87 I und II, 77 II BetrVG). Die Regelungen der AZO bleiben von →Betriebsvereinbarungen unberührt. (Regelung arbeitszeitrechtlich nicht unbedenklich wegen Gebot des Achtstundentags nach § 3 AZO.) – 4. Zum *Nachweis* der geleisteten Arbeitszeit ist in geeigneter Weise eine Zeiterfassung (z. B. durch Stempeluhr) zu gewährleisten (§ 24 Nr.1, 3 und 32 der Ausführungs-VO zur AZO). – Vgl. auch →Arbeitszeitmodelle, →Arbeitszeitflexibilisierung.

gleitende Mittelwerte, einfaches, in der Produktionsplanung und -steuerung verwendetes Prognoseverfahren für die Vorhersage des →Primärbedarfs oder →Sekundärbedarfs. Der Bedarf eines →Teils für die jeweils nächste Periode ergibt sich als arithmetisches Mittel aus dem Verbrauch der jeweils letzten n Vorperioden.

gleitende Neuwertversicherung, 1. *Begriff*: Versicherungsform der →Sachversicherung für Wohn-, Geschäfts- und landwirtschaftliche Gebäude, um der Gefahr einer Unterversicherung durch steigende Baupreise zu begegnen. Rechtsgrundlage sind zur Zeit die Sonderbedingungen für die gleitende Neuwertversicherung von Wohn-, Geschäfts- und landwirtschaftlichen Gebäuden (SGLN) 79 a (vgl. auch →Gebäudeversicherung, →Wohngebäudeversicherung). – 2. Die *Versicherungssumme* soll dem →Neuwert in Preisen des Jahres 1914 entsprechen. Bei ausreichender Bemessung der Versicherungssumme 1914 kommen volle Entschädigung durch Preissteigerung nicht in Frage; die Versicherungssumme braucht nur bei Substanzänderung angepaßt zu werden. Wegen der schwierigen Feststellung des Versicherungswertes 1914 übernehmen die Versicherer die Rückrechnung eines richtig deklarierten aktuellen Wertes auf das Jahr 1914 bzw. an Hand von richtig beantworteten Antragsfragen nach Größe, Ausbau und Ausstattung des Gebäudes in eigener Verantwortung. – 3. Die Prämie wird zunächst an Hand der Versicherungssumme 1914 ermittelt und mit Hilfe des sog. gleitenden Neuwertfaktors

dem jeweiligen Preisstand angepaßt (21,8 für 1992).

gleitender Durchschnitt, bei einer Folge von Zeitreihenwerten (→Zeitreihenanalyse) das →arithmetische Mittel von chronologisch aufeinander folgenden Zeitreihenwerten, das der mittleren Periode zugeordnet wird. Sind $x_1, \ldots, x_i, \ldots$ die chronologisch geordneten Zeitreihenwerte, so sind z. B.

$$\bar{x}_i^3 = \frac{1}{3}(x_{i-1} + x_i + x_{i+1});$$

$$\bar{x}_{i+1}^3 = \frac{1}{3}(x_i + x_{i+1} + x_{i+2}); \ldots$$

gleitende Dreierdurchschnitte oder

$$\bar{x}_i^4 = \frac{1}{4}\left(\frac{1}{2}x_{i-2} + x_{i-1} + x_i + x_{i+1} + \frac{1}{2}x_{i+2}\right); \ldots$$

gleitende Viererdurchschnitte. Falls die Zeitreihe keine zyklische Komponente aufweist (→Saisonschwankungen), kann bei einem konstanten oder linearen →Trend der Unterschied zwischen x_i und $\bar{x}_i$ im wesentlichen auf die zufällige Komponente zurückgeführt werden. Ist eine zyklische Komponente enthalten und wird der g. D. über eine Anzahl von Perioden gebildet, die gerade eine Zykluslänge ergibt, dann enthält dieser Unterschied den Einfluß der zyklischen und der Zufallskomponente.

gleitender Lohn, →Indexlohn.

gleitender Ruhestand, allmählicher Übergang von der Vollarbeit in den Ruhestand, um den „Pensionierungsschock" zu umgehen. Praktizierte Regelungen sehen z. B. vor, daß der Arbeitnehmer ab dem 55. Lebensjahr nur noch 35, ab dem 60. Lebensjahr nur noch 30 Stunden wöchentlich tätig ist. Individuellen Wünschen kann Rechnung getragen werden. – Vgl. auch →Arbeitszeitmodell, →Vorruhestand.

gleitende wirtschaftliche Losgröße, in →PPS-Systemen verwendetes heuristisches Verfahren zur Berechnung von Losgrößen (→Los) bei diskretem Bedarfsverlauf.

Gleitkommaprozessor, →Hilfsprozessor in einem Computer, der die Berechnung arithmetischer Ausdrücke übernimmt.

Gleitpreisklausel, *Preisgleitklausel*, Klausel in →Kaufverträgen, mit der die Preisfestsetzung entweder auf einen späteren

Zeitpunkt verschoben oder spätere Abänderung des vereinbarten Preises vorbehalten wird. G. wird angewandt v. a. bei größeren Objekten mit längeren Lieferfristen, um die Preisstellung ggf. der im Lieferzeitpunkt veränderten Marktlage (veränderten Lohn- und Rohstoffpreisen) anzupassen.

Gleitzeit, →gleitende Arbeitszeit.

Gleitzoll, Form des →Mischzolls, bei der die Zollbelastung mit steigendem (sinkendem) Einfuhrpreis sinkt (steigt). Ziel ist eine flexible Abschirmung des Binnenmarktes von Preisveränderungen am Weltmarkt zur Protektion der inländischen Anbieter bzw. zur Preisstabilisierung im Inland. – *Nachteile*: Technische Probleme begünstigen bei der Anpassung des Zolltarifs an neue Einfuhrpreise die Spekulation an den Warenmärkten; Produktivitätsfortschritte im Ausland können beim G. im Gegensatz zum →Wertzoll oder zum →spezifischen Zoll nicht weitergegeben werden, die internationale Arbeitsteilung wird dadurch behindert. – Der Gemeinsame Zolltarif der EG (GZT) enthält keine G.

Gliederungszahl, in der Statistik Bezeichnung für eine →Verhältniszahl, bei der der Zähler ein Teil des Nenners ist. G. liegen immer zwischen 0 und 1. – *Beispiele*: Anzahl Knabengeburten /Anzahl der Geburten insgesamt; Anzahl der Angestellten/ Anzahl der Erwerbstätigen insgesamt.

Gliedsteuer, →mehrgliedrige Steuer.

Gliedziffer, bei einer →Zeitreihe von Beobachtungswerten $x_1, \ldots, x_t, \ldots$ der Quotient x_{t+1}/x_t zweier aufeinanderfolgender Werte. G. werden u. a. bei der Ermittlung von Saisonkomponenten (→Saisonbereinigung; →Saisonschwankungen) nach dem Verfahren von W. Persons (1919) verwendet.

Globalabstimmung, bei engem funktionalem Zusammenhang zwischen den Merkmalsausprägungen von Prüfungsobjekt (Ist-Objekt) und Vergleichsobjekt (Soll-Objekt) mögliche Form der indirekten →Prüfung, bei der das Soll-Objekt indirekt ermittelt wird.

Globalabtretung. 1. *Begriff*: →Forderungsabtretung, meist zur Sicherung eines Bankkredits, durch die der →Zedent alle gegenwärtigen und zukünftigen Forderungen aus dem Verkauf oder der Verwertung einer Sache oder einer geschäftlichen Tätigkeit (z. B. „aus Lieferung von Leder gegen dessen Abnehmer") mit Vertragsabschluß schon abtritt – *Anders:* →Mantelzession. – 2. *Problem der Doppelabtretung*: Die G. führt meist zu einer Konkurrenz mit Abtretungen im Zusammenhang mit →verlängertem Eigentumsvorbehalt. Nach der neueren Rechtsprechung gilt auch in diesem Fall uneingeschränkt der Grundsatz der *Priorität*: Nur die erste Abtretung ist wirksam. Die durch G. schon abgetretene Forderung kann also nicht nochmals an den Vorbehaltsverkäufer abgetreten werden. – 3. *Voraussetzungen für die Gültigkeit einer G.*: a) Die abgetretenen zukünftigen Forderungen müssen *genügend bestimmt* oder bestimmbar sein. b) Die G. darf den Zedenten nicht knebeln. Die G. bringt für den Zedenten eine wesentliche Beschränkung seiner wirtschaftlichen Entschließungs- und Handlungsfreiheit mit sich und kann damit zu einer *sittenwidrigen Knebelung* führen. Nach der Rechtsprechung ist die Tatsache, daß ein Gläubiger sich zur →Kreditsicherung den größten Teil der gegenwärtigen und zukünftigen Forderungen des Kreditnehmers abtreten läßt, für sich allein noch nicht sittenwidrig, wenn dem Schuldner die wirtschaftliche Entschließungs- und Handlungsfreiheit bleibt, insbes. die Möglichkeit der Einbeziehung der Forderungen, und wenn der Kredit der Aufrechterhaltung und Fortführung des Betriebs dienen soll. c) Die G. darf nicht in anderer Weise gegen die guten Sitten verstoßen. Ein solcher Verstoß kann nach der Rechtsprechung vorliegen, wenn nach dem Willen beider Vertragsparteien auch solche Forderungen von der G. erfaßt werden sollen, die der Zedent seinen Lieferanten aufgrund →verlängerten Eigentumsvorbehaltes künftig abtreten mußte und abgetreten hatte. Der Zedent täuscht dann nämlich notwendigerweise die Lieferanten, da er nicht in der Lage ist, die zukünftig gegen die Abnehmer entstehenden Forderungen abzutreten, da sie schon durch die G. abgetreten sind. Indessen kommt es bei der Prüfung der Sittenwidrigkeit wesentlich auf die Beweggründe der Parteien und die wirtschaftliche Situation an, auf eine Gutgläubigkeit des Zessionars oder auch die Vereinbarung, daß der Zedent zunächst die Lieferanten mit den Mitteln des durch die G. gesicherten Kredits befriedigen soll.

Globalaktie, *Gesamtaktie, Gesamttitel, Sammelaktie, stock certificate,* bei Großaktionären mehrere oder alle Aktienrechte einer AG zusammenfassende Urkunde. In der Bundesrep. D. wenig gebräuchlich; stärker verbreitet in Großbritannien.

Globalbudgetierung, abweichend von der sächlichen und zeitlichen Zweckbindung der Mittel im →Haushaltsplan öffentlicher Verwaltungen zulässiges Instrument zur Verbesserung der Wirtschaftlichkeit bei der Mittelbewirtschaftung. Grundlage ist der haushaltsrechtliche Vermerk, der mit dem Haushaltsplan einer Gebietskörperschaft für organisatorische Teileinheiten von der zuständigen Legislative beschlossen wird. – *Praktische Anwendung* findet G. in größerem Umfang in ersten Pilotprojekten für einzelne Universitäten. – *Problem*: materielles Verständnis der Legislative betreffend das Budgetrecht sowie in den verfügbaren Kontrollinstrumentarien.

globale Branche, Branche, in welcher der Wettbewerb weltweit geführt wird (→Globalisierung). Die Realisierung von Wettbewerbsvorteilen innerhalb g. B. ist abhängig von der weltweiten Integration betrieblicher Funktionen. D. h. es entsteht eine Interdependenz zwischen den Auslandsinvestitionen einer grenzüberschreitend tätigen Unternehmung (→internationale Unternehmung). Durch Zusammenführung betrieblicher Funktionen werden Globalisierungsvorteile angestrebt. Beispiele: Luftfahrtindustrie, Halbleiterindustrie, Uhrenindustrie, Kopiergerätebau, Automobilindustrie.

globale Integration, →Internationales Marketing IV.

globale Rationalisierung, →globales Management.

globaler Wettbewerb, Form des →Wettbewerbs grenzüberschreitend tätiger Unternehmungen (→internationale Unternehmungen), der auf der Nutzung von Vorteilen beruht, die sich aufgrund weltweiter Optimierungen (→internationale Standortpolitik; Skaleneffekte durch globale Koordination) aufbauen lassen. – Vgl. auch →globale Branche.

globales Management, →Management von grenzüberschreitenden Unternehmensaktivitäten, das – häufig innerhalb einer →globalen Branche – auf die Erzielung von Wettbewerbsvorteilen auf der Basis von →Globalisierungsstrategien gerichtet ist. Neben der Ausnutzung nationaler Unterschiede von z.B. Lohnniveau (→internationale Standortpolitik), zielt das g. M. auf die Realisierung von Vorteilen durch →economies of scale (Größendegressionen) in der Materialwirtschaft, der Fertigung, Marketing/Vertrieb, aber auch im Management-Know-how/Managementerfahrung; es wird daher auch von *globaler Rationalisierung* gesprochen. Organisatorisch effektiv im Hinblick auf eine weltweite Ausrichtung der Unternehmensaktivitäten und globale Rationalisierung unter weitgehendem Verzicht auf regionale Differenzierung ist eine Zentralisierung aller unternehmenspolitischen und strategischen Entscheidungen auf die Muttergesellschaft. – Vgl. auch →Globalisierung.

globales Marketing, →internationales Marketing.

globale Strategien, →internationale Strategien.

globales Unternehmen, →globale Unternehmung.

globale Unternehmenshaftung. 1. *Bundesrep. D.*: Die der Diskussion um eine g. U. zugrundeliegende Fragestellung lautet, inwieweit Ansprüche gegen eine ausländische Tochtergesellschaft auch gegenüber der Muttergesellschaft geltend gemacht werden können. Das deutsche Rechtssystem kennt einen solchen „Durchgriff" nicht. Durch das Institut der Haftungsbeschränkung sind andere Unternehmungen einer Unternehmensgruppe vor einem Durchgriff geschützt, soweit die Haftungsbeschränkung nicht zweckwidrig (z.B. durch Unterkapitalisierung der Tochtergesellschaft) eingesetzt wird. Entscheidend für die juristische Verantwortlichkeit einer Tochtergesellschaft ist nach der „Sitztheorie" der Ort der Entscheidungen über das operative Tagesgeschäft. – 2. *USA*: Auch im amerikanischen Recht gilt grundsätzlich die „Limited Liability" von Auslandstochtergesellschaften. Neben der Unterkapitalisierung bestehen in den USA jedoch weitere Kriterien, die einen Durchgriff auf die

Muttergesellschaft ermöglichen; so z. B. die Beschäftigung von Direktoren/leitenden Mitarbeitern in Personalunion bei Mutter- und Tochtergesellschaft, also de facto die Führung der Tochtergesellschaft als Abteilung. – 3. Eine gesetzliche Verankerung der Durchgriffsmöglichkeit ist – *weltweit* – mit einer nicht unerheblichen Wahrscheinlichkeit zu erwarten.

globale Unternehmung, *globales Unternehmen,* Form der →internationalen Unternehmung, die weitestgehend nur in →globalen Branchen vertreten ist und sich hier einem →globalen Wettbewerb stellen muß. Unternehmungen der zivilen Luftfahrt oder der Halbleiterindustrie haben sich zu g. U. entwickelt. Charakteristisch für g. U. ist das Bestreben, über die weltweite Koordination aller Unternehmensaktivitäten Skalen- und Synergieeffekte (→economies of scale, →Synergie) zu realisieren und gleichzeitig alle weltweit relevanten Märkte zu bedienen bzw. zu bearbeiten. Die Schaffung zeitlicher Vorsprünge insbes. bei der (Welt-)Markteinführung von neuen Produkten wird zu einem zentralen Wettbewerbsfaktor (→globaler Wettbewerb, →internationale Wettbewerbsstrategie, →globale Branche).

Globalisation, Zusammenwachsen internationaler Finanzmärkte durch neue Informations- und Kommunikationstechniken innovative Finanzinstrumente sowie Deregulierung und Liberalisierung einem Markt. Handel „rund um die Uhr" ist somit möglich. – Vgl. auch →Euromärkte.

Globalisierung, Form der →internationalen Strategie einer grenzüberschreitend tätigen Unternehmung (→globale Unternehmung), bei der Wettbewerbsvorteile weltweit mittels Ausnutzung von Standortvorteilen (→internationale Standortpolitik) und Erzielung von →economies of scale aufgebaut werden sollen. Besondere Bedeutung im Rahmen des →globalen Wettbewerbs v. a. in →globalen Branchen. Prominentester Vertreter der G. ist Theodore Levitt, der in dem 1983 erschienenen Aufsatz „The Globalization of Markets" das „Ende der multinationalen Konzerne", die eine differenzierte, länderspezifische Marktbearbeitung betreiben, prophezeite. – *Theoretisches Fundament* der G.-These ist die →Konvergenztheorie, wonach unterschiedliche Sozialisationen sich aufgrund

technischer und wirtschaftlicher Entwicklung immer weiter annähern, womit auch kulturelle Differenzen allmählich obsolet werden. War die These der G. ursprünglich auf die internationale Produktpolitik (→internationale Produkt- und Programmpolitik) beschränkt, so vollzog sich nach und nach eine Ausweitung auf das gesamte →internationale Marketing-Mix und schließlich die gesamte Unternehmenstätigkeit →internationales Management). Kritiker der G.-These bezweifeln die Konvergenztheorie und betonen hingegen die mangelnde Standardisierbarkeit der meisten Produkte und sonstigen Unternehmensaktivitäten aufgrund unterschiedlicher sozioökonomischer, natürlich-technischer, sozio-kultureller und politisch-rechtlicher Länderspezifika. Sie befürworten vielmehr eine ländergerechte Differenzierung, um Lokalisierungsvorteile aus einer bedürfnis- und situationsgerechten Marktbearbeitung zu realisieren.

Globalisierungsstrategie, Ergebnis des Prozesses der strategischen Planung grenzüberschreitend tätiger Unternehmungen (→internationale Strategie), bei dem von einer globalen Branche oder einem globalen Markt ausgegangen wird. Die Strategie zielt auf die Erzielung von spezifischen Größenvorteilen durch Unifikation; die Welt wird gewissermaßen als Einheit betrachtet. Grundlage ist die Annahme, daß sich Märkte selbst globalisieren (→Globalisierung) und dadurch die →Standardisierung von Produkten und des Marketings weltweit möglich bzw. notwendig wird. G. streben also die weltweite Unifikation nach außen (Produkte und Marketingpolitik) und innen (Verfahren, Organisation, Planungs- und Berichtssysteme u. a.) durch straffe Koordination an. – Vgl. auch →Internationalisierungsstrategie.

Globalkontingent, allgemeine mengen- oder wertmäßige Begrenzung der Einfuhr ohne Festsetzung der Länder, von denen die einzelnen Waren bezogen werden müssen, u. U. sogar ohne Festsetzung der Waren, die bezogen werden dürfen. G. sind ein Mittel, die Enge des →Bilateralismus zu vermeiden und den Welthandel freier zu gestalten.

global marketing, →internationales marketing.

Globalplanung, →Grobplanung.

Globalrechnung, speziell für die Wirtschaftlichkeitsrechnung der Deutschen Bundesbahn verwendeter Ausdruck. Mittels einer G. wird der Erfolg lediglich für Gruppen von Betriebszweigen (z. B. für den gesamten Güterverkehr) gemeinsam ermittelt.

global sourcing, →Beschaffung III 1, →internationale Beschaffungspolitik.

Globalsteuerung, wirtschaftspolitische Konzeption, wonach staatliche ökonomische Aktivität sich auf die Beeinflussung makroökonomischer Aggregatgrößen (wie z. B. Investitionen, Konsum oder Spartätigkeit) beschränkt. Eine an diesen Größen orientierte *Fiskalpolitik* ist entsprechend zugleich G., auch wenn mit der Weiterentwicklung der keynesianischen Theorie heute gewisse Modifizierungen dieses Prinzips existieren (z. B. regionalisierte Konjunkturpolitik). – In der *Bundesrep. D.* bedeutet G. primär Beeinflussung der Gesamtnachfrage im Sinne einer diskretionären Wirtschaftspolitik (→diskretionärer Mitteleinsatz) bzw. →antizyklischen Wirtschaftspolitik. Die Steuerung der Gesamtnachfrage soll zur Realisierung der in § 1 Stabilitätsgesetz genannten gesamtwirtschaftlichen Ziele beitragen.

Globalurkunde, →Sammelurkunde.

Glockenpolitik, →Blasenpolitik.

GmbH, Abk. für →Gesellschaft mit beschränkter Haftung.

GmbH & Co., gesetzlich zugelassene Rechtsform, bei der eine GmbH Gesellschafter ist. Entweder →offene Handelsgesellschaft (OHG) oder →GmbH & Co. KG. Bei OHG ist die GmbH meist der Hauptgesellschafter, bei KG der →persönlich haftende Gesellschafter (dessen Haftung auf das Stammkapital der GmbH beschränkt ist); häufig sind dann die →Kommanditisten gleichzeitig Gesellschafter der GmbH. Meist sind Steuervorteile oder beabsichtigte Haftungsbeschränkungen die Ursachen, die zur Gründung derartiger Formen führen. – Vgl. auch →Durchgriffshaftung.

GmbH & Co. KG. I. Handelsrecht: 1. *Begriff*: Kommanditgesellschaft, bei der

eine GmbH persönlich haftender Gesellschafter ist und andere Rechtspersonen (meist die Gesellschafter der GmbH) →Kommanditisten sind. Zulässige Gesellschaftsform, juristisch →Personengesellschaft. – 2. Durch die Beteiligung der juristischen Person (GmbH) wird die *Haftung* des persönlich haftenden Gesellschafters auf deren Vermögen beschränkt. – 3. *Gründung* nach den Grundsätzen der Errichtung der KG. In der Firmenbezeichnung muß die GmbH erscheinen, auch bei Gesellschafterwechsel durch Ausscheiden einer natürlichen Person als persönlich haftender Gesellschafter und Eintritt einer GmbH an seine Stelle. Bei Nichtangabe der Beteiligung der GmbH in der Firmenbezeichnung kommt →Durchgriffshaftung in Betracht.

II. Steuerrecht: 1. Die nach der einheitlichen und gesonderten Gewinnfeststellung auf die beteiligten natürlichen Personen entfallenden Gewinnanteile unterliegen bei diesen der *Einkommensteuer*, die Anteile der beteiligten GmbH bei dieser der *Körperschaftsteuer*. – 2. Bei der steuerlichen Behandlung des *Gehalts des GmbH-Geschäftsführers* ergeben sich Unterschiede, je nachdem ob das Gehalt von der GmbH oder unmittelbar von der KG gezahlt wird, und ob der Geschäftsführer an der KG als Kommanditist beteiligt ist. – 3. Die GmbH u. Co. KG unterliegt mit dem einheitlich und gesondert festgestellten Gewinn grundsätzlich der *Gewerbeertragsteuer*. Das Gewerbekapital richtet sich nach dem Einheitswert des gewerblichen Betriebes. – 4. Nach *Umsatzsteuerrecht* sind KG, GmbH und die einzelnen Kommanditisten als selbständige Unternehmer anzusehen.

GmbH-Mantel, →Mantel 2.

GMD, Abk. für →Gesellschaft für Mathematik und Datenverarbeitung mbH.

GoB, Abk. für →Grundsätze ordnungsmäßiger Buchführung.

Going-concern-Prinzip, →Bewertung, →Grundsätze ordnungsmäßiger Buchführung (GoB) III 3.

Goldanleihe, →Anleihe, deren Verzinsung und Rückzahlung in Gold oder Goldwert zugesichert ist. – Vgl. auch →Goldklausel.

Goldautomatismus, →internationaler Goldstandard.

Goldbarrenwährung, →Goldwährungen II 2.

Goldblock, Versuch der Länder Frankreich, Belgien, Niederlande, Schweiz, Italien und Polen 1933 durch Zusammenschluß den Goldstandard ihrer Währungen trotz der 1931 vollzogenen Sterlingabwertung zu halten. Der G. zerfiel mit der 1935 in Belgien, 1936 in allen anderen Ländern vorgenommenen Abwertung bzw. Devisenbewirtschaftung.

Golddevisenwährung, →Goldwährung II 3.

goldene Bankregel, Liquiditätsgrundsatz der Banken, nach dem die von einer Bank gewährten →Kredite nach Umfang und Fälligkeit den der Bank zur Verfügung gestellten Einlagen entsprechen sollen. Nicht vollumfänglich durchführbar wegen der Aufgabe der Banken, kurzerfristige Einlagen in längerfristige Kredite zu transformieren. Nach Maßgabe der →Bodensatztheorie ist die strenge Einhaltung der g. B. nicht erforderlich.

goldene Bilanzregel, Grundsatz bei Aufstellung der Bilanz, analog der →goldenen Bankregel, anwendbar auf alle Unternehmungen. Die g. B. fordert, daß die langfristig an das Unternehmen gebundenen Anlagegüter durch langfristiges Kapital – in erster Linie durch Eigenkapital – gedeckt sein müssen, während das Umlaufvermögen durch kurzfristiges Kapital gedeckt sein kann. – Vgl. auch →Finanzierungsregel.

goldene Finanzierungsregel, →Finanzierungsregel II 2 a.

goldene Regel der Akkumulation, Begriff der Wachstumstheorie und Kapitaltheorie. Bezeichnung für diejenige Steady-state-Entwicklung (→steady state), die durch den höchsten Pro-Kopf-Konsum gekennzeichnet ist. In diesem Fall stimmen →Wachstumsrate und →Zinsrate in einer Volkswirtschaft überein.

Goldexportpunkt, →internationaler Goldstandard.

Goldfeld-Quandt-Test, einfach durchzuführender Heteroskedastietest (→Heteroskedastie). Die Beobachtungen werden dazu in zwei Gruppen unterteilt, und auf der Basis zweier gewöhnlicher Kleinst-Quadrate-Schätzungen (→gewöhnliche Methode der kleinsten Quadrate) wird dann der Wert der Testfunktion berechnet.

Goldgehalt. 1. Feingoldgewicht einer Goldmünze. – 2. Feingehalt der Währungseinheit, wie er sich aufgrund der gesetzlichen Vorschriften errechnet. Der G. der Reichsmark = $1/2790$ kg oder $0,358423$ g Feingold. Der G. der DM läßt sich nicht bestimmen, da in der Bundesrep. D. keine feste Relation zwischen Geldmenge und Goldbestand besteht. Auch die indirekte Bestimmung des G. über die Dollarparität (→Goldparität) entfällt seit der Aufhebung der Goldeinlösungspflicht durch die USA und der Freigabe der Wechselkurse.

Goldimportpunkt, →internationaler Goldstandard.

Goldkernwährung, →Goldwährungen II 2.

Goldklausel, vertragliche Vereinbarung (→Wertsicherungsklausel), daß eine Schuld (einschl. Zinsen) in Gold bzw. Goldwert zurückzuzahlen ist. – *Arten*: →Goldmünzklausel und →Goldwertklausel.

Goldmechanismus, →internationaler Goldstandard.

Goldmünzen, geprägte Goldstücke, die – im Gegensatz zu Goldmedaillen – →gesetzliches Zahlungsmittel waren oder sind.

Goldmünzklausel, zur Sicherung gegen Währungsverfall bestimmte →Wertsicherungsklausel, nach der die Zahlung nur in bestimmten Goldmünzen geleistet werden kann. Mangels verkehrsfähiger Goldmünzen ist eine G. heute unwirksam; es wird mit den im Zeitpunkt der Zahlung gültigen gesetzlichen Zahlungsmitteln gezahlt (§ 245 BGB).

Goldparität, im Rahmen des Währungssystems des Goldstandards (→internationaler Goldstandard) für die einzelnen Währungen festgelegte Goldmenge, zu der die jeweilige Währung umgetauscht werden konnte.

Goldpreis. 1. Bis Anfang der 70er Jahre betrug der G. des amerikanischen Federal-Reserve-System 35 US-Dollar je Feinunze.

Dieser für die intervalutarischen Beziehungen zwischen den Zentralbanken der Mitgliedsländer des IMF *verbindliche G.* bestimmte auch den G. am freien Markt. – 2. Seit März 1968 bewegten sich offizieller und freier G. auseinander (*gespaltener Goldmarkt*). Die Zentralbanken verpflichteten sich, auf den Goldmärkten nicht mehr zu intervenieren. – 3. Nachdem der offizielle G. seine Bedeutung eingebüßt hatte (Suspendierung der Goldeinlösungszusage des Federal – Reserve – System am 15. 8. 1971), beschloß der IMF seine Abschaffung. – Die wichtigsten *G.-Notierungen* erfolgen in Europa auf den Märkten in Zürich, Paris und London.

Goldumlaufwährung, →Goldwährungen II.

Goldwährungen, →Währungssysteme, in denen Gold entweder als gesetzliches Zahlungsmittel dient (Goldumlaufwährung) oder in denen das Geld zumindest jederzeit in Gold eingelöst werden kann.

I. Charakteristika: a) fester Goldpreis (Goldparität) durch Bestimmung des Feingoldgehalts der Geldeinheit; b) allgemeines Recht auf Besitz und Verwendung des Goldes (auch zu Zahlungen) zu dieser Parität; c) Goldankaufs- und Geldeinlösepflicht der Zentralbank zur Aufrechterhaltung der Parität; d) freier Goldaußenhandel.

II. Arten: 1. *Goldumlaufwährung*: Als Geld fungieren vollwertige Goldmünzen, neben denen es allerdings noch Banknoten geben kann. Bei reiner Goldumlaufwährung gibt es keine wirksame Geldpolitik zur Vermeidung unerwünschter konjunktureller Schwankungen. – 2. *Goldbarrenwährung (Goldkernwährung i.w.S.)*: Die Wirtschaftssubjekte können zum Paritätspreis gegen Banknoten und Giralgeld bei der Zentralbank Goldbarren an- und verkaufen. Die Geldmenge setzt sich hier jedoch auch Zeichen- und Giralgeld zusammen. Die Geldmenge ist nicht mehr völlig durch Gold gedeckt, so daß durch Veränderung des Deckungsverhältnisses eine konjunkturpolitisch wirksame Geldpolitik möglich ist. – 3. *Golddevisenwährung*: Keine Goldwährung i. e. S., vielmehr müssen die Länder Gold und in Gold einlösbare Devisen, also Devisen von Goldwährungsländern, als Deckungsreserve. Damit man von einer Golddevisenwährung sprechen kann,

ist allerdings volle →Konvertibilität zwischen den beteiligten Ländern erforderlich.

III. Kritik: 1. Im Mechanismus der G. fehlt es an einem Instrument, das eine allgemeine →Inflation oder →Deflation verhindert. – 2. Die G. verlangt eine strenge wirtschaftspolitische Disziplin, die in Krisenzeiten nicht zu erreichen ist. – Vgl. auch →Geldmengen-Preismechanismus.

Goldwährungsmechanismus →internationaler Goldstandard.

Goldwertklausel, die Höhe einer Forderung nach dem Preis einer bestimmten Menge Goldes bestimmende Wertsicherungsklausel (→Goldklausel). Nur mit Genehmigung der Deutschen Bundesbank zulässig (§ 3 Währungsgesetz).

Gon (gon), →gesetzliche Einheiten, Tabelle 1.

Goodwill, →Firmenwert, →Praxiswert.

Gossensche Gesetze, nach dem preußischen Assessor H. H. Gossen (1810–1858) von v. →Wieser und →Lexis benannte Zusammenhänge bzw. Regeln: 1. *Gesetz der Bedürfnissättigung*: Der →Grenznutzen eines Gutes nimmt mit wachsender verfügbarer Menge dieses Gutes ab. – 2. *Gesetz vom Ausgleich der Grenznutzen*: Das Maximum an Bedürfnisbefriedigung ist erreicht, wenn die Grenznutzen der zuletzt beschafften Teilmengen der Güter gleich sind (optimaler Verbrauchsplan). Voraussetzung für die Wirksamkeit dieses „Gesetzes" ist, daß alle Bedürfnisse durch dasselbe teilbare Mittel gedeckt werden können (Geld oder Arbeitsstunden). – Diese beiden Gesetze sind Bestandteil eines kardinalen Nutzenkonzepts.

Gozinto-Graph, ein →Graph, der in der Fertigungsplanung zur Produkt- und Teilbedarfsrechnung sowie als Vorstufe zur Fertigungstermin- und Maschinenbelegungsplanung dient. Der G.-G. wurde von A. Vazsonyi entwickelt, der ihm den nicht existierenden „gefeierten italienischen Mathematiker Zepartzat Gozinto" zuschreibt. – Drückt man diesen Namen in Englisch aus: „the part that goes into", so gibt der erfundene Name den Inhalt des G.-G. an. – *Ableitung*: Zur Teilbedarfsrechnung dienen die Stücklisten, entweder in anlaytischer oder synthetischer Gliederung; der G.-G.

ist eine Synthese beider Gliederungssysteme (Matrix-Stückliste). Wichtige Grundlage für →Strukturstücklisten, →Mengenübersichtsstücklisten, →Teilebedarfsrechnung. Im G.-G. wird angegeben, welche Menge eines Teils in eine Einheit eines höheren Teils direkt eingeht (Direktbedarfsmatrix). Aus dieser Darstellung lassen sich mit Hilfe der Matrizenrechnung die Gesamtmengen an Einzelteilen und Baugruppen berechnen (Gesamtbedarfsmatrix). Die Knoten des G.-G. stellen Fertigprodukt, Baugruppen und Einzelteile dar.

Grad (°), →gesetzliche Einheiten, Tabelle 1.

Grad Celsius (°C), →gesetzliche Einheiten, Tabelle 1.

Grad der Behinderung (GdB). 1. *Begriff* des Schwerbehindertenrechts, der das Ausmaß der Auswirkung einer nicht nur vorübergehenden Funktionsbeeinträchtigung angibt, die auf einen regelwidrigen körperlichen, geistigen oder seelischen Zustand beruht. Auf die Ursache der Funktionsbeeinträchtigung (= Behinderung) kommt es nicht an. Regelwidrig ist der Zustand, der von dem für das Lebensalter typischen abweicht. Als nicht nur vorübergehend gilt ein Zeitraum von mehr als sechs Monaten. – Der Begriff GdB löst seit dem 1.8.1986 aufgrund des Gesetzes vom 24.7.1986 (BGBl I 1110) im Schwerbehindertenrecht den bis dahin auch hier benutzten Begriff Minderung der Erwerbsfähigkeit (MdE) ab, um zu verdeutlichen, daß es im Schwerbehindertenrecht *nicht* auf das *Ausmaß* der Erwerbsfähigkeit ankommt. – 2. Die Auswirkung der Funktionsbeeinträchtigung ist als *GdB*, nach Zehnergraden abgestuft, von 20 bis 100 festzustellen. Bei mehreren Funktionsbeeinträchtigungen ist die Gesamtauswirkung maßgeblich (§ 3 I, II SchwbG), wobei jedoch keine bloße Addition der einzelnen GdB für die einzelnen Funktionsstörungen erfolgt. – 3. *Festsetzung* des GdB entsprechend den für die Feststellung der →Minderung der Erwerbsfähigkeit (MdE) festgelegten Maßstäben des BVG. Festsetzung erfolgt auf Antrag durch das Versorgungsamt (Landesversorgungsamt).

Grad Fahrenheit, →Fahrenheit.

Gradientenverfahren, →nichtlineares Optimierungsproblem 4 a).

Graduiertenförderung, Stipendium nach dem Gesetz über die Förderung des wissenschaftlichen Nachwuchses an den Hochschulen i.d.F. vom 22.1.1976 (BGBl I 207) mit späteren Änderungen, vornehmlich zur Förderung des Hochschullehrernachwuchses, insbes. nach dem Abschluß eines Hochschulstudiums zur Vorbereitung auf die →Promotion oder zum Weiterstudium mit verstärkter Beteiligung an der Forschung. – Vgl. auch →Ausbildungsförderung.

Grafik-Designer, →Werbeberufe I 3.

grain, angelsächsische Masseneinheit. 1 grain = 64,79891 mg. – Vgl. auch →Avoirdupois-Gewicht (avdp.), →Troy-System.

Gramm (g), Gewichtseinheit (1/1000 kg). Vgl. →gesetzliche Einheiten, Tabelle 1.

Graph. I. Mathematik: Graphische Darstellung einer →Funktion mit der Gleichung y = f (x) im →Koordinatensystem, auch als *Kurve* bezeichnet.

II. Operations Research: 1. *Begriff*: Ein G. besteht aus einer nichtleeren Menge von V und einer Menge E mit V ∩ E = 0 sowie einer auf E definierten Abbildung w (→Inzidenzabbildung), die jedem Element k aus E genau ein Paar i und j von Elementen aus V zuordnet. Wird auch als *Netzwerk* bezeichnet. – 2. *Typen:* a) *Ungerichteter G.*: Das jedem Element k ∈ E zugewiesene Paar von Elementen aus V ist nicht geordnet. Die Elemente von E werden *Kanten* genannt. – b) *Gerichteter G.*: Das jedem Element p ∈ E zugewiesene Paar von Elementen aus V ist geordnet (p = (i, j)). Ein →*Knoten* i heißt *Vorgänger* bzw. *Nachfolger* des Knoten j, falls ein Pfeil (i, j) bzw. (j, i) existiert. Vorgänger und Nachfolger werden als *Nachbarn* bezeichnet. – Vgl. auch →endlicher Graph, →schlichter Graph, →vollständiger Graph. – 3. *Schreibweise*: Bei der Schreibweise wird auf die Angabe der Inzidenzabbildung verzichtet. Sie wird implizit berücksichtigt, indem E als Menge von nicht geordneten oder geordneten Knotenpaaren angegeben wird. Ein ungerichteter Graph wird mit G {V, E}, ein gerichteter Graph mit G (V, E) beschrieben. – 4. *Darstellung:* Anschaulich kann jeder Knoten geometrisch mit einem Punkt oder Kreis und jeder Kante (bzw. jeder Pfeil) mit einer Verbindungslinie (bzw. gerichteten Verbindungslinie) zwischen den zugeordneten Knoten identifiziert werden. Diese geometrische Darstellung eines G. nennt man *Diagramm* bzw. *Pfeildiagramm*.

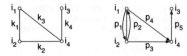

Graphentheorie, Teilgebiet der mathematischen Topologie zur Bereitstellung einfacher und übersichtlicher Hilfsmittel für die Konstruktion von Modellen und die Lösung von Problemen, die sich mit der diskreten Anordnung von Objekten befassen (→Graph). Insbes. im Bereich des →Projektmanagements und der →Logistik haben die aus der G. resultierenden Verfahren der Netzplantechnik praktische Anwendung gefunden.

Graphik, →graphische Darstellung.

Graphikbildschirm, →Bildschirm, der in der Lage ist, Graphiken (→graphische Darstellung) darzustellen. – *Arten:* Je nachdem, ob durch Ansteuerung jedes Bildpunkts beliebige Muster an beliebiger Stelle dargestellt werden können, oder ob nur durch Mosaikgraphikzeichen →Präsentationsgraphiken wiedergegeben werden können: a) vollgraphischer Bildschirm und b) halbgraphischer Bildschirm. – Vgl. auch →Bitmapped-Bildschirm.

Graphikeditor, →Editor.

Graphiksystem, Menge graphischer (→graphische Darstellung) Manipulationsfunktionen (→Funktion), mit denen aus einem rechnerinternen Modell ein Bild erstellt und auf graphischen →Ausgabegeräten dargestellt werden kann, sowie umgekehrt veränderte oder neu erstellte Bilder von den graphischen Eingabegeräten in ein rechnerinternes Modell überführt werden können. – *Basis* eines solchen G. bildet die Definition des →Graphischen Kernsystems.

Graphiktablett, *Digitalisiertablett,* →Eingabegerät für bereits vorhandene Graphik (→graphische Darstellung); besteht aus einem elektronischen Tablett und einem angekoppelten frei beweglichen Markierer. Zur Digitalisierung (→digitale Darstellung) wird die Vorlage auf das Tablett gespannt

und danach der Markierer auf die zu erfassenden Punkte der Graphik geführt, deren Koordinaten dadurch gespeichert werden.

graphische Darstellung, *Schaubild,* zeichnerische Wiedergabe von statistischen Daten oder Funktionen, insbes. von Häufigkeitsverteilungen, Zeitreihendaten und Beobachtungswertepaaren. – *Arten:* →Histogramm, →Kreisdiagramm, →Kurvendiagramm, →Stabdiagramm, →Streuungsdiagramm.

graphische Datenverarbeitung, *computer graphics,* zusammenfassende Bezeichnung für alle Techniken und Anwendungen der elektronischen Datenverarbeitung, bei denen Bilder ein- oder ausgegeben werden. – Wird häufig auch mit eingeschränkter Bedeutung als Synonym für die *Bildgenerierung* (generative g. D.) benutzt.

graphisches Kernsystem (GKS), in der Bundesrep. D. (v. a. an der Technischen Hochschule Darmstadt) entwickelte funktionale Definition eines graphischen *Basissystems,* d. h. des *Kerns* eines →Graphiksystems; national (DIN 66 252 von April 1986) und international (ISO DIS 7942 Entwurf) als Norm festgelegt. – *Gegenstand der Normung:* a) GKS definiert unabhängig von →Hardware, →Programmiersprachen oder →Betriebssystemen die *Grundfunktionen* für die Erzeugung und Manipulation computergenerierter zweidimensionaler Bilder; dies erfolgt durch Festlegung der →Schnittstellen (→Funktionen und →Prozeduren) eines Graphiksystems zum →Anwendungsprogramm und zu den graphischen →Ein-/Ausgabegeräten. Ziel der Normung: →Portabilität und Geräteunabhängigkeit von Graphiksystemen. Als Nebeneffekt wurde eine Vereinheitlichung der Terminologie in der →graphischen Datenverarbeitung und des Spektrums graphischer Gerätefunktionen erreicht. b) Weiterer Gegenstand ist die programmiersprachenabhängige Schicht (Sprachschale), in die das G. eingebettet werden muß, d. h. die Festlegung der Unterprogrammbezeichnungen (→Unterprogramm) und der →Parameter sowie deren →Datentypen für bestimmte Programmiersprachen (z. B. Fortran, Pascal, Ada, Basic).

Graphologie, Technik der psychodiagnostischen Auswertung der individuellen

Handschrift. Die G. geht von der Grundannahme aus, daß das Verhalten des Menschen von einem relativ konstanten Faktorensystem bestimmt wird und die individuelle Handschrift eine geeignete Verhaltensstichprobe ist, um auf die Persönlichkeit des Individuums zu schließen. – *Anwendung* häufig bei der →Personalauswahl. – *Beurteilung:* Der G. werden erhebliche Bedenken entgegengebracht. – Vgl. auch →Psychodiagnostik.

Gratifikation. I. Begriff: Sonderzuwendungen, die der Arbeitgeber aus bestimmten Anlässen (z. B. Weihnachten, Dienstjubiläum, Urlaub) neben dem →Arbeitsentgelt gewährt. G. sind keine Schenkungen; sie sind i. d. R. Anerkennung für geleistete Dienste und Anreiz für weitere Dienstleistung. – Auf die Zahlung einer G. besteht weder kraft Gesetzes noch der →Fürsorgepflicht des Arbeitgebers ein Rechtsanspruch. Es ist eine besondere Rechtsgrundlage erforderlich.

II. Rechtsgrundlage: Neben einer ausdrücklichen vertraglichen Zusage (→Arbeitsvertrag) oder einer Kollektivvereinbarung (→Tarifvertrag, →Betriebsvereinbarung) kommen v. a. Gleichbehandlungsgrundsatz (→Gleichbehandlung) und →betriebliche Übung in Betracht. – 1. *Tarifvertrag:* Im Zweifel wird mit einer im Tarifvertrag vereinbarten Sonderzahlung überwiegend im Bezugszeitraum geleistete Arbeit zusätzlich vergütet. Der Anspruch entfällt dann, wenn der Arbeitnehmer im Bezugszeitraum nicht nennenswert gearbeitet hat. – 2. *Betriebliche Übung:* Nach der Rechtsprechung besteht ein Anspruch auf die G., wenn der Arbeitgeber dreimal hintereinander vorbehaltlos eine G. zahlt. Dieser Anspruch kann i. d. R. nicht durch Betriebsvereinbarung wieder beseitigt werden. – 3. *Einzelarbeitsvertrag:* Ein entsprechend begründeter Anspruch auf G. kann nur durch →Abänderungsvertrag oder im Wege der →Änderungskündigung beseitigt werden. – 4. *Gleichbehandlungsgrundsatz:* Es entsteht dann ein Anspruch auf G., wenn der Arbeitgeber allgemein G. zahlt, jedoch einzelne Arbeitnehmer oder Gruppen willkürlich ausnimmt. Der Ausschluß ist aber gerechtfertigt bei →Kündigungen des Arbeitsverhältnisses, häufigen unberechtigten Fehlzeiten des Arbeitnehmers und bei geringer Dauer der Betriebszugehörigkeit. Unzulässig ist ein Ausschluß bei →betriebs-

bedingter Kündigung, es sei denn, der Tarifvertrag enthält eine entsprechende Klausel. – 5. Wird die G. freiwillig, *ohne Anerkennung einer Rechtspflicht* für die Zukunft gezahlt, so steht die Zahlung der G. im Ermessen des Arbeitgebers. Jedoch ist auch dann der Gleichbehandlungsgrundsatz zu beachten.

III. Höhe: Richtet sich nach der ausdrücklich oder stillschweigend getroffenen Vereinbarung. Der Arbeitgeber kann die G. kürzen, wenn er in finanzielle Schwierigkeiten geraten würde und durch Kürzungen Arbeitsplätze erhalten bleiben.

IV. Rückzahlungsklauseln: 1. Der *Rückzahlungsvorbehalt* muß eindeutig vereinbart sein. Eine Rückzahlungspflicht besteht dann nicht, wenn der Arbeitgeber kündigt, ohne daß ihm der Arbeitnehmer hierfür einen Anlaß gegeben hat. – 2. Die durch Rückzahlungsklauseln angestrebte Bindung des Arbeitnehmers an den Betrieb kann so stark sein, daß dem Arbeitnehmer die Freiheit zur Kündigung des Arbeitsverhältnisses genommen wird. Die Rechtsprechung hat deshalb *Regeln über das zulässige Maß der Betriebsbindung* aufgestellt. G. bis zur Höhe von 200 DM (ursprünglich bis 100 DM) können überhaupt nicht mit einer Rückzahlungsklausel verbunden werden. Bei einer Weihnachtsgratifikation, die ein Monatsgehalt erreicht, kann die Kündigung bis nach dem 31. 3. des Folgejahres ausgeschlossen werden. Erreicht die G. keine zwei Monatsgehälter, kann im allgemeinen keine Bindung über den 30. 6. erfolgen. – 3. Sind Rückzahlungsklauseln wegen zu langer Bindung *unzulässig*, ist nicht die Zusage der G. überhaupt, sondern nur die zu lange Bindung nichtig. Hält der Arbeitnehmer die rechtlich zulässigen Fristen nicht ein, muß er den gesamten Betrag der G. zurückzahlen.

V. Pfändung: Die Weihnachtsgratifikation ist bis zur Höhe der Hälfte des monatlichen Arbeitseinkommens, höchstens aber bis zum Betrag von 470 DM unpfändbar (§ 850a Ziff. 4 ZPO); für Unterhaltsansprüche vgl. § 850d I ZPO. – Vgl. auch →Lohnpfändung.

VI. Kostenrechnung: G. werden zumeist gleichmäßig im Rahmen der →Personalnebenkosten auf das Jahr verteilt.

VII. Steuerrecht: G., die mit einem Dienstverhältnis zusammenhängen, gehören zu den →sonstigen Bezügen, soweit sie nicht fortlaufend gezahlt werden. Werden G. regelmäßig mit dem üblichen Arbeitslohn gezahlt, sind sie als laufender →Arbeitslohn zu versteuern.

Gratisaktie, *Bonusaktie,* neu ausgegebene Aktien (→junge Aktien), die den alten Aktionären aus freien →Rücklagen und aus dem Reingewinn zur Verfügung gestellt werden, etwa im Verhältnis 3 alte : 1 neue Aktie (ähnlich: →Gratisgenußschein). G. sind eine Form der →Selbstfinanzierung (Verzicht auf Gewinnausschüttung sowie auf Ansprüche an den Rücklagen), mit der ohne Zufluß neuer Mittel eine Erhöhung des Grundkapitals (→Kapitalerhöhung) erfolgt. Da Aktienausgabe ohne Gegenleistung nach dem Aktiengesetz nicht statthaft ist, erfolgt formelle Ausschüttung der →Dividende unter nachträglicher Verrechnung als neue Kapitaleinlage. – *Steuerliche Behandlung:* Nach Bundesfinanzhof (BFH) i.d.R. körperschaftsteuerpflichtige →Gewinnausschüttung; beim Empfänger in jedem Falle steuerpflichtige →Einkünfte aus Kapitalvermögen. – Vgl. auch →Freiaktien.

Gratisangebot, Anpreisung kostenloser Warenabgabe zu Zwecken des wirtschaftlichen Wettbewerbs. G. oder →Verschenken von Waren ist wettbewerbsfremd und fast stets unlauteres Lockmittel, also unerlaubt. – Vgl. auch →Gratisproben.

Gratisgenußschein, ohne besondere Gegenleistung, aber in Anrechnung auf die an sich auszuschüttende →Dividende (bzw. neben dieser) ausgegebener →Genußschein. – *Ähnlich:* →Gratisaktie.

Gratisproben, Warenproben zu Wettbewerbszwecken. Verteilen von größeren G. dient oft dem unlauteren →Anlocken von Kunden und kann als →unlauterer Wettbewerb Unterlassungs- und Schadenersatzklage rechtfertigen. – Vgl. auch →Gratisangebot.

grauer Markt, Absatz von Waren unter Umgehung privatrechtlicher Vereinbarungen anerkannter Handelsbräuche und vor allem steuerrechtlicher Vorschriften. Charakteristikum ist das Bemühen einzelner Marktteilnehmer, sich unter Ausnutzung der Vertrags- bzw. Handelstreue ihrer Mitbewerber Vorteile zu verschaffen. – Vgl. auch →direkter Vertrieb.

Gravitationsmodell. I. Regionalanalyse: Modell zur Beschreibung und Erklärung von räumlichen Interaktionen (→regionale Interaktionsmodelle).

II. Verkehrsplanung: Im Rahmen der →Verkehrsplanung methodische Ansätze der Verkehrsverteilung, die in Analogie zu dem von Newton entdeckten Gesetz der Gravitation entwickelt worden sind. In den →Verkehrsverteilungsmodellen werden die Verkehrsaufkommenswerte des →Quellverkehrs und des →Zielverkehrs als Massenwerte verwendet; der Entfernungseinfluß wird mittels einer Widerstandsfunktion ausgedrückt, in die als Argumente jene Verkehrssystemmerkmale eingehen, die sich der Raumüberwindung entgegenstellen. Wird die weiterhin zu berücksichtigende Gravitationskonstante nicht näher durch eine Restriktion festgelegt, so handelt es sich um das *unbeschränkte G.* I.d.R. wird jedoch die Gravitationskonstante so festgelegt, daß die Verkehrsströme mit den Quellverkehrswerten und/oder den Zielverkehrswerten kompatibel sind *(production constrained model, attraction constrained model, doppelt beschränktes Gravitationsmodell).*

Gray (Gy), Einheit der Energiedosis (→gesetzliche Einheiten, Tabelle 1). 1 G. ist gleich der Energiedosis bei der Übertragung der Energie 1 Joule auf homogene Materie der Masse 1 kg. – Vgl. auch →Sievert (Sv).

Greatest-Ascent-Regel, Regel zur Auswahl von Pivotelementen im Rahmen des →primalen Simplexalgorithmus bzw. →dualen Simplexalgorithmus. Von allen möglichen Pivotelementen ist eines zu wählen, das die größte Veränderung des Zielwertes in Richtung auf den Zielwert der gesuchten optimalen Lösung liefert. Die Wahl hat dabei zu gewährleisten, daß bei Anwendung des primalen (dualen) Simplexalgorithmus die zu konstruierende neue kanonische Form weiterhin primal (dual) zulässig ist (→primal zulässige kanonische Form, →dual zulässige kanonische Form).

Gremium. 1. *Begriff:* Multipersonale →organisatorische Einheit, in der Handlungsträger verschiedener Stellen ohne interne Hierarchie zusammengefaßt werden und nur einen Teil ihrer Arbeitszeit verbringen. In Organisationslehre und Praxis mit uneinheitlicher Terminologie auch als *Ausschuß*, *Kollegium*, *Kommission*, *Komitee* oder *Konferenz* bezeichnet. – 2. *Zweck*: Als Instrument der →Koordination dient ein G. v. a. der vereinfachten →Kommunikation und der Nutzung von Spezialkenntnissen seiner Mitglieder. – 3. *Arten*: a) Nach der *Zeitdauer*: befristete (z. B. eine Kommission für ein bestimmtes Projekt) und unbefristete (z. B. ein Investitionsausschuß) G. b) Nach den *Kompetenzen*: Informations-, Beratungs- und Entscheidungs-G.; bei letzteren erfolgt angesichts der fehlenden hierarchischen Über-/Unterordnung der Gremienmitglieder die Willensbildung, die häufig in einer →Geschäftsordnung geregelt ist, nach dem →Kollegialprinzip.

Grenada, Staat im Karibischen Meer, bestehend aus den Inseln G. (310 km², Vulkaninsel des Windward-Archipels), Carriacu (32 km²), Petit Martinique und den Grenadinen (20 kleine Inseln). – *Fläche*: 344 km². – *Einwohner: (E)*: (1989) 100 000 (291 E/km²); *jährliches Bevölkerungswachstum*: 1,8%. – *Hauptstadt*: St. George's; wichtige Städte: Charlotte Town, Victoria Santeurs, Greenville, Hillsborough (Carriacou). – Parlamentarische Monarchie, seit 1974 unabhängig; Putsch 1979. 1983 militärische Intervention durch die USA. – G. ist *eingeteilt* in 6 Gemeinden. – *Amtssprache*: Englisch (Umgangssprache: kreolisches Englisch und kreolisches Französisch).

Wirtschaft: *Landwirtschaft*: Agrarland mit Kleinbetrieben in Subsistenzwirtschaft und Plantagen. Erzeugt werden Bananen, Muskatnüsse (ein Drittel der Weltproduktion), Kakao, Zitrusfrüchte, Kokosnüsse, Baumwolle, Zuckerrohr, Gemüse, Kartoffeln u. a.. Die Viehwirtschaft kann den Eigenbedarf nicht voll decken. Relativ gut entwickelt sind *Forstwirtschaft* und *Fischerei*. – Die *Industrie* konzentriert sich vorwiegend auf die Verarbeitung einheimischer Agrarprodukte (Zucker, Rum, usw.). – Eine wichtige Einnahmequelle stellt der *Tourismus* dar. – *BSP*: (1989) 179 Mill. US-$ (1900 US-$ je E). – *Inflationsrate*: durchschnittlich 7,4%. – *Export*: 19 Mill. US-$, v. a. Bananen und Muskatnüsse (95%), Kakao, Zitrusfrüchte, Kokosnüsse. – *Import*: 54 Mill. US-$. – *Handelspartner*: USA, Großbritannien, Kanada.

Verkehr: 910 km feste *Straßen*. – *Hochseehäfen*: St. George's und Greenville. – Seit

1984 internationaler *Flughafen* bei St. George's.

Migliedschaften: UNO, AKP, CARICOM, SELA, UNCTAD; Commonwealth.

Währung: 1 Ostkaribischer Dollar (EC$) = 100 Cents.

Grenzaufsicht, Sicherung der Zollgrenze (→Zollgebiet) und Überwachung des Zollgrenzbezirks, der →Zollfreigebiete und der →Zollflugplätze durch den Zollgrenzdienst (§ 74 ZG).

Grenzausgleich, →Ausgleichsbeträge 1.

Grenzbaum, →Nachbarrecht 5.

Grenzeinrichtung, →Nachbarrecht 6.

Grenzen der Besteuerung, möglicher (maximaler) Grad der Ausschöpfung einer einzelnen Steuerquelle bzw. der fiskalischen Ergiebigkeit eines gesamten Steuersystems. – 1. *Rein ökonomische G. d. B.*: Bestimmt vom →Sozialprodukt, schließt man langfristig eine Substanzbesteuerung (→Substanzsteuern) aus. – 2. *Ordnungspolitische G. d. B.*: Sie liegt in einem marktwirtschaftlichen System deutlich unter der ökonomisch ermittelten Grenze (vgl. auch →Steuerquote). – 3. *Wirtschaftspolitische G. d. B.*: Wachstums-(Kaptialbildung) und konjunkturpolitische Ziele (Flexibilität des Steueraufkommens) begrenzen das Ausmaß des steuerlichen Eingriffs. Um bei wirtschaftspolitischer Zielvorgabe der Besteuerung trotzdem ein Maximum an Einnahmen zu erzielen, muß der Gesetzgeber die psychologischen G. d. B. berücksichtigen. – 4. *Psychologische G. d. B.*: Diese sind vielfältig und zeigen sich in jeglichem legalen und illegalen Steuerwiderstand (→Steuerabwehr), der sich sogar (wie in den USA in den letzten zehn Jahren und neuerdings in Großbritannien geschehen) in Steuerrevolten äußern kann. Um solche Reaktionen zu vermeiden, sollte die Steuertechnik entsprechend verständlich und ausgefeilt sein und möglichst den herrschenden Gerechtigkeitsvorstellungen entsprechen. – Vgl. auch →Steuereinmaleins, →Laffer-Kurve, →Steuerwirkungen, →psychological breaking point.

Grenzen des Wachstums, Schlagwort der durch Veröffentlichungen des Club of Rome ausgelösten wirtschaftspolitischen

Grenzerlösfunktion

und ökologischen Diskussion der 70er Jahre. – 1. Im *ersten Bericht* erarbeitete die Forschergruppe des Massachusetts Institute of Technology (MIT) um Dennis Meadows („Die Grenzen des Wachstums", Stuttgart 1972) eine Computersimulation für die Zeitspanne von 1900 bis 2100. In diesem „Weltmodell" komplexer Wechselwirkungen werden fünf Trends untersucht: die beschleunigte *Industrialisierung*, das rapide *Bevölkerungswachstum*, die weltweite *Unterernährung*, die *Ausbeutung der Rohstoffreserven* und die zunehmende *Umweltbelastung und -verschmutzung*. In der MIT-Studie wird die Schlußfolgerung gezogen, daß unser Bevölkerungs- und Produktionswachstum ein „Wachstum zum Tode" ist. Die Einwände der *Kritiker* richten sich v. a. gegen die zu starke Aggregation des Modells, die Problematik, den technischen Fortschritt zu prognostizieren, sowie die wissenschaftliche Ermittlung der G. d. W. – 2. In der *zweiten Studie* des Club of Rome von Mesarovic-Pestel („Menschheit am Wendepunkt", Stuttgart 1974) wurden diese Globalrechnungen, wonach die Fortschreibung der Wachstumsraten bis Mitte des kommenden Jahrhunderts zur Katastrophe führen müsse, mit Berechnungen für die einzelnen Regionen der Erde (insgesamt zehn) und der Darstellung zahlreicher Einzelkrisen differenziert. Darum und aus der Darstellung alternativer Entwicklungsszenarien leiteten Mesarovic-Pestel Entscheidungsspielräume her, die der politischen Umsetzung bedürfen. – Unter dem Eindruck der Erdölkrise wurde diese *Diskussion* in der Bundesrep. D. aufgenommen und Wege zu einem →Nullwachstum und einer ökologischen Kreislaufwirtschaft gesucht. U. a. Erhard Eppler wies auf Unzulänglichkeiten des Bruttosozialprodukts als Wachstumsindikator hin und stellte ihm den Begriff der →Lebensqualität entgegen. Kriterium der Wirtschaftspolitik könne nicht die Quantität des Wachstums, sondern müsse die Qualität des Wachstums sein, dessen Durchsetzung politische Steuerung erfordere.

Grenzerlösfunktion, die von der Wirtschaftswissenschaft mathematisch formulierte Beziehung zwischen einer Absatzmenge und ihrer zugehörigen unendlich kleinen (infinitesimalen) Erlösveränderung. Der Gesamterlös ist das Produkt aus dem Preis p und der Absatzmenge x, wobei x (über die Nachfragefunktion) von p abhängt. Wird p von p_1 auf p_2 vermindert, so steigt die Absatzmenge von x_1 auf x_2 (also um Δx) und der Erlös von E_1 auf E_2 (also um ΔE). Für relativ kleine Preisveränderungen gibt der Quotient

$$\frac{\Delta E}{\Delta x}$$

das Steigungsmaß der Erlösfunktion an, welches als *Grenzerlös* bezeichnet wird. Dieser Grenzerlös ist bei jeder Absatzmenge verschieden. Die funktionale Abhängigkeit zwischen Absatzmenge und Grenzerlös wird als G. bezeichnet. Sie ist mathematisch die erste Ableitung der Erlösfunktion

$$E(x) = \frac{dE(x)}{dx}.$$

Verläuft die G. oberhalb der x-Achse, so steigt bei fallendem Stückpreis der Gesamterlös (Umsatz).

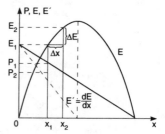

Grenzermittlung, Verfahren zur Ermittlung der Grundstücksgrenze. Vgl. im einzelnen →Nachbarrecht 7.

Grenzertrag, *Grenzprodukt.* 1. *Partieller G.:* Produkt aus →Grenzproduktivität eines Produktionsfaktors i $\left(\frac{\delta x}{\delta r_i}\right)$ und einer infinitesimal kleinen Einsatzmengenveränderung dr_i:

$$\left(\frac{\delta x}{\delta r_i}\right) \cdot dr_i.$$

2. *Totaler G.:* Summe der partiellen G. aller Produktionsfaktoren, also

$$dx = \left(\frac{\delta x}{\delta r_1}\right) dr_1 + \left(\frac{\delta x}{\delta r_2}\right) dr_2 + \ldots$$
$$+ \left(\frac{\delta x}{\delta r_n}\right) dr_n.$$

Grenz-Festpreis-Verfahren, →innerbetriebliche Leistungsverrechnung II 5.

Grenzgänger, Arbeitnehmer, die im Inland ihren Wohnsitz haben, sich aber täglich von ihrem Wohnsitz über die Grenze an eine →Arbeitsstätte im Ausland begeben und täglich zu ihrem Wohnsitz zurückkehren. – 1. *Lohnsteuer:* G. unterliegen der unbeschränkten Steuerpflicht: Der ausländische Arbeitslohn unterliegt der deutschen →Lohnsteuer, es sei denn, er ist nach einem →Doppelbesteuerungsabkommen (DBA) freigestellt; die im Ausland auf den Arbeitslohn entrichtete Steuer (falls mit der deutschen Lohn-/Einkommensteuer vergleichbar) ist auf Antrag auf die deutsche Lohnsteuer anzurechnen (§ 34c I EStG). Vgl. auch →Steuerausländer. – 2. *Sozialversicherung:* G. unterliegen den am Arbeitsort maßgebenden Rechtsvorschriften.

Grenzgänger-Besteuerung, →Harmonisierung der Besteuerung V 4.

Grenzgänger-Richtlinie, →Steuerausländer, →Harmonisierung der Besteuerung V 4 a).

Grenzkosten, die bei Vergrößerung der Produktionsmenge für Herstellung der letzten Produktionseinheit verursachten Mehrkosten. Wird die in Produktionseinheiten gemessene Beschäftigung (x) einer Unternehmung um eine Einheit vermehrt, so steigen hierdurch die Gesamtkosten (K) um einen bestimmten Betrag; dieser Betrag ist gleich den „G.", den zusätzlichen Kosten für die letzte Produkteinheit. – *Mathematisch* werden die G. aus dem Quotienten $\Delta K/\Delta x$ abgeleitet, indem der Quotient für sehr kleine Werte von Δx ($\Delta x \to o$) gebildet wird, wobei der Differentialquotient

$$K'(x) = \frac{dK(x)}{dx}$$

entsteht. – Vgl. auch →Grenzprinzip. – *Analytisch* betrachtet sind die G. gleich dem Steigungsmaß der Gesamtkostenfunktion für eine bestimmte Ausbringungsmenge. Diese ist graphisch darstellbar durch die Steigung der Tangente an die Gesamtkostenkurve. Der aufsteigende Ast der G.-Kurve ist vom Minimum der durchschnittlichen variablen Kosten an bei vollständiger Konkurrenz gleich der Angebotskurve; bei unvollkommener Konkurrenz dient sie zur Bestimmung des →Cournotschen Punktes. Die G. sind wichtig zur Bestimmung der Preisuntergrenze und stellen die Grundlage für die Grenzplankostenrechnung und die Verfahren des Operations Research, in denen Kosten relevant sind, dar.

Grenzkostenergebnis, →Deckungsbeitrag.

Grenzkostenkalkulation, →Kalkulation auf Grenzkostenbasis zur Ermittlung der absoluten kostenwirtschaftlichen →Preisuntergrenze bei Unterbeschäftigung. – In der *volkswirtschaftlichen Theorie* wird die G. als die zum gesamtwirtschaftlichen Optimum (→Pareto-Effizienz) führende Preisbildung aufgefaßt.

Grenzleerkosten, die durch die letzte Produkteinheit eintretende Verminderung oder Vermehrung der →Leerkosten, d. h. der nicht genutzten fixen Kosten. Die G. sind eine reine Rechengröße, da die fixen Kosten sich bei der Mengenänderung definitionsgemäß nicht ändern. – Vgl. auch →Grenzkosten.

Grenzleistungsfähigkeit des Kapitals, Zinssatz, bei der der →Barwert der (mit Sicherheit eintretenden) Nettoerlöse einer Anlageinvestition deren Anschaffungskosten entspricht (richtiger wäre: Grenzleistungsfähigkeit der Investition). In der makroökonomischen Theorie wichtiger Faktor für das Investitionsverhalten. Es wird angenommen, daß der Unternehmer zwischen alternativen Anlagen des Geldkapitals wählt. Er wird Investitionsobjekte so lange erwerben, bis die G. d. K. der höchsten anderweitigen Verzinsung (Marktzins für ausgeliehenes Kapital) entspricht. Werden die einzelnen Investitionsobjekte nach der Höhe der G. d. K. geordnet, ergibt sich als ein möglicher Verlauf der gesamtwirtschaftlichen Investitionsfunktion die folgende Darstellung:

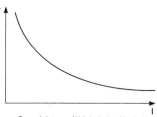

r = Grenzleistungsfähigkeit des Kapitals
I = Investitionsvolumen

Grenznutzen. 1. *Ältere Fassung*: Zentraler Begriff der →*Grenznutzenschule* der Volkswirtschaftstheorie für den Nutzen der letzten zur Verfügung stehenden Einheit eines Gutes, die das als am wenigsten dringend empfundene Bedürfnis noch deckt. – 2. Die *moderne Theorie* faßt den G. als partiellen Differentialquotienten auf. Danach ist G. diejenige Veränderung des Gesamtnutzens, die eintritt, wenn bei gegebener Güterkombination der Konsum eines Gutes um eine infinitesimal kleine Einheit erhöht wird (mathematisch: die 1. Ableitung der Nutzenfunktion nach einem bestimmten Gut). Die G.-Lehre wurde gleichzeitig und unabhängig voneinander durch →Menger (1871), →Jevons (1871) und Walras (1874) entwickelt. Sie beruht auf den →Gossenschen Gesetzen, deren Inhalt unter Bezeichnung „Grenznutzen" durch v. →Wieser in die Diskussion eingeführt wurde. Die Grenznutzenschule vertritt eine allgemeine subjektivistisch begründete Preis-, Lohn- und Zinstheorie, im Gegensatz zu den objektiven Lehren der →Klassiker.

Grenznutzenschule. 1. *Begriff*: Wissenschaftliche Richtung, deren Vertretern gemeinsam ist die Betonung der subjektiven Wertschätzung (Nutzen) als Zentralidee des nationalökonomischen Systemaufbaus (→Grenznutzen). Ausgehend von der fast gleichzeitigen Entwicklung des Grenznutzenbegriffs durch K. Menger, L. Walras und W. St. Jevons in den Jahren 1870/71, entwickelte sich die G. zur beherrschenden wissenschaftlichen Richtung bis etwa zum Ersten Weltkrieg. – 2. Innerhalb der G. können *folgende Richtungen* (mit ihren Hauptvertretern) unterschieden werden:

Grenznutzenschule

Lausanner Schule	Wiener (Österreichische) Schule	anglo-amerikanische Schule
Walras	Menger	Jevons
Pareto	v. Böhm-Bawerk	Edgeworth
Barone	v. Wieser	J. B. Clark

(ältere) schwedische Schule
Wicksell
Lindahl

a) Von diesen Richtungen vertrat das Grenznutzenprinzip am reinsten die *Wiener Schule (österreichische G.)*, die deshalb auch oft allein als G. bezeichnet wird. Nach den grundlegenden Arbeiten Mengers

wandte Böhm-Bawerk das Grenznutzenprinzip auf die Preisbildung sowie auf das Kapital- und Zinsproblem an, Wieser gab die geschlossenste Gesamtdarstellung der auf dem Grenznutzenprinzip fußenden Wirtschaftstheorie. Von der österreichischen Schule beeinflußt wurden v. a. die beiden schwedischen Nationalökonomen K. Wicksell (v. a. auf Böhm-Bawerk fußend) und E. Lindahl (beeinflußt durch die finanzwirtschaftlichen Untersuchungen des Wiener Grenznutzentheoretikers E. Sax). Eine weitere wissenschaftliche Richtung führte von Böhm-Bawerk zu L. v. Mises, F. A. Hayek, R. v. Strigl, W. Eucken und H. v. Stackelberg (monetäre Überinvestitionstheorie, moderne Lohnfondstheorie, Theorie der diskontierten Grenzproduktivität). – b) Von der *Lausanner Schule* kann eigentlich nur Walras der G. zugerechnet werden. Ab Pareto tritt an die Stelle der Grenznutzentheorie die Theorie der Wahlakte, die später von Allen, Hicks und Stackelberg weiter ausgebaut wurde. Hauptverdienst der Lausanner Schule ist die mathematisch exakte Darstellung der allgemeinen Interdependenz. – c) Die Bedeutung der *anglo-amerikanischen Richtung* liegt v. a. in der Übertragung des Grenzprinzips (Marginalprinzips) auf die Theorie der Produktion und der Einkommensverteilung. Die von J. B. Clark entwickelte Grenzproduktivitätstheorie stellt eine der entscheidenden Lösungsversuche des Problems der Einkommensverteilung dar. – 3. Bei einer *kritischen Würdigung* der Verdienste der G. ist v. a. die Einführung des „Grenzdenkens", des marginalen Denkens, hervorzuheben. Von Ricardo in seiner Grundrententheorie schon vorweggenommen, läßt sich das marginale Denken aus der modernen Wirtschaftstheorie nicht mehr hinwegdenken. Daneben hat die G. eine Vielzahl wissenschaftlicher Einzelerzeugnisse entweder selbst hervorgebracht oder ihre Entwicklung direkt oder indirekt gefördert. – Es kann jedoch nicht übersehen werden, daß die Analysen der G. z. T. in Spitzfindigkeiten ausarteten, so daß Max Weber warnte, die Beschäftigung mit dem Grenznutzen unterliege selbst dem Gesetz vom abnehmenden Grenznutzen. Seit dem Erscheinen der „Theory of Games und Economic Behavior" von J. v. Neumann und O. Morgenstern wird erneut die Frage nach der Meßbarkeit des Grenznutzens diskutiert, deren Verneinung einst als einer der stärksten Einwände gegen die G.

angesehen wurde. – Vgl. auch →Grenzproduktivitätstheorie.

Grenzplankostenrechnung, auch *Teilkostenrechnung, Proportionalkostenrechnung, Deckungsbeitragsrechnung.*

I. Ursprung: Modernste Form der →Plankostenrechnung, entstanden aus den Unzulänglichkeiten der →Vollkostenrechnung (Gefahr von Fehlentscheidungen). Vorläufer in Deutschland: Schmalenbachs Grenzkostenlehre und Rummels Blockkostenrechnung; entsprechende Entwicklungsformen im Ausland: „direct-costing" in den USA und „marginal-costing" in Großbritannien. Einführung in die betriebliche Praxis in Deutschland und dem deutschsprachigen Ausland einschließlich der EDV-mäßigen Aufbereitung vorwiegend durch H. G. Plaut. Theoretische Bearbeitung insbesondere durch W. Kilger und P. Riebel.

II. Ziel: Insbesondere ausgerichtet auf die dispositiven Aufgaben der Kostenrechnung, d. h. dem Zurverfügungstellen von Kostendaten (relevante Kosten) für den Aufbau der kurzfristigen betrieblichen Planung. – 1. Insbesondere werden mit Hilfe geplanter Bezugsgrößen- oder Erzeugnisgrenzkosten *Verfahrenswahlprobleme* des Produktionsvollzugs (bei gegebenen Kapazitäten) optimal gelöst, z. B. die Wahl zwischen mehreren Maschinentypen, Einsatz von Lohnarbeit, Wahl zwischen Eigenerstellung und Fremdbezug, Bestimmung optimaler Seriengrößen. – 2. Die größte Bedeutung hat die G. für die optimale *Verkaufssteuerung* mit Hilfe von →Deckungsbeiträgen. a) Bei freien Kapazitäten erfolgt die Verkaufssteuerung mit Hilfe von *absoluten Deckungsbeiträgen*; alle Produktarten werden in das Verkaufsprogramm aufgenommen, deren absolute Deckungsbeiträge positiv sind. Die Preisuntergrenzen stimmen mit den proportionalen Selbstkosten überein, sofern die beiden folgenden Voraussetzungen erfüllt sind. Zusatzaufträge dürfen keine sprungfixen Kosten (z. B. Miete für ein zusätzliches Lager) verursachen und die Deckungsbeiträge der übrigen Erzeugnisse nicht nachteilig beeinflussen (z. B. durch Verringerung der Erzeugnismengen oder Preissenkungen). b) Wird ein Engpaß wirksam, so erfolgt die Verkaufssteuerung mit Hilfe von *relativen Deckungsbeiträgen.*

Diese erhält man, indem man die absoluten Deckungsbeiträge durch die Einheit der Engpaßplanung dividiert. Die Produktarten werden in der absteigenden Reihenfolge ihrer relativen Deckungsbeiträge in das Produktionsprogramm aufgenommen, bis die Kapazitätsgrenze erreicht ist. c) Bei Wirksamwerden mehrer Engpässe sind für den optimalen Aufbau der Produktions- und Absatzplanung Gewinnmaximierungsmodelle der *mathematischen,* insbesondere →linearen *Programmierung* erforderlich, deren Zielfunktionen Deckungsbeitragsfunktionen sind. – 3. Neben den dispositiven Aufgaben dient die G. in gleicher Weise der Durchführung eines monatlichen *Soll-Ist-Kostenvergleichs* (→Kostenkontrolle), wie die auf Vollkosten basierende flexible Plankostenrechnung. Da die G. jedoch in den meisten Betrieben durch eine *parallele Vollkostenrechnung* ergänzt wird, kann sie auch die traditionellen Aufgaben der Kostenrechnung, z. B. Bestandsbewertung zu Vollkosten und Ermittlung von Selbstkostenpreisen für öffentliche Aufträge erfüllen.

III. Aufbau: 1. Die G. basiert in gleicher Weise auf den Ergebnissen einer analytischen Kostenplanung wie die flexible →Plankostenrechnung. Der wesentliche Unterschied besteht aber darin, daß sowohl in die Verrechnungssätze für innerbetriebliche Leistungen als auch in die Kalkulationssätze der primären Kostenstellen *nur die proportionalen Kosten* einbezogen werden. Hierdurch wird die für die Vollkostenrechnung typische rechnerische Proportionalisierung der fixen Kosten vermieden. Die fixen Kosten werden aus der Kostenstellenrechnung unmittelbar in die Erfolgsrechnung übernommen. Soll die G. allerdings durch eine parallele Vollkostenrechnung ergänzt werden, muß die innerbetriebliche Leistungsverrechnung zur Kostenplanung nachträglich um eine sekundäre Fixkostenverteilung erweitert werden. – 2. Der G. liegt die Konzeption *linearer Kostenverläufe* zugrunde, so daß die geplanten Grenzkosten mit den variablen Durchschnittskosten übereinstimmen. Lediglich in Fällen →intensitätsmäßiger Anpassung können auch nichtlineare Kostenverläufe auftreten. Als Grundprinzip der G. wird das →Verursachungsprinzip angesehen, das auch als *Proportionalitäts-* oder *Identitätsprinzip* bezeichnet wird.

1395

IV. Kostenstellenrechnung: Der nach Kostenarten und Kostenstellen differenzierte Soll-Ist-Kostenvergleich wird in der G. in gleicher Weise durchgeführt wie in einer auf dem Vollkostenprinzip basierenden flexiblen →Plankostenrechnung.

V. Kostenträgerrechnung: In der →Kalkulation oder Kostenträgerstückrechnung werden den Erzeugnissen nur →proportionale Kosten zugerechnet (→Grenzkostenkalkulation). Die *kurzfristige Erfolgsrechnung* wird in Form einer →Deckungsbeitragsrechnung durchgeführt. Hierzu werden die Stückdeckungsbeiträge (= Verkaufspreis − Grenzselbstkosten pro Einheit) mit den abgesetzten Erzeugnismengen multipliziert. Hierbei erhält man die Erzeugnisdeckungsbeiträge. Von dem Gesamtdeckungsbeitrag wird der Fixkostenblock subtrahiert, um den Gesamtgewinn zu erhalten. Werden die fixen Kosten en bloc dem Gesamtdeckungsbeitrag gegenübergestellt, so spricht man von einer einstufigen G. Werden die fixen Kosten nach der „Erzeugnisnähe" gegliedert (in Erzeugnisfixkosten, Erzeugnisgruppenfixkosten, Werksfixkosten und Unternehmungsfixkosten), so spricht man von einer mehrstufigen G. Über die Verfahren der →stufenweisen Fixkostendeckung (Agthe, Mellerowicz). Im übrigen kann auch die nach dem Deckungsbeitragsprinzip aufgebaute kurzfristige Erfolgsrechnung als geschlossene oder als nicht geschlossene Kostenträgererfolgsrechnung durchgeführt werden; vgl. hierzu →Plankostenrechnung.

Literatur: Agthe, K., Stufenweise Fixkostendeckung im System des Direct Costing, ZfB 1959, S. 404ff.; Böhm, H. H., Wille, Fr., Deckungsbeitragsrechnung, Grenzpreisrechnung und Optimierung, 5. Aufl., München 1974; Deyhle, A., Gewinn-Management, Gauting bei München 1971; Ferner, W., Grenzplankostenrechnung als Instrument der Unternehmensplanung, BFuP 1974, S. 530–542; Kilger, W., Einführung in die Kostenrechnung, 3. Aufl., Wiesbaden 1987; Kilger, W., Flexible Plankostenrechnung Deckungsbeitragsrechnung, 9. Aufl., Wiesbaden 1988; Kilger, W., Die Entstehung und Weiterentwicklung der Grenzplankostenrechnung als entscheidungsorientiertes System der Kostenrechnung, in: Schriften zur Unternehmensführung, Bd. 21, hrsg. von H. Jacob, Neuere Entwicklungen in der Kostenrechnung, Wiesbaden 1976; Kilger, W., Kurzfristige Erfolgsrechnung, in: Die Wirtschaftswissenschaften, Wiesbaden 1962; Medikke, W., Geschlossene Kostenträgererfolgsrechnung und Artikelergebnisrechnung in der Grenz-

plankostenrechnung, AGPLAN Bd. 8. Wiesbaden 1964, S. 37–55; Mellerowicz, K., Planung und Plankostenrechnung, Bd. 1, Betriebliche Planung, Freiburg 1961; Plaut, H. G., Die Grenzplankostenrechnung, ZfB 1953, S. 347ff. und S. 402ff.; Plaut, H. G., Unternehmenssteuerung mit Hilfe der Voll- oder Grenzplankostenrechnung, ZfB 1961; S. 460–482; Plaut, H. G., Müller, H., Medicke, W., Grenzplankostenrechnung und Datenverarbeitung, 3. Aufl., München 1973; Plaut, H. G., Entwicklungsformen der Plankostenrechnung, Vom Standard-Cost-Accounting zur Grenzplankostenrechnung, in: Schriften zur Unternehmensführung, Bd. 22, hrsg. von H. Jacobs, Wiesbaden 1976, S. 5–24; Riebel, R., Einzelkosten- und Deckungsbeitragsrechnung, 6. Aufl., Wiesbaden 1990.

Prof. Dr. Wolfgang Kilger (verstorben)

Grenzprinzip, auf dem Gedankengut der →Grenznutzenschule beruhender methodischer Ansatz der modernen →Betriebswirtschaftslehre, beherrscht von den Differentialprinzip, nach dem sich ökonomische Erscheinungen in Schichten zerlegen lassen. Die wichtigste ist die Grenzschicht. Darunter versteht man die letzte zu- oder abwachsende Schicht, also die Schicht, die die Veränderung bringt. Während etwa der Grundbestand der Kapazität keinen Veränderungen unterliegt, ist die Grenzschicht Gegenstand ständiger betriebspolitischer Überlegungen bezüglich möglicher Kapazitätserweiterung oder -einschränkung. Um die Wirkung solcher Maßnahmen berechnen zu können, müssen Kosten, Kapitalbindung, Arbeitskräftebedarf usw. für die Grenzschicht errechnet werden. – Besonders bekannt ist die *Anwendung des G. auf die Kosten*: Vgl. im einzelnen →Grenzkosten.

Grenzprodukt, →Grenzertrag.

Grenzproduktivität, Begriff der Produktionstheorie. G. bezeichnet die Änderung der Ausbringungsmenge einer Unternehmung bei einer (infinitesimal) kleinen Änderung der Einsatzmenge eines Produktionsfaktors r_i. – *Mathematisch*: Der partielle Differentialquotient der Produktionsfunktion nach dem betreffenden Faktor, also

$$\frac{\delta x}{\delta r_i}$$

Die G. bildet einen Maßstab für die produktive Wirksamkeit der jeweils zuletzt eingesetzten Faktoreneinheit.

Grenzproduktivität des Geldes, gibt an, um wieviel sich die Ausbringung erhöht, wenn der Geldeinsatz eines Prozesses um eine Einheit vermehrt wird. – *Kehrwert:* →Grenzkosten.

Grenzproduktivitätstheorie. 1. *Charakterisierung:* Von v. Thünen, Clark, Walras und Böhm-Bawerk entwickelte Theorie der Einkommensverteilung. Vgl. auch →Verteilungstheorie. – *Grundgedanke* ist, daß die Unternehmer →Produktionsfaktoren derart einsetzen, daß der Gewinn maximal wird. Die Gewinnmaximierung erfolgt auf der Grundlage von →Produktionsfunktionen, wobei abnehmende Grenzerträge (→Ertragsgesetz) unterstellt werden, sowie von gegebenen Faktor- und Güterpreisen. – 2. a) Die *mikroökonomische* G. stellt dar, welche Produktionsfaktormengen eine Unternehmung bei gegebenen Preisen nachfragt, wenn sie ihren Gewinn maximieren will. Für den gewinnmaximalen Faktoreinsatz muß gelten, daß der Faktorpreis dem →Wertgrenzprodukt des Faktors entspricht. Bei einer linear-homogenen Produktionsfunktion (→Skalenerträge) wird der gesamte Erlös durch die Faktorentlohnung ausgeschöpft, es bleibt kein Gewinn (→Eulersches Theorem). – b) In der *makroökonomischen* G. wird eine Gesamtnachfragetheorie, basierend auf den einzelwirtschaftlichen Nachfragefunktionen aufgestellt. Die Faktorpreise stellen sich so ein, daß sie ihren Grenzproduktivitäten entsprechen. Denn ist der Faktorpreis höher (geringer) als seine Grenzproduktivität, dann ist das Faktorangebot größer (kleiner) als die Faktornachfrage.

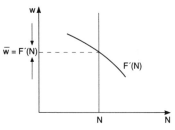

(w = Faktorpreis, F′ (N) = Grenzproduktivität, N = Faktorangebot).

Grenzrate der Substitution, Maß für die Tauschbereitschaft eines Individuums. Die

G.d.S. wird durch das Verhältnis des Grenznutzens zweier Güter ausgedrückt und entspricht im Optimum dem Preisverhältnis

$$\frac{\text{Abnahme des ersetzten Gutes y}}{\text{Zunahme des ersetzenden Gutes z}} = \frac{\Delta y}{\Delta z}$$
= Austauschverhältnis

$$\lim_{\Delta z \to 0} \frac{\Delta y}{\Delta z} = \frac{dy}{dz} = \text{G.d.S.}$$

Es muß gelten:

$$\frac{dy}{dz} = \frac{\delta x}{\delta z} \cdot \frac{\delta x}{\delta y}$$

Mathematisch: Die G.d.S. ist gleich dem Differentialquotienten dy/dz, den man durch Differentiation der nach z aufgelösten Funktion der Isoquanten (→Indifferenzkurven) erhält. Somit ist die G.d.S. gleich dem Aufstieg der in einem bestimmten Punkt an die zugehörige Isoquante gelegten Tangente. – Vgl. auch →Gesetz der abnehmenden Grenzrate der Substitution.

Grenzsteuersatz, Erhöhung der Steuerbelastung (in DM oder %), bei Erhöhung des bisherigen steuerbaren Tatbestands um eine Einheit. – Vgl. auch →Durchschnittssteuersatz, →Steuertariftypen.

Grenzstreifen, zollrechtlich ein Streifen von drei bzw. sechs Metern Breite längs des einen →Freihafen umgebenden →Zollzauns, in dem einige der für den →Zollgrenzbezirk vorgesehenen Beschränkungen und Pflichten gelten (§ 141 AZO).

Grenzübergangschein, Ausfüllen und Abgabe durch denjenigen, der die Ware befördert (z. B. Spediteur), beim Grenzüberschreiten gem. Gemeinschaftsrecht (EG VO 222/77 Art. 22).

grenzüberschreitende Vertragsgestaltung, →internationaler Vertrag.

Grenzverkehr, →kleiner Grenzverkehr.

Grenzwert, *limes (lim)*, mathematischer Begriff. Z. B. ist der G. der Funktion mit der Gleichung

$$y = \frac{3x + x^2}{x}$$

für eine Annäherung der x-Werte an 0 gleich 3, obgleich man für x nicht 0 einsetzen darf. Man schreibt:

$$\lim_{x \to 0} \frac{3x + x^2}{x} = 3.$$

Grenzwertsatz, *zentraler Grenzwertsatz,* wichtiger Satz aus der Wahrscheinlichkeitstheorie mit großer Anwendungsbedeutung in der →Stichprobentheorie. – 1. *Inhalt:* Es sei $X_1, \ldots, X_n, \ldots$ eine Folge von stochastisch unabhängigen →Zufallsvariablen, die eine beliebige →Verteilung besitzen dürfen. Die zugehörige Folge von Summenvariablen ist $Z_1 = X_1; Z_2 = X_1 + X_2; \ldots;$ $Z_n = X_1 + \ldots + X_n;$ ... Unter sehr allgemeinen Voraussetzungen strebt (*Satz von Ljapunoff,* allgemeinste Variante des z.G.) die Verteilung zu Z_n gehörenden standardisierten Variablen (→Standardtransformation) gegen die →Standardnormalverteilung. Bei einer spezielleren Variante (*Satz von Lindeberg-Lévy*) wird zusätzlich vorausgesetzt, daß die X_i alle dieselbe Verteilung haben. – 2. *Bedeutung:* Der Satz von *Ljapunoff* kann als Begründung dafür dienen, daß →Variablen, die als Überlagerung einer Vielzahl zufälliger und unabhängiger Einflüsse erklärt werden können, in der Realität oft annähernd normalverteilt (→Normalverteilung) sind. Aus dem Satz von *Lindeberg-Lévy* ist abzuleiten, daß das →arithmetische Mittel der Beobachtungswerte in einer uneingeschränkten Zufallsstichprobe (→uneingeschränktes Zufallsstichprobenverfahren) bei großem Stichprobenumfang selbst dann approximativ normalverteilt ist, wenn in der →Grundgesamtheit keine Normalverteilung vorliegt. Dies ermöglicht es, gewissermaßen im Schutz großer Stichprobenumfänge, Verfahren der →Intervallschätzung und →statistische Testverfahren auf der Grundlage der Normalverteilung auch in Anwendungsfeldern einzusetzen, in denen die Normalverteilung empirisch nicht festzustellen ist, etwa in der →Wirtschaftsstatistik.

Grenzzyklus, Begriff aus der Theorie der →Differentialgleichungen. Ein G. ist eine geschlossene Kurve in einem →Phasendiagramm, gegen die entweder alle Entwicklungspfade (→Trajektorien), die in unterschiedlichen Startpunkten beginnen, konvergieren oder auf der eine Trajektorie beginnt und dort verbleibt. G. werden v. a. in der mathematischen →Konjunkturtheorie verwendet.

Greshamsches Gesetz, Ausdruck für die Erwartung, daß in kollektiven Informationsverarbeitungsprozessen „harte", operationale, auf Zahlen aufbauende Informationen gegenüber „weichen", nicht quantifizierbaren, eher intuitiven Informationen bevorzugt werden. „Harte" Informationen werden von vorneherein mit größerer Kompetenz in Verbindung gebracht. In Unternehmen kann das z. B. bedeuten, daß weniger quantifizierbare strategische Überlegungen gegenüber den operativen „harten" Daten weniger Beachtung finden.

GrEStDV, Abk. für DVO zum Grunderwerbsteuergesetz; vgl. →Grunderwerbsteuer.

GrEStG, Abk. für Grunderwerbsteuergesetz; vgl. →Grunderwerbsteuer.

Griechenland, *Hellenische Republik, Helliniki Demokratia,* Staat im Süden der Balkanhalbinsel, Hauptteinheiten sind griechisches Festland, Peloponnes, Ionische Inseln, Kreta und Ägäische Inseln (insgesamt 169 bewohnte Inseln). – *Fläche:* 131957 km² (einschl. 1243 km² Binnenwasserfläche). – *Einwohner (E):* (1990) 10,1 Mill. (mit kleinen Minderheiten der Nachbarvölker; 76 E/km²). – *Hauptstadt:* Athen (886000 E; zusammen mit der Hafenstadt Piräus ist Athen die größte Stadt des östlichen Mittelmeers; Agglomeration 3,3 Mill. E); weitere Großstadt: Saloniki (406000 E; Agglomeration 706000 E).

Staats- und Regierungsform: G. wurde 1830 als Monarchie gegründet, seit Juni 1973 parlamentarische Präsidialrepublik, Verfassung von 1975. G. ist in zehn Verwaltungsregionen *eingeteilt,* die sich in 53 Bezirke (Nomói), 147 Kreise (Eparchien) und in Gemeinden gliedern. Die Mönchsrepublik Athos besitzt autonomen Status. – *Amtssprache:* Griechisch (Neugriechisch).

Wirtschaft: Anteile der Sektoren am BSP (1984): Landwirtschaft 19%, Industrie einschl. verarbeitendes Gewerbe 30%, Dienstleistungssektor 50%. Die Arbeitslosenquote wurde 1985 mit 8,5% angegeben. – *Landwirtschaft:* Die Produktivität ist relativ gering. Wegen Vorherrschaft von Kleinstbetrieben und der ungünstigen Gebirgslage geringer Mechanisierungsgrad. Agrarische Kernräume sind die Wardar-Niederung, West-Thrakien (v. a. Weizen, Mais, ferner Gerste, Hafer). Umfangreicher

Tabak- (Mazedonien) und Weinanbau (Kreta, Inseln, Küsten des Peloponnes). Mediterrane Kulturen mit Agrumen, Feigen, Oliven, Reisanbau in Mazedonien. – In der Viehzucht dominieren Schafe und Ziegen, geringer Rinderbestand. – Bedeutende *Fischerei* (Thunfisch, Sardinen, Schwämme). – *Bergbau und Industrie*: Der Bergbau und seine Erzeugnisse stellen seit dem Zweiten Weltkrieg einen wichtigen Zweig dar. Seit den 60er Jahren Verarbeitung der Rohstoffe im eigenen Land. Mengenmäßig die wichtigsten der etwa 25 bergbaulich geförderten Rohstoffe waren 1983 Bauxit, Silbererz, Porzellanerde und Eisenerz. – Es wird eine verstärkte Industrialisierung angestrebt. Am bedeutendsten sind die Textil-, Bekleidungs- und Genußmittelindustrie, ferner die chemische Industrie. Schiffbau in Piräus und Patras. Industriestandorte: Athen-Piräus, Saloniki. – Traditionelles *Reiseland*: (1984) 7,48 Mill. Touristen. – *BSP*: (1989) 53 626 Mill. US-$ (5340 US-$ je E). – *Öffentliche Auslandsverschuldung*: (1988) 35,9% des BSP. – *Inflationsrate*: durchschnittlich 18,9% – *Export*: (1989) 1231 Mrd. Dr. v. a. Agrarerzeugnisse, Bekleidung, Schuhe und Lederwaren, Spinnstofferzeugnisse, Erdölerzeugnisse. – *Import*: (1989) 2626 Mrd. Mrd. Dr. v. a. Erdöl und Öl aus bituminösen Mineralien, Maschinen, Kraft- und Wasserfahrzeuge, Nahrungsmittel. – *Handelspartner*: EG-Länder, USA, ehemalige UdSSR, Japan.

Verkehr: Bedeutende *Küstenschiffahrt* (Kanal von Korinth). *Handelsflotte* eine der größten der Erde. Wichtige *Häfen*: Piräus, Thessaloniki, Patras, Volvos und Kavala, Kerkira auf Korfu, Iraklion auf Kreta, Mytilene auf Rhodos. – Aufgrund der geographischen Gegebenheiten Ausbau des Personen- und Frachtluftverkehrs. Wichtigster *Flughafen* ist der Athener Ellinikon, daneben noch sieben weitere internationale und 17 Inlandsflughäfen. Staatliche *Fluggesellschaft* „Olympic Airways".

Mitgliedschaften: UNO, BIZ, CCC, EG, EWS, IEA, NATO, OECD, EBRD, UNCTAD u. a.; Europarat.

Währung: 1 Drachme (Dr.) = 100 Lepta.

grobe Fahrlässigkeit, besonders schwere Verletzung der im (Geschäfts-)Verkehr erforderlichen Sorgfaltspflicht; vgl. im einzelnen →Fahrlässigkeit.

grobe Pflichtverletzung, →Abberufung I, III.

grober Unfug, eine grob ungehörige Handlung, die geeignet ist, die Allgemeinheit zu belästigen oder zu gefährden und die öffentliche Ordnung zu beeinträchtigen. Ordnungswidrigkeit (§ 118 OWiG). Der Tatbestand kann u. U. auch durch →irreführende Werbung oder aufdringliche *Werbung* verwirklicht werden.

Groblayoutplanung, Teilplanungskomplex der →Layoutplanung. Die G. beinhaltet die richtungsbezogene Materialflußgestaltung der einzelnen Teilprozesse sowie des gesamten Produktionsprozesses.

Grobplanung, *Globalplanung,* langfristige Planung der Entwicklungseinrichtungen und Angabe der wesentlichen Ausrichtungspunkte. – *Gegensatz*: →Feinplanung.

Grönland, *Grønland, Kalaallit Nunaat,* in der Arktis, größte Insel der Erde; Militärstützpunkt der USA. – *Fläche*: 2175600 km², davon etwa 341700 km² frei von Dauervereisung. – *Einwohner (E)*: (1989) 63170 (0,18 E/km²; berechnet auf eisfreie Gebiete). – *Hauptstadt*: Nuuk (Godthaab; 10970 E).

Staats- und Regierungsform: G. ist seit 1721 unter dänischer Herrschaft; innere Autonomie seit 1979. Entsprechend den Autonomiegesetzen unterstehen Außenpolitik, Verteidigung und Justiz der dänischen Regierung. Die Beziehungen zur EG gelten jedoch als interne Angelegenheiten. (Austritt aus der EG 1985). *Administrativ* ist G. in Ost-G., Nord-G. und West-G. unterteilt, letzteres gliedert sich in 16 kommunale Verwaltungen. – *Amtssprachen*: Dänisch, Eskimoisch.

Wirtschaft: Ca. 60% der Erwerbstätigen beschäftigen sich mit Fischfang, Jagd und Schafzucht. G. besitzt Vorkommen an Kohle, Erdöl, Blei (Meisters-Vig), Zink, Graphit und Uran. – *BSP*: 390 Mill. US-$ (je E 7300 US-$). – *Export*: 203 Mill. US-$, v. a. Fisch und Fischprodukte, Häute, Pelzwerk und Erze. – *Import*: 295 Mill. US-$, v. a. Konsumgüter. – *Handelspartner*: Dänemark u. a. EG-Länder, USA, Finnland, Norwegen, ehemalige UdSSR.

Verkehr: An der Westküste ist Søndre-Strømfjord wichtige Zwischenstation auf der nördlichen *Flugroute* Skandinavien-Kanada.

Mitgliedschaften: Nordischer Rat.
Währung: 1 Dänische Krone (dkr) = 100 Øre.

Gros, altes deutsches Zählmaß. 1 Gros = 12 Dutzend = 144 Stück.

Groschsches Gesetz, von H. A. Grosch 1953 beschriebene Gesetzmäßigkeit über das Preis-/Leistungsverhältnis von Computern, das für den Großrechnerbereich (→Rechnergruppen) lange Zeit Gültigkeit besaß. Nach dem G.G. steigt die Leistungsfähigkeit eines Computers mit dem Quadrat des Anschaffungspreises. – In *neuerer Zeit* wurde dagegen ein eher linearer Zusammenhang festgestellt.

Großaktionär, →Aktionär, der über einen beträchtlichen Teil des Grundkapitals einer Aktiengesellschaft verfügt und deshalb i. d. R. im →Aufsichtsrat (AR) vertreten ist. Oft sind Aktiengesellschaften die G. anderer Aktiengesellschaften. Ein G. kann beträchtlichen Einfluß auf eine Gesellschaft ausüben. Die Etablierung eines neuen G. oder der Wechsel bei den G. findet an der Börse große Beachtung. – *Gegensatz:* →Kleinaktionär.

gross barter-terms of trade, eines der Konzepte der →terms of trade, definiert als Relation des Import- und Exportmengenindex des betreffenden Landes. Bei der *Berechnung* dieser Größe wird – da die Aggregation physischer Mengeneinheiten die Aussage verzerren würde – abgestellt jeweils auf den Index des Import- bzw. Exportwertes, dividiert durch den Import- bzw. Exportpreisindex. – *Bedeutung:* Die Import- und Exportmengen werden herangezogen, weil die →Handelsbilanz häufig unausgeglichen ist und dies Wohlfahrtsimplikationen hat. Bei einem Importüberschuß stehen einem Teil der Importe keine Exporte mehr gegenüber, die reale Güterversorgung hat sich verbessert. Dadurch folgt zwar Verbesserung der g.b.-t.o.t., allerdings ohne Berücksichtigung der Finanzierung des Importüberschusses. Im Hinblick auf die Wohlfahrt des Landes ist es unterschiedlich zu beurteilen, ob die Finanzierung über Exportpreissteigerungen, unentgeltliche Leistungen (z. B. →Entwicklungshilfe) oder →Auslandsverschuldung

erfolgt, da im letzten Fall eine Verpflichtung zur Verzinsung und Tilgung in späteren Perioden entsteht.

Großbetrieb, begrifflich unklare Zuordnung von Betrieben zu einer Betriebsgrößenklasse, ohne nähere Bezeichnung der Merkmale, auf denen die Einteilung beruht; abhängig von den jeweiligen historischen und volkswirtschaftlichen Gegebenheiten. – Steuerrecht: Einteilungskriterium für die →Außenprüfung. Vgl. →Betriebsgrößenklassifikation. G. müssen nach § 4 BpO(St) der →Außenprüfung in Form der (kontinuierlichen) Anschlußprüfung unterzogen werden.

Großbritannien, *Vereinigtes Königreich von Großbritannien und Nordirland,* Inselstaat in Nordwest-Europa. – *Fläche:* 244 046 km^2. – *Einwohner (E):* (1989) 57,24 Mill. (234 E/km^2; darunter Engländer 83%, Schotten 9%, Waliser 5%, Nordiren 2,8%. – *Hauptstadt:* London (Greater London 1988: 6,75 Mill. E); weitere 85 Großstädte, darunter Birmingham (1988: 1 007 000 E), Glasgow (733 000 E), Leeds (710 500 E), Sheffield (539 000 E), Liverpool (491 500 E).

Staats- und Regierungsform: Staatsgründung bereits im 8. Jh., seit 1800 „Vereinigtes Königreich und Irland". Konstitutionelle Monarchie auf demokratisch-parlamentarischer Grundlage im Commonwealth. Keine formelle Verfassung, sondern mehrere im Lauf der Jahrhunderte entstandene Gesetze, Rechtsvorschriften und gewohnheitsrechtliche Normen. Zweikammerparlament (Oberhaus, Unterhaus). *Verwaltungsgliederung:* England: 39 Grafschaften, 7 Metropolitan Counties; Wales: 8 Grafschaften; Nordirland: 26 Distrikte; Schottland: 12 Regionen. – Die Kanal-Inseln und die Insel Man unterstehen unmittelbar der Krone. Von G. abhängige Gebiete mit verschiedenem Grad von Selbstverwaltung sind: Montserrat, Cayman-Inseln, Falkland-Inseln, Bermuda-Inseln, Gibraltar, →Hongkong, Sankt Helena, Turks- und Caicos-Inseln, Virgin Islands. Vgl. auch die im British Commonwealth of Nations (→Commonwealth) verbundenen Länder. – *Amtssprache:* Englisch.

Wirtschaft: *Landwirtschaft* wird rationell betrieben: Weizen, Gerste, Zucker- und Futterrüben, Kartoffeln besonders in Lindsey, Lincoln, Norfolk, Suffolk; im Osten Schottlands und Nordirlands besonders Hafer. In Südost-England (v. a. um London) Gemüse, Obst. Im übrigen bedeutende Grünland- und Weidewirtschaft mit Rindern und Schafen. Ausgedehnte Heide und Moor in den schottischen Highlands (Wolle); waldarm. – Fischreiche Küstengewässer (Kabeljau, Schellfisch, Makrele, Scholle). – *Bergbau*: Bedeutende Bodenschätze, besonders Steinkohle (Mittelengland, Südwales, Newcastle, Edinbourgh), Eisenerze (auf der Linie Hull, Northampton, Middlesbrough), Erdöl und Erdgas (fast ausschließlich unter der Nordsee), ferner Blei, Zink, Zinn, Kaolin. – *Industrie*: Auf Kohle und Eisen entwickelte sich anfangs des vorigen Jh. eine bedeutende Industrie (England ist das älteste Industrieland). Große Schwerindustriegebiete sind bei Birmingham (Black Country), Sheffield, in Südwales, Middlesbrough und Glasgow-Edinbourgh. Weitere Hauptgewerbezweige: Textilindustrie (v. a. Wolle und Baumwolle) ist die älteste, bedeutendste und größte der Erde, bei Liverpool, Manchester und Glasgow; chemische, Kunstseiden-, Metall-, elektronische, Fahrzeug- und Flugzeugindustrie. Bedeutender Schiffbau in den meisten Häfen. – Zahlreiche Erdölraffinerien (London u. a.). Die Leistung der thermischen Kraftwerke wurde durch den Bau mehrerer Atomkraftwerke ergänzt. – London ist internationales *Finanzzentrum*. – *BSP*: (1989) 834 166 Mill. US-$ (14 750 US-$ je E). – *Inflationsrate*: durchschnittlich (1980–88) 5,7%; (1990) 9,5%. – *Export*: (1990) 104 Mrd. £, v. a. Maschinen, Maschinen und Fahrzeuge, Erdöl und Erdölprodukte, chemische Erzeugnisse, Genußmittel, Textilien. – *Import*: (1990) 125 Mrd. £, v. a. Maschinen und Fahrzeuge, Nahrungsmittel und Getränke, Erdöl und Erdölprodukte, chemische Erzeugnisse. – *Handelspartner*: USA, Bundesrep. D., Frankreich, Niederlande, Commonwealth-Länder.

Verkehr: Den größten Gesamtumschlag weist der *Erdölhafen* Sullom Voe auf den Shetland-Inseln auf, gefolgt vom Londoner Hafen. Wichtige Container- und Ro-Ro-Häfen sind Dover, Felixstowe, Southampton und Liverpool. – *Hauptflughäfen* sind London (mit dichtem Verkehr nach allen Kontinenten), Manchester, Glasgow (nach Keflavik/Island) und Gander (Neufundland). Zwei bedeutende internationale *Luft-*

verkehrsgesellschaften: British European Airways (BEA), British Overseas Airways (BOA). – Großprojekt eines Meerestunnels Dover-Calais.

Mitgliedschaften: UNO, BIZ, CCC, EG, EWS (Sonderregelung), IEA, NATO, OECD, EBRD, UNCTAD, WEU u. a.; Colombo-Plan, Commonwealth, Europarat.

Währung: 1 Pfund Sterling (£) = 100 New Pence (p).

Größe, →physikalische Größe.

Größendegression, Bezeichnung für das Phänomen, daß bei voller Kapazitätsauslastung größere Kapazitätseinheiten i. a.. mit niedrigeren Kosten je Leistungseinheit arbeiten als mehrere kleine mit gleicher Gesamtkapazität. – Vgl. auch →Degression I 2.

Größenklassen. I. Einzelunternehmen: Kategorisierung der Kapitalgesellschaften durch das HGB (ausschließlich AG, KGaA, GmbH) in kleine, mittelgroße und große Kapitalgesellschaften, wobei die Eingruppierung in die jeweilige Klasse gewisse rechtliche Konsequenzen nach sich zieht (vgl. →Abschlußprüfung, →Gewinn- und Verlustrechnung (GuV)). – 1. *Umschreibung* der G. nach § 267 HGB: a) *Kleine Kapitalgesellschaften* sind solche, die mindestens zwei der drei nachstehende Merkmale nicht überschreiten: (1) 3 900 000 DM Bilanzsumme nach Abzug des auf der Aktivseite ausgewiesenen Fehlbetrages einer buchmäßigen →Überschuldung (§ 268 III HGB); (2) 8 000 000 DM Umsatzerlöse in den zwölf Monaten vor dem Abschlußstichtag; (3) im Jahresdurchschnitt 50 Arbeitnehmer. – b) *Mittelgroße Kapitalgesellschaften* sind solche, die mindestens zwei der drei oben angeführten Merkmale überschreiten und jeweils zwei der drei nachstehenden Merkmale nicht überschreiten: (1) 15 500 000 DM Bilanzsumme nach Abzug des auf der Aktivseite ausgewiesenen Fehlbetrages; (2) 32 000 000 DM Umsatzerlöse in den zwölf Monaten vor dem Abschlußstichtag; (3) im Jahresdurchschnitt 250 Arbeitnehmer. – c) *Große Kapitalgesellschaften* sind solche, die mindestens zwei der drei eben genannten Merkmale überschreiten. Eine Kapitalgesellschaft gilt stets als große, wenn Aktien oder andere von ihr ausgegebene Wertpapiere an einer Börse in einem Mitgliedstaat der EG zum amtlichen Handel zugelassen oder in den geregelten Freiverkehr einbezogen sind oder die Zulassung zum amtlichen Handel beantragt ist. – 2. Die *Rechtsfolgen* der Merkmale treten nur ein, wenn sie an den Abschlußstichtagen von zwei aufeinanderfolgenden Geschäftsjahren über- oder unterschritten werden. – 3. G. gibt es auch für *Unternehmen anderer Rechtsform*, allerdings unterscheiden sie sich von den oben behandelten und sind in dem Gesetz über die Rechnungslegung von bestimmten Unternehmen und Konzernen (Publizitätsgesetz) geregelt (→Rechnungslegung nach Publizitätsgesetz) geregelt.

II. Konzernunternehmen. 1. *G. gemäß § 293 HGB*: Ein inländisches Konzernmutterunternehmen (gem. § 290 I und II HGB) ist von der Pflicht zur Aufstellung eines →Konzernabschlusses unter folgenden *Bedingungen befreit*: a) Am Abschlußstichtag des Mutterunternehmens und dem Stichtag des Vorjahres müssen mindestens zwei der drei folgenden Merkmale zutreffen: (1) Bilanzsummen von Mutter- und Tochterunternehmen (nach Abzug von Fehlbeträgen gem. § 268 I HGB) sind kleiner oder gleich 46 800 000 DM; (2) die Umsatzerlöse der Konzernunternehmen im Geschäftsjahr sind kleiner oder gleich 96 000 000 DM; (3) die durchschnittliche Arbeitnehmerzahl der Konzernunternehmen ist kleiner oder gleich 500; *oder* b) der Konzernabschluß am Abschlußstichtag und dem Stichtag des Vorjahres erfüllt mindestens zwei der drei folgenden Merkmale: (1) Bilanzsumme nach Abzug des Fehlbetrages ist kleiner oder gleich 39 000 000 DM; (2) Umsatzerlöse des Geschäftsjahres sind kleiner oder gleich 80 000 000 DM; (3) durchschnittliche Arbeitnehmerzahl des Konzerns kleiner oder gleich 500. – 2. *G. für Konzerne gem. Publizitätsgesetz*: Vgl. →Rechnungslegung nach Publizitätsgesetz.

Größenprogression, Bezeichnung für das Steigen der langfristigen →Stückkosten bei Überschreitung der optimalen →Betriebsgröße.

Größenstaffel, Staffelpreise für Waren gleicher Zweckbestimmung, aber unterschiedlicher Größe (→Preisstaffeln), z. B. Verbraucherhöchstpreise für deutsche Eier je nach Jahreszeit und Gewichtsgruppen (unter 50 g, 50–55 g, 55–60 g, 60–65 g,

über 65 g). – Vgl. auch →Handelsklassengüter.

Großfeuerungsanlage, eine →Feuerungsanlage mit einer Feuerungswärmeleistung von 50 Megawatt und mehr sowie bei Einsatz von gasförmigen Brennstoffen von 100 Megawatt und mehr. Nach der VO über Großfeuerungsanlagen vom 22. 6. 1983 (BGBl I 719) werden an Errichtung und Betrieb von G. besondere Anforderungen gestellt und im Interesse des →Immissionsschutzes Emissionsgrenzwerte festgelegt. Meßstellen zur Überwachung der Emissionen sind einzurichten. – Verstöße werden als Ordnungswidrigkeit geahndet.

Großflächen, Tafeln, die ausschließlich von einem Werbetreibenden während einer Dekade belegt werden (→Ganzstellen) und ein Format von 3,56 m x 2,52 m haben; stehen i. d. R. auf privatem Grund. – *Vorteile*: Alleinstellung des Werbetreibenden; interessante Möglichkeiten der Darstellung, die kleinere Plakatformen nicht zulassen; Fernwirkung, die sich durch Kombination nebeneinanderliegender G. noch erhöhen läßt. – *Bestand an G.* in der Bundesrep. D. (1992) 182 000, davon ca. 20 000 in Einkaufszentren. – Vgl. auch →Außenwerbung.

Großhandel, Begriff des →Handels in zwei Ausprägungen: a) *Institutionelle Interpretation*: Der Warenabsatz durch →Großhandelsunternehmungen. – b) *Funktionale Interpretation*: Absatz von Waren und sonstigen Leistungen an Wiederverkäufer, Weiterverarbeiter oder Großverbraucher; *Beispiele*: →Erzeugerhandel, →Rohstoffhandel, gleichgültig, wer diese Tätigkeit ausübt.

Großhandelskontenrahmen, ein für die Zwecke des Groß- und Außenhandels spezialisierter Kontenrahmen. Der nach Änderung des HGB neu geordnete Kontenrahmen ist im Gegensatz zu anderen (vgl. z. B. →Industriekontenrahmen, →Einzelhandelskontenrahmen) nur teilweise nach dem →Abschlußgliederungsprinzip aufgebaut. Mit den Klassen 3 (Wareneinkauf) und 8 (Warenverkauf) wurde das →Prozeßgliederungsprinzip beibehalten, die Kontenklassen 5 und 6 ermöglichen eine integrierte Kostenrechnung (→Einsystem), die in der Praxis aber kaum buchungstechnisch durchgeführt wird. Bei den Warenkonten wird zwischen Wareneinkaufskonten (Gruppe 30–38) und Warenbestandskonten (Gruppe 39) unterschieden. Die Wareneinkaufskonten werden als Aufwandskonten geführt. Diese Trennung des Wareneinkaufskontos in ein Warenbestandskonto und ein Warenaufwandskonto stellt nur scheinbar eine Trennung gemischter Konten dar. Das so geführte Warenbestandskonto ist nur ein Wareninventurbestandskonto; in Wirklichkeit erhöht jeder Einkauf den Warenbestand und dürfte nicht sofort als Warenverbrauch gebucht werden. Der Grund für die Gleichsetzung Wareneinkauf = Warenverbrauch liegt darin, daß man überwiegend nicht in der Lage oder aus Kostengründen nicht gewillt ist, den Warenverbrauch laufend zu erfassen. Man nimmt daher in Kauf, daß bei der kurzfristigen Ergebnisrechnung, die ohne Inventur bei Einsatz der EDV monatlich durchgeführt wird, evtl. Bestandsdifferenzen in erheblichem Umfang das Ergebnis verfälschen. – Um das Warenrohergebnis der verschiedenen Warengruppen darstellen zu können, ist in der Klasse 9 ein Warenabschlußkonto vorgesehen, das auf der Soll-Seite den Wareneinsatz und auf der Haben-seite die Umsatzerlöse aufnimmt. – In der Kontenklasse 2 (Abgrenzungskonten) werden in erster Linie diejenigen Aufwendungen und Erträge geführt, bei denen es sich um betriebsfremde, periodenfremde oder außergewöhnliche handelt. Es soll dadurch der Versuch gemacht werden, ein betriebliches, ordentliches periodeneigenes Ergebnis (*Betriebsergebnis*) oder ein *neutrales Ergebnis* zu unterscheiden. – Der Kontenrahmen sieht die Abschlußkonten Betriebsergebnis und neutrales Ergebnis zwar nicht ausdrücklich vor, ließe sich aber entsprechend ergänzen. Die Kontenskizze in Abbildung 2 verdeutlicht die Zusammenhänge. – Die Abgrenzung ist aber nicht sauber, weil die Klasse 2 auch betriebliche Aufwandsarten (z. B. Abschreibungen auf Forderungen) und die Steuerpositionen gesamtergebnisabhängige Posten enthalten.

Abbildung 1

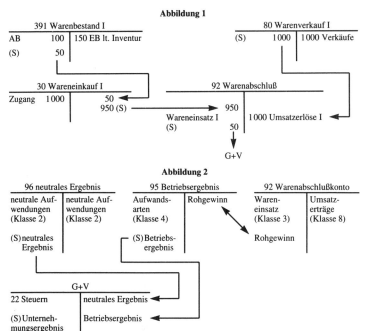

Abbildung 2

Großhandelskontenrahmen

Kontenrahmen für den Groß- und Außenhandel[1]

Kontenklassen

0 Anlage- und Kapitalkonten

- 00 Ausstehende Einlagen
- 01 Immaterielle Vermögensgegenstände (z. B. Firmenwert)
- 02 Grundstücke und Gebäude
  - 021 Grundstücke
  - 022 Gebäude
- 03 Anlagen, Maschinen, Betriebs- und Geschäftsausstattung
  - 031 Technische Anlagen und Maschinen
  - 033 Betriebs- und Geschäftsausstattung
  - 034 Fuhrpark
  - 035 Geleistete Anzahlungen
  - 036 Anlagen im Bau
  - 037 Geringwertige Wirtschaftsgüter
- 04 Finanzanlagen
  - 043 Beteiligungen
  - 045 Wertpapiere des Anlagevermögens
  - 046 Sonstige Ausleihungen (Darlehen)
- 05 Wertberichtigungen
  - 051 Wertberichtigungen bei Sachanlagen
  - 052 Wertberichtigungen bei Finanzanlagen
    - 0521 Einzelwertberichtigungen
    - 0522 Pauschalwertberichtigungen
- 06 Eigenkapital
  - 061 Gezeichnetes Kapital oder Eigenkapital
  - 062 Kapitalrücklage
  - 063 Gewinnrücklage
    - 0631 Gesetzliche Rücklage
    - 0633 Satzungsgemäße Rücklagen
    - 0634 Andere Gewinnrücklagen
  - 064 Gewinnvortrag, Verlustvortrag
  - 065 Bilanzüberschuß, Jahresfehlbetrag
  - 066 Bilanzgewinn, Bilanzverlust
  - 067 Ergebnisverwendungskonto
- 07 Sonderposten mit Rücklageanteil und Rückstellungen
  - 071 Sonderposten mit Rücklageanteil
  - 072 Rückstellungen
    - 0721 Rückstellungen für Pensionen
    - 0722 Steuerrückstellungen
    - 0724 Sonstige Rückstellungen
- 08 Verbindlichkeiten
  - 082 Verbindlichkeiten gegenüber Kreditinstituten (z. B. Darlehen)
- 09 Rechnungsabgrenzungsposten
  - 091 Aktive Rechnungsabgrenzungsposten
  - 092 Disagio
  - 093 Passive Rechnungsabgrenzungsposten

1 Finanzkonten

- 10 Forderungen
  - 101 Forderungen a. LL
  - 102 Zweifelhafte Forderungen
- 11 Sonstige Vermögensgegenstände
  - 113 Sonstige Forderungen
  - 114 Geleistete Anzahlungen
  - 115 Forderungen an Gesellschafter
  - 116 Forderungen an Mitarbeiter
- 12 Wertpapiere des Umlaufvermögens
- 13 Banken
  - 131 Kreditinstitute (= Bank)
  - 132 Postgiroamt
- 14 Vorsteuer
  - 141 Vorsteuer (14%)
  - 142 Vorsteuer (7%)
  - 143 Einfuhrumsatzsteuer
- 15 Zahlungsmittel
  - 151 Kasse
  - 152 Schecks
  - 153 Besitzwechsel
  - 154 Protestwechsel
- 16 Privatkonten
  - 161 Privatentnahmen
  - 162 Privateinlagen
- 17 Verbindlichkeiten
  - 171 Verbindlichkeiten a. LL
  - 175 Erhaltene Anzahlungen auf Bestellungen
  - 176 Wechselverbindlichkeiten (Schuldwechsel)
- 18 Umsatzsteuer
  - 181 Umsatzsteuer (14%)
  - 182 Umsatzsteuer (7%)
- 19 Sonstige Verbindlichkeiten
  - 191 Verbindlichkeiten aus Steuern
  - 192 Verbindlichkeiten gegenüber Sozialversicherung
  - 193 Verbindlichkeiten gegenüber Gesellschaftern
  - 194 Sonstige Verbindlichkeiten
  - 195 Verbindlichkeiten aus Vermögensbildung
  - 198 Zollverbindlichkeiten

2 Abgrenzungskonten

- 20 Außerordentliche und sonstige Aufwendungen
  - 201 Außerordentliche Aufwendungen i.S. § 277 HGB
  - 202 Betriebsfremde Aufwendungen
  - 203 Periodenfremde Aufwendungen
  - 204 Verluste aus sonstige Abgang von AV
  - 205 Verluste aus dem Abgang von UV (außer Vorräte)
  - 206 Sonstige Aufwendungen
  - 207 Spenden (bei Kapitalgesellschaften)
- 21 Zinsen und ähnliche Aufwendungen
  - 211 Zinsaufwendungen
  - 213 Diskontaufwendungen
  - 214 Zinsähnliche Aufwendungen
  - 215 Aufwendungen aus Kursdifferenzen
- 22 Steuern vom Einkommen und Vermögensteuer
  - 221 Körperschaftsteuer
  - 223 Kapitalertragsteuer
  - 224 Vermögensteuer (bei Kapitalgesellschaften)
  - 225 Steuernachzahlungen für frühere Jahre
- 23 Forderungsverluste
  - 231 Abschreibungen auf Forderungen (übliche Höhe)
  - 232 Zuführungen zu Einzelwertberichtigungen auf Forderungen
  - 233 Zuführungen zu Pauschalwertberichtigungen auf Forderungen
  - 234 Zuführungen zu Pauschalwertberichtigungen
- 24 Außerordentliche und sonstige Erträge
  - 241 Außerordentliche Erträge i.S. § 277 HGB
  - 242 Betriebsfremde Erträge
    - 2421 Mieterträge
  - 243 Periodenfremde Erträge
- 25 Erträge aus Beteiligungen, Wertpapieren und Ausleihungen des Finanzanlagevermögens
  - 251 Erträge aus Beteiligungen
  - 252 Erträge aus Wertpapieren des AV
- 26 Sonstige Zinsen und ähnliche Erträge
  - 261 Zinserträge
  - 263 Diskonterträge
  - 264 Zinsähnliche Erträge
  - 265 Erträge aus Kursdifferenzen
- 27 Sonstige betriebliche Erträge
  - 270 Erlöse aus Anlageabgängen
  - 271 Erträge a.d. Abgang von AV
  - 272 Erträge aus dem Abgang von UV (außer Vorräte)
  - 273 Erträge aus Zuschreibungen
  - 274 Erträge aus abgeschriebenen Forderungen
  - 275 Erträge aus der Auflösung von Wertberichtigungen zu Forderungen
    - 2751 Auflösung von Einzelwertberichtigungen
    - 2752 Auflösung von Pauschalwertberichtigungen
  - 276 Sonstige Erträge
  - 277 Eigenverbrauch von Leistung
  - 278 Eigenverbrauch von Anlagegütern (Entnahmen)
- 28 Verrechnete kalkulatorische Kosten[2]
- 29 Abgrenzung innerhalb des Geschäftsjahres[2]

Kontenrahmen für den Groß- und Außenhandel[1] (Fortsetzung)

Kontenklassen

3 Wareneinkaufskonten Warenbestandskonten	4 Konten der Kostenarten	5 Konten der Kostenstellen[4]
30 Warengruppe I	40 Personalkosten	Für die Konten der Kostenstellen sind betriebs- und branchenbedingt unterschiedliche Aufteilungen möglich. Die nachfolgende Untergliederung nach Funktionen ist beispielhaft aufgeführt:
301 Wareneingang	401 Löhne	– Einkauf
302 Warenbezugskosten	402 Gehälter	– Lager
303 Leihemballagen	403 Aushilfslöhne	– Vertrieb
305 Rücksendungen an Lieferer	404 Gesetzliche soziale Aufwendungen	– Verwaltung
306 Nachlässe von Lieferern	405 Freiwillige soziale Aufwendungen	– Fuhrpark
307 Liefererboni	406 Aufwendungen für Altersversorgung	– Be-/Verarbeitung
308 Liefererskonti	407 Vermögenswirksame Leistungen	
31 Warengruppe II	41 Mieten, Pachten, Leasing	**6 Konten für Umsatzkostenverfahren[3]**
311 Wareneingang	42 Steuern, Beiträge, Versicherungen	
312 Warenbezugskosten	421 Gewerbesteuer	**7 Freie Kontenklasse**
313 Leihemballagen	4211 Gewerbeertragsteuer	
315 Rücksendungen an Lieferer	4221 Gewerbekapitalsteuer	**8 Warenverkaufskonten (Umsatzerlöse)**
316 Nachlässe von Lieferern	422 Kfz-Steuer	80 Warengruppe I
317 Liefererboni	423 Grundsteuer	801 Warenverkauf
318 Liefererskonti	424 Sonstige Betriebsteuern	805 Rücksendungen
32 Warengruppe III	426 Versicherungen	806 Nachlässe
33 Warengruppe IV	427 Beiträge	807 Kundenboni
34 Warengruppe V	428 Gebühren und sonstige Abgaben	808 Kundenskonti
35 Warengruppe VI	43 Energie, Betriebsstoffe	81 Warengruppe II
39 Warenbestände	44 Werbe- und Reisekosten	811 Warenverkauf
391 Warengruppe I	45 Provisionen	815 Rücksendungen
392 Warengruppe II	46 Kosten der Warenabgabe	816 Nachlässe
393 Warengruppe III	461 Verpackungsmaterial	817 Kundenboni
394 Warengruppe IV	462 Ausgangsfrachten	818 Kundenskonti
395 Warengruppe V	463 Gewährleistungen	82 Warengruppe III
396 Warengruppe	47 Betriebskosten, Instandhaltung	83 Warengruppe IV
	471 Sonstige Betriebskosten	84 Warengruppe V
	48 Allgemeine Verwaltung	85 Warengruppe VI
	481 Bürobedarf	87 Sonstige Erlöse aus Warenverkäufen
	482 Porto, Telefon, Telefax	871 Eigenverbrauch von Waren
	483 Kosten der Datenverarbeitung	872 Provisionserträge
	484 Rechts- und Beratungskosten	
	485 Personalbeschaffungskosten	**9 Abschlußkonten**
	486 Kosten des Geldverkehrs	91 Eröffnungsbilanzkonto
	49 Abschreibungen	92 Warenabschlußkonto
	491 Abschreibungen auf Sachanlagen	93 Gewinn- und Verlustkonto
	493 Abschreibungen auf Finanzanlagen des AV	94 Schlußbilanzkonto
	494 Abschreibungen auf Wertpapiere des UV	

[1] Auf der Grundlage des vom Bundesverband des Groß- und Außenhandels (BGA), Bonn 1988, und unter voller Berücksichtigung des von der Aufgabenstelle für kaufmännische Abschlußprüfungen (AKA), IHK Nürnberg, herausgegebenen Großhandelskontenrahmens (1988).
[2] Kalkulatorische Kosten und innerperiodische Abgrenzungen werden in der Praxis nicht buchhalterisch, sondern stets tabellarisch in der Abrenzungsrechnung der KLR berücksichtigt.
[3] Anmerkung: Diese Kontenklasse bleibt im Großhandel frei, da Großhandelsunternehmen ihre GuV-Rechnung meist nach dem Gesamtkostenverfahren erstellen.
[4] Anmerkung: Die Kostenstellenrechnung wird in der Praxis stets tabellarisch und nicht kontenmäßig durchgeführt. Die Kontenklasse 5 bleibt deshalb in der Regel frei.

Ebenso enthalten die Konten der Kostenartenklasse 4 regelmäßig auch periodenfremde und außerordentliche Beträge. – Eine konsequente Abgrenzung des Betriebsergebnisses wird in der Regel in der Kosten- und Leistungsrechnung vorgenommen, die jedoch meistens statistisch und nicht buchungstechnisch durchgeführt wird.

Großhandels-Preisindex, →Preisindex der amtlichen Statistik (Index der Großhandelsverkaufspreise), berechnet in institutioneller Gliederung der 14 Wirtschaftsgruppen und 76 Wirtschaftsklassen, getrennt nach einzelwirtschaftlichem und genossenschaftlichem Großhandel, ferner in einer Gliederung nach dem produktionswirtschaftlichen Zusammenhang für 32 Warengruppen und 371 Warenuntergruppen sowie in der Gliederung nach dem Warenverzeichnis für die Binnenhandelsstatistik (Ausgabe 1978) für 10 Hauptbereiche und 77 Warengruppen. Berechnung aufgrund von 8050 Reihen (für 1060 Waren), Gewichtungsgrundlage Umsatzwerte des Großhandels 1980.

Großhandelsstatistik, Repräsentativstatistik im Rahmen der →Handelsstatistik bei bis zu 10 000 (bei mehrjährlichen Erhebungen bis zu 20 000) ausgewählten Unternehmen aus 121 Wirtschaftsklassen auf der Grundlage des →Handelszensus unter Berücksichtigung von Neugründungen. Monatliche Meßzahlen über die Entwicklung von Umsatz und Beschäftigtenzahl; jährlich tätige Personen, Waren- und Materialeingang und -bestand, Investitionen, Aufwendungen für gemietete und gepachtete Anlagegüter, Verkaufserlöse aus dem Abgang von Anlagegütern, Bruttolohn- und -gehaltssumme, Umsatz nach Arten der wirtschaftlichen Tätigkeiten, Warengruppen und Absatzformen, Gesamtwert des gegen Provision vermittelten Warenumsatzes; mehrjährlich Zusammensetzung des Warensortiments, Inlandsbezüge nach Lieferantengruppen, Inlandsumsatz nach Abnehmergruppen.

Großhandelsunternehmung, *Großhandlung.* 1. *Begriff:* Institutionen (Betriebe), deren wirtschaftliche Tätigkeit ausschließlich oder überwiegend dem →Großhandel im funktionellen Sinn zuzurechnen ist (institutionelle Interpretation des Begriffs →Handel). G. treten in unterschiedlichen →Betriebsformen auf. Sie sind auf nahezu allen Stufen der →Absatzkette tätig, insbes. dann, wenn durch Einschaltung selbständiger Institutionen die Aufgaben der →Distribution rationeller als durch den direkten Kontakt zwischen Hersteller (Anbieter) und Weiterverarbeiter (Abnehmer) abgewickelt werden können. – 2. *Charakteristische Tätigkeiten:* Sammeln von kleinen Warenpartien und deren Veräußerung an Großabnehmer (kollektierende G.), Ankauf größerer Mengen, deren Aufteilung und Weiterverkauf (distribuierende G.); zentrale Aufgabe der G., die Waren an den →Einzelhandel abzusetzen. Weitere wichtige Funktionen: Lagerhaltung (→lagerhaltende Großhandlung), aber auch das →Streckengeschäft. – 3. *Bedeutung:* Der Beitrag einzelner G. zur Versorgung der Wirtschaft ist je nach Menge, Art und Intensität der übernommenen →Handelsfunktionen stark unterschiedlich. Überall dort, wo die Funktionsausübung durch private G. als überflüssig oder zu teuer angesehen wird, sind sie von der Ausschaltung (→direkter Vertrieb) oder von konkurrierenden, meist auf genossenschaftlicher Basis arbeitenden G. bedroht (→landwirtschaftliche Waren- und Verwertungsgenossenschaften, →Konsumgenossenschaften, →Einkaufsgenossenschaften).

Großhandelszentrum, frei entstandene oder geplante →Agglomeration von →Großhandelsunternehmungen, die den Kunden den Einkauf erleichtern sollen. *Vorteile* für die Großhändler: Gemeinsame Benutzung bestimmter Einrichtungen wie Bahnanschlüsse, Lagerflächen, Fuhrparks, EDV-Anlagen, Parkplätze. – Vorteile für die Einzelhändler: Rasche Nachbestellung von Waren an einem Ort bei verschiedenen Anbietern. Besonders verbreitet im Textilhandel zum Nachordern modischer Ware.

Grossing-up-Verfahren, →Zwischengesellschaft III 3.

Grossist, veraltete Bezeichnung für →Großhandelsunternehmung.

Großkollektur, →Aufkaufhandel.

Großkredit. 1. *Begriff:* Kredit an einen Kreditnehmer, der 15% des haftenden Eigenkapitals des Kreditinstituts übersteigt (§ 13 KWG). – 2. *Anzeigepflicht:* G., die 50 000 DM oder 50% des haftenden Eigenkapitals des Kreditinstituts übersteigen, sind der →Deutschen Bundesbank anzuzeigen; ebenso Erhöhung eines angezeigten G. um mehr als 20% oder um mehr als 50% des haftenden Eigenkapitals. – 3. *Beschränkungen*: G. dürfen nur aufgrund einstimmigen Beschlusses der Geschäftsleiter gewährt werden. Der einzelne G. darf 50% des haftenden Eigenkapitals des Instituts nicht übersteigen. Alle G. dürfen das Achtfache des haftenden Eigenkapitals nicht überschreiten. Nach § 13 a KWG sind diese Vorschriften auch für die von Kreditinstituten gebildeten Gruppen verbindlich. Die Einhaltung der G.-Grenzen ist daher durch bankaufsichtliche Konsolidierungsverfahren festzustellen. Dabei werden in die Konsolidierung über die Fälle der Beherrschung hinaus nur solche Kreditinstitute einbezogen, an denen das zusammenfassungspflichtige Mutterinstitut mindestens einen Kapital- oder Stimmrechtsanteil in Höhe von 50% unmittelbar oder mittelbar hält – 4. *Künftige Bestimmungen*: Mit Stichtag 1. Januar 1993 sind zahlreiche EG-Vorschriften des Bankenaufsichtsrechts in nationales Recht umzusetzen. Im Rahmen dieser Umsetzung sollen Kredite künftig bereits ab 10% des haftenden Eigenkapitals eines Kreditinstituts als Großkredit gelten.

Großmarkt, Veranstaltung, auf der eine Vielzahl von Anbietern bestimmte Waren oder Waren aller Art im wesentlichen an gewerbliche Wiederverkäufer, gewerbliche Verbraucher oder Großabnehmer vertreibt (§ 66 GewO); meist leichtverderbliche Produkte: Obst, Gemüse, Fleisch, Fisch, Blumen. – Vgl. auch →Veiling.

Großrechenanlage, →Rechnergruppen 2 e).

Großrechner, →Rechnergruppen 2 e).

Großreparaturen, *Generalüberholungen*, einmalig oder periodisch auftretende Instandsetzungen größeren Ausmaßes, die, wenn voraussehbar und zukünftig →Erhaltungsaufwand sind, handelsrechtlich zur Bildung von →Rückstellungen berechtigen (§ 249 II HGB). I. d. R. sind Ausgaben für werterhöhende G. handels- und steuerrechtlich zu aktivieren (→Herstellungsaufwand); der erhöhte Anlagewert wird unter Beachtung der betriebsgewöhnlichen Nutzungsdauer abgeschrieben. *Teilaufwendungen* können auf einem Konto „Anlagen im Bau" gesammelt und nach Fertigstellung der Arbeiten auf das Anlagekonto übertragen werden. – Vgl. auch →Instandhaltungskosten.

Großstadt, Begriff der Bevölkerungs- und Wirtschaftsstatistik für eine →Siedlungseinheit, abgegrenzt unabhängig von ihrer Rechtsstellung oder Wirtschaftsstruktur lediglich nach der Einwohnerzahl (100 000 und mehr).

Großvieh-Einheit, rechnerische Größe, die in der landwirtschaftlichen Produktionsstatistik (→Landwirtschaftsstatistik) dazu dient, den Besatz der landwirtschaftlichen Nutzfläche mit Vieh verschiedener Gattung (Rindvieh, Schafe oder Schweine) zeitlich und regional vergleichbar zu machen. 1 G.-E. = 500 kg, z. B. 0,9 Pferde, 1 Kuh, 1,4 Jungrinder, 3,3 Kälber, 6 Schlachtschweine, 10 Schafe.

Groupware, Software zur Verbesserung der Effektivität von Teamarbeit. Sie bietet Unterstützung für folgenden Problemen: Informationsaustausch zwischen Gruppenmitgliedern, gemeinsames Erstellen von Dokumenten, Entscheidungsfindung in Gruppen, Koordination komplexer Gruppenarbeitsprozesse. Vor der Einführung von G. müssen die Kommunikation, Kooperation und Koordination untersucht werden, damit die G. den organisatorischen Erfordernissen der Gruppe angepaßt werden kann. Bekanntestes Groupwareprodukt ist Notes von Lotus, welches z. B. Electronic-Mail (→Mailbox-system), Gruppen-Terminkalender, Gruppen-Wissensbasen verwalten kann.

Grundakten, im Grundbuchrecht Bezeichnung für die durch Eintragungen im →Grundbuch je Grundbuchblatt entstandenen Vorgänge (z. B. Urkunden usw.) sowie das dazugehörige Handblatt.

Grundbedürfnisorientierung, Ausrichtung der →Entwicklungshilfe und Wirtschaftspolitik der →Entwicklungsländer selbst auf die direkte Erfüllung elementarer menschlicher Bedürfnisse, z. B. Ernährung, Gesundheit, Kleidung, Wohnung und Bildung. G. wird insbes. von jenen gefordert, die eine auf Exporte ausgerichtete bzw. ausschließlich wachstums- und effizienzorientierte Entwicklungspolitik als verfehlt ansehen (vgl. →Dependencia-Theorie), da diese im wesentlichen nur einer kleineren reicheren Gruppe zugute komme, anstatt die Masse der Bevölkerung zu erreichen und zu ihrer besseren Versorgung mit Gütern der genannten Kategorien beizutragen.

Grundbedürfnisse, von der OECD wie folgt definierte Menge an →Bedürfnissen: 1. →natürliche Bedürfnisse, 2. Bedürfnisse nach Gesundheit, Bildung, Erwerbstätigkeit und Qualität des Arbeitslebens u. a. – Vgl. auch →soziale Indikatoren.

Grundbesitz, Begriff des BewG als einheitliche Kategorie für land- und forstwirtschaftliche Betriebe, →Grundstücke und →Betriebsgrundstücke. – 1. Für →wirtschaftliche Einheiten des G. werden mit unterschiedlicher Wirkung für Vermögensteuer, Gewerbesteuer, Grundsteuer, Erbschaftsteuer und (in Sonderfällen) Grunderwerbsteuer →*Einheitswerte* festgestellt (§ 19 I Nr. 1 BewG). – 2. *Regelungen für die alten Bundesländer:* In den alten Bundesländern hat das Gesetz zur Änderung des BewG (BewÄndG) vom 13. 8. 1965 (BGBl I 850) im wesentlichen die Bewertung des G. geregelt, dessen Wertverhältnisse sich seit dem letzten Hauptfeststellungszeitpunkt (1. 1. 1935) grundlegend verändert haben. Der folgende →Hauptfeststellungszeitpunkt war der Beginn des Jahres 1964. Bis einschl. 1973 haben dennoch die Einheitswerte vom 1. 1. 1935 der Besteuerung zugrunde gelegen. Die Einheitswerte vom 1. 1. 1964 fanden erstmalige Anwendung mit dem 1. 1. 1974. Nach § 121 a BewG sind während der Geltungsdauer der auf den Wertverhältnissen am 1. 1. 1964 beruhenden Einheitswerte des G. mit 140% des Einheitswerts anzusetzen: die Grundstücke und Betriebsgrundstücke (letztere bei der Einheitsbewertung des →Betriebsvermögens) für die Vermögen-, Erbschaft-, Gewerbesteuer, die Ermittlung des Nutzungswerts der selbstgenutzten Wohnung nach § 21 a EStG und die Grunderwerbsteuer (aber nicht: für →Grundsteuer und keinesfalls bei →land- und forstwirtschaftlichem Vermögen). Die erstmalige Anwendung der Einheitswerte 1964 erfolgte bei den Einheitswerten des G. durch →Fortschreibung, →Nachfeststellung oder Aufhebung des Einheitswerts auf den 1. 1. 1974. – 3. *Regelungen für die neuen Bundesländer:* In den neuen Bundesländern werden anstelle der Einheitswerte für Betriebe der Land- und Forstwirtschaft →Ersatzwirtschafts-werte ermittelt und ab dem 1. 1. 1991 der Besteuerung zugrunde gelegt. Für Grundstücke und Betriebsgrundstücke gelten die Einheitswerte, die nach den Wertverhältnissen am 1. 1. 1935 festgestellt sind oder noch festgestellt werden (§ 129 BewG); diese Einheitswerte sind mit folgenden Faktoren zu vervielfachen (§ 133 BewG): (1) Mietwohngrundstücke: 100%; (2) Geschäftsgrundstücke: 400%; (3) Gemischt genutzte Grundstücke, Einfamilienhäuser und sonstige bebaute Grundstücke: 250%; (4) Unbebaute Grundstücke: 600%.

Grundbetrag, eine bei der Berechnung der →Schlüsselzuweisungen im kommunalen Finanzausgleich verwendete Größe, deren Höhe iterativ so gewählt wird, daß sich aus ihrer Multiplikation mit der Summe aller →Ausgleichsmeßzahlen der insgesamt vom Land für Schlüsselzuweisungen bereitgestellte Betrag *(Schlüsselmasse)* ergibt.

Grundbilanz, Zusammenfassung der →Leistungsbilanz und der Bilanz des langfristigen Kapitalverkehrs (→Kapitalbilanz).

Grundbuch. I. Buchführung: 1. *Begriff:* Vgl. →Journal. – 2. Die *Eintragungen* in die G. sind zeitgerecht, vollständig und richtig zu bewirken (§ 239 II HGB). – Vgl. auch →Buchführung, →Buchführungspflicht.

II. Grundstücksrecht: Öffentliches Register, vom →Grundbuchamt geführt mit dem Zweck, die Rechte am →Grundstück zu offenbaren (→Publizitätsprinzip). – 1. Nach dem →*Eintragungsgrundsatz* müssen alle eintragungsfähigen Rechte im G. eingetragen werden, vorher werden sie nicht wirksam. →Grundbucheinsicht ist weitgehend zu gewähren. – 2. *Eintragungen* im G. grundsätzlich nur auf Antrag (→Antragsgrundsatz). Zur Stellung des Antrags berechtigt sind die durch die Eintragung begünstigten und die durch sie betroffenen Beteiligten. Weitere Voraussetzung ist →Eintragungsfähigkeit; ausgenommen sind z. B. die öffentlich-rechtlichen Vorgänge (z. B. Belastung mit →Steuern) und die schuldrechtlichen Vorgänge (z. B. →Miete, →Pacht). Einzelkaufleute (→Einzelkaufmann) werden grundsätzlich im G. nur unter ihrem bürgerlichen Namen, →Handelsgesellschaften unter ihrer →Firma, →juristische Personen des Handelsrechts unter dem Namen oder der Firma eingetragen (vgl. § 15 der Grundbuchverfügung vom 8. 8. 1935 mit späteren Änderungen). – 3. *Anlegung* des G. nach Bezirken. – 4. Innerhalb des G. hat jedes Grundstück einen bestimmten Platz, das *Grundbuchblatt*, das für das einzelne Grundstück als das Grundbuch i. S. des BGB anzusehen ist (§ 3 I 2 GBO). Grundsätzlich bekommt zwecks Klarlegung der Rechtsverhältnisse jedes Grundstück ein eigenes Grundbuchblatt (Realfolium). Wenn Verwirrung nicht zu besorgen ist (§ 4 GBO), ist jedoch die Zusammenfassung mehrerer selbständiger Grundstücke im Eigentum einer Person auf einem Blatt zulässig (Personalfolium). – 5. *Gliederung* des G. nach gesetzlich vorgeschriebenem Muster. An der Spitze steht das →Bestandsverzeichnis. Dann folgen drei Abteilungen: Abt. 1 enthält die Eigentumsverhältnisse, Abt. 2 die Lasten und Beschränkungen, ausgenommen die →Grundpfandrechte, Abt. 3 die Grundpfandrechte (→Hypotheken, →Grundschuld, →Rentenschuld). – 6. Die um die Eintragungen im G. entstehenden Vorgänge (Urkunden, Protokolle) werden nicht zum G. selbst genommen, sondern für sich gesammelt und zwar für jedes Grundbuchblatt in einem eigenen Aktenstück, den sog. →*Grundakten* (mit dem sog. →Handblatt). – 7. Wegen des →öffentlichen Glaubens des G. ist keine →Beschwerde gegen Eintragungen möglich, sondern →*Widerspruch* und →*Grundbuchberichtigung*.

Grundbuchamt, Abteilung des →Amtsgerichts, dem die Führung des →Grundbuchs obliegt (§ 1 GBO). Die Aufgaben des Grundbuchbeamten nehmen wahr der *Grundbuchrichter*, der Rechtspfleger und der Urkundsbeamte. Das Grundbuchverfahren gehört zur →Freiwilligen Gerichtsbarkeit.

Grundbuchberichtigung, von Amts wegen (→Amtsberichtigung, →Grundbuchberichtigungszwang) oder auf Betreiben eines Beteiligten (→Grundbuchberichtigungsanspruch) erfolgende Berichtigung des →Grundbuchs. G. ist erforderlich, wenn die wirkliche Rechtslage eines Grundstücks mit den Eintragungen im Grundbuch (Buchstand) nicht übereinstimmt. Das Erfordernis der G. folgt aus der Gefahr des →gutgläubigen Erwerbs oder der Leistung an einen Scheinberechtigten. – Vgl. auch →Widerspruch, →Löschung.

Grundbuchberichtigungsanspruch, Anspruch desjenigen, dessen Recht durch eine unrichtige Eintragung im →Grundbuch beeinträchtigt wird. Er kann Berichtigung beantragen, die das →Grundbuchamt vorzunehmen hat, wenn die Unrichtigkeit durch →öffentliche Urkunde nachgewiesen ist oder die Berichtigung vom Scheinberechtigten bewilligt wird (§§ 22, 29 GBO); diese →Eintragungsbewilligung kann der Betroffene von dem Scheinberechtigten nach § 894 BGB aufgrund des G., notfalls im Prozeßwege, verlangen.

Grundbuchberichtigungszwang, wegen Interesses der Allgemeinheit an der Richtigkeit des →Grundbuches (→öffentlicher Glaube) in gewissen Fällen durch das →Grundbuchamt ausgeübter Zwang (§§ 82 ff. GBO). – Vgl. auch →Amtsberichtigung.

Grundbuchblatt, →Grundbuch.

Grundbucheinsicht, Recht eines jeden, der ein →berechtigtes Interesse an der Einsichtnahme im →Grundbuch darlegt (§ 12 GBO). Für die G. werden keine Gebühren erhoben (§ 74 KostO).

Grundbucheintragung, →Grundbuch II 2.

Grundbuchungen, erste, chronologische Buchungen: a) in den Grundbüchern (Kassenbuch, Wareneinkaufsbuch = Warenkonto Soll, Warenverkaufsbuch = Warenkonto Haben), die neben dem zu verbuchenden Betrag das Gegenkonto und den Buchungsbeleg, oft durch Symbole bezeichnet (KA = Kassenausgabebeleg, ER = Einkaufsrechnung, AR = Ausgangsrechnung, Bk = Bankbeleg), nennen; b) in dem beschreibenden Grundbuch (Tagebuch, Journal oder Memorial), wobei das durch die Buchung belastete, das durch die Buchung erkannte Konto und der Beleg genannt werden.

Grundbuchvermutung, aus dem →Publizitätsprinzip folgende Vermutung: Ist im →Grundbuch für jemand ein Recht eingetragen, wird vermutet, daß es ihm zustehe. Die →Löschung eines eingetragenen Rechts begründet Vermutung, daß es nicht bestehe (§ 891 BGB). Die G. erspart im Streitfall den →Beweis.

Grunddaseinsfunktionen, Konzeption in der *Sozialgeographie*. Die bekanntesten G.

sind: wohnen, arbeiten, sich versorgen, sich erholen, sich bilden, am Verkehr teilnehmen, in Gemeinschaft leben. Die genannten G. lassen sich beliebig erweitern, zumal sie von vornherein schon nicht alle Äußerungen des Menschen als soziales Wesen abdecken. Der Vorteil der oben genannten Faktoren liegt darin, daß sie sich relativ leicht im Raum verorten lassen. Die G. sollen für soziale Gruppen konstitutiv sein, so daß deren Verhalten sich direkt aus dem Verfolgen der einen oder anderen Funktion ableiten läßt. – *Hauptkritikpunkt:* Soziale Gruppen werden bei dem Verfolgen dieser Funktionen wesentlich von politisch-ökonomischen Bedingungen bestimmt, die in der Konzeption keinen Eingang finden.

Grunddatenverwaltung, Komponente eines PPS-Systems, die für die Verwaltung der →Stammdaten zuständig ist. – Vgl. auch →PPS-System II 1.

Grunddienstbarkeit, rechtsgeschichtlich an die Servitut des römischen Rechtes anknüpfendes Rechtsinstitut, steht neben →Nießbrauch und →beschränkt persönlicher Dienstbarkeit. – G. ist das dem jeweiligen Eigentümer eines →Grundstücks zustehende →dingliche Recht zur beschränkten unmittelbaren Nutzung eines anderen Grundstücks (§§ 1018 ff. BGB). Vom Eigentümer des belasteten oder dienenden Grundstücks wird dabei kein aktives Tun verlangt. Er hat nur entweder eine bestimmte Nutzung seines Grundstücks oder Handlung zu *dulden* (z. B. Begehen, Befahren, Einwirkungen durch Rauch, Gase, Geräusche) oder die Ausübung eines Rechtes zu *unterlassen*, das sich aus seinem Eigentum ergeben würde (Baubeschränkungen). G. kommt überwiegend in ländlichen Bezirken vor. – *Eintragung* in Abt. 2 des →Grundbuchs des dienenden Grundstücks; beim herrschenden Grundstück auf Antrag im →Bestandsverzeichnis.

Gründerbericht, →Gründungsbericht.

Gründer einer AG. 1. *Personenkreis:* G. einer AG sind die →Aktionäre, die die →Satzung festgestellt haben (§ 28 AktG); mindestens fünf Personen, die →Aktien gegen →Einlagen übernehmen. – 2. *Pflichten:* Die G. haben den Inhalt der Satzung in notariell beurkundeter Form festzustellen (§§ 2, 23 AktG), die Aktien zu übernehmen, die Einlagen auf diese Aktien zu leisten (§ 2 AktG) und im Wege der notariellen Beurkundung den ersten Aufsichtsrat und den Abschlußprüfer für das erste Voll- oder Rumpfgeschäftsjahr zu bestellen (§ 30 AktG). – 3. *Rechte:* Der G. erlangt mit Übernahme der Aktien die Mitgliedschaftsrechte des Aktionärs. Für seine Tätigkeit kann ihm ein →Gründerlohn gewährt werden. – Vgl. auch →Gründung einer AG.

Gründergesellschaft, →Vorgesellschaft.

Gründergewinn, →Gründerlohn.

Gründerjahre, Schlußphase eines in Deutschland 1869 einsetzenden Aufschwungs, in deren Verlauf, auch gefördert durch eine Liberalisierung des Aktienrechts, die optimistische Stimmung nach dem Sieg über Frankreich und eine Liquidisierung des Kapitalmarktes durch die französischen Reparationen, viele neue Unternehmen gegründet worden sind. Die Investitionen in Industrie- und Verkehrsunternehmen sowie in den Wohnungsbau erreichten Rekordhöhen. 1873 brach die Spekulation zusammen. Der „Gründerkrach" leitete die von 1873 bis 1879 dauernde „Gründerkrise" ein.

Gründerlohn, *Gründergewinn,* zu Lasten der AG gewährte Entschädigung oder Belohnung (→Sondervorteil) der Aktionäre oder anderer Personen für die Durchführung oder Vorbereitung der Gründung (→Gründung einer AG II 3). Der Gesamtaufwand aus solchen Entschädigungen und Belohnungen ist in der →Satzung gesondert festzusetzen, sonst sind die zugrunde liegenden Verträge und die Rechtshandlungen zu ihrer Ausführung der Gesellschaft gegenüber unwirksam.

Grunderwerbsteuer, →Verkehrsteuer, die erhoben wird, wenn die rechtliche oder wirtschaftliche Verfügungsmacht an einem inländischen Grundstück übergeht. – 1. *Rechtsgrundlage: Bis 1982* Grunderwerbsteuergesetz (GrEStG) vom 29.3.1940 (RGBl I 585), DV (GrEStDV) vom 30.3.1940 (RGBl I 595), Nebengesetze sowie →Landesrecht. – *Ab 1983* GrEStG vom 17.12.1982 (BGBl I 1777) mit wesentlichen Änderungen gegenüber dem bis dahin geltenden Recht. – 2. *Steuerbare Vorgänge* (§ 1 I–III GrEStG): Hauptfall ist der Abschluß eines →Kaufvertrages über ein inländisches →Grundstück. Daneben unterliegen zahlreiche weitere tatsächliche und rechtliche Vorgänge der G., die eine Steuervermeidung verhindern sollen, z.B. unter bestimmten Voraussetzungen die Übertragung von Anteilen an einer Gesellschaft, zu deren Vermögen ein inländisches Grundstück gehört. – 3. *Steuerbefreiungen*: (§ 3 Nr. 1–8 GrEStG): (1) Erwerbe, deren Wert weniger als 5000 DM (→Freigrenze) beträgt; (2) Schenkungen und Erwerbe von Todes wegen; (3) Erwerb eines zum Nachlaß gehörenden Grundstücks durch Miterben zur Teilung des Nachlasses; (4) Erwerbe durch Ehegatten; (5) Erwerbe durch früheren Ehegatten im Rahmen der Vermögensauseinandersetzung nach Scheidung; (6) Erwerb durch Verwandte in gerader Linie, Stiefkinder sowie deren Ehegatten. – 4. *Steuerberechnung*: *Bemessungsgrundlage*: Wert der Gegenleistung; in bestimmten Fällen der um 40% erhöhte (§ 121a BewG) Einheitswert (§ 8 GrEStG). – *Steuersatz*: 2 v.H. (§ 11 I GrEStG). – 5. *Steuerschuldner*: Steuerschuldner sind regelmäßig die an einem Erwerbsvorgang beteiligten Personen (§ 13 GrEStG) als →Gesamtschuldner (§ 44 I AO). – Zum *Entstehungszeitpunkt* der G. vgl. →Steuerschuld. – 6. *Verfahren*: Für grunderwerbsteuerbare Vorgänge besteht grundsätzlich →Anzeigepflicht. Damit wird dem zuständigen Finanzamt ermöglicht, durch einen →Steuerbescheid die G. festzusetzen. I.d.R. wird die Steuer einen Monat nach dessen Bekanntgabe fällig (§ 15 GrEStG). – 7. *Aufkommen* (1990): 3909 Mill. DM.

Gründerzentrum, →Existenzgründungshilfen, →Wirtschaftsförderung II 4c).

Grundfreibetrag, im →Einkommensteuertarif bereits berücksichtigter →Freibetrag in Höhe von 5616 DM. Durch den G. soll das Existenzminimum des Steuerpflichtigen steuerfrei belassen werden. Inwieweit der Gesetzgeber bei der Festsetzung des G. verfassungsrechtlich gezwungen ist, einen realistischen Wert zu wählen, ist umstritten. Bis zu einer Klärung werden alle Einkommensteuerveranlagungen nur vorläufig ausgeführt.

Grundgehalt, Hauptbestandteil der Dienstbezüge eines Beamten (→Besoldung), nach der Besoldungsordnung A (für aufsteigende Gehälter) oder B (für feste Gehälter) festgesetzt; bei aufsteigenden Gehältern nach Dienstaltersstufen (Steigerung i.a. alle zwei Jahre bis zum Endgehalt).

Grundgesamtheit, *Ausgangsgesamtheit, Kollektiv, Population, statistische Masse,* Menge aller Elemente, auf die ein Untersuchungsziel in der Statistik gerichtet ist. Die G. bedarf einer exakten *sachlichen, räumlichen und zeitlichen* Abgrenzung (falsche Abgrenzung: →Coverage-Fehler). Gelegentlich werden auch *hypothetische G.* erörtert, z.B. Menge aller Ausspielungen, die mit einem Würfel durchgeführt werden können. Bei →Stichprobenverfahren ist G. der Gegenbegriff zur →Stichprobe; die Resultate der Stichprobe werden (→Schätzung) auf die G. übertragen. – *Anders*: →Erhebungsgesamtheit.

Grundgeschäftserklärung, schriftliche Erklärung, die die Kreditinstitute bei der Rediskontierung von →Bankakzepten und Debitorenziehungen darüber abzugeben hatten, daß der Wechsel ein Handelswechsel ist, insbes. sich der Finanzierung von Investitionen oder der Verflüssigung eingefrorener Debitoren dient. Heute i.a. nicht gefordert, jedoch bei →Privatdiskonten Angabe über das Grundgeschäft erforderlich.

Grundgesetz (GG), die am 24. Mai 1949 (BGBl 1) in Kraft getretene zunächst vorläufige, mit dem Inkrafttreten des →Einigungsvertrags die für das gesamte Deutschland geltende Verfassung für die →Bundesrepublik Deutschland. – *Inhalt*: Das GG enthält Bestimmungen über eine Reihe von →*Grundrechten*, die gem. Art. 1 III GG die →Gesetzgebung, →Verwaltung und →Rechtsprechung als unmittelbar geltendes Recht binden; weitere Abschnitte betreffen Bund und Länder, →Bundestag, →Bundesrat, →Bundespräsidenten, sowie die →Bundesregierung, die Gesetzgebung des Bundes, die Ausführung der Bundesgesetze, die Bundesverwaltung, die Rechtsprechung und das Finanzwesen sowie der Verteidigungsfall. – Das *Verhältnis* zwischen *Bund und Ländern* ist dem Prinzip des →Föderalismus gestaltet: 1. Die *Länder* sind grundsätzlich für die Ausübung aller staatlichen Befugnisse und Erfüllung aller staatlichen Aufgaben zuständig, soweit das GG keine andere Regelung trifft oder zuläßt (Art. 30). Die Ausführung der Bundesgesetze obliegt den Verwaltungsbehörden der Länder, sofern nicht eine bundeseigene Verwaltung mit eigenem Verwaltungsunterbau oder Bundesoberbehörden (nach Art. 86 ff.) zugelassen und errichtet worden sind (z. B. Bundesfinanzverwaltung, Bundespost oder Bundesämter, u. a. für gewerbliche Wirtschaft). – 2. Besonders fühlbare Auswirkungen hat das föderalistische Prinzip im Bereich des Finanzwesens durch die Regelung der *Zuständigkeit zur Steuergesetzgebung* und durch die *Verteilung des Aufkommens* aus den verschiedenen Steuern. Die Länder sind nicht „Kostgänger des Bundes", sondern Gläubiger bestimmter Steuern; vgl. →Steuergesetzgebungshoheit, →Finanzhoheit. – 3. *Verfassungsorgan* zur Wahrung der bundesstaatlichen Grundstruktur ist der Bundesrat. Er ist dem Bundestag gleichrangig. Seine Zustimmung ist zu bestimmten Gruppen von →Gesetzen, →Rechtsverordnungen und →Verwaltungsvorschriften erforderlich. – 4. *Änderungen* des GG: Das GG hat bisher 36 Änderungen erfahren. Die letzte bedeutsame Änderung ist durch Art. 4 des →Einigungsvertrags vorgenommen worden. Welche Ergebnisse die Beratungen der aufgrund des Art. 5 des Einigungsvertrages eingesetzten Verfassungskommission, deren Auftrag es ist zu prüfen, welche Änderungen und Ergänzungen des Grundgesetzes notwendig sind, bringen werden, ist derzeit völlig offen.

Grundhandelsgeschäfte, die in § 1 II HGB aufgezählten Tätigkeiten. Jedes →Gewerbe, das eines dieser G. zum Gegenstand hat, gilt als →Handelsgewerbe; das Betreiben eines Handelsgewerbes macht zum →Mußkaufmann.

Grundhandelsgewerbe, →Gewerbebetrieb, der ein →Grundhandelsgeschäft des § 1 HGB zum Gegenstand hat.

Grundkapital, Aktienkapital einer Aktiengesellschaft (AG), entspricht zahlenmäßig dem →Nennwert aller ausgegebenen →Aktien. – 1. *Höhe des G.:* Der Mindestnennbetrag des G. beträgt 100 000 DM (§ 7 AktG). Die Höhe des G. sagt nichts über den ständig wechselnden Wert des →Gesellschaftsvermögens aus. – 2. In der *Bilanz* ist das G. als →gezeichnetes Kapital auf der Passivseite auszuweisen (§ 152 AktG, § 266 HGB). Der feste Betrag des G. kann nicht durch Gewinn oder Verlust verändert werden; deshalb ist das Gewinn- und Verlust-Konto nicht über Kapitalkonto, sondern

über Bilanzkonto abzuschließen. G. plus Kapitalrücklage, Gewinnrücklagen, Gewinnvortrag/Verlustvortrag und Jahresüberschuß/Jahresfehlbetrag ist gleich dem bilanziellen →Eigenkapital. Übersteigt ein Verlustvortrag das G., ist ein „nicht durch Eigenkapital gedeckter →Fehlbetrag" auf der Aktivseite auszuweisen. Die einzelnen Aktiengattungen sind mit den Gesamtnennbeträgen jeder Gattung und u. U. mit Angabe der Stimmenzahl gesondert auszuweisen. Bedingtes Kapital (→bedingte Kapitalerhöhung) ist mit dem Nennwert zu vermerken (§ 152 AktG), →genehmigtes Kapital im →Anhang anzugeben (§ 160 AktG). – 3. a) *Aktienausgabe* unter Nennwert ist verboten (§ 9 AktG). b) Vor *Eintragung* der AG im Handelsregister müssen alle Aktien von den →Gründern der AG übernommen und eingezahlt sein (§§ 36, 36 a AktG). c) Verboten ist die Rückgewährung von →Einlagen (§ 57 AktG). d) Erwerb →eigener Aktien ist nur unter besonderen Voraussetzungen möglich (§ 71 AktG).

Grundkosten, Aufwendungen, die im Rechnungszeitabschnitt in gleicher Höhe in die Kostenrechnung eingehen (aufwandsgleiche Kosten = Zweckaufwand, als Kosten verrechneter Zweckaufwand). – *Gegensatz:* →Zusatzkosten, →Anderskosten.

Grundlohn. I. Personalwesen: Tariflich festgelegtes Entgelt für die übliche Arbeitsleistung in verschiedenen →Lohnformen.

II. Sozialrecht: *Bis 1. 1. 1989* Bemessungsgrundlage für Beiträge zur gesetzlichen →Krankenversicherung (§ 385 RVO). – 1. Der Betrag, der sich bei gleichmäßiger Verteilung des an den Arbeitstagen verdienten →Arbeitsentgelts auf die Kalendertage ergibt. Je nach Satzung der Krankenkassen ist G. nach dem wirklichen Arbeitsverdienst oder nach Lohnstufen (Lohnformen/Zeitlohn) festgelegt, ggf. auch als Kombination dieser Berechnungsarten. – 2. Für *freiwillig Versicherte,* die kein Arbeitsentgelt beziehen, und für die deshalb G. nicht besteht, wird er durch die Krankenkasse bestimmt. Ansonsten richtet sich bei freiwillig Versicherten der G. nach dem Arbeitsentgelt und den sonstigen Einnahmen zum Lebensunterhalt; mindestens beträgt er 1/180 der monatlichen →Bezugsgröße (1987: 3010 DM = 16,72 DM täglich = 501,60 DM monatlich). – 3. Für *Studen-*

ten und Praktikanten richtet sich der G. nach dem Bedarfssatz der Studenten an Hochschulen, die nicht bei ihren Eltern wohnen. – 4. Für *Rentner* bestimmt sich der G. nach dem Rentenzahlbetrag zuzüglich des Betrages von anderen rentenähnlichen Einnahmen wie Betriebsrenten, Versorgungsbezügen sowie etwaigen zusätzlichen Arbeitseinkommen; insgesamt aber nur bis zur Jahresarbeitsverdienstgrenze. – 5. *Seit 1.1.1989* richtet sich die Bemessung der Beiträge nach den beitragspflichtigen Einnahmen bis zur → Beitragsbemessungsgrenze (§ 223 SGB V). Bei versicherungspflichtig Beschäftigten werden die Beiträge vom → Arbeitsentgelt aus der Beschäftigung errechnet (§ 226 SGB VI). Hierzu zählen auch die in § 227 SGB VI aufgeführten einmaligen Zuwendungen. Bei Beschäftigten, die freiwillig versichert sind, sieht § 240 II SGB VI die Anwendung derselben Grundsätze wie für pflichtversicherte Beschäftigte vor. Als beitragspflichtige Mindesteinnahmen für freiwillige Versicherte gilt jedoch der 90. Teil der monatlichen → Bezugsgröße (§ 249 IV SGB IV). Für die übrigen Versicherten (Rentner, Studenten u. a.) gelten z. T. unterschiedliche Regelungen (§§ 226 ff. SGB IV).

Grundnutzen, Teil des → Nutzens. G. besteht in der wirtschaftlich-technischen, sachlich-stofflichen oder funktionalen Eignung eines Gutes für seinen Verwender. G. wird ergänzt durch den → Zusatznutzen.

Grundpfandrechte, dem Sprachgebrauch entsprechend Sammelbezeichnung für → Hypothek, → Grundschuld und → Rentenschuld. Das BGB verwendet die Bezeichnung G. nicht, weil bei der Grund- und der Rentenschuld die für das → Pfandrecht an Fahrnis und Rechten charakteristische Abhängigkeit von einer Forderung fehlt, anders freilich bei der Hypothek. – Vgl. auch Übersicht „Grundpfandrechte".

Grundrechnung. 1. *Begriff:* Zweckneutrale Datenbasis für eine Vielzahl von Zweckrechnungen. – 2. *Ursprung:* Begriff und Idee bezüglich der Kosten gehen auf Schmalenbach, bezüglich pekuniärer Größen auf Goetz zurück. Theoretische Weiterentwicklung und praktische Ausgestaltung erfolgten zuerst im Rahmen der Einzelkosten- und Deckungsbeitragsrechnung. – Vgl. auch → originäre Grundrechnung, → primäre Grundrechnung, → sekundäre Grund-

rechnung. – 3. *Zweck:* Bereitstellung mutmaßlich benötigter elementarer Geld- und Mengengrößen für vergangenheits- und zukunftsbezogene Auswertungsrechnungen für alle bedeutenden Zwecke. – 4. *Haupterfordernisse:* Zweckneutralität, vielfältige Verwertbarkeit und hohe Abbildungstreue. – 5. *Grundregeln:* (1) keine Vermengung (Aggregation) heterogener Elemente; (2) keine willkürliche Aufteilung homogener Elemente (z. B. echter Gemeinerlöse); (3) Erfassung und Ausweis aller Rechengrößen bei dem jeweils originären Bezugsobjekt, d. h. dem speziellsten, bei dem das noch ohne willkürliche Aufteilung möglich ist; (4) Kennzeichnung der Elemente durch alle für die Auswertung bedeutsamen Merkmale, z. B. Disponierbarkeit und Abhängigkeiten, Verbundenheiten und Zeitdimensionen, Erfassungs- und Zahlungsweise usw. – 6. *Realisierung:* Bei der Auswahl dieser Merkmale und ihrer Merkmalsausprägungen sowie grundsätzlich beim Aufbau der G. müssen die Anforderungen der voraussichtlich interessierenden Auswertungsmöglichkeiten vorweg bedacht werden. Weil ein völlig zweckunabhängiger Wertansatz nicht existiert und häufig nicht-proportionale → Entgeltfunktionen vorliegen, sollten *Preis- und Mengenkomponente* (soweit möglich) *getrennt* ausgewiesen werden. Die Mehrzahl der abzubildenden Vorgänge ist komplex, die aufzunehmenden Informationselemente sind durchweg vieldimensional; eine → urbelegidentische Grundrechnung kann das partielle Unterdrücken von Informationen vermeiden und die uneingeschränkte Klassifikations- und Verknüpfungsmöglichkeit gewährleisten. Entscheidend für die Abbildungstreue ist die genaue Erfassung der Bezugsobjekte; z. B. müssen Erlöse, die nicht eindeutig einzelnen Erzeugnissen zugerechnet werden können, der Erzeugnisgruppe, der Sparte oder dem Gesamtunternehmen zugerechnet werden; Bereitschaftskosten, deren Bindungsdauer mehrere Monate umfaßt, dürfen nur der Periode zugerechnet werden, die alle diese Monate enthält, also evtl. ein Quartal oder ein Jahr, keinesfalls aber durch Aufteilung den einzelnen Monaten. Weil der Unternehmensprozeß kontinuierlich fortschreitet und in die Zukunft hinein offen ist, muß auch die Grundrechnung als Kontinuierliche Zeitablaufrechnung – ohne periodische Zäsuren – gestaltet werden. Nur dann können auch periodenübergreifende und

Grundpfandrechte

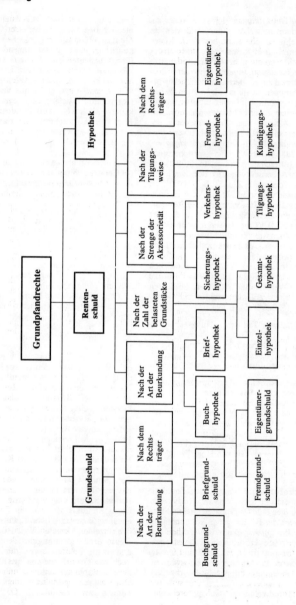

noch in Entwicklung befindliche Vorgänge wirklichkeitsnah abgebildet und verfolgt werden. – Auf Basis einer als relationale Datenbank (→Relationenmodell) realisierten G. können mit Hilfe von Methodenbanken und anderen Instrumenten der EDV-Unterstützung sowohl standardisierte als auch fallweise Auswertungsrechnungen gespeist werden. – Bessere Übersicht und schnellerer Zugriff werden ermöglicht, wenn zwischen die urbelegidentische G. und die problemspezifischen Auswertungsrechnungen *selektiv verdichtete und für unterschiedliche Benutzer- oder Zweckgruppen aufbereitete Grundrechnungsauszüge* eingeschoben werden. Diese Grundrechnungsauszüge können z. B. die „Teilgebiete" G. der Erlöse (bzw. Einnahmen und Einzahlungen), G. der Beschaffungsentgelte (bzw. Ausgaben und Auszahlungen), G. der Kosten, G. der Potentiale und G. der Bewegungsmengen darstellen.

Literatur: Hummel, S., Wirklichkeitsnahe Kostenerfassung, Berlin 1970; Riebel, P., Einzelkosten- und Deckungsbeitragsrechnung, 6. Aufl., Wiesbaden 1990; ders., Einzelerlös-, Einzelkosten- und Deckungsbeitragsrechnung als Kern einer ganzheitlichen Führungsrechnung, in: Männel, W. (Hrsg.), Handbuch Kostenrechnung, Wiesbaden 1992; ders., Grundrechnung, in: Kern, W./ Köhler, R./ Küpper, H.-U./ von Wysocki, K., Handwörterbuch der Betriebswirtschaftslehre (HWB), 5. Aufl., Stuttgart (in Vorbereitung); Riebel, P./ Sinzing, W., Zur Realisierung der Einzelkosten- und Deckungsbeitragsrechnung mit einer relationalen Datenbank, in: Zeitschrift für betriebswirtschaftliche Forschung, 33 (1981), S. 457–489; Sinzing, W., Datenbankorientiertes Rechnungswesen, 3. Aufl., Berlin-Heidelberg-New York-Tokyo 1990; Wedekind, H./ Ortner, E., Der Aufbau einer Datenbank in der Kostenrechnung, in: Die Betriebswirtschaft, 27 (1977), S. 533–547.

Prof. Dr. Dr. h.c. mult. Paul Riebel

Grundrechte, die im Grundrechtsteil des →Grundgesetzes verankerten Freiheitsrechte. G., die allen Menschen unterschiedslos zukommen, heißen *Menschenrechte,* die nur den Deutschen vorbehaltenen G. *Bürger- oder Deutschenrechte.* Menschenrechte sind z. B. der Gleichheitssatz, die →Glaubens- und Gewissensfreiheit und Bekenntnisfreiheit, die →Meinungsfreiheit und →Pressefreiheit, das Recht auf Unverletzlichkeit der Wohnung, auf Gewährleistung des →Eigentums und des Erbrechts; Bürger- oder Deutschenrechte sind die →Versammlungsfreiheit und →Vereinsfrei-

heit, das Recht der →Freizügigkeit, die →Berufsfreiheit. Die G. binden →Gesetzgebung, →Verwaltung und →Rechtsprechung als unmittelbar geltendes Recht. Gegen *unberechtigte Eingriffe* in die G. kann sich der Einzelne nach Erschöpfung des Rechtsweges insbes. durch Erhebung der →Verfassungsbeschwerde wehren. Soweit jemand zum Kampfe gegen die freiheitliche demokratische Grundordnung gewisse G. mißbraucht, kann er diese verwirken. Die Verwirkung wird vom →Bundesverfassungsgericht (BVerfG) ausgesprochen.

Grundrente. I. B u n d e s v e r s o r g u n g s g e - s e t z : Rentenleistung an Beschädigte; vgl. im einzelnen →Beschädigtenrente.

II. S o z i a l p o l i t i k : Sozialpolitischer Begriff in der Diskussion um die geplante Reform der gesetzlichen Rentenversicherung. G. meint im wesentlichen die Einführung einer beitragsunabhängigen, aus allgemeinen Steuermitteln zu finanzierenden Altersrente für alle Bürger mit einem festen Betrag als Grundsicherung der Bevölkerung; im einzelnen stark umstritten. Im derzeitigen Alterssicherungssystem der Bundesrep. D. unbekannt, existiert aber in unterschiedlicher Ausprägung z. T. in anderen Ländern. – Synonyme oder verwandte Begriffe: *Staatsbürgerrente, Volksrente, Mindestrente, Grundversorgung.*

III. M i k r o ö k o n o m i e : 1. *Begriff:* Das auf dem Privateigentum an Grund und Boden beruhende Geldeinkommen für das Nutzungsrecht des Bodens; auch als *Bodenrente* bezeichnet. Grundlage bildet der mit dem Rechtstitel gegebene Ausschluß aller anderen Produktionsfaktoren und Personen von der Nutzung des Grundeigentums. Die Höhe der in Geld ausgedrückten G. ergibt sich aus den zu erwartenden Kosten- oder Nutzenvorteilen, die ein Standort gegenüber anderen Standorten ermöglicht (sog. *Differentialrente*): Der Bodenpreis bestimmt sich aus dem nachhaltig erzielbaren Ertrag des Kapitaleinsatzes für die beabsichtigte Bodennutzung. Er ist daher der Kaufpreis der kapitalisierten (erwarteten) G. Im Zusammenhang mit dem Interesse des Grundeigentümers an der Maximierung seines Renteneinkommens setzt sich in der Konkurrenz die Bodennutzung der höchsten Rentenzahlungsfähigkeit durch. Auf diese Weise steuert die G. die Zuweisung von Standorten, so daß aus neoklassischer Sicht der Boden im idealtypischen Fall der freien Konkurrenz volkswirtschaftlich optimal genutzt wird (Allokationsfunktion der Grund- bzw. Bodenrente). – 2. *Formen*: a) Die →*Differentialrente* (vgl. auch dort) beruht auf einem Ertragsvorteil, den bei vorausgesetzten Produktionspreisen und bei gleichem Faktoreinsatz ein Standort im Vergleich zu einem anderen ermöglicht. Der Grund kann zum einen in der unterschiedlichen Lage zum Markt (→*Lagerente*) liegen; derartige lagegebundene Ersparnisse können z. B. aus der Nähe zu Zulieferbetrieben, Transportkostenvorteilen, Fühlungsvorteilen oder geringeren Lagerkosten aufgrund eines schnelleren Warenumsatzes bestehen und in allen Wirtschaftsbereichen auftreten. Zum anderen entsteht die Differentialrente aus der unterschiedlichen Intensität der Nutzung des Bodens (*Intensitätsrente*) bei gleicher Lagequalität, z. B. durch intensivere Bebauung (höhere Stockwerks- bzw. Geschoßflächenzahl); die Intensitätsrente hängt wesentlich von der Lagerente ab. Als dritte Form der Differentialrente ist die aus der unterschiedlichen Qualität und Fruchtbarkeit der Böden resultierende *Bonitätsrente* in der landwirtschaftlichen Produktion zu nennen. b) Als *Monopolrente* wird das „Aufgeld" bezeichnet, das für das Wohnen in der Stadt gezahlt werden muß. Im Unterschied zur Differentialrente entsteht sie nicht aus Produktivitätsvorteilen, sondern ist als Teil der Miete ein Abzug vom Lohneinkommen und entsprechend durch die Zahlungsfähigkeit und Zahlungsbereitschaft (z. B. für die landschaftliche Lage oder Zentralität) des Mieters begrenzt. – 3. *Untersuchungen*: Zu den grundlegenden theoretischen Darstellungen der G. gehören die Arbeiten von Ricardo (1817) und Marx (1894). Von Thünen (1826) hat die Theorie der Lagerente weiterentwickelt, die heute noch die Grundlage der Theorie des räumlichen Gleichgewichts bildet (→Thünen-Modell). Darauf aufbauend hat besonders von Wieser (1914) die städtische Grundrente analysiert. Alonso (1960) versucht die G. mit Hilfe eines Gleichgewichtsmodells des städtischen Grundstücksmarktes zu bestimmen (Prinzip der jeweils höchsten Gebotsrente, →Alonso-Modell). Die Rolle des Bodenmonopols und der monopolistischen Bodenrenten hat vor allem Oppenheimer (1909) untersucht.

Grundsatz der Wesentlichkeit, →materiality.

Grundsätze der Ausübung des Wirtschaftsprüferberufs, →Berufsgrundsätze für Wirtschaftsprüfer.

Grundsätze ordnungsmäßiger Abschlußprüfung, →Grundsätze ordnungsmäßiger Prüfung.

Grundsätze ordnungsmäßiger Bilanzierung, →Grundsätze ordnungsmäßiger Buchführung (GoB) III 3, →ordnungsmäßige Bilanzierung.

Grundsätze ordnungsmäßiger Buchführung (GoB). I. Begriff: 1. Bestimmte *Regeln der Rechnungslegung*. Sie bilden die allgemeine Grundlage für die handelsrechtliche Bilanzierung und sollen die mit der Erstellung und Veröffentlichung von Jahresabschlüssen verbundenen legislatorischen Zwecksetzungen gewährleisten. – 2. Die GoB haben *Rechtsnormcharakter*, d. h. sie sind verbindlich anzuwenden, wenn Gesetzeslücken vorhanden sind, Zweifelsfragen bei der Gesetzesauslegung auftreten und eine Rechtsanpassung an veränderte wirtschaftliche Verhältnisse stattfinden muß. Insofern spricht man auch von einem unbestimmten Rechtsbegriff. Im HGB 1985 hat der Gesetzgeber erstmalig bestimmte Prinzipien, die seit langem als rechtsform- und größenunabhängige GoB anerkannt waren, einzeln *kodifiziert*. – 3. Für die Ermittlung der *nichtkodifizierten Teile* der GoB werden in der Literatur zwei Methoden genannt: a) Nach der *induktiven* Methode werden die GoB aus den Gepflogenheiten der Praxis „abgeleitet". b) Bei der *deduktiven* Methode wird der Versuch unternommen, die GoB allein aus Zwecken der Rechnungslegung zu ermitteln. Beide Verfahren haben lediglich heuristischen Charakter. So hat die deduktive Methode, die nach herrschender Meinung die richtige ist, mit Deduktion oder Ableitung in einem logischen Sinne nichts zu tun. Sie ist lediglich ein „theoretisches Interpretations- und Findungsverfahren" im Gegensatz zur „Induktion aus der Anschauung der praktischen Übung ehrbarer Kaufleute" heraus.

II. Quellen: 1. Gesetz- und Rechtsprechung: a) Handelsrecht (§§ 238–263 HGB); b) Steuerrecht (§§ 140–148, 154, 158 AO; §§ 4ff. EStG; Abschn. 29–31 EStR); c) Rechtsprechung. – 2. Empfehlungen, Erlasse, Gutachten von Behörden und Verbänden. – 3. Gepflogenheiten der Praxis. – 4. Wissenschaftliche Diskussion.

III. Die wichtigsten Grundsätze: Nach überwiegender Meinung, der auch das HGB von 1985 folgt, werden folgende Anwendungsbereiche der GoB unterschieden: 1. *Grundsätze ordnungsmäßiger Buchführung (i. e. S.)*: Als Ausfluß des Grundsatzes der *Klarheit und Übersichtlichkeit* (Nachprüfbarkeit) soll die →Buchführung so beschaffen sein, daß sie einem sachverständigen Dritten innerhalb angemessener Zeit einen Überblick über die Geschäftsvorfälle, ihre Entstehung und Abwicklung und die Lage des Unternehmens vermitteln kann (§ 238 HGB, § 145 I AO). Notwendig sind Eintragungen in einer lebenden Sprache; insbes. bei EDV-Buchführung dürfen auch Abkürzungen, Ziffern, Buchstaben oder Symbole verwendet werden, wenn ihre Bedeutung in Organisationsplänen, Programmbeschreibungen, Datenflußplänen o. ä. eindeutig festliegt (§ 239 HGB). – Die Grundsätze der *Vollständigkeit* sowie formellen und materiellen *Richtigkeit* verlangen, daß keine Geschäftsvorfälle weggelassen, hinzugefügt oder anders dargestellt werden, als sie sich tatsächlich abgespielt haben. Konten dürfen nicht auf falsche oder erdichtete Namen geführt werden. Bei der Führung von Büchern oder bei →Belegbuchhaltung soll Blatt für Blatt oder Seite für Seite fortlaufend numeriert sein. Der ursprüngliche Buchungsinhalt darf nicht unleserlich gemacht, es darf nicht radiert werden, Bleistifteintragungen sind unzulässig. Zwischen den Buchungen dürfen keine Zwischenräume gelassen werden (→Buchhalternase). Bei EDV-Buchführungen müssen Änderungen und Korrekturen automatisch aufgezeichnet werden (§ 239 III HGB). – Sämtliche Buchungen müssen aufgrund der →Belege jederzeit nachprüfbar sein („keine Buchung ohne Beleg", →Belegprinzip). Der Zusammenhang zwischen Geschäftsvorfall, Beleg und Konto ist durch ein Grundbuch herzustellen, das auch in einer geordneten und übersichtlichen Belegablage bestehen kann. Die Erfüllung der Grundbuchfunktion ist bei EDV-Buchführung durch Ausdruck oder Ausgabe auf Mikrofilm (vgl. →Mikrofilm), bei der Speicherbuchführung durch jederzeitige Ausdruckbereitschaft sicherzustellen. – Der Grundsatz der *rechtzeitigen und geord-*

neten Buchung verlangt, daß die Buchungen innerhalb einer angemessenen Frist in ihrer zeitlichen Reihenfolge vorgenommen werden. Kasseneinnahmen und -ausgaben sollen i. d. R. täglich festgehalten werden (§ 146 I AO). Im Kontokorrentbuch sind alle Käufe und Verkäufe auf Kredit kontenmäßig festzuhalten; bei nur gelegentlich unbarem Geschäftsverkehr braucht ein Kontokorrentbuch nicht geführt zu werden, wenn für jeden Bilanzstichtag über die bestehenden Forderungen und Schulden Personenübersichten geführt werden; bei Einzelhändlern ist eine vereinfachte Buchung kleinerer Kreditgeschäfte zulässig (im Wareneingangsbuch in einer besonderen Spalte, Kreditverkäufe in einer Kladde, Debitoren- oder Kreditorenverzeichnis zum Bilanzstichtag). Ersatzweise Führung einer →Offene-Posten-Buchführung ist bei Einhaltung der Ordnungsmäßigkeitsvoraussetzung möglich. – Die *Aufbewahrungsfrist* für Bücher beträgt zehn, für Buchungsbelege sechs Jahre, soweit sie nicht Buchfunktion erfüllen (wie z. B. die Belegkopien der ausgeglichenen Posten in der Offene-Posten-Buchführung). – 2. *Grundsätze ordnungsmäßiger Inventur*: Der Grundsatz der *Vollständigkeit* verlangt, daß am Schluß eines jeden Geschäftsjahrs *(Stichtagsprinzip)* alle Vermögensgegenstände, Rechnungsabgrenzungsposten und Schulden in ein Inventar aufzunehmen sind (→Inventur), die dem Grunde nach in der Bilanz erscheinen könnten (→Aktivierungspflicht, →Aktivierungswahlrecht, →Passivierungspflicht, →Passivierungswahlrecht). Dazu gehören alle Posten, die nach wirtschaftlicher Betrachtungsweise dem bilanzierenden Unternehmen zuzurechnen sind (also z. B. auch Treuhandvermögen beim →Treugeber, Sicherungsvermögen beim Sicherungsgeber, Kommissionsware beim →Kommittenten). Deshalb gilt grundsätzlich das Prinzip der *Einzelerfassung*, doch genügen bei Anwendung anerkannter mathematisch-statistischer Methoden auch Stichprobenverfahren (§ 241 I HGB). Nach dem Grundsatz der *Wesentlichkeit* (→Materiality) brauchen Anlagevermögensgegenstände bis zu 100 DM nicht in das Inventar aufgenommen zu werden (Abschn. 31 III EStG). Weitere Vereinfachungen sind durch die Anwendung der Festbewertung (§ 240 III HGB; →Festwert) und der →Gruppenbewertung (§ 240 IV HGB) möglich. – Der Grundsatz der *Richtigkeit* verlangt eine zutreffende Erfassung nach Art, Menge und Wert der zu inventarisierenden Posten. – Es gilt der Grundsatz der *Einzelbewertung*, wobei auch hier Vereinfachungen bei gleichartigen Gegenständen des Vorratsvermögens sowie anderen gleichartigen oder annähernd gleichwertigen beweglichen Vermögensgegenständen durch Gruppen- und Durchschnittsbewertungen zulässig sind (§ 240 IV HGB). – Der Grundsatz der *Klarheit* verlangt eine übersichtliche, eindeutige, nachprüfbare Aufzeichnung der Inventurmethoden und -ergebnisse. – Der Grundsatz der *Rechtzeitigkeit* verlangt die Aufstellung des Inventars innerhalb der einem ordnungsgemäßen Geschäftsgang entsprechenden Zeit (§ 240 II HGB). Da neben der →Stichtagsinventur auch die vor- bzw. nachverlegte Stichtagsinventur und die →laufende Inventur zulässig sind (§ 241 II/III HGB), betrifft die Frage der Rechtzeitigkeit in erster Linie die Bewertung der Bestände. – 3. *Grundsätze ordnungsmäßiger Bilanzierung:* a) *Gliederungsgrundsätze:* Nach dem Grundsatz der *Klarheit und Übersichtlichkeit* (§ 243 II HGB), der für alle Kaufleute gilt, sind die Gliederung der Bilanz und der Gewinn- und Verlustrechnung so zu gestalten, daß jede Art von Verschleierung vermieden wird. – Die Form der Darstellung ist beizubehalten (Grundsatz der *formellen Kontinuität* oder Stetigkeit, § 265 I), um die *Vergleichbarkeit* der Jahresabschlüsse zu gewährleisten. Abweichungen von den für alle Kapitalgesellschaften geltenden gesetzlichen bzw. für einzelne Branchen durch Rechtsverordnungen vorgeschriebenen Gliederungen sind zulässig, insbes. auch Zusammenfassung von Positionen wegen Geringfügigkeit (Grundsatz der *Wesentlichkeit*). – b) *Grundsätze der Bilanzierung dem Grunde und der Höhe (Bewertung) nach:* Der bei den Inventurgrundsätzen dargestellte Grundsatz der *Vollständigkeit* gilt auch für den Jahresabschluß. Daraus und aus dem Grundsatz der *Klarheit und Übersichtlichkeit* folgt, daß i. d. R. Forderungen nicht mit Verbindlichkeiten, Erträge nicht mit Aufwendungen und Grundstücksrechte nicht mit Grundstückslasten aufgerechnet werden dürfen (§ 246 HGB). – Der Jahresabschluß ist zum Schluß eines jeden Geschäftsjahres *(Stichtagsprinzip,* § 242 I/II HGB) innerhalb der einem geordneten Geschäftsgang entsprechenden Zeit (§ 243 III HGB) aufzustellen (Grundsatz der *Rechtzeitigkeit).* Dabei muß die Schlußbilanz des Vorjahres der Eröffnungsbilanz des nächsten Jahres entsprechen (Grundsatz der *Bilanzidentität).* – Bei der Bewertung ist von dem Grundsatz der *Vorsicht* auszugehen (§ 252 I 4 HGB), d. h. Ergebnisse sind erst dann auszuweisen, wenn sie realisiert sind *(Realisationsprinzip);* vorhersehbare Risiken und Verluste sind im Gegensatz zu Gewinnen bereits vor ihrer Realisation zu berücksichtigen *(Imparitätsprinzip).* Zu bewerten sind grundsätzlich die einzelnen Bilanzposten (Grundsatz der *Einzelbewertung,* § 252 I 3 HGB). Dabei ist von der Fortführung der Unternehmenstätigkeit auszugehen, solange nicht tatsächliche oder rechtliche Gegebenheiten entgegenstehen *(Going-concern-Prinzip,* § 252 I 2 HGB). Die Bewertungsmethoden sind beizubehalten *(materielle Bilanzkontinuität* oder Stetigkeit, § 252 I 6 HGB). – Für Aufwendungen und Erträge gilt der Grundsatz der *periodengerechten Zuordnung* (§ 252 I 5 HGB). Der in den USA anerkannte Grundsatz, zusammengehörende Aufwendungen und Erträge derselben Rechnungsperiode zuzuordnen (matching principle), gilt in der Bundesrep. D. weder handels- noch steuerrechtlich. – Im übrigen sind *Abweichungen* von den oben aufgeführten Grundsätzen nur in begründeten Ausnahmefällen zulässig (§ 252 II HGB). Zur Bewertung im Jahresabschluß im einzelnen vgl. →Bewertung

IV. Verstöße gegen GoB: 1. Bei erheblichen *formellen Mängeln,* die das Wesen der Buchführung berühren, liegt keine ordnungsmäßige Buchführung vor (z. B. Fehlen notwendiger Aufzeichnungen des Tagebuchs, Kassenbuch, oder des Inventarbuchs, mangelnde Ausdruckbereitschaft bei →Speicherbuchführung). Bei kleineren formellen Mängeln ist die Ordnungsmäßigkeit der Buchführung nicht zu beanstanden, wenn das sachliche Ergebnis nicht beeinflußt wird (→Buchführungspflicht). – 2. Bei *materiellen Mängeln* der Buchführung (z. B. Nichtbuchung oder Falschbuchung von Geschäftsvorfällen, Passivsalden im Kassenbuch) kann sich folgendes ergeben: a) die Fehler in der Buchführung werden berichtigt; b) das Buchführungsergebnis wird durch eine ergänzende Schätzung berichtigt; c) das gesamte Ergebnis wird unter Verwendung der Buchführungsunterlagen geschätzt.

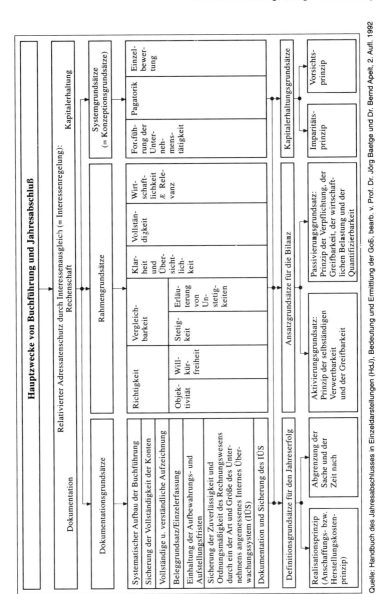

Hauptzwecke von Buchführung und Jahresabschluß

Relativierter Adressatenschutz durch Interessenausgleich (= Interessenregelung):

| Dokumentation | Rechenschaft | Kapitalerhaltung |

Dokumentationsgrundsätze

Systematischer Aufbau der Buchführung

Sicherung der Vollständigkeit der Konten

Vollständige u. verständliche Aufzeichnung

Beleggrundsatz/Einzelerfassung

Einhaltung der Aufbewahrungs- und Aufstellungsfristen

Sicherung der Zuverlässigkeit und Ordnungsmäßigkeit des Rechnungswesens durch ein der Art und Größe des Unternehmens angemessenes Internes Überwachungssystem (IÜS)

Dokumentation und Sicherung des IÜS

Rahmengrundsätze

Richtigkeit	Vergleichbarkeit	Klarheit und Übersichtlichkeit	Vollständigkeit	Wirtschaftlichkeit & Relevanz
Objektivität	Stetigkeit			
Willkürfreiheit	Erläuterung von Unstetigkeiten			

Systemgrundsätze (= Konzeptionsgrundsätze)

| Fortführung der Unternehmenstätigkeit | Pagatorik | Einzelbewertung |

Definitionsgrundsätze für den Jahreserfolg

| Realisationsprinzip (Anschaffungs- bzw. Herstellungskostenprinzip) | Abgrenzung der Sache und der Zeit nach |

Ansatzgrundsätze für die Bilanz

| Aktivierungsgrundsatz: Prinzip der selbständigen Verwertbarkeit und der Greifbarkeit | Passivierungsgrundsatz: Prinzip der Verpflichtung, der Greifbarkeit, der wirtschaftlichen Belastung und der Quantifizierbarkeit |

Kapitalerhaltungsgrundsätze

| Imparitätsprinzip | Vorsichtsprinzip |

Quelle: Handbuch des Jahresabschlusses in Einzeldarstellungen (HdJ), Bedeutung und Ermittlung der GoB, bearb. v. Prof. Dr. Jörg Baetge und Dr. Bernd Apelt, 2. Aufl. 1992

Grundsätze ordnungsmäßiger Inventur

V. Folgen fehlender Ordnungsmäßigkeit: 1. *Steuerlich*: a) Schätzung der Besteuerungsgrundlagen; b) Entzug derjenigen steuerlichen Vergünstigungen, die an das Vorliegen bestimmter Buchnachweise geknüpft sind; c) Umkehrung der Beweislast; d) →Zwangsmittel, ggf. Steuerstrafverfahren. – 2. *Straf- und zivilrechtlich*: a) Mangelnder Beweiswert der →Geschäftsbücher; b) Konkursvergehen nach § 283 ff. StGB strafbar (→Bankrott); c) bei Kapitalgesellschaften Versagen des →Bestätigungsvermerks.

Grundsätze ordnungsmäßiger Inventur, →Grundsätze ordnungsmäßiger Buchführung (GoB) III 2.

Grundsätze ordnungsmäßiger Prüfung, Grundsätze, die zu beachten sind, um die Aufgaben im wirtschaftlichen Prüfungswesen den gegebenen Zwecken entsprechend auszuführen (→Wirtschaftsprüfung). Untergrundsätze sind u. a. die *Grundsätze ordnungsmäßiger Abschlußprüfung*, die maßgeblich vom →Institut der Wirtschaftsprüfer in Deutschland e. V. (IDW) erarbeitet wurden.

Grundsätze ordnungsmäßiger Unternehmensbewertung, in der Literatur entwickelte Systeme von Verfahrensregeln für die →Unternehmungsbewertung zur Sicherung der im Verkehr erforderlichen Sorgfalt des Bewerters. Ausgehend von den verschiedenen Zwecken der Unternehmungsbewertung werden Regeln abgeleitet mit dem Ziel der Sicherstellung zweckgerechter, in diesem Sinne richtiger Bewertung.

Grundsätze über das Eigenkapital und die Liquidität der Kreditinstitute, *Eigenkapitalgrundsätze*, *Liquiditätsgrundsätze*, erlassen vom Bundesaufsichtsamt für das Kreditwesen (§§ 10, 10a, 11 KWG). – *Grundsatz I*: Die Risikoaktiva eines Kreditinstitutes (einschließlich einer als rechtlich unselbständigen Einrichtung betriebenen Bausparkasse) sollen das 18-fache des haftenden Eigenkapitals nicht übersteigen. Als Risikoaktiva in diesem Sinne sind 1. Beteiligungen, 2. Kredite, 3. Finanz-Swaps sowie 4. Termingeschäfte und Optionsrechte über einen vertretbaren Gegenstand anzusehen. – *Grundsatz Ia*: Bestimmte mit Preisrisiken behaftete Positionen eines Kreditinstitutes (Risikopositionen) sollen insgesamt 60% des haftenden Eigenkapitals täglich bei Geschäftsschluß nicht übersteigen. *Risikopositionen* in diesem Sinne sind 1. die *Summe der Unterschiedsbeträge* zwischen Aktiv- und Passivpositionen in fremder Währung sowie in Gold, Silber und Platinmetallen, die auf 30% des haftenden Eigenkapitals begrenzt ist, 2. die *Summe der Risikomeßzahlen* für die Anrechnung risikoerhöhender Positionen aus Zinstermin- und Zinsoptionsgeschäften, die auf 20% des haftenden Eigenkapitals begrenzt ist, sowie 3. die *Summe der Unterschiedsbeträge* zwischen Lieferansprüchen und -verbindlichkeiten aus Termin- und Optionsgeschäften mit sonstigem Preisrisiko, die auf 10% des haftenden Eigenkapitals begrenzt ist. – *Grundsatz II*: Die Anlagen eines Kreditinstitutes abzüglich der Wertberichtigungen sollen die Summe der langfristigen Finanzierungsmittel nicht übersteigen. Als *langfristige Finanzierungsmittel* in diesem Sinne sind anzusehen 1. das Eigenkapital, 2. die Verbindlichkeiten gegenüber Kreditinstituten und aus dem Bankgeschäft gegenüber anderen Gläubigern mit vereinbarter Laufzeit oder Kündigungsfrist von vier Jahren oder länger, 3. 10% der Verbindlichkeiten aus dem Bankgeschäft gegenüber anderen Gläubigern mit vereinbarter Laufzeit oder Kündigungsfrist von weniger als vier Jahren, 4. 60% der Spareinlagen, 5. die umlaufenden und vorverkauften Schuldverschreibungen mit einer Laufzeit von mehr als vier Jahren, 6. 60% der umlaufenden und vorverkauften Schuldverschreibungen mit einer Laufzeit bis zu vier Jahren, 7. 60% der Pensionsrückstellungen sowie 8. 20% der Verbindlichkeiten gegenüber angeschlossenen Kreditinstituten mit vereinbarter Laufzeit oder Kündigungsfrist von mindestens sechs Monaten, aber weniger als vier Jahren (nur bei Girozentralen und Zentralkassen). – *Grundsatz III*: 1. 20% der Forderungen an Kreditinstitute mit vereinbarter Laufzeit oder Kündigungsfrist von mindestens drei Monaten, aber weniger als vier Jahren, 2. die Forderungen an Kunden mit vereinbarter Laufzeit oder Kündigungsfrist von weniger als vier Jahren (einschließlich Warenforderungen von Kreditinstituten mit Warengeschäft), 3. die den Kreditnehmern abgerechneten eigenen Ziehungen und von diesen ausgestellten und ihnen abgerechneten Solawechsel im Bestand sowie Eventualverbindlichkeiten aus solchen Wechseln im Umlauf, 4. die börsengängigen Anteile und Investmentanteile sowie 5. die sonstigen Aktiva (einschließlich des Warenbestandes von Kreditinstituten mit Warengeschäft) sollen abzüglich der Wertberichtigungen die Summe der kurz- und mittelfristigen Finanzierungsmittel nicht übersteigen. Als kurz- und mittelfristige Finanzierungsmittel in diesem Sinne sind anzusehen 1. 10% der Verbindlichkeiten gegenüber Kreditinstituten mit täglicher Fälligkeit sowie vereinbarter Laufzeit oder Kündigungsfrist von weniger als drei Monaten, ohne die von der Kundschaft bei Dritten benutzten Kredite, 2. 50% der Verbindlichkeiten gegenüber Kreditinstituten mit vereinbarter Laufzeit oder Kündigungsfrist von mindestens drei Monaten aber weniger als vier Jahren, ohne die von der Kundschaft bei Dritten benutzten Kredite, 3. 80% der Verbindlichkeiten gegenüber Kreditinstituten ohne die aus der Kundschaft bei Dritten benutzten Krediten, 4. 20% der Spareinlagen, 5. 60% der sonstigen Verbindlichkeiten aus dem Bankgeschäft gegenüber anderen Gläubigern mit täglicher Fälligkeit sowie vereinbarter Laufzeit oder Kündigungsfrist von weniger als vier Jahren, 6. 80% der Verpflichtungen aus Warengeschäften und aufgenommenen Warenkrediten ohne die unter 8. enthaltenen Verpflichtungen von Kreditinstituten mit Warengeschäft, 7. 20% der umlaufenden und vorverkauften Schuldverschreibungen mit einer Laufzeit bis zu vier Jahren sowie 8. 80% der eigenen Akzepte und Solawechsel im Umlauf und der den Kreditnehmern abgerechneten eigenen Ziehungen und von diesen ausgestellten und ihnen abgerechneten Solawechsel im Umlauf zuzüglich/abzüglich des Finanzierungsüberschusses/Fehlbetrages nach Grundsatz II. – Bei der Beurteilung der Angemessenheit des Eigenkapitals und der Liquidität eines Kreditinstitutes können *Sonderverhältnisse* berücksichtigt werden, die geringere oder auch höhere Anforderungen rechtfertigen. Insbes. der Grundsatz III spielt für die Kreditinstitute zur Beurteilung ihrer einzelwirtschaftlichen Liquidität eine Rolle, da er ihnen durch Interbankengeschäfte die Möglichkeit zur Liquiditätsschöpfung eröffnet (→Liquidität III).

Grundsätze zur Neuorganisation der Finanzämter und zur Neuordnung des Besteuerungsverfahrens (GNOFÄ), inneramtliche Organisationregelung für die Fi-

nanzämter vom 16.2.1976 (BStBl I 88). Untergliederung in: Übernahmestellen, Amtsprüfstellen, Veranlagungs-Verwaltungsstellen, Rechtsbehelfstellen, Veranlagende Außenprüfung, Lohnsteuerstelle. Gleichzeitig Einteilung der Steuerpflichtigen in drei Fallgruppen nach der Bedeutung des Steuerfalls; die Fallgruppeneinteilung führt zu verschiedener Intensität der Sachverhaltsermittlung. – Obwohl eine Verfassungsbeschwerde abgewiesen wurde, wenden die Bundesländer in unterschiedlichem Umfang die G. wegen der durch sie verursachter organisatorischer Probleme nicht mehr an.

Grundsatzrevision, →Revision.

Grundschuld, →Belastung eines Grundstücks in der Weise, daß an den Begünstigten eine bestimmte Geldsumme aus dem Grundstück zu zahlen ist (§§ 1191–1198 BGB). Die G. zählt neben →Hypothek und →Rentenschuld zu den →Grundpfandrechten. Sie dient der Besicherung von meist langfristigen Krediten (→Realkredit). Da die G. ein abstraktes, vom Bestehen einer Forderung unabhängiges Grundpfandrecht darstellt, hat sie die Hypothek im bankmäßigen Kreditgeschäft weitgehend verdrängt. – 1. Das *Bestehen einer Forderung ist nicht* Voraussetzung zur Entstehung einer G. (im Gegensatz zur →Hypothek). Demgemäß gelten für die G. die §§ 1114–1183 BGB nur, soweit sie die Hypothek als solche, nicht auch die zugrunde liegende persönliche Forderung betreffen. Auch wenn eine G. zur Sicherung einer persönlichen Schuld dient (Sicherungsgrundschuld), ist sie in ihrem Bestand von der persönlichen Forderung ganz unabhängig. – 2. *Eintragung ins Grundbuch* (→Grundbuch II 2) in der dritten Abteilung ist für Buch- und Brief-G. erforderlich. Über die G. kann ein →Grundschuldbrief ausgestellt werden, der (selten) auch auf den Inhaber lauten kann (→Inhabergrundschuld) und dann wie ein →Inhaberpapier übertragbar ist. – 3. Eine G. wird *bestellt*: a) wenn der Schuldgrund verdeckt werden soll oder b) wenn der Grundstückseigentümer sich nicht zugleich persönlich verpflichten will, denn das sonstige Vermögen des Eigentümers haftet nicht (wohl aber meist der Hypothek). Die G. kann auch vom Grundstückseigentümer für diesen selbst eingetragen werden (→Eigentümergrundschuld). – 4. Eine G. kann in eine Hypothek *umgewandelt* werden, ohne Zustimmung der im Rang gleich- oder nachstehenden Berechtigten. – 5. *Sonderform der G.:* →Rentenschuld. – 6. *Bilanzierung* der Aktiv-G. unter langfristigen Darlehen im Umlaufvermögen, der Passiv-G. unter langfristigen Verbindlichkeiten.

Grundschuldbrief, über eine →Grundschuld (Briefgrundschuld) vom Grundbuchamt auszustellende Urkunde. Der G. *enthält* Angaben über Inhalt der Eintragung im →Grundbuch (Betrag der Grundschuld, Zinsen, Fälligkeit), die Nummer des Grundbuchblatts, die laufende Nummer des zu belastenden Grundstücks, unter der es im Bestandsverzeichnis eingetragen ist (siehe Muster in der Anlage I der Grundbuchverfügung vom 8.8.1935 mit späteren Änderungen). Der G. *dient* dem Gläubiger zur Legitimation und erleichtert die Übertragung (einfache schriftliche Abtretungserklärung und Übergabe).

Grundsteuer, →Substanzsteuer, erhoben als →Realsteuer mit dem Charakter einer öffentlichen Last von landwirtschaftlichen, gewerblichen und Wohn-Grundstücken.

I. Rechtsgrundlagen: Grundsteuergesetz (GrStG) vom 7.8.1973 (BGBl I 965), geändert durch Einführungsgesetz zur Abgabenordnung vom 14.12.1976 (BGBl I 3341) durch den Einigungsvertrag vom 31.8.1990 (BGBl II 889, 986).

II. Steuergegenstand: Der →Grundbesitz, also Betriebe der →Land- und Forstwirtschaft, →Grundstücke und →Betriebsgrundstücke (§ 2 GrStG). – *Befreit* ist Grundbesitz der öffentlichen Hand, von Religionsgemeinschaften und Grundbesitz, der unmittelbar gemeinnützigen oder mildtätigen Zwecken oder den Zwecken der Wissenschaft, der Erziehung, des Unterrichts oder dem Zweck einer Krankenanstalt dient (§ 3 GrStG). Weitere Befreiungen gem. § 4 GrStG. Ferner Befreiung neugeschaffener Wohnungen in den neuen Bundesländern gem. § 43 GrStG.

III. Steuerschuldner: Der wirtschaftliche Eigentümer des Steuergegenstands (II) bzw. bei →Erbbaurechten der Inhaber dieses Rechts für die G. auf das belastete Grundstück. Bei mehreren wirtschaftlichen Eigentümern sind diese →Gesamtschuldner (§ 10 GrStG). – Sekundär *haften* ggf.

der Nießbraucher und i.d.R. – zeitlich begrenzt – der Erwerber (§ 11 GrStG). Der Steuergegenstand haftet dinglich; Steuerforderungen der Steuerbehörde können ohne weiteren Titel im Wege der →Zwangsvollstreckung beigetrieben werden.

IV. Steuerberechnung: 1. *Bemessungsgrundlage* ist der gem. BewG für den Steuergegenstand festgestellte →Einheitswert zu Beginn des jeweiligen Kalenderjahres, in den neuen Bundesländern auch der Einheitswert des Jahres 1935, die Wohn- oder die Nutzfläche (§§ 41, 42 GrStG). – 2. Ermittlung des →Steuermeßbetrages durch Anwendung eines Tausendsatzes (*Steuermeßzahl*; § 13 GrStG). Die →Steuermeßzahlen betragen: a) für Betriebe der Land- und Forstwirtschaft 6 v.T.; b) für →Einfamilienhäuser 2,6 v.T. für die ersten 75000 DM, 3,5 v.T. für den Rest des Einheitswertes; c) für →Zweifamilienhäuser 3,1 v.T. Bei Bemessung der Steuer nach der Wohn- oder Nutzfläche beträgt die Steuer bei einem Hebesatz von 300% für bestimmte Wohnungen DM 2,–/m², für andere DM 1,50/m². Bei anderen Hebesätzen entsprechende Anpassung der Beträge. – 3. Ermittlung der G. durch Anwendung eines →Hebesatzes auf den Steuermeßbetrag, der von einer Gemeinde für die in ihrem Gebiet liegenden land- und forstwirtschaftlichen Betriebe (*Grundsteuer A*) und die dort liegenden Grundstücke (*Grundsteuer B*) festzusetzen ist (§ 25 GrStG).

V. Verfahren: 1. Der Steuermeßbetrag wird vom →Belegenheitsfinanzamt (§§ 18, 22 AO) durch →*Steuermeßbescheid* festgestellt. Er gilt von dem Kalenderjahr an, das zwei Jahre nach dem →Hauptfeststellungszeitpunkt beginnt (§ 16 GrStG), grundsätzlich sechs Jahre; in der Zwischenzeit ist anknüpfend an fortgeschriebenen oder nachfestgestellten Einheitswert *Neu*- oder *Nachveranlagung* möglich. – 2. Nach Mitteilung des Steuermeßbetrages setzt die zuständige Gemeinde die G. durch *Steuerbescheid* fest. – 3. *Entrichtung* (§ 28 GrStG): Vierteljährlich jeweils am 15.2., 15.5., 15.8. und 15.11.; Sonderregeln für Kleinbeträge bis zu 60 DM. – Bis zur Bekanntgabe eines neuen Steuerbescheides sind zu den bisher maßgebenden Zahlungszeitpunkten *Vorauszahlungen* unter Zugrundelegung der zuletzt festgesetzten Jahressteuerschuld zu entrichten (§ 29 GrStG); nach Bekanntgabe eines neuen Bescheids werden diese abgerechnet (§ 30 GrStG). – 4. *Erlaß*: Vgl. →Grundsteuererlaß.

VI. Finanzwissenschaftliche Beurteilung: 1. *Uneinheitlichkeit in der Steuerart*: a) Sie muß als eine Art *Sondervermögensteuer* auf den Grundbesitz gelten, da sie neben der Vermögensteuer erhoben wird. – b) Ist sie für die Grundstücke der Betriebe und des Grundvermögens im Wohnungswesen eine echte G., so ist sie für die Land- und Forstwirtschaft demgegenüber eine *Gesamtbetriebsteuer* fast in einer Art „Gewerbesteuer“. Sie erfaßt „Wohnungswert“ und „Wirtschaftswert“. – 2. *Steuertechnik* (kompliziert): a) Die zunächst erfolgende *Bildung der* →*Einheitswerte* ist für die Grundvermögensarten und Grundstücke unterschiedlich: (1) Für land- und forstwirtschaftliche Betriebe wird der Wirtschaftswert als Ertragswert ermittelt, der Wohnungswert nach den Bewertungsgrößen für Wohngrundstücke minus einem Abschlag von 15%. (2) Beim Grundvermögen des Wohnungswesens werden unbebaute Grundstücke mit dem →gemeinen Wert angesetzt, bebaute Grundstücke nach dem →Sachwertverfahren oder →Ertragswertverfahren bewertet. In letzterem wird die „Jahresrohmiete“ mit bestimmten „Vervielfältigern“ multipliziert, die nach Gemeindegröße, Bauausführung, Gebäudeart und Baujahr äußerst differenziert gestaffelt sind und zwischen den Extremen 4,5 und 13 liegen. (3) Betriebsgrundstücke sind nach den o. g. Bewertungsregeln (1) oder (2) zu bewerten; Fabrikgebäude nach dem Sachwertverfahren. – b) *Verwendung willkürlich gebildeter „Steuermeßzahlen“*: (1) für die land- und forstwirtschaftlichen Betriebe 6 v. T.; (2) für unbebaute Grundstücke 3,5 v. T.; (3) für bebaute Grundstücke im Normalfall 3,5 v. T.; (4) für Einfamilienhäuser 2,6 v. T. für die ersten 75000 DM des Einheitswertes und 3,5 v. T. für den restlichen Einheitswert; (5) für Zweifamilienhäuser 3,1 v. T. – c) Die endgültige Belastung des Grundvermögens ergibt sich nach *Anwendung des Hebesatzes* jener Gemeinde, in der das Grundstück oder der land- und forstwirtschaftliche Betrieb liegt: Einheitswert × Steuermeßzahl = Steuermeßbetrag; Steuermeßbetrag x Hebesatz = Steuerbetrag (Steuerschuld). – 3. *Generelle Unterbewertung des Grundvermögens und spezielle Unterbewertung für die land- und*

forstwirtschaftlichen Betriebe: a) Noch heute werden die 1964 errechneten *Einheitswerte* angesetzt (in den neuen Bundesländern sogar Anwendung der 1935 berechneten Einheitswerte). Der 1974 verfügte Aufschlag von 40% auf die Werte von 1964 gilt für die Vermögens- und die Erbschaftsteuerung, nicht aber für die G. Diese Bevorzugung des Grundvermögens vor anderen Vermögensarten gilt als nicht allokationsneutral und hat die bekannte „Flucht ins Betongold“ hervorgerufen. – b) Darüberhinaus erfolgt eine *Bevorzugung der Land- und Forstwirtschaft*: (1) durch den 15%-Abschlag auf den Wohnwert und (2) durch das Festhalten an den Bodenwertschätzungen von 1934 für den Anbauboden; demnach liegen die für die steuerliche Bewertung maßgeblichen Reinerträge bei nur ca. 10% der Verkehrswerte. – 4. *Wohnungsbaupolitisch* motiviert ist die Begünstigung der Ein- und Zweifamilienhäuser durch Ansatz niedrigerer Steuermeßzahlen. – 5. Das *Verteilungsziel* dürfte verletzt sein, wenn die Eigentümer der begünstigten Ein- und Zweifamilienhäuser den einkommensstarken Schichten angehören. – 6. Die G. ist weitgehend eine →*Sollertragsbesteuerung*: a) Bei bebauten Grundstücken wird (1) die Sollmiete statt der tatsächlich erzielten angesetzt und (2) ein Vervielfältiger verwendet, der die Grundstücke unabhängig von den erzielten Mieten klassifiziert. – b) Beim Sachwertverfahren gibt es ebenfalls normierte Berechnungen und Pauschalierungen. – 7. Eine *Steuerhäufung* ergibt sich durch die gleichzeitige Belastung der Erträge mit G., Vermögensteuer und Einkommensteuer. – 8. Als *Gemeindesteuer* ist die G. geeignet (→Gemeindesteuersystem): a) Sie ist kaum konjunkturreagibel; b) Sie ist eine örtlich radizierbare Steuer; c) Sie ist merklich und kann daher eine unmittelbare Beziehung zwischen Steuerzahler und Gemeinde herstellen; d) zur Hebesatzautonomie vgl. →Gewerbebesteuerung und →Gewerbesteuer; e) fiskalisch ist die G. wegen der vielfältigen Unterbewertungen nicht sonderlich ergiebig; sie erbringt durchschnittlich 15% der Gemeindesteuern i. w. S. – 9. *Reform*: a) Sobald eine →*Wertschöpfungsteuer* eingeführt werden sollte, wird die G. abgeschafft. – b) Für eine weiterbestehende G. ist die stets verlangte und verschleppte *Neubewertung* des gesamten Grundvermögens unabdingbar; ihre Realisierung dürfte an den politischen Widerständen und verwaltungstechnischen Schwierigkeiten vermutlich scheitern.

VII. Aufkommen: 1990: 811 Mill. DM (1985: 7366 Mill. DM; 1980: 5804 Mill. DM; 1975: 4150 Mill. DM; 1965: 2110 Mill. DM; 1956: 1405 Mill. DM).

Grundsteuer A, →Grundsteuer IV 3.

Grundsteuer B, →Grundsteuer IV 3.

Grundsteuererlaß, Erlaß der →Grundsteuer. – 1. *Gem.* §§ 32–34 GrStG: a) für →Grundbesitz, dessen Erhaltung wegen seiner Bedeutung für Kunst, Geschichte, Wissenschaft oder Naturschutz im öffentlichen Interesse liegt, wenn die erzielten Einnahmen und die sonstigen Vorteile (Rohertrag) i. d. R. unter den jährlichen Kosten liegen; b) für öffentliche Grünanlagen, Spiel- und Sportplätze, wenn die Kosten den Rohertrag übersteigen; c) bei Betrieben der Land- und Forstwirtschaft und bei bebauten Grundstücke auf Antrag *teilweiser* Erlaß, wenn der tatsächliche Rohertrag mehr als 20% vom normalen Rohertrag abweicht, ohne daß der Steuerpflichtige die Minderung zu vertreten hat. – 2. *Unberührt davon* bleibt die Befugnis der Gemeinden, nach § 227 AO Erlaß von der Grundsteuer zu bewilligen.

Grundsteuermeßbescheid, →Steuermeßbescheid.

Grundstoffe, unbearbeitete oder nur wenig bearbeitete Waren, die als Materialgrundlage für die Weiterverarbeitung und den Verbrauch einer Volkswirtschaft dienen. – *Arten:* a) die im Produktionsvorgang der Landwirtschaft, Forstwirtschaft und der Plantagenwirtschaft der Natur abgewonnenen Stoffe; b) die im Arbeitsvorgang des Bergbaus gewonnenen Abbauprodukte, einschl. Gewinnung von Sand. Fertigung von Zement, Kalk, Ziegeln, Glas usw. aus mineralischen Abbauerzeugnissen. – Für die G. wird ein besonderer →Preisindex berechnet. – Vgl. auch →Rohstoffwirtschaft I 2.

Grundstoff- und Produktionsgütergewerbe, für die volkswirtschaftliche →Wertschöpfung neben dem →Investitionsgüter produzierenden Gewerbe wichtigster Bereich des →Verarbeitenden Gewerbes, zu dem u.a. →Mineralölverarbeitung, →Gewinnung und Verarbeitung von Stei-

nen und Erden, →Eisenschaffende Industrie, →NE-Metallerzeugung, →Chemische Industrie und →Gummiverarbeitung gehören.

Grundstoff- und Produktionsgütergewerbe

Jahr	Beschäftigte in 1000	Lohn- und Gehalts- summe	darunter Ge- hälter	Umsatz ge- samt	darunter Aus- lands- umsatz	Netto- produk- tions- index 1985 = 100
		in Mill. DM		in Mill. DM		
1970	1 845	30 565	10 309	177 855	31 643	–
1975	1 653	43 213	17 192	249 427	55 094	–
1980	1 544	57 269	23 499	381 258	86 841	–
1985	1 368	63 132	28 497	461 216	128 182	100
1990	1 364	76 161	35 999	479 360	133 963	112,2

Grundstücke. I. Bürgerliches Recht: Begrenzte, durch Vermessung gebildete Teile der Erdoberfläche, die im →Grundbuch als selbständige G. eingetragen sind. – *Gegensatz:* →bewegliche Sache (Mobilie).

II. Steuerrecht: 1. *Bewertungsgesetz:* a) *Begriff:* Wirtschaftliche Einheit des →Grundvermögens; Unterfall des →Grundbesitzes. Zu den G. im Sinne des BewG gehört auch →Erbbaurecht und Teileigentum (→Wohnungseigentum). b) Für G. werden →Einheitswerte nach dem Ertragswertverfahren (→Ertragswert II) oder dem Sachwertverfahren →(Sachwert II) ermittelt: (1) *Bebaute G.:* Bewertungsverfahren richtet sich nach →Grundstücksart, Ausstattungsmerkmalen und Verfahrensvoraussetzungen (§ 76 BewG); (2) *unbebaute G.:* Bewertung mit dem →gemeinen Wert. c) *Besonderheiten bei G. im Zustand der Bebauung:* (1) Für die →Vermögensteuer ist neben dem Einheitswert für Grund und Boden ein besonderer Einheitswert festzustellen, wenn das Gebäude entweder beim Einheitswert eines →Betriebsvermögens, bei Ermittlung des Gesamtvermögens oder bei Bewertung des →Inlandsvermögens anzusetzen ist. (2) Für die →Grundsteuer ist der Einheitswert des Grund und Bodens maßgeblich. – 2. *Gewerbe-/Einkommensteuer:* a) *Vermietung und Verpachtung von G.* ist i. a. reine Vermögensverwaltung. Sie kann zum →Gewerbebetrieb werden und zu dementsprechenden Einkünften führen, wenn durch fortgesetzte und einer gewerblichen Tätigkeit entsprechende Betätigungen besondere Umstände hinzukommen, die über bloße Überlassung zur Nutzung hinausgehen, z. B. die Vermietung von Räumen in großen Bürohäusern, wenn bedeutsame Sonderleistungen des Vermieters, ständiger und schneller, durch die Vermietung bedingter Mieterwechsel eine Tätigkeit erfordern, die über das bei längerfristiger Vermietungen übliche Maß hinausgeht. b) Wird das G. *im Rahmen eines Gewerbebetriebes* vermietet oder verpachtet, so fallen die Einnahmen unter die Einnahmen aus Gewerbebetrieb. Vgl. auch →Betriebsgrundstücke, →Grundstücksarten. – 3. *Grunderwerbsteuer*: G. im Sinne der →Grunderwerbsteuer (§ 2 GrEStG): a) G. im Sinne des bürgerlichen Rechts, ausgenommen Maschinen und sonstige Vorrichtungen aller Art, die zu einer Betriebsanlage gehören, sowie Mineralgewinnungsrechte und sonstige Gewerbeberechtigungen; b) Erbbaurechte; c) Gebäude auf fremdem Boden. Vgl. auch →Grund und Boden 2.

Grundstücksarten, Begriff des BewG bei der Bewertung bebauter →Grundstücke bzw. →Betriebsgrundstücke. Zu unterscheiden: (1) →Mietwohngrundstück, (2) →Geschäftsgrundstück, (3) →gemischtgenutztes Grundstück, (4) →Einfamilienhaus, (5) →Zweifamilienhaus und (6) →sonstige bebaute Grundstücke (§ 75 BewG).

Grundstücksbestandteile, *wesentliche Grundstücksbestandteile*, i. d. R. die mit dem Grund und Boden fest verbundenen Sachen, insbes. Gebäude sowie alle Erzeugnisse, solange sie mit dem Boden zusammenhängen; ferner die zur Herstellung eines Gebäudes eingefügten Sachen; nicht jedoch solche Sachen, die nur zu einem vorübergehenden Zweck mit dem Grund und Boden verbunden sind (§§ 93 ff. BGB). Abgrenzung oft zweifelhaft und im Einzelfall schwierig. – Wesentliche G. können nicht Gegenstand besonderer Rechte sein; sie teilen den Rechtsstand des →Grundstücks.

Grundstücksbewertung, →Grundstücke II, →Einheitswert, →Beleihungswert.

Grundstücksfonds, →Immobilienfonds.

grundstücksgleiche Rechte, →dingliche Rechte, die wie →Grundstücke behandelt werden; sie erhalten ein eigenes Grundbuchblatt und können belastet werden, z. B. →Abbaurecht, →Bergwerkseigentum, →Erbbaurecht, →Wohnungseigentum nach Wohnungseigentumsgesetz vom 15. 3. 1951.

Grundstücksklausel, →Immobiliarklausel.

Grundstücksmakler, →Immobilienmakler.

Grundstücks-Sondervermögen. →Immobilienfonds nach dem KAAG, →Kapitalanlagegesellschaft.

Grundstücksverkehr, *Immobilienverkehr.* 1. *Begriff*: Übertragung des Eigentums an einem →Grundstück, Belastung eines Grundstücks mit einem Recht sowie Übertragung oder Belastung eines solchen Rechts. – 2. Der G. unterliegt wegen der Wichtigkeit des Grund und Bodens besonderen *Formvorschriften*: Nach § 873 BGB ist die →*Einigung* des Berechtigten und des anderen Teiles über den Eintritt der Rechtsänderung und *Eintragung* der Rechtsänderung in das →Grundbuch erforderlich. Der *Vertrag*, durch den sich der eine Teil verpflichtet, das Eigentum an einem Grundstück zu übertragen oder zu erwerben, bedarf der notariellen Beurkundung (§ 313 BGB). Die →*Auflassung* muß nach § 925 BGB bei gleichzeitiger Anwesenheit beider Teile vor dem →Notar erklärt werden. Sie darf nicht unter einer →Bedingung oder einer →Zeitbestimmung erfolgen. – 3. *Beschränkungen* des G. bestehen insbes. im Verkehr mit land- und forstwirtschaftlichen Grundstücken nach dem →Grundstücksverkehrsgesetz (GrdstVG), aber auch nach den Siedlungsgesetzen und dem →Baugesetzbuch (BauGB). – 4. Nach *Außenwirtschaftsrecht* ist der G. grundsätzlich genehmigungsfrei; jedoch können Rechtsgeschäfte zwischen Gebietsansässigen und →Gebietsfremden, über den entgeltlichen Erwerb von Grundstücken in →fremden Wirtschaftsgebieten und von Rechten an solchen Grundstücken betreffen, nach §§ 22, 23 AWG beschränkt werden.

Grundstücksverkehrsgesetz (GrdstVG), Gesetz über Maßnahmen zur Verbesserung der Agrarstruktur und zur Sicherung land- und forstwirtschaftlicher Betriebe vom 28. 7. 1961 (BGBl I 1091) mit späteren Änderungen, regelt Beschränkungen im →Grundstücksverkehr mit land- und forstwirtschaftlichen Grundstücken sowie Moor- und Ödland, das in land- oder forstwirtschaftliche Kultur gebracht werden kann. – 1. Die rechtsgeschäftliche →Veräußerung und der schuldrechtliche

→Vertrag hierüber bedürfen im Interesse der Erhaltung lebensfähiger landwirtschaftlicher Betriebe und Sicherung der durch die Flurbereinigung verbesserten Besitzordnung der *behördlichen Genehmigung*. Der Veräußerung stehen Einräumung und Veräußerung von Miteigentumsanteilen, Veräußerung eines Miterbenanteils, Bestellung eines →Nießbrauchs gleich. – 2. Die Genehmigung ist *nicht erforderlich*: a) wenn der Bund oder ein Land an der Veräußerung beteiligt ist, b) wenn eine mit den Rechten einer →Körperschaft des öffentlichen Rechts ausgestattete Religionsgesellschaft einzelne Grundstücke erwirbt, c) wenn die Veräußerung oder die Ausübung des →Vorkaufsrechts der Durchführung eines Verfahrens zur Flurbereinigung eines Siedlungsverfahrens oder eines Verfahrens nach § 37 Bundesvertriebenengesetz dient, d) wenn Grundstücke veräußert werden, die im räumlichen Geltungsbereich eines →Bebauungsplanes nach dem Baugesetzbuch liegen. – 3. Über *Anträge* auf Genehmigung entscheidet die nach Landesrecht zuständige Behörde. Gegen die Versagung der Genehmigung können die Beteiligten binnen zwei Wochen Antrag auf Entscheidung nach dem Gesetz über das gerichtliche Verfahren in Landeswirtschaftssachen stellen. – 4. Aufgrund einer genehmigungsbedürftigen Veräußerung darf eine Rechtsänderung erst im Grundbuch eingetragen werden, wenn dem Grundbuchamt die Unanfechtbarkeit der Genehmigung nachgewiesen wird.

Grundstücksvollmacht, eine zur Verfügung über →Grundstücke ermächtigende →Vollmacht, im Gegensatz zur gewöhnlichen Vollmacht i.d.R. formbedürftig. Bei Erklärungen, die ein Bevollmächtigter gegenüber dem →Grundbuchamt abgibt, ist →öffentliche Beglaubigung der G. erforderlich (§ 29 GBO). Eine unwiderrufliche Vollmacht zur Veräußerung eines Grundstücks bedarf der →öffentlichen Beurkundung wie der Veräußerungsvertrag selbst (§ 313 BGB). – *G. des Prokuristen*: Vgl. →Immobiliarklausel.

Grundstückswert. I. Steuerrecht: Vgl. →Einheitswert, →Grundstücke II.

II. Beleihung: Vgl. →Beleihungswert.

III. Baugesetzbuch: Nach §§ 192–199 BBauG werden über die G. bebauter und unbebauter Grundstücke sowie Rechten an Grundstücken *Gutachten* durch unabhängige Gutachterausschüsse erstattet. – 1. *Der Gutachterausschuß ermittelt* als →gemeinen Wert (Verkehrswert) den Preis, der in dem Zeitpunkt, auf den sich die Ermittlung bezieht, im gewöhnlichen Geschäftsverkehr nach Eigenschaft, Beschaffenheit und Lage des Grundstücks ohne Rücksicht auf ungewöhnliche oder persönliche Verhältnisse zu erzielen wäre. – 2. *Das Gutachten können beantragen*: (1) Eigentümer, (2) Gläubiger einer Hypothek, Grund- oder Rentenschuld, (3) Behörden nach dem Baugesetzbuch, (4) Gerichte. – 3. Bei den Gutachterausschüssen werden *Kaufpreissammlungen* eingerichtet. Die aufgrund dieser für einzelne Teile des Gemeindegebiets oder für das gesamte Gemeindegebiet ermittelten durchschnittlichen Lagewerte (Bodenrichtwerte) dürfen nur dem zuständigen Finanzamt für Zwecke der Besteuerung übermittelt werden. Vorlage an Gerichte oder Staatsanwaltschaft bleibt unberührt. Auskunft an Private bei beschriftetem Interesse nach Maßgabe des Landesrechts (§ 195 BauGB).

Grundsystematik, allgemeine Form der →Wirtschaftszweigsystematik, von der unterschiedliche Versionen für spezielle Zwecke abgeleitet werden können.

Grund und Boden. 1. *Begriff*: Vgl. →Grundstück. – 2. *Steuerliche Behandlung*: a) G.u.B. der zum →notwendigen Betriebsvermögen gehört, ist in der →Steuerbilanz als →Anlagevermögen zu aktivieren. Die Bewertung erfolgt mit den →Anschaffungskosten oder dem niedrigeren →Teilwert (§ 6 I Nr. 2 EStG). b) Bei Steuerpflichtigen, die den Gewinn nach § 4 III EStG ermitteln (→Einnahmen- und Ausgabenrechnung), sind die Anschaffungskosten des G.u.B. erst im Zeitpunkt der Veräußerung oder →Entnahme als →Betriebsausgaben zu berücksichtigen.

Gründung, *Firmengründung, Geschäftsgründung, Unternehmensgründung, Unternehmungsgründung.*

I. Allgemein: 1. *Begriff*: Errichtung eines arbeitsfähigen, erwerbswirtschaftlichen Betriebs. Erforderliche Maßnahmen: Planung (der Beschaffung, der Leistungserstellung, des Absatzes, der Finanzierung und der Organisation), Beschaffung der Erstausstattung an Kapital, an Personal, an Betriebsmitteln und ggf. Waren oder Stoffen,

Aufbau der inneren und äußeren Organisation. – 2. *Arten der Gründung:* a) →Bargründung; b) →Sachgründung; c) →gemischte Gründung. – 3. Erforderlichenfalls *Handelsregistereintragung* (→Handelsregistereintragung): Für Personen und Personenvereinigungen mit deklaratorischer, für Kapitalgesellschaften mit konstitutiver Wirkung. – 4. →*Gewerbeerlaubnis:* Falls nach der GewO vorgeschrieben, beim Ordnungsamt der zuständigen Gemeinde zu beantragen. – 5. *Anders:* →Umgründung.

II. Personengesellschaften: Vgl. →Gesellschaft des bürgerlichen Rechts 2, →Kommanditgesellschaft (KG) II, →offene Handelsgesellschaft (OHG) II.

III. Kapitalgesellschaften: Vgl. →Gesellschaft mit beschränkter Haftung (GmbH) III, →GmbH & Co. KG 2, →Gründung einer AG.

IV. Stille Gesellschaft: Vgl. →stille Gesellschaft II.

Gründung einer AG. I. Ablauf: 1. Die →*Satzung* (Gesellschaftsvertrag) ist in notariell beurkundeter Form durch die (mindestens fünf) →Gründer festzustellen (§§ 2, 23, 28 AktG). Sie muß bestimmen: (1) Firma und Sitz der Gesellschaft; (2) Gegenstand des Unternehmens, namentlich bei Industrie- und Handelsunternehmen die Art der Erzeugnisse und Waren, die hergestellt und gehandelt werden sollen, näher anzugeben; (3) Höhe des →Grundkapitals; (4) Die Nennbeträge der Aktien sowie die Zahl der Aktien jeden Nennbetrags und, falls mehrere Gattungen bestehen, die einzelnen Aktiengattungen und die Zahl der Aktien jeder Gattung; (5) ob die Aktien auf den Inhaber oder auf den Namen ausgestellt werden; (6) die Zahl der Mitglieder des →Vorstands oder die Regeln zur Festlegung dieser Zahl; (7) Form der →Bekanntmachungen der Gesellschaft; (8) ggf. die einzelnen Aktionären eingeräumten →Sondervorteile; (9) ggf. den →Gründerlohn; (10) im Falle der →Sachgründung den Gegenstand der →Sacheinlage bzw. →Sachübernahme, die Person, von der die Gesellschaft den Gegenstand erwirbt, und den Nennbetrag der bei der Sacheinlage zu gewährenden Aktien oder die bei der Sachübernahme zu gewährende Vergütung (§§ 23, 25–27 AktG). – 2. Gleichzeitig mit der Feststellung der Satzung findet die

Übernahme der Aktien durch die Gründer gegen →Einlagen statt (→Simultangründung, →Einheitsgründung). Mit Übernahme aller Aktien durch die Gründer ist die Gesellschaft *errichtet* (§ 29 AktG). Die Übernahme der Aktien verpflichtet zur Einlage. Die Errichtung der Gesellschaft ist somit nicht auch an die Voraussetzung geknüpft, daß die Einlagen bereits geleistet sind. Bis zur (konstitutiv wirkenden) Eintragung in das Handelsregister (→Handelsregistereintragung) besteht die Gesellschaft als →Vorgesellschaft der Gründer, die bereits passivparteifähig, grundbuchfähig und auch konkursfähig ist, während aktive Parteifähigkeit umstritten ist (nur teilweise Regelung in § 41 AktG). – 3. (Notariell beurkundete) *Bestellung* des ersten →*Aufsichtsrats* (AR) und des →*Abschlußprüfers* für das erste Voll- oder Rumpfgeschäftsjahr durch die Gründer sowie Bestellung des ersten *Vorstands* durch den Aufsichtsrat (§ 30 AktG). – 4. *Gründungsprüfung* und Erstattung des →*Gründungsberichts* durch die Gründer und Prüfung des Hergangs der G. durch den Vorstand und Aufsichtsrat, deren Ergebnisse in einem besonderen Prüfungsbericht darzulegen sind. Falls eine →qualifizierte Gründung stattfindet, hat zusätzlich eine Sonderprüfung durch einen oder mehrere gerichtlich bestellte(n) Prüfer (→Gründungsprüfer) stattzufinden (§§ 33 II – 35 AktG). – 5. *Leistung der Einlagen:* Im Falle der Bareinlage muß der eingeforderte Betrag mindestens ein Viertel des Nennbetrags und bei Ausgabe der Aktien über pari auch den Mehrbetrag umfassen (Unterpari-Emissionen sind gem. § 9 I AktG verboten). Sacheinlagen sind vollständig zu leisten. Besteht die Sacheinlage in der Verpflichtung, einen Vermögensgegenstand auf die Gesellschaft zu übertragen, so muß diese Leistung innerhalb von fünf Jahren nach Eintragung der Gesellschaft in das Handelsregister zu bewirken sein (§ 36a AktG). Da die Aktien erst nach Eintragung der Gesellschaft in das Handelsregister ausgegeben werden dürfen, wird die Leistung der Einlage durch Ausgabe von Kassenscheinen quittiert. – 6. *Anmeldung* der Gesellschaft durch sämtliche Gründer, Mitglieder des Vorstands und Mitglieder des Aufsichtsrats zur Eintragung in das Handelsregister (§§ 36, 37 AktG). Gem. § 37 I 1 AktG sind der Betrag, zu dem die Aktien ausgegeben werden, und der darauf eingezahlte Betrag anzugeben und die Verfügbarkeit des eingezahlten Betrags nachzuweisen. Gem. § 37 IV AktG sind der Anmeldung die Satzung und Urkunden über die G., Belege über den Gründungsaufwand, Urkunden über die Bestellung von Vorstand und Aufsichtsrat, der Gründungsbericht, die Prüfungsberichte von Vorstand, Aufsichtsrat und Gründungsprüfer und erforderlichenfalls (wie z. B. im Kreditwesen) die staatliche Genehmigungsurkunde beizufügen. – 7. *Prüfung des Registergerichts*, ob die Gesellschaft ordnungsgemäß errichtet und angemeldet ist (§ 38 AktG). – 8. *Eintragung in das Handelsregister*, mit der die Gesellschaft die eigene Rechtspersönlichkeit erlangt (konstitutive Wirkung der Eintragung gem. § 6 HGB i. V. m. § 3 AktG). Vor der Eintragung besteht die Gesellschaft zivilrechtlich als teilfähige Organisationsform sui generis (→Vorgesellschaft). – 9. *Ausgabe der Aktien* durch Eintausch der Kassenscheine. →Inhaberaktien dürfen nur ausgegeben werden, wenn das Grundkapital voll eingezahlt ist. Stehen stattdessen Einlagen noch aus, darf die Gesellschaft nur Namensaktien ausgeben oder für den Fall einer baldigen Einzahlung der noch ausstehenden Einlagen die Kassenscheine gegen →Zwischenscheine (Interimsscheine) eintauschen (§ 10 AktG).

II. Formen: 1. *Bargründung*: Sämtliche Aktien werden gegen Bareinlage übernommen. Soweit nicht in der Satzung Sacheinlagen festgesetzt sind, haben die Aktionäre ihre Einlagen in bar zu leisten (§ 54 II AktG). – 2. *Gemischte Gründung*: Die Aktien werden zum Teil gegen Sacheinlagen und zum Teil gegen Bareinlagen übernommen. – 3. →*Qualifizierte Gründung*: In folgenden (der zusätzlichen Gründungsprüfung nach § 33 II AktG unterliegenden) Fällen gegeben: a) Ein Mitglied des Vorstandes oder des Aufsichtsrat gehört zu den Gründern; b) bei der Gründung werden für Rechnung eines Mitglieds des Vorstands oder Aufsichtsrat Aktien übernommen; c) ein Mitglied des Vorstands oder Aufsichtsrat erhält einen →Gründerlohn; d) Gründung mit Sacheinlagen oder -übernahmen. – 4. →*Nachgründung*: Sie ist gegeben, wenn innerhalb der ersten zwei Jahre nach der Eintragung der Gesellschaft in das Handelsregister Verträge abgeschlossen werden, nach denen sie vorhandene oder herzustellende Anlagen oder andere Vermögensge-

genstände für eine ein Zehntel des Grundkapitals übersteigende Vergütung erwerben soll. Solche Verträge sind nur wirksam, wenn die Hauptversammlung ihnen mit einer Mehrheit von mindestens drei Vierteln des bei der Beschlußfassung vertretenen Grundkapitals nach Prüfung durch Aufsichtsrat und Gründungsprüfer zugestimmt hat und sie in das Handelsregister eingetragen worden sind (§ 52 AktG).

III. Kosten: 1. *Arten*: a) Gebühren für die *Beurkundung* (des Vorvertrags, der Satzung, ggf. zusätzlicher Verträge im Rahmen der G. und der erforderlichen Beschlüsse der Hauptversammlung; b) Gebühren für die *Eintragung* in das Handelsregister, bei Einbringung von Grundstücken die Gebühren für die Umschreibung im Grundbuch; c) ggf. Gebühren für die zusätzliche *Gründungsprüfung*; d) *Provisionen der Börseneinführung*, falls die Aktien über die Börse abgesetzt werden sollen; e) *Druckkosten* (für den Druck z. B. der Aktien, ggf. der Zwischenscheine, der Satzung, der Einladungen zur Hauptversammlung und ggf. des Börseneinführungsprospekts); f) Kosten für *Veröffentlichungen* (z. B. Gesellschaftsblätter, Bundesanzeiger, Börsenprospekt). – 2. *Behandlung im Jahresabschluß*: Aufwendungen für die Gründung des Unternehmens und für die Beschaffung des Eigenkapitals dürfen nach der (für alle Kaufleute geltenden) Vorschrift des § 248 I HGB in die Bilanz nicht als Aktivposten aufgenomen werden. Dagegen dürfen Aufwendungen für die Ingangsetzung (und Erweiterung) des Geschäftsbetriebs als →Bilanzierungshilfe aktiviert werden. Der Posten ist in der Bilanz unter der genannten Bezeichnung vor dem Anlagevermögen auszuweisen und im →Anhang zu erläutern. Werden solche Aufwendungen in der Bilanz ausgewiesen, so dürfen Gewinne nur ausgeschüttet werden, wenn die nach der Ausschüttung verbleibenden jederzeit auflösbaren →Gewinnrücklagen zuzüglich (abzüglich) eines Gewinnvortrags (Verlustvortrags) dem ausgesetzten Betrag mindestens entsprechen (§ 269 HGB, der diese Bilanzierungshilfe nur Kapitalgesellschaften, nicht auch anderen Kaufleuten gewährt). Die als Ingangsetzung und Erweiterung des Geschäftsbetriebs ausgewiesenen Beträge sind in jedem der folgenden Geschäftsjahre zu mindestens einem Viertel durch Abschreibungen zu tilgen.

IV. B u c h u n g : 1. *Bargründung. Beispiel a)*: Aktienausgabe zum Nennwert (Pari-Emission), Grundkapital 300000, 40% Einzahlung auf Geldkonten; Buchung: Ausstehende Einlagen 180000, Geldkonten 120000 an gezeichnetes Kapital 300000. – *Beispiel b)*: Überpari-Emission zum Kurs von 120%, Grundkapital nominell 300000, Einzahlung auf Geldkonten 30% des Nominalkapitals zuzüglich Agio, Ausgabekosten 10000 bezahlt über Geldkonten; Buchung: Ausstehende Einlagen 210000, Geldkonten 150000, Finanzaufwendungen 10000 an gezeichnetes Kapital 300000, Kapitalrücklage 60000, Geldkonten 10000. – 2. *Sachgründung. Beispiel*: Grundkapital 500000, Ausgabekurs 200%, 200000 nominell werden aufgebracht durch Einbringung eines Gebäudes zum Zeitwert von 400000, der Rest von 300000 nominell Einzahlung von 25% zuzüglich Agio auf Geldkonten; Buchung: Ausstehende Einlagen 225000, bebaute Grundstücke 400000, Geldkonten 375000 an gezeichnetes Kapital 500000, Kapitalrücklage 500000. Die Kosten der Gründung sind als Aufwand in der Gewinn- und Verlustrechnung zu erfassen.

V. B e s t e u e r u n g : 1. *Beginn der Steuerpflicht*: a) Beginn der Körperschaftsteuerpflicht mit Feststellung der Satzung, auch schon als Vorgesellschaft, wenn die Gesellschaft einen nach außen hin in Erscheinung tretenden Geschäftsbetrieb aufnimmt; b) Beginn der Gewerbesteuerpflicht mit der Eintragung in das Handelsregister, der Vorgesellschaft ggf. schon mit dem Zeitpunkt der Aufnahme einer nach außen hin in Erscheinung tretenden Geschäftstätigkeit; c) Beginn der Vermögensteuerpflicht, sobald der Gesellschaft Vermögen übertragen worden ist. Nur für den Fall, daß die Gesellschaft schon als Vorgesellschaft nach außen hin geschäftlich in Erscheinung tritt, beginnt die Vermögensteuerpflicht bereits mit Aufnahme dieser Tätigkeit. – 2. *Ertragsteuerliche Hinweise zur Einlage*: a) Die Bareinlage löst weder auf Seiten des Leistenden noch auf Seiten der Gesellschaft Einkommen- bzw. Körperschaftsteuer oder Gewerbesteuer aus; b) Sacheinlagen können beim Einbringenden zur Auflösung stiller Rücklagen führen, die unter bestimmten Voraussetzungen der Einkommen- bzw. Körperschaftsteuer und der Gewerbeertragsteuer unterliegt. – 3. *Umsatzsteuerrechtliche Hinweise* für Gründun-

gen mit Sacheinlagen: Falls der Einbringende Unternehmer im Sinne des § 2 UStG ist und auch die übrigen Voraussetzungen des § 1 UStG erfüllt sind, sind die Einbringung von Geldforderungen, Wertpapieren und Geschäftsanteilen sowie die Übernahme von Verbindlichkeiten gem. § 4 Nr. 8c), e)–g) UStG und, soweit sie unter das Grunderwerbsteuergesetz fällt, die Einbringung von Grundstücken gem. § 4 Nr. 9a) UStG von der USt befreit, nicht jedoch die Einbringung anderer Sachen (z. B. bewegliche Anlagegegenstände, Vorräte). – 4. Die *Kosten der Ausgabe der Aktien* sind, da § 9 Nr. 1 KStG durch das StEntlG ersatzlos gestrichen wurde (erstmals für die vom 29. 6. 1983 an zur Eintragung in das Handelsregister angemeldeten Maßnahmen), in vollem Umfang als Betriebsausgaben abzugsfähig. Die Grunderwerbsteuer gehört in diesem Rahmen nicht mehr zu den Emissionskosten.

Gründungsbericht, *Gründerbericht*, von den →Gründern schriftlich zu erstattender Bericht über den Hergang der Gründung. Im G. sind ggf. die wesentlichen Umstände zu schildern, von denen die Angemessenheit der Leistungen für Sacheinlagen oder Sachübernahmen abhängt, namentlich die vorausgegangenen Rechtsgeschäfte, die auf den Erwerb durch die Gesellschaft hingezielt haben, die Anschaffungs- und Herstellungskosten aus den letzten beiden Jahren und beim Übergang eines Unternehmens auf die Gesellschaft die Betriebserträge aus den letzten beiden Geschäftsjahren. Desgleichen ist anzugeben, ob und in welchem Umfang bei der Gründung für Rechnung eines Mitglieds des Vorstands oder Aufsichtsrats Aktien übernommen worden sind und ob und in welcher Weise ein solches Mitglied sich einen besonderen Vorteil oder für Durchführung oder Vorbereitung der Gründung eine Entschädigung oder Belohnung ausbedungen hat (§ 32 AktG).

Gründungsbilanz, Eröffnungs- bzw. Anfangsbilanz, die bei Errichtung eines (der Buchführungspflicht unterliegenden) Betriebes aufzustellen ist (§ 242 HGB). – 1. *Inhalt/Gliederung*: G. muß über Zusammensetzung und Werte der eingebrachten Vermögensgegenstände und über die Kapitalverhältnisse Aufschluß geben. In G. von AG muß das Grundkapital (Mindesthöhe 100000 DM; § 7 AktG), in G. von GmbH das Stammkapital (Mindesthöhe 50 000 DM; § 5 GmbHG) unter dem Posten „gezeichnetes Kapital" auf der Passivseite ausgewiesen werden. Die →ausstehenden Einlagen auf das gezeichnete Kapital sind auf der Aktivseite vor dem Anlagevermögen gesondert auszuweisen und entsprechend zu bezeichnen; die davon eingeforderten Einlagen sind zu vermerken. Die nicht eingeforderten ausstehenden Einlagen dürfen auch von dem Posten „gezeichnetes Kapital" offen abgesetzt werden; in diesem Fall ist der verbleibende Betrag als Posten „eingefordertes Kapital" in der Hauptspalte der Passivseite auszuweisen; außerdem ist der eingeforderte, aber noch nicht eingezahlte Betrag unter den Forderungen gesondert auszuweisen und entsprechend zu bezeichnen (§ 272 HGB). – 2. *Bewertung*: Die Bewertungsgrundsätze für den Jahresabschluß (insbes. Anschaffungswert-, Realisations- und Imparitätsprinzip) gelten sinngemäß. Für den Jahresabschluß des Kaufmanns ist die Bewertung der Vermögensgegenstände und Schulden in §§ 252–256 sowie 240 III und IV HGB, für den Jahresabschluß der Kapitalgesellschaften ergänzend in den §§ 279–283 HGB geregelt. Vgl. im einzelnen →Jahresabschluß.

Gründungsfinanzierung, Gesamtheit der Maßnahmen zur Feststellung des Kapitalbedarfs und zur Kapitalbeschaffung aus Anlaß der →Gründung einer Unternehmung (vgl. auch →Finanzentscheidungen, →Finanzplanung, →Finanzierung, →Eigenkapital, →Fremdkapital). – 1. *Bestimmungsfaktoren des →Kapitalbedarfs*: Im Rahmen der Gründung v. a. Ausgaben a) für den Kauf von Grundstücken, b) den Kauf oder die Herstellung von Gebäuden, Maschinen und Einrichtungsgegenständen, c) für den Umbau vorhandener Anlagen, d) für den Erwerb von Patenten, Lizenzen, Konzessionen und ähnlichen Rechten, e) Aufwendungen für die Ingangsetzung des Geschäftsbetriebs, f) Betriebskapital für Personal-, Material-, Energie- und andere laufende Kosten sowie zur Überbrückung der Produktionsdauer, der Lagezeiten und der zu gewährenden Zahlungsziele sowie g) Unterhaltung von Finanzmittelreserven. – 2. *Kapitalbeschaffung*: Bei verantwortungsbewußter Unternehmensgründung bedarf es einer dem Gesamtrisiko angemessenen Ausstattung mit Eigenkapital. Die Entscheidung über das Verhältnis von Eigen-

und Fremdkapital wird zum einen von Rentabilitätserwägungen (Einfluß der Kosten des Fremdkapitals im Vergleich zu denen des Eigenkapitals unter Berücksichtigung der steuerlichen Auswirkungen; vgl. →Rentabilität, →Leverage-Effekt), zum anderen von Sicherheitsüberlegungen (Aufrechterhaltung der →Liquidität i. S. d. finanziellen Gleichgewichts) zum Schutz der Gläubiger, in Kapitalgesellschaften auch der außenstehenden Gesellschafter abhängen.

Gründungsfonds, →Gründungsstock.

Gründungsgeschäft, Finanzierungsgeschäft, bei dem Firmen in die Gesellschaftsform überführt werden. Motive können sein: Fehlende Bereitschaft, das Risiko künftig allein zu tragen, Fehlen eines geeigneten Nachfolgers aus der eigenen Familie, leichtere Vererbungsmöglichkeit und Sicherung der finanziellen Interessen der Familie, größere Leichtigkeit der Mittelaufbringung für einen sich erweiternden Betrieb in der Gesellschaftsform als in der Form der Einzelfirma.

Gründungsinvestition, *Errichtungsinvestition*, (Gesamt-)Ausgabe für die Planung der Errichtung und die Erstausstattung eines Betriebs sowie für den Aufbau seiner inneren und äußeren Organisation. G. führt i. d. R. zur langfristigen Bindung des eingesetzten Kapitals (Kapitalbindung). – *Anders*: →Folgeinvestition.

Gründungsjahr, Altersangabe eines Unternehmens, bezogen auf die →Gründung oder auf die Handelsregistereintragung (→Handelsregistereintragung).

Gründungskosten. I. Allgemein: Gesamtheit der Aufwendungen für die Schaffung der rechtlichen Existenz des Unternehmens wie: Gründerlohn, Provisionen, Notar- und Gerichtskosten, Kapitalverkehrsteuer. – G. sind *nach Steuerrecht* als Betriebskosten abzusetzen. Aktivierung der G. nach § 248 I HGB (ebenso wie Kosten der Eigenkapitalbeschaffung) unstatthaft. Dagegen sind →Aufwendungen für die Ingangsetzung und Erweiterung des Geschäftsbetriebes aktivierungsfähig. – G. stehen nicht in Zusammenhang mit dem Leistungsprozeß des Betriebes, sie sind somit *keine Kosten* im Sinne der →Kostenrechnung.

II. G. einer Aktiengesellschaft: Vgl.
→Gründung einer AG III.

Gründungsprüfer, vom Gericht bestellter
Prüfer, der den Hergang der →Gründung
einer AG (neben den Mitgliedern des Vorstands und des Aufsichtsrats) zusätzlich zu
prüfen hat, falls es sich um eine →qualifi-
zierte Gründung handelt. Als G. sollen,
wenn die Prüfung keine anderen Kenntnisse erfordert, nur bestellt werden a) in der
Buchführung ausreichend vorgebildete und
erfahrene Personen oder b) Prüfungsgesell-
schaften, von deren gesetzlichen Vertretern
mindestens einer diese Vorbildung und
Erfahrungen besitzt. – Vgl. auch →Grün-
dungsprüfung.

Gründungsprüfung, Prüfung der →Grün-
dung einer AG. – 1. *Umfang:* Namentlich
ist festzustellen, ob die Angaben der
→Gründer zur Übernahme der Aktien und
zu den Einlagen auf das Grundkapital
richtig und vollständig und ob die für den
→Gründerlohn und die →Sacheinlagen
oder →Sachübernahmen gewährten Leistungen angemessen sind (§ 34 I AktG). – 2.
Prüfer: a) Die Mitglieder des →Vorstands
und des →Aufsichtsrats; b) zusätzlich ein
oder mehrere vom Gericht bestellte Prüfer
(→Gründungsprüfer) im Fall der →qualifi-
zierten Gründung. – 3. *Prüfungsbericht:*
Über jede Prüfung ist unter Angabe des
Gegenstands jeder Sacheinlage oder Sachübernahme und der zur Ermittlung des
Werts herangezogenen Bewertungsmethode
schriftlich zu berichten. Je ein Exemplar des
Prüfungsberichts ist dem Gericht, dem Vorstand und der Industrie- und Handelskammer (IHK) einzureichen. Jedermann hat
das Recht, den Prüfungsbericht der IHK
einzusehen (§ 34 AktG).

Gründungsstock, Kapital für die Gründung und die ersten Betriebskosten eines
→Versicherungsvereins auf Gegenseitigkeit. Die Bildung, Verzinsung und Tilgung
sind in der →Satzung mit Zustimmung des
→Bundesaufsichtsamtes für das Versicherungswesen zu regeln. Der G. muß grundsätzlich in bar eingezahlt werden. Er wird
aus den Jahresüberschüssen der ersten Jahre durch Bildung einer Verlustrücklage
getilgt.

Grundurteil, besondere Art eines →Urteils
im gerichtlichen Verfahren. Besteht Streit
über Grund und Höhe eines Anspruchs,

kann das Gericht vorab durch ein G.
entscheiden, daß dem Kläger *dem Grunde
nach* ein Anspruch gegen den Beklagten
zusteht (z. B. § 304 ZPO, § 111 VwGO, § 99
FGO). Das G. ist ein selbständig mit
→Berufung oder →Revision anfechtbares
Zwischenurteil mit dem Zweck, zunächst
abschließend zu klären, ob der Anspruch
dem Grunde nach besteht, bevor in eine
meist umfangreiche Beweisaufnahme über
die Höhe des geltend gemachten Betrages
eingetreten wird. Zum „Grund" gehört
i. d. R. auch die Frage des →Mitverschul-
dens. – Im Verfahren über den *Betrag* kann
das Gericht die Klage noch abweisen, wenn
z. B. ein Schaden nicht feststellbar ist;
Einwendungen, neue Tatsachen oder →Be-
weismittel, die sich auf den Grund des
Anspruchs beziehen, können im Betrags-
verfahren nicht mehr berücksichtigt werden.

Grundvergütung, →Bundes-Angestellten-
Tarifvertrag (BAT).

Grundvermögen. 1. *Begriff* des BewG für
Zwecke der →Vermögensteuer. G. ist eine
der zum →Gesamtvermögen gehörenden
→Vermögensarten. G. umfaßt nur den
→Grundbesitz (i. S. d. BewG), der weder
zum →land- und forstwirtschaftlichen Vermögen noch zum →Betriebsvermögen
(konkret: →Betriebsgrundstücke) gehört. –
2. *Bewertung:* a) *Bewertungsgegenstand* des
G. sind: (1) der Grund und Boden, die
Gebäude, die sonstigen Bestandteile und
das Zubehör; (2) das →Erbbaurecht; (3)
das Wohnungseigentum, Teileigentum,
Wohnungserbbaurecht, Teilerbbaurecht
nach dem Wohnungseigentumsgesetz (§ 68
BewG). *Nicht* dazu gehören →Mineralge-
winnungsrechte und →Betriebsvorrichtun-
gen. b) Jedes *selbständige Grundstück,* für
das ein →Einheitswert festzustellen ist,
bildet eine →wirtschaftliche Einheit.

Grundversorgung, →Grundrente II.

Grundzeitaufnahme, →Zeitaufnahme aller Ablaufabschnitte, die zur →Grundzeit
(t_g) gerechnet werden mit dem Ziel der
Soll-Zeit-Ermittlung für →Tätigkeitszeit
(t_t) und →Wartezeit.

Grundzeit (t_g), nach REFA Summe der
→Soll-Zeiten von →Ablaufabschnitten, die
für die planmäßige Ausführung eines Ar-
beitsablaufs durch den Menschen erforder-

lich sind. Bezug: Mengeneinheit 1. Die G. besteht aus →Tätigkeitszeit (t_t) und →Wartezeit: $t_g = t_t + t_w$. – *Bei Betriebsmitteln*: Betriebsmittel-Grundzeit t_{gB} (→Belegungszeit (T_{bB})). – Vgl. auch →Grundzeitaufnahme.

Grüne Karte, →Versicherungskarte.

Grüne Revolution, ursprünglich aus der US-amerikanischen Entwicklungshilfe in den 60er Jahren stammendes Schlagwort, das in der Kombination biologisch-technischer Maßnahmen (hochertragreiches Saatgut, Kunstdüngereinsatz, Pflanzenschutz, Bewässerung, moderne Landbearbeitungsmethoden) den Weg zur Produktivitätssteigerung der Landwirtschaft und damit die Lösung des Hungerproblems in tropischen Entwicklungsländern sah. Später wurde unter „grüner Revolution" die umfassende Änderung des landwirtschaftlichen Sektors in Entwicklungsländern verstanden: jetzt sollten mit der Veränderung der Agrartechnik nicht nur die Nahrungsmittelknappheit, sondern auch die ländlichen Beschäftigungs- und Entwicklungsprobleme zu lösen sein. Die Erfolge dieser Entwicklungspolitik durch technischen Wandel (ohne begleitende Landreformen) blieben aber räumlich und sozial sehr begrenzt und haben soziale und ökonomische Ungleichheiten eher verfestigt.

Grünlandwirtschaft, →landwirtschaftliches Betriebssystem, das auf die Nutzung von Grasland und die Aufzucht und Mast von Vieh ausgerichtet ist. Im Unterschied zum →Nomadismus überwinden die hoch spezialisierten intensiven Grünlandwirtschaften den saisonalen Futtermangel durch Futterbau bzw. -zukauf. Sie sind wegen des hohen Arbeits- und Sachaufwandes nur in industrialisierten Staaten zu finden sind (z. B. die Futterbau-Rindviehhaltung in der europäischen Landwirtschaft).

Gruppe. I. Soziologie: 1. *Begriff*: Soziales Gebilde; mit Familie bzw. Horde und Sippe Ursprung menschlichen Gruppenlebens. Gegenüber früheren Abgrenzungen versteht man in der Soziologie unter G. v. a. die *Klein-G*., d. h. ein Gebilde von drei bis etwa 25 Mitgliedern; die Zweier-G. gilt als Sonderform. – 2. *Charakteristische Merkmale*: Bestimmte Anzahl von Mitgliedern, die (1) über längere Zeit miteinander ein

gemeinsames Ziel verfolgen und (2) in einem kontinuierlichen Kommunikations- und Interaktionszusammenhang gruppenspezifische Rollen, Normen und Werte ausbilden. – 3. *Zu unterscheiden* sind insbes.: a) *Primär- und Sekundärgruppen*: Primärgruppen sind v. a. die von Gefühl und Vertrauen geprägten primären Lebensgemeinschaften der Menschen, z. B. Familie, Freundschaftsgruppe, Nachbarn; Sekundärgruppen sind alle sozialen Gebilde, in denen mehr unpersönliche, anonyme und abstrakte Beziehungen vorherrschen (wie in Organisationen und formellen G.). – b) *Formelle und informelle G.*: Formelle G. sind auf einen bestimmten Zweck hin oder für einzelne Aufgaben zusammengesetzte G.; informelle G., die sich auf dem Hintergrund zumeist hoch-formalisierter Sozialbeziehungen (z. B. in Betrieben) bilden und z. B. zu emotionalem Spannungsausgleich führen. – c) Die Entwicklung von immer altersspezifischeren *Gleichaltrigen-G.* und neuen *Sozial-G.* (im Wohn- und Arbeits-, Freizeit- und Therapiebereich u. a.) sind wichtige Merkmale des sozialen Wandels und zeigen die Bedeutung von G.-Bildungen als Reflex auf gesellschaftliche Strukturen und Problemlagen. – Vgl. auch →Gruppenbildung.

II. Wirtschaftsinformatik 1. *Begriff*: Sammlung von Daten (meist: Datensätze einer Datei), die den gleichen →Ordnungsbegriff aufweisen und bei Gruppenwechselproblemen (→Gruppenwechsel) gemeinsam verarbeitet werden. – 2. *Formen* (bei mehrstufigem Ordnungsbegriff): a) *Haupt-G.*: Daten mit einer gemeinsamen Ordnungsbegriffkomponente der höchsten Stufe; b) *Unter-G.*: Daten innerhalb der Haupt-G. mit einer gemeinsamen Ordnungsbegriffkomponente der nächsttieferen Stufe; usw.

Gruppenabschreibung, →Pauschalabschreibung.

Gruppenakkord, Form des →Akkordlohns, der bei im Gegensatz zum →Einzelakkord nicht ein einzelner Arbeitnehmer, sondern eine Gruppe von Arbeitnehmern nach ihrer Leistung entlohnt wird. Probleme entstehen bei der Verteilung des G. auf die einzelnen Gruppenmitglieder. Der individuelle Anteil bemißt sich meist nach dem Verhältnis der tariflichen Grundlohnansprüche. Bei →teilautonomen Arbeitsgruppen können die individuellen Anteile nach in der Gruppe festzulegenden Schlüsseln verteilt werden.

Gruppenarbeit, *Teamarbeit,* von den →human relations empfohlene Form der Arbeitsorganisation, die der Befriedigung sozialer Bedürfnisse (→Bedürfnishierarchie) dienen soll und z. B. in der →teilautonomen Arbeitsgruppe realisiert wird. G. kann unter spezifischen Voraussetzungen →Synergie produzieren.

Gruppenarbeitsverhältnisse, besondere Formen des →Arbeitsverhältnisses. – 1. *Eigengruppe*: Arbeitnehmer bieten als Gruppe ihre Arbeitsleistung an (z. B. Musikkapelle). Einzelkündigungen sind in diesem Fall im Zweifel ausgeschlossen; liefert ein Gruppenmitglied einen Kündigungsgrund, so kann die ganze Gruppe gekündigt werden. – 2. *Betriebsgruppe (Akkord-Gruppe)*: Der →Arbeitgeber schließt eine Gruppe von Arbeitnehmern zusammen (z. B. Akkordkolonnen im Baugewerbe) und entlohnt sie nach dem von der Gruppe erzielten Arbeitsergebnis (→Gruppenakkord). – In diesem Fall ergeben sich besondere Probleme bei der Haftung für Schäden, die bei der Gruppenarbeit entstehen.

Gruppenausgebot, →Gesamtausgebot.

Gruppenbedürfnis, *Gemeinschaftsbedürfnis, Gesellungsstreben,* zu den sozialen Bedürfnissen (→Bedürfnishierarchie) zählendes Grundmotiv, das den Menschen veranlaßt, mit anderen Individuen Kontakt aufzunehmen bzw. die Gesellschaft anderer zu suchen. – Vgl. auch →Gruppe, →Gruppenbildung.

Gruppenbewertung, *Gruppenpreisverfahren,* Verfahren der →Pauschalbewertung: Bei der Aufstellung des →Inventars und der →Bilanz können gleichartige Vermögensgegenstände des Vorratsvermögens sowie andere gleichartige oder annähernd gleichwertige bewegliche Vermögensgegenstände jeweils zu einer Gruppe zusammengefaßt und mit dem gewogenen Durchschnitt angesetzt werden (§ 240 IV HGB).

Gruppenbildung. I. B e t r i e b s s o z i o l o g i e : Im Industrieunternehmen zufällig entstehende formale oder informale Gruppierung der Menschen, die unter bestimmten technischen Bedingungen zusammenarbei-

ten. – 1. *Formelle Gruppen*: Diese ergeben sich zwangsläufig durch die Größenordnung des Betriebs (Anzahl der Belegschaftsmitglieder) und seiner technischen Struktur; als organisatorische Formen: Hauptabteilungen, Abteilungen, Gruppen; Betriebe, Werkstätten, Meistereien. – 2. *Informelle Gruppen*: Die nicht auf den Betriebszweck ausgerichteten Gebilde, deren Vorhandensein vielfach nicht in Erscheinung tritt, die aber u. U. eine recht bedeutungsvolle Rolle im Betrieb spielen. (Beispiel: weltanschauliche Gruppen, Anhänger von Sportvereinen, Spielgruppen, Tischgruppen aus der Kantine u. ä.). Gruppenmitglieder haben unterschiedlichen Einfluß auf die (latente) Zielsetzung der Gruppe: a) Die einzelnen Mitglieder unterstützen teils bewußt, teils unbewußt das Verhalten der Gruppe und heißen es gut; das Ziel, meist auch die Grenzen, sind im Gruppencharakter anders gelagert als im Einzelcharakter; b) die einzelnen Mitglieder entwickeln unbewußt und zwanglos gleiche Eigenschaften und Verhaltensregeln; der Gruppencharakter hat gleiche Ziele und gleiche Grenzen wie der Charakter des einzelnen; c) Innerhalb der Gruppe gibt es einen Meinungsführer (→Führung), der die Zielsetzung der Gruppe dominiert. – Gruppe ist nicht zu verwechseln mit *Clique,* die negativ zu den Zielen der Gemeinschaft steht und ungünstigen Einfluß auf Betrieb und Gemeinschaft ausübt.

II. S t a t i s t i k : Vgl. →Klassenbildung.

Gruppendenken, *groupthink,* hohe Konformität in der Einschätzung und Bewertung spezieller komplexer Situationen durch die Mitglieder der →Gruppe. G. behindert das Eintreten von →Synergie.

Gruppendynamik, Forschungsrichtung innerhalb der →humanistischen Psychologie, die auf K. Lewin (1890–1947) zurückgeht und v. a. durch die Betonung der dynamischen Zusammenhänge von Gruppenphänomenen (Herausarbeitung der wechselseitigen Abhängigkeiten) Bedeutung erlangt hat (→gruppendynamisches Training).

gruppendynamisches Training, *laboratory training, sensitivity training,* in den USA unter dem Einfluß von K. Lewin entwickelte Trainingsform zum Aufbau neuer sozialer Interaktionsmuster im Sinn der →humanistischen Psychologie. Analyse der „hier und jetzt" ablaufenden gruppendynamischen Prozesse, Experimentieren mit dem eigenen Verhalten sowie Rückkopplung (feedback) anderer zur Wirkung des eigenen Verhaltens. Der Lernprozeß betont Erfahrung (statt Übung) und schließt emotional-affektive Prozesse mit ein. – *Ergebnisse:* Erhebliche Streuung der Wirksamkeit des g.t. bei den Teilnehmern; Übertragung (Transfer) des Erlernten am Anwendungsort i.d.R. nur, sofern parallel die betriebliche Situation mit verändert wird (→Organisationsentwicklung).

Gruppenforschung, Forschungsgebiet der →Sozialpsychologie. Gegenstand ist die →Gruppe, ihr Wesen, ihre Entstehung, ihre Wirkungsweise, ihre Beziehung zum Individuum und zu anderen Gruppen. Je nach Betonung des psychologischen oder soziologischen Aspekts steht dabei das Individuum oder die Gruppe im Vordergrund.

Gruppenfreistellung, Begriff des EG-Kartellrechts. Vgl. im einzelnen →Kartellrecht XI 3 und →Gruppenfreistellungsverordnungen.

Gruppenfreistellungsverordnungen, erlassen von der EG-Kommission. Sie führen, wenn die beteiligten Unternehmen ihre Voraussetzung erfüllen, zu einer (Gruppen-) Freistellung vom →Kartellverbot des Art. 85 Abs. 1 EWGV; dies gilt derzeit u.a. für Alleinvertriebsbindungen (→Alleinvertrieb) und Alleinbezugsbindungen (→Alleinbezug), für →Patentlizenzen sowie →Know-how-Vereinbarungen für Forschung und Entwicklung, Spezialisierung, Kfz-Vertrieb und Franchise. Die Verordnungen sind jeweils befristet. – Vgl. auch →Kartellrecht XI 3.

Gruppenklima, Bezeichnung für die stimmungsartige Gesamtbefindlichkeit einer →Gruppe, die sich im Verlauf gemeinsamer Erfahrungen und Aktivitäten allmählich herausbildet. G. drückt sich aus in den →Einstellungen und Haltungen der einzelnen Mitglieder gegenüber ihrer Gruppe und kann mannigfach gefärbt sein; gereizt, gespannt, ausgewogen, heiter, harmonisch, freundlich, feindselig, frostig, warm usw. Je kleiner eine Gruppe, desto eher Herausbildung eines G.; seine Entwicklung ist deshalb typischer für überschaubare Gruppen als für Organisationen, bei denen man ggf. von →Betriebsklima spricht.

Gruppenkohäsion, Ausmaß des Zusammenhalts in (Arbeits-)→Gruppen. Die G. hängt ganz wesentlich ab von der Attraktivität der Gruppe für den einzelnen (G. ist umso größer, je eher man Vorteile im Hinblick auf die Erreichung persönlicher Ziele erwarten kann), z.B. im Prestige, das mit der Zugehörigkeit zu dieser Gruppe verbunden ist, und in den Möglichkeiten, innerhalb der Gruppe eigene Bedürfnisse zu befriedigen. – *Folge hoher G.* ist i.a. eine relativ starke Verhaltensnormierung der Gruppenmitglieder; Gruppennormen finden verstärkte Beachtung.

Gruppenleiter, bei organisierten bzw. institutionalisierten →Gruppen häufig verwendete Bezeichnung für →Führer.

Gruppenmitglied, jeder Angehörige einer bestimmten →Gruppe, ungeachtet der Position, die er darin einnimmt; entscheidend ist, daß er an der Aktivität (→Interaktion) der Gruppe teilnimmt, ihre Normen (→Gruppennorm) und Ziele im wesentlichen akzeptiert, sich ihr zugehörig fühlt und auch von den übrigen Mitgliedern angenommen wird.

Gruppennorm, eine von der Mehrheit einer →Gruppe akzeptierte Verhaltensregel, die den →Gruppenmitgliedern für bestimmte Situationen ihre Denk- und Handlungsweisen vorschreibt.

Gruppenpreis, Begriff der staatlichen Preislenkung oder -regelung für einen →Kostenpreis, der durch staatliche Preisbehörden bei unterschiedlicher Kostenlage jeweils für Gruppen vergleichbarer Betriebe festgelegt wird. – *Anders:* →Einheitspreis.

Gruppenpreisverfahren, →Gruppenbewertung.

Gruppenproduktion, →Zentrenproduktion, →Produktionsinsel.

Gruppenpsychologie, Gebiet der →Arbeits- und Organisationspsychologie. Gegenstand der G. sind v.a. die Probleme, die bei Zusammenarbeit mehrerer Individuen auftreten, z.B.: Idealgruppe umfaßt je nach der Aufgabenstellung sechs bis zehn Mitglieder; Anspruchsniveau aller Einzelmitglieder wächst proportional zum Gruppenehrgeiz; Mitbeteiligung am Arbeitserfolg durch Gruppenprämien; Heranziehen zur

Mitverantwortung. – Vgl. auch →Partnerschaft, →Gruppenarbeit, →Gruppenbildung, →Gruppendynamik, →Gruppe, →Organisationsentwicklung.

Gruppen-Unterstützungskasse, →Unterstützungskasse IV.

Gruppenversicherung, Möglichkeit für Arbeitgeber, deren rechtsfähige Vereinigungen, andere Verbände und Vereine, für ihre Mitglieder oder Arbeitnehmer Gruppenversicherungsverträge abzuschließen und damit insbes. tarifliche Begünstigungen in Anspruch zu nehmen. – *Vorkommende Formen*: Bauspar-Gruppenversicherung, →Firmen-Gruppenversicherung, Verbands-Gruppenversicherung, →Vereins-Gruppenversicherung.

Gruppenwechsel. 1. *Begriff*: In der →betrieblichen Datenverarbeitung häufig auftretende Aufgabe, bei der die Elemente eines Datenbestands (meist: die Datensätze einer Datei), der nach einem →Ordnungsbegriff sortiert ist, in →Gruppen verarbeitet werden. – *2. Arten*: a) *Einstufiger G.* liegt vor, wenn der Ordnungsbegriff einstufig ist; bei Übergang von einer Gruppe zur nächsten treten die typischen G.-Tätigkeiten auf: (1) Abschlußarbeiten für die alte Gruppe (z. B. Zwischensummen bei Abrechnungsproblemen); (2) Vorarbeiten für die Bearbeitung der neuen Gruppe (z. B. Überschriften erzeugen). – b) *Mehrstufiger G.* liegt vor, wenn der Ordnungsbegriff mehrstufig ist. Die G.-Tätigkeiten sind dann bezüglich der Unter- und Hauptgruppen durchzuführen. In einigen Programmiersprachen besteht die Möglichkeit die G.-Tätigkeiten teilweise automatisch ausführen zu lassen, z. B. durch den Report Write in Cobol.

Gruppenwerbung, →kooperative Werbung.

Gruppierungsplan. 1. *Begriff*: Teil der 1969 eingeführten neuen Systematik der öffentlichen Haushaltspläne (→Haushaltssystematik) neben dem →Funktionenplan. Der G. gliedert die Einnahmen und Ausgaben einzelner Titel nach ökonomischen Gesichtspunkten; eine Gruppierungskennziffer ermöglicht es, jeden Ansatz im →Haushaltsplan dem G. zuzuweisen. – 2. *Gliederungskennziffern*: 0 Einnahmen aus Steuern und steuerähnlichen Abgaben; 1

Verwaltungseinnahmen, Einnahmen aus Schuldendienst und dergleichen; 2 Einnahmen aus Zuweisungen und Zuschüssen für laufende Zwecke; 3 Einnahmen aus Schuldenaufnahmen, aus Zuweisungen und Zuschüssen für Investitionen, besondere Finanzierungseinnahmen; 4 Personalausgaben; 5 sächliche Verwaltungsausgaben, militärische Beschaffungen usw., Ausgaben für Schuldendienst; 6 Ausgaben für Zuweisungen und Zuschüsse für laufende Zwecke; 7 Baumaßnahmen; 8 sonstige Ausgaben für Investitionen und Investitionsförderungsmaßnahmen; 9 besondere Finanzierungsausgaben. – 3. Von besonderer *Bedeutung* für die →volkswirtschaftliche Lenkungsfunktion: Nach den Kriterien der →Volkswirtschaftlichen Gesamtrechnungen ist es möglich, den Haushalt z. B. nach seinen konjunkturellen Impulsen bzw. allgemein nach seinen Wirkungen auf volkswirtschaftliche Aggregate hin zu untersuchen. – Vgl. auch →Gruppierungsübersicht.

Gruppierungsübersicht, eine nach dem →Gruppierungsplan aufgebaute Übersicht über Einnahmen, Ausgaben und →Verpflichtungsermächtigungen eines Haushaltsjahres, dem →Haushaltsplan als Anlage beizufügen ist. G. und →Funktionenübersicht bilden den →Haushaltsquerschnitt.

Gruppik, Bezeichnung einer nach Kontenplan im Stil der Kameralistik geführten Einnahme-Ausgabe-Rechnung, in der durch „künstliche Istbuchungen" sowie durch Ausführung der Abschreibungen mittels „Rückeinnahme" eine Ergebnisrechnung angestrebt und erreicht wird.

GTZ, Abk. für →Deutsche Gesellschaft für Technische Zusammenarbeit GmbH.

Guadeloupe, →Frankreich.

Guatemala, *Präsidialrepublik Guatemala*, mittelamerikanischer Staat am Pazifik mit schmalem Zugang zur Karibik. – *Fläche*: 108 889 km². – *Einwohner (E)*: (1989) 8 946 000 (80 E/km²), darunter Indianer (50%), Mestizen (Ladinos; 40%), Weiße (5%), Schwarze (2%), Mulatten, Zambos und wenige Chinesen. – *Hauptstadt*: Ciudad de Guatemala (1990: 1,1 Mill. E); weitere wichtige Städte (1990): Escuintla (109 000 E), Quezaltenango (101 000 E),

Puerto Barrios (38 000 E). – Unabhängig seit 1821; präsidiale Republik; Verfassung (von 1966) 1982 suspendiert. 1982–84 mehrere Militärputsche. Im Januar 1991 findet erstmals in der Geschichte Guatemalas eine reguläre Machtübergabe zwischen zwei gewählten Präsidenten statt. Der neue Staatspräsident heißt Jorge Antonio Serrano Elias. *Verwaltungsgliederung*: 22 Bezirke (Departamentos), 326 Gemeinden. – *Amtssprache*: Spanisch.

Wirtschaft: G. gehört zu den am wenigsten entwickelten Ländern. – *Landwirtschaft*: Stark exportorientierte Anbaustruktur: Kaffee, Zuckerrohr, Baumwolle, Bananen und Kardamom. Für den Eigenbedarf werden u. a. Mais, Sorghum, Bohnen, Kartoffeln, Zwiebeln, Tomaten und Zitrusfrüchte gepflanzt; bedeutende Rinderzucht. – *Waldwirtschaft* (Farb- und Edelhölzer). – *Bergbau und Industrie*: Bisher geringe Nutzung der reichen Bodenschätze. Abbau u. a. von Eisen-, Kupfer-, Zink-, Antimon- und Wolframerz. Angestrebt wird der Ausbau der Erdölwirtschaft. Die Industrialisierung wird u. a. durch die schwierige innenpolitische Lage gehemmt. Wichtigste Zweige sind die Nahrungsmittel-, Getränke-, Tabak-, Textil- und Lederindustrie. – *BSP*: (1989) 8205 Mill. US-$ (920 US-$ je E). – *Export*: (1988) 1074 Mill. US-$, v. a. Kaffee, Baumwolle, Zucker. – *Import*: (1988) 1548 Mill. US-$, v. a. mineralische Brennstoffe, Maschinen und Fahrzeuge, chemische Erzeugnisse. – *Handelspartner*: USA, EG-Länder, El Salvador u. a. Länder Lateinamerikas.

Verkehr: 17 278 km *Straßen*, davon 2851 km asphaltiert (1979). Durch G. führen Teilstücke der „Carretera Interamericana" und der „Carretera Costera". – 1828 km *Schienenwege*, darunter Plantagenlinien. – Wichtige *Häfen*: Puerto Barrios an der karibischen und San José an der pazifischen Küste. Freihafen ist Santo Tomás de Castilla. – Internationale *Flughäfen* in Guatemala-Stadt und Santa Elena Pétén. Eigene *Luftfahrtgesellschaft*.

Mitgliedschaften: UNO, CACM, SELA, UNCTAD u. a.

Währung: 1 Quetzal (Q) = 100 Centavos.

Guillotine-Zuschneideproblem, →Zuschnittplanung.

Guinea, *Republik Guinea*, westafrikanischer Staat mit 300 km Küstenlinie am Atlantik, erstreckt sich weit ins afrikanische Hinterland. – *Fläche*: 245 857 km². – *Einwohner (E)*: (1990) 6,88 Mill. (28 E/km²); städtische Bevölkerung 24%. – *Hauptstadt*: Conakry (1986: 800 000 E); weitere wichtige Städte: Labé (110 000 E), Kankan (100 000 E). – Seit der Unabhängigkeit 1958 präsidiale Republik, seit 1984 unter Militärherrschaft; Verfassung (1982) 1984 suspendiert; 1990 neue Verfassung angenommen; bis zur Regierungsbildung übernahm 1991 der „Provisorische Rat für den Rationalen Wiederaufbau" die Macht. *Verwaltungsgliederung*: 8 Supra-Regionen, 33 Regionen, Arrondissements. – Keine offizielle Landessprache, als *Amtssprache* wird Französisch verwendet.

Wirtschaft: G. zählt zu den Entwicklungsländern. – *Landwirtschaft* ist Haupterwerbsquelle. Die beabsichtigten kollektiven Bewirtschaftungsformen konnten sich bisher gegenüber den kleinbäuerlichen Familienbetrieben nicht durchsetzen. Kommunalen Farmen und Staatsfarmen sind Verarbeitungsbetriebe für landwirtschaftliche Erzeugnisse angegliedert. Der Schwerpunkt der landwirtschaftlichen Produktion liegt in Niederguinea. Zur Deckung des Eigenbedarfs werden vornehmlich Reis, Hirse, Mais, Süßkartoffeln und Maniok angebaut. Wichtige Exportprodukte sind Palmkerne, Kaffee, Ananas und Bananen. Übergang von der nomadisierenden zur stationären Viehwirtschaft. – *Forstwirtschaft*: Wiederaufforstungsmaßnahmen sollen den Folgen der Brandrodungswirtschaft entgegenwirken. Bedeutende *Fischerei*. – *Bergbau und Industrie*: Reiche Eisenerz- und Bauxitlager, abbauwürdige Vorkommen an Diamanten, Gold, Uran, Kalkstein, Granit und Salz. Ansätze einer eigenen Industrie auf der Grundlage einheimischer Rohstoffe. Um die industrielle Entwicklung des Landes voranzutreiben, wurde Anfang der 80er Jahre das Investitionsgesetz liberalisiert. – Die Entwicklung des *Fremdenverkehrs* wird angestrebt. – *BSP*: (1989) 2372 Mill. US-$ (430 US-$ je E). – *Öffentliche Auslandsverschuldung*: (1988) 94,7% des BSP. – *Inflationsrate*: (durchschnittlich 1988–90) 26%. – *Export*: (1989) 506 Mill. US-$, v. a. Aluminiumerze und Aluminiumoxid, Kaffee und Kakaobohnen. – *Import*: (1989) 377 Mill. US-$, v. a. Maschinen und Fahrzeuge, Erdöl und Erdölprodukte, chemische Erzeugnisse und Nahrungsmittel. – *Handelspartner*: EG-Länder, USA.

Verkehr: Hauptverkehrsader ist die *Eisenbahnlinie* zwischen Conakry und Kankan (662 km), daneben noch 153 km Eisenbahnlinie für den Transport von Bauxit und Tonerde. Geplant ist eine Verlängerung der Strecke Conakry-Kankan nach Bamako in Mali und eine 1000 km lange Gütertransportlinie (Transguinea-Eisenbahn) zwischen N'Zérékoré und Conakry. – Unzureichende Straßenverbindung. – Wichtigster *Meereshafen* ist Conakry. In Planung befinden sich ein Tiefseehafen südlich der Insel Kasa und mehrere kleine Häfen für die Küstenschiffahrt. – Die nationale *Fluggesellschaft* „Air Guinee" bedient das Inlandnetz und fliegt westafrikanische Flughäfen an. Der internationale *Flughafen* von Conakry soll ausgebaut werden.

Mitgliedschaften: UNO, AKP, OAU, UNCTAD u. a.

Währung: 1 Guinea-Franc (F.G.) = 100 Cauris.

Guinea-Bissau, *Präsidialrepublik Guinea-Bissau,* westafrikanischer Küstenstaat. – Fläche: 36 125 km², einschl. ca. 60 kleiner Inseln vor der Atlantikküste. – *Einwohner (E):* (1989) 966 000 (27 E/km²), hauptsächlich Völker der Bantusprachen. – *Hauptstadt*: Bissau (1988: 125 000 E). – Unabhängig seit 1974, Verfassung von 1984, Staatsrat (seit 1984), Nationalversammlung. Verfassungsänderung vom Mai 1991 ermöglicht die Einführung eines Mehrparteiensystems. *Verwaltungsgliederung*: 8 Regionen, 36 Kreise. – *Amtssprache*: Portugiesisch.

Wirtschaft: G.-B. gehört zu den am wenigsten entwickelten Ländern. – *Landwirtschaft*: 80% der Erwerbspersonen arbeiten in der Landwirtschaft. Hauptanbauprodukte sind Reis, Mais, Erdnüsse und Maniok; Viehzucht (Rinder, Ziegen, Schweine, Hühner). – Zudem wichtig sind *Holzwirtschaft und Fischerei*. *Bergbau und Industrie*: Vorkommen von Bauxit Phosphaten, Erdöl, Eisenerz und Kalkstein. Erste Ansätze einer eigenen Industrie, hauptsächlich auf der Basis land- und forstwirtschaftlicher Erzeugnisse. – *BSP*: (1989) 173 Mill. US–$ (180 US–$ je E). – *Export*: (1986) 6 Mill. US–$, v. a. Erd- und

Kokosnüsse, Palmöl, Fische und Krustentiere, Schnittholz, Baumwolle. – *Import*: (1986) 63 Mill. US–$, v. a. Nahrungsmittel, Ausrüstungen, mineralische Brennstoffe, verschiedene Konsumgüter. – *Auslandsschulden*: 307 Mill. US$. – *Inflation* (durchschnittlich 1980–88) 49% – *Handelspartner*: Portugal, Spanien, Großbritannien, Japan, Frankreich.

Verkehr: 3500 km *Straßen*, davon 450 km asphaltiert. – Keine *Eisenbahn*. – 1000 km *Binnenwasserwege*. – *See- und Flughafen* Bissau.

Mitgliedschaften: UNO, AKP, OAU, UNCTAD u. a.

Währung: 1 Guinea-Peso (PG) = 100 Centavos.

GüKUMT, Abk. für →Güterkraftverkehrstarif für den Umzugsverkehr und für die Beförderung von Handelsmöbeln in besonders für die Möbelbeförderung eingerichteten Fahrzeugen im Güternahverkehr und Güterfernverkehr.

Gummiverarbeitung, Teil des Gummistoff- und Produktionsgütergewerbes; Industriezweig, zu dem neben der Herstellung von Bereifung, Transportbändern und Besohlmaterial aus Kautschuk und Asbest, auch die Verarbeitung des Rohmaterial zu Halbfabrikaten gehört.

Gummiverarbeitung

Jahr	Beschäftigte	Lohn- und Gehaltssumme	darunter Gehälter	Umsatz gesamt	darunter Auslandsumsatz	Nettoproduktionsindex 1985 = 100
	in 1000	in Mill. DM				
1970	133	1 903	538	7 691	1 026	
1975	109	2 483	833	9 807	2 264	
1980	104	3 402	1 126	12 899	2 947	
1985	95	3 888	1 374	16 124	4 072	100
1990	98	4 864	1 777	18 475	4 906	113,2

Günstigkeitsprinzip, Begriff des →Arbeitsrechts. – 1. Nach dem G. kann von den Normen eines →Tarifvertrages (Mindestbedingungen) lediglich *zugunsten* des Arbeitnehmers durch Einzelvertrag oder →Betriebsvereinbarung abgewichen werden. – 2. *Günstigere Bedingungen*, die schon bestanden haben, bleiben beim Inkrafttreten des Tarifvertrages in Geltung. – Eine *übertariflicher Lohn* z. B. wird durch eine Tariflohnerhöhung mangels entgegenstehender Vereinbarung so lange nicht berührt, als der Tariflohn übertariflichen Lohn nicht übersteigt. Wird der übertarifliche Lohn ausdrücklich als selbständiger Lohnbestandteil neben dem Tariflohn gewährt und bezeichnet, bleibt er von Tariferhöhungen unberührt. Hat dagegen der Arbeitnehmer keinen Anspruch auf übertarifliche Zulage neben dem Tariflohn, so können Tariflohnerhöhungen mit übertariflichen Lohnbestandteilen verrechnet werden. – 3. Das G. gilt *nicht* im Verhältnis des Tarifvertrages zu Gesetzen. Dispositives Recht ist jedoch grundsätzlich auch durch Tarifvertrag abdingbar. Statt des G. gilt im Konfliktfall das →Ordnungsprinzip, wenn eine zeitlich spätere Regelung eine frühere aufhebt.

GUS, Abk. für Gemeinschaft unabhängiger Staaten (→Sowjetunion).

Gut, Mittel zur Bedürfnisbefriedigung. Güter sind nach physikalischen Eigenschaften, Ort und Zeitpunkt der Verfügbarkeit differenziert. Zu unterscheiden: →freie Güter und →wirtschaftliche Güter. – Vgl. auch →Gütertypologie, →Gebrauchswert, →Tauschwert.

Gutachten. 1. *Allgemein:* Beurteilung durch →Sachverständigen. – 2. G. hat auf Verlangen des *Finanzamtes* oder eines *Gerichts* abzugeben: wer zur Erstattung von Gutachten öffentlich bestellt ist oder der Wissenschaft, die Kunst oder das Gewerbe, deren Kenntnis Voraussetzung zur Begutachtung ist, öffentlich zum Erwerb ausübt (§ 96 III AO, § 407 ZPO, § 75 StPO). Das Finanzamt muß den Gutachter, den es zu beauftragen beabsichtigt, dem betreffenden →Steuerpflichtigen mitteilen (§ 96 I AO). – 3. G. über den *Wert von Grundstücken:* Vgl. →Grundstückswert.

Güte, →Teststärke.

Gütefunktion, *Powerfunktion, Macht eines Tests,* bei →statistischen Testverfahren Funktion, die die Trennschärfe (Teststärke) eines Tests, also dessen Fähigkeit, eine falsche →Nullhypothese als solche erkennbar zu machen, ausdrückt. Die G. gibt in Abhängigkeit vom wahren Wert des →Parameters die →Wahrscheinlichkeit der Ablehnung der Nullhypothese an. Dabei werden das →Signifikanzniveau, der Stichprobenumfang sowie die Nullhypothese selbst als konstant betrachtet.

Güteklassen, behördlich oder durch Vereinbarung von Erzeugern oder Verbänden geschaffene Qualitätsstufen für bestimmte Handelswaren (z. B. Eier, Butter). – Vgl. auch →Handelsklassengüter.

Gütekriterien, Kriterien zur Beurteilung der Qualität der Daten, die bei einem Meßvorgang erhoben wurden oder der Qualität von Analyseergebnissen: a) →Objektivität, b) →Reliabilität und c) →Validität. Nur wenn allen G. innerhalb bestimmter Bandbreiten Rechnung getragen wird, können aus einer Untersuchung verläßliche Schlußfolgerungen gezogen werden.

Gutenberg, Erich, 1897–1984, wichtiger Vertreter der deutschen Betriebswirtschaftslehre nach dem Zweiten Weltkrieg. Von 1948–1951 hatte er den Lehrstuhl für Betriebswirtschaftslehre an der Universität Frankfurt a. M., 1951–1966 den Lehrstuhl für Allgemeine Betriebswirtschaftslehre sowie Spezielle Betriebswirtschaftslehre der Wirtschaftsprüfung und des Treuhandwesens an der Universität zu Köln inne. – G. entwickelte in seinem Werk ,,Grundlagen der Betriebswirtschaftslehre" ein neues System der Betriebswirtschaftslehre. Der Betrieb wird darin verstanden als die *Gesamtheit der betrieblichen Teilfunktionen* Produktion, Absatz und Finanzen. Dabei kam es ihm weniger auf die einzelnen betrieblichen Teilbereiche als auf die Gesamtheit dieser Funktionen an. Diese Einheit wird nach G. durch die Idee des Kombinationsprozesses, durch das Ausgleichsgesetz der Planung, durch das finanzielle Gleichgewicht und durch das Prinzip der Wirtschaftlichkeit gewahrt. – *Zahlreiche bedeutende Beiträge G.s in den betrieblichen Teilbereichen:* Entwicklung der →Aktivitätsanalyse (gleichzeitig mit Koopmans); Begründung der Produktionsfunktion vom Typ B (→Gutenberg-Produktionsfunktion); Einführung der Theorie der Anpassungsformen (→Anpassung) in die Produktionstheorie; Ableitung der Kostentheorie aus der Produktionstheorie; Analyse der Absatzpolitik von Unternehmen auf vollkommenen Faktormärkten und auf unvollkommenen Gütermärkten; →absatzpolitisches Instrumentarium; Entwicklung der optimalen Selbstfinanzierungsrate; Steuerung der Prozesse im Unternehmen durch den sog. dispositiven Faktor; →Ausgleichsgesetz der Planung.

Gutenberg-Produktionsfunktion, *Produktionsfunktion vom Typ B*, von E. Gutenberg der →substitionalen Produktionsfunktion (Ertragsgesetz, Produktionsfunktion vom Typ A) gegenübergestellte Grundform einer →Produktionsfunktion. Die Ertragsfunktion beruht auf den Eigenschaften (Z-Situation) des betrachteten Aggregates; sie wird in →Verbrauchsfunktionen ausgedrückt, in denen der Faktorverbrauch pro Ausbringungseinheit (in manchen Fällen auch der Faktorverbrauch pro Zeit) in Abhängigkeit von der Intensität der Leistungsabgabe der Aggregate gemessen wird. Die Einführung der Verbrauchsfunktion führt zur Unterscheidung von Verbrauchsfaktoren (Repetierfaktoren), die im einmaligen Vollzug des Produktionsprozesses aufgezehrt werden (Werkstoffe, Betriebsmittel), und von Gebrauchsfaktoren (Potentialfaktoren), die über einen längeren Zeitraum in ihrem Bestand erhalten bleiben und Leistungen abgeben (Betriebsmittel), letztere unterliegen regelmäßig dem Verschleiß. Die Aggregate, d. h. die sie ausmachenden Potentialfaktoren, besitzen i. d. R. einen gewissen Spielraum der Leistungsabgabe, innerhalb dessen die optimale Leistung bestimmt werden kann. – *Eigenschaften:* a) Das Verhältnis der Einsatzmengen der Faktoren wird von der Intensität d_j (Leistung) des Aggregats j bestimmt. b) Die Produktionskoeffizienten a_{ij} werden durch die Verbrauchsfunktion f_{ij} (d_j) bestimmt: a_{ij} = f_{ij} (d_j) (i = 1, ..., n, j = 1, ..., m); die Produktionskoeffizienten a_{ij} sind bei unterschiedlichen Produktionsmengen konstant, wenn die Mengenvariationen durch zeitliche Anpassung erreicht wird, aber variabel, wenn sie durch intensitätsmäßige Anpassung erreicht wird. c) Die Leistungsabgabe ist innerhalb bestimmter Grenzen stetig oder sprunghaft variierbar. d) Die Qualität der Produktionsfaktoren und der Produkte ist bei jeder Leistung gleich.

Güteprämie, →Qualitätsprämie.

Güter, →Gut.

Güterarbitrage, →direkter internationaler Preiszusammenhang.

Güterausfuhr, →Ausfuhr I 1.

Güterbahnhof, →Bahnhof.

Güterbündel, →Konsumplan.

Güterexport, →Ausfuhr I 1.

Güterfernverkehr, in der Bundesrep. D. der →Güterkraftverkehr über die und außerhalb der Grenzen der Nahzone (→Güternahverkehr). – G. in der Bezirkszone (Gemeindegebiete im 150-km-Umkreis) wird als Bezirksgüterfernverkehr bezeichnet. – *Gegensatz:* →Güternahverkehr.

Gütergemeinschaft, →eheliches Güterrecht III 2.

guter Glaube, →gutgläubiger Erwerb, →Gutglaubensschutz.

Güterklassifikation, Einteilung der Güter in bestimmte Klassen. – 1. *Amtliche Statistik* des Statistischen Bundesamtes: Zehn Güterabteilungen (z. B. 0 = Nahrungs- und Genußmittel) mit entsprechender Klassifizierung in Hauptgruppen (z. B. 00 = Getreide) und Gruppen (z. B. 001 = Weizen, Mengenkorn) – 2. *Statistik „Verkehr in Zahlen"* des Bundesverkehrsministeriums in Zusammenarbeit mit dem Deutschen Institut für Wirtschaftsforschung (DIW): Elf Hauptgütergruppen. – 3. *Tarifwesen:* a) Deutsche Bundesbahn: Drei Güterklassen (A, B und C) sowie die Montangüterklassen (I bis V). – b) Güterkraftverkehr: Die Ladungsklassen A/B, E und F im RKT.

Güterkraftverkehr, Güterverkehr mit Kraftfahrzeugen (Lastkraftwagen, Lastzug aus Lastkraftwaren und Anhänger, Sattelzug aus Sattelschlepper und Auflieger) als Teil des →Straßenverkehrs (vgl. im einzelnen dort). – *Arten:* →Güternahverkehr, →Güterfernverkehr.

Güterkraftverkehrsgesetz (GüKG), Gesetz i. d. F. vom 10. 3. 1983 (BGBl I 256). – *Inhalt:* Staatliche Ordnung des Kraftverkehrs, Regelung der Wettbewerbsverhältnisse für alle Formen des Güterkraftverkehrs (den gewerblichen Güterfernverkehr und Güternahverkehr sowie den Werkverkehr): a) gegenüber der Eisenbahn, b) innerhalb der Zweige im Kraftverkehr. Allgemeine Regelungen, Straf- und Bußvorschriften sowie Bestimmungen über Güterfernverkehrsgenehmigung und -tarif, Pflichten der am Beförderungsvertrag Beteiligten, Abfertigungsdienst, Umzugsverkehr, Güterfernverkehr der Deutschen Bundesbahn, Werkverkehr, Bundesanstalt für den Güterfernverkehr, Aufsicht, allgemeinen Güternahverkehr und Güterliniennahverkehr. – Bestimmte Beförderungsfälle sind durch VO vom 29.7.1969 (BGBl I 1022) mit späteren Änderungen von dem GüKG freigestellt.

Güterkraftverkehrstarif für den Umzugsverkehr und für die Beförderung von Handelsmöbeln in besonders für die Möbelbeförderung eingerichteten Fahrzeugen im Güternahverkehr und Güterfernverkehr (GüKUMT), Beförderungsbedingungen des Möbelverkehrs-Unternehmers, die ihm auch den Abschluß einer Pflichthaftpflichtversicherung vorschreiben.

Güterliniennahverkehr, gewerbsmäßig zwischen bestimmten Ausgangs- und Endpunkten linien- und regelmäßig betriebener →Güternahverkehr mit Lastkraftwagen (Nutzlast über 750 kg) oder Zugmaschinen (→Linienverkehr). Erlaubnis und Genehmigung erforderlich, gesetzlich geregelt im Güterkraftverkehrsgesetz (§§ 90 ff.). – *Erlaubnis* wird nur erteilt, wenn der Antragsteller und die für die Führung der Geschäfte bestellte Person zuverlässig sind und fachlich geeignet sind und die finanzielle Leistungsfähigkeit des Betriebes als gewährleistet angesehen werden kann (§ 81 GüKG).

Güternahverkehr, in der Bundesrep. D. der →Güterkraftverkehr innerhalb der Grenzen der Nahzone (Gebiete aller Gemeinden mit festgelegten Ortsmittelpunkten im 50-km-Umkreis um den Ortsmittelpunkt der Gemeinde des Fahrzeugstandortes). – *Gegensatz:* →Güterfernverkehr. – Vgl. auch →Güterliniennahverkehr.

Güterrecht, →eheliches Güterrecht.

Güterrechtsregister, jedermann zur Einsicht offenstehende Register, in das die ehelichen güterrechtlichen Verhältnisse (→eheliches Güterrecht) eingetragen werden (§§ 1558–1563 BGB; Gesetz über den ehelichen Güterstand von Vertriebenen und Flüchtlingen vom 4.8.1969, BGBl I 1067). Führung beim →Amtsgericht, in dessen Bezirk einer der Ehegatten seinen gewöhnlichen Aufenthalt hat. Bei Verlegung des Wohnsitzes muß die Eintragung wiederholt werden. Einzutragen sind alle Abweichungen vom gesetzlichen Güterstand, insbes. alle →Eheverträge. Der Eintragungsantrag bedarf →öffentlicher Beglaubigung. Die Eintragungen sind vom Registergericht öffentlich bekannt zu machen. Dritten Personen gegenüber können sich die Eheleute auf eine eintragungsfähige Tatsache, z.B. Ehevertrag, nur dann berufen, wenn diese Tatsache dem Dritten bekannt oder im G. eingetragen ist. Die Einsicht des G. ist jedem gestattet. Von den Eintragungen kann gegen Gebühr eine Abschrift gefordert werden; sie ist auf Verlangen zu beglaubigen.

Güterschaden-Europa-Deckung, Anhang bzw. Nachtrag der Speditionsversicherung seit dem 1.1.1984. Danach ersetzen die Speditionsversicherer bei Transporten im internationalen Verkehr mit Abgangs- und Bestimmungsort innerhalb Europas Güter-, Sachfolge- und Vermögensschäden bis 5000 DM je Verkehrsauftrag, ohne daß dieser Wert erhöht werden kann. Dies aber nur, soweit sie vom Spediteur und/oder nachgeordneten Verkehrsunternehmen zu vertreten sind. Der Einwand der Unterversicherung entfällt. Untersuchung dieser Zusatzdeckung durch den Auftraggeber möglich (→Verbotskunde).

Güterstand, →eheliches Güterrecht II.

Gütersystematik nach Herkunftsbereichen, *Classification of Commodities by Industrial Origin (CCIO),* von den Vereinten Nationen erstellte Warensystematik, gegliedert nach dem landwirtschaftlichen und industriellen Ursprung der Güter, die eine eindeutige Verbindung zwischen Produkt und Produzent herstellen soll. Unterteilung in ca. 1300 fünfstellige Positionen. Zwitterstruktur, da sie ausschließlich aus der Verknüpfung von →Standard International Trade Classification (SITC) und →International Standard Industrial Classification of all Economic Activities (ISIC) besteht, den Ursprung der Güter durch außenhandelsorientierte Positionen beschreibt und deshalb sowohl als Güter- wie auch als Wirtschaftszweigsystematik angesehen werden kann.

Gütertrennung, →eheliches Güterrecht III 1.

Gütertypologie, Systematisierung der verschiedenen realen Erscheinungsformen der Güter. – *Zu unterscheiden:* 1. nach dem Kriterium der *Verwendungssphäre* der Güter: →Konsumgüter und →Investitionsgüter. – 2. Nach dem Kriterium der *einmaligen* oder *mehrmaligen Verwendung*: →Verbrauchsgüter und →Gebrauchsgüter.

Güterverkehr, →Verkehr III. – *Problematik des G.*: Vgl. →staatliche Verkehrspolitik III 2 b (1).

Güterverkehrszentrum, Modellkonzeption eines zentralen Güterverteilungssystems, bei dem Logistik- und Verkehrsbetriebe an einem verkehrsgünstigen Standort kooperieren. Die Parzellen in der Gemeinschaftsanlage werden auf Pacht- oder Eigentumsbasis vergeben, so daß im *Gegensatz* zur Modellkonzeption →Güterverteilzentrale (GVZ) die Selbständigkeit der Unternehmen erhalten bleibt.

Güterversicherung, Versicherung von Gütern (z. B. Massengüter, Stückgüter, Valoren) gegen Transportgefahren aufgrund der Allgemeinen Deutschen Seeversicherungsbedingungen (Seetransporte und gemische Reisen) und anderer Bestimmungen (z. B. für Reisegepäck). – Vgl. auch →Transportversicherung, →Kargoversicherung.

Güterverteilzentrale, umfassende räumliche und kooperative Zusammenführung verschiedener Verkehrsträger und Logistikunternehmen. Neben der Umschlags- und Kommissionierfunktion werden durch sie auch Verpackungs-, Lager- und Servicefunktionen wahrgenommen. Zielsetzung bei der Einrichtung von G. ist die Nutzung der Systemstärken der verschiedenen Verkehrsträger, eine bessere Nutzung der Verkehrsinfrastruktur und eine Zusammenfassung zersplitterter Transporte. – Besondere *Bedeutung* kommt G. in drei Bereichen zu: a) Als *Schnittstelle zwischen Nah- und Fernverkehr* dienen G. dazu, Teilladungen zu größeren Ladungen zusammenzufassen, diese dann zu einem anderen G. zu transportieren und dort wieder aufzubrechen, um die Güter dann in der Fläche zu verteilen. b) Als *Umschlag-Terminals im kombinierten Verkehr*, die zu Logistikunternehmen mit einer breiten Leistungspalette ausgebaut wurden, bewirken G. insbes. eine Stärkung der Kooperation zwischen Schiene und Straße. c) Als *Teil einer City-Logistik* fassen G. am Rande der Stadt Transporte zur Versorgung von Unternehmen im Innenstadtbereich zusammen. Diesem Konzept kommt durch die Forderung nach bestandsarmer Distribution und der

damit verbundenen erhöhten Lieferfrequenz bei verringertem Liefervolumen und gleichzeitig hoher Verkehrsdichte im Stadtverkehr eine besondere Bedeutung zu.

güterwirtschaftliches Denken, eine von Schmidt geforderte betriebswirtschaftliche Erfolgsauffassung (→Bewertung), nach der Gewinn erst dann erzielt ist, wenn die *Substanz* (die realen Sachgüter des Betriebes) *erhalten* ist. Danach ist nicht der Anschaffungswert, sondern der Wiederbeschaffungswert bei der Gewinnermittlung zugrunde zu legen. Das g.D. ist *zweckmäßig* bei Geldentwertung.

Güterzins, →Realzins.

Güterverhandlung, mündliche Verhandlung vor dem Vorsitzenden des Arbeitsgerichts zum Zwecke der gütlichen Einigung der Parteien (§ 54 ArbGG).

Gutgewicht, nach den Usancen beim →Handelskauf wegen Gewichtsschwund gewährte Gewichtsvergütung. Der Großhandel erhält G. für Warensubstanzverluste beim Umpacken und Sortieren; dem Einzelhandel wird G. für unverwertbare Warenreste, die an der Verpackung haften, für Verstreuen von Waren in fester Form, für Verschütten von Flüssigkeiten, für Übergewichte, die Kunden gewährt werden, für Verschlechterung der Warenqualität usw. eingeräumt.

Gutglaubensschutz, Grundsatz u. a. des Handelsrechts, ähnlich dem Prinzip des →gutgläubigen Erwerbs, betrifft das rechtlich geschützte Vertrauen auf einen Rechtsschein und gibt demjenigen, der auf den Rechtsschein vertraut, bestimmte Rechte; unterschiedlich geregelt. G. besteht gegenüber dem, der sich als Kaufmann aufspielt, ohne es zu sein (→Scheinkaufmann). Auch die Eintragungen im Handelsregister genießen G. (§ 15 III HGB). – Vgl. auch →Publizitätsprinzip.

gutgläubiger Erwerb, Eigentumserwerb vom Nichtberechtigten. Das Eigentum an einer Sache kann man grundsätzlich nur vom bisherigen Eigentümer rechtsgeschäftlich erwerben. In gewissen Fällen ersetzt jedoch der gute Glaube des Erwerbers an die Veräußerungsbefugnis (das Eigentum) des anderen Teils dessen mangelnde Veräußerungsbefugnis (nicht etwa die mangelnde

→Geschäftsfähigkeit). – Im *Erbrecht* ersetzt der gute Glaube an einen Erbscheinsberechtigten das mangelnde Erbrecht.

I. Bewegliche Sachen: 1. Bei →Übereignung durch →*Übergabe und Einigung oder bloße Einigung* (→Übereignung kurzer Hand) erwirbt der Erwerber auch dann das Eigentum, wenn der Veräußerer nicht Eigentümer ist; jedoch nicht, wenn der Erwerber bei der Übergabe oder Einigung bösgläubig ist bzw. bei Übereignung kurzerhand den Besitz nicht vom Veräußerer erlangt hatte (§ 932 BGB). – 2. Bei Vereinbarung eines →*Besitzkonstituts* (wie i. a. bei der →*Sicherungsübereignung*) findet i. d. R. kein g. E. statt; anders nur, wenn die Sache nachträglich dem Erwerber übergeben wird und dieser in diesem Zeitpunkt noch gutgläubig ist (§ 933 BGB). – 3. Bei Übereignung durch *Abtretung des Herausgabeanspruchs* gegen einen dritten Besitzer wird der Erwerber bei gutem Glauben Eigentümer mit der Abtretung, wenn der Veräußerer →mittelbarer Besitzer war, sonst erst, wenn er bei späterem eigenem Besitzerwerb noch gutgläubig ist (§ 934 BGB). – 4. An *abhanden gekommenen gestohlenen Sachen*, ausgenommen an Geld oder Inhaberpapieren, ist kein g. E. möglich (§ 935 BGB).

II. Grundstücke: G. E. durch den →öffentlichen Glauben des →Grundbuchs: Zugunsten desjenigen, welcher ein →dingliches Recht an einem →Grundstück bzw. ein Recht an einem solchen Recht durch →Rechtsgeschäft erwirbt, gilt der Inhalt des Grundbuchs als richtig, solange kein →Widerspruch eingetragen oder dem Erwerber Unrichtigkeit positiv bekannt ist; ebenso bei Verfügungsbeschränkungen (z. B. →Konkurs), die weder eingetragen noch dem Erwerber bekannt sind (§ 892 BGB).

III. Handelsverkehr: G. E. besonders erleichtert (§ 366 BGB): Veräußert oder verpfändet ein →Kaufmann im Betriebe seines Handelsgewerbes eine ihm nicht gehörige bewegliche Sache, findet ein g. E. auch statt, wenn der Erwerber ohne →grobe Fahrlässigkeit annehmen durfte, daß der Veräußerer oder Verpfänder für den Eigentümer über die Sache zu verfügen berechtigt sei. – *Ausnahmen* z. T. bei Erwerb →abhanden gekommener Wertpapiere (§ 367 HGB). – *Entsprechend* können durch g. E. die gesetzlichen →Pfandrechte des Kom-

missionärs, Spediteurs, Lagerhalters und des Frachtführers entstehen.

Guthaben, in der Buchhaltung Habensaldo der Aktivkonten (vor allem bei Geld- und Forderungskonten)

Forderungen-Konto

versch. Belastungen	1000	versch. Gutschriften	900
		Guthaben	100
	1000		1000

Gutschein, *Coupon*, Maßnahme der →Verkaufsförderung. Durch G., in deren Besitz der Konsument z. B. durch Zusendung eines Werbebriefs, durch ein Inserat, durch Kauf eines anderen Produktes etc. kommen kann, gelangt er zu der Möglichkeit, ein anderes Produkt zu einem wesentlich günstigeren Preis als normal zu erwerben.

Gut-Schlecht-Prüfung, →Attributenkontrolle.

Gutschrift, I. Rechnungswesen: Buchung einer Leistung zugunsten einer Person oder eines Unternehmens auf der Habenseite des betreffenden Kontos; Mitteilung an den Begünstigten von einer entsprechend vorgenommenen Buchung. – *Gegensatz:* →Lastschrift.

II. Umsatzsteuerrecht: Mit Hilfe einer G. rechnet ein Unternehmer über eine steuerpflichtige Leistung ab, die an ihn ausgeführt wurde, da nur er – und nicht der Leistende – die Abrechnungsgrundlagen kennt (sog. *Abrechnungslast*). Eine G. gilt als Rechnung unter folgenden Voraussetzungen: Der Unternehmer, der die Lieferung oder sonstige Leistung ausführt (Empfänger der G.) muß zum gesonderten Ausweis der Steuer in einer Rechnung berechtigt sein; zwischen Aussteller und Empfänger der G. muß Einverständnis darüber bestehen, daß mit einer G. abgerechnet wird; die G. muß die erforderlichen Angaben enthalten (→Rechnung); die G. muß dem Unternehmer, der die Lieferung oder sonstige Leistung bewirkt, zugeleitet worden sein (§ 14 V UStG).

Guttman-Skalierung, *Skalogrammverfahren*, ein von L. Guttman entwickeltes →Skalierungsverfahren zur Messung der konativen Einstellungskomponente (→Einstellung), basierend auf der Konstruktion monoton abgestufter Ja-Nein-Fragen. – 1. *Konstruktion:* (1) Formulierung einer großen Menge von monoton-deterministischen Fragen. (2) →Befragung einer Testgruppe. (3) Darstellung der Ergebnisse in Matrixform. Bei fehlerhaften Antwortschemata werden Fragen umgruppiert bzw. eliminiert. (4) Zuordnung von numerischen Werten zu den Antwortschemata in der Reihenfolge ihres Auftretens, so daß die zugemessenen Werte den Rangplatz der betreffenden Testperson definieren. – 2. *Anwendung:* In der eigentlichen Erhebung werden dann den Testpersonen die Rangplätze zugeordnet, die ihrem Antwortschema entsprechen. – 3. *Vorteil:* Fragebogentechnische Einfachheit; *Nachteil:* Schwierigkeiten bei der Konstruktion der Skala.

Guyana, *Kooperative Republik Guyana*, Staat im Nordosten Südamerikas am Atlantischen Ozean. – *Fläche:* 214969 km². – *Einwohner (E):* (1988) 1,007 Mill. (5 E/km²), darunter Inder 51%, Schwarze 30,7%, Mulatten und Mestizen 11,4%, Indianer 4,4%, Weiße, Chinesen u. a. 2,5%. – *Hauptstadt:* Georgetown (1986: 170000 E); weitere wichtige Städte: Linden (Makkenzie; 30000), New Amsterdam (20000). – Unabhängig seit 1966, Kooperative Republik im Commonwealth of Nations seit 1970, Verfassung von 1980, Einkammerparlament. *Verwaltungsgliederung:* 10 Bezirke (districts). – *Amtssprache:* Englisch.

W i r t s c h a f t : G. gehört zu den am wenigsten entwickelten Ländern der Erde. – *Landwirtschaft:* Hauptanbauprodukte sind Zuckerrohr und Reis, ferner Kakao, Kaffee, Maniok, Erdnüsse, Kokosnüsse, Ananas und Guajavafrüchte. Um eine bessere Eigenversorgung zu gewährleisten, fördert die Regierung den Anbau von u. a. Mais, Zitrusfrüchten, Bananen, Gemüse, Ölpalmen und Sojabohnen. Viehzucht (vorwiegend Rinderhaltung). – *Forstwirtschaft:* 85% Guyanas sind von tropischen Regenwäldern bedeckt, die jedoch noch ungenügend erschlossen sind. Wichtigstes Erzeugnis ist das Hartholz Greenheart. Außerdem wichtig: *Fischerei.* – *Bergbau und Industrie:* Bekannte bzw. vermutete Vorkommen an u. a. Eisen, Blei, Nickel, Chrom, Kobalt, Uran, Erdöl und Erdgas. Abbau von Bauxit, Manganerz, Gold und Diamanten. Anlagen zur Bauxit- und Manganerzaufbereitung, Zuckerfabriken, Reisschälanlagen und Sägewerke präsentieren im wesentlichen die Industrie: – *BSP:* (1989) 398 Mill. US-$ (400 US-$ je E). – *Inflationsrate:* (1980–88 im Durchschnitt) 15,9%. – *Export:* (1985) 255 Mill. US-$, v. a. Aluminiumerze, Zucker, Reis, Fisch. – *Import:* (1985) 207 Mill. US-$, v. a. Erdöl und Erdölerzeugnisse, Maschinen, Nahrungsmittel, chemische Erzeugnisse. – *Handelspartner:* USA, EG-Länder, Trinidad und Tobago, Venezuela.

V e r k e h r : 4800 km *Straßen*, davon 1250 km asphaltiert (1982). – *Werkbahnen* für den Bauxit- und Manganerztransport. – 1000 km *Binnenwasserstraßen.* Wichtigste *Seehäfen:* Georgetown, New Amsterdam. – Internationaler *Flughafen:* Timehri (ca. 40 km von Georgetown). Eigene *Fluggesellschaft.*

M i t g l i e d s c h a f t e n : UNO, AKP, CARICOM, CCC, SELA, UNCTAD, u. a.; Commonwealth, „Amazonas-Vertrag“.

W ä h r u n g : 1 Guyana-Dollar (G$) = 100 Cents.

GVL, →Gesellschaft zur Verwertung von Leistungsschutzrechten mbH.

GVP, Abk. für →Generalverkehrsplan.

Gy, Abk. für →Gray.

Gymnasium, →Wirtschaftsgymnasium, →Fachgymnasium.

GZS, Abk. für →Gesellschaft für Zahlungssysteme.

H

h, Kurzzeichen für →Hekto.

H, Kurzzeichen für Henry (→gesetzliche Einheiten, Tabelle 1).

ha, Kurzzeichen für →Hektar.

Haavelmo, Trygve, 1911, norwegischer Nationalökonom und Ökonometriker. Bekannt wurde sein →Haavelmo-Theorem. Beachtung fanden auch seine Beiträge zur Investitionstheorie. 1989 erhielt H. den Nobelpreis für Wirtschaftswissenschaften. – *Hauptwerke*: „Multiplier effects of a balanced budget" (1943); „The probability approach in econometrics" (1944); „A theory in the study of investment" (1960).

Haavelmo-Theorem, Lehrsatz, der erklärt, daß unter bestimmten Bedingungen auch von einem ausgeglichenen Haushalt des Staates expansive Wirkungen auf den Konjunkturverlauf ausgehen können, aufgestellt von T. Haavelmo (1945). Wird das Steueraufkommen erhöht und das Mehraufkommen zu staatlichen Käufen von Gütern und Dienstleistungen verwandt, tritt eine expansive Wirkung ein, die das Volkseinkommen um den Betrag der Mehrausgaben erhöht, da der Staatsausgabenmultiplikator genau um die Größenordnung 1 größer ist als der Steuermultiplikator (→Staatsausgabenmultiplikator). Unberücksichtigt bleiben bei dem H.-T. die Struktureffekte des Budgets und die unterschiedlichen Konsumquoten der Steuerpflichtigen.

Haben, die rechte Seite eines Kontos, die bei Aktivkonten für die Eintragungen der Abgänge, ggf. Abschreibungen, also der Aktivpostenabnahme, und bei Passivkonten für die Passivpostenzunahme benutzt wird. In den Eigenkapitalkonten ist die H.-Seite die der Kapitalzunahme durch Gewinn oder Einlagen. Die H.-Seite der Erfolgskonten weist die Erträge aus. – Linke Kontoseite: →Soll. – Vgl. auch →Buchhaltungstheorien.

Habenzinsen, →Passivzins.

Habilitation, Erwerb der Lehrberechtigung an einer Hochschule. Erforderlich sind außer der →Promotion zum Doktor eine weitere wissenschaftliche Arbeit (Habilitationsschrift). Probevortrag innerhalb der Fakultät und u. U. eine öffentliche Antrittsvorlesung.

Hackfruchtbauwirtschaft, →landwirtschaftliches Betriebssystem hoher Bodenproduktivität, das auf einer bestimmten Anbautechnik, der Hackkultur, basiert. Botanisch sind Hackfrüchte eine heterogene Gruppe (z. B. Kartoffeln, Zuckerrüben, Gemüse, Mais, Reis), wobei mit zunehmender Mechanisierung der Landwirtschaft traditionelle Hackfrüchte (z. B. Reis, Mais) wie Getreide, d. h. völlig handarbeitslos, kultiviert werden können.

Hacking. 1. *Datenschutzgesetz*: →Datenschutz II 5, →Ausspähen von Daten. – 2. *Wirtschaftsinformatik*: unstrukturiertes Vorgehen bei der →Programmentwicklung.

Hafen, Station des →Schiffsverkehrs mit Einrichtungen für das Ein- und Aussteigen von Reisenden, den Umschlag und die Lagerung von Gütern sowie den Service für Schiffe und ihren Einsatz. – Vgl. auch →Flughafen.

Haft, Freiheitsentzug aufgrund einer gerichtlichen Entscheidung. – Vgl. auch →Untersuchungshaft, →Erzwingungshaft, →Freiheitsstrafe.

Hafteinlage, in der Kommanditgesellschaft (KG) →Einlage, auf die die persönliche Haftung des →Kommanditisten mit seinem Privatvermögen gegenüber den Gläubigern der KG beschränkt ist. Die H. ist im →Gesellschaftsvertrag klar und eindeutig in deutscher Währung zu bestimmen. Leistung der H. braucht aber nicht in Geld zu erfolgen. Ist die H. geleistet, so ist weitere Haftung ausgeschlossen (§ 171 I HGB). Entscheidend ist für die Gläubiger die im Handelsregister eingetragene Summe oder ihre Erhöhung durch handelsübliche Mitteilung oder sonstige Bekanntmachung der Gesellschaft an die Gläubiger. →Erlaß oder →Stundung der H. durch die Gesellschafter ist gegenüber den Gläubigern unwirksam; verschleierte Rückzahlung in Form unzulässiger Gewinnausschüttung (z. B. nach dem Stand des Kapitalkontos) läßt die Haftung i. a. wieder aufleben (§ 172 HGB).

haftendes Eigenkapital, Begriff des Kreditwesengesetzes; vgl. →Eigenkapital.

Häftlingshilfe, Sozialleistung des sozialen Entschädigungsrechts. – 1. *Gesetzliche Grundlagen:* Häftlingshilfegesetz (HHG) v. 6. 8. 1955 (BGBl I 498) i. d. F. der Neubekanntmachung v. 29. 9. 1969 (BGBl I 1793) mit späteren Änderungen. Das HHG gilt nach Art. II § 1 SGB bis zur Einordnung in das Sozialgesetzbuch als besonderer Teil des Sozialgesetzbuches. – 2. *Berechtigte:* H. erhalten deutsche Staatsangehörige und deutsche Volkszugehörige, die nach dem 8. 5. 1945 im Gebiet der ehemaligen deutschen Ostgebiete oder in den Ländern Osteuropas aus politischen und nach freiheitlich-demokratischer Auffassung von ihnen nicht zu vertretenden Gründen in Gewahrsam genommen worden sind sowie deren Angehörige und Hinterbliebene (§ 1 HHG). H. erhalten weiter die in den § 1 HHG genannten Personen gleichgestellte Gruppen (VO vom 1. 8. 1962, BGBl I 545 in Verbindung mit § 3 HHG). – 3. *Leistungen:* Für *Gesundheitsschäden* infolge des Gewahrsams erhalten die Berechtigten wegen der gesundheitlichen und wirtschaftlichen Folgen der Schädigung auf Antrag Versorgung nach den Vorschriften des BVG. Hinterbliebene des in Haft oder an den Folgen der Haft verstorbenen Berechtigten erhalten *Hinterbliebenenversorgung* nach dem gleichen Gesetz. Im Rahmen der H.

werden außerdem Eingliederungshilfen, Existenzaufbaudarlehen und Wohnraumbeschaffungshilfen gewährt.

Häftlingshilfegesetz (HHG), Gesetz über Hilfsmaßnahmen für Personen, die aus politischen Gründen außerhalb der Bundesrep. D. in Gewahrsam genommen wurden, i. d. F. vom 4. 2. 1987 (BGBl I 512) mit späteren Änderungen. Regelt Anspruchsvoraussetzungen für Leistungen des Bundes, die dem genannten Personenkreis bzw. Angehörigen gewährt werden: Beschädigten- und Hinterbliebenenversorgung, Unterhaltsbeihilfe (→Häftlingshilfe).

Haftpflicht. I. Begriff: 1. *I. w. S.:* Pflicht zum →Schadenersatz. – 2. *I. e. S.:* Schadenersatzpflicht aus →unerlaubten Handlungen und →Gefährdungshaftung.

II. Rechtsgrundlagen: Das Haftpflichtrecht ist geregelt u. a. im BGB, Atomgesetz, Haftpflichtgesetz, Straßenverkehrsgesetz (für Halter eines Kraftfahrzeugs), Produkthaftungsgesetz, Umwelthaftungsgesetz, Wasserhaushaltsgesetz, Arzneimittelgesetz, Luftverkehrsgesetz. – *Anders:* →Haftung.

III. Genossenschaftsrecht: 1. Die *besondere H. der Mitglieder* als Sonderform des Einstehenmüssens für die Verbindlichkeiten der →Genossenschaft. Mit dem →Geschäftsanteil müssen sich die Mitglieder einer Genossenschaft verpflichten, im Konkursfall (→Genossenschaftskonkurs) solidarisch für die Verbindlichkeiten der Genossenschaft zu haften, soweit die →Konkursmasse diese nicht deckt. – 2. Ursprünglich nur *unbeschränkte H.,* bei der die Mitglieder mit ihrem gesamten Vermögen haften. Seit Erlaß des Genossenschaftsgesetzes von 1889 auch *beschränkte H.,* bei der die Mitglieder nur bis zu einem bestimmten Betrag haften, mindestens in Höhe des Geschäftsanteils. Die H. kann ganz auf den eingezahlten Geschäftsanteil beschränkt werden (Anteilshaftung). – 3. Die beschränkte und unbeschränkte H. besteht als →*Nachschußpflicht* der Genossenschaft gegenüber (§ 105 GenG); die Mitglieder können nicht unmittelbar von den Gläubigern zu Zahlungen herangezogen werden. Die Zahlungen an die Genossenschaft werden dann vom →Konkursverwalter an die Gläubiger verteilt (→Haftsumme II).

IV. Handelsrecht: Beschränkung der H. bei Gesellschaftsunternehmungen; vgl. im einzelnen →Kommanditgesellschaft (KG), →Gesellschaft mit beschränkter Haftung (GmbH), →Aktiengesellschaft (AG).

Haftpflichtgesetz, Gesetz i. d. F. vom 4.1.1978 (BGBl I 145), regelt einen Ausschnitt aus dem Haftpflichtrecht (→Haftpflicht). – 1. Bei *Tötung oder Verletzung eines Menschen* oder bei *Beschädigung einer Sache* a) beim Betrieb einer Schienenbahn oder einer Schwebebahn oder b) durch die Wirkungen von Elektrizität, Gasen, Dämpfen oder Flüssigkeiten, die von einer Stromleitungs- oder Rohrleitungsanlage oder Anlage zur Abgabe der bezeichneten Energien oder Stoffe ausgehen, ist der Betriebsunternehmer und der Inhaber der Anlage auch ohne Verschulden schadenersatzpflichtig. – 2. *Entlastung* u. a., a) wenn der Unfall durch →höhere Gewalt verursacht worden ist, b) bei einem Bahnbetriebsunternehmen weiter, wenn der Unfall sich innerhalb des Verkehrsraums einer öffentlichen Straße abgespielt hat (z. B. bei Bahnübergängen), durch den Nachweis, daß der Unfall auf einem →unabwendbaren Ereignis oder einem überwiegenden Mitverschulden des Verletzten beruht, c) bei Energieanlagen, wenn Schäden innerhalb eines Gebäudes oder durch oder an Energieverbrauchsgeräten entstehen (§§ 1, 2 HaftpflichtG). – 3. Schadenersatz wegen Aufhebung oder Minderung der Erwerbsfähigkeit und wegen Vermehrung der Bedürfnisse des Verletzten entweder als *Geldrente* oder *Kapitalabfindung*; jährlicher Höchstbetrag der Jahresrente von 30 000 DM für jede getötete oder verletzte Person. – 4. Ähnliche Regelungen für *Unternehmer eines gefährlichen Betriebes.* – 5. *Verjährung* der Ansprüche in drei Jahren seit Zeitpunkt, in dem der Verletzte von dem Schaden und der Person des Ersatzpflichtigen Kenntnis erlangt, spätestens in 30 Jahren von der Begehung der Handlung an. Solange zwischen den Beteiligten Verhandlungen über den zu leistenden Schadenersatz schweben, ist die Verjährung gehemmt, bis ein Teil die Fortsetzung der Verhandlungen verweigert.

Haftpflichtverbindlichkeiten, zwingen zur Bildung von →Rückstellungen für ungewisse Verbindlichkeiten (§ 249 I HGB) aus am Bilanzstichtag bereits eingetretenen, die Haftpflicht begründenden Ereignissen,

selbst wenn noch keine Ansprüche geltend gemacht worden sind oder wenn sie dem Verpflichteten erst später, jedoch bis zum Tag der Bilanzaufstellung, bekannt geworden sind.

Haftpflichtversicherung. Grundlage der H. sind die Allgemeinen Versicherungsbedingungen für die Haftpflichtversicherung (AHB). – I. Deckungsumfang: 1. Die H. gewährt dem Versicherungsnehmer in der versicherten Eigenschaft (z. B. als Betriebsinhaber, Privatperson, Tierhalter) *Versicherungsschutz* für den Fall, daß er wegen eines während der Wirksamkeit der Versicherung eingetretenen Schadenereignisses, das Tod, Verletzung oder Gesundheitsschädigung von Menschen (Personenschaden) oder Beschädigung oder Vernichtung von Sachen (Sachschaden) zur Folge hatte, für diese Folgen aufgrund gesetzlicher Haftpflichtbestimmungen privatrechtlichen Inhalts von einem Dritten auf →Schadenersatz in Anspruch genommen wird. – 2. *Erhöhungen oder Erweiterungen des versicherten →Risikos* gelten automatisch als mitversichert im Rahmen der bestehenden H. Nach Ablauf des Versicherungsjahres erfolgt eine Prämienregulierung auf Basis des tatsächlichen Risikoumfangs (z. B. Lohnsumme, Zahl der beschäftigten Personen, Anzahl der gehaltenen Tiere). In der →Umwelthaftpflichtversicherung werden Erhöhungen und Erweiterungen des Risikos nicht mitversichert. – Im übrigen unterliegen die Prämien, soweit sie nicht nach Umsatz-, Lohn- oder Bausumme berechnet werden, einer Anpassung an den Schadenbedarf durch die →Prämienanpassungsklausel. Nachträglich neu entstehende Haftpflichtrisiken werden im Rahmen der →Vorsorgeversicherung mit begrenzten Deckungssummen automatisch in die H. einbezogen, sofern innerhalb festgelegter Fristen Anzeige und Einigung über die Mitversicherung erfolgen (anders in der Umwelthaftpflichtversicherung). – Die H. *gilt nicht* für besonders schwere Risiken (z. B. Halten und Führen von Luft-, Kraft- oder Wasserfahrzeugen). – 3. Die H. *erstreckt sich,* wenn nicht anderes vereinbart ist, *nur* auf die gesetzliche →Haftpflicht (deliktische und quasideliktische Ansprüche) und Ansprüche, die sich aufgrund gesetzlicher Haftpflichtbestimmungen aus →Vertragsverhältnissen ergeben (z. B. Haftung des Beherbergungswirtes), sofern sie auf Schadenersatz gerichtet sind. Sie gilt insbes. nicht für Erfüllungsansprüche aus Verträgen. Durch besondere Vereinbarung können Vermögensschäden, die weder Personenschaden noch Sachschaden sind oder durch einen solchen entstanden sind, sowie das Abhandenkommen von Sachen in die H. eingeschlossen werden. Dies ist für die H. bestimmter Berufsgruppen (z. B. Steuerberater) sowie in der Gewässerschadenhaftpflicht von besonderer Bedeutung.

II. Ausschlüsse: 1. *Wesentliche abdingbare Ausschlüsse*: Ausschlüsse, die gegen besondere Vereinbarung und Prämienzuschlag versicherbar sind: a) Schäden, die sich im Ausland ereignen; b) Sachschäden durch allmähliche Einwirkung der Temperatur, von Gasen, Dämpfen, Feuchtigkeit und Niederschlägen, Schäden durch Schwammbildung, Erdrutsch, Überschwemmungen, Abwässer (die Mitversicherung derartiger Schäden ist für das Baugewerbe von Bedeutung); c) Schäden an fremden Sachen, die der Versicherungsnehmer gemietet, geliehen oder gepachtet hat, die Gegenstand eines besonderen Verwahrungsvertrages sind, oder an oder mit denen der Versicherungsnehmer eine berufliche oder gewerbliche Tätigkeit vornimmt (Bearbeitung, Beförderung, Reparatur und dgl.). – 2. Zu den *unabdingbaren Ausschlüssen* zählen z. B. Ansprüche wegen vorsätzlich herbeigeführter Schäden, Ansprüche bestimmter Angehöriger und mitversicherter Personen sowie Ansprüche wegen Schäden, die an den vom Versicherungsnehmer hergestellten oder gelieferten Arbeiten oder Sachen infolge einer in der Herstellung oder Lieferung liegenden Ursache entstehen.

III. Leistungen im Schadenfall: Sofern für das Schadenereignis Versicherungsschutz besteht, prüft der Versicherer die Haftung des Versicherten (einschl. Verhandlungsführung in seinem Namen) und ersetzt entweder die Entschädigung, die der Versicherte an den Anspruchsteller aufgrund eines außerordentlichen Vergleichs oder einer gerichtlichen Entscheidung zu zahlen hat einschl. der damit zusammenhängenden Kosten oder wehrt unberechtigte Ansprüche notfalls auf dem Prozeßweg ab. Die Leistung des Haftpflichtversicherers besteht also in der Freistellung des Versicherungsnehmers von berechtigten

Ansprüchen Dritter und in der Gewährung außergerichtlichen und gerichtlichen Rechtsschutzes bei unberechtigten Ansprüchen. Die Leistungspflicht je Schadenereignis ist durch vertraglich vereinbarte Versicherungssummen begrenzt. Ein →Versicherungswert fehlt in der H.; die →Versicherungssumme ist →Höchsthaftungssumme.

IV. Wichtigste Formen:→Privathaftpflichtversicherung, Berufshaftpflichtversicherung, →Betriebshaftpflichtversicherung, →Produkthaftpflichtversicherung und →Umwelthaftpflichtversicherung. (Trotz Zugehörigkeit des Betriebes zur →Berufsgenossenschaft notwendig, weil diese für Sachschäden und für Ansprüche betriebsfremder Personen nicht eintritt. Außerdem kann die Berufsgenossenschaft bei grober Fahrlässigkeit ihre gesamten Aufwendungen vom Unternehmer zurückverlangen, wenn z. B. eine der zahlreichen Unfallverhütungsvorschriften übertreten wurde). Ferner H. für Land- und Forstwirtschaft, Tierhalter-H., Grundstücks- und Bauherren-H., Vereins-H., Jagd-H. – *Sonderformen*: Vermögensschaden-H. (z. B. für Rechtsanwälte, Notare, Wirtschaftsprüfer, vereidigte Buchprüfer, Steuerberater) Pflichthaftpflichtversicherung für Kraftfahrzeuge (→Kraftverkehrsversicherung), für Luftfahrzeuge (→Luftfahrtversicherung), für Kernenergierisiken (Atom-H.), für Hersteller von Pharmazeutika (Arzneimittel-H.).

Haftsumme, Betrag, mit dem die Genossen der →Genossenschaft haften können. Die H. muß durch das →Statut bestimmt sein; sie darf für den einzelnen Genossen nicht niedriger sein als sein →Geschäftsanteil. Eine H. entfällt bei Genossenschaften ohne Haftpflicht; bei Genossenschaften mit unbeschränkter Haftpflicht haften die Genossen mit ihrem ganzen Vermögen. – Vgl. auch →Haftsummenzuschlag.

Haftsummenzuschlag, bei →Kreditgenossenschaften haftendes Eigenkapital im Sinne des KWG. Der H. trägt der zusätzlich zur Zahlung des →Geschäftsanteils übernommenen →Nachschußpflicht Rechnung. Gemäß § 10 KWG sind bei Genossenschaften die →Geschäftsguthaben und die Rücklagen zuzüglich eines vom Bundesfinanzminister zu bestimmenden H. haftendes Eigenkapital. Der H. durfte bis 1985 50% der Geschäftsguthaben zuzüglich der Rücklagen nicht übersteigen; dieser Anrechnungsprozentsatz sinkt gemäß Verordnung vom 20.12.1984 jährlich um 2,5% auf letztlich 25% ab 1995. – Der H. wirkt stark auf die *Geschäftspolitik* der Kreditgenossenschaften. Auch im 3. Gesetz zur Änderung des KWG (1984) ist die Regelung beibehalten. Eine ähnliche Regelung wurde trotz entsprechenden Vorschlags des Bundesrats nicht in das Gesetz aufgenommen. Die Regelung des § 10 KWG ist verfassungsrechtlich umstritten für Sparkassen.

Haftung. I. Bürgerliches Recht: 1. *Allgemeine H.*: Grundsätzlich nur H. für eigenes →Verschulden, ausgenommen die H.: a) für →Erfüllungsgehilfen; b) für →Verrichtungsgehilfen; c) des Inhabers einer Fabrik, eines Bergwerks, eines Steinbruchs oder einer Grube für das Verschulden seiner Bevollmächtigten, Repräsentanten und Aufsichtspersonen (→gefährliche Betriebe); d) bei Gefährdungshaftungstatbeständen, z. B. Tierhalter. – 2. *Besondere H.*: a) *H. der öffentlichen Körperschaften* für Amtspflichtverletzungen ihrer Bediensteten gemäß Art. 34 GG, § 839 BGB. Vgl. im einzelnen →Amtshaftung. b) *H. der Eisenbahn*: (1) *Frachtverkehr*: Rechtsgrundlagen §§ 88–92 EVO und Internationales Übereinkommen über den Eisenbahnfrachtverkehr (Art. 27–38). Außerdem Haftungsbestimmungen in BGB und HGB, soweit die EVO keine Sonderregelung vorsieht. Höhe der Entschädigung zu berechnen nach dem Börsenpreis, Marktpreis oder dem gemeinen Wert; im nationalen und internationalen Verkehr beschränkt. Außerdem Ersatz der anteilmäßigen Fracht, der Zölle, Steuern und sonstigen Kosten. Die vertragliche H. der Bahn tritt ohne Rücksicht auf Verschulden ein. Die Bahn kann sich im Gegensatz zum Landfrachtführer nicht durch den Nachweis der Sorgfalt eines ordentlichen Frachtführers entlasten. (2) *Personenverkehr*: Vgl. →Haftpflicht. c) *H. der Deutschen Bundespost*: Die H. der Deutschen Bundespost für die Teilbereiche Deutsche Bundespost POSTDIENST und für die Deutsche Bundespost POSTBANK richtet sich nach den §§ 11–24 des Postgesetzes i. d. F. vom 3.7.1989 (BGBl I 1449). Die Deutsche Bundespost POSTDIENST haftet dem Absender für den Verlust von eingeschriebenen Briefsendungen in Höhe von 50 DM je Sendung, für Schäden, die durch den Verlust oder die Beschädigung

von gewöhnlichen Paketen entstehen in Höhe des unmittelbaren Schadens bis zum Höchstbetrag von 1000 DM je Sendung, für Schäden, die durch den Verlust oder die Beschädigung von Sendungen mit Wertangabe entstehen, in Höhe des unmittelbaren Schadens bis zum Betrag der Wertangabe. Sie haftet in diesen Fällen auch dann, wenn ein Verschulden ihrer Beschäftigten nicht vorliegt (§ 12 II – V). Haftungsbeschränkungen und Ausschlüsse in § 12 I und § 14 PostG. Im Geldübermittlungsdienst haftet die Deutsche Bundespost POSTDIENST dem Absender dafür, daß ein eingezahlter Betrag ordnungsgemäß ausgezahlt oder auf einem Postgirokonto ordnungsgemäß gutgeschrieben wird. Dasselbe gilt für einen Zahlungsanweisungsbetrag. Entsprechendes gilt für den Nachnahmebetrag und den Postprotestauftrag (§ 15 PostG). Weitere Regelungen für die H. im Postauftragsdienst, im Postzeitungsdienst und für unrichtige Auskünfte in §§ 16, 17 und 21 PostG. Die H. der Deutschen Bundespost POSTBANK für Schäden im Postgirodienst und im Postsparkassendienst regelt sich nach §§ 19, 20 PostG. – Für Schäden, die ein Kunde oder sonstiger Beteiligter aufgrund der Inanspruchnahme von Monopoldienstleistungen der Deutschen Bundespost TELEKOM erleidet, haftet die Deutsche Bundespost TELEKOM aus Vertrag oder unerlaubter Handlung im Falle 1) der Tötung oder Verletzung des Körpers oder der Gesundheit, wenn der Schaden von der Deutschen Bundespost TELEKOM oder einem Erfüllungs- oder Verrichtungsgehilfen vorsätzlich oder fahrlässig verursacht worden ist, ebenso bei Beschädigung einer Sache sowie eines Vermögensschadens, wenn letzterer von dem Leiter eines Fernmeldeamtes, dem Leiter oder Bereichsleiter einer Mittelbehörde oder einem Vorstandsmitglied der Deutschen Bundespost TELEKOM vorsätzlich oder grob fahrlässig verursacht worden ist. Haftungsbegrenzung bei Sach- und Vermögensschäden je Schadenfall auf 12000 DM, höchstens 10 Mill. DM je schadensverursachende Handlung. Keine Haftungsbegrenzung bei Beweis vorsätzlicher Schadensverursachung oder wenn Sachschaden bei betriebsfähiger Bereitstellung, Instandhaltung, Prüfung etc. des Netzes entstanden ist (vgl. §§ 17, 18 der Telekommunikationsverordnung vom 24.6.1991 (BGBl I 1376)). d) *H. bei Verkehrsunfällen*: Grundsätzlich für

Fahrer und Halter bei Verschulden; im übrigen trifft den Halter die →Gefährdungshaftung.

II. Steuerrecht: 1. *Grundlagen*: In Übereinstimmung mit dem Privatrecht bedeutet H. auch im Steuerrecht, für Schulden einstehen zu müssen, dem Zugriff der Vollstreckungsbehörde zu unterliegen. H. im Steuerrecht ist regelmäßig persönliche H. für fremde Schuld (Fremdhaftung), in Ausnahmefällen auch Sachhaftung. – 2. *Haftungstatbestände*: Steuerlich relevante Haftungstatbestände finden sich in der Abgabenordnung, den Einzelsteuergesetzen, im Zivil- und Handelsrecht. Es haften: a) Dritte, die bei der Entrichtung der Steuer für den Schuldner kraft Gesetzes mitzuwirken haben, für die einzubehaltende und zu entrichtende Steuer (z. B. Arbeitgeber, § 42d I EStG; Kapitalgesellschaften, § 44 V 1 EStG; Versicherungsunternehmen, § 20 VI ErbStG, § 7 I 2 VersStG); b) gesetzliche Vertreter, Geschäftsführer, Vermögensverwalter und Verfügungsberechtigte, soweit Ansprüche aus dem Steuerschuldverhältnis wegen vorsätzlicher und grob fahrlässiger Pflichtverletzung nicht oder nicht rechtzeitig festgesetzt oder erfüllt werden (§§ 69 i. V. mit 34 und 35 AO); c) Vertretene unter bestimmten Voraussetzungen für durch →Steuerhinterziehung oder leichtfertige →Steuerverkürzung verkürzte Steuern oder zu Unrecht gewährte Steuervorteile (§ 70 AO); d) Steuerhinterzieher und Steuerhehler für die verkürzten Steuern, die zu Unrecht gewährten Steuervorteile und die Hinterziehungszinsen (§ 71 AO); e) wer vorsätzlich oder grob fahrlässig die Pflicht zur Kontenwahrheit verletzt, soweit dadurch die Verwirklichung von Steueransprüchen beeinträchtigt wird (§ 72 AO); f) die Organgesellschaft für bestimmte Steuern des Organträgers (§ 73 AO); g) an einem Unternehmen wesentlich beteiligte Personen für betriebliche Steuern des Unternehmens (§ 74 AO); h) Betriebsübernehmer für betriebliche Steuern und Steuerabzugsbeträge (§ 75 AO); i) Waren, die einer Verbrauchsteuer oder einem Zoll unterliegen (§ 76 AO); j) Erben für Nachlaßverbindlichkeiten nach den Vorschriften des bürgerlichen Rechts (§ 45 II AO). Die zivilrechtlichen und handelsrechtlichen Haftungsvorschriften bleiben unberührt, sie sind neben den steuerrechtlichen Vorschriften anwendbar. Vgl. z. B. zur Haftung bei Vermögensübernahme § 419 BGB oder zur Haftung bei Geschäftserwerb § 25 HGB →Veräußerung. – 3. *Haftungsfolgen*: a) Der Haftungsanspruch ist ein Anspruch aus dem →Steuerschuldverhältnis (§ 37 AO), er entsteht, sobald der Tatbestand verwirklicht ist, an den das Gesetz die Haftung knüpft (§ 38 AO). Der Haftungsschuldner ist →Gesamtschuldner (§ 44 I AO). b) Der Haftungsschuldner haftet grundsätzlich für die gesamte Steuerschuld unbeschränkt. Haftungsbeschränkungen bestehen für wesentlich Beteiligte (H. nur mit den eigenen Gegenständen, die dem Unternehmen dienen (§ 74 AO)), Betriebsübernehmer (H. nur mit dem Bestand des übernommenen Vermögens, Haftung nur für betriebsbedingte Steuern (GewSt, Ust.), sowie zeitliche Beschränkungen (§ 75 AO)). c) Der Haftungsschuldner kann durch Haftungsbescheid in Anspruch genommen werden (Opportunitätsprinzip, § 191 I 1 AO). Ein Haftungsbescheid kann grundsätzlich nicht mehr ergehen, wenn die Steuerfestsetzung nicht erfolgt ist und wegen Fristablauf nicht mehr erfolgen kann, wenn die festgesetzte Steuer verjährt (§ 191 V AO) oder erlassen wurde (§ 191 V AO). Gegen den Haftungsbescheid ist – trotz Ermessen der Finanzbehörde – der →Einspruch gegeben (§ 348 I Nr. 4 AO). d) Der Haftungsschuldner darf grundsätzlich nur dann in Anspruch genommen werden, wenn die Vollstreckung in das bewegliche Vermögen des Steuerschuldners erfolglos war oder aussichtslos erscheint (§ 219 AO).

III. Arbeitsrecht: 1. *H. des Arbeitgebers*: a) *Beschränkte H. für Personenschäden des Arbeitnehmers* (§ 636 RVO): Für Personenschäden (alle Schäden aus Tötung und Verletzung) bei Arbeitsunfällen haftet der Arbeitgeber dem Arbeitnehmer, seinen Angehörigen und Hinterbliebenen nur bei Vorsatz und Unfällen im allgemeinen Verkehr (zu dem wird Werkverkehr nicht gerechnet); die Regelung betrifft Personenschäden einschl. des immateriellen Schadens (Schmerzensgeld nach § 847 BGB). – Grund der Regelung ist, daß der Arbeitgeber allein die Beiträge zur →Unfallversicherung trägt und deshalb von jedem zusätzlichen Risiko befreit sein soll (Unternehmerprivileg). – Zivilrechtliche *Rückgriffsansprüche der Sozialversicherungsträger*, die bei Arbeitsunfällen Leistungen gewährt haben, gegen den Arbeitgeber, wenn er den

Arbeitsunfall vorsätzlich oder grob fahrlässig herbeigeführt hat (§ 640 RVO). b) *H. für Sachschäden des Arbeitnehmers*: Werden bei einem Arbeitsunfall eingebrachte Sachen des Arbeitnehmers beschädigt (z. B. Kleidung), richtet sich die Ersatzpflicht des Arbeitgebers nach der *allgemeinen Verschuldenshaftung* (vgl. I 1) aus Vertragsverletzung und unerlaubter Handlung. – Auch *ohne Verschulden* hat der Arbeitgeber Schäden an Sachen des Arbeitnehmers zu ersetzen, die bei der Arbeit entstanden sind, es sei denn, die Schäden gehören zum allgemeinen Lebensrisiko des Arbeitnehmers oder sind durch das →Arbeitsentgelt abgegolten (§ 670 BGB). Z. B. hat der Arbeitgeber den Schaden am arbeitnehmereigenen Kfz auf Dienstfahrten zu ersetzen, wenn er ohne Einsatz des Kfz des Arbeitnehmers ein eigenes Fahrzeug einsetzen und damit dessen Unfallgefahr tragen müßte. – *Mitverschulden des Arbeitnehmers* entsprechend § 254 BGB zu berücksichtigen. – 2. *H. des Arbeitnehmers*: a) *H. gegenüber dem Arbeitgeber*: (1) Fügt der Arbeitnehmer bei Erfüllung des →Arbeitsvertrages dem Arbeitgeber *schuldhaft* einen Schaden zu, haftet er nach den Grundsätzen über die →positive Vertragsverletzung und u. U. (bei Eigentumsverletzung) wegen →unerlaubter Handlung nach Maßgabe der §§ 823 ff. BGB. (2) Im Arbeitsverhältnis wird die Verschuldungshaftung des BGB den modernen Verhältnissen nicht gerecht. Durch geringes Verschulden können Arbeitnehmer, die mit immer höheren Vermögenswerten zu tun haben, einen sehr großen Schaden verursachen. Nach der Rechtsprechung ist die *H*. wegen der →Fürsorgepflicht des Arbeitgebers bzw. dem →Betriebsrisiko des Arbeitgebers *bei →gefahrgeneigter Arbeit* beschränkt: (a) *leichteste Fahrlässigkeit*: keine H.; (b) *Vorsatz* und *grobe Fahrlässigkeit*: grundsätzlich volle H.; (c) *mittlere Fahrlässigkeit*: Schadensteilung unter Abwägung von Verschulden des Arbeitnehmers und Betriebsrisiko des Arbeitgebers. b) *H. unter Arbeitskollegen*: Ist ein Arbeitsunfall durch einen im gleichen Betrieb tätigen Arbeitnehmer bei betrieblicher Tätigkeit verursacht worden, haftet er für einen Personenschaden nur, wenn er den Unfall vorsätzlich herbeigeführt hat (§ 637 RVO), vgl. →Unfallversicherung I 9. c) *H. gegenüber Dritten* (nicht Angehörige desselben Betriebs): Der Arbeitnehmer haftet gegenüber diesen nach den allgemeinen

Vorschriften über die unerlaubten Handlungen. – Im Innenverhältnis von Arbeitgeber und -nehmer können die Schäden Dritter nicht anders behandelt werden als Schäden des Arbeitgebers. Der Arbeitnehmer hat daher einen Freistellungsanspruch gegen den Arbeitgeber bei gefahrgeneigter Arbeit und leichter Fahrlässigkeit.

IV. Wettbewerbsrecht: Bei →unlauterem Wettbewerb richtet sich der →Unterlassungsanspruch ohne jede Entlastungsmöglichkeit auch gegen den Geschäftsinhaber (§ 13 III UWG), wenn die unzulässigen Handlungen in einem geschäftlichen Betrieb von einem Angestellten oder Beauftragten vorgenommen werden.

V. Außenwirtschaftsrecht: Die persönliche H. kann verschiedene Zollbeteiligte treffen. Außerdem haften die zollbaren Waren ohne Rücksicht auf die Rechte Dritter – beispielsweise des gutgläubigen Erwerbers unverzollter Waren – für den Betrag des darauf ruhenden Zolls (dingliche H. nach § 121 AO). Persönliche H. bedeutet die Verpflichtung zur Bezahlung der Zollschuld, dingliche H. die Möglichkeit, die Waren zur Befriedigung der Zollforderungen heranzuziehen.

VI. Handelsrecht: Vgl. →Schuldenhaftung, →globale Unternehmenshaftung.

VII. Konkursordnung: Vgl. →Konkursverwalter.

Haftungsausschluß, vertragliche Abmachung, die eine nach dem Gesetz begründete →Haftung (z. B. Sachmängelhaftung, Rechtsmängelhaftung, Schadenersatzpflicht) ausschließt. H. ist zulässig, soweit →Vertragsfreiheit reicht. Haftung für →Vorsatz kann nicht ausgeschlossen werden, wohl aber für →Fahrlässigkeit und für das (auch vorsätzliche) Verhalten der →Erfüllungsgehilfen (§§ 276, 278 BGB). Mitunter stillschweigender H. beim →Handeln auf eigene Gefahr. – *Allgemeine Geschäftsbedingungen* (AGB), z. B. die der Banken, enthalten oft mehr oder weniger weitgehenden H. Unwirksam ist in AGB jedoch ein H. oder eine Begrenzung der Haftung für einen Schaden, der auf einer grob fahrlässigen Vertragsverletzung des Verwenders oder auf einer vorsätzlichen oder grob fahrlässigen Vertragsverletzung eines gesetzlichen Vertreters oder Erfüllungsgehilfen des Verwenders beruht. Entsprechendes auch bei Schäden aus der Verletzung von Pflichten bei den Vertragsverhandlungen.

Haftungsbescheid, →Verwaltungsakt, in dem ein Geldbetrag als Haftungsschuld für die Erfüllung einer fremden Steuerschuld gegenüber dem Haftungsschuldner festgesetzt wird (§ 191 I AO). Der H. ist ein Ermessensverwaltungsakt. Gegen den H. ist der →Einspruch gegeben (§ 348 I Nr. 4 AO).

Haftungsgenossenschaft, →Genossenschaft, die bürgschaftsähnliche Haftung für die ihren Genossen von Dritten gewährten Kredite übernimmt. Die H. kann sich auch selbst die Mittel von Dritten beschaffen und im eigenen Namen an ihre Mitglieder ausleihen.

Haftungszuschlag, Eigenkapitalsurrogat, das im Vorfeld der dritten Novellierung des Kreditwesengesetzes von den Sparkassen im Hinblick auf die unbegrenzte Haftung des Gewährträgers (Gemeinde/Land) für eventuelle Verluste einer Sparkasse zur Erhöhung des bilanziellen Eigenkapitals gefordert wurde. Die Einräumung eines H. hätte ohne Zahlungsvorgang das vorhandene Eigenkapital einer Sparkasse und damit die Kreditvergabemöglichkeit erhöht. Ein H. wurde jedoch nicht als haftendes Eigenkapital i. S. des § 10 KWG zugelassen (→Eigenkapital).

Hagelversicherung, Versicherungsschutz für versicherte Sachen, die durch die Einwirkung des Hagelschlags zerstört oder beschädigt werden. – *Vorkommen:* a) H. für Bodenerzeugnisse: Als versichert gilt der Schaden durch Hagel, nicht auch durch begleitenden Wind, Regen o. ä. Alle wirtschaftlich nutzbaren Pflanzenteile sind versichert, auch wenn schon vom Boden getrennt. Wegen erheblicher Schwankungen im Schadenverlauf vorzugsweise langjährige Vertragsdauer, außerdem →Selbstbeteiligung (Franchise) des Versicherungsnehmers. b) Im Rahmen der →Glasversicherung: für Glasdächer, Fabrikfenster, Treib- und Gewächshausfenster. c) Als Annex zur →Sturmversicherung. d) In der →EC-Versicherung. e) In der →Elementargefahrenversicherung.

Hagen-Argument, →Protektionismus.

Haiti, *Republik Haiti.* Das Staatsgebiet umfaßt das westliche Drittel der Antillenin-

sel Hispaniola sowie die Inseln Gonave, Tortue, Ile-à-Vache und Grande Cayenite. – *Fläche:* 27 750 km². – *Einwohner (E):* (1987) 6,37 Mill. (199 E/km²); 90% sind Afroamerikaner. – *Hauptstadt:* Port-au-Prince (1986: 800 000 E); weitere wichtige Städte: Cap-Haitien, Gonaives, Les Cayes, Port-de-Paix, Jérémie, Saint Marc. – Unabhängig seit 1804. Präsidiale Republik. Verfassung (von 1957) wurde 1986 außer Kraft gesetzt. 1991 Sturz des in den ersten freien Präsidentschaftswahlen im Dezember 1990 gewählten katholischen Priesters Jean-Bertrand Aristide. Im Juni 1992 Wahl des konservativen Politikers Marc Barin zum neuen Ministerpräsidenten. H. ist in 9 Départements und 27 Arrondissements eingeteilt. – *Amtssprache:* Französisch, Krèyól.

Wirtschaft: H. zählt zu den ärmsten Entwicklungsländern. – *Landwirtschaft:* Der landwirtschaftlichen Produktion steht etwa ein Drittel der Landesfläche zur Verfügung. Knapp drei Viertel der Bevölkerung sind in diesem Wirtschaftszweig beschäftigt, der aber den Eigenbedarf des Landes nicht decken kann. Neben den tektonischen und klimatischen Bedingungen, die die Bodennutzung erschweren, verfügen 71% aller Betriebe nur über eine Fläche bis zu 1,3 ha. Mit primitiven Mitteln produzieren diese Kleinbauernbetriebe Mais, Reis, Bohnen, Obst und Gemüse, vorwiegend für den Eigenbedarf. Meist in ausländischem Besitz befindliche Großplantagen kultivieren Kaffee, Kakao, Sisal, Zuckerrohr und Bananen. – Die Viehwirtschaft zielt vornehmlich auf die Deckung des einheimischen Bedarfs ab. – *Forstwirtschaft:* Ein Aufforstungsprogramm soll der Bodenerosion in Folge von Raubbau und Rodung entgegenwirken. Geringe Bestände von Edelhölzern. – *Bergbau und Industrie:* Der Bergbau spielt nur eine untergeordnete Rolle. Der Bauxitabbau wurde 1983 eingestellt. – Die Verlagerung lohnintensiver US-Industrien (Bekleidung, Montage von Elektroartikeln) nach H. bewirkte eine positive Entwicklung des Industriesektors, der bis dahin lediglich eine Zementfabrik, eine Getreidemühle, vier Zuckerfabriken, eine Speiseölfabrik und ein kleines Stahlwerk aufzuweisen hatte. Außerdem wichtig ist der *Fremdenverkehr.* – *BSP:* (1989) 2256 Mill. US-$ (400 US-$ je E). – *Öffentliche Auslandsverschuldung:* (1988) 27,3% des BSP: – *Inflationsra-*

te: (Durchschnitt 1980–88) 7,9%. – *Export*: (1988) 207 Mill. US-$, v. a. Erzeugnisse der Verarbeitenden Industrie, Agrarprodukte. – *Import*: (1988) 300 Mill. US-$, v. a. Nahrungsmittel, Maschinen und Fahrzeuge, industrielle Konsumgüter. – *Handelspartner*: USA (bis 50%), EG-Länder.

Verkehr: Von den 4000 km *Straßen* weist nur ein Teil eine feste Decke auf. Ausbau des Straßennetzes wird staatlich gefördert. – *Keine* dem öffentlichen Verkehr dienenden *Eisenbahnlinien*, nur Werk- und Plantagenbahnen. – Trotz Insellage nur eine unbedeutende *Handelsflotte*. Regelmäßiger Seeverkehr mit den USA und Europa. Wichtigster *Überseehafen*: Port-au-Prince. – Zunehmende Bedeutung gewinnt der *Luftverkehr*. Der inländische Luftverkehr, der von der nationalen *Fluggesellschaft* COHATA durchgeführt wird, spielt eine untergeordnete Rolle.

Mitgliedschaften: UNO, CCC, SELA, UNCTAD u. a.

Währung: 1 Gourde (Gde.) = 100 Centimes; daneben ist der US-$ gesetzliches Zahlungsmittel.

halbbarer Zahlungsverkehr, *bargeldsparender Zahlungsverkehr,* →Zahlungsverkehr unter teilweiser Verwendung von Bargeld; Zwischenstufe zwischen dem baren (→Barzahlung) und unbaren Zahlungsverkehr (→bargeldloser Zahlungsverkehr). H. Z. liegt vor, wenn der Zahlungspflichtige oder Zahlungsempfänger einer Zahlung ein Konto besitzt, der jeweilige Zahlungspartner aber Bargeld erhält oder einzahlt.

Halbbelegung, *Halbdeckung.* 1. *Begriff* der gesetzlichen Rentenversicherung: a) Die H. *ist erfüllt,* wenn die Zeit vom Kalendermonat des Eintritts in die Versicherung bis zum Kalendermonat des Versicherungsfalls mindestens zur Hälfte, jedoch nicht unter 60 Monaten, mit Beiträgen für eine rentenversicherungspflichtige Beschäftigung oder Tätigkeit belegt ist (§ 1259 RVO, § 36 AVG, § 58 RKG). Der Kalendermonat des Eintritts in die Versicherung und der des Versicherungsfalls werden nicht mitgerechnet, jedoch die hierfür entrichteten Pflichtbeiträge. Bei der Ermittlung der Anzahl der Kalendermonate bleiben in diese Zeit fallende →Ersatzzeiten, →Kindererziehungszeiten vor dem 1.1.1986, →Ausfallzeiten und Zeiten des Rentenbezugs unberück-

sichtigt. – b) Die H. *gilt auch als erfüllt* bei Personen, bei denen die Zeit vom 1.1.1973 bis zum Versicherungsfall zur Hälfte, jedoch mindestens mit 60 Monaten, mit Pflichtbeiträgen belegt ist. – 2. *Wirkungen*: Nur wenn die H. erfüllt ist, können Ausfallzeiten angerechnet werden. Die H. ist auch erforderlich für die Anrechnung von Ersatzzeiten in bestimmten Fällen (§ 1251 RVO, § 28 AVG) und Zurechnungszeiten (§ 1260 RVO, § 37 AVG). – 3. Die H. ist nach Inkrafttreten des SGB VI zum 1.1.1992 für Versicherungsfälle ab diesem Zeitpunkt nicht mehr erforderlich. Die beitragsfreien Zeiten werden im Rahmen der Gesamtleistungsbewertung (§ 71 SGB VI) entsprechend dem individuellen Versicherungsverlauf bewertet und angerechnet. Damit entfällt das „Alles-oder-Nichts-Prinzip" der H.

Halbdeckung, →Halbbelegung.

halbduplex, Art der→Datenübertragung, bei der abwechselnd Daten in beide Richtungen über das Medium übertragen werden können. – *Gegensatz*: (voll-)→duplex.

Halberzeugnisse, →unfertige Erzeugnisse.

Halbfamilie, →Kernfamilie.

halbformale Spezifikation, im →Software Engineering eine Methode der →Spezifikation, bei der die Aufgaben eines →Softwaresystems oder eines →Moduls teils verbal, teilweise formalisiert, definiert werden.

Halbjahreseinzelkosten, →Periodeneinzelkosten.

Halbleiterschutzgesetz, Gesetz vom 22.10.1987 (BGBl I 2294); führt ein „begrenztes Patentrecht" für Mikrochips ein, das zu einem Nachbildungs- und Verwertungsverbot führen kann.

Halbleiterspeicher, *monolithischer Speicher,* durch Halbleiterschaltungen auf einem →Chip realisierter →Speicher. – Patentrechtlicher Schutz durch Halbleiterschutzgesetz vom 22.10.1987 (BGBl I 2294) und HalbleiterschutzanmeldeVO vom 4.11.1987 (BGBl I 2361). – Vgl. auch →Speicherchip.

Halbselbstbedienung →Selbstauswahl.

Halbteilungsgrundsatz, →Kirchensteuer 2 c).

Halo-Effekt, Störeffekt bei der Einstellungs- und Imagemessung. Die Versuchspersonen lassen sich bei ihrer Einschätzung verschiedener Produkte von übergeordneten Sachverhalten bzw. einem bereits gebildeten Qualitätsurteil (z. B. die Einstellung zu bayerischem Bier wird von der Einstellung zu Bayern dominiert) bzw. von der Beantwortung vorher gestellter Fragen (→Ausstrahlungseffekte) leiten.

Halsey-Lohn, von Halsey entwickeltes Prämienlohnsystem (→Prämienlohn). Der H.-L. bietet →garantierten Mindestlohn, der einer normalen Stückzeit entspricht. Unterschreitet der Arbeiter die normale Stückzeit, dann wird ihm die ersparte Zeit nicht voll honoriert, sondern z. B. nur 1/3 oder 1/2 der Zeitersparnis. Der Rest der ersparten Zeit (2/3 oder 1/2) kommt dem Betrieb zugute (Teilungslohn). Bei Überschreitung der Normalzeit trägt das Unternehmen den Mehraufwand für das vereinbarte Arbeitsentgelt. Im Gegensatz zum →Rowan-Lohn hängt hier die Prämie nicht von der prozentualen, sondern von der absoluten Zeitersparnis ab, wodurch die Prämienkurve nicht degressiv, sondern linear verläuft.

Halter eines Kraftfahrzeuges, *Kraftfahrzeughalter,* Begriff des Straßenverkehrsrechts für diejenige natürliche oder juristische Person oder Gesellschaft, die für eigene Rechnung ein →Kraftfahrzeug in Gebrauch hat und diejenige Verfügungsgewalt darüber besitzt, die ein solcher Gebrauch voraussetzt (also nicht notwendig der Eigentümer). H. ist u. a. verpflichtet, für die Instandhaltung des Kfz, besonders für seine →Betriebssicherheit zu sorgen und eine →Kfz-Haftpflichtversicherung abzuschließen. Er unterliegt einer besonderen, als →Gefährdungshaftung ausgestalteten →Kraftfahrzeughaftung.

Halterhaftung bei Verkehrsordnungswidrigkeiten, kann in einem Bußgeldverfahren wegen eines Halt- oder Parkverstoßes der Führer des Kraftfahrzeugs, der den Verstoß begangen hat, nicht vor Eintritt der Verfolgungsverjährung ermittelt werden oder würde seine Ermittlung einen unangemessenen Aufwand erfordern, so werden dem Halter des Kraftfahrzeugs oder seinem Beauftragten die Kosten des Verfahrens auferlegt (§ 25 a StVG). Mit dieser Regelung soll der Einlassung des Halters im Bußgeldverfahren, er wisse nicht, wer den Parkverstoß begangen habe, Einhalt geboten werden.

Halte- und Bordezeichen, Zeichen, mit denen Zollboote, Zollflugzeuge und Zollansageposten in den Gewässern und Watten zwischen der Hoheitsgrenze und der Zollgrenze an der Küste, den vom →Zollgebiet ausgeschlossenen Küstengewässern, dem →Zollgrenzbezirk und den der →Grenzaufsicht unterworfenen Gebieten verlangen, daß Schiffsführer halten oder das Borden ermöglichen (§§ 17, 143 AZO). Die festgelegten Zeichen sind in der Anlage 4 zur AZO aufgeführt. – Vgl. auch →Zollzeichen.

Hamburger Börse, (Hanseatische Wertpapierbörse Hamburg), bestehend aus folgenden Einzelbörsen: (1) *Allgemeine Börse,* die dem Abschluß von Handelsgeschäften mit Waren und Dienstleistungen aller Art dient, soweit nicht für bestimmte Waren und Dienstleistungen besondere Börsen bestehen; (2) *Hanseatische Wertpapierbörse Hamburg,* die dem Abschluß von Handelsgeschäften in Wertpapieren und ihnen gleichstehenden Rechten, Zahlungsmitteln aller Art, Wechseln und Edelmetallen dient; (3) *Hamburger Getreidebörse,* die dem Abschluß und der Vermittlung von Handelsgeschäften mit Getreide, Ölsaaten, Futtermitteln, Hülsenfrüchten, Saatgut und verwandten Artikeln, dem Abschluß und der Vermittlung von damit zusammenhängenden Dienstleistungsgeschäften sowie der Information dient; (4) *Hamburger Kaffeebörse,* die dem Abschluß und der Vermittlung von Handelsgeschäften mit Rohkaffee dient; (5) *Hamburger Versicherungsbörse,* die dem Abschluß und der Vermittlung von Versicherungsgeschäften und damit zusammenhängenden Dienstleistungsgeschäften sowie der Information dient. – *Träger*: Die Wertpapierbörse wird vom Verein der Mitglieder der Wertpapierbörse in Hamburg unterhalten und betrieben. Die Mitgliedschaft in diesem Verein kann von Firmen erworben werden, die in Hamburg oder an einem im norddeutschen Wirtschaftsbezirk gelegenen Platz als Hauptgewerbe das Bank- oder Sparkassengewerbe oder das Gewerbe eines Wertpapier- bzw. Devisenmaklers betreiben und zum Börsenbesuch zugelassen sind. Voraussetzung ist, daß die Firma in das Handelsregister oder Genossenschaftsregister eingetragen ist oder daß es sich bei ihr um ein Kreditinstitut des öffentlichen Rechts handelt. – *Organisation*: Der *Vorstand* der Wertpapierbörse besteht aus 14 Vertretern des Bankgewerbes, zwei Kursmaklern, einem freien Makler, einem Vertreter der Händlerschaft sowie je einem Vertreter der Wertpapieraussteller, der Wertpapieranleger und der Kapitalsammelstellen. Die *Kursmakler* an der Hanseatischen Wertpapierbörse werden durch den Senat der Freien und Hansestadt Hamburg bestellt. Der Vorstand der Kursmaklerkammer übt die Aufsicht über die Kursmakler aus und überwacht die amtliche Kursfeststellung. – Für die *Neueinführung von Wertpapieren* in den amtlichen Handel ist ein Mindestbetrag vorgeschrieben. – Die *Kursfeststellung* erfolgt durch die Kursmakler aufgrund der von ihnen vermittelten Geschäfte. Für alle Papiere, Aktien wie festverzinsliche Werte, werden Einheitskurse und fortlaufende Kurse, die jeweiligen Schwankungen wiedergeben, festgestellt. Dadurch soll erreicht werden, daß alle Ereignisse, die während der Börsenzeit bekannt werden, ihren Einfluß auf die Kursgestaltung ausüben können. Ende 1991 waren an der H. B. 85 Kreditinstitute, 17 Kursmakler und 14 freie Makler zugelassen.

Hamburger Methode der Netzplantechnik, →HMN.

Hamburgisches Welt-Wirtschafts-Archiv, →HWWA – Institut für Wirtschaftsforschung.

Handblatt, bei den →Grundakten befindlicher Vordruck, der die wörtliche Wiedergabe des betreffenden Grundbuchblatts (→Grundbuch) enthält.

Handel. I. Begriff: Verschiedene Ausprägungen. – 1. Ausgehend von der Aufgabe, der Tätigkeit wird der gesamte Güteraustausch in einer *Volkswirtschaft* als H. im *funktionellen* Sinn bezeichnet (H. = Absatz- oder →Distributionswirtschaft). Die Frage, welche Institutionen die →Handelsfunktionen wahrnehmen, bleibt bei dieser Begriffsabgrenzung unbeantwortet. Neben dieser gesamtwirtschaftlichen ist auch eine *einzelwirtschaftliche* Interpretation des funktionalen H.-Begriffs möglich: Danach

wird als H. die gesamte beschaffungs- und absatzwirtschaftliche Tätigkeit einer Unternehmung bezeichnet. – 2. Enger als der funktionale ist der *institutionale* Handelsbegriff: Dieser umfaßt *alle* Institutionen, die ausschließlich oder überwiegend H. im funktionellen Sinn betreiben, d. h. die hauptamtlich Waren, an denen mit Ausnahme geringfügiger Veredelungs- und Pflegeleistungen keine grundsätzlichen produktionstechnischen Veränderungen vorgenommen wurden, kollektieren und distribuieren. – 3. Die *exakte Begriffsabgrenzung* bereitet manchmal Schwierigkeiten: So beim Handwerkshandel und bei H.sbetrieben, die eigene Produktionsstätten angegliedert haben oder viele →Handelsmarken und →No-name-Produkte führen. – 4. Beide Begriffsinterpretationen stellen in erster Linie auf den Austausch von *Sachgütern* (→Warenhandel) ab. Andere Gegenstände, wie Dienstleistungen, Immobilien, Geld, Rechte (auf Güter oder Immobilien) sowie Informationen (v. a. in ihrer hochkonzentrierten, gespeicherten Form als Software), die ebenfalls gehandelt werden, bleiben unberücksichtigt. Schließlich werden andere zentrale Tätigkeiten, die H.sbetriebe mit der Warendistribution stets gleichzeitig erbringen, zu wenig betont (z. B. Markterschließung für Hersteller und Konsumenten, vielfältige Beratung und zusätzlich erbrachte sonstige Dienstleistungen). Weiterhin sind H.sbetriebe für viele Menschen ein Ort der Kommunikation mit der regionalen Umwelt und der persönlichen Erlebnisse (nicht nur der Konsumerlebnisse). Es ist daher für das Verständnis der Tätigkeit von H.sbetrieben wichtig, zu beachten, daß sie ihr Warenangebot stets mit weiteren Leistungen kombinieren, um so die Waren ökonomisch konsumreifer zu machen.

II. Kritik: Die Tätigkeit des H. ist schon seit Jahrhunderten Anlaß für Kritik. Dem H. wird vorgeworfen, er sei unproduktiv und bereichere sich zu Lasten der Produzenten und Konsumenten, indem er die Waren unnötig verteuere und zu hohe Anteile der →Distributionsspanne für sich beanspruche. François Quesney hat in seinem „Tableau économique" (1760) mit der Einordnung des H. in die „sterile Klasse" den *Produktivitätsstreit* ausgelöst, dessen Ergebnis u. a. die Entwicklung von verschiedenen Zusammenstellungen der →Handelsfunktionen zur Rechtfertigung der H.stätigkeiten war. Diese Auseinandersetzung lebt heute in der wettbewerbspolitischen Diskussion um die Haupt- und Nebenleistungen im H. (→Sündenregister) und um die Nachfragemacht des H. (→Konzentration) fort.

III. Volkswirtschaftliche Bedeutung: Der H. war schon immer eine Quelle des Wohlstands für Familien (z.B. Fugger, Welser), aber auch für Städte und Regionen (z.B. Hanse-Städte). Der überregionale H. bereichert einerseits die Angebotspalette und eröffnet den Kontakt zu fremden Sitten und Gebräuchen. Andererseits ist dieser Warenaustausch stets dann Anlaß für kritische Auseinandersetzungen, wenn die Austauschrelationen nicht als gerecht (z.B. Preise für Rohstoffe der Entwicklungsländer) oder die fremden Einflüsse als eine Gefahr für den Verfall der Sitten im eigenen Land angesehen werden. Dennoch sollte die völkerverbindende Funktion des H. nicht unterschätzt werden.

IV. Wirtschaftspolitische Maßnahmen: Wegen ihrer Bedeutung für die Entwicklung einer Volkswirtschaft wird die Tätigkeit des H. in vielfältiger Weise durch Entscheidungen der →Binnenhandelspolitik reglementiert. Im Vordergrund stehen der Verbraucherschutz (→Verbraucherpolitik) und die Erhaltung einer ausgewogenen →Handelsstruktur durch den Schutz des →Mittelstandes. Hinzu kommt eine Abstimmung der Standortplanung von Verkaufsflächen des H. im Rahmen der →Infrastrukturpolitik.

V. Reale Erscheinungsformen: Die Formen des H. sind außerordentlich vielfältig. Ein Grund für diese Vielgestaltigkeit ist der stete Wandel der Funktionsverteilung im →Absatzweg einer Ware. Jedes Glied der →Absatzkette ist ständig bemüht, die Funktionen auf sich zu konzentrieren, die es besser und kostengünstiger als die anderen Glieder erfüllen kann. Gleichzeitig versuchen alle Kettenglieder zur Steigerung ihrer Gewinne, die Aufgaben, die gemäß ihren jeweiligen Zielen zu hohe Kosten verursachen, auf vor- oder nachgelagerte Glieder abzuwälzen. Die konkreten Lösungen dieses Permanentkonflikts sind nicht nur das Ergebnis von gesamtwirtschaftlichen Rationalitätsüberlegungen, sondern auch aktueller Machtauseinandersetzungen im →Absatzkanal. Ein weiterer Grund für

den steten Wandel im H. ist die →Dynamik der Betriebsformen.

VI. Institutionen: Die Institutionen des H. können nach einer Vielzahl von Merkmalen gegliedert werden: 1. Nach dem *Schwerpunkt der gehandelten Waren*: →Rohstoffhandel, →Produktionsverbindungshandel, Konsumgüterhandel, →Altwarenhandel. – 2. Nach der *Art der Kunden*: →Großhandel und →Einzelhandel. – 3. Nach der *Stufigkeit im Absatzweg*: Einstufige H.sbetriebe (z.B. →Fachgeschäft) und mehrstufige H.sbetriebe (z.B. →freiwillige Kette). – 4. Nach dem *räumlichen Betätigungsfeld*: →Einfuhrhandel und →Ausfuhrhandel. – 5. Nach der *Hauptausrichtung der Tätigkeit*: kollektierender Handel (→Aufkaufhandel) und →distribuierender Handel. – 6. Nach der *Unabhängigkeit in der Willensbildung*: völlig weisungsgebunden (z.B. der Filialleiter eines Filialunternehmens), teils abhängig (z.B. der Einzelhändler in einer →kooperativen Gruppe), völlig unabhängig (z.B. alle nicht kooperierenden →Fachgeschäfte). – 7. Nach dem *Standort*: →stationärer Handel und →ambulanter Handel. – 8. Nach der *Menge der Standorte*: Filialunternehmen und Einzelunternehmen. – 9. Nach der *Form der Kontaktanbahnung*: H. gemäß dem Residenzprinzip, Domizilprinzip und Distanzprinzip. – 10. Nach der *Art der Warenpräsentation*: H. nach Katalogen (z.B. Versandhandel) und H. mit Ladengeschäften, in denen die Ware ausgestellt und von den Kunden mitgenommen werden kann. – 11. Nach der *Bedienungsorganisation*: H. mit →Fremdbedienung und H. mit →Selbstbedienung. – 12. Nach der *Sortimentsbreite*: Sortimentsgroßhandel und Spezialgroßhandel. – 13. Nach der *Form der Warenzustellung*: →Zustellgroßhandel und →Cash-und-Carry-Großhandel (CC). – 14. Nach dem *Preisniveau*: Discounthandel und H. mit Luxusgütern. – 15. Nach der *vorherrschenden Marketingstrategie*: Versorgungs- und Erlebnishandel. – 16. Nach der *Art der Gegenwerte*: Kaufhandel (→Kauf) und →Tauschhandel.

VII. Handelsmanagement: Das Management jeder Institution des H. formuliert zur Erfüllung der zu übernehmenden Funktionen Ziele, die es durch geeigneten Einsatz des unternehmenspolitischen Instrumentariums zu erfüllen gilt. Dies ist Aufgabe des →Handelsmanagements (vgl. im einzelnen dort).

VIII. Ausbildung: Der H. ist Gegenstand von Ausbildungsgängen, z.B. zum (zur) Verkäufer(in), zum Einzelhandelskaufmann, zum Groß- und Außenhandelskaufmann und zum Handelsfachwirt. Neuerdings bieten Berufsakademien weiterführende Ausbildungsgänge an, die mit dem Betriebswirt – Handel (BA) abschließen. Auch an Universitäten und Fachhochschulen kann →Handelsbetriebslehre ein Teil der Ausbildung sein.

IX. Quantitative Bedeutung: Die wirtschaftlichen Größenordnungen des H. sowie die Anzahl der Institutionen, gegliedert nach deren Haupttätigkeitsfeldern, werden laufend bzw. periodisch mit einer Reihe von statistischen Erhebungen erforscht, z.B. der →Handelsstatistik und dem →Handelszensus.

Literatur: Berekoven, L., Erfolgreiches Einzelhandelsmarketing, 1990; Dichtl, E., Grundzüge der Binnenhandelspolitik, 1979; Falk, Wolf, Handelsbetriebslehre, 8. Aufl., 1988; Gümbel, R., Handel, Markt und Ökonomik, 1985; Hansen, U., Absatz- und Beschaffungsmarketing des Einzelhandels, 2. Aufl., 1990; Hansen, U./Algermissen, J. H., Handelsbetriebslehre, Bd. 1 und 2, 1979; Nieschlag, R./Kuhn, G., Binnenhandel und Binnenhandelspolitik, 3. Aufl., 1980; Müller-Hagedorn, L., Handelsmarketing, 1984; Oehme, W., Handels-Marketing, 1983; Schenk, H. O., Marktwirtschaftslehre des Handels, 1991; Seyffert, R., Wirtschaftslehre des Handels, 4. Aufl., 1961; Tietz, B., Der Handelsbetrieb, 1985; Tietz, B., Binnenhandelspolitik, 1986; Treis, B. (Hrsg.), Der mittelständische Einzelhandel im Wettbewerb, 1980; Trommsdorff, V. (Hrsg.), Handelsforschung, Jahrbücher der Forschungsstelle für den Handel, (FfH) e.V., ab 1986.

Prof. Dr. Bartho Treis

Handeln auf eigene Gefahr, rechtlicher Begriff. H. a. e. G. ist Grundlage für →Haftungsausschluß für Fahrlässigkeit, u. U. auch für grobe Fahrlässigkeit. H. a. e. G. liegt vor, wenn sich jemand an einer gefährlichen Veranstaltung derart beteiligt, daß nach den Umständen die Beteiligung als Einwilligung in eine als möglich erkannte Verletzung gedeutet werden muß. Setzt i. a. →Geschäftsfähigkeit voraus. Abgrenzung nur im Einzelfall möglich.

Handel ohne komparative Kostenvorteile, →inverser Handel.

Handelsabkommen. 1. *Begriff*: Zwischenstaatliche Vereinbarung zur Regelung des Güterverkehrs in einem bestimmten Zeitraum (meist ein Jahr), meist in Verbindung mit einem den Zahlungsverkehr und die Höhe des →Swing regelnden →Zahlungsabkommen *(Handels- und Zahlungsabkommen)*. – 2. *Inhalt*: In den H. wird das gesamte Handelsvolumen vereinbart. H. enthalten ferner Listen der Waren, die im Lauf des Vertragsjahres zur Einfuhr zugelassen werden sollen. – 3. *Durchführung*: Vorgesehene Importkontingente stellen keine Verpflichtung zur Abnahme der aufgeführten Waren dar; die Verpflichtung erstreckt sich nur auf die Erteilung von Importlizenzen. Wenn jedoch (z.B. aufgrund eines verzerrten →Wechselkurses) kein kommerzielles Interesse der Importeure an den ausländischen Produkten besteht, werden die Kontingente nicht ausgeschöpft. Daraus kann sich eine einseitige Verschuldung eines Partners ergeben, der zur Entlastung seiner →Zahlungsbilanz die noch nicht zur Einfuhr ausgeschriebenen Kontingente so lange zurückhält, bis der andere Vertragspartner durch entsprechende Einkäufe einen Ausgleich der Lieferungen und damit der Zahlungsverpflichtungen hergestellt hat. Ist ein Swing vereinbart, so kann erst nach dessen Überschreitung eine weitere Kreditierung der Exporte verweigert werden. – 4. Eine heute *wichtige Form* des H. sind die →Selbstbeschränkungsabkommen.

Handelsablenkung, *Handelsumlenkung, Abschließungseffekt, trade diversion effect,* Verlagerung des Imports eines Produktes von einem kostengünstigeren Drittland zu dem weniger kostengünstigen, aber durch den Zollabbau preisgünstigeren Integrationspartner, wenn z.B. zwei Länder eine →Zollunion bilden. Die Bildung der Zollunion hat in diesem Fall eine Fehlallokation zur Folge, da die Produktion des betreffenden Gutes beim Integrationspartner zunimmt, obwohl dies sowohl für das betreffende Drittland als auch für das Importland nachteilig ist. H. bewirkt also eine negative Wohlfahrtswirkung der wirtschaftlichen →Integration zwischen Volkswirtschaften. – Vgl. auch →Handelsschaffung.

Handelsabschlag, Form der →Prozentspanne: Das prozentuale Verhältnis von absoluter →Handelsspanne (→Betragsspanne) zu Warenverkaufspreis, dessen Prozentwert vom Warenverkaufspreis abgezogen wird, um zum →Wareneinstandspreis zu kommen. – *Gegensatz*: →Handelsaufschlag.

Handelsaufschlag, *Bruttoaufschlag, Bruttoverdienstspanne,* Form der →Prozentspanne: Das prozentuale Verhältnis von absoluter →Handelsspanne (→Betragsspanne) zu →Wareneinstandspreis, dessen Prozentwert auf den Wareneinstandspreis aufgeschlagen wird, um zum →Bruttoverkaufspreis zu gelangen. – *Gegensatz*: →Handelsabschlag.

Handelsbanken, Spezialbanken zur Finanzierung des Handels, insbes. des Außenhandels. In der Bundesrep. D. von geringer, in Großbritannien von großer Bedeutung (→merchant banks).

Handelsbetrieb. 1. *Begriff*: Selbständige Institution, deren Haupttätigkeit die →Distribution von Waren ist (vgl. auch →Handel). Nach ihrer Stellung im Distributionsprozeß: Außen-, Groß- und Einzelhandelsbetriebe, weiter zu untergliedern in Branchen nach überwiegend gehandelten Warenarten. H. können auf mehreren Handelsstufen tätig sein, z. B. die →Konzentrationsformen des Handels und →Kooperationsformen des Handels, oder auf nur einer Stufe, so die →Betriebsformen des Handels. H. sind Gegenstand der →Handelsbetriebslehre. – *Modell eines H.*: Vgl. Übersicht „Handelsbetrieb". – 2. *Ziele*: Besonderheiten ergeben sich für den H. aus der Rechtsform, der regional dezentralisierten Tätigkeit sowie der Vielfalt an Betriebsformen. – a) Die Handelsbranchen der Bundesrep. D. sind weitgehend *mittelständisch* organisiert, die meisten Betriebe werden als Mittel- oder Kleinbetriebe von den Eigentümern selbst geführt. Vorherrschend sind personale Rechtsformen einschl. der GmbH & Co., KG. Für diese Unternehmungen werden selten präzise formulierte Ziele vorgegeben. Neben der Gewinnmaximierung gelten standesgemäßes Einkommen, Sicherheit und Selbständigkeit sowie soziale Verantwortung für Mitarbeiter und Kunden als typische Ziele. – b) Bei *Großbetrieben* in der Rechtsform von Kapitalgesellschaften ergeben sich Probleme der Zielfindung, weil neben dem Management in der Zentrale eine Vielzahl von Filialleitern

dezentral tätig ist, die ein Mitspracherecht bei den konkreten Absatzzielen (Sortiment, Preis, Werbung) fordern, um den regionalen Konsumbedürfnissen entsprechen zu können. Die Bewältigung dieses Konflikts ist das zentrale Führungsproblem bei kooperativen Gruppen des Handels.

Handelsbetriebslehre. 1. *Begriff*: Institutionenlehre der Betriebswirtschaftslehre, deren Erkenntnisobjekte die →Handelsbetriebe und deren Führung (→Handelsmanagement) sind. In dieser schwerpunktmäßigen Begrenzung auf den →Handel im institutionellen Sinn ist der Unterschied zur →Handelswissenschaft zu sehen. – Vgl. auch →Handelsforschung I. – 2. *Ausbildung* im Fach H. an Universitäten und Fachhochschulen. Zur Erhaltung der erforderlichen Flexibilität in Forschung und Lehre enthalten die Prüfungsordnungen, v. a. der Universitäten, nur grobe inhaltliche Fixierungen. Bei allen Unterschieden folgende *Schwerpunkte*: a) →Institutionenlehre des Handels, einschl. Binnenhandelspolitik; b) Lehre von den →Handelsfunktionen, einschl. deren Verteilung im →Absatzkanal; c) →Handelsmanagement, meist mit deutlicher Betonung des →Handelsmarketings (Übergänge zum Fach Marketing fließend). – 3. Die *methodischen Ansätze* des Faches lassen sich ebenso grob eingrenzen: a) systemtheoretischer Ansatz, geeignet zur Beschreibung der Handelsinstitutionen und deren Beziehungen in der Distributionswirtschaft; b) entscheidungstheoretischer Ansatz, bevorzugt zur Untersuchung der Entscheidungen des Handelsmanagements; c) warentypologischer Ansatz, liefert Erklärungen für Brancheneinteilung, Betriebsform und Sortimentsentscheidungen.

Handelsbevollmächtigter, →Handlungsbevollmächtigter.

Handelsbilanz. I. Handelsrecht: 1. *Allgemein*: Die durch § 242 I HGB vorgeschriebene Bilanz, die ein →Kaufmann bei Beginn seines Handelsgewerbes (→Eröffnungsbilanz) und jeweils für den Schluß eines Geschäftsjahres (→Jahresbilanz) aufzustellen hat. Vgl. auch →Jahresabschluß. – 2. *Konzernabschluß*: Vgl. →Handelsbilanz II.

II. Außenwirtschaftstheorie/-politik: Gegenüberstellung der Werte der in

Handelsbetrieb

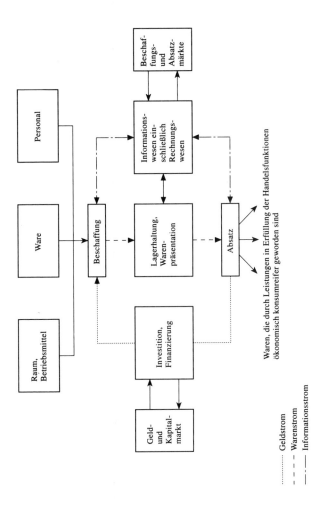

einer Periode von einer Volkswirtschaft aus- und eingeführten Waren. Die H. bildet zusammen mit der →Dienstleistungsbilanz und der →Übertragungsbilanz die →Leistungsbilanz und ist Teil der →Zahlungsbilanz.

Handelsbilanz II. 1. *Begriff:* Die Aufstellung von H. ist eine vorbereitende Maßnahme zur Erstellung eines →Konzernabschlusses. H. werden aus den jeweiligen, in den Konzernabschluß einbezogenen Einzelabschlüssen (Handelsbilanz I) abgeleitet. – 2. Die Erstellung von H. ist *erforderlich:* (1) um die Gliederungen der zu konsolidierenden Einzelabschlüsse einander anzupassen; (2) um gem. § 300 HGB die Bilanzansätze (= Bilanzierung dem Grunde nach) in den Einzelabschlüssen an dem für das Konzernmutterunternehmen gültigen Recht auszurichten (danach sind Aktiva und Passiva vollständig zu erfassen, Bilanzierungswahlrechte können im Konzernabschluß anders als in den Einzelabschlüssen ausgeübt werden); (3) um gem. § 308 HGB eine einheitliche Bewertung der zu konsolidierenden Einzelabschlüsse zu erreichen (Bewertungsmaßstab: die auf den Jahresabschluß des Mutterunternehmens *anwendbaren* Bewertungsmethoden; Bewertungswahlrechte können im Konzernabschluß anders als in den Einzelabschlüssen ausgeübt werden); (4) um Währungsumrechnungen bei ausländischen Einzelabschlüssen vorzunehmen. Die Umgestaltung der Einzelabschlüsse in H. ist i. d. R. erfolgswirksam und beeinflußt dann das Konzernergebnis, ggf. mehrerer Jahre (Beispiel: Änderung der Bewertung im abnutzbaren Sachanlagevermögen bewirken unterschiedliche Abschreibungen im Einzelabschluß und H. für die Restnutzungsdauer). Es sind also u. U. umfangreiche Nebenrechnungen erforderlich.

Handelsbrauch, *Handelssitte, Handelsusance, Usance,* besondere →Verkehrssitte im Handelsverkehr. H. ist keine eigentliche Rechtsquelle, ein allgemeiner H. (nicht ein Ortsgebrauch) kann aber zum →Gewohnheitsrecht werden, wenn die allgemeine Überzeugung vorherrscht, so handeln zu müssen. Von besonderer Bedeutung ist der H. aufgrund § 346 HGB: „Unter Kaufleuten ist in Ansehung der Bedeutung und Wirkung von Handlungen und Unterlassungen auf die im Handelsverkehr geltenden Gewohnheiten und Gebräuche Rücksicht zu nehmen." – Über das *Bestehen eines H.* erteilen die Industrie- und Handelskammern Auskunft und Gutachten. – Die →Kammern für Handelssachen bei den Landgerichten entscheiden über H. aufgrund eigener Sachkunde und Wissenschaft (§ 114 GVG). Selbst ein *ausländischer H.* ist anzuwenden, wenn festgestellt wird, daß die Parteien das Geschäft einem bestimmten H. unterstellen wollten. Fehlt es an jedem Anhalt dafür, so entscheidet der H. des Erfüllungsortes für die Verpflichtung jedes Teiles. Bei der Auslegung ist jedoch der Sprachgebrauch zu berücksichtigen: Der Empfänger einer Erklärung muß nach Treu und Glauben den Sprachgebrauch berücksichtigen, der im Sprachgebiet des Erklärenden gilt.

Handelsbriefe, →Geschäftsbriefe.

Handelsbücher, Begriff des HGB für →Geschäftsbücher (§ 238 f HGB).

Handelsfixkauf, →Handelskauf, der →Fixgeschäft ist. – *Sonderrechte des Gläubigers* nach § 376 HGB gehen über die Rechte des § 361 BGB hinaus: a) Rücktrittsrecht aufgrund objektiver Säumnis schlechthin (kein Verzug und keine Nachfristsetzung nötig). b) Bei →Schuldnerverzug Recht auf →Schadenersatz wegen Nichterfüllung ohne Nachfristsetzung im Gegensatz zu der allgemeinen Regelung für gegenseitige Verträge; bei der Schadenberechnung kann der Gläubiger, wenn die Ware einen Markt- oder Börsenpreis hat, den Unterschied zwischen Kaufpreis und Marktpreis zur Zeit der Fälligkeit verlangen (abstrakte Schadenberechnung). →Deckungsgeschäfte (Selbsthilfeverkauf bzw. Deckungseinkauf) müssen bei Waren mit Markt- oder Börsenpreis sofort nach dem Stichtag unter Mitwirkung eines öffentlichen Versteigerers oder öffentlich ermächtigten Handelsmaklers zum laufenden Preis vorgenommen werden. c) Der Gläubiger kann Erfüllung nur dann noch verlangen, wenn er sofort nach dem Stichtag dem Geschäftspartner anzeigt, daß er auf Erfüllung bestehe.

Handelsflotte, zusammenfassende Bezeichnung für alle Seeschiffe einer nationalen Flagge, die in das Seeschiffsregister des betreffenden Staates eingetragen sind. Nur rechtlicher Begriff, der über wirtschaftliche

Zusammenhänge nichts aussagt. Z. B. sind die H. von Panama, Honduras und Liberia (,,Panhonlib-Flotten'') wesentlich größer, als es dem Verkehrsaufkommen oder der Wirtschaftskraft dieser Länder entsprechen würde: Steuerliche Vorteile, niedrigere Gebühren, primitivere Schiffssicherheitsbestimmungen, geringere Sozialverpflichtungen, Möglichkeit zur Umgehung von Verpflichtungen aus internationalen Verträgen veranlassen die Reeder, ihre Schiffe in die Register dieser Länder einzutragen (→billige Flaggen).

Handelsforschung. I. Wissenschaftliche Einordnung: Der Handel und damit die Analyse von Problemen und Erscheinungsformen des Handels steht gemäß Abbildung 1 im System der Wissenschaften und zwischen Betriebswirtschaftslehre und Volkswirtschaftslehre (vgl. auch →Handelsbetriebslehre).

Abbildung 1

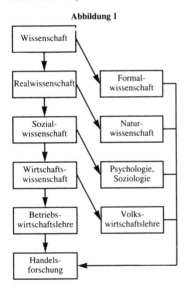

Historisch gesehen ist die →*Handelswissenschaft* Vorläufer der heute stark spezialisierten wirtschaftswissenschaftlichen Teilgebiete. Sowohl die Nationalökonomie als auch die Betriebswirtschaftslehre wurden in ihren Anfängen als Handelswissenschaft bezeichnet. – Heute befaßt sich die H. hauptsächlich mit betriebswirtschaftlichen, aber auch mit volkswirtschaftlichen *Fragestellungen*. Dabei wird auf diverse andere wissenschaftliche Disziplinen zurückgegriffen. Dazu gehören (mit ausgewählten handelsrelevanten Fragestellungen): (1) Psychologie: psychische Zustände von Konsumenten (Emotionen, Motive, Einstellungen, Werte, Lebensstile); psychische Prozesse von Konsumenten (Wahrnehmung, Lernen, Bewerten, Entscheiden). (2) Soziologie: Bezugsgruppen; sozioökonomische Kaufverhaltensdeterminanten; kulturelle Einflüsse. (3) Rechtswissenschaft: Wettbewerbsrecht (GWB, UWG); Bau- und Planungsrecht; Vertragsrecht; Ladenschlußgesetz. (4) Raumforschung/Geographie: Abgrenzung von Einzugsgebieten; Standortfaktoren. (5) Architektur: Planung von innerstädtischen Einkaufszonen, Ladenpassagen; Gestaltung des Innenraums von Verkaufsstellen. (6) Marketing: Einkaufsstättenimage, Wettbewerbspositionierung; Instrumente des Handelsmarketing (,,Marketing-Mix''); Beschaffungsmarketing. (7) Ökologie: umweltbewußte Produkt- und Verpackungsgestaltung; Recycling. (8) Informatik: Warenwirtschaftssysteme; Scanning, elektronische Kassensysteme. Wenn man diese Disziplinen und Untersuchungsgegenstände unter einem Begriff zusammenfassen will, so kann man H. allgemein definieren als wissenschaftliche Beschreibung, Erklärung/Prognose und Handlungsempfehlung in bezug auf betriebswirtschaftliche und volkswirtschaftliche Parameter der kommerziellen Transaktion von Gütern zwischen Wirtschaftseinheiten.

II. Aufgaben: Aufgabe der H. ist es, theoretisch begründete Entscheidungen im Handel vom Standpunkt unmittelbar Beteiligter oder Entscheidungen über den Handel vom Standpunkt mittelbar Beteiligter zu ermöglichen oder zu verbessern (Tietz 1969, S. 11 f.). Die Verfolgung dieser Zielsetzung erfordert neben der Bereitstellung eines effizienten Entscheidungsinstrumentariums die inhaltliche Auseinandersetzung mit zahlreichen handelsrelevanten Fragen. Ein redundanzfreies, straff systematisiertes System der Gegenstände von H. gibt es nicht. Der folgende Katalog enthält aber die meisten und wichtigsten Aufgaben der H. (vgl. u. a. Dichtl 1979, S. 46 ff.). – Zu allen in Abbildung 2 genannten Teilbereichen sind nachfolgend beispielhafte Problemstellungen formuliert (vgl. auch Müller-Hagedorn 1984, S. 30 f.): a) *Volkswirtschaftlich*: (1) Wettbewerbspolitik: kartellrechtliche Beurteilung von Konzentrationsprozessen im Handel; Zulässigkeit von Handlungen zum Kundenfang (Lockvogelangebote, irreführende Angaben) oder im Wettbewerbsverhalten (Nachahmung fremder Produkte, Werbung). (2) Mittelstandspolitik: Ausbildungs- und Beschäftigungssicherung durch mittelständische Unternehmen; Nahversorgungsfunktion mittelständischer Unternehmen. (3) Außenhandelspolitik: Liberalisierung internationaler Handelsbeziehungen (GATT); Art und Ausmaß staatlicher Außenhandelsförderung. (4) Verbraucherpolitik: Umfang gesetzlicher Regelungen zum Verbraucherschutz (Schutz vor gesundheitlichen Gefahren – z. B. durch das Lebensmittelrecht; Schutz vor unlauteren Werbepraktiken – z. B. durch das Recht der Allgemeinen Geschäftsbedingungen (AGB) und das Gesetz gegen unlauteren Wettbewerb (GWB), Selbstverpflichtungsmaßnahmen der Wirtschaft); staatliche Förderung der Verbraucherinformation (Verbraucherzentralen, Verbraucherinstitute und -organisationen). (5) Raumordnungspolitik: Gesetzgebung zur Standort- und Flächenregulierung im Einzelhandel (RaumOrdG, BBauG, BauNVO) – z. B. Regelung von Ansiedlungen großflächiger Einzelhandelsbetriebe auf der grünen Wiese (§ 11 Abs. 3 BauNVO); Schaffung einer Zentrenhierarchie mit dem Ziel einer gleichmäßigen Versorgung der Bevölkerung in den Neubundesländern. (6) Ladenöffnungszeiten: arbeitsrechtliche und sozialpolitische Bedeutung der gesetzlichen Ladenschlußregelung; Ladenöffnungszeiten im Vereinten Europa. (7) Bildungspolitik: Gestaltung der Ausbildungsordnung

zur kaufmännischen Erstausbildung; staatliche Förderung von Weiterbildungsmaßnahmen. (8) Finanzierungsförderung: Umfang finanzieller Unterstützung für selbständige Existenzgründer; Ausgestaltung staatlicher Kreditprogramme für kleine und mittlere Unternehmen in den Neubundesländern. – b) *Betriebswirtschaftlich – strategisch*: (1) Standortplanung: Methoden zur Abgrenzung des Einzugsgebiets; Erfolgsfaktoren innerstädtischer Einzelhandels-Standorte. (2) Betriebstypen: Lebenszyklen von Betriebstypen – historisch z. B. Gemischtwarengeschäft, Fachgeschäft, Discounter, Fachmarkt; Schaffung eines innerbetrieblich ausgewogenen Betriebstypen-Mix (Betriebstypen-Portfolio). (3) Image/Positionierung: Analyse betriebstypenspezifischer Imagefaktoren; Kommunikationsstrategie zur Markenprofilierung der Einkaufsstätte. (4) Internationalisierung: Globalisierungsstrategien im Handel; Unternehmensstrategien im Hinblick auf den EG-Binnenmarkt. (5) Kooperation: wettbewerbsinduzierte Entwicklung vom Einkaufsverband zum Marketingverbund; horizontale Kooperationsstrategien (national wie international) infolge zunehmender Konzentration im Handel. (6) Controlling: Betriebsvergleich als Controllinginstrument; direkte Produkt-Rentabilität als Baustein eines handelsspezifischen Controllingsystems. (7) Logistik: Planung von Standort, Dimension und Ausstattung nationaler Warenverteilzentren; Verbesserung von Lagerhaltungs- und Bestellmengenpolitik durch Einsatz integrierter Warenwirtschaftssysteme. – c) *Betriebswirtschaftlich – operativ*: (1) Sortimentspolitik: Merchandizing; verbundorientierte Sortimentsanordnung. (2) Preispolitik: Mischkalkulation zur Deckungsbeitragsoptimierung; Umfang und Timing von Sonderangeboten. (3)

Abbildung 2

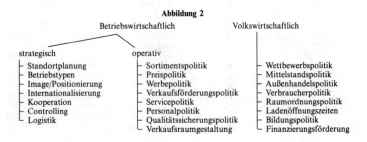

Betriebswirtschaftlich | Volkswirtschaftlich

strategisch	operativ	
– Standortplanung	– Sortimentspolitik	– Wettbewerbspolitik
– Betriebstypen	– Preispolitik	– Mittelstandspolitik
– Image/Positionierung	– Werbepolitik	– Außenhandelspolitik
– Internationalisierung	– Verkaufsförderungspolitik	– Verbraucherpolitik
– Kooperation	– Servicepolitik	– Raumordnungspolitik
– Controlling	– Personalpolitik	– Ladenöffnungszeiten
– Logistik	– Qualitätssicherungspolitik	– Bildungspolitik
	– Verkaufsraumgestaltung	– Finanzierungsförderung

Werbepolitik: Auswahl geeigneter Werbeträger und Anzeigengestaltung; Streuung und Häufigkeit von Werbebriefen. (4) Verkaufsförderungspolitik: umsatzsteigernde Gestaltung des POP (Point of Purchase); Lautsprecherwerbung, hausinterne Radioprogramme. (5) Servicepolitik: Umfang und Träger („make or buy") von Zusatzleistungen – z. B. Lieferservice, technischer Kundendienst; unternehmenseigene Kreditkarten. (6) Personalpolitik: Gestaltung leistungsorientierter Entlohnungssysteme; Konzeption betriebsinterner Fort- und Weiterbildung. (7) Qualitätssicherungspolitik: Wareneingangsprüfungen (Lieferscheinkontrolle, Packungsprüfung, Funktionsprüfung); Qualitätsvereinbarungen bei Eigenmarken-Auftragsvergabe. (8) Verkaufsraumgestaltung: Flächenzuteilung und Warenanordnung auf Basis von Kundenanalysen – z. B. Kundenlaufstudien; Beleuchtungskonzept zur Lenkung des Kundenstroms. – Um die Erscheinungsformen des Handels zu analysieren, sind in der anfangs rein deskriptiven (beschreibenden) Handelswissenschaft primär die Erfahrungsobjekte „Institution", „Funktion" und „Waren" betrachtet worden. So war die Handelslehre eine Institutionen-, Funktionen- und Warenlehre: a) Die ältere deskriptive *Institutionenlehre* untersucht vorkommende Organisationsformen des Handels (Barth 1988, S. 38). Nach einer umfassenden Beschreibung der Erscheinungsformen werden meist Klassifikationen/Typologien gebildet. Durch den ständigen Wandel von Handelsbetriebstypen ist die statisch-deskriptive Institutionenlehre für praktische Entscheidungen von geringer Bedeutung. Strategisch durchaus interessante Erklärungen und Prognosen des Betriebstypenwandels leistet der Ansatz nicht. – b) Die *Funktionenlehre* war bemüht, Handelsleistungen zu definieren und ihre nach Betriebstypen unterschiedliche Ausgestaltung und Kombinationsformen zu beschreiben. Der funktionenorientierte Ansatz rechtfertigt die Existenz und Einschaltung des Handels durch Nachweis seiner effizienzverbessernden Funktionen (wie Raumüberbrückung, Zeitüberbrückung, Portionierung usw.). Anlaß zu dieser Rechtfertigung gaben immer wieder geäußerte Zweifel an der Produktivität des Handels. – c) Die *Warenlehre* bemühte sich um Warentypen. Solche Kategorien sind als Rahmenbedingungen für das Handelsmanagement durchaus interessant. So hilft z. B. die Einteilung in convenience goods, shopping goods und specialty goods unterschiedliches Konsumentenverhalten zu erklären (Kroeber-Riel und Trommsdorff 1973). Von einer in sich geschlossenen Theorie ist der warenorientierte Ansatz jedoch weit entfernt, zumal er eigentlich auf deskriptivem Niveau stehengeblieben ist. – Eine neuere Betrachtungsweise liefert der aktionsanalytische Ansatz, der sich mit den möglichen Handlungsalternativen des Unternehmers beschäftigt. Die Systematisierung in z. B. absatz- und beschaffungswirtschaftliche Aktionsanalyse (Hansen 1990) beansprucht, als Leitlinie für ein ganzheitliches Aussagensystem der H. dienen zu können. – Neben diesen drei historischen Hauptrichtungen der H. gibt es weitere Ansätze, wie den transaktionskostenanalytischen, den kybernetischen, den morphologischen und den simulationstheoretischen Ansatz. Alle sind entweder zeitlich oder an wissenschaftlicher Anerkennung eng beschränkt geblieben. – Die im Sinne einer „praktischen Theorie" erfolgreichsten Beiträge liefert die verhaltenswissenschaftliche H. Sie leitet aus Gesetzmäßigkeiten des Konsumentenverhaltens (Trommsdorff 1989) Handels-Managementempfehlungen ab. Z. B. werden Warenplazierungen am Verbundkaufverhalten orientiert, Sonderangebotspolitik nach Waren, Preisen und Frequenzen wird auf Wahrnehmungsforschung gestützt, Umpositionierungen basieren auf Erkenntnissen der Emotions- und Lebensstilforschung usw. – Die Handelswissenschaft hat sich im Anspruch von einer rein beschreibenden Lehre zu einer empirisch fundierten und theoretisch abgesicherten, entscheidungsorientierten Managementwissenschaft gewandelt. Allerdings ist sie vom Idealzustand der in sich geschlossenen, umfassenden Theorie des Handels (als widerspruchsfreies System bewährter und gehaltvoller Aussagen für Erklärungen/Prognosen und Handlungsanweisungen an das Management) noch ein ganzes Stück weit entfernt.

III. M e t h o d e n: Forschung kann sich zum einen mit empirischen Objekten (Inhalten) beschäftigen, zum anderen kann sie auch auf die Verbesserung des methodischen Instrumentariums ausgerichtet sein. Methoden/Techniken empirischer H. können wie in Abbildung 3 dargestellt systematisiert werden. – Die H. beschäftigt sich neben dem Streben nach inhaltlicher Erkenntnisgewinnung auch mit der Verbesserung bzw. Neuentwicklung geeigneter Methoden/Techniken, die den spezifischen Anforderungen des Handels Rechnung tragen. Dabei werden computergestützte Verfahren immer wichtiger (Zentes, München 1992, S. 877 ff.; Stuttgart 1992, S. 761). Exemplarisch erläutern wir drei für das Handelsmanagement *bedeutsame Problemstellungen* mit spezifisch dafür entwickelten Methoden/Techniken. – 1. *Betriebsvergleich*: Der Vergleich von betrieblichen Kennzahlen zwischen Betrieben wird als Betriebsvergleich bezeichnet. Sie verhelfen zu marktorientierten Situationsanalysen und – darauf aufbauend – zu strategischen und operativen Entscheidungen. Betriebsvergleiche im Handel haben eine lange Tradition. Sie bedienen sich hauptsächlich zweier Methoden. Zum einen kann die Datenerhebung durch schriftliche Befragung erfolgen. Der Betriebsvergleichsteilnehmer füllt den mit Erläuterungen übersandten Fragebogen aus und schickt ihn zur Auswertung an das Handelsforschungsinstitut zurück. Zum anderen kann das Ausfüllen des Fragebogens unter Mitwirkung des Betriebsinhabers bei einer Betriebsbegehung durch den Erheber erfolgen. Bei der Datenauswertung herrschen einfache Statistiken vor: Häufigkeiten, Lage- und Streuparameter werden übersichtlich, tabellarisch und/oder graphisch, mit oder ohne Vergleichsgruppenbildung, dargestellt. Ansätze für künftige H. im Hinblick auf eine Weiterentwicklung/Verbesserung des Betriebsvergleichs liegen neben den Inhalten des Vergleichs Verbesserungen der Datenauswertung. Durch kausalanalytische Modelle und leistungsfähigere Datenanalysesysteme können Betriebsvergleiche heute wissenschaftlich gestützten

Strategieberatungs-Charakter haben. – 2. *Standortanalyse*: Standortentscheidungen haben im Handel einen herausragenden Stellenwert. Viele Methoden zur mehr oder weniger objektiven und quantitativen Standortbeurteilung sind in Wissenschaft und Praxis entstanden. Einige Handelsforscher wollen das Problem der Bestimmung des Einzugsgebietes eines Händlers durch mathematische Modellierung lösen. Im Gegensatz dazu versuchen empirisch-induktive Verfahren, die erfolgsrelevanten Faktoren von Gegebenheiten des Standortes zu erfassen und zu verknüpfen, z. B. mit der sogenannten Kreismethode oder der Zeitdistanzmethode. Daten für Standortanalysen liefern amtliche Statistiken, Branchenuntersuchungen, Kundenkarteien, Scannerkassen mit Kundendateneinlesung etc. Zur ganzheitlichen Bewertung eines Standortes werden in der Praxis vorwiegend Punktbewertungsverfahren herangezogen. Die wichtigsten Standortfaktoren werden dazu mit einem Zahlenwert versehen und – gewichtet oder ungewichtet – zu einem Gesamtwert addiert. Die theoretische Fundierung dieser Methodik ist schwach, aber Punktbewertungsmodelle entsprechen der rationalen Entscheidungslogik und zeigen einen möglichen Weg für die theoretische Untermauerung. Der Standortprofilvergleich liefert durch ein ähnliches Vorgehen, ggf. im Vergleich zu dem Profil eines idealen Standortes, visualisierte Entscheidungsgrundlagen. Daneben werden auch handelsspezifische Weiterentwicklungen klassischer Investitionsrechenverfahren zur Entscheidungsfindung herangezogen. – 3. *Direkte Produkt-Rentabilität*: Die direkte Produkt-Rentabilität (DPR) ist ein handelsspezifisches Kostenrechnungsmodell, mit dessen Hilfe den Produkten im Sortiment die Logistikkosten des Handelsunternehmens

Abbildung 3

Kriterium		
Datenpräsenz	Primärforschung mit eigener Datenerhebung	Sekundärforschung aus vorliegenden Daten
Erhebungsart	Experimentell mit experimentellem Eingriff	Nicht-experimentell Daten wie vorgefunden
Meßverfahren	Befragung mündlich/schriftl./telefonisch	Beobachtung Registrieren, Scanning usw.
Aussage	Entdecken ohne vorherige Hypothesen	Prüfen Testen von Hypothesen

so weit wie möglich ursächlich zugerechnet werden (Ihde/Femerling/Kemmler 1990, S. 174 f.). Ergebnis dieses Teilkostenrechnungssystems ist die DPR, ein produktbezogener Deckungsbeitrag für die nicht zurechenbaren Kosten und den Gewinn. Die Berechnung der DPR erfolgt nach folgendem Schema (Behrends 1988, S. 195): Der Verkaufspreis wird zunächst um die Mehrwertsteuer sowie um Nachlässe und Erlösschmälerungen reduziert. Dann werden Rabatte, Werbekostenzuschläge und sonstige Vergütungen abgezogen. Hauptproblem ist die Berechnung der Direkten Produktkosten (DPK), die jedes Produkt beim Durchlauf im Handelsunternehmen verursacht. Nach Abzug der DPK ergibt sich die DPR. Die resultierende Größe ist unmittelbar entscheidungsrelevant für Dispositionen des Handelsmanagement. Die Ermittlung der DPR ist eine junge Aufgabe der H., zu deren Lösung verschiedene Methoden entwickelt worden sind. Viele Probleme sind noch ungelöst, so daß die DPR-Forschung noch eine Weile Gegenstand der H. bleiben wird.

IV. Träger: Die H. betrifft nicht nur viele Objekte und Methoden, sondern auch viele Institutionen, die sich ihrerseits teilweise mit H. befassen. Folgende Träger der H. im deutschsprachigen Raum sind erwähnenswert (Schenk 1991, S. 104 ff.): a) *Institutionen mit hauptamtlicher H.*: Forschungsstelle für den Handel Berlin (FfH) e. V.; Handelsinstitut im Institut für empirische Wirtschaftsforschung an der Universität des Saarlandes, Saarbrücken; Institut für H. an der Universität zu Köln; Institut für H. an der Wirtschaftsuniversität Wien (IfH); Schweizerisches Institut für gewerbliche Wirtschaft (IGW), St. Gallen. – b) *Institutionen mit nebenamtlicher H.*: Betriebswirtschaftliche Beratungsstelle für den Einzelhandel (BBE) GmbH, Köln; Bundesberatungsstelle des Bundesverbandes des Deutschen Groß- und Außenhandels e. V. (BGA), Bonn; Deutsches Handelsinstitut (DHI), Köln; Gesellschaft für Konsum-, Markt- und Absatzforschung (GfK) GmbH, Nürnberg; Gottlieb-Duttweiler-Institut für wirtschaftliche und soziale Studien (gdi), Rüschlikon; Hauptgemeinschaft des Deutschen Einzelhandels e. V. (HDE), Köln; Ifo-Institut für Wirtschaftsforschung, München; Handelsabteilungen der Wirtschaftsforschungs-Instituten; Markt-

forschungsinstitute, Werbeagenturen. – c) *Hochschulen und Fachhochschulen*: mit dem Schwerpunkt Handelsbetriebslehre an den Universitäten TU Berlin, Duisburg, Frankfurt a. M., Hamburg, Innsbruck, Köln, Saarbrücken, Würzburg sowie an den Fachhochschulen Düsseldorf, Nürtingen, Pforzheim, Regensburg und Worms; mit verwandten Schwerpunkten (z. B. Marketing, Distribution) an zahlreichen weiteren Universitäten und Fachhochschulen. – d) *Berufs- und Interessenvereinigungen des Handels*: Industrie- und Handelskammern; Deutscher Industrie- und Handelstag, Bonn; Handels- und Genossenschaftsverbände; Bildungszentren. – e) *Behörden mit Ausschüssen/Referaten für Handelsangelegenheiten*: Bundesminister für Wirtschaft; Länderministerien für Wirtschaft; Bundeskartellamt, Länderkartellbehörden; Bundesamt für gewerbliche Wirtschaft, Frankfurt; Bundesstelle für Außenhandelsinformation (BfA), Köln; Statistisches Bundesamt, Wiesbaden. – f) *Forschungsabteilungen von Handelsunternehmen*. – g) *Stiftungen und preisverleihende Kuratorien*.

V. Stand: 1. Die *volkswirtschaftliche H.* spielt gegenwärtig keine sehr bedeutende Rolle. Das wirtschaftstheoretische Grundwissen reicht für wissenschaftlich fundierte Entscheidungen der staatlichen Handelspolitik kaum aus. Die volkswirtschaftliche Forschung müßte sich verstärkt der brennenden ordnungs- und strukturpolitischen Fragen des Handels annehmen (Mittelstandsschutz, Wettbewerbspolitik, Standortregulierung, Ladenschlußreglementierung etc.), um willkürliche oder nur parteipolitisch bestimmte staatliche Entscheidungen der Handelspolitik zu rationalisieren. – 2. Die *betriebswirtschaftliche H.* in Deutschland reflektiert das Gewicht, das dem Handel in der Betriebswirtschaftslehre international beigemessen wird. Obwohl die meisten Konzepte der strategischen und operativen entscheidungsorientierten Betriebswirtschaftslehre auch im Handel gelten, müssen viele handelsspezifische Besonderheiten beachtet werden. – Ungefähr jeder zehnte deutsche Marketinglehrstuhl befaßt sich explizit mit Handelsmarketing. Angesichts der Verwissenschaftlichung des Handelsmanagement durch neue Logistik-, Informations-, Kommunikations- und Sozialtechniken und angesichts der weiter zunehmenden Macht des Handels im Vergleich zum Hersteller ist der Bedarf an handelswissenschaftlich Ausgebildeten im Vergleich zum Nachwuchsbedarf in anderen Wirtschaftszweigen wahrscheinlich größer als es der Beachtung von handelsspezifischen Fragen in Forschung und Lehre entspricht. Diese Feststellung betrachtet nur die Menge des Managementnachwuchses, nicht der wissenschaftlichen Theoriebildung. Hier hat die H. noch mehr Defizite aufzuholen. Während sich z. B. für Herstellerunternehmen eine empirisch fundierte Theorie der strategischen Erfolgsfaktoren abzeichnet, ist die H. immer noch zu deskriptiv orientiert. (Ein Beispiel für entscheidungsorientierte und wissenschaftlich fundierte, aber praxisnahe H. geben Trommsdorf, Kube, 1991.)

Literatur: Barth, K., Betriebswirtschaftslehre des Handels, Wiesbaden 1988; Behrends, C., DPR: Direkte Produkt-Rentabilität – Neue Praxis der Direktkostenrechnung im Handel, in: Trommsdorff, V. (Hrsg.), Handelsforschung 1988, Heidelberg 1988, S. 193–211; Dicatl, E., Grundzüge der Binnenhandelspolitik, Stuttgart und New York 1979; Hansen, U., Absatz- und Beschaffungsmarketing des Einzelhandels, 2. Aufl., Göttingen 1990; Ihde, G./Femerling, Chr./Kemmler, M., Das Modell der Direkten Produkt-Rentabilität als Instrument zur Unterstützung von Logistikentscheidungen im Konsumgüterhandel, in: Trommsdorff, V. (Hrsg.), Handelsforschung 1990, Wiesbaden 1990, S.173–193; Kroeber-Riel, W./Trommsdorff, V., Markentreue beim Kauf von Konsumgütern, in: Kroeber-Riel, W. (Hrsg.), Konsumentenverhalten und Marketing, Opladen 1973, S. 57–82; Müller-Hagedorn, L., Handelsmarketing, Stuttgart u.a. 1984; Schenk, H.-O., Handelsforschung, in: Marketing-Enzyklopädie, Bd. 1, München 1974, S. 891–900; Schenk, H.-O., Marktwirtschaftslehre des Handels, Wiesbaden 1991; Tietz, B., Grundlagen der Handelsforschung, Bd. 1: Die Methoden, Rüschlikon und Zürich 1969; Trommsdorff (Hrsg.), Handelsforschung, Jahrbuch der Forschungsstelle für den Handel, Heidelberg 1986, 1987, 1988, Wiesbaden 1989, 1990, 1991, (1992 ff. in Vorbereitung); Trommsdorff, V./Kube, Ch., Erfolgsfaktoren-Strukturen im Einzelhandel erforschen und steuern, in: Trommsdorff, V. (Hrsg.), Handelsforschung 1991, S. 17–46; Zentes, J., Computergestützte Handelsmarketing, in: Hermanns, A./Flegel, V. (Hrsg.), Handbuch des Electronic Marketing, München 1992, S. 877–892; Zentes, J., Organisation der Handelsbetriebe, in: Frese, E. (Hrsg.), Handwörterbuch der Organisation, Stuttgart 1992, S. 756–770.

Prof. Dr. Volker Trommsdorff
Michael Bienert

Handelsfunktionen. I. Begriff: In jeder arbeitsteiligen Wirtschaft bedarf es eines „Apparates", der die →Distribution, verstanden als die Bewältigung der Waren-, Informations- und Zahlungsströme, besorgt. Die dabei anfallenden Aufgaben, die H., werden von Absatz- und Beschaffungsabteilungen der Hersteller (Handel im funktionellen Sinn) von selbständigen Handelsunternehmen (Handel im institutionellen Sinn) oder von Konsumenten/Verbrauchern (bzw. sonstigen Abnehmern) wahrgenommen. Diese Aufgaben können sich auf eine Überbrückung räumlicher, zeitlicher, mengenmäßiger und qualitativer Spannungen zwischen Produktion und Konsum beziehen. Daß H. wahrgenommen werden müssen, wird allseits anerkannt; strittig ist, wer sie ausüben soll (bzw. mit welcher Intensität ausüben muß) und welches Entgelt (→Distributionsspanne) angemessen ist. Daher werden für die verschiedenen Wirtschaftsordnungen unterschiedliche Kataloge von H. aufgestellt.

II. H. in Marktwirtschaften: 1. *Funktionen zur Steuerung des Warenstroms*: a) quantitative H. (Sammeln, Aufteilen, Verteilen); b) qualitative H. (Sortimente bilden, Qualitätserhaltung und -kontrolle, Garantie, Kundendienst, Beratung, Einkaufsschnelligkeit und -bequemlichkeit steigern, Umtausch); c) H. des Zeitausgleichs (Lagerhaltung, Retouren, Geschäfts-, Ladenöffnungszeiten, Sonderangebote, Warenplazierung, Lieferzeitkontrollen); d) H. der Raumüberbrückung (Transport, Standort). – 2. *Funktionen zur Steuerung des Informationsstromes*: a) quantitative H. (Menge der ausgetauschten Informationen); b) qualitative H. (Art der Informationen: Daten über Kunden- und Lieferantenverhalten, Umsätze, Verbundkäufe, Penetration etc. sowie Verdichtung der Informationen, Verkaufsgespräche und Medienwerbung u.a. zur Markterschließung); c) H. des Zeitausgleichs (Vordisposition, Spekulation); d) H. der Raumüberbrückung (Nutzung von Briefpost, Ordersatz, Telefon, Btx). – 3. *Funktionen zur Steuerung des Zahlungsstroms*: a) quantitative H. (Abwicklung sämtlicher Zahlungs- und Kreditvorgänge, Kredithöhe); b) qualitative H. (Kumulierung von Zahlungen, Wahl der Zahlungsart: Bar, Scheck, Überweisung, Bankeinzug, POS-Banking, Kreditkarten, Kreditabsicherung, Preisermittlung, Kalkulationsarten); c) H. der Raumüberbrückung (Zahlungsmitteltransporte, Lieferanten-, Kunden-, Bankkredit); d) H. der Zeitüberbrückung (Vorfinanzierung, Zahlungsziele, Kredit).

III. H. in Zentralverwaltungswirtschaften: 1. *Versorgungsfunktion* (Rationalisierung der Absatzwege, Vermeidung von Lagerbeständen oder Warenknappheiten, bedarfsgerechte Sortimente, freundliche Bedienung, angenehme Ladenatmosphäre, hygienische Warendarbietung u.a. zur reibungslosen Versorgung der gesamten Bevölkerung). – 2. *Bedarfsforschung* (systematische und laufende Beschaffung aller Informationen, um den zukünftigen Bedarf nach Art, Menge, zeitlicher und räumlicher Verteilung abschätzen zu können). – 3. *Bedarfslenkung* (Warenplazierung, Kundenaufklärung und -beratung und – so gestattet – Preisvariation). – 4. *Produktionslenkung* (aktive Einwirkung auf vorgelagerte Handels- bzw. Produktionsstufen und koordinierende Planungsstellen, z.B. durch Qualitäts- und Lieferzeitkontrollen). – 5. *Ideologische Funktion* (Unterstützung von Partei und Staat mit dem Ziel, die persönlichen mit den gesellschaftlichen Interessen auf sozialistische Weise in Übereinstimmung zu bringen).

IV. Beurteilung: 1. Die Frage, *wer H. wahrnehmen sollte*, ist nie abschließend und allgemeingültig beantwortbar; denn Handelsbetriebe werden in die Distribution eingeschaltet (indirekter Absatz) oder ausgeschaltet (direkter Absatz) oder Funktionen werden verlagert (Kundeninformation auf der Verpackung; Angebot von Fertigmahlzeiten; nach Wegfall der Preisbindung: Fixierung des Endverbraucherpreises; durch Feinsteuerung von Warenwirtschaftssystemen: Lagerhaltung; Produkthaftung bei Handelsmarken; Warenzustellung: ersetzt durch Selbstbedienung). – 2. Über die *Höhe eines angemessenen Entgelts* für die Funktionsübernahme und dessen Verteilung mit im Zuge der Lösung von Machtkonflikten im Absatzkanal verhandelt. Lösungsansätze sind der →Funktionsrabatt sowie der Versuch einer Regulierung über die Fixierung von Haupt- und Nebenleistungen im →Sündenregister.

Handelsgeschäfte, im Rechtssinne: 1. *Handelsunternehmen* (→Einzelkaufmann und →Handelsgesellschaften). – 2. *Rechts-*handlungen eines Kaufmanns*, die durch seine Betriebstätigkeit entstehen: a) *Begriff*: Alle Geschäfte eines Kaufmanns, die zum Betrieb seines Handelsgewerbes gehören (§ 343 I HGB), das sind (1) die Grundgeschäfte, die das betreffende Handelsgewerbe zum Gegenstand hat (z.B. Zuckergroßhandlung: An- und Verkauf von Zucker) und (2) die Hilfsgeschäfte (z.B. Anschaffung von Einrichtungsgegenständen, Anstellung von Personal, Kauf eines Pkw). Die →Grundhandelsgeschäfte sind auch dann H., wenn sie nicht zum Geschäftszweig gehören (§ 343 II HGB). Es besteht eine Vermutung für die Betriebszugehörigkeit (§ 344 HGB); dem Kaufmann obliegt der Gegenbeweis. Bei →Schuldscheinen muß sich Betriebsfremdheit aus der Urkunde selbst ergeben. b) *Arten*: (1) Einseitige H., die nur auf einer Seite H. sind (Vertrag zwischen Kaufmann und Nichtkaufmann), (2) beiderseitige H., das sind Geschäfte zwischen Kaufleuten. c) *Handelsrechtliche Vorschriften*: Gelten nach der Grundregel des § 345 HGB gleichmäßig für beide Teile, auch beim einseitigen H. Davon gibt es zahlreiche Ausnahmen, z.B. gelten die strengen Rügevorschriften und -fristen beim Handelskauf (§§ 377, 378 HGB) nur für beiderseitige H.

Handelsgesellschaft, nach deutschem Handelsrecht die Vereinigung von zwei oder mehr Personen zum Betrieb von →Handelsgeschäften, wenn die Gesellschaft als solche im Handelsregister eingetragen wird (→Handelsregistereintragung); in verschiedenen Unternehmungsformen: a) →Personengesellschaften (ausgenommen →stille Gesellschaft, da nur Innengesellschaft ist); b) →Kapitalgesellschaften. – H. sind streng zu trennen von den →Gesellschaften des bürgerlichen Rechts, die nach BGB zu behandeln sind. Für H. gelten die für den →Kaufmann bestehenden handelsrechtlichen Vorschriften (§ 6 HGB). →Genossenschaften sind insoweit den H. gleichgestellt. – *Gegensatz:* →Einzelkaufmann.

Handelsgesetzbuch (HGB), vom 10.5.1897 mit späteren Änderungen, regelt einen wesentlichen Teil des vom allgemeinen →bürgerlichen Recht abweichenden Sonderrechts des Handels. – *Inhalt:* Vorschriften über den →Handelsstand (→Kaufmann, →Handelsregister, →Firma, →Prokura, →Handlungsvollmacht,

→Handlungsgehilfen und Handlungslehrlinge, →Handelsvertreter und →Handelsmakler), die →offene Handelsgesellschaft (OHG), →Kommanditgesellschaft (KG) und →stille Gesellschaft; allgemeine Regeln über →Handelsgeschäfte, Handelsbücher (→Bücher); Einzelbestimmungen über den →Handelskauf, das →Kommissionsgeschäft, die →Spedition, das →Lagergeschäft und den →Frachtvertrag. – *Ergänzung*: Neben dem HGB gelten handelsrechtliche Sondergesetze, z. B. AktG, GmbHG, DepotG, UWG, WZG usw. Ergänzend Anwendung der Vorschriften des BGB (Art. 2 EGHGB).

Handelsgewerbe, Gewerbe, das a) ein →Grundhandelsgeschäft (§ 1 II HGB) zum Gegenstand hat (→Mußkaufmann) oder b) nach Art und Umfang einen in kaufmännischer Weise eingerichteten →Geschäftsbetrieb erfordert und ins Handelsregister eingetragen ist (→Sollkaufmann, →Kannkaufmann) oder c) in einer bestimmten Rechtsform betrieben wird (→Formkaufmann). Ein H. betreibt nur, wer eine Tätigkeit nach außen im eigenen Namen, wenn auch für Rechnung und mit Mitteln eines anderen, ausübt.

Handelsgewicht, das absolute →Trockengewicht einer Ware unter Einrechnung des zulässigen Feuchtigkeitsgehalts, festgelegt durch →Handelsbrauch.

Handelsgewinn, *Außenhandelsgewinn,* Begriff der realen Außenwirtschaftstheorie: Gesamtheit der Vorteile, die die handeltreibenden Länder durch →Freihandel realisieren. – 1. *Statischer H.*: Zu unterscheiden: a) *Tauschgewinn*: Ergibt sich schon durch die internationale Angleichung der Preise gehandelter Güter; daraus folgt die Wohlfahrtssteigerung durch Angleichung der Grenznutzen bei der Verwendung der betreffenden Güter. – b) *Spezialisierungsgewinn*: Ergibt sich über den Tauschgewinn hinaus, indem infolge der Preisverschiebungen die Produktionsstruktur in effizientere Verwendungen gelenkt wird, d. h. die Produktionsstruktur sich ändert. Das Ergebnis derartiger Reallokationsprozesse wird auch als „relatives Maximum der Produktion" bezeichnet. Wird über die nationale Mobilität der Produktionsfaktoren hinaus auch noch die internationale Mobilität zugelassen (→gemeinsamer Markt), tritt eine weitere Änderung der Produktionsstruktur

ein, man spricht dann von „absolutem Maximum der Produktion". – 2. *Dynamischer H.*: Weitere Handelsvorteile, und zwar v. a.: a) →Technologietransfer; b) Einfuhr von benötigten, aber im betreffenden Land nicht produzier- bzw. verfügbaren Gütern; c) Intensivierung des Wettbewerbs durch Öffnung der eigenen Märkte für die ausländische Konkurrenz; d) bessere Nutzung der Größenvorteile (economics of size) durch Ausweitung der Märkte; e) Beschleunigung des Wirtschaftswachstums durch steigende Kapitalbildung; f) Mobilisierung brachliegender Ressourcen bzw. nicht genutzter Produktionskapazitäten durch Ausdehnung der Nachfrage (→Vent-for-surplus-Theorie).

Handelsgut, Ware, wie sie im redlichen Handelsverkehr am Erfüllungsort üblich ist. Bei →Gattungsschulden ist H. „mittlerer Art und Güte" zu liefern (§ 360 HGB), d. h. Durchschnittsware; so auch bei einseitigen Handelsgeschäften. Ausschluß durch Vertrag möglich. – Bei der →*Tel-quel-Klausel* kann das schlechteste Gut aber das schlechteste Sorte geliefert werden, wenn es nur ordentliches Kaufmannsgut ist. Ist „*prima Ware*" verkauft, ist beste Qualität zu liefern.

Handelshemmnisse, Hindernisse, die einem freien internationalen Austausch von Waren und Dienstleistungen entgegenstehen, wie →Zölle, →Kontingente, →Devisenbewirtschaftung, →Verwaltungsprotektionismus bzw. administrative Hemmnisse; schärfere Mittel sind →Einfuhrverbote und →Ausfuhrverbote mit unterbindender Wirkung. Das GATT und andere multilaterale Übereinkommen haben den Abbau von H. zum Ziel. – *Arten*: a) *Tarifäre H.*: Z. B. Zölle; konnten (zumindest im Handel zwischen →Industrieländern) erheblich reduziert oder z. T. aufgehoben werden (→Kennedy-Runde, →Tokio-Runde, →Uruguay-Runde; ein weiterer Abbau bestehender H. wird durch die seit 1986 laufende Uruguay-Runde angestrebt). b) *Nicht-tarifäre* (= administrative und/oder technische) *H.*: Z. B. technische Vorschriften, Zulassungsbedingungen für Kraftfahrzeuge, Lebensmittelvorschriften sowie administrativ bedingte H. (z. B. behördliche Auflagen); die Erfolge bezüglich Abbau sind geringer. Weitgehender ist der Abbau von H. innerhalb von Zollunionen (insbes. der EG) und

→Freihandelszonen. c) *Nicht-tarifäre* (= anthropologische) H.: Waren ausländischen Ursprungs werden „verteufelt". *Auswirkungen*: H. sind i.d.R. mit Wohlfahrtseinbußen verbunden (Verzicht auf Ausnutzung von →Handelsgewinnen); können, wenn bestimmte Bedingungen erfüllt sind, aber auch gewisse Vorteile bringen (vgl. →Erziehungszoll, →Optimalzoll, →Protektionismus).

Handelshilfe, Maßnahmen im Rahmen der →Entwicklungshilfe, u.a. zwecks Zunahme der Exportkapazität, Verbesserung der Qualität der Exportprodukte und Erleichterung der Erschließung von Exportmärkten für Entwicklungsländer. Zur H. zählen auch Zollpräferenzen, die den betreffenden Ländern einen bevorzugten Zugang zu den Märkten der Geberländer ermöglichen (→Lomé-Abkommen). – Oft wird allgemein eine *Liberalisierung des Außenhandels gegenüber Entwicklungsländern* als H. bzw. Entwicklungshilfe bezeichnet *(aid by trade)*. Anwendung des Begriffes „Hilfe" fragwürdig, da Handelsliberalisierung beiden Seiten Vorteile bringt und kein Opfer zugunsten der Entwicklungsländer darstellt.

Handelshochschule, Hochschule der betriebswirtschaftlichen Pionierzeit um 1900, als die rasch fortschreitende wirtschaftliche Entwicklung dazu zwang, die bereits im Merkantilismus unter der Bezeichnung Handelsbetriebslehre weit entwickelte, in der Zwischenzeit jedoch vernachlässigte betriebswirtschaftliche Forschung und Lehre wieder verstärkt zu betreiben. Es wurden folgende H. gegründet: 1898 Leipzig und Aachen, 1901 Köln und Frankfurt a.M., 1906 Berlin, 1907 Mannheim, 1910 München, 1915 Königsberg und 1919 Nürnberg. – Vgl. auch →Betriebswirtschaftslehre, →Geschichte der Betriebswirtschaftslehre.

Handelsindifferenzkurve, Ort aller Kombinationen von Import- und Exportgütern, die einem Land den gleichen Nutzen stiften. Die H. ergeben sich durch Verschiebung des Produktionsblocks (→Transformationskurve) entlang der einzelnen nationalen →Indifferenzkurven und bilden die Grundlage der Ableitung der →Tauschkurve.

Handelskammer, →Industrie- und Handelskammer (IHK), →Auslandshandelskammern (AHK), →Internationale Handelskammer.

Handelskauf, Kauf, der →Handelsgeschäft ist und dessen Gegenstand eine Ware oder ein Wertpapier ist. Im Interesse der schnellen und glatten Abwicklung des H. wird der Verkäufer im Vergleich zum →Kaufvertrag nach BGB begünstigt. – *Rechtlich geregelt* in §§ 373–382 HGB.

I. Geltungsbereich: Das Sonderrecht für den H. gilt: a) nur für den reinen H.; b) für den Handelstausch (§ 515 BGB); c) für den handelsmäßigen →Werklieferungsvertrag, soweit er gemäß § 651 BGB Kaufrecht behandelt wird; sonst gelten die Vorschriften über den →Werkvertrag (§ 381 II HGB). – Das Sonderrecht des H. gilt nicht: a) für den Kauf von anderen Gütern, z.B. Grundstücken, Rechten, einem Handelsunternehmen; b) für den Viehkauf auch zwischen Vollkaufleuten, soweit der Viehkauf im BGB besonders geregelt ist (§ 382 HGB); c) für den Bierabnahmevertrag, soweit dieser Vertrag durch besonderes Landesgesetz geregelt ist (Art. 18 EGHGB).

II. Ergänzende bzw. abändernde Gültigkeit der HGB-Sondervorschriften zum Kaufvertragsrecht nach BGB: 1. *Abzugsrecht der Verpackung vom Kaufpreis*: a) Ist der Kaufpreis nach dem Gewicht der Ware bestimmt, wird das Gewicht der Verpackung (Tara) abgezogen (§ 380 HGB); das Nettogewicht (Bruttogewicht abzüglich Taragewicht) ist maßgebend. Eine größere Verpackung (Fässer, Kisten, Säcke, Flaschen) ist meist nicht mitverkauft, sondern ist vom Käufer zurückzusenden. b) Abweichungen können auf Vertrag oder Handelsbrauch am Erfüllungsort des Verkäufers beruhen, z.B. kann das Taragewicht mit zu verrechnen sein oder der Käufer ggf. für schadhafte oder unbrauchbare Teile der gelieferten Ware einen Preisabzug (Refaktie) fordern, muß aber regelmäßig Ware behalten. Ebenfalls kann ein Anspruch auf Gewichtszugabe (Gutgewicht) bestehen, z.B. im Kartoffelhandel wegen Gewichtsschwund (§ 380 II HGB). – 2. *Zusätzliche Berechtigung des Verkäufers*, bei →Annahmeverzug des Käufers die Ware in einem öffentlichen Lagerhaus oder in sonst sicherer Weise auf Gefahr und Kosten des Käufers zu hinterlegen (→Hinterlegung) oder einen →Selbsthilfeverkauf vorzunehmen (§§ 373, 374 HGB). – 3. *Aufbewahrungspflicht des Käufers* (§ 379 HGB) für beanstandete Ware, die ihm vom Verkäufer übersandt worden ist, damit Verkäufer selbst über die Ware verfügen kann. Ist die Ware verderblich und Gefahr im Verzug, so kann der Käufer sie nach vorheriger Androhung öffentlich versteigern lassen (Notverkauf). – 4. *Rügepflicht des Käufers*: Die strengen Bestimmungen über die →Mängelrüge (§ 377ff. HGB) gelten nur für den H., der beiderseitiges Handelsgeschäft ist. Das HGB stellt Schlechtlieferung und Falschlieferung gleich und unterwirft sie der →Sachmängelhaftung, die sowohl bei Lieferung einer ganz anderen als der bestellten Ware (→Aliud-Lieferung) als auch bei einer anderen Warenmenge (Quantitätsmangel) eingreift. a) Der Käufer hat die abgelieferte Ware unverzüglich nach der Ablieferung, soweit dies nach ordnungsmäßigem Geschäftsgang tunlich ist, zu untersuchen und etwaige festgestellte Mängel unverzüglich dem Verkäufer anzuzeigen (Mängelrüge), sonst verliert er seine Gewährschaftsansprüche, und die gelieferte Ware gilt als genehmigt. Art und Umfang der Untersuchungen müssen zweckmäßig sein; Berücksichtigung der Handelssitte. Besichtigung genügt nicht immer. Oft sind Kostproben oder Stichproben notwendig. Markenartikel brauchen nicht ausgepackt zu werden. Nicht erkennbare, verborgene Mängel, die später hervortreten, muß der Käufer unverzüglich nach ihrer Entdeckung anzeigen. b) Die Mängelrüge ist formlos, muß aber Art und Umfang (nicht Ursache) der Mängel erkennen lassen. Allgemeine Rügen wie ,,Schundware", ,,Ware ist schlecht" genügen nicht. Zur Erhaltung der Käuferrechte genügt rechtzeitige Absendung der Anzeige (§ 377 IV HGB); die Gefahr ihrer Ankunft trägt der Verkäufer. c) Die Rügepflicht fällt fort, wenn der Verkäufer den Mangel arglistig verschwiegen (§ 377 V HGB) oder eine Eigenschaft arglistig vorgespiegelt hat. d) Die Rügepflicht kann durch Vertrag oder Handelssitte eingeschränkt werden. Einseitige Beschränkungen des Rügerechts auf der Rechung sind im allgemeinen bedeutungslos (z. B. ,,Reklamationen werden nur innerhalb von fünf Tagen seit dem Empfang der Ware berücksichtigt"); anders bei Aufnahme in dem →Bestätigungsschreiben. – 5. *Weitere Sonderregeln* gelten für →Spezifikationskauf und →Handelsfixkauf.

Handelskette, Glieder einer →Absatzkette, die in den →Absatzweg einer in ihrem stofflichen Charakter unveränderten Ware von einem erzeugenden zu einem verwendenden Glied eingeschaltet sind. Vom Urproduzenten bis zum Endverbraucher durchläuft eine Ware meist eine Vielzahl von H. (Handelskettenfolge). – *Beispiel*: Die Einschaltung von H.ngliedern in den Weg von Wolle vom Schafzüchter zum Spinner, des Garns vom Spinner zum Weber, des Tuchs vom Weber zur Konfektion, der Kleider von der Konfektion zum Endverbraucher (Absatzweg mit einer H.nfolge von vier Stufen). – Handelskettenglieder können vornehmlich *kollektierende* (Aufkauf landwirtschaftlicher Erzeugnisse, Aufkauf von Schrott, Altpapier oder sonstigen Wertstoffen, die nach dem Gebrauch bzw. Transport der Waren anfallen) oder *distribuierende Aufgaben* (Verkauf vor. Sekt durch den Lebensmittelgroß- und -einzelhandel; vgl. →Distribution) haben. Hinzu kommen die Glieder der H., die im *Außenhandel* tätig sind: →Ausfuhrhändler (Exporteur), →Einfuhrhändler (Importeur) und →Transithändler (Transiteur).

Handelskettenspanne, Differenz zwischen Einkaufspreis eines Verwenders/Konsumenten und Verkaufspreis des Produzenten, der das erste Glied der jeweiligen →Handelskette beliefert.

Handelsklassen, Einteilung von Produkten (z. B. frischem Obst und Gemüse) in Klassen einheitlicher Qualität. H. bewirken eine Gütesicherung. Dadurch wird der Handelsverkehr erleichtert, die Preisbildung objektiviert und wegen der erhöhten Markttransparenz allen Beteiligten (Erzeugern, Händlern, Verbrauchern) Schutz vor Übervorteilung geboten. – Vgl. auch →Handelsklassengüter.

Handelsklassengüter. 1. *Begriff*: Erzeugnisse der Landwirtschaft und der Fischerei, die aufgrund des Handelsklassengesetzes i. d. F. vom 23. 11. 1972 (BGBl I 2201) mit späteren Änderungen i. V. m. RechtsVO gesetzlich festgelegte Merkmale haben müssen; z. B. Rindfleisch, Obst, Gemüse, Kartoffeln, Schweinehälften, wenn sie nach gesetzlichen Handelsklassen angeboten, feilgehalten, geliefert oder verkauft werden.

– 2. *Merkmale*: Qualität, Herkunft, Art und Weise sowie Zeitpunkt der Erzeugung, Gewinnung, Herstellung und Behandlung, Angebotszustand, Reinheit und Zusammensetzung, Sortierung und Beständigkeit bestimmter Eigenschaften. – 3. Durch RechtsVO kann auch bestimmt werden, daß bestimmte Erzeugnisse nur noch in gesetzlichen Handelsklassen in Verkehr gebracht werden dürfen, daß in Rechnungen die Handelsklassen anzugeben sind, daß bei der öffentlichen Werbung die Handelsklassen anzugeben sind, daß Börsen, Verwaltungen öffentlicher Märkte usw. bei amtlichen Preisnotierungen die gesetzliche Handelsklasse feststellen und notieren. – Zur Durchführung der RechtsVO stehen den Behörden Auskunfts-, Einsichts- und Prüfungsrechte zu. – 4. *Verstöße* gegen die Handelsklassenbestimmungen und Auskunftsrechte werden als Ordnungswidrigkeit mit Geldbuße geahndet.

Handelsklauseln, im Handelsverkehr besonders zwischen Käufer und Verkäufer eingebürgerte kurze Formeln (Klauseln), die dem Vertrag einen bestimmten Inhalt geben. Die H. gelten allgemein für alle Kaufleute und haben eine große Bedeutung. Sie werden sowohl im nationalen als auch im internationalen Handel sehr häufig verwandt. Von besonderer Bedeutung →Incoterms. – Vgl. auch →Lieferungsbedingungen, →Zahlungsbedingungen.

Handelskosten, →Handlungskosten.

Handelskreditbrief, →commercial letter of credit (CLC).

Handelsmakler. I. Begriff: Derjenige, der gewerbsmäßig die Vermittlung von Verträgen über Gegenstände des Handelsverkehrs übernimmt, ohne dabei in einem ständigen Vertragsverhältnis zu seinem Auftraggeber zu stehen (§ 93 HGB). – *Beispiele*: Kauf und Verkauf von Wertpapieren, Vermittlung von Versicherungen. – *Anders*: →Handelsvertreter, →Zivilmakler. – *Voraussetzungen*: a) *Gewerbsmäßig* bedeutet eine planmäßig auf Gewinn gerichtete Tätigkeit (→Gewerbe). Wer nur gelegentliche Vermittlung übernimmt, ist Zivilmakler. b) Die Tätigkeit des H. erstreckt sich auf die *Vermittlung*, nicht auf den Abschluß oder lediglich den Nachweis von Gelegenheiten. – *Rechtliche Regelung*: §§ 93–104 HGB, §§ 652–655 BGB.

II. Arten (nach der Art der Vermittlung von Verträgen über Gegenstände des Handelsverkehrs; § 93 I HGB): 1. *Warenmakler*: H., die Vermittlung von Warengeschäften im Kleinverkehr besorgen (Krämermakler), unterliegen nicht den Vorschriften über Schlußnote und Tagebücher. – 2. *Effektenmakler*. – 3. *Versicherungsmakler* (Assekuranzmakler). – 4. *Schiffsmakler*: Hierzu gehören v. a. auch die Makler, die in Hafenplätzen die Vermittlung von Schiffsraum betreiben u. a. – 5. *Öffentlich bestellte Makler* mit amtlichem Charakter, das sind z. B. die Kursmakler (§ 30 BörsG), die öffentlich bestellten Versteigerer (§ 383 III HGB), oder die öffentlich ermächtigten H. nach § 385 BGB.

III. Pflichten: Der H. ist zu seiner Vermittlungstätigkeit keiner der Parteien gegenüber verpflichtet. Übernimmt er aber den Auftrag, auch wenn er nur von einer Partei beauftragt ist, so tritt er gleichzeitig auch zu der anderen Partei in vertragliche Beziehungen. Hierdurch unterscheidet er sich gerade von dem Handelsvertreter und dem Zivilmakler. – 1. *Sorgfaltspflicht*: Der H. hat die Interessen beider Parteien wahrzunehmen und haftet ihnen für durch sein →Verschulden entstandenen Schaden (§ 98 HGB). – 2. *Beurkundung*: Das vermittelte Geschäft ist zu beurkunden a) durch Ausstellung einer →Schlußnote, die jeder Partei unverzüglich nach Abschluß des Geschäftes zuzustellen ist (§§ 94, 95 HGB); b) durch tägliche Eintragung in das →Tagebuch (§ 100 HGB). – 3. *Auskunft*: Der H. hat jeder Partei auf Verlangen mittels Auszügen aus dem Tagebuch Auskunft zu erteilen (§ 101 HGB). – 4. *Aufbewahrung von Proben* bei →Kauf nach Probe bis zur Erledigung des Geschäftes (§ 96 HGB).

IV. Rechte: 1. Wie jeder Makler hat der H. Anspruch auf *Vergütung* (→Maklerlohn). Voraussetzung ist, daß das Geschäft rechtswirksam zustande gekommen ist (§ 652 BGB), Ausführung ist nicht erforderlich. Wird der Vertrag unter einer Bedingung geschlossen, entsteht der Anspruch erst nach Eintritt der Bedingung. Der H. kann von jeder Partei die Hälfte des Maklerlohnes fordern (§ 99 HGB). – Wird der Auftrag vorher *widerrufen*, besteht kein Anspruch auf Maklerlohn. Erfolgt Widerruf aber in der Absicht, den Abschluß mit einer von dem H. genannten Vertragspartei direkt durchzuführen, um so den H. um seinen Lohn zu bringen, so bleibt Anspruch auf Vergütung bestehen. Widerruf kann vorbehaltlich des wichtigen Grundes ausgeschlossen werden. – 2. *Anspruch auf Ersatz von Auslagen* besteht mangels besonderer Vereinbarung nicht (§ 652 BGB). – 3. Zur *Empfangnahme von Zahlungen* ist der H. nicht berechtigt.

V. Umsatzsteuerrecht: Die Leistungen der H. sind umsatzsteuerbar und i. d. R. auch umsatzsteuerpflichtig (Ausnahmen vgl. §§ 4 Nr. 2, 8 UStG). Die Umsatzsteuerschuld entsteht bei H., die ihre Umsätze nach →vereinbarten Entgelten versteuern, mit Ablauf des Voranmeldungszeitraums, in dem sie ihre Vermittlungsleistungen bewirkt haben (mit Ausstellung der Schlußnote).

Handelsmanagement. 1. *Begriff*: Führung von Unternehmungen des Handels durch den Eigentümer der Unternehmung selbst (meist bei mittelständischen Handelsbetrieben) oder durch angestellte Manager (meist bei Großbetrieben des Handels und in den Zentralen der Konzentrations- und Kooperationsformen des Handels; →kooperative Gruppen). Die wachsende Bedeutung der letzten Gruppe hat zu einer zunehmenden Professionalisierung und Akademisierung im H. geführt, die wiederum Voraussetzung für die Nutzung der neuen Informationstechnologien bei der Unternehmensführung sind. – 2. Die *Führungsbereiche* des H. umfassen Ziel- und Mittelentscheidungen sowie Planung und Kontrolle aller unternehmenspolitischen Entscheidungen hinsichtlich ihres Beitrags zur Zielerreichung. Also: a) konstitutive Entscheidungen (Betriebsformenwahl, Standort, Betriebsgröße, Rechtsform, Organisation, ggf. Fusion); b) laufende Entscheidungen (Kombination der Produktionsfaktoren gemäß Modell im Stichwort →Handelsbetrieb). – 3. *Aufgaben im einzelnen*: →Handelsmarketing, hierbei insbes. Steuerung von →Warenwirtschaftssystemen; Personalpolitik; Finanzierungs- und Investitionspolitik mit einem Schwergewicht bei der regionalen Standortplanung, die eine Voraussetzung für die konzentrierte, rationale Warenlogistik schafft; das gesamte →Rechnungswesen einschl. →Controlling, das durch den Einsatz von EDV-Anlagen und die Möglichkeiten der raschen Datenfernübertragung eine zunehmende Bedeutung als aktuelle Informationsbasis für die gesamte Unternehmenspolitik gewinnt. – Vgl. auch →Handelsforschung III.

Handelsmarke, Fertigerzeugnis des Konsumgüterbereichs, das eine Handelsorganisation mit einer ihr gehörenden, geschützten →Marke kennzeichnet, und das i. a. nur im eigenen oder in angeschlossenen Einzelhandelsgeschäften zu erhalten ist. Viele H. wurden als preisgünstige Alternative gegenüber →Markenartikeln eingeführt oder weil Markenartikelhersteller das Handelsunternehmen nicht mehr belieferten. – Heute sind H. Ausdruck eines aktiven →Handelsmarketing zwecks Profilierung im Absatzmarkt, Sortimentsbereinigung und somit Festigung der Nachfrageposition gegenüber den Lieferanten; sie sind mit ihrem Namen – sofern mit der Firma identisch – Werbeträger für die gesamte Unternehmung. – Vgl. auch →No Names.

Handelsmarketing. 1. *Begriff*: →Marketing für →Handelsbetriebe, meist als *Beschaffungs- und Absatzmarketing* aufgefaßt. Sämtliche Instrumente der H. sind gemäß den jeweils spezifischen Gegebenheiten auf den Beschaffungs- und Absatzmärkten einzusetzen. Hauptschwierigkeit ist die Koordination der unmittelbar gegenseitig wirkenden Konsequenzen. Formen der →Matrixorganisation sowie Teamentscheidungen von Einkäufern und Verkäufern sind daher verbreitet. – 2. *Instrumente*: a) *Beschaffungsinstrumente*: →Beschaffungswegepolitik, →Beschaffungsorganisation, →Bestellmengenpolitik, →Beschaffungspreis- und -konditionenpolitik und →Beschaffungswerbung. – b) *Absatzinstrumente*: →Standortpolitik, →Lieferbereitschaftspolitik, →Absatzorganisation und -methode, →Sortimentspolitik und Produktpolitik (→Handelsmarken), →Servicepolitik, →Absatzpreis- und -konditionenpolitik, →Absatzkommunikationspolitik. – 3. Der *Einsatz der Beschaffungsinstrumente* gewinnt nicht nur an Dominanz, wenn auf den Beschaffungsmärkten Engpässe auftreten, sondern auch bei starkem Wettbewerb auf den Absatzmärkten, der zu einer konsequenten Nutzung aller nur möglichen Beschaffungsvorteile zwingt. Diese Konstellation ist für viele Handelsbranchen typisch.

Handelsmarktforschung, →Marktforschung, →Handelsforschung.

Handelsmißbrauch, gegen die guten Sitten verstoßender →Handelsbrauch. Maßgebend ist die Anschauung des verständigen durchschnittlichen Gewerbetreibenden. H. wird nicht dadurch erlaubter Handelsbrauch, daß zahlreiche Gewerbetreibende ihn anwenden. Zu beurteilen auch nach den Grundsätzen über →unlauteren Wettbewerb.

Handelsname des Kaufmanns, eine aus Worten bestehende Bezeichnung, die auf eine im Handelsverkehr auftretende natürliche oder juristische Person oder auf die Gesellschafter einer Gesellschaft hinweist. H. d. K. ist die →Firma. – *Anders:* →Unternehmensbezeichnung.

Handelspanel. 1. *Begriff:* →Panel von ausgewählten Einzel- bzw. Großhandelsbetrieben. Am weitesten verbreitet ist das *Einzelhandelspanel* in der allgemeinen Form, daneben auch spezielle Panels, wie etwa *Branchen-Panel* oder *Fachhandelspanel*, z. B. Apothekenpanel. – 2. *Erhebung:* a) *Erhebungsgegenstände:* Erhoben wird in erster Linie der Endverbraucherabsatz der einzelnen Geschäfte; ferner die Warenbestände und deren Veränderung, Ein- und Verkaufspreise sowie die räumliche Verteilung der Betriebe, die ein bestimmtes Produkt führen, sowie Bezugsquellen, Bestellmengen und -termine, Lagerbestände und Umschlagshäufigkeiten. Nur mit dem Einzel- und Großhandelspanel sind die Umsätze zu erfassen, die auf Nicht-Haushalte, wie Gaststätten, Großverbraucher usw. entfallen. b) *Erhebungsmethode:* Früher vorwiegend manuell, d. h. der Endverbraucherabsatz wird ermittelt aus der Summe von Anfangsbestand und Einkäufen abzüglich Endbestand, der jeweils manuell durch Zählen ermittelt werden muß (→Beobachtung). Mit zunehmender Verbreitung von EDV-gestützten Warenwirtschaftssystemen und Scannerkassen wird zukünftig die →Scanner-Handelspanel das traditionelle H. verdrängen. – 3. In der *Bundesrep. D.* *durchgeführt* von Nielsen sowie der Gesellschaft für Konsum-, Markt- und Absatzforschung (GfK) sowie der Centrale für Coorganisation (CCG) als MADAKOM-Scanningpanel. – Vgl. auch →Haushaltspanel.

Handelspapiere, alle →Wertpapiere, die dem Handelsverkehr dienen. Dies ist der Fall, wenn die in dem Papier enthaltene Beurkundung eines Rechtsverhältnisses gerade dem Zweck dient, das Recht umlauffähig zu machen. Zu den H. gehören demnach insbes. →Inhaberpapiere (Inhaberschuldverschreibung usw.) und →Orderpapiere (Wechsel usw.). →Anschaffung und →Weiterveräußerung von H. ist →Grundhandelsgeschäft i. S. des § 1 II 1 HGB.

Handelspolitik, →Außenhandelspolitik.

Handelsrecht. I. B e g r i f f / E i n o r d n u n g: H. ist das Sonderrecht des Kaufmanns, des →Handelsstandes. – 1. *Privatrechtliche Normen:* Die Vorschriften des H. betreffen im wesentlichen die Rechtsbeziehungen des Kaufmanns zu seinen Geschäftspartnern, die wettbewerbsrechtlichen und gesellschaftsrechtlichen Beziehungen zu anderen Unternehmern. Das Handelsgesetzbuch (HGB) vom 10. 5. 1897 (RGBl 219) mit späteren Änderungen geht in § 1 HGB vom Kaufmannsbegriff aus, beschränkt diesen aber nicht auf die Tätigkeit der Güterverteilung, sondern bezieht auch die Industrie, den handwerklichen Großbetrieb und die Hilfsgewerbe in §§ 2–6 HGB ein. Zum Kaufmannsbegriff gehören Kommissionäre, Handelsvertreter, Handelsmakler, Bank- und Versicherungsunternehmen, Spediteure, Lagerhalter, Verlagsgeschäfte und die Geschäfte der Druckereien. – 2. *Öffentlich-rechtliche Normen:* Dies gilt für den Kaufmannsbegriff, das Handelsregisterrecht, die kaufmännische Buchführungspflicht, das Firmen-, Warenzeichen- und Wettbewerbsrecht, das Privatversicherungs-, Bank- und Börsenrecht, das Aktienrecht und viele weitere Gebiete. – Der Schwerpunkt des H. liegt beim Privatrecht.

II. G e l t u n g s b e r e i c h: Das H. gilt für alle Kaufleute mit Vorrang vor dem bürgerlichen Recht (Art. 2 EGHGB). Oft ergänzt das allgemeine bürgerliche Recht jedoch das H., z. B. bei der Vollmacht, dem Recht der OHG und KG, dem Kauf- und Werkvertragsrecht. Das H. ist auch auf einseitige Handelsgeschäfte anzuwenden, bei denen nur ein Vertragspartner Kaufmann ist, es sei denn, daß die Geltung ausdrücklich auf beiderseitige Handelsgeschäfte beschränkt ist (z. B. die Mängelrüge gem. § 377 HGB). Für den Vollkaufmann, den Kaufmann, der ein Grundhandelsgewerbe nach § 1 HGB betreibt oder den im Handelsregister eingetragenen Soll-, Kann- und Formkaufmann, dessen Geschäfte nach Art und Umfang eine kaufmännische Betriebsführung erfordern, gilt das H. in vollem Umfang. Für Minderkaufleute ist eine Reihe von Vorschriften des H. nicht anwendbar (vgl. §§ 4 II, 351 HGB).

III. Rechtsquellen: 1. *Handelsgesetzbuch* vom 10.5.1897, das mit dem BGB am 1.1.1900 in Kraft getreten ist, ist in fünf Bücher gegliedert: a) Buch I: Handelsstand mit Normierung des Kaufmannsbegriffs, des Registerrechts, des Rechts der Firma, der besonderen handelsrechtlichen Vollmachten (Prokura, Handlungsvollmacht), des Rechts der Handlungsgehilfen, Handelsvertreter und Handelsmakler. b) Buch II: Handelsgesellschaften und stille Gesellschaft mit Regelung des Rechts der offenen Handelsgesellschaft, der Kommanditgesellschaft und der stillen Gesellschaft. c) Buch III: Handelsbücher mit den Vorschriften über die Buchführung und über das Bilanzrecht einschl. der Ergänzungen für Kapitalgesellschaften. d) Buch IV: Handelsgeschäfte mit allgemeinen Vorschriften für alle Handelsgeschäfte und Sonderbestimmungen für einzelne Vertragstypen. e) Buch V: Seehandel mit der Regelung des Seehandelsrechts. – 2. *Nebengesetze*: Diese betreffen das Wettbewerbsrecht, das Gesellschaftsrecht, das Wertpapierrecht, das Bankrecht und Börsenrecht. Außerdem zählen das Privatversicherungsrecht und das Recht des Buch- und Verlagshandels zu dem H. – 3. *Gewohnheitsrecht*: Im gleichen Rang wie das Gesetzesrecht gilt das Gewohnheitsrecht, das im Handelsverkehr seit jeher eine erhebliche Bedeutung hat. →Handelsbräuche beeinflussen die Gesetzgebung und das Gewohnheitsrecht (§ 346 HGB). – 4. Zusätzlich gelten im H. viele *internationale Vereinbarungen*.

IV. Besonderheiten: Im Vertragsrecht spielen im H. die Allgemeinen Geschäftsbedingungen eine große Rolle, zumal das →AGB-Gesetz bei Geschäftsbedingungen gegenüber einem Kaufmann nicht eingreift (§ 24 AGB-Gesetz). Unter Kaufleuten ist nach § 38 ZPO auch weiterhin die Gerichtsstandsvereinbarung zugelassen. – Das Wesen des H. wird bestimmt vom *Gedanken der Rechtssicherheit*, vom Vertrauen in die Handlungen des Kaufmanns. Darauf beruhen der Ausbau des Registerwesens (→Handelsregister, →Genossenschaftsregister, →Schiffsregister), die Ausbildung besonderer Vollmachten mit typisiertem Inhalt (→Prokura, →Handlungsvollmacht)

und der erweiterte Vertrauensschutz bei der Rechtsscheinhaftung. – Das H. dient dem Warenverkehr, der oft der besonderen *Beschleunigung* bedarf. Daher sind Formvorschriften teilweise aufgehoben oder gelokkert (§§ 350, 351 HGB) und sollen auch Vertragsverletzungen einer beschleunigten Lösung zugeführt werden. Dies wirkt sich beim Zurückbehaltungsrecht (§ 369 HGB) und bei der →Mängelrüge (§ 377 HGB) aus. Diesem Zweck dienen auch Vorschriften über die Gestaltung der Zivilgerichtsbarkeit. Im Wechsel- und Scheckprozeß wird der Beschleunigungsgrundsatz deutlich. Im Zivilprozeß sind außerdem beim Landgerichten Kammern für Handelssachen eingerichtet (§§ 95 ff. GVG), die mit Berufs- und sachkundigen Handelsrichtern über Rechtsstreitigkeiten beschleunigt, teilweise aufgrund eigener Sachkunde (§ 114 GVG), entscheiden. Diese Kammern werden auch bei Beschwerdeentscheidungen im Verfahren der freiwilligen Gerichtsbarkeit, insbes. bei Registersachen, tätig. Daneben wird bei Streitigkeiten in Handelssachen oft von der Möglichkeit der Vereinbarung des Schiedsverfahrens (§§ 1025 ff. ZPO) Gebrauch gemacht.

handelsrechtliche Buchführungsvorschriften, Teil der kodifizierten und nicht kodifizierten Grundsätze ordnungsmäßiger Buchführung (GoB), der die Buchführung betrifft; vgl. im einzelnen →Grundsätze ordnungsmäßiger Buchführung (GoB), →Buchführungsrichtlinien.

Handelsregister, ein bei den →Amtsgerichten geführtes öffentliches Register, das Vollkaufleute und Handelsgesellschaften unter ihrer →Firma verzeichnet und bestimmte Rechtsvorgänge offenkundig macht (→Publizitätsprinzip). Im HGB und Nebengesetzen (z. B. Aktiengesetz) finden sich verstreut die Vorschriften über die Pflicht zur Eintragung und zur Anmeldung eintragungspflichtiger Tatsachen. Die Eintragung kann mit →Zwangsgeld erzwungen, in Ausnahmefällen von Amts wegen vorgenommen werden. – *Bestandteile:* Das H. besteht aus der *Abteilung A* für die Einzelkaufleute und die Personengesellschaften des Handelsrechts mit Ausnahme der stillen Gesellschaft sowie für die juristischen Personen des öffentlichen Rechts und *Abteilung B* für die Kapitalgesellschaften. – Die *Bestimmung des H. für die Öffentlichkeit* findet darin Ausdruck, daß die Einsicht jedem gestattet ist (→Handelsregistereinsicht). Darüber hinaus erfolgt auch die →öffentliche Bekanntmachung der eingetragenen Tatsachen. Den Behörden gegenüber wird ein Zeugnis über Eintragungen oder Fehlen solcher durch ein →Positivattest bzw. →Negativattest erbracht. – *Verstößt* eine Eintragung gegen gesetzliche Vorschriften, so kann sie von Amts wegen gelöscht werden. – *Gegen* die Verfügungen des Registergerichts ist meist Beschwerde (§ 19 FGG), z. T. →sofortige Beschwerde (§ 22 FGG) und die weitere Beschwerde (§ 27 FGG) möglich, über die das Landgericht (→Kammer für Handelssachen) bzw. das →Oberlandesgericht (OLG) entscheidet. – Das H. genießt einen geringeren *Gutglaubensschutz* als ihn der öffentliche Glaube des Grundbuchs gewährt (→Positivwirkung).

Handelsregistereinsicht, Einblick in das →Handelsregister. H. ist jedermann gebührenfrei gestattet (§ 9 HGB). Gleiches gilt auch für die Einsicht in zur →Handelsregistereintragung überreichte Schriftstücke. Auf Antrag ist Abschrift, die zu beglaubigen ist, sofern nicht darauf verzichtet wird, von den Eintragungen und den zum Handelsregister eingereichten Schriftstücken zu erteilen.

Handelsregistereintragung. 1. *Verpflichtung zur H.:* a) →Firmen, teilweise Voraussetzung für die Erlangung der Eigenschaft als →Kaufmann; Vgl. auch →Sollkaufmann, →Kannkaufmann, →Formkaufmann; b) zahlreiche andere Tatsachen des kaufmännischen Betriebs, z. B. Erteilung der Prokura, Errichtung einer Zweigniederlassung, Erlöschen der Firma. – 2. *Folgen:* a) die H. dient insbes. der Unterrichtung der Öffentlichkeit; b) sie ergibt die gesetzliche Vermutung, daß das unter der Firma betriebene Gewerbe ein Handelsgewerbe ist bzw. daß eingetragene Tatsachen bekannt und nicht eingetragene, eintragungspflichtige Tatsachen (z. B. Widerruf der Prokura) unbekannt sind (vgl. →Publizitätsprinzip); Vermutung gilt nicht für die fälschlicherweise erfolgte H. nur rechtsbekundender Natur, zum Teil haben sie jedoch rechtserzeugende Wirkung, z. B. die H. des Sollkaufmanns oder der Aktiengesellschaft (Formkaufmann). – Vgl. auch →Handelsregister, →Eintragungsfähigkeit.

Handelsrichter, ehrenamtliche Richter (→Laienrichter), die als Beisitzer der →Kammer für Handelssachen fungieren. Die H. werden auf gutachtlichen Vorschlag der Industrie- und Handelskammer auf jeweils drei Jahre ernannt. – *Voraussetzung:* Vollendung des 30. Lebensjahres und Eintragung als Kaufmann, Vorstand einer AG, Geschäftsführer einer GmbH oder als Vorstand einer sonstigen juristischen Person im Handelsregister. – Während der Dauer ihres Amtes haben sie alle *Rechte und Pflichten eines Richters.* – *Entschädigung:* H. erhalten nach dem Gesetz über die Entschädigung ehrenamtlicher Richter i. d. F. vom 1. 10. 1969 (BGBl I 1753) mit späteren Änderungen Ersatz für Zeitversäumnis, Fahrtkosten und Fußwegstreckenersatz und Aufwandsentschädigung.

Handelssachen, i. S. des Gerichtsverfassungsgesetzes sind H. u. a. Ansprüche gegen Kaufleute aus beiderseitigen Handelsgeschäften, aus Firmen-, Warenzeichen- und Wettbewerbsrecht und gesellschaftsrechtlichen Rechtsverhältnissen, aus dem Wechsel- und Scheckrecht, aus der Börsengesetzgebung und dem Kartellgesetz (§ 96 GVG). Auf Antrag einer Partei entscheidet die Kammer für Handelssachen. Besetzung: ein Berufsrichter, zwei ehrenamtliche Handelsrichter (§§ 93–114 GVG).

Handelsschaffung, *Aufschließungseffekt, trade creation effect,* üblicherweise am Beispiel der Bildung einer →Zollunion abgeleitete Erscheinung. Grundlage positiver Wohlfahrtswirkungen der wirtschaftlichen →Integration zwischen Volkswirtschaften. Von H. wird gesprochen, wenn aufgrund der Senkung von →Zöllen die Integrationsländer die Einfuhr von Gütern anderer Integrationsländer, die dort kostengünstiger hergestellt werden können, zu Lasten der heimischen Produktion verstärken. Durch diese derartige Spezialisierung der Produktion entsprechend dem →Theorem der komparativen Kostenvorteile realisieren die Integrationsländer Handelsgewinne. – Vgl. auch →Handelsablenkung.

Handelsschule, jetzt: →Berufsfachschule.

Handelssitte, →Handelsbrauch.

Handelsspanne. 1. *Begriff:* a) *Handelsbetriebslehre:* Unterschiedsbetrag zwischen Einstands- und Verkaufspreisen im Handelsbetrieb. Vgl. →Handelsaufschlag, →Handelsabschlag sowie unten 4. – b) *Umsatzsteuer*: (1) Differenz zwischen Warenverkaufspreis (inklusive Mehrwertsteuer) und eingesetzten Warenmengen, bewertet mit →Wareneinstandspreisen (ohne Vorsteuer). Diese *Brutto-Netto-Rechnung* ist im Handel üblich, da Warenumsätze bislang nach dem Verkauf meist nur auf der Basis von Warengruppen erfaßt wurden, so daß ein gesonderter Ausweis der genauen Mehrwertsteuerbeträge nur schwer möglich ist. (2) Zur Ermittlung eines die Steuerbelastung exakt berücksichtigenden Rohgewinns ist die artikelspezifische Vorsteuer den Wareneinstandspreisen hinzuzufügen *(Brutto-Brutto-Rechnung)* oder die Mehrwertsteuer von den Verkaufspreisen abzuziehen *(Netto-Netto-Rechnung)*. Werden H. für einzelne Artikel berechnet, ist die Herausrechnung der Umsatzsteuerbelastung leicht möglich. – 2. *Formen*: H. können als *absolute Zahl* (→Stückspanne, die gleich dem →Rohertrag eines Artikels ist) oder als *relative Zahl* (→Prozentspanne) ausgewiesen werden. Außerdem ist die Ermittlung von Warengruppen-, Durchschnitts-, insbes. →Betriebshandelsspannen üblich. – 3. H. *dienen* zu Ermittlung der →Kalkulationsaufschläge, insbes. bei der →Mischkalkulation, sowie zur Kontrolle der Rohgewinnentwicklung mittels →Istspannen und →Sollspannen. – 4. *Berechnungsbeispiel*: In einer Periode sollen 100 Einheiten à 800 DM abgesetzt werden, die zu einem Umsatz von 100 000 DM führen sollen.

Handelsaufschlag (= Kalkulationsaufschlag):

$$\frac{\text{Rohgewinn} \times 100}{\text{Wareneinsatz}} = \frac{20\,000 \times 100}{80\,000} = 25\%$$

Rohgewinn = Warenumsatz ./. Wareneinsatz, bewertet zu Einstands-, hier Einkaufspreisen: 100 000 − 80 000 = 20 000 DM. Auf jeden Artikel zu 800 DM Einkaufspreis sind 25% = 200 DM aufzuschlagen. Dies ergibt bei einem Verkaufspreis von 1000 DM × 100 Einheiten einen Umsatz von 100 000 DM.

Handelsabschlag (= Handelsspanne in %):

$$\frac{\text{Rohgewinn} \times 100}{\text{Umsatz zu Verkaufspreisen}}$$
$$= \frac{20\,000 \times 100}{100\,000}$$
$$= 20\%$$

Bei einem Verkaufspreis pro Stück von 1000 DM sind 20% von 1000 DM = 200 *(absolute H.)* abzuziehen, um den Einkaufspreis von 800 DM zu errechnen. Einem Rohgewinn vom Umsatz in Höhe von 20% *entspricht* also ein Handelsaufschlag auf den Einkaufspreis von 25%.

Handelsstand, i. S. des HGB alle kaufmännisch tätigen natürlichen und juristischen Personen, unabhängig davon, ob sie Unternehmer, Prokuristen, Handelsvertreter, Handlungsgehilfen usw. sind. – *Organe des H.*: →Industrie- und Handelskammern.

Handelsstatistik, zusammenfassender Begriff für ein System von aufeinander abgestimmten und sich ergänzenden Statistiken in den Bereichen →Großhandel, →Handelsvermittlung, →Einzelhandel und →Gastgewerbe. Ein in ca. zehnjährlichen Abständen durchgeführter →Handelszensus mit wenigen Grundmerkmalen (zuletzt 1985) bildet dabei zugleich Auswahlgrundlage und Hochrechnungsrahmen für auf Stichprobenbasis durchzuführende Monats-, Jahres- und Ergänzungserhebungen in den einzelnen Bereichen. – *Gesetzlich geregelt* durch Gesetz über die Statistik im Handel und Gastgewerbe (Handelsstatistikgesetz) vom 10.11.1978 (BGBl I 1733), geändert durch Statistikbereinigungsverordnung vom 14.9.1984 (BGBl I 1249). – *Weitere institutionelle Angaben* aus →Arbeitsstättenzählungen, →Kostenstrukturstatistiken, →Umsatzsteuerstatistik; ferner →Preise, →Außenhandel, →Volkswirtschaftliche Gesamtrechnungen (VGR).

Handelsstruktur, Aufbau und Zusammensetzung des →Handels zu einem bestimmten Zeitpunkt. Einblicke in die H. vermitteln die amtliche Statistik (→Handelsstatistik) und die Strukturerhebungen mittels der Handels- und Gaststättenzählungen (→Handelszensus). Differenziertere Erhebungen nach Regionen, Betriebsformen, Kooperationszugehörigkeit u. a. erstellen Industrie- und Handelskammern und die berufsständischen Organisationen des Handels.

Handelsstufe, nacheinander geschaltete Glieder einer →Handelskette, z. B. Importgroßhändler, Großhändler, Einzelhändler.

Handelsumlenkung, →Handelsablenkung.

Handelsusance, →Handelsbrauch.

Handelsverlust, *Außenhandelsverlust,* in der realen Außenwirtschaftstheorie aufgezeigte Möglichkeit, daß sich die Wohlfahrtsposition eines Landes durch Übergang zum →Freihandel nicht erhöht, sondern verringert, z. B. möglicherweise dann, wenn die sozialen und privaten Kosten voneinander abweichen oder durch Aufnahme des Außenhandels Arbeitskräfte freigesetzt werden, die aufgrund unzulänglicher Mobilität und unzureichender Flexibilität der Löhne unbeschäftigt bleiben.

Handelsvermittlung, →Handelsvertreter, →Handelsmakler.

Handelsvermittlungsstatistik, Repräsentativstatistik im Rahmen der →Handelsstatistik bei bis zu 10 000 ausgewählten Unternehmen aus 85 Wirtschaftsklassen auf der Grundlage des →Handelszensus unter Berücksichtigung der Neugründungen. Erfaßt werden zweijährlich die tätigen Personen, Waren- und Materialeingang und -bestand, Investitionen, Aufwendungen für gemietete oder gepachtete Anlagegüter, Verkaufserlöse aus dem Abgang von Anlagegütern, Bruttolohn- und -gehaltssumme, Umsatz nach Arten der wirtschaftlichen Tätigkeiten, Gesamtwert des gegen Provision vermittelten Warenumsatzes nach Warengruppen.

Handelsvertreter, früher: *(Handlungs-) Agent.* I. Begriff: H. ist, wer als selbständiger Gewerbetreibender ständig damit betraut ist, für einen anderen Unternehmer Geschäfte zu vermitteln (→Vermittlungsvertreter) oder in dessen Namen abzuschließen (→Abschlußvertreter) (§ 84 I 1 HGB). H. ist stets →Mußkaufmann (§ 1 II Nr. 7 HGB). – 1. *Selbständig:* d. h. nicht Angestellter des Unternehmens, für das er arbeitet. Hier kommt es nicht auf die wirtschaftliche, sondern auf die persönliche Selbständigkeit an. H. muß „im wesentlichen frei seine Tätigkeit gestalten und seine Arbeitszeit bestimmen können" (§ 84 I 2 HGB). Fehlen diese Voraussetzungen, so gilt er als Angestellter (§ 84 II HGB), soweit der Unternehmer →Kaufmann ist, als →Handlungsgehilfe. – 2. *Ständige Betrauung:* Dies verlangt eine auf Dauer gerichtete Vertragsbeziehung; es genügt auch für eine Saison, aber nicht nur gelegentlich. – 3. Der Unternehmer braucht *kein* →Handelsgewerbe zu betreiben.

II. Vertrag: →Dienstvertrag über Geschäftsbesorgungen (kein Arbeitsvertrag, sondern Vertrag über selbständige Dienste). – Die Vorschriften der §§ 611 ff., 675 BGB sind ergänzend heranzuziehen. An eine bestimmte Form ist der Vertrag des H. nicht gebunden. H. und Unternehmer können aber Aufnahme in eine zu unterzeichnende Urkunde verlangen (§ 85 HGB).

III. Pflichten: 1. V. a. *Vermittlung* und *Abschluß von Geschäften.* – 2. *Ferner:* a) *Wahrnehmung des Interesses des Unternehmers* (§ 86 I HGB); →Schmiergelder darf der H. nicht annehmen; andernfalls ist außerordentliche Kündigung nach § 89 a HGB möglich. b) *Sorgfaltspflicht* (§ 86 III HGB): Das erfordert Weitergabe aller für den Unternehmer wichtigen Mitteilungen, z. B. über Kreditwürdigkeit eines Kunden, Beanstandungen und Wünsche der Kunden, Lage des Marktes im ganzen oder für die geführten Artikel usw. Weiterhin beinhaltet die Sorgfaltspflicht die Prüfung der Zahlungsfähigkeit der Kunden; bei besonderer Vereinbarung haftet der H. für die Erfüllung der Verbindlichkeiten aus einem Geschäft (→Delkredere). c) *Benachrichtigungspflicht:* Unverzügliche Mitteilung über jede Vermittlung und jeden Abschluß eines Geschäftes (§ 86 II HGB), auch über den Stand des Geschäftes. Ferner hat der H. Rechnung zu legen und herauszugeben, was er erlangt hat (§§ 675, 666, 667 BGB). d) *Pflicht zur persönlichen Dienstleistung* ergibt sich aus § 613 BGB. H. kann aber Hilfspersonen im gewöhnlichen Maße einsetzen; Haftung nach § 278 BGB (→Untervertreter). e) *Verschwiegenheitspflicht* (§ 90 HGB): Während und nach der Vertragszeit Wahrung von Geschäfts- und Betriebsgeheimnissen. f) *Treuepflicht* ergibt sich aus der Dauernatur des Vertrages und dem hierfür notwendigen Vertrauensverhältnis. Ein ausdrückliches →Wettbewerbsverbot ist für den H. nicht vorgesehen, eine Tätigkeit für andere Unternehmer oder Abschluß eigener Geschäfte ist zulässig, aber es darf hierdurch keine Schädigung des einen Unternehmers eintreten. Für die Zeit nach Beendigung des H.-Verhältnisses kann eine →Wettbewerbsklausel vereinbart werden (§ 90 a HGB).

IV. Rechte: Entsprechen den in § 86 a HGB aufgenommenen Pflichten des Unternehmers. – 1. Der H. kann die für seine Tätigkeit *erforderlichen Arbeitsunterlagen* fordern, z. B. Preislisten, Muster, Werbedrucksachen. – 2. Er kann *Benachrichtigung* über Annahme oder Ablehnung eines vermittelten oder ohne Vollmacht abgeschlossenen Geschäftes sowie über Beschränkungen in der Liefermöglichkeit usw. verlangen. – 3. Ferner hat H. Recht auf *Vergütung* (→Provision; §§ 87ff. HGB). Dieses besteht auf jeden Fall für alle während des Vertragsverhältnisses aufgrund seiner Tätigkeit mit Dritten abgeschlossenen Geschäfte. Es kann aber bei Zuweisung eines besonderen Bezirks oder Kundenkreises auch ohne seine vermittelnde Tätigkeit entstehen (§ 87 II HGB; →Bezirksvertreter, →Kundenschutz) oder in Wegfall kommen, wenn die Vergütung nach § 87 III HGB an einen anderen H. zu zahlen ist. – 4. Erstattung der *Aufwendungen*, die im regelmäßigen Geschäftsbetrieb entstehen, kann H. nur verlangen, wenn dies besonders vereinbart oder handelsüblich ist (§ 87d HGB). – 5. Sonderregelung gilt für die *Vollmacht des H.*: a) Die dem Abschlußvertreter erteilte →Handlungsvollmacht hat den gleichen gesetzlich bestimmten Umfang wie die des →Handlungsreisenden; entsprechendes gilt für den Abschlußvertreter, der von einem Unternehmer bevollmächtigt ist, der nicht Kaufmann ist (§§ 55, 91 I HGB). b) Der Vermittlungsvertreter gilt als ermächtigt, →Mängelanzeigen, die Erklärung, daß eine Ware zur Verfügung gestellt werde, sowie ähnliche Erklärungen entgegenzunehmen. Er kann die dem Unternehmer zustehenden Rechte auf Beweissicherung (→selbständiges Beweisverfahren) geltend machen. Eine Beschränkung dieser Rechte ist Dritten gegenüber nur wirksam, wenn sie die Beschränkung kannten oder fahrlässig nicht kannten (§ 91 II HGB). – 6. *Zurückbehaltungsrechte* stehen dem H. nur nach den §§ 369ff. HGB, § 273 BGB zu. Sie sind aber unverzichtbar (§ 88a HGB). – 7. *Kündigungsschutz* des H. berücksichtigt, daß eine Zeit für die Umstellung bzw. die Bewerbung um eine neue Vertretung erforderlich ist. a) Ist das Vertragsverhältnis auf unbestimmte Zeit eingegangen, so kann es in den ersten drei Jahren der Vertragsdauer mit einer Frist von sechs Wochen für den Schluß eines Kalendervierteljahres gekündigt werden. Wird eine andere Kündigungsfrist vereinbart, so muß sie mindestens einen Monat betragen; es kann nur für den

Schluß eines Kalendermonats gekündigt werden. b) Nach einer Vertragsdauer von drei Jahren kann das Vertragsverhältnis nur mit einer Frist von mindestens drei Monaten zum Schluß eines Kalendervierteljahres gekündigt werden. c) Eine vereinbarte Kündigungsfrist muß für beide Teile gleich sein. Bei Vereinbarung ungleicher Fristen gilt für beide Teile die längere Frist (vgl. § 89 HGB). Kündigung aus wichtigem Grund (§ 89a HGB) ist daneben und auch für Verträge auf bestimmte Dauer möglich. – 8. Nach Beendigung des Dienstverhältnisses hat der H. u. U. wegen seiner bleibenden Leistung einen →*Ausgleichsanspruch* (§ 89b HGB).

V. Gerichtsbarkeit: 1. Grundsätzlich liegt die Entscheidung über Ansprüche aus dem H.-Vertrag bei der *ordentlichen Gerichtsbarkeit*, innerhalb der Landgerichte bei den Kammern für Handelssachen. – 2. *Arbeitsgerichtsbarkeit* gilt, wenn H. aufgrund seiner wirtschaftlichen Unselbständigkeit als „arbeitnehmerähnliche Person" i. S. des § 5 ArbGG anzusehen ist. Hierunter fallen Einfirmenvertreter im Sinne des § 92a HGB, die in den letzten sechs Vertragsmonaten (bei kürzerer Vertragsdauer während dieser) durchschnittlich nicht mehr als 2000 DM monatlich verdient haben. Dieser Betrag kann entsprechend den jeweiligen Lohn- und Preisverhältnissen durch Rechtsverordnung geändert werden (vgl. § 5 III ArbGG).

VI. Steuerliche Behandlung: 1. *Einkommensteuer:* H. erzielt i. d. R. →Einkünfte aus Gewerbebetrieb (§ 2 I Nr. 2 EStG), bei Unselbständigkeit →Einkünfte aus nichtselbständiger Arbeit. Zur Behandlung des →Ausgleichsanspruchs des H. vgl. dort. – 2. *Umsatzsteuer:* a) Handelt der H., gleichgültig unter welcher Bezeichnung, *im eigenen Namen,* so liegen zwei Lieferungsgeschäfte vor; vom (ursprünglichen) Unternehmer an den H. und vom H. an den Abnehmer (Kommissionär; Eigenhändler). b) Tritt er in *fremdem Namen* (der H.), so erbringt der H. nur eine Vermittlungsleistung (sonstige Leistung § 3 IX UStG) an den Unternehmer mit der Konsequenz, daß nur eine Lieferung – nämlich vom Unternehmer an den Abnehmer – vorliegt.

Handelsvolumen, →Außenhandelsvolumen 2.

Handelsvorteile, →endogene Handelsvorteile, →exogene Handelsvorteile.

Handelswaren, bewegliche Sachgüter, die in absatzfähigem Zustand bezogen und ohne Be- oder Verarbeitung – meist mit einem Aufschlag – wieder verkauft werden. Manipulationen wie Sortieren, Mischen, Abpacken, Markieren gelten dabei nicht als Be- oder Verarbeitung. Eine Einteilung ist nach einer Vielzahl von Merkmalen der →Warentypologie möglich.

Handelswechsel, →Warenwechsel.

Handelswerbung, Gestaltung der nichtpersonalen Kommunikation zwischen Handelsunternehmen und den aktuellen und potentiellen Kunden unter Einschaltung bestimmter →Media (Werbeträger) und →Werbemittel. – *Strategien der H.*: a) Umwerbung eines einzelnen Werbesubjekts, z. B. durch einen Werbebrief; b) Umwerbung eines Werbeobjekts in einer Personengruppe, z. B. die Autofahrer durch ein Inserat in einer Auto-Fachzeitschrift; c) Umwerbung der Allgemeinheit, z. B. durch einen →Fernsehspot. – Es besteht auch die Möglichkeit der →kooperativen Werbung: a) mit Herstellern (vertikal) oder b) mit anderen Handelsunternehmen (horizontal).

Handelswert, *gemeiner Handelswert,* der im Handelsverkehr erzielte Durchschnittspreis, der Markt- oder Handelspreis der Ware. Unterart der →gemeinen Wertes. Der H. wird i. a. nach Zeit und Ort der Ablieferung berechnet. Die Ersatzpflicht ist im Handelsrecht bisweilen auf den H. begrenzt (z. B. beim Frachtführer gem. § 430 HGB).

Handelswissenschaft. 1. *Begriff:* Wissenschaft vom →Handel im funktionellen Sinn. – 2. *Teilgebiete:* a) *Gesamtwirtschaftliche Betrachtung:* Welthandel, Rohstoffhandel, Rohstoffhandelsabkommen, Beschränkungen des Freihandels, Handelsströme, internationaler Handel, Import-, Exporthandel, Marktordnungen, Institutionen der →Distribution von Waren, Konzentration und Kooperation im Handel, Binnenhandelspolitik einschl. des handelsgerichteten Wettbewerbspolitik und -rechtsprechung (in der EG und in der Bundesrep. D.). – b) *Einzelwirtschaftliche Betrachtung:* Führung von Handelsbetrieben, →Handelsmanagement, d. h. betriebswirt-

schaftliche Analyse sämtlicher unternehmenspolitischen Entscheidungen in allen Funktionsbereichen eines Handelsbetriebes. Während die ältere →Handlungswissenschaft die gesamt- und einzelwirtschaftlichen Teilgebiete nahezu gleichgewichtig betonte, wird in der heutigen →Handelsbetriebslehre, einer Institutionenlehre der betriebswirtschaftlichen Ausbildung, vielfach der einzelwirtschaftliche Aspekt, v. a. das →Handelsmarketing, gegenüber der Institutionenlehre besonders betont. – Vgl. auch →Handelsforschung.

Handelszensus, umfassende Strukturerhebung im Handel und Gastgewerbe (Handels- und Gaststättenzählung), erstmals angeordnet durch Gesetz vom 27. 5. 1960 (BGBl I 313), danach durch Handelszählungsgesetz 1968 vom 1. 4. 1968 (BGBl I 241) sowie durch Handelsstatistikgesetz vom 10. 11. 1978 (BGBl I 1733). – 1. *Erhebungsbereich:* a) Unternehmungen des Großhandels (einschl. Außenhandel, Einkaufs- und Verkaufsvereinigungen, auch -genossenschaften), der Handelsvermittlung (Handelsvertreter und Handelsmakler einschl. Versandhandelsvertreter), des Einzelhandels (einschl. Versand-, Markt-, Straßen- und Hausierhandel, Apotheken sowie Tankstellen) und des Gastgewerbes (Beherbergungs- und Gaststättengewerbe). b) Arbeitsstätten von Unternehmungen des Großhandels, der Handelsvermittlung, des Einzelhandels und des Gastgewerbes, unabhängig von ihrer ausgeübten wirtschaftlichen Tätigkeit. – 2. *Durchführung:* Dem Zensus liegt ein einheitliches Frageprogramm zugrunde, das jedoch in Einzelheiten jeweils den besonderen Verhältnissen und Eigenheiten der einbezogenen Wirtschaftsbereiche angepaßt ist. – Im wesentlichen werden erfaßt *(Erhebungsmerkmale):* a) Für *Unternehmungen* Angaben über Beschäftigte, Umsatz insgesamt und Aufteilung nach ausgeübten wirtschaftlichen Tätigkeiten; i. a. gegliedert nach Umsatz- und Beschäftigtengrößenklassen, Rechtsformen, Zahl der Arbeitsstätten; im Großhandel und in der Handelsvermittlung jeweils nach Arten; im Groß- und Einzelhandel nach der Unternehmensform und nach der Absatzform; im Einzelhandel nach Erscheinungsformen. b) Für *Arbeitsstätten* Angaben über Beschäftigte und Umsatz insgesamt und Aufteilung nach ausgeübten wirtschaftlichen Tätigkeiten; im Großhandel

Umsatz aus Selbstbedienung; im Groß- und Einzelhandel verfügbare Kfz-Parkfläche; im Einzelhandel Geschäfts- und Verkaufsfläche; im Gastgewerbe Fremdenzimmer, Fremdenbetten und Ferienhäuser, Ferienwohnungen. – 3. Die *Ergebnisse* sind i. a. gegliedert nach Umsatz- und Beschäftigtengrößenklassen; im Groß- und Einzelhandel nach Bedienungsformen und örtlicher Lage; im Einzelhandel nach Erscheinungsformen, Verkaufsflächen-Größenklassen, Vertriebsformen; im Gastgewerbe nach der Zahl der Fremdenzimmer und Fremdenbetten.

Handhabungssystem, Systemtyp der →Industrieroboter. – *Arten:* a) Werkzeug-H.; b) Werkstück-H. Letztere Kategorie ist sehr häufig. – *Anwendungen:* v. a. Teilehandling, Montage, Greifen und Transportieren sowie Fügen von Werkstücken.

Handkauf, →Barkauf ohne besondere vertragliche Klauseln. Zusammenfallen von →Kaufvertrag und →Übereignung. Typisch für alle Einkäufe des täglichen Lebens mit sofortigem Austausch von Ware und Geld.

Händlerlisten-Förderung, *dealer-listed promotion,* Förderung einer an Konsumenten gerichteten Werbebotschaft, in der über ein Produkt oder ein Sonderangebot berichtet wird. Gleichzeitig werden Namen und ggf. Adressen der Einzelhändler, das die Produkt führen oder sich an der Aktion beteiligen, angegeben. – H.-F. dient als Maßnahme zur Information des Konsumenten sowie als Anreiz für die Einzelhändler, das Produkt zu führen bzw. an der Aktion teilzunehmen (→Verkaufsförderung).

Händlermarke, →Marke I 3 a).

Händlernachlaß, *merchandise allowance,* vertraglich festgelegte Vergütung für die Händler, die sich innerhalb eines bestimmten Zeitraumes für das Produkt eines Herstellers über das normale Maß hinaus engagiert haben. – *Arten:* a) Der *Werbenachlaß (advertising allowance)* wird für die besondere Herausstellung des Produktes in der Werbung des Händlers gewährt. b) Der *Display-Nachlaß (display allowance)* stellt für den Händler eine Entlohnung dar für die Mühe, die er bei der Installation des Display-Materials aufgewandt hat, und ist zugleich ein Kostenbeitrag für die Nutzung

eines Teils des Verkaufsraumes für die Produktpräsentation. – H. wird als Maßnahme der →Verkaufsförderung angewandt.

Händlerpreisempfehlung, →Preisempfehlung.

Händler- und Berater-Regeln, Bestandteil der →Insider-Regeln. H.- u. B.-R. verbieten Kreditinstituten, ihren Geschäftsleitern und Mitarbeitern sowie gewerblichen Anlageberatern, die nicht als Kreditinstitut organisiert oder in einem solchen tätig sind, die Empfehlung von Wertpapiergeschäften aus nicht im Interesse des Kunden liegenden Gründen. Die Anerkennung der H.- u. B.-R. geschieht auf freiwilliger, vertraglicher Basis zwischen Händler und Beratern und Unternehmensleitung bzw. bei gewerblichen Anlageberatern außerhalb von Kreditinstituten zwischen Beratern und der Arbeitsgemeinschaft deutscher Wertpapierbörsen. →Kursmakler sind i. S. der Insider-Regeln keine Händler.

Handlungsagent, jetzt: →Handelsvertreter.

Handlungsbevollmächtigter, *Handelsbevollmächtigter,* derjenige, der ohne Erteilung der →Prokura zum Betrieb eines ganzen Handelsgewerbes oder zur Vornahme einer bestimmten Art von Geschäften oder einzelner Geschäfte eines Handelsgewerbes ermächtigt ist (→Handlungsvollmacht). Der H. braucht in keinem Dienst- oder Abhängigkeitsverhältnis zum Unternehmer zu stehen, kann z. B. dessen Freund, Ehefrau, Kommanditist oder stiller Gesellschafter sein. Der H. zeichnet mit einem sein Vollmachtsverhältnis ausdrückenden Zusatz, darf aber keinen die Prokura andeutenden Zusatz verwenden (§ 57 HGB; →Zeichnung).

Handlungsfähigkeit, Fähigkeit, rechtswirksam zu handeln. Die H. gliedert sich in →Geschäftsfähigkeit und →Deliktsfähigkeit. – *Anders:* →Rechtsfähigkeit.

Handlungsgehilfe. I. Begriff: Im Sprachgebrauch häufig →kaufmännischer Angestellter, der in einem →Handelsgewerbe zur Leistung kaufmännischer Dienste gegen Entgelt beschäftigte Angestellte (§§ 59 ff. HGB).

II. Vertrag: →Arbeitsvertrag, dem die Mindestvorschriften der §§ 59 ff. HGB zu-

grunde zu legen sind. Daneben finden
ergänzend die §§ 611 ff. BGB, die arbeitsrechtlichen Vorschriften und die der →Ta-
rifverträge Anwendung. Eine bestimmte
Form ist für den Abschluß nicht vorgeschrieben; →Schriftform jedoch zweckmäßig.

III. Pflichten des H.: 1. Arbeitsleistung
und allgemeine →Gehorsamspflicht. – 2.
Unterlassen jeden Wettbewerbes ohne Einwilligung des →Unternehmers während
und bei entsprechender Vereinbarung auch
nach Beendigung des Arbeitsverhältnisses
(→Wettbewerbsverbot,   →Wettbewerbs-
klausel). – 3. Verbot der Annahme von
→Schmiergeldern und des Verrats von
→Betriebs- und Geschäftsgeheimnissen.

IV. Pflichten des Unternehmers: 1.
Leistung der Vergütung, die sich auf das
vereinbarte Gehalt, ggf. den Unterhalt und
evtl. die Provision erstreckt; die Vergütung
ist auch dann zu zahlen, wenn der H. durch
ein unverschuldetes →Unglück an der Leistung der Dienste verhindert ist (§ 63
HGB). – 2. Gewährung von →Urlaub. – 3.
Pflicht, den H. im Rahmen seines Arbeitsvertrages zu beschäftigen (→Beschäfti-
gungspflicht). – 4. →Fürsorgepflicht (§ 62
HGB), die die allgemeinen Sorgfaltspflich-
ten des Unternehmers zum Schutz seiner H.
bei der Regelung des Geschäftsbetriebes
umfaßt, z. B. Instandhaltung der Geschäftsräume sowie jeden Schutz für Leben und
Gesundheit der H. Für H., die in die
häusliche Gemeinschaft des Unternehmers
aufgenommen werden, gilt eine erweiterte
Fürsorgepflicht (§ 62 II HGB). – 5. →Auf-
wendungsersatz. Verlangt der H. hierfür
einen →Vorschuß, so muß dieser gewährt
werden. – 6. Ausstellung eines →Zeugnisses
nach Kündigung des Arbeitsvertrages.

V. Kündigung: Die →ordentliche Kündigung des H. ist an bestimmte Kündigungs-
fristen gebunden (vgl. auch →Kündigung).
Neben § 622 I BGB gelten die Kündigungs-
vorschriften des Gesetzes über die Kündi-
gungsfristen für →ältere Angestellte vom
9.7.1927 (RGBl I 399), des Kündigungs-
schutzgesetzes (→Kündigungsschutz), des
Mutterschutzgesetzes   (→Mutterschutz)
und des Gesetzes über die Beschäftigung
→Schwerbehinderter. Daneben kann auch
eine außerordentliche oder fristlose Kündigung bei Vorliegen eines →wichtigen Grundes, z. B. bei Unfähigkeit oder Untreue,
erfolgen.

Handlungsgehilfenprüfung,   →Ausbil-
dungsabschlußprüfung.

Handlungskosten, *Handelskosten.* 1. *Handelsbetrieb*: Sämtlicher Werteverzehr, der
zur Erbringung handelsbetrieblicher Leistungen erforderlich ist. Zusammengesetzt
aus: a) *Warenkosten*: Kosten der Ware
selbst einschl. sämtlicher Preiskorrekturen
und direkt zurechenbaren Bezugs-Neben-
kosten. b) *Handlungskosten i.e.S.*: Übrige Kosten handelsbetrieblicher Tätigkeit,
z. B. Personalkosten, Raumkosten, Miete,
Transport-, Kfz-, Verpackungskosten, Kosten für selbsterstellte Leistungen (Reparaturen, Installationen u. a.), Zinsen, Abschreibungen, allgemeine Verwaltungskosten. Hinzu kommen – je nach Rechen-
zweck – Steuern (Gewerbesteuer), Unternehmerlohn, Zinsen für Eigenkapital und
der Mietwert für die Nutzung eigener Gebäude. – 2. *Industriebetrieb*: Summe aus
Verwaltungs- und Vertriebsgemeinkosten
(→Verwaltungskosten, →Vertriebskosten).

Handlungsregulation, Regulierung des
Arbeitsprozesses (u. a. im Rahmen der
Mensch-Maschine-Interaktion) in Abhängigkeit von der Erfahrungsbildung und der
Komplexität der Aufgabe auf der intellek-
tuellen, perzeptiv-begrifflichen und/oder
sensomotorischen Ebene. Im Gedächtnis
der Mitarbeiter sind operative Abbildsyste-
me (Hacker) gespeichert, die sich auf die
gedankliche Vorwegnahme des Arbeitsergebnisses, das Wissen um die Ausführungs-
bedingungen sowie die Hypothesen zu den
erforderlichen Operationen beziehen, um
vom Ist-Zustand zum Soll-Zustand zu gelangen. Hohe →Monotonie verbindet sich
mit sehr einfachen operativen Abbildsyste-
men und H. auf der sensomotorischen
Ebene.

Handlungsreisender, →Handlungsgehil-
fe, der damit betraut ist, außerhalb des
Betriebs des Unternehmers Geschäfte in
dessen Namen abzuschließen. Im Gegensatz zum →Handelsvertreter fehlt dem
angestellten H. die Möglichkeit, im wesentlichen seine Tätigkeit frei zu gestalten und
seine Arbeitszeit zu bestimmen. – Eine dem
H. u. U. erteilte →*Handlungsvollmacht* hat
einen gesetzlich festgelegten Umfang (§ 55
HGB). Die →Vollmacht zum Abschluß von
Geschäften bevollmächtigt H. nicht, abgeschlossene Verträge zu ändern, insbes. Zah-
lungsfristen zu gewähren oder ohne beson-

Handlungsspielraum

dere Vollmacht Zahlungen entgegenzunehmen (§ 55 II, III HGB). Dagegen können →Mängelanzeigen und ähnliche Erklärungen dem H. gegenüber abgegeben werden; er kann die Rechte des Unternehmers auf →Beweissicherung geltend machen (§ 55 IV HGB). – Gleiches gilt für den H., der *nur mit der Vermittlung von Geschäften* betraut ist; eine Beschränkung dieser Rechte wirkt Dritten gegenüber nur, wenn ihnen die Beschränkung bekannt war oder aus →Fahrlässigkeit nicht bekanntgeworden ist (§ 75 g HGB).

Handlungsspielraum, →Arbeitsgestaltung.

Handlungsträger, *Funktionsträger,* gedachte (abstrakte) Person, die durch Handlungen in →organisatorischen Einheiten an der Erfüllung der Unternehmungsaufgabe beteiligt ist. – Vgl. auch →Organisationsmitglieder, →Verantwortungsträger.

Handlungsunkosten, →Unkosten.

Handlungsvollmacht. I. Begriff: Die nicht als →Prokura in einem Handelsgewerbe dem →Handlungsbevollmächtigten erteilte →Vollmacht (§§ 54–58 HGB).

II. Arten/Umfang: 1. *Gesetzlicher Umfang der H.*: Wird durch § 54 HGB bestimmt. Danach deckt die H. alle Geschäfts- und Rechtshandlungen, die der Betrieb eines derartigen Handelsgewerbes oder die Vornahme derartiger Geschäfte gewöhnlich mit sich bringt. Die H. ermächtigt dagegen nicht, selbst wenn in dem Betrieb üblich, zur Veräußerung und Belastung von Grundstücken, Eingehung von Wechselverbindlichkeiten, Aufnahme von Darlehen oder zur Prozeßführung (§ 54 II HGB). Hierfür ist eine besondere Vollmacht erforderlich. – 2. *Arten:* a) →*Generalvollmacht*: Die Vollmacht umfaßt den Betrieb im ganzen (z. B. Geschäftsleiter), b) *Art- bzw.* →*Teilvollmacht*: Die Vollmacht erstreckt sich nur auf bestimmte Arten von Geschäften (z. B. für Einkäufer, Verkäufer, Kassierer) oder c) *Einzel- bzw.* →*Spezialvollmacht*: Die Vollmacht wird für einzelne Geschäfte erteilt. – 3. *Beschränkungen der H.* sind beliebig möglich (anders Prokura), gegen Dritte aber ist Beschränkung nur insoweit wirksam, als sie die Beschränkungen kannten oder kennen mußten (§ 54 III HGB). Es genügt, daß Beschränkung gehörig bekanntgemacht ist, z. B. durch auffälli-

ge Vermerke auf dem Bestellschein. – 4. Die H. kann in der Weise erteilt werden, daß mehrere zusammen handeln müssen (→Gesamthandlungsvollmacht). – 5. Einen gesetzlich bestimmten Umfang hat auch die H. des →*Handlungsreisenden und des Ladenangestellten.*

III. Entstehung/Löschung: 1. H. kann im Gegensatz zur Prokura auch von einem Minderkaufmann oder einem Prokuristen, einem Testamentsvollstrecker oder Nachlaßverwalter erteilt werden. Ein Handlungsbevollmächtigter kann wieder eine H. erteilen, wenn der Betrieb des Handelsgewerbes oder die Vornahme der ihm übertragenen Geschäfte die Erteilung einer H. an andere mit sich bringt. Eintragung in das Handelsregister findet nicht statt. – 2. Die *Erteilung der H.* ist grundsätzlich ein einseitiges, empfangsbedürftiges Rechtsgeschäft, aber auch durch Vertrag möglich. Die Erklärung kann gegenüber dem zu Bevollmächtigenden, dem Dritten, dem gegenüber die Vertretung stattfinden soll, wie auch durch öffentliche Bekanntmachung erfolgen. Im ersten Fall wird meist dem Handlungsbevollmächtigten eine Vollmachtsurkunde ausgehändigt; die H. wirkt dann gegenüber Dritten mit deren Kenntnisnahme. An eine bestimmte Form ist aber Erteilung der H. nur gebunden, wenn besondere gesetzliche Bestimmungen es vorschreiben, z. B. § 12 II HGB. – 3. Die H. *erlischt* a) mit Erreichen des mit ihr verbundenen Zweckes, b) mit Zeitablauf, c) mit Widerruf (ist Unwiderruflichkeit vereinbart, aber nur bei Vorliegen eines →wichtigen Grundes), d) durch Kündigung des zugrunde liegenden Dienst- oder Auftragsverhältnisses, e) durch Eintritt der Geschäftsunfähigkeit des Bevollmächtigten (nicht aber des Vollmachtgebers), f) durch Eröffnung des Konkurses über das Vermögen des Vollmachtgebers (§ 23 KO). – 4. Zum Schutz des guten Glaubens Dritter kann die erloschene H. aber wie eine sonstige Vollmacht *fortwirken.* Auch ohne Bevollmächtigung kann der Unternehmer bei der Schein-Handlungsvollmacht haften. – 5. Auch die wirksame →*Anfechtung der H.* oder des Grundverhältnisses, wenn H. mit diesem verbunden war, z. B. bei einem Geschäftsbesorgungsvertrag, hat Erlöschen zur Folge.

IV. Rechtliche Wirkungen: Vgl. →Stellvertretung.

Handlungswissenschaft, voruniversitäre Untersuchung der Tätigkeiten von →Handelsbetrieben, die früher als einzelwirtschaftliche Institutionen von zentraler Bedeutung für den Kaufmannsstand waren (J. Savary: „Le parfait négociant", 1675; K. G. Ludovici: „Das vollständige Kaufmannslexikon", 1752–56; J. M. Leuchs: „System des Handels", 1804). Die Veröffentlichungen erfolgten in praktisch-belehrender und allgemein-erzieherischer Absicht für den Kaufmannsstand. – *Inhalte:* Buchhaltung, kaufmännisches Rechnen, insbes. Kalkulationsanleitungen, Warenkunde, Münz-, Meß- und Gewichtskunde, Tauschhandel, Zahlungsusancen, Länderkunde, Transportwege. Die Veröffentlichungen enthalten darüber hinaus auch detaillierte Vorschriften über das Verhalten eines „ehrbaren Kaufmanns". – Vgl. auch →Handelswissenschaften, →Handelsbetriebslehre.

Handschriftleser, →Klarschriftleser.

Handwerk. 1. *Begriff:* a) *H. als Tätigkeit:* Selbständige Erwerbstätigkeit auf dem Gebiet der Be- und Verarbeitung von Stoffen sowie im Reparatur- und Dienstleistungsbereich, gerichtet auf Befriedigung individualisierter Bedürfnisse durch Leistungen, die ein Ergebnis der Persönlichkeit des handwerklich schaffenden Menschen, seiner umfassenden beruflichen Ausbildung und des üblichen Einsatzes seiner Kräfte und Mittel sind (Definition der Rencontres de St. Gall, April 1949). b) *H. als Berufsstand:* Gesamtheit jener Gruppe von Wirtschaftenden, die ihre Tätigkeit mit einer in längerer Ausbildung erhaltenen Fähigkeit und Geschicklichkeit ausüben. – 2. *Gruppen/Zweige:* Gruppen nach der Gliederungssystematik der HandwO sind Bau- und Ausbaugewerbe, Metallgewerbe, Holzgewerbe, Bekleidungs-, Textil- und Ledergewerbe, Nahrungsmittelgewerbe, Gewerbe für Gesundheits- und Körperpflege sowie chemische und Reinigungsgewerbe, Glas-, Papier-, keramische und sonstige Gewerbe. – 3. *Wirtschaftliche Bedeutung:* Vgl. Übersicht.

Handwerker. 1. *Begriff:* →Gewerbetreibender, der Sachen handwerksmäßig be- oder verarbeitet. Alle H. werden von der →Handwerkskammer (dort in der →Handwerksrolle geführt) sowie auch von der Industrie- und Handelskammer erfaßt. – 2. Zu *unterscheiden:* →Warenhandwerker und →Lohnhandwerker. Nach § 1 II Nr. 1 HGB sind die Warenhandwerker Mußkaufleute; Lohnhandwerker fallen unter § 1 II Nr. 2 HGB, sofern das Gewerbe nicht handwerksmäßig betrieben wird. Das gleiche gilt für die Geschäfte der Druckereien (§ 1 II Nr. 9 HGB). – 3. Die *Abgrenzung des handwerklichen Betriebes von dem Gewerbebetrieb* i. S. dieser Vorschrift ist nach der Verkehrsauffassung zu beurteilen. Als Merkmale können gelten: eigene handwerkliche Mitarbeit des Betriebsinhabers, überwiegende Beschäftigung von vorgebildeten Arbeitskräften, Zurücktreten der Maschinenarbeit gegenüber der Handarbeit usw. Es müssen aber nicht alle Merkmale zusammentreffen. Soweit H. kein den Voraussetzungen des § 1 II HGB entsprechendes Gewerbe betreibt, ist er →Sollkaufmann nach § 2 HGB, wenn sein Unternehmen einen kaufmännisch eingerichteten Geschäftsbetrieb erfordert. Nach dem Umfang seines Gewerbes ist H. als Sollkaufmann stets →Vollkaufmann (weil hier

Anzahl, Beschäftigte und Umsatz der Handwerksbetriebe (1990)

Handwerksgruppen bzw. handwerks-ähnliches Gewerbe	Beschäftigte		Umsatz		
	Anzahl (1 000)	Anteil an insgesamt %	ohne MwSt. Mrd. DM	Anteil an insgesamt %	1976 = 100
Bau, Ausbau	994	26,5	115,3	26,2	176
Metall	1 127	30,0	199,0	45,2	225
Holz	218	5,8	27,1	6,1	175
Bekleidung, Textil, Leder	85	2,3	7,7	1,7	110
Nahrung	479	12,8	57,1	13,0	133
Gesundheits-, Körperpflege, Reinigung	755	20,1	22,1	5,0	183
Glas, Papier, Sonstige	90	2,4	12,3	2,8	195
Handwerk insgesamt	3 747	100,0	440,6	100,0	185

der in kaufmännischer Weise eingerichtete Geschäftsbetrieb Voraussetzung für die Kaufmannseigenschaft ist); als Mußkaufmann kann er aber Minderkaufmann sein, wenn sein Gewerbebetrieb nach Art und Umfang einen so eingerichteten Geschäftsbetrieb nicht erfordert (§ 41 HGB). – 4. Zur *Überwachung der Vorschriften über die Eintragung* sind die Organe des →Handelsstandes und die Organe des Handwerkstandes eingeschaltet.

Handwerkerbund, →Handwerkstag.

Handwerkerhof, *Gewerbehof,* zur Verbesserung des Angebots geeigneter Gewerbeflächen (insbes. in Ballungsgebieten) sowie zur Förderung der Kooperation und Innovation von Kammern (→Handwerkskammer, →Industrie- und Handelskammer) mit Beteiligung der öffentlichen Hand errichtetes Gewerbezentrum. H. bieten einer größeren Zahl von Gewerbebetrieben verschiedener Branchen Betriebsräume und nach Bedarf nutzbare Gemeinschaftsräume, Infrastruktureinrichtungen und teilweise auch Serviceleistungen.

Handwerkerinnung, →Handwerksinnung.

Handwerkerversicherung. 1. *Rechtsgrundlage: bis 31.12.1991* das Handwerkerversicherungsgesetz (HwVG) v. 8.9.1960 (BGBl I 737) mit zahlreichen Änderungen. Vorläufer war das Gesetz über die Altersversorgung für das Deutsche Handwerk v. 21.12.1938. *Seit 1.1.1992* gilt auch für Handwerker SGB VI. – 2. *Versicherungspflicht:* Es besteht grundsätzlich für alle in der Handwerksrolle eingetragenen Handwerker Versicherungspflicht, solange Beiträge für eine rentenversicherungspflichtige Beschäftigung oder Tätigkeit für weniger als 216 Kalendermonate (= 18 Jahre) entrichtet worden sind (§ 1 HwVG bzw. § 2 Nr. 8 SGB VI), unabhängig von der Art, des Umfangs und der Größe des Betriebes und der Höhe des Einkommens. Versicherungspflichtig sind auch die Gesellschafter einer in der Handwerksrolle eingetragenen Personengesellschaft, die den Befähigungsnachweis besitzen. Die Versicherung wird in der Rentenversicherung der Arbeiter durchgeführt (§ 129 SGB VI). – 3. *Beginn* der Versicherungspflicht mit dem Kalendermonat, der auf den Kalendermonat folgt, in dem die Voraussetzungen für die Versicherungspflicht erfüllt werden. – 4.

Wenn mindestens für 18 Jahre Beiträge gezahlt worden sind, kann – ausgenommen Bezirksschornsteinfegermeister – auf Antrag die *Befreiung* von der Versicherungspflicht erfolgen (§ 6 I Nr. $ SGB VI). Die Befreiung wirkt vom Vorliegen der Voraussetzungen an, wenn der Antrag innerhalb von drei Monaten gestellt wird. Ansonsten ab Eingang des Antrags. – 5. Die *Beiträge* richten sich nach den beitragspflichtigen Einnahmen (Arbeitseinkommen). Ohne Nachweis eines niedrigeren oder höheren Arbeitseinkommens gilt die Höhe der Bezugsgröße. Bis zum Ablauf von drei Kalenderjahren gelten 50% der Bezugsgröße als Arbeitseinkommen, wenn dies beantragt wird (§ 165 SGB VI). Für bereits 1991 versicherte Handwerker gelten unter bestimmten Voraussetzungen niedrigere beitragspflichtige Einnahmen, wenn bis 30.6.1992 ein entsprechender Antrag gestellt ist (§ 279 II SGB VI). – 6. Handwerker, die am 31.12.1991 *nicht versicherungspflichtig* waren, bleiben in dieser Tätigkeit nicht versicherungspflichtig (§ 229 II SGB VI). Dasselbe gilt hinsichtlich der Versicherungsfreiheit (§ 230 SGB VI).

handwerksähnliches Gewerbe, Gewerbe, das handwerksähnlich betrieben wird (→Handwerksbetrieb), in der Anlage B zur HandwO aufgeführt. Der selbständige Betrieb eines h.G. als →stehendes Gewerbe ist unverzüglich der →Handwerkskammer, in deren Bezirk die gewerbliche Niederlassung liegt, anzuzeigen (§ 18 HandwO). Die Inhaber des h.G. werden in ein Verzeichnis aufgenommen, das bei berechtigtem Interesse eingesehen werden kann (§ 19 HandwO). Ein →Befähigungsnachweis für diese Eintragung ist nicht erforderlich, im übrigen gelten die Vorschriften über die →Handwerksrolle.

Handwerksbetrieb, *Handwerksunternehmen, Handwerksunternehmung,* gem. § 1 HandwO →Gewerbebetrieb, der handwerksmäßig betrieben wird und vollständig oder in wesentlichen Teilen ein →Gewerbe umfaßt, das in der Anlage A zur HandwO aufgeführt ist (→Positivliste). Der selbständige H. als →stehendes Gewerbe ist nur den in der →Handwerksrolle eingetragenen natürlichen und juristischen Personen sowie Personenhandelsgesellschaften und Gesellschaften des bürgerlichen Rechts gestattet. Gewisse Ausnahmen nach § 4 HandwO bei

Tod des Handwerkers für Ehegatten (→Witwenprivileg), Erben (→Erbenprivileg), Testamentsvollstrecker usw. Beginn und Beendigung des Betriebs sind nach § 14 GewO der örtlich zuständigen Handwerkskammer unverzüglich anzuzeigen. – *Abgrenzung zum Industriebetrieb:* Vgl. →Industrieunternehmung II.

Handwerksdichte, Begriff der →Handwerksstatistik zur Kennzeichnung der Zahl von Handwerksbetrieben oder auch von im Handwerk Beschäftigten je 1000 Einwohner.

Handwerksförderung, →Gewerbeförderung.

Handwerksforschung, *Gewerbeforschung,* systematische wissenschaftliche Erforschung der speziellen volkswirtschaftlichen, betriebswirtschaftlichen, rechtlichen, pädagogischen und soziologischen Probleme des →Handwerks in der Bundesrep. D., insbes. durch das →Deutsche Handwerksinstitut. Behandlung von Teilfragen erfolgt auch durch das Institut für Mittelstandsforschung (Bonn/Köln) sowie an Lehrstühlen verschiedener Universitäten und sonstiger Hochschulen. Umsetzung von Forschungsergebnissen in die betriebliche Praxis u. a. in Verbindung mit Gewerbeförderungsmaßnahmen der Handwerksorganisation (→Gewerbeförderung). – Zentren der H. im *deutschsprachigen Ausland:* Institut für Gewerbeforschung (Wien) und Schweizerisches Institut für gewerbliche Wirtschaft an der Hochschule St. Gallen; *international:* →Rencontres de St. Gall.

Handwerksgeselle, →Geselle.

Handwerksgesetzgebung, *Handwerksrecht,* ursprünglich in der Gewerbeordnung von 1869 geregelt mit verschiedenen Gesetzesänderungen: (1) Handwerksnovelle vom 26. 7. 1897 (Handwerkerschutzgesetz): Errichtung der →Handwerkskammern als Körperschaften des öffentlichen Rechts (ab 1900); fakultative Pflichtinnung; (2) Gewerbenovelle vom 30. 5. 1908: Einführung des kleinen →Befähigungsnachweises; (3) Gewerbenovelle vom 16. 12. 1922: Errichtung des Deutschen Handwerks- und Gewerbekammertages (→Deutscher Handwerkskammertag (DHKT)) als Körperschaft des öffentlichen Rechts; (4) Handwerksnovelle vom 11. 2. 1929: Einführung der →Hand-

werksrolle; (5) Dritte Verordnung über den vorläufigen Aufbau des Deutschen Handwerks vom 18. 1. 1935: Einführung des großen Befähigungsnachweises; (6) nach 1945 Schaffung einer einheitlichen Rechtsgrundlage für das gesamte Bundesgebiet durch Gesetz zur Ordnung des Handwerks (→Handwerksordnung (HandwO)); in Kraft seit 24. 9. 1953 (BGBl I 1411); (7) Novellierung des Gesetzes zur Ordnung des Handwerks vom 28. 12. 1965 mit Ergänzungen und Änderungen der Handwerksordnung von 1953, insbes. Einführung der Anlage B (Verzeichnis der →handwerksähnlichen Gewerbe).

Handwerksgruppen, →Handwerk II.

Handwerksinnung, *Handwerkerinnung, Innung,* Zusammenschluß selbständiger →Handwerker des gleichen Handwerks oder solcher Handwerke, die sich fachlich oder wirtschaftlich nahestehen, zwecks Förderung ihrer gemeinsamen gewerblichen Interessen innerhalb eines bestimmten Bezirks (§ 52 HandwO). Die H. ist eine Körperschaft des öffentlichen Rechts; sie untersteht der Aufsicht der →Handwerkskammern (§ 75 HandwO). Die Mitgliedschaft ist freiwillig. – *Aufgaben:* Interessenvertretung des Handwerks; Regelung und Überwachung der Berufsausbildung (Lehrlingsausbildung) sowie Abnahme der Gesellenprüfung (wenn von der zuständigen Handwerkskammer übertragen); Förderung des Handwerks; Förderung von →Genossenschaften innerhalb des Handwerks. – *Organe:* Innungsversammlung, Vorstand, Ausschüsse. – *Zusammenschluß* der H. in Landes- und Bundesinnungsverbände.

Handwerkskammer, Körperschaft des öffentlichen Rechts, durch staatlichen Akt (oberste Landesbehörde) errichtet. Regional organisiert; der Kammerbezirk deckt sich i. d. R. mit einem Regierungsbezirk. – 1. *Zugehörigkeit:* Selbständige Handwerker, Inhaber handwerksähnlicher Gewerbe sowie die Handwerksgesellen und Handwerkslehrlinge (§ 90 HandwO). – 2. *Aufgaben:* a) *allgemeine Zielsetzung:* Vertretung der Interessen des Handwerks (§ 90 HandwO); b) *Einzelaufgaben* (§ 91 HandwO), z. B. Erlaß von Gesellen- und Meisterprüfungsordnungen sowie Vorschriften über die Lehrlingsausbildung und handwerklichen Prüfungen, Schlichtung von Streitigkeiten zwischen Handwerkern und Auftraggebern, Führung der Handwerks- und Lehrlingsrolle; auch Förderung der wirtschaftlichen Interessen des Handwerks (Genossenschaftswesen, Unterhaltung einer Gewerbeförderungsstelle, Bestellung von Sachverständigen, Unterstützungsmaßnahmen für notleidende Handwerker); Festsetzung von Ordnungsstrafen bis zu 1000 DM (§ 112 HandwO); c) als Körperschaft des öffentlichen Rechts Wahrnehmung der durch Gesetz übertragenen staatlichen Auftragsangelegenheiten (Hoheitsaufgaben). – 3. *Organe:* a) Mitgliederversammlung (Vollversammlung), besteht aus gewählten Mitgliedern, davon ein Drittel Gesellen; Einzelheiten regelt die Satzung; b) Vorstand, ihm obliegt die Verwaltung; c) Ausschüsse für regelmäßige oder vorübergehende Aufgaben. – 4. Die oberste Landesbehörde führt die *Staatsaufsicht* (Beachtung von Gesetz und Satzung, Erfüllung der Aufgaben). – 5. Zusammenschluß der H. auf Bundesebene im Deutschen Handwerkskammertag. – 6. Entsendung von 13 Mitgliedern aus den H. in den →Handwerksrat.

Handwerkskarte, Bescheinigung der →Handwerkskammer über die Eintragung in die →Handwerksrolle (§ 10 HandwO). Sie ist bei einer Betriebseröffnung mit der Gewerbeanmeldung der zuständigen Behörde (Gemeindebehörde, Gemeindevorstand) vorzulegen (§ 16 HandwO). – *Einzelheiten:* VO über die Einrichtung der Handwerksrolle und den Wortlaut der H. vom 2.3.1967 (BGBl I 274).

Handwerks-Kontenrahmen, auf Handwerksbetriebe ausgerichteter →Kontenrahmen. Aufbau nach dem dekadischen System, Einteilung in Kontenklassen, -gruppen und -arten. Für die Aufstellung von Branchen-Kontenrahmen und Kontenplänen bestehen Variationsmöglichkeiten, um Besonderheiten der verschiedenen Handwerkszweige berücksichtigen zu können. Der Einheits-K., der vom Deutschen Handwerksinstitut (DHI) herausgegeben wurde, beschränkt sich auf nur sechs Klassen und enthält in der Gruppierung klare Trennung nach Bilanz- und Erfolgskonten. Vgl. Übersicht.

Handwerkslehrling, →Lehrling.

Handwerksmeister, *Meister,* →Handwerker, der eine →Meisterprüfung abgelegt hat. Er besitzt das Recht zur Führung eines →Meistertitels und eines →Handwerksbetriebs; er ist zur →Berufsausbildung (Lehrlingsausbildung) berechtigt.

Handwerksordnung (HandwO), Gesetz zur Ordnung des Handwerks vom 17.9.1953 (BGBl I 1411), neugefaßt durch das Gesetz zur Änderung der Handwerksordnung vom 28.12.1965 (BGBl I 1). Die HandwO i.d.F. von 1965 umfaßt 129 Paragraphen. Die HandwO gliedert sich in: I. Teil: Ausübung eines Handwerks; II. Teil: Berufsausbildung in Betrieben selbständiger Handwerker (Handwerksbetriebe); Teil III: Meisterprüfung; Meistertitel; Teil IV: Organisationen des Handwerks; Teil V: Straf-, Bußgeld-, Übergangs- und Schlußvorschriften. Anlage A zur HandwO enthält das Verzeichnis der Gewerbe, die als Handwerk betrieben werden können, Anlage B das Verzeichnis der Gewerbe, die handwerksähnlich betrieben werden können, Anlage C die Wahlordnung für die Wahlen der Mitglieder der Handwerkskammern. Durch die Novellierung der HandwO wurden auch die →handwerksähnlichen Gewerbe zur Betreuung den Handwerkskammern zugewiesen.

Handwerksorganisation. I. Begriff: Gesamtheit aller Einrichtungen, deren Arbeit über den Interessen des einzelnen Berufsstandangehörigen steht. Das Bedürfnis nach Zusammenschlüssen und Zweckgemeinschaften hat im →Handwerk Tradition (→Zunft). In jüngerer Zeit wurde zunehmend das Prinzip der Selbstverwaltung angestrebt und durchgeführt. Eine eigene →Handwerksgesetzgebung ist Grundlage für eine erfolgreiche organisatorische Aufbauarbeit.

II. Gliederung: Fachlich und überfachlich, je nach der vom Gesetzgeber vorgesehenen Zweckbestimmung in den einzelnen Stufen als Einrichtung des öffentlichen oder privaten Rechts aufgebaut. – 1. *Fachliche Organisation:* a) →Handwerksinnung; b) →Landesinnungsverband bzw. Landesfachverband; c) regionale Vereinigung der Landesverbände bzw. Arbeitsgemeinschaft der Landesfach- bzw. Landesinnungsverbände; d) →Zentralfachverband bzw. Bundesfach- oder Bundesinnungsverband; e) →Bundesvereinigung der Fachverbände. – 2. *Überfachliche („berufsständische", regionale) Organisation:* a) →Kreishandwerkerschaft; b) →Handwerkskammern; c) Hand-

Kontengruppen-Übersicht des Einheitskontenrahmens für das deutsche Handwerk

Bestandskonten				Erfolgskonten	
Klasse 0 Anlage- u. Kapitalkonten („Ruhende Konten")	**Klasse 1** Finanzkonten	**Klasse 3** Konten der Bestände an Verbrauchsstoffen und Erzeugnissen	**Klasse 4** Konten der Kostenarten	**Klasse 8** Erlöskonten	**Klasse 9** Abgrenzungs- und Abschlußkonten
01 Grundstücke, grundstücksgleiche Rechte u. Bauten	10 Kasse	30 Rohstoffe (Grundstoffe)	40 Einsatz an Rohstoffen u. bezogenen Teilen (Einzelkostenmaterial)	80 Erlöse aus selbsthergest. Erzeugnissen	90 Außerordentliche Aufwendgn. und Erträge
02 Maschinen, techn. Anlagen, Werkzeuge	11 Postgiro, Banken, Schecks	31 Bezogene einbaufertige Teile	41 Personalkosten (außer Entlohnung f. Leiharbeitskräfte)	81 Erlöse aus Lohnaufträgen	91 Betriebsfremde Aufwendgn. und Erträge
03 Fahrzeuge	12 Wechselforderungen, Umlaufwertpapiere	32 Hilfs- und Betriebsstoffe	42 Kleinmaterial, Hilfs- und Betriebsstoffe (Gemeink.)	82 Erlöse aus Reparaturaufträgen	92 Haus- u. Grundstücksaufwendgn. u. -erträge
04 Betriebs- und Geschäftsausstattung	13 Interimskonten	33 Kleinmaterial	43 Fremdstrom, -gas, -wasser	83 Erlöse aus Dienstleistungen	93 Zinsen u.ä. Aufwendungen
05 Immaterielle Vermögensgegenstände	14 Kurzfristige Forderungen	34 Handelswaren	44 Steuern, Gebühren, Beiträge, Versicherungen u.ä.	84 Erlöse aus Handelswaren	94 Zinsen u.ä. Erträge
06 Finanzanlagen, langfristige Forderungen	15 Geleistete Anzahlungen	35 frei	45 Verschiedene Gemeinkosten	85 Sonstige Erlöse	95 Bilanzielle Abschreibungen
07 Langfristige Verbindlichkeiten	16 Kurzfristige Verbindlichkeiten	36 Unfertige Erzeugnisse bzw. Leistungen	46 Frei für kalkulatorische Kosten	86 Erlösschmälerungen	96 Frei für Verrechnungskonten zu den kalkulatorischen Kosten
08 Eigenkapital	17 Vorauszahlungen und sonst. Guthaben der Kunden, noch zu erbringende Leistungen (nur z. Bilanzstichtag hier, sonst unter 1400)	37 Selbsthergestellte Fertigerzeugnisse	47 Handelswareneinsatz	87 Bestandsveränderungen bei unfertigen Erzeugnissen bzw. Leistungen, bei selbsthergestellten Fertigerzeugnissen, bei noch in Rechnung zu stellenden Leistungen	97 Frei für kurzfristige Rechnungen
09 Rückstellungen, Rechnungsabgrenzungsposten u. aktivierte Ingangsetzungsaufwendungen	18 Wechselverbindlichkeiten	38 Noch in Rechnung zu stellende Leistungen	48 Sondereinzelkosten d. Fertigung einschl. bezogene Leistungen	88 frei (bei EDV nicht verwenden)	98 Jahres-Gewinn- und Verlustkonto
	19 Privatkonten	39 Frei für nicht direkt zuordenbare Skonti u. Rabatte	49 Sondereinzelkosten des Vertriebs und sonstige Sondereinzelkosten einschl. bezogene Leistungen	89 Eigenverbrauch an Reparaturleistgn. u. sonst. betrieblichen Leistungen	99 Jahresbilanzkonto und buchungstechnische Verrechnungskonten

(Die Klassen 2, 5, 6 und 7 entfallen)

werkskammertag bzw. Arbeitsgemeinschaft der Handwerkskammern, i. d. R. auf Landesebene; d) Landeshandwerksvertretung (→Handwerkstag); e) →Deutscher Handwerkskammertag (DHKT); f) →Zentralverband des Deutschen Handwerks (ZDH).

Handwerkspolitik, Gesamtheit aller Maßnahmen zur Sicherung und Erhaltung der Vielzahl selbständiger Handwerksbetriebe auf wirtschaftlicher, finanzieller, juristischer und politischer Ebene. – Vgl. auch →Gewerbepolitik.

Handwerksrat, Organisation des Handwerks zur Erörterung der das Handwerk betreffenden gesamtwirtschaftlichen Fragen. – *Zusammensetzung:* Präsidium des →Zentralverbandes des Deutschen Handwerks mit 16 Mitgliedern, zusätzlich je 13 aus den →Handwerkskammern und →Zentralfachverbänden und zwei aus den dem Handwerk nahestehenden Einrichtungen (gewerbliche Genossenschaftswesen, Innungskrankenkassen, berufständische Versicherungsanstalten).

Handwerksrecht, →Handwerksgesetzgebung.

Handwerksrolle. 1. *Begriff:* Gem. §§ 6ff. HandwO und der VO über die Einrichtung der Handwerksrolle vom 2. 3. 1967 (BGBl I 274) angelegtes Verzeichnis der selbständigen →Handwerker im Bezirk einer →Handwerkskammer mit dem von ihnen betriebenen Handwerk. – 2. Die *Eintragung* in die H. ist alleinige Voraussetzung für die Berechtigung zum selbständigen Betrieb eines Handwerks. Sie ist durch die Handwerkskammer vorzunehmen und hat anzugeben: a) bei *natürlichen Personen* Vor- und Familienname, Geburtsdatum, Staatsangehörigkeit des Inhabers, die Firma, Ort und Straße der gewerblichen Niederlassung, das zu betreibende Handwerk, die Rechtsvorschriften bzgl. der Voraussetzungen der Eintragung, die Prüfung und den Zeitpunkt der Eintragung; b) bei *juristischen Personen:* daneben die Firma, die Personalien des gesetzlichen Vertreters, das Handwerk, die Personalien des Betriebsleiters; c) bei *Personengesellschaften:* Firma, Personalien des für die technische Leitung verantwortlichen persönlich haftenden Gesellschafters, Personalien der übrigen Gesellschafter; d) bei

handwerklichen Nebenbetrieben ist auch deren Betriebsleiter mit seinen Personalien und seinen Eintragungsvoraussetzungen anzugeben; e) bezüglich der Eintragung von *Staatsangehörigen* der Mitgliedstaaten der EG vgl. § 9 HandwO i. V. m. VO vom 4. 8. 1966 (BGBl I 469) mit späteren Änderungen. – 3. *Einsicht in die H.:* Bei berechtigtem Interesse. – 4. *Löschung* der Eintragung auf Antrag oder von Amts wegen, wenn die Voraussetzungen für die Eintragung nicht (mehr) vorliegen. – 5. *Rechtsmittel:* Entscheidungen der Kammer über Eintragung und/oder Löschung sind im Widerspruchsverfahren und Verwaltungsrechtsweg *anfechtbar.*

Handwerksstatistik, gesonderte Erfassung der →Handwerksbetriebe im Bundesgebiet. – 1. *Handwerkszählungen:* Zählung mit Gliederung nach Wirtschafts- und Gewerbezweigen. Erfaßt werden Rechtsformen, Beschäftigte, Umsätze nach Umsatzarten und Absatzrichtung, Löhne, Gehälter und Sozialkosten, ländermäßige und regionale Verteilung der Handwerksbetriebe, Strukturdaten aus bisherigen Zählungen. – 2. *Laufende Berichterstattung:* Nach der ,,Neufassung des Gesetzes über die Durchführung laufender Statistiken im Handwerk" vom 30. 5. 1980 (BGBl I 648) wird eine vierteljährliche Repräsentativerhebung bei maximal 35 000 Betrieben durchgeführt. Erfaßt werden Umsatz und Zahl der Beschäftigten. Darstellung der Ergebnisse nach der Wirtschaftszweigsystematik und nach der Gewerbezweigsystematik für ausgewählte Handwerkszweige. – 3. *Kostenstrukturerhebungen im Handwerk:* Seit 1958 im Abstand von vier Jahren auf gesetzlicher Grundlage durchgeführt. Erhebungen erfolgen auf repräsentativer und freiwilliger Grundlage. – 4. *Sekundärstatistiken der Handwerkskammern und des Zentralverbands des Handwerks:* Betriebsstatistik (Stand der Handwerksrollen), Eintragungsstatistik (Eintragungsgründe), Betriebsstatistik des handwerksähnlichen Gewerbes, Organisationsstatistik (Stand der Handwerksorganisationen), Aus- und Weiterbildungsstatistiken (u. a. Ausbildungsverhältnisse, Anzahl der Gesellen-, Meister-, Fortbildungsprüfungen). – 5. *Betriebsvergleiche für verschiedene Handwerkszweige:* Durchführende bzw. mitwirkende Stellen sind das →Deutsche Handwerksinstitut, verschiedene →Gewerbeförderungsstellen, zahlreiche

Fachverbände und Buchstellen (→Betriebsvergleiche im Handwerk).

Handwerkstag, *Handwerkerbund, Landeshandwerksvertretung,* Zusammenschluß der →Handwerkskammern und der Handwerksverbände auf Landesebene, nicht in →Selbstverwaltung; z. B. Bayerischer Handwerkstag, Rheinisch-Westfälischer Handwerkerbund, Hessischer Handwerkstag. – Vgl. auch →Handwerksorganisation.

Handwerksunternehmen, →Handwerksbetrieb.

Handwerksunternehmung, →Handwerksbetrieb.

Handwerkswirtschaft. 1. *I. e. S.:* Wirtschaftliche Einrichtungen, die dem Bereich des selbständigen Handwerks zuzuzählen sind (→Handwerksbetrieb). – 2. *I. w. S.:* Alle Handwerksbetriebe einschl. der →Handwerksorganisation und der Gemeinschaftseinrichtungen (z. B. Handwerkergenossenschaften).

Handwerkszählung, Totalerhebungen bei allen in die →Handwerksrolle eingetragenen Handwerksunternehmen und handwerklichen Nebenbetrieben (nicht bei handwerksähnlichen Gewerbebetrieben; →handwerksähnliches Gewerbe) zur Beurteilung der wirtschaftlichen und sozialen Bedeutung des Handwerks als Teil des Produzierenden und Dienstleistungs-Gewerbes. H. erfolgten in den Jahren 1949, 1956, 1963, 1968, 1977. – *Aufgaben der H.* (Gesetz vom 10. 8. 1976; BGBl I 2125): Darstellung der Bedeutung des Handwerks im Rahmen der Gesamtwirtschaft; Schaffung einer neuen Basis für die stichprobenweise Durchführung der vierteljährlichen Statistik über Beschäftigte und Umsatz im Handwerk (Handwerksstatistik, Handwerksberichterstattung); Leistung von Hilfsdiensten für den Aufbau einer Kartei im Produzierenden Gewerbe. Die H. ist Grundlage der →Handwerksstatistik.

Handwerkszeichen, Zeichen des Gesamt-Handwerks, handwerkliche Verbandszeichen für die einzelnen Handwerksberufe und (in Gold) Auszeichnung für besondere Verdienste um das Handwerk.

Handwerkszweig, →Handwerk II.

Hanns-Seidel-Stiftung e. V., gegründet 1967; Sitz in München. – *Aufgaben:* Politische Bildung; Förderung der internationalen Verständigung und europäischen Einigung; Begabtenförderung; Entwicklungshilfe; Ausrichtung von Seminaren usw. – *Finanzierung* aus öffentlichen Mitteln.

Hans-Böckler-Stiftung, gemeinnützige Studien-, Wissenschafts- und Mitbestimmungsförderungsinstitution des →Deutschen Gewerkschaftsbundes (DGB); gegründet 1954; Sitz in Düsseldorf. – *Aufgaben:* Förderung des Studiums von begabten Arbeitnehmern und Arbeitnehmerkindern; Förderung von Forschung und Erfahrungsaustausch.

Hanseatenklausel, die im Länderfinanzausgleich (→Finanzausgleich) der Bundesrep. D. enthaltene Bestimmung, nach der die Stadtstaaten Bremen und Hamburg Sonderzuweisungen erhalten, sofern und soweit ihre ausgleichsrelevanten Steuereinnahmen hinter denen der Länder Baden-Württemberg (Stuttgart als Vergleichsgemeinde für die kommunale ,Steuerkraft') und Nordrhein-Westfalen (Köln als Vergleichsgemeinde) zurückbleiben (§ 10 V, VI Länderfinanzausgleichsgesetz).

Hardcopy, Ausdruck einer Bildschirmseite (→Bildschirm). Häufig (besonders bei Personal Computern) befindet sich auf der →Tastatur eine →Funktionstaste, nach deren Betätigung eine H. des augenblicklichen Bildschirminhalts auf einem angeschlossenen →Drucker ausgegeben wird.

Hardware. I. W i r t s c h a f t s i n f o r m a t i k / I n f o r m a t i k : Gesamtheit der technischen Maschinen-Elemente (Geräte, Teile) eines →Computers oder eines →Netzes (z. B. →Zentraleinheit, →externer Speicher, Leitungsverbindungen). Die Funktionen der H. werden durch die →Programme ausgelöst, gesteuert und kontrolliert. – Vgl. auch →mixed Hardware.

II. I n v e s t i t i o n s g ü t e r - M a r k e t i n g : Sachleistungskomponente im Angebot eines Herstellers. Sie wird ergänzt durch Software-Leistungen, die →Dienstleistungen (→Pre-Sales-Services, →episodenbegleitende Dienstleistungen, →After-Sales-Services) des Herstellers.

Hardwarehersteller, Unternehmen, das vorrangig →Hardware (Computer) produziert. Viele H. treten daneben auch als Anbieter von →Softwareprodukten auf dem →Softwaremarkt auf. – Zu *unterschei-den*: →OEM, →PCM.

Hardwaremarkt, der Markt für →Hardware. – *Marktführer*: (weltweit) IBM vor Hitachi und Toshiba; (in der Bundesrep. D.) IBM Deutschland GmbH vor Siemens AG. Einen Überblick erhält man auf einer der großen Fachausstellungen CeBIT, Systems, ORGATECHNIK.

Hardwaremonitor, Gerät zur Messung der Auslastung einer Funktionseinheit eines →Computers, z. B. der →Zentraleinheit oder des →Arbeitsspeichers. – *Bestandteile*: Meßsonden, eine Meßwertverarbeitungseinheit und eine Ausgabeeinheit. – *Funktionsweise*: Die Meßsonden werden an bestimmten Schaltkreispunkten der Funktionseinheit angebracht; anschließend werden während des Systembetriebs die an den Punkten anfallenden Meßdaten aufgezeichnet; nach Abschluß der Messungen werden diese Daten aufbereitet und in tabellarischer oder graphischer Form (→graphische Darstellung) ausgegeben. – Vgl. auch →Softwaremonitor.

Harmonielehre, Auffassung der →klassischen Lehre, nach der das einzelwirtschaftliche Gewinnstreben gleichzeitig dem Gemeinwohl dient. *Begründet* wird diese Ansicht damit, daß die höchsten Gewinne dort zu erzielen sind, wo der Bedarf am größten ist. Das Streben nach →Gewinnmaximierung sorgt dafür, daß die wichtigsten Bedürfnisse zuerst befriedigt werden. Wegen des Konkurrenzmechanismus werden die Gewinne im Laufe der Zeit abgebaut. – *Kritik*: Die H. überschätzt die →Elastizität der Betriebe und Märkte. Das vielfältige Versagen des Konkurrenzmechanismus (→Oligopole, →Monopole, Rigiditäten von Löhnen und Preisen) bleibt unbeachtet.

harmonisches Mittel, in der Statistik spezieller →Mittelwert. Das h. M. von n Werten x_i, …, x_n eines verhältnisskalierten →Merkmals (→Skala) ist

$$h = n / \sum \frac{1}{x_i} \text{ mit } \frac{1}{h} = \frac{1}{n} \sum \frac{1}{x_i}.$$

Der *Kehrwert* des h. M. ist also gleich dem →arithmetischen Mittel der Kehrwerte der Merkmalsbeträge.

Harmonisiertes System zur Beschreibung und Codierung der Waren (HS), herausgegeben vom →Rat für die Zusammenarbeit auf dem Gebiet des Zollwesens (RZZ). Das in enger Zusammenarbeit zwischen RZZ, EG und UN vorbereitete HS ist 1988 in die internationalen und nationalen Außenhandelsstatistiken eingeführt worden und ersetzt die bisher angewandten Warensystematiken (vgl. auch →internationale Waren- und Güterverzeichnisse). Das HS soll gleichzeitig als Grundlage für eine Harmonisierung der internationalen Warensystematiken durch das →Integrierte System der internationalen Wirtschaftszweig- und Gütersystematiken (ISCAP/SINAP) dienen.

Harmonisierung, Anpassung gesetzlicher Bestimmungen innerhalb der Europäischen Gemeinschaften mit dem Ziel der Liberalisierung des Dienstleistungs-, Güter- und Kapitalflusses. – 1. *Gesellschaftsrecht*: Grundsatzprogramm zur „Harmonisierung bestimmter gesellschaftsrechtlicher Minimalforderungen innerhalb der Gemeinschaft" (Art. 543 g des EWG-Vertrags), das v. a. AG, KGaA sowie GmbH betrifft. Wesentliches Mittel zur Durchsetzung sind die EG-Richtlinien. – 2. *Wettbewerbsrecht:* Horizontale und vertikale Absprachen (Art. 85 EWG-Vertrag) sowie die mißbräuchliche Ausnutzung einer beherrschenden Stellung auf dem Gemeinsamen Markt (Art. 86 EWG-Vertrag) sind bereits seit Inkrafttreten des EWG-Vertrages 1958 verboten. Ein weiterer Schritt ist die EG-Fusions-Verordnung vom 21. 9. 1990, wonach für grenzüberschreitende Größtfusionen eine Zuständigkeit der EG-Kommission geschaffen wurde. – 3. *Wirtschafts- und Währungspolitik:* Mit dem Europäischen Währungssystem (→EWS) und der europäischen Währungseinheit ECU konnten 1979 erste wichtige Schritte auf diesem Gebiet erreicht werden. Ab 1993 entsteht ein gemeinsamer europäischer Binnenmarkt (→EG). In den →Maastrichter Verträgen wurden Ende 1992 außerdem die Wege zur Schaffung einer europäischen Währungsunion ab 1997 bzw. 1999 festgelegt. – 4. *Steuerpolitik:* Vgl. →Harmonisierung der Besteuerung innerhalb der EG. – 5. *Zollpolitik:* Durch den Erlaß der EG-Richtlinien zur H. der Verfahren für die Überführung der Waren in den zollrechtlichen freien Verkehr (1979) und der Verfahren für die Ausfuhr 1981 wurde ein einheitliches Zollgebiet geschaffen (→Zollunion).

Die Formalitäten an den Grenzen wurden für den Reiseverkehr weitestgehend abgeschafft („Reiseverkehr ohne Binnengrenzen").

Harmonisierung der Besteuerung innerhalb der EG. I. Konzeption: Steuerliche Regelungen können die im Rahmen des Binnenmarktes angestrebte Beseitigung der EG-Binnengrenzen (→EG-Binnenmarkt) de facto nutzlos machen oder beeinträchtigen (z. B. Kapitalanlage im Ausland für Kapitalgesellschaften wegen deutschem Körperschaftsteuerrecht ceteris paribus unattraktiver als Inlandsinvestition, umgekehrt Nachteile für ausländische Investoren in der Bundesrep. D.). Steuerliche Einflüsse auf den Wettbewerb können sowohl im Bereich der →indirekten Steuern (Steuerobjekt: das einzelne verkaufte Produkt; Effekt: unmittelbare Kostenbeeinflussung) als auch bei den →direkten Steuern auftreten (Steuerobjekt ist bei diesen der Unternehmensgewinn; Effekte: geringere Nettokapitalrendite, daher schwierige Bedingungen für Selbstfinanzierung und Eigenkapitalaufnahme). Diese Unterschiede werden insbes. verursacht durch unterschiedliche →Bemessungsgrundlagen und/oder unterschiedliche →Steuersätze. – Eine Anpassung der Steuergesetzgebung der Mitgliedstaaten an die Erfordernisse des EG-Binnenmarktes ist daher seit der Frühzeit der EG (bzw. EWG) für nötig gehalten worden. Im Zeitablauf wurden jedoch unterschiedliche Auffassungen bezüglich des notwendigen Umfangs der Harmonisierung vertreten. In den 60er und 70er Jahren wurde von den EG-Behörden erfolglos eine Vollharmonisierung nahezu der gesamten Steuergesetzgebung als Endziel angestrebt. Dieser Ansatz scheiterte wegen fachlicher Schwierigkeiten und vor allem wegen des politischen Widerstandes der Mitgliedstaaten gegen einen Souveränitätsverzicht auf dem Gebiet des Steuerwesens. Seit 1990 wird daher das Subsidiaritätsprinzip auch im Bereich der Besteuerung verfolgt: Harmonisierung erfolgt nur soweit erforderlich, die Besteuerungskompetenz verbleibt ansonsten grundsätzlich bei den Mitgliedstaaten. Dabei wird davon ausgegangen, daß es bei nachteiligen Besteuerungsregelungen durch den Wettbewerb im EG-Binnenmarkt für die Mitgliedstaaten zu einem Sachzwang kommt, die entstehenden Wettbewerbsverzerrungen durch Gesetzesanpassungen zu beseitigen, und somit eine Gesetzesangleichung in Gang kommt, ohne daß alle Regelungen schließlich im Detail identisch sein müssen („Wettbewerb der Systeme"). Dann ist jedoch ein Steuersenkungswettlauf zwischen den Mitgliedstaaten zu verhindern. Außerdem sind zentrale Rechtsvorschriften dann erforderlich, wenn zur Beseitigung der Behinderungen nur ein EG-einheitliches Verfahren möglich ist oder ein Wettbewerb der Systeme keinen Erfolg verspricht. Voraussetzung für das Funktionieren des Subsidiaritätsprinzips im Steuerrecht ist jedoch, daß gegen den Fortbestand nationaler Gesetze, die eine grenzüberschreitende Tätigkeit behindern *oder* (nicht und!) gegenüber inländischer Tätigkeit benachteiligen, *effektive Sanktionen* geschaffen werden. Erforderlich hierzu wäre u. a. eine schärfere Auslegung der →Diskriminierungsverbote des EWG-Vertrages durch den Europäischen Gerichtshof (EuGH). Die Entwicklung in dieser Hinsicht ist bisher noch fraglich (erst wenige Grundsatzurteile).

II. Instrumente und Rechtsgrundlagen: Eine zentrale Harmonisierung der Besteuerung ist im Einzelfall nur möglich aufgrund spezieller Ermächtigungen durch den EWG-Vertrag. In Frage kommen vor allem Art. 99 (Harmonisierung der indirekten Steuern), Art. 100 und 101 (Angleichung von Vorschriften, die sich unmittelbar auf das Funktionieren des Binnenmarktes auswirken oder Wettbewerbsverzerrungen hervorrufen). Instrumente sind *EG-Verordnungen* mit unmittelbarer und *EG-Richtlinien* mit mittelbarer Rechtswirkung in den Mitgliedstaaten sowie in Einzelfällen auch *völkerrechtliche Verträge* gemäß Art. 220 EWGV. Diese häufigsten Rechtsgrundlagen für Maßnahmen bei der Harmonisierung der Steuern sehen Einstimmigkeit bei der Verabschiedung vor, weshalb Fortschritte bei der Harmonisierung der Besteuerung i. d. R. nur sehr langsam zu erreichen sind.

III. Harmonisierung der Umsatzsteuer (Mehrwertsteuer): Auswirkungen von Steuerunterschieden sind bei der →Umsatzsteuer am größten, da diese Steuer auf *alle* Waren erhoben wird und deren Preis direkt beeinflußt. Unterschiede in der steuerlichen Behandlung auf demselben Markt haben somit unmittelbar beachtliche Auswirkungen für die einzelnen

Anbieter. Daher war die Schaffung eines dem Gemeinsamen Markt (bzw. Binnenmarkt) angemessenen Umsatzsteuersystems von Anfang an ein Hauptziel der EG. Wegen der sehr unterschiedlichen Struktur und Bedeutung dieser Steuer in den Mitgliedstaaten wird seit jeher aber nur eine schrittweise und langfristig angelegte Vereinheitlichung angestrebt, da eine abrupte Vollharmonisierung entweder einige Staaten vor unlösbare Budgetprobleme (infolge Steuersenkung) oder andere vor schwere soziale Probleme (Inflationsschub infolge Steuererhöhung) gestellt hätte. – 1. *Ziele der Harmonisierung der Umsatzsteuer:* (1) Gleichbehandlung des Warenexports und -imports mit den im Staat selbst hergestellten und verbrauchten Waren (somit Unmöglichkeit einer merkantilistischen Politik auf Kosten anderer Mitglieder). (2) Minimierung anderer Handelshemmnisse wie Grenzkontrollen und Formularwirrwarr. – 2. *Stufen des Harmonisierungsprozesses:* Beginn im EWGV selbst durch Verbot der Exportsubventionen (Art. 97 EWGV), nur noch Erstattung der Umsatzsteuerbelastung bei der Ausfuhr zugelassen, da ansonsten Exportware auf dem Auslandsmarkt wegen doppelter Umsatzbesteuerung chancenlos gewesen wäre (→Bestimmungslandprinzip). Da wegen der damals üblichen kumulativen Umsatzsteuersysteme die auf der Ware liegende Umsatzsteuerbelastung von der Zahl der Vorverkäufe abhing und nur statistisch schätzbar war, war dieses Verfahren nicht exakt. *Verankerung eines exakten wettbewerbsneutralen Systems* in der nächsten Harmonisierungsstufe: 1967 führte die 1. Richtlinie der EG zur Harmonisierung der Umsatzsteuer (EG-Amtsblatt vom 11.4.1967, S. 1301) das Allphasen-Umsatzsteuer-System mit Vorsteuerabzug (,,Mehrwertsteuersystem") ein (→Allphasen-Umsatzsteuer), wodurch exakte Berechnung der gesamten Umsatzsteuerbelastung für jede Ware, exakte Ausfuhrerstattungen und somit Neutralität im grenzüberschreitenden Handel ermöglicht wurden. Das erste Harmonisierungsziel war damit bereits verwirklicht. Zur *Vereinfachung der Formalia und der Grenzkontrollen* wurden damals bereits die Voraussetzungen benannt: Der Unterschied der Umsatzsteuerbelastung im In- und Ausland muß soweit sinken, daß davon keine meßbare Wettbewerbsverzerrung mehr ausgeht; dafür ist eine Harmonisierung der Bemessungs-

grundlage und der Steuersätze erforderlich. Als ersten Schritt auf dieses Ziel hin harmonisierte die 6. EG-Richtlinie von 1977 (EG-Amtsblatt Nr. L 145, S. 1 ff.) die Bemessungsgrundlage der Umsatzsteuer weitgehend. Dies konnte jedoch noch keinen entscheidenden Fortschritt bedeuten: Für Aufhebung der Grenzkontrollen und Verzicht auf den Grenzausgleich (Erstattung der Umsatzsteuer des Exportlandes und Erhebung derjenigen des Importstaates) wäre eine völlige Angleichung der Steuersätze und der Übergang zum →Ursprungslandprinzip erforderlich gewesen; das hätte von einigen Staaten die Bereitschaft zu spürbaren Mehrwertsteuersatz-Erhöhungen oder -Senkungen erfordert, außerdem einen Verzicht auf nationale Sondersteuersätze für bestimmte Branchen. Darüber hinaus erfordert der Wechsel vom Bestimmungsland- zum Ursprungslandprinzip wegen der dann einsetzenden starken Verschiebung des Steueraufkommens die Bereitschaft zu einem *Fiskalausgleich* (bzw. Finanzausgleich) zwischen den Mitgliedstaaten. Hierbei sind jedoch große politische Widerstände zu überwinden; bei der Gestaltung eines Fiskalausgleichs sind auch noch technische Probleme ungelöst. Aus diesem Grunde kam es zu einer langen Stagnation des Harmonisierungsprozesses. – Neuerdings ist auch für diesen Übergang eine *schrittweise Lösung* vorgesehen: Abschaffung der Grenzkontrollen ab 1.1.1993 sowie Implementierung eines diffizilen Übergangssystems (Amtsblatt der EG Nr. L 376 vom 31.12.1991). Bei *Versendung oder Beförderung* von Waren wird die Steuer grundsätzlich im Staat des Käufers erhoben (→Bestimmungslandprinzip), während bei *Abhollieferungen* nach der Person des Empfängers und der Art des Gegenstands differenziert wird: Lieferungen an Unternehmer in anderen Mitgliedstaaten bleiben als Ausfuhrlieferungen im Heimatstaat steuerfrei, anstelle der früheren →Einfuhrumsatzsteuer zahlt der empfangende Unternehmer jedoch eine Umsatzsteuer wegen →innergemeinschaftlichem Erwerb. Insoweit kommt es zu einer reinen Änderung des Erhebungsverfahrens. Bei Lieferungen an Private wird dagegen – abgesehen von Lieferung besonders hochwertiger Gegenstände (z. B. neue Fahrzeuge) – der Gegenstand nunmehr auch bei anschließender Ausfuhr im Staat des Lieferers besteuert und gelangt ohne Änderung der

Steuer ins Ausland (→Ursprungslandprinzip). Bei *sonstigen Leistungen* bleibt das bisherige Bestimmungslandprinzip voll erhalten. – *Bewertung des Übergangssystems*: Das Übergangssystem beginnt den Einstieg ins Ursprungslandprinzip also in einem relativ kleinen Segment, weswegen die entstehenden Steueraufkommensverschiebungen und die Einführung eines Fiskalausgleichs noch vernachlässigt werden können. Durch das Ursprungslandprinzip bei Privatkäufen trotz unterschiedlicher Steuersätze wird jedoch bewußt eine Wettbewerbsverzerrung vor allem in Grenzgebieten erzeugt; hierdurch entsteht ein Anreiz für Hochsteuerländer, durch Umsatzsteuerersatzsenkungen die Nachteile für die eigene Wirtschaft zu verringern und somit die Voraussetzungen für eine weitere Harmonisierung der Steuern zu schaffen. Um einen Steuersenkungswettlauf zu verhindern, wird diese Regelung jedoch durch Einführung eines Mindeststeuersatzes für den normalen und den ermäßigten Steuersatz ergänzt. Für die Unternehmen bringt die Differenzierung zwischen Lieferungen an Privatkunden und andere Unternehmer und das neue Verfahren der Besteuerung des innergemeinschaftlichen Erwerbs zusätzliche Belastungen mit sich. – 3. *Ausblick*: Während der Geltungsdauer der Übergangsregelung (mindestens bis 1996, danach Verlängerungsmöglichkeit) sollen die Voraussetzungen für den Fiskalausgleich geschaffen werden. Dabei soll das Steueraufkommen letztlich so auf die Mitgliedstaaten verteilt werden, wie es bei Weitergeltung des Bestimmungslandprinzips der Fall wäre.

IV. H a r m o n i s i e r u n g d e r V e r b r a u c h steuern: Der ursprüngliche Plan einer Vollharmonisierung der drei großen Verbrauchsteuern (→Mineralölsteuer, →Tabaksteuer, →Biersteuer) bei gleichzeitiger Abschaffung aller übrigen Verbrauchsteuern ist aufgegeben worden. Vorgesehen ist nun jedoch eine Harmonisierung des Steuererhebungsverfahrens, das EG-weit für alle Verbrauchsteuern gleichermaßen angewendet werden soll, soweit diese nicht durch andere EG-Richtlinien (voll-)harmonisiert sind. Grenzüberschreitende Warenbewegungen durch einen Unternehmer (Export an andere Unternehmer oder Verbringung in eigene Betriebsstätte) müssen über Steuerlager abgewickelt werden, in denen

die Ware mit der Verbrauchsteuer des Importeurlandes belastet wird; das Ausfuhrland gewährt auf exportierte Waren Steuerbefreiung. Verkäufe an Privatpersonen (Abhollieferungen) oder Warenbewegungen durch Private werden dagegen nicht erfaßt. Analog zum Umsatzsteuer-Übergangssystem (vgl. II) richtet sich die Besteuerung somit für Gewerbetreibende nach dem Bestimmungslandprinzip, für Private dagegen nach dem Ursprungslandprinzip. Im Gegensatz zum Umsatzsteuersystem ist diese Lösung für die Verbrauchsteuern endgültig (vgl. Richtlinie vom 25.2.1992, EG-ABl L 76 vom 23.3.1992, S. 1 ff.). Den evtl. auftretenden Wettbewerbsverzerrungen wird im Bereich der drei großen Verbrauchsteuern durch Beschränkung der Wahlmöglichkeiten für die Steuersätze eine Grenze gesetzt (→Verbrauchsteuersatzrichtlinien, →Mindeststeuersatz, →Steuersatzspanne, →Zielsteuersatz), während bei den kleineren Verbrauchsteuern ein Steuersenkungswettbewerb bis hin zur Abschaffung dieser Steuern durch die Mitgliedstaaten bewußt in Kauf genommen wird. Ansätze zu einer solchen Entwicklung sind bereits erkennbar (→Leuchtmittelsteuer, →Salzsteuer, →Teesteuer, →Zuckersteuer per 1.1.1993), so daß das jetzige EG-Konzept ebenso wie die ursprünglichen Pläne zumindest zu einer Verringerung der Verbrauchsteueranzahl führen wird.

V. D i r e k t e S t e u e r n: Ein theoretisch einleuchtendes Grundkonzept wie für die Harmonisierung der indirekten Steuern ist wegen der komplexeren Natur der direkten Steuern nicht vorhanden; stattdessen erfolgt eine Beschränkung auf die Lösung wichtiger Einzelprobleme (seit 1990 auch als offizielles Konzept). Teils rechtsgültige, teils vorgeschlagene Maßnahmen: 1. *Konzernbesteuerung*: a) *Konzernbildung und -umstrukturierung*: Die Fusionsrichtlinie vom 23.7.1990 (Amtsblatt EG Nr. L 225/1 vom 20.8.1990) ermöglicht weitgehend steuerneutralen Aufbau eines grenzüberschreitenden Konzerns. Fusion bestehender Unternehmungen beiderseits der Grenze, Einbringung von Unternehmen oder Unternehmensteilen in andere Unternehmen oder Erwerb der Aktienmehrheit an einem anderen Unternehmen (sog. Anteilstausch), aber auch Spaltung eines transnationalen Unternehmens in verschiedene neue Gesellschaften lösen keine akute Steuerbelastung der →stillen Reserven mehr aus (Steuerstundung bis zum späteren Verkauf der Wirtschaftsgüter). Ziel ist es, die bisher durch nationales Steuerrecht gegebenen Möglichkeiten zur steuerlich ungehinderten Kooperation und Umstrukturierung von Unternehmen auch auf Vorgänge mit Beteiligung ausländischer Gesellschaften zu erweitern und so Benachteiligung dieser Gesellschaften zu beseitigen. Begünstigt sind allerdings nur Vorgänge mit Beteiligung von *Kapitalgesellschaften* aus unterschiedlichen Mitgliedstaaten. b) *Laufende Besteuerung von konzerninternen Geschäften*: Geregelt durch das Schiedsabkommen der EG-Staaten vom 23. Juli 1990 (Amtsblatt EG Nr. L 225/10, 20.8.1990). Ziel ist die Beseitigung von Behinderungen grenzüberschreitender Verkaufstätigkeit durch →Doppelbesteuerung innerhalb eines Konzerns, die sich aus Ansatz unterschiedlicher Verrechnungspreise durch die beteiligten Finanzverwaltungen ergeben. Völkerrechtlicher Vertrag gemäß Art. 220 EWGV, bisher (April 1992) von den meisten EG-Mitgliedstaaten noch nicht ratifiziert und daher noch nicht in Kraft getreten. c) *Laufende Besteuerung von Dividendenausschüttungen innerhalb eines Konzerns*: Geregelt durch die Mutter-Tochter-Richtlinie vom 23.7.1990 (Amtsblatt EG L 225/6, 20.8.1990). Als problematisch werden folgende Punkte angesehen: (1) Die auf die Dividenden erhobenen Quellensteuern führen wegen ihrer Bemessung nach dem Bruttobetrag der Zahlung zu Belastung auch bei Verlustgeschäften; (2) bei Ermäßigungsansprüchen aufgrund von →Doppelbesteuerungsabkommen aufwendiges Erstattungsverfahren für einen Teilbetrag der Quellensteuer, Restbetrag wird auch bei Verlustgeschäften an Auslandsgesellschaften nicht erstattet, daher Benachteiligung gegenüber Inländern und wirtschaftlich negative Folgen. Die Lösung ist die Abschaffung der Quellenbesteuerung bei Dividendenzahlungen an ausländische Mutterunternehmen (mind. 25% Beteiligung). Ausgenommen sind die Quellensteuererhebung durch die Bundesrepublik Deutschland bis 1996, Portugal (Befristung mit Verlängerungsmöglichkeit) und Griechenland (unbefristet). Behandlung im Staat der Muttergesellschaft: Freistellung der empfangenen Dividenden von der Körperschaftsteuer (→Schachtelprivileg) oder indirekte An-

rechnung der durch die Tochterunternehmung bereits gezahlten Körperschaftsteuer. Gilt nur für Kapitalgesellschaften. d) *Laufende Besteuerung von Zinszahlungen und Lizenzgebühren an Konzerngesellschaften*: Richtlinienvorschlag vom 6.12.1990 (Amtsblatt EG Nr. C 53/26, 28.2.1991) sieht Abschaffung der Quellensteuererhebung auf diese Zahlungen vor, sofern sie grenzüberschreitend an eine Konzernmuttergesellschaft erfolgen. Ähnliche Gründe wie c), gleiche Konzerndefinition wie c). Bisher nicht rechtskräftig. – 2. *Gewinnermittlung*: a) *Verluste*: Richtlinienvorschlag vom 11.9.1984 (Amtsblatt EG Nr. C 253/5, 20.9.1984 und C 170/3, 9.7.1985) sieht dreijährigen Verlustrücktrag und zeitlich unbefristeten Verlustvortrag für alle Unternehmen in der EG vor. Bisher nicht rechtskräftig, hat aber seit Bestehen eine „stille Harmonisierung" in mehreren EG-Staaten ausgelöst. Ergänzender Richtlinienvorschlag vom 6.12.1990 (Amtsblatt EG Nr. C 53/30, 28.2.1991) sieht darüber hinaus die Möglichkeit vor, Verluste ausländischer Betriebsstätten oder Tochterunternehmen unter gewissen Bedingungen im Inland von der Bemessungsgrundlage abzusetzen. Dies würde für Investitionen im EG-Ausland Nachteile bezüglich der Berücksichtigung der Verluste der Investition beseitigen (im Inland: § 2 a EStG, vgl. hierzu im einzelnen →Organschaft). Bisher nicht rechtskräftig. b) *Sonstige Gewinnermittlungsregeln*: Bisher wurden keine konkreten Vorschläge vorgelegt. Traditionell konzentriert sich die Diskussion auf die Harmonisierung der Abschreibungen, der Rückstellungsbildung und der Behandlung der Verbringung von Wirtschaftsgütern. Von 1990 bis 1992 erarbeitete eine Expertengruppe (,,Ruding-Kommission") konkrete Vorschläge: Stufenplan zur Harmonisierung der Steuern in drei Phasen, der die Harmonisierung vor allem in den bereits traditionell genannten Bereichen unterstützt. Noch keine detaillierten Richtlinienvorschläge. – 3. *Körperschaftsteuersysteme* (→Körperschaftsteuer): Als problematisch gilt, daß die bestehenden Körperschaftsteuersysteme keine grenzüberschreitende Anrechnung von Körperschaftsteuer vorsehen und somit die Auslandsinvestition gegenüber der Inlandstätigkeit benachteiligen (Nachteil für Herstellung eines einheitlichen Kapitalmarktes für Eigenkapital). Ferner stellen sich durch unterschiedliche Nettorenditen des Kapitals infolge unterschiedlich hoher Körperschaftsteuersätze Wettbewerbsverzerrungen auf dem Markt für Eigenkapital ein. Lösungsvorschläge liegen nicht vor (Richtlinienvorschlag von 1975 mit Teilanrechnungssystem und grenzüberschreitender Anrechnung 1990 als veraltet zurückgezogen), jedoch Betonung der Bedeutung einer Mindestharmonisierung der Körperschaftsteuer und Vorgabe erster Ideen durch Ruding-Kommission 1992 (binnenmarktverträgliche Modifizierung des Anrechnungssystems, Mindeststeuersatz für Körperschaftsteuer). – 4. *Besteuerung von Privatpersonen*: Eine Harmonisierung der Einkommensteuerregelungen für Private ist grundsätzlich nicht beabsichtigt, da die Steuerunterschiede dort nur geringe Wettbewerbsverzerrungen bewirken. Ausnahmen bestehen jedoch bei der Grenzgänger-Besteuerung (Ziel ist die Verhinderung besonderer Härten, die die →Freizügigkeit der Arbeitnehmer beeinträchtigen könnten) und bei der Zinsbesteuerung (Ziel ist die Verhinderung massiver Steuerhinterziehungen infolge der Kapitalmarktliberalisierung). a) *Grenzgänger-Besteuerung*: Nach einem allgemeinen Prinzip wird es als Sache des Wohnsitzstaates angesehen, durch Abzug des allgemeinen Existenzminimums und spezieller →Sonderausgaben von den steuerpflichtigen Einkünften eine Besteuerung über die Leistungsfähigkeit hinaus zu vermeiden. In Fällen, in denen die einzigen oder fast einzigen Einkünfte des Steuerpflichtigen jedoch im Ausland besteuert werden müssen (z. B. Grenzgänger mit Arbeitsstelle im Nachbarstaat), kann der Wohnsitzstaat diese Entlastung nicht wirksam vornehmen. Die Folge ist eine finanzielle Benachteiligung des Grenzgängers gegenüber Personen, die im eigenen Wohnsitzstaat arbeiten. Lösung könnte die vorgeschlagene sog. Grenzgänger-Richtlinie vom 21.12.1979 (Amtsblatt EG Nr. C 21/6, 26.1.1980) sein, die eine Übertragung des Besteuerungsrechts für die ausländischen Arbeitseinkünfte eines Grenzgängers auf seinen Wohnsitzstaat vorsieht, so daß dieser durch einen Fiskus besteuert wird, der seine Privatausgaben berücksichtigt. Diese ist allerdings bisher nicht rechtskräftig. Momentan wird in der Rechtsprechung geprüft, ob die Problematik nicht auch durch den Arbeitsstellenstaat mit Hilfe der →Diskriminierungsverbote des EWG-Vertrages gelöst werden kann (evtl. durch

Gewährung des Abzugs von Privatausgaben auch für ausländische Steuerpflichtige; Verhandlung des Europäischen Gerichtshofs dazu im Mai 1992). b) *Zinseinkünfte*: Infolge der Kapitalmarktliberalisierung wird eine Kapitalanlage in anderen EG-Staaten in unbegrenztem Umfang möglich; dies erschwert den Finanzverwaltungen über das bereits gegebene Ausmaß hinaus den Nachweis und die Überprüfung von Zinseinkünften der Nicht-Unternehmer. Da gerade Kapital besonders auf Steuerbelastungsunterschiede reagiert, werden Wettbewerbsverzerrungen auf dem Markt für Fremdkapital infolge unterschiedlicher Besteuerungsregelungen (u. a. auch wegen unterschiedlicher Informationsbeschaffungsmöglichkeiten der nationalen Finanzverwaltungen) befürchtet. Ein Lösungsvorschlag (Amtsblatt EG Nr. C 141/5, 7.6.1989) sah die Einführung einer allgemeinen Quellensteuer von mindestens 15% in allen EG-Staaten vor, ist jedoch als in nächster Zeit nicht durchsetzbar anzusehen. Skeptisch zu beurteilen ist daher wohl auch der Vorschlag der Ruding-Kommission 1992 einer 30%igen Quellensteuer. Mit Einführung einer EG-weiten Quellensteuer müßten vor allem Vorkehrungen gegen eine Kapitalflucht in Drittländer getroffen werden. – 5. *Weitere Perspektiven*: Über die Erfolgsaussichten der genannten Vorschläge kann nichts ausgesagt werden. Veränderungen könnten sich zunächst eher durch Rechtsprechung des EuGH (→Diskriminierungsverbote) ergeben.

VI. Zusammenarbeit der Verwaltungen: Durch die Intensivierung der zwischenstaatlichen Tätigkeiten müssen die Finanzverwaltungen vermehrt ausländische Sachverhalte klären; hierzu ist eine Zusammenarbeit der Behörden zwischen den Mitgliedstaaten erforderlich, da Verwaltungen im Ausland keine Hoheitsgewalt besitzen. Daher wird im Zuge der Harmonisierung der Steuern auch die Zusammenarbeit der Finanzbehörden intensiviert (EG-Amtshilfe-Richtlinie von 1976; Verordnung zum Austausch von EDV-Daten zur Mehrwertsteuer vom 27.1.1992, EG-Abl. L 24/1992, S. 1 ff.).

Literatur: Langer, Umsatzsteuer im Binnenmarkt, in: Der Betrieb, 1992, S. 340; EG-Kommission, Leitlinien zur Unternehmensbesteuerung, Bundesrats-Drucksache 360/90; Herzig/Dautzenberg/Heyeres, Beilage 12 zu Der Betrieb 1990; Knobbe-Keuk, Bilanz- und Unternehmensbesteuerung, 8. Aufl., 1990.

WP/StB Prof. Dr. Norbert Herzig

Harmonogramm, *Arbeitsablaufschaubild*, spezielles ablauforientiertes →Organigramm. Graphische Darstellung zweier oder mehrerer zueinander in Beziehung stehender Ablaufabschnitte (z. B. Fertigung und Fertigungskontrolle) und ihrer gegenseitigen Abstimmung.

Harrod-Modell, →Wachstumstheorie III 1b).

Härteausgleich. I. Einkommensteuerrecht: Milderungsregelung bei der →Veranlagung von Arbeitnehmern zur →Einkommensteuer gem. § 46 III EStG (Abzug vom Einkommen). Voraussetzung: Die nicht in →Arbeitslohn bestehenden →Einkünfte betragen nicht mehr als 800 DM. Für Nebeneinkünfte von mehr als 800 DM ist eine stufenweise Kürzung vom Einkommen vorzunehmen (§ 46 V EStG i. V. m. § 70 EStDV).

II. Kriegsopferversorgung/Kriegsopferfürsorge: Selbständiger Anspruch nach § 89 BVG. Gewährung des H. liegt als Kann-Bestimmung im Ermessen der Versorgungsbehörden, wenn sich im Einzelfall aus den Bestimmungen des BVG besondere Härten ergeben. Zustimmung des Bundesarbeitsministers erforderlich, die auch allgemein erfolgen kann (§ 89 II BVG).

harte Währungen. 1. Synonym für frei konvertible Währungen (→Konvertibilität). – 2. Währungen, deren Kursentwicklung an den Devisenmärkten sehr stabil ist und einen deutlichen Aufwertungstrend aufweist (z. B. sfr, DM). – *Gegensatz:* →weiche Währungen.

Hartwährungsländer, →harte Währungen.

Harvard-Barometer, von W. M. Persons an der Harvard University entwickeltes Indikator-System (→Konjunkturindikatoren), das ursprünglich aus fünf Gruppen von Zeitreihen bestand, später aber auf drei Gruppen reduziert wurde (→ABC-Kurven). Zeitreihen, die zu einer gleichen Gruppe gehören, zeigen ein ähnliches Verhalten im Zeitablauf bezüglich der Zyklenlänge und den Umkehrzeitpunkten. Das H.-B. wurde in den zwanziger Jahren in den USA für die →Konjunkturprognose eingesetzt und später wegen deutlich falscher Vorhersagen aufgegeben.

Harvard-Step-Test, Testverfahren zur Prüfung der Leistungsfähigkeit einer Person. Als Belastung dient das Besteigen von Stufen von 50,8 cm Höhe, wobei je Minute 30 Stufen erstiegen werden müssen. Der Versuch wird bis zur Erschöpfung des Probanden, längstens jedoch fünf Minuten lang durchgeführt. Als Beurteilungskriterium dient das Verhalten der Pulsfrequenz nach Versuchsende und die Versuchsdauer (bis zur Erschöpfung). Nach Versuchsende wird dreimal (in der 2., 3., und 5. Minute) die Pulsfrequenz für 0,5 Minuten gezählt. – *Formel zur Indexberechnung:*

$$\frac{\text{Dauer des Stufensteigens sec} \times 100}{2 \times (\Sigma 3 \text{ Pulszählungen nach Belastung})}$$

Ein Indexwert von über 90 spiegelt eine sehr gute, Werte unter 55 eine sehr schlechte Leistungsfähigkeit wider.

Harzburger Modell, von R. Höhn (Leiter der Akademie für Führungskräfte der Wirtschaft, Bad Harzburg) 1956 ins Leben gerufene „Führung im Mitarbeiterverhältnis mit Delegation von Verantwortung". – *Zentrale Zielsetzungen:* a) *Autoritäre Führung überwinden:* Das auf Befehl und Gehorsam beruhende Prinzip der Führung von Mitarbeitern wird als unzeitgemäß abgelehnt. b) *Verantwortung delegieren:* Dies soll nicht nur das Abgeben von Arbeit heißen, sondern die Schaffung von eigenen Bereichen, die durch →Stellenbeschreibungen genau abgegrenzt sind. – Genaue *Verhaltensanweisungen* im einzelnen. Die große Menge der im H. M. zu beachtenden Vorschriften macht es zu einem starren, reglementierenden Modell, das die autokratische durch eine bürokratische Führung ablöst. – *Beurteilung:* Die Erfahrungen mit dem H. M. sind geteilt; als Führungskonzept (→Führungstechnik) umstritten.

Hash-Funktion, →Datenorganisation II 2b).

Häufigkeit, in der Statistik die Anzahl der Elemente einer →Gesamtheit, die bezüglich eines →Merkmals zu einer Kategorie oder →Klasse gehören. Die Summe aller Häufigkeiten ist gleich dem Umfang der Gesamtheit. Dividiert man die Häufigkeiten durch diesen Umfang, ergeben sich →relative Häufigkeiten, deren Summe 1 ist.

Häufigkeit der Verkehrsleistung. 1. *Begriff*: Qualitätsmerkmal eines Verkehrssystems. Die (tatsächliche oder potentielle) Zahl der Transportvorgänge pro Zeiteinheit. – 2. *Verkehrswertigkeit*: Ein Verkehrssystem, das jederzeit (sehr selten) Transporte erbringen kann, weist im Sinn der H. d. V. das höchste (niedrigste) Qualitätsniveau auf. Für den Straßengüterverkehr (kleinere Transportgefäße, damit relativ schnelles Reagieren auf Transportwünsche) und den Pkw-Verkehr (H. d. V. nur von den eigenen Dispositionen des Pkw-Besitzers abhängig) ist hohe H. d. V. typisch. Für den fahrplangebundenen Verkehr ist die H. d. V. unterschiedlich: Der Eisenbahngüter- und -personenverkehr zwischen Raumpunkten mit starkem Verkehrsaufkommen ist durch hohe H. d. V. gekennzeichnet; in ländlichen Räumen ist H. d. V. niedrig. Der Luftverkehr bedient im Personen- und Frachtverkehr nur wenige Raumpunkte mit relativ hoher H. d. V.; gleiches gilt für den Schiffsverkehr. Der Nachrichtenverkehr ist wiederum durch sehr hohe H. d. V. gekennzeichnet. – 3. *Verkehrsaffinität*: In einer hochentwickelten Volkswirtschaft seitens der Verkehrsnachfrager hohe Anforderungen an die H. d. V.: Erleichterung unternehmerischer Beschaffungs- und Absatzdispositionen; Kosteneinsparungen durch Einschränkung der Lagerhaltung; schnelle Behebung von Produktionsengpässen bei Fehlen einzelner Einsatzgüter (z. B. Ersatzteile). Der Personenverkehr neigt zu einer um so höheren H. d. V., je kürzer die geplante Reise ist, z. B. im täglichen Berufs- und Einkaufsverkehr Bevorzugung des privaten Pkw. Hohe potentielle H. d. V. des Nachrichtenverkehrs ist für die Verkehrsnachfrager unverzichtbar.

Häufigkeitstabelle, in der Statistik tabellarische Darstellung einer →Häufigkeitsverteilung.

Häufigkeitsverteilung, bei einer Gesamtheit zusammenfassende Bezeichnung für die bezüglich eines →quantitativen Merkmals eingeführten Klassenintervalle (→Klassenbildung) und die zugehörigen (absoluten oder relativen) →Häufigkeiten. Veranschaulichung einer H. in Form einer *Häufigkeitstabelle* oder graphisch z. B. in Form eines →Histogramms. – *Allgemeiner* wird der Begriff H. auch als Bezeichnung für die einzelnen →Ausprägungen eines →qualitativen Merkmals und die zugehörigen Häufigkeiten verwendet.

häufigster Wert, →Modus.

Hauptabschlußübersicht (HAÜ), *Abschlußtabelle, Betriebsübersicht, Abschlußbogen, Abschlußblatt.* 1. *Begriff*: Tabellarische Übersicht über das gesamte Zahlenwerk eines Buchführungsabschnitts für den Zeitpunkt des Jahresabschlusses. Die H. weist die Entwicklung aller Bestandskonten von der Eröffnungsbilanz bis zur Jahresschlußbilanz, aller Aufwands- und Ertragskonten zur Verlust- und Gewinnrechnung sowie das Ergebnis der Inventur aus. Auf Verlangen des Finanzamtes ist bei Betrieben mit doppelter Buchführung eine H. nach amtlichem Vordruck beizufügen (§ 60 Abs. 2 EStDV). – *Muster*: Vgl. Übersicht. – 2. Die *Summenbilanz* ist die tabellarische Zusammenstellung der Kontensummen einschließlich der Saldovorträge (Anfangsbestände). Da bei der doppelten Buchführung jeder Vorgang im Soll und im Haben gebucht wird, müssen die Summen der Soll- und Habenspalte gleich sein *(Probebilanz)*. – 3. Die *Saldenbilanz* weist für jedes Konto den Überschuß der größeren über die kleinere Kontoseite aus. – 4. Die *Umbuchungsspalte* nimmt die vorbereitenden Abschlußbuchungen auf, wodurch beispielsweise die Privatnahmen auf das Kapitalkonto, Skonti auf Warenkonten, der Einkaufswert der verkauften Waren vom Warenein- auf das Warenverkaufskonto, Abschreibungen auf ein Abschreibungskonto übertragen werden. – 5. Stimmen die sich nach diesen Umbuchungen ergebenden Buchbestände der Bestandskonten mit den durch die Inventur festgestellten Beständen überein, werden die Überschüsse der Bestandskonten in der *Hauptabschlußbilanz* übernommen und die Erfolgskonten (Aufwand oder Ertrag) in die *Gewinn- und Verlustrechnung.* – 6. Statt des formellen Abschlusses der Konten können die *Soll- und Habensummen* (Verkehrszahlen) in die H. übernommen werden, ohne daß davon die Ordnungsmäßigkeit der Buchführung berührt wird. Allerdings sind die Sachkonten durch doppeltes Unterstreichen als abgeschlossen zu kennzeichnen, die Umbuchungen ausreichend zu erläutern und die H. als Bestandteil der Buchführung aufzubewahren (§ 147 I Nr. 1 AO).

Hauptabschlußübersicht

Hauptabschlußübersicht*)

Konten	Summenbilanz Soll	Summenbilanz Haben	Saldenbilanz I Soll	Saldenbilanz I Haben	Vorbereitende Abschlußbuchung Soll	Vorbereitende Abschlußbuchung Haben	Saldenbilanz II Soll	Saldenbilanz II Haben	Abschlußbilanz Soll	Abschlußbilanz Haben	Erfolgsübersicht Soll	Erfolgsübersicht Haben
Grundstücke und Gebäude	103 400,-		103 400,-				103 400,-		103 400,-			
Betr.- u. Geschäftsausst.	8 000,-	1 000,-	7 000,-			1 900,-	5 100,-		5 100,-			
Waren	168 500,-		168 500,-		200,-	3 700,-	165 000,-		165 000,-			
Geleistete Anzahlungen	3 000,-	3 000,-										
Forderungen	74 933,-	20 043,-	54 890,-			2 000,-	52 890,-		52 890,-			
Dubiose	3 000,-	1 750,-	1 250,-		2 000,-	1 000,-	2 250,-		2 250,-			
Besitzwechsel	19 000,-	9 000,-	10 000,-				10 000,-		10 000,-			
Kasse	7 800,50	4 220,-	3 580,50				3 580,50		3 580,50			
Sonstige Forderungen					500,- / 900,68		1 400,68		1 400,68			
Vorsteuer	1 638,-	158,82	1 479,18		50,-	1 529,18						
Gehaltsvorschüsse	300,-	300,-										
Aktive RAP	2 080,-	1 120,-	960,-		500,-		1 460,-		1 460,-			
Eigenkapital X		120 000,-		120 000,-		450,-		120 450,-		120 450,-		
Privat X	550,-	1 000,-		450,-	450,-							
Eigenkapital Y		80 000,-		80 000,-				80 000,-		80 000,-		
Wertber. a. Gebäude		12 000,-		12 000,-		2 000,-		14 000,-		14 000,-		
Rückstellungen	4 000,-	4 000,-				500,-		500,-		500,-		
Hypotheken-Verbindl.		5 000,-		5 000,-				5 000,-		5 000,-		
Darlehen	6 000,-	54 000,-		48 000,-				48 000,-		48 000,-		
Lieferanten-Verbindl.	16 500,-	58 048,-		41 548,-				41 548,-		41 548,-		
Schuldwechsel	10 000,-	10 000,-										
Bank	15 423,-	55 053,-		39 630,-				39 630,-		39 630,-		
Erhaltene Anzahlungen	3 000,-	3 000,-										
Sonst. Verbindlichkeiten	700,-	3 450,-		2 750,-		550,-		3 300,-		3 300,-		
Berechnete MWSt	542,68	1 262,09		719,41	90,91 / 628,50							
Mehrwertst. (Zahllast)					1 529,18	628,50 / 900,68						

1498

Konto	Summenbilanz Soll	Summenbilanz Haben	Saldenbilanz Soll	Saldenbilanz Haben	Umbuchungen	Ber. Saldenbilanz Soll	Ber. Saldenbilanz Haben	Gewinn- u. Verlust Soll	Gewinn- u. Verlust Haben	Schlußbilanz Aktiva	Schlußbilanz Passiva
Passive RAP	80,–	80,–			100,–		100,–				100,–
Löhne und Gehälter	3 000,–		3 000,–			3 000,–		3 000,–			
Soziale Aufwände	200,–		200,–			200,–		200,–			
Abschreib. a. Ford.	3 818,18		3 818,18		909,09	4 727,27		4 727,27			
Abschreib. a. Anlagen					1 500,– / 2 000,–	3 500,–		3 500,–			
Zinsaufwände	2 820,–		2 820,–			2 820,–		2 820,–			
Diskontaufwände	180,–		180,–			180,–		180,–			
Skontoaufwände	245,–		245,–			245,–		245,–			
a. o. Aufwände					400,–	400,–		400,–			
Mietaufwände	1 000,–		1 000,–			1 000,–		1 000,–			
Provisionsaufwände	1 500,–		1 500,–			500,–		500,–			
Versicherungsaufwände	500,–		500,–		500,–	1 000,–		1 000,–			
Reparaturaufwände	200,–		200,–		500,–	1 000,–		1 000,–			
Bezugsaufwände	1 363,64										
Warenverkäufe		9 300,–		7 936,36	3 700,–		4 236,36		4 236,36		
Bonuserträge		1 500,–		1 500,–			1 500,–		1 500,–		
Diskonterträge		310,–		310,–	100,–		210,–		210,–		
Skontoerträge		88,18		88,18			88,18		88,18		
a. o. Erträge		4 590,91		4 590,91			4 590,91		4 590,91		
Mieterträge					500,–		500,–		500,–		
	463 274,–	463 274,–	364 522,86	364 522,86	16 458,36	363 653,45	363 653,45	11 125,45	18 572,27	345 081,18	
								7 446,82		7 446,82	
								18 572,27	18 572,27	352 528,–	352 528,–

Eigenkapitalentwicklung X

Anfangsbestand	DM 120 000,–
./. Entnahmen	550,–
+ Einlagen	1 000,–
./. Verlustanteil	3 723,41
Endbestand am 31. 12. 1971	116 726,59

Eigenkapitalentwicklung Y

Anfangsbestand	DM 80 000,–
./. Verlustanteil	3 723,41
Endbestand am 31. 12. 1971	76 276,59

*) Entnommen aus: Engelhardt/Raffée, Grundzüge der doppelten Buchhaltung, zweite, vollständig neu bearbeitete Aufl., Wiesbaden 1971, S. 198/199.

Hauptabteilung, →organisatorischer Teilbereich.

Hauptansatz, bei der Berechnung der →Schlüsselzuweisungen im →kommunalen Finanzausgleich verwendete Größe zur Bestimmung des relativen Finanzbedarfs der Gemeinden (→Ausgleichsmeßzahl; vgl. auch →Finanzbedarf), die auf der – in einzelnen Bundesländern mit der Gemeindegröße gewichteten (→Hauptansatzstaffel) – Einwohnerzahl der Gemeinden basiert. Die Summen aus H. und →Ergänzungsansätzen bilden den →Gesamtansatz.

Hauptansatzstaffel, die auf das →Brechtsche Gesetz zurückgehende und von J. Popitz erstmals vorgeschlagene Staffelung des →Hauptansatzes mit zunehmender Gemeindegröße.

Hauptberuf, Begriff der →amtlichen Statistik zur Abgrenzung gegen eine Tätigkeit als Nebenberuf (→Nebentätigkeit).

Hauptbetrieb, →Produktionshauptbetrieb.

Hauptbuch, Buch der doppelten Buchführung; vgl. auch →Bücher. – Die *Geschlossenheit* des H. als Grundlage der →Bilanz muß gegeben sein: a) formell, d. h. Soll-Haben-Ausgleich; b) materiell, d. h. Abschlußfähigkeit. In das H. werden entweder alle einzelnen Geschäftsvorfälle übernommen (→italienische Buchführung) oder die Summen einer Periode (Woche, Monat) werden jeweils zusammengefaßt übertragen (→deutsche Buchführung, →französische Buchführung, →amerikanische Buchführung). Überprüfung der Eintragungen im H. durch →Hauptbuchprobe.

Hauptbuchprobe, durch Aufstellen einer →Rohbilanz durchgeführte Kontrolle der Buchführung. Die Addition der Sollseiten und der Habenseiten sämtlicher Konten des →Hauptbuchs muß gleiche Summen ergeben.

Hauptentschädigung, wichtigste Ausgleichsleistung des →Lastenausgleichs. – 1. Abgeltung für erlittene *Vermögensverluste*: Vertreibungsschäden, Kriegssachschäden und Ostschäden an Wirtschaftsgütern, die zum land- und forstwirtschaftlichen Vermögen, Grund- oder Betriebsvermögen gehören, sowie an Gegenständen, die für die Berufsausübung oder für die wissenschaft-

liche Forschung erforderlich sind; Vertreibungs- und Ostschäden an Reichsmarksspareinlagen u. ä., soweit keine Entschädigung im Währungsausgleich für Spareinlagen gewährt wurde (Ausnahme: Hausratentschädigung). – 2. Aufgrund einer Schadenfeststellung wurden die Geschädigten in *Schadensgruppen* eingestuft. – 3. *Höhe der H.*: Grundbetrag, der der Schadensgruppe entspricht, in die der Entschädigungsberechtigte eingereiht worden ist; gem. § 246 LAG festgesetzt. – Geschädigte mit weniger als 50% Vermögensverlust erhielten keine H. – 4. *Erfüllung* der Ansprüche auf H. vom 1. 4. 1957 bis 31. 3. 1979 in Form von Barleistung, Schuldverschreibungen und Eintragung in das Bundesschuldbuch. Auszahlung nach Dringlichkeitsstufen; bevorzugt soziale Notstände, hohes Lebensalter, Nachentrichtungen freiwilliger Beiträge zu gesetzlichen Rentenversicherungen, Fälle neuer Eigentumsbildung für Einheitswert-Vermögen, Begründung oder Festigung wirtschaftlicher Selbständigkeit.

Hauptfeststellung, die allgemeine Feststellung der →Einheitswerte auf den →Hauptfeststellungszeitpunkt. Durch die H. werden die Einheitswerte überprüft und den jeweiligen tatsächlichen und wirtschaftlichen Verhältnissen angepaßt.

Hauptfeststellungszeitpunkt. 1. *Begriff* des Steuerrechts (§ 21 BewG): Zeitpunkt, auf den eine →Hauptfeststellung vorzunehmen ist; der Beginn des Kalenderjahres, das für die jeweilige Hauptfeststellung maßgebend ist. Berücksichtigung finden i. d. R. die Verhältnisse im H. – 2. *Besonderheiten*: a) *Abweichende Stichtage* für die Zugrundelegung der Bestands- und/oder Wertverhältnisse nach §§ 35 II, 54, 59, 106, 112 BewG. b) *Letzter H.* für die Bewertung des Grundbesitzes in den alten Bundesländern 1. 1. 1964, in den neuen Bundesländern 1. 1. 1935; seitdem keine neue Hauptfeststellung (→Grundbesitz 2 und 3). – Vgl. auch →Einheitswert III 1.

Hauptfürsorgestelle, staatliche oder kommunale Stelle mit folgenden Aufgaben (§ 31 SchwbG): Erhebung und Verwendung der →Ausgleichsabgabe, →Kündigungsschutz, nachgehende Hilfe im Arbeitsleben, zeitweilige Entziehung des Schwerbehindertenschutzes. (Im Rahmen der *nachgehenden Hilfe* im Arbeitsleben soll die H. darauf hinweisen, daß Schwerbehinderte entsprechend ihren Fähigkeiten und Kenntnissen beschäftigt werden und sich am Arbeitsplatz behaupten können.) Die H. kann auch Hilfen für behindertengerechte Wohnungen, Hilfen zur wirtschaftlichen Selbständigkeit u. a. gewähren. Außerdem ist sie für die Durchführung der →Kriegsopferfürsorge zuständig.

Hauptgemeinschaft des Deutschen Einzelhandels e. V., Sitz in Köln. Spitzenorganisation des deutschen Einzelhandels; gegründet 1947 durch Zusammenschluß der Landesverbände und der Bundesfachverbände des →Einzelhandels. – *Zweck*: Vertretung der Einzelhandelskaufleute in wirtschaftlicher, beruflicher und sozialer Beziehung, ohne Rücksicht auf Betriebsformen und Vertriebsarten. – *Aufgaben*: a) Wahrnehmung der allgemeinen Interessen des Berufsstandes, der Vertretung vor dem Bundesparlament und in Bundesministerien sowie Mitwirkung bei Gesetzen und Verordnungen, Unterstützung der regionalen Verbände bei der Beratung ihrer Mitglieder. – b) Förderung rationeller Betriebsführungsmethoden in den Einzelhandelsbetrieben mittels individueller Beratung durch die „Betriebswirtschaftliche Beratungsstelle für den Einzelhandel GmbH".

Hauptgenossenschaft, regionale Warenzentrale für das ländliche Bezugs- und Absatzgeschäft der →Raiffeisengenossenschaften. H. beliefern diese mit Düngemitteln, Futtermitteln aus eigener Herstellung, Saatgut, Landmaschinen und sonstigen Betriebsmitteln und vermarkten zentral bei den Genossenschaften aufkommende Agrarprodukte, insbes. Getreide und Kartoffeln.

Hauptgruppe, →Gruppe II 2 a).

Hauptkomponentenmethode, →Schätzverfahren mit beschränkter Information 6.

Hauptkostenstelle, →Endkostenstelle, die Hauptprodukte des Unternehmens erzeugt, z. B. Gießerei, Fräserei, Dreherei, Schleiferei in einem metallverarbeitenden Betrieb. – *Gegensatz*: →Nebenkostenstelle.

Hauptlauf, →Transportkette.

Hauptniederlassung, örtlicher Mittelpunkt des gesamten Unternehmens. Ort der H. bestimmt allgemeinen →Gerichtsstand

(§ 17 ZPO) und bei Handelsgesellschaften i. d. R. den →Sitz. – 1. Von *mehreren Niederlassungen* kann grundsätzlich nur eine H. sein, es sei denn, es handelt sich dabei um selbständige Unternehmen. Dann sind diese Unternehmen in bezug auf →Firma und Registerrecht selbständig zu behandeln. – 2. Am Gericht der H. haben auch alle die Zweigniederlassungen betreffenden Anmeldungen zum Handelsregister zu erfolgen (§ 13 a HGB). Ausnahme: H. befindet sich im Ausland (§ 13 b HGB), Eintragungsfähigkeit der Zweigniederlassung richtet sich dann nach deutschem Recht. Nach Eintragung wird die Zweigniederlassung als H. behandelt. – 3. *Verlegung* der H. ist beim bisherigen Gericht der H. anzumelden (§ 13 c HGB).

Hauptnutzungszeit, Zeit mit planmäßiger, unmittelbarer Nutzung des Betriebsmittels i. S. der Zweckbestimmung (Arbeitsaufgabe). – Vgl. auch →Nebennutzungszeit.

Hauptprogramm, →Programm, dessen Ausführung i. a. durch ein Kommando des →Betriebssystems angestoßen wird. Ein H. kann →Unterprogramme benutzen.

Hauptsätze der Wohlfahrtstheorie. 1. Der *erste H. d. W.* besagt, daß Marktgleichgewichte immer Pareto-effizient sind. – 2. Nach dem *zweiten H. d. W.* sind Pareto-effiziente Allokationen bei konvexen, stetigen und monotonen Präferenzen →Marktgleichgewichte für geeignete Verteilungen von Güterausstattungen.

Hauptschuldner, der ursprüngliche Schuldner bei der →Bürgschaft.

Hauptspediteur, im Recht des Speditionsgeschäfts der erste Spediteur, der den Speditionsauftrag unmittelbar vom →Versender erhält. – Der H. *haftet* beschränkt für nicht mit der Sorgfalt eines ordentlichen Kaufmanns ausgewählte →Zwischenspediteure im Rahmen des ADSp.

Hauptspeicher. 1. Bezeichnung für den Teil des →Arbeitsspeichers, der dem Benutzer zur Verfügung steht. – 2. Synonym für Arbeitsspeicher.

Haupttätigkeit, Begriff des Arbeitsstudiums für die planmäßige, unmittelbar der Erfüllung der Arbeitsaufgabe dienende →Tätigkeit. – *Gegensatz*: →Nebentätigkeit.

Haupttermin, Gerichtstermin im Zivilprozeß, dient i.d.R. der Erledigung des Rechtsstreites. Das Gericht hat in den Sach- und Streitstand einzuführen und soll hierzu die Parteien persönlich hören. Der streitigen Verhandlung soll die Beweisaufnahme unmittelbar folgen, und im Anschluß hieran ist der Sach- und Streitstand erneut mit den Parteien zu erörtern. Ein erforderlicher neuer Termin ist möglichst kurzfristig anzuberaumen (§§ 272, 278 ZPO). Vorbereitet wird der H. durch ein →schriftliches Vorverfahren oder einen →frühen ersten Termin.

Hauptunternehmer, der von einem Auftraggeber mit der Ausführung eines Bauauftrages betraute Unternehmer, der sich verpflichtet, einen Teil des Auftrages im Namen des Auftraggebers an andere Unternehmer (→Nachunternehmer bzw. Nebenunternehmer) weiterzugeben. Es entstehen unmittelbare Rechtsbeziehungen zwischen dem Auftraggeber und den einzelnen Nachunternehmern. Nachunternehmer übernehmen damit auch dem Auftraggeber gegenüber die Gewähr für die ordnungsgemäße Ausführung ihrer Teilarbeit. Der H. ist Vermittler, er kann als solcher aber dem Auftraggeber gegenüber für die Gesamtausführung neben den einzelnen Nachunternehmern haften. Er kann auch z.B. die Bauleitung (Unternehmerbauleitung) übernehmen und befugt sein, die Zahlungen für die Nachunternehmer entgegenzunehmen (*anders:* →Generalunternehmer). – *Umsatzsteuerpflicht:* Vgl. →Arbeitsgemeinschaft.

Hauptuntersuchung, Begriff des Straßenverkehrsrechts für die nach § 29 StVZO i. V. mit Anlage III der StVZO in bestimmten Zeitabständen vorgeschriebene Untersuchung von Kraftfahrzeugen auf ihre Verkehrssicherheit durch den amtlichen Sachverständigen oder Prüfer für den Kraftfahrzeugverkehr. – Vgl. auch →Zwischenuntersuchung.

Hauptveranlagung, Begriff des Steuerrechts. – 1. H. zur *Vermögensteuer* i. a. für drei Kalenderjahre; Zeitraum kann vom Bundesminister der Finanzen um ein Jahr verkürzt oder verlängert werden (§ 15 VStG). Der H. wird der Wert des →Gesamtvermögens (unbeschränkte Steuerpflicht) im →Hauptveranlagungszeitpunkt zugrunde gelegt. Vgl. auch →Vermögen-

steuer IV. – 2. H. zur →*Grundsteuer* erfolgt im Anschluß an die Hauptfeststellung der →Einheitswerte (vgl. dort III) des →Grundbesitzes (§ 16 GrStG).

Hauptveranlagungszeitpunkt, Termin der →Hauptveranlagung für die Vermögensteuer und Grundsteuer; Beginn des Hauptveranlagungszeitraums, für die die Vermögensteuer und Grundsteuer allgemein festgesetzt wird (§ 15 VStG, § 16 GrStG). – *Letzter H.:* 1.1.1989.

Hauptversammlung, früher: *Generalversammlung.*

I. Begriff: Gesetzliches Organ der →Aktiengesellschaft (AG) und →Kommanditgesellschaft auf Aktien (KGaA) (§§ 118–128, 285 AktG). Versammlung der Aktionäre, in der sie ihre Rechte in Angelegenheiten der AG ausüben. →Vorstand und →Aufsichtsrat sollen an der H. teilnehmen (§ 118 AktG).

II. Aufgaben: Beschlußfassung in allen von Gesetz oder Satzung bestimmten Fällen, namentlich über: a) Bestellung der Mitglieder des Aufsichtsrats, soweit es sich nicht um Arbeitnehmervertreter handelt. b) Verwendung des Bilanzgewinns (→Gewinnverwendung). c) →Entlastung von Vorstand und Aufsichtsrat. d) Bestellung der Abschlußprüfer. e) Satzungsänderungen. f) Maßnahmen der Kapitalbeschaffung und -herabsetzung. g) Bestellung von Prüfern für Sonderprüfung (→Wirtschaftsprüfung IV 2 b)). h) Auflösung der AG. i) Über Fragen der Geschäftsführung kann die H. nur entscheiden, wenn der Vorstand es verlangt (§ 119 AktG).

III. Zeitpunkt: 1. I.a. einmal *jährlich* in den ersten acht Monaten des Geschäftsjahres zur Entlastung von Vorstand und Aufsichtsrat. Damit i.d.R. verbundene Verhandlung über Gewinnverwendung (§ 120 I, III AktG). – 2. Wenn das *Wohl der AG* dies erfordert (§ 121 I AktG). – 3. Wenn eine *Minderheit* von 5% des Grundkapitals das verlangt (§ 122 AktG). – 4. *Besondere Regelung* besteht für Versicherungs-Aktiengesellschaften und Versicherungsvereine auf Gegenseitigkeit durch VO vom 5.2.1968 (BGBl I 141).

IV. Einberufung: 1. Durch den *Vorstand* (§ 121 AktG); falls er einem Minderheitsverlangen (vgl. III 3) nicht stattgibt, durch die vom Gericht ermächtigten Aktionäre

(§ 122 III AktG). – 2. Die Einberufung nebst Tagesordnung ist mindestens einen Monat vor dem Tag der H. in den *Gesellschaftsblättern* bekanntzugeben. Hat eine Minderheit (5% des Grundkapitals oder 1 Mill. Nennbetrag) verlangt, daß Gegenstände zur Beschlußfassung bekanntgemacht werden (122 II AktG), so genügt Bekanntmachung zehn Tage nach der Einberufung (§ 124 I AktG). – 3. Bei der *Wahl von Aufsichtsratsmitgliedern* ist anzugeben, nach welchen gesetzlichen Vorschriften sich der Aufsichtsrat zusammensetzt. – 4. Soll die H. über eine *Satzungsänderung* oder über einen *Vertrag* beschließen, der nur mit Zustimmung der H. wirksam wird, ist auch der Wortlaut der Satzungsänderung oder der wesentliche Inhalt des Vertrages bekanntzumachen (§ 124 II AktG). – 5. In der Bekanntmachung der Tagesordnung haben Vorstand und Aufsichtsrat zu jedem Tagesordnungspunkt, über den die H. beschließen soll, *Vorschläge zur Beschlußfassung* zu machen (zur Wahl von Aufsichtsratsmitgliedern und Prüfern nur der Aufsichtsrat; § 124 III AktG).

V. Mitteilungen: 1. *Kreditinstitute* und *Aktionärsvereinigungen*, die in der letzten H. Stimmrechte für Aktionäre ausgeübt oder die Mitteilung verlangt haben, erhalten binnen zwölf Tagen seit der Bekanntmachung der Einberufung im Bundesanzeiger besondere Mitteilung über a) Einberufung der H., b) Tagesordnung, c) Anträge und Wahlvorschläge von Aktionären (vgl. unten), einschl. des Namens des Aktionärs, der Begründung und einer etwaigen Stellungnahme der Verwaltung (§ 125 I AktG). – 2. Die gleiche Mitteilung den *Aktionären* übersandt, die a) eine Aktie bei der Gesellschaft hinterlegt haben, b) bei der Mitteilung verlangen oder c) im Aktienbuch der AG eingetragen sind (§ 125 II AktG). – *Weitergabe* der Mitteilungen (nach 1) an die Aktionäre obliegt den Kreditinstituten und Aktionärsvereinigungen. Der Bundesjustizminister kann vorschreiben, daß die AG die Aufwendungen für die Vervielfältigung und Übersendung an die Aktionäre zu ersetzen hat (§ 128 AktG).

VI. Anträge von Aktionären (§ 126 AktG): 1. *Frist*: Mitteilung (vgl. oben) braucht nur zu erfolgen, wenn der Aktionär binnen einer Woche seit der Bekanntmachung im Bundesanzeiger der AG einen Gegenantrag mit Begründung übersandt

und dabei mitgeteilt hat, daß er in der H. einem Vorschlag der Verwaltung widersprechen und die anderen Aktionäre veranlassen wolle, für seinen Gegenantrag zu stimmen (§ 126 I AktG). – 2. *Gegenanträge* und Begründung brauchen u. a. nicht mitgeteilt zu werden: a) soweit sich der Vorstand durch die Mitteilung strafbar machen würde; b) wenn der Gegenantrag zu einem gesetz- oder satzungswidrigen Beschluß der H. führen würde; c) wenn die Begründung in wesentlichen Punkten offensichtlich falsche oder irreführende Angaben oder wenn sie → Beleidigungen enthält; d) wenn ein auf denselben Sachverhalt gestützter Gegenantrag des Aktionärs bereits zu einer anderen H. mitgeteilt worden ist; e) wenn derselbe Gegenantrag mit wesentlich gleicher Begründung in den letzten fünf Jahren zu zwei H. mitgeteilt worden ist und in der H. weniger als 5 v. H. die Grundkapitals für ihn gestimmt haben; f) wenn der Aktionär an der H. nicht teilnehmen und sich nicht vertreten lassen wird. – 3. Die *Begründung* braucht nicht mitgeteilt zu werden, wenn sie mehr als 100 Worte beträgt. – 4. *Mehrere Gegenanträge* nebst Begründung zu demselben Tagesordnungspunkt kann der Vorstand zusammenfassen. – 5. Für *Wahlvorschläge* von Aktionären gilt Entsprechendes. Begründung entbehrlich; erforderlich Angabe des Namens, Berufs und Wohnorts des zu Wählenden (§ 127 AktG).

VII. Ablauf: 1. In der H. ist ein → *Teilnehmerverzeichnis* aufzustellen. – 2. Die Aktionäre können das → *Auskunftsrecht* ausüben. – 3. *Beschlüsse* der H. bedürfen i. a. der → Stimmenmehrheit, u. U. auch einer → qualifizierten Mehrheit, immer der → öffentlichen Beurkundung. Jede Aktie gewährt → Stimmrecht (ausgenommen: → Mehrstimmrechtsaktien). – 4. Beschlüsse der H. unterliegen unter bestimmten Voraussetzungen der *Anfechtung*; Nichtigkeitsgründe im § 241 AktG.

Hauptverwaltung, zentrale Leitung größerer Unternehmungen. Die H. befindet sich i. a. am Ort der → Hauptniederlassung.

Hauptwohnung, Begriff des Melderechts für die vorwiegend benutzte Wohnung des Einwohners. H. eines verheirateten Einwohners, der nicht dauernd getrennt von seiner Familie lebt, ist die vorwiegend benutzte Wohnung der Familie. In Zweifelsfällen ist die vorwiegend benutzte Wohnung dort, wo der Schwerpunkt der Lebensbeziehungen des Einwohners liegt (§ 12 II Melderechtsrahmengesetz vom 16.8.1980 – BGBl I 1429 mit späteren Änderungen). – Vgl. auch →Meldepflicht. – *Amtliche Statistik:* Bedeutsam für die Zuordnung der →Bevölkerung.

Hauptzollamt, örtliche Bundesbehörde für die Verwaltung der →Zölle und →Verbrauchsteuern (§ 13 FVG).

Hausangestellte, →Hausgehilfin.

Hausarbeitstag, *Haushaltstag,* arbeitsfreier Tag berufstätiger Frauen zur Verrichtung der Hausarbeit. Vgl. im einzelnen →Frauenschutz III.

Hausauftrag, →Innenauftrag.

Hausbank. 1. Bank, mit der ein Unternehmen als Dauerkunde zusammenarbeitet. – 2. Bank, die für ein Unternehmen sämtliche Bankgeschäfte erledigt (Gewährung von Kontokorrentkrediten, Wechseldiskontierung, Abwicklung der Auslandsgeschäfte usw.), im Gegensatz zu solchen Banken, bei denen das Unternehmen lediglich Konten für den Zahlungsverkehr unterhält. Im Zuge des verschärften Wettbewerbs auf den Finanzmärkten und der Disintermediation (d. h. Verzicht auf Banken und ihre Dienstleistungen bei der Refinanzierung) Aufweichung des H.-Prinzips. – 3. Einem Großunternehmen angegliederte Bank, die dessen Bankgeschäfte erledigt; betreibt i. d. R. auch allgemeines Bankgeschäft. H. von Konzernen *(Konzernbanken)* auch in der Bundesrep. D.

Haus des Handwerks, 1953 in Bonn errichtete gemeinsame Geschäftsstelle des →Zentralverbandes des Deutschen Handwerks, der Vereinigung der Zentralfachverbände und des →Deutschen Handwerkskammertages.

Hausfriedensbruch, →Hausrecht.

Hausgehilfin, *Hausangestellte,* weibliche Arbeitskraft, die Hausarbeit gegen Entgelt leistet und i. d. R. zum →Haushalt ihres Arbeitgebers gehört. – *Anders:* →Haushaltshilfe.

I. Arbeitsrecht: Vgl. →Mutterschutz III 3 c) (3).

II. Steuerliche Behandlung: 1. *Beim Arbeitgeber:* Bei Beschäftigung einer H. können auf Antrag die Aufwendungen als →außergewöhnliche Belastung (§ 33 a III EStG), höchstens 1200 DM jährlich, vom →Gesamtbetrag der Einkünfte abgezogen werden, a) wenn der Steuerpflichtige oder sein mit ihm zusammenlebender Ehegatte das 60. Lebensjahr vollendet hat; b) wenn der Steuerpflichtige oder sein mit ihm zusammenlebender Ehegatte, ein zum Haushalt gehöriges Kind oder eine andere zu seinem Haushalt gehörige unterhaltene Person nicht nur vorübergehend körperlich hilflos oder schwer körperbeschädigt ist oder die H. wegen Krankheit einer dieser Personen erforderlich ist. – 2. *Bei der H.:* Sie ist →Arbeitnehmerin. Ihr Arbeitslohn besteht i. d. R. aus Barlohn und Sachbezügen und unterliegt der Lohnsteuer. Übernimmt der Arbeitgeber die Lohnsteuer und die Arbeitnehmeranteile der Sozialversicherung, so rechnen diese Beträge zum Arbeitslohn.

Hausgewerbetreibende. I. Arbeitsrecht: Nach Heimarbeitsgesetz (HAG) vom 14.3.1951 (BGBl I 191), geändert durch Gesetz vom 29.10.1974 (BGBl I 2879) und vom 12.9.1990 (BGBl I 2002), und DVO i. d. F. vom 27.1.1976 (BGBl I 341) Personen, die in eigener Arbeitsstätte (Wohnung oder Betriebsstätte) wie →Heimarbeiter im Auftrag von →Gewerbetreibenden oder →Zwischenmeistern mit nicht mehr als zwei fremden Hilfskräften Waren herstellen, bearbeiten oder verpacken und selbst wesentlich mitarbeiten, evtl. Roh- und Hilfsstoffe selbst beschaffen. – Vgl. auch →Heimarbeit.

II. Sozialversicherung: Selbständig Tätige, die in eigener Arbeitsstätte im Auftrag und für Rechnung von Gewerbetreibenden, gemeinnützigen Unternehmen oder öffentlich-rechtlichen Körperschaften gewerblich arbeiten, auch wenn sie Roh- und Hilfsstoffe selbst beschaffen oder vorübergehend für eigene Rechnung tätig sind (§ 12 I SGB IV) mit freier Bestimmung über Arbeitszeit und Arbeitsverlauf. Die Arbeitsstätte kann in der Wohnung oder in einer eigenen Betriebsstätte sein. Der H. darf auch Mitarbeiter beschäftigen.

III. Gewerbesteuerrecht: H. unterliegen der Gewerbesteuerpflicht. Die Steuermeßzahlen für den →Gewerbeertrag ermäßigen sich gegenüber den für natürliche Personen und Gesellschaften festgesetzten Steuermeßzahlen um die Hälfte. Betreibt ein H. noch eine andere gewerbliche Tätigkeit und sind beide Tätigkeiten als eine Einheit anzusehen, so tritt die Ermäßigung der Steuermeßzahlen nur ein, wenn die Tätigkeit als H. überwiegt (§ 11 III 1 GewStG, § 22 GewStDV).

Haushalt, *Haushaltung.* I. Wirtschaftstheorie: Wirtschaftliche Entscheidungseinheit. Bei →Konsumentensouveränität wird i.d.R. unterstellt, daß sich der H. als Nutzenmaximierer (→Nutzenmaximierung) verhält und dadurch sein Angebot an Produktionsfaktoren und seine Nachfrage nach Konsumgütern bestimmt. – *Besteuerung:* Vgl. →Haushaltsbesteuerung, →Haushaltsfreibetrag.

II. Finanzwissenschaft: Gegenüberstellung von Voranschlägen der Einnahmen und Ausgaben der öffentlichen Hand (→Haushaltsplan) im Haushaltsjahr. – Vgl. auch →Budget, →öffentlicher Haushalt.

III. Amtliche Statistik: 1. *Privathaushalt:* Personen, die allein *(Einzelpersonen-H.)* oder zusammen *(Mehrpersonen-H.)* wohnen und wirtschaften. Es können verwandte und/oder familienfremde Personen sein. Weitaus die meisten H. sind *Familien-H.:* Gemeinschaften von verheirateten, verwandten oder verschwägerten Personen. – In der *Bundesrep. D.:* Vgl. die untenstehenden Tabellen. – 2. *Anstalts-H.:* Personengemeinschaften unter gemeinsamer Leitung, z. B. Kaserne, Internat, Strafanstalt, Pflegeheim. – Vgl. auch →Haushaltsstatistik, →Familienstatistik, →Haushaltstyp.

Privathaushalte in der Bundesrep. D. nach Zahl der Personen (in 1000)

Jahr	Ins-gesamt	Davon mit ... Person(en)					Haus-halts-mit-glieder	Personen je Haus-halt
		1	2	3	4	5 und mehr		
		1000						Anzahl
13. 9. 1950	16 650	3 229	4 209	3 833	2 692	2 687	49 850	2,99
6. 6. 1961	19 460	4 010	5 156	4 389	3 118	2 787	56 012	2,88
27. 5. 1970	21 991	5 527	5 959	4 314	3 351	2 839	60 176	2,74
April 1977	24 165	7 062	6 829	4 371	3 540	2 363	61 245	2,53
Mai 1981	25 160	7 730	7 200	4 394	3 649	2 129	61 658	2,46
Mai 1987	26 218	8 767	7 451	4 643	3 600	1 757	61 603	2,35
April 1989	27 793	9 805	8 369	4 660	3 495	1 464	62 390	2,24

Privathaushalte in der Bundesrep. D. nach Altersgruppen und Familienstand der Bezugspersonen (1989; in 1 000)

Alter der Bezugsperson von ... bis unter ... Jahren	Ins-gesamt	Davon				Ein-per-sonen-haus-halte	Davon			
		ledig	ver-heiratet	ver-witwet	ge-schie-den		ledig	ver-heiratet *)	ver-witwet	ge-schie-den
unter 25	1 574	1 311	243	–	19	1 064	1 041	15	–	8
25–45	9 513	2 766	5 833	95	809	2 702	2 112	209	20	361
45–65	9 784	825	7 009	1 057	893	2 133	672	227	649	585
65 und mehr	6 923	481	2 649	3 528	264	3 907	426	56	3 188	238
Insgesamt	27 793	5 384	15 743	4 681	1 985	9 805	4 250	506	3 858	1 192

*) Getrennt lebend

Privathaushalte in der Bundesrep. D. nach Haushaltsgröße und monatlichen Haushaltseinkommen (1989; in 1 000)

Privathaushalte mit ... Person(en)	Ins-gesamt	Davon								sonst. Haus-halte
		mit einem monatlichen Haushaltsnettoeinkommen von ... bis unter ... DM								
		unter 600	600 1 200	1 200 1 800	1 800 2 500	2 500 3 000	3 000 4 000	4 000 5 000	5 000 und mehr	
1	9 805	531	2 449	2 801	2 247	479	440	143	133	583
2	8 369	29	317	913	1 291	1 183	1 744	804	739	772
3 und mehr	9 619	8	98	316	1 290	1 130	2 139	1 466	1 835	1 338
Insgesamt	27 793	567	2 863	4 030	5 407	2 792	4 322	2 413	2 707	2 693

Haushaltsausgleich, der nach Art. 110I GG vorgesehene Ausgleich des Haushaltsplanes „in Einnahme und Ausgabe", d. h. Ausgleich der mit Zahlungen verbundenen Einnahme- und Ausgabeposten (Ausgleich aus formeller sowie materieller Sicht). Vgl. auch →Haushaltsplan. – Eine bewußte *Unterdeckung* (→deficit spending) gem. Stabilitätsgesetz ist erlaubt, muß aber mit realisierbaren Kreditbeschaffungsmöglichkeiten, nicht mit nur fiktiven Einnahmeposten, verbunden sein.

Haushaltsbesteuerung. I. H. im weiteren Sinne *(kreislauftheoretisches Begriffsverständnis): 1. Begriff:* Besteuerung der im persönlichen Bereich des wirtschaftenden Menschen realisierten Steuertatbestände, die eine besondere Leistungsfähigkeit ausdrücken. Die Besteuerung der Organisationsgebilde „privater Haushalt" steht im Gegensatz und in Ergänzung zur objektiven →Unternehmensbesteuerung, die die Steuertatbestände in jenen Organisationsgebilden aufsucht, die der Kombination produktiver Faktoren dienen und die Ertragsfähigkeit dieser Organisationen ausdrücken. Private Haushalte sind diejenigen Kreislaufaggregate, denen die in den Unternehmen entstandenen Erträge als Einkommen zugehen (Einkommensentstehungsstrom des Kreislaufs). – 2. Erhebung von →*Personensteuern:* Lohn- und Einkommensteuer, Kirchensteuer, persönliche Vermögensteuer, Erbschaft- und Schenkungsteuer; das →Leistungsfähigkeitsprinzip läßt sich aber auch in der Besteuerung der Einkommensverwendung realisieren, weshalb auch die „persönliche →Ausgabensteuer" zu den Personensteuern zählt.

II. H. im engeren Sinne *(veranlagungstechnisches Begriffsverständnis):* Gemeinsame Veranlagung aller Leistungsfähigkeitsindikatoren der gesamten Familie und aller in einem Haushalt zusammenlebenden Personen oder weniger umfassend die Zusammenveranlagung der Ehegatten. Daneben steht die Individualbesteuerung bzw. -veranlagung, bei der jedes Mitglied eines Haushalts getrennt von den anderen veranlagt und besteuert wird.

III. H. in der Bundesrep. D.: *1. Begriff:* Besteuerung von →Ehegatten und von Eltern und steuerlich zu berücksichtigenden Kindern als Gemeinschaft. – 2. Die H. von *Ehegatten* erfolgt bei der *Einkommensteuer* nach § 26 EStG durch Zusammenveranlagung, wenn beide Ehegatten diese wählen oder keine Erklärung abgeben (→Ehegatten IV 2 a)). Die Steuerprogression, die durch die Zusammenrechnung der Einkünfte beider Ehegatten entsteht, ist durch die besondere Gestaltung des Einkommensteuertarifs gemildert (→Splitting-Verfahren). – 3. Bei der *Vermögensteuer* (§ 14 VStG) werden Ehegatten zusammenveranlagt, ebenfalls Ehegatten mit Kindern und Einzelpersonen mit Kindern, wenn diese eine Haushaltsgemeinschaft bilden und die Kinder das 18. Lebensjahr noch nicht vollendet haben (Kinder in Berufsausbildung bis zur Vollendung des 27. Lebensjahres). Durch die Zusammenveranlagung vervielfachen sich die →Freibeträge, die vom →Gesamtvermögen (vgl. auch →Zusammenrechnung des Vermögens) zum Abzug kommen. Aufgrund des linearen Tarifs entsteht jedoch in keinem Fall ein Progressionseffekt.

Haushaltsfreibetrag, Begriff des Einkommen- und Lohnsteuerrechts (§ 32 VII EStG). Den H. von 5616 DM erhalten Steuerpflichtige, bei denen das →Splitting-Verfahren nicht anzuwenden ist und keine getrennte Veranlagung durchgeführt wird, wenn ihnen ein →Kinderfreibetrag gewährt wird. Bei Lohnsteuerpflichtigen ist der H. in der Lohnsteuertabelle durch Einstufung in die →Steuerklasse II bereits berücksichtigt. Bei Einkommensteuerpflichtigen wird er im Wege der →Veranlagung gewährt.

Haushaltsführungsehe, neben →Doppelverdienerehe und →Zuverdienstehe im Familienrecht vorgesehenes Ehemodell. H. trennt die Berufssphären beider Ehegatten vollkommen und ist entweder Hausfrauen- oder Hausmannsehe. Ein Ehegatte sorgt für den Erwerb der zum Unterhalt notwendigen Geldmittel, der andere Ehegatte versorgt und leitet in eigener Verantwortung den Haushalt, wobei er seine Verpflichtung, durch Arbeit zum Unterhalt der Familie beizutragen, i. d. R. durch die Haushaltsführung erfüllt (§§ 1356 II, 1360 S. 2 BGB).

Haushaltsfunktionen, Summe der finanzwissenschaftlichen Anforderungen an einen →Haushaltsplan. Die H. sind zu unterschiedlichen Zeitpunkten entsprechend verschiedenen finanz- und haushaltstheoretischen Gesichtspunkten entwickelt worden;

sie sind daher nicht in sich konsistent, sondern oft gegensätzlich und bergen Zielkonflikte, insbes. bei den aus ihnen abgeleiteten →Haushaltsgrundsätzen. – *Teilfunktionen*: a) →administrative Kontrollfunktion, b) →finanzwirtschaftliche Ordnungsfunktion, c) →politische Kontrollfunktion, d) →politische Programmfunktion, e) →volkswirtschaftliche Lenkungsfunktion.

Haushaltsgesetz, Form, in der ein staatlicher →Haushaltsplan parlamentarisch festgestellt wird. Es genügt die einfache Mehrheit. Das H. legt das Volumen der Einnahmen und Ausgaben sowie der vorgesehenen Kreditaufnahme, die →Verpflichtungsermächtigungen und den Höchstbetrag der Kassenverstärkungskredite fest. – Der Haushaltsplan i.e.S. samt seinen Anlagen (→Haushaltsplan) bildet eine Anlage zum H. – *H. für Gemeinden und Gemeindeverbände*: Vgl. →Haushaltssatzung.

Haushaltsgrundsätze, *Budgetprinzipien*. I. Begriff: Von Finanzwissenschaft und Praxis entwickelte Regeln für die öffentliche Haushaltswirtschaft, deren Befolgung insbes. der Kontrollierbarkeit der öffentlichen Haushaltswirtschaft dienen soll. Die Benutzung der öffentlichen Haushalte als Instrument zur Verwirklichung stabilisierungspolitischer Ziele macht Durchbrechungen der traditionellen Haushaltsgrundsätze (→Haushaltsfunktionen) erforderlich. – *Gesetzliche Regelung*: In der Bundesrep. D. haben die H. samt ihren Ausnahmeregelungen im →Grundgesetz (GG), im Gesetz über die Grundsätze des Haushaltsrechts des Bundes und der Länder (Haushaltsgrundsätzegesetz – HGrG) vom 19.8.1969 (BGBl I 1273) sowie der Bundeshaushaltsordnung (BHO) entsprechend in den einzelnen Landeshaushaltsordnungen (LHO) ihren Niederschlag gefunden; vgl. →Haushaltsreform.

II. Einzelgrundsätze: 1. *Vollständigkeit* (Art. 110I GG, §§ 8, 12 HGrG, 11, 15 BHO): Unverkürzte Aufnahme sämtlicher erwarteter Einnahmen, Ausgaben und voraussichtlich benötigter →Verpflichtungsermächtigungen (Bruttoprinzip); Ausnahmen bestehen bezüglich kaufmännisch eingerichteter Staatsbetriebe und Sondervermögen sowie der Kreditfinanzierung. – 2. *Klarheit*: Systematische, aussagefähige Gliederung des Haushalts und Kennzeichnung seiner Einzelansätze. – 3. *Einheit* (Art.

110 II GG, §§ 8, 18 HGrG, 12, 26 BHO): Einnahmen, Ausgaben und Verpflichtungsermächtigungen einer Gebietskörperschaft sind in einem Haushaltsplan zusammenzufassen (→Einheitsbudget). – 4. *Genauigkeit*: Voranschläge sollen frei von Zweckpessimismus oder -optimismus aufgestellt werden, um die Spanne zwischen erwarteten und wirklichen Ergebnissen zu minimieren (→Fälligkeitsprinzip). – 5. *Vorherigkeit*: Feststellung des Haushaltsplans soll vor Beginn des Haushaltsjahres erfolgen, auf das er sich bezieht. – 6. *Spezialität* (§§ 15, 27 HGrG, 19, 20, 46 BHO): a) *Qualitative Spezialität*: Zu verausgabende Mittel dürfen nur für den im Haushaltsplan ausgewiesenen Zweck ausgegeben werden. Ausgenommen sind Ausgaben, für die eine „gegenseitige" oder „einseitige Deckungsfähigkeit" entweder generell (im Bereich der Personalausgaben) oder durch besondere Erklärung im Haushaltsplan zugelassen ist (→Deckungsfähigkeit). b) *Quantitative Spezialität*: Zu verausgabende Mittel dürfen nur bis zu der im Haushaltsplan ausgewiesenen Höhe ausgegeben werden. Ausgenommen sind über- und außerplanmäßige Ausgaben im Falle eines unvorhergesehen und unabweisbaren Bedarfs; sie bedürfen nach Art. 112 GG im Bereich des Bundeshaushalts der Zustimmung des Bundesfinanzministers. c) *Temporäre Spezialität*: Zu verausgabende Mittel dürfen nur in der Zeit, für die der Haushaltsplan gilt, ausgegeben werden. Ausgenommen sind Ausgaben, für die die „Übertragbarkeit" entweder generell (Ausgaben für Investitionen und Ausgaben aus zweckgebundenen Einnahmen) oder durch besondere Erklärung im Haushaltsplan zugelassen ist (→Übertragbarkeit von Ausgaben). – 7. *Öffentlichkeit* (Art. 110 II GG): Unbeschränkte Zugänglichkeit des Haushaltsplans sowie breiteste Publizierung und Diskussion des ganzen „Budgetlebens" (Lotz), insbes. des Entwurfs und der parlamentarischen Beratungen. – 8. *Nonaffektation* (§§ 7 HGrG, 8 BHO): Alle Einnahmen dienen als Deckungsmittel für den gesamten Ausgabebedarf, d.h. Abkehr von der früher üblichen →Fondswirtschaft. Ausnahmen bedürfen ausdrücklicher Bestimmung in bestimmten Steuergesetzen. – 9. *Sparsamkeit und Wirtschaftlichkeit* (§§ 6 HGrG, 7 BHO): Binden die öffentliche Haushaltswirtschaft an das →ökonomische Prinzip. – Vgl. auch →Haushaltsplan, →Bundeshaushalt.

Haushaltsgrundsätzegesetz (HGrG), Gesetz über die Grundsätze des Haushaltsrechts des Bundes und der Länder vom 19.8.1969 (BGBl I 1273); gesetzliche Regelung der →Haushaltsgrundsätze. – Vgl. auch →Haushaltsreform.

Haushaltshilfe, Leistung der gesetzlichen Krankenversicherung für Versicherte, wenn es ihnen oder ihrem Ehegatten wegen Krankenhaus- oder Kuraufenthaltes nicht möglich ist, den Haushalt weiterzuführen, und eine andere im Haushalt lebende Person hierfür nicht zur Verfügung steht. Voraussetzung: ein Kind unter zwölf Jahren oder behindert und auf Hilfe angewiesen (§ 38 SGB V). Die Krankenkasse hat als H. eine Ersatzkraft zu stellen oder die Kosten für eine vom Versicherten selbst beschaffte Ersatzkraft in angemessener Höhe zu erstatten. Für Verwandte und Verschwägerte bis zum zweiten Grad werden keine Kosten für die Haushaltsführung erstattet; Fahrtkosten und Verdienstausfall können übernommen werden (§ 38 IV SGB V). Erweiterung durch Kassensatzung möglich (§ 38 II SGB V).

Haushaltsjahr, →Rechnungsjahr der öffentlichen Haushalte, für das der →Haushaltsplan aufgestellt wird. Seit 1961 das Kalenderjahr. Andere Lösungen sind aber möglich (§ 9 HGrG, § 12 BHO).

Haushaltskontrolle, vierte Phase im „Lebenszyklus" eines öffentlichen Haushaltsplans (→Haushaltskreislauf). – *Bestandteile*: 1. *Verwaltungskontrolle*: Überprüfung der verwaltungstechnischen Ordnungswidrigkeit, bestehend aus: a) der vorherigen Kontrolle (Unterzeichnung der Anweisungen durch den Dienststellenleiter) der b) mitschreitenden Kontrolle (interne Eigenprüfung der Behörden) sowie c) der nachträglichen Kontrolle durch →Rechnungshof bzw. Rechnungsprüfungsamt; das Ergebnis der Rechnungshofprüfung wird in einem Prüfbericht zusammengefaßt (auf Bundesebene: Bemerkungen des →Bundesrechnungshofs), der dem Parlament vorgelegt wird. – 2. *Politische Kontrolle*: Prüfung der Kongruenz von Haushaltsführung und Etatvorgabe; wird vom Parlament vorgenommen, das auf der Grundlage des Rechnungshofberichts und einer vom Rechnungsprüfungsausschuß dazu erarbeiteten Analyse über die Entlastung der Exekutive befindet. Zusätzlich führt der Haushalts-

ausschuß des Parlaments eine mitschreitende Kontrolle durch.

Haushaltskreislauf, *Budgetkreislauf*, Verfahrenszüge bei der Aufstellung, der Entscheidung, dem Vollzug und der Kontrolle des jeweiligen →Haushaltsplans bzw. →Budgets für ein →Haushaltsjahr. – *Beispiel Bundesetat*: (1) Aufstellung des Haushaltsentwurfs: Einholung der geplanten Maßnahmen und Ausgaben der verschiedenen Ministerien durch den Finanzminister und Abstimmung und Zusammenstellung dieser Pläne im Etatentwurf; (2) Beratung und Bewilligung in drei Lesungen im Bundesrat und Bundestag; (3) Vollzug durch die Bürokratie; (4) Kontrolle durch den Bundesrechnungshof. – *Dauer* des H. gewöhnlich drei Jahre.

Haushaltspanel. 1. *Begriff*: →Panel eines repräsentativen Kreises von Haushalten (die Untersuchung bezieht sich auf den gesamten Haushalt und nicht auf die Einzelperson). Bedeutendste Form des →Verbraucherpanels. – Erfaßt wird nicht der Verbrauch der Haushalte, sondern die Einkäufe im Handel; damit stellt das H. gewissermaßen ein Spiegelbild des →Handelspanels dar. – 2. *Erhebung* des Datenmaterials sowohl schriftlich in Form eines Fragebogens (z.B. GfK-Haushaltskalender) als auch durch manuelle Auswertung von Kassenbons (→GfK-ERIM-Panel). Seit Beginn 1982 innerhalb des GfK-ERIM-Panels auch eine Erhebung auf elektronischem Wege (→Scanner-Haushaltspanel). In der *Bundesrep. D. durchgeführt* z.B. von der Gesellschaft für Marktforschung (GfM) und der Gesellschaft für Konsum-, Markt- und Absatzforschung (GfK) bzw. der G + I Forschungsgemeinschaft für Marketing.

Haushaltsplan. 1. *Begriff*: H. der öffentlichen Haushalte (vgl. auch →Budget, →Etat) ist eine systematische Zusammenstellung der für den vorher festgelegten Zeitraum (Haushaltsperiode) geplanten und vollzugsverbindlichen Ausgabeansätze und der vorausgeschätzten Einnahmen eines öffentlichen Gemeinwesens. – 2. Wichtigste *Formen* in der Bundesrep. D.: a) H. des Bundes (→Bundeshaushalt); b) H. der Länder; c) H. der Gemeinden, die in etwas anderer Form vorgelegt werden (→Haushaltssatzung). – 3. *Zweck*: Der H. dient der Feststellung und Deckung des Finanzbedarfs zur Erfüllung der öffentlichen Aufgaben im Bewilligungszeitraum (meist 1.1.–31.12.); er ist Grundlage für eine rationale Haushalts- und Wirtschaftsführung. – 4. *Bedeutung*: Bei seiner Aufstellung und Ausführung ist den Erfordernissen des gesamtwirtschaftlichen Gleichgewichts Rechnung zu tragen; in demokratischen Staaten ist der H. als aussagehaltigster Beweis für die von der regierenden Mehrheit verfolgte Politik anzusehen. – Vgl. auch →Haushaltsgrundsätze (Regeln der öffentlichen Haushaltswirtschaft), →Haushaltsfunktionen, →Haushaltssystematik, →Haushaltskreislauf (Phasen eines H.).

Haushaltsquerschnitt, Zusammenstellung aller Planzahlen eines Haushalts in Form einer Matrix, gebildet aus der →Funktionenübersicht (linke Randspalte der Matrix) und der →Gruppierungsübersicht (Kopfleiste der Matrix). Der H. ist dem Jahreshaushaltsplan als Anlage beizufügen; 1969 als wesentlicher Teil der neuen →Haushaltssystematik eingeführt. – *Zweck*: Der H. läßt auf einen Blick erkennen, in welcher Höhe Einnahmen bzw. Ausgaben für welche ökonomischen und sozialen Zwecke angesetzt wurden.

Haushaltsrechnung, nach den Grundsätzen der →Kameralistik geführte Rechnungslegung über den Vollzug des öffentlichen Haushalts. Jede Ausgabe und jede Einnahme wird zuerst „angewiesen" oder „ins Soll gestellt" und der Auszahlung bzw. Einzahlung im „Ist" verbucht; die Differenz zwischen Soll und Ist ist der „Rest", der Bestand, Schuld oder Forderung sein kann. Gem. Art. 114 GG ist die H. dem Bundestag und dem Bundesrechnungshof zu übersenden; sie bildet die Grundlage für die sich anschließende →Haushaltskontrolle.

Haushaltsreform, im Zusammenhang mit der →Finanzreform 1967/69 vorgenommene Gesetzesänderungen, durch die das bis dahin für die Haushaltswirtschaft in Bund und Ländern im wesentlichen gültige Haushaltsrecht der Weimarer Demokratie (Reichshaushaltsordnung vom 31.12.1922) abgelöst wurde. Insbes. fand die stabilisierungspolitische Haushaltsfunktion (→politische Programmfunktion) Berücksichtigung, wurde die Rechtseinheit in Bund und Ländern gesichert und eine →mehrjährige Finanzplanung eingeführt. – Die Änderun-

gen des GG vom 6.7.1967 und vom 12.5.1969 schufen die Voraussetzungen für *weitere gesetzliche Regelungen*: das Gesetz über die Grundsätze des Haushaltsrechts des Bundes und der Länder (Haushaltsgrundsätzgesetz – HGrG) vom 19.8.1969 (BGBl I 1273); die Bundeshaushaltsordnung (BHO) vom 19.8.1969 (BGBl I 1284); die der BHO weitgehend analog formulierten Landeshaushaltsordnungen (LHO) der einzelnen Bundesländer, verabschiedet in den Jahren 1970 bis 1978; und die dem geänderten Haushaltsrecht von Bund und Ländern angepaßten, in den einzelnen Bundesländern nur geringfügig voneinander abweichenden Neufassungen der Gemeindehaushaltsverordnungen der Bundesländer, in Kraft getreten 1974/75.

Haushaltssatzung, Form, in der ein kommunaler →Haushaltsplan von einem Kommunalparlament festgestellt wird; einfache Mehrheit genügt. Die H. legt das Volumen der Einnahmen und Ausgaben sowie der vorgesehenen Kreditaufnahme, den →Verpflichtungsermächtigungen, den Höchstbetrag der Kassenkredite sowie die →Hebesätze der Grund- und Gewerbesteuer fest. – Der *Genehmigungspflicht der Aufsichtsbehörde* (länderverschieden, meist Bezirksregierung/Regierungspräsident) unterliegen der Gesamtbetrag der Kredite und Verpflichtungsermächtigungen, der Höchstbetrag der Kassenkredite und die Hebesätze. – Der Haushaltsplan i.e.S. samt seinen Anlagen bildet eine Anlage zur H. – *Bund und Länder*: Vgl. →Haushaltsgesetz.

Haushaltsstatistik, Teil der →amtlichen Statistik. Statistische Erfassung der Privathaushalte (→Haushalt IV) im Rahmen totaler oder repräsentativer Volkszählungen, bei denen der Haushalt i.d.R. Erhebungseinheit ist. – *Gliederungskriterien*: (1) Zahl der Personen; (2) verwandtschaftliche Verhältnisse der Haushaltsmitglieder; (3) Zahl der →Generationen im Haushalt (vgl. Tabellen zu →Haushalt). – Vgl. auch →Familienstatistik.

Haushaltssystematik. 1. *Begriff*: Beschreibung der jeweiligen Gliederung der Haushaltspläne des Staatssektors (→Haushaltsplan). Verschiedene Möglichkeiten sind denkbar, häufig an den jeweiligen als Maßstab zugrunde gelegten →Haushaltsfunktionen orientiert. – 2. *Grundgliederung* gemäß der administrativen Kontrollfunktion nach dem →Ministerialprinzip: Für jede oberste Bundesbehörde wird ein Einzelplan gebildet, der in →Kapitel untergliedert wird. Kleinste haushaltstechnische Einheit ist der →Titel, eine Zusammenfassung haushaltswirtschaftlicher und ökonomisch zusammengehörender Einnahmen und Ausgaben. – 3. *Ergänzungen:* a) Unter dem Aspekt der →volkswirtschaftlichen Lenkungsfunktion: der →Gruppierungsplan und die daraus entwickelte →Gruppierungsübersicht; b) unter dem Aspekt der →politischen Programmfunktion: der →Funktionenplan und die →Funktionenübersicht. In der Form einer Matrix werden schließlich Gruppierungs- und Funktionenübersicht zu einem →Haushaltsquerschnitt zusammengefaßt. – Vorangestellt wird den Einzelplänen die →Haushaltsübersicht, die →Finanzierungsübersicht sowie der →Kreditfinanzierungsplan. – 4. Trennung in →*ordentlichen Haushalt* und →*außerordentlichen Haushalt:* Diese Zweiteilung geht zurück auf die ältere Deckungslehre des Haushalts (Wagner, Schäffle), in deren Rahmen auch die „objektbezogene Verschuldungsregel" aufgestellt wurde, die z. B. eine Kreditaufnahme als außerordentliche Einnahme bezeichnete, die auch nur für außerordentliche Ausgaben (außergewöhnliche), nicht planbare Ausgaben oder werbende (produktive) Zwecke verwandt werden durfte (heute: „situationsbezogene Verschuldungsregel"). – Sie galt seit dem 31.12.1922 (Erlaß der Reichshaushaltsordnung) und war durch die vorläufige Bundeshaushaltsordnung vom 7.6.1950 bis zum 31.12.1969 Bundesgesetz. – Mit dem Vordringen neuerer wirtschafts- und konjunkturpolitischer Erfordernisse auch in das Haushaltsrecht ist diese Differenzierung weitgehend obsolet geworden. Heute gibt es nur noch einen Haushaltsplan bei den Gebietskörperschaften; nur die Gemeinden haben noch die Zweiteilung des Haushalts in einen →Verwaltungshaushalt und →Vermögenshaushalt. – 5. Trennung nach der Wirksamkeit finanzieller Transaktionen auf den Vermögensstatus der Gebietskörperschaft in *Kapital- und laufendes Budget* (→Kapitalbudget, →laufendes Budget): In der Bundesrep. D. auf Staatsebene nicht gebräuchliche Form der Gliederung öffentlicher Haushalte; auf kommunaler Ebene bestehen Parallelen zur Trennung in →Verwaltungshaushalt und →Vermögenshaushalt. – 6. Trennung nach der

zeitlichen Abgrenzung in *Kassen- und Zuständigkeitsbudget* (→Kassenbudget, →Zuständigkeitsbudget).

Haushaltstheorie, *Theorie des Haushalts,* Teildisziplin der →Volkswirtschaftstheorie, die sich mit den ökonomischen Handlungen eines als repräsentativ angesehenen Haushalts befaßt. Die Begriffe →Konsument und →Haushalt werden dabei meistens synonym gebraucht. Gegenstand der H. sind die Kaufentscheidungen und das Faktorangebot (Kapital- und Arbeitsleistungen) des Haushaltes.

Haushaltstyp, u. a. für die Berechnung und laufende Kontrolle der Verbrauchsschemata (→Warenkorb) für den →Preisindex für Lebenshaltung (IL.) standardisierte Familien in bestimmter Zusammensetzung und mit (jährlich neu) festgesetztem Bruttoeinkommen, die auf freiwilliger Basis regelmäßig Aufzeichnungen über ihre Einnahmen und Ausgaben (→Wirtschaftsrechnungen) vornehmen. – *Typen:* a) *Typ 1:* 2-Personenhaushalte von Renten- und Sozialhilfeempfängern mit geringem Einkommen. b) *Typ 2:* 4-Personen-Arbeitnehmerhaushalte mit mittlerem Einkommen des alleinverdienenden Ehemannes. c) *Typ 3:* 4-Personen-Haushalte von Beamten und Angestellten mit höherem Einkommen. – Früher als *Indexfamilie* bezeichnet.

Haushaltsüberschreitung, Planabweichung vom →Haushaltsplan in Form von über- oder außerplanmäßigen Ausgaben; →Haushaltsgrundsätze. →Ergänzungshaushalt und →Nachtragshaushalt sind keine H.

Haushaltsübersicht, Teil des →Haushaltsplans. Die H. enthält eine Zusammenfassung der Einnahmen, Ausgaben und Verpflichtungsermächtigungen der Einzelpläne (§ 13 BHO). Sie ist gem. der →Haushaltssystematik der BHO dem Haushaltsplan beizufügen.

Haushaltsvertreter, *Versandvertreter,* Gruppe der →Handelsvertreter, mit der Aufgabe, Konsumwaren durch Besuch von Haushaltungen abzusetzen. Die angebotenen Waren werden meist als Muster mitgeführt und bei Bestellung dem Käufer später zugeschickt. H. werden von Versandgeschäften, aber auch von Einzel- und Großhandlungen sowie Produzenten für den

Direktverkauf eingesetzt, etwa für den Vertrieb von Staubsaugern, Kühlschränken, Nähmaschinen. H. sind meist auf Provisionsbasis tätig.

Hausierhandel, Form des →ambulanten Handels: Der Händler bietet seine Ware an wechselnden Orten, von Haustür zu Haustür an. Traditionelle, heute noch gebräuchliche Hausierwaren: Korbwaren, Kurzwaren, Textilien, Teppiche, Blindenwaren. – *Ähnlich:* →Haustürgeschäfte beim Direktverkauf mancher Landwirte oder industrieller Hersteller sowie →Fahrverkauf zur Versorgung ländlicher Gebiete.

hausinternes Netz, →In-house-Netz, synchronons data link control.

häusliche Krankenpflege, früher: *Hauspflege,* Leistung der Krankenversicherung. 1. *Berechtigte:* a) Erkrankte erhalten neben der ärztlichen Behandlung h.K., wenn Krankenhauspflege geboten aber nicht ausführbar ist oder wenn Krankenhauspflege dadurch nicht erforderlich wird, soweit eine im Haushalt lebende Person die Pflege nicht durchführen kann (§ 185 RVO, § 18 KVLG); b) Schwangere und Wöchnerinnen (§§ 185, 199 Abs. 2 RVO, § 26 KVLG). – 2. H. K. *erfolgt* durch Krankenpfleger, Krankenschwestern, Krankenpflegehelfer, Krankenschwesternhelferinnen, Kinderkrankenschwestern oder durch andere zur Krankenpflege geeignete Personen. – 3. *Kostenübernahme* in angemessener Höhe für eine selbst beschaffte Krankenpflegeperson möglich, wenn eine Pflegeperson durch die Krankenkasse nicht gestellt werden kann oder ein anderer Grund besteht, von einer Gestellung abzusehen (§ 185 III RVO).

Hausmarke, Marke eines kleineren Händlers (Konditor, Metzger, Bäcker), der die H. in einem begrenzten Absatzgebiet als „Spezialität des Hauses" vertreibt. – Vgl. auch →Handelsmarke, →Markenartikel.

Hausordnung, Grundsätze für die Aufrechterhaltung der äußeren Ordnung in den Büros und Werkstätten eines Betriebes. In der H. sind u. a. zu regeln: Raucherlaubnis, Esseneinnahme, Garderobenablage, Reinlichkeit, Inventar-, Schlüssel-, Anwesenheitskontrolle, Entfernung vom Arbeitsplatz, Passierschein, Besuchsannahme. – Vgl. auch →Ordnung des Betriebs.

Hauspflege, jetzt: →häusliche Krankenpflege.

Hausrat, die zur Haushalts- und Lebensführung erforderlichen Möbel, Geräte und sonstigen Bestandteile einer Wohnungseinrichtung. – 1. *Vermögensteuer:* Nach BewG gehört H. nicht zum →sonstigen Vermögen (§ 111 Nr. 10 BewG). – 2. *Erbschaftsteuer:* H. ist erbschaftsteuerfrei bei Erwerb durch Personen der Steuerklasse I oder II, soweit der Wert 40 000 DM, der übrigen Steuerklassen, soweit der Wert 10 000 DM nicht übersteigt (§ 13 I Nr. 1 a ErbStG). – 3. *Verfügungsbeschränkungen* über H. bestehen im Güterstand der Zugewinngemeinschaft; →eheliches Güterrecht II 1.

Hausratversicherung, genauer: *verbundene H.* I. *Begriff/Bedingungen:* 1. Als verbundene Versicherung faßt die H. die Gefahren mehrerer Versicherungszweige zu einer rechtlichen Einheit (einem Vertrag) zusammen, und zwar nach dem neuesten Konzept (Allgemeine Hausratsversicherungsbedingungen – VHB 84) die Gefahren der →Feuerversicherung, der →Einbruchdiebstahl- und Raubversicherung, der →Leitungswasserversicherung und der →Sturmversicherung. Frühere Bedingungen (VHB 66, VHB 74) sahen auch eine Glasversicherung vor und überließen dem Versicherungsnehmer die Freiheit der Wahl unter den angebotenen Versicherungsbereichen. – 2. Die H. ist mit der →Feuer-Sachversicherung verwandt, d. h. sie stimmt mit deren Gestaltung in vielen Punkten ganz oder fast überein.

II. *Versicherte Gefahren und Schäden:* 1. Die versicherten Gefahren der H. entsprechen weitgehend den Gefahren der zugrundeliegenden Versicherungszweige. Im Rahmen der Einbruchdiebstahl- und Raubversicherung boten die VHB 66 und die VHB 74 in begrenzter Weite ohne weiteres auch Versicherungsschutz für Schäden durch einfachen Diebstahl, nämlich a) für Sachen in Kraftfahrzeugen innerhalb Deutschlands, b) für Wäsche auf dem Versicherungsgrundstück, c) für Gartenmöbel und Gartengeräte auf dem eingefriedeten Versicherungsgrundstück und d) für Fahrräder innerhalb Deutschlands (Versicherung von Fahrraddiebstahl heute bei besonderer Vereinbarung). – 2. Neben der üblichen Versicherung von Sachschäden (Zerstörung, Beschädigung, Abhanden-

kommen versicherter Sachen) und Kostenschäden (Rettungskosten und Schadenfest-
stellungskosten) deckt die H. nach VHB 84
ohne weiteres auch Aufräumungskosten,
Bewegungs- und Schutzkosten, Schloßän-
derungskosten, Reparaturkosten für Ge-
bäudebeschädigungen und Reparaturkosten für gemietete Wohnungen.

III. Versicherte Sachen: a) der gesamte
Hausrat, d. h. alle Sachen, die in einem
Haushalt zur Einrichtung, zum Gebrauch
oder zum Verbrauch dienen, außerdem
Bargeld; b) bestimmte weitere Sachen (z. T.
mit Vorbehalten), z. B. Rundfunk- und
Fernsehantennenanlagen, Markisen, in das
Gebäude eingefügte Sachen, Kanus, Ru-
der-, Falt- und Schlauchboote, Surfgeräte
und Flugdrachen (ohne Motoren), Arbeits-
geräte und Einrichtungsgegenstände, die
dem Beruf oder dem Gewerbe dienen; c)
fremdes Eigentum ist im Rahmen der Ziffern 1 und 2 mitversichert. Ausgeschlossen
sind u. a. sonstige Gebäudebestandteile,
Kraftfahrzeuge und Kfz-Anhänger, sonstige Wasserfahrzeuge, Hausrat von Unter-
mietern.

IV. Versicherungsort: 1. Die H. gilt für
versicherte Sachen in der Wohnung des
Versicherungsnehmers, zunächst für die im
Versicherungsschein bezeichnete Wohnung,
bei einem Wohnungswechsel innerhalb
Deutschlands auch für die neue Wohnung.
– 2. Bei vorübergehender Entfernung von
Sachen aus der Wohnung gilt innerhalb
Deutschlands eine →Außenversicherung
mit Begrenzung der Entschädigung auf
10% der Versicherungssumme, höchstens
15 000 DM.

V. Versicherungswert/Entschädi-
gung: 1. *Versicherungswert* ist der →Neu-
wert; Ausnahme: →gemeiner Wert für Sachen, die für ihren Zweck im Haushalt nicht
mehr zu verwenden sind. – 2. *Besondere
Begrenzungen der Entschädigung:* a) für
versicherte Sachen und Kosten zusammen
auf die Versicherungssumme, b) für Wertsachen insgesamt auf 20% der Versicherungssumme (neben weiteren Entschädigungsgrenzen für bestimmte Wertsachen je nach
Aufbewahrung).

Hausrecht, Gesamtheit der rechtlich geschützten Befugnisse über Wohnung, Geschäftsräume und eingefriedetes Besitztum
darüber tatsächlich frei zu verfügen, andere
am widerrechtlichen Eindringen zu hindern

und jedermann, der ohne Befugnis darin
verweilt, zum Verlassen zu zwingen. –
→*Hausfriedensbruch* wird auf Antrag mit
Freiheitsstrafe oder mit Geldstrafe geahndet (§ 123 StGB). – Inhaber des H. muß
nicht der Eigentümer sein; er muß nur ein
stärkeres Recht als der Störer haben. Einzelheiten ergeben sich aus der Rechtsprechung.

Hausse. 1. Börsenmäßige Bezeichnung für
die *Aufschwungphase* der Konjunktur
(→Konjunkturphasen). – 2. Börsenausdruck für das *Ansteigen der Kurse,* entweder
ganzer Gruppen von Wertpapieren oder
nur der Papiere bestimmter Branchen. *Gegensatz:* →Baisse. – Die künstliche (vereinzelt auch unlautere) Herbeiführung steigender Kurse durch starke Finanzgruppen
wird als „Spekulation à la hausse" bezeichnet. Die „Haussiers" an der Börse rechnen
auf einen baldigen Kursanstieg, kaufen
daher im →Termingeschäft zum derzeitigen
Preis, um die später höher notierten Papiere
gegebenenfalls mit Gewinn weiterzuveräu-
ßern.

Haussuchung, →Durchsuchung.

Haustarifvertrag, →Firmentarifvertrag.

Haustürgeschäft, Form des →direkten
Vertriebs; gebräuchlich z. B. bei Eiern, Tief-
kühlkost, Bier, Limonade, Zeitungsabon-
nements. Vertragsabschluß über eine entgeltliche Leistung erfolgt an der Haustüre
des Kunden, im Bereich seiner Privatwoh-
nung, am Arbeitsplatz, anläßlich einer Frei-
zeitveranstaltung, z. B. auf sog. Kaffeefahr-
ten oder durch überraschendes Ansprechen
im Rahmen des öffentlichen Verkehrs. –
Rechtliche Regelungen: Nach dem Gesetz
über den Widerruf von Haustürgeschäften
und ähnlichen Geschäften vom 16. 1. 1986
(BGBl I 122) wird dem Kunden ein schriftlicher →Widerruf binnen einer Woche nach
schriftlicher Belehrung über das Recht zum
Widerruf eingeräumt; bei Widerruf sind die
Rechtsfolgen ähnlich wie bei →Abzah-
lungsgeschäften. *Ausgenommen* ist Widerruf bei Bargeschäften mit einem Entgelt bis
zu 80 DM, bei notariellen Beurkundungen
und bei Verträgen, die auf vorhergehende
Bestellung des Kunden eingeleitet worden
sind. Ausgenommen sind auch Versicherungsverträge sowie solche Verträge, bei
denen der Kunde in Ausübung einer selbständigen Erwerbstätigkeit handelt oder

der Vertragspartner des Kunden keine gewerblichen Zwecke verfolgt. – Vgl. auch →Fahrverkauf, →Hausierhandel, →Party-Verkauf.

Haus- und Familiendiebstahl, →Diebstahl oder →Unterschlagung gegenüber einem Angehörigen, Vormund, Betreuer oder einem mit dem Täter in häuslicher Gemeinschaft Lebenden. – *Verfolgung* nur auf →Strafantrag (§ 247 I StGB).

Haus- und Grundstückserträge, insbes. Mieten und Pachten. Vgl. im einzelnen →Miet- und Pachtzins.

Hauswirtschaft, *geschlossene Hauswirtschaft,* →Wirtschaftsstufe, bei der alle benötigten Güter und Dienste innerhalb einer Wirtschaftseinheit produziert und konsumiert werden; keine →Arbeitsteilung mit anderen Wirtschaftseinheiten. Die betreffende Wirtschaftseinheit ist ohne wirtschaftliche Verbindung zur Außenwelt (→Autarkie).

Hautwiderstandsmessung, Messung des Hautwiderstandes (elektrodermale bzw. psychogalvanische Reaktion) der Testpersonen mittels Elektroden als physiologischer Indikator der psychischen →Aktivierung. Veränderungen des elektrischen Widerstandes der Haut (Reaktion) bei Einwirkung von Reizen (z.B. Werbung) geben Auskunft über Grad der Aktivierung und das Aktivierungspotential der Reize. – *Nicht meßbar* ist die Qualität der Reaktion, d.h. ob ein Reiz als positiv oder negativ empfunden wird; hierfür ist eine zusätzliche Befragung notwendig.

Havanna-Charta, internationales Abkommen über gemeinsame Grundsätze der Wirtschafts- und →Außenwirtschaftspolitik und die Errichtung einer internationalen Handelsorganisation (→ITO), Ergebnis einer Weltwirtschaftskonferenz in Havanna 1947. Von den beteiligten 57 Nationen unterzeichneten 54 am 24.3.1948. Die Ratifizierung scheiterte am Widerstand des amerikanischen Kongresses; jedoch konnten die wichtigsten Grundsätze des Kap. IV über die internationale Handelspolitik im Rahmen des →GATT in Kraft gesetzt und so das Hauptziel der H.-Ch., die weitgehende Befreiung des Welthandels von allen →Handelshemmnissen und →Diskriminierungen, weiter verfolgt werden. – *Inhalt:* Hebung des Lebensstandards, Sicherung

der Vollbeschäftigung, Förderung der wirtschaftlichen Entwicklung und des Wiederaufbaus (Kap. I–III). Grundsätze der Handelspolitik: Allgemeine →Meistbegünstigung, Abbau des →Protektionismus (Kap. IV), Verhinderung wettbewerbsbeschränkender Handelspraktiken (Monopol- und Kartellpolitik, Kap. V), Regulierung der Rohstoffmärkte (→Rohstoffabkommen, Kap. VI), Aufbau und Funktionen der ITO (Kap. VII), Schlichtung von Streitfällen (Kap. VIII), allgemeine Bestimmungen (Kap. IX).

Havarie, *Haverei.* 1. *Begriff:* Alle durch Unfall verursachten Beschädigungen an Schiff und Ladung sowie Kosten der Schiffahrt. Regelung der HGB in §§ 78 ff. BinnSchG im wesentlichen übernommen. – 2. *Arten:* a) *Kleine H.:* Alle Kosten der Schiffahrt (Lotsengeld, Hafengeld, Leuchtfeuergeld, Schlepplohn u.ä.); kleine H. trägt der Verfrachter (§ 621 HGB). b) *Große H.* (general average, Havariegrosse): Aufwendungen für alle Schäden, die Schiff bzw. Ladung zur Errettung aus gemeinsamer Gefahr von dem Schiffer zugefügt bzw. vom Kapitän veranlaßt werden, sowie für die zu diesem Zweck aufgewendeten Kosten; große H. ist von Schiff, Fracht und Ladung gemeinschaftlich zu tragen; Beteiligte haften nur mit vorgenannten Gegenständen, nicht persönlich. Einzelheiten §§ 700 ff. HGB. Schadensfeststellung durch Aufmachung der →Dispache. c) *Besondere H.* (particular average, Havarie-part.): Schäden und Kosten, die weder zu a) noch zu b) gehören; besondere H. trägt i.d.R. der Geschädigte (§§ 701–707 HGB). Bei Zusammenstoß mit anderem Schiff haften die Reeder, deren Besatzung Verschulden traf, nach Maßgabe des etwa vorhandenen beiderseitigen Verschuldens, aber nur mit dem Schiff, nicht mit dem sonstigen Vermögen.

Havariekommissar, Beauftragter, der aufgrund besonderer Vollmacht des Versicherers am Havarieort Ursache und Höhe des Schadens feststellt und darüber ein Besichtigungsprotokoll *(Havariezertifikat)* erstellt. In selteneren Fällen auch Anerkennung und Auszahlung von Schäden. Anstellung bzw. Beauftragung häufig auch durch Verbände und Vereinigungen (→Verein Hamburger Assecuradeure, →Verein Bremer Seeversicherer, →Lloyd's).

Hawthorne-Effekt, unter Bezugnahme auf die Hawthorne-Experimente von Mayo (→human relations) vorgenommene spezifische Erklärung beobachteter Verhaltensveränderungen im Betrieb. Als Ursache für beobachtete Effekte wird nicht der Inhalt spezifischer Maßnahmen, sondern der Tatbestand der Veränderung an sich gesehen.

Hayek, August von, 1899–1992, Wirtschaftswissenschaftler und Nobelpreisträger (1974). Verfechter einer freien Gesellschafts- und Wirtschaftsordnung. Er befaßte sich zunächst mit den Wirkungen der Geld- und Kreditpolitik sowie mit der Analyse des Konjunkturablaufs. In den 30er, 40er und auch noch 50er Jahren galt sein Interesse der Wirkungsweise unterschiedlicher ökonomischer Systeme. Bekannt ist er durch die Analyse wirtschaftlicher, gesellschaftlicher und kultureller Evolutionsprozesse. – *Hauptwerk:* Law, Legislation and Liberty (1973, 1976 und 1979).

HDLC, →SDLC, synchronous data link control.

head hunting, Methode der →Personalbeschaffung, in den USA üblich für Positionen des höheren Managements. Dieses „Kopfjäger-Verfahren" bedeutet die Abwerbung ganz bestimmter, vorher ausgewählter Personen von anderen Firmen. – Vgl. auch →Abwerbung.

Headline, Überschrift einer →Anzeige, die schon die wesentlichen Informationen enthalten und/oder zum Lesen des →Fließtextes motivieren sollte (→Blickfang). – *Gegensatz:* →Baseline.

health economics, →Gesundheitsökonomik.

Hearing, Anhörung z. B. von Wirtschaftsverbänden, Arbeitgeber- und Arbeitnehmerorganisationen, Sachverständigen zu Gesetzentwürfen oder politischen Themen, die ihre Interessen berühren oder zu denen ihre besonderen Kenntnisse und Erfahrungen gefragt sind.

Hearsay II/III, 1. H. II: Ein auf dem blackboard model basierendes →Expertensystem, das zum Verstehen gesprochener (englischer) Sprache entwickelt wurde, →natürlichsprachliche Systeme. – H. II besitzt einen Wortschatz, der die Durchführung eines Schachspiels ermöglicht. –

2. H. III: *Knowledge-Engineering-Sprache* (→Knowledge engineering (KE)) mit zugehöriger Umgebung (→Softwareentwicklungsumgebung (SEU)) für die Entwicklung →regelbasierter Systeme; stellt Architektur nach dem →blackboard model zur Verfügung. Ende der 70er Jahre vom Information Sciences Institute als Forschungssystem entwickelt. Implementiert in der Programmiersprache →Lisp.

Hebelwirkung der Finanzstruktur, →Leverage-Effekt.

Hebesatz, der für die Erhebung der →Grundsteuer oder →Gewerbesteuer von den Gemeinden für jedes Rechnungsjahr einheitlich festzusetzende v. H. Satz, mit dem der →Steuermeßbetrag zu vervielfältigen ist, um die Höhe der Steuer zu berechnen.

Heckscher-Ohlin-Theorem, →Faktorproportionentheorem.

Hedgegeschäfte, →Hedging.

Hedge-Instrumente, →Hedging, →financial futures.

Hedger, →financial futures.

Hedging, Verringerung des Risikos durch Variation negativ korrelierter Einzelpositionen. Die Risiken der einen Position werden durch die Chancen der anderen teilweise kompensiert (→Diversifikation).

I. Rohstoff-Hedging: Sicherungsgeschäfte in Form von →Warentermingeschäften (→Deckungsgeschäft) zum Zwecke der Ausschaltung von Preisrisiken bei Welthandelsrohstoffen; diese unterliegen i. d. R. starken Preisschwankungen (z. B. Baumwolle). Der Verarbeiter der Rohstoffe verkauft gleichzeitig mit dem Einkauf eine gleiche Menge des Rohstoffs als Terminware, und zwar auf den Zeitpunkt der beabsichtigten Veräußerung der Fertigware. Fallen die Preise während der Verarbeitung, kann er die fertige Ware nur billiger absetzen, aber auch die zur Erfüllung des Termingeschäfts benötigten Rohprodukte entsprechend billiger einkaufen und dadurch den geminderten Gewinn bzw. Verlust des einen Geschäfts durch den des anderen ausgleichen; umgekehrt beim Steigen der Preise.

II. Finanz-Hedging: Sicherungsgeschäfte (→Risk-Management) zur Absicherung von Zins- und Wechselkursrisiken im Devisen-, Edelmetall- und Wertpapierhandel. Der Hedger überträgt die Zins- und Wechselkursrisiken auf einen Kontrahenten, der entweder das Risiko aus spekulativen Motiven übernimmt oder ein entgegengesetztes Risiko abzusichern versucht. Im letzteren Fall erfolgt eine Absicherung seiner Cash-Position durch einen zeitlich und wirtschaftlich übereinstimmenden Terminkontrakt (→financial futures). – Vgl. auch →collar, →cap, →floor.

Hehlerei, Aufrechterhaltung eines durch die Tat eines anderen (z. B. Diebstahl, Unterschlagung, Betrug) in bezug auf eine Sache geschaffenen rechtswidrigen Zustandes seitens eines weiteren Täters zu dessen Vorteil, sei es, daß dieser die vom Vortäter erlangte Sache verheimlicht, an sich bringt, oder zu ihrem Absatz bei anderen mitwirkt. – H. ist grundsätzlich nur bei →Vorsatz (mit Freiheitsstrafe bis zu fünf Jahren oder Geldstrafe, § 259 StGB) strafbar, ausnahmsweise auch, wenn der Täter aus →Fahrlässigkeit nicht erkennt, daß das Hehlgut durch strafbare Handlung erlangt war, nämlich: bei Edelmetall u. ä., falls der Täter zu den Personen gehört, die gewerbsmäßig Handel mit Edelmetallen treiben oder solche Gegenstände gewerbsmäßig bearbeiten (§ 148 b GewO).

Heilanstaltspflege, Leistung der gesetzlichen →Unfallversicherung wie auch der →Kriegsopferversorgung, die Kur und Verpflegung in einer Heilanstalt umfaßt. In der Unfallversicherung ist H. ein Teil der →Krankenbehandlung.

Heilbehandlung, *Heilverfahren.* 1. *Gesetzliche Rentenversicherung:* Leistung, deren Gewährung nach dem Ermessen des Versicherungsträgers möglich ist. Die H. umfaßt alle erforderlichen medizinischen Maßnahmen zur Erhaltung, Besserung und Wiederherstellung der Erwerbsfähigkeit, insbes. Behandlung in Kur- und Badeorten und in Spezialanstalten. – Vgl. auch →Übergangsgeld. – 2. *Unfallversicherung:* Leistung zur Beseitigung der durch →Arbeitsunfall verursachten Körperverletzung, Gesundheitsstörung, Minderung der Erwerbsfähigkeit oder Verhütung der Verschlimmerung von Unfallfolgen. H. umfaßt ärztliche Behandlung, Versorgung mit Arznei, Heilmitteln, Körperersatzstücken usw., Gewährung von Pflege, Gewährung von →Verletztenrente.

– 3. *Bundesversorgungsgesetz:* H. wird gewährt wegen anerkannter Folgen einer →Kriegsbeschädigung und bei →Schwerbehinderten auch für Gesundheitsstörungen, die nicht Folge einer Kriegsbeschädigung sind. Außerdem wird H. in bestimmtem Umfang Angehörigen u. a. Personen gewährt, soweit die Krankenbehandlung nicht anderweitig sichergestellt werden kann.

Heilmittel, im Sinn der Krankenversicherung und Kriegsopferversorgung Mittel zur Beseitigung und Milderung von Krankheitserscheinungen, die (im Gegensatz zu Arzneimitteln) von außen wirken. *H. sind* z. B. Bruchbänder, Einlagen, Gummistrümpfe, Massagen, Bewegungstherapie. *Kosten* für H. werden von der Krankenkasse in voller Höhe übernommen (vgl. aber →Verordnungsblattgebühr). Der *Ersatz* von verlorengegangenen, zerstörten oder beschädigten H. ist ebenfalls Leistung der Krankenkasse, wenn den Versicherten hierfür kein Verschulden trifft.

Heilmittelwerbung, *Arzneimittelwerbung,* rechtlich geregelt im Gesetz über die Werbung auf dem Gebiete des Heilwesens (HWG) i. d. F. vom 18. 10. 1978 (BGBl I 1677). – *Ge- und Verbote:* Verbot irreführender Werbung (§ 3); Gebot von Pflichtangaben (§ 4); Beschränkungen der Werbung außerhalb von Fachkreisen (Verbot von Werbung für verschreibungspflichtige und die Schlaflosigkeit beseitigende Arzneimittel (§ 10); Verbot der Bezugnahme auf Gutachten (§ 11). – *Verstöße* sind strafbar bzw. ordnungswidrig; es kann →unlauterer Wettbewerb vorliegen.

Heilverfahren, →Heilbehandlung.

Heilwesen, →Heilmittelwerbung.

Heimarbeit. I. Gesetzliche Grundlage: Heimarbeitsgesetz (HAG) vom 14. 3. 1951 (BGBl I 191) mit späteren Änderungen und 1. DVO i. d. F. vom 27. 1. 1976 (BGBl I 222) sowie VO über Kurzarbeitergeld für Heimarbeiter vom 16. 1. 1970 (BGBl I 105) und spätere Änderungen, insbes. das Heimarbeitsänderungsgesetz vom 29. 10. 1974 (BGBl I 2879) und Gesetz vom 12. 9. 1990 (BGBl I 2002) als Sonderrecht für die Regelung der Arbeitsverhältnisse von in H. beschäftigten →arbeitnehmerähnlichen Personen.

II. Inhalt: 1. *Personenkreis*: →Heimarbeiter und →Hausgewerbetreibende; im Falle eines sozialen Schutzbedürfnisses können diesen weitere Personen mit ähnlichen Eigenschaften und →Zwischenmeister durch von der obersten Landesarbeitsbehörde errichtete Heimarbeitsausschüsse, die Unterausschüsse bilden können (§§ 1–4 HAG), gleichgestellt werden. Die in H. Beschäftigten sind nicht eigentlich →Arbeitnehmer. Das allgemeine Arbeitsschutzrecht und auch das sonstige Arbeitsrecht gelten nicht. – 2. *Schutzbestimmungen des HAG*: Neben allgemeinen Schutzvorschriften, Arbeitszeitschutz und Gefahrenschutz (§§ 6–16 HAG), ist der Entgelt- und Kündigungsschutz eingeführt (§§ 17–29 HAG). a) *Entgelte für H.* sind gundsätzlich nicht nach Arbeitsstunden, sondern nach Mengen zu bemessen (→Stückgeldakkord). Die Entgeltfestlegung erfolgt i. d. R. durch die Heimarbeitsausschüsse mit der Wirkung allgemein verbindlicher Tarifverträge, selten durch Tarifvertrag. – *Überwachung* ordnungsmäßiger Entgeltzahlung durch staatliche Entgeltprüfer. – *Haftung* für das Entgelt neben einem etwa eingeschalteten Zwischenmeister durch den Auftraggeber. Entgeltansprüche gegen beide können von der obersten Landesarbeitsbehörde im eigenen Namen mit Wirkung für und gegen den in H. Beschäftigten oder Gleichgestellten geltend gemacht werden. b) *Kündigungsschutz*: Für in H. Beschäftigte, die länger als vier Wochen tätig waren, eine Frist von zwei Wochen. Diese Frist erhöht sich auf einen Monat zum Monatsende, wenn bei überwiegender Beschäftigung in H. das Beschäftigungsverhältnis fünf Jahre, auf zwei bzw. drei Monate zum Monatsende, wenn das Beschäftigungsverhältnis zehn bzw. zwanzig Jahre bestanden hat. Das Recht zur →außerordentlichen Kündigung aus wichtigem Grund bleibt unberührt. – *Mindestentgelt während der Kündigungsfrist* (auch bei Ausgabe einer geringeren Arbeitsmenge): 1/12–5/12 des Gesamtentgelts aus den der Kündigung vorausgehenden 24 Wochen. c) *Urlaub*: Es gilt grundsätzlich das Bundesurlaubsgesetz (BUrlG). Heimarbeiter und Gleichgestellte erhalten von ihrem Auftraggeber oder, falls sie von einem Zwischenmeister beschäftigt werden, von diesem bei einem Anspruch auf 18 Urlaubstage ein Urlaubsentgelt von 6¾% des in der Zeit vom 1. 5. bis 30. 4. des folgenden Jahres verdienten Arbeitsentgeltes vor Abzug der Steuern und Sozialversicherungsbeiträge. Einzelheiten in § 12 BUrlG. d) *Mutterschutzgesetz* (→Mutterschutz) gilt grundsätzlich auch für Heimarbeiterinnen. e) *Verstöße* werden als Straftat oder als Ordnungwidrigkeit nach den §§ 31 ff. HAG geahndet.

III. Sondervorschriften für Kinder und Jugendliche: 1. *Kinder* dürfen nicht beschäftigt werden. – 2. Der Auftraggeber hat dem *Jugendlichen* für jedes Kalenderjahr bezahlten Urlaub zu gewähren, dessen Dauer sich nach dem Alter des Jugendlichen richtet. Zur Dauer und der davon abhängigen Höhe des Urlaubsentgelts vgl. im einzelnen § 19 IV JArbSchG. – Vgl. im einzelnen →Jugendschutz.

Heimarbeiter. I. Arbeitsrecht: Personen, die in eigener Arbeitsstätte allein oder mit ihren Familienangehörigen im Auftrage von →Gewerbetreibenden oder →Zwischenmeistern erwerbsmäßig arbeiten, jedoch die Verwertung ihrer Arbeitsergebnisse dem Auftraggeber überlassen. – *Rechtsstellung*: Vgl. →arbeitnehmerähnliche Personen, →Heimarbeit.

II. Sozialversicherung: Personen, die in eigener Arbeitsstätte im Auftrag und für Rechnung von Gewerbetreibenden, gemeinnützigen Unternehmen oder öffentlich-rechtlichen Körperschaften erwerbsmäßig arbeiten, auch wenn sie Roh- oder Hilfsstoffe selbst beschaffen. H. gelten als Beschäftigte (§ 12 II SGB IV). – Als *Arbeitgeber* eines H. gilt, wer die Arbeit unmittelbar an ihn vergibt, und als Auftraggeber der, in dessen Auftrag und für dessen Rechnung er arbeitet. – *Keine H.* sind Hausarbeiter oder Außenarbeiter.

heimatloser Ausländer, nach dem Gesetz über die Rechtsstellung h. A. im Bundesgebiet vom 25. 4. 1951 (BGBl I 269) eine Person fremder →Staatsangehörigkeit oder ein →Staatenloser, die/der a) der Obhut einer Organisation untersteht, die von den Vereinten Nationen (UN) mit der Betreuung verschleppter Personen oder Flüchtlinge beauftragt ist, b) nicht Deutscher i. S. des Grundgesetzes ist und c) am 30. 6. 1950 seinen Aufenthalt im Geltungsbereich des Grundgesetzes oder Berlin (West) hatte. Das Gesetz stellt den h. A. den deutschen Staatsangehörigen weitgehend gleich.

Heimbeirat, eine auf zwei Jahre gewählte Vertretung der Bewohner in Altenheimen (Altenwohnheimen, Pflegeheimen). Der H. besteht aus mindestens einem Mitglied (ab 6–20 Bewohnern) oder höchstens neun Mitgliedern (über 250 Bewohnern). – *Aufgaben*: Eingliederung der Bewohner in das Heim zu fördern, Anregungen und Beschwerden von Heimbewohnern entgegenzunehmen, Maßnahmen des Heimbetriebes zu beantragen u.a. In der Heimmitwirkungsverordnung vom 16.7.1992 (BGBl I 1340) sind Einzelheiten geregelt. – *Verstöße* werden als →Ordnungswidrigkeit geahndet.

Heimcomputer, *Hobbycomputer, Homecomputer,* Mikrocomputer (→Rechnergruppen 2a), die im wesentlichen für den nicht-professionellen Einsatz in Privathaushalten konzipiert sind. Für H. existiert eine Vielzahl von Computerspielen und →Interpretern oder →Compilern für einfache →Programmiersprachen (v.a. Basic, Pascal).

Heimfallstock, →Heimfallunternehmung.

Heimfallunternehmung, private oder gemischtwirtschaftliche Unternehmung, die als Konzessionsnehmer vom Staat bzw. von der Gemeinde einen Betrieb mit der Auflage führt, daß das Unternehmen mit allen Aktiva und Passiva nach Ablauf der Konzession ohne Gegenwert an den Konzessionsgeber (zurück) fällt, so etwa die auf Grund staatlicher Genehmigung errichteten Schienenbahnen, Drahtseilbahnen u.ä. – Heimfall wird in die Erbbauverträge (meist 30–90 Jahre) aufgenommen. Konzessionsnehmer und Erbbauberechtigter passen ihre Abschreibungen der Vertragsdauer an. – I.a. wird daneben als passivische →Wertberichtigung ein besonderer *Heimfallstock* gebildet, dessen Gegenwerte dazu dienen, den Kapitalgebern bei Ablauf der Konzession die Einlage zurückzuzahlen.

Heimstätte. 1. *Begriff*: Einfamilienhäuser mit Nutzgarten oder gewisse ländliche Anwesen. – 2. *Rechtsgrundlage*: Reichsheimstättengesetz i.d.F. vom 25.11.1937 (RGBl. I 1291). – 3. *Entstehung* der Heimstättengemeinschaft durch Vertrag des Heimstätters (Grundstückseigentümers) mit einem sog. Ausgeber (Bund, Land, Gemeinde, Gemeindeverband oder gemeinnütziges Unternehmen) und Eintragung im →Grundbuch an erster Rangstelle. – 4. *Wirkungen*: (1) Der Ausgeber erwirbt ein dingliches →Vorkaufsrecht und hat bei ordnungswidriger Bewirtschaftung einen Heimfallanspruch. (2) Zur Veräußerung, Vergrößerung, Teilung oder Belastung der Heimstätte ist Zustimmung des Ausgebers erforderlich. (3) Die Heimstätte ist vererblich, die Teilung unter mehreren Erben i.a. unzulässig. (4) Die →Zwangsvollstreckung in die Heimstätte kann nur aus den im Grundbuch eingetragenen Rechten, nicht aber wegen persönlicher Forderungen gegen den Heimstätter erfolgen.

Heirat, *Eheschließung.* I. Rechtlich: Vgl. →Ehe.

II. Amtliche Statistik: Die amtliche Statistik erfaßt die vor dem Standesbeamten geschlossenen Ehen. In der Bundesrep. D. heiraten 90 bis 95% der Männer und Frauen; von zunehmender Bedeutung ist jedoch die nichteheliche Lebensgemeinschaft; das Absinken der Heiratshäufigkeit ist die Folge. 1989 waren von den im Bundesgebiet geschlossenen Ehen über 19% Eheschließungen Geschiedener, weitere über 2% Eheschließungen Verwitweter. – Vgl. auch →Heiratshäufigkeit.

Heiratsabfindung, →Abfindung III.

Heiratsbeihilfe, anläßlich der Eheschließung gewährte einmalige Zuwendung in Geld oder Sachwerten. – *Lohn- und Einkommensteuer*: H. ist zum Betrag von 700 DM sind steuerfrei, sofern die H. frühestens drei Monate vor und spätestens drei Monate nach der Eheschließung gezahlt werden; auch neben →Geburtsbeihilfe. Bei höheren H. unterliegt nur der 700 DM übersteigende Betrag der Einkommen- oder Lohnsteuer (§ 3 Nr. 15 EStG). – Bezieht ein Arbeitnehmer aus →mehreren Dienstverhältnissen je eine H., so kann er den Freibetrag für jede Beihilfe in Anspruch nehmen.

Heiratserstattung, in der gesetzlichen Rentenversicherung früher vorhandene Möglichkeit auf Erstattung von Versicherungsbeiträgen wegen Heirat. Heute ist Erstattung von Beiträgen nur noch im Rahmen der allgemeinen →Beitragserstattung möglich. – Frauen, denen die Beiträge früher wegen Heirat erstattet worden sind, können auf Antrag freiwillige Beiträge für diese Zeiten *nachentrichten*, wenn sie wieder eine versicherungspflichtige Beschäftigung oder Tätigkeit ausüben und mindestens für 24 Monate Pflichtbeiträge entrichtet worden waren. Am Tag der Antragstellung mußte Rentenversicherungspflicht bestehen. – *Ab 1.1.1992* wurden die Nachzahlungsmöglichkeiten erweitert. Nach § 282 SGB VI können auf Antrag für Zeiten, für die Beiträge erstattet worden sind, bis zum 1.1.1924 zurück freiwillig Beiträge nachgezahlt werden, sofern die Zeiten nicht bereits mit Beiträgen belegt sind. Die Nachzahlung ist nicht zulässig, wenn eine Vollrente wegen Alters bewilligt oder das 65. Lebensjahr vollendet ist. Der Antrag kann nur bis zum 31.12.1995 gestellt werden. – *Zuständig* ist der Versicherungsträger, zu dem bei Antragstellung Versicherungspflicht besteht.

Heiratsgut, im zollrechtlichen Sinne die aus Anlaß der Eheschließung zwischen einem Bewohner des →Zollgebiets und einem Bewohner des →Zollauslands eingeführten Waren, die der aus dem Ausland übersiedelnde Teil zur Errichtung eines Haushalts oder zum persönlichen Ge- oder Verbrauch der Ehegatten selbst beschafft oder von anderen Personen erhalten hat. H. ist zollfrei unter der Bedingung, daß es nicht innerhalb von zwei Jahren nach der →Einfuhr veräußert wird. Zollfreiheit für Lebensmittel und für andere Verbrauchsgüter auf Mengen beschränkt, die üblicherweise als Vorrat gehalten werden, und für Tabakwaren und Spirituosen ausgeschlossen (§ 40 AZO).

Heiratshäufigkeit, statistische Verhältniszahl zur Darstellung und Messung der Eheschließungen (→Heirat), auch →Eheschließungsrate. – *Meßzahlen*: 1. *Anteil* der Männer bzw. Frauen, *die überhaupt heiraten*; erfaßt durch die amtliche Statistik. Da nach dem 50. Lebensjahr kaum noch Ledige heiraten, kann der Anteil der Personen, die überhaupt heiraten, am Anteil der nicht mehr Ledigen in diesem Alter abgelesen werden. – 2. *Allgemeine* oder *rohe Heiratsziffer* (Heiratshäufigkeit in einem Kalenderjahr): Verhältnis der Eheschließungen in einem Kalenderjahr zur Durchschnittsbevölkerung dieses Jahres. Für örtliche und zeitliche Vergleiche nicht sehr zuverlässig, weil die Durchschnittsbevölke-

rung auch Personen umfaßt, die (wie Kinder und Verheiratete) für eine Eheschließung nicht infrage kommen. – 3. *Altersspezifische Heiratsziffer*: Verhältnis der eheschließenden Ledigen in einem bestimmten Alter zur Durchschnittszahl der Ledigen dieses Alters in der Bevölkerung (Querschnittsanalysen). Entsprechend für eheschließende Verwitwete oder Geschiedene. Ebenfalls Berechnungen für Angehörige bestimmter Geburtsjahrgänge im Lebensablauf (Längsschnittsanalysen). – *Heiratstafeln*: Berechnung für Unverheiratete bestimmten Alters, in welchem Umfang sie mit zunehmendem Alter aus dem Familienstand der Unverheirateten durch Tod oder Verheiratung ausscheiden. Am häufigsten aufgestellt für ledige Männer und Frauen auf der Grundlage von Sterbe- und Heiratswahrscheinlichkeiten nach dem Alter für Kalenderjahre (Periodentafeln). Kennziffern, die aus Heiratstafeln ermittelt werden können: Abgangsordnung der Ledigen, aus der hervorgeht, wie sich ihre Zahl Jahr für Jahr durch Tod und Verheiratung vermindert; Anteil der Ledigen, die im späteren Leben überhaupt noch heiraten; Zahl der Jahre bis zur Heirat; durchschnittliches Heiratsalter.

Heiratstafel, →Heiratshäufigkeit 3.

Heiratsziffer, →Heiratshäufigkeit 2 und 3.

heißes Geld, kurzfristige Geldmittel, die von den Banken auf den Devisen- und Geldmärkten, v.a. Euromärkten, gehandelt werden. In Zeiten spekulativer Devisen- und Geldbewegungen wandern die „heißen Gelder" von Tag zu Tag von einem Land zum anderen in der Hoffnung, kurzfristige Kursgewinne mitnehmen zu können. Der Hauptblock des h.G. besteht aus den Euro-Dollars und Petrodollars. – Vgl. auch →internationale Devisenspekulation.

Heizölkennzeichnung, Einfärbung zwecks Verhinderung des Mißbrauchs von Heizöl als Kraftstoff für Dieselmotoren. Leichtes Heizöl muß rot gefärbt und zusätzlich mit einem Indikator (Furfurol) versehen werden nach der HeizölkennzeichnungsVO vom 1.4.1976 (BGBl I 873) mit späteren Änderungen. Der Treibstoff wird im Straßenverkehr und bei stationären Motoren kontrolliert.

Heizölsteuer, →Mineralölsteuer.

Heizungskosten, werden in der Kostenrechnung zumeist auf einer gesonderten →Hilfskostenstelle gesammelt, in der →Betriebsabrechnung erfaßt und als Teil der →Gebäudekosten verrechnet. – Vgl. auch →Energiekosten.

Hektarertrag, eine durch geographische Lage, Bonität des Bodens (→Bodenbonitierung), Witterungseinflüsse, Stand der Ackerbautechnik und Intensitätsgrad der Bearbeitung bestimmte wirtschaftliche Maßgröße, die den durchschnittlichen Jahresernteertrag für 1 ha Ackerfläche angibt.

Hektar (ha), Flächenmaß. 1 ha = 100a = 10 000 m².

Hektarwert, Begriff des Steuerrechts für den Wert, mit dem die Flächeneinheit →Hektar (ha) eines Betriebs der Land- und Forstwirtschaft zu bewerten ist: der auf einen Hektar bezogene →Vergleichswert (§ 40 I 3 BewG).

Hekto (h), Vorsatz für das Hundertfache (10²fache) der Einheit. Vgl. →gesetzliche Einheiten, Tabelle 2.

Helfferich, Karl, 1872–1924, bedeutender Nationalökonom, Publizist und Staatsmann. Schüler von Brentano, Lotz, Schmoller und Wagner sowie insbes. von Knapp. Zu Lebzeiten einer der maßgeblichen Währungs- und Finanzexperten; ab 1915 Staatssekretär des Schatzamtes, ab 1916 Nachfolger im Reichsamt des Innern und stellvertretender Reichskanzler; später preußischer Finanzminister. Wissenschaftliche Leistungen sind – bei allen Mängeln – die Untersuchungen über die Höhe des deutschen Volkseinkommens und Volksvermögens („Die Verteilung des Volkseinkommens in Preußen 1896 bis 1912" (1913); „Deutschlands Volkswohlstand 1888 bis 1912" (1913)). Seine Anstrengungen als Verantwortlicher für die Kriegsfinanzierung seit 1915 sind umstritten; ebenso seine politische Tätigkeit. Dagegen sind seine Verdienste um die Sanierung des Geldwesens nach der Inflation anerkannt (Einführung der →Rentenmark). – *Hauptwerk:* „Das Geld" (1903).

Hellauer, Josef, 1871–1956, deutscher Wirtschaftswissenschaftler, einer der Begründer der →Betriebswirtschaftslehre als selbständige wissenschaftliche Disziplin. –

Hauptarbeitsgebiet: Handels- und Verkehrslehre. Im Mittelpunkt seines Werkes, das sich durch strenge Systematik und scharfe Begriffsbestimmung auszeichnet, stehen drei Problemkreise: Der Aufbau des Handels, der Kaufvertrag und die Verkehrsorganisation. – *Hauptwerke:* „Nachrichten und Güterverkehr" (1930); „Güterverkehr" (1938); „Welthandelslehre..." (1950); „Transportversicherung" (1953).

Hemmung der Verjährungsfristen, Stillstand des Fristenablaufs in gewissen Fällen, in denen der Schuldner zur Leistungsverweigerung berechtigt oder der Gläubiger an rechtzeitiger Klageerhebung gehindert ist. Vgl. im einzelnen →Verjährung IV 1.

Hempel-Oppenheim-Schema, nach Carl G. Hempel und Paul Oppenheim benanntes Muster wissenschaftlicher Erklärungen: Einen realwissenschaftlichen Sachverhalt zu erklären heißt, ihn auf logisch-deduktivem Wege (→Deduktion) aus →Gesetzesaussagen und →Anwendungsbedingungen abzuleiten. – *Darstellung* des H.-O.-Sch.: Vgl. →Erklärung.

Henry (H), →gesetzliche Einheiten, Tabelle 1.

Henzler, Reinhold, 1902–1968, Professor der Betriebswirtschaftslehre, Studium in Frankfurt als Schüler →Hellauers, bei dem er 1933 habilitierte. Lehrbeauftragter in Heidelberg und Göttingen. 1937 außerordentlicher und 1940 ordentlicher Professor an der Universität Frankfurt. 1952 Ruf an die Universität Hamburg, wo er den Aufbau der Wirtschaftswissenschaftlichen Fakultät entscheidend mitgestaltete und bis zu seinem Tode wirkte. H. war Direktor des Seminars für Allgemeine Betriebswirtschaftslehre und errichtete das Seminar für Handel und Marktwesen sowie das Institut für Genossenschaftswesen. – *Hauptarbeitsgebiete:* Allgemeine Betriebswirtschaftslehre des Warenhandels, Genossenschaftswesen und später des Problems des Außenhandels bzw. des Gemeinsamen Marktes. – *Wichtige Veröffentlichungen:* „Die Rückvergütung der Konsumvereine" (1929); „Gewinnbeteiligung der Gefolgschaft" (1937); „Betriebswirtschaftliche Hauptfragen des Genossenschaftswesens" (1939); „Die Genossenschaft – eine fördernde Betriebswirtschaft" (1957); „Die Marktunion – eine betriebswirtschaftliche Wende"

(1958); ,,Außenhandel, Betriebswirtschaftliche Hauptfragen von Export und Import" (1961); ,,Betriebswirtschaftslehre des Außenhandels" (1962); ,,Betriebswirtschaftliche Probleme des Genossenschaftswesens" (1962).

Herabsetzung der Einlage, →Kapitalherabsetzung.

Herabsetzung des Grundkapitals, →Kapitalherabsetzung.

Heranwachsende, Begriff v. a. des Jugendstrafrechts für die 18, aber noch nicht 21 Jahre alten Personen. Gericht entscheidet bei H. im Einzelfall, ob Jugendstrafrecht oder Erwachsenenstrafrecht anzuwenden ist (§ 105 JGG).

Herausgabeanspruch, Anspruch auf Herausgabe einer Sache. H. kann auf verschiedenen Rechtsgründen beruhen. – Nach BGB sind folgende H. – auch nebeneinander – möglich: a) H. des Eigentümers gegen den zum Besitz nicht berechtigten Besitzer, § 985 BGB (→Eigentum IV); b) H. des früheren Besitzers, dem der Besitz durch verbotene Eigenmacht entzogen worden ist, § 861 BGB (→Besitzschutz); c) H. des früheren, besser berechtigten Besitzers gegen den jetzigen, schlechter berechtigten Besitzer (§ 1007 BGB); d) H. des Vermieters gegen den Mieter nach Beendigung der Mietzeit, § 556 BGB (→Miete I 6); e) H. des Verleihers gegen den Entleiher (→Leihe), § 604 BGB; f) H. des Hinterlegers gegen den Verwahrer (→Verwahrungsvertrag), § 695 BGB; g) H. des Erben gegen den Erbschaftsbesitzer, § 2018 BGB; h) H. aufgrund einer →ungerechtfertigten Bereicherung.

Herausgeber, Begriff des Presse- und Urheberrechts: Person, die die Herausgabe eines Werkes (z. B. Sammelwerk, Festschrift) redaktionell betreut.

Herbeiführung des Versicherungsfalles. 1. *Einfache Fahrlässigkeit* führt i. d. R. nicht zum Verlust des Versicherungsschutzes. – 2. Bei *grob fahrlässiger* oder *vorsätzlicher* Herbeiführung des Schadens ist der Versicherer grundsätzlich von der Leistungspflicht frei (§§ 61, 152 VVG). Beispiel: Abstellen des Pkws unter Zurücklassen des Schlüssels im Handschuhfach. – Fahrlässigkeit wird i. S. des Zivilrechts

(→Fahrlässigkeit I) verwendet. – 3. *Wichtige Ausnahmen:* →Haftpflichtversicherung schließt grobe Fahrlässigkeit ein; →Lebensversicherung leistet laut allgemeinen Versicherungsbedingungen nach einer Karenzzeit von drei Jahren auch bei Selbsttötung; →Transportversicherung nimmt Fahrlässigkeit (evtl. schon einfache F.) aus.

Herfindahl-Koeffizient, Koeffizient zur Messung der absoluten →Konzentration. Der H.-K. ist durch

$$K_H = \sum p_i^2$$

definiert, wobei p_i der Anteil des i-ten Elements am →Gesamtmerkmalsbetrag ist. Man kann zeigen, daß $K_H = (v^2 + 1)/n$ ist, wobei v den →Variationskoeffizienten und n den Umfang der →Gesamtheit bezeichnet.

Herkunftsbezeichnung, →irreführende Angaben.

Hermann, Friedrich Benedikt Wilhelm von, 1795–1868, deutscher Nationalökonom und Politiker. H. gehörte politisch zu den Führern der liberalen Partei. Nationalökonomisch nach J. H. v. Thünen und neben v. Mangoldt der bedeutendste Vertreter der deduktiven Nationalökonomie in Deutschland. Wichtig seine Kritik der →Lohnfondstheorie und seine Arbeiten auf dem Gebiet der Lehre von Wert, Preis und Einkommen sowie seine statistischen Forschungen. – *Hauptwerk:* ,,Staatswirtschaftliche Untersuchungen" 1832.

Hermeneutik, als Lehre von der Textinterpretation zunächst Hilfswissenschaft von Philosophie und Jurisprudenz. H. erlangte später als eigenständige philosophische Disziplin speziell in Deutschland Bedeutung; insbes. bei den Begründern der geisteswissenschaftlichen Tradition (F. Schleiermacher, W. Dilthey). – *Hauptmerkmal* ist ein methodischer Autonomieanspruch der sog. Geistes- bzw. →Kulturwissenschaften in Form des Verstehens bzw. der →verstehenden Methode: Einer äußeren, durch Beobachtung vermittelten Erfahrung innerhalb der Naturwissenschaften wird die innere Erfahrung (etwa von Sinnzusammenhängen) im geisteswissenschaftlichen Bereich gegenübergestellt. Verbindet sich mit einer Absage an die Suche nach raum-zeitlich invarianten Tatbeständen (→Gesetzesaussage) und die damit verbundene Zielvorstellung von der →Erklärung der Wirklichkeit. – *Spielarten der H.* u.a. im existenzphilosophischen Werk M. Heideggers, bei J. Habermas oder auch im →Konstruktivismus.

Hermes-Deckungen, →Ausfuhrgarantien und -bürgschaften.

Hermes Kreditversicherungs-AG, Sitz in Hamburg und Berlin. Unternehmen, das die erwerbswirtschaftliche →Kreditversicherung betreibt. Daneben besondere Bedeutung im Bereich staatlicher →Exportförderung. Als Mandatar des Bundes wikkelt die H. K.-AG federführend zusammen mit der →Treuarbeit AG die staatlichen →Ausfuhrgarantien und -bürgschaften ab. Desweiteren werden Anträge auf Wechselkursgarantien und -bürgschaften entgegengenommen und bearbeitet.

herrenlose Sachen, Sachen, an denen entweder noch nie ein Eigentum bestanden hat (z. B. wilde Tiere in Freiheit) oder erloschen ist (z. B. ausgebrochener Bienenschwarm) oder an denen der Eigentümer das Eigentum aufgegeben hat (→Dereliktion). An h.S. kann durch →Aneignung Eigentum erworben werden.

Herrschaft, im Gegensatz zum sozialen Verhältnis der →Macht, in dem der eigene Wille auch gegen Widerstand durchgesetzt wird, auf der Legitimität, d.h. auf der Überzeugung der Beherrschten von der Richtigkeit und Berechtigung der H. beruhend. – Zu *unterscheiden* (M. Weber): a) *rationale* H., Legitimität wird von legalen Ordnungssystemen abgeleitet; b) *traditionale* H., beruht auf dem Glauben an den Selbstwert und die Heiligkeit der traditional zur H. berufenen Personen; c) *charismatische* H., erwächst einer Person mit charismatischen Fähigkeiten.

herrschendes Grundstück, →Grunddienstbarkeit.

herrschendes Unternehmen, Begriff des Konzernrechts für ein Unternehmen, das auf ein anderes, →abhängiges Unternehmen einen beherrschenden Einfluß ausüben kann (§ 17 AktG).

Herstellermarke, →Marke, →Markenartikel.

Herstellermarktforschung, →Marktforschung.

Herstellerpräferenz, →Förderung der Wirtschaft von Berlin (West) I.

Herstellkonto, *Fabrikationskonto.* 1. Wenig übersichtliches →*gemischtes Konto* in Produktionsbetrieben bei einer sehr einfachen Form der industriellen Abrechnung. Dieses H. erfaßt alle Vorgänge des Einkaufs, der Herstellung und sogar des Verkaufs, so daß der Saldo sich aus vier verschiedenen Wertinhalten zusammensetzt, nämlich Rohstoff-, Halbfabrikate-, Fertigfabrikatebestand u. Erfolg. – 2. Da bei dieser summarischen Abrechnung kein Überblick über Einzelheiten gegeben ist, wird das H. in der Praxis in *Unterkonten* aufgegliedert: a) Vorschaltung eines Rohstoffkontos; b) Nachschaltung eines Verkaufskontos als gemischtes Konto (Bestand an Fertigerzeugnissen und Bruttogewinn als Saldo); c) Nachschaltung eines Fertigerzeugniskontos und eines Verkaufskontos als reines Bestands- bzw. reines Erfolgskonto. Durch Vor- und Nachschaltung anderer Konten ergibt sich also die Möglichkeit, ein H. zu bilden, auf dem die →Herstellkosten einer Periode als Buchsaldo erscheinen (reine Kontenführung).

Herstellkosten, Begriff der Kostenrechnung für die durch die Herstellung eines Gutes entstandenen →Kosten. H. können der internen Bewertung von selbsterstellten Vermögensgegenständen dienen und umfassen i.d.R. die Summe aus Fertigungseinzel- und Fertigungsgemeinkosten sowie Materialeinzel- und Materialgemeinkosten.

Schema:

I. Materialeinzelkosten
    + Materialgemeinkosten

    = Materialkosten
    Fertigungseinzelkosten
    (Fertigungslöhne)
    + Fertigungsgemeinkosten
    + Sondereinzelkosten der Fertigung

    = Fertigungskosten
II. Materialkosten
    + Fertigungskosten

    = Herstellkosten

Die H. der laufenden Kostenrechnung entsprechen nicht den Vorschriften für die in der Handels- und Steuerbilanz anzusetzenden Herstellungskosten und können daher allenfalls als Grundlage zur Ermittlung der Herstellungskosten dienen. – *Anders:* →Herstellungskosten.

Herstellung, →Produktion.

Herstellungsanspruch, von der Rechtsprechung des Bundessozialgerichts in Anlehnung an den Folgenbeseitigungsanspruch entwickelter selbständiger öffentlich-rechtlicher Anspruch des Berechtigten gegen Sozialversicherungsträger oder Behörde, wenn der Berechtigte aufgrund der Verletzung einer Nebenpflicht durch den Versicherungsträger einen Schaden erleidet, v. a. aufgrund der Verletzung der →Auskunfts- und Beratungspflicht nach §§ 14, 15 SGB 1. Verschulden des Versicherungsträgers oder der Behörde nach allgemeiner Auffassung nicht erforderlich; rechtswidrige Verletzung der aus dem Sozialrechtsverhältnis begründeten Nebenpflicht genügt. – *Anspruchsziel* geht auf die Herstellung des Zustandes, wie er bestehen würde, wenn die Pflichtverletzung nicht erfolgt wäre, z. B. der Versicherte richtig beraten worden wäre. Eine vom Gesetz an sich nicht vorgesehene Leistung kann aber nicht verlangt werden. – *Einzelheiten* zu Voraussetzungen und Folgen des H. z. T. noch umstritten.

Herstellungsaufwand, Begriff des Einkommensteuerrechts zur Abgrenzung gegenüber →Erhaltungsaufwand. H. sind Aufwendungen, durch die entweder ein →Wirtschaftsgut neu beschafft oder ein vorhandenes über seinen ursprünglichen Zustand hinaus verbessert, in seinem Wesen erheblich verändert oder wesentlich in seiner Substanz erweitert wird, z. B. Anbaukosten, Umbaukosten. Aufwendungen, die für sich allein betrachtet Erhaltungsaufwand darstellen, sind steuerlich als H. zu behandeln, wenn sie in engem räumlichen und zeitlichen Zusammenhang mit H. anfallen.

Herstellungsgemeinkosten, veraltete zusammenfassende Bezeichnung für →Materialgemeinkosten, →Fertigungsgemeinkosten und →Verwaltungsgemeinkosten, soweit diese auf den Material- und Fertigungsbereich entfallen; Teil der →Herstellungskosten.

Herstellungskosten, *Herstellungswert,* bilanzieller Begriff des Handels- und Steuerrechts; Maßstab für die Bewertung von Vermögensgegenständen (handelsrechtlich) bzw. Wirtschaftsgütern (steuerrechtlich), die ganz oder teilweise im eigenen Betrieb erstellt worden sind. Zur Ermittlung der H. muß auf die Kostenrechnung des Unternehmens zurückgegriffen werden. Dabei muß auf die unterschiedlichen Kostenbegriffsinhalte geachtet werden. Kalkulatorische Kosten ohne Aufwandsentsprechung dürfen in die H. nicht eingerechnet werden.

I. Handelsrecht: Nach *§ 255 II HGB* sind H. Aufwendungen, die durch den Verbrauch von Gütern und die Inanspruchnahme von Diensten für die Herstellung eines Vermögensgegenstandes, seine Erweiterung oder für eine über seinen ursprünglichen Zustand hinausgehende wesentliche Verbesserung entstehen. Dazu gehören die *Materialkosten,* die *Fertigungskosten* und die *Sonderkosten der Fertigung.* Bei der Berechnung der H. *dürfen* auch angemessene Teile der notwendigen *Materialgemeinkosten,* der notwendigen *Fertigungsgemeinkosten* und des *Werteverzehrs* des Anlagevermögens, soweit er durch die Fertigung veranlaßt ist, eingerechnet werden. Kosten der allgemeinen Verwaltung sowie Aufwendungen für soziale Einrichtungen des Betriebs, für freiwillige soziale Leistungen und für betriebliche Altersversorgung *brauchen* nicht eingerechnet zu werden. Vertriebskosten *dürfen nicht* in die H. einbezogen werden. Zinsen für Fremdkapital gehören nicht zu den H. Sie *gelten* aber ausnahmsweise als H: bei Verwendung des Fremdkapitals zur Herstellung von Vermögensgegenständen in der betrachteten Herstellungsperiode (insbes. bei langfristiger Fertigung, z. B. Großanlagen).

II. Steuerrecht: *Steuerlich* sind H. *nach Abschn. 33 EStR* definiert als „Aufwendungen", die durch den Verbrauch von Gütern und die Inanspruchnahme von Diensten für die Herstellung eines Erzeugnisses entstehen. Dazu gehören auch alle Aufwendungen, die entstehen, um ein vorhandenes Wirtschaftsgut wesentlich zu ändern, zu verbessern oder zu erweitern (vgl. →*Herstellungsaufwand,* →*Erhaltungsaufwand*). Die H. setzen sich demnach zusammen aus den *Materialkosten* einschl. der notwendigen *Materialgemeinkosten* und den *Fertigungskosten* (insbes. den *Fertigungslöhnen*) einschl. der notwendigen *Fertigungsgemeinkosten.* Dazu gehört auch der Werteverzehr des Anlagevermögens (→*Absetzung für Ab-*

nutzung (AfA)), soweit er der Fertigung der Erzeugnisse gedient hat. *Fakultativ* berücksichtigt werden können die Kosten für die allgemeine Verwaltung, die Aufwendungen für die betriebliche Altersversorgung und die Gewerbeertragsteuer. *Nicht einbezogen* werden dürfen Einkommen- und Vermögensteuer, Vertriebskosten einschl. Umsatzsteuer und grundsätzlich Finanzierungskosten. Der Vorsteuerbetrag nach § 15 UStG gehört, soweit er bei der Umsatzsteuer abgezogen werden kann, nicht zu den H. des Wirtschaftsgutes, auf dessen Herstellung er entfällt. Ebensowenig wird der nichtabziehbare Teil des Vorsteuerbetrages berücksichtigt, wenn er 25% des Vorsteuerbetrages und 500 DM nicht übersteigt oder die zum Ausschluß vom Vorsteuerabzug führenden Umsätze nicht mehr als 3% des Gesamtumsatzes betragen. – *Vergleichende Gegenüberstellung* der H. nach Handels- und Steuerrecht: Während nach Steuerrecht ein Ansatz der H. zu (steuerlichen) Vollkosten zwingend ist, sind handelsrechtlich die Vollkosten Wertobergrenze. Ursa-

che für die unterschiedlichen Wertansätze: Zum einen stimmen Aufwand in der Handelsbilanz und Betriebsausgaben in der Steuerbilanz nicht überein (z. B. möglicherweise höhere Abschreibungsquoten, steuerlich nicht zulässige Rückstellungsbildung in der Handelsbilanz), zum anderen besteht für einige aufwandsgleiche Kosten in der Handelsbilanz ein Aktivierungswahlrecht, während in der Steuerbilanz eine Aktivierungspflicht vorgesehen ist.

III. Gegenüberstellung: Vgl. Tabelle „Herstellungskosten in der Handels- und Steuerbilanz".

Herstellungsland. I. Zollrecht: Vgl. →Ursprungsland.

II. Einfuhrstatistik: Das Land, in dem die Waren vollständig gewonnen oder hergestellt worden sind oder ihre letzte wesentliche und wirtschaftlich gerechtfertigte Be- oder Verarbeitung erfahren haben. – Vgl auch →Außenhandelsstatistik.

Herstellungsort, →Erscheinungsort.

Herstellungskosten in der Handels- und Steuerbilanz

	Handelsbilanz	Steuerbilanz
Aktivierungspflicht	– Materialeinzelkosten – Fertigungseinzelkosten – Sonderkosten der Fertigung	– Materialeinzelkosten – Fertigungseinzelkosten – Sonderkosten der Fertigung – Materialgemeinkosten – Fertigungsgemeinkosten – Gewerbekapitalsteuer, soweit sie auf das der Fertigung dienende Gewerbekapital entfällt – Werteverzehr des Anlagevermögens, soweit es der Fertigung der Erzeugnisse gedient hat.
Aktivierungswahlrecht	– angemessene Teile des auf den Herstellungszeitraum entfallenden Werteverzehrs des Anlagevermögens, soweit es der Fertigung der Erzeugnisse gedient hat – notwendige Materialgemeinkosten – notwendige Fertigungsgemeinkosten – Verwaltungskosten – freiwillige soziale Aufwendungen – Aufwendungen für die betriebliche Altersversorgung – Aufwendungen für soziale Einrichtungen des Betriebes – Zinsen für Fremdkapital, das zur Finanzierung der Herstellung eines Vermögensgegenstandes verwendet wird, soweit sie auf den Zeitraum der Herstellung entfallen – Gewerbekapitalsteuer, Vermögensteuer, soweit Vermögen des Herstellungsbereichs	– Verwaltungskosten – freiwillige soziale Aufwendungen – Aufwendungen für die betriebliche Altersversorgung – Aufwendungen für soziale Einrichtungen des Betriebes – Zinsen für Fremdkapital, das zur Finanzierung der Herstellung eines Vermögensgegenstandes verwendet wird, soweit sie auf den Zeitraum der Herstellung entfallen – Gewerbeertragsteuer – Gewerbekapitalsteuer, soweit Vermögen des Verwaltungsbereichs
Aktivierungsverbot	– Vertriebskosten – Fremdkapitalzinsen – Sonderabschreibungen – Leerkosten bei Unterbeschäftigung – Kosten der Grundlagenforschung – kalkulatorische Kosten ohne Aufwandsentsprechung – Einkommensteuer	– Vertriebskosten – Fremdkapitalzinsen – Teilwertabschreibungen – Leerkosten bei Unterbeschäftigung – Forschungs- und Entwicklungskosten – kalkulatorische Kosten ohne Aufwandsentsprechung – Einkommen-, Vermögensteuer

Herstellungswert, →Herstellungskosten.

Hertz (Hz), →gesetzliche Einheiten, Tabelle 1.

heterogene Güter, sachlich ungleichartige Güter, die miteinander konkurrieren, da sie in gewissem Grad substituierbar sind (z. B. verschiedenen Automarken, Motorräder; →Substitutionsgüter). – *Gegensatz*: →homogene Güter.

heterogene Konkurrenz, →Surrogatkonkurrenz, →unvollkommener Markt.

heterogene Kostenverursachung, Abhängigkeit der →variablen Kosten einer Kostenstelle von mehreren →Bezugsgrößen. Es müssen deshalb stets mehrere Bezugsgrößen nebeneinander verwandt werden. H. K. z. B. bei Serienfertigung, wenn Rüstprozesse anfallen; als Bezugsgrößen dienen hier z. B. Rüstminuten und Fertigungsminuten. – *Gegensatz*: →homogene Kostenverursachung.

heterogenes Netz, →offenes Netz.

heterograde Statistik, ein seit Charlier in der statistischen Theorie gebräuchlicher Ausdruck für →Inferenzstatistik, soweit nur →quantitative Merkmale betrachtet werden. Die Unterteilung in h. St. und →homograde Statistik ist in den Hintergrund getreten, weil h. St. homograde Statistik als Spezialfall umfaßt.

Heteroskedastie, Verletzung der Annahme, daß die Störvariablen eines linearen Einzelgleichungsmodells alle die gleiche Varianz haben.

Heteroskedastizität, sich ändernde Varianzen der →Störgrößen in der Gleichung eines ökometrischen Modells. – *Gegensatz*: →Homoskedastizität.

Heuer. 1. Anspruch des →Schiffers gegen den →Reeder auf Unterhalt, Verpflegung und Gehalt (§§ 545 ff. HGB). – 2. Anspruch auf Vergütung des Besatzungsmitglieds auf Kauffahrteischiffen für die aufgrund des →Heuerverhältnisses geleistete Arbeit.

Heuerverhältnis, Arbeitsverhältnis des Besatzungsmitglieder auf Kauffahrteischiffen (§§ 23 ff. Seemannsgesetze).

Heuristik. 1. In der neueren →Wissenschaftstheorie als *Beurteilungskriterium* für

→Theorien und für ganze Wissenschaftsprogramme (→Paradigma) von Bedeutung. Bewertet wird dabei nicht ausschließlich deren →Informationsgehalt, sondern das ihnen innewohnende Potential für die Weiterentwicklung des Erkenntnisstandes. – 2. *Vorgehensweise zur Lösung von allgemeinen Problemen*, für die keine eindeutigen Lösungsstrategien bekannt sind oder aufgrund des erforderlichen Aufwands nicht sinnvoll erscheinen; beinhaltet in erster Linie ,,Daumenregeln" auf der Grundlage subjektiver Erfahrungen und überlieferter Verhaltensweisen. H. wird v. a. in schlecht strukturierten und schwer überschaubaren Problembereichen angewendet. – 3. *Vorgehensweise zur Lösung von mathematischen Problemen*: Methode, die auf der Basis von Erfahrung oder Urteilsvermögen zu einer guten Lösung eines Problems führt, die nicht notwendig optimal ist. Diese Lösungsverfahren ohne Konvergenzbeweis werden entweder für Probleme eingesetzt, für die keine konvergierenden Verfahren existieren, oder sie werden zur Beschleunigung von konvergierenden Verfahren eingesetzt. Heuristiken werden dann angewandt, wenn keine →effektiven Algorithmen existieren; so werden häufig Branch-and-Bound-Verfahren, dynamische Optimierung und begrenzte Enumeration bei wachsender Problemgröße durch →heuristische Verfahren abgelöst.

heuristische Information, →heuristische Suche.

heuristische Suche, Methodik des →Suchens, die v. a. in der →künstlichen Intelligenz Anwendung findet. Zur Reduzierung des Suchaufwands werden aufgabenspezifische Informationen (heuristische Informationen) in den Suchprozess mit aufgenommen; sie dienen als Parameter zur Steuerung des Prozesses.

heuristische Verfahren. I. Charakterisierung: Obwohl h. V. in Theorie und Praxis der Betriebswirtschaftslehre eine wichtige Rolle spielen, gibt es keine einheitliche, aussagekräftige Definition. In erster Annäherung kann lediglich gesagt werden, daß h. V. *keine konvergenten Verfahren* (Algorithmen; →Algorithmus) sind; konvergente Verfahren zeichnen sich dadurch aus, daß durch ein- oder mehrmalige Anwendung bestimmter Rechenvorschriften das Auffinden einer vorhandenen optimalen Lösung garantiert wird. – Viele betriebliche Entscheidungsprobleme lassen sich als Entscheidungsmodelle in einer Weise formulieren, die es gestattet, eine in bezug auf eine vorliegende Zielsetzung optimale Lösung mit Hilfe eines – meist iterativen – Verfahrens exakt oder zumindest hinreichend genau zu bestimmen. Beispielsweise kann die Entscheidung über eine →optimale Bestellmenge durch Aufstellung einer entsprechenden Kostenfunktion und anschließender Anwendung eines Verfahrens der Differentialrechnung gefunden werden; soll im Rahmen der →Produktionsprogrammplanung eine Entscheidung über die Produktionsmengen mit Hilfe eines linearen Programms getroffen werden, so bietet sich zur numerischen Lösung →Simplexmethode der linearen Programmierung an.

II. H. V. für wohlstrukturierte Entscheidungsprobleme: Für eine nicht unbedeutende Anzahl von vollständig und exakt definierten betrieblichen Entscheidungsproblemen (wohlstrukturierte Entscheidungsprobleme), die sich in einer dem Problem adäquaten Weise in Form von Entscheidungsmodellen darstellen lassen, existieren *keine Verfahren, die mit einem vertretbaren Aufwand die Bestimmung einer optimalen Lösung ermöglichen.* Hierzu gehören etwa zahlreiche Probleme der (Produktions-) Ablaufplanung, z. B. bei Reihen- und Werkstattfertigung, die sich i.a. problemlos als Entscheidungsmodelle formulieren lassen. Verfahren zu ihrer numerischen Lösung erfordern für Beispiele in praktisch relevanten Größenordnungen einen ökonomisch nicht mehr sinnvollen Rechenaufwand. Aus diesem Grund muß man sich mit Näherungslösungen zufrieden geben. Für eine Reihe von Entscheidungsmodellen der zuletzt erwähnten Art wurden meist -iterative- Verfahren entwickelt und erprobt, mit deren Hilfe heuristische Lösungen gefunden werden können, die subjektiv als mehr oder weniger zufriedenstellend (brauchbar, suboptimal) zu bezeichnen sind. Verfahren dieser Art werden h. V. genannt. – *Suboptimalität heuristischer Lösungen*: Eine mit einem h. V. ermittelte heuristische Lösung kann wegen der nicht beweisbaren Konvergenz lediglich rein zufällig optimal in bezug auf die zugrundeliegende Zielsetzung sein. I. a. ist sie es jedoch nicht, und es existiert kein intersubjektiv nachprüfbares Maß für die Güte einer

gefundenen heuristischen Lösung. – *Gründe*: Die fehlende Konvergenz eines h. V. kann dadurch begründet sein, daß beispielsweise entweder optimale Lösungen nicht gefunden werden, weil das Suchen und Prüfen aller zulässigen Lösungen nicht möglich oder zu aufwendig ist, oder daß optimale Lösungen nicht identifiziert werden, weil ein geeignetes Optimalitätskriterium fehlt, oder daß von vornherein oder im Laufe des Verfahrens eine Untergrenze für die Werte der Zielfunktion angegeben wird, bei deren Erreichen das Verfahren abbricht, weil eine Fortsetzung subjektiv nicht lohnend erscheint oder infolge Zeitdrucks nicht möglich ist. – Im Rahmen eines h. V. kann der Entscheidungsträger die Suche nach einer im Sinne der betrachteten Heuristik optimalen Lösung ganz dem Computer überlassen, er kann aber auch interaktiv eingreifen, d. h. den Suchprozeß aufgrund neuer Information über das Entscheidungsproblem oder aufgrund während des bisherigen Prozeßverlaufs gefundener Zwischenergebnisse dialoggesteuert am Computer beeinflussen. – *Anwendungen h.V.*: Ein bekanntes und sehr vielseitig anwendbares h. V. ist die →Simulation. In der Ablaufplanung ist beispielsweise die Zahl der möglichen Ablaufpläne i.a. zu groß, um sie vollständig aufzuzählen und jeweils auf Optimalität – beispielsweise in bezug auf die Zykluszeit – überprüfen zu können; in diesem Fall kann das Problem auf einem Computer simuliert werden, indem solange Ablaufpläne zufällig erzeugt werden bis der Entscheidungsträger – etwa aufgrund gleichzeitig durchgeführter statistischer Analysen – glaubt, einen hinreichend guten Ablaufplan gefunden zu haben. Die betriebliche Praxis ist gerade wegen ihrer hohen Komplexität auf h. V. angewiesen. Es existieren zahlreiche erprobte h. V., die allerdings meistens für ganz spezifische Entscheidungsprobleme (z. B. innerbetriebliche Standortprobleme) entwickelt wurden. Allgemeingültige Aussagen über die Güte h. V. sind wegen ihrer großen Vielfalt jedoch kaum möglich.

III. H. V. für schlecht strukturierte Entscheidungsprobleme: Viele praktische betriebliche Entscheidungsprobleme sind schlecht strukturiert, d. h. sie sind entweder unvollständig und/oder wenig exakt definiert. Will man sie lösen, sind sie *in Richtung auf wohlstrukturierte Probleme zu vervollständigen.* Zusätzliche Alternativen und/oder verfolgte Zielsetzungen müssen zunächst in einem mehr oder weniger strukturierten Suchprozeß gefunden bzw. präzisiert werden. In diesem Zusammenhang spricht man von *heuristischen Prinzipien:* Hierunter werden insbes. Regeln (Entscheidungstechniken) verstanden, mit deren Hilfe der Ablauf eines Entscheidungsprozesses zur Lösung eines Entscheidungsproblems sinnvoll gesteuert wird. Die Sinnhaftigkeit derartiger heuristischer Prinzipien kann nicht allgemein hergeleitet, sondern muß an Einzelfällen empirisch überprüft werden. Die zuletzt aufgeworfenen Fragen stoßen in der Betriebswirtschaftslehre zunehmend auf Interesse.

Literatur: Dinkelbach, W., Entscheidungsmodelle, Berlin-New York 1982; Fischer, J., Heuristische Investitionsplanung, Berlin 1981; Klein, H. K., Heuristische Entscheidungsmodelle, Wiesbaden 1971; Müller-Meerbach, H., Heuristics and their design: a survey, in: European German Operational Research, Vol. 81 981, pp. 1–23; Peal, J., Heuristics, Reading (Mass. 1984); Streim, H., Heuristische Lösungsverfahren – Versuch einer Begriffserklärung, in: Zeitschrift für Operations Research, Bd. 19, 1975, S. 143–162; Witte, Th., Heuristisches Planen, Wiesbaden 1979.

Prof. Dr. Werner Dinkelbach.

Hickssche Nachfragefunktion, →Nachfragefunktion.

Hierarchie. 1. *Begriff:* System, das durch die Beziehungen der Über-/Unterordnung zwischen den Elementen gekennzeichnet ist. Bei einer gegebenen Anzahl von Elementen ist eine H. umso steiler (flacher), je höher (niedriger) die Zahl der Hierarchieebenen ist. – **2.** *Arten* nach den für Zwecke der →Aufbauorganisation betrachteten Elementen: a) H. der →organisatorischen Einheiten, z. B. die Entscheidungshierarchie; b) →Führungshierarchie. Beide H. sind nur dann deckungsgleich, wenn ausnahmslos unipersonale organisatorische Einheiten vorliegen, zwischen denen keine →Personalunion existiert.

Hierarchieeffekt, in der →Innovations- und Diffusionsforschung (vgl. dort 2) Form der →Diffusion, die nicht auf der räumlichen Nachbarschaft beruht, sondern sich entlang hierarchischer Strukturen, wie z. B. der →zentralörtlichen Hierarchie oder einer Hierarchie verschiedener Institutionen, vollzieht. Als Voraussetzung für das Auftreten des H. gilt das Vorhandensein hochentwickelter Kommunikations- und Informationssysteme.

hierarchisches Datenmodell, →Datenmodell, mit dem hierarchische Beziehungen zwischen →Datensätzen beschrieben werden können. Früher gebräuchliches Modell; Grundlage älterer, bekannter Datenbanksysteme (z. B. →IMS). – *Nachteil:* geringe Flexibilität bei →Datenbankabfragen und bei Änderungen.

Hifo, highest-in-first-out, im Ausland sehr verbreitetes, nach deutschem Handelsrecht strittiges (weil nicht durch Wortlaut von § 256 HGB gedeckt), nach Steuerrecht nicht zulässiges Verfahren zur Bewertung gleichartiger Vermögensgegenstände des Vorratsvermögens (→Steuerbilanz III). Man unterstellt, daß die am teuersten eingekauften Waren zuerst verbraucht werden; die Vorräte werden zu den niedrigsten Preisen bilanziert, die man in der Rechnungsperiode für sie bezahlen mußte. – Vgl. auch →Fifo, →Lifo.

high employment budget surplus (HEBS), ein auf den amerikanischen Council of Economic Advisers (CEA) zurückgehendes →Budgetkonzept zur Messung des konjunkturellen Impulses des Budgets. Ausgangspunkt der Überlegungen ist die These, daß ein bei Vollbeschäftigung ausgeglichener Haushalt keinen Einfluß auf die weitere konjunkturelle Entwicklung ausübt und insofern neutrale Wirkungen hat. Ist die Vollbeschäftigungssituation daher in dem fraglichen Zeitpunkt bei der Berechnung des HEBS nicht gegeben, wird zunächst errechnet, wie hoch die Steuereinnahmen bei unverändertem Steuersystem im Falle der Vollbeschäftigung gewesen wären (und damit ceteris actu auch die entsprechenden Ausgaben). Diesen hypothetischen Annahmen sind die tatsächlichen Ausgaben gegenüberzustellen. Der Saldo ist der HEBS. – *Kritik:* Mit nur minimalen Fehlern bei der Errechnung des Vollbeschäftigungsniveaus entsteht sofort ein sich potenzierender Fehler.

Hilfe in besonderen Lebenslagen, →Sozialhilfe.

Hilfeleistung, Verrichtungen des →Zollbeteiligten oder einer von ihm beauftragten Person mit dem Zweck, die Ermittlung der

Menge und Beschaffenheit des →Zollguts (→Zollbeschau) zu ermöglichen (Verbringen der Ware zur Waage, Abrollen von Stoffballen usw.). Die H. ist nach zollamtlicher Anweisung und auf Kosten und Gefahr des Zollbeteiligten vorzunehmen. Ist Personal für H. zollamtlich bestellt, so kann die →Zollstelle dieses auf Kosten des Zollbeteiligten in Anspruch nehmen, soweit dies zweckmäßig und dem Zollbeteiligten zumutbar ist. Der Zollbeteiligte ist zur H. verpflichtet. Kommt er dieser Pflicht nicht nach, weist die Zollstelle den →Zollantrag zurück. – Vgl. auch →Darlegung.

Hilfeleistung in Steuersachen, →Steuerberatungsgesetz (StBerG) I.

Hilferding, Rudolf, 1877–1941, bedeutender sozialistischer Nationalökonom. H. war Reichsfinanzminister 1923 und 1928/1929; er gehörte zum Neomarxismus, einer sozialistischen Richtung, die das Ausbleiben des vom Marxismus vorausgesagten Zusammenbruchs des kapitalistischen Systems durch den Imperialismus der Nationalstaaten zu erklären suchte (→Marxismus). – *Hauptwerk*: „Das Finanzkapital" (1910).

Hilfe zum Lebensunterhalt, →Sozialhilfe.

Hilfsantrag, ein im Zivilprozeß nur hilfsweise (d. h. für den Fall, daß dem Hauptantrag nicht stattgegeben wird) gestellter →Antrag. Nur zulässig, soweit Haupt- und Hilfsantrag auf einem Sachverhalt beruhen (z. B. Hauptantrag auf Zahlung des Kaufpreises; H. – etwa für den Fall, daß das Gericht den Kaufvertrag als nichtig ansehen sollte – auf Rückgabe der schon übergebenen Kaufsache).

Hilfsarbeit, niedrigste Einstufung einer Arbeitsverrichtung nach dem Grad ihrer Schwierigkeit; vgl. auch →Arbeitsbewertung.

Hilfsarbeiter, ein mit Arbeiten einfacher und einfachster Art beschäftigter →Arbeiter ohne Berufserfahrung und Anlernung (→angelernter Arbeiter). – Vgl. auch →ungelernter Arbeiter.

Hilfsarbeiterlohn, meist Zeit-, selten Akkordlohn für →ungelernte Arbeiter oder →angelernte Arbeiter. – *Kostenrechnungstechnische Erfassung und Verrechnung*: H.

können →*Fertigungslöhne* sein, sofern sie sich dem Kostenträger direkt, d. h. ohne Verrechnung über Kostenstellen im →Betriebsabrechnungsbogen (BAB), zurechnen lassen. Meist jedoch nur Verrechnung als *Gemeinkostenlöhne* (→*Hilfslöhne*), oftmals als →Kostenstelleneinzelkosten möglich, da die Hilfsarbeiter i. d. R. bestimmten Kostenstellen als Arbeitskraft zugeteilt und die für sie erwachsenden Lohnkosten diesen zuzurechnen sind; bei „fliegenden Kolonnen" oder vielseitig beanspruchten Einzelkräften ist eine Aufteilung anteilig (nach Zeit- oder Mengeneinheiten) der für die Kostenstellen erbrachten Arbeitsleistung erforderlich.

Hilfsbetrieb, →Produktionshilfsbetrieb.

Hilfsbücher, Bezeichnung für die insbes. der Mengenverrechnung dienenden Nebenbücher, die als Ergänzung gewisser Hauptbucheintragungen oder zur Kontrolle einzelner Vermögensteile dienen. Dazu zählen das Kontokorrentbuch oder die Kontokorrentkartei, das Wechselbuch, das Akzeptbuch, Effektenbücher, das Wareneingangs- und -ausgangsbuch u. ä. – Vgl. auch →Bücher.

Hilfsfiskus, Begriff der Finanzwissenschaft. – 1. Synonyme Bezeichnung der Parafisci (→Parafiskus); – 2. Oft Bezeichnung der Untergruppe der Parafisci, deren Existenz durch staatliche Initiative begründet wird (→Parafiskus 2 a).

Hilfsgeschäfte. 1. *Begriff*: Gelegentliche Geschäfte, die dazu dienen, die eigentliche gewerbliche oder berufliche Tätigkeit eines Unternehmens fortzuführen oder aufrechtzuerhalten. – *Beispiel*: Ein Handelsvertreter veräußert einen unbrauchbar gewordenen Kraftwagen, um einen neuen zu kaufen; eine Stoffabrik veräußert Abfälle, ein Verlag Altpapier, eine Fabrik alte Maschinen als Schrott. – 2. *Umsatzsteuerrecht*: H. im umsatzsteuerlichen Sinne sind Geschäfte, die nicht den eigentlichen Gegenstand des Unternehmens bilden (z. B. die Veräußerung von Anlagevermögen). Dennoch handelt es sich um Leistungen, die im Rahmen des Unternehmens erbracht werden, so daß H. zu steuerbaren Umsätzen führen. Ein Unternehmer, der für die Umsätze im Rahmen seiner gewerblichen oder beruflichen Tätigkeit Umsatzsteuerfreiheit oder den ermäßigten Steuersatz in Anspruch nehmen kann, muß H. mit dem Regelsteuersatz für die betreffenden Hilfsumsätze versteuern. Bestimmte H. werden bei der Berechnung des Gesamtumsatzes (→Kleinunternehmer, →Istversteuerung) nicht berücksichtigt (§ 19 IV Nr. 2 UStG).

Hilfskostenstelle, *Vorkostenstelle* →Kostenstelle, die nicht direkt mit der Herstellung der betrieblichen Produkte befaßt ist, sondern hierzu Vorleistungen (→innerbetriebliche Leistungen) erbringt. – *Arten*: a) *Allgemeine H.*: Ihre Leistungen fließen an sämtliche Kostenstellen des Unternehmens, z. B. Werksfeuerwehr, Sozialstation, Stromerzeugung; b) *spezielle H.*: Ihre Leistungen werden nur für spezielle Unternehmensbereiche, z. B. Arbeitsvorbereitung als Fertigungshilfskostenstelle, erbracht. – Die Kosten von H. werden im Rahmen der →Betriebsabrechnung anderen Hilfs- oder Endkostenstellen belastet. – *Gegensatz*: →Endkostenstellen.

Hilfslöhne, Begriff der Kostenrechnung für alle Löhne, die nicht als →Fertigungslöhne erfaßt und verrechnet werden, da sie für nicht unmittelbar am Werkstück verrichtete Arbeit anfallen. Zu H. zählen z. B. Löhne für Transport- und Reinigungsarbeiten. – *Maßgebend* für die Unterscheidung vom Fertigungslohn ist nicht die Art der Tätigkeit (Facharbeit oder Hilfsarbeit), sondern die Verrechnung als →Gemeinkosten. Daher werden H. häufig auch als *Gemeinkostenlöhne* bezeichnet.

Hilfsmaterial, →Hilfsstoffe.

Hilfsmittel, im Sinn der Sozialversicherung und der Kriegsopferversorgung Mittel gegen Verunstaltung oder Verkrüppelung, die nach beendigter Heilbehandlung zur Erhaltung oder Wiederherstellung der Arbeitsfähigkeit notwendig sind, z. B. Körperersatzstücke, orthopädische Hilfsmittel, künstliche Glieder, Blindenführhunde. H. werden in den erforderlichen Fällen in voller Höhe gewährt. Sie gehören zu den Pflichtleistungen; ebenso erforderliche Instandsetzungen und Ersatzbeschaffungen. – Zahnersatz, Zahnkronen und Stiftzähne gelten in der Krankenversicherung nicht als H. und werden entsprechend der Satzung der jeweiligen Krankenkasse gewährt.

Hilfsprozessor, *Coprozessor,* Zusatzprozessor (→Prozessor), der die Leistung eines

→Computers erhöhen soll, indem er den →Zentralprozessor durch die Übernahme bestimmter Aufgaben entlastet. Zu den H. zählen insbes. →Ein-/Ausgabe-Prozessor und →Gleitkommaprozessor.

Hilfsstoffe, *Hilfsmaterial,* Begriff der Kostenrechnung für diejenigen Stoffe, die bei der Fertigung in das Erzeugnis eingehen, ohne Rohstoff zu sein, also nicht wesentlicher Bestandteil des Erzeugnisses werden, sondern lediglich eine Hilfsfunktion im fertigen Produkt erfüllen (Leim, Lack bei der Möbelproduktion). Die Kosten von H. werden zumeist aus Vereinfachungsgründen als →unechte Gemeinkosten verrechnet und mit den →Betriebsstoffen zu einer Kostenartengruppe zusammengefaßt. – Vgl. auch →Gemeinkostenmaterial.

hinkende Inhaberpapiere, *qualifizierte Legitimationspapiere,* zu den →Wertpapieren i. w. S. gehörig. In h. I. verspricht Aussteller einem namentlich benannten Gläubiger eine Leistung, bestimmt aber gleichzeitig, daß die Leistung an jeden Inhaber der Urkunde bewirkt werden kann (§ 808 BGB). Übertragung der h. I. nicht wie Inhaberpapiere durch →Übereignung der Urkunde, sondern nur durch Abtretung der verbrieften Forderung (→Forderungsabtretung). Der Aussteller ist jedoch berechtigt, an jeden Inhaber der Urkunde mit befreiender Wirkung zu leisten; er ist hierzu nicht verpflichtet, kann vielmehr verlangen, daß der Inhaber sich vorher als berechtigter Gläubiger ausweist. Der Schuldner kann bei Leistung stets Aushändigung des Papiers verlangen. – Zu den h. I. gehören: →Sparbücher, →Depotscheine, →Versicherungsscheine. – *Legitimationspapiere* (z. B. Garderobenmarken, Gepäckscheine) nennen Namen des Berechtigten nicht.

Hinterbliebenengeld, Leistung der →Altershilfe für Landwirte.

Hinterbliebenen-Pauschbetrag, →außergewöhnliche Belastungen, →Pauschbeträge V 2.

Hinterbliebenenrenten, im Rahmen der gesetzlichen Rentenversicherungen, gesetzlichen Unfallversicherung wie auch der Kriegsopferversorgung den Hinterbliebenen eines Versicherten bzw. Beschädigten gewährte Leistungen. – 1. *Anspruchsberechtigte*: In den einzelnen Versicherungen verschieden festgelegt: a) Angestellten- und Arbeiterrentenversicherung, knappschaftliche Rentenversicherung: Witwen-, Witwer-, Waisenrenten sowie Rente an den früheren Ehegatten (§§ 41–44 AVG, §§ 1264–1267 RVO, §§ 64–67 RKG, ab 1.1.1992: §§ 46,48,243 SGB VI); – b) Unfallversicherung: Witwen-, Witwer-, Waisenrenten, Rente an den früheren Ehegatten sowie Elternrenten (§§ 590 ff. RVO); c) Kriegsopferversorgung: Witwen-, Witwer-, Waisen-, Elternrenten, Rente an die frühere Ehefrau, Witwen- und Waisenbeihilfe sowie Schadensausgleich für Witwen (§§ 38–52 BVG). – 2. *Kürzung* der H., die den Anspruchsberechtigten gewährt werden, a) bei Überschreitung eines Höchstbetrags, b) beim Zusammentreffen mehrerer Hinterbliebenenrenten oder beim Zusammentreffen von H. mit Versichertenrenten. – 3. *Sonderbestimmung:* Anspruch von Verwandten der aufsteigenden Linie besteht nur, soweit Ehegatten und Kinder den Höchstbetrag der H. nicht erschöpfen. – 4. Zur *Neuregelung des H.-Rechts* seit 1.1.1986 vgl. →Witwenrente und →Witwerrente.

Hinterland. 1. *Im engeren Sinne:* wirtschaftliches Einzugsgebiet von See- und Binnenhäfen. Der Kampf um das H. der deutschen Nordseehäfen untereinander und mit Häfen der Benelux-Länder ist u.a. durch die verkehrspolitischen Maßnahmen und Ziele der EG verschärft. Zum Schutz der Häfen Hamburg und Bremen bestehen Seehafenausnahmetarife, die den Verlust des H. außerhalb der Bundesrep. D. teilweise ausgleichen sollen. – 2. *Im weiteren Sinne:* Häufig allgemeiner gebraucht für Einflußgebiete von Siedlungen, so werden z.B. die Marktgebiete zentraler Orte auch als städtisches H. bezeichnet.

Hinterlegung. I. Allgemein: H. von Geld und gewissen anderen Sachen bei dem Amtsgericht des →Leistungsorts (vgl. auch →Erfüllungsort) hat unter gewissen Voraussetzungen gleiche Wirkung wie die →Erfüllung; ebenso ist die H. Mittel der →Sicherheitsleistung. – *Rechtsgrundlage:* §§ 372–386 BGB, Hinterlegungsordnung vom 10.3.1937 (RGBl I 285).

II. H. von Geld, Wertpapieren und Kostbarkeiten: 1. *Statthaft* a) bei →Annahmeverzug des Gläubigers, b) bei einem in der Person des Gläubigers liegenden Grund (z.B. Geschäftsunfähigkeit ohne gesetzlichen Vertreter), c) bei entschuldbarer Unkenntnis über die Person des Gläubigers (wenn z.B. bei unsicherer Rechtslage mehrere die Forderung für sich beanspruchen). – 2. Die H. ist dem Gläubiger *anzuzeigen.* – 3. Der Schuldner darf die hinterlegte Sache im allgemeinen *zurücknehmen,* solange er nicht gegenüber der Hinterlegungsstelle auf das Rücknahmerecht verzichtet oder der Gläubiger die Annahme erklärt hat. – 4. Ist die Rücknahme ausgeschlossen, gilt die H. als *Erfüllung.* Auch sonst kann der Schuldner den Gläubiger auf die hinterlegte Sache verweisen; er braucht auch weder Zinsen zu zahlen noch Ersatz für →Nutzungen zu leisten. – 5. Die *Kosten* der H. trägt der Gläubiger, wenn nicht der Schuldner zurücknimmt. – 6. H. bewirkt im Steuerrecht ein →Pfandrecht des Steuergläubigers an hinterlegtem Geld oder Wertpapieren oder an der Forderung auf Rückerstattung (§ 139 AO).

III. H. beim Handelskauf: Der Verkäufer darf bei →Annahmeverzug des Käufers die Ware auch ohne die sonst zu erfordernden Voraussetzungen, und zwar auch in einem öffentlichen Lagerhaus oder in sonst sicherer Weise, und im allgemeinen ohne an einen bestimmten Hinterlegungsort gebunden zu sein, hinterlegen (§ 373 I HGB).

IV. H. anderer Sachen: Dies ist unzulässig (Ausnahme beim Handelskauf, hier können alle Waren hinterlegt werden); sie müssen zuerst durch *Versteigerung* oder *Verkauf* verwertet werden (§§ 383 ff. BGB). – 1. Bewegliche Sachen, die *zur H. nicht geeignet* sind, kann der Schuldner bei Annahmeverzug des Gläubigers durch einen Gerichtsvollzieher nach vorheriger Androhung i.d.R. am Leistungsort öffentlich versteigern lassen und den Erlös hinterlegen. Von der Versteigerung ist der Gläubiger zu benachrichtigen. Androhung darf unterbleiben, wenn die Sache dem Verderb ausgesetzt und mit dem Aufschub Gefahr verbunden ist. – 2. Ist der Schuldner wegen *Unkenntnis* über die Person des Gläubigers oder aus einem in der Person des Gläubigers liegenden Grund zur H. berechtigt, darf eine Versteigerung nur erfolgen, wenn der Verderb der Sache zu besorgen oder die Aufbewahrung mit unverhältnismäßigen Kosten verbunden ist. – 3. Sachen, die einen Börsen- oder Marktpreis haben, kann der Schuldner auch durch *freihändigen Verkauf* durch einen zu solchen Verkäufen öffentlich ermächtigten Handelsmakler oder einen Gerichtsvollzieher zum laufenden Preise verwerten und den Erlös hinterlegen. – 4. Die *Kosten* der Versteigerung oder der freihändigen Verwertung trägt der Gläubiger, sofern nicht der Schuldner zurücknimmt.

V. H. bei Verpflichtung zur Sicherheitsleistung: I. d. R. vorgeschrieben.

Hintermann, →Strohmann.

Hinzurechnungen, Begriff des Gewerbesteuerrechts bei der Ermittlung des →Gewerbeertrags (§ 8 GewStG) und des →Gewerbekapitals (§ 12 II GewStG). Vgl. im einzelnen dort.

HIPO-Methode, *hierarchy plus input-process-output method.* 1. *Begriff:* a) meist →Softwareentwurfsmethode; auch *Darstellungsmittel* für die →Programmentwicklung, wie z. B. Struktogramm und Programmablaufplan. – 2. *Entstehung:* 1970 von Mitarbeitern der Firma IBM in Zusammenhang mit einem großen Softwareprojekt („New-York-Times-Projekt") entwickelt. – 3. *Bestandteile:* a) *Inhaltsübersicht* (visual table of contents): Graphische Übersicht, in der alle →Module eines →Softwaresystems, bzw. im kleineren: alle Verfeinerungskonstrukte eines →Programms (→schrittweise Verfeinerung), in einer Hierarchie als Baum dargestellt werden. – b) *Überblicksdiagramme:* für jede Komponente der Inhaltsübersicht wird ein dreiteiliges Diagramm erstellt, das links die *Eingabedaten* (input), in der Mitte die groben *Verarbeitungsschritte* (process) und rechts die *Ausgabedaten* (output) enthält. – c) *Detaildiagramme:* die Verarbeitungsschritte der Überblicksdiagramme werden verfeinert (schrittweise Verfeinerung) und analog zu b) in dreiteiligen Diagrammen dargestellt; u. U. für mehrere Verfeinerungsstufen. – d) *Erweiterte Beschreibung:* zusätzliche verbale Erläuterungen zu Übersichts- und Detaildiagrammen. – 4. *Eignung:* für „Programmierung im Kleinen" (→Software Engineering IV 4) brauchbar, da schrittweise Verfeinerung gut unterstützt; für „Programmierung im Großen" weniger, da die →Modularisierungsprinzipien eher behindert werden.

Histogramm, *Säulendiagramm,* graphische Darstellung einer →Häufigkeitsverteilung in bezug auf ein →quantitatives Merkmal, bei dem eine →Klassenbildung vorgenommen wurde. Über den jeweiligen Klassenintervallen werden Rechtecke (Säulen) derart gezeichnet, daß die Maßzahl der Fläche des jeweiligen Rechtecks die (relative oder absolute) Klassenhäufigkeit repräsentiert. Um die Höhe der Rechtecke („Häufigkeitsdichten") zu erhalten, müssen die Klassenhäufigkeiten durch die Klassenbreiten dividiert werden. Die Gesamtfläche eines H. ist somit gleich dem Umfang der Gesamtheit *(absolutes H.)* bzw. 1 *(relatives H.).* – Die in nachstehender Tabelle verzeichnete Häufigkeitsverteilung ergibt als Beispiel ein relatives H. gemäß der folgenden Zeichnung.

Klasse	Häufig-keit absolut	Häufig-keit relativ	Recht-eckshöhe
0 bis unter 20	24	0,12	0,006
20 bis unter 30	34	0,17	0,017
30 bis unter 40	48	0,24	0,024
40 bis unter 50	56	0,28	0,028
50 bis unter 70	20	0,10	0,005
70 bis unter 100	18	0,09	0,003
zusammen	200	1,00	X

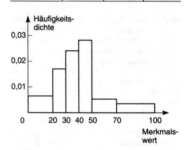

historischer Materialismus. 1. *Charakterisierung:* Von K. Marx und F. Engels auf der Basis des →dialektischen Materialismus konzipierte Lehre über die allgemeinen Entwicklungsgesetze der Gesellschaft. Als Ursache des zwangsläufigen Geschichtsprozesses wird im →Marxismus die dialektische Spannung zwischen den →Produktionsverhältnissen und den Produktivkräften angesehen: Letztere entwickeln sich durch den →technischen Fortschritt immer weiter und geraten dabei in zunehmenden Widerspruch zu den augenblicklich vorherrschenden Produktionsverhältnissen. Folgen dieses „Grundwiderspruchs" sind eine Hemmung des technischen Fortschritts, immer heftigere ökonomische Krisen und gesellschaftliche Spannungen. Die sozialen Konflikte weiten sich auf Grund des zunehmenden Klassenkampfes zwischen den Produktionsmitteleigentümern und -nichteigentümern (→Klassentheorie) so lange aus, bis in einem dialektischen Sprung die Produktionsverhältnisse revolutionär so umgestaltet werden, daß sie dem erreichten Stand der Produktivkräfte entsprechen. Diese Übereinstimmung zwischen beiden Elementen fördert zwar anfänglich den technisch-ökonomischen Fortschritt, jedoch geraten die Eigentumsverhältnisse bald wieder in Widerspruch zu den sich fortentwickelnden Produktivkräften; die Folge ist eine neuerliche revolutionäre Umwälzung. – 2. Die dialektische Einhcit von Produktivkräften und Produktionsverhältnissen wird als *Produktionsweise* bezeichnet. Marx leitet fünf verschiedene, seiner Meinung nach gesetzmäßig aufeinanderfolgende Produktionsweisen ab: a) *Urgesellschaft*: Gemeinschaftseigentum an den Produktionsmitteln; b) *Sklavenhaltergesellschaft*: Privateigentum an den Produktionsmitteln und an den Sklaven; c) *Feudalismus*: Privateigentum an den Produktionsmitteln bei Leibeigenschaft und Grundhörigkeit der Bauern; d) →*Kapitalismus*; Privateigentum an den Produktionsmitteln; e) →*Kommunismus* (bzw. →*Sozialismus*): Gesellschaftseigentum an den Produktionsmitteln. Der jeweiligen Produktionsweise als „Basis" entspricht eine spezifische Ausprägung des gesellschaftlichen „Überbaus", d.h. der realisierten Form der Staatsordnung, der Religion, der Kunst, der Ideologie usw. – *Grundwiderspruch der kapitalistischen Produktionsweise* ist Marx zufolge der erreichte hohe Stand der gesamtgesellschaftlichen Arbeitsteilung bei gleichzeitiger individueller Aneignung der Wertschöpfung durch die Kapitalisten als Produktionsmitteleigentümer (→Mehrwerttheorie, →Ausbeutung). Marxens ökonomische Analyse dient dem Zweck, hieraus die zunehmende Krisenanfälligkeit des Kapitalismus und seinen notwendigen Untergang abzuleiten (→tendenzieller Fall der Profitrate, →Krisentheorie). – Die angenommene Entwicklungsgesetzmäßigkeit findet ihren *Abschluß im Sozialismus bzw. Kommunismus*, da es dort wegen der Gesellschaftseigentums keine unterschiedlichen, sich bekämpfenden Klassen mehr gibt so-

wie gesellschaftliche Arbeitsteilung und Aneignung der Wertschöpfung übereinstimmen. – 3. *Kritisiert* wird dieser Ansatz u.a. deswegen, weil er nicht in der Lage ist, die geschichtlichen Entwicklungen in allen Ländern zu erklären und daneben der weitere gesellschaftliche Fortschritt vom Umfang des zukünftigen Wissens abhängt, worüber jedoch in der Gegenwart aus logischen Gründen keine Aussagen getroffen werden können. Das Denken in Entwicklungen übersehe insbes. die Gestaltbarkeit der gesellschaftlichen Ordnung durch den Menschen und könne nicht zur Lösung der in jeder Wirtschaftsordnung bestehenden Probleme herangezogen werden.

Historische Schule. 1. *Bezeichnung* für die sich insbes. in Deutschland zur Mitte des 19. Jh. herausbildende Forschungsrichtung, deren Grundthese ist, daß alle wirtschaftlichen Erscheinungen raum- und zeitabhängig sind und deshalb keine allgemeingültigen, abstrakten Theorien aufgestellt werden können. Unterschieden werden: a) *ältere H. Sch.* (Vorläufer List, daneben Roscher, Hildebrand, Knies), b) *jüngere H. Sch.* (Schmoller als Hauptvertreter, daneben Bucher, Brentano, Conrad, Haubach, Held, Herkner, Knapp) und c) „*dritte*" *H. Sch.* (M. Weber, Sombart, Spiethoff). – Zu der Strömung, die sich insbes. mit sozialpolitischen Fragen auseinandersetzte, vgl. →*Kathedersozialisten*. – 2. *Charakterisierung*: Innerhalb der H. Sch. herrscht die Vorstellung, daß die einzelnen Volkswirtschaften unterschiedliche Stufen der wirtschaftlichen Entwicklung mit nur ihnen jeweils eigenen Besonderheiten durchlaufen (→Wirtschaftsstufe, →Wirtschaftsstil). Mit Hilfe der historischen Methode müßten durch umfassende Detailstudien historischer Quellen und durch statistisch-empirische Forschung die Besonderheit der jeweiligen Stufe erfaßt werden (induktive Methode, d.h. die Ableitung theoretischer Aussagen aus Beobachtungen). – 3. *Beurteilung*: Der Vorwurf der Theoriefeindlichkeit ist zwar gegenüber den Vertretern der H. Sch. insgesamt unzutreffend, jedoch scheitert die historische Methode letztendlich an ihrem Verzicht auf a-priori-Hypothesen und daraus abgeleitete, die Forschung lenkende Fragestellungen. Durch ausgedehnte Informationssammlung lassen sich zwar die unterstellten wirtschaftlichen Entwicklungsstufen illustrieren, nicht jedoch ihre Zwangsläufigkeit beweisen, wie auch das innere Gefüge einer →Wirtschaftsordnung durch Deskription nicht analysierbar ist.

historisches Steuersystem, ein im Zeitablauf gewachsenes →Steuersystem mit Steuern verschiedener Art, deren Unterschied i.d.R. in Entstehung, Rechtfertigung, Zweckmäßigkeit und Ergiebigkeit liegt. – *Gegensatz:* →rationales Steuersystem.

HMN, Hamburger Methode der Netzplantechnik, Netzplantechnik, die Vorgangsknotennetzpläne (→Netzplan) verwendet. Zugelassen sind nur →Endfolgen (Mindest- und Höchstabstände); →Netzplantechnik III 1.

Hobbes, Thomas, 1588–1679, englischer Philosoph. Beeinflußt von den antiken Materialisten und dem philosophischen Nominalismus schuf H. ein materialistisches System. Durch seine Erkenntnistheorie wurde er Vorläufer des →Positivismus. Nach H. besteht ein „Atomismus selbstsüchtiger Individuen" (Dilthey), ein Kampf aller gegen alle (bellum omnium contra omnes). Daraus abgeleitet die Forderung nach absoluter Staatsherrschaft (staatlicher Omnipotenz). *Hauptwerke:* „Elementa philosophiae" Sectio I: De cive (1642), Sectio II: De corpore (1655), Sectio III: De homine (1658); „Leviathan" (1651).

Hobbycomputer, →Heimcomputer.

Hochkapitalismus, →Kapitalismus.

Hochkonjunktur, →Konjunkturphasen.

Hochrechnung, synonymer Begriff für →Schätzung im Zusammenhang mit der Übertragung von empirischen Befunden aus →Zufallsstichproben auf die übergeordnete →Grundgesamtheit. Von H. wird insbes. dann gesprochen, wenn der Schätzvorgang den Umfang der Grundgesamtheit einbezieht, v.a. wenn →Gesamtmerkmalsbeträge oder Anzahlen von Elementen einer bestimmten Kategorie zu schätzen sind. – 1. *Freie H.* liegt vor, wenn nur der Stichprobenbefund selbst zur Schätzung herangezogen wird. – 2. *Gebundene H.* (z.B. Verhältnisschätzung, Regressionsschätzung, Differenzenschätzung) ist gegeben, wenn daneben weitere Informa-

tionen in den Schätzvorgang eingehen, z.B. Informationen aus einer früheren Vollerhebung.

Hochregallager, →Lager mit Fachregalen großer Höhe (ca. 15–20 m oder höher), die i.d.R. durch automatische Fördereinrichtungen bedient werden; Steuerung durch →Software. – Vgl. auch →fahrerloses Transportsystem (FTS), →Prozeßsteuerung, →factory of the future.

Hochschule, Stätte für wissenschaftliche Forschung und Lehre, d.h. Weitergabe praktischer und theoretischer Kenntnisse in wissenschaftlicher Form an die Studierenden, an die bei Nachweis der erworbenen Kenntnisse und Fähigkeiten durch die vorgesehene Abschlußprüfung akademische Würden erteilt werden können. Laut Hochschulrahmen-Gesetz obliegen der H. die Aufgaben: Pflege der Wissenschaften und der Kunst; Grundlagenforschung; wissenschaftsbezogene Lehre zur Vorbereitung auf entsprechende Berufe; Dienstleistungen auf wissenschaftlicher Grundlage.

I. Aufbau: 1. *Leitung* von H. liegt in den Händen eines Rektors bzw. Präsidenten, dem der Prorektor bzw. Vizepräsident/en, die Dekane (Leiter der Fakultäten) bzw. Vorsitzende (der Fachschaften) und der Senat bzw. Fachbereichsrat sowie Ausbildungskommission und Forschungskommission zur Seite stehen. Alle Posten und Gremien werden für eine bestimmte Amtszeit durch Wahl besetzt. – 2. Die *Lehrer* (Dozenten) gliedern sich in ordentliche und außerordentliche Professoren, außerplanmäßige Professoren, Honorarprofessoren, Privatdozenten und Lehrbeauftragte. – 3. *Gliederung* der H. entsprechend der Sachgebiete in Fakultäten bzw. Fachbereiche. – 4. *Voraussetzung* für den Besuch der meisten H. ist die Reifeprüfung; daneben möglich allgemeine Hochschulreife (zu erlangen an Abendgymnasien und Kolleg), fachgebundene Hochschulreife, Sonderreifeprüfung. – Wegen der ungenügenden Zahl an Arbeitsplätzen bestehen an einigen Fakultäten bzw. Abteilungen der H. Zulassungsbeschränkungen (numerus clausus). – 5. *Einteilung* des Studiums an den deutschen H. in Semester (Halbjahre). Sommersemester vom 1.4. bis 30.9. (Vorlesungen vom 15.4. bis 15.7.), Wintersemester vom 1.10. bis 31.3. (Vorlesungen vom 15.10. bis 15.2.). – 6. *Lehrformen* an den H. sind Vorlesungen

(Kollegien), praktische Übungen, Seminare und Besprechungen (Kolloquien).

II. **Arten:** 1. *Wissenschaftliche H.:* H. mit Promotions- und Habilitationsrecht. Dazu zählen →Universitäten, →Technische Universitäten (TU), →Gesamthochschulen-Universitäten (auch Bundeswehruniversitäten), Pädagogische Hochschulen, Fernuniversität Hagen sowie H. mit begrenzter Fächerauswahl. – 2. *Theologische und kirchliche H.:* H. mit wissenschaftlichem Charakter in Trägerschaft einer anerkannten Glaubensgemeinschaft. – 3. *Kunst- und Musik-H.* – 4. →*Fachhochschulen.*

III. **Hochschulsystem in den neuen Bundesländern:** Derzeit (1992) noch in einer Umstrukturierungsphase.

III **Ausbau und Neubau von wissenschaftlichen H.:** →Gemeinschaftsaufgabe von Bund und Ländern, geregelt durch das Hochschulbauförderungsgesetz vom 1.9.1969 (BGBl I 1556) mit späteren Änderungen.

Hochschulstatistik, Teilbereich der →Kulturstatistik. Die H. dient der Bereitstellung bundeseinheitlicher Planungsdaten im Hochschulbereich, gesetzlich geregelt im Hochschulstatistikgesetz i.d.F. vom 21.4.1980 (BGBl I 453). Die Statistik liefert Angaben über Studienwünsche (der Abiturienten), Studenten, Prüfungen und Prüfungskandidaten, Hochschulpersonal, Raumbestand, Hochschulausgaben und -einnahmen. Die H. wird vom Ausschuß für die Hochschulstatistik begleitet. Derzeit wird wegen gewisser datenschutzrechtlicher Bedenken eine Novellierung der Rechtsgrundlage angestrebt.

Hochseefischerei, als Teilgebiet des Fischereiwesens zur →Urproduktion gehörig. Ausübung der H. gilt als Erwerb durch Seefahrt. Die dazu verwendeten Seeschiffe sind deshalb Kauffahrteischiffe.

Höchstarbeitsbedingungen, Tarifbedingungen als Höchstbedingungen; unzulässig nach dem in § 4 III TVG niedergelegten →Günstigkeitsprinzip. Den Parteien des einzelnen Arbeitsvertrages muß eine Vergütung nach Leistung durch übertarifliche Zulagen (→übertarifliche Bezahlung) gestattet sein.

Höchstbeiträge, in der gesetzlichen Sozialversicherung gemäß Beitragsbemessungsgrenze und Beitragssatz von freiwillig Versicherten ganz oder von Empfängern höherer Einkommen und deren Arbeitgebern jeweils zur Hälfte zu zahlende höchste Beiträge. 1992: Rentenversicherung 1203,60 DM, Arbeitslosenversicherung 428 DM je Monat, Krankenversicherung je nach Satzung (keine bundeseinheitliche Regelung) ca. 622 DM (bei einem Beitragssatz von ca. 12%).

Höchstbetragshypothek, *Maximalhypothek,* wird gemäß § 1190 BGB in der Weise bestellt, daß nur der Höchstbetrag, bis zu dem das Grundstück haften soll, bestimmt, im übrigen die Feststellung der Forderung vorbehalten wird. Sofern die Forderung verzinst wird, sind die Zinsen im Gegensatz zur →Hypothek oder →Grundschuld in den Höchstbetrag einzurechnen. Umwandlung in gewöhnliche →Hypothek ist zulässig. Die H. gilt als →Sicherungshypothek, auch wenn sie im Grundbuch nicht als solche bezeichnet ist. Die Forderung kann nach allgemeinen Vorschriften (§§ 398 ff. BGB) übertragen werden; in diesem Fall ist der Übergang der Hypothek ausgeschlossen. Eine H. kann zur Sicherung für alle bestehenden und zukünftigen Forderungen bestellt werden, auch zur Sicherung von Bürgschaftsverpflichtungen u.a. – *Sonderform:* →Arresthypothek.

Höchsthaftungssumme, Haftungsgrenze, insbes. der →Haftpflichtversicherung. Die Haftungssumme ist nach dem Schadenersatzrecht des BGB unbegrenzt, ebenso in der Atomanlagenhaftung (§ 25 AtomG) sowie in der Haftung für Gewässerschäden nach § 22 WasserhaushaltsG. In der Produkthaftung sind Personenschäden begrenzt auf 160 Mio. DM (nach dem ProdukthaftungsG), in der Umwelthaftung muß für Personen- und Sachschäden jeweils bis zur Höhe von 160 Mio. DM gehaftet werden. In der Arzneimittelhaftung beläuft sich die Haftungshöchstgrenze für den Serienschaden auf 200 Mio. DM, bei Schäden aufgrund gentechnischer Organismen auf 160 Mio. DM für Personen- und Sachschäden zusammen. – Vgl. auch →Versicherungssumme.

Höchstpreis, gesetzlich oder behördlich festgesetzte obere Preisgrenze, die grundsätzlich unterboten werden darf. Als Mittel der staatlichen Wirtschaftspolitik dient der H. zur Vermeidung sozial und volkswirtschaftlich unerwünschter Gewinne dienen und wird deshalb häufig in Zeiten von Kriegswirtschaft oder Inflation angewendet.

Höchstqualität, Bezeichnung der Handelsbetriebslehre für Waren, die höchsten Verbrauchsansprüchen in bezug auf Verbrauchseignung und Stoffqualität entsprechen.

Höchstwertprinzip, Wertansatzbestimmung des Handelsrechts für *Verbindlichkeiten,* abgeleitet aus dem Prinzip der Bilanzvorsicht und damit Bestandteil der →Grundsätze ordnungsmäßiger Buchführung (GoB), analog Aufwandsantizipation wie bei Anwendung des →Niederstwertprinzips. Das H. besagt, daß von zwei möglichen Wertansätzen für eine Verbindlichkeit stets der höhere gewählt werden muß. Liegt z. B. bei Auslandsschulden der Tageswert infolge Wechselkursänderungen unter den Anschaffungskosten (= Briefkurs am Tag der Entstehung), so sind letztere anzusetzen, da die niedrigere Bewertung einer Schuld zum Ausweis eines unrealisierten Gewinns führen würde (→Realisationsprinzip). Entsprechend muß im umgekehrten Falle ein über die Anschaffungskosten gestiegener Tageswert passiviert werden (→Imparitätsprinzip).

Höchstzinssatz, →cap.

Hochwasserzuschlag, prozentualer Zuschlag zur Grundfracht, den die Binnenschiffahrt bei Verkehrsbehinderung durch Hochwasser erhebt.

Höferecht, Sondervorschriften über das bäuerliche Erbrecht, das die Erhaltung des Hofs als wirtschaftliche Einheit dadurch sichern will, daß die Hofnachfolge jeweils nur einer der Anerben erben kann (vgl. Art. 64 EGBGB). In Hamburg, Niedersachsen, Schleswig-Holstein und Nordrhein-Westfalen gilt die Höfeordnung i.d.F. vom 26.7.1976 (BGBl I 1933 mit späteren Änderungen); Eigene Regelungen haben Bremen, Hessen, Rheinland-Pfalz und Baden-Württemberg.

Hoffnungskauf, Kauf einer unsicheren Sache oder eines unsicheren Rechtes ohne Gewähr. I. d. R. ist die bloße Einräumung der Gewinnaussicht Gegenstand des Kaufes, wie beim Kauf eines Loses.

Hohe Behörde, →Kommission der Europäischen Gemeinschaften.

Hoheitsakt, Entscheidung des Staates oder einer juristischen Person des öffentlichen Rechts aufgrund ihrer Stellung als Hoheitsträger. Oberbegriff für →Regierungsakte und →Verwaltungsakte.

Hoheitsbetrieb. 1. *Begriff:* Betrieb von Körperschaften des öffentlichen Rechts, der überwiegend der Ausübung der öffentlichen Gewalt dient. Insbes. anzunehmen, wenn sie Leistungen erbringen, zu deren Annahme die Leistungsempfänger aufgrund gesetzlichen oder behördlichen Anordnung verpflichtet ist, z. B. Forschungsanstalten, Wetterwarten, Friedhöfe, Krematorien, Schlachthöfe, Anstalten zur Lebensmitteluntersuchung, zur Desinfektion, zur Müllbeseitigung, zur Straßenreinigung usw. – 2. *Besteuerung:* H. sind keine →Betriebe gewerblicher Art und unterliegen daher nicht der Besteuerung. Eine Zusammenfassung mit Betrieben gewerblicher Art ist unzulässig.

Hoheitsverkehr, Verkehrsausführung durch Träger der hoheitlichen Gewalt (Bund, Länder, Gemeinden und Gemeindeverbände, Körperschaften und Anstalten des öffentlichen Rechts sowie die ihnen unterstehenden Verwaltungseinheiten, z. B. Bundeswehr, Bundesgrenzschutz, Polizei) zwecks Wahrnehmung der ihnen obliegenden hoheitlichen Aufgaben. Die Beförderung von Gütern mit eigenen Kraftfahrzeugen im Rahmen des H. unterliegt nicht den Bestimmungen des Güterkraftverkehrsgesetzes.

höhere Datenstruktur, →abstrakte Datenstruktur.

höhere Gewalt. 1. *Haftpflichtrecht:* Ein von außen kommendes, unvorhersehbares und außergewöhnliches Ereignis, das auch durch äußerste, nach Lage der Sache vom Betroffenen zu erwartende Sorgfalt nicht verhütet werden kann. Der Schuldner haftet regelmäßig nicht für h. G. Unternehmen, die für den von ihnen verursachten Schaden auch ohne Nachweis eines Verschuldens haften (→Haftpflichtgesetz), können sich durch Nachweis h. G. entlasten. – *Kraftfahrzeughaftung:* Vgl. →unabwendbares Ereignis. – Bei *Fristversäumnis* ist h. G. als Entschuldigungsgrund ein

Ereignis, das durch größte Sorgfalt und Vorsicht nicht abzuwenden ist. – 2. *Arbeitsrecht*: Vgl. →Betriebsrisiko.

Höhere Handelsschule, jetzt: →Berufsfachschule.

höhere Programmiersprache, →Programmiersprache III 3.

höhere Zufallsstichprobenverfahren, in der Statistik Sammelbegriff für Verfahren der →Teilerhebung mit zufälliger Auswahl der →Untersuchungseinheiten, sofern diese nicht nach einem der beiden einfachen →Urnenmodelle durchgeführt werden (dann →uneingeschränktes Zufallsstichprobenverfahren). Insbes. zählen zu den h. Z. das →mehrstufige Zufallsstichprobenverfahren, das →geschichtete Zufallsstichprobenverfahren, das →Klumpenstichprobenverfahren, das →Flächenstichprobenverfahren. Im Prinzip werden bei den h. Z. mehrere uneingeschränkte Zufallsstichprobenverfahren verknüpft.

Höherversicherung, Möglichkeit, sich in der gesetzlichen Rentenversicherung zusätzlich zu versichern, eingeführt durch Gesetz vom 14. 3. 1951 (BGBl I 188) über freiwillige H. (§§ 1234, 1388 RVO bzw. §§ 11, 115 AVG). Beiträge zur H. können nur neben Pflicht- oder freiwilligen Beiträgen entrichtet werden. – *Freiwillige Beiträge* seit 1. 1. 1979 sind wie Beiträge zur H. zu berücksichtigen, wenn sie in keinem zusammenhängenden Zeitraum von drei Kalenderjahren liegen, in dem für jedes Kalenderjahr das Zwölffache des Mindestbeitrags aufgewendet ist. – Für jeden Beitrag zur H. erhält der Versicherte einen bestimmten *Steigerungsbetrag* zur Rente, der vom Lebensalter des Versicherten und dem Entrichtungsjahr des Beitrags abhängig ist. Leistungen aus der H. nehmen an der jährlichen Anpassung nicht teil. – Anspruch auf *Versicherten- und Hinterbliebenenrenten* aus Beiträgen der H. besteht nur neben einem entsprechenden Anspruch auf Rente aus anderen Beiträgen (§ 1295 RVO, § 72 AVG). Besteht danach kein Anspruch, erfolgt →Kapitalabfindung. – Nach dem seit 1. 1. 1992 geltenden SGB VI gelten für die Beiträge zur H. die Regelungen für freiwillige Beiträge entsprechend. Beiträge sind zur H. gezahlt, wenn sie als solche bezeichnet sind (§ 280 SGB VI). Wer vor dem 1. 1. 1992 von dem Recht der H.

Gebrauch gemacht hat, kann weiterhin neben den Pflicht- oder freiwilligen Beiträgen zur H. Beiträge zahlen (§ 234 SGB VI).

Hökerhandel, Form des →ambulanten Handels; entwickelte sich aus dem →Hausierhandel. Die Waren werden von einem Wagen oder von einem festen Stand aus angeboten (z. B. Obst, Gemüse, Kartoffeln, Christbäume). Oft in Fußgängerzonen.

Holding-Gesellschaft, *Beteiligungsgesellschaft.* 1. *Begriff:* Als Vorform des →Trusts in den USA entwickelte Effektenhaltungsgesellschaft. H.-G. produzieren nicht selbst; ihre wirtschaftliche Tätigkeit erstreckt sich auf die Verwaltung von Effekten sämtlicher von ihnen beherrschter Unternehmungen und zumeist Abstimmung von deren Produktionsprogrammen, soweit dies zur Marktbeeinflussung zweckmäßig erscheint. Die Aktionäre einzelner Gesellschaften geben der H.-G. ihre Aktien und erhalten dafür diejenigen der H.-G. (sog. Effektensubstitution). – Die *rechtliche* Selbständigkeit der Unternehmungen bleibt zumindest nach außen bestehen; die *wirtschaftliche Selbständigkeit* geht im Hinblick auf die Finanzierung völlig, bezüglich der Unternehmenspolitik weitgehend auf die H.-G. über. – 2. *Arten:* a) *Reine Kontrollgesellschaft:* Das für den Fertigungsbetrieb über die Finanzierungsmacht eingeräumte allgemeine Weisungsrecht wird nicht sehr weit ausgenutzt. – b) *Dachgesellschaft:* Außer der wirtschaftlichen Beherrschung über die Finanzierung wird eigene Planung und Entwicklung zugunsten aller zugehörigen Unternehmungen betrieben. H.-G. waren in der Bundesrep. D. bisher unbekannt; mit gewissen Abweichungen setzen sie sich jetzt auch hier durch (→Kapitalanlagegesellschaft). – 3. *Steuerliche Besonderheit:* Zur Vermeidung von Doppelbesteuerung sind H.-G. bei der Körperschaft- und Vermögensteuer begünstigt durch das →Schachtelprivileg (vgl. im einzelnen dort). Ihre Entstehung ist begünstigt durch die Regelungen zum →Anteilstausch und zur Einbringung von →Teilbetrieben in Kapitalgesellschaften. – 4. Gem. *Gesetz über Unternehmensbeteiligungsgesellschaften (UBGG)* vom 17. 12. 1986 (BGBl I 2488) darf eine H.-G. nur als Aktiengesellschaft mit einem Mindest-Grundkapital von 2 Mill. DM betrieben werden. Unternehmensgegenstand muß ausschließlich Erwerb, Verwaltung und Veräußerung von Anteilen oder Beteiligungen als stiller Gesellschafter an Unternehmen sein, die Sitz und Geschäftsleitung im Inland haben und deren Anteile im Erwerbszeitpunkt an keiner inländischen Börse gehandelt werden bzw. zugelassen sind. Eine Unternehmensbeteiligungsgesellschaft bedarf der Anerkennung.

Holismus, →methodologischer Kollektivismus.

holländisches Verfahren, Verfahren zur Unterbringung einer Wertpapieremission im Rahmen einer Auktion (→Kursfeststellung). Nach Aufforderung des Emittenten werden Gebote, die häufig über einem vorgegebenen Mindestpreis liegen, abgegeben. Alle Bieter, die über dem niedrigsten zur Zuteilung ausreichenden Einheitskurs liegen, werden zu diesem zugeteilt. In der Bundesrep. D. gebräuchlich. – Vgl. auch →Tenderverfahren.

Holschuld, Schuld, bei der →Erfüllungsort der →Wohnsitz bzw. das Geschäftslokal des Schuldners ist, der auch nicht zur Versendung verpflichtet ist. – *Anders*: →Schickschuld, →Bringschuld.

Holsystem. 1. *Produktion*: Organisatorisches Prinzip, bei dem sich die Arbeiter das Material aus dem Lager abholen. H. ist wesentliches Element des →Kanban-Systems. – *Vorteile*: Entlastung der Lagerverwaltung und →Arbeitsvorbereitung; Ausgabe des richtigen Materials gewährleistet; keine größeren Materialbestände am Werkplatz. – *Nachteile*: Arbeitszeitverlust in der Werkstatt, zu vermindern durch Zeitplan für Materialabholung und räumlich sinnvolle Zuordnung von Werkstätten und Lagern. – 2. *Entsorgungslogistik*: Vgl. →Sammel- und Trennverfahren – 3. *Gegensatz*: →Bringsystem.

Holzbearbeitung, Teil des Grundstoff- und Produktionsgütergewerbes; Wirtschaftszweig der →Holzindustrie, unmittelbar standortgebundene Industrien: Sägewerke in den Wald- und waldnahen Gebieten Bayerns, Niedersachsens und Nordrhein-Westfalens; Holzeinfuhrhäfen in Bremerhaven, Cuxhaven und Hamburg. – Der Wirtschaftszweig *umfaßt*: Lagern und Trocknen von Holz, Bearbeitung und Zersägen des Rundholzes zu Bauholz, Brettern, Bohlen, Balken, Kantholz, Profilbrettern, Furnie-

ren u. a. Besäumen, Hobeln, Stapeln des geschnittenen Holzes. Nachgeschalteter Wirtschaftszweig: →Holzverarbeitung.

Holzbearbeitung

Jahr	Beschäftigte in 1000	Lohn- und Gehaltssumme	darunter Gehälter	Umsatz gesamt	darunter Auslandsumsatz	Nettoproduktionsindex 1980 = 100
			in Mill. DM			
1970	75	908	194	5 304	320	
1975	64	1 213	299	6 620	547	
1980	59	1 645	417	10 351	933	
1985	45	1 527	411	8 789	1 232	100
1990	44	1 821	475	11 468	1 571	126.9

Holzindustrie, zusammenfassende Bezeichnung für mehrere Wirtschaftszweige, deren Grundstoff Holz ist: a) →Holzbearbeitung, b) →Holzverarbeitung und c) →Zellstoff-, Holzschliff-, Papier- und Pappeerzeugung.

Holzverarbeitung, Teil des →Verbrauchsgüter produzierenden Gewerbes, Sägewerken und Holzbearbeitung nachgeschalteter Wirtschaftszweig der →Holzindustrie, dessen Herstellungsprogramm alle Gegenstände aus Holz (ausgenommen Spiel- und Schmuckwaren, Musikinstrumente und Sportartikel) umfaßt, insbes. Bauwerke aus Holz, Möbel, Holzwaren, Verpackungsmittel (Kisten, Fässer, Verschläge), Haus- und Küchengeräte u. a. m. – Nach der VO zur Auswurfbegrenzung von Holzstaub vom 18.12.1975 (BGBl I 3133) sind Anlagen zur Bearbeitung oder Verarbeitung von Holz oder Holzwerkstoffen bei ihrer Errichtung mit *Abluftreinigungsanlagen* auszurüsten. Holzstaub und Späne sind in geschlossenen Räumen zu lagern. Verstöße werden als →Ordnungswidrigkeit geahndet.

Holzverarbeitung

Jahr	Beschäftigte in 1000	Lohn- und Gehaltssumme	darunter Gehälter	Umsatz gesamt	darunter Auslandsumsatz	Nettoproduktionsindex 1980 = 100
			in Mill. DM			
1970	242	3 070	707	12 991	747	
1975	234	4 851	1 330	19 503	1 566	
1980	241	7 232	1 953	28 959	2 740	
1985	190	6 795	2 011	26 726	3 568	100
1990	207	8 947	2 658	38 126	5 037	121.8

home banking, Erledigung von Bankgeschäften von zu Hause aus. Kreditinstitute stellen dazu ein Informationsangebot über

Geld- und Kreditgeschäfte und ihre sonstigen Leistungen (z. B. Börsenkurse, Devisen-/Sortenkurse, Konditionen und Gebühren, Finanzierungs- und Kreditmöglichkeiten, Anlageempfehlungen) sowie *Bankdienstleistungen* (z. B. Erteilung von Überweisungsaufträgen, Anforderung von Schecks und Geld) zur Verfügung. Das h. b. wird in der Bundesrep. D. über das *öffentliche Bildschirmtext-System* (→Bildschirmtext (Btx)) realisiert. Die Angebotspalette der Banken im h. b. wird ständig erweitert. (Vgl. auch →electronic banking).

Homecomputer, →Heimcomputer.

homogene Fläche, eine in den Standorttheorien (→Thünen-Modell, →Zentrale-Orte-Theorie, →Industriestandorttheorie) verwendete Abstraktion, die den Raum als überall gleichartig betrachtet. Dies gilt sowohl für natürliche Gegebenheiten (gleiche Bodenqualität, Flachland, keine Flüsse) als auch für wirtschaftliche Faktoren (gleiche Nachfrage, gleiche Arbeitskosten, gleiche Verkehrserschließung usw.). Mit dieser Abstraktion lassen sich die Transportkosten und ihre Wirkungen isoliert betrachten.

homogene Güter, sachlich gleichartige Güter, die völlig substituierbar sind. – *Gegensatz:* →heterogene Güter.

homogene Kostenverursachung, Abhängigkeit der →variablen Kosten einer Kostenstelle von nur einer →Bezugsgröße. – *Gegensatz:* →heterogene Kostenverursachung.

homogene Region, →Region II.

Homogenität vom Grade 1, →Homogenität vom Grade r, →Linearhomogenität.

Homogenität vom Grade r. I. Begriff: Eine Funktion f: R^n → R heißt homogen vom Grad r, wenn für jede reelle Zahl $a > 0$ die Beziehung gilt:

$$f(\lambda x_1, \lambda x_2, \lambda x_3, \ldots, \lambda x_n) = \lambda^r \cdot$$
$$f(x_1, x_2, x_3, \ldots, x_n),$$

d. h. bei Multiplikation aller Variablen mit einem Faktor λ nimmt der Funktionswert den λ^r-fachen Wert an. – *Spezialfall:* →Linearhomogenität (Homogenität vom Grade 1). – II. Ökonomische Bedeutung: Homogene, insbes. linear homogene Funktionen,

finden in Produktions- und Kostentheorie, Nutzentheorie, Haushaltstheorie und Wachstumstheorie Verwendung. – *Beispiele:* a) *Homogene Produktionsfunktionen* implizieren bei konstanten Faktorpreisverhältnissen konstante Einsatzverhältnisse der Produktionsfaktoren. Im Falle *linearhomogener Produktionsfunktionen* gilt daneben das →Ertragsgesetz und bei zusätzlichem Vorliegen vollständiger Konkurrenz das →Eulersche Theorem. – b) *Linearhomogene Nutzenfunktionen* beinhalten Freiheit von →Geldillusion. Aus ihnen abgeleitete Einkommens-Konsumfunktionen haben Einkommenselastizitäten von 1, die in der Wachstumstheorie eine der Voraussetzungen für gleichmäßiges Wachstum (→evolutorische Wirtschaft) sind.

homograde Statistik, ein seit Charlier in der Statistik gebräuchlicher Ausdruck für →Inferenzstatistik, soweit nur →qualitative Merkmale oder auf Kategorien reduzierte →quantitative Merkmale betrachtet werden. H. St. kann als Spezialfall der →heterograden Statistik aufgefaßt werden.

Homomorphie, →Modell.

Homo oeconomicus. I. Wissenschaftstheorie: Modell eines ausschließlich „wirtschaftlich" denkenden Menschen, das den Analysen der klassischen und neoklassischen Wirtschaftstheorie zugrunde liegt. – *Hauptmerkmal* des H. o. ist seine Fähigkeit zu uneingeschränkt rationalen Verhalten (→Rationalität). – *Handlungsbestimmend* ist das Streben nach Nutzenmaximierung, das für Konsumenten und Produzenten (in der speziellen Ausprägung der Gewinnmaximierung) gleichermaßen angenommen wird. Zusätzliche charakteristische *Annahmen:* lückenlose Information über sämtliche Entscheidungsalternativen und deren Konsequenzen; vollkommene Markttransparenz. Eine Abschwächung dieser Vorstellung von einer völlig überraschungsfreien Zukunft erfolgt im Rahmen der sog. normativen Entscheidungstheorie durch Unterscheidung zwischen Risiko- und Unsicherheitssituationen. – *Beurteilung:* Wegen ihres weitgehend *fehlenden* →*Informationsgehalts* sind die Annahmen des H. o.-Modells in jüngerer Zeit zunehmend kritisiert und durch ein realistischeres Bild von wirtschaftenden Menschen zu ersetzen versucht worden; vgl. hierzu →entscheidungsorientierte Betriebswirtschaftslehre, →verhaltenstheoretische Betriebswirtschaftslehre.

II. Entscheidungstheorie: Idealtyp eines →Entscheidungsträgers, der zu uneingeschränkt rationalem Verhalten (→Rationalprinzip) fähig ist und damit in der Mehrzahl der bislang im Operations Research formulierten Entscheidungsmodelle unterstellt wird. Notwendig sind *Ausnahmen über das* →*Entscheidungsverhalten* des H. o.: a) Annahmen über Entscheidungsinformationen, Kenntnis aller Aktionen und →Umweltzustände b) Annahmen über das Wertsystem wie →Transitivität, →Konsistenz; c) Annahmen über →Entscheidungsregeln, die der H. o. in Abhängigkeit vom Sicherheitsgrad der Informationen anwendet. – Vgl. auch →Menschenbilder.

Homoskedastie, eine wichtige Annahme bei der Ableitung der stochastischen Eigenschaften der gewöhnlichen Kleinst-Quadrate-Schätzfunktionen (→gewöhnliche Methode der kleinsten Quadrate) für lineare Einzelgleichungsmodelle ist die Hypothese, daß alle Störvariablen die gleiche Varianz haben. Zur Überprüfung dieser Annahme werden verschiedene Heteroskedastietests vorgeschlagen. Das gebräuchlichste Testverfahren ist der →Goldfeld-Quandt-Test.

Homoskedastizität, endliche und gleiche Varianzen der →Störgrößen. Die Varianzen sind insbes. unabhängig von →Regressoren und der Periode. H. wird als Annahme u. a. bei der Schätzung von linearen Regressionsmodellen (→lineare Regression) getroffen. Zur Prüfung der Gültigkeit der Annahme wurde eine Vielzahl von Testverfahren entwickelt, z. B. der →Goldfeld-Quandt-Test. – *Gegensatz:* →Heteroskedastizität.

Honduras, *Republik Honduras,* mittelamerikanischer Staat in der Karibik mit Zugang zum Pazifik. Zu H. gehören die Bahia-Inseln und die Swan-Inseln. – *Fläche:* 112 088 km². – *Einwohner (E):* (1989) 4,98 Mill.; 91% Mestizen, 6% Indios, 2% Schwarze und 1% Kreolen. – *Hauptstadt:* Tegucigalpa (640 000 E); weitere wichtige Städte: San Pedro Sula (429 000 E), La Cliba, Choluteca, El Progreso. – Seit 1938 *unabhängig,* präsidiale Republik, Einkammerparlament, bis 1981 Militärjunta, neue Verfassung von 1982. Grenzkonflikte mit Nicaragua. Verwaltungsmäßig *gliedert* sich H. in 18 Departamentos. – *Amtssprache:* Spanisch.

Wirtschaft: H. zählt zu den Entwicklungsländern. Seit 1980 Devisenbewirtschaftung. – *Landwirtschaft:* Nahezu 2/3 der arbeitenden Bevölkerung sind in diesem Wirtschaftsbereich tätig. Kleinbäuerliche Betriebe und extensiv bewirtschaftete Latifundien stehen der kapitalintensiven und exportorientierten Plantagenwirtschaft (vorwiegend in amerikanischer Hand) gegenüber. Agrarerzeugnisse für den Export: Bananen, Kaffee, Baumwolle, Tabak, auch Kokosnüsse, Zitrusfrüchte und Ananas. Agrarprodukte für den heimischen Verbrauch: Mais, Hirse, Reis, Bohnen, Zuckerrohr, Kartoffeln und Maniok. In der Viehzucht wird trotz meist extensiver Nutzungsformen über den Eigenbedarf hinaus produziert. – *Forstwirtschaft* trotz ausgedehnter Waldbestände mit Edelhölzern nur wenig entwickelt, infolge unzureichender Verkehrserschließung. – Außerdem von großer Bedeutung ist die *Fischerei.* – *Bergbau und Industrie:* Die reichen mineralischen Bodenschätze sind nur zum geringen Teil erschlossen. Bergwerke, in denen u. a. Gold, Silber, Blei, Zink und Antimon abgebaut werden, befinden sich meist in amerikanischem Besitz. Die hauptsächlich um die Hauptstadt und San Pedro Sula angesiedelten Klein- und Mittelunternehmen verarbeiten vorwiegend einheimische Rohstoffe. – Eine bedeutende Rolle spielt auch der *Fremdenverkehr.* – *BSP:* (1989) 4495 Mill. US-$ (900 US-$ je E). – *Öffentliche Auslandsverschuldung:* (1988) 68,3% des BSP. – *Inflationsrate:* (Durchschnitt 1980–88) 4,7%. – *Export:* (1988) 919 Mill. US-$, v. a. Bananen, Kaffee, ferner Fleisch, Krabben und Langusten, Holz, Zucker, Tabak, Blei- und Zinkerze, Silber. – *Import:* (1988) 940 Mill. US-$, v. a. Kapital- und Konsumgüter, mineralische Brennstoffe. – *Handelspartner:* USA (über 50%), EG-Länder.

Verkehr: 1983 betrug das *Straßennetz* 18 280 km, davon waren 10% asphaltiert und 51% geschottert. Im S. verläuft die „Carretera Panamericana". – Im karibischen Küstengebiet liegen 3 *Eisenbahnlinien.* Etwa die Hälfte des Netzes wird von Werk- und Plantagenbahnen betrieben. – Reger *Inlandsflugverkehr,* 4 honduranische *Luftfahrtgesellschaften.* Neben 2 internationalen Flughäfen bei Tegucigalpa und San

Pedro Sula gibt es noch etwa 35 kleinere Flugplätze. – Der wichtigste *Seehafen* ist Puerto Cortés, über den mehr als 50% des gesamten Außenhandels verschifft werden. Weitere Überseehäfen sind La Ceiba und Tela an der Karibikküste, und Ampala an der Pazifikküste.

Mitgliedschaften: UNO, CACM, SELA, UNCTAD u.a.

Währung: 1 Lempira (L) = 100 Centavos; durch gesetzliche Bindung an den US-$ bestimmt.

Hongkong, britische Kronkolonie, an der Südküste der VR China. – *Fläche:* 1063 km², davon die Insel Hongkong 76 km², die Halbinsel Kowloon 10 km² und die New Territories 959 km² (einschl. Wasserflächen: 2916 km²). – *Einwohner (E):* (1990) 5,8 Mill. (5416 E/km²). – *Hauptstadt:* Victoria (1,1 Mill. E); weitere Großstadt: Kowloon (ca. 1,5 Mill. E). – Die Insel H. ist seit 1841 britische Kronkolonie, 1860 Angliederung der Insel Kowloon, 1898 Pachtung der New Territories für 99 Jahre von China. Koloniale Selbstverwaltung. Nach Ablauf des Pachtvertrags 1997 Rückgabe Hongkongs an die VR China. Im H.-Vertrag garantiert die VR China das im Wesentlichen unveränderte Weiterbestehen der „Besonderen Verwaltungsregion H." auf zunächst 50 Jahre. Verwaltungsgliederung: 3 Gebiete, 18 Distrikte. – *Amtssprache:* Englisch.

Wirtschaft: Drittgrößtes Finanzzentrum der Welt. – Die *Landwirtschaft* spielt eine untergeordnete Rolle. – Bedeutende *Fischerei.* – Grundlage der *industriellen Entwicklung* bildeten das günstige Investitionsumfeld (Freihandelszone) und die billigen Arbeitskräfte (Flüchtlinge): Textil- und Bekleidungsgewerbe, Elektrotechnik/(Elektronik, Kunststoffindustrie, Metallverarbeitung, Druck und Vervielfältigung, Maschinenbau. – *Fremdenverkehr:* (1988) 5,6 Mill. Besucher. – *BSP:* (1990) 33,25 Mrd. US-$ (5733US-$ je E). – *Inflationsrate:* (Durchschnitt 1980–88) 6,7%; (1990) 1,5%. – *Export:* (1990) 639,9 Mrd. HK$, v.a. Bekleidung, Maschinen, elektrotechnische Erzeugnisse, Straßenfahrzeuge; Garne, Gewebe. – *Import:* (1990) 642,5 Mrd. HK$, v.a. Maschinen, elektrotechnische Erzeugnisse und Straßenfahrzeuge; Garne, Gewebe, fertiggestellte Spinnstofferzeugnisse; Erdölerzeugnisse; chemische Pro-

dukte. – *Handelspartner:* USA, VR China, EG-Länder, Japan, Singapur.

Verkehr: H. zählt zu den führenden See- und Luftfrachtumschlagplätzen der Welt. Eigene *Luftverkehrsgesellschaft.*

Mitgliedschaften: GATT, WMO u.a.
Währung: 1 Hongkong-Dollar (HK$) = 100 Cents.

Honorant, im Wechselrecht derjenige, der bei notleidenden Wechseln zugunsten eines Rückgriffspflichtigen eintritt (→Ehreneintritt), im Wege der Ehrenannahme oder der Ehrenzahlung. – Derjenige, zu dessen Gunsten er eintritt, ist der *Honorat* (Art. 55 ff. WG).

Honorat, →Honorant.

Hörfunkwerbung, →Funkwerbung.

horizontale Finanzierungsregeln, →Finanzierungsregeln II 2.

horizontale Werbung, →kooperative Werbung.

Horizontalkonzern, ein Unternehmungszusammenschluß (→Konzern), dessen Organisationsprinzip darin besteht, Werke der gleichen Produktionsstufe zu integrieren, also z.B. mehrere Stahl- und Walzwerke, mehrere Röhrenwerke usw. Die Vorteile der horizontalen Konzentration bestehen vor allem darin, daß sie es ermöglicht, das vom Markt verlangte Verkaufsprogramm auf die einzelnen Werke aufzuteilen, so daß diese zur Massenproduktion übergehen können (→Spezialisierung).

Horn-Klausel, eine Darstellungsform für bestimmte Aussagen der Prädikatenlogik, die in der →logischen Programmierung verwendet wird. – *Beispiel:* Programmiersprache →Prolog; die →Regeln werden als H.-K. „Ergebnis :- Bedingung$_1$, ..., Bedingung$_n$", dargestellt, wobei das Symbol „:-" als „ist wahr, wenn gilt" und ein Komma als Konjunktion zu interpretieren ist; d.h., das Ergebnis ist wahr, wenn alle Bedingungen 1 bis n wahr sind.

horse-power (hp), englische Leistungseinheit. 1 hp = 745,7 Watt.

Hortung. *1. H. von Geld:* Dauerhafter oder vorübergehender Entzug von Geld aus dem

Geldkreislauf. Durch H. entsteht ein effektiver Nachfrageausfall, die Umlaufgeschwindigkeit des Geldes sinkt. In der →klassischen Lehre galt die H. als unplausibel, weil der Haltung von Geld kein eigener Nutzen zugebilligt wurde. Bei H. ist das →Saysche Theorem, das in der klassischen Lehre zentrale Bedeutung hat, ungültig. – Kritik an den Vorstellungen der Klassiker durch die →Liquiditätspräferenztheorie der →Keynesschen Lehre. – 2. H. von Waren: Übermäßiger Lageraufbau bei Produzenten, Händlern oder Haushalten. Ursache ist meist die Erwartung von Knappheiten und/oder stark steigenden Preisen.

Host, ein Verarbeitungsrechner (→Computer) in einem Rechnernetz, der netzwerkunabhängige (→Netz) Aufgaben löst und dessen Leistungen von anderen Netzstationen in Anspruch genommen werden können. Der H. ist i. d. R. über einen →Vorrechner mit dem Netz verbunden.

Hotelling-Modell, auf Hotelling zurückgehendes Modell der Standortwahl zweier Unternehmen, die um dasselbe Marktgebiet konkurrieren. Für den einfachen Fall, daß zwei Eisverkäufer um die gleichmäßig entlang einer Linie (z. B. Strand) verteilten Nachfrager konkurrieren, läßt sich zeigen, daß der günstigste (gleich absatzmaximale) Standort für beide in unmittelbarer Nachbarschaft auf dem Mittelpunkt der Linie liegt (Standortagglomeration). Jeder Eisverkäufer versorgt so eine Hälfte des Marktgebietes. Die Strategie der Standortwahl wird auf diesen Standort hinauslaufen, gleich welchen anfänglichen Standort die Eisverkäufer hatten. Unterstellt ist dabei eine unelastische Nachfrage sowie Transportkostenminimierung der Konsumenten. Bei Nachfrageelastizität führen allerdings die Transportkosten zu einem Sinken der Nachfrage entfernterer Konsumenten, so daß die Standorte der Eisverkäufer auseinanderrücken auf die sogenannte Quartil-Position, d. h. auf den Mittelpunkt der beiden Linienhälften (Standortdispersion). Das H.-M. ist ein klassischer Fall der spieltheoretischen Lösung von Standortentscheidungskonflikten.

Hotelling-Regel, auf Hotelling (1931) zurückgehendes Fundamentalprinzip der intertemporalen Allokation erschöpfbarer →natürlicher Ressourcen. Die H.-R. be-

sagt, daß der Ressourcenpreis (Verkaufsoder Schattenpreis) mit dem Realkapitalzinssatz bzw. mit der Grenzproduktivität des Kapitals steigen muß. Begründung in einem Marktmodell: Die einzige Möglichkeit des Ertrages eines nicht abgebauten Ressourcenbestandes für seinen Eigentümer besteht im steigenden Preis; die Preissteigerungsrate der Ressource entspricht deshalb deren Verzinsung, die für alle Vermögensarten, auch für Realkapital, gleich groß sein muß. – In anderer Formulierung fordert die H.-R., daß der Gegenwartswert der →Nutzungskosten einer natürlichen Ressource für alle Perioden gleich sein muß.

Hotellings Lemma, Lehrsatz mit der Aussage, daß sich die Faktornachfragefunktionen (→Nachfragefunktion; bzw. die →Angebotsfunktion) einer Ein-Produkt-Unternehmung durch partielle Ableitung der →Gewinnfunktion nach den Faktorpreisen (bzw. nach dem Preis des Gutes) ermitteln lassen.

hp, Kurzzeichen für →horse-power.

HS, Abk. für →Harmonisiertes System zur Beschreibung und Codierung der Waren.

Hucke-pack-Verkehr, →kombinierter Verkehr, bei dem die Lastkraftwagen, Lastzüge, Sattelzüge (rollende Landstraße), Anhänger, Auflieger und Wechselbehälter als Ladeeinheiten des Schienenverkehrs auf Eisenbahnwagen transportiert werden. Der H. wird in der Bundesrep. D. von dem Kombiverkehr KG abgewickelt, an der neben der Deutschen Bundesbahn Verbände und Betriebe des Straßenverkehrs beteiligt sind.

human capital, →Humankapital.

Humanisierung der Arbeit, zusammenfassende Bezeichnung für alle auf die Verbesserung des Arbeitsinhaltes und der Arbeitsbedingungen gerichtete Maßnahmen. – Bedeutungsinhalte: 1. Aufhebung der Ausbeutungsbedingungen der →Arbeit. Meist von marxistischen und neomarxistischen Wissenschaftlern vertretene Auffassung, daß sich die H. d. A. nur durch Abschaffung der kapitalistischen Verwertungsbedingungen erreichen läßt. – 2. Arbeitsorganisatorische Maßnahmen, die darauf abzielen, die Arbeitsbelastung zu verringern. Durch Abbau einseitiger Belastungen (→job rotation, →Ergonomie), Erweiterung des Tätigkeitsspielraumes (→job enlargement), Erweiterung der Verantwortung (→job enrichment). – 3. *Psychologische Arbeitsgestaltung*, d. h. Abstimmung der Arbeit auf die individuellen arbeitsbezogenen Motive (→job diagnostic survey).

humanistische Psychologie, auf Autoren wie McGregor, Maslow, Argyris und Schein zurückgehende Richtung der Psychologie, nach der im Unterschied zur bürokratischen Organisation nicht die Kontrolle der Person, sondern deren Selbstentfaltung und Möglichkeit zur authentischen Kommunikation im Vordergrund stehen soll. – *Bedeutung:* Von der h. P. sind wesentliche Impulse auf die Humanisierung der Arbeitswelt (→Humanisierung der Arbeit) ausgegangen.

Humankapital, *human capital.* I. Makroökonomik: Das in ausgebildeten und hochqualifizierten Arbeitskräften repräsentierte Leistungspotential der Bevölkerung *(Arbeitsvermögen).* Der Begriff H. erklärt sich aus den zur Ausbildung dieser Fähigkeiten hohen finanziellen Aufwendungen. Vgl. auch →Verteilungstheorie III 2.

II. Mikroökonomik: Vorwiegend von Friedman geprägte Vermögenskategorie, über die das Individuum neben Geld, Wertpapieren und Sachwerten verfügen kann. H. in diesem Sinne besteht aus dem Einkommen, das ein Individuum aufgrund seiner Ausbildung, Talente und Fähigkeiten in Zukunft noch erwerben kann.

human relations, in den USA im Anschluß an die Hawthorne-Experimente (→Hawthorne-Effekt) entstandene Bewegung, nach der die Leistung weniger von ergonomischen Bedingungen als von der Pflege zwischenmenschlicher Beziehungen abhängt. – *Beurteilung:* Von der empirischen Forschung (→Kohäsion) in dieser Verallgemeinerung nicht bestätigter Ansatz. – Vgl. auch →Public Relations IV.

human resource, →Humanvermögen.

human resource accounting, →Humanvermögensrechnung.

Humanvermögen, *human resource,* Summe aller Leistungspotentiale (Leistungsreserve), die einer Unternehmung durch ihre

Organisationsmitglieder zur Verfügung gestellt werden. Begriffsbildung entsprechend dem allgemeinen betriebswirtschaftlichen Vermögensbegriff: Summe aller Ressourcen, über die eine Unternehmung zur wirtschaftlichen Nutzung bzw. zum Verzehr verfügen kann. Erfaßt werden soll nicht der Arbeitnehmer selbst, sondern sein der Unternehmung zur Verfügung gestelltes Leistungspotential, das sich ergibt aus dem Produkt seines Leistungsangebotes mit dem Zeitraum, über den er die Leistung anzubieten in der Lage ist; das Leistungsangebot ist bestimmt durch die individuelle Leistungsfähigkeit und Leistungsbereitschaft (Leistungsmotivation). – *Quantitative Bewertung und Darstellung:* Vgl. →Humanvermögensrechnung.

Humanvermögensrechnung, *human resource accounting,* aus den USA stammende Methode, das dem Unternehmen zur Verfügung stehende →Humanvermögen zu erfassen. Unzureichende Einschätzung des Humanvermögens kann zu personalpolitischen Fehlentscheidungen führen: Personalpolitische Rationalisierungsstrategien, mit denen Abbau von Personal (→Personalfreisetzung) verbunden ist, erweisen sich häufig ausschließlich als Abbau von Humanvermögen. – *Ansätze zur Erfassung des Humanvermögens:* a) Ansätze, die geschätzte monetäre Größen verwenden; b) Ansätze, die lediglich Annahmen über Potentiale anstellen, die auf der Basis einer Reihe von Verhaltens- und Leistungsschätzungen gewonnen werden.

Hume, David, 1711–1776, englischer Philosoph, Historiker und Mitbegründer der klassischen Nationalökonomie. Philosophisch vertrat H. den erkenntnistheoretischen Empirismus und wurde somit zu einem der Begründer des Positivismus. Hauptgebiete seiner ökonomischen Überlegungen waren die Geld-, Zins- und Außenhandelstheorie. H. vertrat nicht mehr die naive Quantitätstheorie, sondern verfeinerte sie durch die Berücksichtigung der Umlaufgeschwindigkeit des Geldes. Eine Vergrößerung der Geldmenge und/oder der Umlaufgeschwindigkeit des Geldes müsse bei unveränderten sonstigen Bedingungen zu einer proportionalen Preissteigerung führen. Der merkantilistischen Ansicht, eine aktive Handelsbilanz sei auf jeden Fall für ein Land günstig, stellte H. als einer der ersten die Tatsache gegenüber, daß sich bei freiem Geld- und Warenverkehr sowie freier Preisbildung der Handelsbilanzen (genauer →Zahlungsbilanzen) aller beteiligten Länder auf die Dauer ausgleichen müssen. Als wirtschaftspolitisches Ziel sah H. im Gegensatz zu den Merkantilisten den Reichtum der Bürger nicht den des Staates an. – *Hauptwerke*: „Treatise on Human Nature" (1739–1740); „Philosophical Essays concerning Human Understanding" (1748); „Political Discourses" (1752); „The History of England" (1754–1762).

Hundesteuer. 1. *Begriff*: Steuer auf das Halten von Hunden als Ausdruck besonderen Aufwandes. – **2.** *Charakterisierung*: a) Eine →Gemeindesteuer, die teils erhoben werden muß, teils erhoben werden kann. b) eine *objektive* →*Verbrauchsteuer* in dem Sinne, daß die ökonomische Situation des Halters nicht berücksichtigt wird; aus dem Aufwand für Hunde wird auf ökonomische Leistungsfähigkeit geschlossen. Soziale und psychische Aspekte (Alleinsein älterer Menschen) finden keinen Ausdruck. – **3.** *Höhe*: Zumeist in Gemeindesatzungen festgelegte Steuerbeträge innerhalb der von den Landesgesetzen gezogenen Grenzen zwischen 3 und 120 DM pro Jahr; Progression bei mehreren Hunden. – *Befreiungen* vornehmlich aus beruflichen, polizeilichen, gesundheitlichen (Blindenhunde) u. ä. Gründen sowie bei Hundehaltung für wissenschaftliche Zwecke. – **4.** *Rechtfertigung*: Die H. wird trotz ihrer Nähe zum Problem der →Bagatellsteuer sowohl mit fiskalischen Argumenten als auch mit der Notwendigkeit, die Hundehaltung aus Hygiene- und Ordnungsgründen einzudämmen, begründet.

hundredweight (cwt), angelsächsische Masseneinheit. 1 cwt = 50,8023 kg. – In den USA außerdem: 1 short cwt = 45,35924 kg.

Hurwicz-Regel, Entscheidungsregel bei Unsicherheit (→Entscheidungsregeln 2 c). Für jede Aktion j aus der →Entscheidungsmatrix wird das Zeilenminimum (min e_{ij} über alle Umweltzustände i = 1, .., m und das Zeilenmaximum (Max e_{ij} über alle Umweltzustände i = 1, .., m ermittelt; daraus wird mit Hilfe eines vorher fixierten Pessimismus-Optimismus-Faktors k ($0 \leq k \leq 1$) ein gewogener arithmetischer →Mittelwert W gebildet: W_j = k (Max e_{ij} + (1-k) (Min e_{ij}) mit i = 1, ..., m. Als optimal i. S. der H.-R. gilt die Aktion j mit dem maximalen Mittelwert W_j: Max W_j! – Mit zunehmendem Pessimismus des Entscheidungsträgers sinkt k (k = 0 bedeutet risikoscheues Entscheidungsverhalten des Entscheidungsträgers, →Minimax-Regel); mit wachsendem Optimismus steigt k. k = 1 bedeutet risikofreudiges Entscheidungsverhalten des Entscheidungsträgers (→Maximax-Regel).

Hüttenvertrag, 1969 für 20 Jahre geschlossene Vereinbarung zwischen der Ruhrkohle AG und den deutschen Stahlunternehmen, nach der diese ihren Kohlebedarf bei der Ruhrkohle AG decken. Die Ruhrkohle AG ist verpflichtet, die von den Stahlunternehmen benötigte Menge zu liefern. Die Preisdifferenz zwischen dem Ruhrkohle-Listenpreis und der billigeren Importkohle wird annähernd durch eine staatliche →Kokskohlenbeihilfe gedeckt. 1985 wurde der H. bis zum Jahr 2000 verlängert. – Vgl. auch →Kohlepolitik.

HWWA – Institut für Wirtschaftsforschung, früher: *Hamburgisches Welt-Wirtschafts-Archiv*, Sitz Hamburg. Gegründet 1908. Unabhängiges Wirtschaftsforschungsinstitut (→Wirtschaftsforschungsinstitute), gehört mit seiner umfangreichen Forschungstätigkeit und seinem international bedeutenden Bibliotheks-, Archiv- und Dokumentationsbereich zu den fünf größten wirtschaftswissenschaftlichen Instituten der Bundesrep. D. – *Aufgabe*: Erarbeitung von Entscheidungshilfen für Praxis in Wirtschaft und Politik durch empirisch wissenschaftliche Analysen. – *Forschungsgebiete*: Konjunktur, Geld und öffentliche Finanzen; Weltkonjunktur; Wirtschaftsordnung; internationale Finanzen; Wirtschaftsbeziehungen zwischen Industrieländern; sozialistische Länder und Ost-West-Wirtschaftsbeziehungen; Entwicklungsländer und Nord-Süd-Wirtschaftsbeziehungen. – *Materialsammlungen*: a) Bibliothek (rd. 670 000 Bände, 3600 Zeitschriften, 9000 Jahrbücher, rd. 70 Tageszeitungen), b) Archive (rd. 13 000 000 Ausschnitte aus in- und ausländischer Presse; Archive für Länder, Waren, Unternehmen und Personen). – *Periodische Veröffentlichungen*: Wirtschaftsdienst; Intereconomics; Monthly Review of International Trade and Development; Konjunktur von Morgen; Weltkonjunkturdienst; Bibliographie der Wirtschaftspresse; Finanzierung und Entwicklung, Deutsche Ausgabe der Weltbank-Zeitschrift Finance and Development; Neuerwerbungen der Bibliothek des HWWA-Institut für Wirtschaftsforschung Hamburg.

Hybridsystem, in der →künstlichen Intelligenz ein System, in dem mehrere Formen oder Mischformen der →Wissensrepräsentation verwendet werden.

Hygiene, →Betriebshygiene.

Hygienefaktoren, →Zweifaktorentheorie.

Hyperbel, aus zwei getrennten Teilen bestehende Kurve, die sich als Schnitt einer geeigneten Ebene mit einem Doppelkegel ergibt. Mathematisch kann eine H. beschrieben werden durch eine Gleichung zweiten Grades mit zwei Variablen, z. B. $x^2 - y^2 = 1$ oder $x \cdot y = 1$. – Vgl. auch →Ellipse, →Parabel.

hypergeometrische Verteilung, spezielle theoretische diskrete →Verteilung in der Statistik mit der →Wahrscheinlichkeitsfunktion

$$h(x \mid n; N; M) = \begin{cases} \dfrac{\dbinom{M}{X}\dbinom{N-M}{n-x}}{\dbinom{N}{n}} \\ \text{für } x = 0,1,2,\ldots,n. \end{cases}$$

$\dbinom{M}{N}, \dbinom{N-M}{n-x}$ und $\dbinom{N}{n}$ sind →Binomialkoeffizienten. Die h. V. erfaßt folgenden Sachverhalt: In einer →Grundgesamtheit vom Umfang N befinden sich zwei Sorten von Elementen (z. B. schlechte und gute Produkte). Die Anzahl der Elemente der einen Sorte beträgt M, die der anderen N – M. Es werden zufällig n Elemente *ohne Zurücklegen* nach jeder einzelnen Ziehung entnommen (→Urnenmodell). Dann gibt $h(x \mid n; N; M)$ die →Wahrscheinlichkeit dafür an, daß genau x Elemente der Sorte, die M-mal in der ursprünglichen Grundgesamtheit enthalten ist (z. B. schlechte Produkte), in die Ziehung gelangen. Die h. V. hat die →Parameter n, N und M. Der →Erwartungswert einer hypergeometrisch verteilten →Zufallsvariablen ist $n \cdot M/N$, die →Varianz

$$n \cdot \frac{M}{N} \cdot \left(1 - \frac{M}{N}\right) \cdot \frac{N-n}{N-1};$$

$(N - n) / (N - 1)$ ist der sog. →Korrekturfaktor. Unter bestimmten Voraussetzungen kann die h. V. durch die →Normalverteilung approximiert werden (→Approximation).

Hypothek, das an einem →Grundstück zur Sicherung einer Forderung bestellte →Pfandrecht (§§ 1113–1190 BGB).

I. Charakterisierung: →Belastung eines Grundstücks in der Weise, „daß an denjenigen, zu dessen Gunsten die Belastung erfolgt, eine bestimmte Geldsumme zur Befriedigung wegen einer ihm zustehenden Forderung aus dem Grundstück zu zahlen ist". – *Einzutragen* in Abt. III des →Grundbuchs. Im Gegensatz zur →Grundschuld und →Rentenschuld ist das Bestehen einer persönlichen Forderung *Voraussetzung* für Entstehung der H., des →dinglichen Rechts. Diese Abhängigkeit (akzessorische Natur der H.) ist aber nicht immer streng durchgeführt (vgl. II). – Der *Schuldgrund* (z. B. Darlehen, Kaufvertrag) berührt nur den *persönlichen Schuldner*, der nicht Eigentümer des belasteten Grundstücks zu sein braucht; er ist dem Gläubiger zur Zahlung der Forderung verpflichtet und haftet dafür mit seinem ganzen Vermögen. Der *Eigentümer* des mit der H. belasteten Grundstücks dagegen schuldet persönlich nichts (soweit er nicht – wie meist – auch gleichzeitig persönlicher Schuldner ist), sondern haftet nur mit dem Grundstück. Zahlt der Schuldner nicht, kann sich der *Gläubiger* aufgrund der H. aus dem Grundstück und den mithaftenden Gegenständen (z. B. Zubehör des Grundstücks, Miet- oder Pachtzinsforderungen im gewissen Umfang) durch Verwertung im Wege der →Zwangsversteigerung und →Zwangsverwaltung (§ 1147 BGB) befriedigen.

II. Arten: 1. Regelform ist die *gewöhnliche H. (Verkehrs-H.)*: Im Gegensatz zur Sicherungshypothek kann sich bei ihr ein gutgläubiger Erwerber auch hinsichtlich der persönlichen Forderung auf die Richtigkeit des Grundbuchs verlassen und wird durch dieses geschützt (§ 1138 BGB). – Die Verkehrs-H. kann Brief- oder Buch-H. sein: a) Die *Brief-H.* (H., bei der ein →Hypothekenbrief erteilt wird) ist die Regel (§ 1116 I BGB). b) Bei der *Buch-H.* ist Erteilung eines Hypothekenbriefes durch entsprechende Eintragung im Grundbuch ausgeschlossen (§ 1116 II BGB). Der Vorteil der Brief-H. besteht in der größeren Verkehrsfähigkeit. Zu ihrer Übertragung bedarf es nicht der Eintragung im Grundbuch. Der Ersterwerb erfolgt durch →Einigung und →Übergabe des Briefes. Zur Ausübung der Rechte aus der H. genügt →Besitz des Briefes. – 2. Die *Sicherungs-H.* ist im Gegensatz zur Verkehrs-H. nur Buch-H. und streng von der persönlichen Forderung abhängig, die der Gläubiger der Sicherungs-H. im Streitfall immer beweisen muß; er kann sich nicht auf das Grundbuch verlassen oder berufen. Für den Verkehr ist die Sicherungs-H. daher wenig geeignet. Im Grundbuch muß sie im Interesse der Rechtssicherheit ausdrücklich als solche bezeichnet werden (§ 1184 II BGB). – *Sonderformen*: →Höchstbetragshypothek, →Inhaberhypothek; ferner: →Arresthypothek und →Zwangshypothek – 3. Die *Gesamt-H. (Korreal-H.)* wird zur Sicherung einer einheitlichen Forderung an mehreren Grundstücken desselben oder verschiedener Eigentümer bestellt. Auch Bruchteile eines Grundstücks bei Miteigentum können mit einer Gesamt-H. belastet werden, wobei jedes Grundstück und jeder Bruchteil für die ganze Forderung haftet. Der Gläubiger kann sich nach Belieben aus allen oder einzelnen Grundstücken oder Bruchteilen befriedigen. Erfolgt Befriedigung aus einem Grundstück oder Bruchteil, so erlischt die H. auf den anderen. – 4. Regelmäßig ist das Kapital der durch H. gesicherten Forderung nach Kündigung auf einmal fällig (→*Kündigungshypothek*). Vielfach wird die Forderung auch in Raten abgetragen, so vor allem bei Baukredit von Banken und anderen öffentlichen Anstalten; dafür Eintragung einer *Tilgungshypothek* (→Amortisationshypothek oder *Annuitätenhypothek*). Der Schuldner hat gleichbleibende, aus Zinsen und Tilgungsbeträgen sich zusammensetzende Jahresleistungen zu erbringen. Da sich die Zinsbelastung bei zunehmender Rückzahlung der Schuldsumme verringert, wird der auf die Schuldsumme fallende Anteil der Tilgungsraten immer höher. Anders bei der →Abzahlungshypothek, bei der langsam sinkende Jahresleistungen zu erbringen sind. Gleich bleibt zwar der Betrag zur Tilgung der Schuldsumme, die Zinsleistung aber sinkt. – Tilgungshypotheken beruhen häufig auf gesetzlicher Vorschrift, z. B. Deckungs-,

Hauszinssteuerabgeltungs- und Schuldenregelungshypotheken. – 5. Um die Grundbuchführung zu vereinfachen, können mehrere im Rang gleichstehende oder unmittelbar aufeinanderfolgende H. desselben Gläubigers zu einer einheitlichen H. zusammengefaßt werden (*Einheitshypothek*). – 6. Steht die H., wie im Regelfall, einem anderen als dem Eigentümer des belasteten Grundstücks zu, spricht man von *Fremdhypothek*. Tilgt ein Eigentümer, der nicht gleichzeitig persönlicher Schuldner ist, die Forderung, so erwirbt er damit neben Forderung gegen den persönlichen Schuldner auch die an seinem Grundstück bestehende H. als *Eigentümerhypothek*. Anders, wenn er auch persönlicher Schuldner ist. Erlischt die Forderung, so wandelt sich die H. in eine Grundschuld, und zwar, da sie dem Eigentümer zusteht, in eine →*Eigentümergrundschuld*. – 7. *Vertragshypothek*, Sammelbezeichnung für alle H., die aufgrund vertraglicher Vereinbarung zustande kommen, im Gegensatz zu im Wege der →*Zwangsvollstreckung* entstandenen →*Zwangshypothek*. – 8. *Wertbeständige H.*: H., die nicht die Zahlung einer bestimmten Geldsumme zum Gegenstand hat, sondern einer Geldsumme, die sich aus dem Preis einer bestimmten Warenmenge an einem bestimmten Tage errechnet (→Wertsicherungsklausel). – 9. *Sonderform*: →Schiffshypothek.

III. Begründung, Übertragung und Aufhebung: 1. Die H. wird *begründet*: a) Vertraglich durch →Einigung zwischen Grundstückseigentümer und Gläubiger und Eintragung im Grundbuch. Zu beachten dabei: Auch bei wirksamer Einigung und Eintragung steht die H. noch dem Grundstückseigentümer zu, bis die Forderung entsteht und bei der Brief-H. außerdem der Hypothekenbrief übergeben ist. b) Durch Zwangsvollstreckung als Arrest-H. und Zwangs-H. c) Kraft Gesetzes (vgl. oben II). – 2. Die *Übertragung* der H. erfolgt durch Abtretung der Forderung (→Schriftform, § 1154 BGB) oder Eintragung im Grundbuch und Übergabe des Briefes bei der Brief-H., sonst Eintragung im Grundbuch. Gemäß § 1153 BGB geht mit der Übertragung der Forderung die H. auf den neuen Gläubiger über; die H. kann nicht ohne die Forderung, die Forderung nicht ohne H. übertragen werden. Mehrfache Übertragung ist möglich und zulässig. – 3. Die *Zwangsvollstreckung* in eine Hypo-

thekenforderung erfolgt i.d.R. durch
→Pfändungs- und Überweisungsbeschluß
mit Briefübergabe bzw. Eintragung im
Grundbuch (§§ 830, 837 ZPO). – 4. Die H.
erlischt: a) durch rechtsgeschäftliche (vertragliche) Aufhebung; b) durch Befriedigung des Gläubigers aus dem Grundstück
im Wege der →Zwangsvollstreckung; c)
durch Ausfall in der Zwangsvollstreckung
(→geringstes Gebot). Sie erlischt *nicht* bei
Wegfall der durch sie gesicherten persönlichen Forderung; in diesem Falle entsteht
eine →Eigentümergrundschuld oder auch
Eigentümer-H. (vgl. II 6).

IV. Finanzierung: Dient der Beschaffung
von langfristigem Fremdkapital (→Fremdfinanzierung). Durch die Verkehrs-H. wird
Anlagevermögen zur Sicherung eines
Kredites benutzt, der dazu dient, andere
Anlageteile oder Umlaufvermögen zu beschaffen. – Zu *unterscheiden:* a) *Zinshypotheken* (jährliche Zinszahlung und Gesamtrückzahlung der Darlehenssumme); b) →*Tilgungshypotheken* (jährliche Zinszahlung
und Tilgung).

V. Bilanzierung: H. sind als Posten des
Fremdkapitals einzustellen. Wird dem Darlehensnehmer nicht das volle Hypothekendarlehen, sondern mit Abzug (→Damnum,
→Disagio) ausgezahlt, ist die Verbindlichkeit voll zu passivieren, das Disagio zu
aktivieren und während der Laufzeit der
Hypothekenschuld abzuschreiben. Das Disagio kann aber auch als Aufwand des
Kreditaufnahmejahres angesetzt werden
(§ 250 III HGB).

VI. Vermögensteuer: Aktiv-H. und Passiv-H. sind für die steuerliche Bewertung
gem. BewG grundsätzlich mit dem Nennwert anzusetzen (→*Kapitalforderungen*).
H.-Forderungen gehören bei beschränkter
Steuerpflicht zum →Inlandsvermögen,
wenn sie durch inländischen →Grundbesitz
oder inländische grundstücksgleiche Rechte gesichert sind (§ 121 II Nr. 7 BewG). –
H.-Schulden sind als →*Betriebsschulden*
oder als sonstige *Schulden* vom Rohvermögen abzugsfähig. H. berühren nicht den
→Einheitswert des Grundbesitzes.

Hypothekarkredit, durch Eintragung einer
→Hypothek gesicherter →Kredit. Die
Hypothek kann auch auf einem nicht dem
Schuldner gehörenden Grundstück bestellt
werden. In diesem Fall ist der Grundstückseigentümer also nicht zugleich der persön-

liche Schuldner. H. kann unmittelbar zwischen Privaten gegeben werden. Bei den
Kreditbanken in abgewandelter Form. H.
wird von den Sparkassen und Versicherungsgesellschaften gepflegt und ist das
charakteristische Aktivgeschäft der Realkreditinstitute.

Hypothekenbanken, private und öffentlich-rechtliche →Realkreditinstitute, deren
Geschäftsbetrieb darauf gerichtet ist,
→Grundstücke durch →Hypothekarkredit
zu beleihen und aufgrund der erworbenen
→Hypotheken →Pfandbriefe auszugeben.
H. dürfen nach dem Hypothekenbankgesetz vom 5.2.1963 (BGBl I 81) mit späteren
Änderungen nur in der Rechtsform der AG
oder KGaA betrieben werden.

Hypothekenbrief, Urkunde über eine im
Grundbuch eingetragene →Hypothek
(Briefhypothek). Der H. gibt den Inhalt der
Eintragung wieder (siehe Muster in Anlage
3 der Grundbuchverfügung vom 8.8.1935,
zuletzt geändert durch VO vom 23.7.1984
(BGBl I 1025)). Wird ein Teil der Hypothek
abgetreten, so wird dies in dem H. vermerkt; über den abgetretenen Betrag kann
Teil-H. gebildet werden. – Der H. ist ein
→Rektapapier, durch Übergabe und der
→Schriftform bedürfende Abtretung bzw.
Eintragung im Grundbuch *übertragbar;* soweit die Abtretungserklärung lückenlos
und mit →öffentlicher Beglaubigung versehen wird, legitimiert der Brief gegenüber
dem Schuldner und ermöglicht →gutgläubigen Erwerb. Eine Briefhypothek ist demnach leicht übertragbar. Ein *abhanden gekommener* H. kann im →Aufgebotsverfahren für kraftlos erklärt werden.

Hypothekenmakler, →Immobilienmakler.

Hypothekenpfandbrief, →Pfandbrief.

Hypothekenregister, Register, in das die
→Hypotheken, die zur Deckung der
→Pfandbriefe der →Hypothekenbanken
dienen sollen, einzutragen sind.

Hypothekentilgungsversicherung, *Hypothekenversicherung, Tilgungslebensversicherung.* 1. *Begriff:* Versicherungen auf den
Todes- und Erlebensfall, die zum Zweck der
Tilgung von Hypothekendarlehen abgeschlossen werden. Auch lebenslängliche Todesfallversicherungen können Verwendung
finden bei Abkürzung der Versicherungsdauer mit Gewinnanteilen und/oder freiwil-

Hypothekenversicherung

ligen Zuzahlungen oder durch Rückkauf bei Fälligkeit der Darlehensschuld. – 2. *Gestaltung*: Ein Kreditinstitut oder der Lebensversicherer selbst gewährt ein Hypothekendarlehen, und zwar entweder als Fest-Hypothek (Zinshypothek, →Hypothek IV a)) oder als Tilgungshypothek (→Hypothek IV b)), jedoch dann mit Tilgungsaussetzung für die gesamte Versicherungsdauer. Der Versicherungsvertrag in entsprechender Höhe wird zur Sicherung der Tilgung an den Hypothekengläubiger abgetreten. Mit dem Lebensversicherungsvertrag erfolgt die Entschuldung sowohl im Todesfall und – im Gegensatz zur Restschuld- und Restkreditversicherung – auch im Erlebensfall. Die Versicherung dient der Tilgungssicherung und der Tilgung. Ist die abgetretene Versicherungsleistung (z. B. durch die Überschußanteile, vgl. →Lebensversicherung V) höher als die Darlehensschuld, hat der Schuldner gegen den Darlehensgläubiger einen Herausgabeanspruch (Abrechnung). – 3. *Bedeutung*: a) Für den *Hypothekengläubiger*: Sicherung der Tilgung im Erlebens- und Todesfall des Schuldners. Der dingliche Anspruch des Gläubigers (Hypothek, Grundschuld) tritt als Sicherungsrecht zurück (subsidiär), Abwicklung im Todesfall einfacher. – b) Für den *Schuldner*: Sicherung der Tilgung auch für den Todesfall, mit einer entsprechenden Berufsunfähigkeits-Zusatzversicherung (Wegfall der Prämienzahlung und Rente in Höhe der Darlehenszinsen) auch für den Fall der Berufsunfähigkeit. Zusätzliches Ansparen der Tilgungsleistung mit einer Lebensversicherung bringt häufig steuerliche Vorteile: Kapitalleistungen der Lebensversicherung fließen einschließlich der Überschußanteile im Erlebens- oder Todesfall dem Anspruchsberechtigten grundsätzlich einkommensteuerfrei zu; Darlehenszinsen können häufig als →Werbungskosten oder →Betriebsausgaben geltend gemacht werden; nach Steuern ist der Effektivzins des Darlehens meistens geringer als die Rendite des Lebensversicherungssparens, dadurch Verringerung der Kreditkosten.

Hypothekenversicherung, →Hypothekentilgungsversicherung.

Hypothekenzinsen, Aufwand für langfristiges durch Grundpfandrechte gesichertes Fremdkapital. – H. werden häufig aus der betrieblichen *Kostenrechnung* ferngehalten

und auf einem →Abgrenzungskonto erfaßt; an ihrer Stelle werden →kalkulatorische Zinsen verrechnet. – Bedeutung als *Indikator im Rahmen der Konjunkturanalyse*: Steigende H. implizieren starke Nachfrage nach Baukrediten und damit Belebung der Bauwirtschaft.

Hypothese. 1. Im *Sprachgebrauch* des Alltags i. d. R. Bezeichnung für ungeprüfte Spekulation; Gegenteil von sicherem Wissen. – 2. Im *erfahrungswissenschaftlichen Sinn* Vermutung über strukturelle Eigenschaften der Realität, die meist in Form einer Wenn-dann-Aussage formuliert wird. – Wird von der grundsätzlichen Fehlbarkeit des menschlichen Problemlösungsverhaltens ausgegangen (→Fallibilismus), dann sind alle wissenschaftlichen Erkenntnisse als hypothetisch zu bezeichnen. – *Abstufungen* können hinsichtlich des momentan erreichten Erkenntnisstandes vorgenommen werden: a) H. als bislang ungeprüfte Spekulationen; b) H. als geprüfte Aussage, ohne daß vorerst die Einordnung in eine →Theorie möglich ist; c) H. als gut begründete, empirisch getestete Aussage, die im Rahmen einer Theorie ein →Theorem darstellt oder ggf. sogar als →Axiom fungiert; hier kann von einer →Gesetzesaussage bzw. nomologischen H. gesprochen werden.

Hypothesenprüfung, →statistische Testverfahren 1.

hypothetisches Konstrukt, →Käuferverhalten II 2.

Hysteresis, aus der Physik übernommene Bezeichnung für die länger anhaltende Nachwirkung der historischen Werte von ökonomischen Variablen auf ihre aktuellen Werte. Das H.-Phänomen wurde in jüngerer Zeit vor allem im Zusammenhang mit der →natürlichen Arbeitslosenquote diskutiert. Danach führt eine hohe Arbeitslosigkeit der Gegenwart zu einem Anstieg der künftigen natürlichen Arbeitslosigkeit. Mögliche Gründe hierfür: Arbeitslosigkeit führt zu Qualifikationseinbußen und erschwert somit das Finden einer neuen Beschäftigung; Arbeitslosigkeit führt zu Frustration und verringert die Bereitschaft, aktiv nach einem neuen Arbeitsplatz zu suchen.

Hz, Kurzzeichen für Hertz (→gesetzliche Einheiten, Tabelle 1).

Spitzen-Forum für die BWL

ZfB-Zeitschrift für Betriebswirtschaft

Innovation aus Tradition

Die **ZfB-Zeitschrift für Betriebswirtschaft** ist eine der bedeutendsten und traditionsreichsten Fachzeitschriften der Betriebswirtschaft.

Sie bietet die Basis für den Dialog zwischen Wissenschaft und Praxis. Und sie berichtet über die aktuellsten Entwicklungen sowie über die neuesten wissenschaftlichen Konzepte.

Kompetenz zahlt sich aus

Gerade in wirtschaftlich schwierigen Zeiten benötigt man fundierte Informationen aus erster Hand. Die **ZfB-Zeitschrift für Betriebswirtschaft** wird von zehn renommierten Fachleuten aus Universitäten und Wirtschaftspraxis herausgegeben.

Wenn auch Sie stets vom aktuellen Stand der wissenschaftlichen Diskussion unterrichtet werden wollen, sind Sie mit der **ZfB-Zeitschrift für Betriebswirtschaft** bestens beraten.

Die Internationale:

MIR Management International Review

Nationalstaaten sind ihr fremd und Grenzen hat sie längst abgeschafft. Wenn eine Organisationsform den Anspruch auf vollkommene Internationalität erheben kann, dann ist es die Wirtschaft mit allen ihren Teilbereichen.

Die Zeitschaft **MIR-Management International Review** ist von daher für alle, die sich wirtschaftlich auf internationalen Bahnen bewegen, sei es in der Praxis oder in der Forschung, von großer Bedeutung. Denn **MIR-Management International Review** verbreitet Ergebnisse der internationalen Forschung speziell auf den Gebieten der Unternehmensführung und internationalen Betriebswirtschaftslehre.

Als Weltwirtschaftsorgan sind alle Beiträge dieser Zeitschrift in englischer Sprache verfaßt.

GABLER

Professionelles Controlling knallhart kalkuliert!

Mit der krp können Sie rechnen

Mit der krp lernen Sie ständig hinzu

Die **krp-Kostenrechnungspraxis** ist die Zeitschrift für den Controlling- und Kostenrechnungs-Fachmann. Die **krp-Kostenrechnungspraxis** liefert Ihnen mit Fallstudien und Erfahrungsberichten wertvolle Anregungen und konkrete Lösungshinweise für Ihre tägliche Praxis.

Mit der krp kommen Sie weiter

Die **krp-Kostenrechnungspraxis** gibt Ihnen Hinweise auf Seminare, Kongresse und Fachtagungen für Ihre gezielte Weiterbildung. Mit der **krp-Kostenrechnungspraxis** sind Sie über die Perspektiven der Kostenrechnung im Bilde.

GABLER

Die Synergie
aus Technik & Wirtschaft:

technologie &
management

Die Zeitschrift für EDV-orientierte Betriebswirte:

Management & Computer

EDV und BWL

Management & Computer ist die Zeitschrift für EDV-orientierte Betriebswirte. **m & c-Management & Computer** behandelt Probleme der computergestützten Prozeßanalyse und bietet Entscheidungsträgern aus allen Management-Bereichen aktuelle und umfassende Fachinformationen. **m & c-Management & Computer** zeigt, wie Betriebswirte die EDV sinnvoll einsetzen und ökonomisch nutzen.

Von Experten für Profis

Für Qualität bürgt der Herausgeber Prof. Dr. Scheer. Er ist Direktor des Instituts für Wirtschaftsinformatik an der Universität Saarbrücken und Begründer der EDV-orientierten Betriebswirtschaftslehre.

Ständige Rubriken

Grundzüge der Wirtschaftsinformatik · Logistik/CIM und Einkauf · Zwischenbetriebliche Integration · Marketing und FuE · Finanzierung und Controlling · Personal und Organisation · Branchenlösungen.

GABLER